法 学 阶 梯　｜普通高等教育**法学规划教材**
INSTITUTIONES

刑法学总论

General Provisions of Criminal Law

|第三版|

黎 宏 著

法律出版社
——北京——
始创于1954年

好书,同好老师和好学生分享

图书在版编目（CIP）数据

刑法学总论／黎宏著． -- 3版． -- 北京：法律出版社，2025． -- ISBN 978-7-5244-0625-9

Ⅰ．D924.01

中国国家版本馆CIP数据核字第2025FT8830号

刑法学总论（第三版）
XINGFAXUE ZONGLUN（DI-SAN BAN）

黎　宏　著

责任编辑　胡佳文
装帧设计　鲍龙卉

出版发行　法律出版社	开本　787毫米×1092毫米　1/16
编辑统筹　法律教育出版分社	印张　38.25　　字数　894千
责任校对　王晓萍　李慧艳　王语童	版本　2025年8月第3版
责任印制　刘晓伟	印次　2025年8月第1次印刷
经　　销　新华书店	印刷　固安华明印业有限公司

地址：北京市丰台区莲花池西里7号（100073）

网址：www.lawpress.com.cn　　　　　　　　销售电话：010-83938349
投稿邮箱：info@lawpress.com.cn　　　　　　客服电话：010-83938350
举报盗版邮箱：jbwq@lawpress.com.cn　　　　咨询电话：010-63939796

版权所有·侵权必究

书号：ISBN 978-7-5244-0625-9　　　　　　　定价：95.00元

凡购买本社图书，如有印装错误，我社负责退换。电话：010-83938349

出 版 说 明

法律出版社在其奋进发展的六十年光辉历程中,秉精诚之心,集全社之力,服务于我国法学教育事业,致力于法学教材出版。尤其在改革开放三十余年间,本社以"传播法律信息,推进法制进程,积累法律文化,弘扬法治精神"为宗旨,协同司法部法学教材编辑部,规划并组织出版了国家"八五"、"九五"期间的法学规划教材,为我国改革开放之初的法学教育和法治建设做出了开创性贡献;进入21世纪之后,法律出版社又根据教育部的部署和指导,相继规划并组织出版了"十五"、"十一五"和"十二五"法学规划教材,为我国法学教育事业的发展与改革付出了艰辛努力。

承蒙法学教育领域专家作者的信任,以及广大法律院校师生的支持,法律出版社经过三十年的发展与积累,相继出版各类法学教材达四百余种。在学科范围方面,完成以法学核心课程为重心,涉及法学诸学科的"全品种"横向结构;在培养层次方面,健全以本科教育为根本,兼顾职业教育和研究生教育的"多层次"纵向结构,进而打造"法律版"法学教科书体系,以期更好地为法学教育服务,为法治建设贡献绵薄之力。

近年来,法律出版社因应法学教育的发展变化,在教材编写体例及系列安排方面做出相应调整。在教材编写体例方面,结合当前教学实际与培养方案,将系统、全面的理论知识讲授与灵活、丰富的法律实践和能力训练相结合,倡导教材内容差异化,增加教材可读性,以期更好地培养法科学生的思维能力和法学素养。在教材系列安排方面,全力推进新品教材编写与注重既有教材修订相结合,根据教材风格与特色进行适当的套系整合,集中现有的国家级规划教材和在编的规划教材,形成以"普通高等教育法学规划教材"为名的全新教材系列。

本系列教材多为出版多年并广受好评的经典教科书。此次全新推出,既是向长期以来关心支持法学教育出版事业的专家作者的崇高致敬,也是法律出版社为中国当代法学教育事业发展拳拳努力之情的真诚表达。法律出版社将以高度的精品意识和质量标准,不断丰富、完善本系列教材的结构和内容;除教材文本之外,还将配有多层次、多形式的教辅材料,更好地为广大师生服务。

"好书,同好老师和好学生分享",法律出版社愿与法律共同体诸同仁,分享好书,分享智识,分享法治进程中的点点滴滴!

法律出版社　谨识
2014 年 10 月

作者简介

黎 宏 1966年8月生，湖北省罗田县人。武汉大学法学学士、法学博士，日本同志社大学法学硕士、法学博士。现为清华大学法学院教授、商业犯罪研究中心主任，《清华法学》主编；兼任中国法学会常务理事、中国法学会刑法学研究会副会长、中国法学会法学期刊研究会副会长。独著《不作为犯研究》、《单位刑事责任论》、《刑法总论问题思考》、《结果本位刑法观的展开》、《当代刑法的理论与课题》、《日本刑法精义》(第2版)、《刑法学》、《刑法学总论》(第2版)、《刑法学各论》(第2版)等；独译《刑事政策学》(新版)、《刑法讲义总论》(新版第2版)、《刑法讲义各论》(新版第2版)、《刑法学基础》、《刑法的基础》；作为主编、副主编或者撰稿人、翻译人，参与《刑法学》(上册、下册)(马克思主义理论研究和建设工程重点教材)、《不作为犯研究的新展开》、《中国刑法评注》、《侵财犯罪的理论与司法实践》、《刑种通论》、《近代西方刑法学说史略》、《医师法讲义》等。

第三版序言

光阴似箭！自本书第二版于2016年问世之后,转眼间已过去9年。

这9年间,刑法学界有很多的变化。

首先是立法的变化。自2017年11月起,我国立法机关相继颁布了三个《刑法修正案》,对现行刑法进行了重大修改和调整。特别是2021年3月1日起实施的《刑法修正案(十一)》,不仅下调了刑事责任年龄的起点,还增设了妨害安全驾驶罪,危险作业罪,妨害药品管理罪,为境外窃取、刺探、收买、非法提供商业秘密罪,负有照护职责人员性侵罪,袭警罪,冒名顶替罪,高空抛物罪,催收非法债务罪,侵害英雄烈士名誉、荣誉罪,组织参与国(境)外赌博罪,非法采集人类遗传资源、走私人类遗传资源罪,非法植入基因编辑、克隆胚胎罪,非法猎捕、收购、运输、出售陆生野生动物罪,破坏自然保护地罪,非法引进、释放、丢弃外来入侵物种罪,妨害兴奋剂管理罪等17个罪名。另外,2017年11月4日公布的《刑法修正案(十)》部分修改了侮辱国歌罪的内容,2024年3月1日公布的《刑法修正案(十二)》加大了对行贿犯罪惩治力度,增加了惩治民营企业内部人员腐败相关犯罪的条款。这些内容,都必须在教材中体现出来。

其次是刑法观念的变化。与传统的"制裁刑法观"或者"保障刑法观"不同,当今流行的是"风险刑法观"或者说"预防刑法观",其主张在提高对已经具有犯罪倾向的"潜在犯罪人"进行刑罚威吓、威慑这种消极的一般预防的同时,还强调维持、唤醒说不定什么时候会成为犯罪人的"一般国民"的规范意识,从而更加早期、周延地保护法益,进而实现积极的一般预防的目的。这种积极的一般刑法观的核心要旨,就是扩张刑事制裁的范围、扩大犯罪圈。具体而言,就是前移刑事违法判断的重心,只要具有危险行为即可处罚,不用等到实害发生之后;改变法益原则的功能,使刑法从消极被动介入转向积极主动介入,从"没有法益侵害,就没有犯罪"转向"有法益侵害,就有犯罪";改变刑法的机能,将刑法看作为社会防卫机制的一部分,淡化刑法与警察法的界限,消除传统刑法的最后手段性与辅助性特征。这种新型刑法观在近年来的刑法修正当中,体现得极为明显。对此应该如何看待,成为学者应当考虑的重要问题之一。另外,近年来,行政执法和刑事司法相互衔接的工作机制,在打破行政执法与刑事司法之间的壁垒、实现两者在打击违法犯罪行为上的协同合作、确保和维护法律的统一实施方面被赋予了重要意义。但是,这种行刑衔接工作机制的背后,涉及刑事责任、行政责任乃至民事责任区分以及判断问题,不弄清其三者之间的差别,行刑衔接工作机制的目的就会落空。有鉴于此,本次修改也对上述问题予以专门介绍。

最后是司法实务所面临问题的变化。例如,近年来,客观归责理论在学界风靡一时,对我国传统刑法理论中的因果关系理论造成了不小的冲击,二者之间的关系如何,能否协调一致,便成为学界的热门话题;又如,关于共同犯罪,我国现行刑法采用"主犯—从犯区分制"的立法,正面临着来自德日的"正犯—共犯二分说"的冲击,但大量的所谓"共犯正犯化"的立法出现之后,二者之间的差别真的有那么大吗?让人生疑。基于上述考虑,本次修订当中,笔者对问题的论述也进行了比较详细的补充完善。

本书第三版问世之际,正值作者接近耳顺之年。本人自1999年在大学任教,至今已有26年,其中有15年时间在学院兼职管理工作,担任棘手的学生工作副书记、教学副院长以及主持全面工作的党委书记之职,并最终在53岁的时候得以卸任,开始专心从事教学研究工作。此时已是"人到中年万事休"的尴尬境地,时常有得过且过、聊以卒岁的想法。每当此时,学生时代的恩师马克昌先生在1978年以52岁之龄复出学界、大谷实先生已经90岁高龄仍笔耕不辍的故事便在脑海中浮现,让我从望峰息心、窥谷忘反的状态中脱身,开始着手修改补充先前已经出过2版且反响尚可的本教材。诸位现在手中的这本书就是这种心境之下的产物。

禅宗有一句名言,说人对世界的认识要经历三重境界:第一重,看山是山,看水是水;第二重,看山不是山,看水不是水;第三重,看山还是山,看水还是水。我觉得,以这三重境界说来描述我问学的心路历程,再恰当不过。

学生时代,刚开始接触刑法学的时候,觉得刑法典规定的、书本上写的、老师嘴里说的都是对的,我只管作为金科玉律,照本宣科即可;初窥门径之后,因为看了一些文献特别是外文文献,于是就和多数同时代的年轻人一样,变得愤世嫉俗起来,觉得我国的刑法不堪卒读、不值一提。这种想法在我研究生时代的习作《不作为犯研究》中尽显无遗。但当我在这个领域深耕多年之后,关于刑法和刑法学,越来越有"看山还是山,看水还是水"的感觉。我在课堂上,经常对学生发出这样的感慨,我们的前辈真的聪明!在1979年那种国门初开、百废待兴的时代,竟然能够写出这么有国际水准的法条,简直让人难以置信:为了避免落入邻国那样一亿三千万人的国度竟然有"一亿犯罪人"的局面,我们的前辈设计出了效率优先的"二元制裁体系",对同一违法行为,根据情节、后果等不同,分别采用刑事制裁和行政处罚,从而大大减少了普通人因为实施了轻微违法行为而被贴上"犯罪人"标签的机会;在行为性质的判断上,为了避免出现"违法即犯罪"的局面,我国刑法在犯罪概念中明文规定"情节显著轻微危害不大的,不认为是犯罪",巧妙地将域外学者为到底是放在构成要件符合性阶段还是违法阶段考虑而倍感苦恼的"可罚的违法性论"这种超法规事由放到犯罪构成的判断之中;在犯罪故意的判断上,明确地将"明知自己的行为会发生危害社会的结果"作为认识内容,不仅为将域外争议不断的"违法性认识"视为故意内容提供了法律依据,也为"结果"在犯罪认定中的重要地位奠定了基础;特别是有关共同犯罪的规定,我国刑法采用的"主犯、从犯"区分方式,不仅避免了令域外刑法学者头疼不已的"正犯与共犯"的区分标准、共谋者能否成立正犯、共犯和身份等问题,还体现了我国当代刑法学人对中国古代传统的传承和致敬。

本书主要是假定司法实践的场景,从事后解决问题的角度展开叙述的。就应对犯罪而言,最理想的做法就是在事前对其严防死守,将危险扼杀在萌芽状态,这也是预防犯罪观的基本立场。遗憾的是,这仅仅只是一种理想。对从事刑事司法工作的人以及刑法研究的人而言,所面临的问题,大多是在预防犯罪的目的失败之后,对具体威胁或者侵害人们共同生活秩序的行为该如何处理的问题。此时考虑的重点,与其说是分析该行为何以会发生,倒不如说是探讨对已经发生的案件该如何依法处理。而解决这个问题,显然不能将重心仍然放在预防犯罪上。否则,在具体案件的处理中,被告人或者犯罪嫌疑人就会被手段化或者工具化,被异化为恐吓、威慑其他人不要重蹈犯罪覆辙的工具。这种做法,不仅和启蒙时代以来深入人心的"人是目的,不是手段"的原则冲突,而且也违背了"刑法既是善良公民的大宪章,又是犯罪人的大宪章"的基本理念。

本书自2012年问世之后,得到了许多读者的关心和支持。经常有热心的读者来信指出书中的错误和笔误;也常有同行和学生就书中的一些观点与我当面探讨。特别是在本次修订过程中,从策划到出版,法律出版社的编辑吴昉女士和胡佳文女士花费了大量心血。在本书清样出来之后,又拜托了多人帮助校对。在此,虽然没有一一列出他们的名字,但对他们的无私帮助,谨记于心,并表示衷心的谢忱。

衷心希望各位读者仍然一如既往地就本书中的各种问题不吝批评赐教!

黎 宏
2025年7月14日于北京清华园

第二版序言

作为本书基础的《刑法学》一书于2012年4月问世之后，幸得读者好评。不少大学将其作为本科生教材，更有许多实务界人士将其作为手边的常备书。这些都让我倍感欣喜，也激发了我以《刑法学总论》的形式，对《刑法学》中总论部分的内容进行修订并出版的勇气和信心。

在本书当中，除了增补2015年年底通过的《刑法修正案（九）》的相关内容以及近几年来新出的司法解释之外，还对学界近年来的一些新成果进行了介绍评说，并对一些和本书的理论体系以及逻辑结构不一致的观点进行了修订。本次修订的基本指导思想是，继续以结果本位刑法观为前提，将结果（包括行为形态）这种客观要素作为认定犯罪的起点，同时，兼顾我国当今刑事立法不断扩张的现实，对刑法条文进行最大限度的灵活解释，以求结合我国当下的社会发展和人民群众的安全需求而与时俱进。本次修订的具体内容，就刑法总论而言，主要为以下几个方面：第一，增加风险社会刑法观之下的法益论的应对；第二，补充对我国当今学界有巨大影响的法益侵害说和规范违反说的争论；第三，变更不真正不作为犯的论述；第四，调整刑法因果关系论的叙述，在坚持相当因果关系说的前提下，在相当性的判断上采取"行为危险现实化"说；第五，将未遂犯与不能犯的区分标准从"事前判断"的客观危险说变为"事后判断"的客观危险说，并将偶然防卫从"无罪说"变为"未遂犯说"；第六，将紧急避险拆分为排除社会危害性事由和排除责任事由两部分，分别叙述；第七，将事实认识错误的区分标准从"法定符合说"变为"具体符合说"；第八，以因果共犯论为基础，对共同犯罪的内容进行全面改写；第九，以法益侵害说为基础，对罪数论重新梳理。随着上述基本观点的一些变化，在刑罚论以及《刑法学各论》的叙述上，本书也有了较大幅度的调整和修订。因此，和第一版相比，本书在篇幅上有了较大增加。

在刑法学的教学和研究上，我一直秉承"西方学说的中国化"、"理论与实践相结合"以及"复杂问题简单化"的宗旨，在本书的写作当中，也力图体现这一点。因此，在刑法学说的梳理上，并不纯粹为了学术而介绍学说、为了体系而叙述学说，而是以我国刑法适用中的问题为导向，以解决问题为中心，着力阐述对解决问题具有意义的学说；相反，对一些时下新潮但对我国问题的解决没有太大价值或者没有必要引用的理论，则较少涉及或者几乎不涉及；同时，在梳理学说时，尽量结合我国实务当中出现的案例或者国外的一些经典案例，意图将抽象的观念或者概念转变为鲜活生动、具体可视的内容。这样做的直接结果之一就是，令本书的叙述和简洁无缘,篇幅有些庞大。但我认为,这种庞大如果能够体现作者的上述良苦用心,并为读者理解本书的内容提供一些便利的话,则也是有其价值的。

本书的修订之季,正值作者人到知命之年,为教学、科研以及行政等诸种琐事缠身的最繁忙时节。当此之际,能够以一己之力完成本书,除了作者内心信念的神助之外,还有赖许多人在方方面面的无私帮助。在此虽然没有一一列出他们的姓名,但对他们的高谊厚爱,我当永远铭记于心。

衷心地希望各位读者一如既往地就本书中的各种问题不吝批评赐教!

黎　宏

2016 年 7 月 20 日于北京清华园

第一版序言

本书是在给学生讲授中国刑法学的讲义基础上加笔而成的。之所以将其整理出版，原因有二：一是入行已经二十多年了，多少有些自己的感想和体会，希望能系统地整理出来与大家交流切磋；二是受不了热情的学生们的一再催促。每当听到"老师，教材什么时候出来啊？"就仿佛受到了莫大的刺激，有食不甘味、夜不能寐的感觉。

本书的指导思想，沿袭了我在 2007 年出版的《刑法总论问题思考》的基本立场，即现代社会的刑法既是法益保护法又是人权保障法，但二者经常处于紧张的对立之中。刑法学尤其是刑法解释学的任务，就是如何在此二者之间折冲樽俎、权衡利弊，以保持妥当的协调和衡平，而实现这一任务的最好方法，就是在罪刑法定原则的前提之下，进行犯罪认定上的合理分工，在成立犯罪的客观要件即在有无社会危害性及其大小的判断上，以行为所造成的法益侵害结果和行为人的身份等客观外在因素作为唯一标准；而在成立犯罪的主观责任要件即在主观责任的有无以及轻重上，仅考虑行为人的内在主观的心理状态和精神状态。

基于以上考虑，本书在叙述上，便和通常的教科书有所不同。其中，最为主要的就是，在犯罪论体系上，对传统四要件的犯罪构成体系进行了改良，采用了将客观危害和主观责任截然分开的双层次的犯罪构成体系。

在我看来，和德日传统的三阶层犯罪构成体系相比，我国传统的四要件的犯罪构成体系的精髓或者说是最为显著的特点是，在犯罪构成的要件上将客观方面与主观方面分开，而在犯罪构成的判断上将形式判断与实质判断统一。首先，关于成立犯罪的要件，尽管德日刑法学中弄得非常复杂，要求在构成要件符合性、违法性和有责性的不同阶段考虑不同的内容，但透过现象看本质，也无非是说必须考虑行为、结果、保护法益、行为人、主观意思以及责任能力等要素，而这些要素和我国传统的犯罪构成论的理解并无二致。按照我国传统的犯罪构成理论，任何犯罪，都可以拆分为四个方面的内容，即客体、客观要件、主体、主观责任要件。这四个方面的内容，实际上可以概括为两大部分，即客观内容（客体和客观要件）和主观内容（主体和主观责任要件）。任何犯罪的认定，都要本着先客观后主观的顺序进行。这种将犯罪现象分解为主、客观两方面的做法，不仅和哲学上所说的人的任何行为都是基于意思的身体动静的理解一致，也与当今各国有关犯罪成立条件的惯常理解相同，只是我国的犯罪构成体系论说得更直白、具体一些而已。同时，在行为是否构成犯罪的判断上，也一反德日将构成要件符合性作为形式判断，违法性、有责性作为实质判断，二者分开论述的传统做法，将形式判断与实质判断统一起来，一并考虑，即犯罪构成就是"判断行为的社会危害性的有无及其大小而为该行为成立犯罪的主客观要件的统一"，因此，行为符合犯罪构成，就意味着该行为不仅在形式上符合该罪的形式构成,而且实质上也满足成立该罪所必要的实质条件。换言之,行为符合具体的犯罪构成(要件),不仅是行为成立具体犯罪的必要条件,也是充分条件,用不着再进行其他后续的补充判断。

但遗憾的是,我国当今通行的刑法学说虽然坚持了上述四要件论的精髓和本质,但在具体展开和应用的过程中,却有意无意地偏离或者忽视了上述特色。如将刑法第13条规定的前段和后段对立起来,认为即便是"依照法律应当受到刑罚处罚的""危害社会的行为",但"情节显著轻微危害不大的",仍然可以出罪;在犯罪构成体系的判断上,将犯罪构成判断和排除社会危害性事由判断分割开来,认为行为符合具体犯罪构成之后,还不能马上断定成立犯罪,还必须考虑该行为是否存在正当防卫、紧急避险等排除社会危害性事由;在行为是否具有社会危害性的判断上,必须看行为人行为时的主观要素;在行为与结果有无因果关系的判断上,除了客观存在的引起与被引起的关系之外,还要看行为人对结果有无预见;关于故意、过失的认定内容,只要求有危害性的认识,而不要求有违法性的认识;在共同犯罪的处罚根据上,必须考虑各个共犯人之间是否具有主观意思的重合;等等。这些现象,在本书看来,都是偏离传统四要件论的本来意思,而陷入了将客观与主观混杂、形式与实质脱节的泥沼的表现。

因此,本书在刑法解释特别是犯罪构成体系的论述上,坚持传统四要件说"客观与主观分开、形式与实质结合"的基本意旨,并将其进一步推向极致。本书认为,犯罪构成是认定行为构成犯罪的最初的,也是最终的唯一标准,是终局性判断,而不是预备性判断;在犯罪构成的理解上,不仅将客观方面与主观方面完全分开,而且从形式判断与实质判断统一的立场出发,将社会危害性的判断与正当防卫、紧急避险等排除社会危害性事由结合起来,将故意、过失的认识要素和具体犯罪构成的客观要素以及期待可能性等结合起来,进行实质分析;将传统学说中的犯罪主体论的内容进行拆分,分解为身份犯和责任能力两方面的内容,并分别放在相应的位置进行论述。在社会危害性的判断上,将行为造成的侵害结果(包括现实危险)和行为主体的身份作为判断依据,绝对排除行为人的主观要素;在主观责任的判断上,从规范责任论的立场出发,把对具体犯罪事实的明知以及应当知道作为中心内容,从是否值得刑罚处罚的立场出发,考察故意和过失的内容,实质地判断行为人对于危害结果是否具有主观责任,并力求将上述观念在刑法总论的各项制度以及各论的每个罪名的论述中贯彻到底。与此相应,在维持传统刑罚观的同时,根据在惩罚限度之内考虑预防需要的折中说,使各项刑罚制度的特点和界限更加明晰,更具可操作性。

另外,本书在上述思想的表达上也注意到了以下几点:

一是在传统上创新。在"开拓创新"成为我们这个时代最具标志性口号的大形势下,刑法学也未能幸免,其从内容到体例,正经历着前所未有的变革。但是,"开拓创新"的前提是"严谨求实",这一点往往被人们所忽略。就社会科学的理论而言,往往是"破旧易,立新难"。我国刑法学经历了几十年的曲折发展,已经形成了一套为我国绝大多数学者所接受、为司法实践所普遍采用的刑法话语。在尚没有找到可以替代上述话语的理论之前,完全斥之为"苏俄时代的落后产物",弃若敝屣,恐怕也不是科学的态度和做法。基于这一考虑,本书基本上继承了传统理论的体例。即便对于一些很有必要引入的新兴理论,也是采用了"旧瓶装新酒""西装外面套长袍"的做法,在传统理论的架构下,使用国人耳熟能详的传统话语来叙说。

二是本土为主、域外为辅。就我于1988年踏入刑法研究之门的经历来看,在本领域,改革开放三十多年来,一个最为显著的进步是,国内刑法学对国外刑法学潮流的介绍和把握,几乎达到了同步的程度。大陆法系主要国家特别是日本的最新刑法学教科书,头一年出来,第二年就有中文版本上市;主要学术观点刚提出不久,在国内马上就有介绍、引用或者跟进,刑法学界"唯德日马首是瞻"之势已经初见端倪。想起我二十多年前上研究生时所接触到的外国学说几乎都是日本战前学说的情景,不胜唏嘘,恍若隔世。但法律毕竟是地方性知识。改革开放之后的三十多年甚至更远地追溯到新中国成立以后的六十多年来所构建起来的中国刑法学,尽管骨子里也可以说是外来的,但至少在形式上已经成为具有中国特色的地方性知识。国外同行所考虑的问题和表达的思想,大都有了我国学者的中国式表达,这是难以否认的。正因为如此,本书在解释中国刑法条文的过程中,均以我国学者的观点为主,对外国刑法学的相关知识,较少涉猎。

三是理论结合实践。理论是灰色的,而生命之树常青(歌德语)。刑法作为调节现实社会生活诸种手段中之最冰冷、最无情的手段,之所以能让青年时代的我和很多现在如我当年一般的年轻学生为之痴狂,最根本的一点,恐怕在于其强有力的执行和应用所变幻出来的让人浮想联翩而充满智慧的图景。因此,以刑法为研究对象的刑法学,如果不以解决实际应用中所出现的问题为主要内容的话,其魅力和价值就要大打折扣。正因为如此,本书在叙述过程中,穿插有大量的司法解释和案例分析,希望读者通过这些解释和案例,能够深入浅出地理解不同学说间的细微差别,也不至于在夏夜欲睡的朦胧中,因手里滑落的本书重重地砸在脚背上的疼痛而猛然恍悟:"这不是犯罪是什么!"

本书的形成,得益于很多人的帮助。其中,最为重要的有两位:一位是指引我踏上刑法学研究之路的恩师、去年六月驾鹤西去的武汉大学终身教授马克昌先生;另一位是为我在茫茫的问道之路上洞开了另一个世界、现虽年近八旬仍担任日本学校法人同志社总长的大谷实教授。和这两位刑法学巨人之间结下的师生名分是推着我向前走的动力。

最后,需要说明的是,由于刑法学思想博大精深,而本人水平着实有限,书中所论也不过为沧海一粟,而且还不一定拿捏得准。因此,敬请各位方家哈哈之后,不吝赐教。

黎　宏
2012年2月8日
于北京清华园明理楼

目 录

第一章 绪论 （1）
- 第一节 刑法的概念、渊源与分类 （1）
- 第二节 刑法的性质、目的和机能 （4）
- 第三节 刑法的规范、体系与解释 （12）
- 第四节 刑法学与风险社会的刑法解释学 （20）

第二章 刑法的基本原则 （34）
- 第一节 罪刑法定原则 （34）
- 第二节 适用刑法平等原则 （49）
- 第三节 罪责刑相适应原则 （52）

第三章 刑法的效力范围 （56）
- 第一节 刑法的空间效力 （56）
- 第二节 刑法的时间效力 （64）

第四章 犯罪概念和犯罪构成 （69）
- 第一节 犯罪概说 （69）
- 第二节 犯罪构成 （89）

第五章 犯罪构成的客观不法要件及其判断 （104）
- 第一节 概述 （104）
- 第二节 犯罪构成客观不法要件的内容 （106）
- 第三节 排除社会危害性事由 （189）

第六章 犯罪构成的主观责任要件及其判断 （261）
- 第一节 责任原则 （262）
- 第二节 责任能力 （272）
- 第三节 犯罪故意 （286）
- 第四节 认识错误 （305）
- 第五节 犯罪过失 （315）

第六节　犯罪目的与犯罪动机 ································· (347)
　　第七节　期待可能性 ····································· (350)

第七章　故意犯罪的未完成形态 ································· (356)
　　第一节　概述 ··· (356)
　　第二节　犯罪预备 ····································· (360)
　　第三节　犯罪未遂 ····································· (362)
　　第四节　犯罪中止 ····································· (386)

第八章　共同犯罪 ··· (395)
　　第一节　共同犯罪的概念、参与体系、处罚根据和本质 ··········· (395)
　　第二节　共同犯罪的成立条件 ····························· (409)
　　第三节　共同犯罪的形式 ································ (423)
　　第四节　共犯人的分类及其刑事责任 ······················· (441)
　　第五节　共同犯罪的特殊问题 ····························· (461)

第九章　罪数 ··· (472)
　　第一节　罪数的区分 ··································· (472)
　　第二节　本来的一罪 ··································· (475)
　　第三节　法定的一罪 ··································· (482)
　　第四节　处断的一罪 ··································· (484)

第十章　刑事责任和刑罚 ··································· (494)
　　第一节　刑事责任 ····································· (494)
　　第二节　刑罚理论 ····································· (503)
　　第三节　刑罚的种类 ··································· (510)

第十一章　刑罚的裁量 ····································· (529)
　　第一节　量刑的概念和一般原则 ··························· (529)
　　第二节　量刑情节及其适用 ······························ (534)
　　第三节　量刑方法 ····································· (541)
　　第四节　累犯、自首、坦白和立功 ························· (544)
　　第五节　数罪并罚 ····································· (561)

第十二章　刑罚执行制度 ··································· (570)
　　第一节　刑罚执行概述 ································· (570)
　　第二节　缓刑 ··· (571)

第三节　减刑与假释 …………………………………………………（576）

第十三章　刑罚的消灭 ………………………………………………（585）
　第一节　概述 ……………………………………………………………（585）
　第二节　时效 ……………………………………………………………（586）
　第三节　赦免 ……………………………………………………………（589）

第一章 绪 论

第一节 刑法的概念、渊源与分类

一、刑法的概念

刑法,就是规定什么样的行为是犯罪、对该行为应予以何种处罚(制裁)的法律。由于对刑法规定内容的理解不同,各国对其的称谓也不一致。从比较法的角度来看,有的国家看重刑法规定犯罪的一面,因此,将刑法称为"犯罪法"(Criminal Law,Kriminalrecht,droit criminel);有的国家强调刑法所规定的犯罪行为的法律后果(主要是刑罚)的一面,因而将刑法称为"刑(罚)法"(Penalty Law,Strafrecht,droit pénal)。对此,日本学者团藤重光有如下解释,即"看重规范的一点时,就是'刑法',而看重事实的一点时,就是'犯罪法'"[1]。不过,对此也可以从另一个角度加以说明——从刑罚权的主体即国家的立场来看,"刑法"就是规定对犯罪科以处罚的"刑罚法",这一视角强调刑法的事后制裁面向,认为刑法是在犯罪行为发生之后(事后),规范法官、检察官等司法工作人员定罪量刑的工作指南;而从被害人、加害人即国民的立场来看,"刑法"就是告诉国民什么是犯罪的"犯罪法",这一视角强调刑法的事前预防面向,认为刑法是在犯罪行为发生之前(事前),规制一般人行为举止的行动指南。

在我国,何谓刑法,各方理解也不一致。我国传统观点认为,刑法就是规定犯罪与刑罚的法律,犯罪与刑罚构成刑法的基本内容。[2] 在目前学界有力学说中,有的认为,刑法是规定犯罪、刑事责任和刑罚的法律。具体而言,刑法是统治阶级为了维护本阶级政治上的统治和经济上的利益,根据自己的意志,以国家名义制定、颁布的,规定犯罪、刑事责任和刑罚的法律;[3]另有观点认为,刑法是规定犯罪及其法律后果(主要是刑罚)的法律规范,其中,法律后果表现为对犯罪人的惩罚,即对犯罪人的生命、自由、财产和政治权利等的剥夺与限制,以及犯罪人其他社会生活上的不利反应。[4]

这三种理解,都是根据刑法内容总结而来,在表述上基本大同小异,个中差别仅仅在于,该

---

[1] [日]团藤重光:《刑法纲要总论》(第3版),创文社1990年版,第3页。
[2] 黄京平主编:《刑法》(第3版),中国人民大学出版社2008年版,第1页;刘艳红主编:《刑法学》(上)(第3版),北京大学出版社2023年版,第5页。
[3] 林亚刚:《刑法学教义(总论)》(第2版),北京大学出版社2017年版,第3页;高铭暄、马克昌主编:《刑法学》(第10版),北京大学出版社2022年版,第7页;贾宇主编:《刑法学》(上册·总论)(第2版),高等教育出版社2023年版,第47页。
[4] 张明楷:《刑法学》(上)(第6版),法律出版社2021年版,第17、660页;冯军、肖中华主编:《刑法总论》(第3版),中国人民大学出版社2016年版,第16页。

如何看待犯罪的法律后果。在这一点上，上述第二种观点的独特之处在于，将刑事责任作为与犯罪和刑罚并列的、连接犯罪与刑罚的中介。按说，在刑法理论上，"刑事责任"一词具有多种含义：如果从 responsibility 即后果的角度理解"责任"，说"刑事责任"是犯罪的法律后果的话，则上述第二种观点和第三种观点应当没有什么差别；但是，如果从 culpability 即谴责、可责难的角度来理解"责任"，认为刑事责任作为一种主观谴责，是行为人对所造成的客观侵害主观上应受到刑法谴责的依据，因而属于犯罪的成立要件的话，则上述第二种观点和第一种观点就并无显著差异，只需将其中的"犯罪"理解为客观上危害社会或者说侵害法益的行为即可。

上述第三种观点认为，我国的传统观点，没有反映出我国刑法关于犯罪处罚的特色。在我国，犯罪的法律后果既包括刑罚，又包括非刑罚的法律后果，如刑法第 37 条规定的具结悔过、赔礼道歉、赔偿损失等。这些情形也是以行为人的行为构成犯罪为前提，属于犯罪的法律后果，而上述有关刑法的理解则没有注意到这一点。因此，其认为刑法是规定犯罪及其法律后果的法律。[5]

本书认为，按照我国刑法中的相关规定，刑法是规定犯罪及其法律后果即刑事责任的法律。所谓刑事责任，依照刑法总则的相关规定，就是犯罪的法律后果。具体而言，是刑法所规定的一切以对犯罪的谴责为根据而对行为人科处的痛苦和损害，这一点已经为各种刑法理论所约定俗成，只是在现代社会中，其内容可能各不相同而已。有的表现为死刑、徒刑等传统的刑罚，有的则表现为社区矫正、承担行政或者民事责任等其他形式（如法国刑法第 131 条就将公民素质培训、公共利益劳动等规定为针对自然人的轻罪刑罚）。我国刑法对于犯罪，虽说在死刑、徒刑等传统的处罚方式之外，还有"予以训诫"、"责令具结悔过"、"责令赔礼道歉"、"责令赔偿损失"以及"行政处罚"或者"行政处分"等和民事制裁与行政处罚内容相近的处罚措施，以及单纯宣告犯罪，却不予以任何刑罚处罚的免予刑事处罚的措施，但其也是以行为人的行为构成犯罪，应当受到刑法谴责为前提的，从本质上看，仍然属于犯罪的法律后果即刑事责任。

因此，"刑法就是规定犯罪和刑罚的法律"的传统观点固然没有问题，但也没有完整地表述犯罪的法律后果。同时，以"刑事责任"来替换"刑罚"，也与我国刑法第二章第一节的标题"犯罪和刑事责任"以及刑法第 14 条第 2 款等条文的规定一致。故本书在刑法定义的理解上，采用了"刑法是规定犯罪及其法律后果即刑事责任的法律"的表述。

二、刑法的渊源

所谓刑法的渊源，是指刑法的存在形式，是法官进行法律判断时应当依据的基准。[6] 在我国，刑法的渊源有以下几种：

1. 刑法典。刑法典是以国家的名义颁布的、系统规定犯罪及刑罚的法律，是刑法最主要的渊源。我国现行的刑法典即 1997 年颁布实施的刑法，其是在 1979 年制定颁布的新中国第一部刑法的基础上全面修订而成的。在此之后，历届全国人民代表大会常务委员会又以若干"刑法

---

[5] 付立庆：《刑法总论》，法律出版社 2020 年版，第 3 页。
[6] [日]大谷实：《刑法讲义总论》（新版第 5 版），黎宏、姚培培译，中国人民大学出版社 2023 年版，第 53 页。

修正案"的形式对刑法典的部分内容进行了修订与补充,因此,"刑法修正案"也是刑法典的有机组成部分。

2. 单行刑法。单行刑法是国家以决定、规定、补充规定、条例等名称颁布的,规定某一类犯罪及刑罚或者刑法的某一事项的法律,1998年12月29日第九届全国人民代表大会常务委员会第六次会议通过的《关于惩治骗购外汇、逃汇和非法买卖外汇犯罪的决定》即属此类。该决定增设了骗购外汇罪,修改了逃汇罪,明确对非法买卖外汇行为予以处罚。单行刑法一般是针对现行刑法的漏洞所作的填补,或是就现行刑法的某项制度进行修改、变更或者在其适用上予以具体化等。如依据2015年8月29日第十二届全国人民代表大会常务委员会第十六次会议通过的《关于特赦部分服刑罪犯的决定》,对依据2015年1月1日前人民法院作出的生效判决正在服刑,且释放后不具有现实社会危险性的四类罪犯,即参加过中国人民抗日战争、中国人民解放战争的,中华人民共和国成立以后,参加过保卫国家主权、安全和领土完整对外作战的,年满75周岁、身体严重残疾且生活不能自理的,犯罪的时候不满18周岁、被判处3年以下有期徒刑或者剩余刑期在1年以下的,实行特赦,即经法院裁定免除刑罚,予以释放。上述决定中,就包含对刑法第65、66条中的"赦免"如何适用进行具体化的规定,因而属于单行刑法。[7]

3. 附属刑法。附属刑法是附带规定于经济法、行政法等非刑事法律中的罪刑规范。如《产品质量法》第50条规定:"在产品中掺杂、掺假,以假充真,以次充好,或者以不合格产品冒充合格产品的,责令停止生产、销售,没收违法生产、销售的产品,并处违法生产、销售产品货值金额百分之五十以上三倍以下的罚款;有违法所得的,并处没收违法所得;情节严重的,吊销营业执照;构成犯罪的,依法追究刑事责任。"其中,"构成犯罪的,依法追究刑事责任"的规定就是附属刑法。在我国,附属刑法不规定独立的犯罪和法定刑,也不对刑法的相关内容作出解释、补充或者修改,因此,并非真正意义上的刑法法规。附属刑法的适用,最终要归结于其他刑法法规。如果其他刑法法规中没有相应的规定,即便存在附属刑法规定,也不能定罪处刑。

三、刑法的分类

刑法的分类,是指刑法在理论上的类别,主要有以下几种:

1. 广义刑法与狭义刑法。这是依照刑法法规的表现形式不同所作的分类。其中,广义刑法是泛指一切规定犯罪及其法律后果即刑事责任的法律规范的总和,它不仅指刑法典,还包括单行刑法以及非刑事法律中的刑事责任条款(附属刑法),狭义刑法则是指国家立法机关以刑法典形式公布的刑法本身。

2. 普通刑法与特别刑法。这是根据刑法适用对象、范围以及适用顺序的不同所作的分类。

---

[7] 全国人民代表大会常务委员会于1999年10月30日还颁布了《关于取缔邪教组织、防范和惩治邪教活动的决定》,其中第2条规定,"对受蒙骗的群众不予追究。对构成犯罪的组织者、策划者、指挥者和骨干分子,坚决依法追究刑事责任;对于自首或者有立功表现的,可以依法从轻、减轻或者免除处罚"。有学者将其看作对刑法相关规定的一种补充和修改,认为其是单行刑法,参见阮齐林、耿佳宁:《中国刑法总论》,中国政法大学出版社2019年版,第4页。但这种理解值得商榷。如果把刑法严格限定为有关犯罪及其法律效果的法律,那么,该决定只是重申现行刑法中有关共同犯罪、自首、立功的相关规定而已,并没有确立新的有关具体犯罪和刑罚的内容,故该决定虽然为立法机关所颁布,但不能看作刑法法规。

其中,普通刑法是指具有普遍适用的性质与效力的刑法,实际上是指刑法典。特别刑法是指仅适用于特定对象、时间、地域或特定事项的法律。

在我国,过去,如1997年刑法修订前的《惩治军人违反职责罪暂行条例》(已失效)仅适用于现役军人的犯罪,因此相对于普通刑法而言,其属于特别刑法;现在,如我国香港特别行政区、澳门特别行政区以及台湾地区的有关犯罪与刑罚的相关规定,由于其仅适用于该特定区域,也可以说是我国的特别刑法。

区分普通刑法和特别刑法的意义,主要在于确定其适用规则。当某行为同时符合普通刑法与特别刑法的规定时,应根据特别法优于普通法的原则,仅适用特别刑法;如果某一个行为同时符合两个特别刑法的规定时,则应根据新法优于旧法的原则,仅适用新的特别刑法。

但是,普通刑法与特别刑法之分在我国已经基本没有现实意义。因为,我国在1997年现行刑法制定之后,所有规定犯罪与刑罚的法律,都集中在普通刑法之中了,已经不存在针对特定事项进行单独规定的特别刑法了。

3. 行政刑法与刑事刑法。这是根据刑法规定的犯罪是否违反道德规范所作的分类。一般来说,刑事刑法所规定的犯罪多以违反伦理道德为前提,如杀人、放火、抢劫、盗窃等行为,因为违反人类社会的基本价值准则,古往今来、不分东西均被认定为犯罪。相反地,行政刑法,如国外有关处理环境犯罪的《公害罪法》所规定的犯罪,多以违反行政取缔法规为前提,违反伦理道德的色彩并不明显,其仅仅是因为违反了当时当地的行政管理法规而被规定为犯罪。

但是,现在这种刑法分类也已经没有多大意义。因为,在现代社会,违反伦理道德的行为和违反行政规范的行为之间,并不存在截然分明的界限。如逃税行为、污染环境之类的行为,传统上虽被看作是违反行政法的行为,但在税收已经成为在社会中生存的国民的基本义务,以及人类的生存环境遭到严重破坏的当今,逃税和污染环境行为在道义上也已经为人所不齿。特别是上述在国外传统上属于行政刑法规制的内容,在我国也已经被纳入刑法典的规定之中。因此,在我国,可以说单纯的行政刑法并不存在。

第二节 刑法的性质、目的和机能

一、刑法的性质

刑法的性质,是指刑法区别于其他法律的特别属性,可以从内容和形式两个方面加以概括。

首先,就内容而言,与其他部门法相比,刑法在调整范围、调整对象以及调整手段上具有以下特点。

1. 调整范围的广泛性。一般部门法如民法、经济法、行政法都只调整和保护某一方面的社会关系,而刑法所调整的社会关系则相当广泛,从国家安全、公共安全、经济秩序到公民个人的人身权利、财产权利等都有所涉及。可以说,一般部门法所调整的社会关系,都在刑法调整的范围之内。

2.调整对象的特定性。尽管刑法的调整范围广泛,但其并非适用于社会生活中的所有违法行为,而仅仅是针对其中最为严重的违法行为,即对法律所保护的利益造成重大损害的行为。对于通奸之类的背德行为,或者轻微伤害、过失盗窃之类的轻微违法行为,刑法就不能加以干涉。换言之,刑法的调整对象具有特定性。

3.调整手段的严厉性。一般部门法中,违法行为的法律后果是赔偿损失、警告、行政拘留等相对缓和的强制措施,而且在许多情况下,当事人之间可以自行和解,但刑法规定的法律后果则是死刑、徒刑、没收财产、剥夺政治权利之类的最严厉的制裁措施即刑罚。不仅如此,在绝大多数情况下,犯罪人与被害人之间不得私下和解。

其次,就形式而言,与其他法律相比,刑法具有以下特点。

1.在根本法与基本法的关系中,刑法属于基本法。宪法是根本法,刑法、民法、诉讼法等属于基本法。根本法是一切法律的基础,其他的法律,包括基本法在内,都必须服从根本法,不得违背根本法的规定和宗旨。

2.在实体法与程序法的关系中,刑法属于实体法。刑法是规定什么是犯罪,以及对各种犯罪行为应当如何处罚等实体内容的法律。刑事诉讼法则属于程序法的范畴,它规定的是追诉犯罪的程序、专门机关的权力范围、诉讼参与人的诉讼权利义务以及诉讼主体之间的相互关系等内容。刑法与刑事诉讼法都以惩罚犯罪、保障人权、维护社会秩序、限制国家公权为目的,刑法是在静态上对国家刑罚权的限制,而刑事诉讼法则是从动态的角度对国家实现刑罚权施加了一系列程序方面的限制,二者相辅相成、相得益彰,共同构成了刑事法的主体内容。

3.在公法与私法的关系中,刑法属于公法。法律大体上可以划分为公法与私法,二者的区分标准尚有争议。一般来说,从主体上看,公法主体中至少有一方是国家,而私法中双方均为社会普通成员;从法律关系的内容上看,公法涉及国家及公共利益,而私法则为确定个人利益;从调整方法上看,公法以权力服从为本,而私法则以权利平等为本。刑法以国家权力为后盾、以对犯罪行为进行处罚为内容,调整的是国家和个人(如被告人、被害人等)之间的关系,因此,它属于公法范畴。

二、刑法的目的

刑法的目的,就是国家制定和适用刑法所要实现的目标,通俗地说,就是刑法存于在社会中具有的实际好处。刑法的目的,是刑事立法的动力,是刑事司法(criminal justice)的灵魂,是刑法解释的指针。研究刑法目的,有助于司法人员正确地解释和适用刑法,从而对一些模棱两可的行为作出准确的定性。

关于刑法的目的,众说纷纭。目前主要有两种对立观点:一种观点是"法益保护说",其认为刑法的目的是保护法益,因为刑罚的目的是预防犯罪,之所以要预防犯罪,是因为犯罪侵犯了法益,预防犯罪是为了保护法益,这正是刑法的目的。[8] 这种观点大体上妥当,但以下不足:一是其和我国现行刑法规定不符。刑法第1条明文规定,"为了惩罚犯罪,保护人民",制定本法。其中,作为"保护法益"体现的"保护人民"只是刑法目的之一。另外,刑法第2条也规

---

[8] 张明楷:《刑法学》(上)(第6版),法律出版社2021年版,第25~26页。

定,我国"刑法的任务,是用刑罚同一切犯罪行为作斗争,以保卫国家安全……保障社会主义建设事业的顺利进行"。由此可见,在我国刑法中,保护法益只是刑法的目的之一,而不是全部。二是该观点无法体现刑法保护法益的特征。所谓法益,就是法所保护的利益。现实生活中,人们建立法制度,制定各种法律,最终目的都是保护正常社会生活所必要的各种利益和好处,但是,刑法并没有将这些利益全部纳入自己的保护范围,只是将其中一部分即对于社会的存在和人们正常生活而言最为重要的、不可缺失的部分,纳入了自己的保护范围。如就财产而言,刑法只是将较为重大的财产利益,如数额较大的财产等纳入其保护范围,而数额较小的财产则交由其他法律保护;又如,为了保护人的自我决定权,将个体处分自身生命、身体、财产法益的行为交由道德伦理加以规制,而非纳入刑法的保护范围。可见,将刑法的目的仅仅概括为"保护法益",并不周全。

另一种观点是"维护规范说",其认为刑法的目的是维护"隐藏于生活利益背后的法规范、社会同一性以及公众规范认同感"[9]。但所谓"隐藏于生活利益背后的"规范是不是一定体现了人们的生活利益?该种规范下所形成的公众认同感是否就是一种利益?值得怀疑。如一些国家的法律对于婚前性行为予以处罚,也有一些国家法律规定,女子必须穿戴蒙面罩袍,或者不得与包括医生在内的男人见面,否则要受到处罚。这些规范的维护,或许能形成稳定的秩序,实现个体行为的可预测性,但其是人们所追求的生活利益吗?能够给人带来生活的愉悦感吗?还有人从破坏秩序者必须受罚,合法不得向不法让步的角度来理解规范。在这种观点看来,刑法之所以处罚杀人行为,并不是因为生命受到了侵害,而是因为"生命不得被侵害"的规范遭到了人为的破坏。[10]

这种维护规范说,其存在以下不足:一是在刑法规范之前,如果说在逻辑上或者说观念上还存在另一种规范,并过分强调违反该规范在定罪中的意义,那么就会忽略刑法本身的作用,成文刑法的存在就显得无足轻重,这有颠倒观念和现实之嫌。二是依照规范违反说所推导出来的结论,可能与其前提,即"规范是面向一般人的有关行为举止的命令、许可和禁止"存在冲突。例如,按照该说,在餐厅兼职端盘的生物系学生凭借其专业知识,明知盘中盛有毒蘑菇,而仍端给客人食用,以致客人被毒死的场合,因为客人对端盘子的服务员的期待仅仅是将自己在菜单上所点的菜端给自己,而该大学生也忠实地履行了其作为服务员的角色要求,因此,其行为不构成故意杀人罪,只能构成见危不救罪。而我国刑法中尚未规定该罪,因此对其行为只能作无罪处理,但这种结论显然难以为国人所接受。因为在餐厅就餐的场合,人们习惯性地认为,餐厅所有的工作人员是一个整体,都具有保证客人用餐安全的义务。如此说来,明知是有毒蘑菇而仍然端给客人食用的餐厅服务员,能够不承担刑事责任吗?三是按照规范违反说,刑法分则条文中所规定的"后果""数额较大"等结果要件,都会被视为不要求存在于行为人的主观认识范围之内的客观处罚条件,但这显然会得出很荒谬的结论来,如在行为人以为是玩具枪

---

[9] 周光权:《论刑法目的的相对性》,载《环球法律评论》2008年第1期。
[10] 冯军:《刑法教义学的立场和方法》,载《中外法学》2014年第1期。在这种见解看来,法益侵害只是法规范否认的现象形态,是法规范否认的认识工具,法规范否认才是法益侵害的本质。如故意摔碎他人一个贵重花瓶的行为,表面上看侵害了他人法益,更重要的是其中所体现出来的法规范意义:行为人并不尊重他人的财产权,以至于像对待自己的东西一样任意地处置了他人的财物。以上内容,参见冯军上述论文,第185页。

而实施盗窃,不料得手的却是真枪的场合,行为人也要构成盗窃枪支罪。

本书认为,我国刑法的目的是"惩罚犯罪,保护人民"。[11] 其中,"惩罚犯罪",就是对犯罪行为作出否定评价,制裁实施了犯罪行为的人,这是源自人的报应本能的正义要求的体现,也是刑法作为诸种法律手段中最为具有威慑力和效果的保证。"保护人民",就是通过正确适用刑法来满足被害人的报应感情,并通过对已经犯罪的被告人的处罚,防止其再次犯罪,威慑其他潜在的犯罪人,以保障其他无辜者不受侵犯。从"以惩罚犯罪为手段,用以保护人民"的角度来讲,这种观点和"法益保护说"一致,但是,说刑法的目的是"惩罚犯罪",而"保护人民"作为其伴随效果也并无不可。总而言之,"惩罚犯罪"也是刑法的目的之一,这是不容否认的客观事实。

一方面,这种理解符合我国现行宪法以及刑法的规定。《宪法》第28条规定,"国家维护社会秩序,镇压叛国和其他危害国家安全的犯罪活动,制裁危害社会治安、破坏社会主义经济和其他犯罪的活动,惩办和改造犯罪分子",可见在我国《宪法》中,刑法存在的价值或者说目的,就是"惩罚犯罪"。基于《宪法》的这一规定,刑法第1条规定,"为了惩罚犯罪,保护人民"而"制定本法",同时,刑法第2条规定,我国刑法的任务,"是用刑罚同一切犯罪行为作斗争,以保卫国家安全……保障社会主义建设事业的顺利进行"。可见,《宪法》与刑法均明确地将"惩罚犯罪"作为刑法的目的和任务。另一方面,惩罚犯罪和保护人民相辅相成,并不冲突。传统的报应观或者说报应主义只是基于人与生俱来的报应心理,要求"以牙还牙,以眼还眼",而对为什么要这么做的问题,只字不提,没有答案。但是,刑法第1条关于刑法目的的规定,实际上含义是"为了保护人民而惩罚犯罪",这样,就将"惩罚犯罪"和"保护人民"有机地结合起来:惩罚犯罪,不纯粹是为了惩罚而惩罚,而是出于"保护人民"的目的。在此意义上,说刑法的目的是"惩罚犯罪"也并非不可;相反地,"惩罚犯罪"只是手段,最终目的是"保护人民",因此"刑法的目的是保护法益"的说法,在刑法第1、2条的规定之下,同样妥当。如此说来,"惩罚犯罪"和"保护人民"互为手段和目的。但正如将挣钱当作唯一目的的行为会导致人们的工作与生活失衡,本末倒置,严重影响人们的生活质量一样,手段必须受制于目的,而目的必须与手段一致。"保护人民"的目的对"惩罚犯罪"的手段具有制约作用,反之亦然。当对"惩罚犯罪"的追求超越了"保护人民"的目的,如对犯罪人适用"五户联保、十户连坐"的"株连"处罚时,则不仅"保护人民"的目的无法实现,反而还会造成"祸害人民"的效果。从此意义上讲,那种认为"只要国家还存在,犯罪就必须被否定,犯罪人必须被审判并受到惩罚"[12]的绝对报应主义不为本书所采。

在将"惩罚犯罪""保护人民"作为刑法目的的见解之下,必须注意以下几点:

第一,"惩罚犯罪"是次要目的,主要目的还是"保护人民"即保护法益。"惩罚犯罪"是在人的原始报应本能基础上阐发出来的一种目的论见解,和建立在理性基础之上的"保护人民"即保护法益的目的相比,层级比较低,刑法的主要目的还是保护法益。所谓法益,是所有被刑

---

[11] 冯军、肖中华主编:《刑法总论》(第3版),中国人民大学出版社2016年版,第19页;李洁主编:《刑法学》(第2版),中国人民大学出版社2014年版,第5页;陈晓明主编:《刑法总论》(第2版),厦门大学出版社2011年版,第8页。
[12] 冯军、肖中华主编:《刑法总论》(第3版),中国人民大学出版社2016年版,第19页。

法保护的社会生活利益,其既包括被害人和加害人在内的所有社会成员的生命、身体、财产、自由等个人的生活利益,也包括建立在上述保护个人利益基础之上,但不一定可以直接还原为个人法益的国家安全、公共安全、社会主义市场经济秩序以及社会管理秩序之类的国家利益与社会利益。刑法之所以将特定行为规定为犯罪,并对其科处一定刑罚,目的就在于通过防止该种行为,以保护为该行为所侵害的利益(法益)。如故意杀人罪的规定就以保护无辜的人的生命为目的,虐待被监管人罪的规定以保护被监管人的身体为目的。从此意义上讲,所有的犯罪规定,都是以保护法益为目的,没有法益侵害或者法益侵害的危险,就没有犯罪。

第二,刑法目的的实现均有一定限度。在将"惩罚犯罪"作为刑法目的之一的时候,必须注意其受刑法第3条所规定的罪刑法定原则的限制。我国刑法第3条明确规定:"法律明文规定为犯罪行为的,依照法律定罪处罚;法律没有明文规定为犯罪行为的,不得定罪处罚"。据此,行为人实施了犯罪行为的,必须依法处罚,但是实施了法律没有明文规定为犯罪行为的,不得处罚。从人类社会的发展历史来看,在国家存在之后,使用刑罚惩治他人的权力即刑罚权就一直存在并且为国家所独占。有权力的人总是倾向于滥用权力,因此限制和约束权力滥用成为政治学上的一个普遍议题,国家所独占的刑罚权也不例外,古往今来,其天然地具有自我扩张和膨胀的能力,应用边际直到遇到阻力和反弹而不能扩张为止。这种阻止刑罚权扩张的手段,就是在刑法中明文规定"无法无罪、无法无罚"的罪刑法定原则,据此,虽然刑法具有保护法益的目的,但作为其手段的"惩罚犯罪"的方式,只能局限于现行法所明文规定的范围之内。从此之后,国家能够基于法律规定"惩罚犯罪",但这种惩罚,也必须受到刑法明文规定的限制,而不能法外施刑。这实际上是刑法目的当中"法益保护说"的体现。

第三,对法益的保护能否实现,是在事后进行判断的。在刑法的目的上主张"法益保护说"时面临的一个挑战是,既然承认刑法的目的是保护法益,那么为什么要在法益受侵害之后才对其予以保护,而不在有行为危险时就予以保护呢?对此诘问,本书的看法是,尽管"法益保护说"认为只有在法益侵害结果发生时,才能进行刑法干涉,但这种"结果"包括未遂犯之类的法益侵害危险在内,只要行为具有侵害法益的可能性,就可以进行刑法干涉,并不一定要等到实害结果发生之后。况且,即便主张依据行为危险说保护法益,但正如在判断预备犯和未遂犯时,必须考虑该行为本身的侵害法益的危险一样,不考虑法益侵害结果,如何判断行为是不是具有社会危害性从而进行刑法干预呢?只是,行为有无侵害法益的危险的判断只能在事后进行,事前无法预知;正如向人开枪的行为有无侵害法益的危险,只能在事后依据所查明的事实如枪里有无子弹、枪支本身有无损害等进行判断一样。

第四,将刑法的目的理解为"通过惩罚犯罪的手段保护法益",具有以下两方面的意义:其一,不是所有的行为都是刑法处罚的对象,而只有侵害法益的行为,才是刑法处罚的对象,即"没有法益侵害,就没有犯罪"。这一点和近代以来刑法所坚持的,"只有对社会的外在侵害才是衡量犯罪的真正尺度,而人内心的邪恶、拙劣、猥琐等不是追究人的刑事责任的根据"的基本观念是一致的。其二,在确定是否属于刑法所保护的法益的时候,必须以人本主义的价值观为基础进行判断。即便是在随着刑事立法的激增,抽象、普遍法益成为不可忽视的存在的当今,在对这些所谓抽象、普遍的法益进行说明时,也还是应当将其尽量限定、还原为人的生命、身体、财产、自由之类的具体、个别的法益,即便无法还原,在决定是否对其加以保护的时候,也还是必须将其和人自身的利益联系起来,而对于无法还原为人的具体、个别法益的抽象利益(如所有的人都必须信奉某特定宗教的要求),不能将其作为刑法上的法益加以保护("法益还原论")。

三、刑法的机能

刑法的机能,也称刑法的功能,就是刑法在社会生活中应当具有的作用,它是实现刑法目的的手段。关于刑法的机能,众说纷纭。有的将其概括为"行为规制机能、安全保护机能和人权保障机能"[13],有的将其概括为"人权保障机能、法益保护机能、行为规制机能"[14]。本书认为,刑法具有两大基本机能,即规制行为机能和保障人权机能。

（一）规制行为机能

刑法具有通过将一定的行为规定为犯罪,并对其科处一定刑罚,以表明该行为不为法所许可,要求人们不要实施该种行为的机能。刑法就是通过这种规制行为机能,抑制社会上潜在的犯罪人所具有的犯罪动机,并让一般人不要产生犯罪念头,从而实现刑法的一般预防目的。

刑法的规制行为机能,是刑法最为重要的机能。如前所述,所谓刑法,就是在人们实施违反该种法律规定的行为时,对违反者科处刑罚这种国家强制性措施的法律。换句话说,就是以刑罚为主要法律效果的法律。因此,刑法以有关违反特定规范的行为即犯罪行为和对该行为予以何种处罚的内容为中心,以规定人们不得或者必须实施某种行为为主要内容。这种规制行为的内容之所以重要,是因为人们建立社会,是为了使刑法所保护的社会生活利益处于让人感到身心愉悦的状态,最终让所有的人都过上"岁月静好、现世安稳"的祥和生活。但是现实之中,威胁这种宁静的社会生活的行为并不罕见,如杀人、伤害会让人们的身体安全受到严重侵害,盗窃、诈骗会使人们遭受难以预料的重大财产损失。为了对付此类行为,自古以来,人们就将侵害社会生活安宁的行为中的最严重者,作为侵害或者威胁法益的犯罪行为,对其科处刑罚制裁,从而维持社会生活的安稳。因此,当今世界上,国家的重要职能之一,就是通过制定刑法,明确指出何种行为不得为、何种行为必须为,从而保护人们的生活利益,以维持社会秩序。

不过需要注意的是,虽然名为"规制"行为机能,但其并非要求人们应当采取何种行动,而是要求人们不得实施何种行为(只有在极为例外的情况下,才要求特定的人实施某种行为)。因此,什么样的行为在刑法上要受到否定评价成为问题。对此,国外曾有"伦理违反说"和"法益侵害说"之争。"伦理违反说"认为,刑法具有维护社会伦理的作用,这种作用通过规制机能体现出来,即刑法通过规定社会伦理秩序,要求个人采取与此相应的社会行动,并根据这种要求来达到保护法益的效果。相反地,"法益侵害说"则认为,刑法之所以对一定的行为进行否定评价,无非是因为该行为侵害或者威胁到了值得保护的利益(法益)。所以,刑法只要求人们不得实施侵害或者威胁刑法所保护的利益的行为,而没有要求人们应当实施某种行为。

---

[13] 冯军、肖中华主编:《刑法总论》(第3版),中国人民大学出版社2016年版,第19页。
[14] 李希慧主编:《刑法总论》,武汉大学出版社2008年版,第29页;刘艳红主编:《刑法学》(上)(第3版),北京大学出版社2023年版,第17~18页。

这一争论,最终以"法益侵害说"取胜而告终。因为,"社会伦理"的意义不明确。如果说所谓社会伦理,是作为社会共同体的一员即个人应当遵守的、被法律化的伦理的话,作为社会的成员的公民,遵守这种伦理当然是应该的。但是,由于它已经被法律所承认即已经成为法律内容的一部分,所以不应当称之为"伦理";如果说不是这种意义上的"伦理",而是一般人情操观念上的"伦理",则可能导致刑法不当干涉人们的内心想法,和近代刑法的观念相悖;而且,将一般伦理观念作为刑法调整的内容,有将犯罪行为泛化之嫌。因此,一般认为,无论如何,刑法的规制行为机能,只能通过避免侵害或威胁法益的方式来实现,而不能对个人内心深处的思想进行干涉。

以上争议,对于理解我国刑法的规制行为机能而言,也极具启发意义。在我国,关于刑法的规制行为机能,未曾有上述"伦理违反说"和"法益侵害说"之争,但却存在纯粹违法说与违反刑法说之争。由于我国刑法中,绝大多数犯罪成立要件的规定采用了"行为+结果或者情节"的规定模式,因此,必然会出现行为违反"不得盗窃""不得伤害他人"之类的行为规范,但并没有达到特定"结果"或者"情节"要求的情形。这种类型的行为,我国通常将其作为违反行政法规的行为,规定在《治安管理处罚法》等行政法当中。因此,在我国,就会出现这样的情形,即相同形态的危害行为(如诈骗行为),既可能触犯刑法(如刑法第266条规定的诈骗罪),也可能触犯一般行政法规(如《治安管理处罚法》第58条),到底按照哪一种法规处理,仅仅取决于该诈骗行为是否具有获得"数额较大"的财物的危险。在具有该危险时,就构成诈骗罪,适用刑法处罚,否则就只能作为违反《治安管理处罚法》的行为,适用行政处罚。我国这种"行为+结果或者情节"的犯罪规定模式,必然会对理解刑法规制行为机能产生一定影响。刑法所规制的行为,不是一般的违反"不得盗窃""不得诈骗"之类的禁止规范的行为,而是具有造成"数额较大"的财物被盗或被骗的危险的行为。相应地,若行为仅仅违反"不得盗窃""不得诈骗"之类的禁止规范,而没有造成其他严重侵害法益结果,只能在《治安管理处罚法》的规范范围之内处理。[15]

就贯彻刑法的规制行为机能而言,最理想的方式就是采用"一刀切"的极端方式,将所有侵害或者威胁生活利益的行为都作为刑法的规制对象,严禁实施,否则就要受到刑罚处罚。但是,这样做的后果是,禁锢人们的思想和行为,引起妨碍人们自由活动的"寒蝉效应"。从刑法是使用刑罚这种最为严厉的手段来保护法益的现实,以及刑法属于只有在使用其他手段都难以奏效时才能使用的补充法的特点来看,刑法所规制的行为,只能是从维持社会秩序的角度来看,极为重要、不能放弃不管的侵害人们具体生活利益或者与此密切相关的行为。

(二)保障人权机能

近代刑法学的一个重要原则是,刑事法律所要遏止的不是犯罪人,而是国家。也就是说,

---

[15] 之所以出现这种结局,主要是和我国对违法行为采用的"双层次"的制裁体系有关。我国的立法机关将很多性质相同的违法行为(如盗窃、诈骗等)根据所造成的后果或者伴随状态不同,区分为犯罪行为和行政违法(如《治安管理处罚法》)行为,并将其规定在不同的处罚法(如刑法和《治安管理处罚法》)之中。在国外(如日本),尽管也采用这种将违法行为二分,分别规定在不同的制裁法之中并予以不同处罚的方式,但和我国刑法与《治安管理处罚法》的处罚范围存在诸多重叠的情形不同,在日本,《轻犯罪法》所处罚的行为和刑法所处罚的行为完全不同,二者几乎没有重合。《轻犯罪法》中所规定的行为,不在《日本刑法》中出现;相反地,在《日本刑法》中所规定的行为,也几乎不可能出现在《轻犯罪法》当中。参见黎宏:《结果无价值论之展开》,载《法学研究》2008年第5期。

尽管刑法规定的是犯罪及其刑罚,但它针对的对象却是国家。[16] 因此,以"对社会控制的主体(国家)自身进行控制"为主要目标的近代刑法的重要机能,就是保障人与生俱来的权利即人权不受国家权力的侵犯,此即"保障人权机能"。这一机能意味着,刑法应当事先规定有关犯罪和刑罚的适当内容,以限制国家刑罚权的任意发动,从而起到保障人权的作用。如果没有刑法,国家就可以随心所欲地处罚人们的行为,如此一来,谁都不知道自己哪天一觉醒来,会像卡夫卡所著《变形记》中的主人公变成甲虫一般,成为犯罪人。这样,刑法就不仅仅是"善良人的保护法",更是"犯罪人的大宪章",具有"对社会控制的主体(国家)自身进行控制",限定被处罚的行为,保障包括犯罪人在内的所有人的自由(乃至人权)的作用(机能)。这也是我国刑法第 3 条规定罪刑法定原则的最主要理由。

与刑法的保障人权机能相关的一个重要观念,是刑法谦抑思想。所谓刑法谦抑思想,就是不应当将所有的违法行为都作为刑法的处罚对象,作为刑法处罚对象的只能是那些不得不予以刑罚处罚的行为。从谦抑思想出发,可以推导出以下三个基本观念:(1)刑法的补充性。正如"最好的社会政策就是最好的刑事政策"(李斯特语)所说的一样,仅仅依靠刑法是不能抑制犯罪,维持社会秩序的,而且,刑罚是剥夺犯人生命、自由以及财产的最为残酷的手段,因此,其只能被用作防止犯罪所必要的"最后手段"(ultima ratio)。(2)刑法的不完全性。刑法控制,不应当深入人们生活领域的每一个角落,而只应当限定于维持社会生活秩序所必要的最小领域之内。(3)刑法的宽容性。换言之,即便发生了侵害行为,但只要不是保护法益所必需的,就要本着宽容精神,尽量不要动用刑罚应对该种行为。现代社会中,尽管刑法谦抑思想的观念有所式微,刑法已经被视为一种社会治理手段,大量的过去被规定为行政违法的行为也被纳入了刑法的处罚范围,但只要我国的现实立法仍然坚持二元的违法制裁体系,刑法第 13 条仍然将"情节显著轻微危害不大的,不认为是犯罪"作为犯罪概念的内容,就不得不在刑法的立法和司法上,坚持刑法谦抑原则。

(三)规制行为机能和保障人权机能的关系

刑法的规制行为机能和保障人权机能经常处于矛盾、对立之中,二者之间存在二律背反现象。过分强调刑法的规制行为机能,将大量的违反规范行为规定为犯罪,必然会导致对法益侵害行为处罚的无条件地正当化,在刑事立法和司法上扩大刑法的适用范围,招致对人权的侵害;相反地,过分强调刑法的保障人权机能,将保护犯罪嫌疑人和被告人的权利作为刑法的首要任务,就必然要求限定和缩小刑法的适用范围,以至于难以对法益进行有效的保护。上述任何一种局面的出现,都会使人们失去对刑法的信赖,引起社会秩序的混乱。因此,如何协调规制行为机能和保障人权机能之间的关系,就成为当今刑法学的基本问题。

对此,本书的立场是,在罪刑法定原则的前提之下,进行犯罪认定上的合理分工,在成立犯罪的客观要件即在有无社会危害性及其大小的判断上,将行为所造成的法益侵害结果和行为人的身份等客观外在因素作为唯一判断标准(规制行为机能);而在成立犯罪的主观责任要件即在主观责任的有无以及轻重的判断上,仅考虑行为人的内在主观心理状态和精神状态(保障人权机能),从而实现规制行为机能和保障人权机能之间的折中与平衡。

---

[16] 李海东:《刑法原理入门(犯罪论基础)》,法律出版社 1998 年版,第 3~4 页。

第三节 刑法的规范、体系与解释

一、刑法规范

刑法规范,是以禁止、处罚犯罪行为为内容的罪刑规范,其内容蕴含在刑法规定或者说刑法条文当中,但和刑法规定不是一回事。刑法规范是刑法规定的内涵,而刑法规定是刑法规范的表现形式。如刑法规定有盗窃罪、遗弃罪,其中所蕴含的规范就是:不得盗窃;具有特定义务者必须扶养没有独立生活能力的人。因此,那种将刑法规范和刑法规定等同的理解是错误的。

对于有关刑法规范到底是行为规范还是裁判规范,存在争议。主张刑法是行为规范的人认为,刑法是针对一般人的命令、禁止或许可,是一般人的行动指南;相反地,主张刑法是裁判规范的人认为,刑法是针对司法人员的命令、禁止或许可,是法官等在定罪量刑时的指南。

我国刑法分则条款在规定犯罪和刑罚的时候,通常采用先规定犯罪的假定条件(行为),然后规定与其相应的法律后果(刑罚)的形式。例如,刑法第 236 条第 1 款规定,"以暴力、胁迫或者其他手段强奸妇女的,处三年以上十年以下有期徒刑"。其中,"以暴力、胁迫或者其他手段强奸妇女的"是假定条件,"处三年以上十年以下有期徒刑"是法律效果。从字面上看,显而易见,上述规定应当属于裁判规范。因为,其意思是,司法工作人员对于"以暴力、胁迫或者其他手段强奸妇女的",只能以强奸罪定罪,在"三年以上十年以下有期徒刑"的范围之内处罚,而不得在此限度之外定罪处刑。

但是,主张刑法规定是行为规范的观点则认为,一般人都是根据刑法规定来规范自己的行为的,同时,从理论上讲,上述规定省略了这样一个前提,即"不得以暴力、胁迫或者其他手段强奸妇女",这个被省略的前提恰好就是"不得强奸"这一刑法上的行为规范。如果不以对一般人适用的行为规范为根据,而仅以对法官适用的裁判规范为前提来科处刑罚,会违背一般人的法感情,使刑法丧失规制行为的机能。在此意义上讲,刑法具有行为规范的一面。

确实,在刑法仅仅将"故意杀人的,处……"或者"盗窃公私财物的,处……"作为故意杀人罪和盗窃罪全部成立条件的时候,或许(也仅仅只是"或许")可以说该规定是行为规范;但是,在将"数额较大"或者"情节严重"等作为具体犯罪成立条件的时候,还说刑法规定是以一般人为适用对象的行动指南,恐怕是有些勉为其难了。因为,什么情况属于"数额较大"或者"情节严重",不是一般人能说得清楚的,否则最高司法机关就没有必要每年就如何具体适用刑法而颁布大量的司法解释了。在我国,刑法尽管可以说具有作为一般人的行动指南的一面,但更主要的还是作为司法工作人员的审判指南的一面。

实际上,在现代社会,即便以一般人都能看明白的最通俗的语言来规定法律条文,但在其适用中,也仍然要经过法官的价值判断。毕竟,日常生活经验并不能取代法律规定,法律规定作为人们有关生活规则的系统化认识,含有许多技术性内容,具有自己独到的解释方法。即便是人们生活当中最常见的"故意杀人的"规定,也包含有许多根据一般人的经验和常识无法解决的价值判断问题。比如,见死不救或者遗弃他人致其死亡的行为,是否属于"杀人"行为?部分露出母体的胎儿或者大脑已经丧失正常功能的人,能否称得上是故意杀人罪中作为对象的"人"？误将尸体作为活人加以"杀害"的行为,是否为"故意杀人行为"？这些都不是根据一般人的常识或者处罚感情所能判断的问题。同样,就最为常见的"盗窃公私财物,数额较大的"盗窃罪而言,也存在同样的问题。何谓"盗窃",是秘密窃取还是以平和手段公然获取？何谓"财物",以债权为代表的财产性利益是否包括在内？何谓"数额较大"？这些都是需要司法工作人员结合时代发展的现状,进行规范判断才能说明的概念,绝对不会为社会一般人根据日常生活经验就能推导出来。

本书认为,刑法规范既有行为规范的一面,又有裁判规范的一面。只不过,由于刑法条文中潜在的规制行为机能和保障人权机能存在二律背反,使刑法条文所具有的行为规范属性与裁判规范属性必然存在一定程度的分离。这种分离,使刑法在不同场景下,体现出不同的规范属性——在立法场景下,刑法更多地体现为行为规范,而在司法适用也即裁判场景下,刑法则更多地体现为裁判规范。关于这一点,后文还将详细展开。

刑法到底是行为规范还是裁判规范,对认定行为是否具有社会危害性具有重要影响。如果说刑法是行为规范,是社会一般人的"行动指南"的话,则对行为有无侵害法益的危险的判断就只能以作为刑法适用对象的一般人在行为当时的认识为准;相反地,如果说刑法是裁判规范,是法官定罪量刑的指南的话,则在行为是否具有社会危害性的判断上,只能以法官等专业人士在裁判时的科学认识为准。虽然通常来说,普通人的判断和专业人士的判断不会有太大差别,但在特定的案件当中,则可能出现截然相反的结论。这些在之后的相关章节中,都将具体介绍。

二、刑法体系

刑法体系,一般是指刑法典的组成和结构。刑法典的组成,是指刑法典由哪些部分构成;刑法典的结构,是指刑法各部分在刑法典当中排列的次序和层次。我国现行刑法采用大陆法系的法典模式,由若干编、章、节、条、款、项组成一个有机整体。

1. 编和附则。我国刑法整体上分为两编,第一编为总则,第二编为分则,此外还有一个附则。总则内容是一般规定,包括刑法的基本原则、适用范围以及有关犯罪与刑罚的一般原理、原则的规定,是定罪量刑所必须遵循的共同准则。分则内容为具体犯罪的犯罪构成和刑罚的有关规定。总则规定不仅适用于分则,而且适用于其他有刑罚规定的法律(但其他法律有特别规定的除外)。附则规定两个内容:一是现行刑法开始施行的时间,二是相关法律的废止与保留。

2. 章。章是总则和分则两编之下最大的单位。我国刑法的总则和分则各自独立设章并分别排列。我国刑法总则共分五章,分则共分十章。

3. 节。节是章下所设的单位。我国刑法总则和分则在章下并未一律设节,而是根据各章的具体需要而定。总则第二章、第三章、第四章章下均设有节,而第一章和第五章章下则未设节;分则第三章、第六章章下设有节,而在其他章中没有设节。这主要是因为有些章当中,内容芜杂,头绪众多,而有些章当中,内容则相对单一,容易归类。

4. 条。条是刑法典的基本单位。我国现行刑法对全部条文连续编号,不受编、章、节划分的影响。不算刑法修正案所增加的条文,我国刑法典共有452条。其中,总则101条,分则350条,附则1条。

5. 款。款是条下所设单位。款无编号,其表现为条文中另起一行并以句号结束的含义相对独立的自然段。条下并不一定要设款,是否设款,视该条内容的多寡而定。同一款包含两个以上的意思时,还可以将款分段。如刑法第12条第1款,即"中华人民共和国成立以后本法施行以前的行为,如果当时的法律不认为是犯罪的,适用当时的法律;如果当时的法律认为是犯罪的,依照本法总则第四章第八节的规定应当追诉的,按照当时的法律追究刑事责任,但是如果本法不认为是犯罪或者处刑较轻的,适用本法",实际上就表达了三个意思,包括了三段内容。理论上称表达第一个意思的为前段,表达第二个意思的为中段,表达第三个意思的为后段。若一个条文只表达两个意思的话,则称表达前一个意思的为前段,表达后一个意思的为后段。在引用设有款的刑法条文时,称之为"第某某条第某款"。但许多条文并不设款,比如刑法第3条,即"法律明文规定为犯罪行为的,依照法律定罪处刑;法律没有明文规定为犯罪行为的,不得定罪处刑",就是如此。在这种情况下,只应称作"第某某条",而不应称为"第某某条第1款"。

刑法条款以文字表达规范内涵,其表达自应合乎语法。当同一条款的后段要对该款前述内容作出相反、例外、限制或补充规定时,往往使用"但"或"但是"予以提示。在理论上,以"但"或"但是"开始的这段文字被称为"但书","但书"之前的部分则被称为"本文"。

6. 项。项是条下或者款下所设单位,用加括号的序数编排且每项另行起行。在理论上,分项之前的内容,被称为"项前"。例如,规定强奸罪的刑法第236条下设3款,第3款又设有6项,分别以(一)(二)(三)(四)(五)(六)的序号予以提示,此6项的"项前"规定是"强奸妇女、奸淫幼女,有下列情形之一的,处十年以上有期徒刑、无期徒刑或者死刑"。在引用设项的条文中的某项时,应说明引用"第某某条第某款第某项"(该条设款时)或"第某某条第某项"(该条不设款时)。

三、刑法解释

(一)刑法解释的概念

刑法解释是对刑法规定用语的意义进行说明,是赋予刑法规定特定含义的思维与实践过程。

本来,从近代国家权力分立的原则出发,对于立法机关所制定的刑法,司法官员是不能解释的。因为,如果通过解释的方式就能随意变更法律规定的内容,则事前的法律明文规定便没有任何意义。但是,刑法规定具有适用上的普遍性,这就使刑事立法在某种程度上不得不使用一些抽象、模糊乃至让人费解的用语,不解释便难以理解其意义;同时,刑法一经制定,就具有了相对的稳定性,而社会形势日新月异,许多情况在立法当时根本不可能考虑到,为了应对社会发展所带来的新情况,也有必要进行刑法解释,以保证司法活动能够跟得上客观情况的变化。只是,在解释的限度上,与民法等部门法相比,刑法解释的余地应当较小。因为,刑法解释的后果和公民的生命、自由、财产等最基本的权利直接相关,受到罪刑法定原则的严格限制。如果刑法规定的内容能够通过解释随意变更,就等于放弃了罪刑法定原则,将导致罪刑擅断。

上述问题的存在,使刑法解释所允许的范围到底有多大难以确定。具体而言,关于刑法解释,其目标究竟是探求立法原意还是法律条文的字面本身所可能具有的意义? 在这一问题上,有主观说和客观说之争。主观说认为,刑法解释的目标是还原"表现于刑法条文之中的立法者的意图"即所谓"立法原意",主张法官就是转达法律规定的人,绝对不允许法官进行任何解释。否则,就不是在解释法律,而是在创制法律。[17] 相反地,客观说则认为,刑法解释是一种创造性的活动,而不是消极地、被动地去发现立法者的原意。刑法解释的目标是探明"刑法条文所客观表现出来的意图"或者说"法条的客观意义",主张法官能够以法律存在漏洞为由,通过解释来补充甚至创制法律。[18] 主观说与客观说似乎从理念到方法均大相径庭,相差悬殊。

但在实际应用上,无论是采主观说还是采客观说的论者均承认,刑法解释的结论不能突破罪刑法定原则的界限,不能超越作为解释对象的用语所可能具有的文义范围。[19] 从此意义上讲,刑法解释的目标到底是探求立法原意还是法条的客观意思并不重要,重要的是某种解释是否超越了法条用语所可能具有的文义、超出了一般人可以预测的范围。立法原意当然不会超越法条用语可能具有的意思,但即便是法条的客观意思,只要没有超越用语可能具有的意思、超出一般人可以预测的范围,就不能说其是违法解释。因此,在刑法解释问题上,重要的不是解释的目标,而是解释的界限或者限度。

(二)刑法解释的分类

刑法解释,按照不同标准,可以进行不同的分类。

1. 立法解释、司法解释和学理解释

这是以解释的主体为标准所作的分类。

(1)立法解释

立法解释是由最高权力机关所作的解释,具体而言,是指全国人民代表大会及其常务委员会对刑法规定所作的解释。根据《宪法》第 67 条的规定,解释法律是全国人民代表大会常务委员会的职权。因此,立法解释是正式解释或者说有效解释。

通说认为,立法解释包括三种方式:一是在刑法或相关法律中所作的解释性规定。如刑法总则第 91 条至第 100 条对公共财产,公民私人所有的财产,国家工作人员,司法工作人员,重伤,违反国家规定,首要分子,告诉才处理,以上、以下、以内,前科报告等法律术语所作的解释性规定,以及刑法分则第 294 条对黑社会性质的组织、第 357 条对毒品、第 367 条对淫秽物品所作的界定,就属于此。二是在"法律的起草说明"或者"修订说明"中所作的解释。如 1997 年 3 月 6 日全国人民代表大会常务委员会副委员长王汉斌所作的《关于〈中华人民共和国刑法(修订草案)〉的说明》,就是这种解释。三是在刑法施行过程中,立法机关对发生歧义的规定所作的解释。如 2014 年 4 月 24 日第十二届全国人民代表大会常务委员会第八次会议通过的《关于〈中华人民共和国刑法〉第三百四十一条、第三百一十二条的解释》就属于这种解释,其通常由

---

[17] 陈兴良:《陈兴良刑法学教科书之规范刑法学》,中国政法大学出版社 2003 年版,第 21 页。
[18] 张明楷:《刑法学》(上)(第 6 版),法律出版社 2021 年版,第 34 页;李国如:《罪刑法定原则视野中的刑法解释》,中国方正出版社 2001 年版,第 68~78 页。
[19] 陈兴良:《陈兴良刑法学教科书之规范刑法学》,中国政法大学出版社 2003 年版,第 21 页;张明楷:《刑法学》(上)(第 6 版),法律出版社 2021 年版,第 35 页。

全国人民代表大会常务委员会以决议的形式作出。

(2) 司法解释

司法解释是指由国家最高司法机关(包括最高人民法院与最高人民检察院)在适用法律的过程中对具体应用法律问题所作的解释。如2012年12月7日最高人民法院、最高人民检察院公布的《关于办理渎职刑事案件适用法律若干问题的解释(一)》、2014年8月12日最高人民法院、最高人民检察院公布的《关于办理走私刑事案件适用法律若干问题的解释》,就属于这种解释。在我国,具有普遍效力的司法解释,只能是由最高人民法院和最高人民检察院就审判和检察工作中如何具体应用法律问题所作的解释,地方司法机关以及各级行政机关均无权对刑法作出此种解释。

最高人民检察院的司法解释又称检察解释,一般使用"解释""规则""规定""批复""决定"等形式,统一编排最高人民检察院司法解释文号;最高人民法院的司法解释又称审判解释,统一使用"解释""规定""批复""决定"四种形式。除审判解释以及检察解释外,还存在所谓"联合解释",即并非单独由最高人民法院或最高人民检察院作出,而是由最高人民法院与最高人民检察院共同作出,或是由最高司法机关联合最高立法机关的下属机关或行政机关作出的关于如何具体应用法律的解释。如2023年12月13日最高人民法院、最高人民检察院、公安部、司法部公布的《关于办理醉酒危险驾驶刑事案件的意见》,就属于这种解释。此外,实践中,最高司法机关以"座谈会纪要"和"答复"等形式发布的文件也具有司法解释的效力。

1981年6月10日全国人民代表大会常务委员会公布并施行的《关于加强法律解释工作的决议》第3条规定:"不属于审判和检察工作中的其他法律、法令如何具体应用的问题,由国务院及主管部门进行解释。"这表明,国务院及主管部门的行政解释对刑法的适用不直接产生效力。但是,上述"其他法律"中也可能存在会对定罪量刑产生影响的规定,国务院及主管部门完全可能对此作出解释。因此,某些行政解释也可能对刑法的适用产生影响。

就立法解释和司法解释的效力而言,在立法解释与司法解释发生冲突时,立法解释的效力高于司法解释;司法解释之间发生冲突时,通常应以最高人民法院的解释为准,但若最高人民法院和最高人民检察院的解释有原则性分歧,应报请全国人民代表大会常务委员会解释或者决定;如果针对刑法某一个条文的解释前后发生了变化,应以最新的解释为准。

司法解释,是中国特色社会主义司法制度的重要组成部分,是宪法、法律授予最高司法机关的一项重要职权。司法解释,为审判和检察工作中适用法律的问题提供了依据,成为仅次于刑法典规定本身的重要的裁判规范来源。人民法院和人民检察院的有关法律文书,除援引刑法条款作为裁判依据之外,还须引用有关司法解释作为依据。从某种意义上讲,司法解释已经成为案件裁决的重要法律渊源。这种通过司法解释来指导刑事案件的处理的做法,正面作用在于,能够灵活地适应形势发展,为全国的刑事司法提供统一依据与标准,但批判的观点认为,司法解释以解释之名行修改刑法之实,公然违反了罪刑法定原则,并且导致基层司法工作者不敢积极考虑刑法的适用,而是消极等待司法解释的出台等负面效果。

(3) 学理解释

学理解释是指未经国家授权的机关、团体、社会组织、学术机构乃至公民个人对刑法条文含义的阐释,如刑法典释义、刑法教科书、刑法专著及论文所作的解释等,就属于此。此类解释全靠"以理服人",属于不具有法律约束力的"无效解释"。

2. 文理解释和论理解释

这是以解释的方法为标准所作的分类。

文理解释,亦称文义解释或者文法解释,是根据刑法条文的文、词、字、句进行的字面解释。如刑法第 95 条对"重伤"一词的解释,第 99 条对"以上、以下、以内"所作的解释,有关司法解释中的"犯罪以后自动投案,如实供述自己的罪行的,是自首"的说明等,都属于文理解释。文理解释体现了严格解释刑法的精神,即严格按照刑法文本的要求,遵循用语的通常意义,对法律文本的含义进行说明,既不扩大,也不缩小。

论理解释,是指参酌立法背景、目的、沿革及其他相关事项,对刑法规定作逻辑分析,阐明刑法用语真实含义的解释方法。按照我国的一般见解,论理解释主要有当然解释、扩大解释和限定解释三种。

(1) 当然解释

当然解释,是指对刑法没有明文规定的事项,但依事物属性、处罚目的以及当然的道理,推论刑法所没有明文规定的事项当然被包括在刑法规定适用范围之内。通俗地说,就是作出该种理解,是"不言自明、理所当然"的。例如刑法第 201 条第 4 款后段规定"五年内因逃避缴纳税款受过刑事处罚或者被税务机关给予二次以上行政处罚"又逃税的,构成逃税罪。那么,因逃税而被给予三次、四次行政处罚后又逃税的,更应该构成逃税罪。这种理所当然的理解,就属于当然解释。

当然解释是我国传统上常用的一种解释方法,人们常说的"入罪时举轻以明重,出罪时举重以明轻"就是其体现。所谓入罪举轻以明重,就是对法无明文规定但有处罚必要的行为,列举与其类似但刑法有明文规定的更轻的行为,然后说明该相较而言更重的行为更应当受到处罚。如已满 14 周岁未满 16 周岁的人绑架杀人的场合,其是否要承担刑事责任,刑法当中没有明文规定。但是,既然刑法第 17 条第 2 款明文规定,已满 14 周岁未满 16 周岁的人故意杀人要承担刑事责任,则比单纯的故意杀人社会危害性更重的绑架杀人就更应当承担刑事责任,这就是"举轻以明重"的解释方式。相反地,所谓出罪举重以明轻,就是某种行为是否要受到处罚,在法无明文规定的场合,列举刑法当中不受处罚的重行为,以说明该轻行为不应受罚。如刑法第 20 条第 3 款规定:"对正在进行行凶、杀人、抢劫、强奸、绑架以及其他严重危及人身安全的暴力犯罪,采取防卫行为,造成不法侵害人伤亡的,不属于防卫过当,不负刑事责任。"这里的"伤亡",一般认为是指重伤和死亡。既然如此,在对杀人等严重危及人身安全的暴力犯罪进行反击,造成其轻伤的场合,就更不应当负刑事责任了。尽管刑法当中对此没有明文规定,但依据刑法第 20 条第 3 款的规定,当然能够得出这种推论。

由于当然解释是将刑法没有规定的事项和刑法有规定的事项进行轻重对比来说明该事项是否处于刑法处罚范围之内的解释方法,所得结论极有可能突破法条用语的字面含义,因此,在适用上必须慎重。一般认为,进行当然解释的时候,法律上没有明文规定的行为和有明文规定的行为必须存在发展关系,即被解释的事项是所解释的法条中所列事项的发展。[20] 因此,

---

[20] 李希慧:《刑法解释论》,中国人民公安大学出版社 1995 年版,第 117 页。

如果两个事项是同级并列关系,就不能通过当然解释使之同一起来。如刑法第122条规定,以暴力、胁迫或者其他方法劫持船只、汽车的,构成劫持船只、汽车罪,而没有规定劫持火车的行为该如何处理。此时,就不能说因为劫持火车的行为相较于劫持汽车的行为更危险,所以更应当作为本罪处理。因为,火车与汽车属于同级并列关系,而非递进发展关系。相反地,刑法第277条第4款规定:"故意阻碍国家安全机关、公安机关依法执行国家安全工作任务,未使用暴力、威胁方法,造成严重后果的,依照第一款的规定处罚。"在此,刑法规定未使用暴力、威胁方法的构成本罪,而没有规定使用暴力、威胁方法的场合,该如何处理。但是,由于后者是前者的更进一步发展,因此,可以按照"入罪举轻以明重"的原则,将"使用暴力、威胁方法的场合"解释在妨害公务罪之内。

(2)扩大解释

扩大解释又称扩张解释,即对刑法条文作超过字面通常意思的解释。

由于扩大解释所得结论有可能超越一般人的认识范围或者说剥夺其预测可能性,因此,反对扩大解释也是完全可能的。但是,法条自身具有实现法律价值的属性,在进行刑法解释时,必须在全面考虑保护法益的目的以及保障人权的机能等内容之后,进行有意识的目的论的解释。特别是在社会急剧变动的时代,为确保法律适用的具体妥当性,有必要扩张刑法用语的通常意义,以完备刑法的处罚范围,因此,扩大解释应当是允许的。

当然,从严格解释刑法的宗旨来看,即便对该行为具有处罚的必要性和合理性,并且该行为也在法条用语可能的解释范围之内,但是,如果该解释的内容脱离了一般人能够预测的范围,并且如此解释的坏处大于好处的话,就绝对不允许进行如此扩大解释。换句话说,扩大解释不能没有任何意义地超越"该用语可能具有的含义"。

比如,刑法第49条第1款规定,"……审判的时候怀孕的妇女,不适用死刑",其中,将"审判的时候",解释为从羁押到执行的整个诉讼过程(而非仅仅指法院审判阶段),以及将"怀孕的妇女",解释为不仅包括正在怀孕的妇女,而且包括案件被起诉到法院以前,在羁押期间做人工流产的妇女,和在羁押期间自然流产后,又因同一事实被起诉、交付审判的妇女,就属于扩大解释。又如,将刑法第196条"信用卡诈骗罪"中的"信用卡",解释为包括商业银行或者其他金融机构发行的具有消费支付、信用贷款、转账结算、存取现金等全部功能或者部分功能的电子支付卡,也属于扩大解释。还如,将刑法第116条中所说的"汽车"解释为包括"大型拖拉机";将刑法第151条走私文物罪和第324条故意损毁文物罪的对象"文物",解释为包括具有科学价值的古脊椎动物化石、古人类化石;将刑法第240条第1款第3项"奸淫被拐卖的妇女"中的"妇女"解释为包括"不满14周岁幼女在内的所有女性";将刑法第275条中的"毁坏"解释为除砸毁、破坏等物理上损坏之外,还包括将他人饲养在池塘的鲤鱼放走、在他人的书画作品上任意添加留言等"使物品丧失其功能"等的理解,都是没有突破上述用语所可能具有的含义的扩大解释,而且这种解释不会引起什么负面影响。相反地,将刑法第256条中的"国家机关领导人员"扩大至"村民委员会的领导人员"、将第259条中的"同居"扩大至"通奸"等解释,都是值得商榷的,其不仅超越了上述用语可能具有的含义,而且会引起很多问题。

(3)限定解释

限定解释指对刑法条文作狭于字面通常意思的解释。

最高人民法院在说明刑法第263条第2项规定的"入户抢劫"时指出,"入户"必须具有"目的的非法性",从而将"行为人不以实施抢劫等犯罪为目的进入他人住所,而是在户内临时起意实施抢劫的",排除在"入户抢劫"之外。[21] 这种解释方法就是限定解释。还有,最高人民法院把刑法第67条第2款即"被采取强制措施的犯罪嫌疑人、被告人和正在服刑的罪犯,如实供述司法机关还未掌握的本人其他罪行的,以自首论"中的"其他罪行"解释为"不同种罪行",排除了同种罪行,[22] 缩小了"其他罪行"的范围,也是缩小解释。诸如此类的解释,在我国有关司法解释中常能见到。

(三)刑法解释原则

在进行刑法解释的时候,必须注意以下三点:

第一,解释不能违背罪刑法定原则的要求。刑法解释必须严格,不能超出一般人对法条用语所能理解的范围。如果作为全体国民的代表的立法机关所制定的法律,能够随意被司法机关的解释修改,则罪刑法定原则就没有存在的必要,国民也就丧失了对自己行为后果的预测可能性,这将产生"寒蝉效应"。这种情况的存在,不仅违背人们建立国家、制定刑法,追求最大限度的幸福和自由的初衷,而且还会助长国家借口保护法益、预防犯罪而无节制地扩张权力、干涉人们日常生活的倾向。

第二,文理解释优先于论理解释。文理解释在解释学上有"黄金规则"(gold rule)之称,是第一位的解释方法。因为,刑法是以限制人的行为为内容,并以剥夺生命、自由、财产等为法律后果的法律。因此,在说明刑法规定的含义时,应当使解释结论尽可能贴合作为刑法制定主体的全体国民所最常用、最能接受的意义也即用语的字面含义,这样才能使国民对自己的行为后果加以预测,从而决定其行为选择。只有在文理解释所得出的结论明显有悖情理、令人难以信服或者难以接受时,才能使用论理解释。如刑法第236条规定"以暴力、胁迫或者其他手段强奸妇女的",构成强奸罪。这里的"暴力"是否包括故意杀人的情形,就颇具争议。从字面意思来看,"暴力"是包括故意杀人手段在内的。但这样解释就会得出杀死妇女后奸尸的行为也构成强奸罪的结论。这种理解显然不合乎刑法有关强奸罪规定的宗旨。强奸罪的保护法益是妇女的性自由。妇女被杀死之后,就不再存在所谓是否实施性行为以及和谁以何种方式实施性行为的选择自由,因此,将奸尸行为作为强奸罪处理,显然是不合适的。这样说来,对于本罪中的"暴力",只能通过论理解释将其限定为杀人行为以外的强制手段。

第三,解释时必须注意条文之间的协调一致,即对刑法用语进行解释时不能只看一个条款,而应当从刑法立法的宗旨和整体意思出发,结合相关条文之间的关系,进行相互没有矛盾的解释说明。如刑法第237条第3款猥亵儿童罪中"猥亵"的含义,不结合其他条款,就无法作出准确理解。猥亵儿童包括猥亵女童和猥亵男童的情形。在对象为男童的场合,猥亵行为,理论上包括奸淫行为在内的一切侵害正常人的性羞耻心的行为;但在对象为女童的场合,则猥亵行为绝不可能包括奸淫行为在内。因为对女童实施的奸淫性的猥亵行为,应依刑法第236条第2款以强奸罪论处。同理,强制猥亵罪中的"猥亵"也不能包括奸淫行为在内,这种解释结

---

[21] 2005年最高人民法院《关于审理抢劫、抢夺刑事案件适用法律若干问题的意见》第1条。
[22] 1998年最高人民法院《关于处理自首和立功具体应用法律若干问题的解释》第2条。

论,就是基于第237条在刑法体系中的位置,尤其是同刑法第236条的相互关系得出来的。再如,刑法第123条后段规定的暴力危及飞行安全罪以"造成严重后果"为成立条件。此处的"严重后果"是否包括暴力危及飞行安全造成机毁人亡的情形在内,难以确定。从字面意思上看,此处的"严重后果"当然包括该种情形。因为,该罪所要求的对飞行中的航空器上的人员使用暴力的行为本身就具有高度危险性,造成机毁人亡的结果也很正常。但是,该罪的法定最高刑只有15年有期徒刑,与此相对,其他涉及机毁人亡的犯罪的处罚远远高于这一限度,如刑法第121条规定劫持航空器,造成机毁人亡的严重后果的,"处死刑";刑法第119条规定故意破坏包括航空器在内的交通工具,造成严重后果的,处"十年以上有期徒刑、无期徒刑或者死刑"。实施同样程度的危险行为,造成同样的危害结果,而法定刑差别却如此之大,这是难以接受的。可见,刑法第123条所规定的"严重后果",不应当包括暴力危及飞行安全造成机毁人亡的情形。否则,就没有办法在本罪和其他类似犯罪之间于量刑上取得平衡。这种结论,也是通过与刑法其他条款的比较得出来的。

第四节 刑法学与风险社会的刑法解释学

一、刑法学概说

(一)狭义刑法学与广义刑法学

刑法学,是以现行刑法,即现行有效的规定犯罪及其法律后果的法律为研究对象的学科领域。严格来讲,它包括狭义和广义。狭义的刑法学,就是刑法解释学,即以解释的方法对刑法规范的意义进行系统性认识的学问,一般可以分为刑法总论和刑法各论。刑法总论研究所有具体的犯罪和刑罚中所共通的问题,而刑法各论则研究各个具体的犯罪所固有的成立条件,阐明其处罚范围以及各犯罪之间的相互关系等。刑法解释学,不单以阐述刑法规范的内容为己任,还从一定的立场或角度出发,以刑法规范为根据,探讨何种行为才是真正值得处罚的行为,并在尊重犯罪人基本人权的前提下,对其科处适当的刑罚,以此为一般人提供行动的准则,达到一般预防和特殊预防的效果,实现刑法所具有的维持社会秩序、推动社会发展的目的。

广义刑法学,除刑法解释学外,还包括基础刑法学。基础刑法学是刑法解释学的基础,包括刑法哲学、刑法史学、比较刑法学以及犯罪学及刑事政策学等。刑法哲学考察犯罪及刑罚的哲学基础;刑法史学研究刑法的历史发展过程;比较刑法学则研究不同国家或者不同法律体系刑法的同与异。上述学科尽管具有不同的研究领域,但作为刑法解释学对象的现行刑法,却是在上述领域的研究成果的基础上制定出来的。如果将刑法解释学比作临床医学,则上述其他领域就可以看作基础医学。从这一角度出发,有关犯罪及其法律后果的实证科学即犯罪学、以犯罪学为基础的犯罪对策学即刑事政策学,以及将两者放在一起研究的学问即刑事学,也是刑法学的重要基础,应被包括在广义的刑法学的范围之内。

为了使刑法充分地发挥作用,有必要将从犯罪侦查到审查起诉、从审判到执行的全过程,有机地联系起来加以考虑。这种以刑法的执行机关为主体而展开的刑法实现过程,被称为刑事司法。与这一过程有关的刑法和刑事诉讼法等法律,一并被称为刑事法。对刑事法进行系统性认识与研究的学问,就被称为刑事法学。

(二)刑法解释学与刑法教义学

刑法学的研究,与其他部门法学一样,以法解释学为中心。因此,在以建构自圆其说的体系性认识为目标的自然科学以及哲学看来,法律解释不过是一种纯粹的技术而已,将其称为学问,有点名不副实。但是,这种观点遭到了多数刑法学者的反对。的确,学问就是围绕对象的系统性认识。在这一意义上,法解释学也是有关法律的系统化认识,纵使其含有许多技术性的内容,但将其作为一门学问,也是理所当然的。尽管如此,不可否认的是,法律是人们在社会生活中"应当如此(当为)"的经验总结,和宗教、道德与习惯等一样,是维持社会生活秩序的规范。因此,以获得对法规范的系统认识为目标的法解释学,和以探索自然规律为己任的自然科学等事实学,具有很大的不同。换句话说,法解释学作为规范学,具有自己独特的研究领域。

我国目前的刑法学领域中,流行"刑法教义学"(亦称"刑法信条学")一语。在理解刑法教义学之前,有必要先说明何谓"法教义学"。有观点认为,法教义学是将现行的实在法秩序作为坚定信奉且不容置疑的前提,并以此为出发点,实现学科的体系化以及展开具体的解释工作的一门规范科学。也有观点认为,法教义学是以对一国法秩序的总体性确信为研究前提,以现行实在法为主要研究对象的学问,它试图提供两种产品:教义学体系与教义学方法。还有学者对何谓法教义学,作出了六点总结:(1)教义学是以运用为导向的对于作用于个案判决的现行的、一般的、抽象的法律规范进行的方法上的整理。法教义学强调一致性、安定性、可预见性及可靠性。(2)教义学通过组织法律素材使之更易被理解。它间接地建立了一个连接法律条文和对于法律进行思维,使之具有体系化的抽象层面。(3)教义学是规范附属的。在民主宪制国家中,其不具有批评立法决定的功能。(4)教义学在法律系统内活动,是法律科学研究,是法律实践,但不是法律创造。(5)教义学是动态发展的。(6)得到充分认识的教义学可以克服概念法学、唯逻辑论者单调的形式逻辑推演,而使一直以来不可避免的价值评判呈现出更清晰的体系化和可认知性。[23]

尽管有关法教义学的理解,各家说法不一,但总体上讲,都承认法教义学具有以下特点:一是以现行的法律规定为基础;二是进行系统化的阐释,这种阐释多呈现为法律裁判的形式;三是在进行这种阐释时,可以对法律规定的不足或者缺陷予以补充,但不能任意批评,更不得凭空创造。换言之,必须将现行法律规定的有效性作为确信不疑的前提。

基于上述内容,本书认为,所谓刑法教义学,就是以承认现行刑法的有效性为前提,建立在刑法典基础之上的,由刑法规范、刑法理论乃至典型案例等组成的一个有机联系的统一理论体系。

关于刑法解释学和教义学的区别,学者也有各种不同理解,有些理解甚至完全相反。如有观点认为,刑法解释学仍然存在批判刑法条文的现象,而法教义学则绝对肯定刑法条文的妥当性。但是,也有人认为,法教义学不仅包括法律解释,还涉及法的续造,如漏洞填补和法律修正,它更侧重于构建法律概念和体系,而法解释学则主要关注对现行法律的文本解释,是法律

---

[23] 焦宝乾:《法教义学在中国:一个学术史的概览》,载《法治研究》2016年第3期。

适用方法的一部分。这是完全相反的立场。另外,还有人认为,法教义学具有权威性,它不仅基于法律文本,还包括在法律有空白时的理论创造。相比之下,法解释学更侧重于对现有法律文本的解释和应用。法教义学的活动不限于简单的法律解释,还包括概念和体系的建构,这些活动与法律解释并不相同。换言之,法解释学主要关注如何应用现有的法律规则和原则来解决具体案件,而法教义学则更关注法律的整体框架和理论构建。

但就我国目前有关所谓刑法教义学的论文和教材的现状看来,上述有关刑法教义学和刑法解释学的理解并不公允,有轻视甚至贬低刑法解释学、人为拔高刑法教义学的情况。一方面,我国目前很多学者在撰写刑法论著时,虽自称是刑法解释学,并未冠以刑法教义学之名,但并不影响作者在分析法条时严格地遵循现有的刑法规定,并且基于一定的立场如法益侵害说、社会相当性说等,以各种解释方式对现有的刑法条文进行体系化揭示和查漏补缺。甚至对于刑法所没有明文规定的排除违法或责任事由,也以社会相当性、正当业务行为、被害人同意、自冒风险以及自我答责等学说加以建构,对刑法规定的不足进行补充。另一方面,所谓教义学,本意是研究宗教或特定信仰体系的教义、信条的学科,它涉及对宗教教义的阐释、理解和应用,旨在深入探讨和传播宗教信仰的核心内容和教义。顾名思义,刑法教义学,就是将刑法规定本身作为不加怀疑的教义、信条加以遵循、解释。从此意义上讲,在"刑法不是嘲笑的对象"的观念已经成为常识的当今,刑法教义学和我国现在所说的刑法解释学是否真的存在巨大差别,让人生疑。特别是不少自诩刑法教义学的著作在具体展开时,已经偏离了教义学的宗旨,罔顾我国刑法的明文规定,直接将外国特别是德国的法律规定生搬到我国的司法实践中套用。如我国刑法第15条将对结果的"预见可能性"作为犯罪过失的核心内容,但不少教义论者不顾这一现实规定,将"结果回避可能性"作为认定犯罪过失的核心,就是其体现。如果说刑法教义学将实定法奉为"圣经"的话,则上述做法显然偏离其初衷。

如果实在要说新起的刑法教义学和传统的刑法解释学有什么不同,就我国的现实情况而言(注意,仅仅就我国目前的现实就事论事),可能在以下几点上略有差别:

一是学术背景不同。以德国刑法学说为参照系的学者,倾向于在自己的见解或者学说之前加上"教义学"的限定,而以我国传统学说以及日本刑法学说为坐标轴的学者,常常将自己的见解不加限定地称为"展开"、"解释"或者"阐释"。

二是哲学理念不同。随着近代自然科学的发展,经验主义的研究方法逐渐渗透到包括法学的社会科学领域之中,因此以寻找因果关系为基本内容,重视经验性、现实性存在的传统刑法学说,通常不会给自己的理论贴上"教义学"的标签。相反地,认为法学根本上不同于经济学、社会学、心理学等能够以自然科学的范式进行实证量化的学问,而是一门富有浓郁的价值判断底色的学术领域的观点,由于往往肯定某种先验性、观念性的存在,就会习惯于将其见解冠以"教义学""信条学"之名。

三是适用对象不同。由于教义学最初源自对圣经之类的宗教经典的说明和阐释,其所针对的对象是一般信众,具有启迪或者抑制其思想的意义。因此,承袭了宗教教义学方法的刑法教义学,往往和宗教布道类似,在对刑法相关规定的阐释上,重视为一般民众提供日常生活的行为指南的性质。相反地,刑法解释学,立足于实践中对刑法规定最为关心的往往是法官、检察官或律师等职业法律人这一事实,在对刑法相关规定的理解上,往往针对现实已经发生的具体案件展开,具有为法官等法律专业人士提供工作指南的性质。这种适用对象带来的差异,也使刑法教义学和刑法解释学对同一刑法法条的理解,可能会大相径庭。

二、风险社会的刑法解释学

近年来,刑法解释学正面临巨大挑战。这种挑战主要来自所谓风险社会刑法观。该种观点认为:一方面,科学技术的发展为人们的生活带来前所未有的便捷的同时,也引发了潜在的危险和不安。现代社会中,由经济安全、生态环境安全、信息安全乃至核安全等构成的非传统安全,时刻牵动着人们紧张的神经。为了消除人们的这种不安感,就产生了国家将历来被视为抽象性、普遍性法益的自然环境、经济体系、公共秩序等纳入刑法保护范围的必要。另一方面,大规模的国际恐怖组织的存在,跨国界无差别的恐怖袭击已经成为各国都不可避免的问题。如何以包含刑罚手段在内的国家强制力对付这种恐怖活动,是迫在眉睫的问题。在前现代国家,国民对于国家的刑罚权充满戒心,刑法的基本任务就是限制国家对刑罚权的肆意运用。但是,在现代文明国家,擅用刑罚凌虐百姓的情况极其罕见,上述担心已属多余。因此,各国应当积极主动地使用刑罚以对付暴虐的恐怖集团和犯罪组织。[24]

受上述风险社会刑法观的影响,近年来,各国纷纷修改刑法。在这些立法活动当中,体现出了两个重要特点:一是"刑法干预的普遍化",即通过制定一系列的包含有刑罚处罚的法律规定,将许多抽象法益如环境、秩序、感情之类列入刑法的保护范围;二是"刑法干预的早期化",就是将刑法处罚的阶段提前,将历来只是作为例外的例外而加以处罚的预备犯程度的抽象危险行为纳入刑法的制裁范围。

我国也不例外。以"刑法修正案"的形式对现行刑法作出修改,已经成为我国刑事立法领域的"新常态"。如此频繁修改刑法的其中一个原因,在于我国违法制裁体系的沧桑巨变。历史上很长一段时期,我国实行的是"行政处罚—劳动教养—刑罚"的三级制裁体系,即对一般违法行为予以行政处罚,对严重违法行为予以劳动教养,对犯罪行为予以刑罚处罚。然而,在2013年年底劳动教养制度被废止之后,上述三级制裁体系就演变为了"行政处罚—刑罚"二元制裁体系,原本由劳动教养制度规制的行为,很大一部分就转归刑法规制了。

同时,另一个重要的原因在于,与传统的"制裁刑法观"或者"保障刑法观"不同,当今流行的是"风险刑法观"或者说"预防刑法观",在坚持消极的一般预防,即对已经具有犯罪意思的"潜在犯罪人"以物理力量进行露骨威吓的同时,促进与实现刑罚的积极的一般预防目的,即通过维持、唤醒"一般国民"的规范意识,在全社会范围内树立起国民对法的忠诚,以期更加早期、周延地保护法益。[25] 相较于传统刑法观而言,其实质是扩张刑事制裁的范围、扩大犯罪圈。其具体做法是:将刑事违法判断的重心前移,只要具有危险行为即可处罚,而不必等到实害结果发生;改变法益原则的功能,从"没有法益侵害,就没有犯罪"转向"有法益侵害,就有犯罪",推动刑法从消极被动介入向积极主张介入转变;改变刑法的机能,淡化刑法与警察法的界限,将

---

[24] [日]金尚均:《危险社会与刑法》,成文堂2001年版,第1页以下。
[25] 孙道萃:《风险社会视域下的风险刑法理论辨析》,载谢进杰主编:《中山大学法律评论》第10卷·第1辑,法律出版社2012年版;[日]松原芳博:《刑法总论重要问题》,王昭武译,中国政法大学出版社2014年版,第5~11页。

刑法作为社会防卫机制的一部分,消解传统刑法的最后手段性与辅助性特征。[26] 受上述预防刑法观的影响,我国近年来的刑事立法也发生了显著变化,具体表现为:一是通过新增罪名、扩张行为类型或者行为对象范围、加大犯罪主体范围、减少犯罪构成要件要素等方式,扩张刑法的处罚范围;二是通过调整总则中有关刑罚制度、调整特定主体的刑罚、加重个罪的刑罚、限制死刑的适用、修改诉讼程序规定等方式,实现处罚上的宽严相济,从而在整体上达成所谓"积极刑法立法观在中国确立"的效果。[27]

但上述积极的预防刑法观并没有被完全接受。如认为预防刑法是社会需求的产物,虽具有种种合理性与优势,但预防总是和无节制相关,具有不确定性和模糊性、威胁和改变法治国的核心价值、模糊刑法干预社会的应有界限的特点;国家的法治图景是双面的,其既有保护公民权利的一面,也有威胁公民权利的一面,作为法治图景中的一环的刑法也是如此。所谓刑法中的"秩序安全"也具有双面含义,在国家的法治图景没有改变之前,单方面对刑法的预防机能抱有美好期待,放松对刑罚权的限制,很可能会动摇刑事法治的根基,结果反而事与愿违[28],这样的观点就是其体现。应当说,这种担心不是没有道理的,古今中外的无数事例在此方面让人记忆犹新。因此,在当今将刑事处罚的时点不断提前、处罚范围不断扩大的背景之下,如何合理地避免刑罚权被滥用,实现刑法的保障人权机能,就成为当前的刑法学特别是刑法立法绕不开的话题。

本书认为,上述对立,实际上涉及两个问题:

一是如何看待"积极的刑法立法观"?也就是说,在当今所谓的风险社会背景下,应当采用何种刑事立法观念?是仍然恪守传统的法治国观念,将刑法作为限制国家刑罚权的手段,本着谦抑原则,秉持刑法的二次性、辅助性、最后性特征,将刑法的适用范围限制在最小的范围之内,还是与时俱进,将刑法作为维持社会秩序的手段和工具,主动出击,对于可能出现的风险和存在的漏洞,未雨绸缪、事先防范?

二是在"积极的刑法立法"已经成为现实的情况下,如何保证贯彻该种宗旨的刑法稳妥有效运行?因为不管什么样的刑法,一旦生效,必然是要适用的。那么,一定程度上具有争议的刑法法条生效之后,如何在保证其适用的前提下,克服和回避其中所存在的过度干涉公民个人生活的隐忧,以维持刑法的保护法益(行为规制)和保障人权机能的平衡协调呢?这也是我们不得不面对的现实问题。

本书认为,可以借助刑法的行为规范与裁判规范存在一定分离的特点或者说属性,对当前具有浓厚预防色彩的积极刑事立法的存在合理性及其适用进行妥当分析。

---

[26] 劳东燕:《风险社会与功能主义的刑法立法观》,载《法学评论》2017年第6期;何荣功:《预防刑法的扩张及其限度》,载《法学研究》2017年第4期。

[27] 周光权:《积极刑法立法观在中国的确立》,载《法学研究》2016年第4期。

[28] 何荣功:《预防刑法的扩张及其限度》,载《法学研究》2017年第4期。类似观点,参见刘艳红:《我国应该停止犯罪化的刑事立法》,载《法学》2011年第11期;齐文远:《修订刑法应避免过度犯罪化倾向》,载《法商研究》2016年第3期。实际上,国外也有类似见解。如日本学者松原芳博就认为,"现代社会中,不确定因素很多,人们往往将漠然的不安集中于对犯罪的不安,并试图通过重刑化来象征性地消除这种不安,以求获得精神上的安宁。国家也能通过回应这种诉求以维持威信,进而获得国民的支持与服从。对此,我感觉,刑罚正成为国家自导自演、国民自我满足的手段"。参见[日]松原芳博:《刑法总论重要问题》,王昭武译,中国政法大学出版社2014年版,第10页。

(一)预防性刑事立法的合理性

在当今,展开以预防即在实害出现之前进行积极预防为主导的刑事立法,已是大势所趋。

一方面,随着以信息网络为代表的科技的发展普及,一个难以受现实制度和力量控制的公共和私人领域也即虚拟社会正在形成,其不仅深刻地影响着人们的生活方式,也影响着人们的思想观念。启蒙时代以来所形成的社会制度和道德观念的影响日渐式微,借助互联网技术的多中心社会日渐形成,人类逐渐进入一个难以在技术和观念上被统一控制的"风险社会"。这种风险"潜藏于早已具体存在的混乱无序状态日益显现的过程当中,正是因为这种混乱无序状态使得社会生产管理机制及针对危及人类生存巨大威胁和灾难而设立的预防预警机制等,早已变得乱糟糟一团而一发不可收拾"[29],而以谦抑为本,强调一定要等到有具体的法益侵害后果才能动用刑罚的传统刑法观,至少在理论上显得局促被动。为此,必须将刑法作为事前教育装置,未雨绸缪,将实害扼杀在未然的萌芽状态。

另一方面,随着现代犯罪学的发展,人们越来越意识到,与其纠结于犯罪原因的探寻,倒不如退而求其次,研究与某种违法结果相关的条件或者事实,并对这种与违法结果有关的事实或者条件进行防范。换言之,刑法学应当转变观念,实现从以"打"(惩罚犯罪)为主向"打"、"防"(预防犯罪)结合,以"防"为主的方向转变。因为,刑罚针对的是罪行,并不直接针对犯罪产生的原因,刑罚只解决犯罪人与被害人(包括社会)的矛盾冲突,而不直接减少犯罪。减少犯罪要靠犯罪发生前的预防和犯罪发生后对犯罪人再犯罪的预防。[30] 犯罪发生后的预防,当然是通过对已经犯罪的人进行处罚来实现。但问题是,犯罪学并没有发展到能够准确甄别潜在的犯罪人并予以事先防范的程度。因此,就犯罪的预防而言,除了广泛地设置监控装置以及对参与特定活动的人进行安全检查等物理防范技术,事先在刑法中明确告知禁止或者允许的行为,并以此为一般人提供行为规范的做法,就显得尤为重要。[31]

(二)积极的一般预防论与行为规范、裁判规范

其实,预防刑法观并非近年来才有的新概念,近代以来便已有之。这一点,从我们耳熟能详的"刑罚的本质是惩罚,刑罚的目的是预防"的说法中就能体会。只是,原来所说的"预防",通常是指消极的一般预防,即对已经犯罪的人进行处罚或者对抱有犯罪意思的潜在的犯罪人进行威慑,而达到预防一般人犯罪的效果;相反地,当今所谓"预防",指的是积极的一般预防,即通过确保对规范或者说法秩序的"忠诚",唤醒可能会实施犯罪的"一般人"的规范意识,以确保来自可能会成为被害人的"善良市民"的信赖。[32] 换言之,积极的一般预防,实际上是对社会生活中连犯罪意思都没有的普通人的预防。这一点,从我们日常生活中乘坐飞机、地铁、进入重要场所或者参与重要活动时,通常会被要求接受安全检查的经验,就能体会出来。因为国家无法判断谁是(潜在的)犯罪人,因此,便将所有参与某项活动的人都视为防范对象,从而抑制意图犯罪的人的想法,确保善良市民的安全感,维持人们对规范的信赖。由此说来,所谓

---

[29] [德]乌尔里希·贝克、王武龙编译:《从工业社会到风险社会(上篇)——关于人类生存、社会结构和生态启蒙等问题的思考》,载《马克思主义与现实》2003年第3期。
[30] 王牧:《我国犯罪对策的战略选择》,载《中国刑事法杂志》2004年第3期。
[31] 黎宏:《情境犯罪学与预防刑法观》,载《法学评论》2018年第6期。
[32] [日]松原芳博:《刑法总论重要问题》,王昭武译,中国政法大学出版社2014年版。

积极的一般预防,实际上是将传统刑法观中预防的对象,从犯罪人或者潜在的犯罪人,提前、扩大到了普通市民。

积极的一般预防观,是通过法律规范中行为规范的一面来实现的。如前所述,法律规范根据其适用对象的不同,有行为规范和裁判规范之分,行为规范以一般公众为适用对象,用以指引国民日常生活的行为举止;而裁判规范以司法人员为适用对象,用以指导司法人员的裁判实践。[33] 二者在适用对象上的差别,也导致了其他方面的诸多不同。如行为规范是对一般国民科处义务的规范,而之所以对国民科处义务,主要是为了预防性地保护法益。因此,在是否违反了行为规范的判断上,不仅必须在行为和法益的关系中进行,而且事前判断必不可少。换言之,行为规范的违反,通过对行为对法益的一般性的抽象危险即可认定。相反地,裁判规范所指向的是法官等司法人员,而他们的任务是对违反行为规范的人进行可罚性的判断。因此,在判断时点上通常采用裁判时,即总是进行事后判断。在法官等进行裁判或者说规范判断之际,除考虑分则所规定的各种犯罪的构成要件之外,还应当考虑总则中有关犯罪未遂、共犯、排除违法性以及责任等的规定。[34]

(三) 行为规范与裁判规范的关系

现实社会中,一般人显然不是时刻依据刑法典来安排日常生活的,或者说,普通人其实并不依赖刑法规定。刑法规定首先是写给司法人员看的,其是司法人员的工作指南。因此,刑法规定首先应体现为裁判规范,这是毫无疑问的。[35] 但是,正如在"故意杀人的,处死刑……"的规定当中,必然包含有警告社会一般人"不要杀人"的意思一样,裁判规范当中无疑也暗含或者说隐含有指导一般人行为的行为规范。

不过,"暗含""隐含"终究不"等同",行为规范与裁判规范到底属于何种关系,充满了玄机。"合一说"认为,裁判规范中必然包含了行为规范。因此,刑法规定既是裁判规范又是行为规范。[36] 相反地,"分离说"则认为,行为规范与裁判规范在功能上可能也是分离的。[37] 本书认为,作为刑法规范的裁判规范与行为规范在一定限度存在分离,理由如下:

第一,刑法条文潜在的保护法益(维持秩序)机能和保障人权机能的二律背反,使刑法条文所具有的行为规范属性与裁判规范属性必然存在分离。如前所述,近代刑法既有行为规制机能又有保障人权机能,二者属于二律背反的关系。如何协调两种机能之间的关系,成为刑法学

---

[33] [日]日高义博:《刑法总论》,成文堂2015年版,第15页。一般认为,行为规范与裁判规范的区分,最初来自英国学者边沁(J. Bentham)。其认为,裁判规范是用来设立犯罪的,而行为规范是用来处罚触犯这项犯罪的行为人的,二者规范的行为不同,适用的对象也不一致。尽管如此,在适用的时候,我们告诉法官,按照法律规定将所有盗窃犯人处以绞刑,虽说这一规定并不直接适用于公众,但通常会以无形的方式警戒公众"不得盗窃",效果跟直接告诉公众"不得盗窃"的规范效果一样。参见[英]边沁:《道德与立法原理导论》,时殷弘译,商务印书馆2017年版,第371、372页。

[34] [日]高桥则夫:《规范论和刑法解释论》,戴波、李世阳译,中国人民大学出版社2011年版,第6~16页。

[35] 当然,相反的观点则认为,刑法的第一次机能,不是刑事追诉,而是为市民指引行为方向,只有在实施了犯罪,第一次机能未能发挥作用时,才能启动第二次机能即追究犯罪的机能,此时就是由法官确定犯罪,实施制裁。因此,刑法首先是行为规范,以面向将来的展望性规范为内容;其次是裁判(制裁)规范,以面向过去的回顾性规范为内容。参见[日]高桥则夫:《规范论和刑法解释论》,戴波、李世阳译,中国人民大学出版社2011年版,第6页。

[36] 张明楷:《行为规范与裁判规范的分离》,载《中国社会科学报》2010年11月23日,第10版。

[37] 王永茜:《论刑法上裁判规范与行为规范的分离》,载《清华法学》2015年第5期。

上的一个基本问题。

对此,近代以来的刑法所采取的一个基本做法是,通过原则与例外的规定方式来解决。也就是说,在刑法分则当中,通过对具体犯罪行为予以某种处罚的方式,让一般人意识到该种行为为国家所命令或者禁止,告诉一般人在日常生活中应当如何规范自己的行为举止;但在司法实践当中,法官也会在例外情况下依据刑法总则中的相关规定,不将行为人违反行为规范的行为作为犯罪处理。

例如,我国刑法第 232 条规定,"故意杀人的,处死刑、无期徒刑或者十年以上有期徒刑;情节较轻的,处三年以上十年以下有期徒刑"。按照这个规定,所有的杀人行为,都必须受到包括死刑在内的刑罚处罚,因而可以说,其向一般公众传达出一种强烈的信息——"不得杀人"。这种"不得杀人"的禁止命令,就是指向一般人的行为规范即原则要求。但是,任何人在自己受到别人的主动攻击时,基于自卫或者说自我防护的本能,必然会对加害人进行包括杀死程度的反击;任何人在遭遇较大的突然危害时,基于趋利避害的人性,通常会选择转嫁危害,而这也可能会造成无辜第三者的死亡。这些都是出于人的本能或者人性而实施的行为,对这种情况下的"杀人"行为,即便作为违反行为规范的行为予以刑罚制裁,也不能保证行为人下次再遇到这种情形时不作出相同的反应。换言之,对这种情形进行处罚,不仅无济于事,而且还会有"强人所难"之嫌。

因此,包括我国在内的各国刑法,在总则规定中,又例外将上述情形作为正当防卫和紧急避险,排除在应处罚的犯罪行为之外。这种规定的意义是,在特定情形之下,即便行为人违反了"不得杀人"的行为规范,但例外地,法官也会依据刑法总则中的相关规定,不将其作为犯罪处罚。甚至有时候,即便刑法当中没有明确的规定,法官等司法人员也会基于一些所谓的超法规的事由,即刑法中没有明文规定但依据一般道理能够成立的事由,将一般看来违反行为规范的行为不作为犯罪处理,如"没有期待可能性",就是一个经典的出罪理由。经常会讲到的例子是:两名落水者在水中争抢一个救生圈,因为该救生圈只能承载一个人,于是力气大者将力气小者推开,自己独占该救生圈并因而得救,而被推开者溺死("卡涅阿德斯船板案");几名水手因为遭遇风暴流落到一个荒岛上,水尽粮绝,面临死境,于是就合力将其中最为虚弱的一名水手杀死,依靠其血肉维持数日,终被附近过往船只救助("木犀草号案")。[38] 这些游走在法律和道德的边缘、拷问人性的极端案例,也是最能体现行为规范和裁判规范分离的典型情景。虽说从"人自身是目的,不是手段"[39]的角度来看,人们无论出于什么目的,都不得牺牲他人拯救自己。但是,从现实的法律裁判来看,无论是法官还是社会一般人,都对上述场景下的人的行为表示了理解与宽恕。[40]

对于这种行为规范与裁判规范分离现象,即向世界上的人们发布的规范与法庭实际适用

---

[38] [美]萨伯:《洞穴奇案》,陈福勇、张世泰译,生活·读书·新知三联书店 2009 年版,第 7~9 页。
[39] [德]康德:《实践理性批判》,韩水法译,商务印书馆 1999 年版,第 95 页。
[40] [Divisional Court]The Queen v. Dudley and Stephens. 1884 Dec. 9. Lord Coleridge, C. J., Grove and Denman, JJPOLLOCK and Huddleston, BB;李松锋:《女王诉杜德利和斯蒂芬斯案》,载《苏州大学学报(法学版)》2014 年第 1 期;[美]迈克尔·桑德尔:《公正:该如何做是好?》(新版),朱慧玲译,中信出版社 2012 年版,第 34~37 页。

的规范存在差异的现象,理论上称之为"声音隔离效应"[41]。事实上,这种客观存在的现象遭到了各种基于道德的反对。因为,"声音隔离的存在意味着透明度的降低",并且,"事先发布这项规则(声音隔离)会令人忧虑不安,因为而后人们在决定是否实施一起颇有诱惑的犯罪时可能会有意利用它"[42]。但从国外的研究来看,这种担心似乎是多余的。一方面,因为在前述所一直讨论的这些案例中,这种关切并不强烈。人们发现,在这些案例中,人们通常从那些要比他们预料的更为宽大的规则中受益,那些意料之外的处罚也并没有让他们感到吃惊;另一方面,事实上,提出"声音隔离"分析实验的学者也认为,在那些存在一定声音隔离的场合中,法律能够准许这种辩护理由,但无须担忧人们了解到这些,并且在将来基于此去作出自己的行为决策。[43]

第二,作为社会分工发展的结果,当法律人(特别是法官)作为职业团体相对独立于一般民众时,必然导致行为规范与裁判规范的适度分离。

行为规范与裁判规范的区分,不仅仅是因为适用对象的不同,还因为判断主体存在差别。从行为规范的角度来看,作为面向一般人的生活指南的法律规定,其理解主要取决于一般人的立场;而从裁判规范的角度来看,作为司法人员工作指南的裁判规范的法条规定,其判断必须听从于法官等受过职业训练的法律人。判断主体不同,必然导致对同一法条的理解不同,这也决定了行为规范与裁判规范分离现象的不可避免。

这一点,举一个简单的例子就能理解。仍以我国刑法第 232 条关于故意杀人罪的规定为例,该条规定:"故意杀人的,处死刑……"对这一规定,一般人和法官阅读之后的理解应当是有差别的。在一般人看来,"杀人"就是"弄死"或者"使人丧失生命"这样简单不过的行为。[44]因此,任何人不得实施"弄死"或者"使人丧失生命"的行为。这就是一般人阅读该规定之后的必然结论。在这一点上,法官的理解应当与此无异,此时可以说,行为规范与裁判规范是合一的。但是,就日常生活中常见的"见危不救",导致他人死亡的行为,是不是"杀人"?殴打怀孕的母亲,致使其腹中 8 个月大的胎儿流产死亡的行为是否"杀人"?重创他人,致使他人"脑死亡"的行为,是否"杀人"?在这些极为罕见的场合中,就是否属于"弄死"或者"使人失去生命"这一点,一般人可能就很难得出统一的结论来了。这些情形,只有法官等司法工作人员从专业角度进行规范判断,才能得出妥当的结论。其中,"见危不救"的场合,一般人可能会认为其一律属于故意杀人,但从法官的角度来看,则并不一定如此,有的构成,有的不构成,应当区分情况判断;致使母亲腹中 8 个月大的胎儿流产死亡的场合,一般人看来或许是杀人行为,但由于我国刑法中并没有规定堕胎之类的犯罪,因此只能将其评价为对母亲的故意伤害罪(致人重伤);致人"脑死亡"的行为,依照我国现在的司法解释,也只能被评价为故意伤害罪(致人重

---

[41] [美]沃德·法恩斯沃思:《高手:解决法律难题的 31 种思维技巧》,丁芝华译,法律出版社 2016 年版,第 218~224 页。

[42] [美]沃德·法恩斯沃思:《高手:解决法律难题的 31 种思维技巧》,丁芝华译,法律出版社 2016 年版,第 222~223 页。

[43] [美]沃德·法恩斯沃思:《高手:解决法律难题的 31 种思维技巧》,丁芝华译,法律出版社 2016 年版,第 219~220、222 页。

[44] 中国社会科学院语言研究所词典编辑室编:《现代汉语词典》(第 5 版),商务印书馆 2005 年版,第 1180 页。

伤），而不能被评价为杀人。

之所以出现这种情况，主要是因为针对同一法条，肩负不同职责的主体所欲实现的目的不同，这必然导致其在法条的解读上存在差别。在将某法条作为行为规范时，其作用是告诉一般人什么能做、什么不能做，做了会有什么法律上的后果。因此，这种规定必须一目了然、简单易懂，不能让人有过多的理解。而且，为了防止人们常有的侥幸心理，故在行为是否违反规范的理解上，只能站在事前的立场考虑，而不能将事先难以预测的事后因素考虑在内。相反地，在将该法条作为裁判规范时，其作用是告诉作为法律职业人士的法官等司法人员，对违反法条规定的行为该如何处理。由于刑法适用本身除罪刑法定、法律适用平等、罪责刑相适应的原则要求之外，还必须兼顾刑法的工具性、目的性要求。因此，其在适用中不得不去掺杂一些一般人所难以知晓的政策性要求。同时，因为刑法适用对象必须是"严重危害社会的行为"，除判断行为人在行为时的主观心理状况、行为及其伴随情况以及身份等因素之外，还必须将事后即裁判时所收集的情况也考虑在内，才能确定行为本身是不是具有社会危害性、具有多大的社会危害性，因此在将法条理解为裁判规范时，必须考虑事后因素。

详言之，裁判规范中的法官思维与行为规范中民众思维存在重大的不同：其一，民众思维的重心是朴素的正义观和道德标准上的是非善恶，而法官思维的重心是合法性分析。其二，民众思维的驱动力多是基于原始的报复心理而产生的感情冲动，所要得到的通常仅仅是一个发泄义愤的对象；而法官思维的驱动力是其职业要求，法官必须注重逻辑和证据，司法的事后性、救济性决定了法官面对的永远是过去的事情。其三，民众思维容易带有一定的情感偏向，特别是对与自己身份、地位或者处境相当者给予更多的同情，而法官思维的基本要素是中立性，这意味着法官在具体案件的审理中不得带有任何情感倾向，只承认既定的规则。[45]

第三，我国特有的二元制裁体系导致行为规范与裁判规范分离。

尽管正在发生变化，但从我国现行的违法行为制裁体系以及现行刑法的规定来看，我国采用了一套独特的违法行为制裁体系：将同种性质的行为，区分为违法和犯罪两种形式，并且采用完全不同性质的处罚；而违法和犯罪的区分，多半取决于行为所引起的后果以及行为本身所伴随的情节。[46] 例如，关于虐待和遗弃行为，按照《治安管理处罚法》第 53 条的规定，虐待家庭成员，被虐待人要求处理的，或是遗弃没有独立生活能力的被扶养人的行为，构成行政违法，要接受 5 日以下拘留或者警告，情节较重的，处 5 日以上 10 日以下拘留，可以并处 1000 元以下罚款。但是，同样的行为如果达到"情节严重"程度的话，就构成刑法上的犯罪，要接受更为严厉的刑罚处罚。[47] 同样，依照《治安管理处罚法》第 58 条的规定，盗窃、诈骗、哄抢、抢夺或者敲诈勒索的，处 5 日以上 10 日以下拘留或者 2000 元以下罚款；情节较重的，处 10 日以上 15 日以下拘留，可以并处 3000 元以下罚款。但是，同样的行为，若达到"数额较大"程度或者伴随有

---

[45] 卜晓颖：《司法民意与法官的职业化思维》，载《南昌大学学报（人文社会科学版）》2011 年第 5 期。
[46] 我国刑法当中的这种犯罪规定模式，被称为"定性＋定量"的规定方法。储槐植：《刑事一体化与关系刑法论》，北京大学出版社 1997 年版，第 269 页。
[47] 刑法第 260 条规定，虐待家庭成员，情节恶劣的，构成虐待罪；刑法第 261 条规定，对于年老、年幼、患病或者其他没有独立生活能力的人，负有抚养义务而拒绝抚养，情节恶劣的，才能构成"遗弃罪"。

"入户"、"多次"或者"携带凶器"等情节的话,就要构成刑法上的犯罪。[48] 这一点,与国外多数国家采用的制裁体系不同。在德国、日本等国的制裁体系当中,行政违法行为(轻犯罪)与犯罪行为之区分,仅仅取决于行为本身,与行为的情节或者后果关系不大。换言之,某种侵害行为若被作为犯罪规定在刑法当中的话,不管其情节多么轻微,都不会被规定在其他法律当中,反之亦然,即行政违法与犯罪之间,泾渭分明、一望而知。

既然实施虐待、遗弃、盗窃、诈骗、哄抢、抢夺、敲诈勒索或者故意损毁公私财物的行为都要受到处罚(刑罚处罚或者行政处罚),就意味着从行为规范的角度来讲,任何人不得实施上述行为。从此意义上讲,《治安管理处罚法》和刑法中的相关规定都可视为面向一般人的行为规范。但是,从法官等司法人员的角度来讲,其所面临的不是"不得或者制止实施"上述行为的问题,而是在实施了上述行为的场合,该如何处理的问题。特别是在该行为同时为两种或两种以上的法条所规定,行为人面临两种可选择的制裁时,该如何判别大是大非问题。如《治安管理处罚法》第79条规定,引诱、容留、介绍他人卖淫的,处10日以上15日以下拘留,可以并处5000元以下罚款;情节较轻的,处5日以下拘留或者1000元以上2000元以下罚款。但是,我国刑法第359条第1款却规定,引诱、容留、介绍他人卖淫的,处5年以下有期徒刑、拘役或者管制;情节严重的,处5年以上有期徒刑,并处罚金。从字面上看,两个法条在行为的表述上用语完全一致,而且行为人一旦实施行为就要遭到不利制裁,表明其中含有任何人不得实施"引诱、容留、介绍他人卖淫"的禁令即行为规范,但二者的处罚却大相径庭。"引诱、容留、介绍他人卖淫"的行为,一旦被认定为构成刑法第359条规定的犯罪,就可能面临最高15年的有期徒刑,而如果仅被认定为《治安管理处罚法》第79条规定的违法行为,行为人最多会面临15日的拘留。二者存在天壤之别。这种差别,必然会导致一般人与法官等专业人士在法律理解上的不同,由此就引发了行为规范与裁判规范之间的偏差。[49]

当然,必须补充的是,行为规范与裁判规范之间的偏差,虽然客观上存在,但并不是一件值得提倡或者说是发扬光大的事情。因为,站在一般民众的立场上,如果某些司法"潜规则",唯有警察或者其他司法人员知晓,而民众不知晓;或者说法院判决的技术性太强,以致大部分民众都无从知晓的话,就意味着司法透明度降低。如果人们接受这种降低,则可能会产生另一种风险,[50] 即民众不信任司法,从而降低其遵守行为规范的意愿。因此,正视行为规范与裁判规范之间客观上存在一定限度的分离的现实,并不意味着我们肯定或者希望存在这种现象,而只是表明我们认识并接受这种现实而已。

---

[48] 参照刑法第264、266、267、268、274、275条的相关规定。

[49] 2017年最高人民法院、最高人民检察院《关于办理组织、强迫、引诱、容留、介绍卖淫刑事案件适用法律若干问题的解释》第8条规定,引诱、容留、介绍他人卖淫,具有下列情形之一的,应当依照刑法第359条第1款的规定定罪处罚:(1)引诱他人卖淫的;(2)容留、介绍2人以上卖淫的;(3)容留、介绍未成年人、孕妇、智障人员、患有严重性病的人卖淫的;(4)1年内曾因引诱、容留、介绍卖淫行为被行政处罚,又实施容留、介绍卖淫行为的;(5)非法获利人民币1万元以上的。该规定将刑法第359条之规定与《治安管理处罚法》第79条所规定的违法行为区分开来了。

[50] [美]沃德·法恩斯沃思:《高手:解决法律难题的31种思维技巧》,丁芝华译,法律出版社2016年版,第223页。同样,我国学者王永茜博士也认为,行为规范与裁判规范的分离会产生一定的副作用,参见王永茜:《论刑法上裁判规范与行为规范的分离》,载《清华法学》2015年第5期。

(四)行为规范与裁判规范分离论的应用

如果说刑法条文中所隐含的行为规范和条文所显现出来的裁判规范在一定程度上可以分离,面向一般人的命令和禁止与面向司法人员的命令和禁止并不完全一致,刑法中蕴含的面向一般人的行为规范在裁判中并没有被严丝合缝地原样执行,那么,对当今积极的刑事立法动向的担心,在一定范围内便能迎刃而解了。换言之,面向一般人提供命令和禁止的行为指南的积极的刑事立法中所蕴含的侵犯公民自由的隐忧,可以通过司法解释或者具体个案,在裁判阶段,通过为司法人员提供裁判规则以约束、指导其司法活动的方式加以消除。

具体来说,既然同一条文中同时包含两种面向不同人群的规范,且二者之间并不完全一致,那么,我们便可以利用法规范所具有的这种属性,在不至于太侵害公民自由的前提下,实现刑法本身所追求的预防目的。如前所述,近代刑法既是行为规制法又是人权保障法,二者经常处于紧张冲突状态。为了消除这种紧张冲突状态,近代刑法学采取的基本对策,就是罪刑法定。也就是说,什么样的行为构成犯罪,对该犯罪应当予以什么样的处罚,事先以明文加以规定。现代的刑法之所以不采取古代法的"刑不可知则威不可测"的理念,而是将法条明文昭告天下,是因为在本能上趋利避害的理性人,总是会选择对自己最为有利的行为方式。事先将犯罪及其后果在刑法当中明文规定出来,社会上不太可能犯罪的一般人以及潜在的犯罪人便会根据刑法法条的规定,预测自己的行为后果,从而选择实施或者不实施犯罪(当然多半会选择后者)。如此说来,罪刑法定的首要意义在于预防犯罪,即通过明确规定犯罪及其处罚的方式,事先向一般人说明法律上的命令和禁止,晓以利害,从而向一般人提供日常生活的行动指南。

然而,即便有刑法的事先通告,也还是有人奋不顾身、铤而走险。这种情况,显然是明目张胆地违反行为规范,作为规范创立者的国家自然地产生惩罚的冲动,迫切地希望使用刑法手段对其加以惩罚。但一有违反行为规范的举止,就立即对其加以惩罚,显然不够理性,有过于草率之嫌。毕竟还需要考虑行为人在何种心理之下实施了该种行为,该行为是不是引起了应受刑罚处罚程度的后果?该行为是否在刑法当中具有明文规定?这些都需要经过专业人员慎重的规范判断。否则,会招致侵害犯罪嫌疑人、被告人权利的危险。当此之际,刑法规范作为裁判规范即司法人员工作指南的一面便会凸显出来。因为,即便说对违反行为规范的行为进行惩罚,其也只能在刑法规定的前提之下进行。毕竟,刑法,正如德国学者李斯特所言,是犯罪人的大宪章(die magna charta des Verbrechers)。[51]

作为裁判规范的刑法,克服其行为规范侧面所包含的侵害公民自由隐忧的主要方式,就是重视法官等司法人员的价值判断。一个违反行为规范的行为,是不是构成刑法上的犯罪,法官的判断和一般人的判断之间存在鸿沟。这一点,从行为危险性的判断上就能看出。按照一般

---

[51] [德]冯·李斯特:《论犯罪、刑罚与刑事政策》,徐久生译,北京大学出版社2016年版,第137页。本文出处的查找,得到了清华大学法学博士、德国图宾根大学访问学者吕翰岳的帮助。据他考证,在我国广泛流传的李斯特名言"刑法既是善良公民的大宪章,也是犯罪人的大宪章"系谬传。他遍查李斯特的文献,只发现有后半句,而没有前半句。从相关文献来看,"刑法,既是善良公民的大宪章,也是犯罪人的大宪章"最早可能出自日本学者木村龟二之口。依照他提供的线索,我查看了相关文献,证实他的判断。木村龟二于1950年初版,之后再版32次的名著《刑法读本》中提出,刑法,首先是没有实施犯罪的善良国民的大宪章;其次,在针对犯罪人,国家不得对其科处针对该犯罪所规定的刑罚之外的处罚的意义上,可谓是犯罪人的大宪章。上述内容,参见[日]木村龟二:《全订新刑法读本》,法文社1990年版,第14页。

人的理解,行为是不是具有违法性即侵害法益的危险,只要以行为时一般人所能认识的事实以及行为人所特别认识的事实为基础,从一般人的常识出发,站在行为时的立场上判断即可。相反地,从法官等专业人士的立场来看,行为是不是具有侵害法益的危险,就必须以行为时所客观存在的全部事实为基础,从科学的一般人的立场出发,站在行为后即裁判时的立场上进行判断。在误将白糖当作砒霜杀人、误将面粉当作白粉(毒品)贩卖、在他人饭碗里投放未达致死剂量的毒物杀人、用空枪杀人等场合,从一般人的立场来看,由于上述行为从外观上看,都足以让人感到危险,因而多半会得出上述行为都有侵害法益危险的结论来。但从站在科学一般人立场的法官的角度来看,结论则并不一定如此。如就误将面粉当白粉(毒品)贩卖的行为而言,在误将从厨房或者食品店中拿来的面粉当作毒品的场合,该面粉属于白粉(毒品)的可能性极低,产生毒品一样的危害人的身心健康的可能性极小,因此,一般不会将该贩卖行为作为犯罪处理。相反地,在从毒贩处或者国外不正规渠道进口获得该物质的场合,即便该物质真的是面粉,但由于从获取手段来看,其属于真毒品的可能性极高,此时从预防的角度来看,也必须将其作为毒品犯罪看待,构成贩卖毒品罪的未遂犯。这种结论,显然不是从一般人的经验或者常识推导出来的。由此看来,普通人的判断和司法人员的判断存在显著差别,即便是违反行为规范的行为,最终也不一定违反裁判规范。

如此说来,近代以来的刑法所追求的规制行为机能和保障人权机能,在罪刑法定的形式之下,通过行为规范与裁判规范二者之间的相互制约和平衡,是能够加以实现的。人们之所以对预防刑法抱有担心和恐惧,主要是因为既然是预防,则必然伴随有处罚时间的提前、行为类型的扩张、处罚后果的加重等改变,而这些改变难免会导致刑法处罚范围的加大、犯罪认定标准的模糊,最终导致侵犯个人自由的结局。确实,在我国对违法行为双重制裁体系之下,这种担心是能够理解的,但也不是不可以克服的。如刑法第128条第1款规定:违反枪支管理规定,非法持有、私藏枪支、弹药的,处3年以下有期徒刑、拘役或者管制;情节严重的,处3年以上7年以下有期徒刑。因为非法持有枪支、弹药的行为要受到刑法处罚,因此,从行为规范的角度来讲,任何人不得非法持有枪支、弹药,即便是一支枪、一颗子弹亦是如此。但违反上述行为规范即禁令的行为,是不是一定就构成犯罪,则必须从裁判规范的角度来判断。依照我国刑法第13条的"但书"规定,即便是违反行为规范的行为,如果是"情节显著轻微危害不大的",也不认为是犯罪。这样一来,有关刑法第128条的适用,一般人和司法人员的理解就会有微妙的不同。按照相关司法解释,[52]非法持有、私藏军用枪支1支,或者以火药为动力发射枪弹的非军用枪支1支或者以压缩气体等为动力的其他非军用枪支2支以上,才能构成非法持有、私藏枪支罪。在非法持有、私藏弹药的场合,也是如此。非法持有、私藏军用子弹20发以上,气枪铅弹1000发以上或者其他非军用子弹200发以上的,才能构成非法持有、私藏弹药罪。不仅如此,对于非法持有、私藏以压缩气体为动力且枪口比动能较低的枪支的行为,在决定是否追究刑事责任以及如何裁量刑罚时,"不仅应当考虑涉案枪支的数量,而且应当充分考虑涉案枪支的外观、材质、发射物、购买场所和渠道、价格、用途、致伤力大小、是否易于通过改制提升致伤力,以及行

---

[52] 2009年最高人民法院《关于审理非法制造、买卖、运输枪支、弹药、爆炸物等刑事案件具体应用法律若干问题的解释》第5条。

为人的主观认知、动机目的、一贯表现、违法所得、是否规避调查等情节"[53]。可见,尽管从形式上看,刑法第128条所规定的非法持有、私藏枪支、弹药罪是抽象危险犯,只要违反"不得违法持有枪支弹药"的行为规范就构成犯罪,但在实际的认定中,司法人员还是从刑法总体上所保持的谦抑性的立场出发,根据特定时空环境以及行为人本人的情况,进行了限定理解。

当今,我国刑事立法日趋与世界接轨,假功能主义之名的情绪立法、象征立法、现象立法等滋生,刑法规定的行为规范特征也越来越鲜明,与其进行没有实质意义的批判,倒不如利用行为规范与裁判规范之间存在的一定程度分离的客观事实,充分发挥刑法条文的裁判规范之效,在法律适用阶段将刑法行为规范侧面所可能存在的过度干涉公民自由的隐忧予以排除或者修正,从而实现刑法的一般预防之功效。从此意义上讲,预防刑法与保障人权,尽管理念上有相互冲突之虞,但并非势不两立;以刑法解释学为重心来探讨刑法学,也并非不可。

---

[53] 2018年最高人民法院、最高人民检察院《关于涉以压缩气体为动力的枪支、气枪铅弹刑事案件定罪量刑问题的批复》。

第二章 刑法的基本原则

刑法的基本原则,是指贯穿于刑事立法和刑事司法的全过程,必须一体遵循的根本性准则。其作为刑法的核心和精髓,不仅体现了一国刑法的根本价值和主要目的,而且也是刑事立法和刑事司法的重要依据。

但是,刑法的基本原则,到底应当包括哪些内容,我国学界理解并不一致。有力说将其概括为保障人权原则、罪刑法定原则、适用刑法人人平等原则、罪责刑相适应原则、罪责自负原则以及主客观相统一原则。[1] 但是,保障人权原则和罪刑法定原则之间相互重叠,而罪责自负原则以及主客观相统一原则,实际上就是任何人只能对自己的行为负责,而不能因为他人行为承担转嫁或者代位责任,以及任何人只能就自己具有主观罪过的行为负责,而不能承担无过错的结果责任,其与我国现行刑法所规定的罪责刑相适应原则存在重合。

从世界范围来看,尽管在近代社会发展的不同历史阶段,刑法应当遵循的基本原则有过各种变化,但在下述几个方面,则一直没有动摇过:第一,对犯罪进行制裁的刑罚权,绝对由国家掌握和支配,禁止任何私人对犯罪进行报复(刑罚权国家独占原则)。第二,对刑罚权进行一定限制,国家只能在刑法所规定的犯罪成立范围、刑罚种类以及量刑幅度之内动用刑罚(罪刑法定原则)。第三,没有责任,就没有刑罚,责任成为科处刑罚的基础。在客观责任的意义上,古代的处罚思想的制度被禁止;在意思责任的意义上,中世纪的、封建的结果责任被排除,没有责任能力的儿童或者精神病人也不受处罚(责任原则)。这三个原则,是近代以来的西方各国刑法的基石。

根据我国刑法第3、4、5条的规定,我国刑法适用的指导性原则为:罪刑法定原则、适用刑法平等原则和罪刑相适应原则。

第一节 罪刑法定原则

一、罪刑法定原则的意义和由来

来自近代西方刑法的罪刑法定原则的基本意义是:什么样的行为是犯罪,对该种行为要予以什么样的处罚,事先必须有成文的法律规定;法律事先没有明文规定,任何行为都不能被作为犯罪而受到处罚。以被誉为"近代刑法学之父"的德国学者费尔巴哈的话来说,就是"法无规

---

[1] 贾宇主编:《刑法学》(上册·总论)(第2版),高等教育出版社2023年版,第68页。

定不为罪,法无规定不处罚"(nullum crimen sine lege, nulla poena sine lege)。

从上述表达中可以看出,在西方国家,罪刑法定原则是一个出罪原则,即将某危害行为排除在犯罪成立范围之外,限制国家刑罚处罚范围的原则。这是因为,即便是在近代国家,仍然存在扩大或者滥用权力的危险,为了避免这种危险的发生,罪刑法定原则就成为人们用以自卫的武器。在现实社会当中,即便发生了某种冲击人心的行为,但只要该行为在刑法中没有规定,就绝对不能被认定为犯罪。因此,从罪刑法定原则中可以推导出刑法的保障人权机能。成为这种罪刑法定原则基础的,是犯罪和刑罚由国民自身所制定的法律决定的见解(民主主义)和事先明确规定什么是犯罪以确保国民的行动自由的见解(自由主义)。[2]

自18世纪以来,罪刑法定原则被认为是法治国精神的集中体现,其历史沿革,似乎可以追溯到英国1215年《大宪章》,[3]其中,第39条规定,"……不根据合法的程序,并且不根据国家法律规定的话",不得处罚。后来英国1628年《权利请愿书》(Petition of Rights)以及1689年《权利法案》(Bill of Rights)等继承了该规定。这一精神随后为北美诸州在1774年大陆会议上通过的《权利宣言》所确认,并最终在美国宪法修正案中被明文规定下来。该法规定了"任何人,未经适当的法律程序(due process of law),其生命、自由以及财产不受剥夺"[修正案第5条(1791年)]的"合法程序"条款,以及"不得制定任何形式的事后法"[第1条第9款(1788年)]的禁止"事后法"(ex post facto law)的条款。这就是现在人们所称的"罪刑法定原则"的内容。

可以看到,在英美法中,是在刑事程序方面考虑罪刑法定原则的。与之相对,在欧洲大陆,则主要将其作为实体刑法上的原则,以通过刑法规定实体内容的方式宣告罪刑法定原则的确立。如1810年《法国刑法典》(也称《拿破仑刑法典》)第4条规定:"若非在犯罪行为时存在以明文规定刑罚的法律,任何人不得被处以违警罪、轻罪和重罪。"也就是说,任何人的行为,如果没有被行为时所存在的法律所明文规定,不得作为犯罪处理。换句话说,国家不得根据事后的、不成文的法律来追究任何人的刑事责任。乍看之下,这一规定似乎和上述英美法系中有关罪刑法定原则的表述不同,但是,由于其在体现"只有依法才能对公民的权利进行剥夺",从而能够防止政府滥用权力的实质内容上,和前述英美法中的内容并没有本质上的差异,因此,可以说上述表述也是罪刑法定原则的体现。《法国刑法典》中的上述规定一经出现,就成为大陆法系国家刑法中有关罪刑法定原则的经典表述,为其他欧洲大陆法系国家所纷纷仿效。

在日本,最初明文规定罪刑法定原则的是1880年"旧刑法"。该法模仿《法国刑法典》,规定"法无正条规定者,无论何种行为,不得处罚"(第2条)。由于日本当时没有议会制度,所谓

---

[2] 马克昌:《比较刑法原理——外国刑法学总论》,武汉大学出版社2002年版,第65页以下;王世洲:《现代刑法学(总论)》,北京大学出版社2011年版,第36页。
[3] 要注意的是,对这一结论还值得作进一步的说明。学者在谈到罪刑法定原则的法律渊源的时候,常常要追溯到1215年英格兰国王约翰签署的《大宪章》第39条。这种观点固然没有什么大的问题,但是,其中若干细节还有待进一步探讨,因为13世纪的《大宪章》,无论如何不可能包含有近代的人权概念在内。关于这一点,日本学者大野真义有以下见解:在中世纪的封建社会,《大宪章》是将自古以来所确认的自由人的封建特权,以"特许状"(Charter)的形式加以确认的文件,它的适用对象主要以贵族为代表的自由人,而将当时占总人口的绝大多数的农奴排除在适用对象之外。因此,《大宪章》并不是平等地保障所有国民权利的法规。另外,《大宪章》采用的是"特许状"的形式,谈不上是近代意义上的法律。因此,《大宪章》第39条的规定绝对不是近代意义上的罪刑法定原则的内容。[日]大野真义:《大宪章与罪刑法定主义(2)》,载《阪大法学》1958年第27号。

"法律",实质上就是指行政命令。但是,随着之后制定的《大日本帝国宪法》(1889年)中规定了"日本国臣民非以法律规定,不受逮捕、监禁、讯问、处罚"(第23条)的内容,罪刑法定原则就成为宪法原则。日本现行刑法即1908年施行的《日本刑法》虽然没有明文规定罪刑法定原则,但一般认为,从《大日本帝国宪法》的上述规定来看,这一原则也当然被维持。但之后一段时期,由于近代学派的兴起,加上日本社会深受国家主义的影响,学界也盛行起轻视罪刑法定原则的风气。日本在"二战"战败之后,罪刑法定原则才得以再次被普遍强调。"二战"后制定的《日本国宪法》(1964年)于第31条以及第39条前段的规定中宣告了罪刑法定原则,并且在第73条第6款的但书中规定,在为实施法律而制定的政令中,若无该法律的特别授权,不得设定罚则,这一规定和《大日本帝国宪法》所规定的概括性授权相比,更加贯彻了罪刑法定原则的宗旨。现在的日本学者普遍认为,即便现行刑法本身并没有关于罪刑法定原则的明文表述,但在对其进行解释时,也当然要将罪刑法定原则作为基本原则。

罪刑法定原则于清末传入我国。在光绪三十四年(1908年)颁布的《宪法大纲》中曾有"臣民非按照法律规定,不加以逮捕、监察、处罚"的规定。宣统二年(1910年)颁布的《大清新刑律》规定:"法律无正条者,不问何种行为,不为罪。"此后我国颁布的法律也都沿用了这一原则。新中国成立以来的第一部刑法典,也即1979年刑法,并没有明文宣告罪刑法定原则,反而在该法第79条中规定了和罪刑法定原则背道而驰的类推制度,即"本法分则没有明文规定的犯罪,可以比照本法分则最相类似的条文定罪判刑,但是应当报请最高人民法院核准"。这主要是考虑到,当时的刑法分则只有103个条文,可能会出现有些犯罪必须追究,但法律又没有明文规定的情况,唯有规定类推适用才能避免处罚漏洞。不过事实上,刑法虽然规定了类推,但实践中很少使用。在我国现行刑法将分则条文增加到了300余条,对各种犯罪进一步作了明确、具体的规定后,就已有条件也有必要取消类推的规定。[4] 因此,1997年通过的现行刑法取消了类推规定,并在刑法第3条明确规定了罪刑法定原则,即"法律明文规定为犯罪行为的,依照法律定罪处刑;法律没有明文规定为犯罪行为的,不得定罪处刑"。

但要注意的是,与前述西方各国和日本有关罪刑法定原则的表述不同,我国现行刑法从正反两个方面对罪刑法定原则进行了说明。从积极方面看,"法律明文规定为犯罪行为的,依照法律定罪处刑",强调了犯罪及其处罚的法定性,要求对法律明文规定的犯罪行为,只能依照法律定罪处罚,体现了法律的权威性;从消极方面看,"法律没有明文规定为犯罪行为的,不得定罪处刑",强调了非罪行为的自由性,法律没有规定为犯罪行为的,不得定罪处罚,即限制刑罚权的滥用,保障公民的权利和自由。

与罪刑法定原则相对的是罪刑擅断原则,即什么是犯罪,应当处以什么样的刑罚,不是由法律事先加以明文规定,而是由国家机关或君主擅自决定的原则。在近代社会以前的法律中,基本都实行罪刑擅断原则。

---

[4] 王汉斌:《关于〈中华人民共和国刑法(修订草案)〉的说明——1997年3月6日在第八届全国人民代表大会第五次会议上》,载高铭暄、赵秉志、商浩文编著:《新中国刑法立法沿革全书》,中国人民公安大学出版社2021年版,第876页。

二、罪刑法定原则的内容

罪刑法定原则最基本的意义是：犯罪和刑罚，事先必须以成文的法律加以规定。这是对刑法渊源的要求，也可以说是出于罪刑法定原则形式方面的考虑。此即所谓"法律主义"。[5] 但是，罪刑法定原则，本来是基于保障人们生活的自由、限制国家刑罚权的任意发动的要求而提出来的，要求对人权进行实质上的保障。这样，便有了对罪刑法定原则的实质性理解，其包括两个方面的内容：一是罪刑规定必须明确，二是罪刑规定的内容必须妥当合理。有关罪刑法定原则的理解，一般来说，包括以下六个方面的内容。

（一）排斥习惯[6]

这一要求由法律主义派生而来。所谓习惯，是指一个社会群体的成员在长期的社会生活中逐渐形成，并作为社会规范而遵守的倾向或者社会风尚，在有些领域当中，其具有法律渊源的效力。我国《民法典》第10条规定，"处理民事纠纷，应当依照法律；法律没有规定的，可以适用习惯，但是不得违背公序良俗"。这就意味着，在民法领域当中，合乎公序良俗的习惯具有法律渊源的性质。但在刑法领域，不能认可习惯的法源地位。近代刑法的基本诉求和特征之一，就是法律和其他社会规范如习惯、道德、宗教与政策等的严格区分，任何习惯上的要求，只要没有上升为刑法规定，就不应被视为刑法的法源。我国是成文法国家，同时，现行刑法将罪刑法定作为基本原则加以宣示，因此原则上排除将习惯作为对被告人定罪量刑的依据。

当然，这并不意味着在刑法适用当中完全不能考虑习惯。比如，刑法第267条第2款规定，携带凶器抢夺的，以抢劫罪定罪处罚。然而，我国的一些少数民族，存在男子在日常生产生活中带刀的风俗习惯。在具有该习惯的少数民族男子抢夺他人财物的场合，就不能不考虑上述民族习惯而将其一概认定为抢劫罪。又如，成立见死不救之类的不作为的杀人犯罪，行为人必须负有作为义务。传统刑法理论认为，作为义务具有四个方面的来源，即法律规定、职业或业务的特别要求、合同约定以及先行行为。[7] 其中，先行行为的要求就是来源于道义伦理或者说是习惯。[8] 还如，关于定罪量刑，很多刑法分则条文要求考虑"情节"。"情节"是一个很抽象概括的概念，其中就有可能包含习惯的内容在内。因此，考虑到尊老爱幼是我国的传统习惯，对老人和儿童实施犯罪，在量刑上就可能比较严格；同时，"法律不入家庭"也可以说是基于"清官难断家务事"的传统谚语而衍生出来的一种习惯，因此，家庭内的盗窃通常不会被作为犯罪处理，对确有必要追究刑事责任的，也和社会上一般的作案有别。这些都可以说是习惯影响刑法适用的体现。

（二）禁止事后法

禁止事后法也称刑法不溯及既往原则，是指刑法法规仅对其生效之后的行为适用，不能对其生效之前的行为追溯适用。这主要是从保护公民自由的角度提出来的。罪和刑之所以要在事先以明文的法律加以规定，理由之一，就是让人们通过了解该法律规定，判断自己行为的性

---

[5] [日]大谷实：《刑法讲义总论》（新版第5版），黎宏、姚培培译，中国人民大学出版社2023年版，第53页。
[6] 现行教科书中，通常表述为"排斥习惯法"。但是，习惯一旦被上升为法律，就具有了法的效力，没有被排斥适用的理由。因此，准确的说法应当是"排斥习惯"。
[7] 先行行为，有的书中也称其为"先前行为"。
[8] 黎宏：《不作为犯研究》，武汉大学出版社1997年版，第56页。

质,预测自己行为的法律后果,然后安心地享有权利、承担义务。相反地,对于行为时并不违法的行为,若是根据事后所制定的法律对其予以处罚的话,就剥夺了国民预测自己行为的法律后果的可能性,引发禁锢国民行动自由的"寒蝉效应",不当地侵害国民的基本权利,背离了罪刑法定原则保护国民自由的基本宗旨。因此,近代各国都将禁止事后法作为一个基本要求加以规定。不过,现在世界各国对于禁止事后法的理解,也没有当初那么严格。一般认为,在事后法对被告人有利的时候,具有溯及既往适用的效力。这主要考虑到,罪刑法定原则的初衷是保护国民的行动自由和被告人的权利,在事后法对被告人有利的时候,即便溯及既往适用,也不违反罪刑法定原则的初衷。

按照禁止事后法的原则,行为时完全未被禁止的行为,绝对不能根据事后法予以处罚。同样,对行为时违法但不受罚的行为根据事后法予以处罚,或者对行为时处罚较轻的行为根据事后法予以重罚,或者在事后减少犯罪构成要件来增加对事前行为的处罚可能性的做法,都是违反禁止事后法要求的不妥当做法。

现在,在有关禁止事后法的要求上,存在争议的是以下两个问题:

第一,司法解释是否受禁止溯及适用的限制?对此,2001年12月17日施行的最高人民法院、最高人民检察院《关于适用刑事司法解释时间效力问题的规定》规定:司法解释是最高人民法院和最高人民检察院对审判、检察工作中具体应用法律问题所作的具有法律效力的解释,自发布或者规定之日起施行,效力及于所解释之法律的施行期间;对于司法解释实施前发生的行为,行为时没有相关司法解释,司法解释施行后尚未处理或者正在处理的案件,依照司法解释的规定办理;对于新的司法解释实施前发生的行为,行为时已有相关司法解释,依照行为时的司法解释办理,但适用新的司法解释对犯罪嫌疑人、被告人有利的,适用新的司法解释;对于在司法解释施行前已办结的案件,按照当时的法律和司法解释,认定事实和适用法律没有错误的,不再变动。

第二,典型案例特别是最高司法机关办理的指导案例作出对被告人不利变更的情况,该如何处理?在国外的学说当中,与是否承认判例属于刑法的渊源这一问题相关,存在赞否两论。肯定说认为,判例具有事实上的约束力,国民通过判例来预测自己行为的法律效果,并指导自己的行为。换言之,判例具有事实上的法源意义。因此,对行为人不利的判例变更,具有违反禁止事后法原则的嫌疑。这种见解认为,在变更判例有可能对行为人产生不利后果的场合,应当宣告判例在将来要变更,而对本事件不适用。相反地,否定说则认为,判例不过是对法的解释而已,不可能是形式上的法律渊源。因此,即便作出对被告人不利的变更,也不违反禁止事后法的原则。

本书认为,关于这一问题,就我国的现实情况而言,上述否定说的立场具有借鉴意义。在此,有必要将案例是否属于法律渊源的问题,和保障国民的预测可能性的问题,分别加以考虑。就案例是否属于法律渊源这一问题而言,在我国的现行制度框架下,肯定说将案例和立法机关制定的法律规定同等看待,至少存在形式上的问题。因此,否定说更加妥当。不过,肯定说之所以这样理解,主要是考虑到禁止事后法可保障国民的预测可能性这种实质理由。的确,从罪刑法定原则实质上是限定刑法处罚范围这一点来看,在判例变更导致公民无法预测自己行为的法律后果的时候,也可以说这种变更是违背罪刑法定原则的对被告人的不利变更,这确实存在问题。因此,在判例作出不利于被告人利益的变更,达到了与制定事后法相当的程度,具有剥夺国民预测可能性的效果时,司法机关能够以行为人没有违法性意识的可能性为由,从免除责任的角度出发,作出对行为人有利的处理。

(三)禁止类推解释

所谓类推解释,就是对刑法没有明文规定的危害行为,比照刑法分则中与其最相类似的条文定罪判刑。类推是对刑法没有明文规定为犯罪的行为定罪处罚,本质上不是解释法律,而是创造法律。如果允许,就可能导致法官罪刑擅断,对公民的自由造成严重威胁,因此,其被严格禁止。

但要注意的是,尽管罪刑法定原则禁止类推,但如前文所述,刑法允许扩大解释。类推解释和扩张解释如何具体区分,以下以"土炮"是否属于刑法第125条所规定的"枪支"为例,进行说明。

刑法第125条第1款规定:非法制造、买卖、运输、邮寄、储存枪支、弹药、爆炸物的,处3年以上10年以下有期徒刑;情节严重的,处10年以上有期徒刑、无期徒刑或者死刑。现实生活中,有人制造了一门土炮。对此该如何处理成为问题。有两种分析方法。一种分析方法是,先列举刑法第125条中"枪支"的若干特征,如以管状物体为依托、以压缩空气为动力、发射金属弹丸或其他可造成伤害或使受害者失去知觉的介质,然后说现实中所制造出来的"土炮",也具有这三个特征,据此得出"土炮"就是"枪支"的结论。这种解释方法,就是类推解释。其特点是先列举法律中已经有明文规定之概念的若干特征,然后以现实中法律没有明文规定的现象也具有上述特征为由,得出该法律规定可以适用于该现象的结论。相反地,另一种分析方法是,先对刑法第125条所规定的"枪支"进行定义,说其是"以火药为动力发射弹药的武器",再判断"土炮"是符合这一有关"枪支"的定义的,因此,"土炮"也属于"枪支"。这种解释方法就是扩张解释。因此,扩张解释的特点就是,先对刑法中的相关概念进行(扩张)定义,然后说明现实中法律没有明文规定的现象也能为该定义所涵摄,进而得出该法律规定可以适用于该现象的结论。

当然,类推解释和扩张解释的区分远非上述那么简单,可以说,目前有关罪刑法定原则的司法适用,其中心问题就是如何理解类推。对此后文将专门论述。

(四)禁止绝对不确定刑

所谓绝对不确定刑(注意,不是"绝对不定期刑"),是指刑种和刑罚幅度都完全不确定的刑罚,如"故意杀人的,处刑"之类的刑种和刑罚幅度均不确定的情况,以及"盗窃公私财物的,判处徒刑"之类的只规定刑种的情况,均属于此。这两种情况,对刑罚的规定都过于抽象,与犯罪和刑罚都必须以明确的成文法规定这一罪刑法定原则的初衷相悖,剥夺了行为人预测自己行为法律后果的可能性,因此,必须绝对禁止。但是,"故意杀人的,处死刑、无期徒刑或者十年以上有期徒刑"之类的刑种和刑罚幅度都相对确定的相对不定期刑,则不违反罪刑法定原则的宗旨,应当允许。

(五)明确性原则

明确性原则在国外是作为罪刑法定原则的实质性展开而提出来的,近年来,也为我国学者所接受。[9] 这种观点认为,若刑罚法规的内容模糊暧昧,一般人难以客观理解的,也无效。按照这种见解,假如说有这样的规定,即"严重骚扰他人的,处1年以下徒刑",其中,"严重骚扰他人"的用语暧昧不明确,就违反了明确性原则。理由是,虽然法律事先对犯罪和刑罚作了规定,但如果规定的内容不明确,人们无法据此对自己行为的法律后果进行预测,就和罪刑不法定的情形没有什么区别,照样会产生国民由于不能预测自己行为的后果而缩手缩脚的"寒蝉效应",实质上还是对罪刑法定原则基本宗旨的违背。因此,刑法规定必须明确,否则就违宪无效。

在国外,明确性原则主要是作为司法原则而被加以适用的,即在对行为人适用的刑罚法规内容过于宽泛模糊,难以明确其处罚范围的时候,法院就能够以该法规内容不明确为由判定行为人无罪。[10] 但在我国,明确性原则主要还是一个立法原则,作为司法原则讨论的情况,尚不多见。

事实上,从主张明确性原则的国家的实践来看,以刑罚法规不明确为由而判定其无效的情况并不多,多数情况下,法院通过解释使被认为不明确的规定变得明确起来,从而避免了和明确性原则的冲突。如在日本著名的"《福冈县青少年成长保护条例》事件"中,法官就是采用这种方式判决的。《福冈县青少年成长保护条例》第10条第1款规定:任何人不得对青少年实施奸淫行为为或猥亵行为,违反者处2年以下徒刑或10万日元以下罚金。显然,这里所谓"奸淫行为"内容不明确,存在是否包括男女双方以结婚为前提、互相同意的性行为在内等难以判断的问题。因为,按照《日本刑法》第176、177条的规定,13周岁以上的男女在相互同意的基础上实施的猥亵或性行为不受处罚。但是,按照《福冈县青少年成长保护条例》的规定,即便双方当事人同意,但和不满18周岁的人发生性关系的行为也必须受到处罚。对此,日本最高法院在行为人明知对方是不满18周岁的青少年而将其带到旅馆奸淫,后被依据该条例判处有罪的上诉判决的终审判决认定,确实,将"奸淫行为"广泛理解为对青少年实施的性行为的话,会将社会一般人难以想象应受处罚的情况也包括在处罚范围之内,这种理解不仅明显失之过宽,而且也不免会遭到本罪构成要件规定不明确的批判。所以,从条文字面能够合理推导出的解释范围来看,该条例中的"奸淫行为","只能认定为(将青少年)作为旨在满足自己性欲的对象而对待的性交或者性交类似行为"。日本最高法院认为,对"奸淫行为"的规定进行这种限制解释的话,不仅合乎具有通常判断能力的一般人的理解,而且也能避免处罚范围的过广而导致的不明确,消除违反宪法之嫌。[11] 这种解决方法的好处是:一方面,承认了明确性原则是罪刑法定原则的内容之一,促使立法者不断地提高立法质量;另一方面,又可以较好地避免因承认该原则而给现实的司法实践带来的不便。

(六)刑罚法规内容妥当原则

这一原则也被称为实体的正当程序原则,其也是作为罪刑法定原则的实质性展开而提出

---

[9] 张明楷:《刑法学》(上)(第6版),法律出版社2021年版,第63页;刘艳红主编:《刑法学》(上)(第3版),北京大学出版社2023年版,第42~43页;冯军、肖中华主编:《刑法总论》(第3版),中国人民大学出版社2016年版,第45页;陈兴良主编:《刑法学》(第3版),复旦大学出版社2016年版,第10页。

[10] 黎宏:《日本刑法精义》(第2版),法律出版社2008年版,第53页以下。

[11] 日本最高法院1985年10月23日判决,刑集39卷6号,第413页。

来的派生原则,现在已经为我国学者所接受。[12] 刑罚法规内容妥当原则的内容见仁见智,没有统一说法。有的学者从狭义上对其进行理解,认为其是指刑罚法规在实质上包含有不合理的处罚范围的时候,就违宪无效。[13] 但是,这种理解和明确性原则有相当程度的重合。有的学者则从广义上理解本原则,认为该原则是指刑罚法规在将某种行为规定为犯罪时,必须具有合理根据,并且该类犯罪行为和与之相应的刑罚之间均衡适当,具有实质上的合理性要求。因为,犯罪和刑罚即便在法律中被明确规定,但在其内容缺乏处罚的必要性和合理根据的时候,也构成刑罚权滥用,实质上是对国民的人权侵害,违宪无效。[14]

刑罚法规内容妥当原则(实体的正当程序原则)尽管是一个来自美国的宪法原则,但其已经被日本的司法部门认可,并在审判实践中加以应用。具体来说,其体现在以下几个方面:

第一,违反宪法保障人权规定的刑罚适用。在适用和宪法保障的言论、集会、结社等公民基本权利有关的刑罚法规时,必须进行严格的限定解释,以防止以任何借口限制公民行使上述权利而引起的寒蝉效应。如在被告违反《日本破坏活动防止法》第38条第2款第2项的规定,散发"主张实施内乱罪的正当性和必要性的文书"案中,法院认为:被告人尽管具有散布上述文书的行为,但该行为客观上不可能引起内乱,因此,被告人的行为不成立本罪;[15] 另外,在鼓动他人实施罢工的挑唆行为是否构成《日本地方公务员法》第61条第4款中规定的"煽动行为"的理解上,日本最高法院也是作了限制解释,认为该种行为在"属于实施罢工行为时所通常伴随的行为的时候,不应该成为处罚的对象"。[16]

第二,没有合理性和必要性的刑罚适用。刑罚是最为严厉的法律制裁,不能滥用,其适用只能被限定在必要的范围之内,把真正值得惩罚的行为规定为犯罪。如在"违反按摩师等法事件"中,行为人在未获有关机关批准的情况下,使用高周波机从事收费的营业性治疗活动。就该行为是否属于违反《日本关于按摩师、针灸师以及柔道整理师法》第12条所规定的"类似治疗行为",二审法院认为:"之所以将违反《日本关于按摩师、针灸师以及柔道整理师法》第12条的行为按照该法第14条的规定进行处罚,是因为这些以'类似治疗行为'为职业的行为违反了公共福祉。之所以说这些以'类似治疗行为'为职业的行为违反了公共福祉,是因为这些业务行为可能危害人体健康。因此,前述法律所禁止的以'类似治疗行为'为职业而被禁止的行为也应当限定于可能危及人体健康的业务行为之内。由于这种禁止是为公共福祉所必要的,因此,前述法律第12条、第14条并不违反宪法第22条。原判决中,被告人作为业务而实施的HS式无热高周波疗法,到底有没有可能危及人体健康,原判没有做任何提示;仅仅以被告人实施了HS式无热高周波疗法的业务行为就马上认定其违反了上述法律第12条的规定,这不仅在法律解释上违法,而且还有理由不足方面的违法。"[17] 由此可以看出,二审法院认为,完全没有

---

[12] 马克昌主编:《刑法》(第2版),高等教育出版社2010年版,第11页;张明楷:《刑法学》(上)(第6版),法律出版社2021年版,第66~70页。
[13] [日]前田雅英:《刑法总论讲义》(第6版),曾文科译,北京大学出版社2017年版,第49页。
[14] [日]大谷实:《刑法讲义总论》(新版第5版),黎宏、姚培培译,中国人民大学出版社2023年版,第58~63页。
[15] 日本最高法院1967年7月20日判决,判例时报496号,第68页。
[16] 日本最高法院1969年4月2日判决,刑集23卷5号,第530页。
[17] 日本最高法院1960年1月27日判决,刑集14卷1号,第33页。

危害人体健康之虞的无害行为,即便在形式上看起来符合犯罪构成要件,也不得认为其符合构成要件而予以处罚。[18] 但是,之后日本最高法院对于医疗类似行为以及和健康有关的食品贩卖行为采取了严格规制态度。在将以柠檬酸为主要成分的"疲劳消除剂"宣传为具有治疗高血压等疾病的疗效并贩卖的案件中,法院认为,该行为没有获得地方行政长官的许可,并且也没有法定的例外事由,因此,即便认为其对人体有益无害,但也成立违反《药事法》的贩卖药品行为。[19] 这主要是考虑到,即便该药品对人体没有危险,但行为人夸大效果的宣传,会使本来要接受正规医疗治疗的人信以为真而耽误了治疗,由此而产生了侵害人身的危险。

第三,犯罪和处罚明显不均衡的场合。司法实务部门也从实体的正当程序原则的角度出发,认为该种情况违反了罪刑法定原则。如日本最高法院在1974年11月6日的判决中写道:"刑罚是以国家权力为后盾的最严厉的制裁,因此,在和基本人权有关的事项上设置处罚规则的时候,不言而喻,要经过慎重考虑。从罪刑均衡以及其他各个角度来看明显不合理,无论如何都难以容允的刑罚规定,必须接受违宪审查。"[20] 日本学者认为,从刑事政策的角度来看,过重的处罚会钝化、麻木国民打消犯罪念头的感性,反而失去其作为抑制犯罪工具的作用。[21] 另外,从公平的角度来看,犯人应承担的责任与其所犯罪行必须均衡,否则就有失公平正义,审判机关是实现公平正义的机关,可以拒绝适用罪刑失衡的法律。因此,在罪刑均衡的问题上:首先,必须禁止残酷刑;其次,即便不是残酷刑,在其相对于某种犯罪而言显失均衡的时候,也违反了刑罚法规内容妥当的要求。

要注意的是,明确性原则和实体的正当程序原则,在国外刑法学中的地位是不大一致的。明确性原则主要为形式的犯罪论所提倡,其从刑法的作用在于通过保护法益维护社会秩序的观点出发,认为要使国民的权利和自由不受侵害,法律事先必须明确规定某种犯罪的构成要件,只有在形式上符合该种规定的行为才能成为处罚的对象。换句话说,判断某种行为是不是成立犯罪,在进行是不是值得处罚的实质判断之前,应当从具有通常判断能力的一般人的理解出发,判断某种行为是否符合刑法中所规定的某种行为类型或者说构成要件。相反地,实体的正当程序原则主要为实质的犯罪论所提倡,该种观点从刑法的作用在于保护个人的生命、财产等生活利益的观点出发,认为构成要件对于成立犯罪来说并不重要,最多只是法官选择值得予以刑罚处罚的行为时所参考的大体标准而已。构成要件符合性的判断和违法性的判断是连为一体、不可分割的。因此,在构成要件的判断上,不可避免地掺有实质的考虑在内,即某种行为是否符合构成要件应当从处罚的必要性和合理性的角度来进行判断。根据这种理念,实质的犯罪论认为罪刑法定原则中的明确性原则或严格解释并不重要,重要的是根据处罚的合理性和必要性的观点,对刑罚法规和构成要件进行实质性的解释。[22]

---

[18] 不过,该案发回重审后的控诉审判决认为,上述行为具有实施危害之虞。被告方再次提起上告,但最终被驳回。日本最高法院1964年5月7日决定,刑集18卷4号,第144页。
[19] 日本最高法院1982年9月28日判决,刑集36卷8号,第787页。
[20] 日本最高法院1975年11月6日判决,刑集28卷9号,第393页。
[21] 如果致人重伤就处死,就会让人产生还不如将人杀死的心理;杀死一人就判处死刑的话,也会让人产生多杀几个人的愿望,反正都是一样的结局。
[22] [日]大谷实:《刑法讲义总论》(新版第5版),黎宏、姚培培译,中国人民大学出版社2023年版,第78~79页。

不过,从实际应用来看,明确性原则和实体的正当程序原则并非水火不容,它们在很大程度上是互相重叠的。刑罚法规内容不明确,就意味着刑法所规定的某种犯罪的处罚范围难以确定,不能妥当地限制国家刑罚权的发动,也不能为国民预测自己行为的后果提供指南,这显然违反了主张刑罚处罚必须具有必要性和妥当性的实体的正当程序原则。从这种意义上看,明确性原则和实体的正当程序原则在本质上是一致的,都是主张罪刑法定原则必须具有保护国民合法权益的实际内容;同时,从基于不同立场而展开争论的形式的犯罪论和实质的犯罪论的分歧来看,它们也没有根本性的冲突。尽管形式的犯罪论主张刑罚法规的规定必须明确,主张严格解释,但其也并不反对扩大解释,只是要求该种解释不能超出具有正常理智的一般人能够理解的范围而已;[23] 同样,实质的犯罪论虽然主张罪刑法定原则中的明确性原则或严格解释并不重要,但是,这种实质性的解释也并不是完全没有边际,而是要受到"现代社会中的国民的考虑"的限制,只不过这种考虑是通过法学家对刑罚规范的解释来体现而已。[24] 因此,无论是主张明确性原则的学者还是主张实体的正当程序原则的学者,都以法院的判例为分析对象,并且很大程度上以判例的见解来修正自己的理论。

三、罪刑法定原则与禁止类推解释

所谓类推解释,通常认为,是将法无明文规定的危害行为,比照刑法分则当中最相似的条款加以处罚,[25] 即将法无明文规定的行为通过类推将其作为犯罪处理。但这是有关类推解释的最狭义理解。实际上,刑法当中,能够适用类推解释的,并不限于定罪类推,还包括量刑类推;也不限定于对被告人不利的类推,还包括对被告人有利的类推。例如,将违反《治安管理处罚法》而被公安机关采取治安拘留措施的人主动如实地供述公安机关还未掌握的罪行的行为,解释为刑法第67条第2款所规定的"准自首",就是对被告人进行有利的量刑类推。因此,类推解释说到底是一种法律解释方法,即在需要判断的具体事实和法律规定的要件基本相似的时候,将后者的法律效果适用于前者。

通说认为,在罪刑法定原则之下,类推解释是被严厉禁止的。因为,类推解释会导致两方面的问题:一是侵蚀了法律原则,二是剥夺了国民预测自己行为后果的可能性。但是,上述理由均经不起推敲。

首先,如果说类推侵蚀了立法机关的权力,违反法律原则的话,则刑法上所有的类推解释——包括对被告人有利的类推解释——均要被禁止。但是,学者都认为,对被告人有利的类推解释,在"克服形式侧面的缺陷,实现刑法正义"上具有意义,不应当被禁止。[26] 同时,如果说类推解释之所以要被禁止是因为其会剥夺国民预测自己行为后果的可能性的话,那么,同样可能超越法律用语的通常意义而进行的扩大解释也会造成剥夺国民预测可能性的后果,因而也应当得到同样的"待遇"。但是,扩大解释并没有被禁止。

---

[23] [日]大谷实:《刑法讲义总论》(新版第5版),黎宏、姚培培译,中国人民大学出版社2023年版,第65~66页。
[24] [日]前田雅英:《刑法总论讲义》(第6版),曾文科译,北京大学出版社2017年版,第41~42页。
[25] 马克昌主编:《刑法》(第2版),高等教育出版社2010年版,第10页。
[26] 刘艳红主编:《刑法学》(上)(第3版),北京大学出版社2023年版,第41页;张明楷:《刑法学》(上)(第6版),法律出版社2021年版,第62~63页。

其次，现行刑法分则当中，有类推适用之嫌的条款大量存在。例如，刑法第114条规定了5个罪名，其中对放火罪、决水罪、爆炸罪和投放危险物质罪的罪状都有清楚的描述，但是，对"以危险方法危害公共安全罪"的罪状却没有明确规定，而是通过"以其他危险方法"这种概括性的"兜底条款"或者说"口袋条款"加以概括，内容含糊暧昧，其具体构成要件只能通过学说探讨来确定。一般认为，该罪名中的"其他危险方法"，必须具备以下两个特征：一是必须是放火、决水、爆炸、投放危险物质行为以外的危害公共安全的行为，二是必须具有与放火、决水、爆炸、投放危险物质行为相同或者相当的危险性。[27] 其中，后者是认定的关键。这种根据行为所具有的类似性而判断该行为也构成犯罪的做法，实际上是典型的类推适用。如果说根据罪刑法定原则，必须禁止类推解释的话，则首先要在刑法规定当中，删除上述具有类推嫌疑的条款。

再次，类推解释和扩大解释没有绝对的区别，在说明原理上二者甚至可以互换。例如，"隐匿"他人财物的行为是否属于故意毁坏财物罪中的"毁坏"，就既可以用类推解释又可以用扩大解释加以说明。如果说"毁坏"不限于在物理上改变其形状，而是广泛地包含使财物丧失其本来用途的一切行为的话，则使他人不能发现该财物的所在，难以按照其本来用途加以利用的"隐匿"行为就当然被包括在"毁坏"的概念之内，这是扩大解释的逻辑；相反地，如果说"毁坏"被限定为在物理上改变其形状、破坏其机能的话，则仅仅让人难以发现其位置所在的"隐匿"就不能说是"毁坏"。但是，由于"隐匿"使人不能发现物之所在，难以按照其本来用途加以利用，在这一点上，与在物理上改变形状、破坏机能的"毁坏"具有类似之处，因此，"隐匿"财物也可以说是"毁坏"财物，这就是类推解释的逻辑。

最后，在刑法适用上，是否允许类推历来是一个争论不休的问题。虽说现在国内外的通常见解普遍认为禁止类推是罪刑法定原则的基本内容之一，但是在学说上，怀疑其是否得以真正贯彻落实的观点，一直不绝于耳。在德国，有学者认为，刑法中根本不存在所谓"禁止类推适用"的原则。具体来说，除数字外，现实当中根本没有两种事物是完全相同的，只不过它们之间存在某种"存在和认识上的类似性"。在法律适用中，将具体案件事实涵摄于法律规范的过程，其实就是在进行这样一种类似性的思考。例如，刀与枪在外观、原理上具有非常大的差异，但在法律适用中，可以将刀和枪都涵摄于武（凶）器的概念之下，这就是在寻找刀与枪所具有的类似性。因此，在对法律进行解释进而确定适用的过程之中，必然带有类推的成分。所谓解释与类推之间，与其说具有区别上的困难，还不如说无法区别。所以，在"可能文义"的范围之内，法官所从事的法律解释与适用，仍然是在类推，"以可能文义为界限以区分二者"的说法根本无法成立。况且，也不存在"明确而单一"的字义，字义必然有相当的模糊性，这也正意味着法律解释时类推是必然的思考工具。所以，禁止的类推与容许的解释无所谓区分可言。[28] 在日本，也有学者认为，如果通过解释将法律用语意义扩张，扩展到本来没有涵盖的地方，并对其加以适用，由于该扩大解释本来不应当将语义边界扩张到似是而非的地方，所以其结局无非是类推解释。这种现象，无非是意味着类推在某种程度上被许可；[29] 还有学者认为，扩大解释和类推解

---

[27] 马克昌主编：《刑法》（第2版），高等教育出版社2010年版，第327页。
[28] 徐育安：《刑法上类推禁止的生与死》，台北，元照出版有限公司1998年版，第85~86页。另外，参见[德]阿图尔·考夫曼：《法律哲学》（第2版），刘幸义等译，法律出版社2011年版，第146~150页。
[29] [日]植松正：《罪刑法定主义》，载日本刑法学会编：《刑法讲座》第1卷，有斐阁1963年版。

释在实质上不可能被区别开来。[30]

本书认为,类推解释和扩大解释只存在程度上的差别,并没有实质上的不同。刑事司法过程,实际上就是贯穿类推操作的过程。[31] 刑法适用的过程,广义上讲,就是一个寻找事实和刑法规范所规定的行为类型的相似性的类比或者说类推的过程。例如,就盗窃电力的行为是否构成盗窃罪的问题而言,当初,日本地方法院就持否定态度。因为,所谓财物,按照民法规定,应当是看得见、摸得着的有体物,而电力不具有这种特性,所以就不在财物之列。但是,日本最高法院根据以下理由,撤销了原判:在刑法上,适合"窃取"的东西就是盗窃罪的对象,不适合"窃取"的东西就不是盗窃罪的对象。所谓窃取,就是非法将他人占有的物转移到自己的支配之下,单纯地存在于人的想象中的无形的东西,由于不能被持有,所以不能成为盗窃的对象。但是,可能持有的东西,只要是根据人的五官作用能够加以认识的形而下的东西就可以了,并不要求一定是有体物。因为,只要具有独立存在且能够为人力所支配的特性,就可以将其持有并加以转移。简而言之,是否属于盗窃罪的对象,应当根据是否能够移动以及是否可以管理来加以区别。[32] 电力尽管看不见、摸不着,但能够为人所管理,所以属于盗窃罪所要求的财物。在这里,能明显地看出,之所以存在上述两个不同的判决结论,是因为法院对所谓"财物"的性质或者说特征具有完全不同的把握。地方法院之所以说电力不是"财物",是因为其事先根据"有体性"对"财物"进行了设定;相反地,最高法院之所以说电力是"财物",是因为其将"财物"看作"可以管理之物"。其实,"物"还是同一个"物",只是因为判断者在寻找案件事实和刑法规范所规定的行为类型之间的相似性的角度和立场上发生了变化,最终,结论也完全不同。

这种做法也丝毫不值得大惊小怪。因为司法或者说法律适用的过程,就是将抽象的法律规范和具体的案件事实进行逻辑连接,以最终确定该案件事实所对应的法律效果的过程。在这个被称为"司法三段论"的逻辑连接过程中,法律规范是大前提,具体案件事实是小前提,判决结果就是结论。在实际的司法适用过程当中,为阐明大前提而援引的法条尽管是静态的、固定的,但其规范内容,只要是在合理妥当的范围之内,则是可以由法官自由设定的。因此,法官在根据自己的良心和法律专业知识,决定对某种行为应当加以处罚的时候,就会在大前提的设定上,展示自己的智慧,尽量寻找和作为小前提的案件事实一致的内容,从而得出一个合乎逻辑的结论来。相反地,当法官根据自己的良心和专业知识,认为不应处罚该种行为时,其也会在作为大前提的法律规范的解释上,寻找和作为小前提的具体事实不一致的特征,从而得出对该事实不予处罚的结论。同样,在作为大前提的法律规范已经被相对固定的场合,法官也可以对作为小前提的具体案件事实进行整理,抽象出与该大前提相对应的或是不同的特征来,从而得出妥当的结论。因此,司法的过程,简化为一个逻辑过程而言,就是法官的目光在大、小前提之间往返流转,寻找二者的相似性,从而得出判决结论的类比过程。

实际上,在当今的刑法学者的潜意识当中,类推解释和扩大解释也并非两个完全不同的概念。这一点,从学者就类推解释和扩张解释的界限该如何划分一直举棋不定的态度上,就能清

---

[30] [日]伊东研祐:《刑法解释》,载阿部纯二等:《刑法基本讲座(第1卷)基础理论·刑罚论》,法学书院1992年版。
[31] 杜宇:《类型思维与刑法方法》,北京大学出版社2021年版,第290页。
[32] 日本大审院1902年5月21日判决,刑录9辑,第874页。另外,参见黎宏:《日本刑法精义》(第2版),法律出版社2008年版,第404页。

楚地看出来。如前所述,我国刑法学的通常见解认为,类推解释和扩大解释的区别取决于"法条用语可能具有的范围"。如果对某个用语所作的结论虽然超出了法条用语的本来意义,但仍在一般人所能预测的范围之内,没有让人大吃一惊的话,就是扩大解释;相反地,如果得出的结论不仅超出了法条用语本来所具有的范围,而且还超出了一般人所能预测的范围,让人大吃一惊的话,就是类推解释。

这种不考虑二者在分析过程上的差别,而仅仅看结果是否合乎一般人的预测可能性的区分标准,看起来是简明扼要、一目了然。但是,以"一般人的预测"为标准,应当说,也是一个无可奈何的选择。因为,作为预测主体的"一般人"是一个非常模糊的概念,到底谁能代表一般人,也并不一定很清楚。某种解释结论是否合乎人们的预测,不可能总是采取民意测验的方式来检验,更不可能通过查词典的方式来确认。因此,以"一般人的预测"这种意义不明的概念作为二者的区分标准,尽显学说在类推解释和扩大解释的区分标准上捉襟见肘。

而且,从是否超出"一般人的预测"的角度来看,很多解释结论可能合情但并不合理。例如,尽管我国刑法只是规定"冒充军警抢劫的"要加重处罚,而没有规定真军警抢劫的该如何处理;但是,从结论上看,说"真军警抢劫的更应当加重处罚"的解释,恐怕是不会超出"一般人的预测"的。这是因为,在我国,法律适用上历来就有"举重明轻"和"举轻明重"的传统,"知法犯罪,罪加一等"的观念也早已在老百姓的心中根深蒂固。但是,在近代西方的罪刑法定理念看来,"举重明轻"和"举轻明重"是典型的类推适用的体现,在不利于被告人的方向上,应当被严厉禁止。

另外,类推解释是不是必然会导致法官随意适用法律,从而具有侵害公民自由权利的危险,也是一个值得仔细研究的问题。在当今世界法治发达国家里,丹麦在其刑法典中就有关于类推解释的规定,[33]但是,并没有人就此指责丹麦违反罪刑法定原则,不保障人权。在德国,尽管在理论上也反对类推解释,但在现实的刑事司法实践当中,类推适用的情形却并不鲜见。最为明显的例子是,德国联邦最高法院在一起盗窃林木的案件中,认为对"使用畜力车"盗窃林木必须加重处罚的条款,也可以适用于"使用汽车"盗窃林木的场合。[34] 同样,在日本,尽管学术界一再表示反对,但法院也经常采用类推解释的方法来应对现实发生的案件。例如,公文的复印件因为和原件具有同样的社会功能和信用性,因此,被解释成是《日本刑法》第155条和第158条所说的"公文";[35]用电子情报处理系统制作的汽车登记档案(电子记录)被认为是《日本刑法》第157条的"公证证书的原件",[36]这些就是公认的类推解释。

总之,类推解释是一种现实存在的刑法解释方法,并非人们想象的那么可怕。我国刑法学的通说尽管在排斥类推解释,但却允许另一种与其没有多大差别的扩大解释。这从一个侧面也反映出,我国并没有将禁止类推解释贯彻到底。

事实上,包括我国在内的各国学者都很清楚,在现实的刑事法律适用当中,类推解释是不

---

[33] 《丹麦刑法典》第1条前段规定"只有成文法中的可罚行为以及与此完全类似的行为,才能处罚"(Only acts punishable under a statute or entirely comparable acts shall be punished)。
[34] [德]克劳斯·罗克辛:《德国刑法学总论》(第1卷),王世洲译,法律出版社2005年版,第87页。
[35] 日本最高法院1976年4月30日判决,刑集30卷3号,第453页。
[36] 日本最高法院1967年7月20日判决,刑集37卷9号,第1538页。

可避免的,因此,在禁止类推解释的同时,又允许扩大解释,二者的区别仅仅在于是否超出了法律用语所可能具有的意义,剥夺了一般人的预测可能性。从这种意义上看,类推解释和扩大解释,在所得结论没有超出一般人的预测可能性的情形下,可能就无法将二者区分开来。换言之,即便是类推解释,只要结论没有超出法律用语所可能具有的范围,剥夺一般人的预测可能性,也就可以被说成是不被禁止的扩大解释。这是根据当今刑法学的通常见解得出的一般推论。

既然类推解释和扩大解释在分析过程上的区别已经无关紧要,重要的只是结论上的具体妥当性(是否超出了一般人的预测范围),那么接下来的问题则是,该如何借助类推来解释刑法中看似没有明文规定的现象,使其受到合理妥当的处理。

关于这一点,本书认为,法官心中必须就案件事实该如何处理有一个大致的结论,然后将目光在作为大前提的法律规范和作为小前提的具体事实之间往返流转,寻找二者的共同点或者说相似性,最后合乎逻辑地说明自己事先所预断的结论。在说明结论的过程当中,关键在于从不同角度去寻求法律规范和具体案件事实的类似性。通常而言,说某种事实没有被刑法所明文规定,这往往是形式考察所得出的结论。此时,就必须撇开二者的形式差别,从实质上寻找并归纳二者的相似之处,从而奠定对该事实适用刑法的基础。以下试举数例加以说明:

1. 枪支被抢之后没有报告,事后枪支被他人利用造成严重后果的行为,是否构成刑法第129条所规定的丢失枪支不报罪? 在这里,成为问题的是枪支"被抢走"是否属于"丢失"枪支。从"丢失"的通常意思来理解,是难以回答的。因为,"丢失",从一般理解来看,是"遗失",即疏忽大意或者说不小心而失去。枪支被抢,通常不是由于不慎或者疏忽大意造成的,而是由于难以反抗的原因造成的,与通常理解的"丢失"差别极大。因此,我们只能另辟路径,从实质上来对这个问题进行考察,首先探究刑法第129条的立法目的,考虑枪支被抢之后不报告造成严重后果所产生的恶劣影响,确认该行为的社会危害性,然后再考虑"被抢而失去"和"遗失"的类似性,才能作出妥当的理解。由于枪支是一种杀伤力极大的武器,如果失去合法控制,流失到社会,必将严重威胁公共安全,因此《枪支管理法》等法律才规定,在丢失枪支之后,必须向有关部门报告,以便采取有力的救济措施,不及时报告,构成犯罪的,依法追究刑事责任。因此,只要使枪支处于失控状态,不管是什么原因造成的,都应当说是危害社会的行为。在得出这样的结论后,再看"被抢而失去"和"遗失"的类似之处。"遗失",一般来说,包含两方面的内容,即不小心和失去控制,其中的关键内容是"失去控制",而造成失控原因的"不小心"则并不重要。换言之,"被抢而失去"和"遗失"在失去控制的状态上是一致的,二者具有类似性,只是在失去的原因上稍有差别。从枪支被抢走造成的严重后果以及"丢失"的实质内容就是"失去控制"的角度来看,由于难以抗拒的原因而失去枪支控制的场合也可以理解为"丢失"。这种理解或许已经超出了"丢失"的通常意义,但是,得出这种结论没有超过一般人的预测,不会让人大吃一惊。

2. 通过计算机技术窃取他人密码,非法开拆、删除他人电子邮件,是否构成刑法第252条所规定的侵犯通信自由罪? 在这里,"电子邮件"是否属于该条所说的"信件",成为问题。我国现行刑法第252条所规定的侵犯通信自由罪,其条文完全沿用了旧刑法第149条的规定,该罪的客观要件是"隐匿、毁弃或者非法开拆他人信件"。这里的"信件",在旧刑法当中,无疑是指"书信和递送的文件、印刷品",其除属于"传递信息的载体"之外,还具有"纸质"和"有形"的特征。但在当今信息化时代,人们通过电子邮箱收发信息已经成为稀松平常的事情。这种通过互联网传递的电子邮件虽然不具有纸质和有形的特征,但同样具备传统信件所具有的"传递信息载体"的特征。因此,撇开"信件"的传统意义,从"传递信息载体"的角度来说,电子邮件和传统的书信应当说具有类似性。因此可以说,电子邮件属于刑法第252条所说的"信件",窃取他人密码,非法开拆、删除他人电子邮件也是侵犯他人通信自由的行为。同样的道理,当科技发展到了今天,人们已经习惯于用手机短信交流的时候,"手机短信"也应当属于"信件"之一种,利用手机病毒程序、间谍程序等方式删除、破坏、非法获取他人手机中的短信的情节严重的行为,必要时也可以作为侵犯通信自由罪处理。

3. 组织同性性交获利的行为,是否构成刑法第358条所规定的组织卖淫罪?在这里,"获利目的的同性性交"即同性之间的性交易行为是否是刑法第358条当中的"卖淫",成为问题。本来,按照《现代汉语词典》的解释,所谓"卖淫",是指"妇女出卖肉体",[37]转化为法律用语,就是"女性以营利为目的,与不特定男性发生性交或者猥亵行为",强调的是"女性"靠"向男性""提供性服务"而"获利"。然而,在组织同性性交而获利的场合,尽管在依靠"提供性服务"而"获利"这一点上没有什么变化,但在主体上就不一定限定为"女性"了,也可以是男性,而且提供性服务的对象也不一定是异性,也可以是同性。这种情况下,如果说对"组织同性性交获利的行为"要予以处罚的话,就不能沿用原来的理解,而必须对"卖淫"和"同性性交而获利"的现象确定相似性,以将"同性性交"的现象通过解释包含到"卖淫"的概念当中去。首先,可以肯定的是,"同性性交获利行为"和传统的"女性出卖肉体"行为一样,会破坏我国历来所推崇的凭诚实劳动维生、靠诚实劳动致富的道德观,而且同性之间的性行为也会传播性病,其危险程度丝毫不亚于异性之间的卖淫嫖娼。因此,侵犯刑法第358条意图维持的社会治安管理秩序和良好的社会道德风尚的行为,具有社会危害性以及处罚的必要性。其次,卖淫本质上是靠"提供性服务"而"获利",只是在提供的主体和对象上,随着时代的发展而有变化而已。早先,卖淫通常是指女性向男性"出卖肉体",但及至现在,男性向女性、男性向男性乃至女性向女性"出卖肉体"的现象,并不鲜见。上述现象尽管在形式上不断翻新,但是在"以营利为目的,向不特定的人提供性服务"这一点上,则没有差别,这就是"同性性交获利行为"和"卖淫"的相似性。既然如此,在刑法解释上,就能够以这种相似性为根据,将"同性性交获利的行为"理解为"卖淫",对组织同性性交获利的行为,按照刑法第358条所规定的组织卖淫罪定罪处罚。

4. 变造或者倒卖变造数额较大的邮票的行为,是否可以依照刑法第227条第1款规定的伪造、倒卖伪造的有价票证罪定罪处罚?在这里,"变造"是否可以理解为"伪造",成为问题。如从用语可能具有的含义来讲,伪造和变造是不相同的。伪造是指按照真实的物品的外貌、形状、特征和色彩等制作物品,变造则是在真实物品的基础上采取修改、拼接或剪贴等方法进行改制,使真实物品的某一部分失去真实性,而含有假的成分。从我国刑法的数个条款均将"伪造"与"变造"分别开来加以使用的角度来看,"伪造"也显然是不能包括"变造"在内的。但是,变造以及倒卖数额较大的邮票的行为和伪造或者倒卖伪造邮票的行为一样,都是刑法第227条所意图规制的严重扰乱国家对有价票证的管理制度的行为。而且,撇开对"伪造"手段的自

---

[37] 中国社会科学院语言研究所词典编辑室编:《现代汉语词典》(第5版),商务印书馆2005年版,第913页。

然意义上的理解,从其法律意义上来看的话,应当说,所谓伪造,就是没有制作发行权的人冒用有制作发行权的他人名义,制造出外观上足以使一般人误认为是真物品的假物品的行为。换句话说,在"无权制作"这一点上,伪造和变造并没有任何本质区别,可以找到"变造"和"伪造"的相似性。因此,将变造或者倒卖变造邮票的行为按照伪造、倒卖伪造的有价票证罪定罪处罚,从"无权制作"出虚假有价票证的一点上看,应当说是可以的。或许正是基于这个原因,2000年12月5日最高人民法院公布的《关于对变造、倒卖变造邮票行为如何适用法律问题的解释》将变造包含在伪造当中,规定对于变造或者倒卖变造的邮票数额较大的,应当依照刑法第227条第1款规定的伪造、倒卖伪造的有价票证罪定罪处罚。

当然,应当注意的是,在寻找法条规定和现实生活现象的类似性的时候,除了寻找上述所强调的二者的本质的一面,还必须考虑到一般人能够接受的程度,毕竟罪刑法定原则是保护一般人的自由的原则。从处罚的必要性的角度来看,如果非常合理和妥当的解释完全超出了用语所可能具有的含义、超出一般人的预测范围,则无论如何都不能说是正确的解释。

比如,刑法第122条规定的劫持船只、汽车罪并不包括劫持火车的行为。虽说火车和汽车在都于陆地上行驶、速度快、运载量大等方面具有类似性,但火车之所以为火车,就是因为其在专用的铁轨上行驶,而且安检措施严密,不太容易被劫持,即便被劫持,也不太容易发生脱轨倾覆等原因造成的危及公共安全的后果,这一点是火车与汽车的本质差别。因此,根据上述一些非本质的特征来描述火车与汽车的类似性,将汽车解释为包括火车在内的结论,显然是超越了一般人对刑法第122条的处罚范围所能够接受的程度,属于让一般人无法预测自己行为后果的不妥当解释。

又如,将刑法第259条规定的破坏军婚罪中的"同居",扩张解释为包括和现役军人的配偶"通奸"的行为在内的解释,也是剥夺了一般人预测自己行为后果可能性的解释。破坏军婚罪的保护法益是军人的婚姻关系。"兵为民之卫,民无兵不固",为消除军人戍边在外的后顾之忧,国家通过设立本罪,确保现役军人婚姻的持久稳定,以安定军心。明知是现役军人的配偶而与之结婚的,固然是破坏军婚的典型体现,同样,与现役军人配偶"同居",即虽然没有办理结婚登记,但以夫妻名义共同生活,或者在较长时间内进行具有一定的稳定性和持续性的共同生活,包括但不限于精神上的相互扶持和经济上的相互支持,同样也会动摇现役军人的婚姻基础,产生与和现役军人的配偶结婚同样的效果。反之,只是偶尔与现役军人的配偶发生婚外性关系,而没有经济以及日常生活上的相互支持的"通奸"行为,则难以产生该种效果。因此,将"通奸"解释为"同居",显然超越了刑法第259条破坏军婚罪的规制目的,剥夺了一般人预测自己行为后果的可能性。

第二节 适用刑法平等原则

一、适用刑法平等原则的意义和由来

刑法第4条规定:"对任何人犯罪,在适用法律上一律平等。不允许任何人有超越法律的特权。"这就是刑法理论上所说的适用刑法平等原则或者说刑法面前人人平等原则。其意味着在对犯罪人适用刑法规定时,不论其种族性别、家庭出身、社会地位、宗教信仰、职业性质、财产状况、政治面貌、才能业绩如何,一律平等地适用刑法追究其相应的刑事责任,依法定罪、量刑和行刑,不允许任何人有超越法律的特权。

适用刑法平等原则,实际上是《宪法》第 33 条第 2 款所规定的"中华人民共和国公民在法律面前一律平等"、第 5 条第 5 款规定的"任何组织或者个人都不得有超越宪法和法律的特权"即"法律面前人人平等原则"的延伸或者说是具体化。之所以在刑法当中要如此规定,主要是因为,刑法直接关系到人们的生命、自由和财产等重要利益,同时,在现实生活当中,出于各种不正常因素的影响,适用刑法时,根据犯罪人的身份、地位、财产以及其他因素而区别对待的情况并不少见。因此,有必要在刑法中加以强调。

但要注意的是,本原则只是刑法适用原则,而非立法原则。实际上,在立法层面即我国现行刑法的规定当中,出于各种考虑,对于相同的行为,基于主体身份的不同,还是有合理差别的。比如,刑法第 238 条第 1 款规定了非法拘禁罪,即非法拘禁他人或者以其他方法非法剥夺他人人身自由的行为,该条第 4 款规定,国家机关工作人员利用职权犯本罪的,从重处罚。又如,刑法第 252 条规定,隐匿、毁弃或者非法开拆他人信件,侵犯公民通信自由权利,情节严重的,处 1 年以下有期徒刑或者拘役。但是刑法第 253 条第 1 款规定,邮政工作人员私自开拆或者隐匿、毁弃邮件、电报的,处 2 年以下有期徒刑或者拘役。这些都是实施同样的行为,但由于行为人存在特定身份,则对其予以较重处罚的体现。

相反地,也有实施同样的行为,由于行为人存在特定身份而予以从宽处罚的规定。如刑法第 382 条第 1 款规定,国家工作人员利用职务上的便利,侵吞、窃取、骗取或者以其他手段非法占有公共财物的,是贪污罪。刑法第 383 条第 1 款规定,贪污数额较大或者有其他较重情节的,处 3 年以下有期徒刑或者拘役,并处罚金。其中,"数额较大",依据相关司法解释,通常是指 3 万元以上不满 20 万元。[38] 但是,没有国家工作人员身份的人盗窃数额较大即价值 1000 元至 3000 元以上的公私财物(刑法第 264 条),或者诈骗数额较大即价值 3000 元至 1 万元以上的公私财物(刑法第 266 条),就要处以 3 年以下有期徒刑、拘役或者管制,并处或者单处罚金。换言之,具有国家工作人员身份者利用职务之便犯盗窃、诈骗罪时,其入罪标准远高于没有这一身份的人。

二、适用刑法平等原则的内容

适用刑法平等原则,一般来说,包括以下三方面的内容:

1. 定罪上平等。任何人犯罪,无论其身份贵贱、职务大小、功劳大小、财产多少,都适用相同的定罪标准。刑法不允许随意出入人罪,尤其不允许任何人有超越法律规定的特权。但这只是原则性的要求,在实际应用中,应当肯定例外情形的存在,如交通肇事罪在具体适用当中,就存在这种情况。根据刑法第 133 条的规定,行为人违反交通运输管理法规,发生重大事故,致人重伤、死亡或者使公私财产遭受重大损失的,构成交通肇事罪。2000 年 11 月 10 日最高人

---

[38] 2016 年最高人民法院、最高人民检察院《关于办理贪污贿赂刑事案件适用法律若干问题的解释》第 1 条。

民法院通过的《关于审理交通肇事刑事案件具体应用法律若干问题的解释》第2条明确规定了交通肇事罪入罪标准,要求造成一定的人员死伤结果或者财产损失。但该条第1款第3项将作为交通肇事罪入罪条件的"使公私财产遭受重大损失"解释为"造成公共财产或者他人财产直接损失,负事故全部或者主要责任,无能力赔偿数额在三十万元以上的"。换言之,事故发生之后,行为人若能够赔偿财产损失,或不能赔偿的数额在30万元以下的话,就不属于"使公私财产遭受重大损失",不构成犯罪;同样,其第4条第3项将"造成公共财产或者他人财产直接损失,负事故全部或者主要责任,无能力赔偿数额在六十万元以上的"解释为作为交通肇事罪法定刑升格条件的"其他特别恶劣情节",即若行为人能够赔偿财产损失,或者不能赔偿的数额在60万元以下的话,就不属于具有"其他特别恶劣情节",可以不适用该升格的法定刑。换言之,在交通肇事罪的定罪和处罚上,与赔偿损失的能力直接相关的个人财产状况成为重要的参考因素。这一解释,可以说是适用刑法平等原则之典型例外。

2. 量刑上平等。对任何犯有相同罪行的人,都应当依照相同的量刑标准处以刑罚,不得在法律规定之外,因为犯罪人的出身、地位、财产状况等因素任意地减轻或者加重。刑法的相关规定也体现了这一点。如刑法第61条规定:"对于犯罪分子决定刑罚的时候,应当根据犯罪的事实、犯罪的性质、情节和对于社会的危害程度,依照本法的有关规定判处。"这里明文规定,决定对犯罪分子的量刑轻重的,只是犯罪事实和行为人的主观恶性,而不是其他因素。但实务当中,这种规定也并不绝对,在特殊场合下会有一些变通规定。如2016年7月7日最高人民检察院发布的《关于充分发挥检察职能依法保障和促进科技创新的意见》第8条规定,对科研人员"在创新过程中发生轻微犯罪、过失犯罪但完成重大科研创新任务的,应当依法从宽处理。对于科技创新中发生的共同犯罪案件,重点追究主犯的刑事责任,对于从犯和犯罪情节较轻的,依法从宽处理……"第9条规定,"对于重点科研单位、重大科研项目关键岗位的涉案科研人员,尽量不使用拘留、逮捕等强制措施……对于科研单位用于科技创新、产品研发的设备、资金和技术资料,一般不予以查封、扣押、冻结……"可见,在实务中,就与科研活动有关的违法犯罪案件而言,科技人员的身份对其所涉案件的处理有一定影响。

3. 行刑上平等。判处同样刑罚的人,依法应当受到相同的行刑待遇,不得在法律之外因为出身、地位、财产状况等的不同而区别对待。不过,在行刑过程中,适用刑法平等原则也存在例外。如1998年8月7日最高人民法院公布的《关于对怀孕妇女在羁押期间自然流产审判时是否可以适用死刑问题的批复》将在羁押期间自然流产的妇女认定为符合怀孕妇女不适用死刑的情况。从适用刑法平等原则来看,这一规定可能存在问题。因为,将羁押期间自然流产的妇女认定为免于死刑的怀孕妇女,是将确认妇女怀孕状态的时间往前推至羁押期间,扩大了对怀孕妇女的保护范围,实质上是对怀孕妇女的特殊对待。但是,上述批复中的解释确实有其必要,这是因为,虽说刑法第49条"审判的时候怀孕的妇女,不适用死刑"的规定主旨,是保护孕妇腹中无辜的胎儿,但司法实践中,孕妇相比于未怀孕的妇女以及其他主体,在刑事诉讼过程中被不平等对待的可能性更大,可能存在部分司法人员为了严惩孕妇本人,就围绕上述条文所规定的"审判时"这一时间节点做文章,以非法手段致使该孕妇流产,这无疑会对孕妇本人及其腹中的胎儿造成严重的伤害。基于保护怀孕的妇女及其腹中胎儿的生命安全和身体健康这一特定目的,司法解释扩大了"审判的时候怀孕的妇女"的范围,对怀孕妇女进行特殊保护。[39] 此外,早期的司法实践中,也曾经有过因犯人在服刑期间认罪服法,服从管教,遵守监规,完成了分配的各项任务,同时在几乎失传的语言文字学科的研究上取得成果,确有悔改表现,因而被特殊假释,提前释放的案例。这也是适用刑法平等原则在行刑实践中变通适用的体现。

第三节　罪责刑相适应原则

一、罪责刑相适应原则的意义和由来

刑法第 5 条规定:"刑罚的轻重,应当与犯罪分子所犯罪行和承担的刑事责任相适应。"这就是刑法理论所说的罪刑相适应原则。[40] 其意味着,刑罚的确定,不仅要与犯罪行为的危害程度相适应,而且还要与行为人的刑事责任相适应,即结合行为人主观恶性和人身危险性的大小,适用轻重相应的刑罚。其经典表述为:重罪重罚、轻罪轻罚、罪刑相称、罚当其罪、不枉不纵。

作为犯罪的法律后果的刑罚该如何确定,长期以来,一直是困扰刑罚理论的一个基本问题,其和作为法律价值的正义直接相关。在西方,正义的基本概念,自亚里士多德以来,就被区分为平均正义和分配正义两种。其中,平均正义是一种绝对意义上的平等,是指在平等的个人之间,其所得在数量和容量上(而非比例上)都相等(如商品和价格、劳动和工资、损害和赔偿等)。如果社会中的一名成员侵犯了另一名成员的权利或财产,那么平均正义就开始起作用,要求行为人偿还属于受害者的东西,或对受害者的损失予以补偿。平均正义以人的等价性为依据,使人们的利益平等。分配正义是指不平等的个人之间,根据各个人的价值不等,按比例分配与之相称的东西(如承担和能力相应的区分等级的征税等)。分配正义主要涉及财富、荣誉、权利等有价值的东西的分配,其核心原则是对相同的人给予相同的对待,而对不同的人给予不同的对待。这意味着在分配过程中,应确保每个人得到他们应得的份额,确保公平性和平等性。具体来说,分配正义要求在初次分配和再分配过程中实现公平与效益的有效结合,兼顾各方的实际利益,确保社会成员的基本生存需求得到满足,同时提高其生活质量和发展能力。这包括通过充分的就业、合理的税收政策、教育发展等途径实现社会再分配,以缩小收入差距,保障社会整体公平。

这种正义观对于刑法特别是犯罪与刑罚的关系具有极为重要的影响。传统的报应刑论认为,刑罚的本质是对犯罪的公平报应,没有其他任何目的性的考虑。因此,"以牙还牙、以眼还眼"的等量报应,就成为确定刑罚的量的最佳选择。按照这种立场,刑罚的轻重,就要和犯罪分

---

[39] 于改之、吕小红:《刑法解释中平等原则的适用》,载《比较法研究》2017 年第 5 期。
[40] 有著作将刑法第 5 条的规定概括为"责任主义"或者"责任原则"。参见冯军、肖中华主编:《刑法总论》(第 3 版),中国人民大学出版社 2016 年版,第 51 页以下。这种概括值得商榷。在刑法学中,"责任主义"有其特定含义,是指主观责任和个人责任,属于犯罪成立要件的内容。但是,刑法第 5 条规定的基本上是量刑原则,而不是犯罪成立要件。

子所犯罪行相适应;相反地,近代的目的刑论则认为,刑罚的本质不是报应,而是教育改造,处罚犯罪分子,就是为了让其不再犯罪。因此,刑罚的轻重,应当与犯罪分子的主观恶性和人身危险性的大小相适应。但是,绝对的报应刑论会导致刑罚过于残酷,相反地,绝对的目的刑论则会导致处罚标准确定性的丧失。

通常认为,平均正义和分配正义,处于二律背反的状态。但是,分配正义,以各个人的特征在相同场合下的平等对待为前提,正如同样的行为要得到同样的对待一样,不同的行为也要受到不同的处理。因此,它是包含了平均正义在内的更高层次的本原性的正义。[41] 从这种意义上讲,即便在报应刑论中,也能实现分配正义,或者说,在分配正义中包含平均正义是更高层次上的正义。

根据这种正义观,关于刑罚理念,可以得出以下结论:首先,根据平均正义的要求,刑罚必须与所实施的恶害相适应,即以报应为基础。其次,根据分配正义的要求,刑罚必须和行为人的责任相适应。这样,在将报应作为基本视角的场合,分配正义必须在平均正义(平等)的限度之内加以实现。于是,就有了不得超过犯罪(实害)科处刑罚的综合主义的刑罚原则。[42] 这一原则,要求在科处刑罚的时候,虽然要考虑罪刑相当,但是这种相当不是报应意义上的平等和均衡,而是与犯罪的危害性以及犯罪人的人身危险性相适应意义上的相当。通俗地说,就是在犯罪和刑罚的对应关系上,要考虑二者的妥当均衡,轻者轻判,重者重判,罪责相应。我国刑法当中所规定的罪责刑相适应原则,实际上也是这种做法的体现。

二、罪责刑相适应原则的内容

罪责刑相适应原则,具体来说,包括以下两个方面的内容:

1. 刑罚的轻重应当与犯罪分子所犯罪行的大小相适应。犯罪分子所犯罪行是指犯罪分子已经实施的危害行为及其所造成的危害后果。如杀人行为导致他人生命被剥夺的后果,盗窃行为导致他人丧失数额较大的财物的后果,就是其体现。刑罚本质上是惩罚和痛苦,是对犯罪人所实施的犯罪行为的报应。因此,犯罪人所犯罪行的大小,直接影响其所受刑罚的轻重。罪行严重的,相应的刑罚比较重;相反地,罪行较轻的,相应的刑罚也比较轻。只是,罪行大小的评价非常复杂,除了法定的因素,还必须结合当地、当时的社会局势来综合考虑。如同样是盗窃价值2000元的财物的行为,在一些经济发达地区,不会被作为盗窃罪处罚;但在经济欠发达地区,通常就会被以盗窃罪论处。这种结果,虽然看起来似乎是同罪异罚,但实际上是罪刑一致的体现。

2. 刑罚的轻重应当与犯罪分子所承担的刑事责任的大小相适应。在刑法理论上,"刑事责任"一语具有多种意思。但是,刑法第5条中的"刑事责任"不是指犯罪的法律后果,而是指犯罪分子的主观恶性或者人身危险性的内容。因为,如果说这里的"刑事责任"是指"犯罪的法律后果"的话,则只要将该条的规定置换为"刑罚的轻重,应当与犯罪分子所承担的刑事责任相适应"就够了,而没有必要再画蛇添足般地加上"应当与犯罪分子所犯罪行"相适应的要求。

---

[41] [日]阿部纯二等编:《刑法基本讲座(第1卷)基础理论·刑罚论》,法学书院1992年版,第3~16页。
[42] [日]大谷实:《刑法讲义总论》(新版第5版),黎宏、姚培培译,中国人民大学出版社2023年版,第39~40页。

人身危险性,通常是指犯罪分子再次犯罪的可能性。能够说明犯罪分子人身危险性的内容,除罪犯主观方面的内容即故意、过失、目的、动机之外,还包括具体犯罪事实以及犯罪情节。这些事实和情节,对于确定刑罚的轻重,具有重要影响。例如,甲抱着杀人的故意实施杀人行为,在砍了被害人一刀之后被人制止,被害人幸免于死;而同样怀有杀人故意的另案中的乙在砍了被害人一刀之后,见被害人痛苦不堪,便放下屠刀,被害人也保全其性命。上述两种场合,甲、乙行为引起了同样的危害结果,均构成故意杀人罪,这是没有问题的。只是,二者在犯罪行为当中所表现出来的人身危险性大不相同。甲是由于被他人制止这种其意志以外的原因而放弃犯罪,属于犯罪未遂;相反地,乙是由于见被害人痛苦不堪而主动放弃犯罪,属于犯罪中止。二者的主观恶性和由此体现出来的人身危险性完全不同。所以,在刑罚处罚上,结果也大不一样。对于甲,根据刑法第23条的规定,只是可以比照既遂犯从轻或者减轻处罚;而对于乙,根据刑法第24条的规定,应当减轻处罚。这就是行为人的主观恶性和人身危险性影响刑罚轻重的最明显体现。

在适用罪责刑相适应原则的过程中,要贯彻落实认罪认罚从宽制度。所谓认罪认罚从宽制度,依据《刑事诉讼法》第15条的规定,是指犯罪嫌疑人、被告人自愿如实供述自己的罪行,承认指控的犯罪事实,愿意接受处罚的,可以依法从宽处理的制度,其是我国在刑事审判中一贯坚持的宽严相济刑事政策的体现。其中:"认罪"是指犯罪嫌疑人、被告人自愿如实供述自己的罪行,对公诉机关指控的主要犯罪事实及罪名没有异议;"认罚"是指犯罪嫌疑人、被告人对检察机关建议判处的刑罚种类、幅度及刑罚执行方式均没有异议;是否积极退赃、退赔,主动缴纳罚金,积极赔偿被害人损失,也是评估犯罪嫌疑人、被告人认罚的重要标准。按照相关司法解释,[43]对于认罪认罚案件,既要考虑体现认罪认罚从宽,又要考虑其所犯罪行的轻重、应负刑事责任和人身危险性的大小,依照法律规定提出量刑建议,准确裁量刑罚,确保罚当其罪,避免罪刑失衡。特别是对于共同犯罪案件,主犯认罪认罚,从犯不认罪认罚的,人民法院、人民检察院应当注意两者的量刑平衡,防止量刑失当。对可能判处3年有期徒刑以下刑罚的认罪认罚案件,要尽量依法从简从快从宽办理,探索相应的处理原则和办案方式;对民间矛盾引发的犯罪,犯罪嫌疑人、被告人自愿认罪、真诚悔罪并取得谅解、达成和解、尚未严重影响人民群众安全感的,要积极适用认罪认罚从宽制度,特别是对其中社会危害不大的初犯、偶犯、过失犯、未成年犯,一般应当体现从宽;对严重危害国家安全、公共安全犯罪,严重暴力犯罪,以及社会普遍关注的重大敏感案件,应当慎重把握从宽,避免案件处理结果明显违背人民群众的公平正义观念。

罪责刑相适应原则不仅是一项立法原则,也是一项司法原则。实务中,就有根据罪责刑相适应原则而改判的案例。如著名的许某盗窃案,即为其例。

该案案情是,某日晚10时,被告人许某到一家商业银行的自动取款机上取款,取款过程中,发现取款机系统出现错误,本想取款100元,结果出钞1000元,而银行卡存款账户却只被扣除1元。于是,许某连续用自己的借记卡取款54,000元。当晚许某的同伴郭某某得知后,两人结伙频繁提款,总计取款17.5万余元。对于本案,法院一审判决中,依据1997年修订的刑法第

---

[43] 2019年最高人民法院、最高人民检察院、公安部、国家安全部、司法部《关于适用认罪认罚从宽制度的指导意见》。

264条"盗窃金融机构,数额特别巨大的,处无期徒刑或者死刑,并处没收财产"的规定,认定被告人许某行为构成盗窃罪,遂判处其无期徒刑,剥夺政治权利终身,并处没收个人全部财产。[44] 对此,被告人提起了上诉,认为自动取款机出错问题在于银行;而且,银行有足够时间追回款项,只是因为周末而错过。因此可以将这17.5万元视为"遗忘物",许某的取款并离开的行为仅构成侵占罪。二审法院裁定,撤销原判,发回重审。

一审法院对本案进行重新审理之后,认定被告人许某盗窃罪成立,且数额特别巨大,依法本应适用"无期徒刑或者死刑,并处没收财产"的刑罚,但鉴于许某行为与有预谋或者采取破坏手段盗窃金融机构的犯罪有所不同,且从案发具有一定偶然性看,许某犯罪的主观恶性尚不是很大,最终以盗窃罪判处许某有期徒刑5年,并处罚金2万元,追缴犯罪所得认定。[45]

事后,一审法院主审法官对该判决的相关问题予以详细答疑。法院认为,许某虽未采取有预谋或者破坏手段盗窃金融机构,但自动取款机是银行对外提供客户自助金融服务的设备,机内储存的资金是金融机构的经营资金。故许某盗窃取款机内资金的行为依法当然属于"盗窃金融机构"。但根据本案具体的犯罪事实、犯罪情节和对于社会的危害程度,即便依照对应法定量刑幅度,判处其最低刑也即无期徒刑,仍不符合罪责刑相适应原则。因此,根据案件的特殊情况,经最高人民法院核准,对其在法定刑以下量刑,判处有期徒刑5年。[46]

---

[44] 广东省广州市中级人民法院刑事判决书,(2007)穗中法刑二初字第196号。
[45] 广东省广州市中级人民法院刑事判决书,(2008)穗中法刑二重字第2号。
[46] 《广州中院解释许霆案重审改判五年原因》,载中国新闻网,https://www.chinanews.com/gn/news/2008/04-01/1208083.shtml。

第三章 刑法的效力范围

刑法的效力范围,从司法的角度看,即刑法的适用范围,是指一国刑法在什么地域范围内、对什么人、在什么时间内能够适用的问题。现实当中,在确定某行为成立犯罪之后,还必须考虑对实施该行为的犯罪人是否可以适用本国刑法进行处罚。这一问题,涉及罪刑法定原则、国家主权、国际习惯和条约的规定和解释等诸多问题,因而各国对刑法的效力范围均作出了明文规定。我国刑法第6条至第12条规定了我国刑法的效力范围。

第一节 刑法的空间效力

一、概述

刑法的空间效力,也称刑法的地域适用范围,涉及刑法在什么地域内对什么人适用。其属于国家的刑事管辖权问题。

一国刑法应如何规定自己的刑事管辖权,历来存在各种主张:属人原则认为,不管犯罪地是否在本国领域内,只要是具有本国国籍的人所实施的犯罪,都适用本国刑法;属地原则认为,只要是在本国领域内实施的犯罪,不管行为人的国籍如何,都适用本国刑法;保护原则认为,不管行为人的国籍如何,也不管犯罪地是否在本国领域内,只要是侵害本国国家或国民利益的犯罪,一律适用本国刑法;普遍原则认为,无论行为人的国籍和犯罪地如何,只要其实施了世界各国公认的严重犯罪,各国都有权对其适用本国刑法。[1]

但现代各国刑法在适用上,通常并不固守某一种做法,而是采用了比较灵活的方式,即以属地原则为基础,以其他原则为补充,从而保证本国刑法在地域适用范围上不留空隙。

二、我国刑法的空间效力

我国刑法在空间效力问题上,也采用了以属地原则为基础,对特定犯罪,例外地并用属人原则、保护原则和普遍原则的做法。这样规定,既能维护我国的国家主权,又便于保护我国国家和公民的利益,并能切实履行我国在参加或批准的国际条约中所承担的义务。以下结合刑法具体条文的规定,进行说明。

---

[1] 上述学说介绍,参见马克昌主编:《刑法》(第2版),高等教育出版社2010年版,第16~17页;[日]森下忠:《新国际刑法》,信山社2002年版,第27页以下。

(一) 属地原则

刑法第 6 条规定："凡在中华人民共和国领域内犯罪的,除法律有特别规定的以外,都适用本法。凡在中华人民共和国船舶或者航空器内犯罪的,也适用本法。犯罪的行为或者结果有一项发生在中华人民共和国领域内的,就认为是在中华人民共和国领域内犯罪。"这就是我国刑法关于属地原则的规定。

1. "中华人民共和国领域内"

所谓"领域"是国际法上的概念,是国家行使主权的空间,包括领陆、领水和领空。中华人民共和国领域内,是指我国国家主权所及的空间区域,也就是我国国境以内的空间区域,具体包括:(1) 领陆,即我国国境线以内的陆地领土及其地下层,它是领域的主要和基本部分。(2) 领水,指在陆地疆界内或与陆地疆界相邻接的水域。领水又分内水和领海。内水包括内湖、内河、内海以及界水的一部分。界水由沿岸国家的内水组成,不可航行的河流以河道中心线为界,可航行的河流以河道的主航道中心线为界。领海指滨海国家领有的沿岸一定宽度的海水区域。领海的宽度,各国不尽一致。根据 1958 年 9 月 4 日我政府的声明,中华人民共和国的领海宽度为 12 海里。(3) 领空,指领陆和领水的上部空间。一个国家的领空应有怎样的高度,现代国际法上没有明确规定。实践中,人们通常将国家领土上空的范围分为空气空间和外层空间两部分,空气空间受国家主权管辖,外层空间则不受国家主权管辖。所以,领空应指领土上部的空气空间。

在具体行政区域上,我国的领域范围当然包括内地(大陆)、香港特别行政区、澳门特别行政区和台湾地区在内的全部区域。

2. "中华人民共和国船舶或者航空器内"

"中华人民共和国船舶或者航空器",是指在中华人民共和国登记并悬挂中国国旗的船舶或者航空器,既包括军舰、军用航空器,也包括商船、商用航空器;既包括在航行途中的船舶或者航空器,也包括在停泊状态的船舶或者航空器;地点既包括在公海或公海上空,也包括在其他国家领水或领空。不论属于上述何种情形,只要是在我国船舶或航空器内犯罪的,都适用我国刑法。如悬挂中国国旗的船舶停泊于德国汉堡港,英国国籍的人上船将越南国籍的船员杀害的场合,就视为在中华人民共和国领域内犯罪,对该英国籍人适用我国刑法。当然,如果船舶或航空器在我国国内,就没有必要适用本条款,直接适用第 6 条第 1 款的规定就可以了。具体而言,在中华人民共和国领域外的中国船舶内的犯罪,由该船舶最初停泊的中国口岸所在地或者被告登陆地、入境地的人民法院管辖;在中华人民共和国领域外的中国航空器内的犯罪,由该航空器在中国最初降落地的人民法院管辖。[2]

与属地原则有关的如下几个问题,也值得探讨:

(1) 对发生在国际列车上的案件,该如何确定管辖? 对此,现行刑法上没有规定。2021 年 1 月 26 日最高人民法院公布的《关于适用〈中华人民共和国刑事诉讼法〉的解释》第 6 条规定:"在国际列车上的犯罪,根据我国与相关国家签订的协定确定管辖;没有协定的,由该列车始发或者前方停靠的中国车站所在地负责审判铁路运输刑事案件的人民法院管辖。"但上述解释只

---

[2] 2021 年最高人民法院《关于适用〈中华人民共和国刑事诉讼法〉的解释》第 7、8 条。

是说明了依法应当由我国管辖的刑事案件的法院管辖问题,并没有解决国际列车上发生的犯罪应当适用哪个国家的法律的问题。因此,在没有"凡在中华人民共和国列车内犯罪的,也适用本法"的规定的前提下,只能根据案件发生时所在地来决定。如果列车行驶在中国境内,则其上发生的犯罪属于发生在中华人民共和国领域内的犯罪;如发生在中国境外,则认为是发生在中华人民共和国领域以外的犯罪。当然,即便是发生在中华人民共和国领域外的犯罪,也不排除通过适用属人原则和保护原则,确立我国刑法的管辖权。[3]

(2)对发生在我国驻外使、领馆中的刑事案件,该如何管辖?通说认为,本国驻外使、领馆在所在国具有刑事豁免权,因此,在我国驻外使、领馆内发生的犯罪,也适用我国刑法。[4] 但是,这种观点值得商榷。我国刑法当中并没有与"凡在中华人民共和国船舶或者航空器内犯罪的,也适用本法"(刑法第6条)一样明确地说"我国驻外使、领馆内发生犯罪的也适用本法"的规定。同时,适用"本国驻外使、领馆在所在国具有刑事豁免权"的所谓"治外法权说"在"二战"之后已经受到各国国际法学者的普遍批判。如我国学者认为,以使、领馆和外交代表处于接受国领土之外这种拟制来说明外交特权和豁免的学说既未以事实为根据,也不符合各国在外交特权和豁免方面的做法。在使领馆内发生的犯罪,在法律上被认为是在接受国境内发生的,除非犯罪者享有豁免权,否则属接受国管辖。[5] 因此,对于发生在我国驻外使、领馆中的刑事案件,不应当看作为发生在我国领域内的犯罪而适用我国刑法。可行的做法是,在这种场合,要看驻在国或者接受国是否同意放弃管辖。只有在其明确地表示放弃管辖的场合,我国才可以基于各种因素的考虑,对该刑事案件适用我国刑法。当然,就中国公民在中国驻外使、领馆内的犯罪,按照刑法第7条规定的属人管辖原则,依然可以适用我国刑法,由中国公民主管单位所在地或者原户籍地的人民法院管辖。[6]

(3)中国公民在中华人民共和国领域外的犯罪,由其入境地或者离境前居住地的人民法院管辖;被害人是中国公民的,也可由被害人离境前居住地的人民法院管辖。[7]

(4)外国人在中华人民共和国领域外对中华人民共和国国家或者公民犯罪,根据我国刑法应当受处罚的,由该外国人入境地、入境后居住地或者被害中国公民离境前居住地的人民法院管辖。[8]

3. 在我国领域内"犯罪"的认定

现实生活中的犯罪,行为实施地和结果发生地通常发生在同一领域之内,这种情况下,其法律适用自然不成问题。但也有行为实施地和结果发生地不一致的情况,对此该如何处理,刑法理论上说法不一。有主张行为实施地是犯罪地的"行为地说",主张结果发生地才是犯罪地的"结果地说"以及认为不论是行为实施地还是结果发生地,都是犯罪地的"折中说"等不同见解。我国刑法采用了上述最后一种见解。刑法第6条第3款明文规定:"犯罪的行为或者结果

---

[3] 阮齐林、耿佳宁:《中国刑法总论》,中国政法大学出版社2019年版,第29页。
[4] 国祥主编:《刑法学》(第2版),科学出版社2012年版,第25页。
[5] 王铁崖主编:《国际法》,法律出版社1981年版,第284页。
[6] 2021年最高人民法院《关于适用〈中华人民共和国刑事诉讼法〉的解释》第7条。
[7] 2021年最高人民法院《关于适用〈中华人民共和国刑事诉讼法〉的解释》第8条。
[8] 2021年最高人民法院《关于适用〈中华人民共和国刑事诉讼法〉的解释》第9条。

有一项发生在中华人民共和国领域内的,就认为是在中华人民共和国领域内犯罪。"具体而言:

(1)犯罪行为或者结果有一项发生在我国领域内的,是在我国领域内犯罪。其中,犯罪行为地,包括犯罪行为的实施地以及预备地、开始地、途经地、结束地等与犯罪行为有关的地点;犯罪行为有连续、持续或者继续状态的,犯罪行为连续、持续或者继续实施的地方都属于犯罪行为地。犯罪结果发生地,包括犯罪对象被侵害地、犯罪所得的实际取得地、藏匿地、转移地、使用地、销售地。[9] 针对或者利用计算机网络实施的犯罪,犯罪地包括犯罪行为发生地的网站服务器所在地、网络接入地、网站建立者、管理者所在地,被侵害的计算机信息系统及其管理者所在地,被告人、被害人使用的计算机信息系统所在地,以及被害人财产遭受损失地。[10] 因此,在本国境内开枪射击,杀害了邻国边民,或者在外国策划、商议诈骗居住在我国境内的本国居民的钱财,或者从境外寄送有毒物品毒杀在我国境内的我国居民的场合,都是犯罪行为实施地和犯罪结果发生地不一致的情况。无论上述哪一种情况,都能说是在我国领域内的犯罪,可以适用我国刑法。理论上,犯罪行为和结果之间的因果关系所经过的所谓"中间影响地"是在我国领域内的,也应当看作为在我国领域内犯罪,因此,从缅甸出发途经我国上海向日本运送毒品的行为,我国刑法对其也有管辖权。

(2)共同犯罪的场合,共同犯罪的行为有一部分发生在我国领域之内或者共同犯罪结果有一部分发生在我国领域之内的,可以认为是在我国领域内犯罪。因为共同犯罪是相互利用对方行为来实现自己目的的犯罪,属于一个整体,无论是实行行为还是帮助、教唆行为发生在我国领域内,也无论共犯行为全部还是部分发生在我国领域内,均可认定为在我国领域内的犯罪。因此,于我国领域内共谋犯罪后在我国领域外实施的场合自不待言,即便是在我国领域外教唆或者帮助他人在我国领域内犯罪,或者在我国领域内教唆或者帮助他人在我国领域外犯罪的,都可以看作为在我国领域内的犯罪。

(3)未遂犯的场合,只要结果可能发生的危险地在我国领域内,就能看作为在我国领域内的犯罪。如身处国外的行为人为了杀死在我国领域内的被害人,从国外给其邮寄有毒的威士忌,被害人收到之后感到味道不对,没有喝或者喝到嘴里之后吐出的场合,尽管投毒行为地是在国外,但由于对被害人产生现实生命危险的地点是在我国领域内,因此,该行为可以看作为在我国领域内的犯罪。

(4)预备犯的场合,只要犯罪的预备行为是在我国领域内发生的,就可以看作为在我国领域内的犯罪。因为,预备犯也是一种犯罪行为,它既可以依附于主行为定罪,也可以独立于主行为定罪。当然,需要注意的是,将预备犯看作为国内犯的前提,是该预备犯在我国领域内要受到处罚。在该预备行为在我国刑法中不受处罚的场合,即便在我国领域内进行预备,在我国领域之外实施实行行为的,也不能看作为在我国领域内的犯罪。

4.关于"法律有特别规定"

我国刑法第6条第1款在规定属地原则的同时,还规定"除法律有特别规定的以外,都适用本法"。那么,如何理解"法律有特别规定"的意义呢?这里涉及如何理解"本法"的问题。如果说"都适用本法"中的"本法"是指广义上的刑法,即除刑法典之外,还包括其他单行刑法

---

[9] 2020年《公安机关办理刑事案件程序规定》第16条第1款。
[10] 2021年最高人民法院《关于适用〈中华人民共和国刑事诉讼法〉的解释》第2条。

以及附属刑法,则"法律有特别规定"中的"特别规定"应指以下两种情况:

(1)对享有外交特权和豁免权的外国人的刑事责任的特别规定。我国刑法第11条规定:"享有外交特权和豁免权的外国人的刑事责任,通过外交途径解决。"这是根据国际惯例和国家之间的平等原则作出的,据此,享有外交特权和外交豁免权的外国人在我国领域内犯罪的,通过外交途径解决,而不适用我国刑法。根据我国加入的相关国际公约和有关法律,享有外交特权和外交豁免权的人主要有:外国国家元首,外交代表、外交职员、参加国际会议、执行特定外交任务或者参加典礼活动的外国代表,与外交官员一起居住的外交官配偶及其未成年子女。

在我国享有外交特权和豁免权的人员犯罪的时候,通过外交途径解决,通常是要求派遣国将其召回,或者宣布其为不受欢迎的人,或者让其限期离境等。同时,这些人的管辖豁免可以由派遣国政府放弃。在这种情况下,如果他们中有人犯了罪,就可以适用我国刑法。

(2)我国香港特别行政区和澳门特别行政区基本法中的特别规定。《香港特别行政区基本法》第2条规定:"全国人民代表大会授权香港特别行政区依照本法的规定实行高度自治,享有行政管理权、立法权、独立的司法权和终审权。"《澳门特别行政区基本法》当中也有类似规定。因此,我国全国性刑法在香港特别行政区和澳门特别行政区也不适用。

但是,如果说"都适用本法"的"本法",是指狭义刑法即刑法典,则除前述两种情况外,"法律有特别规定"中的"特别规定"还包括以下两种情况:

(1)民族自治地方所制定的变通或补充的规定。刑法第90条规定:"民族自治地方不能全部适用本法规定的,可以由自治区或者省的人民代表大会根据当地民族的政治、经济、文化的特点和本法规定的基本原则,制定变通或者补充的规定,报请全国人民代表大会常务委员会批准施行。"由于我国是一个统一的多民族国家,各民族在政治、经济和文化等各方面的发展不平衡,历史传统、风俗习惯和宗教信仰也很不一致,为了照顾少数民族地区的特殊情况,尊重他们的习惯风俗和文化传统,因而国家授权民族自治地方制定符合当地情况的变通或补充规定。当然,这一规定必须遵循刑法的基本原则,并且它也只能在变通或补充规定的问题上,不适用刑法典的规定。除此之外,民族自治地方仍然适用刑法典,以保持我国法制的统一。

(2)国家立法机关制定的特别规定。1997年刑法施行之后,全国人民代表大会常务委员会根据客观形势曾制定过单行刑法,如1998年12月29日全国人民代表大会常务委员会《关于惩治骗购外汇、逃汇和非法买卖外汇犯罪的决定》。对于该单行刑法所规定的犯罪的处理,不适用刑法典。与此相关的是,自现行刑法颁布之后,全国人民代表大会常务委员会曾颁布过一系列立法解释,这些立法解释作为全国人民代表大会常务委员会所作的特别规定,具有与刑法典相同的效力。因此,立法解释生效之后,对相关问题的理解,应当依照该立法解释进行。

(二)属人原则

属人原则是对属地原则的补充,其基本含义是凡是我国公民,无论其是在我国领域之内还是之外犯罪的,都适用我国刑法。由于我国公民在我国领域之内犯罪,均可以按照属地原则适用我国刑法,因此,此处有关属人原则的规定,主要是为了解决我国公民在我国领域外违反刑法该如何处理的问题。

刑法第7条对我国公民在我国领域外违反刑法的管辖,分为两种情况加以规定:

1.第7条第1款规定:"中华人民共和国公民在中华人民共和国领域外犯本法规定之罪

的,适用本法,但是按本法规定的最高刑为三年以下有期徒刑的,可以不予追究。"根据上述规定,我国公民在我国领域外犯刑法规定之罪的,无论当地法律是否认为是犯罪、所犯是何种罪行以及罪行轻重如何,也无论所犯罪行侵犯的是哪一国家或其公民的利益,原则上都应当适用我国刑法。本规定的依据是"忠诚理论",即本国公民必须忠诚于本国法律规定,因此,无论行为人身在何处,只要其违反本法的,本国就一律可以追究。

这里所说的"我国公民",是指具有我国国籍的人,具体包括定居在外国的华侨、临时出国的人和已取得我国国籍的具有外国血统的人;法定"最高刑",是指某一条文中与罪行轻重相对应的法定量刑幅度的最高刑,而不是指某个刑法分则条文当中的最高刑。因为,我国刑法中有关犯罪的处罚是按照其情节的轻重来区分不同法定刑幅度的。有的犯罪尽管刑法分则条文中法定刑的幅度很宽,但是,其中也包括有犯罪情节较轻,法定刑也较轻的情况。如果一律按照刑法分则条文的最高刑来判断的话,就会出现尽管犯罪行为并不严重,但只要对应刑法分则条文中的法定最高刑超过3年,就必须一律予以追究的情况。这显然是不合乎罪刑法定原则的实质意义的。

2. 第7条第2款规定,"中华人民共和国国家工作人员和军人在中华人民共和国领域外犯本法规定之罪的,适用本法"。国家工作人员和军人对国家和人民负有特殊职责和使命,因而国家对他们的要求高于普通公民,他们在我国领域外所犯之罪即使法定最高刑为3年以下的,也要追究其责任。

我国"领域外",既包括我国以外的主权国家统治的区域,也包括不由任何主权国家管辖的区域,如公海、南极洲以及外层空间等。

(三)保护原则

保护原则旨在解决外国人在我国领域外对我国国家和公民犯罪的管辖问题。刑法第8条规定:"外国人在中华人民共和国领域外对中华人民共和国国家或者公民犯罪,而按本法规定的最低刑为三年以上有期徒刑的,可以适用本法,但是按照犯罪地的法律不受处罚的除外。"这是为了保护我国国家和公民的利益。[11] 根据这一规定,外国人在我国领域外的犯罪,只有需要具备如下条件,才可以适用我国刑法:

1."外国人在中华人民共和国领域外对中华人民共和国国家或者公民犯罪。"换言之,外国人在我国领域外侵犯我国国家或公民的利益,依照我国刑法已构成犯罪。其中,"外国人"是指不具有中国国籍的人,包括具有外国国籍的自然人和无国籍人,但不包括外国籍法人,因为我国刑法对单位犯罪规定的最高刑仅为罚金;我国"国家"利益,具体是指国家主权的独立统一、领土完整、国体和政体的安全;我国"公民",是指具有我国国籍的人,包括定居海外的华侨、临

---

[11] 糯康案:2011年10月5日,中国籍船舶"华平号"和缅甸船舶"玉兴8号",在湄公河水域被武装劫持,13名中国船员被残忍杀害。通过中国警方10个月的侦查,以外籍人糯康为首的犯罪集团的主要成员逐一归案。事后查明,糯康因为中国籍船只曾被缅军征用于清剿其犯罪集团,一直以来对中国心存仇恨,同时由于其向"华平号"和"玉兴8号"索要"保护费"遭拒,因此对中国痛下黑手。2012年11月6日,糯康、桑康·乍萨、依莱、扎知卡、扎波、扎拖波等6名外籍被告人在我国云南省昆明市中级人民法院公开受审,其中4人一审被判死刑。法院同时判令6名被告人连带赔偿各附带民事诉讼原告人共计人民币600万元。2013年3月1日,糯康等4人被依法执行死刑。糯康案是"改革开放"以来我国法院第一次公开审理外国人在国外对中国公民人身、财产实施犯罪的案件。

时出国人员以及已取得我国国籍的具有外国血统的人。

2."按本法规定的最低刑为三年以上有期徒刑的,可以适用本法"。因此,并非外国人在我国领域外对我国国家或公民实施的任何犯罪,都可以适用我国刑法,按照我国刑法的规定,该种行为的法定最低刑应至少为3年以上有期徒刑。所谓法定最低刑,是指刑法分则相应条文中与罪行轻重相适应的法定刑幅度内的最低刑。条文规定"可以"适用"本法",意味着既可以适用,也可以不适用"本法"。这是我国刑法考虑到现实情况而不得不留有的自由掌握余地。因为在行为人是外国人,犯罪又发生在我国领域外的情况下,该犯罪分子实际上既难以被我国逮捕归案,也不易被引渡至我国,所以在我国刑法的适用上,不能不规定得灵活一些。

3."但是按照犯罪地的法律不受处罚的除外。"该但书规定表明,刑法第8条规定的保护原则的适用,受犯罪地国法律的限制,以该行为同时违反了我国刑法和犯罪地国的刑法规定为必要(双重犯罪原则)。仅仅违反我国刑法的规定,但犯罪地的刑法不认为是犯罪的,不能适用我国刑法第8条的规定。因为,我国刑法既要维护我国国家与公民的利益,同时又要尊重别国的主权。

(四)普遍原则

普遍原则旨在解决我国所缔结或者参加的国际公约中所规定的国际性犯罪的管辖权问题。刑法第9条规定:"对于中华人民共和国缔结或者参加的国际条约所规定的罪行,中华人民共和国在所承担条约义务的范围内行使刑事管辖权的,适用本法。"依照这一规定,适用普遍原则的犯罪,必须具备以下条件:

1.所行使管辖权的犯罪必须是我国缔结或者参加的国际条约所规定的国际犯罪。这些国际犯罪包括毒品交易、劫持民用航空器、恐怖行为、反人道行为、灭绝种族、战争等行为,其侵害了国际法所保护的国际社会的共同价值和基本利益,因此,无论犯罪人国籍如何,犯罪地在何处,各国都有权依据本国法律对其管辖。迄今为止,我国已经先后加入了《东京公约》《制止恐怖主义爆炸的国际公约》等数个国际公约,据此,我国有权对上述公约中所规定的海盗罪、劫持航空器罪、恐怖活动犯罪以及灭绝种族罪等犯罪,适用我国刑法进行管辖。

2.所行使管辖权的犯罪在我国承担的条约义务的范围之内。我国参加国际条约的情况不完全一致,有的是无条件参加,有的则附有保留,即旨在排除条约中的某些条款或对某项条款有所修正。所以,需要行使管辖权的犯罪,只有在我国承担的条约义务的范围之内,而不是对之附有保留时,才能适用我国刑法。

3.所行使管辖权的犯罪必须发生在我国领域之外。如果发生在我国领域之内,则应依据属地原则适用我国刑法,而不需要依据普遍原则处理。如在外国公民甲劫持该国正在飞行中的民用航空器进入我国领空,并在我国境内降落的场合,由于犯罪结果发生在我国境内,属于在我国领域内发生的犯罪,因此,人民法院可以依据属地原则,直接引用刑法第6条的规定对该案进行审理,而不必引用刑法第9条的规定。

4.犯罪人必须是外国人(包括无国籍人)。如果犯罪人是我国公民,应当依照属人原则适用我国刑法,无须依据普遍原则处理。

5.对行使管辖权的犯罪,我国刑法有明文规定。这就是所谓国际犯罪的国内承认问题。《日本刑法》第4条第2款规定:"除了前三条规定的犯罪之外,无论任何人,在日本国外犯本法第二编所规定的、根据条约即便在日本国外实施但也应当予以处罚的犯罪的,一律适用本法。"

这一规定要求依据普遍原则追究的国外犯,必须属于日本刑法分则所规定的罪名。我国刑法虽无这样的规定,但依照我国刑法所规定的罪刑法定原则,这也是理所当然的要求。

6. 犯罪人在我国领域内居住或者已经进入我国。因为只有这样,我国才能对犯罪人行使刑事管辖权,否则,就没有行使普遍管辖的义务,也没有依据普遍原则适用我国刑法的可能。

7. 例外情形。来中华人民共和国作证或者协助调查的证人、鉴定人在离境前,其入境前实施的犯罪不受追诉;除因入境后实施违法犯罪而被采取强制措施,其人身自由不受限制。证人、鉴定人在条约规定的期限内或者被通知无须继续停留后15日内没有离境的,前述规定不再适用,但是由于不可抗力或者其他特殊原因未能离境的除外。[12]

需要说明的是,普遍原则是针对国际犯罪而规定的,与此同时,许多国际条约还规定了"或引渡或起诉"原则,即对一个国家请求引渡的犯罪人,如不予引渡,即应交付本国司法机关审判。按照这个原则,如果我国依照参加或缔结的国际条约或双边条约的规定,将犯罪人引渡给请求引渡的国家,则不发生适用我国刑法的问题;如果我国不予引渡,则应当依据普遍原则,适用我国刑法处理。

(五)外国刑事判决的效力

刑法第10条规定:"凡在中华人民共和国领域外犯罪,依照本法应当负刑事责任的,虽然经过外国审判,仍然可以依照本法追究,但是在外国已经受过刑罚处罚的,可以免除或者减轻处罚。"

对于我国公民或外国人在我国领域外的相关犯罪,虽然都可以适用我国刑法,但犯罪所在地国也可能依据属地原则,适用其本国刑法对该犯罪行为进行管辖。这样一来,如果我国公民或外国人在我国领域外犯我国刑法应予管辖的犯罪,但其同时也因触犯外国刑律并已经外国审判时,就出现了能否对该行为人再适用我国刑法加以审判的问题。这涉及对外国刑事判决效力的承认问题。

外国判决在本国是否具有法律效力,理论上有肯定说和否定说之分。肯定说(亦称"终结原则")的依据是一事不再理原则,主张经过外国审理判决的犯罪,无论其结论如何,本国法院均不得再对其提起诉讼;否定说(亦称"复勘原则")的依据是国家主权原则,认为同一犯罪虽经过外国审理,但本国依然可以依法判决,只是本国在进行判决时,须将该外国判决作为事实状态予以参考而已。我国刑法采用了否定说。我国是具有独立主权的国家,外国法院的判决对我国没有约束力。因此,对于我国公民或者外国人在我国领域外犯我国刑法规定之罪的,仍然可以依照我国刑法再度审判。只是考虑到其在外国已经受到过刑罚处罚的事实,若依照我国刑法对其再次处罚,确有使犯罪人受到双重处罚之嫌,违背公平原则。因此我国刑法规定,在依据我国刑法再次审理时,对该犯罪人可以免除或减轻处罚。至于是免除还是减轻处罚,主要应根据该犯罪人在外国执行的情况来定。

需要特别注意的是,对大陆(内地)居民在我国台湾地区、香港特别行政区和澳门特别行政区的法院所受刑事审判的效力的认定。根据2016年4月27日最高人民法院《关于人民法院办理接收在台湾地区服刑的大陆居民回大陆服刑案件的规定》第10条,被判刑人回大陆服刑后,

---

[12] 2018年《国际刑事司法协助法》第33条。

对其在台湾地区已被判处刑罚的行为,人民法院不再受理。由于台湾地区是中华人民共和国不可分割的一部分,在台湾地区犯罪属于在中华人民共和国领域内犯罪,大陆居民在台湾地区接受刑事审判,实际上就是在我国接受审判。因此,大陆居民在台湾地区法院已被判处刑罚的行为,人民法院不再受理。这一点和刑法第10条的规定不同。同理,内地居民在香港特别行政区和澳门特别行政区法院已被判处刑罚的行为,人民法院同样应当不再受理。

第二节 刑法的时间效力

刑法的时间效力,具体来说,探讨的是刑法何时发生效力,何时失去效力,以及刑法对其生效以前所实施的犯罪行为是否适用的问题。

一、刑法的生效和失效

(一)刑法的生效

刑法的生效即刑法发生效力。刑法在发生效力之后才能被适用,所以我国刑事立法对刑法生效的时间都明确地加以规定。根据已有的刑事立法,我国刑法的生效时间有两种情况:一是自公布之日起生效。如现行刑法施行之后,全国人民代表大会常务委员会所作出的十二个刑法修正案,多数都是自公布之日起生效的。二是法律规定在公布后的某一日期生效。如现行刑法于1997年3月14日公布,其第452条规定"本法自1997年10月1日起施行"。因此,其生效时间为1997年10月1日。这主要是因为刑法典内容丰富且其与人们的生产生活密切相关,人们对其的掌握和了解还需要一段时间。因此,不宜自公布之日起生效,否则就会产生不教而诛的效果。

(二)刑法的失效

刑法的失效即刑法失去效力。刑法对其失去效力后发生的犯罪不再适用。刑法的失效时间,通常由立法机关规定。概括我国以往刑事立法情况,可知刑法在如下两种情况下失去效力:一是明示废止,即于法律明定废止之日失效。如现行刑法第452条第2款规定,列于附件一的《惩治军人违反职责罪暂行条例》等15部单行刑法,均自1997年10月1日起失效。二是默示废止,即新法施行后替代了同类内容的旧法,或者由于原来特殊的立法条件已经消失,旧法自行废止。如现行刑法生效后,《关于禁毒的决定》等8部单行刑法中有关刑事责任的规定,便自1997年10月1日起失去效力。

二、刑法的溯及力问题

(一)概述

如前所述,刑法只有在生效之后才能被适用。那么,刑法生效之后,对于在其生效之前实施的犯罪行为可否适用?换言之,刑法是否具有溯及既往的效力?这就是刑法的溯及力问题。

一国刑法是否具有溯及既往的效力,理论上向来存在争议。

"从新原则"主张,刑法具有溯及力,对犯罪行为一律应适用裁判时法。因为,新刑法更能适应社会发展的实际情况。从新原则虽然忠实地反映了现在的人们对于刑法生效之前所发生的行为的评价,但是这种理解剥夺了公民预测自己行为的法律后果的可能性,不仅与刑法的生效时间相抵触,而且严重背离了罪刑法定原则。

相反地,"从旧原则"主张,刑法没有溯及力,应当一律适用行为时法。因为,行为是否合法,自应以行为时有效的法律为准进行评价,否则,今日合法之行为明日或以犯罪论处,就会使人们难以预测自己行为的法律后果,因而无所适从;同时,如果对过去的行为依照新法予以追究,无异于不教而诛,有悖情理。"从旧原则"虽然有一定道理,但是,在新法不处罚某种行为或者新法对该行为相较于旧法处罚更轻的时候,若仍然按照处罚更重的旧法论处,同样不利于对被告人权益的保障,背离罪刑法定原则的宗旨。

综合上述两种见解之长的是"从轻原则"(或者称"从旧兼从轻原则"),其主张就某行为的处理而言,若新旧刑法的处理结论不一致,即应按照不处罚或者处罚更轻的刑法处理。换言之,新刑法不处罚或处罚更轻的话,就有溯及力;否则,就没有溯及力,对该行为仍应适用旧刑法论处。[13]

(二)我国刑法关于溯及力问题的规定

刑法第 12 条规定,"中华人民共和国成立以后本法施行以前的行为,如果当时的法律不认为是犯罪的,适用当时的法律;如果当时的法律认为是犯罪的,依照本法总则第四章第八节的规定应当追诉的,按照当时的法律追究刑事责任,但是如果本法不认为是犯罪或者处刑较轻的,适用本法。本法施行以前,依照当时的法律已经作出的生效判决,继续有效"。此处的"当时的法律",根据有关司法解释,[14]包括 1979 年刑法,《惩治军人违反职责罪暂行条例》(已失效),全国人民代表大会常务委员会关于刑事法律的决定、补充规定,民事、经济、行政法律中"依照""比照"刑法有关条款追究刑事责任的法律条文。可见,在刑法溯及力的问题上,我国现行刑法采用了从旧兼从轻原则。据此,对 1949 年 10 月 1 日新中国成立之后,1997 年刑法生效以前实施的行为,应区分以下情况,分别处理:

1. 修订前即当时的法律不认为是犯罪,现行刑法认为是犯罪,只能适用修订前的法律,现行刑法没有溯及力,即不能依照现行刑法规定追究行为人的刑事责任。要注意的是,刑法中的从旧兼从轻原则也适用于具体犯罪的前置性规范。所谓前置性规范,是指刑法分则对某一犯罪的构成要件并未完整规定,而是要求援引其他法律法规来加以补充时,该被参照、援引的规定。这种前置性规范的变动,会对相关犯罪的成立以及处罚轻重产生直接影响。属于这种情况的例子不少。如 2023 年商务部、海关总署联合发布《关于优化调整石墨物项临时出口管制措施的公告》(已失效),对商务部、国家国防科工委、海关总署公告 2006 年第 50 号(《决定对石墨类相关制品实施临时出口管制措施》)中所列物项范围进行优化调整。根据该公告,除高纯度、高强度、高密度的人造石墨材料及其制品、天然鳞片石墨及其制品外,其他石墨类相关制品

---

[13] 上述诸说的介绍,参见马克昌主编:《刑法》(第 2 版),高等教育出版社 2010 年版,第 23~24 页。
[14] 1997 年最高人民检察院《关于检察工作中具体适用修订刑法第十二条若干问题的通知》第 1 条。

取消临时出口管制,该公告自 2023 年 12 月 1 日起正式实施。公告发布后,石墨产品办理两用物项许可证的范围大幅度缩小。据此,之前因出口处于临时管制范围内的石墨制品而以涉嫌走私犯罪被查处的行为,根据从旧兼从轻原则,只要对其尚未作出生效判决,就不应再被评价为走私犯罪。

2. 修订前的刑法认为是犯罪,现行刑法也认为是犯罪,并且按照现行刑法第四章第八节的时效规定应当追诉的,除现行刑法处罚较轻的外,适用修订前的刑法追究刑事责任,现行刑法没有溯及力。这里实际上包含两种情况:(1)修订前的刑法和现行刑法规定相同的。这里的"相同",是指罪名、构成要件、情节以及法定刑均相同,例如,故意杀人罪在修订前后,无论是罪名、构成要件、情节还是法定刑都没有发生任何变化,因此,应当适用修订前的 1979 年刑法第 132 条,而非现行刑法第 232 条。(2)修订前的刑法规定比现行刑法规定较轻的。所谓较轻,不仅指法定刑较轻,也指存在其他有利于行为人的规定。如累犯成立的条件,修订前的刑法规定轻于现行刑法的规定,[15]因此,1997 年 9 月 30 日以前的行为,是否构成累犯,应依修订前刑法第 61 条的规定认定。同样,关于假释,修订前的刑法规定轻于现行刑法的规定,[16]因此,对于 1997 年 9 月 30 日以前的犯罪,1997 年 10 月 1 日以后仍在服刑的累犯以及因杀人、爆炸、抢劫、强奸、绑架等暴力性犯罪被判处 10 年以上有期徒刑、无期徒刑的犯罪分子,适用修订前的刑法第 73 条的规定,可以假释。要注意的是,根据刑法第 12 条的规定,应当以行为实施时,而不是审判时,作为新旧法选择适用的判断基础。故 1997 年 9 月 25 日最高人民法院公布的《关于适用刑法时间效力规定若干问题的解释》第 8 条规定的"1997 年 9 月 30 日以前犯罪,1997 年 10 月 1 日以后仍在服刑的累犯以及因杀人、爆炸、抢劫、强奸、绑架等暴力性犯罪被判处十年以上有期徒刑、无期徒刑的犯罪分子",包括 1997 年 9 月 30 日以前犯罪,已被羁押尚未判决的犯罪分子。[17]另外,关于非法定情节的减轻处罚,现行刑法规定,必须经过最高人民法院核准。而修订前的刑法第 59 条第 2 款规定,非法定情节的减刑,经人民法院审判委员会决定即可。因此,犯罪分子在 1997 年 9 月 30 日以前犯罪,不具有法定减轻处罚情节,但是根据案件的具体情况需要在法定刑以下判处刑罚的,适用修订前的刑法第 59 条第 2 款的规定。

3. 修订前的刑法认为是犯罪,现行刑法不认为是犯罪或者处刑较轻的,现行刑法具有溯及力。这里包含两种情况:(1)修订前的刑法认为是犯罪,现行刑法不认为是犯罪的,应按照现行刑法,不认为这种行为是犯罪。如以谈恋爱为名,玩弄女性的行为,修订前的刑法将其按照流氓罪处理,但现行刑法只规定了强制猥亵、侮辱罪,上述行为已经不被包括在内。因此,对于这类行为,现行刑法具有溯及力。又如,2001 年到 2004 年所实施的买卖纺织品出口许可证的行为,若在 2006 年才被发现,由于 2005 年 1 月 1 日以后,纺织品配额许可证制度已经被前置性规范取消,作为非法经营罪的买卖纺织品出口许可证的特定犯罪对象不复存在,买卖该种进出口许可证的行为即因此失去了可罚性。因此,应当依据新的前置性规范,认定该行为不构成非法经营罪。(2)修订前的刑法和现行刑法都认为是犯罪,但现行刑法处罚较轻的,现行刑法具有

---

[15] 按照修订前刑法第 61 条的规定,成立累犯的间隔时间为 3 年内,比现行刑法规定的间隔时间短。
[16] 修订前的刑法第 73 条中并没有累犯以及因杀人、爆炸、抢劫、强奸、绑架等暴力性犯罪被判处 10 年以上有期徒刑、无期徒刑的犯罪分子,不得假释的规定。
[17] 2011 年最高人民法院研究室《关于假释时间效力法律适用问题的答复》。

溯及力。所谓处罚较轻,应作扩大解释,不仅指法定刑较轻,也指在其他方面对行为人有利。比如立功表现,修订前的刑法未作单独规定,现行刑法第68条作了专条规定。因此在1997年9月30日以前犯罪的人,如于现行刑法生效后有揭发他人的犯罪行为等立功表现的,应适用现行刑法第68条的规定,可以予以从轻或减轻处罚。又如,自首,现行刑法第67条第2款规定:"被采取强制措施的犯罪嫌疑人、被告人和正在服刑的罪犯,如实供述司法机关还未掌握的本人其他罪行的,以自首论。"这是修订前的刑法所没有规定的。因此,1997年9月30日以前被采取强制措施的犯罪嫌疑人、被告人或者1997年9月30日以前犯罪,1997年10月1日以后仍在服刑的罪犯,在现行刑法生效后,如实供述司法机关还未掌握的本人其他罪行的,应当适用现行刑法第67条第2款的规定。还如追诉时效,以《刑法修正案(九)》为例,该修正案对贪污、受贿罪的法定刑进行了较大的修改,将数额较大的贪污受贿的法定刑的上限从5年以下改为了3年以下;将数额巨大的贪污受贿的法定刑的上限从5年以上改为了3年以上10年以下。与此对应,贪污贿赂罪的追诉时效也发生相应的变化,如数额较大或者有其他较重情节的贪污受贿行为的追诉期限从10年降低为5年,而数额巨大或者有其他严重情节的贪污受贿行为的追诉期限从15年降低为10年。这样,在犯罪嫌疑人某甲于《刑法修正案(九)》施行前因8年前贪污3万元的行为(属于贪污数额较大)而被立案侦查,但在此过程中又恰逢该修正案施行的场合,由于新法将对贪污受贿数额较大的追诉期限从10年降为5年,这一规定对某甲有利,根据从旧兼从轻原则,侦查机关对某甲就只能撤销案件。这一结论也同样适用于判决还未生效的审查起诉、一审和二审阶段。

4. 现行刑法施行以前,依照修订前的刑法已经作出的生效判决,继续有效。刑法对某一行为的追溯适用,只限于未经审理或虽经审理但未作出生效判决的场合。已经生效的判决,不应根据刑法的规定加以改变,这样才能维护法院判决的严肃性。按照审判监督程序审理的案件,都是判决已经生效的案件。对于这类案件的审理,也必须适用原判决时适用的刑法,否则标准就不统一,不能令人信服。

5. 对于"中华人民共和国成立以后本法施行以前的行为"中的"行为",应当理解为"实行终了的行为"。因此,对于连续犯、继续犯等属于一罪的行为,在实行行为横跨新旧刑法的场合,应当适用新法。例如,被告人某甲从1997年7月起开始实施贪污行为,连续作案12起,直到1998年8月才停止作案,由于某甲的行为属于连续犯,即基于数个同一的犯罪故意,连续多次实施数个性质相同的犯罪行为,触犯同一罪名的犯罪形态,按照修订前刑法第78条以及现行刑法第89条的规定,犯罪行为有连续或继续状态的,追诉期限从犯罪行为终了之日起计算。既然犯罪行为在新法实施之后才停止,当然应当适用新法。相关司法解释也是这样理解的。[18]

---

[18] 1998年最高人民检察院《关于对跨越修订刑法施行日期的继续犯罪、连续犯罪以及其他同种数罪应如何具体适用刑法问题的批复》规定:"对于开始于1997年9月30日以前,继续或者连续到1997年10月1日以后的行为,以及在1997年10月1日前后分别实施的同种类数罪,如果原刑法和修订刑法都认为是犯罪并且应当追诉,按照下列原则决定如何适用法律:一、对于开始于1997年9月30日以前,继续到1997年10月1日以后终了的继续犯罪,应当适用修订刑法一并进行追诉。二、对于开始于1997年9月30日以前,连续到1997年10月1日以后的连续犯罪,或者在1997年10月1日前后分别实施的同种类数罪,其中罪名、构成要件、情节以及法定刑均没有变化的,应当适用修订刑法,一并进行追诉;罪名、构成要件、情节以及法定刑已经变化的,也应当适用修订刑法,一并进行追诉,但是修订刑法比原刑法规定的构成要件和情节严格,或者法定刑便重的,在提起公诉时应当提出酌情从轻处理意见。"

但是,为保障人们对自己行为的法律后果的预测可能性,在新法比原刑法规定的构成要件和情节更严格,或者法定刑更重的场合,从公平的角度出发,应当酌情从轻处罚。

6. 在行为时法和裁判时法之间存在中间时法,且各法在处罚轻重上各不相同时,对于该中间时法也应适用刑法第12条的规定,综合考量,选择适用处罚最轻的法律。因此,某国有公司职工于1994年12月侵吞公司资金30万元,1997年11月到案。对该行为,无论是按行为时法还是按裁判时法,最高均可判处死刑。但是,若按中间时法即1995年2月28日通过的《关于惩治违反公司法的犯罪的决定》(已失效)第10条的规定,对该行为最高只能判处15年有期徒刑。此时,对该国有公司职工应当综合考量,选择适用处罚最轻的法律,即上述中间时法,最高判处15年有期徒刑。

第四章 犯罪概念和犯罪构成

刑法学主要解决什么是犯罪、如何认定犯罪以及对该犯罪应当如何处罚的问题。其中,犯罪概念以解决"什么是犯罪"为中心,而犯罪构成则以解决"如何认定犯罪"为中心,因此,犯罪概念和犯罪构成及二者之间的关系在刑法学中的地位是不言而喻的。

第一节 犯罪概说

犯罪是社会生活中的事实现象,同时也是法律现象。在罪刑法定原则成为刑法基本原则的近代社会,没有法律规定,就没有犯罪,这已经是众所周知的事实。在刑法理论上,考虑犯罪概念,主要具有以下两方面的意义:一是明确犯罪的成立范围,从形式上将犯罪和不构成犯罪的类似现象区别开来;二是为认定犯罪提供统一标准,防止任意或者单凭感情来认定犯罪。

一、犯罪的定义

在谈到犯罪的时候,首先面临的问题是如何界定犯罪。对此,可以从以下三个方面进行定义:

一是形式定义,即从行为外部特征即违反刑法规定、应受处罚方面描述犯罪的特征,而不涉及犯罪的实质内容。如1996年修订的《瑞士联邦刑法典》第9条即"1.重罪是指应科处重惩役之行为。2.轻罪是指最高刑为普通监禁刑之行为"就是其体现。

二是实质定义,其从本质特征上说明什么是犯罪,而不涉及犯罪的形式特征。如1922年《苏俄刑法典》第6条即"威胁苏维埃的基础及工农政权向共产主义制度过渡时期所建立的法律秩序的一切危害社会的作为或不作为,都认为是犯罪"就是其适例。

三是混合定义,如1996年《俄罗斯联邦刑法典》第14条即"1.本法典以刑罚相威胁所禁止的有罪过地实施的危害社会的行为,被认为是犯罪。2.作为或不作为虽然形式上含有本法典规定的某一行为的要件,但由于情节轻微而不构成社会危害性,即未对个人、社会或国家造成危害或构成损害威胁的,不是犯罪"就是如此。其既指出犯罪的形式特征即"本法典以刑罚相威胁所禁止的"行为,又指出犯罪的本质特征即"有罪过地实施的危害社会的行为"。该种定义,实际上是将前两方面的定义合二为一。

我国的传统学说看好上述第三种定义。[1] 因为,形式定义只是说明了犯罪的法律特征,却回避了为什么法律要将该种行为规定为犯罪的实质问题;实质定义虽然揭示了为什么要将该种行为规定为犯罪的实质原因,却无视犯罪的法律特征,有违罪刑法定原则的基本要求。相对而言,混合定义既揭示了犯罪的本质概念,又揭示了犯罪的法律特征;既回答了"什么是犯罪"的问题,又回答了"为什么它是犯罪"的问题。所以,其比单纯的形式定义或者实质定义都合理。

正是出于这种原因,我国现行刑法也采用了上述第三种定义。刑法第 13 条明确规定:"一切危害国家主权、领土完整和安全,分裂国家、颠覆人民民主专政的政权和推翻社会主义制度,破坏社会秩序和经济秩序,侵犯国有财产或者劳动群众集体所有的财产,侵犯公民私人所有的财产,侵犯公民的人身权利、民主权利和其他权利,以及其他危害社会的行为,依照法律应当受刑罚处罚的,都是犯罪,但是情节显著轻微危害不大的,不认为是犯罪。"其中,"一切……危害社会的行为"是指犯罪的实质特征,"依照法律应当受刑罚处罚"是指犯罪的形式特征。

但是,刑法第 13 条的这一犯罪定义,近年来却遭到了批判。因为,实质定义的作用在于指导刑事立法,而形式定义的作用在于指导刑事司法,二者作用不同,放在一起,缺乏可操作性和明确性。因此,批判意见主张,在作为司法准则的刑法中,犯罪就是指被刑法规定为应受刑罚惩罚的行为。换言之,其主张应当从形式的角度来理解犯罪。[2]

本书认为,从罪刑法定原则的角度来看,形式地理解犯罪概念,当然无可厚非。但是,将形式和内容结合起来理解犯罪,更加合理。

首先,形式和内容是相互补充、对立统一的,犯罪定义也不例外。犯罪的本质,实际上在为犯罪的形式定义提供内容。换句话说,行为是否依法应当受到刑法处罚,必须结合其内容进行合理的、具体的判断。例如,砍掉无辜的人的胳膊的行为,和为了挽救被毒蛇咬伤的人的生命而锯掉其胳膊的行为,形式上都伤害了他人的身体健康,但在实质上,二者却大相径庭:前者是伤害他人身体的行为,而后者则是为了保护更大的利益即他人生命而不得已实施的紧急避险行为。同样,为了制止正在进行的加害行为而造成加害人重伤的行为,和为了抢劫而暴力伤害他人的行为,也完全不是一回事。因此,即便是形式上看似符合刑法规定的犯罪的行为,究竟是否真的构成犯罪,也必须考虑其实质内容。从此意义上看,混合的犯罪定义,并没有什么不合适的。

其次,从国外有关犯罪构成的理论发展情况来看,将形式和内容割裂开来的分析方法也正在受到挑战。如日本近年来的刑法理论,就如何认定犯罪,逐渐摒弃了从中性的、无价值的立场出发来分析构成要件的做法,而呈现出从合目的的、实质的角度出发来判断构成要件符合性的倾向。如盗窃他人一朵花或者一个苹果的行为,在过去的观点看来,是符合盗窃罪构成要件的行为,只是在违法性判断的阶段,考虑到一朵花或一个苹果的价值太小,没有用刑罚来进行处罚的必要,所以,阻却该行为构成犯罪。但是,从现在的观点来看,刑法上的违法行为,不仅

---

[1] 冯军、肖中华主编:《刑法总论》(第 3 版),中国人民大学出版社 2016 年版,第 97 页;高铭暄、马克昌主编:《刑法学》(第 10 版),北京大学出版社 2022 年版,第 41 页;贾宇主编:《刑法学》(上册·总论)(第 2 版),高等教育出版社 2023 年版,第 99 页。

[2] 林亚刚:《刑法学教义(总论)》(第 2 版),北京大学出版社 2017 年版,第 60~61 页。

是形式上违反刑法规定的行为,而且是客观上对刑法所保护的法益具有侵害或危险,达到了应当用刑罚来惩罚的程度的行为。[3] 也就是说,是否属于刑法上的违法行为,必须从是否值得刑罚处罚的角度来进行价值判断。盗窃一朵花或一个苹果的行为,由于所侵害的利益本身太过微小,不值得刑罚处罚,因此在构成要件符合性的阶段就被排除在刑法所保护的对象之外,而不用像过去那样,先说盗窃一个苹果或者一朵花的行为符合盗窃罪的构成要件,然后再在违法性阶段说其不构成犯罪了。这种思考方式的转变意味着,过去在违法性阶段进行价值判断的内容,现在提前到构成要件符合性阶段;过去认为,构成要件符合性的判断是中性、客观、无价值的,仅仅是从形式上进行判断,但是,按照现在的看法,某种行为是否符合构成要件的判断本身就包含价值判断。在这种变化之中,我们可以强烈地感受到:有关犯罪的形式判断(形式概念)和实质判断(实质概念)不能分开,二者是不可分割地结合在一起的;"依照法律应当受刑罚处罚"的形式概念,表面上看起来是一个简单的判断结论,但这个结论的得出,本身就包括了实质判断在内,而这种实质判断的内容,就表现为犯罪的实质概念。

最后,从认定犯罪的过程来看,司法机关也是采用了实质分析之后再得出形式结论的方法。就具体行为是否构成犯罪而言,司法机关要看其是否侵害了法益,是否为合法行为,行为人在实施行为时是否具有罪过、是否能够承担刑事责任。在经过上述实质判断之后,才会得出行为人的行为是否属于刑法规定的犯罪这一形式上的结论。

这样说来,刑法第13条的规定并没有将两个不同层次的问题混为一谈,上述有关犯罪本质的描述或者说犯罪的实质概念,实际上能够为犯罪形式概念的得出提供判断依据或者说判断材料。换句话说,"犯罪是依照法律应当受到刑罚处罚的行为"这一形式概念,实际上是在进行了"该行为具有一定的社会危害性"的实质判断之后,才得出的结论。犯罪的实质概念和形式概念是统一的。在说犯罪是违反刑法而应当受到刑罚处罚的行为时,这种结论是在对该种行为进行全面判断的基础上得出来的;同样,在说某行为具有应受刑罚处罚程度的社会危害性时,这种结论也是在分析过刑法有关规定的实质内容之后才能得出的。

二、犯罪的基本特征

在我国刑法理论界,犯罪的混合定义始终处于无可争议的大一统地位。以这种"实质和形式相统一"的犯罪定义为前提,学界就犯罪的特征展开了激烈的争论。

传统学说也是目前的主流学说主张"三特征说",即认为犯罪具有一定的社会危害性(或称严重的社会危害性、相当的社会危害性)、刑事违法性和应受刑罚惩罚性三个基本特征。[4] 但是,批判意见认为,社会危害性是一切违法行为的共同特征,并不是犯罪行为独有的特征;如果将其作为犯罪行为的特征,就应当在量上将其和其他违法行为区分开来,即概括为"应当受到刑罚处罚程度"的社会危害性。按照这种理解,犯罪具有两个特征,即依法应受惩罚性或者应当追究刑事责任程度的社会危害性(或称严重社会危害性)和刑事违法性,此为"二特征说"。

---

[3] [日]曾根威彦:《刑法总论》(第4版),弘文堂2008年版,第91页。
[4] 高铭暄、马克昌主编:《刑法学》(第10版),北京大学出版社2022年版,第42~44页;贾宇主编:《刑法学》(上册·总论)(第2版),高等教育出版社2023年版,第99页;冯军、肖中华主编:《刑法总论》(第3版),中国人民大学出版社2016年版,第98~101页。

还有学者认为,犯罪是主、客观要件的统一,但迄今为止对犯罪特征理解中,均只提到了犯罪的客观特征,而没有说明犯罪的主观特征,故提出"四特征说",认为犯罪是危害社会、触犯刑律、具有罪过、应当承担法律责任中最重要的责任即刑事责任的行为。[5]

犯罪定义是揭示犯罪概念内涵的逻辑方法,而作为这种犯罪定义的具体说明的犯罪特征所反映的应当是犯罪的基本属性。以上三种关于犯罪特征的概括,尽管表述方式不同,但并没有本质上的不同,无非都是在说犯罪是危害社会、应当受到刑罚处罚且在刑法中有明文规定的行为,从此意义上讲,任何一种说法都没有太大的问题。只是,从约定俗成的角度来看,上述见解中,"三特征说"更为合适一些,只是在"三特征说"内容的说明上,存在若干值得商榷之处,需要调整。以下从本书的立场进行概括。

(一)社会危害性

犯罪是具有社会危害性的行为,即具有社会危害性。

1. 社会危害性的意义

社会危害性,意味着行为给社会造成了不好的影响或者结果,具体来说,就是对刑法所保护的利益造成了客观具体的侵害,为社会所不认可,如剥夺无辜的他人的生命、伤害无辜的他人的身体、盗窃他人财物、破坏铁路轨道等交通设施。其中,无辜的他人的生命、身体、他人财物、铁路轨道等,都是构成社会所必要且现实存在的利益,为刑法所保护。因此,危害社会,首先是指行为给社会造成客观具体的外在侵害。

然后,社会危害性意味着严重程度的侵害。因为,包括犯罪在内的任何违法行为都是对社会无益的危害行为。因此,仅以"社会危害性"一词还难以将一般违法行为和犯罪行为区分开来。所以,犯罪不是一般程度的危害社会行为,而是具有严重程度的社会危害性的行为。这一点,在现行刑法以及其他法律的相关规定中都有体现。我国刑法第13条规定:"……以及其他危害社会的行为,依照法律应当受刑罚处罚的,都是犯罪,但是情节显著轻微危害不大的,不认为是犯罪。"这里明确指出社会危害不大的行为不是犯罪,也就是说,只有社会危害严重,达到依照法律应当受到刑罚惩罚程度的行为,才能认为是犯罪。另外,《治安管理处罚法》第3条规定:"扰乱公共秩序,妨害公共安全,侵犯人身权利、财产权利,妨害社会管理,具有社会危害性,依照《中华人民共和国刑法》的规定构成犯罪的,依法追究刑事责任;尚不够刑事处罚的,由公安机关依照本法给予治安管理处罚。"这也清楚地表明,违反《治安管理处罚法》的行政违法行为与违反刑法的犯罪行为的本质区别,是通过量的区别反映出来的。应当追究刑事责任程度的危害社会行为是犯罪行为,应当予以行政处罚的危害社会行为是违反《治安管理处罚法》的行为。因此,社会危害性不是犯罪的特征,行为具有严重的社会危害性,才是犯罪的特征。

2. 社会危害性的判断

"社会危害性"是我国刑法学中的基础概念,也是一个常为学者所诟病的概念。[6]之所以如此,主要是因为,作为我国犯罪概念核心内容的"社会危害性"是一个混杂了成立犯罪的基本

---

[5] 具体情况参见李居全:《犯罪概念论》,中国社会科学出版社2000年版,第129~144页。

[6] 关于对社会危害性概念的抨击和批判,具体参见李海东:《刑法原理入门(犯罪论基础)》,法律出版社1998年版,第6页以下;樊文:《罪刑法定与社会危害性的冲突——兼析新刑法第13条关于犯罪的概念》,载《法律科学》1998年第1期;陈兴良:《当代中国刑法新境域》,中国政法大学出版社2002年版,第234页。

内容的"客观违法"与"主观责任"的概念。换言之,在其判断上加入了很多模糊暧昧的主观要素。如我国刑法学的通常见解一方面指出,"行为的严重社会危害性是犯罪的本质特征,所谓行为的社会危害性,是指行为对我国社会主义初级阶段的社会关系造成实际危害或者现实威胁",即把社会危害性看作行为的客观属性;但另一方面却又认为,"社会危害性的有无以及程度,不只是由行为在客观上所造成的损害来评价的,还包括行为人主观方面的要件在内",[7]即在行为的客观属性判断当中,加入了行为人的主观要素。

在行为的社会危害性的判断当中,考虑行为人的主观要素,一个最显而易见的结果,就是导致客观属性主观化。如果说"社会危害性"是指行为对刑法所保护的社会关系或者合法权益造成"实际侵害或者现实威胁",那么,其判断的对象和基础当然应该是行为所造成的实际损害或者现实威胁,而行为人的主观要素不得考虑在内。因为,主观意思在没有转化为外部行为或者结果的时候,是不得被视为"实际损害或者现实威胁"的。在社会危害性的判断中考虑行为人的主观内容,会导致同样的行为或者结果仅因为行为人主观意思的不同而有不同的后果。司法实践中,常见的认为"没有中饱私囊的贪污行为或者将受贿所得用于扶贫的行为没有社会危害性,不能作为犯罪看待""入户抢劫必须满足目的的非法性"的观点就是其体现。本来,没有中饱私囊或者没有用于挥霍这种并非完全利己的主观动机,只能说明行为人的主观恶性稍小、责任较轻而已,并不能抹杀贪污、受贿行为本身所具有的社会危害性。但是,上述观点却完全无视了这一点。同样,"户"作为受宪法保障的人们生活最为安全的场所,在其中实施抢劫就足以表明行为本身和一般抢劫行为不同,即"入户抢劫"和"在户抢劫"并无本质差别。但是,我国的司法实践却以行为人在入户时是否具有侵害户内人员的人身、财产等目的,将二者区分开来,据此将快递人员等合法进入他人户内,实施抢劫的行为从抢劫罪的加重处罚情节中剥离出来。可见,一旦将主观要素作为社会危害性的评价基础,便会造成颠倒黑白、模糊罪与非罪界限的后果。因此,可以说,在社会危害性的判断上掺入主观要素,是传统"社会危害性"概念所存在的致命缺陷,也是导致其备受抨击的主要原因。

为了克服社会危害性判断上所存在的以上问题,近年来,我国学界在社会危害性的判断问题上,已经形成了将社会危害性判断即违法判断与行为人主观恶性判断即责任判断分开考虑的见解,提倡客观主义的刑法观,强调行为的客观方面在定罪量刑中的决定性作用,认为犯罪的本质在于行为对法益的侵害或对法益造成侵害的危险,因此,刑法应当主要关注行为的客观方面,如行为的性质、手段、结果等,而将故意、过失、动机、目的等主观要素放在社会危害性判断完毕之后的责任阶段进行考虑的共识。但即便如此,认为行为的社会危害性即违法性不完全在于法益侵害,还在于行为违反了法规范的特点,或者说在行为社会危害性的判断上,必须考虑行为人主观要素的观念依然强烈。这种观念上的分歧,集中体现在"规范违反说"与"法益侵害说"、"结果无价值论"与"行为无价值论"之争当中。

---

[7] 高铭暄、马克昌主编:《刑法学》(第10版),北京大学出版社2022年版,第43页;刘艳红主编:《刑法学》(上)(第3版),北京大学出版社2023年版,第75~78页;赵秉志主编:《刑法新教程》,中国人民大学出版社2001年版,第76页。

(1)"规范违反说"与"法益侵害说"

近年来,对我国刑法学产生巨大冲击的刑法学争论,首要的便是作为德国刑法学主流观点的"规范违反说"和作为日本刑法学主流观点的"法益侵害说"之间的较量。虽然法益侵害说的理论框架甚至用语均来自德国,但日本在引进德国理论过程中却对其进行了日式处理,因而在刑法学的核心即违法性论领域,形成了与德国完全不同的见解。

德国刑法学的主流,一开始就将犯罪的本质理解为带有浓郁主观色彩的规范违反,学说认为不法是损害或者不服从作为精神力量的法,或者说是不服从法律上的命令或者禁止。之后,其被概括为对国家所承认的文化规范的违反。但何谓规范违反,学者未达成共识。有的认为,规范就是精神、伦理义务的要求,其以相互信任为基础,用以维护共同的社会生活。有的认为,规范就是指导人们日常活动的举止规范,刑法的任务是,以刑罚的方式让行为人对其违反规范的行为付出代价,从而维护规范的有效性。总之,按照规范违反说,犯罪的本质是不服从规范,这种"不服从"当中,内含有行为人以什么目的、心情来违反规范的意思。因此,在规范违反说之下,目的、心情等便成为违法性判断的重要内容。

日本早期观点和德国一样,也将违反规范作为违法性的核心。但后来,判例中出现了认为烟农将价值微小的烟叶不卖给国家而自己吸食的行为,虽然违反了当时日本烟草法中的相关规定,但"无法认定足以要求法律保护的法益侵害,就没有必要以刑罚法规面对之",即行为尽管违反烟农必须将烟草上缴国家,不得自用的规范,但其违法性尚未达到值得刑法处罚的程度,故认定该烟农无罪的判决("一厘事件")[8] 学者在此判例的基础上发展出了"可罚的违法性论",意图对犯罪的成立范围加以限定,走出一条与德国的规范违反说截然不同的违法性判断之道。这种"可罚的违法性"观念在后来的发展过程中,和有力学说即违法性的判断主要取决于行为的法益侵害结果,与行为人的主观认识无关的"物的违法论"相结合,形成了占据通说地位的、以"法益侵害说"为主要内容的违法观。这种见解认为,刑法的任务不是维护规范,而是保护法益;犯罪的本质不是违反规范,而是侵害了"二战"后《日本国宪法》当中所规定的和人们的日常生活密切相关的具体生活利益。并且,这种见解还对日本当时占通说地位的规范违反说展开抨击,说其是维持日本传统的军国主义、天皇统治、"淳风美俗"的手段,没有体现《日本国宪法》的民主主义精神,由此,该见解风靡至今。[9] 这一学说在21世纪初传入我国,

---

[8] 日本大审院1911年10月11日判决,刑录16卷,第1620页。
[9] 一般认为,20世纪90年代之后,可罚的违法性理论在日本有走下坡路的趋势。但这种见解并不准确。可罚的违法性的观念并未消失,只不过是改头换面,变换了一种存在方式,从违法性判断要素转变为了构成要件符合性的判断要素而已。顾名思义,可罚的违法性论,只有在行为满足构成要件符合性之后的违法性判断阶段,才有其存在价值。行为尽管符合具体犯罪的构成要件,但是还不能马上就推定其违法,还必须从社会一般观念来看,行为的违法性达到了值得刑罚处罚的程度,否则不能作为犯罪处理。但是,与正当防卫、紧急避险、正当行为和业务行为等日本刑法中明文列举的排除违法性事由不同,"可罚的违法性"在日本刑法中并没有被明文规定,因此,从罪刑法定的角度来看,其合法性存疑;相反地,在实际操作中,在出现某个争议行为时,一方面说其符合具体犯罪的构成要件,另一方面却又在违法性判断阶段将其排除在外,这种叠床架屋的思路也不符合思考的经济性原则,倒不如将其直接在构成要件符合性判断阶段加以考虑。基于这种考虑,现在,"可罚的违法性"已经从违法判断要素上升为构成要件符合性判断时考虑的因素了。也正因如此,构成要件符合性的判断,已经不单纯是中性的、形式的、赤裸裸的判断,而是价值的、规范的、实质性的判断。在日本,现在只要说行为符合具体犯罪的构成要件,则犯罪判断基本上已经完成了90%,其后本应为实质判断的违法性判断、有责性判断,反倒基本上流于形式了。

对我国学界产生极大影响。[10]

"规范违反说"和"法益侵害说"的差别,主要体现在以下几个方面:

一是理念不同。规范违反说强调国家和社会的整体统治秩序,强调社会自身的安全和对刑事案件中被害人的保护,重视具体案件中的报应刑的适用,以达到维持社会整体秩序的积极一般预防效果。相反地,法益侵害说则强调自启蒙时代以来的自由主义和保障人权思想,强调限制国家刑罚权的滥用,从而达到对具体案件中犯罪嫌疑人、被告人利益的保护。该说虽然承认刑罚适用具有震慑潜在犯罪人的一般预防作用,但强调其只是个案适用而产生的反射效果。

二是违法性的判断标准不同。规范违反说强调只要违反规范就是违法,虽然由于对规范的理解不同,该说内部的具体观点难以一言蔽之,但总体上讲,都具有偏向抽象主观的、重视人们日常生活和业务工作中的行为举止的价值评判特征。相反地,尽管法益侵害说中的"法益"为何,也是众说纷纭,但在强调行为只有侵害或者威胁了法益——与人们的生活密切相关的具体生活利益——才是违法行为的这一点上,则没有异议。从此角度来看,在违法性的判断上,法益侵害说具有注重具体客观的、可视化的危险或者实害结果的评价特征。

三是违法性的判断时点不同。规范违反说强调事前判断。因为,在规范违反说看来,行为的违法性不仅仅体现在行为所引起的客观变化上,还体现在行为人蔑视法规范的态度当中。这种蔑视或者不服从,必须结合行为人行为时的心理态度判断。相反地,法益侵害说强调事后判断。因为,法益侵害说将违法和责任相对分开,认为违法是客观的,责任是主观的。客观违法判断,不仅要考虑行为,还要考虑行为所导致的结果。因此,只能从事后加以判断。

(2)"结果无价值论"与"行为无价值论"

在我国,就社会危害性的实质而言,另一具有重大影响的学说争议就是"结果无价值论""行为无价值论"之争。

首先,所谓无价值,就是"从刑法的立场来看,没有价值",或者说"违反了刑法所意图保护的价值",因此,所谓"结果无价值论",就是以法益侵害说为基础,以"结果"为中心,来考虑社会危害性问题的理论。换言之,"因为该行为引起了侵害或威胁法益的结果,所以被刑法评价为没有价值",其站在被害人的角度来分析行为的社会危害性。按照这种见解,在判断行为的社会危害性的时候,先要考虑对被害人造成了什么样的侵害法益结果,然后由此出发,追溯该结果是由谁的、什么样的行为所引起的。这就好比是倒着看一部纪录片,从结尾来回溯所发生的事件的全过程。相应地,所谓"行为无价值论",是以规范违反说为基础,以"行为"为中心,来考虑社会危害性问题的见解。换言之,就是说"因为该行为违反了刑法具体法条当中所蕴含的或者社会一般人所认同的法规范,所以被刑法评价为没有价值",它站在加害人也即行为人的

---

[10] 日本的这种可罚的违法性论的实质性变化,与我国学者所提倡的"以刑制罪",即以具体犯罪的法定刑的轻重来解释、扩张或者限制与其相应犯罪的构成要件的观点,和日本当今将可罚的违法性概念从犯罪认定的第二阶段即违法性判断阶段前移至犯罪认定的第一阶段即构成要件符合性判断阶段加以考虑的做法如出一辙,有异曲同工之妙。可罚的违法性论,本质上就是从作为犯罪后果的法定刑的角度来倒推作为其前提的法律行为,在判断某种形式上合乎条件的行为是不是构成犯罪时,不能仅看其样态是不是合乎要求,还要看该行为在实质上有没有达到值得刑罚处罚的程度,或者说达到了处以何种刑罚的程度,才能满足"罪刑相适应"的要求。这种"以刑制罪"的见解,不正是可罚的违法性论另一种形式的再生吗?

角度来分析行为的社会危害性。这种观点,首先考虑行为人出于什么样的意图、实施了什么样的行为,然后再考虑该行为引起了什么样的结果,也就是按照时间的发展顺序来考察行为的进程。仍以上述看纪录片的情形打比方,就是按照片子的正常顺序,从头开始观看事件发生、发展以及最终结果的全过程。

但要注意的是,完全抛开结果无价值的纯粹的行为无价值论,和重视行为人的主观意思的规范违反说并无二致;而且,就刑法中所规定的结果犯而言,纯粹的行为无价值论将其看作具体犯罪的客观处罚条件,而不是犯罪的构成要件,这种理解,显然有违反罪刑法定原则之嫌。因此,在我国学界,与规范违反说一致的纯粹的行为无价值论("一元的行为无价值论")极为罕见,取而代之的,主要是以结果无价值为基础,同时也考虑行为无价值的所谓"二元的行为无价值论"或者说"折中说",据此,刑法上的实质社会危害性,是指违反行为规范,进而侵害了法益。[11]

其次,结果无价值论和行为无价值论的对立,具体而言,集中体现在以下几点上:一是在社会危害性的判断对象上,是不是要考虑行为人的主观因素?二是在社会危害性的判断标准上,是只考虑结果还是也要考虑其他因素?三是在社会危害性的判断时间上,是事前判断还是事后判断?四是关于刑法的任务,到底是保护法益还是维持社会秩序?下面分别叙述:

第一,关于社会危害性的判断对象。结果无价值论认为,违法的本质是侵害或者威胁法益,行为是否违法,关键看该种行为是否对法益造成了具体的、可视的侵害或者危险结果,原则上不能混入行为人的主观因素,否则难以避免违法判断上的随意性;同时,如果在违法判断中全面考虑行为人主观因素,就会出现尽管造成的结果相同,但由于各人主观情况不同,因而在是否违法上结局也不一样的违法相对化的后果,造成违法判断上的任意性。因此,结果无价值论主张在违法判断对象上,只考虑侵害法益结果以及与此相关的行为形态,而行为人在行为时的主观因素,则放在责任领域加以考虑。相反地,行为无价值论认为,行为只有和行为人的主观因素联系起来考虑才有意义,因此在评价行为性质的时候,应当考虑行为人的主观因素。行为人的主观因素既对结果无价值(法益侵害性)也对行为无价值(规范违反性)具有影响。具体而言,作为内心倾向的主观目的、心理过程等,直接对行为侵害、威胁法益具有影响。同时,在既遂犯中,即便行为引起了法益侵害,但如果该行为不违反社会一般规范,具有社会相当性的话,则仍应当说该行为不违法,而故意、过失则是影响行为社会相当性的重要因素,因此,不能说主观要素对社会危害性的判断没有影响。

第二,关于社会危害性的判断标准。早期的结果无价值论完全从和行为形态隔断的结果的角度来判断行为是否违法,认为即便某一行为不具有社会相当性即不合乎社会的一般要求,但只要该行为没有侵害或者威胁法益,或者没有造成较大的法益侵害,就不能说该行为具有社会危害性,但是,现在结果无价值论则认为,在违法性的判断上,除法益侵害结果之外,行为形态也影响行为的违法性,如盗窃、诈骗、敲诈勒索之类的财产犯罪,尽管在侵害法益的结果上一致,但行为形态不同,致使对其违法性的判断也不尽相同。相反地,行为无价值论将社会相当性也作为违法判断的基准,认为行为只有在既侵害了法益,同时又违反了社会伦理秩序或者说

---

[11] 周光权:《刑法总论》(第4版),中国人民大学出版社2021年版,第35页。

行为规范的时候,才具有违法性。也就是说,在社会危害性的问题上,不仅要考虑行为是否侵害了法益(结果无价值),而且还应当考虑其是否偏离了社会相当性的要求(行为无价值),只有"偏离社会相当性的侵害法益行为才违法",并且,在行为是否偏离社会相当性的判断上,除了行为形态,还要考虑行为人在行为时的主观要素。这一点和结果无价值论的理解迥异。

第三,关于社会危害性的判断时间。结果无价值论认为,行为是否具有侵害法益的危险,应当以行为时行为人所认识的事实和事后所查明的全部事实,客观地加以判断,同时,对于有无社会危害性的判断来说,重要的是,该行为所实际引起或者可能引起的法益侵害,这当然要根据法官事后判明的结果来认定,所以,事后判断是妥当的。相反地,行为无价值论认为,既然以故意、过失为主的主观因素对行为是否违法的判断具有影响,那么,在有无社会危害性的判断上,就应当以行为时为基准,即在社会危害性的判断上,事前判断更加妥当。

第四,关于刑法的任务。彻底的结果无价值论认为,刑法的任务就在于保护法益。如故意杀人罪的规定,就是通过处罚杀人行为,保护人的生命法益。因此,一切刑罚法规,都是为保护法益而设置的,保护法益是刑法的首要任务。相反地,彻底的行为无价值论认为,刑法的任务是维持规范。侵害法益只是法规范否认的现象形态,它是法规范否认的认识工具,法规范否认才是法益侵害的本质。行为无价值二元论认为,刑法的任务在于,确立规范,培养国民的规范意识,对反规范的行为进行惩处,进而最终实现保护法益的目标。[12]

最后,行为无价值论和结果无价值论的融合。本来,行为无价值论和结果无价值论的差别,可谓一目了然。但近年来,行为无价值论和结果无价值论也一改过去剑拔弩张的紧张局面,而呈现出相互融合的趋势,即形成了所谓二元的行为无价值论,或者说行为无价值的二元论。如就刑法的任务而言,行为无价值论明确地主张,刑法的任务是"保护法益",即"只要说刑法以及刑罚权来源于全体国民的意志,而不是以国家理性或者道德世界的秩序为根据,那么,刑法的机能,就必须从保护构成社会的个人利益中寻求"[13]。同样,就违法性的判断标准而言,也有结果无价值论者认为,法益侵害说并不是主张"任何细微的法益侵害都违法",而是主张只有在以国民立场看来值得处罚的法益侵害才违法。如果说这种国民立场就是所谓"道义秩序"或者"社会相当性"的话,那么,应当说,其实结果无价值论和行为无价值论没有什么差别。[14] 另外,在违法性的判断时间上,也有结果无价值论者认为,无论再怎么重视结果无价值,还是要重视"行为时的危险判断"。因为,立法者的政策是,只能对行为时的一定危险进行处罚,否则就会得出所有的未遂犯都是不能犯的结论,违反现行刑法的处罚规定。[15]

但是,无论行为无价值论和结果无价值论再怎么趋于融合,在以下方面仍然难以调和:一是刑法规范的性质。行为无价值论将刑法规范作为行为规范也即指导一般人的行动指南看待,而结果无价值论将刑法规范作为裁判规范也即指导法官等专业人员的定罪量刑指南看待。

---

[12] 周光权:《刑法总论》(第4版),中国人民大学出版社2021年版,第38页。
[13] [日]大谷实:《刑法与社会伦理》,载《法学教室》1990年第120号。同时,井田良教授也认为,从刑法的任务限定为保护法益的立场出发,也能主张行为无价值论。参见[日]井田良:《刑法总论的理论构造》,秦一禾译,中国政法大学出版社2021年版,第7页。
[14] [日]前田雅英:《刑法总论讲义》(第6版),曾文科译,北京大学出版社2017年版,第27页。
[15] [日]前田雅英:《刑法总论讲义》(第6版),曾文科译,北京大学出版社2017年版,第112页。

二是违法性的判断基础。结果无价值论原则上不允许将故意、过失、目的、动机等主观要素作为违法性的判断基础;相反地,行为无价值论则认为,主观要素也是违法性的判断材料。三是刑法适用理念。结果无价值论强调刑罚适用的消极性、被动性,认为只有在对现实生活利益造成现实的、可视的侵害或者具体危险,并且没有其他解决方法的场合,才能适用刑法;相反地,行为无价值论则强调刑罚适用的积极性、主动性,主张积极活用刑法的一般预防作用,以确保人们的法律确信和守法意识,肯定对普遍的、抽象的法益的保护,扩大未遂、预备犯的处罚范围。这些,可以说是其二者之间难以填平的鸿沟。

(3)本书的立场——法益侵害说

本书在社会危害性的内容理解上,主张以结果无价值论为基础的法益侵害说,即在行为是不是具有社会危害性的判断上,必须以行为是否侵害或者威胁到刑法所保护的法益为判断基础,只有在极为例外的情况下,才考虑行为侵害或者威胁法益的行为形态(如抢劫、抢夺、敲诈勒索等)以及行为人在实施上述行为时的主观目的、动机等。

在社会危害性的判断上主张"法益侵害说"时面临的一个挑战是,既然承认刑法的目的是保护法益,那么为什么要在法益受侵害或者威胁之后才对其予以保护,而不在有行为危险时就予以保护呢?这岂不是在放"马后炮"吗?换言之,在法益论的框架之下,刑法并没有实现保护法益的机能,或者这种机能名不副实,因此,应当将刑法处罚的重点从法益侵害结果前移至行为违反规范时才合适。[16] 对此,本书的见解是:一方面,就刑法的机能而言,本书主张的是规制行为机能和保障人权机能,侵害法益是犯罪的本质,保护法益是刑法的任务,因此,上述诘问对于本书而言,并不适用。另一方面,即便在社会危害性的判断上主张"法益侵害说",上述批判也并不具有针对性。因为,当今的法益侵害说,并不是说一定要产生法益侵害的实际结果,如人被杀、财物被盗窃的实害结果之后,刑法才予以干预,而是通过将产生实害的危险也视为结果,即通过对不需要产生实害结果的未遂犯、预备犯的处罚,提前刑法的干预时间,扩张刑法的处罚范围,从而避免"马后炮"现象,达到对法益进行充分有效保护的效果。而且,这样处理,更具有刑法上的依据,符合罪刑法定原则,因为,未遂犯、预备犯的处罚,均在刑法中有其依据。

在从"法益侵害说"的立场考虑社会危害性时,另一个重要问题是,仅仅将社会危害性看作行为的客观属性,还是将其理解为主、客观要素的统一。通说主张后者,认为社会危害性应当看作主客观要素的统一,因为造成客观损害结果的行为,是受人的主观因素即意识和意志支配的,它表现了人的主观恶性,是主观见之于客观的东西。因此,判断行为的社会危害性及其程度,不仅要考虑行为客观上所造成的损害,还要考虑行为人的主观责任要件。[17] 相反地,将社会危害性看作行为的客观属性的学说则认为,社会危害性是指行为客观上造成的危害,不宜加上行为人主观方面的因素,否则就将行为的社会危害性程度等同于行为人的刑事责任,混淆了危害性与责任的关系。[18]

本书同意将社会危害性看作行为的客观属性的见解。近代刑法学的最大成就之一,就是

---

[16] 黄鹏:《刑法法益的学术谱系》,载《西部法学评论》2020年第3期。
[17] 高铭暄、马克昌主编:《刑法学》(第10版),北京大学出版社2022年版,第43页。
[18] 黎宏:《刑法总论问题思考》(第2版),中国人民大学出版社2016年版,第98页以下。

确认了"衡量犯罪的标准是它对社会的危害"的命题,而与之前的道德、宗教刑法理论所主张的社会危害性的判断标准在于"社会丑闻性"的说法截然相反。前者可以用客观标准来衡量,后者则是一种主观的道德评价。既然犯罪的社会危害性是客观的并可以采用外部标准来衡量,那么,造成这种危害的原因也必定表现为一种外部行为。一个人内心再邪恶,如果没有实施外部的危害行为,也不可能造成外部的社会危害。"法律的责任是惩罚外部的行动"是近代启蒙思想家们对法律责任的共识。[19] 既然是纯粹的外部侵害,那么,在其判断上,当然不应当考虑行为人的主观因素,否则,就会出现主观上的邪恶左右行为本身的客观侵害的结局,导致社会危害性认定的主观化以及惩罚思想犯的结果。如在行为人出于杀害甲的目的而开枪,不料却免除了乙所面临的、来自甲的不法侵害的偶然防卫的场合,尽管杀害甲的行为没有引起刑法上要处罚的损害结果,但能够反映出行为人的主观恶性。如果仅仅以此为由认定行为人构成故意杀人罪既遂,显然就是根据行为人的主观意志而定罪的主观归罪,和我国刑法所坚持的客观主义刑法观不符;相应地,在大义灭亲或者防卫过当的场合,行为人主观动机是好的,但由于客观上造成了损害结果,因此,最终还是要将其作为犯罪处理。

作为行为无价值论和结果无价值论的折中的违法"二元论",尽管在目前风险社会背景之下,作为为当今的立法变革提供支持的有力学说而引人注目,但在刑法解释上,特别是在社会危害性即违法性的判断上,却存在诸多相互矛盾之处,这一点必须注意。从字面上看,"二元论"对违法性即社会危害性的认定,应当是采用了双重标准,即首先以"侵害或者威胁法益"的标准,划定违法性的大致范围,然后再根据"社会一般人所公认的行为标准"即行为规范将其进一步缩小,如此说来,和结果无价值论即仅仅以"侵害或者威胁法益"为标准来划定违法性范围的情形相比,"二元论"所得出的犯罪成立范围应当更小。[20] 但是,现实情况似乎并不如此。如在未遂犯与不能犯的区分上,按照"二元论"主张的具体危险说,刑法是行为规范,以向一般人命令、禁止实施某种行为为内容,因此,作为实行行为的实质内容的造成实害结果的危险,不一定是物理的、科学的危险,而是以行为当时一般人所能认识的事实以及行为人所特别认识到的事实为基础,从一般人的角度出发,在事前所判断的危险。但是,以行为人本人和一般人有无认识作为判断有无危险的基准,显然会将本来没有危险的行为作为有危险的行为对待,如在向尸体开枪射击的场合,在其他条件完全相同的情况下,如果行为人知道是尸体而开枪,该行为就具有剥夺他人生命的危险;如果不知道是尸体而开枪,该行为就不具有剥夺他人生命的危险。和认为行为有无危险完全取决于行为本身的危险,与行为人的主观认识无关的结果无价

---

[19] 黄风:《贝卡里亚及其刑法思想》,中国政法大学出版社1987年版,第68页以下。
[20] 对此,主张"二元论"的人也非常有自信。如大塚仁教授说:"有主张认为结果无价值论更能起到保障人权的作用,但这应当说是一派胡言。如果说行为无价值论无视法益侵害的结果、仅仅考虑行为无价值的话,或许会产生那种倾向,但是,我反复指出,行为无价值论是在充分考虑了结果的无价值之后,进一步考虑到了行为的无价值的。因此,更确实地把握了违法性的本质,我想反而可以说它比结果无价值论更具有保障人权的功能。"具体内容,参见[日]大塚仁:《犯罪论的基本问题》,冯军译,中国政法大学出版社1993年版,第135页。

值论相比,二元论的处罚范围显然更广。[21] 同样,就被害人同意伤害行为的处理而言,结果无价值论认为,既然法益主体自主决定放弃其可以支配的利益,值得刑法保护的法益就并不存在,所以,被害人同意的行为原则上排除违法性;[22]相反地,"二元论"的学者则认为,行为目的违法的话,即便是被害人同意放弃自己身体部分利益的同意伤害行为,也是违法行为,即目的决定同意伤害行为的性质。[23] 但问题是,本来,"二元论"认为,结果无价值即法益侵害是决定行为是否违法的前提,行为无价值即行为人的主观要素、行为的方式、方法等只能在法益侵害这种结果无价值的基础上发挥作用。换句话说,在违法性的判断上,结果无价值处于优先地位。但是,在同意伤害的场合,这种判断顺序却被完全颠倒过来。即便在行为人放弃自己身体的某部分利益,同意他人伤害自己场合,如果同意的目的或者动机不纯的话,该同意也无效,仍然存在法益侵害的结果无价值。这样说来,在同意的目的或者动机不纯这种行为无价值和同意伤害这种结果有价值(因为是被害人实现自己决定权的体现,所以不是无价值)并存的场合,根据同意的目的或者动机不纯的行为无价值来认定该行为违法。这岂不是和"二元论"的宗旨相冲突,变成行为无价值优先了吗?另外,关于排除违法性事由的原理,"二元论"主张目的说,认为在行为出于正当目的、并且使用了正当方式的时候,就不具有违法性。其认为,目的说除强调结果无价值之外,还考虑到了行为目的这种行为无价值的意义,因此,比法益衡量说或者优越利益说更加妥当。(但是,是否真的如此,值得怀疑。)如在行为人出于杀害他人的目的而实施杀人行为,但该行为碰巧保护了无辜的第三人免受不法侵害而符合正当防卫的客观要件的偶然防卫的场合,从"二元论"的立场来看,到底是因为虽然没有结果无价值(所打死的是正要侵害无辜的第三人的不法侵害人),但由于具有行为无价值(行为人主观上并不具有防卫意图,而是具有杀人意图)而被认定违法,还是由于既有结果无价值(事实上打死了他人)也有行为无价值(行为人具有杀人的意图)而被认定为违法的呢?(理由并不一定清楚。)如果是前者的话,那么,可以说,"二元论"并没有像自己所宣称的那样,在违法性的判断上,首先考虑结果无价值。因为,在并不具有结果无价值的偶然防卫的场合,也还是以行为人不仅不具有防卫意图,反而具有杀人意图的行为无价值为由而认定该行为违法,即采取了优先考虑行为无价值论的

---

[21] 在结果无价值论看来,知情而开枪和不知情而开枪的行为在处罚上的天壤之别,主要是责任程度的不同引起的,而不是因为该行为的客观危险不同引起的。就知情而开枪的场合而言,行为人是明知故犯,表明其主观恶性深重,应受强烈谴责;相反地,就不知情而开枪的场合而言,行为人是意外地引起了危害结果发生,其主观上并没有什么恶意(意外事件的场合)或者应受谴责的主观恶性不深(过失犯的场合),没有必要对其进行法律谴责。正是这种主观责任上的差别,才引致二者在处罚上完全不同,而不是射击行为本身在客观危险上存在什么差别。就行为所具有的侵害法益的客观危险的程度而言,二者应当没有什么差别。可见,结果无价值论和"二元论"虽然都把"侵害威胁法益"作为违法性即社会危害性的基础,但其含义不同,后者比前者范围更广,内容更抽象。黎宏:《刑法总论问题思考》(第 2 版),中国人民大学出版社 2016 年版,第 16 页。

[22] [日]内藤谦:《刑法讲义总论》(中),有斐阁 1986 年版,第 577 页;[日]西田典之:《刑法总论》,[日]桥爪隆补订,弘文堂 2019 年版,第 202 页。

[23] 大塚仁教授认为,"即便是个人法益,从刑法的观点看来,同时也是社会法益或者国家法益,二者之间处于竞合关系的情况也不少。一味地主张个人自由的自己决定权,会招致违反健全的社会观念的事态"。[日]福田平、大塚仁:《对谈 刑法总论》(中),有斐阁 1986 年版,第 59 页。当然,要注意的是,在这个问题上,"二元论"的内部,也具有见解上的分歧。如主张"二元论"的大谷教授在这一点上表现出谦抑的态度,他从"同意没有侵害","没有法益侵害,就不违法的立场出发",认为在同意伤害的场合,伤害行为排除违法性。参见[日]大谷实:《刑法讲义总论》(新版第 5 版),黎宏、姚培培译,中国人民大学出版社 2023 年版,第 256 页。

立场。如果是后者,那么,这里所谓的结果无价值,是指纯粹的法益侵害(杀死了人),和结果无价值论所主张的在利益冲突的场合,为了保护较大利益而牺牲较小利益,就不存在法益侵害,不具有结果无价值的理解完全不同。可见,在排除违法性事由的理解上,"二元论"不是滑向了和其初衷相悖的行为无价值论的立场,就是在偷换概念,将侵害法益做偏离其本意的抽象理解。这样说来,"二元论"尽管宣称在结果无价值的基础上,加入行为无价值的内容,能够合理妥当地限定违法性即社会危害性的认定范围,更好地实现刑法保障人权的机能,但是,从以上分析来看,很难说这种初衷能够顺利地实现。倒不如说,"二元论"尽管也承认刑法的目的在于保护法益,强调结果无价值是判断违法的基础,但是,在行为无价值和结果无价值发生冲突的场合下,却违背其出发点,自觉或者不自觉地偏向了行为无价值的一方,而将结果无价值作为一个点缀。这样说来,尽管行为无价值论者时常也说,把法益保护作为刑法目的,并不是结果无价值论一家的主张,但是,此法益保护和彼法益保护的意义大异其趣,难以相提并论。

当然,说社会危害性是犯罪的客观属性,并不意味着在犯罪的认定上,不考虑行为人的主观要素。任何犯罪都是主、客观要件的统一,故意杀人罪和过失致人死亡罪,尽管后果一致,但后者的处罚比前者要轻得多,就是因为行为人的主观罪过不同。过失致人死亡罪的行为人在主观恶性上,远比故意杀人的场合要小,对行为人的改造相对较容易,来自社会的谴责也较轻,因此,对其处罚当然比故意杀人罪的场合要轻得多。但这种主观要素的判断,应当在和社会危害性判断不同的层面(阶段)上进行,将两者混在一起,很不合适。具体来说,从犯罪分析依次递进的角度来考虑,先考虑客观危害,后考虑主观责任的立场是比较合适的。

如此说来,在有关犯罪的本质特征即社会危害性的判断上,必须注意:第一,行为的社会危害性是指行为的客观属性,其判断应当是一个纯粹客观的判断,除非法律有明文的规定(如制作、复制、出版、贩卖、传播淫秽物品牟利罪中的"以牟利为目的",合同诈骗罪中的"以非法占有为目的",等等),原则上不能掺入行为人的主观内容,否则就会使社会危害性的判断丧失客观性;第二,在具体判断行为的社会危害性的有无和大小的时候,应当考虑行为所侵害的利益和被保护的利益、行为的手段方法、行为的时间和地点等情况。

应当说明的是,行为的社会危害性的大小,除了和所侵害的法益的性质、所使用的手段等具有密切关系,在很多场合下,也和行为当时当地的政治、经济乃至社会治安形势密切相关。因此,在确定行为的社会危害性时,必须有历史的、发展的眼光,全面的观点,透过现象抓住事物本质的能力。[24] 这一点,在我国的司法实践当中,体现得尤为明显。如按照刑法第264条的规定,在确定盗窃行为的社会危害性时,盗窃财物的"数额"是重要的参考依据。在确定盗窃数额时,司法解释中明确指出,各地可以"根据本地区经济发展状况,并考虑社会治安状况",在司法解释规定的数额范围之内,分别确定本地区的执行标准。[25]

3. 法益侵害说中的"法益"

在社会危害性的判断上采用法益侵害说的时候,首先遇到的问题是,如何理解法益。本书认为,所谓法益,就是指刑法所保护的人的社会生活利益,其不仅包括个人的生命、身体、自由、

---

[24] 高铭暄、马克昌主编:《刑法学》(第10版),北京大学出版社2022年版,第43页。
[25] 2013年最高人民法院、最高人民检察院《关于办理盗窃刑事案件适用法律若干问题的解释》第1条。

名誉、财产、感情和愿望等合理的个人利益,也包括建立在上述个人利益基础之上,能够还原为个人利益的国家、社会利益。在其认定上,需要注意以下几点:

(1)作为犯罪客体的法益,是指具体的社会生活利益。关于法益的内容,历来的学说都是从法所保护的"财产"、"利益"以及"价值"等角度加以讨论的。但是,不能将法益理解为"价值","价值"一词含义抽象且规范伦理色彩浓厚,将其作为法益的内容,容易导致法益概念的主观化、精神化。如认为诈骗罪的法益不是有关财产(包括财产性利益在内)的利益,而是财产交易中的诚实信用,认为在撒谎借钱但按时归还的场合,也要构成诈骗罪的见解,就是其典型。同样,认为强奸罪的保护法益不是妇女的性的自主决定权,而是妇女的贞洁,或者性的不受侵害的权利的见解,也是法益概念精神化的体现。据此,妇女只要发生婚外性关系,即便是自己自愿的,对方也要构成强奸罪。如此说来,刑法上的任何法益,都应当尽量将其内容具体化,还原为可视的内容。比如,污染环境罪中的"环境",不仅仅是"人类生存的基本要素"这种观念概念,而且是因为和人的生命与健康、心情这种具体的生活利益有关的概念。如良好的自然环境,可以让人心情愉悦,提高人的生活质量;又如,在药物犯罪中,使用麻药或者兴奋剂的行为之所以成为处罚对象,不仅是因为要提升公众的禁毒意识,更是因为滥用药物行为会扰乱人们的正常生活,成为其他犯罪的诱因,行为人在不正常的状态下使用这些药物,会使其健康乃至生命面临危险。

(2)法益总是和人直接相关。这是立法者根据利益的存在价值、保护的必要性、遭受危险的频度、程度等,从现实存在的各种合理利益中抽象总结出来的。尽管在传统上,按照主体不同,法益被区分为个人法益、社会法益和国家法益,但在尊重基本人权的近代法治国家之中,生命、身体、自由、名誉、财产等个人法益是一切法益存在的基础和出发点,刑法对其要优先保护。这种见解也符合我国当今"一切为了人民,一切依靠人民"的主流价值观。公共安全、社会、经济秩序等所谓社会法益尽管也与个人法益并列,但正如所谓公共安全就是不特定多数人的生命、身体、财产安全一样,其在观念上并不是超越个人的现实存在,而是不特定多数个人利益的集合。国家法益也是如此,就国家的政治组织、国家的行政、司法秩序等而言,其也不是具有超越个人目的的自我存在,而是保护个人的生命、身体、财产、自由等利益的手段或者机构,并且也只有在该限度之内才值得保护。如此说来,现代刑法尽管认可社会秩序、公共安全等系统的独自存在意义,但该系统本身不能独自存在和发展。归根结底,其还是为了具体个人或者不特定多数人的生存、发展而存在的,离开了人,其没有独立存在的社会价值。当个人利益为人造的系统所湮灭的时候,作为近代国家支柱的人权和民主主义的理念就会大幅后退,国家、社会也就失却了其存在的意义。

(3)法益概念的抽象化并不意味着法益论的衰落或其可以被取代。如后所述,充满风险的现代社会仍然像早年一样,将刑法保护的利益仅仅定位为生命、身体、财产等物质的、具体的个人利益,而对于与人们的健康、安全生存紧密相关的环境、秩序、安全要求等抽象、普遍利益则漠不关心,这显然是不够也是不可能的。因此,现代社会当中,在刑法上大量增设有关保护自然环境、经济秩序、社会秩序等的犯罪,是有其合理性和必要性的。但要注意的是,不能因为刑法当中增加了这种犯罪,就马上说,刑法的任务不在于保护具体的生活利益,而在于保护抽象的普遍法益如秩序本身。正确的理解应当是,保护普遍法益,其最终目的也还是保护人自身的生活利益。换言之，即便是所谓普遍利益，其内容最终也还是要限定于与人的生命、身体、财产、自由的保护有关的领域。在早期，法益主要是指个人的、具体的生活利益，其是否受到侵害，客观上能够看得见、摸得着。与此相应，在侵害这种利益的犯罪当中，行为和结果之间的因果关系一清二楚，犯罪的主要类型，也是以对上述利益造成客观损害结果（包括具体威胁）为内容的结果犯。并且，对于应受保护的具体个人生活利益来说，结果犯的类型就已经足够，甚至绰绰有余了。但在将环境、名誉、感情、秩序等抽象的普遍利益作为保护法益的时候，情况就发生了变化。由于普遍法益的内容极为抽象，其是否受到现实侵害的判断也不像在侵害生命、身体、财产的场合那样直接客观，加害行为和秩序等受损之间的因果关系也并不一目了然。因此，对其保护，就再也不能采取传统的结果犯的犯罪构成模式，而有必要设置一种不必过分强调侵害结果的出现就能肯定其成立的犯罪构成模式，这就是所谓抽象危险犯的犯罪构成模式。抽象危险犯，是在具体威胁法益的前一阶段上，以刑罚法规规制、保护法益的犯罪类型。与侵害犯或者具体危险犯相比，抽象危险犯距离侵害法益尚远，行为和法益之间的无价值关系更加稀薄。但即便如此，仍然可以将其作为犯罪予以处罚。可见，抽象危险犯这种极端的犯罪形式，对于法益保护原则而言，不是淡化法益的意义，反而是有助于强化法益保护。

（4）确定刑法上保护法益的内容的时候，必须结合刑法自身的特点和刑法分则各个条款的内容加以考虑。首先，必须根据具体犯罪所属的类罪确定法益内容。如刑法分则规定第四章为"侵犯公民人身权利、民主权利罪"，因此，本章各种犯罪的保护法益，就必须在人身权利、民主权利当中确定。如诬告陷害罪，尽管有妨害司法机关的正常活动的一面，但由于其被规定在本章当中，所以属于侵犯人身权利的犯罪，其保护法益主要是他人的人身自由，而不是司法机关的管理活动。同样，贷款诈骗罪，尽管具有侵害财产的一面，但由于其被规定在刑法分则第三章"破坏社会主义市场经济秩序罪"当中，因此，其保护法益主要还是金融机关的正常监管活动。其次，必须根据分则各个罪刑条款的规定来确定法益内容。刑法分则条文对犯罪的具体规定，直接或者间接地揭示了其保护法益。其中，有的条文直接规定了犯罪客体，如刑法第103条的规定表明分裂国家罪的客体是"国家的统一"，第225条的规定表明非法经营罪的客体是"市场秩序"；有的条文通过对行为对象、行为特征、行为结果的规定，表明出犯罪客体，如刑法第254条的规定表明报复陷害罪的犯罪客体是公民的"民主权利"，刑法第226条的规定表明，强迫交易罪的犯罪客体是平等竞争、自由交易的市场秩序，刑法第309条的规定表明，扰乱法庭秩序罪的犯罪客体是"法庭秩序"；有的是通过犯罪所违反的法规内容来确定法益的，如刑法第322条的规定表明，偷越国（边）境罪的犯罪客体是出入国（边）境管理秩序；有的则是通过刑法条文规定的犯罪孳生之物、供犯罪行为使用之物、组成犯罪行为之物的性质确定法益，如毒品是危害公共健康之物，制造毒品罪的法益便是公众健康。

（二）应受刑罚处罚性

犯罪是应当受到刑罚处罚的行为，即具有应受刑罚处罚性。

所谓应受刑罚处罚性，是指该行为具有应当受到刑罚处罚的特征，通说将其排在社会危害性和刑事违法性之后，认为其是从前两个特征中派生出来的犯罪的第三个特征，是行为的社会危害性和刑事违法性的法律后果。[26] 但本书认为,不能这样理解应受刑罚处罚性,应当将其作为犯罪的成立条件,而不能将其看作一种法律后果特征。

应受刑罚处罚性,作为犯罪特征具有两方面的意义:第一,对社会危害性特征的限定。任何违法行为都是具有社会危害性的行为,但犯罪的社会危害性不是一般程度的社会危害性,而是应当受到刑罚处罚程度的社会危害性。在法律的制裁体系中,刑罚是最严厉的制裁方法,它不仅可以剥夺人的自由、财产,甚至可以剥夺人的生命,因而只有对严重危害社会和违反刑法规范的行为,才能进行刑罚处罚。从此意义上讲,应受刑罚处罚性既是社会危害性的后果,同时又对其认定起着一定的制约作用,二者互为因果。第二,说明犯罪是行为人主观上有责任的行为。详言之,并不是只要发生了严重侵害或者威胁法益的行为,就马上可以对行为人动用刑罚。动用刑罚,还必须是行为人对于其所实施的行为,具有责任,即在主观上可以对其进行谴责。因为,为了对犯罪人进行报应性谴责,或者说是为了发挥刑罚的效果,行为必须是行为人处于能够辨认和控制自己的行为,刑罚能够为阻止该种行为提供动机的心理状态下实施的。这种考虑就是所谓责任原则。在行为人没有责任如因为精神病发作而无法辨认善恶的状态下,对于其所造成的严重后果,即便作为犯罪予以处罚,也无法达到对其进行报应谴责,以防止其再次犯罪的效果。不仅如此,行为人以外的社会一般人也会因对这种"不教而诛"的行为难以支持和理解,进而产生排斥和逆反心理,难以实现刑罚的一般预防效果。所以,不能将不具有应受刑罚处罚性的行为认定为犯罪。

将应受刑罚处罚性作如此理解,在现行刑法中能够找到其依据。现行刑法第13条关于犯罪的定义规定,"……危害社会的行为,依照法律应当受刑罚处罚的,都是犯罪",明确地说明"应当受刑罚处罚"是犯罪不可或缺的特征。那么,在刑法中,哪些行为是"危害社会的行为",但依法不受刑罚处罚呢?从刑法的规定来看,主要有以下四种场合:

一是没有故意或者过失的场合。如刑法第16条所规定的不可抗力或者意外事件就是如此。这种场合,行为虽然在客观上造成了损害结果,但由于行为不是出于故意或者过失,该损害结果实际上是由于不可抗拒或者不能预见的原因所引起的,因而该行为不受刑罚处罚。

二是未达刑事责任年龄的场合。根据刑法第17条的规定,已满16周岁的人,应当对其所有犯罪行为负刑事责任;已满14周岁不满16周岁的人,只有在具有故意杀人等八种犯罪行为的时候,才应当负刑事责任;已满12周岁不满14周岁的人,只有在犯故意杀人罪和故意伤害罪致人死亡或者以特别残忍手段致人重伤造成严重残疾,情节恶劣,并经最高人民检察院核准追诉时,才应当负刑事责任。未达刑事责任年龄的不负刑事责任,就意味着相应行为不受刑罚处罚。

三是由于精神病而不能辨认或者控制自己行为的场合。刑法第18条第1款规定,精神病人在不能辨认或者不能控制自己行为的时候造成危害结果,经法定程序鉴定确认的,不负刑事责任。这也意味着相应行为不受刑罚处罚。

四是刑法第20条规定的正当防卫和第21条规定的紧急避险的场合。不过该种场合,主要

---

[26] 王作富主编:《刑法》(第7版),中国人民大学出版社2021年版,第36页;高铭暄、马克昌主编:《刑法学》(第10版),北京大学出版社2022年版,第44页。

是为了保护一个合法利益而牺牲一个不合法利益,以及为了保护一个较大利益而牺牲一个较小利益。从相互冲突的利益的比较、衡量的角度来看,相应行为实际上是没有刑法意义上的社会危害性的行为。[27]

如此说来,具有社会危害性而依法不应当受到刑罚处罚的,实际上就是前三种场合。在这些场合,行为人客观上并未引起刑法意义上的侵害结果,或客观上引起了损害结果,但主观上难以对其进行谴责,追究其责任。正是基于这种考虑,所以,刑法将这几种情况规定为"不负刑事责任"。

将应受刑罚处罚性作为社会危害性之后的犯罪的第二个特征,不仅意味着行为的社会危害性要达到值得刑罚处罚的程度,而且还意味着即便行为客观上对刑法所保护的法益造成了侵害,但如果行为当时,行为人不是出于故意、过失,或者未达刑事责任年龄,或者没有辨认、控制自己行为的能力,也仍然不能将其行为认定为犯罪。

(三) 刑事违法性

犯罪是违反刑法明文规定的行为,即具有刑事违法性。

所谓刑事违法性,是指行为违反刑法条文的规定。换言之,行为符合刑法所规定的犯罪构成。这个特征意味着,某行为即便具有社会危害性,行为人也具有应受刑罚处罚性,但如果刑法中没有明文规定,该行为也并不一定构成犯罪。什么样的行为是犯罪,对该种行为要处以什么样的刑罚,事先必须有明文的法律规定;法律事先没有明文规定的行为,任何时候都不得被作为犯罪而受到处罚。这是罪刑法定原则的基本要求。从此意义上讲,犯罪的刑事违法性是罪刑法定原则在犯罪定义中的体现,也是犯罪的形式特征。

虽然犯罪的刑事违法性是犯罪的形式特征,但其作用并不亚于前两个实质特征。如就以金钱贿买选票的方式破坏农村村民委员会选举的行为是否构成犯罪的问题而言,认定该行为不构成犯罪的关键理由,就是该行为不具有刑事违法性。就犯罪的实质特征来说,破坏村民委员会选举的行为,其社会危害性和其中所体现出来的行为人的主观恶性,并不亚于破坏或者妨害人大代表或者国家机关领导人员选举的行为,可以说是具有社会危害性和应受刑罚处罚性的特征。但该行为却不符合我国现行刑法当中有关破坏选举罪的规定,即不具有刑事违法性。刑法规定的破坏选举罪,将作为本罪犯罪对象的选举限定为"选举各级人民代表大会代表和国家机关领导人员",而不包括村民委员会的选举。虽然全国人民代表大会常务委员会于2018年12月29日修订的《村民委员会组织法》,该法第17条规定以暴力、威胁、欺骗、贿赂、伪造选票、虚报选举票数等不正当手段当选村民委员会成员的,当选无效,但以上述手段破坏村民委员会选举行为的后果,也仅仅是"当选无效""由乡级或者县级人民政府负责调查并依法处理"而已,并没有规定可以追究其刑事责任。如此说来,刑事违法性作为犯罪的特征,不容小觑。

需要注意的是,在说明犯罪概念的三个特征的时候,必须注意社会危害性、应受刑罚处罚性和刑事违法性之间的关系。可以说,前两者是刑事违法性的基础,而刑事违法性是前两者的法律表现。如果说社会危害性和应受刑罚处罚性是犯罪的本质特征,那么,刑事违法性就是犯

---

[27] 当然,在紧急避险的场合,还存在因为没有责任即没有期待可能性,因而不作为犯罪加以处罚的情形。这一点参见后续相关章节。

罪的法律特征。立法机关不会将没有社会危害性或社会危害性较小，或者难以对行为人进行主观谴责的行为在刑法中作为犯罪加以规定；犯罪是严重的社会危害性、应受刑罚处罚性与刑事违法性的统一。因此，在说某行为符合某犯罪的犯罪构成时，一定是在考察了该行为的社会危害性和应受刑罚惩罚性之后，才能得出如此结论的；否则，就不可能说该行为符合某犯罪的犯罪构成即具有刑事违法性。

如此说来，实践中常见的、认为"行为形式上符合刑法分则某一条款的规定，但因情节显著轻微危害不大的，应当适用刑法第13条但书的规定，不认为是犯罪"的见解或者类似表述，都是值得商榷的。因为，在我国，行为人的行为是否符合犯罪构成是追究行为人刑事责任的唯一根据。既然说行为"情节显著轻微、危害不大"，就表明该行为的危害实质上没有达到刑法分则中所规定的某种犯罪的成立标准，不符合该种犯罪的犯罪构成。这种情况下，直接以该行为不符合具体犯罪的犯罪构成而否定其成立犯罪就够了，而没有必要以刑法总则第13条有关犯罪概念的规定来对其加以否定。刑法总则第13条有关犯罪概念的但书规定，只是为刑法分则条文中具体犯罪构成符合性的判断提供了一个参考依据而已，它本身并不是具体犯罪构成。相反地，如果直接以刑法第13条的但书规定来认定某种行为是否构成犯罪的话，极容易给人这么一种印象，即行为人的行为是否构成犯罪，不是取决于行为是否符合犯罪构成，而是取决于刑法第13条有关犯罪概念的规定。这样，不仅变相地违背了罪刑法定原则，还会产生逻辑上的混乱：既然说行为符合犯罪构成是认定行为是否成立犯罪的唯一标准，缘何又将刑法第13条有关犯罪概念的规定也作为认定行为是否成立犯罪的标准呢？正确的说法应当是，"情节显著轻微危害不大的"行为，因为不具有应当受到刑罚处罚程度的社会危害性，因而不符合"刑法分则某一条款的规定"。

三、犯罪的分类

犯罪，可以从理论和法律规定两个方面进行分类。

（一）理论上的分类

1. 自然犯与法定犯

这是以犯罪行为是否违反社会伦理为标准所作的分类，其对于判断行为人是否明知自己的行为违法具有帮助。

所谓自然犯，是指即便不了解法律规定的人们，也会依据行为违反的社会伦理的性质而认识到其社会危害性的犯罪行为。如杀人、放火、抢劫、强奸之类的行为，就是此类。这些行为因为违反了社会中最基本的伦理道德，所以古往今来、不分东西，均将其规定为犯罪。即便是不懂法的人，单凭一般生活经验也能了解其社会危害性。

所谓法定犯，是指国家为了实现某种行政目的而加以禁止的犯罪行为，其自身可能并不违反伦理道德。如现行刑法规定的妨害清算罪、非法经营同类营业罪、非法吸收公众存款罪、擅自设立金融机构罪等，均属此类。这类犯罪并非在任何时间、任何地点都能被认定为犯罪，而是随着时代的变迁，在一些国家和地区逐渐有了被作为犯罪处罚的必要，才被规定到刑法中来的。由于这种犯罪和伦理观念的关系淡漠，因此，在判断行为人对自己行为性质是否具有认识的时候，必须比自然犯的认定更加慎重。

2.隔离犯与非隔离犯

这是以犯罪行为和犯罪结果之间是否具有时间或者地点上的间隔所作的分类,其在判断犯罪的管辖以及确定追诉时效时具有意义。

所谓隔离犯,是指行为与结果在发生的地点或者时间上存在间隔的犯罪,可以分为隔地犯与隔时犯两种。

所谓隔地犯,是指犯罪的行为地与结果地不一致,存在空间上间隔的情形。如在行为人在甲地邮寄有毒食物给在乙地的被害人,被害人收到包裹之后,由于食用该有毒食物而死亡的场合,就是故意杀人罪的隔地犯。关于隔地犯,如果行为和结果均发生在我国领域之内,一般不涉及刑法适用效力的问题,只会发生刑事诉讼上的管辖问题;在行为和结果发生在不同国家的管辖领域的场合,只要行为或者结果有一项发生在我国领域内,就可以适用我国刑法。所谓隔时犯,是指犯罪行为和犯罪结果的发生时间不一致,也即二者存在时间间隔的情形。如行为人某甲在被害人某乙的汽车上安装了一枚定时炸弹,1年之后才发生爆炸,致使某乙身亡的场合,就是故意杀人罪的隔时犯。如何确定隔时犯犯罪行为开始的时间即着手,法律上没有规定,而理论上有行为时、结果即将发生时,以及实施足以引起结果的行为说之争。从着手与未遂分开的角度来看,应当以行为时(而非结果发生时)为准。

3.狭义的犯罪和广义的犯罪

这是以犯罪行为最终是否要受到处罚为标准所作的分类,其对于以前行为构成犯罪为条件的犯罪类型(如窝藏犯罪、赃物犯罪)的认定等具有意义。

所谓狭义的犯罪,就是该行为具备成立犯罪的一切主、客观条件,依照法律规定,应当追究刑事责任的犯罪类型。刑法所规定的犯罪,绝大多数是这类犯罪;相反地,所谓广义的犯罪,是指客观上引起了侵害法益的犯罪结果,但最终却不被追究刑事责任的危害行为。如刑法第15条第2款即"过失犯罪,法律有规定的才负刑事责任"中的"犯罪",就是其体现。按照刑法第13条的规定以及传统学说,任何犯罪均以追究刑事责任为前提,不负刑事责任的行为不可能成立犯罪。但这种见解难以解释上述规定。既然已经成立"过失犯罪",为何还有过失盗窃之类的不符刑事责任的类型呢?令人难以理解。但是,如果从另一个角度即广义的犯罪的角度来看,上述规定是完全成立的。也就是说,行为尽管造成了严重的法益侵害,行为人在实施行为时也具有罪过即过失,客观上已经属于犯罪,但立法者基于刑事政策上的考虑,规定不对其进行处罚。这种规定就是广义的犯罪概念的体现。[28] 广义犯罪概念的发现,可以说是我国近年来刑法学研究中的一个重要进步,其为解析我国刑法中多处犯罪规定(如刑法第15条第2款、第17条第1款、第25条第1款、第68条、第310条、第312条、第399条第1款等)的意义,提供了一把钥匙。

我国传统学说只认可一种犯罪概念,即"符合犯罪构成,应当受到刑罚处罚"的狭义的犯罪,根本没有广义的犯罪概念的存在余地。但是,完全按照这种理解的话,刑法第310条所规定的以"明知是犯罪的人"为前提而窝藏、包庇之类的犯罪就会成为虚设条款。因为,《刑事诉讼法》第12条规定,未经人民法院依法判决,对任何人都不得确定有罪。按照这一规定,如果

---

[28] 黎宏:《我国犯罪构成体系不必重构》,载《法学研究》2006年第1期。

"前罪"的犯罪分子在逃、死亡、不起诉或者因为其他法律规定而被免予追究刑事责任,只要没有经过人民法院判决而成为"有罪的人",则后面窝藏、包庇的犯罪就无法审理;同时,在14周岁的少年和18周岁的青年共谋盗窃,由14周岁少年进入他人住宅盗窃,18周岁青年在门外为其望风的场合,如果说由于14周岁的少年未达刑事责任年龄而无法认定二人成立刑法第25条所规定的共同犯罪的话,则上述场合中,对二人均无法追究刑事责任。相反地,如果说共同犯罪中的"犯罪"就是指符合具体犯罪构成的客观要件的行为的话,就可以说,上述二人成立盗窃罪的共同犯罪。只是,由于14周岁的少年未达盗窃罪的刑事责任年龄故不处罚,但18周岁的青年则不存在这一问题,故要以盗窃罪定罪处罚。

其实,在理论上,对于犯罪,可以从不同角度进行理解。如从刑法的任务在于维持社会秩序的角度来看,犯罪就是对社会危害极大,若放任其发生就难以实现维持社会目的的行为。因此,这里所说的"犯罪",不仅包括刑法意义上的犯罪,也包括精神病人的违法行为以及青少年的不良行为等其他反社会行为。[29] 相反地,从保障个人自由的立场来看,犯罪必须是具有严重的社会危害性、应当受到刑罚处罚且违反刑法的行为。刑法学中,研究的重点是后一种犯罪,而对前一种情况,则少有提及。但这并不意味着前一种意义上的犯罪就完全不在刑法调整的范围之内。如刑法第17条第5款规定:对实施危害行为,造成了危害结果,因不满16周岁而不予刑事处罚的人,法律规定必须责令他的父母或者其他监护人加以管教;在必要的时候,还应依法进行专门矫治教育。刑法第18条第1款规定:精神病人在不能辨认或者不能控制自己行为的时候造成危害结果,经法定程序鉴定确认的,不负刑事责任,但是应当责令他的家属或者监护人严加看管和医疗;在必要的时候,由政府强制医疗。这些规定,实际上就是前一种犯罪概念的体现。

(二)法律上的分类

1. 国事犯与普通犯

这是以行为是否危害国家主权、政权、社会制度和安全为标准所作的分类。国事犯,是指行为危害国家主权、政权、社会制度和安全的犯罪,刑法分则第一章所规定的"危害国家安全的犯罪"就是此类;普通犯,是指国事犯罪即危害国家安全罪之外的刑事犯罪,如危害公共安全罪,破坏社会主义市场经济秩序罪,侵犯公民人身权利、民主权利罪,侵犯财产罪等都属此类。

2. 身份犯与非身份犯

这是以在犯罪构成上,行为人是否限定于具有特定身份的人为标准所作的分类。身份犯,是指只有具备一定身份的人才能构成的犯罪,如贪污、贿赂犯罪就是如此,其是只有具有国家工作人员身份的人才能单独构成的犯罪;相反地,非身份犯,是指对犯罪主体没有特定身份要求的犯罪,如故意杀人罪、盗窃罪等。这种犯罪,任何身份的人都可以构成。

3. 亲告罪与非亲告罪

这是以是否以被害人的告诉为处理条件所作的分类。亲告罪,是指刑法明文规定被害人告诉才处理的犯罪。刑法第246条第1款规定的侮辱罪、诽谤罪,第257条第1款规定的暴力干涉婚姻自由罪,第260条第1款规定的虐待罪,第270条规定的侵占罪,都是亲告罪。其标志

---

[29] [日]大谷实:《刑事政策学》(新版),黎宏译,中国人民大学出版社2009年版,第3页以下。

是,规定该罪的相关条文中均有犯前款罪,"告诉的才处理"的明文规定。刑法第 98 条后段规定:"如果被害人因受强制、威吓无法告诉的,人民检察院和被害人的近亲属也可以告诉。"非亲告罪,是指刑法中不以被害人的告诉为处理条件的犯罪,这类犯罪在刑法分则中占绝大多数。

4. 基本犯、加重犯与减轻犯

这是根据行为的社会危害性程度所作的分类。基本犯,是指刑法分则规定的不具有加重或者减轻情节的犯罪。如刑法第 237 条第 1 款规定:"以暴力、胁迫或者其他方法强制猥亵他人或者侮辱妇女的,处五年以下有期徒刑或者拘役。"这就是强制猥亵、侮辱罪的基本犯。加重犯,是指刑法分则规定的在基本犯的基础上具有加重情节并加重处罚的犯罪。如刑法第 237 条第 2 款规定:"聚众或者在公共场所当众犯前款罪的,或者有其他恶劣情节的,处五年以上有期徒刑。"这就是强制猥亵、侮辱罪的加重犯。减轻犯,是指刑法分则规定的在基本犯的基础上具有减轻情节并减轻刑罚的犯罪,如刑法第 233 条规定:"过失致人死亡的,处三年以上七年以下有期徒刑;情节较轻的,处三年以下有期徒刑……"本条后半段规定的就是过失致人死亡罪的减轻犯。

第二节 犯罪构成

一、犯罪构成概说

(一)犯罪构成的概念

犯罪构成,简单地说,就是刑法所规定的具体犯罪的成立条件,详言之,就是刑法所规定的、决定某行为的社会危害性的有无及其程度而为该行为构成犯罪所必须具备的一切客观要件和主观责任要件的有机统一。[30]

在现实生活中,存在很多具有社会危害性,在一般人看来应当加以处罚的行为。如就杀人而言,实际上有毒杀、刺杀、枪杀、绞杀等多种方式。但是,立法者并没有将它们一一罗列,而是从一定的政策要求出发,将其共有的特征抽象出来,概括地规定为"故意杀人的"这一行为类型。这种在刑法当中规定的危害行为的类型,就是通常所说的犯罪构成。

犯罪概念与犯罪构成是两个既相互区别又相互联系的概念。其区别在于,犯罪概念表述犯罪的实证特征与法律特征,回答"什么是犯罪"的问题;而犯罪构成说明成立犯罪所必须具备的要素以及各个要素之间的关系,回答"成立犯罪必须具备哪些条件"以及"如何认定犯罪"的问题。换言之,二者的功能和作用不同。但二者具有紧密的联系:犯罪构成以犯罪概念为基础,离开犯罪概念,犯罪构成就失去了存在依据;犯罪概念通过犯罪构成来具体展开,离开犯罪构成,犯罪的成立条件就很模糊,罪与非罪的界限难以划定。所以,犯罪构成在犯罪论体系当

---

[30] 贾宇主编:《刑法学》(上册·总论)(第 2 版),高等教育出版社 2023 年版,第 105 页;高铭暄、马克昌主编:《刑法学》(第 10 版),北京大学出版社 2022 年版,第 47 页;刘艳红主编:《刑法学》(上)(第 3 版),北京大学出版社 2023 年版,第 87 页;冯军、肖中华主编:《刑法总论》(第 3 版),中国人民大学出版社 2016 年版,第 114 页;齐文远主编:《刑法学》(第 3 版),北京大学出版社 2016 年版,第 53 页。

中处于核心地位。但要注意的是,我国刑法尽管在第13条中规定了犯罪概念,但并未规定犯罪构成的概念。犯罪构成的概念是由刑法理论在总结刑法分则具体犯罪规定的基础上制造出来的。

同样,犯罪构成与符合犯罪构成的事实也是两个不同的概念。前者是刑法所规定的具体犯罪的成立条件,属于规范问题;而后者则是现实生活当中所发生的客观现象,属于事实问题。在刑法学中,需要重点研究的是具体犯罪的犯罪构成即刑法所规定的具体犯罪的成立条件,而不是现实发生的具体犯罪事实。但是,我国现行的刑法学研究却并非如此,总是在分析现实中所发生的犯罪事实如何,现实中社会关系如何,行为人的危害行为如何,行为人的主观意思如何,等等,即以对现实生活中的犯罪现象的描述代替了对刑法规定本身的分析,以对现实中的实际犯罪的研究代替了对刑法中规定的犯罪类型的探讨。在何谓犯罪,对其予以何种处罚的罪刑法定原则的基础之上,在行为符合犯罪构成是认定行为人的行为构成犯罪的唯一标准的理论前提之下,这是一种本末倒置的做法。刑法学主要是以刑法中所规定的有关犯罪成立条件即犯罪构成为中心的刑法解释学;犯罪论的内容,应以刑法典中的规定特别是具体犯罪的构成要件为主。我们研究刑法的任务就是分析刑罚法规,即分析每个具体犯罪的犯罪构成及其处罚,而不是考虑现实生活中犯罪人自身的客观状况和主观状况如何,这些都是犯罪学或其他学科的研究内容;刑法学的任务在于分析现行刑法中有关犯罪和刑罚的规定以及具体犯罪构成的内容,然后根据这种认识来框定现实中发生的行为是否属于刑法规制的对象,而不是相反。

(二)犯罪构成的特征

一般认为,我国刑法中的犯罪构成具有以下特征:

1. 犯罪构成是决定某一具体行为的社会危害性的有无及其程度而为该行为构成犯罪所必须具备的一切要件的整体。这一表述包括两层含义:

第一,犯罪构成所包含的要件是决定该行为构成犯罪的一切要件。现实生活中,每个犯罪现象都存在许多事实特征,但并不是每个事实特征都能成为犯罪构成的要件,只有决定行为的社会危害性的有无及其程度而为该行为构成犯罪所必需的事实,才能被刑法规定为犯罪构成要件。如故意杀人行为,就事实现象而言,行为人的年龄、身高、相貌、性格特征、杀人手段和使用的凶器、杀人动机、杀害的对象等都为人们所关注。但是,就成立刑法第232条所规定的故意杀人罪而言,只要是符合刑法规定的"自然人"出于"故意",实施了"杀害"他"人"的行为,就足以构成本罪,而行为人的身高、相貌、民族、着装以及性别等,虽然在侦查学或者犯罪学的研究上具有意义,但不在成立故意杀人罪所要考虑的范围之内。因为,行为人在实施杀人行为时的主观意思、客观行为以及所造成的后果,足以说明该行为的社会危害性的有无及其程度,从而能够据以判断其行为是否构成故意杀人罪,用不着再考虑其他事实因素。

第二,行为符合犯罪构成即构成犯罪,而不需要再增加其他条件。这一点体现了我国的犯罪构成理论与德国、日本的构成要件论不同。在德国、日本的刑法理论中,通常见解认为,行为仅仅在形式上符合具体犯罪的构成要件还不够,还要在实质上考虑该行为是否具有社会危害性(违法性),行为人主观上是否具有责任(有责性),即符合构成要件是与违法性、有责性并列的犯罪的成立条件之一。所以,行为符合构成要件,并不当然构成犯罪,还必须要具有违法性和有责性,才能成立犯罪。现在,虽然也有学者认为,行为符合犯罪构成,原则上就可以认定行为人的行为构成犯罪,而违法性以及有责性只是例外的成立条件。但即便如此,也改变不了行为符合构成要件只是判断行为成立犯罪的条件之一,而不是全部的事实。在我国的犯罪理论中,犯罪构成是犯罪成立的充分且必要条件,行为符合犯罪构成,不需要增加其他条件,即可认定其构成犯罪。因此,我国刑法中的犯罪构成是犯罪成立意义上的构成。行为是否符合犯罪构成,就成为区别罪与非罪的唯一标准。

2. 犯罪构成是一系列客观要件与主观责任要件的有机统一。我国刑法中的犯罪构成包含决定行为构成犯罪的一切要件,既包含成立犯罪所必须具备的客观要件,也包含成立犯罪所必不可少的主观责任要件,它是一系列客观要件与主观责任要件的有机统一。所谓客观要件,是说明行为的社会危害性及其程度的要件,具体而言,是指保护法益即客体、危害行为及其所指向的对象、行为时间和地点、行为人的身份等与判断行为的社会危害性即违法性有关的各种要件;所谓主观责任要件,是说明行为人的主观恶性及其程度的要件,具体而言,是指行为主体的年龄和精神状态、行为人在行为时的主观心理状态等说明行为人主观应受谴责程度即有责性的要件。需要注意的是,犯罪构成的客观要件和主观责任要件都不是只包含一个要件,而是包括多个要件,所以,它们是两个方面的要件,而不是"两个要件"。构成任何一种犯罪,都离不开这两个方面的要件。这直接体现了我国刑法中的犯罪都是主、客观内容的统一;同时表明,我国刑法无论对"客观归罪"还是对"主观归罪"都持反对态度。

3. 犯罪构成的各个要件的排列组合具有一定的顺序。犯罪构成不仅表明了成立犯罪所要考虑的要件事实,还具有为司法人员在认定犯罪成立时先考虑哪些要件事实,后考虑哪些要件事实提供指引的作用。虽说我国的犯罪构成是一系列客观要件与主观责任要件的有机统一,但这些有机统一为一个体系的要件事实并不是杂乱无章地堆积在一起,而是循序排列的。这种顺序的背后,也都体现了论者的良苦用心。如主张按照犯罪主体、犯罪客体、犯罪主观方面、犯罪客观方面的顺序排列的人也认为,在犯罪构成的最高层次结构中,犯罪主体是最具有主动性和能动性的要素,它是整个犯罪活动过程的发动者、驾驭者和控制者,"……主体的个性特点特别是其人身危险性决定着、制约着整个犯罪活动过程的结构和特性"[31]。可见,主张这种排列顺序的人,认为犯罪构成要件的排列顺序应当以行为人为中心。相反地,我国通说的见解认为,犯罪构成要件的排列,应当依据犯罪客体、犯罪客观要件、犯罪主体、犯罪主观责任要件的顺序排列。[32] 本书也同意这种见解。因为,这种排列顺序具有以下优点:一是和近代以来客观主义的犯罪观一致。近代以来的客观主义刑法观认为,判断行为是否构成犯罪的起点,应当是行为对世俗生活的侵害,而不是行为人的主观意志的恶劣。先考虑客观方面,后考虑主观方面的构成要件排列顺序与此理念吻合。二是符合司法实际工作的现实。现实的刑事诉讼,都是发生了侵害结果后,根据引起结果的行为,抓获罪犯,之后查明其主观意思,从而判断行为人的行为的社会危害性并认定犯罪的,因此,从客观到主观的要件排列方式,也有其实践依据。三

---

[31] 何秉松主编:《刑法教程》,中国法制出版社1998年版,第107、113页。
[32] 高铭暄、马克昌主编:《刑法学》(第10版),北京大学出版社2022年版,第47页;冯军、肖中华主编:《刑法总论》(第3版),中国人民大学出版社2016年版,第140页以下。

是坚持从客观到主观认定犯罪的做法,符合人类世代积累的进步成果和科学经验,也与国外通行的构成要件"符合性——违法性——有责性"的体系殊途同归。

4. 犯罪构成要件是由我国刑法加以规定的。这是我国刑法的基本原则——罪刑法定原则的当然要求。由于立法技术,刑法对犯罪构成要件分别在分则和总则中加以规定;对各个具体犯罪的成立条件如行为及其程度、侵害对象、情节等,均在分则中加以规定;对所有犯罪的共同要件,如犯罪主体的刑事责任年龄,刑事责任能力,犯罪主观方面的故意、过失等,均在总则中加以规定;同时,对被称为修正的构成要件的犯罪预备、犯罪未遂、犯罪中止以及共同犯罪中的主犯、从犯、胁从犯和教唆犯等也在总则中作了规定。这样可以避免在分则每一个条文中重复规定,造成分则条文的臃肿、繁杂。所以,对分则条文中没有具体规定的犯罪构成要件,应当根据总则的规定,按照犯罪构成的理论,对该罪构成的诸要件逐一认定。如刑法第263条规定,"以暴力、胁迫或者其他方法抢劫公私财物的",构成抢劫罪,但对构成该罪的主体则没有任何提示。这样,关于抢劫罪的犯罪构成,就不能仅看刑法第263条,还必须结合刑法总则的相关规定。实际上,从刑法总则第17条第2款的规定就可看出,成立抢劫罪,必须是已满14周岁的人实施了刑法第263条所规定的行为。

(三)犯罪构成的分类

1. 基本的犯罪构成和修正的犯罪构成

这是传统学说以犯罪构成的形态为标准所作的区分。所谓基本的犯罪构成,是指刑法分则具体条文中单独规定的犯罪类型,通常表现为单独犯的既遂状态。由于基本的犯罪构成是由刑法分则条文直接规定的,因此,在确定其内容时,不需要参照其他条文规定,就能一清二楚。所谓修正的犯罪构成,是指以基本犯罪构成为前提,因应犯罪行为的各种不同形态,进行变通之后所得出的犯罪类型,特指因应故意犯罪过程中的未完成形态而分别规定的预备犯、未遂犯和中止犯;因应数人的共同故意犯罪形态而规定的共犯的犯罪构成,即主犯、从犯等。[33] 就故意杀人罪而言,刑法第232条规定的是故意杀人罪的基本构成要件;而故意杀人未遂就是其修正的犯罪构成,而这种修正的犯罪构成,要结合刑法分则第232条故意杀人罪和总则第23条犯罪未遂的规定加以判断;又如,数人共同实施抢劫行为的犯罪构成,要结合刑法分则第263条抢劫罪和总则中"共同犯罪"的有关规定,根据各共同犯罪人的具体情况,综合加以认定;等等。

对于上述通说性见解,有学者提出了不同意见。其认为我国刑法分则所规定的具体犯罪构成中,已经包括了未遂、中止、预备、既遂等不同形态,采用上述分类,会造成许多混乱,因此,不赞成将犯罪构成分为基本的犯罪构成和修正的犯罪构成的分类方法。[34]

以上批判涉及我国刑法分则规定的到底是犯罪既遂条件还是犯罪成立条件的问题。如果说是成立条件的话,则意味着刑法分则条文规定的是成立具体犯罪的最低标准,没有达到这一标准的,不仅不成立犯罪既遂,连犯罪未遂或者犯罪预备也不成立,即不成立该犯罪;相反地,

---

[33] 传统学说将其认定为共同正犯、教唆犯、帮助犯。本书因为采用了单一制的共同犯罪体系,故将其表述为主犯、从犯。

[34] 张明楷:《刑法学》(上)(第6版),法律出版社2021年版,第152~153页。

如果说是既遂条件的话,则意味着刑法分则条文规定是成立具体犯罪的最高标准,没有达到这一标准的,虽然不能成立该罪的既遂,但有可能成立要求较低的犯罪未遂或者预备等形态。显然,上述批判意见认为,我国刑法分则条文的具体规定,应当是指前者即犯罪的成立条件。

的确,我国刑法和国外刑法规定的情况有所不同。德国、日本等大陆法系国家的刑法分则所规定的,均是指单独犯的既遂类型,而不包括未遂、预备、中止等情况,若是指后者的话,必须要有特别说明。在我国,情况却并非如此。如刑法第232条所规定的故意杀人罪中,就包含有预备、未遂、中止、既遂等不同的形态。但是,是不是据此就可以推论出,我国刑法分则所规定的犯罪类型,并非单独犯的既遂形态,而是单独犯的成立条件呢?

本书认为,不能一概而论。我国刑法分则当中,很多条文规定的是犯罪的成立条件,而非既遂条件,如所有的过失犯罪的条文均是如此。但也有很多条文规定的是犯罪的既遂条件。典型罪名就是刑法第140条规定的生产、销售伪劣产品罪。按照这一条的规定,生产者、销售者在产品中掺杂、掺假,以假充真,以次充好或者以不合格产品冒充合格产品,销售金额在5万元以上不满20万元的就构成犯罪。从字面意思来看,该条是结果犯的规定模式。如果说刑法分则规定的是犯罪成立条件而不是既遂条件的话,那么,只有销售金额达到5万元以上标准的才能构成犯罪,没有达到标准的就不符合犯罪的成立条件,无论如何都不构成犯罪,换句话说,本罪不可能有犯罪未遂形态。但根据有关司法解释,本罪存在犯罪未遂形态。[35] 另外,在有关盗窃罪的司法解释中,也能看到类似的规定。[36] 因此,至少在我国的司法实务部门看来,刑法分则规定的并非都是犯罪成立条件,基本的犯罪构成和修正的犯罪构成的区分有其存在意义。

2. 完结的犯罪构成和待补充的犯罪构成

这是以法条对犯罪构成要件的表述是否完整为标准所作的区分。完结的犯罪构成,又称封闭的犯罪构成,是指刑法分则对具体犯罪的成立条件规定得很完整,没有必要由法官补充的犯罪构成。我国刑法中的犯罪构成,多采用这种规定方式。待补充的犯罪构成,又称开放的犯罪构成,是指刑法仅规定了部分成立条件,在其适用时必须由法官进行补充的犯罪构成。所谓"开放"是指对法官开放。在开放的犯罪构成中,人们无法在形式上说清楚具体犯罪的构成要件,必须补充法官的实质判断。

待补充的犯罪构成,通说认为,主要存在于过失和不真正不作为犯的场合。过失犯以行为人违反注意义务为前提,但何谓刑法上的注意义务,刑法中没有明文规定,其内容只能由法官来确定,因此,过失犯罪属于待补充的犯罪构成。同时,就不真正不作为犯而言,虽然绝大多数人认为,具有救助义务的人故意见危不救致人死亡,就是不作为杀人,成立故意杀人罪。但是,什么样的人负有救助义务?是否负有救助义务的人的见危不救行为,一律成立故意的作为犯罪?换言之,成立不真正不作为犯的条件如何?这些在刑法当中都没有明文规定,只能由法官加以判断。因此,上述二者属于典型的待补充的犯罪构成。

在判断是否符合待补充的犯罪构成的场合,法官个人判断的色彩浓厚,容易导致罪刑擅

---

[35] 2001年最高人民法院、最高人民检察院《关于办理生产、销售伪劣商品刑事案件具体应用法律若干问题的解释》第2条。
[36] 2013年最高人民法院、最高人民检察院《关于办理盗窃刑事案件适用法律若干问题的解释》第12条。

断,影响刑法的保障人权机能。因此,必须弄清该待补充的犯罪构成中所预定行为的本质要素,以此为指引,从保护法益的目的出发,结合社会一般观念,对该犯罪构成进行补充说明。

3. 简单的犯罪构成和复杂的犯罪构成

它是以犯罪构成的内部结构状况为标准所作的区分。所谓简单的犯罪构成,是指犯罪构成的诸要件均属单一的犯罪构成。例如,刑法第233条规定的过失致人死亡罪的构成即为适例,本条规定的犯罪由一个客体——他人的生命,一种行为——致人死亡,一种罪过形式——过失所构成。

所谓复杂的犯罪构成,是指犯罪构成的诸要件中至少有一种要件不是单一的,而是由两种或两种以上的类型组合而成的。其主要包括以下两类:一类是刑法规定了两种或者两种以上的行为、对象、主体等,只要具体事实符合其中之一,就成立犯罪。例如,刑法第252条规定"隐匿、毁弃或者非法开拆他人信件,侵犯公民通信自由权利,情节严重的",构成侵犯通信自由罪,其中的"隐匿"、"毁弃"和"非法开拆"就是供选择的要件,只要具备其中一项,就成立本罪,而不构成数罪;又如,刑法第116条规定破坏交通工具罪的对象是"火车、汽车、电车、船只、航空器",这里的"火车""汽车""电车""船只""航空器"也是属于同一性质的可供选择的不同对象,破坏的交通工具只要符合其一就构成犯罪,即使行为同时破坏了其中数种交通工具,也只构成一罪,而不成立数罪。另一类是刑法规定了两种以上的对象或者行为,具体事实只有同时符合这些规定时,才能成立犯罪。如刑法第263条规定的抢劫罪就属于这种情况,它包含两个行为——暴力侵害(或胁迫)和夺取财产,侵害了两个法益——自然人的人身权和公私财产权。

二、犯罪构成要件

(一)犯罪构成要件的概念

所谓犯罪构成要件,是指组成犯罪构成内容的要件,或者说犯罪构成内容所包含的具体成分。例如,刑法第183条规定的职务侵占罪,其行为是"利用职务上的便利,故意编造未曾发生的保险事故进行虚假理赔,骗取保险金归自己所有的",主体是"保险公司的工作人员",罪过形式是"故意"。这些内容或者说构成成分的有机统一,就是刑法第183条所规定的职务侵占罪的犯罪构成,其中的各个构成部分,就是犯罪构成的要件。

我国刑法中的犯罪构成要件,具有如下特征:

1. 犯罪构成要件是说明行为的社会危害性达到犯罪程度所必须具备的条件。缺少这些条件,或者根本不构成犯罪(如缺少罪过即故意或过失的场合,就是如此),或者不能达到犯罪的完成形态(如缺少犯罪结果的场合,就是如此)。这里必须将犯罪构成要件和量刑情节(如累犯、自首等)相区别,后者不是犯罪的成立条件,而是表明犯罪人的人身危险程度从而影响处刑轻重的情节。但需要指出的是,同样的事实类型,在甲犯罪构成中,可能是犯罪构成要件,但在乙犯罪构成中则可能只是量刑情节。例如,国家机关工作人员的身份,在报复陷害罪中,属于犯罪构成要件,而在诬告陷害罪中,则是从重处罚情节,区分的关键是刑法分则条文的具体规定。

2. 犯罪构成要件是由刑法规定的。所谓刑法规定,既包括刑法总则的规定,也包括刑法分则的规定。在空白罪状的场合,具体犯罪的犯罪构成要件的确定,还要参照其他法律的有关规定。比如刑法第325条第1款规定:"违反文物保护法规,将收藏的国家禁止出口的珍贵文物私自出售或者私自赠送给外国人的,处五年以下有期徒刑或者拘役,可以并处罚金。"该条款仅指明在确定非法向外国人出售、赠送珍贵文物罪的构成特征时应当参照文物保护法规的规定,而没有直接、具体描述该罪的特征,因此属于空白罪状。只有与其他相关法律、法规相结合,才能够正确认定该种犯罪的特征。需要注意的是,即便是同一种犯罪,由于各国刑法分则条文规定的犯罪构成要件不同,犯罪成立的条件也不同。例如,敲诈勒索罪,按照我国刑法第274条的规定,敲诈勒索取得公私财物且数额较大,是构成本罪的要件,所以,仅实行了敲诈勒索行为而未取得财物的,只可能是本罪的未完成形态;而按照1976年《苏俄刑法典》第148条的规定,取得财物或财产权不是构成敲诈勒索罪的要件,即使未取得财产或财产权,也成立本罪的完成形态。所以,在以比较法的方式确定某具体犯罪的犯罪构成时,必须首先弄清我国刑法中相关犯罪的具体规定。

(二)犯罪构成要件的分类

犯罪构成要件,根据不同的标准可以作不同的分类。一般认为,将犯罪构成要件作以下分类是合适的:

1.客观要件和主观责任要件

这是以要件内容是属于外部的客观事实还是属于内部的主观事实为标准所作的区分。

所谓客观要件,是指在犯罪构成中,和行为人意识相对分开,独立存在于外部的能够被认识的要件,如与自然人犯罪主体有关的年龄、身份,以及行为所侵害的法益、行为对象、危害行为、结果、方法、时间和地点等要件,都属于此。

所谓主观责任要件,是指在犯罪构成中,说明实施犯罪的行为人的精神状态以及存在于行为人内部的心理的要件。例如,行为人承担刑事责任所要求的精神状态,犯罪故意,犯罪过失和犯罪目的、动机等,都是主观责任要件。

2.记述要件和规范要件

这是以要件内容的确定是否要经过价值判断为标准所作的区分。

所谓记述要件,一般认为,是指在认定犯罪构成要件的意义时,不用加入价值判断,只要根据一般人的认识或者解释就能确定的要件。例如,作为故意杀人罪中的犯罪对象的"人",作为破坏交通工具罪中的犯罪对象的"火车、汽车、电车、船只、航空器"等,均不需要经过价值判断,仅仅根据一般人的认识就能确定其内容,所以属于记述要件。不过,说记述要件不需要经过价值判断,而仅从现象上就能认识,这话未免绝对。刑事判决,永远是裁判者的作品,从落笔的第一个字开始,就带有判断和评价,从来没有绝对的客观性可言。即便是最常见的记述要件,其意思也不是不言自明的,仍需要法官基于一定的价值判断加以解释。例如,故意杀人罪中的"人",可以说是一见自明的概念,但在人的出生或者说始期的认定上,就有阵痛说、部分露出说、全部露出说和独立呼吸说等各种解释;同样,在人的死亡也即终期的认定上,也有心跳停止说、呼吸停止说、综合说和脑死亡说等不同学说。在划分人与胎儿、人与尸体的界限时,所采用的学说不同,结论也会大不相同,这种情形的存在,必然导致对故意杀人罪成立范围的理解不尽一致。如此说来,即便是意思内容相对来说比较容易确定的记述要件,在其内容的确定上,也并非完全不需要经过一定的价值判断。

所谓规范要件,一般来说,是指在犯罪构成要件意义的认定上,要根据是否"应当如此"的规范的、评价的判断,才能确定的要件。换句话说,对于这种要件的认定,仅仅根据对事实的认识还不够,尚需要由法官进行价值判断以后才能确定,如"非法占有目的""淫秽物品""情节严重""情节特别严重"等,就属于不经过法官的良知和法律意识就无法确定的规范要件。

相较而言,记述要件明确且易于认定,规范要件则不够明确且难以认定。根据罪刑法定原则的明确性要求,在刑事立法上应尽可能地多用记述要件,少用规范要件。因为,记述要件基本上通过对事实的认识就可以确定,规范要件则需要经过价值判断活动才能确定。价值判断基于判断者的主观心理活动,随意性较大,不利于维护法制的统一,并有损法律的权威性。当然,在社会生活中,必然存在需要通过规范要件反映的现象,因此,在刑事立法上规定相对模糊的规范要件就无法避免,所以我们只能说规范要件尽可能少用,记述要件要尽可能多用;但不能说不用规范要件,全用记述要件,否则就会脱离社会生活的实际。

3. 共同要件和选择要件

这是以要件内容是否为所有犯罪构成所必须为标准所作的区分。

所谓共同要件,是指所有犯罪都必须具备的、不可缺少的要件,又称基本要件。在犯罪构成的要件中,主体、客体、行为、刑事责任年龄、刑事责任能力以及故意或过失等,是任何犯罪构成绝对必需的,缺少其中任何一个要件,也就不存在犯罪构成。因此,上述要件被称为共同要件。

所谓选择要件,是指并非所有犯罪都必须具备,而只是为部分犯罪所必需的要件,又称任意要件。在犯罪构成要件当中,犯罪的时间、地点以及"营利目的"等特定主观意思不是任何犯罪都必不可少的要件,因此,属于选择要件。行为对象和危害结果是否属于犯罪构成的选择要件,存在争议。很多人认为其并非犯罪构成的共同要件。因为脱逃之类的犯罪中根本就不存在犯罪对象,而故意杀人罪中即便行为没有引起他人被杀害的结果,该行为也同样成立故意杀人罪。本书将任何犯罪都侵害刑法所保护的利益,而且只有对法益造成了实际侵害或者现实危险才成立犯罪作为理论的出发点,因此,将犯罪对象和犯罪结果看作所有犯罪都必不可少的共同要件。

三、犯罪构成的体系

(一)概说

所谓犯罪构成体系,是指组成犯罪构成的各种要件按照一定顺序和层次组成的有机整体。其研究的问题是,什么是法律上的犯罪?它由哪些要件组成?其相互之间的关系如何?这种体系性思考的意义在于:一是说明犯罪的成立要考虑哪些要件,提醒人们在认定犯罪时既不要遗漏必要的要件,也不要添加不必要的要件,从而限制司法人员的专横和随意,保障罪刑法定原则的贯彻和落实;二是说明在认定犯罪时该按照什么顺序来考虑这些要件,从而为人们特别是司法工作人员认定犯罪提供分析思路和考虑素材。

如何建构我国的犯罪构成体系,一直是我国当代刑法理论中的争议问题之一。新中国成立之后,我国从苏联引入了一直沿用至今的所谓四要件的犯罪构成理论。该理论认为,任何犯罪的成立,都必须具备且必须依次判断以下四个方面的要件,即客体、客观要件、主体、主观责任要件。20世纪八九十年代虽然出现过犯罪客体和犯罪主体是否属于构成要件,以及上述各个构成要件应该如何排列的争议,[37]但均属于体系内的讨论,不足以也没有撼动四要件理论的通说地位。然而,自21世纪以来,开始有学者对四要件理论提出了系统性反思和根本性质疑,认为原有的犯罪论体系存在重大缺陷,应予重构。[38] 当然,这里所谓的重构并不是创造什么全新的体系,而是重新选择移植对象。重构论者主张引进德国、日本的三阶层的犯罪构成体系。[39] 相反地,主张维持论的学者则认为,原有的四要件体系结构合理、逻辑严密,适合中国国情,方便适用,总体上没有什么问题,应当维持。[40] 同时,还有一批主张改良论的学者,他们反对全盘引进德国、日本的三阶层犯罪构成论,而主张将现有的犯罪构成要件的内容区分为客观要件和主观责任要件,在犯罪的判断上严密分工,在行为社会危害性的认定上,只考虑行为所引起的法益侵害结果等客观方面的内容,而将行为时行为人主观心理状态,统统作为判断行为人主观责任的因素。[41]

(二)各种犯罪构成体系及其评价

1. 四要件的犯罪构成体系

这是我国传统的也是目前处于通说地位的犯罪构成体系,其认为任何犯罪的成立,都必须具备以下四个方面的要件:(1)犯罪客体,即为我国刑法所保护而为犯罪行为所侵犯的社会主义社会关系;(2)犯罪客观方面,即行为人所实施的一定的危害社会的行为、结果以及行为的方法、时间、地点等;(3)犯罪主体,即达到法定责任年龄、具有责任能力的实施危害社会行为的人;(4)犯罪主观方面,即行为人主观上具有的罪过以及特定的犯罪目的等。这四个方面要件的排列顺序是,从客观到主观、外在到内在。其体现了现实生活中犯罪的认定过程,也有利于保障公民的自由权利。[42]

---

[37] 高铭暄主编:《新中国刑法学研究综述(一九四九——一九八五)》,河南人民出版社1986年版,第116页以下。
[38] 具体内容参见宗建文:《论犯罪构成的结构与功能》,载《环球法律评论》2003年第3期;周光权:《犯罪构成理论与价值评价的关系》,载《环球法律评论》2003年第3期;梁根林、付立庆:《刑事领域违法性的冲突及其救济——以社会危害性理论的检讨与反思为切入》,载陈兴良主编:《刑事法评论》第10卷,中国政法大学出版社2002年版。
[39] 陈兴良主编:《刑法学》(第3版),复旦大学出版社2016年版,第28页以下。该书在犯罪论体系上,采用了德国、日本常用的包含构成要件该当性、违法性、有责性的三阶段的递进式体系。但是,陈教授在《规范刑法学》(教学版)中采用了一种其自称为"罪体—罪责—罪量三位一体的犯罪构成体系"。其中,"罪体"由包括行为、主体、客体、结果、不可抗力、客观附随情状等在内的"罪体构成要素"和包括正当防卫、紧急避险等在内的"罪体排除事由"组成;"罪责"由包括故意、过失、意外事件等"罪责构成要素"和预见能力、违法性认识错误、期待不可能等"罪责排除事由"组成;"罪量"由数额、情节组成。"罪体、罪责、罪量"之间具有位阶关系,应当依次判断。在具备罪体构成要素的基础上,如果存在排除罪体事由,则罪体依然被否认。在具备罪体的基础上,再进行罪责的判断,因此,罪责是犯罪成立的第二个要件。在具备罪责构成要件的基础上,如果存在罪责排除事由,则罪责依然被否认。在一般犯罪中,具备罪体、罪责两个主、客观要件,就可以成立犯罪,但在刑法规定以情节严重或者数额较大为犯罪成立要件的情况下,在具备罪体和罪责的基础上,还要进行罪量判断,因此,罪量是第三个要件。上述内容,参见陈兴良:《规范刑法学》(教学版),中国人民大学出版社2016年版,第48页以下。
[40] 高铭暄:《论四要件犯罪构成理论的合理性暨对中国刑法学体系的坚持》,载《中国法学》2009年第2期。
[41] 黎宏:《刑法总论问题思考》,中国人民大学出版社2007年版,序言部分;张明楷:《刑法学》(上)(第6版),法律出版社2021年版,第134~135页。
[42] 高铭暄、马克昌主编:《刑法学》(第10版),北京大学出版社2022年版,第47~48页;冯军、肖中华主编:《刑法总论》(第3版),中国人民大学出版社2016年版,第124页以下;王作富主编:《刑法》(第7版),中国人民大学出版社2021年版,第38页以下;阮齐林、耿佳宁:《中国刑法总论》,中国政法大学出版社2019年版,第70页;刘艳红主编:《刑法学》(上)(第3版),北京大学出版社2023年版,第93页。

四要件的犯罪构成体系,实际上是对德国、日本三阶层犯罪构成体系的简化,在其明确地指出了成立犯罪所必需的各种要件及其排列顺序的这一点上,可以说完全满足了犯罪构成体系的基本要求;同时,不区分形式要件和实质内容,而是将二者结合起来一体考虑,在结构简单、方便实用的一点上,也有其长处。但是,这种理论体系也存在两个问题:一是造成了犯罪概念单一化的结果,使广义的犯罪概念没有存在的余地;二是尽管上述四方面的要件排列有序,但由于在形式上其将四个方面的要件并列于一个平面上,大大弱化了犯罪构成体系所具有的指引法官思考方向的作用。

2. 三阶层的犯罪构成体系

在我国,这是一种新出现的犯罪构成体系。其认为,在犯罪的认定上,必须按照构成要件该当性、违法性、有责性的顺序进行。也就是说,在判断某一行为是否构成犯罪时,必须经过三次评价:构成要件该当性是事实评价,为犯罪提供行为事实的基础;违法性是法律评价,排除正当防卫等违法阻却事由;有责性是主观评价,为追究刑事责任提供主观根据。以上三个要件,形成一种过滤机制,各构成要件具有递进关系,形成独特的定罪模式。也就是说,行为符合构成要件,原则上可以推定构成犯罪;存在违法性,原则上可以推定行为人有责任。只有存在例外、特殊情况时,这种递进式的推理才中断。[43] 另有见解提倡"犯罪客观要件—犯罪主观责任要件—犯罪排除要件(违法阻却事由、责任阻却事由)"的阶层犯罪论体系。这种体系的提倡者称,这种思考方法,虽未使用三阶层话语体系,但完全可以和"构成要件该当性—违法性—有责性"的构造相对应,具体言之,"犯罪客观要件的全部内容和犯罪主观责任要件中的部分内容,对应三阶层犯罪论体系中的构成要件该当性;从犯罪客观要件和主观责任要件中,原则上可以推断行为的违法性,而具有正当性特征的犯罪排除要件揭示了违法阻却事由;故意、过失等犯罪主观责任要件同时还属于责任的内容,那些不具有非难可能性的犯罪排除要件则是责任阻却事由"[44]。

这种从德国、日本刑法学中移植过来的三阶层犯罪构成体系的最大长处在于,其将犯罪构成体系对法官认定犯罪的指引、导向作用发挥得淋漓尽致。也就是说,在犯罪的认定上,首先考虑行为是否符合某种犯罪的构成要件,之后再考虑是否存在其他例外因素。同时,由于构成要件符合性的判断也是事实判断,因此,在犯罪成立的认定上也能体现先客观、后主观,先外在、后内在的分析判断过程,符合保障人权的要求。

但是,这种犯罪构成体系也有其根本性缺陷。其在构成要件该当性的判断上,存在现状和初衷相背离的问题。本来,德国学者之所以发明构成要件概念,并且将其限定为客观、中性、形式的内容,就是为了将容易受人的主观意识支配的主观要素和规范要素等需要实质判断的内容排除在外,避免法官在犯罪认定上的肆意性和任意性,最大限度地实现罪刑法定原则的宗旨。但是,构成要件符合性的判断,不可能不考虑行为违法性的有无、程度而"价值中立地进行"。在划定构成要件所及范围时,不得不从保护法益的立场出发,从刑法法条的保护目的出

---

[43] 陈兴良主编:《刑法学》(第3版),复旦大学出版社2016年版,第28页以下;付立庆:《刑法总论》,法律出版社2020年版,第115页;张明楷主编:《刑法学》(第7版),中国政法大学出版社2024年版,第69页。

[44] 周光权:《刑法总论》(第4版),中国人民大学出版社2021年版,第90页。

发,对法条规定用语进行扩大或者缩小解释。其意味着,在构成要件符合性的判断上,也必须进行行为违法性的考虑。因此,形式的、价值中立的构成要件理论,除了作为刑法解释方法的文理解释,是不可能存在的。[45] 而且,构成要件符合性的判断中不能考虑价值判断,本身就是一个伪命题。否则,人们就无法解释,为什么要把"杀人"写成一种犯罪构成要件,而不把"吃饭""散步"写成一种构成要件?因此,所谓构成要件符合性只是在描述一个利益侵害事实,并不涉及行为评价问题,只有违法性的检验,才涉及对行为评价问题的说法并不符合事实。[46] 如此说来,在犯罪的认定上,只要说具有客观的构成要件符合性,其一定是既包含了事实又包含了规范、既包括了形式又包括了实质在内的符合,而不可能仅仅是事实上、形式上符合。既然如此,作为构成要件客观要素之一的因果关系判断,也不可能仅仅是形式的、无价值的判断,其中必然要加入规范的、价值的内容。特别是,三阶层理论将构成要件符合性切割出来作为独立评价阶层的后遗症,在犯罪论的相关领域都会显现出来。如在共同犯罪理论中共犯从属性的判断上,其尽显无遗。按照三阶层理论,共同犯罪之中有正犯与共犯之分。所谓正犯,就是亲自动手实施构成要件行为的人,而共犯则是通过正犯间接实施构成要件行为的人。因此,共犯之成立从属于正犯。只是共犯对于正犯之从属,到底必须达到什么程度,学说上争议极大。但至少可以说,如果说构成要件符合性是一个独立评价的阶段,那么共犯之成立,只要正犯行为符合构成要件即可,这是完全可能的。但是,在正犯因为正当防卫而杀死加害人的场合,如果说因为正犯行为符合故意杀人罪的构成要件,因此教唆或者帮助防卫人杀死加害人的行为,也要构成故意杀人罪的教唆犯或者帮助犯,这显然是过于形式化的考虑。可见,在将构成要件符合性作为独立的判断层次,进行形式判断的三阶层的犯罪构成体系当中,存在前后冲突之处。[47]

3. 双层次二元结构的犯罪论体系

这也是我国目前新出现的一种犯罪构成体系,其基本内容是将犯罪构成分为主、客观两个方面,按照从客观到主观的顺序认定行为是否构成犯罪。双层次,是指将构成要件与正当化事由并列,判断危害行为构成犯罪(符合犯罪构成),需要从正、反两个方面进行;二元,是指将规范意义上的犯罪分解为客观罪行与主观罪责两大要件,再将两大要件进一步分解为一系列客观构成要素与主观构成要素,并将构成要件与构成要素适当地加以区分。其中,罪行是犯罪客观方面之事实与评价的统一,包括实行行为、行为对象、危害结果、行为人的身份、因果关系、时间与地点等具体的客观构成要素。罪责是犯罪主观方面之事实与评价的统一,其中包括刑事责任能力、罪过、目的与动机等具体要件,统称主观的构成要件要素。[48]

应当说,这种二阶层的犯罪构成体系是将我国的四要件犯罪构成体系中主、客观要件严格区分的长处和德国、日本三阶层的犯罪构成体系中强调层次递进的优势结合起来,所形成的犯罪构成体系,具有将上述二者折中的特征。从此角度来讲,这种做法值得赞赏。只是,上述见解中,存在一个致命的缺陷,即其在结合与折中的过程当中,将我国传统的犯罪构成体系所特

---

[45] [日]井田良:《刑法总论的理论构造》,秦一禾译,中国政法大学出版社2021年版,第98页。
[46] 黄荣坚:《基础刑法学》(上)(第4版),台北,元照出版有限公司2012年版,第271页。
[47] 黎宏:《刑法总论问题思考》(第2版),中国人民大学出版社2016年版,第78页以下。
[48] 曲新久:《刑法学》,中国政法大学出版社2009年版,"说明"部分,第75页。

有的形式要件与实质要件统一的特点给"折中"掉了,将犯罪构成转化为一个完全形式的范畴,从而陷入了德国、日本理论所存在的在犯罪构成的判断上形式与实质分开、构成要件符合性的判断属于形式判断的窠臼。这一点,只要看看这种观点的提倡者主张的在叙述犯罪构成要件即客观罪行和主观罪责之后,接着论述正当防卫、紧急避险等排除社会危害性事由即正当化事由的编排体系,就能明白。其将正当防卫、紧急避险看作形式上符合构成要件但实质上不具有客观罪行和主观罪责的行为。因此,这种犯罪构成体系无论在理论结构上还是在一些具体问题上都难以得出妥当结论。[49]

本书认为,德国、日本通行的三阶层的犯罪构成体系论存在两个致命缺陷:一是采用了有罪推定的思维模式,即只要是形式上符合某个犯罪构成的行为,原则上就推定其为犯罪,即便是正当防卫、紧急避险之类的行为,也认为其构成故意杀人罪,之后才逐渐地从违法、责任的角度,将其从犯罪当中剥离出来,这种有罪推定的思维方式尽管在命令任何人不要实施违法行为,从而实现预防犯罪的目的的一点上有其长处,但却和现代国家在刑事诉讼上所采取的无罪推定原则的宗旨背道而驰。相反地,我国的四要件的犯罪构成体系所体现的则是无罪推定宗旨。尽管现实生活中发生了激动人心的危害结果,通常会让人产生惩罚的冲动,但是,在四要件之下,这只是一个是否构成犯罪的开始。还需要考虑行为人的行为和结果之间有无因果关系,主观上有无罪过等一系列的内容。只有在四个方面的要件全部具备时,才能说行为人的行为符合犯罪构成。二是即采用了形式和实质分开的分析方法,将构成要件符合性的判断和违法性、有责性的判断分为三个不同层次,从而导致犯罪认定上的混乱。[50] 且不说一个犯罪故意,在三阶层体系下被肢解为构成要件故意、违法故意、责任故意这样支离破碎的三个部分,更主要的,就是在三阶层的犯罪构成体系当中,构成要件符合性的判断是形式的、一般性的判断,不应当带有价值判断的色彩在内。因此,在行为是否构成犯罪的判断上,首先要考虑行为在形式上是否符合具体犯罪的构成要件,但即便得出了肯定性结论,也不能马上断定行为就构成犯罪,还必须考虑该行为是否成立正当防卫、紧急避险,有没有违法意识的可能性等排除违法性和有责性事由。如果是后者的话,则前述的判断归于无效。换言之,在存在排除违法性事由和排除责任事由的情况下,构成要件符合性的判断是没有意义的。这一点和我国的犯罪构成体系完全不同。

我国的犯罪构成尽管与德国、日本的构成要件在名称上类似,但是,二者具有完全不同的内容。我国刑法中的犯罪构成是刑法所规定的、决定行为的社会危害性程度而为该行为成立犯罪所必要的所有主客观要件的有机统一,它包含了德国、日本刑法中有关犯罪构成要件符合性、违法性和有责性的全部内容。具有这种特征的犯罪构成是判断某行为是否成立犯罪的最

---

[49] 该观点的提倡者认为,假想防卫不构成故意犯罪,但是有过失而构成犯罪的,应当负刑事责任。曲新久:《刑法学》,中国政法大学出版社 2009 年版,第 115 页。但是,在这种犯罪论体系之下,是不可能得出这种结论的。在行为人误以为对方是加害人而反击的场合,如果说罪行的判断是形式判断,不包括实质判断的话,则行为人属于明知对方是人而加以杀害,应当构成故意犯罪才对。只有在罪行判断包括是否属于正当防卫等实质判断时,才可能得出假想防卫不是故意犯罪的结论来。这种批判也适用于二阶层论另一种变形,即主张"犯罪客观要件、犯罪主观责任要件、犯罪排除事由体系"的犯罪构成体系。该种体系论的具体内容,参见周光权:《刑法总论》(第 4 版),中国人民大学出版社 2021 年版,第 90 页以下。

[50] 黎宏:《刑法总论问题思考》(第 2 版),中国人民大学出版社 2016 年版,第 93 页。

初也是最终的,因而也是唯一的标准。这主要体现在以下两个方面:

首先,我国的犯罪构成是形式要件与实质要件的统一。在德国、日本刑法学中,构成要件是独立于违法性和有责性的形式要件,不包含实质评价的内容,因此,对于正当防卫、紧急避险等排除犯罪性行为,他们可以说,这类行为尽管在实质上不具有违法性和有责性,但在形式上仍然具有构成要件符合性。但在我国,行为符合犯罪构成,就意味着该行为不仅在形式上符合某具体犯罪的轮廓或者框架,而且在实质上也具有成立该罪所必要的相当程度的社会危害性和应受刑罚处罚性。[51] 因此,就正当防卫、紧急避险而言,其之所以不构成犯罪,是因为其缺乏成立犯罪的实质要件即相当程度的社会危害性和应受刑罚处罚性,在此基础上,也就缺乏形式要件——刑事违法性。换言之,在正当防卫、紧急避险的场合,没有构成要件符合性的存在余地,也绝不可能出现行为在符合构成要件之后,又根据正当防卫、紧急避险的规定而排除其犯罪性的情形。

其次,我国的犯罪构成是成立犯罪的积极要件与消极要件的统一。刑法中每一个具体犯罪的成立条件,在刑法分则中都有规定;同时,各个犯罪的共同要件,在刑法总则当中,也一应俱全。所以,行为是否符合具体犯罪构成,就成为区分罪与非罪的标准。具体地说,刑法中每一具体犯罪构成都同时包括两方面的含义:一方面,它积极地表明了某种行为成立犯罪的性质,即只要符合构成要件的行为,就成立犯罪;另一方面,它消极地表明了其他行为不成立犯罪的性质,即不符合犯罪构成的行为,就是不成立犯罪的行为。这样说来,在我国刑法中,行为是否成立犯罪,只能以犯罪构成为唯一标准进行判断。行为是否具备犯罪构成的要件,是否符合犯罪构成,就充分表明了行为是否包含了成立犯罪的全部要件,从而决定其能否成立犯罪。除此之外,没有其他决定或者制约犯罪成立的要件或者要素。如此说来,认为我国在犯罪判断体系上,除犯罪构成外,还将正当防卫、紧急避险以及犯罪概念作为辅助性手段的见解是不合乎我国的犯罪构成理论的。[52]

(三)本书的犯罪构成体系

基于以上见解,本书主张将现有的四要件的犯罪构成体系进行改良,建立两层次的递进式的犯罪构成体系。具体改良方式如下:

1. 将传统犯罪构成体系中的四要件区分为客观要件和主观责任要件两大部分。其中,客观要件是成立犯罪所必须具备的外部条件,是表明行为所具有的客观社会危害性的有无以及大小的事实;相反地,主观责任要件是成立犯罪所必须具备的内部条件,是表明行为人在行为时的主观责任的有无以及轻重的事实。

2. 将传统学说中的犯罪主体的内容拆分为行为主体和责任能力两方面。其中,和行为主体有关的内容,特别是行为人的身份,是和行为的社会危害性的有无及大小有关的因素,因此,应当将其归入客观的犯罪构成要件中;而行为人的年龄、精神状态等则和行为人的主观责任的有无和轻重有关,和故意、过失并列,应当归入主观的犯罪构成要件之列。

---

[51] 由于存在牺牲他人拯救自己形式的避险,因此,在紧急避险的场合,可能仅仅是由于没有期待可能性因此欠缺主观责任而不成立犯罪。
[52] 黎宏:《刑法总论问题思考》(第2版),中国人民大学出版社2016年版,第95页。

3.正当防卫、紧急避险、正当行为等在传统的犯罪构成体系当中被作为表面上看似违法但实际上并不具有社会危害性的排除社会危害性事由,由于其是直接影响到具体行为的社会危害性的有无的因素,因此,应当将其归入犯罪构成的客观要件;相反地,尽管在条文上没有体现出来但在实践当中却有应用的期待可能性的要素则是影响行为人主观责任的有无和轻重的要素,因此,应当归入犯罪构成的主观责任要件之内。

这样说来,在本书当中,犯罪构成的客观要件包括客体、实行行为、危害结果、行为人的身份、因果关系、时间和地点、排除社会危害性事由等;而主观责任要件则包括责任能力、故意、过失、动机与目的以及期待可能性等。

以上犯罪构成体系,具有以下特点和意义:

首先,贯彻了罪刑法定原则的要求,同时也保持了我国刑法学研究的连贯性。在以罪刑法定原则为基本宗旨的我国刑法当中,行为符合具体犯罪的犯罪成立条件即犯罪构成,毫无疑问,应当成为判断行为是否成立犯罪的首要条件,因此,作为判断行为是否成立犯罪之手段的犯罪论体系,首先必须体现这一要求。也就是说,应当将犯罪构成作为判断行为是否成立犯罪的首要条件和基本前提。因此,那种完全撇开犯罪构成,而将犯罪成立条件分解为"客观罪行"和"主观罪责"的观点,[53]至少在形式上是值得商榷的。同时,作为判断犯罪是否成立之标准的"犯罪构成"的概念在我国已经得到广泛认可,其在理论和应用当中,也并没有什么明显的让人难以接受之处。因此,从刑法理论研究的连续性的角度来讲,也有保留的必要。如此说来,那种将犯罪论体系改为"构成要件该当性、违法性、有责性"的做法,[54]也让人难以接受。

其次,将犯罪构成的内容分解为客观不法要件和主观责任要件,贯彻了犯罪构成判断所要求的分析性思考和层次性思考要求。任何犯罪都是行为人在主观犯罪意思支配下所实施的客观危害行为,都是主、客观内容的统一,因此,将作为犯罪成立条件的犯罪构成区分为客观不法要件和主观责任要件是妥当的。这种区分具有两方面的意义:

一是贯彻了犯罪构成判断所要求的分析性思考的要求。所谓分析性思考,就是将成立犯罪的各个要件区分开来,独立地加以判断,然后集合在一起,进行综合判断的思考方式。将犯罪构成要件区分为客观不法要件和主观责任要件,然后在其之下又分别区分为若干子要件并加以分析,就是这种分析性思考的体现。这种思考方式的好处是,在决定行为是否构成犯罪的问题上格外慎重,避免了将犯罪中的客观侵害和主观责任一体判断的整体性判断思路所难以避免的模糊、混乱局面,在贯彻刑法保护法益机能的同时,也实现了刑法保障公民自由的机能。

二是体现了层次性思考的要求。正如前述,犯罪构成不仅揭示成立犯罪所必须具备的要件,也提示人们在认定犯罪时应当具有的思考顺序。将犯罪构成内容区分为客观违法要件和主观责任要件两部分,并且客观不法要件在先,主观责任要件在后,这实际上也是提醒人们在判断犯罪时,必须按照先考虑是否存在客观的社会危害,后考虑行为人在实施该危害行为时是否具有主观罪责的顺序进行。这种"先客观后主观"的判断顺序,不仅体现了犯罪构成的层次性要求,也体现了在犯罪的认定上,我国历来所坚持的"从外在到内在、从客观到主观、从形式

---

[53] 曲新久:《刑法学》,中国政法大学出版社2009年版,第75页。
[54] 陈兴良主编:《刑法学》(第3版),复旦大学出版社2016年版,第27页。

到实质"[55]的判断要求。

最后,在客观构成要件的判断上,将形式判断和实质判断结合起来考虑,维持了我国传统学说所主张的行为符合犯罪构成是构成犯罪的唯一标准的基本观念。我国传统学说认为,犯罪构成的本质属性与犯罪概念的本质属性是一致的,符合犯罪构成的行为,也就是成立犯罪的行为,因此,这种犯罪构成也是犯罪成立要件整体意义上的犯罪构成。行为是否符合犯罪构成能够最终决定行为是否成立犯罪,从而最终解决是否应负刑事责任的问题。从此意义上讲,我国传统刑法学认为,行为符合犯罪构成是行为人负刑事责任的唯一根据。[56] 但令人遗憾的是,在具体问题的论述上,传统学说并没有将上述观点贯彻到底。最为明显的体现是在犯罪构成与排除社会危害性事由的关系的处理上,一般都认为排除犯罪性事由是形式上符合某些犯罪构成但实质上不具有社会危害性的行为。这是将犯罪构成割裂为形式判断与实质判断的最明显体现。

但是,在本书所提倡的犯罪构成体系当中,将正当防卫等排除社会危害性事由作为和危害行为、危害结果等并列的客观要件看待。换言之,在具体行为有无严重程度的社会危害性的判断上,还必须将其是否属于正当防卫等情形考虑在内。这样,就可以避免将正当防卫等作为形式上符合犯罪构成但实质上不具有社会危害性的行为的弊端。同时,由于犯罪故意主要是对犯罪构成客观不法要件的认识,因此,在犯罪构成的主观责任要件的判断当中,对于认识的内容存在以下要求:不仅在形式上对危害行为、危害结果等要有认识,还要对该行为并非排除社会危害性事由等更深层次的内容也要有认识,从而在犯罪构成主观责任要件的判断上,也能体现形式判断与实质判断的完美结合,将行为符合犯罪构成是行为人负刑事责任的唯一根据的命题完全贯彻到底,避免德日刑法学中所存在的形式判断与实质判断脱节的致命缺陷。

---

[55] 高铭暄、马克昌主编:《刑法学》(第7版),北京大学出版社2016年版,第69页。
[56] 马克昌主编:《犯罪通论》(第3版),武汉大学出版社1999年版,第67页。

第五章 犯罪构成的客观不法要件及其判断

第一节 概 述

所谓犯罪构成的客观不法要件,也称成立犯罪的客观要件,是指刑法所规定的、行为构成犯罪在客观上所必须具备的诸事实。

犯罪构成的客观不法要件,在犯罪构成当中具有极为重要的地位。一方面,其是成立犯罪的前提,任何行为,只要不符合犯罪构成的客观不法要件,就根本不能进入刑法判断的视野,更不可能进入犯罪构成判断的下一阶段,即犯罪构成主观责任要件的判断阶段。行为不具备犯罪构成的客观不法要件,就不具有违法性即社会危害性,也就不可能构成犯罪。[1] 另一方面,其也是认定犯罪构成的主观责任要件的根据。犯罪主观责任要件考察的是行为人犯罪时的内心态度,具有隐蔽性,犯罪构成客观不法要件是行为人犯罪意思的外在体现,具有可感知性。因此,在行为人主观责任内容的认定上,必须借助犯罪构成的客观不法要件。

但是,研究犯罪构成的客观不法要件,不仅要分析什么是犯罪构成的客观不法要件,其包括哪些内容,更为重要的是要判断具体行为是否符合刑法分则所规定的具体犯罪的犯罪构成的客观不法要件。

关于这一点,国外刑法理论中历来有形式说和实质说之争。形式说强调首先考虑行为是否违反了刑法规定,不管行为如何违反伦理道义或者侵害法益,只要在形式上不符合具体犯罪的构成要件,该行为就不具有违法性或者说没有社会危害性。相反地,实质说则从社会危害性的本质为何,以及行为是否具备社会危害性所要求的基本要素的角度出发,来探求行为是否具有违法性或者说社会危害性。

上述学说尽管看似差别巨大,但实则不然,二者并非相互对立,而是相互补充,后者对前者的实质内容进行说明。[2] 具体来说,在判断具体行为是否符合犯罪构成的客观不法要件时,必须先考虑该行为是否违反伦理道义或者侵害法益,在经过这个判断之后,才考虑该行为在形式上是否符合具体犯罪构成的具体规定。如果行为仅仅形式上符合刑法分则所规定的犯罪构成,但实质上并未违反伦理道义或者侵害法益,就不能说其符合具体犯罪的客观构成要件。

在我国,如前所述,由于犯罪构成是犯罪的形式特征与实质特征的统一,因此,在判断具体

---

[1] 相反地,行为不具备犯罪构成的主观责任要件时,行为人的行为还是具有违法性即社会危害性,只是不承担刑事责任而已。
[2] 黎宏:《日本刑法精义》(第2版),法律出版社2008年版,第120页。

行为是否符合犯罪构成的客观不法要件时,必须时刻注意,除从形式上判断该行为是否符合刑法规定之外,还必须结合刑法第13条有关犯罪概念的规定,从实质上判断该行为是否具有值得刑罚处罚程度的社会危害性。具体来说,应当注意以下几点:

首先,就犯罪构成的客观不法要件的名称而言,必须体现其实质特征。在德国、日本的犯罪构成体系当中,由于构成要件在三阶层中的分工上被看作或者基本上被看作形式要件,属于不具有实质判断色彩的中性要件,因此,在具体要件要素的名称上,也就使用了看不出任何价值评价意义的"实行行为""结果""因果关系"等。但是,在我国,由于犯罪构成要件本身具有浓厚的实质评价色彩,因此,"实行行为"、"结果"和"因果关系"就被称为具有浓厚价值评价色彩的"危害行为"、"危害结果"以及"危害行为与危害结果之间的因果关系"。这是从我国的犯罪构成体系当中所得出的必然结论。

其次,正当防卫、紧急避险等传统上所谓的"排除社会危害性事由"有必要纳入本部分探讨。我国刑法学理论历来强调实质的犯罪构成,认为犯罪构成是实质要件与形式要件的统一,形式要件以实质要件为基础,排除实质要件的同时也就意味着否定形式要件,因此,正当防卫、紧急避险等非犯罪行为之所以不构成犯罪,是因为它首先缺少实质要件——社会危害性(从法益衡量的角度来看,正当防卫的场合,加害人利益的受保护程度降低,而防卫人利益的受保护程度不变;紧急避险的场合,是为了保护较大利益而牺牲较小利益);在此基础上也缺少了形式要件——刑事违法性(如故意杀人罪的场合,要求杀害无辜的人,故意毁坏财物罪的场合,要求无故毁坏他人价值较大的财物)。也就是说,按照我国刑法学,在正当防卫、紧急避险这一类排除社会危害性事由存在的场合,由于该行为的社会危害性被排除,行为不具有实质的社会危害性,故没有犯罪构成的存在余地,所以就不构成犯罪。这种评价分析方法是由我国犯罪构成的实质特征与形式特征的统一性所决定的。

最后,在判断社会危害性的有无和大小的时候,坚持法益侵害说的立场,即从与行为方式、方法相对分离的角度来判断行为是否违法或者说具有社会危害性。某种行为的方式、方法即便违反伦理规范,偏离一般人通常的社会观念,但只要其没有侵害或者威胁法益,或者即便侵害或者威胁了法益,但只要其侵害或威胁的法益没有超越其所要保护的法益,就不能说该行为违法或者具有社会危害性;也就是将行为所造成的侵害法益的后果看作判断行为是否具有社会危害性的关键因素。如此来说,主张"社会危害性的有无以及程度,不只是由行为在客观上所造成的损害来评价的,还包括行为人主观方面的要件在内"[3],也即在判断行为的社会危害性时必须掺入行为人的主观要素的观点,原则上为本书所不采。

---

[3] 高铭暄、马克昌主编:《刑法学》(第10版),北京大学出版社2022年版,第43页;冯军、肖中华主编:《刑法总论》(第3版),中国人民大学出版社2016年版,第100页;刘艳红主编:《刑法学》(上)(第3版),北京大学出版社2023年版,第75~77页;齐文远主编:《刑法学》(第3版),北京大学出版社2016年版,第47页;苏惠渔主编:《刑法学》(第4版),中国政法大学出版社2009年版,第53页。

第二节　犯罪构成客观不法要件的内容

所谓犯罪构成客观不法要件的内容,就是组成具体犯罪构成客观不法要件的要素,包括犯罪的客体(保护法益)、危害结果、犯罪的主体、危害行为以及危害行为所指向的对象等。以刑法第274条所规定的敲诈勒索罪为例,其被规定在刑法分则第五章"侵犯财产罪"中,故客体为"财产";罪状为"敲诈勒索公私财物,数额较大或者多次敲诈勒索的",故主体为"的(人)",行为对象为"公私财物",危害行为为"敲诈勒索",危害结果是"数额较大或者多次"。

犯罪构成客观不法要件的内容尽管不少,但其在犯罪构成当中的地位不尽相同:

第一,犯罪是行为,任何犯罪都必须通过行为体现出来,没有行为就没有犯罪,这意味着行为是任何犯罪都必不可少的核心要素,是所有犯罪的共同要件。

第二,结果[4]对于犯罪的成立非常重要,但其并不是每一个犯罪都必须具备的成立要件。如在过失致人死亡罪中,造成他人死亡的结果是该罪的成立要件,但在故意杀人罪当中,造成他人死亡的结果只是该罪既遂的条件,而不是成立要件。在故意杀人但没有引起死亡结果的场合,根据情况,可以成立故意杀人罪的预备犯、中止犯或者未遂犯。因此,这种意义上的危害结果可以说是犯罪的选择要件。

第三,对于过失致人死亡罪之类的、以发生特定结果为犯罪构成要件的结果犯来说,危害行为和危害结果必须具有刑法上的因果关系,但是对于故意杀人罪之类的行为犯而言,由于只要具有杀人行为即成立该罪,并不要求一定要发生死人结果,因此,因果关系不是所有犯罪的共同要件,而是依照不同情况而判断的选择要件。

第四,有些行为,在平常情况下实施的话,并不具有社会危害性,但在特定的时间、地点,采用特定手段或者针对特定对象实施的话,就具有社会危害性。如非法捕捞水产品罪(刑法第340条)中的"禁渔区""禁渔期""禁用的工具、方法""水产品",非法狩猎罪(刑法第341条第2款)中的"禁猎区""禁猎期""禁用的工具、方法""野生动物资源"等,就是这种情形。在这些犯罪当中,时间、地点、方法(手段)、对象,便成为犯罪构成客观不法要件。

第五,有些犯罪,尽管任何人都可以实施,但只有在具有特殊身份的人实施时,其社会危害性才能达到应受刑罚处罚的程度,因此,行为人的特定身份也是犯罪的选择要件。如丢失枪支之后不及时报告,造成严重后果的行为,一般人都可以实施,但只有"依法配备公务用枪的人员"实施上述行为的场合,才构成丢失枪支不报罪(刑法第129条),刑法才予以处罚。

第六,具体犯罪的保护法益或者说是客体,正如本书中所反复强调的一样,是判断行为是否具有实质危害性的标准,而且我国刑法分则在具体犯罪章节的标题上也有明文规定(如刑法分则第二章的标题是"危害公共安全罪"、第三章的标题是"破坏社会主义市场经济秩序罪"等)。因此,在分析和判断具体行为是否符合具体犯罪的犯罪构成客观不法要件时,法益或者

---

[4] 此处的"结果",特指狭义的危害结果即实害结果。

说是客体绝对不可或缺,而且是判定所有客观构成要件内容的前提,因此,其理所当然地应被纳入犯罪构成的客观要件之列。

一、危害结果

(一)危害结果的概念和意义

现实的刑事诉讼活动,基本上,都是从发现危害结果开始的。如故意杀人罪,就是从他人死亡这一结果开始进行调查的。在判明存在死亡结果之后,才开始进入开枪射击等危害行为的调查,之后,再考虑有无杀人意图等主观意思。同时,我国刑法分则中的多数条文以"造成严重后果""数额较大""情节严重"之类的后果为犯罪成立要件。因此,危害结果,无论在实际犯罪的认定还是在犯罪构成的分析当中,都起着举足轻重的作用。

犯罪论中的结果,具有多种意义,与行为、行为对象、法益相对应,可分为以下三个概念:

第一个结果概念和行为论中的"行为"相对应,是指外部行为所引起的外界变动,特指具有社会意义的外界变动。

第二个结果概念是指对行为对象即故意杀人罪中的"人"、盗窃罪中的"公私财物"之类的,在各个刑罚法规中作为侵害对象所预定的某种东西的有形作用。

第三个结果概念是指对刑法所保护的某种利益即法益所造成的侵害(包括实害与危险),也就是"法益状态的恶化",或者说"保护客体的状态恶化"。

在刑法上成为问题的结果,不是外界状态自身。刑法所关注的,是这种外界状态是否具有为法所否认的属性。尸体横置在路上的状态和花瓶的碎片散落在地上的状态,都属于无色、中性的事实状态,这种状态只有在具有"人的死亡""财物损坏"的属性时,才具有法律意义。换言之,犯罪是行为,而行为必然伴随有社会外界状态的某种变动,因此上述第一种意义上的结果概念虽然对于任何犯罪来说都是不可缺少的,但其属于进入犯罪构成以前的、尚未被法律评价的事实状态素材或者说是犯罪的前提,所以其并非犯罪构成之内的刑法意义上的危害结果。只有上述第二种以及第三种意义上的结果,在犯罪论中才特别值得讨论。

上述第二种意义上的结果,在刑法理论上被称为狭义的危害结果。其是刑法所规定的、作为犯罪构成客观不法要件的结果,也就是危害行为给行为对象所造成的实际损害。如过失致人死亡罪中的"死亡"结果、挪用特定款物罪中的"致使国家和人民群众利益遭受重大损害"的结果,都属于此。狭义的危害结果并非存在于任何犯罪之中,在预备犯、未遂犯以及中止犯当中,就不要求具备这种狭义的危害结果。因此,在犯罪论中,这种狭义的危害结果尽管对于具体犯罪的成立与否而言具有重要意义,但就整个刑法所规定的全部犯罪而言,其也不是主要的讨论对象。因为,我国刑法所规定的犯罪当中,虽然有的犯罪明确要求具有具体危害结果(如数额较大的公私财物被骗,公共财产、国家和人民利益遭受重大损失),但也有些犯罪并没有将造成具体危害结果作为本罪的成立条件(如刑法第 128 条规定,违反枪支管理规定,非法持有、私藏枪支、弹药的,即构成犯罪,没有特定具体结果的要求;同样,刑法第 353 条规定,引诱、教唆、欺骗他人吸毒的,即构成犯罪,也没有特定具体结果的要求),特别是刑法总则中所规定的预备犯、未遂犯等均不以造成具体的危害结果作为成立条件。

如此说来,就整个犯罪论体系而言,具有重要意义的应当是上述第三种结果,即对法益的侵害结果，又被称为广义的危害结果。

所谓广义的危害结果，是指危害行为对犯罪客体即法益所造成的实际损害或者现实威胁，其是一切犯罪所共有的特征。"抢夺公私财物，数额较大的"（刑法第267条）、"依法配备公务用枪的人员，丢失枪支不及时报告，造成严重后果"（刑法第129条）之类的明文要求造成具体有形损害的场合就不用说了，"破坏火车、汽车、电车、船只、航空器，足以使火车、汽车、电车、船只、航空器发生倾覆、毁坏危险，尚未造成严重后果"（刑法第116条）之类不要求"造成严重后果"，而只是要求具有"发生倾覆、毁坏危险"的场合，该"发生倾覆、毁坏危险"也是依据一定事实能够表征的客观结果。即便是只要有"非法制造、买卖、运输、邮寄、储存枪支、弹药、爆炸物"（刑法第125条）的行为即构成犯罪，字面上没有任何结果要求场合，从该种犯罪所处的位置即"危害公共安全罪"一章来看，也不能说其完全没有结果要求。行为人非法制造、买卖、运输、邮寄、储存的如果是没有任何杀伤能力的玩具枪，或者因受潮、过期等已经失去杀伤力的弹药、爆炸物的话，行为人相应的行为就不会产生危及公共安全的危险结果，因此可不以犯罪论处（未遂犯的场合除外）。从此意义上讲，任何行为，只要没有给犯罪客体即法益造成实际侵害或者现实危险的话，就不构成犯罪。从此意义上讲，包括预备犯、未遂犯、中止犯在内的所有犯罪，都是结果犯。反过来也可以说，犯罪客体是犯罪构成的客观不法要件的重要组成部分，其决定了危害结果的有无和大小。

广义的危害结果概念表明，完全没有侵害法益危险的行为，不应当受到处罚。虽然从现实的法律规定来看，就重要法益而言，即便没有发生具体的侵害结果，但是从预防犯罪的角度出发，也会出于政策上的考虑，对具有侵害该种法益危险的未遂犯和预备犯进行处罚。但是，从法益侵害说的立场来看，对没有任何危险性的行为设定禁止规范，对违反该禁止规范的行为科处刑罚，就是在处罚仅仅不服从国家规范的行为，属于极端国家主义的表现，为近代刑法所不采。

广义危害结果的概念，其存在具有法条上的依据。如刑法第14条第1款即"明知自己的行为会发生危害社会的结果，并且希望或者放任这种结果发生，因而构成犯罪的，是故意犯罪"中的"结果"就是指广义的危害结果。因为，犯罪故意是包括预备犯、未遂犯以及中止犯在内的所有犯罪都必须具备的主观责任要件，如果说这里的"结果"仅仅是指对行为对象所造成的实际损害的话，则会得出刑法第14条的规定对预备犯、未遂犯以及中止犯无法适用的结论来，不符合我国刑法的规定以及刑法的基本理论。

（二）危害结果和犯罪分类

凡是犯罪，就必然会侵害法益，因此，所有的犯罪都是结果犯。只是，从各国刑法分则所规定的具体犯罪构成的角度来看，有的犯罪，以对行为对象造成实际损害为成立要件；有的犯罪，虽不要求造成实际损害结果，但也以对保护法益造成现实危险为条件；还有的犯罪，只要实施了某种行为即告成立，而不要求引起任何结果。诸如此类，不一而足。因此，根据刑法理论以及刑法分则有关各个犯罪对犯罪结果的不同要求，可以将刑法分则中所规定的犯罪进行以下分类：

1. 实质犯和形式犯

这是从成立犯罪，是否必须发生侵害或者威胁法益结果的角度进行的分类。

所谓实质犯,就是只有在对法益造成侵害或者危险的场合才能成立的犯罪类型,其还可以再分为实害犯和危险犯。所谓实害犯,就是对法益造成现实侵害即实害的犯罪;所谓危险犯,就是只要具有危险状态就成立的犯罪。就我国刑法分则所规定的犯罪而言,如刑法第115条第1款所规定的放火、决水、爆炸、投放危险物质、以危险方法危害公共安全等诸种犯罪,就属于实害犯,因为成立上述犯罪必须具有"致人重伤、死亡或者使公私财产遭受重大损失"的结果;相反地,刑法第114条所规定的诸种犯罪则勉强说得上是危险犯,[5]因为成立本条所规定之罪,只要是"危害公共安全,尚未造成严重后果"就够了。

相反地,所谓形式犯,就是只要实施了法条所规定的行为就成立犯罪的犯罪类型,其不要求危害行为对法益造成某种危险,更不要求对法益造成实际侵害。典型例子是《日本道路交通法》第95条中的不携带驾驶执照罪,其规定"具有驾驶执照的人,在驾驶汽车的时候,必须携带驾驶执照",否则就构成犯罪。在形式犯的场合,只要在形式上具有违反命令的行为就够了,连侵害法益的抽象危险都不需要。这种规定,主要出现在国外的一些行政刑法规定当中,在我国刑法当中,成立犯罪以对法益造成侵害为前提,因此,这种犯罪类型不可能存在。同时,即便是在国外,形式犯的概念也已经遭到了批判。[6]因此,这种分类现在只具有比较法上的参照意义。

2. 具体危险犯和抽象危险犯

以危害行为对法益造成的危险是不是要现实具体为标准,可以将危险犯分为具体危险犯和抽象危险犯。

所谓具体危险犯,是侵害法益的危险必须达到现实具体程度的犯罪类型,如刑法第117条所规定的破坏交通设施罪就是如此。其成立,以"破坏轨道、桥梁、隧道、公路、机场、航道、灯塔、标志或者进行其他破坏活动,足以使火车、汽车、电车、船只、航空器发生倾覆、毁坏危险,尚未造成严重后果"为条件。

相反地,所谓抽象危险犯,是侵害法益的危险只要达到抽象程度即可成立的犯罪类型,如刑法第120条规定的"组织、领导、参加恐怖组织罪"就是如此。按照刑法第120条的规定,只要有"组织、领导恐怖活动组织的"或者"积极参加"的行为,就构成本罪,并不要求上述行为产生了具体的威胁公共安全的危险状态。

就具体危险犯而言,一般来说,刑法条文中都明文规定必须发生某种危险才能成立犯罪,因此,在其认定上没有太大问题。成问题的是在刑法分则所规定的危害国家安全罪、危害公共安全罪等章节中大量存在的抽象危险犯,其是将在社会一般观念上认为具有侵害法益危险的行为类型化之后所规定出来的犯罪。通常认为,在抽象危险犯中,发生危险只是立法上的理由、动机而已,只要行为人实施了所规定的行为,就拟制性地认为具有危险,不需要积极证明,[7]而不像具体危险犯一样,要求具有现实的危险。如刑法第120条之一所规定的帮助恐怖活动罪,就是这种情况。因为,在一般人看来,只要存在恐怖活动组织,就有危害不特定或者多

---

[5] 之所以说是"勉强称得上",是因为即便是刑法第114条所规定的犯罪,也不是纯粹意义上的危险犯。因为"尚未造成严重后果"意味着,即便造成了一定后果,但只要不严重,也仍然要适用本条规定。
[6] 黎宏:《日本刑法精义》(第2版),法律出版社2008年版,第82页。
[7] 陈兴良:《规范刑法学》(第4版)(上册),中国人民大学出版社2017年版,第72页。

数人生命、财产安全的危险。对该种组织提供物质上的帮助,就更是加大了该种危险。因此,这种帮助行为无论是否已经引起了危险,都应当认为是符合具体犯罪构成要件的行为而一律予以禁止。

但是,本书认为,即便是符合抽象危险犯犯罪构成的行为,也不能说其一定不包含侵害法益的危险。如刑法第120条所规定的组织、领导、参加恐怖组织罪,按照法律规定,似乎只要是组织、领导、参加该组织即可,不要求有其他任何附加条件,属于典型的抽象危险犯。但要注意的是,"恐怖组织"本身就是危险性极大的存在,组织、领导或者参与这一组织行为本身必然伴随有侵害公共安全的危险;相反地,强制穿戴宣扬恐怖主义、极端主义服饰、标志罪(刑法第120条之五),按照法律规定,只要有以暴力、胁迫等方式强制他人在公共场所穿着、佩戴上述服饰、标志的行为即可,不要求有其他危险发生。但是,在完全没有恐怖主义、极端主义氛围的场合,即便穿着、佩戴上述服饰、标志,也不会让人产生心理恐惧或者危险感的时候,恐怕也没有必要以本罪对行为人予以处罚。因此,上述拟制危险理论的实质根据何在,值得怀疑。

还有观点认为,对抽象危险犯可以限定解释为,法律仅仅是"推定"具有危险而已,作为例外,还有"反证"的余地。但是,这种"推定"或"反证",到底具有什么样的法律效果,并不明确。而且,即便是推定的做法,也违反了"刑事证据的举证责任不能由被告人承担"的原则。因此,具体危险犯的场合就不用说了,抽象危险犯作为危险犯,也只有在发生"危险"的场合才能成立。也就是说,具体危险犯在要求发生侵害法益的具体危险的场合才能成立,而抽象危险犯,也要求在能够证明具有抽象危险的场合才能成立。

那么,具体危险犯和抽象危险犯该如何区分呢?对此,主要存在两种观点:一种观点认为,应当根据危险判断的时间进行区别。据此,抽象危险,是在行为时进行事前判断的危险,而具体危险,则是以行为后所了解到的事情为基础,在事后判断的危险。但是,事前判断以观念上的"危险"为前提,按照这种观点,结局上,"危险"就等于危险感,或者说是以行为本身的无价值或者反价值为其实质。另一种观点认为,应当根据危险的程度加以区别。据此,具体危险就是紧迫的危险,而抽象危险就是较为缓和的危险。对此,批判意见认为其区分基准不明确。但是,"危险",本来就包含有概率或时间的接近等程度方面的问题。从这种观点出发,对危险需要进行更加精确的讨论。

按照法益侵害说,犯罪的实质是侵害法益,因此,犯罪以侵害犯为原则,不发生法益侵害结果的具体危险犯就应限于例外情况,而抽象危险犯更应属于例外中的例外了。这种理解,不但对立法论适用,而且对现行法的解释而言,也应当是重要指针。

从刑法的目的是保护法益,违法性即社会危害性的本质在于侵害或者威胁法益的立场来看,即便是抽象危险犯,也应当有某种程度的危险要求。换言之,就是要从法益侵害说的立场出发,对抽象危险犯中的危险概念进行分析,并从法益侵害的角度对危险的含义进行说明,维持抽象危险犯的立法模式和传统的法益侵害原则之间的平衡与协调,从而避免上述抽象危险犯的立法模式可能引发的问题。

其具体做法为,以抽象危险犯本身的特点来认定抽象危险犯中的危险。抽象危险犯的特点是,形式和内容在法律规定上脱节。也就是说,从"所有的犯罪都是结果犯"的立场来讲,抽象危险犯本质上也属于广义上的结果犯,也即只有在发生威胁法益的结果时才能成立。但在形式上,刑法对其却采用了只规定行为的方式,即只要实施特定行为即成立,而没有像具体危险犯一样,将发生特定危险作为犯罪成立条件。在这种情况下,侵害法益的结果要求,在抽象危险犯的场合,就不可能像具体危险犯的场合一样,通过分析"有无法定的侵害法益的危险结果"来直接判断,而只能通过考察"有无法定的足以侵害法益的行为事实"来间接地加以判断。只是,在间接地判断是否成立抽象危险犯时,需要注意的是,不能只看刑法法条的相关规定,还必须站在事后的时点上,结合行为时的各种客观事实情况(行为时的环境情况、行为对象、行为引起的外界变动等要素),以生活经验法则也即处于该特定时空环境下的一般人的生活经验为标准,如果从具有若干前提事实,就会发生后续事态的立场出发,进行全面判断。[8]

3. 行为犯和结果犯

这是以危害行为是否要对行为对象造成具体变化为标准所作的分类。

所谓行为犯,理论上讲,是指只要实施一定行为就足够,而不要求发生实际损害结果的犯罪类型。换言之,在行为犯的场合,只有对行为性质的要求,而没有有关结果的量的要求。如刑法第310条规定的窝藏、包庇罪就是如此。行为人只要"明知是犯罪的人而为其提供隐藏处所、财物,帮助其逃匿或者做假证明包庇的",即构成本罪既遂,是否发生一定的损害结果,条文中没有要求。

不过,我国刑法中的很多犯罪,从规定形式上看似乎是一着手实施就构成犯罪,但在实际的认定上,却并非如此。如按照刑法第125条的规定,非法制造、买卖、运输、邮寄、储存枪支、弹药、爆炸物的,无论成功与否、数量大小,只要实施即告成立,应以非法制造爆炸物罪定罪处罚。但是,在实务中,按照相关司法解释,仅实施了上述行为并不一定构成犯罪,只有在行为达到一定程度时,才能作为犯罪(既遂)处理。如有关枪支,必须达到军用枪支1支以上、非军用枪支2支以上,弹药要达到军用子弹10发以上,气枪铅弹500发以上,其他非军用子弹100发以上,火药要达到1000克乃至3000克以上才构成本罪。[9] 特别是虚开增值税专用发票罪,按照刑法第205条,属于典型行为犯,行为人只要虚开增值税专用发票或者虚开用于骗取出口退税、抵扣税款的其他发票,即可以成立。但是,在我国实务当中,对于有实际经营活动的企业为虚增业绩、融资、罚款等非骗税目的且没有造成税款损失的虚开增值税专用发票行为,不以虚开增值税专用发票罪定性处理。[10]

由此看来,即便是"实施就成立"的所谓单纯行为犯,在我国刑法中,恐怕也只是一个纯粹的理论概念,而在实际应用中,其成立以对该罪所保护的法益造成危险为条件。完全不可能对法益造成侵害或者威胁的行为,无论如何不能构成犯罪。这也是我国的立法和司法坚持适用法益侵害说的证明。实际上,从犯罪的本质是侵害法益的立场来看,看起来似乎和结果对立的危害行为,也不是和结果无关地存在。符合犯罪类型的危害行为,必须是指向发生该犯罪类型中的

---

[8] 黎宏:《论抽象危险犯危险判断的经验法则之构建与适用——以抽象危险犯立法模式与传统法益侵害说的平衡和协调为目标》,载《政治与法律》2013年第8期。

[9] 2009年最高人民法院《关于审理非法制造、买卖、运输枪支、弹药、爆炸物等刑事案件具体应用法律若干问题的解释》第1条。

[10] 2020年最高人民检察院《关于充分发挥检察职能服务保障"六稳""六保"的意见》;2024年最高人民法院、最高人民检察院《关于办理危害税收征管刑事案件适用法律若干问题的解释》第10条。

结果的行为。换言之,危害行为不是指在形式上符合犯罪构成要件的一切行为,而是指具有发生结果危险的一般的、抽象的可能性的行为。因此,成立危害行为所必要的"发生结果的危险"和未遂犯或者危险犯中的结果的危险,具有类似之处。

所谓(狭义的)结果犯,是指必须发生一定实际损害结果的犯罪类型。如过失致人死亡罪就是如此。根据刑法第233条的规定,只有在"过失致人死亡的"即过失行为引起了他人死亡结果的场合,才能成立本罪。同样,侵占罪也可以说是结果犯。因为,按照刑法第270条的规定,成立侵占罪,行为人必须"将代为保管的他人财物非法占为己有,数额较大,拒不退还",即实际上将他人数额较大的财物据为己有。对于以引起一定结果为犯罪构成要件的犯罪来说,行为人只是实施了危害行为,而没有对行为对象造成一定的实际损害结果的话,通常情况下就不构成犯罪。但特定情况下,可以存在犯罪未遂。

结果加重犯作为结果犯类型之一,是指实施基本犯行为,发生了基本犯的犯罪构成结果以外的重结果,刑法因此而加重其刑的犯罪类型。刑法第257条第2款"犯前款罪,致使被害人死亡的,处二年以上七年以下有期徒刑"的规定就是其典型表现。按照这一规定,实施暴力干涉他人婚姻自由的基本犯行为,若发生了暴力干涉婚姻自由以外的重结果即被害人死亡的话,就要处以比暴力干涉婚姻自由罪的基本刑(2年以下有期徒刑或者拘役)更重的2年以上7年以下有期徒刑。关于结果加重犯的详细内容,参见后述相关章节。

要注意的是,刑法理论上,形式犯和实质犯是以对法益的侵害状态为标准的分类,而行为犯和结果犯是以对行为对象所造成的具体变化为标准的分类,二者属于两种不同的分类。但只要说犯罪客体(法益)和行为对象是两个有联系的概念,则形式犯和实质犯、行为犯和结果犯多少就会有一些相通之处,即实质犯和结果犯、形式犯和行为犯大致上具有对应关系。但是,非法侵入住宅罪或伪证罪等尽管在形式上属于行为犯,但实际上是实质犯,其成立以对该罪所保护的法益造成危险为条件。完全不可能对法益造成侵害或者威胁的行为,不能构成非法侵入住宅罪或伪证罪。从后述刑法各论的相关介绍中能看出,这种理解在我国相关司法解释中有清晰的体现。

4. 即成犯、继续犯和状态犯

这种分类是从危害行为终了时间和法益侵害的关系的角度所作的分类。

所谓即成犯,又称"举动犯",就是侵害或者威胁法益的行为一旦发生,犯罪即告完成,侵害法益的状态也同时出现的犯罪。如故意杀人罪、参加恐怖活动组织罪之参加行为、煽动分裂国家罪之煽动行为等,就是如此。

所谓继续犯,又称"持续犯",是指犯罪既遂后,不法状态和不法行为没有间断地同时继续存在的犯罪。其典型是非法拘禁罪。

所谓状态犯,是指犯罪既遂之后,危害行为终了,但作为犯罪结果的不法状态仍在继续的犯罪。其典型是盗窃罪。这种场合下,犯罪终了后的侵害状态,被其以前的犯罪行为完全评价,而不再被单独评价和受处罚。如即便将盗窃来的物品毁坏,也不另外再构成故意毁坏财物罪。

区分状态犯与继续犯的意义,主要是有助于妥当地把握追诉时效。在继续犯的场合,由于危害行为所引起的不法状态和危害行为同时持续,因此,在确定犯罪的追诉时效时,应当从危害状态终止之日起算。之所以这样考虑,是因为在非法拘禁罪的场合,犯罪一旦成立,在该时刻,"移动的自由"就确定无疑地丧失了。之后的行为之所以成立犯罪,是因为在非法拘禁罪成立之后的时间段上,"移动的自由"持续被侵害。如果将这种侵害归责到最初的非法拘禁行为中的话,就会出现以下问题,即在行为人误将被害人锁在室内,之后尽管意识到了这一事实,但仍不开锁,而是将其继续关在室内的场合,由于作为归责对象的最初误锁行为并不是故意,而是过失实施的,因此,在继续犯的场合,以行为时为犯罪既遂时点,上述案例中的行为人就不能成立非法拘禁罪。这显然是有问题的。并且,在继续犯的场合,犯罪行为着手之后,在继续状态终止之前,犯罪仍在继续,对犯罪行为人可以正当防卫,其他人参与共同实施非法拘禁的话,构成共犯。与此相反,在状态犯和即成犯的场合,由于危害行为终了之后,并不要求不法状态一并持续,因此,状态犯和即成犯的追诉时效是从行为的实施之时起算。如在被作为状态犯的典型的盗窃罪的场合,在财物被盗之后,由于本罪的保护法益即"被害人对财物的占有"确定无疑地丧失了,因此,将其看作即成犯也是可能的。在学说上,之所以将盗窃罪分类为状态犯,主要是为了将事后损坏财物的行为作为共罚的事后行为,据此将盗窃罪的追诉时效从盗窃行为完成时起算。而且,一旦过了行为时点,原则上就不允许对状态犯和即成犯进行正当防卫,其他人也不可能参与其中而成立共犯。

二、危害行为

(一)危害行为的概念

犯罪是行为,没有行为就没有犯罪,这是近代刑法理论的基石。虽说"应当受到刑法处罚的,是行为人而不是行为"(李斯特语),但是,没有行为就没有行为人,"任何人不得因其思想而受罚"(行为原则)。从此意义上讲,行为能够为处罚行为人提供最为切实的资料或者根据。但什么是行为,其意义何在,这就是在研究危害行为之前,必须说清楚的问题。这就是所谓行为论的问题。

1. 关于行为的一般学说

关于行为,理论上主要有以下几种观点:

(1)因果行为论,认为行为是人基于意志的身体动作。对此,批判意见认为,在过失的不作为犯即忘却犯(如管理铁路道口的工人由于睡觉或者遗忘而没有放下路障的行为)中,行为人在行为时没有意思活动,而在过失犯中,行为人对犯罪结果也没有认识,即上述情形难以统一在因果行为概念之下。

(2)目的行为论,认为行为是行为人为达成设定目标(如杀人、抢劫或者毁坏财物)而有意识地支配自然因果过程的目的活动。这种观点认为,人的行为不法,不应该仅指其外在的因果现象,而应该指一种破坏法律规范的意思表达,否则人类的不法行为和自然界的天灾没有什么两样。[11] 因此,行为就是"有目的的身体的动静"。对此,批判意见认为,目的行为论可以解释故意犯,但无法解释过失犯。在过失犯的场合,不关心别人的生命或者身体的态度,就是刑法所要处罚的对象,而这一点在目的行为论之下无法得到说明。

---

[11] 黄荣坚:《基础刑法学》(上)(第4版),台北,元照出版有限公司2012年版,第150页。

(3) 人格行为论，认为行为是行为人作为人格主体的现实化的身体举动。这种见解的最大特点是不重视人的意志要素，而是转而注重意思背后的人格态度，并以此将作为与不作为、故意与过失等视为人格的主体现实化的反映，从而将其纳入"行为"之中。[12] 因此，单纯的反射行为、绝对强制下的动作都不是行为。但是，无意识状态下的举止，有时也能确认主体的人格态度，因此，忘却犯也是行为，而幼儿和精神病人的行为等，由于不能反映行为人的人格，所以，不是人格行为。但是，其中所谓"主体性"意味着自由意思，在结局上和"有责"等同，在行为是否构成犯罪的判断之前，行为概念预先取代了责任判断，显然和行为概念所具有的实践意义不符。

(4) 社会行为论，认为行为是具有某种社会重要意义的人的态度。所谓社会重要，是指行为对于刑法上归责判断而言具有重要意义，如在电视上看见有人掉入水中而未施以援手的行为，和在现场看见有人掉入水中却未施以援手的行为，社会意义大不相同。后者是刑法上的不作为即行为，但前者不是，从刑法的角度看，该行为没有任何意义。社会行为论由于不考虑人的意志要素，故能将单纯的反射行为、无意识的动作、绝对强制下的动作以及忘却犯包括在行为之内，但其并未对作为核心内容的"社会重要"概念提出一个明确的判断标准。批判意见认为，社会行为论在行为的判断上，不过是将犯罪构成理论中的某些问题，如作为义务及可能性，或者依法令的正当行为，提前放在行为论中加以讨论而已，这在事实上会造成循环论证的结局。[13]

由于在行为论的理解上出现了以上错综复杂的局面，于是，很多人就回过头来考虑，"到底是为什么要考虑行为论？其目的何在？"的问题。在刑法学上探讨行为，意义无非有二：一是将不符合上述定义的身体举动一开始就排除在犯罪的判断范围之外，限定能够入罪的现象范围（实践意义）；二是为犯罪构成的判断提供事实素材（体系意义）。但是，行为论的这两个意义，是相互矛盾的。因为，危害行为论的实践意义要求危害行为具有价值判断的底色，而其体系意义则要求危害行为必须是中性无价值的概念。虽说上述几种有关行为的学说，都从一个或者几个侧面论证了刑法中的行为，均有一定的理论价值；但是，刑法学所研究的行为和哲学以及其他社会科学所研究的行为不同。哲学以及其他学科或许要研究行为的一般属性，但在刑法学中，研究行为概念的意义在于，将那些即便予以刑法处罚也无法防止其再次出现，即无法预防的行为，排除在刑法处罚范围之外。这种即便予以处罚也无法防止其再次出现的行为，从常识上看，就是诸如神经反射之类的、并非基于意思支配的身体动静。

基于上述内容，本书认为，将刑法上的行为限定为作为人的意识体现的身体动静即可。其中的"意识"仅仅是指人的"有意识"的状态，即能够表明人的外在举止是基于人的意识的反应，就足够了，而不要求达到深入考究其内容（如抢劫的意识、谋利的意识、徇私的动机等）的程度，那是在犯罪构成中犯罪故意、犯罪过失、犯罪动机和犯罪目的等部分所要研究的问题。这种行为概念，作为犯罪论的最外层内容，在宣告对人的单纯的内心活动不予以处罚的一点上，具有意义。按照这种理解，梦游行为、反射行为、昏迷中的行为或者其他不受意识控制的行为，

---

[12] 张小宁：《日本的行为论之争及最新研究趋向》，载《学术界》2014年第11期。
[13] 黄荣坚：《基础刑法学》（上）（第4版），台北，元照出版有限公司2012年版，第152页。

都可以被排除在刑法上的行为范围之外。

但要注意的是,在特定条件下,常说的所谓反射行为或者绝对强制之下的行为,也有可能被纳入刑法考虑的范围。如在医生敲击患者的膝关节,患者因为非条件反射而踢到旁边的护士的场合,如果说患者已经有此意识而不回避,就可以说这种行为属于刑法上的行为,否则"原因自由行为"的概念就不可能被纳入刑法的处罚范围。同样,行为人在严重醉酒而无意识状态下,驾驶汽车肇事,导致行人死亡的场合,如果说被告人的驾驶行为不是意识支配下的行为,而不能被纳入刑法的考虑范围中的话,则会导致醉酒程度越高就越不能受到刑罚处罚的后果。从此意义上也能说明,刑法中的行为并不完全和哲学、心理学上的行为一致,而是具有自己独特的价值判断。

2. 危害行为

关于刑法中的行为,我国刑法学主要探讨的是"危害行为"(也有人称之为"实行行为")。危害行为,是为具体犯罪构成提供特色的最主要的构成要件要素,所谓犯罪构成的类型化机能主要就由此而来。实际上,刑法不是对所有的法益都予以保护,即便是侵犯财产法益的行为,也并不都在刑法的保护范围之内。从各国刑法的规定来看,财产犯罪的成立范围,也仅仅限于窃取、骗取、敲诈等经常发生、需要予以严格禁止的特定侵害样态。因此,即便说刑法的任务是保护法益,犯罪的本质是侵害法益,但侵害法益的行为类型即危害行为,对于刑法处罚范围的限定以及具体犯罪的认定而言,也极为重要。

所谓危害行为,我国通说见解认为,是在人的意识或者意志支配下实施的危害社会的身体动静。[14] 由于其强调必须是"人"的"身体活动",因此可以将动物的行为、风雨雷电等自然现象以及单纯的思想活动排除在刑法的处罚范围以外;又由于其着重说明必须是人的"意识或者意志支配"下的产物,所以,人体的条件反射行为、睡梦中的人体活动、精神错乱下的人体活动、人体受到暴力强制下的行为、不可抗力引起的人的行为,都不是刑法上的危害行为。[15]

这种危害行为概念,看似是前述因果行为论的翻版,但实际上并不如此。因果行为论所说的"意志",仅仅是行为之所以成为行为的条件,也即行为的要素而已。但是,上述危害行为概念则赋予了其更多的内涵。如被歹徒用枪指着脑袋抢劫银行的所谓暴力强制下行为、由于汽车刹车失灵而冲向路边人群的所谓不可抗力行为,很难说这些行为是不受人的意识或者意识支配的行为;同样,吸毒之后陷入精神错乱状态,在此错乱状态下实施的杀人行为,也不能说其不是刑法上的危害行为(本例属于后述的"原因自由行为")。可见,上述有关危害行为的通说见解,实际上是使"意识支配"概念包括了本应在危害行为成立之后的责任阶段上,行为人的故意、过失等意志内容。

以上通说见解,从本书所主张的社会危害性的判断属于客观判断、责任判断属于主观判断的立场来看,存在可商榷之处。具体来说,在判断是否属于犯罪构成客观不法要件的危害行为的时候,最多只能考虑该举止是否基于行为人的意志,而不应过多考虑该意志的内容。

---

[14] 高铭暄、马克昌主编:《刑法学》(第 10 版),北京大学出版社 2022 年版,第 60~61 页;贾宇主编:《刑法学》(上册·总论)(第 2 版),高等教育出版社 2023 年版,第 123 页。
[15] 冯军、肖中华主编:《刑法总论》(第 3 版),中国人民大学出版社 2016 年版,第 155~157 页。

将行为人在行为时的意志内容作为危害行为的构成要素：一方面，会不当地缩小危害行为的成立范围。刑法中危害行为的范围极为广泛，除刑法中规定的为数众多的犯罪行为之外，还应包括精神病人的行为以及在不可抗力情况下的行为。特别是后两者，它们客观上都给法益造成了侵害，具有社会危害性，只是由于具备一定的法定条件而不被追究刑事责任而已，但其并没有因此而转化为"对社会无害甚至有益的行为"，否则，我国刑法第18条就不会规定，对于因为精神病而不负刑事责任的人，应当责令他的家属或者监护人严加看管和医疗，且在必要的时候，要由政府强制医疗了。既然说精神病人的行为也是危害行为，那为什么在探讨危害行为时，一定要加上"人的意识支配之下"的身体动静呢？另一方面，也会造成重复评价。众所周知，我国刑法认定犯罪的基础是犯罪构成。犯罪构成是犯罪构成客观不法要件和主观责任要件的有机统一，其中主观责任要件就包括犯罪故意、犯罪过失等内容。如果说行为人的危害行为当中还包含"意识和意志支配"程度的主观要素的话，也无非就是这些内容了。但是，如果说在认定行为人的身体动静是否为行为时必须考虑其主观意思，在后来的犯罪评价即考察行为人的主观责任要件时又要重新考虑其主观内容的话，岂不是在做重复评价吗？[16]

基于以上考虑，本书认为，所谓危害行为，就是作为人的意识体现的具有社会危害性的身体动静，该行为属于一种客观外在的存在，与行为人的年龄、精神状态无关。据此，通说作为不在危害行为范围之列而被广泛列举的行为，如无意识状态下的反射行为、醉酒状态的行为、精神病发作时的行为、绝对强制之下的行为以及不可抗力下的行为，只要侵害了法益或者具有侵害法益的危险，就都能被认定为刑法中的危害行为。

可能有人担心，按照上述理解，是不是会不当扩张刑法的处罚范围？本书认为这种担心是不必要的。因为，确认某种身体活动是否为危害行为，只是为该行为是否构成犯罪提供了最基本的客观素材而已，而该行为是否构成犯罪，还必须从具体犯罪的犯罪构成的角度出发，对行为时行为人的主观意思内容进行进一步的考察，看其是否具备具体犯罪所要求的故意或者过失。无意识状态下的反射行为、醉酒状态下的行为、精神病发作时的行为，尽管可能侵害或者威胁法益，具有社会危害性，但由于行为人在实施上述行为时，或者未达刑事责任年龄，或者没有刑事责任能力，或者既没有故意又没有过失、欠缺成立犯罪所要求的主观责任，因而不能成立犯罪。

按照上述理解，在危害行为的认定上，必须注意以下几个问题：

第一，危害行为必须是具体犯罪构成当中所预定的行为。犯罪是行为，但不是所有的行为都是刑法处罚对象，只有符合刑法禁止的行为类型的行为，即符合犯罪构成的行为，才是处罚对象，这种各个犯罪构成中所预定的行为就是"危害行为"。从我国刑法分则规定来看，有的犯

---

[16] 行为性成为问题的判例：在日本，有这样的案例。因吸食毒品而留下后遗症的具有被害妄想的被告人，某日在自己家里处于浅睡状态时，看见自己被3个黑衣大汉围攻，极度恐惧，想先下手为强，于是勒住其中一个人的脖子，直至其不能动弹为止。其醒来之后发现，其所勒死的实际上是睡在自己身边的妻子。在该案例中，一审的大阪地方法院没有考虑被告人有无责任能力的问题，而是以该行为不是行为，直接判定被告人无罪。日本大阪地方法院1962年7月24日判决，下刑集4卷7、8号676页。但批判意见认为，就本案而言，本案中的杀妻事实并不是物理地、自然地发生的，而是基于被告人的意思发生的，其不是能够否定行为性的事例。故二审法院对本判决进行了改判，认为被告人有行为，只是没有责任能力而已，因而判定被告人无罪。参见[日]大谷实：《刑法讲义总论》（新版第5版），黎宏、姚培培译，中国人民大学出版社2023年版，第88页。

罪构成对危害行为的描述很特定,如根据刑法第 236 条的规定,强奸罪的危害行为必须是"以暴力、胁迫或者其他手段强奸妇女",不满足这一要求的行为(如以欺骗手段奸淫妇女),即便导致了危害结果的发生,也不构成该罪。相反地,有一些犯罪中则没有这种要求,即凡是足以引起犯罪构成结果的行为,都可认定为危害行为。如刑法第 232 条规定,"故意杀人的",即构成故意杀人罪,这一规定意味着,只要行为直接导致行为对象即无辜的他人生命被剥夺,就足以构成故意杀人罪,不要求行为具有特定形态,亲自使用枪支、砍刀、毒药等杀死他人的行为就不用说了,花钱雇凶杀死他人的行为,或是利用他人处于某种不正常的精神或者心理状态(如他人正处在亢奋状态下而极易冲动),而教唆或者帮助他人跳楼自杀的行为,也都是杀人行为,甚至利用他人心胸狭隘,经不起刺激的特点而故意诅咒他人,导致他人突发恶疾而死亡的行为,在特定条件下(如针对具有严重心脑血管疾病的人),也能认定为杀人行为。[17]

刑法条文中,有的犯罪的成立,以行为人违反作为前置法的行政法为前提。如刑法第 133 条规定的交通肇事罪,即以"违反交通运输管理法规"为前提。这样就可能出现行为尽管造成了侵害法益的结果,但该行为却并未违反交通运输管理法规的情形。如在限速 40 公里/小时的乡村公路上,铺满了村民晾晒的新收割的稻谷,行为人以 30 公里的时速驾车行驶在这段路上,却不料压死了藏在稻草底下捉迷藏的两名幼童。这种场合下,尽管发生了侵害法益的结果,但行为本身并不违反前置法的规定,即行为与结果之间存在冲突问题。对此,从本书的角度来讲,此时行为人的行为就不是危害行为,行为人不构成交通肇事罪。一方面,交通肇事罪中所预定的危害行为是"违反交通运输管理法规"的行为,而行为人以 30 公里的时速行车,并不违法,不属于引起了法所不允许的风险之侵害法益行为;另一方面,被害人即两名幼童在车来车往的马路上捉迷藏,客观属于自陷风险之行为,其生命法益保护程度降低。因此,上述例子中,行为人的驾车肇事行为不属于交通肇事罪的危害行为。

在确定行为到底是什么罪的危害行为的时候,必须考虑行为人的主观意图。如向牵着名贵宠物狗的人开枪射击,子弹从人和狗之间穿过的时候,要确定该行为到底是什么罪的危害行为,就必须考虑行为人在开枪时的主观意图。意图杀人的话,开枪行为就是故意杀人罪的危害行为;意图杀狗的话,该行为就是故意毁坏财物罪的危害行为。同样,伪造公文的行为到底是构成诈骗罪等犯罪还是伪造公文罪本身,也必须参照行为人伪造公文的用途。若伪造的公文最终用于骗取财物,则伪造行为距离诈骗取财的结果还很远,只能说是诈骗罪的预备行为,而如果仅仅出于骗取名誉、地位或者爱情的目的,则构成招摇撞骗罪的预备行为。为了项目审批上的方便而制造特定国家机关批文并使用,就仅仅构成伪造国家机关公文罪。但要注意的是,这种考虑行为人主观意图的要求,并不意味着在是否属于危害行为的判断上,必须考虑故意、

---

[17] "诸葛亮舌战王朗"就是其典型。该故事记载于《三国演义》第九十三回"姜伯约归降孔明 武乡侯骂死王朗"。诸葛亮率军北伐时,时年 76 岁的魏国司徒王朗毛遂自荐,跟着大都督曹真一起出征抵御。傲慢自负的老臣王朗自以为可以凭其三寸不烂之舌劝退诸葛亮军,不料却被诸葛亮一顿痛骂,不仅把王朗批得体无完肤,还顺便扒了王朗二度为臣毫无气节的"黑历史"。诸葛亮痛斥:"汝既为谄谀之人,只可潜身缩首,苟图衣食;安敢在行伍之前,妄称天数耶!皓首匹夫,苍髯老贼!汝即日将归于九泉之下,何面目见二十四帝乎!老贼速退!可教反臣与吾共决胜负!"王朗听闻此话,气满胸膛,跌落马下,大叫一声,吐血而亡。后人有诗赞孔明曰:兵马出西秦,雄才敌万人。轻摇三寸舌,骂死老奸臣。

过失等主观要素,其只是确定行为到底是什么犯罪的危害行为的依据而已。故意、过失之类的主观要素,并不能增加或者减少危害行为本身的法益侵害性。[18]

第二,危害行为是从社会一般观念上看,具有导致一定程度的侵害法益危险的行为。如在他人食物里投放已经过期、没有毒性的毒物杀人的场合,尽管实质上不可能引起危害结果,但如果依据毒物的性质、生产日期、外观等事实,从社会一般观念上看,该行为具有一定程度的抽象危险的话,则该行为有可能被认定为故意杀人罪的危害行为。[19] 相反地,希望飞机出事摔死他人而劝他人坐民航飞机出行的行为,则不是故意杀人罪的危害行为。因为,在飞机已经成为一种非常安全的交通运输工具,乘坐民航飞机出行是一种常见的旅行手段的当今,不能将劝说他人坐飞机的行为,看作为具有引起他人死亡危险的行为。即便碰巧发生了坠机事故,造成了他人死亡的结果,也应当作同样理解。由于不能将仅仅希望发生某种结果的行为看作未遂行为,因此即便是未遂犯的行为,也必须是具有一定危险性的行为。当然,要注意的是,在生产、销售、提供假药罪的场合,即便说行为人所生产、销售、提供的,是如以淀粉加红糖制作的"板蓝根"之类的"所含成分与国家药品标准规定的成分不符"的假药,其本身并不具有毒害人体健康的效果,但由于这种假药可能延误病人的正常治疗,在这一层面上具有引发病情恶化的危险,因此,上述行为仍然是具有侵害法益危险的危害行为。

第三,是否属于危害行为,其判断不能仅仅考虑行为本身,还要结合实施行为当时的具体状况,如行为所针对的对象,行为的时间、地点,当时当地的气候、地理以及行为人在组织中的地位、作用等各种因素,综合起来判断。如行为人晚上在水边实施强奸行为,被害人在反抗时跌入水中淹死的场合,尽管最终被害人是被淹死的,但晚上在水边这样一个危险的环境里实施强奸行为,显然具有剥夺他人生命的危险,因此,该行为足以构成强奸(致人死亡)罪的危害行为;在隆冬即将来临的季节,将处于北冰洋水域的渔船的发动机中的空气放光,致使渔船的引擎无法启动,渔船被困在冰天雪地之中的行为,尽管物理上看,该放光空气的行为没有对渔船造成任何物理上的损坏,但从行为当时的时空条件来看,可以说,该行为是足以让船上的人以及渔船本身濒临危险的行为,足以构成故意毁坏财物罪。[20] 同样,在有组织地殴打他人的集团犯罪当中,几个人正围住被害人,集团中的老大对下属使了一个眼色,几个手下一哄而上,将被害人围殴致死。此时,尽管老大只有"使眼色"的动作,但从老大在组织中的地位、作用,当时的情景和之后的结果来看,老大的"使眼色"行为足以被评价为故意伤害(致死)罪的危害行为。

第四,危害行为,不一定要行为人亲自动手实施。行为人让不知情的护士向病人注射毒针

---

[18] 不能认定"杀意"的话,不能认定为故意杀人罪的危害行为,但可以将其作为致人死亡的犯罪即过失致人死亡罪或者故意伤害(致死)罪的危害行为。
[19] 为危害行为的危险性奠定基础的发生结果之危险自身,基本上,是以一般人为基准的客观问题,不受行为人本人的认识或者愿望的影响。但是,实务当中,在难以判断某行为是否属于危害行为的时候,常常就在该种行为客观危险性的内容之上,加入行为人的计划、动机等作为判断资料。但在行为完全没有危险性的场合,绝不能如此认定危害行为。
[20] 常说的教学案例"雷击案",即甲希望乙最好被雷劈死,并基于该愿望命令乙到森林中去,乙果真被雷劈死的案例,一般认为,命令乙去森林的行为与雷电所引起的死亡危险之间并无相当因果关系,因而该行为不具有实行行为性,也不具有故意杀人罪(未遂)的可罚性。但是,从本书的立场来看,假如甲命令乙所去的林区客观上是一个雷电多发、经常有人因雷电死亡的危险区域,则不能说甲的命令行为和乙被雷劈死的结果之间没有因果关系。

致病人死亡的行为,和用手枪杀人的行为没有什么本质区别。这种把他人作为工具,实施犯罪的场合,在刑法理论上被称为"间接正犯"。尽管本书并不赞成"间接正犯"的概念,而是将其理解为共同正犯或者教唆犯,但并不否认这种行为属于具体犯罪如故意杀人罪的危害行为。

第五,在危害行为的具体判断中,如何将一连串的行为视为一个危害行为,是一件很棘手的事情。其可以分为以下几种情形:

一是行为人实施了预备行为,却导致结果提前发生的场合。如甲准备杀死张三而提前3天调好毒酒并放在书架上,准备等张三到来之后交给他喝下。但不料调酒次日,甲恰不在家,张三却不请自来,看见书架上的毒酒便一饮而尽,不幸身亡。此时,尽管甲有杀人故意,有调制毒酒的危害行为,并且也发生了致人死亡的结果,但因为这种情形是在甲尚未着手杀人的预备阶段,引起了构成要件结果,即构成要件结果提前发生。因此,不能将其认定为故意杀人罪(既遂)的危害行为,而只能认定为故意杀人罪(预备)的危害行为;对于该死亡结果,只能认定为过失致人死亡罪的结果。换言之,上述行为,属于故意杀人(预备)罪和过失致死罪的竞合。

二是计划实施一系列或者说一连串行为之后才引起结果,不料结果竟然提前发生的场合。如行为人打算分两阶段完成其杀人计划,第一阶段是先用毒性极大的氯仿捂人口鼻,致使被害人昏迷,第二阶段则是将被害人推下山崖摔死。结果,在第一阶段用药量过大,直接导致被害人死亡,以致被推下山崖的只是一具尸体。此时,若依据行为人的主观意图来认定其行为性质,则第一阶段的行为就构成过失致死罪,而第二阶段最多只能说是构成故意杀人(未遂)罪。但一个完整的故意杀人行为,并且最终也引起了杀人既遂的结果,仅仅因为是分阶段实施的,所以只成立故意杀人未遂罪和过失致死罪,显然有轻纵罪犯之嫌。因此,可以基于上述一连串行为的整体性质,当其满足以下条件时,作为一个故意杀人行为,一体评价:第一行为(使用氯仿捂人口鼻)是使第二行为(推下山崖摔死)容易实施的必不可少的行为(必不可少性);第一行为成功之后,第二行为的实施就变得非常容易,不存在任何障碍(容易实施性);第一行为和第二行为在时间、空间上非常接近,属于紧密相连的行为(时空关联性)时,就可以说行为人的第一行为已经明显具有剥夺他人生命的客观危险,在该时点上,故意杀人罪的危害行为就已经着手,后面的行为和前面的行为浑然一体,不进行单独评价。

当然,要注意的是,将这种一连串行为进行一体评价,考虑为一个行为的前提是,第一行为本身必须具有足以导致危害结果发生的较高程度的危险性。如在上述案例中,由于氯仿具有麻醉人的中枢神经的毒性,使用不慎就会致人死亡,因此使用氯仿捂人口鼻本身就属于具有高度危险的行为,因此就可以进行这种一体评价。相反地,在行为人让被害人服用只是具有轻微副作用的安眠药而致其昏睡之后,将其放入汽车后备厢,准备让其随车坠海而死,结果在去海边的途中,行为人所驾驶的汽车被其他车辆追尾,导致被害人当场死亡的场合,就不好说使人昏迷之后将其放入汽车后备厢的行为构成故意杀人罪的着手。因为,将昏迷的被害人放入汽车后备厢的行为,并不必然就会引发追尾事故而造成被害人死亡的高度危险。特别是在药量较少的场合,被害人中途醒来的可能性极高,逃脱的可能性就更大,因此,该种行为就更不可能被认定为故意杀人罪的危害行为。然而,在让人服用安眠药之后又将其手脚捆绑起来放入汽车后备厢的场合,情况就不一样了,被害人即便醒来也难以脱逃,此时危险性就更高了。进一步地,如果是为了让被害人不出声而同时还以胶条封住其口鼻的话,就有让人窒息的可能,这样一来,危险性就更高了,就可以将该行为认定为故意杀人罪的危害行为。

三是已经实施一连串足以导致死亡结果的行为,但结果却延后发生的场合。如行为人在船上掐住被害人的脖子数分钟,直至其不能动弹,就以为被害人已经死亡,为了毁尸灭迹,便将其推入水中,结果前面的行为其实只导致被害人重伤,被害人实际上是被推入水中后淹死的场合,就是如此。此时,将本案中的行为分开考虑的话,则前面的行为构成故意伤害罪,后面的行为构成过失致人死亡罪,但这样同样会轻纵罪犯。因此,和前面所说的情形类似,只要第一个行为具有足以引起结果发生的危险,则当两个行为之间具有紧密的时空关联,且引起结果的后行为可以看作是前行为的自然延续时,就可以将这两个行为视为一体,评价为一个故意杀人罪的实行行为。据此,就可以将前述案例中的行为论以故意杀人罪既遂。

3. 危害行为的分类

危害行为的表现形式众多,根据不同标准,可以进行不同的分类。[21] 但其中最基本的分类形式是作为和不作为。

作为和不作为该如何区分,理论上存在分歧。有人从事实的角度出发,认为人的身体运动是作为,人的身体静止是不作为。但是,母亲在以不给婴儿喂奶的不作为方式杀人的时候,身体并不一定处于静止状态。因此,这种区分标准不妥。有人从规范的角度出发,认为违反禁止规范的行为是作为,违反命令规范的行为是不作为。但是,杀人犯罪中所隐含的规范,到底是禁止规范还是命令规范,并不一定清楚。因为,在上述母亲不给婴儿喂奶的场合,既可以说是违反了"应当保护婴儿生命"的命令规范,也可以说是违反了"禁止杀人"的禁止规范,因此,将违反什么样的规范作为区分作为与不作为的标准的做法也不一定妥当。[22] 还有人从制造风险的角度来加以区分,认为制造风险的行为或者加速既有风险的行为就是作为,而不排除既存风险的行为是不作为。[23]

本书认为,作为和不作为的区分,应当根据其行为构造即行为自身对外界的影响来进行。从现象上看,作为是以积极的身体活动对外界产生影响,而不作为是当为而不为一定身体活动即放任外界的某种变动。因此,作为是使外界发生一定的变动(结果),而不作为是放任外界发生一定变动。换言之,作为对结果具有因果性(原因力),而不作为则不具有这种因果性。因此,作为和不作为是 a 与非 a 的关系。结合法益概念来说的话,所谓作为,就是使现实中平稳或者渐趋平稳的法益状态恶化或者加剧恶化;而所谓不作为,则是不阻止正处在危险状态中的法益状态进一步恶化。

这样说来,在作为还是不作为的问题上,刑法学中许多教学案例就能够有明确的区分。如在某甲落水,于水中挣扎,岸上有人向某甲扔下一个救生圈,眼看某甲快抓到该救生圈的时候,旁边的某乙用木棍将该救生圈拨开,致使某甲溺水死亡的场合,某乙的行为就是作为。因为,落水的某甲在快要抓到救生圈的时候,其生命法益处于趋于平稳的状态,但某乙却将救生圈拨

---

[21] 如我国学者根据刑法总则和分则对危害行为在犯罪构成中的不同规定,将危害行为分为实行行为与非实行行为;根据刑法分则条文规定的各种具体犯罪中构成行为的单复数,将危害行为分为单一行为和复合行为。

[22] 黎宏:《不作为犯研究》,武汉大学出版社1997年版,第23页以下。

[23] 黄荣坚:《基础刑法学》(下)(第4版),台北,元照出版有限公司2012年版,第680页。

开,就使某甲的生命法益趋向平稳的状态遭到了破坏,因而属于作为。同样,在工厂老板将未依照规定消毒的原料交由工人加工,致使工人感染病菌死亡的案件中,因为老板交付(未经消毒的原料)的行为而使工人的健康法益受到破坏(如果不把原料交付给工人,工人就没有接触该有毒原料的机会,也就不会引起感染而死亡),因此,老板的行为是作为。相反地,在某乙远远看见有人落水,于是跳下水救人,靠近的时候,突然发现,落水者某甲原来是自己的仇人,就放弃了救助念头返回,某甲因此身亡的场合,某乙的行为应当是不作为。因为,在这里,落水本身是某甲生命法益状态恶化的原因,某乙的不救助行为并没有加剧这种状态,而只是没有阻止其进一步恶化而已。[24]

实际上,作为和不作为只是观察问题的角度不同,二者可以并存。换言之,一个人的身体现象,永远既是作为,也是不作为。特别是我国刑法当中,并没有处罚不真正不作为犯的明文规定,加之从犯罪构成的角度来讲,作为犯没有主体身份要求,而不作为犯则有主体身份要求,即只有具有作为义务者才能构成。因此,实务中,在作为和不作为交织在一起,难以区分的场合,可以首先考虑成立作为,只有在不成立作为时,才需要进一步考虑成立不作为的可能性。如就母亲通过不喂奶的方式杀害婴儿的事实而言,确实,母亲不给嗷嗷待哺的婴儿喂奶,就是不为一定应该做的行为,属于不作为;但是,现实当中,婴儿饿得嚎啕大哭,而母亲坐在旁边视若无睹的情形恐怕并不多见。这种情形下,我们完全可以考察在此期间母亲有何作为。如母亲将婴儿关在没有人照料的房间里,自己外出旅游数天后才归来,致使孩子因为饥饿而死亡的场合,就可以说母亲的行为是"饿死"的作为;或者母亲在隆冬时节有意将幼儿放在开着窗户的屋子里,让其遭受风寒而死亡的场合,就可以说母亲的行为是将孩子"冻死"的作为;或者母亲嫌孩子哭闹心烦,用枕头压住幼子口鼻致其窒息而亡的场合,也可以说母亲的行为是"捂死"的作为。总之,不能因为行为人具有某种身份或者义务,而又没有履行相应义务,就一概将其认定为不作为,这样只会造成我国刑法中没有明文规定的(不真正)不作为的滥用。

当然,对于一些极端案件,一律论以作为的话,会有评价不足、罚不当罪的不妥。如在被告人带领数名小孩到岩壁陡峭的山上摘杨梅,途经一水坑附近时,有两名小孩掉入其中,虽然被告人会游泳,但因害怕承担赔偿费用而未实施任何救援,放任其溺死的案件中,若要将被告人的不救助认定为作为,便只能将被告人带领被害人去危险地带摘杨梅的作为认定为引起法益侵害危险的行为。但这种做法会有两个疑问:一是将故意杀人罪的着手大幅度提前至带人去危险地方的时点。此时,若没有出现小孩溺亡的结果,是不是也要据此将被告人的行为认定为故意杀人未遂呢?二是即便将被告人带小孩去山上的行为认定为杀人的着手,但其当时对死亡结果显然没有认识或者说预见。从行为与责任同在的角度来看,即便说被告人将被害人带至危险地方的作为具有致人死亡的危险,最多也只能评价为过失致人死亡。这种评价没有考虑孩子落水之后,被告人能救而未救的事实,显然有评价不足之憾。因此,将一定范围的不作为行为作为危害行为,是有其现实依据的。

---

[24] 需要注意的是,在这里之所以如此认定,是因为救人者和落水者之间还没有形成稳定的生存依赖关系。如果救助行为已经达到使被救助者能够获救的程度,如已经将落水者抱住拖至岸边,突然发现是仇人,然后放弃的,则该放弃或者说中止救助的行为,就应当是作为了。

(二)作为犯和不作为犯

刑法学通常把将"积极的身体活动"规定为危害行为的犯罪称为"作为犯",而把将"消极地不进行某种身体活动"规定为危害行为的犯罪称为"不作为犯"。二者的区分标准,就在于危害行为的表现方式不同。

1. 作为犯的危害行为

作为犯的危害行为是作为,具体而言,是使法益状态恶化的身体活动。我国刑法中的绝大多数犯罪是作为犯,如抢劫罪、劫持航空器罪、伪造货币罪、绑架罪等,都是如此。作为犯的危害行为,从表现形式上看,是积极的身体动作;从违反规范的类型上看,通常是直接违反禁止规范。

作为犯中的危害行为,通说认为,表现为以下形式:一是利用行为人自身的身体动作。如用手将人扼死、用语言传授犯罪方法等。二是利用外在力量。如利用刀枪、棍棒等物质工具的行为,利用恶狗等动物的行为,利用风雨雷电等大自然的力量的行为。三是利用他人的身体动作,即将他人作为"犯罪工具"。这就是所谓"间接正犯"[25]的情形。间接正犯本身是正犯即单独犯,而不是共犯,[26]但其和共同犯罪有着千丝万缕的联系,为了说明上的方便,本书将其置于后续共同犯罪部分加以介绍。

2. 不作为犯的危害行为

不作为犯的危害行为是不作为,具体而言,就是不阻止处于危险中的法益状态进一步恶化。我国刑法中的有些犯罪,一望便知是只能以不作为形式构成的,如丢失枪支不报罪、遗弃罪、拒不救援友邻部队罪以及拒不支付劳动报酬罪等。这种法律规定为只能以不作为形式构成的犯罪,被称为"真正不作为犯";相反地,还有一些犯罪,尽管从法律规定上看属于作为犯,但学说上普遍认为,其实际上也能够以不作为形式实施。如故意杀人罪,既能够以积极的作为方式(如刀砍)实施,也能够以不作为的方式(如对处于危险状态的人不救助)实施。无论采取哪一种方式,都有可能构成故意杀人罪。这种以不作为的方式实施刑法以作为犯为原型而规定的犯罪的行为,被称为"不真正不作为犯"。之所以称其为不真正不作为犯,是因为其在行为形式上表现为不作为,而在处罚上则依照了作为犯的条款。

近代社会早期,自由主义和个人主义盛行,强调个人权利,并不要求个人承担过多的社会义务。因此,就刑法所规定的犯罪而言,原则上是以积极主动侵害或者威胁法益的作为犯为主要形式,对不作为犯则极少关注,仅就违反法律规定或者违反合同义务的行为,例外地认定其具有社会危害性。及至现代,由于刑事政策强调集体安全,立法思潮也注重社会连带关系,由此,处罚不作为犯罪也就成为一种趋势,刑法当中增设了不少处罚不作为行为的条款。

---

[25] "正犯"一词,本系我国古代法律用语,指的是触犯正条即刑法中所规定的罪刑条款的人。此后,日本学者将德语"Taeterschaft"一词译为"正犯"。我国清末颁布的《大清新刑律》复将具有资产阶级刑法意义的"正犯"一词引入国内。以上内容,参见陈家林:《共同正犯研究》,武汉大学出版社2004年版,第1页。我国学者在讨论共同犯罪的相关问题时,一般均在"实行犯"的意义上使用"正犯"概念,本书也循此通例。

[26] 间接正犯到底是正犯还是共犯,理论上有不同看法。但是,从共犯的从属性即"正犯不违法,共犯不可能违法"的角度来讲,由于在间接正犯的场合,很多时候被利用者即正犯并不违法,而间接正犯仍然成立,因此间接正犯不可能是共犯,而只能是正犯。

从本书的立场来看,处罚不作为犯,主要是为了体现刑法的规制行为机能,以实现刑法的保护法益目的。因为,在现代社会,侵害法益的行为,不仅仅局限于作为,不作为的行为也会导致法益受到严重侵害,将一定条件下的不作为的侵害法益行为纳入刑法的处罚范围是完全有必要的。但现代社会毕竟是权利本位社会,不能以保障法益为由而无限地要求人们履行义务。广泛地赋予人们保护法益的义务,并以刑法手段强制实施,会使人们的行动自由受到压抑,反而会产生很多弊端。因此,必须对不作为犯的成立范围进行适当限定,即只有在行为人具有法定的作为义务,并且不履行该种义务而引起了侵害法益结果的场合,才能例外地对其进行处罚。如此说来,成立不作为犯,必须满足以下条件:

(1)行为人负有特定积极作为的义务。通常认为,这种义务来源有以下几种:一是法律的明文规定。如婚姻法规定的夫妻之间、直系亲属之间的相互扶养、抚养和赡养的义务;税法规定的公民或者企业依法纳税的义务。二是职务或者业务上的要求。如国家工作人员具有履行相应职责的义务;医生具有救护病人的义务等。三是先行行为。行为人由于自己的行为而使法律所保护的某种利益处于危险状态时,即具有采取行动消除该种危险状态,避免危险结果发生的义务。如我国刑法第133条规定,交通肇事后逃逸的,加重行为人的法定刑。之所以如此规定,就是因为行为人在交通肇事之后,具有报警、保护现场、救助伤者等义务。[27] 四是合同行为、自愿承担行为等法律行为。如对自己监护下的精神病人,在发生侵害法益结果的危险时,有防止结果发生的义务;自愿抱养他人弃婴的,负有抚养该婴儿的义务。

(2)行为人能够履行特定义务。法律不能强人所难,因此,法律规范只能要求能够履行义务的人履行义务,而不会要求不能履行义务的人履行义务。行为人能否履行特定义务,应当从行为人履行义务的主观能力和客观条件两方面来考虑。不能强求行为人冒着生命危险去履行义务。

(3)行为人不履行特定义务,造成或可能造成危害后果。不作为之所以能够和作为一样成立犯罪,主要是因为其和作为一样,能够引起危害后果。相反地,如果行为人即便履行了该作为义务也仍然难以避免危害后果发生的话,则无论如何都不能认为该危害后果是行为人的不作为所引起的。例如,在行为人交通肇事严重伤及被害人头部,即便立即将被害人送医也难以挽救其生命的场合,即使肇事者逃逸,也不能追究肇事者"因逃逸致人死亡"的刑事责任,因为

---

[27] 先行行为作为不作为犯的作为义务来源,主要涉及后述的不真正不作为犯的探讨。本书由于采用了支配说,故对此没有详细说明,且在此简单叙述。将先行行为作为不作为犯的义务来源,主要是习惯法的要求,法律上有明文规定的并不多见。但是,广泛地将先行行为作为不真正不作为犯的义务来源,会导致处罚过广之弊端。如得出交通肇事之后逃逸行为,一律构成故意杀人的结论。因此,如何对先行行为作为义务来源的范围进行限定,成为目前的主要课题。本书认为:首先,成为义务来源的先行行为必须是具有侵害法益危险的行为。其次,故意犯罪行为不成立先行行为,如故意伤害之后,见死不救的,构成故意伤害致死罪,绝不能将后面的不救行为直接以不作为的故意杀人论处。过失犯罪行为,理论上讲可以成立先行行为,如过失致人轻伤而不救助,致人死亡的,可以构成故意杀人罪。但就我国刑法第133条交通肇事罪的规定来看,我国立法并没有采用这种方式,而是采用了加重法定刑的方式。实务中,对于过失轻伤而见危不救的,可以故意杀人论处。如交通肇事,导致他人车辆起火,肇事者坐视不管的场合,该行为可以考虑构成不作为的故意杀人。作为反击法益保护程度降低的加害人的正当防卫行为,不能成为先行行为,否则会不当限制行为人行使防卫权。但是紧急避险行为,能够成为先行行为。因为,紧急避险所侵害的是无辜第三人的利益,而无辜第三者没有义务为避险者的利益无限牺牲。避险者一旦躲过突如其来的危险,就有义务消除被转嫁危险的人所面临的危险,否则就要构成不真正不作为犯。

其在当时的情况下,根本没有防止死亡结果发生的可能。

3. 不真正不作为犯

在不作为犯的危害行为的认定上,真正成问题的是所谓不真正不作为犯。所谓不真正不作为犯,正如"不作为的作为犯"的名称一样,是以不作为的方式实施法律看似预定为作为犯的犯罪类型。在此,首先遇到的问题是为什么作为犯的犯罪类型能够以不作为的方式实施?这种做法岂不是有违反罪刑法定原则之嫌吗?有的学者就此认为,处罚不真正不作为犯采用了类推解释,违反了罪刑法定原则。[28]但是,通说认为,处罚不真正不作为犯和禁止类推解释并不矛盾。因为,不真正不作为犯所适用的刑法条款,只是看似预定行为方式为作为,其实并不然,其从一开始就预定有一定的不作为的情形在内。如"杀人"的用语当中,当然能够包含"母亲以不喂奶的方式杀害婴儿"的情形。另外,以处罚作为犯为原则的刑罚法规当中,除禁止规范外,还包括命令规范,根据作为犯的条款处罚不作为犯,并不违反罪刑法定原则。但是,关于什么样的犯罪类型,在什么场合下可以通过不作为来实施的实质问题,现在的不真正不作为犯的理论并没有给出明确的答案。换言之,现在的问题是,什么样的不作为犯能够依照作为犯的条款处罚。

其次遇到的问题是不真正不作为犯的处罚范围。不真正不作为犯尽管被定义为"不作为的作为犯",但从司法实践的实际情况来看,对不真正不作为犯的处罚,采取了相当克制的态度,真正有问题的是故意杀人、放火、诈骗等结果犯,因此,说不真正不作为犯是"不作为的结果犯",更合乎问题的本质。从结果犯的观点来看,在作为的结果犯中,作为行为对于结果具有原因力,这是没有问题的。但是,在不作为的结果犯中,不作为不可能赋予结果原因力,因此,为什么能够将不作为作为结果犯处罚,成为问题的实质。

对于这一问题,我国刑法学的通说仍然采用了和前述不作为犯同样的处理办法,认为作为不真正不作为犯而受到处罚的不作为,并不是指任何不作为,而是能够被期待实施某种"作为义务"的人(也称"保障人"或"保证人")的不作为,只要是具有上述义务的人故意不作为,引起了严重后果,就要依照刑法中的作为犯的条款处理。[29] 其中,作为义务是指法律上的义务,来自法律规定、职务或者业务上的要求、法律行为引起的义务、先行行为引起的义务四个方面。[30] 这种将作为义务在形式上分类,并予以列举的方式,在理论上被称为"形式义务论"。其特征在于,使所谓作为义务这种发生法律效果的要件总是能在法规,即法源中找到根据。

但是,在以上述"形式义务论"认定不真正不作为犯时,经常遇到难题。如《民法典》第26条规定,"父母对未成年子女负有抚养、教育和保护的义务。成年子女对父母负有赡养、扶助和保护的义务"。但在母亲不尽抚养子女的义务,将婴儿抛弃的场合,或者子女对父母不尽赡养

---

[28] 如日本学者松宫孝明教授认为,不真正不作为犯和真正不作为犯不同,其以处罚作为犯为预定的构成要件,本来没有将不作为作为处罚对象,尽管如此,判例还是以具有相同的社会危害性为根据,对不作为犯予以处罚。这实际上是在肯定尽管某一事实在刑罚法规当中没有被明文规定,但由于该事实和刑罚法规中所规定的事实在事实和价值上同等,因此要加以处罚,这种解释方法属于类推解释,不应当被允许。[日]松宫孝明:《刑法总论讲义》(第3版),成文堂2004年版,第86页以下。

[29] 高铭暄、马克昌主编:《刑法学》(第10版),北京大学出版社2022年版,第63~64页。

[30] 高铭暄、马克昌主编:《刑法学》(第10版),北京大学出版社2022年版,第64~66页。

义务,因而造成父母死亡的场合,应当首先考虑成立遗弃罪,而不是直接就构成故意杀人罪。同样,《消防法》第5条规定,成年公民有参加有组织的灭火工作的义务。但是,公民在不履行这一义务时,并不马上就构成放火罪,而通常只是按照该法第6章的规定,承担有关行政责任而已。可见,通说所主张的判断方法难以对司法实践提供有效的指导。

由于以上原因,从20世纪末开始,我国学者就开始借鉴国外的相关学说,基于不作为和作为所存在的结构性差异,以不作为和作为必须等价为前提,从探求不作为具备何种事实特征才能被视为作为的思路出发,将作为义务的内容具体化。这种将作为义务从规范具体化为客观事实的研究方法,被称为"实质义务论"。[31] 其中,"支配行为说"认为,在行为人为防止结果的发生而自愿实施了具有支配力的行为的场合,该不作为与作为等价;[32]"排他支配说"认为,在行为人具体、排他地支配引起法益侵害结果的因果关系的发展方向的场合,该不作为和作为等价;[33]"先行行为说"认为,在先行行为具有引起损害结果的潜在风险,这种潜在风险继续发展,在损害结果中实现——先行行为所包括的潜在风险发展过程中没有其他异常因素介入(如异常发展、被害人或者他人的行为介入等)导致原来先行行为所创设的风险被替代,形成新的风险——的场合,所引起的损害结果归责于先行行为人。[34]

以上"实质义务论"的共同特点是,将不履行作为义务的行为转化为"引起"或者"支配"侵害法益结果的客观事实,以消除作为是引起因果流向,而不作为只是放任因果流向的结构性差异,从而实现二者的等价。如就"先行行为说"而言,其实际上是意图通过将不真正不作为犯的认定重心从后续的不履行义务行为,转移到先前的先行行为的方法,将不真正不作为犯的成立范围限定于行为人亲自实施了具有法益侵害危险的先行行为并对该先行行为所引起的危险具有支配力的场合。就"支配行为说"而言,其所表达的是:不真正不作为犯的成立,只限于行为人以实际行动承担起对正面临侵害危险的法益的保护,使其处于安定状态之后,又中止或者放弃该承担行为的场合,换言之,只有承担者具有放弃或者中止法益保护的行为时,才能成立不真正不作为犯。"排他支配说"则主张,只有一开始就排他、具体地实施了引起法益侵害结果的具有因果关系的行为,才能构成不真正不作为犯。

同传统的以违反作为义务为中心的不真正不作为犯论相比,上述做法,尽管名义上仍维持了不履行作为义务的外形,但实际上却看重不履行义务的行为当中所存在的引起和被引起的关系。换言之,表面上维持了规范论的研究范畴,实际上却是在寻找因果论的解决路径。这种"明修栈道、暗度陈仓"的做法,在维持不真正不作为犯论的理论连贯性的同时,也在突破纯粹以规范要素来判断作为义务的底线,追求不真正不作为犯认定上的明确性和可操作性,值得提倡。但其问题也很明显:一方面,由于上述见解仍在采用不作为犯的框架,探讨视角也仍局限

---

[31] 冯军:《刑事责任论》,法律出版社1996年版,第45~48页;黎宏:《不作为犯研究》,武汉大学出版社1997年版,第157页。
[32] 冯军:《刑事责任论》,法律出版社1996年版,第45~48页。
[33] 马克昌主编:《刑法学》,高等教育出版社2003年版,第515页。按照这种观点,遗弃婴儿和老人(神志不清、行动困难的老人)是构成遗弃罪还是故意杀人罪,要具体分析,如果上述被害人遗弃在容易被人发现的地方(如车站、别人家门口等),便于其及时得到救助的,仍然应当以遗弃罪论处;如果将上述被害人遗弃在野兽出没的深山僻野或者很少有人发现的冰天雪地,便应以故意杀人罪论处。
[34] 王莹:《论犯罪行为人的先行行为保证人地位》,载《法学家》2013年第2期。

在违反作为义务和不作为上,没有突破不真正不作为犯论本身的一些价值预设和基本观念,因此,理论上难免有各种各样的难以自圆其说之处;另一方面,单凭上述某一种见解,难以就历来要以不真正不作为犯论解决的问题(如母亲不给孩子喂奶将其饿死、父亲看见自己的儿子在水中挣扎而不救助致使其死亡、行为人不小心点燃物品之后不采取任何措施而逃走引起火灾等)给出令人满意的答案。

本书认为,不真正不作为犯的作为义务的实质根据在于,行为人主动设定了对法益的排他性支配。因此,主动将被害人置于他人难以救助的状态,而后放弃救助的,或者不小心引起火情之后,能够而且只有其能够扑灭而不扑灭,任火情蔓延,造成火灾的,都是要和作为犯同等评价的不真正不作为犯。本书将这种见解称为"排他支配设定说"。

如前所述,作为的场合,行为人设定或者引起了面向结果的因果发展流向,这就意味着,作为是行为人引起侵害法益结果的原因。与此相应,在先前已经存在面向侵害法益结果的因果流向的不作为的场合,尽管行为人不可能成为该因果经过的最初引起者或者说设定者,但完全可以通过中途介入而掌控因果关系的发展进程,左右结果发生方向,从而取得和作为犯的场合同样的效果。

具体来说,医生单纯不履行"救死扶伤"义务致使病人死亡的场合,病人死亡的主要原因还是病人自身的疾病,而不是医生的不作为,因此,医生的不作为可以构成渎职,却不能构成杀人。但是,在医生已经开始接手救治病人的场合,排除了其他人救助病人的可能性,病人的生死已经现实地依赖于该具体接手的医生了。在从当时当地的医学水平和医疗条件上看,该种类型的疾病能够被有效控制的场合,"接手"即意味着该病人已经转危为安,不再面临生命危险的紧迫状态了。在此过程中,若医生中间放弃或者中止医疗行为,则意味着被控制的安定状态不复存在,病人生命法益再次陷入了不安定状态。这种中间放弃或者中止的行为,在排除了病人获得他人救助的可能性的情况下,比医生单纯不接手治疗的行为的危害性更大,足以被评价为剥夺病人生命的杀人行为。同样,行为人在交通肇事之后,仅仅是逃逸的场合,即便因逃逸致人死亡的,也不能构成故意杀人罪,[35] 而只有在采取其他行为,使被害人的处境更加危险,如将被害人带离事故现场隐藏或者遗弃,致使被害人无法得到救助而死亡的场合,才能以故意杀人罪定罪处罚。[36]

但是,主动对法益进行排他性支配设定,并不限于行为人通过中途介入而掌控因果关系的发展进程的场合("支配行为说"),行为人亲自设定面向结果的危险,并对该危险的流向进行支配的场合("先行行为说"),也能实现。因为,正如前面反复强调的,作为是行为人引起并且操纵、支配面向法益侵害的因果关系;而不真正不作为则只是行为人利用、放任已经存在的面向法益侵害的因果关系而已。这样说来,不真正不作为和作为的结构性差异,主要在于行为人与引起结果的原因力的关系不同。从物理的角度看,不作为没有原因力,即该不作为本身并没有设定原因;相反地,在作为的场合,作为具有原因力,行为人是原因的主体。因此,要填补不作为和作为之间的空隙,使其与作为犯在构成要件上等价,首先必须考虑行为人是否设定了面

---

[35] 我国刑法第133条对这种情形,仍然规定为交通肇事罪,只是加重其处罚而已。
[36] 2000年最高人民法院《关于审理交通肇事刑事案件具体应用法律若干问题的解释》第6条。

向法益侵害的因果关系(原因设定)。不过,原因设定只是导致了因果关系的引起,在结果犯的场合,从原因引起到实现实害结果,还有一个发展过程。在此过程之中,如果有其他因素介入,最终也还是不能说该结果就是由当初的原因所引起的。因此,要成立"不作为"的结果犯,行为人不仅要在结果发生的原因上有贡献,还必须保证该原因在实害结果当中顺利实现(原因支配)。如此说来,成立"不作为犯",行为人不仅要引起发生结果的原因力,而且还必须支配该原因力的发展进程。甚至可以说,"先行行为说"实际上是"排他支配设定说"的一种表现形式。

总之,只有在行为人主动设定了对法益的排他性支配时,才可以消除不作为和作为之间的结构性差异,进而将该不履行作为义务的行为视为作为,按照作为犯的条款处罚。这种排他性支配的设定,既可以通过行为人中途介入并支配面向结果的因果进程的方式实现,也可以通过行为人制造并支配面向结果的潜在危险的方式实现。在采用中途介入的方式时,不要求行为人主观上具有发生结果的目的,只要行为人主动介入已经存在的面向结果的因果进程,并达到他人难以染指的程度即可;在采用先行行为的方式时,行为人仅仅实施导致法益面临危险的先行行为还不够,还必须将该侵害法益的危险最终变为现实侵害结果。

以下,依照上述见解,对司法实践中常见的几种所谓不真正不作为犯的情形进行分析验证:

(1)见危不救的场合

所谓见危不救,如丈夫见到因病痛折磨而着手自杀的妻子正处于生命垂危的状态却不救助,母亲看着不慎跌入池塘的孩子在水中挣扎却无动于衷,是指在被害人(多半是由于自己)正面临生命、身体上的危险时,另一方即行为人能救助却不救助,最终引起死亡等结果发生,其常见于夫妻、恋人以及父母子女等存在特定关系的当事人之间。对此,我国的司法实践常以不救助的一方具有法定或道义上的救助义务为由,将该不救助行为认定为故意杀人罪。但从本书的立场来看,这种判决值得商榷,理由如下:

第一,上述场合,被害人的死亡结果都是其自主选择或者自己的过失行为所导致的,而并非行为人的因果设定行为所致。尽管从现象上看,被害人自杀或者落水,可能并非与不救助的一方完全无关,不救助的一方也可能具有一定过错,但从日常生活的经验来看,该种程度的过错(如夫妻吵架、恋人分手、欠债不还或者父母疏于看护等)并不足以导致他人死亡,难以将其作为导致他人死亡的原因设定。

第二,和被害人自杀有关的过错,要构成刑法上的犯罪,必须满足一定条件。从域外刑法的相关规定来看,和他人自杀有关的行为要构成犯罪,至少必须达到"教唆"(让没有自杀意思的人产生自杀念头)或者"帮助"(让有自杀意思的人更加强化该种意思或者为他人自杀提供物质条件)的程度,并且此种自杀关联犯罪比之故意杀人罪而言,在法定刑上较为宽缓。[37] "见危不救"行为,从类型性的角度来看,显然没有达到教唆和帮助的程度。因此,将其作为比自杀关联犯罪程度更高的故意杀人罪看待,并不妥当。

---

[37] 参见《日本刑法》第202条。该条规定,教唆或者帮助他人自杀,或者受他人嘱托或者得到他人的承诺而杀之的,处6个月以上7年以下有期徒刑。此外,《奥地利刑法》第78条、《西班牙刑法典》第143条、《意大利刑法》第580条、《法国刑法典》第223-13条等,均有类似规定。

第三,日常生活中,共同生活的人群之内,一定程度的争吵和冲突是常态化的存在,即便是夫妻、恋人、父母子女乃至债权债务人之间,也都在所难免。如果说将具有上述关系的人之间所发生的见危不救行为,一律认定为故意杀人罪,可能会使人们因为时刻担心不知何时何地会遇到特定的人在自己面前自杀或陷入危险,而终日处于恐惧、紧张与不安当中,反而具有更大的弊端。

当然,说见危不救行为不构成杀人,并不意味着其也不成立其他犯罪。就上述特定关系人之间见危不救、情节恶劣的情形而言,在夫妻之间或者父母子女之间,当然可以考虑构成刑法第261条规定的遗弃罪;而在恋人之间,也可以综合考虑其共同生活的时间、交往的密切程度等事实,以双方之间已经形成事实婚姻关系为由,依照刑法第261条规定的遗弃罪处罚;[38]但就因债权债务纠纷而自杀的情形而言,因为这实在是超乎人们的预想,也就难以对其中的不救助者追究刑事责任。[39]

需要指出的是,以下几种见危不救行为属于作为,并非不作为:

一是在他人处于亢奋状态时,激起或者强化他人的自杀情绪,造成他人自杀身亡结果的场合。如夫妻吵架,妻子抱怨自己活在世上没有多大意思。丈夫闻言,便打开卧室东侧的窗户对妻子说:"你如果要死,就从这里跳下去。"妻子一气之下,果然从打开的窗户跳下,当场死亡。丈夫在妻子处于失去理性的亢奋状态下,明知自己的上述刺激行为可能造成妻子自杀的结果,却故意以言语刺激,强化其自杀的意思,且打开窗户,为他人的自杀提供方便,最终造成了妻子自杀的严重后果。丈夫诱发和帮助妻子自杀的行为,实质上是教唆、帮助他人自杀的行为,符合刑法第232条所规定的故意杀人罪的犯罪构成。只是,考虑到该行为本质上属于介入他人的自杀行为,并非行为人亲自动手的杀人行为,因此,在处罚上可以作为"情节较轻"的杀人行为处理。

二是在他人生命处于危险状态的时候,阻止他人救助,以致他人身亡的场合。如在男女恋爱期间,男方提出分手,女方不同意而在男方家里服毒,意图自杀。在女方因药性发作而昏迷,女方的姐姐等人闻讯赶来抢救时,男方怕女方服毒的事实被发现,竟对来人谎称:"她感冒了,喝醉了",并极力阻止,不让抢救。最终,女方因抢救不及时(若及时送医是可以抢救过来的),于次日凌晨4时死亡。在该案件中,男方隐瞒女方服毒事实并阻止抢救的行为,应当看作为杀人行为。因为,这种行为已经不是简单地利用已经存在的因果关系的不作为,而是在以隐瞒真相、阻止救助的实际行动,让本可趋于安定的法益状态恶化,属于引起他人死亡或者说让他人死亡结果提前到来的作为。

类似的情形,在以下案例中也存在。如甲过失致乙重伤之后,因为害怕乙死亡而将事情闹大,于是准备将其送往医院。路过的丙见状,劝甲说如果乙残疾的话,乙就要成为甲一生的负担,于是甲放弃救助,乙最终身亡。有见解认为,只有将该案中甲的不救助行为认定为不作为

---

[38] 李立众:《事实婚姻中的遗弃行为能否认定遗弃罪》,载《人民检察》2008年第1期。
[39] 彻底解决这一问题,还是需要立法。本书认为,将所有的见危不救行为一律入刑,确实有违反人性,额外增加公民负担之嫌。但是,从保护人的生命的角度而言,将不会过分增加公民负担的见危不救行为在一定条件下入刑,不仅不违反人性,反而可以增加社会总体利益,维持人们社会生活的秩序底线,还会消除见危不救行为在司法处理当中的尴尬。参见黎宏:《一定条件下的见危不救入刑研究》,载《中外法学》2018年第3期。

的故意杀人,才能将丙的阻止行为作为甲的杀人罪的共犯处罚,否则对丙的行为无法处理。换言之,为了处罚丙的阻止行为,该见解将甲的过失致人重伤先行行为后的不作为理解为不作为的故意杀人行为。但从本书的角度来看,没有必要如此。从让趋于平稳的法益再次变得不稳定的行为就是作为的立场来看,丙阻止甲的救助行为,就是作为。没有必要为了处理中途介入的第三人的行为,而将先行的犯罪行为技术性地处理为不作为。如此的话,会导致所有的过失犯都有转化为故意犯的可能,甚至正当防卫都要作为不作为犯的义务来源。

三是在他人面临人身侵害而向行为人求助,行为人不仅不提供帮助,反而让被害人的处境更加不利的场合。如在"冷漠出租车司机案"中,当出租车内的女乘客正遭受另一男乘客的暴力性侵时,女乘客向被告人即出租车司机求救,要求其停车。出租车司机不仅不停车,反而听从男乘客的要求,绕道行驶,使本来10分钟即可到达的路程花费了30分钟,从而使强奸行为得逞。在该案件中,法院认为,出租车司机的"绕道行为"(作为)客观上为男乘客的犯罪行为提供了便利,因此判定出租车司机构成强奸罪。[40]

(2)不制止他人犯罪的场合

这里所谓的不阻止他人犯罪,包括两种情形:

一是不阻止与自己有关的他人的犯罪行为,即明知与自己有特定关系的人在实施犯罪而不制止。如看见自己的孩子在实施杀害他人的行为,能够阻止而不阻止,或者看见一同实施犯罪的同伙超出事先约定的范围,实施其他犯罪时,能阻止而不阻止的场合,就是如此。

二是不阻止与自己有关的他人所面临的犯罪侵害,即明知与自己有特定关系的人正在遭遇他人的不法侵害却不制止。如看见自己过继来的幼子正在被他人殴打,能够制止而不制止,以致幼子被他人打死的场合,就是如此。

按照本书的观点,对现实中发生的不阻止他人犯罪的案件,可以分为两种类型处理:

一是作为的共犯类型。此时,必须对案发当时的具体事实背景进行分析,寻找对案件结果具有决定意义的细节,从该细节是否引起或者影响了导致结果发生的因果关系的角度出发,判断该行为是否可以被认定为作为。一旦能够认定为作为,则即便案件整体上呈现出不履行特定义务的不作为的特点,但只要不会出现量刑上的偏差,便可将该案以作为犯处理。只有在穷尽一切可能,都难以将不阻止行为处理为作为共犯的时候,才可将其以不作为共犯处理。这样,实务中相当一部分基于义务犯论的理解认定为正犯的不作为犯的案件,都可以通过认定为作为犯而轻松解决。

二是不作为的共犯类型。也就是说,对不能以作为的共犯类型解决的不阻止行为,可以以不作为参与的形式,按照不作为犯的共犯处理。在不阻止者基于法律规定、职务业务要求以及先行行为、事实承担等因素,具有法益保护义务或者危险源监视义务的场合,根据结果回避可能性的要求,判断其不阻止行为是否具有成立不真正不作为犯所要求的实行行为性,然后基于

---

[40] 李飞云:《"冷漠的哥"坐视车内15岁少女被强暴获刑两年》,载中国新闻网,https://www.chinanews.com/fz/2011/05-20/3056640.shtml。应当说,法院的这种判断固然不错,但说理上还略显不足。因为其忽视了一个重要因素,即出租车司机在犯罪嫌疑人强暴被害人的过程中,始终驾驶车辆,其持续的让车辆处于行驶状态的行为,使得犯罪行为处于一种难以被他人发觉和阻止的封闭状态,而进一步恶化了被害人所面临的危险。这也应当成为认定出租车司机构成强奸罪的帮助犯的依据。

不作为和作为之间的等价性要求,将不阻止行为论以相关犯罪的共犯即帮助犯。

比如,被告人刘某利系被害人刘某某(时年未满 2 周岁)之母。在刘某利和被告人赵某飞非法同居期间,赵某飞由于嫌刘某某哭闹,以多种方式对刘某某进行虐待,但刘某利均未制止。某日晚,赵某飞于某宾馆房间内致刘某某重伤(一级伤残)。本案中,被告人赵某飞的行为无疑构成故意伤害罪,问题是,刘某某的母亲刘某利的行为该如何处理?对此,法院认为,被告人刘某利作为幼儿的法定监护人,有义务保护该幼儿免遭伤害。在赵某飞故意伤害刘某某时,其有能力采取保护措施而未采取,多次放任伤害行为发生并造成严重后果,与赵某飞构成共同犯罪。其中,赵某飞作为主犯被判处无期徒刑,剥夺政治权利终身;刘某利作为从犯,被判处有期徒刑 10 年。[41] 换言之,本案中被告人刘某利的行为就是典型的不阻止他人犯罪——其既没有阻止与自己非法同居者的伤害行为,也没有阻止自己幼儿免遭他人伤害,故被判定为故意伤害罪的从犯。

刘某利的行为是如何被认定为故意伤害罪的呢?对此,可以细分为三个问题:一是刘某利身为被害人的母亲而见危不救的行为,可以说是不履行抚养义务、情节恶劣的行为,从刑法第 261 条的规定来看,该行为应当构成遗弃罪,但法院为何将其认定为通常被视为作为犯的故意伤害罪,而没有认定为通常被看作是不作为犯的遗弃罪呢?二是按照不作为犯论,刘某利不履行救助义务的行为,应当单独定罪,但判决为何要将其和赵某飞的行为联系在一起,认定为故意伤害罪的共犯呢?三是如果说身为特定义务人的刘某利的不救助行为构成故意伤害罪的不作为共犯,那么,到底构成主犯还是从犯(帮助犯)呢?

按照本书的前述理解,关于刘某利的不阻止行为:首先,可以肯定的是,刘某利的行为难以构成正犯赵某飞故意伤害罪的作为形式的帮助犯。因为,从案件事实来看,在赵某飞对其子进行伤害时,身为母亲的刘某利只有不阻止行为,而没有其他任何的提供工具帮助或者言语鼓励行为,故难以说刘某利的行为构成作为形式的帮助(但这并不意味着刘某利的行为不构成犯罪)。因为,刘某利是不满 2 周岁的被害人的生母,对被害人具有法律上的抚养义务;而且被害人也是因刘某利才出现在被害现场的。从刘某利和赵某飞过往的经历来看,刘某利对于被害人刘某某在其二人幽会期间可能会哭闹而招致赵某飞虐待一事,是非常清楚且有预见的。由此可以推断,对被害人而言,刘某利和赵某飞幽会的场所,就是其可能会遭受危险的场所。其母亲刘某利明知这种事实而将尚无独立判断和行为能力的被害人带往这种地方的行为,就是让被害人陷入危险状态的先行行为,按照常理,行为人刘某利此时具有消除被害人所面临危险的义务。因此,无论从被告人与被害人之间所具有的抚养关系,还是从被告人使被害人陷入危险的角度来讲,刘某利都有阻止被害人所面临的伤害的义务。其次,刘某利具有履行义务也即阻止赵某飞犯罪的可能性。就否定不作为的帮助而言,只要行为人实施了让犯罪行为不便的举动即可,而不要求达到确实能够阻止他人犯罪行为的程度。在本案中,虽说刘某利事后坦言自己有过制止行为,但因为害怕而最终放弃。然而,考虑到案发地点系宾馆这种公共场所,行为人当时完全可以采取呼救或者将孩子带离等方式阻止赵某飞的暴行。但遗憾的是,身为被

---

[41] 该案由于涉及未成年及隐私等问题,判决文书没有公开。该案中相关事实介绍,参见王琦:《"洛阳虐童案"宣判施暴者被判无期 孩子生母获刑 10 年》,载《河南商报》2017 年 4 月 15 日,A03 版。

害人母亲的刘某利,在整个案件发生期间,并没有采取任何能让赵某飞的犯罪行为变得困难的制止行为。

不阻止他人犯罪,引起严重后果的场合,行为人应当构成帮助犯。本案中,由于造成被害人严重残疾的伤害结果的直接行为人是赵某飞,刘某利并没有参与对被害人实施的暴行,换言之,引起并支配导致被害人重伤结果的因果流向的人是赵某飞,而刘某利只是没有阻止赵某飞,为其肆无忌惮地实施伤害行为提供了方便而已。因此,从整个事件发展过程中二被告人的作用和地位来看,实施殴打行为的赵某飞属于主犯,而刘某利属于处于辅助或者次要作用的从犯即帮助犯。如此说来,人民法院的判决结论值得支持。

(3)先行行为的场合

所谓先行行为的场合,如行为人不小心引起火情,但放任不管,结果造成火灾,酿成重大损害,或者不小心让他人受伤,能够救助而不救助,导致他人死亡,或者不小心将他人锁在图书馆之后,明知此事但仍不开锁,导致他人在图书馆里被关了一天一夜,是指行为人自己导致法益处于危险状态,能排除而不排除,结果引起重大损害的情形。这种场合下,行为人是不是应当构成不真正不作为犯,按照放火罪、故意杀人罪之类的作为犯的条款处罚,成为问题。

从本书所主张的观点来看,"行为人亲自设定了对法益的排他性支配"包括了行为人亲自设定面向结果的危险,并对该危险的流向进行支配的场合,因此对上述情形成立不真正不作为犯原则上也是持肯定态度。特别是有关引发火灾这种严重危害公共安全的犯罪的场合,刑法只规定了放火和失火两种情形。日常生活中,行为人不小心引起火情的情况非常常见,其火势在当时的情形下往往只要稍微努力,就可以控制住。但行为人出于各种企图(如获取保险金或者隐匿罪迹),有意利用或者放任该已经发生的火情,结果造成火灾。这种行为若是纯粹以失火罪来处理,显然难以对该行为性质作出全面评价。这种场合下,从行为人自己设定了火灾的起因(原因设定),并且在当时的情况下,能够扑灭而不扑灭,有意利用或者放任其发展,并最终造成人员死伤和重大财产损失(原因支配)的过程来看,应当说,其和放火行为在价值评价上没有两样,因此,完全可以评价为不作为的放火。[42] 同样,在行为人明知他人被关在图书馆而仍不打开的场合,也可以同样理解。这种场合,由于行为人不小心将他人关闭在图书馆(原因设定),其意识到这一点后,只要利用手上的钥匙就能够轻易地打开门锁,但却不为该行为,导致了他人被关了一天一夜(原因支配),因此,在行为性质上可以和非法拘禁罪同等看待,完全可以评价为不作为的非法拘禁。

然而,在行为人不小心让他人受伤,能够救助而不救助,结果导致他人死亡的场合,是不是马上就可以说行为人构成不作为的故意杀人?这种情况比较复杂。因为,对这种类型的危害行为的评价,不仅涉及刑法分则当中的故意伤害罪(刑法第234条)和故意杀人罪(刑法第232条),其还涉及刑法总则当中有关中止犯的相关规定(刑法第24条)。换言之,其不仅是一个理论解释问题,还是一个涉及多大程度上要坚持罪刑法定原则的问题。

---

[42] 当然,要注意的是,构成不作为放火的,仅限于行为人自己引起了火情的场合。在起火的原因是雷击或者第三人用火的场合,即便行为人看到了火势而任其发展,见危不救,但由于其没有设定起火原因,因此,无论如何,也不构成不作为的放火。

按照"先行行为说",引起侵害法益危险的先行行为的范围极为广泛,不仅包括一般违法行为,也包括故意、过失的犯罪行为。换言之,只要是创设法所不允许的风险的行为,就属于先行行为。[43] 但是,若果真如此的话,则正如批判意见所说的,依此类推,在过失犯或者结果加重犯的场合,只要行为人对被害人不予以救助,马上就要转化为故意的作为犯;而且,教唆犯和帮助犯也马上要转化为作为形式的正犯,这明显不当扩大了不作为犯的处罚范围。这一批判该如何回应,确实是个难题。

同时,将故意犯罪也作为作为义务来源的先行行为,问题更大。从罪刑法定原则的立场来看,故意犯罪行为是不可能作为不作为犯的义务来源的。因为,一方面,从现行刑法的规定来看,故意犯的场合,立法者本来就没有指望行为人在实施加害行为之后,还能够主动实施防止侵害结果发生的行为。若行为人主动实施该防果行为并且有效防止结果发生的话,就要构成刑法总则中所规定的犯罪中止,受到减免处罚的"奖励"。换言之,中止犯的规定表明,现行刑法并没有赋予行为人防止侵害结果发生的义务。另一方面,正如故意伤害他人之后,不救助而导致他人死亡的,构成故意伤害(致死)罪,要被加重处罚一样,行为人所不阻止的损害后果通常能够被包含在其先前的作为形式的加害行为之中,只要评价其先前的犯罪行为,就足以评价其后所引起的结果不法,而没有必要再单独考虑其后的不作为行为。

因此,虽说理论上可以主张犯罪行为能够成为先行行为,并以此为根据而追究行为人的不真正不作为犯的刑事责任,但在其应用上必须考虑刑法的相关规定。在先行行为所内含的危险实现能够为先行行为的结果不法所包括,就可以说该行为的危险已被先行的犯罪行为的构成要件所"用尽",而没有必要再将该犯罪行为视为先行行为以评价相应的不作为。[44] 在理论探讨和刑法规定发生冲突的时候,应当优先考虑刑法规定,绝不能以牺牲罪刑法定原则为代价,换取对法益的绝对保护。

从此意义来看,"韦某强奸、故意杀人案"的判决结果值得商榷。该案中,被告人韦某于晚上 10 点多强行将被害人李某带至河边桥洞下斜坡处进行暴力强奸,但遭到李某反抗而未果。李某在反抗过程中滑落河中,溺水死亡。法院认为,被告人韦某采用暴力手段,强奸妇女,构成强奸罪,系未遂;且其强奸行为置被害人于危险境地,负有抢救义务,但未予施救,而持放任态度,最终导致被害人溺水死亡,还构成故意杀人罪。对被告人韦某以犯故意杀人罪和强奸罪,

---

[43] 王莹:《先行行为作为义务之理论谱系归整及其界定》,载《中外法学》2013 年第 2 期。王莹博士认为,过失犯罪可以成为先行行为引发作为义务,并举例说重大责任事故罪的行为人在发生责任事故后,"故意隐匿重伤的被害人以防止其被救治或者阻止他人救助而致其死亡的",应对死亡后果承担不作为故意杀人罪的责任。参见王莹:《论犯罪行为人的先行行为保证人地位》,载《法学家》2013 年第 2 期。但在本书看来,在重大责任事故发生之后,"故意隐匿重伤的被害人以防止其被救治或者阻止他人救助",致使被害人死亡的场合,由于存在行为人之后所实施的"故意隐匿重伤的被害人"以及"阻止他人救助"行为,因此,将行为人的所为评价为作为也并无不可。犯罪行为应当尽量排除在作为作为义务来源的先行行为之外。

[44] 王莹:《论犯罪行为人的先行行为保证人地位》,载《法学家》2013 年第 2 期。在这一点上,我国台湾地区学者许玉秀教授的见解,值得考虑。她认为,如前行为是故意的作为时,对后面的不救助行为产生的结果,所侵犯的法益不同的,按照结果加重处理,侵犯法益相同的,按前一行为的既遂犯处理。确实无法解决的,只能通过立法的方式解决。上述内容,参见许玉秀:《当代刑法思潮》,中国民主法制出版社 2005 年版,第 693 页以下。

实行数罪并罚,决定执行死刑,缓期2年执行,剥夺政治权利终身,并对其限制减刑。[45]

本案中被告人最终被数罪并罚。支持这一判决的"数罪说"认为,刑法第236条第3款"强奸妇女、奸淫幼女,有下列情形之一的,处十年以上有期徒刑、无期徒刑或者死刑:……(五)致使被害人重伤、死亡或者造成其他严重后果的"中的"致使被害人重伤、死亡",是指行为人的强奸行为直接导致被害人由于性器官严重损伤、遭受感染或挣扎反抗体力不支与心力衰竭而重伤或者死亡。强奸行为发生后,被害人由于其他的一些原因,比如自杀、自残等,而发生重伤、死亡结果的,因为其与行为人的强奸行为之间并不存在刑法意义上的因果关系,故不在上述强奸罪结果加重犯中"致使被害人重伤、死亡"这一情节的涵盖范围之内。

但是,这一理解并不妥当。无论从有关因果关系判断的条件说、相当因果关系说还是行为危险现实化说的立场来讲,在深夜的河边对女子实施暴力强奸行为,只要该女子反抗,必然会存在落水的危险。换言之,从行为手段(暴力强奸)以及行为实施的时空环境(深夜的河边)来看,该种行为具有导致被害人跌入水中,导致重伤或者死亡结果的危险。从此意义来讲,认为强奸"致使被害人重伤、死亡"仅指强奸行为直接导致被害人由于性器官严重损伤、遭受感染、挣扎反抗体力不支与心力衰竭而重伤或者死亡的见解并不妥当。

实际上,将暴力强奸过程中造成被害人落水死亡的行为以强奸罪一罪论处的,实践中不乏先例。如在"陆某某故意杀人、强奸案"中,被告人陆某某在另两名同伙的帮助下,将被害人袁某某强行奸污。事后,陆某某因手指被袁某某反抗咬伤很恼火,将爬到河边的袁某某一脚踢落水中,随后3名被告人驾驶摩托车逃离现场,袁某某最终溺水死亡。对此,一审判决认为,被告人陆某某违背妇女意志,以暴力手段强行与妇女发生性行为,其行为已构成强奸罪;因在强奸过程中受伤,陆某某为发泄愤怒,故意将被害人踢入河水中,致被害人溺水死亡,其行为又构成故意杀人罪,依法应数罪并罚,判处被告人死刑,剥夺政治权利终身。

一审宣判后,被告人提出上诉,理由如下:其因被害人反抗,强奸没有完成,属于强奸未遂;其没有将被害人踢下水,被害人之死存在自杀、醉酒等可能,原判认定其犯故意杀人罪的事实不清,证据不足,请求发回重新审理。二审裁定驳回上诉,维持原判,并依法报送最高人民法院核准。

最高人民法院经复核之后认为,现有证据无法证明被告人故意将被害人踢入河水中,故认定本案被告人陆某某故意杀人的证据不足,其行为不构成故意杀人罪。本案被害人是在被强奸后溺水而亡,其死亡与强奸行为间不具有直接的因果关系,不属于刑法规定的强奸致被害人重伤、死亡的情形。"……无论被害人溺水死亡的原因为何,但不可否认的是,被害人的死亡结果与被告人的强奸行为间存在着刑法上的因果关系,因此,本案符合刑法第236条第三款第(五)项后半部分规定的'强奸造成其他严重后果的'情形,应认定为强奸罪的加重处罚情

---

[45] 王星光、庄绪龙:《韦风强奸、故意杀人案[第834号]——被害人因躲避强奸在逃离过程中失足落水,行为人未实施救助,导致被害人溺水死亡的事实是认定为强奸罪的加重情节还是单独认定为故意杀人罪》,载最高人民法院刑事审判第一、二、三、四、五庭主办:《刑事审判参考》总第90辑,法律出版社2013年版,第63页。

节"[46],故撤销原判,改判被告人陆某某犯强奸罪,判处死刑,剥夺政治权利终身。[47]

尽管上述理由将"致使被害人重伤、死亡"和"造成其他严重后果"分开考虑,但是,从其最终认定"被害人的死亡结果与被告人的强奸行为间存在着刑法上的因果关系"这一点来看,实际上也是间接肯定了强奸行为导致被害人跌落水中淹死的行为就是强奸致死行为,以强奸一罪论处即可,而不用将后面的行为另行评价为故意杀人罪。

(4)遗弃婴幼儿、老年人、残疾人的场合

婴幼儿、老年人、残疾人等,由于年龄或者身体的原因,没有自我生存、自我保护能力,或者该种能力较弱,生死以及日常生活严重地依赖于他人,因此,其在理论上被称为"脆弱法益"。对"脆弱法益"的保护,一般来说,均具有相关的法律规定。如对于婴幼儿,《民法典》第26条明确规定,父母对未成年子女负有抚养、教育和保护的义务;对于老年人,《老年人权益保障法》第3条第3款规定,禁止歧视、侮辱、虐待或者遗弃老年人;对于残疾人,《残疾人保障法》第9条第4款规定,禁止对残疾人实施家庭暴力,禁止虐待、遗弃残疾人。问题是,不遵守上述法律规定,不尽赡养或者抚养义务,遗弃幼儿、老年人、残疾人的,是不是一律构成不作为的故意杀人?

从本书所主张的"只有在行为人主动设定了对法益的排他性支配"时,才能依照作为犯的条款处罚的见解来看,对上述脆弱法益不尽抚养、赡养义务的行为,若要以故意杀人罪处罚,仅仅是不履行义务还不够,行为人还必须具有进一步地具体威胁或者侵害其生命法益的行为,如母亲有意将孩子生在厕所便池里,交通肇事者将被害人转移到路边难以被人发现的草丛里,家人将神志不清、行动不便的老人带至野兽出没的深山老林或者少有人烟的冰天雪地,等等。这些行为看似是不履行法定作为义务的真正不作为,但是刚出生的婴儿或者年龄尚小的幼儿,其身体发育还不成熟,自我生存能力很弱,即便是在正常环境下,如果没有包括其父母亲在内的他人的照料就难以存活,更不用说将其放置在一个臭气熏天的便池里。这就属于行为人亲自设定了面向法益侵害结果的因果进程,并对其进行排他支配的情形。这种做法,无疑加速了幼儿生命终期的提前来临,和掐死、毒杀等作为方式的杀人行为并无二致。

交通肇事后逃逸的场合也是如此。依照我国刑法第133条的规定以及有关司法解释,交通肇事后,放任被害人死亡的,构成交通肇事罪,但要加重其处罚。但相关司法解释规定,[48]交通肇事后,行为人将被害人"带离事故现场后藏匿或者遗弃"的,可能构成故意杀人罪。因为,将被害人"带离事故现场后藏匿或者遗弃"的行为,实际上属于行为人亲自设定了面向法益侵害结果的因果进程,并对其进行排他支配的情形。在被害人被转移到了路边的草丛中,难以被人发现的情况下,其被他人救助的可能性就被剥夺,而落入了必死的境地。这种转移行为和轧死被害人的杀人行为并没有什么不同。同样,神志不清、行动不便的老人被带至野兽出没的深山老林或者少有人烟的冰天雪地,也是让其陷入了生存的绝境,属于置之于死地的行为,因此,该行为属于作为。

如此说来,遗弃婴幼儿、老年人、残疾人等"脆弱法益"的行为,虽说在形式上属于不履行作

---

[46] 所引条款现为刑法第236条第3款第6项。
[47] 杨志华、冉容:《陆振泉强奸案[第514号]——如何认定强奸致被害人重伤、死亡或者造成其他严重后果》,载最高人民法院刑事审判第一、二、三、四、五庭主办:《刑事审判参考》总第65辑,法律出版社2009年版,第25~30页。
[48] 2000年最高人民法院《关于审理交通肇事刑事案件具体应用法律若干问题的解释》第6条。

为义务的真正不作为犯,但由于其设定并具体支配了面向法益侵害结果的因果进程,促进了被害人生命法益的恶化,因此,属于作为,对其应以故意杀人罪等犯罪论处。

但要注意的是,这种遗弃行为,只能发生在行为人主动承担了对婴幼儿、老年人、残疾人的保护的场合,在被动地承担对上述人员的保护的场合,由于不属于"行为人主动设定了对法益的排他性支配",因此,不能构成不作为的作为犯。据此,可以说,学界曾经热议的"出租车司机遗弃病人案"[49],法院判决是妥当的。

该案案情是这样的:洪某驾驶出租车在大街上揽客,何某将一大量失血并已昏迷的老人抱上车,说是自己撞伤的,要求洪某驱车前往医院抢救。当车行驶 10 分钟之后,何某要求停车并找借口离开。洪某等候 30 分钟后,见已经到了深夜,就怀疑何某已经逃逸,便将重伤老人弃于附近大街。第二天交警发现老人尸体,经法医鉴定,老人是因失血过多而死亡。检察机关以故意杀人罪对何某和洪某提起公诉,法院最后对何某作了故意杀人的有罪判决,而宣布洪某无罪。

在上述案件中,就出租车司机洪某的行为而言,尽管被害人身在其车厢之内,其在事实上对于被害人的生死可以排他性支配,但是,这种排他性支配并不是基于洪某本人的意愿而取得的,而是由于乘客何某带人上车这种极为偶然的原因形成的,实际上,就像是自己的院子里突然有一个受伤的人闯进来了一样。在该案中,出租车司机在法律上并没有救死扶伤的义务,同时,被害人生命垂危的危险状态也不是出租车司机本人的先行行为所造成的。因此,出租车司机的行为尽管在道义上值得强烈谴责,但是和其主动剥夺他人生命的杀人行为相去甚远,不构成故意杀人罪。[50]

三、刑法上的因果关系

在刑法理论上,所谓因果关系,是指危害行为和构成要件结果之间的引起和被引起的关系。虽然在举动犯中,只要实施了危害行为就马上可以确认符合了犯罪构成的客观要件,但是,对于在犯罪中占绝大多数的结果犯,即便存在危害行为,也有符合构成要件的结果,但仅此还不能说成立犯罪既遂,还必须确认二者之间具有引起和被引起的关系即因果关系。在危害行为和构成要件结果之间不具有因果关系的时候,只能成立犯罪未遂。[51]

(一)刑法因果关系的研究对象

因果关系论,是我国近年来的刑法学中争议最为激烈、变化最为显著的领域之一。我国传统学说效法苏联的见解,主要从"必然因果关系说""偶然必然因果关系说"的角度对其加以探讨,[52]但在 20 世纪 90 年代之后,部分学者开始借鉴德国、日本学说,从"条件说""相当因果关

---

[49] 具体案情介绍以及讨论分析,参见杨兴培、李芬芳:《见死不救旁观者是否构成犯罪及救助义务探析——以一起"出租车司机弃置伤者致其死亡案"为切入点》,载《东方法学》2013 年第 3 期。

[50] 司机的行为属于见危不救,但我国没有见危不救罪,故只能按无罪处理。

[51] 刑法典中,有关因果关系规定的典型用语为"致""致使"。如刑法第 235 规定"过失伤害他人致人重伤的",就是适例。由于危害行为和构成要件结果之间的引起和被引起关系,未在法律中一一加以规定,因此,其属于不成文的构成要件要素。

[52] 直到现在,仍然有从偶然、必然角度来探讨刑法因果关系的见解。王作富主编:《刑法》(第 7 版),中国人民大学出版社 2021 年版,第 58 页;齐文远主编:《刑法学》(第 3 版),北京大学出版社 2016 年版,第 93 页。

系说"的角度来研究因果关系。[53] 最近,源自德国的"客观归责论"[54] 以及源自日本的"行为危险现实化说"[55] 方兴未艾。但总体上看,我国近年来的因果关系论,并没有单采某一种学说,大多是以"条件说"或者"相当因果关系说"为基础,吸收其他学说特别是"客观归责论"中的一些合理内容,大致上形成了"归因+归责"的两阶层判断路径。[56] 归因判断,是形式地确认"该行为"和"该结果"是不是具有客观事实关系,通过条件说判断;归责判断,是实质地考虑是不是可以将"该结果"看作"该行为"的贡献,主要通过相当因果关系说判断。学界通常称前者为"事实因果关系"判断,称后者为"法律因果关系"判断。之所以采用这种方式,主要是因为论者认为,将归因这一经验问题和归责这一规范问题分开判断,在科学上是可取的。刑法因果关系是自然科学上的因果关系中的一种,其判断自然要以后者为指导。就自然科学中因果关系的判断而言,通常采用"非P则非Q"的假定排除法,或者"有P则有Q"的合法则法。刑法的场合也不能例外,只是刑法因果关系是以发生具体结果为成立要件的结果犯的客观成立要件,属于具体犯罪的犯罪构成的客观内容,因此,其有无和表现形式,就不纯粹是自然科学上的事实判断,还有必须从刑法目的、一般人的认识等出发才能认定的规范、价值判断的特征。[57] 上述两阶层论的判断方式,正好能满足这一要求。

但是,两阶层论在刑法因果关系的判断上存在过于形式化之嫌,这一点在著名的教学案例"飞机失事案"中表现得尤为明显。在甲希望乙意外身亡而劝其乘坐飞机出差,乙听从甲的建议,结果飞机失事,乙果然身亡的例子中,按照上述两阶层论,没有甲的建议,就不会有乙死亡的结果,而且甲在提出该建议时有希望乙死亡的意思,因此,甲构成故意杀人既遂。但这种结论过于荒谬,因此,便有了第二层次即归责的判断。在乘坐飞机出行属于一种非常安全的出行方式的当今,劝人乘坐飞机的行为不具有剥夺他人生命的危险,[58] 因此,不能将乙的死亡结果归属于甲的劝说行为,二者没有归属关系。从结论上看,上述见解也是可以接受的,但判断过程却很不自然。在人们的一般观念上,作为刑法因果关系判断对象的行为,应当不是一般的行为,而是具有引起他人生命被剥夺的现实危险的实行行为。但如果说归因阶段中的"行为"就是"危害行为"的话,则这一阶段就不纯粹是物理的、形式的判断,而是需要规范进行的实质判断,与上述两阶层判断中的第一阶层归因判断的初衷相去甚远。

实际上,在"归因+归责"的两阶层论中,第一阶层的判断和第二阶层的判断,很大程度上是重叠的。只要将条件说理解为"危害行为和构成要件结果"之间的关系,则条件说就不可能仅仅是一种纯粹的客观事实判断,其中必然包含有本应在第二阶层即法律判断阶段的价值规

---

[53] 从"条件说"和"相当因果关系说"的立场来主张刑法因果关系的教材有,刘艳红主编:《刑法学》(第3版),北京大学出版社2023年版,第126~128页;陈兴良:《规范刑法学》(第4版)(上册),中国人民大学出版社2017年版,第130页以下。

[54] 从"客观归属论"的角度来说明刑法因果关系的教材有,李希慧主编:《刑法总论》,武汉大学出版社2008年版,第177页以下;冯军、肖中华主编:《刑法总论》(第3版),中国人民大学出版社2016年版,第189页以下;周光权:《刑法总论》(第4版),中国人民大学出版社2021年版,第129页以下。

[55] 黎宏:《因果关系错误问题及其应对——以行为危险现实化说的再阐释为中心》,载《法学研究》2022年第1期。

[56] 郑泽星:《刑事归因与归责:以修正的条件说为重心的考察》,载《法学评论》2020年第3期。

[57] 张绍谦:《刑法因果关系研究》,中国检察出版社2004年版,第116~136页。

[58] 付立庆:《刑法总论》,法律出版社2020年版,第141页。

范内容。换言之,刑法因果关系判断的两阶层论,没有必要,也无可能。以下,本书尝试将目前学界所讨论的因果关系学说进行梳理,指出其不足,然后在此基础上,阐述我国应当采取的刑法因果关系学说。

(二)事实因果关系论

刑法因果关系的意义在于,判断现实发生的结果是不是可以认定为行为贡献而归属于行为人,[59]从而将偶然责任排除在行为人担责范围之外,它和以探究结果原因为己任的自然科学中的因果关系论属于两个不同的概念。但在19世纪后半叶,自然科学的思考方法传播到了刑法学,使带有规范判断性质的归责问题被转化为客观的因果关系问题,并且,在因果性判断上,采用了自然科学上一般所采用的条件分析方式,[60]其中主要有假定消除条件说、合法则条件说以及作为对上述二者进行改良的规范条件关系说。

1. 假定消除条件说及其问题

假定消除条件说,以假定消除公式即"非P则非Q"("若无前行为,就无后结果")公式确定的行为和结果之间的关系。[61] 因此,在即便没有前行为,也会发生后结果的场合,条件关系被否定。这种判断方法之下,对于结果而言,所有的条件,包括最远端的和最不重要的条件,都是平等地引起结果发生的原因,都具有同等价值,故其又被称为"平等条件说"或者"等价说"。[62]

在刑法因果关系的判断上,假定消除条件说之所以能够获得多数人的支持,主要是由于其符合纯粹形式的品格。依照这种公式,在判断某一行为是否为结果原因的时候,不带有任何价值评价因素。正如有学者所指出的,要想将自然科学意义上的因果关系概念,原封不动地套用到社会科学之刑法学领域中,就非得采用条件说不可。在自然科学领域,事实就是事实,没有价值高低的问题,将全部要素找出来,只考虑有无原因和结果之关系,因果关系判断被认为是一种纯事实判断。[63]

按照假定条件公式,其在适用的过程中必须具有一定前提条件,而这也正是其备受质疑的原因:

一是假定消除条件说中的"结果",正如不是被害人的抽象的"死"(抽象结果),而是"某年某月某日,以某种形态出现的死亡"一样,是"现实发生的具体结果"。[64]因此,在刽子手即将按下行刑电钮时,被害人之父抢先一步按下电钮,死刑犯毙命的场合,即便说被害人之父"抢先

---

[59] "归属"一语来自德国刑法学,意思是将结果从价值或者规范的角度归属于某行为,具有浓厚的主观判断色彩。但是,如果说因果关系的判断中,不可能撇开价值判断,则认为因果关系判断实际上就是结果归属判断,也并无不可。因此,本书也在和因果关系判断同等的意义上使用归责判断一语。有关客观归属的详细说明,参见后述内容。

[60] [日]山中敬一:《刑法总论》(第3版),成文堂2015年版,第263页;陈兴良:《刑法因果关系:从哲学回归刑法学——一个学说史的考察》,载《法学》2009年第7期。

[61] 但是,日本学者佐伯仁志对这种理解提出了异议。他认为,"没有前者则没有后者"的条件公式所表达的行为和结果之间的关系,超越了该种事实关系。条件关系公式是判断事实因果关系的不完全手段而已,如果说行为和结果之间的事实关系已经能够判断的话,则没有必要拘泥于条件关系公式。他还说,从条件关系公式的实际情况来看,其就是合法则条件关系说,即因果关系判断,就是合乎因果法则的具体个别关联存在与否的判断。[日]佐伯仁志:《刑法总论的思之道·乐之道》,有斐阁2013年版,第50~51页。

[62] [德]冈特·施特拉腾韦特、洛塔尔·库伦:《刑法总论Ⅰ——犯罪论》,杨萌译,法律出版社2006年版,第94页。

[63] [日]川端博:《刑法总论》,余振华译,台北,元照出版有限公司2008年版,第9页。

[64] 张明楷:《刑法学》(上)(第6版),法律出版社2021年版,第234页。

一步",让死刑犯提前2秒死亡,但也造成了死刑犯生命提前结束的具体死亡结果,符合"非P则非Q"的假定关系公式,具有条件关系。

但问题是,如果假定消除条件说中的"结果"具体到如此细微程度的话,则研究刑法因果关系还有什么意义呢?因为,正如"世上没有两片完全相同的树叶",物理世界中也不可能存在两个在时空上完全相同的结果。若对结果要求具体到如此程度,则任何情形都符合条件公式。那么,"非P则非Q"的讨论还有什么意义呢?并且,将"结果"限定到如此程度的话,还会推导出近乎荒谬的结论来。如甲交通肇事后逃逸,致最多还能活上30分钟的被害人A被后续车辆轧死,按照上述公式,可以说,若没有"甲的逃逸行为,就不会有A提前30分钟死亡的结果",因此甲的逃逸行为和A的提前死亡结果之间具有因果关系。按照我国刑法第133条之规定,甲的行为属于"因逃逸致人死亡的"情形,应当处以7年以上有期徒刑。但是,对于一个身负重伤、无力改变行将就死结局的人而言,行为人仅仅因为使其死期提前了30分钟,起刑点就要从"3年以下有期徒刑或者拘役"一下子提升到"7年以上有期徒刑",这不仅有违罪责刑均衡原则,对于他人生命法益的保护而言,也无实益。作为构成要件解释,如果"现实发生的结果"和"可能发生的结果"价值相同,或者没有差别的话,就要否定条件关系,即只有发生"法律上有意义的变更"的场合,才能肯定条件关系。如此说来,在甲意图杀A而持枪向其头部侧面瞄准时,与其无关的乙抢先一步开枪,但子弹射偏。听到枪声的A大吃一惊,应声转头,正好与甲发射的子弹迎面相遇,子弹穿过A的眉心,致其身亡。在该场合,不能以"没有乙的开枪行为,A就不会以如此形式死亡"为由,肯定条件关系。本案中,被害人的改变面部朝向程度的结果差异,对故意杀人罪的保护法益而言,没有意义,都是一样的死亡结果,因此,条件关系要被否定(当然,故意杀人未遂要被肯定)。

二是在作为前提的条件问题上,强调"禁止添加假定事实"。在判断条件关系的时候,原则上,不要将"现实并不存在的条件"(假定条件)列入考虑的范围。因为,条件关系是行为和结果之间的具体的事实连接,适用本公式的,只限定于现实存在的具体结果和导致该结果发生的个别具体的实行行为。[65]

但是,禁止添加假定事实原则和假定消除条件说的理念之间存在冲突。因为,条件关系判断本来就是以"如果没有某行为"这种假定事实的存在为前提的。换言之,"非P则非Q"中的"非P"本身就是一种事实上并不存在,但被添加进来用以取代既有事实的假定情况。[66] 如果完全禁止添加假定事实,则假定消除关系判断就无从进行。由于这一情况的存在,假定消除条件说做了适当让步,认为并非完全不允许添加假定事实,只是对所添加的假定事实的范围要适当限定,至少不应当考虑尚未现实化的违法行为。如在假定"如果没有某甲对X的开枪行为"时,不能又无端地假定"X会在同一时间被陨石击中"的假定事实。而且,在某些场合,绝对禁止添加假定事实无法得出妥当结论。不作为犯的场合自不必言,即便在某些作为犯的场合,例如在甲拿竹竿将漂向落水者X的救生圈拨开,致使X溺水身亡的场合,若说绝对禁止添加假定事实,则也不得添加"X会抓住漂来的救生圈"的假定事实,并据此得出甲的行为和X的死亡结

---

[65] [日]大谷实:《刑法讲义总论》(新版第5版),成文堂2019年版,第208页。
[66] 黄荣坚:《基础刑法学》(上)(第4版),台北,元照出版有限公司2012年版,第271页。

果之间没有条件关系的结论。由此说来,禁止添加假定事实的前提,也不能绝对化。

三是在择一竞合的场合,假定条件公式必须修正。所谓择一竞合,就是数个独立的足以造成危害结果的行为竞合,导致结果发生。如甲和乙在没有意思联络的情况下,分别向 A 饮用的咖啡中投放致死剂量的毒药,A 饮用后身亡,就是如此。此时,在无法查明到底是哪一方投放的毒药造成了死亡结果的情况下,按照条件关系公式,只能得出二人均不对 A 的死亡结果担责的结论。[67] 但是,这一结论和重叠竞合即数个单独不足以造成危害结果的行为竞合导致结果发生的场合相比,显失均衡。后一场合,虽然每个人的投毒量小,却要肯定因果关系,前一场合,每人的投毒量大,反而要否定因果关系。[68]

由于上述问题的存在,假定消除条件说对"假定条件公式"进行了修正,在"没有前行为,就不会发生后结果"的基础上,补充以下内容:"就若干条件而言,去除其一,结果仍然发生,但全部去除的话,结果不发生的场合,就其全部的任一条件而言,认可条件关系。"如此修正之后,论者认为,在上述择一竞合的场合,甲、乙都能肯定条件关系,和重叠竞合之间的不平衡也能消除。[69]

但问题是,为什么能够进行如此修正,其理论根据何在,并不清楚。"就若干条件而言,去除其一,结果仍然发生,但全部去除的话,结果不发生的场合"的叙述只是说明何为"择一竞合";而"择一竞合的场合,就其全部的任一条件而言,也认可条件关系"的部分只是展示了结论,两者都没有说明为何能够得出这种结论。修正论或许会说,甲的行为和乙的行为是竞合实施的,因此,不能对甲和乙分别评价,只能对两者一并去除。但甲和乙的行为只是择一竞合的同时犯而已,并非共同正犯,无法将二者行为作为一个整体一并去除,这是显而易见的事实。毕竟,择一竞合的场合,无法查明甲或者乙的行为对所发生的具体结果具有事实上的影响力,因此,无论如何都难以将结果整体上归责于甲和乙。

2. 规范条件关系说及其评析

为了解决上述择一竞合的难题,学者在假定消除条件说的基础上提出了所谓规范条件关系说,认为条件关系不是自然科学意义上的事实关系,而是假定消除公式所显示的假定的、逻辑(论理)上的结合关系。在即便不实施该行为,也会发生该结果的场合(事后看,没有结果回避可能性的场合),不能说行为"支配了"结果而否定结果归责。[70] 有人支持这一观点,说要得

---

[67] 因为,即便没有甲的行为,乙的投毒行为也会造成 A 的死亡结果;反之亦然,即便没有乙的行为,甲的投毒行为也会让 A 死亡。因此,形式地套用条件关系公式的话,就是甲、乙双方的行为都和 A 的死亡结果没有条件关系,在能够查清甲、乙杀人故意的前提下,二人仅仅构成故意杀人未遂罪。

[68] 因为在重叠竞合的场合,如在甲、乙没有意思联络,分别向 A 饮用的咖啡中投放了致死剂量的一半的毒药,A 饮用后身亡的场合,能够认可条件关系。因为,甲不投放毒药的话,因为乙投放的毒药不足量,(一般来说)不会单独造成 A 死亡的结果,因此,甲能认可条件关系;同样的道理也适用于乙,即就乙而言,也能认可条件关系。

[69] [日]川端博:《刑法讲义总论》(第 2 版),成文堂 2016 年版,第 142 页。另外,与重叠因果关系相似的,还有所谓累积的因果关系类型,也属于这种情形。

[70] 町野教授举例说,正如 X 向 A 的饭菜中投放了毒物,但该饭菜是 A 误采的剧毒蘑菇做成的,以及在沙漠中旅行的 A 的水袋被 X 灌入沙子,但该水袋已经被沙漠中的荆棘刺满小洞的场合,恐怕没有人会承认,不能左右结果的 X 要承担既遂的责任。如此说来,即便将毒蘑菇替换为不知情的 Y 投放的毒药,将刺破水袋的荆棘替换为不知情的 Y 的针的话,也还是不应当认可 X 的行为与结果之间的因果关系。[日]町野朔:《犯罪论的展开 I》,信山社 1989 年版,第 157 页。日文原文为"论理结合说",也被称为"规范条件关系说"。[日]佐伯仁志:《刑法总论的思之道·乐之道》,有斐阁 2013 年版,第 51 页。

出构成要件结果是违反结果回避义务所引起的结论,就必须能够说,行为人若尽到了结果回避义务,就能够避免构成要件结果,即具有结果回避可能性。[71] 这种结果回避可能性,应当作为事实因果关系之外的犯罪成立要件。在没有结果回避可能性的场合,不仅要否定实行行为对于所发生的结果的贡献,也要一并否定因果关系自身。[72] 按照这种考虑,在甲、乙分别向 A 的杯子中投放达到致死剂量的毒药,导致 A 死亡的所谓择一因果关系的场合,以及在刽子手即将按下行刑电钮时,被害人之父抢先一步按下电钮,死刑犯毙命的假定因果经过的场合,都能肯定因果关系的存在,相反地,在即便不违反义务,结果也会发生的过失犯的场合,则要否定因果关系的存在。

规范条件关系说的核心概念是结果回避可能性。因为在这种见解看来,行为和结果之间存在条件关系的事实,意味着行为人不实施行为就能防止结果,因此,条件关系就是为确定该行为对该结果是不是具有支配力而提出的要求。故在确定行为对结果不具有支配力,即即便不实施前行为也会有后结果的场合,就意味着没有结果回避可能性。规范条件关系说的论者认为,结果回避可能性的概念在不作为犯以及过失犯的场合均已被认可,因此,没有理由在故意犯的场合不予以认可。[73] 提出这种主张的学者分析,学界之所以在故意犯中对结果回避可能性的要求举棋不定,主要是因为在主观恶意已经变为现实,行为能够引起结果,并且已经在结果中变为现实的场合,若再以欠缺结果回避可能性为由,不处罚该结果,让人在感情上难以接受。对此,规范条件关系说认为,条件关系的存在意义在于,确定行为对结果具有支配力量,对于没有结果回避可能性的行为进行处罚,就是对行为人不能左右的事态进行处罚,更是不妥。[74]

规范条件关系说,在一定限度上能够限缩条件说的成立范围。如在医生 X 出于杀人意思而对患者 A 注射了毒药,但事后查明,患者 A 由于不可预见的特异体质正濒临死亡,即便医生对其注射正常药品也无力回天的场合,按照假定消除公式,没有 X 的注射毒药行为,就不会有患者 A 提前片刻死亡的结果,因此,X 的行为构成故意杀人罪既遂。换言之,此时,即便说没有结果回避可能性,也能认定医生 X 的行为构成故意杀人罪既遂。但是,在行为人即便实施合法行为也难以挽回被害人生命的情况下,仅仅以行为人具有杀意这种"恶劣意思"为由而认定其构成故意杀人罪既遂,不仅具有严重的主观归罪之嫌,而且这种将行为人不能支配的异常事实(被害人的特异体质)所引起的结果归咎于行为人,让其承担既遂犯的刑事责任的做法,是在追究行为人的偶然责任,违背刑法中的责任原则。在此意义上讲,在故意的作为犯中,也要考虑结果回避可能性。

只是,在欠缺结果回避可能性的场合,是没有条件关系还是没有结果回避义务,抑或其他,没有一致结论。有见解从"法不强求不可能之事"的原理出发,将结果回避可能性作为结果回避义务的前提。[75] 但是,对行为人科处结果回避义务是在事前即行为之前,而即便实施法所

---

[71] [日]山口厚:《刑法总论》(第3版),付立庆译,中国人民大学出版社2018年版,第55页。
[72] [日]山口厚:《刑法总论》(第2版),有斐阁2007年版,第55页。
[73] [日]山口厚:《刑法总论》(第3版),付立庆译,中国人民大学出版社2018年版,第56页。
[74] [日]山口厚:《刑法总论》(第3版),付立庆译,中国人民大学出版社2018年版,第55页。
[75] [日]大谷实:《刑法讲义总论》(新版第5版),成文堂2019年版,第186页;[日]川端博:《刑法讲义总论》(第2版),成文堂2016年版,第192页。

期待的行为,也难以回避结果的查明是在事后即行为之后,因此,从时间上看,结果回避可能性不会是结果回避义务的前提。也有见解认为,在没有结果回避可能性的场合,即便处罚该行为,也不可能具有抑制法益侵害的效果,因此,处罚不能被正当化。[76] 但是,中止该行为,是否能避免侵害法益的结果,必须在行为时了解。但正如前述,有无结果回避可能性是在事后查明的,因此,抑制法益侵害的观点,也不能直接为结果回避可能性的必要性提供基础。

同时,对于以结果回避可能性来限定条件关系范围的做法,也有很多不同的批评意见。有学者认为,所谓条件关系,首先是行为和结果之间的事实结合关系。在此阶段上依据结果回避可能性来规范地限定条件关系,存在根本问题。[77] 另有学者也认为,以结果回避可能性为基本内容的规范条件关系说超越了单纯的事实因果关系,让条件关系公式有了归责限定机能,因此,即便说要考虑结果回避可能性,但也只能在法律因果关系的判断上考虑。[78] 还有观点认为,以结果回避可能性为基本内容的规范条件关系说歪曲了因果关系概念,无论在结论上还是逻辑上都破绽百出。[79]

上述批判意见,从刑法因果关系判断两阶层论的立场来讲,有一定道理。但规范条件关系说的本意是,通过在条件关系的判断中引入结果回避可能性的规范判断,对历来作为事实关系的条件说进行脱胎换骨,即将事实判断和规范判断合为一体。从这种立场来看,可以说上述批评和规范条件关系说的理解不在一个层面上,并不一定妥当。

从渊源上讲,来自自然科学中的因果关系判断方法的假定消除的条件关系,本来仅限于形式的、事实上的引起和被引起关系,在判断某一行为是否为结果原因的时候,不带有任何价值评价因素,因此,在条件关系的判断中,加入"假如行为人实施了符合结果避免义务的行为,仍然会发生同样的结果"这种带有浓厚的规范判断的结果回避可能性的要求,显然和假定消除公式之下的条件说的宗旨背道而驰;同时,"结果回避可能性"中的结果的判断,也和通说即认为条件说中的"结果"是指"具体结果"的理解迥异。假定条件公式中的"结果",不是被害人的抽象的"死",而是"某年某月某日,以某种形态出现的死亡"的"现实具体结果"。但在医生意图杀害特异体质患者而对其注射毒药,致使其死亡,但实际上医生即便不实施该行为,患者也会死亡的案例中,如果说此处的"死亡"是指现实具体的死亡结果的话,则和患者特异体质引起疾病发作所导致的死亡结果相比,医生注射毒药让患者提前10分钟死亡的"毒死"结果,无论如何都不会和"因为特异体质引起的疾病发作所导致的死亡"结果一致,其属于"若无前行为(注射毒物),就无后结果(中毒提前死)"中的"结果",此时,绝对难以没有结果回避可能性为由而否定医生的投毒行为和结果之间的条件关系。因此,从刑法因果关系判断两阶层论的角度来看,上述质疑是有道理的。

但从本书的立场来看,如果说,刑法因果关系不是单纯的事实关系,而是内含有规范价值判断的引起和被引起关系的话,将结果回避可能性引入条件关系的判断之中,也未尝不可。若在结果犯的违法评价中必须考虑结果无价值,则只要将作为所谓违法评价对象的"结果"理解

---

[76] [日]山口厚:《问题探究刑法总论》,有斐阁1998年版,第9页。
[77] [日]西田典之:《日本刑法总论》,刘明祥、王昭武译,中国人民大学出版社2007年版,第72页。
[78] [日]山口厚、井田良、西田典之:《理论刑法学的最前线》,岩波书店2001年版,第5~6页。
[79] [日]山中敬一:《刑法总论》(第3版),成文堂2015年版,第263页。

为依据违反法所期待的举止而引起的法益状态的恶化,[80]上述批判意见质疑的问题就可以避免。正如在交通肇事后,行为人即便不逃逸,而是将伤者送医,但仍不能救活伤者的场合,就不能说伤者之死是行为人交通肇事后逃逸的结果,在行为人即便依照法的期待而行为,也不可能使法益状态好转,即没有结果回避可能性的场合,不能将现实发生的结果归属于前行为,二者没有条件关系。从此立场上讲,规范条件关系说有其道理。对没有结果回避可能性的行为进行处罚,纯粹是处罚不遵守规范的行为本身。[81] 除非刑法有明文规定(如超速驾驶罪、违法超车罪、见危不救罪等仅有行为即可构成的犯罪),否则不能予以处罚。

3. 合法则条件说述评

同样是为了解决假定消除条件说在择一竞合场合的难题,近年来,包括我国在内,有学者放弃了假定消除关系,作为其替代,主张若行为和结果可以按照自然科学的经验法则联系在一起,就认定具有条件关系的合法则条件说。[82]

合法则条件说,简单地说,就是顺次检讨连接行为和结果的事实经过,在依照自然法则、经验法则或者说是盖然性法则,能够将其中的各个环节联系起来的场合,就肯定条件关系。和假定消除法中追问"'无前者则无后者'吗?"相反,其以探讨"'有前者就有后者'吗?"为基本内容。以公式来表示的话,就是在 P 行为引起 Q 结果的时候,假定条件公式将条件关系理解为"非 P 则非 Q";相反地,合法则条件公式就是"若 P 则 Q"。

举例而言,如在医生甲为了救助被毒蛇咬伤的患者 A 而准备向其注射血清,但行为人 X 试图阻止医生的行为,遂将唯一的注射器损坏,导致医生无法注射,A 因此而死亡的场合,在判断行为人 X 的损坏注射器的行为和患者 A 的死亡结果之间有无条件关系的时候,按照假定条件公式,只要检讨"'没有 X 的损坏注射器行为,A 会死亡'吗?"即可。因为,在本案中,在医生不注射血清的前提下,X 即便不损坏注射器,A 也会因为蛇毒发作而死。因此,条件关系被否定。但这种结论与事实差别太大。因此,假定条件公式论者不得不对该公式进行修正,认为即便是作为犯的场合,也可以通过附加假定事实,即添加现实并不存在的"医生甲注射血清"的假定事实,从而肯定条件关系。

同样,合法则条件说认为,刑法理论上,因为涉嫌违反"罪疑时有利被告人"原则而饱受质疑的疫学证明方法,也能被正名。[83] 因为,合法则条件理论中的"法则",不限于已经被证明的自然科学的法则,很多经验法则也被包括在内。这种建立在经验知识基础之上的经验法则,只要不和科学法则相矛盾,就能被包含在"法则"之中。因此,即便不能说明自然科学的发生机制或者病理,但使用统计学的方式,依据大量观察的结果,能够证明疫学因果关系的存在时,也能

---

[80] [日]小林宪太郎:《关于所谓的结果回避可能性》,载《刑法杂志》2002 年第 42 卷 3 号。
[81] 张明楷教授认为,结果回避可能性是实行行为的前提。张明楷:《刑法学》(上)(第 6 版),法律出版社 2021 年版,第 234 页。
[82] 陈文涛:《条件公式的检讨与反思——合法则的条件说之提倡》,载方小敏主编:《中德法学论坛》第 16 辑下卷,法律出版社 2019 年版;孙运梁:《因果关系与客观归责论》,社会科学文献出版社 2021 年版,第 27 页;张明楷:《刑法学》(上)(第 6 版),法律出版社 2021 年版,第 235 页。反对合法则条件说的见解,参见邹兵建:《合法则性条件说的厘清与质疑》,载《环球法律评论》2017 年第 3 期。
[83] [日]西田典之:《刑法总论》,[日]桥爪隆补订,弘文堂 2019 年版,第 100 页。

认定合法则条件关系。[84]

支持合法则条件说的论者认为,和假定消除公式相比,合法则条件说更为优越。首先,其不会导致刑事评价范围过广。因为,和在假定条件关系之下,行为和结果是必要关系的情形不同,在合法则条件关系之下,行为和结果的关系属于充分关系,其直接从构成要件行为出发,考察行为对结果的实际作用力,而不必无限地溯及引起结果的所有条件。[85] 其次,合法则条件说能够取代假定消除条件说。因为,"非P则非Q"只是判断行为与结果之间是否存在事实关系的辅助公式,本身并不能说明行为就是结果的原因;相反地,在合法则条件公式之下,只要能够确定行为与结果之间存在事实关系、行为成为后续结果的原因、前行为的作用引发了后续结果,就能说行为与结果存在事实关系。最后,按照合法则关系公式,不管是假定因果经过的事例还是择一竞合的事例,通常都能肯定条件关系。正因如此,有学说认为,如果说引起结果是成立结果犯的最重要因素的话,其就不是从反面说明"因为没有前行为,所以没有后结果",而应当是从正面说"正因为有前行为,所以才有后结果"。[86]

但是,针对合法则条件公式,也有以下疑问:

首先,真的能够克服假定消除条件说所具有的认定范围过广的弊端吗?的确,合法则条件说适合确认事实和事实之间的自然科学联系,但不适合明确刑事责任的基础并对其发挥限定作用。[87] 因为,按照合法则条件说,只要能确定具体事实之间的推移关系(A→B→C),并且先行事实引起后行事实(A引起B,B引起C)属于现实存在的事实,则按照自然科学的法则,在所有的行为和结果之间,都能肯定因果关系。这样说来,假定条件关系说在条件关系的认定上所具有的认定过广的弊端,在合法则条件说之下,也照样存在。

其次,其和假定消除条件说在思考方式上没有实质差别。假定消除公式和合法则公式的适用,都以事先已经确切知道行为和结果的联系为前提。如就轻伤他人之后,他人在送医过程中遭遇车祸而死亡的"救护车事件"而言,正是因为人们已经知道如果没有遇到车祸就不会发生死亡结果,所以才有了假定消除公式的应用。合法则条件公式也是如此。就上述案例而言,轻伤他人导致死亡,不合乎(经验)法则;轻伤他人之后送医过程中遭遇车祸,也不合乎(经验)法则;车祸引起死亡,才合乎(经验)法则,因此,结论是,轻伤他人不是引起他人死亡的条件,车祸才是引起他人死亡的条件。可见,假定消除条件说和合法则条件说,二者的适用前提是一致的,合法则条件说并不能克服假定消除条件说的不足。[88]

最后,合法则条件说自身存在难以克服的缺陷。批判意见认为,在自然科学因果关系的认定上,能否以主流意见或者学术代表人物的意见认定是否合乎法则,没有令人满意的答案;在社会科学领域中因果关系的认定上,也难以找到具有普遍性的法则;在具体因果关系层面,其

---

[84] [日]山中敬一:《刑法总论》(第3版),成文堂2015年版,第272、273页;张明楷:《刑法学》(上)(第6版),法律出版社2021年版,第240页。
[85] 陈文涛:《条件公式的检讨与反思——合法则的条件说之提倡》,载方小敏主编:《中德法学论坛》第16辑下卷,法律出版社2019年版。
[86] 孙运梁:《因果关系与客观归责论》,社会科学文献出版社2021年版,第28页。
[87] [日]山口厚、井田良、西田典之:《理论刑法学的最前线》,岩波书店2001年版,第3页。
[88] 周光权:《刑法总论》(第4版),中国人民大学出版社2021年版,第121页。

所采用的力学、物理学的判断标准,在逻辑上自相矛盾,在不作为的场合甚至还会得出错误结论。[89]

确实,就条件关系的判断而言,假定消除条件说和合法则条件说在结论上差别不大,而且在思考方式上也没有实质性的差别。但在说理的直接性、明快性上,合法则条件说要稍胜一筹。不仅如此,如果说假定消除条件说和合法则条件说的存在意义仅仅在于,判断(实行)行为和(构成要件)结果之间的事实结合关系,而不是其他,在其判断上只能客观地、形式地进行的话,则合法则条件说的不足也会显现出来。刑法上的条件关系,说到底是事实关系(有或者无),不应当介入一般人经验法则之类的规范判断。但合法则条件说在前行为和后结果之间有无引起与被引起的条件关系的判断上,在自然法则或者说盖然性法则的名目之下,将前后事实经过的通常性乃至是否合乎科学法则作为判断标准,这显然已经超出了条件说的范围,而将后文提及的作为归责判断基准的相当性的思想融入了其中。从此意义上讲,合法则条件说和前述规范条件关系说一样,已经不完全是传统意义上的行为和结果的事实关系判断公式,而变身为了具有价值判断、规范判断属性的归责关系公式。

(三)法律因果关系论

明确地提出应当结合规范要素,对传统的假定消除条件说在刑法因果关系上认定过宽的弊端进行限定或者说修正的,是相当因果关系说,以及在此基础上更进一步的客观归责论。

1. 相当因果关系说及其问题

相当因果关系说并非独立的因果关系论,而是在条件说的基础之上所形成的见解;其作用并不是否定条件关系,而是对条件关系说牵连过广的问题进行限定。[90]

相当因果关系说认为,就刑法因果关系的判断而言,仅仅具有条件关系还不够,只有在该条件关系能为一般人的日常生活经验所认可的场合,才能成立。如何判断是否为"日常生活经验所认可",通说将其理解为,发生结果的因果流向从行为时来看属于能够预测的情形;相反地,在条件关系属于偶然的、罕见的、异常的情形时,因果关系就要被否定。[91] 按照这种想法,前述"救护车事件"就属于生活经验上罕见的偶发情况,偏离了我们日常生活经验的因果流向,因此,行为人和被害人的死亡结果之间尽管有条件关系,但不具有相当关系,因此行为人不对死亡结果担责,而仅仅承担故意伤害罪的刑事责任。

对于相当因果关系说的认定而言,最为重要的是,将什么范围的事实作为相当性的判断基础。对此,有客观说、主观说、折中说三种见解。客观说主张行为时发生的全部事实,以及能够预见的行为后的事实;主观说主张行为人行为时所认识到的,以及能够预见的行为后事情;折中说主张行为时一般人所能认识的事实以及行为人所特别认识(不是"能够认识")的事实。[92]

---

[89] 邹兵建:《合法则性条件说的厘清与质疑》,载《环球法律评论》2017年第3期。

[90] 黄荣坚:《基础刑法学》(上)(第4版),台北,元照出版有限公司2012年版,第280页。我国通说见解对其不作严格区分,一般都将其作为"因果关系论"对待。与德国在合法则条件说的基础上考虑相当因果关系说的情形不同,日本是在消除假定说的基础上考虑该说的。

[91] [日]井田良:《讲义刑法学·总论》(第2版),有斐阁2018年版,第132、133页。

[92] [日]高桥则夫、伊东研祐等:《刑法总论》,日本评论社2005年版,第137~139页。

上述三种见解的共同点是:(1)以"条件公式"的存在为前提;[93](2)以只有在从行为中引起一定结果属于"相当"的场合为标准;(3)属于体系定位中的"前规范"性评价,即刑法上的"相当因果关系论"属于构成要件的内容,是先行于违法论、责任论的构成要件符合性的事实判断。[94]

相当因果关系说一度是日本的通说,对我国的影响也很大,但近年来,其却受到了以下几方面的批判:

一是相当性的标准不明确。相当因果关系说中的"相当性",就是以行为人行为时所认识或者预见的事实为基础,以一般人为标准判断结果发生的"客观可能性"乃至"一般可能性",即从生活经验的角度来判断从行为到结果之间的过程流向是否异常。但何谓"异常",标准极不明确。有从"高度定型性""高度盖然性"的见解出发,认为是"50%以上的可能性"的见解,有认为"仅就罕见的,行为人支配范围以外的例外现象"才要否定相当因果关系的见解;另外,还有认为所谓"并不相当",就是"排除极为偶然的宗旨"的见解——众说纷纭。[95] 同时,在将"经验上是否通常"作为相当性的判断基准的时候,其和合法则条件说中的"法则"即"自然法则、经验法则或者说是盖然性法则",如何区分,也是问题。[96] 特别是,"相当性"和是不是要将相当事实作为判断基础(判断基础)、以什么时候的什么人的经验知识为判断基准(相当性的基准)、什么程度的盖然性(相当性的程度),紧密相关。其中,主观说和折中说因为在是不是要将相当事实作为判断基础的判断中掺入了主观因素,使本来属于"客观"要素的因果关系被行为人的"主观"所左右,故受到批判。客观说则在犯罪的实行行为的客观危险性的判断和因果关系判断有否有关,或者是不是应当被区别开来方面不够清楚,因而遭到质疑。

二是对从行为到结果之间的因果经过非同寻常的案件无能为力。如在日本"大阪南港案"中,介入的第三人的故意暴行是非常偶然的罕见事态。在此,作为死因的实行行为即伤害已经完成,介入事件只是促进了伤害的致命作用,使死亡时间稍稍提前而已,因此,日本法院没有按照相当因果关系说的思路,而是依照危险现实化的见解,认定实行行为和死亡结果有因果关系。[97]

---

[93] 作为众多相当因果关系说的前提的"条件关系"的因果关系自身也有问题。日本学界将"没有A就没有B"的所谓"假定条件"作为判断相当因果关系的前提,但"因果关系"本来就是原因和结果之间的关系,应当将其理解为"有A就有B"这种引起结果的积极的事实关系。德国也是这么理解的。
[94] [日]铃木茂嗣:《刑法总论》(第2版),成文堂2011年版,第166页。
[95] [日]山中敬一:《刑法总论》(第3版),成文堂2015年版,第279页。
[96] [日]西田典之:《刑法总论》,[日]桥爪隆补订,弘文堂2019年版,第106页;邹兵建:《合法则性条件说的厘清与质疑》,载《环球法律评论》2017年第3期。
[97] 在"大阪南港案"中,被告人对被害人施加暴行导致其脑内出血,之后将丧失意志的被害人放在大阪南港的一个仓库,其后,被害人被人殴打头部,使被害人的死期稍稍提前。尽管介入了第二行为人的暴行这种异常事态,但法院仍然肯定了因果关系。上述内容,参照日本最高法院1990年11月20日判决,刑集44卷8号,第837页。按照当时学界流行的相当因果关系说,上述判例结论是不可思议的。因为,该案中第二暴行的介入,是在第一暴行的当时行为人所难以想象的罕见事态,但是,该案判决将这种介入因素列入了考虑当中;同时,按照传统学说,尽管第二暴行只是使被害人死亡时间稍稍提前,但也还应当属于杀人,但该案却没有将这一结果归属于作为介入因素的第二暴行,而是归于已经形成死因的第一暴行。换言之,就该案的裁判来看,法官的考虑是,尽管有因果经过的异常性、偶然性,但在实行行为成为死因的场合,还是能够肯定因果关系。也正因如此,该案的调查官说,相当性说对该案中介入事情的异常性该如何处理并不清楚。以因果经过的异常性为基准的相当性说,和以行为对结果的贡献度为中心,将此二者结合起来,具体探讨的实务思考方法迥异。由此引发了所谓"相当因果关系说"的危机。[日]西田典之:《刑法总论》,[日]桥爪隆补订,弘文堂2019年版,第113页。

三是难以判断介入事件对结果的贡献程度。在相当因果关系说之下,即便说介入事件是可以预见的因素,要纳入判断的基础,但也仅仅看"行为→介入事情→结果"这种因果流程是否正常,而不考虑介入事件对结果的贡献程度。事实上,刑法因果关系的判断主要还是一种归责判断,在存在介入事件的场合,必须判断所产生的结果到底是实行行为的产物还是介入事件的产物,从而决定谁要对结果担责。[98] 相当因果关系说不考虑介入事件对结果的贡献程度的特点,决定了其难以胜任妥当划定归责范围的职责。

本书认为,相当因果关系说,本是考察行为引起结果是否符合一般人的日常生活经验,只有在得出肯定结论的场合,才能认可因果关系的见解。但遗憾的是,其在应用过程中,考察重心发生了偏离,其重心逐渐转移到考察行为引起结果的过程中其他因素(包括行为人的因素、被害人的因素、第三人的因素以及自然因素)的介入是否异常上去了,不符合相当因果关系说的本意。因而,尽管其对结果是否归属于行为的判断有一定参考价值,但对于行为和结果之间存在介入因素之类的特殊情况,难以提供有实质意义的帮助,这是其致命不足。另外,该说将行为与结果之间的因果关系的判断求之于"一般人的日常生活经验",虽然和将刑法作为人们的日常生活指南的行为规范的理解具有一致之处,但是,"一般人的日常生活经验"作为因果关系的判断标准过于模糊,实践中难以操作,这也是其重大缺陷。正因如此,便有了下述的客观归属论的兴起。

2. 客观归属论述评

对上述相当因果关系说的缺憾进行弥补的,是起源并流行于德国,并对我国当今的因果关系论有重大影响的客观归属论。客观归属论是考虑所发生的结果是否为行为人的贡献或者成果的理论总称,其以某结果和某行为之间具备何种关系时,能够将结果评价为该行为的贡献或成果,从而将该行为评价为"结果犯"的既遂形态为主要内容。因为其并不重点考察行为和结果之间是不是存在引起和被引起的关系,而是重点考察现实发生的结果是不是行为人的贡献而让行为人担责,故被称为"归属"。为了将其与对行为人自身的主观归属即"主观(责任)归属"区别开来,人们习惯将这种对客观行为的"结果归属"称为"客观归属"。[99]

在德国,客观归属论之所以成为有力说,是因为其背景当中存在对条件说"在自然科学的乃至因果的考虑当中,不能认可发生结果的诸条件之间所存在的价值上的差别"的不满,换言之,该说认为因果性思考在条件说中走到了尽头。连同前述的相当因果关系说在内的学说,都是在考虑如何在法的重要性上限定结果的归属范围。但这种考虑已经不是传统事实因果关系论,而是具有规范性质的因果判断。如此说来,客观归属论,从其沿革来看,也是在构成要件论中,对条件关系(因果关系)无限溯及的特点进行规范限定的理论。[100]

客观归属论的特点是,在所谓体系性、政策性指导理念之下,根据各个事例类型,体系化地建构具体下位基准,从目的合理主义的观点出发,提出与规范的、事实的观点相应的归属基准。现代的客观归属论有三根支柱:一是条件关系意义上的因果关系,又称条件的因果关联。其考

---

[98] [日]井田良:《讲义刑法学·总论》(第2版),有斐阁2018年版,第141页。
[99] [日]铃木茂嗣:《刑法总论》(第2版),成文堂2011年版,第166页。
[100] [日]山中敬一:《刑法总论》(第3版),成文堂2015年版,第261页。

虑实体的因果关系,是归属论的存在论基础。二是以因果关系的存在为前提,从行为危险性概念发展而来的危险创制将行为时到结果发生时的危险作为问题,也考虑对其规范评价。三是危险实现。其在将事后查明的全部事情考虑之后,追问所创造出来的危险,是不是在刑法法条规范保护目的所包含的结果当中变为了现实。这种危险实现当中,包含历来在相当因果关系说中处理的,行为所创制出来的结果在经验上是否典型或者相当,是不是能被规范地包含在法条射程范围之内的"狭义危险实现"等内容。[101]

一般认为,从相当因果关系说特别是其中的客观说的立场向客观归属论转向,没有太大的理论障碍。危险创出和危险实现的判断,和客观的相当因果关系说中作为问题的"实行行为相当性"以及"因果经过相当性"的理论框架之间多有重合;特别是与从裁判时的视角出发,也斟酌行为后的事实,考虑行为和结果的因果关系时,不得不以行为时的相当性判断为中心的见解相比,更具亲和性。[102] 因此,有学者认为,相当因果关系说是"一种不称职的归责理论"。[103]

也正因如此,客观归属论的理念虽然被不少日本学者和我国学者所推崇,可是不是要全盘引进,却有不同意见。在日本,有学者认为,客观归属论所主张的危险创出和危险实现的判断,几乎与实行行为和相当因果关系对应,是不是有必要将客观归属论作为与历来的因果关系论不同的框架另外加以讨论,值得怀疑。[104] 同样,还有学者认为,客观归责理论的核心是,创出被允许的危险和该危险在结果当中变为现实,这可以说是与日本的实行行为性的判断和相当因果关系论对应的见解。除此之外,客观归责论中的危险减少论、日常行为论、注意规范的保护目的论、自我答责性、禁止溯及论等归责限定理论,均可融合在日本现有的学说当中,没有必要全面引进。[105] 同样,在我国,也有学者认为,客观归责理论虽然是德国刑法理论的通说,但并非没有问题。[106]

从本书的角度来看,客观归属和因果关系尽管称谓不同,但其作用和目的却是一样的,都是为了解决现实发生的结果是否可以说是行为的贡献或者归属于行为的问题。受制于德国、日本三阶层论的传统理解,作为犯罪构成要件客观要素内容的因果关系判断,必须客观、形式地进行,不得掺入任何实质的、规范的价值判断的内容。价值规范要素的判断是实质判断,只能放在犯罪认定的第二、第三阶段即违法性、有责性判断的阶段进行。[107] 但实际情况是,即便在三阶层犯罪论体系之下,本应和实质判断的违法性、责任判断分开,客观、形式地进行的构成

---

[101] [日]山中敬一:《刑法总论》(第3版),成文堂2015年版,第291~292页。我国学者也有类似见解,认为客观归属理论将因果关系与归责问题相区别,因果关系以条件说为前提,在与结果有关系的行为中,只有在行为制造了不被允许的危险,且该危险在符合构成要件的结果中变为了现实时,才能将该结果归属于该行为。张明楷:《刑法学》(上)(第6版),法律出版社2021年版,第228页。
[102] [日]前田雅英:《刑法总论讲义》(第7版),东京大学出版会2019年版,第138页。
[103] 孙运梁:《因果关系与客观归责》,社会科学文献出版社2021年版,第95页。
[104] [日]井田良:《讲义刑法学·总论》(第2版),有斐阁2018年版,第143页。
[105] [日]西田典之:《刑法总论》,[日]桥爪隆补订,弘文堂2019年版,第119~120页。
[106] 张明楷:《刑法学》(上)(第6版),法律出版社2021年版,第239页。
[107] 按照德国、日本三阶层论的见解,构成要件,从罪刑法定原则的立场来看,是刑法所禁止的行为的类型化,发挥着明确告诉国民禁止什么、允许什么的机能,内容必须简明易懂,因此,其不是实质的、综合的判断,而是抛开了个别、具体现象的形式判断。其意味着,侵害法益或者具有侵害法益危险的行为,原则上被禁止。[日]山中敬一:《刑法总论》(第3版),成文堂2015年版,第132页。

要件符合性判断，在现实应用中，无论如何也难以撇开"是不是值得处罚"的规范评价。[108] 就作为具体犯罪构成要件客观内容的因果关系的判断而言，同样不可避免地会面临理念和现实分离的问题。刑法因果关系的判断，就是其典型体现。既然现在的刑法通说仍然承认因果关系概念的存在，而且仍然将其放置在犯罪构成的客观要件部分，则不得不说，有无刑法因果关系的结论，在形式上看似客观的事实判断，但其中不免会加入价值或者规范判断的内容，这是必须承认的现实。从此意义上讲，以客观归属论替代传统的因果关系论，并在其中加入规范、价值判断，是为了弥补传统因果关系论之不足不得已而为之的做法，有其现实必要性。只是，客观归属论作为问题提出的，已经大大超出了法律因果关系论所对应的部分，涉及实行行为论、排除违法事由论、过失犯论、共犯和正犯论，以及各论构成要件解释论等众多领域，几乎涵盖了客观的构成要件论的全部内容。将这么多的问题和法律因果关系的问题一道概括在客观归属论这一超级领域，是否必要且可行，值得怀疑。[109]

（四）本书的立场

由因推果、以果溯因，乃人类智慧的本性。只见结果、不问原因，会让人在具体问题的处理上陷入盲目。在以发生实害结果为犯罪成立条件以及从重处罚根据的刑法世界中，尤其如此。只是，在刑法学中探讨因果，和人们日常生活中谈论此类话题意义不太一样。在刑法学中，探讨因果更多的是为了归责，即在已知行为和结果的前提下，能否让行为人基于该行为对该结果担责；而人们日常生活中的因果探讨，更多的是探讨犯罪原因。但犯罪原因的查明，在刑法世界由作为经验科学的犯罪学完成，而刑法因果关系的探讨，是以法庭上所查明的事实为依据，确认现实发生的危害结果就是行为人实施的危害行为中所包含的危险转化的。

因果关系，作为具体犯罪构成客观不法要件的内容，应当具有普遍性，不应当为刑法上的目的性所完全修正。换言之，刑法上的因果关系概念，不应当和自然科学或者社会科学所使用的因果关系概念有重大偏离。因为，正如刑法学上的"人""死亡"等概念，如果完全不同于生物学、医学上的理解，就会招致重大混乱一样，普遍性的概念应当适用于所有具有普遍性特征的情形。刑法因果关系概念，虽说因伴随有刑法规定的目的性和规范性的特征而与自然科学乃至社会科学上的概念有别，但二者的差别不至于达到完全无关的程度。换言之，将不具有自然科学、社会科学意义上的因果关系结果认定为刑法上的结果，同样是没有说服力的。这样说来，刑法因果关系论，还是应当以自然科学乃至社会科学上的因果关系论为前提，从法律或者规范角度进行限定。脱离因果关系的普遍属性，完全从刑法的规范性角度来讨论因果关系，只会导致刑法因果关系判断中的人为恣意。这一点，从前述各种因果关系学说虽然越来越强调因果认定中的规范因素，但却都是在强调"归因"基础上的"归责"，即在行为与结果的事实关联基础上，考虑刑法的目的性或者价值规范性上，就能窥豹一斑。只是，查明刑法因果关系时，是不是一定要将"归因"与"归责"分开来论，是值得探讨的问题。

本书认为，在德国、日本的三阶层犯罪构成体系之下，采用"归因"与"归责"分开来论的方

---

[108]　[日]前田雅英：《刑法总论讲义》（第7版），东京大学出版会2019年版，第31~32页。
[109]　[日]佐伯仁志：《刑法总论的思之道·乐之道》，有斐阁2013年版，第73页。

式,是有其必要性的。但是,如果像我国一样将刑法因果关系定义为"危害行为(实行行为)[110]和危害结果之间引起与被引起的关系"的话,就不一定有这种必要。

如前所述,受制于其犯罪认定所采用的"构成要件符合性、违法性、有责性"的三阶层判断论,故德国、日本的通说认为,构成要件是客观的、形式的、记述的、无价值的犯罪构成类型,其决定了"构成要件符合性"的判断也必须是一种不带任何价值评判色彩的中立的形式判断。因果关系属于构成要件的客观内容,因此,行为和结果的因果关系符合性的判断也必须形式地、中立地进行。正是因为受这种犯罪论、体系论的影响,在德国、日本,早期的刑法因果关系的判断大多采用了"非P则非Q"或者"若P则Q"这种不带任何价值评判色彩的条件公式。

但是,构成要件符合性的判断,不可能不考虑行为违法性的有无、程度而"价值中立地进行"。在划定构成要件所及范围时,不得不从保护法益的立场出发,从刑法法条的保护目的出发,对法条用语进行扩大或者缩小解释。其意味着,在构成要件符合性的判断上,也必须进行行为违法性的考虑。因此,形式的、价值中立的构成要件理论,除作为刑法解释方法的文理解释以外,是不可能存在的。[111] 而且,如前所述,在构成要件符合性的判断中不能考虑价值判断,本身就是一个伪命题。所谓构成要件符合性只是在描述一个利益侵害事实,并不涉及行为评价问题,只有违法性的检验才涉及对行为评价问题的说法并不符合事实。[112] 如此说来,在犯罪的认定上,只要说具有客观的构成要件符合性,其一定是既包含了事实又包含了规范、既包括了形式又包括了实质的符合,而不可能仅仅是事实上、形式上的符合。既然如此,作为构成要件客观要素之一的因果关系判断,也不可能仅仅是形式的、无价值的判断,其中必然要加入规范的、价值的内容。现在有关刑法因果关系的学说当中,大量加入规范或者价值的考虑,原因就在于此。"规范条件关系说"中的"结果回避可能性"、"合法则条件说"中的"法则"、"相当因果关系说"中的"相当性"、"客观归属说"中的"合目的性"等,就是其体现。只是,在刑法因果关系的判断上既考虑事实又考虑规范,是不是一定要采用"归因+归责"的两阶层论,恐怕未必。

和前述德国、日本的"归因+归责"两阶层论的判断方式不同,我国在因果关系的判断上,采用的是直接将因果关系定义为"危害行为和危害结果"之间的引起和被引起的关系的方式。从刑法因果关系的判断中既考虑事实又考虑规范、既看形式又兼顾实质的角度来看,应当说,这是一种高明之举。一方面,因为将刑法因果关系定义为"危害行为和危害结果之间的关系",故在形式上其并没有改变因果关系属于具体犯罪构成要件的客观内容的一面,仍以犯罪构成划定犯罪成立范围,满足罪刑法定原则的要求;另一方面,由于强调"危害行为和危害结果之间的关系",而所谓"危害行为",按照我国刑法学的通说,是指在人的意志或者意识支配下实施的

---

[110] 从规范的角度来看,刑法通过设立禁止伤害行为的规范而意图回避的结果当中,并不包含偶然事故所导致的死亡结果在内。"救护车事件"中,被害人的死亡,是和行为人甲最初的伤害行为的危险无关的偶然伴随结果,其和甲在自己家里招待朋友时,因为到了深夜,于是甲叫出租车送朋友回家,途中遇上交通事故死亡的场合一样,纯粹属于日常生活中也会遇到的偶然事实。如果说刑法中的禁止伤害规范连这种结果都包括在内的话,则在家招待朋友或者乘坐出租车之类的日常活动也不得不予以禁止。这显然是难以想象的。因此,刑法因果关系,并不只是危害行为和危害结果之间的关系,更是危害结果是不是能够归属于危害行为的关系。

[111] [日]井田良:《讲义刑法学·总论》(第2版),有斐阁2018年版,第98页。

[112] 黄荣坚:《基础刑法学》(上)(第4版),台北,元照出版有限公司2012年版,第182页。

危害社会的身体动静,是"立法者即统治阶级以自己的价值标准对人类行为进行价值评判的结果",[113]这样就消除了前述依据"条件说"等公式所推导出来的因果关系所与生俱来的事实的、形式的缺陷。按照这种理解,长期以来一直困扰德国、日本刑法学者的,在"条件说"之下会导致因果关系的范围认定过宽,把杀人凶手的母亲生育(杀人凶手)的行为、肇事汽车的生产商制造(肇事车辆)的行为也囊括进来的难题,就能迎刃而解。母亲生孩子的行为、工厂生产汽车的行为,从人们的日常生活经验来看,都是为社会生活维持所必不可少的行为,是正常生活所允许的行为,不能说是"危害行为"。[114]

但是,何谓"引起和被引起的关系",则有进一步探讨的必要。从字面上看,这种说法只是对因果关系的一种经验描述,并没有涉及"'引起'和'被引起'关系何以会发生?""两者是如何'引起'和'被引起'?"的因果关系的本质问题。不弄清楚这个问题,便无法真正理解刑法因果关系的含义,也无法为查明刑法因果关系提供借鉴。从我国的主流观点辩证唯物主义的因果观的角度来看,所谓因果关系,实质上是原因转化为结果的过程,是原因内部诸因素通过相互作用产生一系列变化的过程,而这些"变化"最终形成的状态,就是所谓"结果"。因此,原因和结果之间并不是"引起"和"被引起"的关系,而是"转化"关系。一切结果都是有原因的,宇宙没有无因之果;一切结果都蕴含在原因之中,原因中有结果的根据(果潜于因);原因和结果具有共同的本质("因果同质")。[115] 换言之,原因过渡到结果,实质上是原因转化为了结果,结果则是一种变化了的原因;结果潜在地蕴含于原因之中,原因则以变化了的形态表现在结果的内容里,二者具有质和量的一致性。这种"果潜于因"和"因果同质"的因果同一性原理,对于我们判断刑法因果关系具有指导意义。在将刑法因果关系定义为"危害行为(实行行为)和危害结果之间引起和被引起的关系"时,可以说,危害结果实际上就是危害行为中所潜在的原因的存在状态的转化而已,即由抽象的危险状态转化为了现实的实害状态,而且,这种转化必须是同质转化,即原因和结果只是同一内容的不同表现形态。不具有这种质量一致性的转化,不能说具有因果关系。也正因如此,才有了那句名言:结果之所以是必然的,因为它正是原因的表现,或者说就是那个成为原因的必然。[116]

按照上述理解,在刑法因果关系的判断上,没有必要采用"归因 + 归责"的二阶层判断,只要能够规范地确定作为刑法因果关系判断前提的"危害行为",就可以依据因果关系同一性原理,判断危害结果是不是现实化了的原因,或者说是前面的危害行为当中所具有的危险的现实化即可。只是,该如何依据因果关系同一性原理判断刑法上所要研究的因果关系的具体类型,

---

[113] 高铭暄、马克昌主编:《刑法学》(第10版),北京大学出版社2022年版,第60~61页。

[114] 当然,"危害行为"也会因为过于实质化而遭人非议。从理论上讲,因果关系只能是实行行为和结果之间的关系,而实行行为是着手实行犯罪之后的行为,与危害行为不完全一致。因此,使用危害行为来说明刑法因果关系中作为原因的"实行行为",是否合适,存在争议。但是,在妻子出于杀夫的目的而将毒酒放在书架上,准备等丈夫下班交给其饮用,但不料其他客人竟然自己将其饮用以致身亡的场合,妻子的行为构成杀人预备罪就不用说了,另外还要构成过失致人死亡罪,二者存在竞合关系。这种场合下,过失致人死亡罪属于必须考虑因果关系的结果犯,也存在实行行为和危害结果之间的关系,将"毒酒置于书架上"的行为,尽管是故意杀人罪的预备行为,但其却是过失致人死亡罪的实行行为,因此,为了周延起见,将上述场合下的行为,称之为"危害行为",并无不可。

[115] 维之:《因果关系研究》,长征出版社2002年版,第268~281页。

[116] [德]黑格尔:《逻辑学》(下卷),杨一之译,商务印书馆1976年版,第217页。

则是在我国学界方兴未艾的"行为危险现实化说"的研究内容。[117]

(五)"行为危险现实化说"的基础和现状

"行为危险现实化说"主张以"行为危险是否在结果当中变为了现实"来判断有无因果关系,认为在能够认定实际发生的结果是实行行为危险的现实体现时,肯定行为和结果之间存在因果关系。[118] 该学说在克服相当因果关系说判断基础的局限性(仅限于一般人已经认识或者能够认识的事实以及行为人所特别认识的事实)和判断基准的模糊性(以一般人的生活经验法则为准)方面有独特之处。[119]

在展开"行为危险现实化说"之前,必须考虑刑法因果关系的本质,即刑法适用中为什么要考虑因果关系,否则,因果关系的探讨会流于表面。关于刑法因果关系的本质,理论上主要有两种见解:一种是一般预防说,即通过禁止、处罚一般人可能利用的因果经过,达到预防侵害法益结果发生的效果,因此,在犯罪的认定和处罚上,必须考虑经验上具有一般通常性的因果经过。[120] 另一种是精准报应说,认为刑罚的目的是预防,但刑罚的本质是报应,从报应的角度来看,什么范围的法益侵害结果能够作为行为贡献而归责?解决这一问题的就是因果关系论。其能将经验法则上罕见的结果排除在刑罚处罚范围之外。[121]

本书大致同意上述精准报应说的见解。按照近代以来刑法中所坚持并为我国刑法学说所认可的责任原则,任何人只能对自己行为所引起的危害结果承担刑事责任,而不能对他人行为所造成的结果承担转嫁或者替代责任。在结果犯的场合,之所以考虑因果关系,理由也在于此。在要求行为人对已经发生的某危害结果承担刑事责任时,必须确认其行为与该结果之间存在引起和被引起的关系。虽说刑法的一般预防效果是通过规制人的行动,抑制侵害法益行为来实现的,但如果说刑法考虑因果关系的意义仅仅在于禁止和防止人们利用经验上可以预见的因果经过来引起侵害法益结果的话,则不考虑因果关系的效果更佳。刑法是通过命令或者禁止人的行为实现对人进行心理控制的手段,就保护法益而言,只要命令或者禁止人们实施一定行为即可,在行为之外,对行为引致结果的因果过程也作出要求,不仅不利于保护法益,反而会降低刑法的保护效果。从此意义上讲,刑法上考虑因果关系,更多地还是强调精准报应。

详言之,因果关系是限定行为人对特定结果承担刑事责任的客观条件,其存在价值与刑事责任的确定相关。[122] 刑法固然具有通过命令或者禁止人的行为,避免最终结果发生的机能,但一旦刑法的这种机能失效,现实中发生了侵害法益结果,需要对行为人进行处罚、实施报应的时候,也必须以其所造成的侵害为限,以避免不必要的无效报应。如就 X 意图杀害 A 而挥刀,结果失败,只是造成 A 轻伤,但 A 在医院疗伤期间,不幸遭遇火灾身亡的"医院失火案"而言,从一般预防的角度来看,对行为人论以故意杀人既遂是最有效的一般预防措施。但是,这

---

[117] 具体内容参见黎宏:《因果关系错误问题及其应对——以行为危险现实化说的再阐释为中心》,载《法学研究》2022年第1期。
[118] [日]山口厚:《刑法总论》(第3版),付立庆译,中国人民大学出版社2018年版,第56页以下。
[119] [日]西田典之:《刑法总论》,[日]桥爪隆补订,弘文堂2019年版,第113页。
[120] [日]井田良:《讲义刑法学·总论》(第2版),有斐阁2018年版,第135页。
[121] [日]西田典之:《刑法总论》,[日]桥爪隆补订,弘文堂2019年版,第107~108页。
[122] 张绍谦:《刑法因果关系研究》,中国检察出版社2004年版,第107、108页。

种处罚不仅超越了报应的限度,不符合责任原则,而且将医院起火这种本不在杀人行为之中的偶然事实也包含在杀人行为之中,能够达到让其他人不要模仿或者利用该种因果经过,避免实施类似行为的一般预防效果吗?令人生疑。从此意义上讲,在确定行为人的责任范围和大小的时候,要追溯刑法因果关系的本质,从合理限定行为人刑事责任的立场出发,坚持行为对结果的事实贡献,以现实结果是否能被评价为实行行为的危险现实化为基准。在确认现实发生的结果就是刑法规范通过禁止该行为意图加以回避的结果时,即可说,实行行为的危险被现实发生结果所证实,可以发生结果为由对该行为予以较重的法律评价。从此角度来看,我国近年来所提倡的"行为危险现实化说"有其道理。

依照"行为危险现实化说",不管是行为时既已存在的事情还是行为后的介入事情,也不论其是否为一般人或者行为人本人所认识,只要客观存在,就能纳入因果关系的判断基础,因此,在因果关系的判断上考虑行为后的介入事情,成为常态。同时,在判断行为危险现实化时,由于将行为所具有的危险在结果当中是否变为现实、多大程度上变为现实作为判断基准,使介入事情对结果的贡献程度、行为危险在现实化为结果的过程当中是不是为介入事情所阻断,成为一个可以量化的问题。[123] 这样,因果关系判断当中最为棘手的介入因素,就成为不以行为人本人以及一般人的认识为转移的客观存在,其作用大小可以通过和行为人的行为危险相比较而得以具体化。和此前学界通行的、以一般人的生活经验为基础的相当因果关系说相比,可以说,"行为危险现实化说"使刑法因果关系的判断发生了脱胎换骨的蜕变。

结果是不是"行为危险的现实化",必须立足于因果关系的客观性,以行为时所存在的事实为基础,以科学鉴定为依据,从科学法则的角度来看,能够将现实发生的结果归属于某实行行为时,就可以说,二者存在"危险现实化"的因果关系;反过来说,行为和结果具有因果关系,就意味着该实行行为中所具有的危险,现实化为了具体结果。这样,刑法因果关系不仅回归到了和行为人以及一般人的主观认识无关的客观现实,而且实行行为对结果贡献的有无和大小,也成了一个可以依据相关事实进行判断的问题。

迄今为止的刑法因果关系学说(从条件说到相当因果关系说)的一个共同点是,将客观存在的引起和被引起的事实现象,放在一定公式当中进行推演,形式地确定二者的相关性即因果关系。这种因果关系的判断方法在理论上极具诱惑力和逻辑性,但其问题是,使因果关系变为了一种随着行为人和一般人的主观意志而转移的存在,失去了其本来的客观属性。如就著名的教学案例"行刑人案"而言,死刑犯 A 站在绞刑架上,行刑人 X 正要按下电钮的时候,被害人的父亲 Y 冲上前先行按下电钮,死刑犯 A 被绞死,按照条件关系公式,因为"没有 Y 按下电钮的行为,X 也会按下电钮,引起 A 的死亡结果",不符合条件关系公式,因此,必然会得出 Y 的行为和 A 之死亡结果没有因果关系的结论。这一结论虽然符合形式逻辑,却罔顾客观事实。相当因果关系说也存在同样的问题。如 X 出于杀人故意将被害人 A 的胳膊用刀划成轻伤,不料 A 是血友病患者,血流不止,以致身亡的"血友病案"之类的行为时行为人存在特殊体质的案件,按照折中的相当因果关系说,因果关系的有无,取决于被害人为血友病患者的事实是否为行为人所知或者一般人能够认识,在该种事实不为行为人所知,一般人也难以认识的场合,

---

[123] [日]大塚裕史、十河太朗等:《基本刑法Ⅰ总论》(第3版),日本评论社2019年版,第73页。

会得出被害人之死与行为人的伤害行为之间没有因果关系的结论。客观的相当因果关系说虽然将行为时所存在的全部事实作为判断基础，和折中说相比更加接近客观，但其在判断标准上采用了一般人的经验标准，在出现根据一般人的经验所难以判断的情况时，同样会陷入无所适从的结局。如在将硫磺粉末混入食物当中，或者以注射器向他人静脉注射空气的方法杀人的场合，一般人对于上述行为是不是具有危险就无法判断。[124] 正因如此，近年来于国外流行，正被我国学者所接受的客观归责理论以及"行为危险现实化说"均采用了一种"简单粗暴"的判断标准，即在行为创设法所不允许的危险，该危险在结果当中变为了现实，且这种现实在构成要件规制范围之内时，就可以直接将该结果归属于行为人。相反地，即便行为创设了法所不允许的危险，而且现实当中也发生了某种实害结果，但若该种结果不能说是行为危险的现实化时，就否认结果对行为的归责，认为行为和结果没有因果关系。这一点，在德国"卡车司机案"以及日本"大阪南港案"中有清晰的体现。

德国"卡车司机案"[125] 中，虽说卡车司机存在违规超车的行为，也导致了骑行的被害人死亡的结果，但事后查明，行为当时，即便卡车司机不违规超车，也难以避免醉酒的骑行者被压死的结果，因此，法院认为，被害人的死亡结果不能归属于卡车司机的违规超车行为。换言之，醉酒骑行者的死亡结果不是卡车司机违规超车行为危险的现实化，否定存在刑法上的因果关系。[126] 相反地，在"大阪南港案"中，尽管未到案的第二犯人的暴行将已经身负重伤的被害人的死亡结果稍稍提前，具有"人为地非法缩短他人生命"的杀人性质，但是，法官根据法医鉴定结论，认为"第一犯人的暴行形成了作为被害人死因的伤害"，因此，直接认定第一行为人的故意伤害行为和被害人死亡结果的因果关系。在这种以行为时存在的全部事实为基础进行科学鉴定，分析结果原因的方法之下，因果关系的有无就成为一种规范的事实判断，判断依据是"行为中所蕴含的法所不允许的危险是不是在结果之中变为了现实"，判断标准是规范的科学鉴

---

[124] 实际上，在具有投放一定剂量药剂的事实的时候，该事实是不是和死亡结果相关，一般人由于没有专业知识，可能无法判断。另外，尽管存在科学上的因果法则，但在尚未普及为一般人的常识的时候，以一般的通常人为基准有可能无法认定该行为的危险。因此，关于因果关系的判断基准以一般人为标准几乎是不可能的。日本判例对于将硫磺粉末混入食物当中，意图杀害被害人的行为，以绝对没有发生结果的可能性为由，而认定为杀人的不能犯。就以注射器向人静脉注射空气意图杀人的例子而言，判例认为，即便空气的量在致死剂量以下，但依据被害人的身体条件等情况，在医学上不能说绝对没有引起死亡结果的危险，因此认定为未遂犯。可见，判例就法则知识问题，不是按照一般人的常识，而是基于科学知识。上述案例的介绍，参见［日］大谷实：《刑法讲义总论》（新版第5版），成文堂2019年版，第346页；［日］西田典之：《日本刑法总论》，刘明祥、王昭武译，中国人民大学出版社2007年版，第254页。

[125] 该案件的事实是：一辆卡车的司机想要超越一辆自行车，但没有遵守应当保持一定间隔（150厘米）的要求，最近时距离骑车人只有75厘米。在超车过程中，醉酒的骑车人在酒精作用下把自行车向左转去，结果被卷入卡车的后轮碾轧致死。该案中，虽说卡车司机存在违规超车行为，也导致了骑行人死亡的结果，但事后查明，行为当时，即便卡车司机不违规，而是按法定间隔超车，也仍然无法避免醉酒的骑车人被轧死的结果。据此，法院认为，被害人之死不能归咎于卡车司机的违规超车行为。换言之，醉酒骑行者的死亡结果不是卡车司机违规超车行为的危险的现实化，二者不具有刑法上的因果关系。但这种判决结果也受到了一些人的反对。如罗克辛教授认为，一种正确的开车行为虽然不是肯定，但是也的确可能拯救骑车人的生命，由于不遵守保持距离的规定而超越允许的风险，以在法律上有重大意义的方式提高了致命性事故发生的机会。换言之，不正确的超车方式提高了制造他人死亡结果的机会，因此，行为人对此结果应当负责。［德］克劳斯·罗克辛：《德国刑法学总论》（第1卷），王世洲译，法律出版社2005年版，第257页。

[126] ［德］克劳斯·罗克辛：《德国刑法学总论》（第1卷），王世洲译，法律出版社2005年版，第257页。

定,而非一般人的经验常识。这样,就现实当中所发生的案件而言,其因果关系的有无和大小判断,不再依附于行为人或者一般人的主观认识,而成为相对独立的客观存在。

上述学说中的刑法因果关系理念和判断方法,和我国学界历来所坚持的刑法因果关系的客观性,以及司法实践所践行的"行为对结果的事实贡献程度"的判断方法,可谓不谋而合。我国刑法学通说一贯强调因果关系的客观性。如有观点认为,刑法理论上所说的因果关系,是指危害行为与危害结果之间客观的联系,并不涉及行为人的主观内容,基于此而认为西方学者极力主张的相当因果关系说是不可取的,只有确定危害行为包含危害结果发生的现实可能性而不是抽象可能性,危害行为才能转化为现实,危害行为与现实化的危害结果才有因果关系。[127] 类似观点还举例说,装上子弹用枪杀人,包含着死亡结果发生的现实可能性,由此而引起死亡结果,开枪行为和死亡结果即有因果关系;在甲、乙打架,甲将乙打成轻伤,乙在医院治疗时感染炭疽病菌而死的场合,甲的行为虽然是乙死亡结果发生的条件,但其不包含有乙死亡结果发生的现实可能性,所以二者没有因果关系。[128]

只是,"行为危险现实化说"属于新近提倡并仍在发展中的学说,对其该如何应用,尚有不同看法,特别是在行为后有介入因素以及行为时存在特殊因素的场合,这种介入因素以及特殊因素如何影响行为危险现实化的判断,依然没有定论。很多时候,不得不借助于"介入因素的异常性"这种相当因果关系说的判断方法,即在行为危险现实化判断之际,没有彻底消除经验判断的影响。[129] 这便是"行为危险现实化说"受到质疑的原因。

从本书的立场来看,既然"行为危险现实化说"在刑法因果关系的判断上,专注于因果关系的客观性,则没有必要将在判断上容易导致主观化的规范性因素即"相当性"作为判断依据。以"相当性"为基础的相当因果关系说,将行为和结果是否存在一般化、类型化的可能关系作为问题,适合判断实行行为自身的危险,但不适合个别具体地观察现实因果流程即个案中的因果关系。在个案中,人们所关注的是,与结果发生有关的行为的因果作用乃至因果贡献的程度和形态。在客观事实或者科学鉴定证明,行为与结果存在必然的、内在的、合乎规律的引起与被引起的联系,现实结果确实是由实行行为所引起的时候,毫无疑问,可以肯定二者的因果关系,将结果归属于行为;相反地,在客观事实或者科学鉴定证明,现实结果的的确确是由介入因素所引起的时候,就否定实行行为和结果的因果关系,而将结果归属于介入因素。但在能够证明,介入因素是由实行行为所诱发的时候,仍可以将结果归属于实行行为。

(六)"行为危险现实化说"的应用

按照本书的说明,在应用"行为危险现实化说"判断刑法因果关系时,分为两个层次进行:

一是确认行为的危险性即判断行为是不是危害行为,主要检讨实行行为当中是不是包含

---

[127] 高铭暄、马克昌主编:《刑法学》(第10版),北京大学出版社2022年版,第74页。
[128] 马克昌主编:《刑法》,高等教育出版社2010年版,第71页。
[129] 日本的一些学者在有无因果关系的认定上,尽管采用了"行为危险现实化说",但在其判断上,仍然采用了相当因果关系说的分析方式,将"行为后介入事实的异常性""因果经过的预测可能性"等作为核心内容。[日]井田良:《讲义刑法学・总论》(第2版),有斐阁2018年版,第143页。

有导致结果发生的危险。[130] 如在甲用刀砍伤了乙,乙在乘坐救护车去医院治疗的途中,因为救护车遇到交通事故而死亡的案件(救护车事件)中,乙死亡的原因是救护车遇到了交通事故,甲用刀刺杀乙的行为当中,无论如何都不包含有救护车遇到交通事故而导致乙死亡的危险。相反地,在前述"大阪南港案"中,X 多次用洗面盆等击打被害人 A 的头部(第一暴行),致使其颅内出血陷入无意识状态后,便将被害人遗弃在一建材仓库。之后,被害人 A 又被在逃的第三人 Y 用角材对其头部数次击打(第二暴行),A 最终因颅内出血而死亡。对此,尽管其中介入了第三人 Y 的暴行,但根据鉴定,第二暴行的作用只是使已经引起的颅内出血的范围进一步扩大,使被害人的死亡时间稍稍提前而已,A 的死因最终还是 X 用洗面盆的底部和皮带反复击打 A 的头部所引起的颅内出血,因此,可以说,X 的实行行为当中包含有导致被害人死亡结果的危险。

另外,要注意的是,当初的实行行为中虽不包含发生结果的危险,但在实行行为和最终导致结果发生的介入因素紧密相关(如实行行为直接诱发了介入因素,此时出现介入因素并不异常)的场合,可以说,透过介入因素而引发的结果危险,也内含在实行行为当中。这一点,详见后述相关内容。

二是检讨该行为的危险是不是在结果当中变为了现实。[131] 在一行为导致一结果的场合,这种判断不成问题。但在有介入因素的场合,判断就比较复杂。当此之际,重要的是,确认该介入因素是否妨害了行为危险的现实化。在介入因素对结果的发生贡献较大的场合,可以说介入因素妨害了行为危险的现实化,行为和结果的因果关系就要被否定。相反地,在介入因素对结果的发生贡献较小的场合,可以说介入因素对行为没有影响,行为危险变为了现实,行为和结果的因果关系能够被肯定。如就上述"大阪南港案"而言,作为介入因素的(Y 的)第二暴行,只是使已经发生的被害人颅内出血范围扩大,让死亡结果提前几分钟发生而已,说不上有很大的贡献,不属于阻止(X 的)第一暴行中所内含的死亡危险变为现实的事情,能够肯定第一暴行的危险现实化,X 成立故意伤害致死罪。如此说来,在实行行为中包含有引起结果的危险,该危险尽管存在介入因素,但最终还是在结果中变为了现实的场合,就能肯定行为危险的

---

[130] 这里所说的"行为",是指特定犯罪构成中的"实行行为",即行为人着手实行犯罪之后的危害行为,因此,在某甲杀死了他人的场合,尽管形式地套用"没有前行为,就没有后结果"的条件关系公式,可以说,某甲的母亲生下某甲的行为,也和某甲的杀人结果之间具有条件关系,但由于某甲的母亲的生产行为并不是故意杀人罪中的实行行为,因此,上述理解是没有意义的。由于刑法上的因果关系是指实行行为和危害结果之间的关系,因此,在实行行为以前的预备行为引起了危害结果的场合,虽说存在条件关系,但不存在因果关系问题,因为,在预备阶段,行为还没有着手实行,不可能有导致结果发生的危险。如某甲出于杀人的目的而将有毒饮料放在书架背面,准备寻机使用,但是,无关的某乙发现该饮料之后,一饮而尽,以致身亡的场合,由于某甲尚未着手杀人,不存在杀人的实行行为,因此,该行为不仅不成立杀人既遂,连杀人未遂也不成立[该场合成立故意杀人罪(预备)和过失致人死亡罪的竞合]。
[131] 这里所说的"结果",不是被害人"迟早会死亡"之类的抽象结果,而是指被害人在"某月某日某时某分以什么样的形态死亡"之类的"现实具体的死亡结果",因为,抽象地把握结果的话,则因为人一出生就摆脱不了迟早会死亡的命运,即便没有危害行为也会发生死亡的结果,这样,因果关系(条件关系)就会被否定。因此,结果必须被个别具体地加以把握。作为影响特定死亡结果评价的要素,有时间、场所、死因等。在将还能活上一两天的濒危病人勒死的场合,就是引起了他人死亡的结果;同样,让还能活上 10 多分钟的人结束生命的场合,也是引起了他人死亡的结果。因此,在某甲向背墙而站的某乙开枪,没有击中,但子弹引爆了不知谁埋藏在某乙身后的墙中的炸弹,导致某乙死亡,问某甲的开枪行为和某乙之死有无因果关系的教学案例中,答案是没有。因为,某乙之死并不是子弹射中引起的死亡结果,而是被炸弹炸死的结果,该结果不是某甲开枪行为射程范围内的事实。

现实化。

现实生活中,刑法因果关系的判断上,存在争议的案件主要有以下两类:一类是"行为时存在特殊事情的类型",如在被害人是重度心脏病患者,而行为人当时并不知道而且也难以知道的时候,由于行为人的轻微伤害引起他人心脏病突发,当场死亡,就是如此。这类案件的问题是,"行为人所实施的危险程度很低的行为,是否可以说是导致重大结果的原因?"另一类是"行为后由于特殊情况的介入而导致结果发生的案件"。这种类型当中,根据中途介入情况的不同,还可以细分为:介入了行为人行为的场合,介入了被害人行为的场合,介入了第三人行为的场合。这些类型中,"结果是实行行为所引起的,还是后来的介入行为所导致的",成为讨论的中心。以下,按照上述分类分别探讨。

1. 行为时存在特殊事情的类型

在这种类型的场合,被害人体内所存在的特异体质或者隐性病变与行为人的实行行为结合在一起而导致了结果发生,如在行为人挥拳将被害人打成轻伤,碰巧被害人是严重心脏病患者,轻伤行为引发其心脏病,因而死亡的场合,就是如此。

在我国的司法实践中,对于行为时存在特殊事情的案件的因果关系的认定,很大程度上依靠于医疗鉴定机构作出的医疗事故鉴定书等鉴定材料。[132] 如在经过最高人民法院复核的"洪某某故意伤害案"中,被告人洪某某与被害人(男,48岁)发生冲突,挥拳连击被害人的胸部和头部,导致被害人倒地死亡。经鉴定,被害人系在原有冠心病的基础上因吵架时情绪激动、胸部被打、剧烈运动及饮酒等多种因素影响,诱发冠心病,导致冠状动脉痉挛致心脏骤停而猝死。据此,一审法院认定,被告人构成故意伤害罪,判处其有期徒刑10年6个月。二审法院考虑到本案中被害人的特殊情况,以洪某某犯故意伤害罪,在法定刑以下判处有期徒刑5年。最高人民法院经复核后最终裁定核准了二审判决。理由是,被告人洪某某殴打他人并致人死亡的行为已构成故意伤害罪。被害人的死亡系一果多因,其死亡的直接原因是冠心病发作,冠状动脉痉挛致心脏骤停而猝死,被告人的伤害行为只是被害人心脏病发作的诱因之一。根据刑法的一般原理,被告人只对自己的行为负责,当其行为与其他人的行为或一定自然现象竞合时,由他人或自然现象造成的结果就不能归责于被告人。[133] 在"韩某过失致人死亡案"中,法院在以被告人的行为与被害人的死亡结果之间没有因果关系为由而宣告被告人韩某无罪时,所依据的就是三份法医鉴定:第一份鉴定书认为,死者的病理变化主要为心脏肥大、灶性肺出血及陈旧性肺结核,尸检未见颅骨骨折、硬膜外和硬膜下血肿及其他明显损伤,病理学检查亦未见脏器损伤病理学改变,可以排除暴力作用直接导致死亡的可能;第二份补充鉴定书认为,死者符合在左心脏肥大的基础上,身体多处遭受钝性损伤,特别是头部皮肤挫裂创,加上饮酒及纠纷中剧烈奔跑等多种因素作用下致急性心功能衰竭而死亡,其损伤在其死亡过程中的参与度为20%~30%;第三份鉴定书认为,死者损伤集中在头面部,身体其他部位未见损伤痕,根据《人

---

[132] 汪东升:《因果关系判断的司法实况——以78个司法判例为样本的分析》,载陈兴良主编:《刑事法判解》第15卷,人民法院出版社2014年版。

[133] 张思敏:《洪某某故意伤害案[第389号]——故意伤害行为导致被害人心脏病发作猝死的如何量刑》,载最高人民法院刑事审判第一、二、三、四、五庭主办:《刑事审判参考》总第49辑,法律出版社2006年版,第26页。

体轻微伤的鉴定标准》(已失效)第3.2、3.6条之规定[134],被害人头面部所受之伤为轻微伤。根据上述法医鉴定,法院认为,公诉机关指控韩某犯过失致人死亡罪证据不足,韩某的持木凳砸余某的背部和肩部行为与余某的死亡之间无刑法上的因果关系,故判决宣告被告人韩某无罪。[135] 由此可见,对于行为时存在特殊事情,特别是被害人的身体内所存在的特异体质或者隐性病变与行为人的实行行为结合在一起而导致了结果发生的场合,我国通常依据鉴定结果来判断行为和结果之间的因果关系,从而追究行为人的刑事责任。

但应当说,以上纯粹基于鉴定结果判断因果关系的做法,是不符合"行为危险现实化"的理念的。一方面,行为危险现实化中的"危险"判断,除了行为自身,还必须考虑行为时的时空环境、行为对象的具体状况,事后进行判断。在针对特异体质患者实施暴行的场合,即便行为本身看似轻微,但在足以导致严重后果的场合,也应当说该行为具有导致结果发生的严重危险;在危害结果现实发生的时候,就可以说该行为中的危险变为现实,行为和结果具有因果关系。另一方面,在行为时存在特殊事情的场合,这种特殊事情并不是介入因素,因此在其处理上,不能将特殊事情视为是先前实行行为的内在危险或者伴随情况。实际上,在现实社会中,每个人都具有各种各样的特殊事情的存在,但这并不妨害其作为健全的个人生活在这个世界上。如果说具有特殊事情特别是具有特异体质的人在遇到违法行为时,一律"自我答责",则完全违反了宪法所规定的平等原则。

从本书的立场来讲,对于行为时存在特殊事情的因果关系类型,要让行为人对被害人的死亡结果担责,就必须判断行为人的殴打行为和死亡结果之间具有因果关系。首先,必须判断,行为人是不是实施了从一般人观念来看足以引起某种危害结果的危害行为,其判断,以行为时所存在的全部事实(包括事后查明的事实)为基础。此时的行为危险现实化的判断,不仅要判断行为人的行为对结果发生贡献的有无,还要判断其大小,然后从规范判断即处罚必要性的角度出发,对该种程度的贡献进行刑法评价。过于轻微的行为危险,即便和被害人的特异体质竞合导致了结果,也不能将其评价为行为危险的现实化。如用小刀在被害人胳膊上划了1厘米长的伤口,因为被害人患有血友病,出血不止而死亡的场合,该行为无论如何难以评价为因果关系判断中的危害行为或者说实行行为,因此即便该行为导致了被害人的死亡结果,也难以将其评价为危险现实化。但是,在划了20多厘米长的伤口的场合,即便说被害人由于"身患血友病,轻微划伤便流血不止而死亡",也不能否定划伤行为和死亡结果的因果关系。因为,这种将他人身上划伤20厘米伤口的行为,能够说是因果关系判断中的危害行为或者实行行为。其次,必须判断所发生的现实结果是否是危害行为的危险现实化。在行为人挥拳将被害人打成轻伤,碰巧被害人是严重心脏病患者,轻伤行为引发其心脏病因而死亡的场合,由于作为行为

---

[134] 案件裁判时适用的是《人体轻微伤的鉴定标准》(GA/T 146-1996),最高人民法院、最高人民检察院、公安部、国家安全部、司法部发布施行《人体损伤程度鉴定标准》之后,该标准已被废止。

[135] 本案基本事实是,被害人余某酒后行为失常,无故殴打其妻,并与路人拉扯、追赶并寻找刀具,用理发剪将看热闹的路人韩某的手指剌伤。韩某拿起路边的一个方木凳,向正在逃跑的被害人的肩、背部砸了二三下,被害人倒地,经医院抢救无效死亡。具体参见《韩宜过失致人死亡案[第440号]——无充分证据证实伤害行为与伤害后果有因果关系,不能认定成立故意伤害罪》,载最高人民法院刑事审判第一、二、三、四、五庭主办:《刑事审判参考》总第56辑,法律出版社2007年版,第6页。

对象的被害人患有轻微外因就会诱发心脏机能障碍而致死的心脏疾病,属于特异体质患者,与正常的健康人不同,即便是通常不足以致死的较轻暴力攻击,也难以承受。因此,对这种人进行轻微的暴力袭击,也会导致其疾病发作而死亡,这是毋庸置疑的。行为人的殴打客观上具有引起被害人心脏病的危险,在行为人的挥拳殴打行为引起了被害人死亡的时候,可以肯定该危险行为的现实化,即行为人的轻微殴打行为和被害人的死亡结果之间存在因果关系。[136]

2. 行为后由介入因素引起了结果发生的场合

根据客观事实或者科学鉴定,现实结果不是实行行为直接引起,而是介入因素所导致,但该介入因素为实行行为所诱发的场合,可以说,现实结果是实行行为危险的现实化。这种情形属于"行为危险的间接现实化",可以分为以下几种类型:

(1) 行为后介入了行为人自身的行为的类型

在实行行为之后,介入了行为人的过失行为而导致结果发生的场合,原则上可以肯定因果关系;但介入了行为人的故意行为的场合,则不一定。

就介入了行为人的过失行为的场合而言,如被告人用细麻绳勒被害人的脖子,误以为其已经死亡,为了防止犯行败露而将其搬到沙滩上遗弃,结果被害人因为颈部扼压(勒脖子)和在沙滩上吸入沙尘而死亡,如果作为杀人的实行行为的卡住颈部的行为和窒息死亡具有因果关系的话,就成立故意杀人罪;但否定因果关系的话,就只成立故意杀人罪(未遂)。这里,将被害人搬至并遗弃在沙滩上的行为(介入因素)是否阻止了行为人先前的扼压被害人颈部的实行行为的危险,成为问题。确实,尽管扼压颈部的行为,具有闭锁颈部静脉和呼吸道,导致氧气不足而窒息死亡的危险,但扼压颈部行为并不具有让被害人吸入沙砾而窒息死亡的危险。不过,考虑到杀人之后,遗弃、掩埋或者藏匿尸体是常见的行为,换言之,在杀人行为后,介入行为人毁尸灭迹等行为的可能性(概率)极高,因此,上述案例中,扼压被害人颈部的实行行为和之后将被害人拖至沙滩遗弃的介入行为具有密切的关联性,可以说,扼压被害人颈部行为引起被害人死亡的危险,通过之后的遗弃沙滩、吸入砂砾导致窒息的介入因素,在最终的死亡结果当中变为了现实,当初的实行行为和最终的死亡结果之间存在因果关系,因此,被告人成立故意杀人罪。[137]

就行为后介入了行为人自身的故意行为的场合而言,如在被告人误将被害人看作熊而猎杀,严重伤及被害人的肾、胃、心脏等关键部位,不治疗的话,数分钟乃至数十分钟后就会死亡。为了让痛苦不堪的被害人早点解脱,被告人对准被害人的右胸部近距离开枪,击中其肝脏,被害人当即死亡。在该案件中,误射行为和死亡结果之间,介入了行为人自身的射杀行为。这种介入因素是否阻碍了当初行为中的危险的现实化,成为问题。在该案中,作为介入因素的第二个故意射杀行为,因为使被害人的死亡时间提前,成立故意杀人罪,这一点没有任何异议。问题是,第一个射杀行为和结果之间是不是具有因果关系,若认可因果关系的话,就要成立过失致死罪,若否定因果关系的话,就只成立过失致人重伤罪。如果说后面介入的故意射杀行为引

---

[136] 只是,在上述案件中,如果考虑到行为人在行为时并不知道,而且也不可能知道被害人是严重心脏病患者的事实的话,就应当说,主观上,他不能对死亡结果承担责任。按照主客观统一原则,行为人的行为只能成立故意伤害罪,在刑法第234条第1款的量刑范围之内处罚。

[137] 该案中,被告人认识的因果经过和现实的因果经过不一致,存在"因果关系错误"问题,但其是同一构成要件之内的错误,并不阻却故意。

起了被害人肝脏损伤的死因的话,则当初的误射行为的危险在结果当中就没有变为现实,当初的误射行为和最终的死亡结果之间的因果关系就要被否定,被告人只成立过失致人重伤罪。相反地,如果说,作为死因的"肝脏损伤",是误射行为中所内含的"内脏损伤"导致死亡结果的危险的现实化的话,则被告人当初的误射行为就要成立过失致人死亡罪了。但如此一来,就被害人的死亡结果而言,既要被评价为故意杀人罪,又要被评价为过失致人死亡罪,这就产生了对同一死亡结果的双重评价问题。也正因如此,日本判例在类似案件中,将第一个误射行为评价为业务过失致"伤"罪,将全案看作杀人罪和业务过失致伤罪的数罪。[138] 从本书的角度来看,这种做法比较妥当。实际上,在属于第二行为的杀人行为形成死亡原因的场合,要考虑的问题是,第二行为是不是第一行为所内含或者伴随的行为,如果不是的话,就应当否定第一行为和死亡结果的因果关系。[139] 很显然,误伤他人之后,转而进一步地将他人杀死,这是生活中的小概率事件。

(2)在行为后介入了被害人自身的行为的类型

在实行行为之后介入了被害人自身的行为而导致结果发生的场合,如果行为人先前的实行行为给被害人带来了超出一定程度的危险,且该危险在最终结果中变为了现实,可以肯定实行行为和最终结果之间的因果关系。只是,这种类型的情况比较复杂,要分别讨论。

首先,在行为人的实行行为使被害人的介入行为属于迫不得已时,能够说行为人的行为中包含有使被害人介入的危险,在该危险变为现实时,可以肯定二者之间的因果关系。如在"赵某某等故意伤害案"中,行为人对被害人持刀追砍,被害人慌不择路,泗水逃避,溺水而亡。对此,法院认为,被害人被逼跳水的行为是被告人等拿刀追赶所致,被害人跳水后死亡与被告人的行为有法律上的因果关系,即使被告人对被害人的死亡结果是出于过失,但鉴于事先被告人等已有伤害故意和行为,根据主客观相一致原则,亦应认定构成故意伤害(致死)罪。我国最高审判机关的法官对此判决结论深表认可,认为面对7名持刀暴徒近距离的追砍,被害人选择泗水逃生既是被迫无奈的行为又是在当时特定条件下正常的行为。虽说通常情况下,会水的成年人溺亡的可能性并不大,但由于下列情况的存在,使本案中被害人溺亡的可能性转化为现实的概率大大增加:一是被害人在狂奔和跳堤摔倒的情况下仓促下水,没有做下水前必要的准备活动;二是案发时系夜晚,被害人下水的河段不安全因素较多;三是逃生的恐惧心理将大大影响被害人正常的思维判断和体能发挥。上述事实原因、中介因素与危害结果环环相扣、紧密衔接,应该认定赵某某等人持刀追砍行为与被害人溺水身亡的结果之间存在刑法中的因果关系。[140] 这一评论,可以理解为,被害人在深夜仓促选择跳河是面临7名持刀被告人近距离追砍时迫不得已的选择,被告人的追砍行为追使或者说诱发了被害人选择跳河的危险行为,并由此而造成了现实的溺亡结果。正因如此,法院认定,被告人的追砍行为和被害人的死亡结果之间具有刑法上的因果关系。同样,在"杨某某、杜某某放火案"中,法院认为,虽然本案的起火原因不排除是被害人自己使用"警用手电"电击功能引燃汽油,但其是在杜某携带汽油、打火机等放

---

[138] 日本最高法院1978年3月22日判决,刑集32卷2号,第381页。
[139] [日]山口厚:《刑法总论》(第3版),付立庆译,中国人民大学出版社2018年版,第65~66页。
[140] 李晓庆:《赵金明等故意伤害案[第434号]——持刀追砍致使他人泗水逃避导致溺水死亡的如何定罪》,载最高人民法院刑事审判第一、二、三、四、五庭主办:《刑事审判参考》总第55辑,法律出版社2007年版,第21页。

火工具和助燃材料进入院内,切断电源、打碎窗户,在屋外屋内多处泼洒汽油,被害人被惊醒后无法开灯,不得已而为之的行为。[141] 换言之,被害人使用"警用手电"电击功能引燃汽油的介入行为系被告人先前侵入被害人住宅、切断电源、泼洒汽油的行为所诱发,二被告人的上述行为的危险通过介入因素变为了现实,因此,被告人的行为构成放火罪既遂。同样,在被告人于凌晨3时许,钻窗潜入被害人(女,时年39岁)家中盗窃时,见到熟睡的被害人,遂起奸淫之意,将被害人双手捆绑,强行奸淫之后,即钻窗逃离现场,被害人到阳台呼救时因双手被捆,坠楼身亡的场合,法院认定,被告人的行为构成强奸罪的结果加重犯。[142] 该案中,虽然被害人之死有其自身的原因,但是,被告人的强奸行为虽然已经实施完毕,但被害人双手仍被捆绑,意味着其犯罪暴力尚在持续地对被害人发生作用,被害人意识上不能确定对方是否已结束侵害,处于惊魂未定的状态,可见,被害人的坠楼身亡,是行为人先前的强奸行为所诱发的结果,被害人之死实际上是被告人捆绑被害人实施暴力强奸行为的危险现实化的体现,而非意外事件。

相反地,在难以确认介入因素系实行行为所诱发的时候,不能将现实发生的结果归于实行行为。如在"巫某某等故意伤害案"中,法院认为,故意伤害致人重伤之后,被害人家属主动要求拔除气管插管、停止输液等多个独立于伤害行为的积极因素介入致出现死亡结果的,由于伤害行为与被害人死亡之间的因果关系已因被害人家属行为的介入所阻断,因此,伤害行为仅与被害人的重伤具有刑法意义上的因果关系,而与被害人死亡之间不具有刑法意义上的因果关系。[143] 本案中,巫某某等7人将被害人许某源殴打致重伤并住院治疗后,病情稳定,未立即死亡。但被害人家属先后实施了将被害人从重症监护室转移至普通病房、拔除气管插管、停止输液、放弃护理等独立于伤害行为之外的一系列放弃积极治疗的行为。正是介入了被害人家属放弃治疗的积极因素,才最终导致许某源的死亡。因此,法院认定,巫某某等人的行为仅与被害人的重伤具有因果关系,而与被害人的死亡结果不具有因果关系。同样,在"李某故意伤害案"中,被害人许某被行为人李某以小刀伤及脸部、颈部、背部,送医9小时之后抢救无效死亡。法医鉴定结论是,许某因颈部内颌下动脉被锐器创伤致失血性休克死亡。但被告人及其辩护人认为,医院在对被害人许某救治过程中的过错客观上贻误了抢救时机,与被害人死亡结果有一定因果关系,要求重新鉴定。几经反复之后,最终双方认可的鉴定意见认为:"被害人损伤为条件致命伤(若及时手术不会发生致命结果),医院在治疗过程中存在的过错在于,没有及时手术或转院手术,延误了抢救时机,造成了被害人死亡,其过错在死亡结果中占主要参与度。"据此,法院认为,作为介入因素的医院过错在被害人死亡结果的发生当中占主要参与度,判处被告人对死亡负责,会有违罪刑相适应的刑法基本原则,故判定李某的行为与被害人之死不具备刑法上的因果关系,被告人在重伤(损伤引起的休克)的范围内承担刑事责任,构成故意伤害

---

[141] 谢炳忠、宋雪敏:《杨某某、杜某某放火案[第1117号]——刑法上因果关系的认定》,载最高人民法院刑事审判第一、二、三、四、五庭主办:《刑事审判参考》总第105辑,法律出版社2016年版,第8页。
[142] 北京市高级人民法院刑事判决书,(2006)高刑终字第451号。
[143] 马建生、江瑾:《巫仰生等故意伤害案——故意伤害致人重伤后有积极因素介入出现死亡结果,能否判定因果关系已中断》,载最高人民法院中国应用法学研究所编:《人民法院案例选》总第83辑,人民法院出版社2013年版,第52页。

(致人重伤)罪。[144] 本案中,作为救死扶伤机构的医院没有及时手术或转院手术,这是难以看作为前面的伤害行为所诱发的伴随因素。故法院认定,被告人李某等对被害人之死不承担刑事责任,而只是对被害人承担故意伤害的刑事责任。

其次,行为人和被害人双方的不当行为共同导致了结果的发生,但被害人的介入行为在行为人可以预料和控制的范围之内的场合,可以说行为人的行为当中具有导致被害人不当行为的危险。在该危险变为现实时,其和最终结果具有因果关系。如潜水教练 X 在指导学生练习夜间潜水的时候,离开教学现场,而留在现场的助手 Y 指挥不当,加上被害人 A 在氧气瓶中的氧气存量不够时仍在水中进行不符合规范的移动,结果致使 A 溺水身亡。在该案件中,如果说 X 的离开行为和 A 死亡结果具有因果关系的话,则 X 就要成立过失致死罪。问题是,在本案中,直接导致 A 死亡的原因是助理 Y 的指挥不当以及 A 在氧气存量不够时的不规范行动等介入因素。这种介入因素对结果的发生具有重大贡献。如此说来,本案要考察的问题是,X 的离开行为当中是否内含有助理 Y 的不当指挥的危险以及 A 的溺水死亡的危险。从本案的情况来看,A 是潜水新手,夜间潜水还是头一次,没有教练的妥当指导,是难以应对各种可能出现的紧急事态的。同时,助手 Y 也并未熟练掌握潜水的教练经验,缺乏独自指导学员的能力。因此,不注意正在进行夜间潜水练习的新生的动向,而是随意移动,从学生身边离开,以致看不到学生的潜水教练 X 的行为,可以说是"诱发"了指导经验不足的助理 Y 和不熟练的学生 A 的不当行动。换言之,X 的离开行为,具有使新手 A 因为看不见教练而陷入恐慌在海中将氧气用尽,引起淹死结果的危险,而 A 的死亡结果正是 X 的行为危险现实化的体现。因此,X 的行为和 A 的死亡结果具有因果关系,X 成立过失致死罪。

据此,对"货拉拉跳车案"也可以进行同样的分析。某日下午,被告人周某某为被害人车某某(女,殁年 23 岁)提供搬家服务时,因车某某拒绝其付费搬运建议,且等候装车时间长、订单赚钱少,周某某心生不满。为节省时间,周某某未按平台推荐路线行驶,而是自行选择了一条省时但偏僻的路线。车某某发现后,多次提示偏航,但周某某不理会甚至态度恶劣。车某某心生恐惧,把头伸出窗外要求停车,周某某不予理会。后周某某发现被害人用双手抓住货车右侧窗户下沿,且上身探出车外,但仍未制止或采取制动措施。随后,车某某从车窗坠落身亡。对于该案,二审法院从被告人客观上的不作为(未及时停车救助),[145] 以及主观上存在过于自信的过失两个方面认定其成立过失致人死亡罪。[146] 本案中,在被害人车某某坠车死亡原因之中,介入了被害人自身的跳车行为的介入因素。现在的问题是,这种介入因素,是否为被告人的不当行为所引起且在其控制范围之内。如果说答案是肯定的话,则可以说,被害人之死就是被告人的不当行为危险的现实化,被告人的行为和被害人的死亡结果具有因果关系。从案件的具体事实来看,应当说,能够肯定,被害人死亡的最直接原因即被害人跳车的行为是被告人的行为所引起的,二者具有因果关系。被害人在运行途中已经先后四次要求被告人停车,但被

---

[144] 陕西省三原县人民法院刑事判决书,(2013)三刑初字第00067号。
[145] 当被害人车某某将上身探出窗外时其生命已经处于实质的、不被允许的危险当中。作为司机的周某某在这种情况下负有消除危险的作为义务,但却未采取有效措施避免结果发生。对于本案不作为部分的分析,具体可参见周光权主编:《刑法判例百选》,中国人民大学出版社2022年版,第67~68页。
[146] 湖南省长沙市中级人民法院刑事裁定书,(2021)湘01刑终1436号。

告人因先前的争执而心有不满、态度恶劣,对于被害人的停车要求不予理会,这种不予理会的恶劣态度形成了被害人跳车的动机即内心恐慌,可以说被告人的恶劣态度直接诱发了被害人的跳车行为;在行为人发现被害人作出将上身探出车窗外并要求停车的危险举动时,仍未选择停车,而只是打开双闪灯,并将脚从油门放到了刹车踏板上,却仍未采取制动措施,可见被告人的行为加剧了被害人的跳车风险;被告人选择与导航推荐路线不同的人车稀少、灯光昏暗的路段行驶,加之事发当时已至夜晚9时左右,被害人作为年轻女性,孤身在这样的环境下心生恐惧误以为自己面临人身危险也是在所难免的。可见,被告人在导致被害人恐惧之后拒不停车的"非法拘禁"行为,使孤立无援的被害人陷入恐慌,迫不得已而选择跳车的危险行为,最终导致死亡结果发生。这种死亡结果可以说是被告人不遵守服务约定的不当行为所诱发的,是被告人不当行为危险现实化的体现。

最后,在被害人的不当介入行为并非行为人所"诱发",且该介入行为对结果发生具有贡献的时候,因果关系被否定。如在 X 用啤酒瓶殴打 A 的头部,致 A 的左后颈部轻伤。A 入院之后,未遵循医生的静养指示,将医疗用的针管拔出,外出到公共浴室洗澡,导致受伤部位严重感染,5 天后死亡。在该案中,应当说 X 的殴打行为和 A 的死亡结果之间没有因果关系。因为,从 A 的受伤程度来看,并没有严重到致死的程度,只要遵循医嘱,静心治疗,是可以治好的,换言之,X 的伤害行为之中并不具有导致 A 死亡的危险;A 死亡的原因是其不配合治疗反而外出洗澡这种介入行为,而这种行为也不是当初的伤害行为所伴随的行为或者是其诱发的行为,即被害人的介入行为也不是行为人的先前行为中所内含的危险的现实化,因此,应当否定二者具有紧密关系。

(3)行为后介入了第三人行为的类型

行为后即便介入了第三人的行为,但在行为人的行为是引起结果发生的直接原因的场合,仍可以肯定其和结果之间的因果关系。如被告人 X 在凌晨 3 时 30 分左右,将被害人 A 捆绑之后塞进家用小汽车的后备厢里,开行了 7~8 分钟之后,在某城市的街道上停了下来。停车地点属于宽敞的直道,且当时视野良好。几分钟后,B 驾驶车辆经过此地,由于没有注意到前方,也没有留意到 X 的小汽车,以时速 60 公里的速度追尾撞上了 X 的小汽车,致使汽车后备厢中的 A 身亡。在本案中,A 的死亡原因可以说是 B 的追尾行为。据此,可能会有人认为,X 的非法拘禁行为和 A 的死亡结果没有因果关系。但是,汽车后备厢不是为了装人而设计的,因此在追尾之际属于高危场所。而且,深夜的马路上追尾的危险性也很高,这样说来,在将后备厢中有人的汽车停靠在马路边上的行为,本身就包含有一旦追尾,就难逃死劫的危险,本案中,将他人塞进汽车后备厢的行为本身所具有的危险就变为了现实,X 的行为和死亡结果具有因果关系,其应当承担非法拘禁致人死亡的罪责。

同样,在晚间的高速路上,作为出租车司机的被害人朱某在被伪装成乘客的被告人徐某实施抢劫,右侧肩部被刺成重伤,钱包被劫的情况下,下车呼救,被卜某驾驶的轿车撞倒死亡。在本案件中,法院考虑到,虽然被害人的死亡结果系自己下车呼救被高速运行的车辆撞击所致,在夜晚高速公路上呼救本身也是危险行为,但是该行为系被害人处于人身安全受到严重威胁、精神极度恐惧的状态下,迫不得已作出的选择,任何身处其中的人均可能作出此种举动,并不异常;况且,该介入因素是先行行为所引发,只增加了先行行为危险性实现的可能性,就导致结果发生的作用而言,起的仅仅是次要作用。因此,可以肯定被告人的抢劫行为与被害人的被撞身亡的结果之间存在因果关系。故法院最终认定被告人徐某的行为与被害人的死亡具有刑法上的因果关系,本案属于我国刑法第263条第5项规定的"抢劫致人重伤、死亡的"情形,被告人徐某应当负抢劫致人死亡的刑事责任。

(七)不真正不作为犯的因果关系

不真正不作为犯通常是结果犯,作为实行行为的不作为和侵害法益结果应当具有作为客观构成要件要素的因果关系。但是,因为不作为中并不存在物理上的因果力,因此要成立因果关系,只能以思考上的因果关系加以满足。作为犯的场合,判例以及几乎所有的学说认为,至少必须存在没有实行行为,就不会发生该结果的条件关系,这是认定成立因果关系的前提。但在不作为犯因果关系的判断上,我国刑法学通说采用了"若实施被期待行为,就能防止结果"的假定因果判断,因此不作为犯因果性的判断具有了二重性的特征,在其判断上,必须区分为两个层次进行:第一层次是对"期待行为"的判断。这层判断,是对作为假定因果关系公式适用前提的"若实施所期待行为"中的"期待行为"是不是具有作为程度的实行行为性即危害行为的判断,以有无结果回避可能性的分析为中心。[147] 第二层次是对被期待行为和现实发生的结果之间的引起和被引起关系的判断。这层判断当中,以有无介入因素、介入因素对结果的发生有无影响、有多大的影响分析为中心。

上述二重性的特点,使不作为犯因果关系的认定具有了若干不同于作为犯的复杂性。对于作为犯而言,在前行为和后结果中间,没有介入因素的场合,经过一次判断即可完成。[148] 但在不作为的场合,情况就比较复杂。正如人们常说"若没有开枪射中心脏的行为,就不会有死亡结果"的判断容易进行,但"当时叫救护车的话,被害人100%不会死"的结论却难以得出一样,日本判例在暴力团成员X向少女注射兴奋剂导致其陷入精神错乱状态,X没有采取喊救护车等措施而是径直离去,少女由于急性心脏病发作而死亡的案例("注射兴奋剂案")中,认为"在被害女性被被告人等注射兴奋剂而陷入神经错乱状态之后的0时左右,马上请求紧急救助的话,该女当时还年轻(13岁),生命力旺盛,没有特殊的疾病,因此,十有八九是能够被救活的。这样的话,能够救活该女,可以说具有超出合理怀疑程度的确定性,具有刑法上的因果关系",因而认定X的不救助行为构成保护责任人遗弃致死罪。[149] 从此之后,"十有八九能够救

---

[147] 结果回避可能性的判断是实行行为性即行为是否具有导致构成要件结果可能性的判断。如在行为人交通肇事之后逃逸,事后发现,被害人因为脑部受伤,即便当时送往医院,最多也只能存活30分钟的场合,绝对不能因为行为人有逃逸行为,加之出现了被害人死亡结果,因而就断定对行为人应当在刑法第133条后段即"因逃逸致人死亡的,处七年以上有期徒刑"的范围内处罚。因为,本案中,就当时的情况来看,行为人即便不逃逸,也没有回避被害人死亡结果的可能性,因此,该行为就不能被评价为"因逃逸致人死亡的"行为,而只能在"交通运输肇事后逃逸"的范围之内承担刑事责任。在行为没有结果回避可能性的场合,该行为就不是实行行为,没有成立包括未遂犯、共犯在内的一切犯罪的可能。就上述举例而言,行为人连成立刑法第133条后段所规定的交通肇事罪中"因逃逸致人死亡"类型的犯罪的未遂犯的可能性都没有。

[148] 如在甲开枪向乙射击,乙死亡的场合,只要有开枪行为和他人被子弹射中死亡的结果,中间没有其他介入因素(如发现其他人也在向被害人开枪射击),即可判断甲的开枪行为和乙的死亡结果之间具有因果关系,甲构成故意杀人罪既遂。

[149] 日本最高法院1988年12月15日决定,刑集43卷13号,第879页。

命"便成为判断不作为犯因果关系的一般标准,并为我国不少学者所采用。[150] 其意味着,若达不到"十有八九能够救命"程度的话,被告人的不救助行为和被害人的死亡结果就没有因果关系。

但在以"十有八九能够救命"的标准来理解不作为犯因果关系时,要注意以下两点:

第一点,就"注射兴奋剂案"而言,没有因果关系,只是表明 X 的不救助行为不构成保护责任人遗弃致死罪,并不意味着该不救助行为不构成任何犯罪。上述案件中,行为人还有可能构成日本刑法中的保护责任人遗弃罪。由于上述判决中没有提及这一点,因而让人形成了一种错觉,即在不作为犯的场合,只要因果关系的判断被否定,行为人就可以不构成任何犯罪。应当说,这种理解是错误的。其没有注意到,不作为犯因果关系的判断是二重判断,一是判断不作为的实行行为性,二是判断不作为行为与侵害结果的因果关系。只有在上述二者同时都被否定的场合,才能彻底地宣告该行为无罪;而仅在不作为行为与侵害结果的因果关系被否定时,就马上断定该不作为行为无罪,着实有些言之过早。这一问题,在将日本"注射兴奋剂案"的案情稍做修改,改为"被告人当时具有杀意"的场合,便能一清二楚。在被告人具有杀意的场合,若说"被告人马上请求急救医疗"也难以达到"十有八九能够救命"程度时,虽然可以说被告人的离开行为和被害人的死亡结果因为不具有因果关系因而不构成故意杀人罪既遂,但绝对不能据此而得出无罪结论。被告人出于杀意的不救助行为,有可能构成故意杀人罪未遂。

第二点,"十有八九能够救命"意味着"具有超出合理怀疑程度的确定性"。关于"十有八九能够救命"标准的由来,就上述"注射兴奋剂案"而言,一审判决采用了"即便当时向医生求助,但救命可能性也达不到100%"的鉴定结论,得出了即便没有被告人的遗弃行为,该女也会死亡,从而否定了被告人的遗弃行为和被害人的死亡结果的因果关系,认定行为人只构成保护责任人遗弃罪。[151] 相反地,二审则基于"被害人当时才13岁11个月,生命力旺盛,心脏、肾脏等循环器官也没有别的问题,在其陷入错乱状态还能在房间剧烈活动的阶段,如果采取紧急救助的医疗措施的话,十有八九能够挽救其生命,而且在之后不能活动的阶段,紧急就医的话,救命的可能性也还是相当高"的鉴定结论,认定被告人如果尽到了请求紧急医疗义务,被害人是能够救活的,但其没有尽到必要的救助保护义务,应当说是该女死亡的原因。故二审对一审判决改判,认定被告人构成保护责任人遗弃致死罪。[152] 日本最高法院的上告审尽管维持了二审裁判,但将其核心内容转化为了"该女的救活,可以说具有超出合理怀疑程度的确定性"。

之后,在同样是保护责任人遗弃致死罪的成立与否的处理上,札幌地判2003年11月27日(判例时报1159号292页),根据与该案一审同样的判旨,否定了不保护行为与结果之间的因果关系。该案中,札幌地方法院从当时的状况出发,认为若被告人实施了应当实施的救命措施,被害人有相当概率可以被救活,但不能保证被害人在送往医院的救护车中一定不会死亡,据此否定了被告人的不保护和被害人的死亡之间的因果关系,认定行为人只成立保护责任人遗弃罪。同样,东京高判2011年4月18日的判决认为,被害人的性命是不是确实能够被救助,

---

[150] 周光权:《刑法总论》(第4版),中国人民大学出版社2021年版,第127页。
[151] 日本札幌地方法院1986年4月11日判决,高刑集42卷1号,第52页。
[152] 日本札幌高等法院1988年1月26日判决,高刑集42卷1号,第1页。

在原审的医生调查之中见解不一,但在具有相当概率的救命可能性的一点上,几乎一致表示了肯定见解,因此,被告人成立保护责任人遗弃罪。

不作为犯中因果关系的判断,实际上是实施法所期待的行为,多大程度上能够回避危害结果发生的"结果回避可能性"的判断。上述判例中使用了"超过合理怀疑程度的确实性",但这种表述值得商榷。"超过合理怀疑程度的确实性"是用来表示刑事裁判中必要的证明标准的用语,其和结果回避可能性程度的表述不是一回事。日本最高法院的民事判例认为,"诉讼上的因果关系的证明,不是一点疑义都不允许存在的自然科学的证明,而是对照经验法则,对所有的证据进行综合检讨,在特定的事实会招致特定结果发生——能够认可这种关系程度的可能性的证明,其判断,要求能够消除通常人的怀疑程度的真实性的确信,并且仅此就足够了",换言之,在因果关系的判断上,并不需要将"是否超出合理怀疑"作为其标准。

那么,如何判断回避结果可能性呢?关于这一点,日本的相关判例具有启发意义。在医生将生存概率超过50%的新生早产儿遗弃,致使其在出生后约54小时死亡的案件中,日本最高法院认为,与其说在保育器等救助早产儿的医疗设备完备的医院接受治疗,该婴儿就不会在短期内死亡,倒不如说,具有足以活下来的可能,据此肯定了不保护即遗弃行为和婴儿死亡的因果关系;[153]在另一个判例中,一审判决认为在延长生命极为确定的场合,就可以肯定行为人的不保护和死亡具有因果关系。日本最高法院对此也未表示异议。[154]这样说来,虽"十有八九能够救命"的字面意思是"超过合理怀疑程度的救命的确实性",但其实际意义就是具有"延长生命可能性"。因为,如果说具有某种程度的延长生命可能性,就足以认定具有因果关系的话,则其和极端的"救命"相比,就非常容易实现了。因此,现在一般认为,日本有关不作为因果关系的最高法院判例中的"十有八九"就是"超过合理怀疑程度的确定性",现在指具有某种程度的延长生命可能性。

我国的司法实务大致上也遵循了这种思路。如在"杨某某故意杀人案"中,针对作为精神病患者的妻子在丈夫砍杀其亲生父母时无动于衷,致使被害人死亡的事实,法院认为,被告人杨某某作为精神病人丁某某的法定监护人,且作为二被害人的儿媳,明知其所监护的精神病人正在实施杀害二被害人的行为,而未及时采取有效的制止、呼救措施,其不作为与二被害人的死亡之间存在因果关系,其行为已构成故意杀人罪。在本案审理过程中,尽管被告人辩解说自己由于被惊吓过度,且被其丈夫控制纠缠,因此,其当时"不是不想救助,而是不能救助",故不成立不作为犯。但法院以"案发现场的每个卧室都有可正常开关的房门和可对外打开的窗户,如果杨某某在看到肢体冲突时,立刻进入房间,关上房门,开窗呼救、报警或者利用手机拨打'110',理应能增加犯行被制止和被害人获救的可能性,且未必能增加其受人身伤害的风险"为由,驳回了被告人的辩解。[155]换言之,法院的理解是,如果有确切的证据证明,即便被告人采取"关上房门,开窗呼救、报警或者利用手机拨打'110'"等措施,也未必能达到"增加犯行被制止和被害人获救的可能性"的效果时,可以说被告人的行为不成立帮助犯,只能宣告其无罪。

---

[153] 日本最高法院1988年1月19日判决,刑集42卷1号,第1页。
[154] 日本最高法院2014年3月20日裁定,判例时报1600号,第5页。
[155] 北京市海淀区人民法院刑事附带民事判决书,(2015)海刑初字第2799号。

(八)刑法因果关系的意义

考察刑法因果关系的意义,总的来说,就是确认构成要件的结果是由谁所实施的构成要件行为引起的,以及这种行为构成什么罪,以便为追究该种犯罪的刑事责任提供客观依据。[156] 但是,这只是从定罪的角度概括了因果关系的研究意义,实际上,从我国刑法的规定来看,探讨因果关系的意义并不止于定罪,实际上还涉及量刑。从这一立场来看,研究因果关系,具有以下三个方面的意义:

1. 为判断是否成立犯罪提供根据。我国刑法规定的犯罪中,有的犯罪以行为人引起某种特定结果为成立要件,因此,判断危害行为是不是引起该种犯罪结果的原因,就至关重要。在这种场合,判断该种因果关系的作用在于,判断某种行为是不是该犯罪中所说的危害行为。如刑法第 397 条规定的"滥用职权罪""玩忽职守罪"就是这种情况。在这两种犯罪中,国家机关工作人员滥用职权或者玩忽职守的行为,只有在"致使公共财产、国家和人民利益遭受重大损失"的场合,才能成立犯罪,否则就不成立。因此,滥用职权或者玩忽职守是不是造成"重大损失"的原因,就是判定是否成立本罪的关键。同样,在破坏交通设施罪之类的以发生交通工具倾覆、毁坏危险且尚未造成严重后果作为成立条件的犯罪中,也可以同样理解。

2. 为判断是否成立犯罪既遂提供根据。在以发生某种特定结果为成立犯罪既遂要件的犯罪当中,判断该种结果是不是由行为人的某种行为所引起的,如果能够判断出该种结果是该种行为所引起的话,该行为成立犯罪既遂;相反地,如果得出否定结论的话,该行为只能成立犯罪未遂。如刑法第 266 条所规定的"诈骗罪"就是这种情况。在诈骗犯罪当中,存在四个阶段:(1)行为人实施虚构事实、隐瞒真相的行为;(2)被害人陷入错误;(3)在错误状态下处分财物;(4)行为人获得财物。上述四个阶段环环相扣,如果其中一个阶段出现问题,没有成为下一个环节的原因,就只能构成诈骗罪的未遂犯,而不可能是既遂犯。例如行为人刚一实施骗术,就被被害人看破,但是被害人出于同情而给了他一定数额的金钱。对此,尽管行为人实施骗术拿到了金钱,但是该结果并不是通过被害人在陷入错误的状态下处分财物而得到的,而是出于被害人的同情施舍而得到的,因此,这种场合下,行为人的行为最多只能构成诈骗罪未遂,而不能构成既遂。

3. 为正确选择法定刑提供根据。在以实施某种行为,引起某种结果作为提高或者降低法定刑条件的场合,如果查明该行为和所发生结果之间具有因果关系,就可以调整所适用的法定刑的幅度;反之,则不能调整这种法定刑的幅度,交通肇事罪便是典型。刑法第 133 条规定,交通肇事之后逃逸,"因逃逸致人死亡的,处七年以上有期徒刑"。在此,"逃逸致人死亡"成为适用本款法定刑的关键。因此,在考虑是否适用本款法定刑的时候,判断"逃逸"是不是造成他人死亡的原因,就至关重要。例如,行为人在凌晨 4 点左右驾车不慎将被害人撞伤后逃逸,颅脑重伤的被害人在被送往医院 2 小时后去世。在该案中,行为人即便不逃逸,被害人也难逃死亡的厄运,在这种场合下,不能认为逃逸是"致人死亡"的原因,因此,对于行为人就不能在"七年以上有期徒刑"的幅度之内量刑。

---

[156] 阮齐林、耿佳宁:《中国刑法总论》,中国政法大学出版社 2019 年版,第 105 页。

四、危害行为的时间、地点与方法

危害行为的时间、地点与方法,如前所述,是犯罪构成的选择要件,不是每一个犯罪都必须具备的共同要件,它们只对某些犯罪具有意义。

(一)危害行为的时间

危害行为的实施时间,通常来说,对于该行为有无社会危害性及其程度是没有什么影响的。但有些行为,只有在特定时间实施才具有成立犯罪程度的社会危害性。这种成为特定犯罪构成要件的行为时间,就是危害行为的时间。如刑法第340条规定,只有在"禁渔期"捕捞水产品的,才可能构成非法捕捞水产品罪;第341条第2款规定只有在"禁猎期"进行狩猎的,才可能构成非法狩猎罪;刑法分则第七章危害国防利益罪中的第376条至第381条规定,只有在"战时"拒绝、逃避征召、军事训练、拒绝军事征用等,才可能构成战时拒绝、逃避征召、军事训练罪、战时拒绝军事征用罪等。对于上述犯罪而言,实施危害行为的特定时间,是成立该罪必不可少的条件。

(二)危害行为的地点

危害行为的实施地点,和危害行为的实施时间一样,一般来说,对于该行为的社会危害性的有无及其程度也没有什么影响。但有些行为,只有在特定的地点实行才具有成立犯罪程度的社会危害性。这种成为特定犯罪构成要件的行为地点,就是危害行为的地点。如刑法第340条规定只有在"禁渔区"捕捞水产品的,才可能成立非法捕捞水产品罪;第341条第2款规定只有在"禁猎区"进行狩猎的,才可能构成非法狩猎罪;第343条第1款规定只有擅自进入"国家规划矿区"采矿的,才可能构成非法采矿罪;第444条规定只有在"战场上"遗弃伤病军人的,才可能构成遗弃伤病军人罪。对于上述犯罪而言,实施危害行为的特定地点,是成立该罪必不可少的条件。

(三)危害行为的方法

有些犯罪,只有采用特定方法实施,才能具有成立犯罪程度的社会危害性。这种成为特定犯罪构成要件的行为方法,就是危害行为的方法。如刑法第340条规定只有"使用禁用的工具、方法捕捞水产品"的,才可能构成非法捕捞水产品罪;刑法第341条第2款规定只有"使用禁用的工具、方法进行狩猎"的,才可能构成非法狩猎罪;第343条第2款规定只有"采取破坏性的开采方法开采矿产资源"的,才可能构成破坏性采矿罪。如果不采用特定手段就不可能成立上述犯罪,因此,特定的行为方法成为上述犯罪的成立要件。

除上述情况外,行为的时间、地点、方法有时还是刑法规定的从重处罚条件。如刑法第432条第2款规定"战时犯前款罪"(指故意或者过失泄露军事机密)的,第263条第2项规定"在公共交通工具上抢劫的",第157条规定"武装掩护走私的",均要适用较重的法定刑。换言之,上述特定的时间、地点和方法,均为影响刑罚轻重的条件。

五、行为主体

所谓行为主体,就是实施犯罪构成行为的人即行为人,刑罚法规中规定的"实施……的",就是指行为主体。在现行刑法中,行为主体通常是自然人,但是,在有例外情况即刑罚法规规定处罚单位的情况下,单位也能成为行为主体。在行为主体是自然人的场合,还有身份犯和非身份犯之分。

行为主体,和年龄、精神状态等一样,被我国传统学说看作决定刑事责任能力的要件,或者说是责任要件。[157] 但是,行为主体不仅影响刑事责任,也有影响行为的社会危害性,即违法性的一面。如背叛国家罪,只有中国公民实施,才能侵害公民对国家的忠诚;贪污罪,只有国家工作人员实施,才能对公共财产和国家工作人员职务行为的廉洁性产生实质性侵害;同样,刑法规定的单位犯罪,非单位组织不能构成,因此,有些行为主体的相关情况,如是否为单位、是否具有特定身份,应当在犯罪构成的客观要件中加以探讨。

(一)身份与身份犯

就现行刑法中的大多数犯罪而言,其犯罪主体只要具备作为自然人的基本条件就够了,但是对某些犯罪来说,行为人还须具有特殊身份;还有一些犯罪,其主体虽不要求是具有某种身份的人,但是若具有某种特定身份,就会影响其处罚。

1. 身份的意义

身份是行为人在身份上的特殊资格,以及其他与一定的犯罪行为有关的、行为人在社会关系上的特殊地位或状态,如性别、亲属关系、国籍、国家工作人员、司法工作人员、证人等,具有一身专属性的性质和特点。其不是自然人犯罪主体的一般要件,只是某些犯罪的自然人主体必须具备的要件。从字面上来看,"身份"应当具有持续性,"目的"之类的暂时的心理状态不能说是身份,但正如我国刑法将"以出卖为目的,偷盗婴幼儿的"规定为拐卖儿童罪(第240条),将没有该目的的行为规定为"拐骗儿童罪"(第262条)一样,同样的行为,因为行为人行为时的主观目的不同而成立不同的犯罪。这样就有可能出现没有为自己或者他人获取财产利益的意图(自利目的、他利目的))的行为人,为具有出卖目的的他人实施偷盗婴幼儿的场合,该行为人到底是成立拐卖儿童罪的共同正犯,还是成立拐骗儿童罪的共同正犯的问题。在刑法学上,研究身份正是解决行为人一身专属的事情是不是波及共同参与的其他人的问题,换言之,没有身份的人是不是可以实施身份犯或者成为身份犯的共犯,或者身份犯的身份对没有身份的共犯的处罚是不是具有影响。

刑法规定不以身份作为要件的主体为一般主体,以特殊身份作为要件的主体为特殊主体,以特殊身份作为主体要件或刑罚加减根据的犯罪为身份犯。身份犯中,有真正身份犯和不真正身份犯之分。真正身份犯,是指以特殊身份作为犯罪主体要件,行为人无此特殊身份,就不成立犯罪。如刑法第109条叛逃罪的主体必须是国家机关工作人员,因此,如果行为人不是国家机关工作人员,其叛逃行为就不可能成立叛逃罪。不真正身份犯,是指身份不影响定罪但影响量刑的犯罪。在这种情况下,如果行为人不具有身份,犯罪也成立;但是,如果行为人具有身份,则要从重或从轻处罚。如刑法第243条中的诬告陷害罪的主体,不要求以身份为要件,即任何年满16周岁、具备刑事责任能力的自然人,都可以成立本罪。但是,如果主体具备国家机关工作人员的身份,依照刑法第243条第2款的规定,则应从重处罚,换言之,国家机关工作人员身份,虽然不是诬告陷害罪的主体要件,但这种身份却是诬告陷害罪从重处罚的根据。

---

[157] 贾宇主编:《刑法学》(上册·总论)(第2版),高等教育出版社2023年版,第148页;高铭暄、马克昌主编:《刑法学》(第10版),北京大学出版社2022年版,第79页。

在理解身份的时候,应当注意以下两个问题:(1)身份必须是行为人在开始实施危害行为时就已经具有的特殊资格或已经形成的特殊地位、状态。行为人在实施行为之后才形成的特殊地位,并不属于身份。例如,刑法第291条的聚众扰乱公共场所秩序、交通秩序罪,虽然法律规定只处罚"首要分子",但不能说该罪的主体是特殊主体,因为此处的首要分子是指在聚众犯罪中起组织、策划、指挥作用的犯罪分子,这种地位或资格是在行为人实施犯罪后才形成的,并不是特殊身份。事实上,任何具有刑事责任能力的自然人,都可以因为聚集众人扰乱公共场所秩序或交通秩序而成为首要分子,因此,该罪的主体当然是一般主体。(2)作为犯罪主体要件的身份,仅仅是针对犯罪的正犯即实行犯而言的,至于教唆犯与帮助犯,并不受身份的限制。例如,贪污罪的主体必须是国家工作人员,这是针对贪污罪的单独实行犯(正犯)而言的,事实上,不具有国家工作人员身份的人也可以和国家工作人员一起实施贪污行为而成为贪污罪的共犯。

2. 身份的分类

行为主体的身份,可以从不同的角度进行分类,主要有以下两种。[158]

(1)定罪身份和量刑身份

这是对身份对行为人刑事责任的影响方式所作的区分,是根据刑法条文的规定所作的形式上的区分。

所谓定罪身份,又称犯罪构成要件的身份或者真正身份,它是某些犯罪的主体所必须具备的要件,不具有这种身份,行为人的行为就不构成犯罪。如刑法第385条规定,受贿罪的主体必须是国家工作人员,非国家工作人员即便实施了收受他人贿赂的行为,也不能构成刑法第385条所规定的受贿罪。这种身份在刑法分则中大量存在。如第9章规定的多种渎职罪,其主体都必须具有国家机关工作人员的身份或者司法工作人员的身份;第10章规定的军人违反职责罪,也都要求其主体具有现役军人的身份。从犯罪的本质是侵害法益的观点来看,与无身份者相比,有身份者同被侵害的法益之间,关系更加密切,更容易对被保护的法益造成侵害。

所谓量刑身份,又称影响刑罚轻重的身份或者不真正身份,它不影响定罪,但影响量刑的轻重,即该种身份属于从重、从轻甚至免除处罚的根据。如刑法第243条所规定的诬告陷害罪,对犯罪主体并无特别限制,一般人就可以实施该罪,但该条第2款规定:"国家机关工作人员犯前款罪的,从重处罚。"这里,"国家机关工作人员"的身份尽管不影响诬告陷害罪的成立,但却是从重处罚的根据,因此,属于量刑身份。类似的情况还有:刑法第245条第2款的规定即"司法工作人员滥用职权,犯前款罪的,从重处罚",第307条第3款的规定即"司法工作人员犯前两款罪的,从重处罚",等等。上述犯罪,虽然无身份者也能实施,而且就法益侵害的大小而

---

[158] 除了这两种分类之外,我国传统学说中还有"自然身份"与"法定身份"之分。其是从身份的形成方式上所作的区分。所谓自然身份,是指人因自然因素而形成的身份。如作为强奸罪主体的男性,就是基于性别因素而形成的身份;所谓法定身份,是指人基于法律赋予而形成的身份,如军人、国家机关工作人员、司法工作人员、在押罪犯、公司或企业的工作人员等,就是如此。这种区分虽然也有一定道理,但其对犯罪的认定和处罚并没有什么实际意义,因此,本书没有选取这种区分。另外,虽然从事实上看,强奸罪多数场合下是由男性实施的,但法律上并没有将强奸罪的主体限定为男性,女性也可以通过利用丧失辨认和控制能力的男性侵害妇女的性自由而成为强奸罪的间接正犯。

言,和有无身份无关,但和无身份者相比,"国家机关工作人员"或者"司法工作人员"的行为更加违背其身份和职责,应当受到更严重的谴责,因此在量刑上要从重处罚。

(2)违法身份和责任身份

这是从所谓身份到底是影响违法即行为的法益侵害性还是影响主观责任的角度进行的区分,是根据身份到底如何影响犯罪所作的实质区分。

所谓违法身份,是指对该条文所保护的法益能够产生侵害的身份,这种身份是侵害法益的基础,不具备该种身份就不能构成该种犯罪。如就受贿罪而言,由于其所保护的法益是职务行为的公正性,而不具有国家工作人员身份的人,不能从事公务,因此,其行为无论如何都不可能对职务行为的公正性产生影响,如非国家工作人员即便因为为他人的行动提供方便而收受贿赂,也不能构成受贿罪。因此,受贿罪中,"国家工作人员"的身份是判定行为人的受财行为性质的基础,属于违法身份。从此意义上讲,违法身份,实际上与定罪身份相似。

所谓责任身份,是指对刑法条文所规定的在影响法益侵害之外,还影响责任轻重的身份。具体来说,有身份和没有该种身份的人在侵害法益方面,没有什么区别,但身份的存在,却会影响相同侵害法益行为的责任轻重。如我国刑法将"以牟利为目的"而传播淫秽物品的行为规定为"传播淫秽物品牟利罪"(第363条)、将没有该目的的传播淫秽物品行为规定为"传播淫秽物品罪"(第364条),并对具有"牟利目的"的行为规定了较重的法定刑。这里,如果说"牟利目的"就是身份的话,则可以将其归入责任身份一类。又如,刑法第271条规定的职务侵占罪和第270条所规定的侵占罪,都是将代为保管的他人财物据为己有的犯罪,但因为职务侵占罪的主体具备了"公司、企业或者其他单位的人员"的身份,使其处罚要重于刑法第270条所规定的侵占罪。[159] 同样,刑法第388条之一规定的利用影响力受贿罪和刑法第388条规定的斡旋受贿犯罪,都是通过其他国家工作人员职务上的行为,为请托人谋取利益,索取请托人财物或者收受请托人财物的行为,但因为其主体是"国家工作人员的近亲属或者其他与该国家工作人员关系密切的人",而不是"国家工作人员",因此,其处罚比受贿罪要轻。[160]

身份犯特别是真正身份犯,因为只有具有身份的人才能实施实行行为,所以,没有身份的人参与实施该种犯罪的时候,就涉及后述的"共犯和身份""间接正犯"的问题。

(二)单位与单位犯罪

1. 意义

所谓单位,依照刑法第30条的规定,是指公司、企业、事业单位、机关、团体。在现实生活

---

[159] 依照刑法第270条的规定:侵占罪的法定刑为"二年以下有期徒刑、拘役或者罚金;数额巨大或者有其他严重情节的,处二年以上五年以下有期徒刑,并处罚金",而刑法第271条规定的职务侵占罪的法定刑为"三年以下有期徒刑或者拘役,并处罚金;数额巨大的,处三年以上十年以下有期徒刑,并处罚金;数额特别巨大的,处十年以上有期徒刑或者无期徒刑,并处罚金"。

[160] 依照刑法第383条的规定:个人受贿数额较大或者有其他较重情节的,处3年以下有期徒刑或者拘役,并处罚金;数额巨大或者有其他严重情节的,处3年以上10年以下有期徒刑,并处罚金或者没收财产;数额特别巨大或者有其他特别严重情节的,处10年以上有期徒刑或者无期徒刑,并处罚金或者没收财产;数额特别巨大,并使国家和人民利益遭受特别重大损失的,处无期徒刑或者死刑,并处没收财产。对多次受贿未经处理的,按照累计受贿数额处罚。刑法第388条之一第1款规定利用影响力受贿,数额较大或者有其他较重情节的,处3年以下有期徒刑或者拘役,并处罚金;数额巨大或者有其他严重情节的,处3年以上7年以下有期徒刑,并处罚金;数额巨大或者有其他特别严重情节的,处7年以上有期徒刑,并处罚金或者没收财产。

中,单位在运用人力、财力、物力实现特定目标方面远远超过自然人的能力和活动范围,在几乎所有的社会生活领域中均发挥着巨大的作用。单位在合理有效地为社会积蓄、创造财富的同时,也可能出现为了追逐超额利润而不择手段,造成人员伤亡或巨大财产损失的情况。这种伴随单位的正常业务活动而发生的危害行为,在犯罪学上被称为"单位犯罪",国外一般称之为"法人犯罪"或者"企业犯罪"。

本来,对于单位行为的规制,历来都是依靠民事法律、行政法规或行业规范来进行的。但从屡禁屡犯,而且造成的损害一年比一年严重的单位犯罪的实际情况来看,传统的依靠行政或民事强制措施对单位的违法活动进行调整和干预的方法已显得力不从心。鉴于这种社会现状,包括我国学者在内,越来越多的学者呼吁,应当根据社会发展的实际情况,将单位看作和自然人一样的具有犯罪能力的主体,并且当单位的从业人员的业务行为触犯了刑律时,就按照一定原则,使用刑罚这种最严厉的制裁手段来对单位进行处罚,以实现对单位活动的刑法规制。

但在以刑罚手段处罚犯罪单位时,面临许多理论和实践中的难题。首先便是,作为拟制的法律主体,没有本来意义上的意思能力和行为能力的单位是否具有现行刑法理论上所说的犯罪能力?若说单位具有犯罪能力,那么,单位的这种犯罪能力又是如何形成的,该如何认定?另外,在认定为单位犯罪的场合,该如何对其进行处罚?这些问题如果从另外一个角度来观察的话,可以概括为一个问题,即追究单位刑事责任的根据,也就是说,对不具有本来意义上的行为能力和意思能力的单位,如何进行以谴责对象具有意志自由为前提的规范谴责。可以说,这一问题,是平衡现代社会中处罚单位犯罪的刑事政策上的要求和维持近代刑法的基本原理即责任原理的要求的最基本但又最棘手的问题。

按照近代刑法理论,刑罚是对犯罪行为人的规范谴责。从这一前提出发,可以推论出以下两个基本原则:首先是犯罪主体和受刑主体一致原则。也就是说,任何人只能替自己的行为负责,而不得对他人的犯罪行为负连带或代位责任。其次是受刑主体必须具有受刑能力原则。也就是说,受刑主体只限于能够理解自己行为的社会意义,并据此形成不实施违法行为念头的人,否则刑罚就会失去其道义谴责的意义。但是,按照现行的民法理论,单位是为实现一定目的而由人们按照自然人的形式所拟制的一种虚拟存在,它不具有与自然人一样的本来意义上的意志和行为;单位的思想和行为都是通过其组成人员即自然人来实现的。由于单位的这种拟制人格特征,因此,在肯定单位犯罪的国家中,一般都是从单位拟制人格的特征入手,通过对单位组成人员的意思和行为的探讨,来追究单位的刑事责任。这一情况,即便在单位犯罪和单位处罚制度最为完善的美国,也不例外。如在美国,司法机关是根据"上级责任原理"和"同一视原理"来追究单位的刑事责任的。在"上级责任原理"之下,单位所有从业人员的有关业务上的行为,均无条件地转嫁给单位,成为追究单位刑事责任的根据;与此相对,在"同一视原理"之下,只有单位代表或机关成员及高级管理人员的意思和行为才能看作单位的意志和行为,并成为追究单位刑事责任的根据。以上两种原理,尽管表现形式不同,但在通过单位中的自然人(而不是单位)的意志和行为来探讨单位的刑事责任这一点上,是完全一致的。但是,单位犯罪,顾名思义,是指单位自身的犯罪,而在上述单位犯罪处罚原理之下,只强调单位中相对独立的单位组成人员的情况,而完全没有考虑单位自身的特征,这种考虑单位刑事责任的方式,在方法论上是否妥当,值得怀疑;同时,这种以个人的意志和行为为前提来讨论单位的犯罪能力和刑事责任的单位犯罪处罚原理在实际的应用过程中,也存在各种各样难以操作的问题。因此,近年来,上述以自然人为中介追究单位自身责任的单位犯罪处罚原理已在相当程度上受到了挑战。现在,在美国、日本等单位处罚或单位犯罪研究比较发达的国家,在实际应用上,已对根据单位组成人员的行为和意志来寻求惩罚单位的根据的处罚原理进行改革,尝试根据单位自身的特征来追究单位的刑事责任。

2. 单位犯罪论的立场分歧

我国现行刑法在1997年明确规定了单位犯罪及其处罚之后,有关单位犯罪的主流见解,从否定论转变为肯定论。[161] 有关单位犯罪的研究,也从单位有无犯罪能力之争转变为对刑法第30、31条的解释适用之争了。即便如此,无论从哪一个角度对单位犯罪条文进行适用上的解释,最终也还是无法回避单位犯罪模式中的基本论题,即作为民法上拟制人格的单位是如何获得刑法上的犯罪主体资格的能力的。特别是在近年来,以单位犯罪否定论为基础的单位拟制犯罪论出现之后,这个问题似乎已经解决的话题又重新进入人们的视野,有必要重新讨论。以下按照时间发展顺序,对我国当今单位犯罪基础理论的代表性见解进行述评。

(1) 单位决策机构或者单位集体决定论

该见解从自然人犯罪的立场出发,将单位的决策机构类比自然人的大脑和神经中枢,认为单位犯罪就是单位决策机构故意或者过失造成危害社会结果的行为。[162] 这种观点在我国当今的学界和实务界具有重大影响。如在《刑事审判参考》上刊登的指导案例第305号的法官解说部分明确指出,单位犯罪是在单位意志支配下实施的,单位意志由单位决策机构或者有权决策人员通过一定程序加以体现。[163] 换言之,经过一定程序的单位决策人员或者单位负责人的意志,就是单位意志,在这种人的意志支配之下实施的行为,就是单位行为。[164]

将单位中特定人的思想和行为视为单位的思想和行为,是承认单位犯罪的国家在对单位适用自然人刑法时的惯常做法,其符合单位业务活动的现实,一定程度上缓解了单位犯罪所面临的来自自然人刑法的责任原则的诘难。但遗憾的是,这种做法存在以下问题:一是解决不了单位高层人员将单位作为工具以实现自己个人犯罪的问题。虽说单位决策机构是单位的中枢,其组成人员是单位意志的重要来源,但该人员毕竟也是具有独立人格的主体,并非所有的意思都能归于单位,更不排除其中有些人将单位作为犯罪工具利用。[165] 二是这种见解无法适用现实中的多数单位,特别是一些建立有现代管理制度的大、中型单位。现实中,许多单位活动都是由其下层人员按照业务惯例实施的,并不一定要通过决策程序即"单位集体决定或者单位负责人决定";同时,大、中型单位多实行部门负责制,侦查机关事后很难证明单位领导参与

---

[161] 当然,否定论依然有力,参见杨兴培:《(法人)单位犯罪立法理论与实践运作的逆向评价》,载《华东政法学院学报》2001年第3期;王匡正:《单位犯罪的现状与反思》,西南财经大学2013年博士学位论文,第58页以下。王博士认为,大量的单位犯罪立法和极少的司法适用是对司法资源的巨大浪费,主张废除单位犯罪的刑法条款。

[162] 陈广君:《论单位犯罪的几个问题》,载《中国法学》1986年第6期。

[163] 《马汝方等贷款诈骗、违法发放贷款、挪用资金案[第305号]——单位与自然人共同实施贷款诈骗行为的罪名适用》,载最高人民法院刑事审判第一、二庭编:《刑事审判参考》总第39辑,法律出版社2005年版,第1页以下。

[164] 黄明儒主编:《刑法总则典型疑难问题适用与指导》,中国法制出版社2011年版,第198页。

[165] 类似观点,参见万志尧:《单位犯罪宜更审慎认定——从"单位意志"与"责任人"入手》,载《法律适用(司法案例)》2019年第4期。

了单位下层人员的某一具体违法犯罪行为的谋划。按照上述见解,结果只会是越是层级简单的小型单位越容易构成单位犯罪,而层级多、决策程序复杂的大、中型单位几乎没有构成单位犯罪的可能。这显然不符合我国刑法规定单位犯罪的初衷。[166] 三是有违背罪责自负原则之嫌。既然单位的意思来自单位中的决策机构成员或者单位领导人,那么单位犯罪的场合,只要处罚犯罪的决策者即单位领导人即可(这一点,从我国有关单位盗窃只需处罚相关单位组成人员的司法解释中能够得到证明),为何在处罚单位领导之外,还要处罚单位呢?其有"双重处罚"之嫌。四是单位的犯罪能力和犯罪意思来自单位决策机构中的自然人的见解,实际上是在为单位犯罪是其中的自然人在犯罪的"单位犯罪否定论"提供佐证。因此,上述见解尽管盛行,但并不值得提倡。

(2)单位组织决定论

该见解正视单位作为组织体与其组成人员的差别,从单位作为一个整体即依照一定理念和规则建立起来的组织体所具有的特征的角度来探讨单位犯罪。其中,代表性见解有如下几种:

第一,"人格化社会系统责任论"。这种见解认为,单位是人格化的社会系统整体,单位整体性的特性决定了任何单位成员的犯罪只能是单位整体的犯罪,而不是单位成员个人的犯罪;单位主管人员在单位(犯罪)意志支配下,以单位名义,为了单位利益,故意或者过失实施的依法应受惩罚的危害社会行为,是单位犯罪;单位与其成员是整体与部分的关系,而非共同犯罪关系。[167] 针对单位犯罪,为何在处罚单位之外,还要处罚其中的自然人的问题,该见解认为,这是由单位系统整体结构的特殊性和复杂性所决定,单位犯罪是一个犯罪(单位整体犯罪),但有两个犯罪主体(单位和其中的自然人)和两个刑罚主体(两罚制)。单位成员是否犯罪,不是追究单位犯罪的必要条件,相反地,单位构成犯罪才是追究其内部成员(自然人)刑事责任的依据和前提。[168]

"人格化社会系统责任论"堪称我国学界单位自身犯罪论的开先河之论,对我国之后的单位犯罪论的发展具有重要影响。但毋庸讳言,该学说的局限性也是非常明显的。甚至可以说,我国迄今为止的单位犯罪论之所以问题重重,与该学说的倡导有一定关系。

该说开宗明义,说单位是一个"人格化的社会系统整体",有自己的整体意志和行为,不能把单位整体的意志和行为归结为任何个人,也不能把单位犯罪归结为个人犯罪,由此而推导出单位犯罪是"一个犯罪、两个犯罪主体"的结论。但该见解在未对单位为何是独立于其组成人员的实体作出有说服力的说明之前,就直接说"单位犯罪是一个犯罪、两个主体",逻辑上跨越太大,让人一头雾水、不明就里。如果说单位犯罪是单位自身的整体犯罪,则其主体便只能是单位自身,其中的自然人只是单位的手足,绝不可能出现"两个主体"之说。这一点也恰好是其

---

[166] 李冠煜:《单位犯罪处罚原理新论——以主观推定与客观归责之关联性构建为中心》,载《政治与法律》2015年第5期。
[167] 何秉松:《单位(法人)犯罪的概念及其理论根据——兼评刑事连带责任论》,载《法学研究》1998年第2期。
[168] 何秉松主编:《法人犯罪与刑事责任》(第2版),中国法制出版社2000年版,第485、486页。

为同时代的学者所诟病之处，认为其违背"人格化的社会系统责任论"的本意。[169] 同时，"单位构成犯罪才是追究单位成员刑事责任的前提和依据"的说法，也与该说提倡的单位成员在单位意志支配下，为了单位利益、以单位名义，故意或者过失实施的危害行为，是单位犯罪的说法之间有循环论证之嫌。[170]

该说之所以存在上述问题，根本原因在于，该见解在展开过程中并未将单位犯罪的独立性来自于单位本身的系统性和复杂性的核心宗旨贯彻到底。如该见解认为，单位的自然人对单位犯罪承担刑事责任的根据，"是他们作为法人和法人犯罪的构成要素在法人整体犯罪中的主观罪过（故意和过失）和客观行为（作为和不作为）以及由此决定的他们在法人犯罪中所起的作用和应负的责任"[171]。这岂不是说单位犯罪的主观罪过以及客观行为还是来自单位中的自然人吗？作为"人格化的社会系统整体"的单位所独有的"系统性和复杂性"从何体现呢？特别是该说中所谓的组织体模式，也仅立足于单位是超越"单个自然人的集合的存在"的认识基础之上，但对如何"超越"并没有做进一步论证。若说单位是单个人的简单集合的话，则难以避免这样的结局：单位内部的个人行动越清楚，单位处罚的范围就越窄；侦查机关对单位犯罪的调查越成功，对单位整体处罚就越不可能。因为出现单位成员业务活动中的违法行为时，总能找到对这种行为背书的自然人，从而将该行为认定为个人犯罪。这种结局，显然与该见解的初衷，即应对大规模单位活动导致的犯罪的愿望大相径庭。由此看来，该见解虽然给单位犯罪贴上了"社会系统整体犯罪"的标签，但却没有摆脱单位犯罪是其组成人员即自然人犯罪的本质。

第二，"单位嵌套责任论"。与上述"人格化社会系统责任论"类似的见解是近年来所提倡的"单位嵌套责任论"。这种见解认为，单位不是自然人的集合体，而是由可替代的自然人所拥有的职位和财物的集合体。单位中的人以其在单位中所拥有的职位或者职务——而非其自身的独立人格——为单位要素，因此，单位成员与单位不是部分与整体的关系，而是"嵌"与"套"的关系。自然人以其自身资源为出资，进入单位内的某个职位，借助单位以维持生计；而单位则借助个人提供的资源得以运转。在单位内，个人履行单位职务行为的意志和能力由其在单位的职务所决定。此即所谓"单位成员的从属性"。但单位成员与单位的嵌套关系并不会影响其在法律中独立的主体地位，即"单位成员的独立性"。[172]

与"人格化社会系统责任论"不同，"单位嵌套责任论"借助美国社会学者科尔曼的法人超越说[173]，将单位理解为"可替代的自然人所拥有的职位和财物的集合体"，离开其组成人员的自然人，就是一个空壳，但一旦与自然人形成嵌套关系，就具有了生命，并且还能反过来决定和影响其中的自然人的意志和行为。这样，就比较合理地解决了上述"人格化社会系统责任论"

---

[169] 因为按照上述理解，单位犯罪的主体只能是某个单位组织，其成员的行为只是单位犯罪的有机组成部分，没有它们的存在，也就没有单位犯罪可言。因此，不能将单位和单位成员并列为单位犯罪的主体。张文、刘凤桢、秦博勇：《法人犯罪若干问题再研究》，载《中国法学》1994年第1期。

[170] 何秉松：《单位（法人）犯罪的概念及其理论根据——兼评刑事连带责任论》，载《法学研究》1998年第2期。

[171] 何秉松：《单位（法人）犯罪的概念及其理论根据——兼评刑事连带责任论》，载《法学研究》1998年第2期。

[172] 陈忠林、席若：《单位犯罪的"嵌套责任论"》，载《现代法学》2017年第2期。

[173] 科尔曼的法人超越说认为，法人之所以成立一个独立的行动系统，不是因为传统理论所说的法律授权，而是因为法人有一种独立于其成员的目标。参见[美]詹姆斯·S.科尔曼：《社会理论的基础》（上），邓方译，社会科学文献出版社2008年版，第413~414页。

中没有说清的"系统性和复杂性"的问题。而且,与"人格化社会系统责任论"不同,该见解明确地肯定,单位犯罪的场合,单位与其组成人员是共犯关系。也就是说,单位犯罪不是单纯的以单位为主体的单一犯罪,而是由单位与其中的自然人共同构成的嵌套式共同犯罪。[174] 但遗憾的是,这种结论从何而来,上述见解只是点到为止,没有进一步展开。

更为重要的是,"单位嵌套责任论"对单位犯罪该如何构成、单位成员的行为如何转化为单位犯罪的核心内容,只有原理上的提示,而没有具体可操作的说明。不仅如此,从"单位和单位成员的独立行为责任又是对单位犯罪刑事责任分担的结果"[175]的结论中,能隐约看见"人格化社会系统责任论"主张的单位犯罪中同时存在两个犯罪主体和两个刑罚主体的影子。从此意义上讲,"单位嵌套责任论"和"人格化社会系统责任论"是异曲同工、一脉相承的关系。

第三,"组织体刑事责任论"。在"人格化社会系统责任论"之后登场的关于单位固有犯罪论的见解是"组织体刑事责任论"。这种见解认为,现代社会中的单位已不是传统意义上的人或物的集合,而是有其内在运营机制,并通过业务范围、政策规定、防范措施、利润目标以及组织结构等特征,让作为其组成人员的自然人消失个性而仅仅成为单位运转过程中的一个微不足道的组成部分的组织体。在组织体中,单位成员和单位呈现出一种互动关系:一方面,单位成员可以将单位作为工具,操纵、支配或者影响其业务活动,以实现自己的个人目的(包括犯罪目的);另一方面,身处单位之内的成员在行动和思想时,不得不受单位整体的目标、政策等的支配。因此,单位犯罪,就是单位组织体的制度、宗旨以及组成机构成员综合导致的犯罪。[176]

"组织体刑事责任论"的主要宗旨是,从单位的固有要素即组织体的制度政策、精神文化等可视要素中寻找单位犯罪的处罚根据,以摆脱传统学说只能借助单位中的自然人的思想和行为来说明单位犯罪的不足。在该种见解之下,单位是有别于其组成人员的独立存在,单位的构成人员即个人会发生进出、职位升降等变化,但组织体则会永远存在。新加入这一单位的人,被单位中的氛围所同化乃至社会化,会按照单位先入职成员的行为方式行事,或者事实上被强制如此行为。这里,单位的氛围或者说风气,若容许或者默认犯罪的发生,或者在防止犯罪方面不力的话,便可将其作为引致该单位成员犯罪的条件或者原因,此种场合下的单位成员个人犯罪可以被视为单位自身的犯罪。此时,单位组成人员犯罪,实际上都能看作单位组织体的文化氛围的必然结果,故在处罚单位之际,没有必要将其中的个人加以特定。这样,单位犯罪也彻底摆脱了其中的自然人犯罪的掣肘,真正成为一个有别于其中的自然人犯罪的名副其实的单位犯罪,单位组成人员的个人犯罪只是单位犯罪的外在体现而已。相较于过往的单位犯罪学说而言,这种见解不仅因为在内容和研究方法上独具一格而引人注目,[177] 而且对我国单位

---

[174] 陈忠林、席若:《单位犯罪的"嵌套责任论"》,载《现代法学》2017年第2期。
[175] 陈忠林、席若:《单位犯罪的"嵌套责任论"》,载《现代法学》2017年第2期。
[176] 黎宏:《单位刑事责任论》,清华大学出版社2001年版,第214、215页。
[177] 理论上,不少人基于这种理论而提倡单位固有责任论,参见邹玉祥:《单位犯罪的困境与出路——单位固有责任论之提倡》,载《北京社会科学》2019年第9期;还有学者提议,根据组织体刑事责任论,修改我国刑法中单位犯罪的相关规定。周振杰、胡圣鑫:《晚近二十年单位犯罪立法修改的回顾与前瞻》,载卢建平主编:《京师法学》第12卷,中国法制出版社2019年版。

犯罪的司法实践也产生了实际影响。[178]

"组织体刑事责任论"的问题是,以单位的行为规范、制度设计、文化精神等要素为素材,判断单位对犯罪的想法,在我国尚处在观念提出阶段,存在需要进一步深化之处:一是理论上还有不明之处。一方面,单位业务活动过程中的某种犯罪结果,是否就是该单位制度的产物,只能依据单位组成人员行为时的事实进行个别具体调查之后,才能清楚。但如何展开这种调查,上述见解没有给出可行的操作标准。另一方面,即便说单位当中存在鼓励、促使甚至默许单位组成人员实施违法犯罪行为的文化氛围,但其一旦作为单位制度而存在,就可以说其为单位的"另一个我"即单位决策机构成员的个人乃至集体所认可。此时的单位意思和单位中的个人意志如何区分,也不十分清楚。二是上述观点如何与我国刑法规定相吻合,需要进一步明确。如既然说单位犯罪是单位自身的犯罪,那么为何在处罚上,除了处罚单位,还要处罚其中的个人呢? 特别是在明确单位是导致其中的自然人犯罪的支配原因时,如何与既处罚单位又处罚单位成员的"双罚制"规定衔接,成为问题。因此,批判意见认为,总体上看,单位固有责任论和现实刑事立法还不够完全契合,总体上带有务虚和前瞻的性质,不宜直接解释法律和指导司法实践。[179]

第四,"单位犯罪拟制论"。或许是出于对单位犯罪处罚不温不火现状的不满,近年来,单位犯罪否定论即主张单位犯罪实际上是其组成人员即自然人的犯罪、单位处罚是单位为其组成人员承担转嫁责任的观点又改头换面、卷土重来了。这就是"单位犯罪拟制论"。

该见解认为,法人刑事责任问题不是一个理论问题,而是政策问题。法人是自然人谋利的手段和工具,不具有独立的自我目的;法人行为实际上是法人内部的自然人个人行为,是符合法人内部秩序的自然人行为对法人的归属;法人犯罪,实质上是自然人个人犯罪,法人刑事责任,实质是对自然人个人刑事责任的拟制和分担,唯有坚持个人责任原则才能避免罚及无辜,

---

[178] 在雀巢(中国)有限公司西北区婴儿营养部经理郑某、杨某等被诉非法获取公民个人信息罪一案中,被告人辩称自己的行为属于公司行为,应当属于单位犯罪。但法院根据经过当庭质证的雀巢(中国)有限公司(以下简称雀巢公司)DR(DR 指 0~3 个月月龄的婴儿用雀巢奶粉的客户)的概念、目标任务、与 DR 有关的信息获取方式等,认为 DR 任务目标不是为了收集消费者个人信息。特别是,雀巢公司在《雀巢指示》以及《关于与保健系统关系的图文指引》等文件中明确规定,"对医务专业人员不得进行金钱、物质引诱"。对于这些规定要求,雀巢公司要求所有营养专员都要接受培训,并签署承诺函。并且,该案被告人郑某、杨某、李某某、杜某某、杨某某、孙某均参加了雀巢公司不允许营养专员向医务人员支付费用获取公民信息的培训和测试。另外,雀巢公司的政策与指示、雀巢宪章、关于与卫生保健系统关系的图文指引,均证实雀巢公司遵守世界卫生组织《国际母乳代用品销售守则》及卫生部门的规定,禁止员工向母亲发放婴儿配方奶粉免费样品,禁止向医务专业人员提供金钱或物质的奖励,以引诱其推销婴儿配方奶粉等。基于上述理由,2016 年 10 月 31 日,一审法院判决雀巢公司郑某、杨某、孙某等 9 人的行为均已构成侵犯公民个人信息罪。以上内容,参见兰州市城关区人民法院刑事判决书,(2016)甘 102 刑初 605 号。一审法院宣判后,各被告人提起上诉。2017 年 5 月 31 日,兰州市中级人民法院经过不开庭审理后认为,"单位犯罪是为本单位谋取非法利益之目的,在客观上实施了由本单位集体决定或者由负责人决定的行为。雀巢公司手册、员工行为规范等证据证实,雀巢公司禁止员工从事侵犯公民个人信息的违法犯罪行为,各上诉人违反公司管理规定,为提升个人业绩而实施的犯罪为个人行为"。据此,2017 年 5 月 31 日,兰州市中级人民法院裁定驳回上诉,维持原判。参见甘肃省兰州市中级人民法院刑事裁定书,(2017)甘 01 刑终 89 号。

[179] 杨国章:《我国单位犯罪研究 30 年的回顾与反思》,载《中南大学学报(社会科学版)》2009 年第 2 期。

有效实现对法人违法犯罪行为的惩治。[180] 依照这种见解,法人犯罪,形式上是以法人为主体的犯罪,但实质上是法人内部的个人犯罪,主要是个人的共同犯罪。

从即便是单位犯罪,也适用以自然人为适用对象的现行刑法的角度来看,说单位犯罪本质上是将自然人犯罪拟制为单位犯罪的拟制犯罪,似无不可。毕竟,刑事责任,是以实施了犯罪这种违法行为为由而对自然人的法律谴责,是为了防止自然人再犯同种犯罪而认可的概念。在自然人的处罚上,必须遵循责任原则。据此,任何人只能对自己行为所引起的危害后果承担刑事责任,这便是行为责任原则的要求;即便是在例外地要求对他人的行为承担连带责任的场合,也要求自己与他人的行为之间存在某种关系(如引起或者促进)。就单位犯罪而言,由于单位是法律拟制主体,不通过作为其组成人员的自然人,就不可能实施侵害法益的行为,因此,单位犯罪的核心,就是判断在作为单位组成人员的自然人实施了侵害或者威胁法益的结果时,是否可以将该结果归属于单位自身。从此意义上讲,说单位犯罪本质上是拟制犯罪,实际上是单位中的自然人犯罪,也有一定道理。另外,这种理解也有一定的实践意义。实务当中,任何裁判都是在侵害结果发生之后进行的,其中必然伴随有将所发生的结果归属于谁的问题。由于单位活动的侵害后果是由其中具有双重身份的自然人引起的,因此,将单位业务活动过程中的违法结果归咎于该自然人或者有关的上级主管,作为自然人犯罪认定和处罚,操作上也没有太大困难。

但在我国现行刑法规定之下,主张单位犯罪本质上是拟制犯罪的见解,不合时宜。首先,我国刑法第 30 条明确规定,单位犯罪是"公司、企业、事业单位、机关、团体实施的危害社会的行为",故上述主张有违反罪刑法定原则之嫌。不仅如此,由于我国刑法对于单位犯罪采用"双罚制",即一旦确定为单位犯罪,单位就必须为其中的单位成员的行为担责。由于拟制责任的本质是依循"仆人犯错、主人担责"的转嫁责任或者说是代位责任,将其应用于单位犯罪,必然会导致单位组成人员的任何违法犯罪行为都会无条件地转嫁给单位的结局,这样会无限扩大单位承担刑事责任的范围。其次,难以避免单位中的自然人利用拟制责任原理故意加害雇主即单位的现象。如单位中的自然人完全可能有意在业务活动中实施受贿、行贿、生产、销售伪劣产品的行为,并通过让雇主承担刑事责任的方式来达到加害雇主的目的。实务当中,一些行贿人千方百计地将个人行贿行为辩称为单位行为,就是其体现。最后,否定单位自身责任,无视单位处罚的独到机能,会造成对单位业务活动处罚的漏洞。现代社会中的单位业务活动,多采用类似于生产线上的流水作业方式,每个单位成员只承担业务链条上的部分工作,而不用从头到尾承担全部业务。这样,难免出现这样的情形,即单位业务活动过程中发生了刑法规定为犯罪的严重后果,但若是从个人犯罪的角度追究单位责任的话,难免会出现因为个人参与程度

---

[180] 张克文:《拟制犯罪和拟制刑事责任——法人犯罪否定论之回归》,载《法学研究》2009 年第 3 期。类似见解也认为,单位责任归根结底源自单位成员的行为,是立法者将单位成员的行为上升为单位行为的结果。从这个角度来讲,单位责任本质上是一种替代责任。其是指单位成员在对其个人行为承担完全责任的情况下,单位仍然要对单位成员的行为另行承担刑事责任。因为,此时的单位成员的行为具有双面性,一方面是个人行为,另一方面又是单位行为。依照这种观点,即便是作为单位"手足"的最低级雇员的行为和过错,也可以归于单位,是认定单位犯罪的依据。以上内容参见叶良芳:《论单位犯罪的形态结构——兼论单位与单位成员责任分离论》,载《中国法学》2008 年第 6 期。

较低而没有达到违法的程度,或者因为没有预见或者预见程度较低而无法追究刑事责任的情形,导致对单位业务活动所引起的危害结果"集体不负责"的局面。

对于上述处罚漏洞,法人犯罪拟制论或许会说,可以共同犯罪追究相关单位成员的刑事责任,但对单位中的众多个人广泛追责,会招致刑事责任的过度扩张,而单位犯罪概念正好弥补这种不合理。按照单位刑事责任论,在上述场合下,单位是将众多自然人活动集合在一起的连结点,并通过其"组织体的影响力",将即便是最底层从业人员的分散行为也聚集起来,向一个方向发力,因此,即便对单位中的个人不能处罚,也可以对处于单位行为核心地位的单位进行处罚,从而间接地实现对未被处罚的单位内部的自然人进行制裁和抑制的效果。[181] 如此说来,单位犯罪和单位处罚,并非上述拟制说所言,在"理论根基上存在根本性缺陷""从一开始就注定了失败的命运"。[182]

实际上,上述四种单位犯罪见解,体现了三种不同研究路径:第一种路径是依据"仆人行为、主人担责"的转嫁责任原理,将单位成员业务活动中的违法犯罪行为,直接认定为单位犯罪。"单位拟制犯罪论"是其代表。第二种路径是着眼于单位自身的特征,将单位成员受此影响而在业务活动中的违法犯罪行为认定为单位犯罪。"组织体刑事责任论"是其代表。第三种路径是将单位决策机构或者单位全体成员的决定作为单位意思的来源,将此种意思决定之下的单位成员的违法犯罪行为视为单位犯罪。"单位决策机构或者单位集体决定论"是其代表。

上述四种单位犯罪见解分别立足于两种基础:单位犯罪否定论和单位犯罪肯定论。"单位拟制犯罪论"是毫不掩饰的单位犯罪否定论,这毋庸赘述,其实,即便是承认单位犯罪的"单位决策机构或者单位集体决定论",本质上也与单位犯罪否定论相差无几。因为,这种观点的潜台词是,单位的意思和行为来自其中的特定自然人,按照这种思路,自然会得出,单位犯罪实际上是单位组成人员犯罪的结合。这也是我国实务当中,单位犯罪和单位个人犯罪常常分不清楚的根本原因。由此看来,单位犯罪论的关键是,到底是否存在单位自身的原因引起的单位违法犯罪行为?换言之,单位自身的组织结构、独特氛围和风气是否会对其组成人员的意思和行为产生影响?若答案是肯定的话,则单位犯罪是公司、企业等实施的危害社会的行为的见解便不证自明,否则,刑法第30条有关单位犯罪是单位自身犯罪的规定就是自欺欺人。

3. 组织体刑事责任论及其应用

(1)"组织体刑事责任论"

本书主张"组织体刑事责任论"。这种见解的出发点是,不依托作为单位组成人员的自然人,而是从单位组织体的结构、制度、文化氛围、精神气质等特征中推导出单位构成犯罪并承担刑事责任的根据。[183] 就我国目前主要依托单位组成人员的意志来认定单位犯罪的现状而言,本见解至少具有以下几方面的现实意义:

一是能够说明单位的独立实体特征。人们很早就发现,现代社会中的企业等单位是独立于其组成人员的人格化实体,这种实体具备独有的类似于自然人的思想、人格之类的特征,身

---

[181] [日]川崎友巳:《企业刑事规制的应然方式》,载[日]甲斐克则等编:《企业活动与刑事规制》,日本评论社2008年版,第221页。

[182] 张克文:《拟制犯罪和拟制刑事责任——法人犯罪否定论之回归》,载《法学研究》2009年第3期。

[183] 黎宏:《单位刑事责任论》,清华大学出版社2001年版,第214、215页。

处其中的自然人,在企业文化、场景或者氛围的感染之下,有意识的人格会被群体所淹没,无意识的人格占据主导地位,换言之,群体中的个体已并非自己,而成为了不受自己意志支配的提线木偶。[184] 现在,人们越来越意识到,单位活动的影响力,因为单位的组织构造、规模、永续性等特征而远超其全部构成人员的影响力。单位造成损害的重大性,很大程度上源于单位的这些特征。换言之,单位不仅是自然人的集合体,而且是兼具"复杂性"(complexity)特征的实体。无视单位的这一重要特征,将单位责任还原为单位中的各个自然人的做法,不仅是对单位犯罪本质的严重误判,也是导致"人格化社会系统责任论"等见解存在缺陷的致命原因。

二是具有超越自然人处罚的独到价值。众所周知,现代社会中的单位,特别是企业中建立的岗位制度以及科层制度,使其中的个人表现出一种"社会性服从",单位中的自然人因为"容易被其他类似资格的人取代"而丧失了个人人格;加之单位中决策链条的冗长和决策程序的复杂,使单位违法活动很难追溯或者具体化到某一个单位成员。[185] 在这种情形下,在单位业务活动引起了违法结果时,若着眼于单位中个别成员的行为的话,则常常会因为其参与程度或者认识程度微弱而陷入束手无策的境地。此时,将每个单位成员程度微弱的违法或者责任集合起来,只要能够得出单位整体具有重大违法或者严重责任的结论,就可以据此认定单位自身的犯罪并对其予以处罚。[186] 这种做法,总比对自然人造成的法益侵害要予以处罚,而对作为自然人复杂集合的单位造成同样甚至更为严重的法益侵害时,刑法却无能为力的情形要强得多。

三是有助于妥当理解单位与其自然人成员的关系。单位犯罪的场合,单位与其成员自然人处于何种关系,直接涉及单位犯罪中单位负刑事责任的根据问题,对此,我国刑法学界众说纷纭,莫衷一是,有"单位成员非单位犯罪主体论""两个犯罪主体论""双层机制论""连带责任论""单位责任与个人责任一体化论""双重主体论"等观点。[187] 上述争议的焦点是,并非具体行为人的单位,为何要对作为具体行为人的单位成员的侵害行为承担刑事责任？如果说单位不是一个真正的人,而是法律上的拟制人的话,必然会得出单位之所以担责,是因为单位所承担的是代位责任、转嫁责任的结论来。但如前所述,在我国现行刑法规定之下,这种说法有违反罪刑法定原则之嫌。但若按照"组织体刑事责任论",这个问题便可迎刃而解。单位之所以对其组成人员的违法行为担责,是因为单位成员在单位业务活动中的违法行为,与单位自身的制度措施、精神文化具有千丝万缕的关系,单位鼓励、刺激、默许或者疏忽了其成员的犯罪,即单位作为一个实体参与了其组成人员的犯罪,故单位要对其组成人员的违法行为承担行为责

---

[184] [法]古斯塔夫·勒庞:《乌合之众:大众心理研究》,陈昊译,法律出版社2011年版,第14页。
[185] 李鄂贤:《法人刑事责任的本质转变与法人犯罪立法的未来改革》,载《法学杂志》2019年第5期。
[186] 这种见解,在英美法中被称为"集合责任原则",即"如果多个公司成员分散的意识与行为可以集合于公司一身,则集合后的意识可以视为由公司掌控,行为由公司行使,据此可以追究公司的刑事责任"。[英]戴维·米勒、韦农·波格丹诺主编:《布莱克维尔政治学百科全书》,邓正来译,中国政法大学出版社2002年版,第283页。
[187] 黎宏:《单位刑事责任论》,清华大学出版社2001年版,第275～279页;陈忠林、席若:《单位犯罪的"嵌套责任论"》,载《现代法学》2017年第2期。

任或者监督责任。如此说来,在单位犯罪的场合,单位和其组成人员可以成立共犯关系。[188]

(2)"组织体刑事责任论"与单位犯罪成立条件

问题是,虽说单位是独立于其组成人员的实体,单位犯罪是单位组织体自身的犯罪,但我国刑法并未因此而另外单独制定一部"单位刑法"或者"组织体犯罪法",而是将其规定在传统上以自然人为适用对象的刑法之中,而且,我国刑法对单位犯罪和处罚,只是做了一个宣言式的规定,并未就其进行特别规定。这就意味着,在立法者眼中,单位犯罪只是现行刑法所规定的犯罪的一种,在单位犯罪的认定和处罚上,就必须依照刑法的相关规定,参照自然人犯罪的成立要件进行。这一点,从我国主流学说将单位犯罪多放在犯罪主体部分加以叙述就可以看出。其表明,在多数学者看来,单位犯罪和自然人犯罪仅是主体不同,在其他方面并没有多大差别。[189]

就自然人犯罪的成立要件而言,尽管我国现在有"三阶层说"与"四要件说"之争,但不管哪一种学说,都承认任何自然人犯罪不可缺少两个方面的要件,即客观违法要件和主观责任要件。前者说明单位犯罪的违法性即社会危害性,后者说明单位犯罪的有责性即可谴责性。因此,本书也试从这两个方面来探讨单位组织体刑事责任论下的单位犯罪的成立要件。

第一,客观方面,单位组成人员在单位业务活动之中实施了违法犯罪行为。

单位固然具有实体性特征,是刑法上与自然人并列的犯罪主体,但还是有别于自然人,其没有自然人一样的手足、血肉和思想,其活动只能通过作为其组成人员的自然人的行为来体现。换言之,单位组成人员就是单位的手足。对于单位犯罪的客观要件,可以肯定的是,单位活动只能通过其自然人成员的行为来体现。[190] 只是,在将作为单位手足的自然人的违法犯罪行为认定为单位犯罪的时候,必须注意以下几点:

其一,作为单位组成人员的自然人,不限于单位的代表人或者决策机构的组成人员,即便是单位最底层的从业人员的侵害法益行为,只要发生在单位业务活动过程中,也可被规范地评价为单位行为。换言之,所有单位组成人员的行为,只要发生在单位业务活动范围之内或者单

---

[188] 叶良芳:《论单位犯罪的形态结构——兼论单位与单位成员责任分离论》,载《中国法学》2008年第6期。我国的司法实践也是这么理解的。如2012年12月20日最高人民法院《关于适用〈中华人民共和国刑事诉讼法〉的解释》第283条规定,对应当认定为单位犯罪的案件,人民检察院只作为自然人犯罪起诉的,人民法院应当建议人民检察院对犯罪单位补充起诉。第286条规定,审判期间,被告单位被撤销、注销、吊销营业执照或者宣告破产的,对单位犯罪直接负责的主管人员和其他直接责任人员应当继续审理。可见,在司法实践当中,单位是作为与其组成人员自然人并列的犯罪主体的,否则,就不会出现单位与其组成人员自然人被共同起诉的情形,也不会出现在被告单位"死亡"之后,继续追究其组成人员的刑事责任的情形。

[189] 我国通说认为,单位犯罪是相对于自然人犯罪的一个范畴,二者的差别仅在于主体。高铭暄、马克昌主编:《刑法学》(第10版),北京大学出版社2022年版,第97页。相似的理解,参见张明楷:《刑法学》(上)(第6版),法律出版社2021年版,第175页;冯军、肖中华主编:《刑法总论》(第2版),中国人民大学出版社2011年版,第161页;周光权:《刑法总论》(第4版),中国人民大学出版社2021年版,第95页。

[190] 这一点已经为学界所公认。只是,有学者将法人犯罪的具体行为表现,根据法人各级雇员或职员地位的不同分为三类:低级雇员或雇工在雇佣范围之内为法人利益实施不法行为或造成危害结果,在授权范围内享有决策权的部门经理等中层职员的职务行为,董事会成员等作为法人机关的高级职员的职务行为。张克文:《拟制犯罪和拟制刑事责任——法人犯罪否定论之回归》,载《法学研究》2009年第3期。但从单位组织体责任的角度来看,上述分类确实没有必要。不管是最高层的管理人员还是最底层的从业人员,只要是单位组成人员,其在单位业务活动中实施的危害行为,都可以看作单位自身的行为,绝对不会因为身份不同而在行为性质上有别。

位业务活动过程中,均应被视为单位的实行行为。这是因为,虽说单位的代表人、决策机构的组成人员与下级从业人员在单位意思的形成方面会存在分工上的不同,并非所有组成人员的意思都能看作单位的意思,但就作为单位意思的外在表现即违法行为而言,所有的单位成员——不管是单位最高层级的决策机构成员还是最低层级的一般从业人员,在单位业务活动中实施的与业务活动有关的行为,都可以被评价为单位行为。

其二,只要有一个人的行为满足了具体犯罪的法益侵害要求,即可认为符合单位犯罪的客观要件。因为,单位业务活动中的自然人在实施违法行为时,与共同犯罪的场合相似,相互之间具有相互利用、相互补充,共同指向单位特定活动目标,完成单位任务的关系。此时,每个成员的行为既是其他成员行为的一部分,同时又都将其他成员的行为作为自己行为的组成部分,呈现出"你中有我、我中有你、相互交融"的状态。由于每个单位成员的分工不同,作用大小也不相同,以致存在行为效果也不一致的情形。但无论如何,只要单位中的某个人的行为满足了刑法分则具体犯罪的客观构成要件要求,就可以说单位整体上满足了单位犯罪的客观要求。

其三,任何个人的行为均未达到刑法分则具体犯罪的法益侵害程度,但将全体单位组成人员的行为集合起来整体评价,达到了具体犯罪的法益侵害程度的时候,也可以说满足了具体单位犯罪的客观要求。因为,单位犯罪是单位自身的犯罪,包括但不要求单位中的个人行为一定达到具体犯罪的法益侵害程度。如在以非法排放、倾倒、处置危险废物的方式污染环境的场合,就单个单位成员来看,没有一个人的排放、倾倒或者处置危险废物的行为达到3吨以上的数量要求,但是,若将单位全体成员的排放行为集合起来看,结果累积达到了3吨以上,就可以说达到了"严重污染环境"的结果要求,据此便可追究单位的污染环境罪的刑事责任。[191]

第二,主观责任方面,单位必须具有主观罪过,即分则规定的具体犯罪所要求的故意、过失乃至特定目的。

由于单位不具有自然人一样的思想,因此在单位犯罪的认定上,如何判断单位的主观意思,至关重要。对此,理论上有不同见解。有的认为,应当将单位最高决策机关的单位领导或者为其所授权的人的主观意思作为单位的意志;有的认为,单位所有组成人员,即便是最低级的从业人员的认识和过错也应当归属于单位。[192] 但这些观点,或因为在决策人员范围的认定上有不同理解而难以操作,或因为会导致单位对其成千上万的组成人员的过错负责而承担严格责任,因而没有被普遍认可。更主要的是,上述见解本质上仍是单位替代责任论,忽视了单位作为组织体所固有的特征对单位罪过形成的影响,因而难免失之偏颇。

依照本书主张的组织体刑事责任论,即便说单位组成人员的意志表现为单位意志,但必须注意到,单位组成人员的这种意志并非凭空而来,其也是受到单位的政策制度、业务范围和目标、精神文化等诸多因素的制约而产生的。换言之,单位组成人员的意思,并不完全是其个人自主观念,从某种意义上讲,其也是单位意思的体现。如此说来,虽说与自然人不同的、具有法律拟制人格的单位,因为没有和自然人一模一样的意思形成能力、表达能力而难以从其"言行"

---

[191] 根据刑法第338、346条的规定,污染环境罪的主体可以是单位。按照2023年最高人民法院、最高人民检察院《关于办理环境污染刑事案件适用法律若干问题的解释》第1条第1款第2项,非法排放、倾倒、处置危险废物3吨以上的,才能认定为"严重污染环境"。
[192] 张克文:《拟制犯罪和拟制刑事责任——法人犯罪否定论之回归》,载《法学研究》2009年第3期。

中窥见其真实意图,但从单位自身的存在形式、单位决策机构成员的决定乃至单位的政策决定、单位整体的文化氛围等客观要素当中,可以推定单位是否具备刑法所规定的犯罪主观要素。[193] 而且,根据单位自身特征来推定单位罪过的做法,在国外已经有立法规定。如2007年《英国法人杀人法》规定,构成法人杀人罪的条件是法人对受害人负有注意义务,判断法人是否违反注意义务取决于法人管理人员的组织或者管理法人的方式。《澳大利亚刑法典》在2.5部分即"法人的刑事责任"部分规定,在法人主观责任要件的认定上,除考虑法人的代表机关及高级管理人员的参与之外,还得考虑法人的文化即"法人在整体或部分上所具有的态度、政策、规范、行为及业务方针"。[194] 因此,以推定的方式来辅助判断单位的罪过是具有可行性的。以下,对此展开详细说明:

其一,单位决策人员或者经其授权的人,在其职务范围之内,决定实施某种违法行为的场合,推定单位具有故意。之所以这么理解,主要是因为单位决策人员或者经其授权的人,是最能领会和理解单位设定目的、宗旨、文化、政策的人,甚至可以说,其是在单位宗旨和文化等形成过程中发挥重要作用的人。也正因如此,包括我国在内的学者多主张,以单位主要领导为代表的一定范围的自然人的意思就是单位自身的意思(同一视原理)。[195] 这种见解固然不错,但采用这种见解的前提应当是,单位领导身居其位之后,依照单位自身的业务宗旨、精神文化等,秉承、延续或者说发展了单位自身的意思,而不是相反,说单位领导自身的意思直接转化为了单位意思。这样说来,即便是单位领导,如果其所制定或者通过的方针政策、业务规划不在单位业务范围之内,或者是违反了单位的相关宗旨的话,则即便该政策决定出自单位领导,也不能视为单位的意志。这一点,在我国相关司法解释当中也有体现。1999年6月25日公布的最高人民法院《关于审理单位犯罪案件具体应用法律有关问题的解释》第2条后段规定,公司、企业、事业单位设立后,以实施犯罪为主要活动的,不以犯罪论处。2017年6月2日最高人民检察院公布的《关于办理涉互联网金融犯罪案件有关问题座谈会纪要》第21条明确指出,单位设立后专门从事违法犯罪活动的,应当以自然人犯罪追究其刑事责任。合法成立的单位,之后脱离其经过主管机关批准的业务经营范围,专门从事违法犯罪的,即便构成犯罪,也不是单位自身的犯罪,而是其中的个人即主要领导的犯罪。从上述推定论的角度来看,这是理所当然的结论。因为,经过合法程序设立的单位,从其业务范围、设立宗旨等来看,不可能以专门或者主要从事犯罪活动为业。之后之所以如此,只能说是该单位领导人员擅自改变了单位的业务活动范围,当然应当作为单位领导个人犯罪处理。不过,倘若单位在设立之后的存续发展中,在业务经营上逐渐偏离了原先的设立初衷,形成了促进、放任犯罪的制度、文化的话,同样应当成立单位犯罪。

---

[193] 我国学界也有人主张,以有无合规计划以及有无有效地实施合规计划这种客观事实来推定单位是不是应当承担刑事责任。李鄂贤:《法人刑事责任的本质转变与法人犯罪立法的未来改革》,载《法学杂志》2019年第5期。

[194] 英国法人杀人的相关规定,See David Ormerod, Karl Laird, *Smith and Hogan's Criminal Law*, 14th edition, Oxford University Press, 2015, p.647-662;澳大利亚刑法中的规定,参见《澳大利亚联邦刑法典》,张旭等译,北京大学出版社2006年版,第16页。关于澳大利亚有关法人犯罪的最近进展,参见宋颐阳:《企业合规计划有效性与举报人保护制度之构建——澳大利亚路径及其对中国的启示》,载《比较法研究》2019年第4期。

[195] 李冠煜:《单位犯罪处罚原理新论——以主观推定与客观归责之关联性构建为中心》,载《政治与法律》2015年第5期。

其二，在单位自身的营业目标、政策方针、科层结构、处罚措施当中，具有鼓励、纵容或者默许其组成人员的违法犯罪的内容时，推定单位具有故意。之所以能够进行这种推定，主要是因为，故意犯是行为人藐视法秩序的最极端、最明显的体现。依照规范责任论，对于符合构成要件的客观事实有认识的话，一般人就有机会知道自己的行为是法律所不允许的，要直接面临法规范的拷问，并希望行为人据此而产生放弃该种犯罪行为的动机。在行为人辜负了这种期待，作出"不放弃"的错误选择，并付诸实施的时候，对于行为人的该种错误意思决定，刑法规范就要将其作为故意并予以最为严厉的谴责。这是作为刑法基本原则之一的责任原则的当然结论。我国刑法第14条将"明知自己的行为会发生危害社会的结果，并且希望或者放任这种结果发生"的心理态度规定为故意，就是这种观念的体现。在单位犯罪的场合，尽管单位不能像自然人一样供认其对事实有无认识，但从单位自身对业务目标的设定、对违法行为的奖惩措施、对单位文化的建设行动等客观要素当中，还是能够比较清晰地推断出单位对于其组成人员的违法行为的认识和所持态度来。诸如在单位的生产计划当中设定不通过违法手段就难以实现的目标，单位的奖惩措施当中存在鼓励或者默许其员工的违法行为的条款，对于通过违法手段获得业绩的员工不仅不处罚，反而予以奖励，单位员工实施违法行为之后不闻不问或者予以轻微处理敷衍了事，放任其继续此类行为等之类的制度和举措，都是推定单位犯罪故意的重要依据。[196]

其三，单位选任不恰当的岗位人选，采用有先天缺陷的工艺操作流程，或者应当建立相关制度而没有建立，或者尽管建立了相关制度但却疏于执行的场合，均可以推定为单位具有过失。[197] 与故意犯是行为人有意而为不同，过失犯的场合，是指在当时的情况下，行为人只要稍微注意，就能够对犯罪事实具有认识和预见，有机会意识到自己的行为违法，并在此基础上形成停止违法行为的反对动机，选择实施避免犯罪结果的行为，但由于行为人没有尽到其应尽的注意义务，对可能发生的犯罪事实没有认识和预见，因而未能避免结果发生。从此意义上讲，过失犯是应当预见并且也能够预见犯罪事实，由于不注意而没有预见，以致引起了危害结果的犯罪类型。从此角度来看，过失犯罪中的过失，可以从行为人是不是履行了相关义务、遵守了相关规定的角度来推定。就单位犯罪而言，在单位业务活动引起了具体犯罪的法益侵害结果时，只要看单位是否选择了恰当的人员、是否建立有完善的避免结果发生的制度，单位成员在单位业务活动过程中，是不是遵循了有关的法律、规章、制度，即可判断单位对其组成人员的侵

---

[196] 这一点，在雀巢(中国)有限公司西北区婴儿营养部经理郑某、杨某等被诉非法获取公民个人信息罪一案中有体现。
[197] 单位犯罪中有无过失犯，理论上存在争议。早期有力说认为，过失犯不应当有单位犯罪。高铭暄：《试论我国刑法改革的几个问题》，载《中国法学》1996年第5期。但从现行刑法的规定来看，单位过失犯罪，尽管为数不多，但并非没有。如刑法第363条第2款规定，"为他人提供书号，出版淫秽书刊的，处三年以下有期徒刑、拘役或者管制，并处或者单处罚金；明知他人用于出版淫秽书刊而提供书号的，依照前款的规定处罚"。根据上述规定的后段，可推断该款前段仅指"过失提供"。依照刑法第366条的规定，单位犯刑法第363条规定之罪的，对单位判处罚金，可见，"为他人提供书号出版淫秽书刊罪"是典型的单位过失犯罪。另外，刑法第229条第3款"出具证明文件重大失实罪"、第330条"妨害传染病防治罪"、第332条"妨害国境卫生检疫罪"、第334条第2款"采集、供应血液、制作、供应血液制品事故罪"、第337条"妨害动植物防疫、检疫罪"、第338条"污染环境罪"、第339条"非法处置进口的固体废物罪""擅自进口固体废物罪"等，都是单位过失犯罪。

害结果是不是要承担过失责任。[198] 若单位建立足够有效地防止其内部成员违法犯罪的相关制度措施,表明单位并不想实施犯罪,并且也在竭尽全力防止单位成员的犯罪。这些举措可以为认定单位业务活动过程的行为是否构成单位过失犯罪提供有价值的素材。

其四,可以通过客观外在因素的变化来推定单位是否具备具体犯罪所要求的特定目的。有些单位犯罪是目的犯。如集资诈骗罪,按照刑法第 192 条的规定,包括单位在内的行为人在使用诈骗方法非法集资时,必须"以非法占有为目的"。所谓目的,是指行为人希望通过实施特定行为来实现某种危害结果的心理态度,属于自然人所特有的主观的超过要素。那么,在单位犯罪的场合,该如何认定单位具有"非法占有目的"这一自然人所特有的心理要素呢?本书认为,还是可以通过客观因素来推定。这一点,从我国有关集资诈骗罪的司法解释对"非法占有目的"的认定均采用根据客观事实加以推定的方式可以得到佐证。如在单位实施非法吸收公众存款行为之后,将所募集来的资金不用于生产经营活动或者用于生产经营活动与筹集资金规模明显不成比例,致使集资款不能返还的,肆意挥霍集资款,致使集资款不能返还的,携带集资款逃匿的,均可以推定单位具有"非法占有目的"。[199]

"非法占有目的",本质上讲,是作为使集资诈骗这种侵害法益行为的危险性增大的指标要素而发挥作用的。从理论上讲,使用诈骗方法非法集资,没有"非法占有目的"的话,最多只能构成刑法第 176 条所规定的扰乱金融秩序的非法吸收公众存款罪;但在行为人"以非法占有为目的"而吸收公众存款的场合,意味着行为人不仅有非法吸收公众存款的行为,而且还有不返还,导致被害人遭受财产损失的危险。换言之,"非法占有目的",使非法吸收公众存款行为的危险增大,让本为破坏金融秩序的犯罪一跃而成为在破坏金融秩序之外,还具有侵犯他人财产危险的侵害财产犯罪。这样,"非法占有目的"由于具有推高侵害法益危险的特性而例外地成为了一种影响客观违法的要素。[200]

(3)单位犯罪的具体类型

单位是由人和物复杂结合而成的法律实体,具有自己独特的文化气质和环境氛围,这种文化气质和环境氛围反过来能够对单位的创立者或者运行者,即单位中的自然人的意思形成和行为举止产生影响,所谓单位犯罪正是其表现之一。只是,单位是由自然人所组成的组织,其思想和行为也是由人或者人所制定的制度、政策来体现和实施的,因此,在单位犯罪的认定上,必须有单位组成人员在业务活动过程中导致的危害结果,这是认定单位的事实基础。但仅此还不够,单位成员身份的二重性决定了其行为结果的二重性。只有在作为单位手足的单位成员在业务活动中的行为体现了单位意思的时候,才能让单位承担刑事责任,否则,该组成人员的行为就是其个人行为,单位可以对其行为不承担责任。可见,单位和其组成人员并非铁板一

---

[198] 杜邈:《论单位犯罪过失的特殊性》,载《云南大学学报(法学版)》2007 年第 1 期。实际上,在我国实务当中,是不是选用合适的从业者,已经成为判断单位犯罪的重要依据。如在宿迁市永盛精细化工有限公司、杨某犯污染环境案的裁判当中,法院认为,被告单位违反国家规定,明知他人没有相关资质,仍委托其处置有害物质,至使公私财产遭受重大损失的行为,构成污染环境罪。江苏省宿迁市宿城区人民法院刑事判决书,(2015)宿城生刑初字第 00010 号。

[199] 2022 年最高人民法院《关于审理非法集资刑事案件具体应用法律若干问题的解释》第 7 条。

[200] [日]山口厚:《刑法总论》(第 3 版),付立庆译,中国人民大学出版社 2018 年版,第 97 页。

块,而是存在分分合合的关系。[201] 这样说来,在刑法第 30、31 条所规定的单位犯罪的认定和处罚上,必须区分不同情况,类型化处理:

第一,若单位组成人员在业务活动中引起了侵害法益的危害结果,而这种结果是单位鼓励、教唆、纵容、默许所引起的,则单位和该组成人员之间成立共同犯罪,适用"两罚制"。这种情形是典型的单位犯罪。单位对其组成人员的支配、鼓励、教唆,可以通过单位领导等管理人员进行,也可以通过单位内在的制度、文化等体现。这种形式的单位犯罪通常表现为故意犯。

第二,若单位组成人员在业务活动中引起了侵害法益的危害结果,但这种结果不是单位教唆、鼓励甚至默许造成的,而是单位疏于管理造成的,则组成人员构成故意犯或者过失犯,单位对于其组成人员的行为承担过失犯(监督过失)的刑事责任。但这种过失犯责任的承担,以刑法具有规定为前提。

第三,若单位组成人员在业务活动中引起了侵害法益的危害结果,但这种结果既不是在单位教唆、鼓励甚至默许之下进行的,也不是单位疏于管理导致的,则单位自身不承担刑事责任,由其组成人员负责。但在查明单位中的管理人员对该下级成员的危害行为有疏于监督义务之过错的场合,该管理人员有可能要承担过失犯的刑事责任。

第四,若单位组成人员在业务活动中引起了侵害法益的危害结果,而这种结果是在单位操纵、支配甚至是胁迫之下实施的,则该组成人员可以没有期待可能性为由,不承担刑事责任,或者减免刑事责任。[202] 但要注意的是,在单位的组成人员因为没有期待可能性而不构成犯罪或者不承担刑事责任时,单位自身并不能免责,有可能被判处罚金。[203]

第五,若单位下级组成人员在业务活动中引起了危害结果,事后查明,这种结果是在单位高级管理人员的命令、指使、教唆或者纵容之下引起的,但该管理人员的指使、教唆违反了单位自身的相关政策和制度,不能视作单位意思的体现,则该从业人员的危害行为不能视为单位行为,单位对此不担责。该具体实施的单位下级组成人员和该高级管理人员构成共犯。不过,该下级人员有可能因为没有期待可能性而免责。

4. 单位犯罪的处罚

(1)"双罚制"

依照刑法第 31 条前段的规定,对于单位犯罪,采取"双罚制",即对单位判处罚金,并对其

---

[201] 这样说来,那种认为"在单位犯罪中,直接责任人的刑事责任和单位刑事责任是相互分离的"观点是正确的,但据此而认为"单位刑事责任是对直接责任人刑事责任的补充"的观点则不妥。单位责任不是对自然人责任的补充,而是自身的行为责任或者参与责任。上述内容,参见谢治东:《单位犯罪中个人刑事责任根据之检讨——走出我国传统单位犯罪理论之迷思》,载赵秉志主编:《刑法论丛》第 28 卷,法律出版社 2011 年版,第 47 页以下。
[202] 我国司法实践中也是这样理解的,其认为在单位犯罪中,对于受单位领导指派或奉命而参与实施一定犯罪行为的人员,一般不宜作为直接责任人员追究刑事责任。参见 2001 年最高人民法院《全国法院审理金融犯罪案件工作座谈会纪要》第 2 条。
[203] 这种观点可能会引起争论。依照我国刑法第 30 条的规定,单位犯罪就是单位自身的犯罪,其中当然会存在"纯粹单位犯罪"的情况,即在单位业务活动中出现了侵害法益结果,但查不清到底是哪一个自然人实施了犯罪,或者单个自然人的违法或者责任轻微,达不到自然人犯罪或者对其追责的程度,只能追究单位的责任。但依照刑法第 31 条的规定,单位犯罪时,单位与其组成人员的自然人似乎要承担连带责任,不存在只处罚一方的情形。因此,在现行刑法的规定之下,对于单位犯罪,是否可以只处罚单位而不处罚其中的自然人,确实难以确定。这种单位犯罪处罚上的漏洞,只有修改立法才能弥补。

直接负责的主管人员和其他直接责任人员判处刑罚。

在对单位判处罚金的时候,罚金的数额没有限制;对直接负责的主管人员和直接责任人员判处的刑罚,包括自由刑与罚金,主要是自由刑。对个人判处自由刑的,又可以区分为两种情况:一种情况是判处与自然人犯罪相同的法定刑。如刑法第128条第4款规定,单位违反枪支管理规定,非法出租、出借枪支的,对单位判处罚金,并对其直接负责的主管人员和其他直接责任人员,依照该条第1款自然人犯非法持有、私藏枪支、弹药罪的规定处罚。另一种情况是判处比一般自然人犯罪更低的刑罚。例如,个人犯受贿罪的,最高可以判处死刑,但根据现行刑法第387条的规定,在单位犯受贿罪的情况下,对直接负责的主管人员和其他直接责任人员只能判处10年以下有期徒刑或者拘役,远远低于个人犯受贿罪的情况。

必须说明的是,双罚制是目前世界范围内通行的一种企业犯罪处罚方式,但现在看来,也是一种缺陷比较明显的单位犯罪处罚方式。其忽视了单位在犯罪中的独立性,使单位即便制定有合理妥当的预防犯罪制度,也无法从其员工违法行为的旋涡中脱身。在双罚制之下,企业和其员工是"一损俱损、一荣俱荣"的连带关系。这种关系的直接结果是,对单位员工的业务违法行为,只有两种选择:或者作为单位犯罪,"双罚";或者作为个人犯罪,"单罚"。绝无可能构成单位犯罪,但只处罚其员工个人,而单位不担责;也不存在单位担责而不处罚其中的自然人的情况。[204] 也正因如此,有的国家如意大利就通过立法突破了上述做法,在不能处罚自然人的场合,也应追究企业的刑事责任。[205] 应当说,这一规定是有关企业犯罪立法的一个重大创新。因为,依照欧洲大陆的通说,所谓企业犯罪,并不真的是企业自身犯罪,而是企业为其成员在企业活动中的违法行为承担无过失责任的体现;[206] 即便有的学说承认企业犯罪,认为是企业自身文化、制度、政策等促成了企业成员的犯罪,但只限于学说上的讨论,并未上升为法律规定。解除企业责任与自然人责任之间的联动关系的做法,不仅是承认企业犯罪是企业自身犯罪的必然结局,也突破了历来的企业处罚"双罚制"的藩篱。照此,企业犯罪的认定,不用确定行为人,只要企业业务活动中出现了侵害法益结果,即便不能确定该结果是谁的行为造成的,或者虽然能够确定行为人,但行为人的行为是企业本身的制度缺陷或者不合理的政策而引起,难以对特定的行为人追责的,或者造成结果的行为人因为其他某种原因而不能担责的场合,也

---

[204] 我国刑法学的通说认为,存在单罚制的单位犯罪。主要理由有二:一是刑法第31条后段即"本法分则和其他法律另有规定的,依照规定"的表述意味着,单位犯罪的处罚,不仅只有"双罚制";二是如刑法分则第396条规定的私分国有资产罪、私分罚没财物罪明确将"国家机关、国有公司、企业、事业单位、人民团体"和"司法机关、行政执法机关"分别作为二罪的犯罪主体。以上见解,参见马克昌主编:《刑法》(第2版),高等教育出版社2010年版,第87页;高铭暄、马克昌主编:《刑法学》(第10版),北京大学出版社2022年版,第99页。但本书认为,这种见解有将犯罪学意义上的单位犯罪与规范意义上的单位犯罪混淆之嫌。从行为与责任统一的角度来看,既然上述犯罪中被追究刑事责任的只是单位中的"直接负责的主管人员和其他直接责任人员",则应当将该罪看作自然人犯罪,而不是单位犯罪。

[205] 2001年6月8日颁布的《意大利关于企业合规的第231号法令》规定,针对企业下级雇员的犯罪,应考虑企业是不是在实施犯罪之前已采取适当的措施确保企业开展合法行动,是否建立了可以迅速发现和减少风险的预防犯罪的组织、管理和控制模式等。同时,该法还规定,即便在自然人罪犯尚未查明或者无法对其归责,或者自然人罪行非因大赦而被消灭的情况下,也应追究企业的刑事责任。

[206] 耿佳宁:《污染环境罪单位刑事责任的客观归责取向及其合理限制:单位固有责任之提倡》,载《政治与法律》2018年第9期。

能够追究企业的刑事责任。这样,"双罚制"之下企业和自然人一体处罚的联动关系就被彻底破解了。

(2)对"本法分则和其他法律另有规定的,依照规定"的理解

刑法第 31 条前段在规定了双罚制之后,后段紧接着规定:"本法分则和其他法律另有规定的,依照规定。"这里所谓"另有规定"的情形,通常认为是指单位犯罪之后,只处罚单位的有关责任人员即自然人,而不处罚单位的所谓"单罚制"。如刑法第 396 条私分国有资产罪和私分罚没财物罪就是如此。其第 1 款规定:"国家机关、国有公司、企业、事业单位、人民团体,违反国家规定,以单位名义将国有资产集体私分给个人,数额较大的,对其直接负责的主管人员和其他直接责任人员,处三年以下有期徒刑或者拘役,并处或者单处罚金;数额巨大的,处三年以上七年以下有期徒刑,并处罚金。"这里,尽管犯罪主体是单位,但最终受到处罚的却是单位中的自然人即"直接责任人员"。[207]

刑法为什么既肯定了单位犯罪,又不对单位予以刑罚处罚,而采用仅处罚其中的自然人的方法呢?据参与立法起草的人员解释:"由于单位犯罪的复杂性,其社会危害程度差别很大,一律适用双罚制,尚不能准确全面地体现罪刑相适应原则和符合犯罪的实际情况。"[208]在学术界,有学者认为,保留单罚制是因为:一是对一些非贪利性犯罪如资助危害国家安全犯罪活动罪而言,罚金刑没有实际意义;二是对单位一律处以罚金刑,会使犯罪单位中的无辜成员受到牵连;三是对单位犯罪单纯适用罚金,可能会导致罪责刑不相适应。[209]

但是,本书认为,我国刑法中采用"单罚制"处罚直接责任人员的所谓单位犯罪,其实仍是自然人犯罪,不存在被科处单罚制的单位犯罪。其原因在于:

第一,违反刑法基本原则。首先,从罪刑法定原则的角度来看,处罚直接责任人的犯罪不是单位犯罪。依照我国刑法第 30 条的规定,成立单位犯罪,以该行为被"法律规定为单位犯罪"为前提。所谓犯罪,依照我国刑法第 13 条的规定,是指危害社会、违反刑法、应当受到刑罚处罚的行为,即实施该行为的主体具有可罚性,是成立犯罪的重要条件。在单罚制之下,作为行为主体的单位本身并不受到刑罚处罚,受罚的是与单位具有不同人格的直接责任人员即自然人。既然如此,如何能说其行为就是刑法第 30 条所说的"单位犯罪"呢?其次,从责任原则的角度来看,因为单位犯罪而处罚其中的个人(直接责任人)的做法也违背了近代刑法所主张、也为我国刑法所贯彻的——任何人只能就自己所犯罪行而承担刑事责任,不得因为他人的罪行而承担替代责任的个人责任原则。

第二,如果说处以单罚制的犯罪是单位犯罪的话,则难以分清单位犯罪和个人犯罪。从目前的通说来看,所谓单位犯罪,是指公司等为了单位利益,经单位集体决定或者负责人员决定而实施的危害社会的行为,否则就不是单位犯罪。从理论上讲,对其不得适用刑法分则中设有

---

[207] 我国现行刑法当中,采用所谓单罚制的单位犯罪,还有以下罪名:第 107 条资助危害国家安全犯罪活动罪,第 135 条重大劳动安全事故罪,第 135 条之一大型群众性活动重大安全事故罪,第 137 条工程重大安全事故罪,第 138 条教育设施重大安全事故罪,第 139 条消防责任事故罪,第 161 条违规披露、不披露重要信息罪,第 162 条妨害清算罪,第 250 条出版歧视、侮辱少数民族作品罪,第 273 条挪用特定款物罪。
[208] 李淳、王尚新主编:《中国刑法修订的背景与适用》,法律出版社 1998 年版,第 43 页。
[209] 高珊琦:《论单位犯罪单罚制之弊端及矫正》,载《甘肃政法学院学报》2008 年第 3 期。

单罚制的条文进行处罚。但如此一来,就会将那些不符合上述条件的个人行为排除在刑法分则的适用范围之外,这显然是不合适的。

第三,将处罚直接责任人员的犯罪理解为单位犯罪,是误解了单位实施的犯罪和单位犯罪的概念。单位犯罪是刑法上的概念,有其规定内涵,是指单位自身实施行为,造成危害后果,具有过错,应当受到刑罚处罚的行为。依照各国刑法的规定,构成单位犯罪的一个重要特征是,单位要受到刑罚处罚,否则就不是单位犯罪。因此,在判断是不是单位犯罪的时候,要重点考察对单位本身是否予以处罚。相反地,单位实施犯罪,则是一个犯罪学上的概念,是指单位集体决定实施的严重危害社会的行为。从单位犯罪就是单位"为了单位利益,经单位集体决定或者单位负责人决定实施的危害行为"的角度来看,单位实际上可以实施任何刑法上的犯罪,包括杀人、放火、强奸等一般公认为自然人才能实施的犯罪。但是,这些行为从来没有被认为是单位犯罪。从此也能看出,并非在客观事实上由单位所实施的犯罪就是单位犯罪,在单位所实施的行为当中,只有一部分被认定为单位犯罪,这就是处罚单位本身的那一部分。

这样说来,将处罚单位直接责任人员的犯罪也认定为我国刑法中的单位犯罪,无论从罪刑法定原则、责任原则还是实际应用的角度来看,都是存在问题的,应当将该种类型的犯罪排除在"单位犯罪"之外。

(3)"直接负责的主管人员和其他直接责任人员"的认定

在适用"双罚制"处罚单位犯罪时,受刑主体有两个:一个是单位自身,另一个则是单位中对单位犯罪"直接负责的主管人员和其他直接责任人员"。

按照相关司法解释,[210] 直接负责的主管人员,是在单位实施的犯罪中起决定、批准、授意、纵容、指挥等作用的人员,一般是单位的主要负责人,包括法定代表人。其他直接责任人员,是在单位犯罪中具体实施犯罪并起较大作用的人员,既可以是单位的经营管理人员,也可以是单位的职工,包括聘任、雇用的人员。应当注意的是,在单位犯罪中,对于受单位领导指派或者奉命而参与实施一定犯罪行为的人员,一般不宜作为直接责任人员追究刑事责任。

对单位犯罪中的直接负责的主管人员和其他直接责任人员,应根据其在单位犯罪中的地位、作用和犯罪情节,分别予以相应的刑罚。主管人员与直接责任人员,在个案中,不是当然的主、从关系,有的案件,主管人员与直接责任人员在实施犯罪行为时主从关系不明显的,可不区分主、从犯。但在具体案件中可以分清主犯、从犯,且不区分主、从犯,在同一法定刑档次、幅度内量刑无法做到罪责刑相适应的,应当区分主、从犯,依法处罚。

(4)涉嫌犯罪单位被撤销、注销、吊销营业执照或者宣告破产的处理

涉嫌犯罪单位被撤销、注销、吊销营业执照或者宣告破产的,应当根据刑法关于单位犯罪的相关规定,对实施犯罪行为的该单位直接负责的主管人员和其他直接责任人员追究刑事责任,对该单位不再追诉。这主要是因为,从诉讼主体的角度出发,在被告单位撤销之后,刑罚消灭的主体只是被告单位,而该单位应当承担刑事责任的主管人员和其他直接责任人员并没有随之消灭。因此,尽管单位已不能再作为本案的诉讼主体,但案件不能撤销,有关本案犯罪的自然人并没有死亡,对该单位直接负责的主管人员和其他直接责任人员等自然人仍应作为单

---

[210] 2001年最高人民法院《全国法院审理金融犯罪案件工作座谈会纪要》第2条。

位犯罪案件被告人依法继续审理。当然,对于应当由单位承担的部分刑事责任,如罚金,不能转嫁给有关的自然人犯罪主体。单位直接负责的主管人员和其他直接责任人员只应就自己在单位犯罪过程中起作用的那部分罪责承担刑事责任。

第三节 排除社会危害性事由

一、概述

(一)排除社会危害性事由的概念和特征

若行为符合具体犯罪构成的客观违法要件,就可以说,该行为具备了具体犯罪的社会危害性,但也存在例外情况,这就是所谓的排除社会危害性事由。其是指行为虽然在客观上造成了一定的损害结果,表面上符合某些犯罪的客观要件,但实质上并未达到犯罪程度的社会危害性,从而不成立犯罪的行为。如正当防卫行为,客观上给不法侵害人造成了一定损害,看似构成故意杀人罪、故意伤害罪,但实际上并没有侵害无辜者的法益,不具有犯罪程度的社会危害性,故不符合故意杀人罪、故意伤害罪的犯罪构成,因而不成立犯罪。

排除社会危害性事由,通常来说,具有以下特征:

首先,表面上具备某种犯罪构成客观违法要件的一些特征。如行为人为了防止自己的生命免受正在发生的不法侵害而对加害人进行反击,开枪将其击毙的正当防卫的场合,仅从形式上看,整个反击行为完全符合故意杀人罪的犯罪构成。同样,在行为人为了保护自己免受正在追赶的凶徒的袭击而破门闯进他人住宅,得以逃生的紧急避险的场合,单从形式上看,整个行为完全符合非法侵入住宅罪的犯罪构成。也正因如此,刑法才专门针对这种情况加以单独规定。

其次,实质上没有犯罪的社会危害性。说行为造成了一定损害结果,是就一般意义而言的,而不是犯罪的危害结果,相反是刑法允许造成的结果;说行为表面上符合某些犯罪的客观特征,是从纯形式角度而言的,并非确实符合犯罪的客观要件。如就上述正当防卫行为而言,尽管行为人的反击行为造成了加害人生命被剥夺的结果,但在该种场合下,加害人属于不法侵害人,其生命法益的受保护程度降低,因此,只要防卫人的反击行为没有超过必要限度,就可以说,该行为所保护的利益大于反击行为所造成的不利,不具有成立犯罪程度的社会危害性。同样,在紧急避险的场合,尽管行为人的避险行为造成了无辜第三人或者被避险人的损失,但该行为通常会避免另一个较大的损失,因此,最终还是没有造成犯罪程度的社会危害性。

最后,需要说明的是,形式上符合犯罪构成但实质上没有达到犯罪程度的社会危害性的情况仅仅是指一般情形,但例外地也存在实质上具备犯罪程度的社会危害性,仅仅因为难以对行为人在主观上加以谴责而不构成犯罪的情形。如在为了拯救自己的生命,不得已而牺牲他人生命的紧急避险的场合,之所以不把行为人的行为评价为犯罪,仅仅是因为在当时的情况下,难以期待行为人不如此行为,即没有期待可能性。

(二)排除社会危害性事由的种类

我国刑法明文规定了正当防卫与紧急避险两种排除犯罪的事由,但是,从我国刑法的相关规定来看,事实上还存在其他排除犯罪的事由,如法令行为、正当业务行为、安乐死和尊严死、治疗行为和器官移植行为、被害人同意的行为、推定同意的行为、允许的危险、义务冲突、自救行为、被害人自冒风险等。

二、正当防卫

(一)正当防卫的概念和性质

依照我国刑法第 20 条第 1 款的规定,所谓正当防卫,是指为了使国家、公共利益,本人或者他人的人身、财产和其他权利免受正在进行的不法侵害,而对不法侵害人所实施的没有明显超过必要限度造成重大损害的行为。如黄某因生意上的关系招致徐某的怨恨,徐某纠集其儿子及同乡陈某等 5 人,前往黄某回家必经的小巷欲截住黄某,恰逢黄某之子(15 周岁)回家途经此处,徐某等 5 人即截住黄某之子,按在地上用拳脚并持棍殴打。这时,黄某正好路过,见状后,就从路边抄起一根大木棍,向正在围殴他儿子的 5 人打去,当即打中陈某的头部,致其颅脑损伤,经医院抢救无效死亡。此时,黄某的行为就属于正当防卫,对陈某的死亡结果不承担刑事责任。

在正当防卫的场合,已经引起了侵害结果,为什么可以不承担刑事责任呢?正当防卫能够排除社会危害性的根据何在?关于这一点,理论上众说纷纭,有"自我保护本能体现说""法律确认利益说""优越利益说"。[211]

"自我保护本能体现说"认为,虽说现代社会不准也没有必要进行私人自力救济或者自力保护,但社会的公共力量不可能使人们避免一切危险,即使能够避免也有不充分的情况。在这些情况下,人为了避免自己所遭遇的危险,具有根据自己的实力保护自己的权利。它来自于人所固有的权利即"自我保护的权利"。这种学说的中心意思是,防卫行为尽管造成了损害,但也是人的自我防卫本能引起的,属于迫不得已的情形,因此,其实际上是将正当防卫理解为排除行为人主观责任事由,而偏离了通常将正当防卫理解为排除社会危害性事由的本来立场。将正当防卫理解为排除责任事由的话,正当防卫的成立范围就会变得非常宽泛,会得出可以对正当防卫实施正当防卫的结论来。

"法律确认利益说"以"正没有必要向不正让步"的见解为基础。的确,"正没有必要向不正让步""合法不必向不法让步"的格言具有说服力。但是,其也有问题。因为,仅仅根据法律确认利益的观点,难以说明正当防卫的"紧迫性"的要件。法律确认的利益,是所有正当行为都认可的利益,和只有根据紧急行为才能确认的利益具有性质上的不同。另外,还要注意,"合法不向不法让步"是流行于 19 世纪的见解,其从自由主义的个人主义立场出发,不考虑攻击程度、攻击性质或者被攻击的法益和防卫行为所保护的利益的平衡,而是以"合法不向不法让步"的考虑为基础,在比较宽泛的范围内,认可正当防卫。但是,广泛地认可正当防卫的话,会导致以暴制暴、以恶制恶的暴戾风气盛行,影响国民对国家治理的信心。

---

[211] 黎宏:《日本刑法精义》(第 2 版),法律出版社 2008 年版,第 158 页。

"优越利益说"的基本原理是,将行为所侵害的利益(法益)和据此所维护的利益(法益)相比较衡量,在后者优越于前者的时候,行为就不具有违法性。优越利益说是根据"利益缺失原理"和"优越利益原理",考虑排除违法性的功利主义的理论。据此,正当防卫之所以不具有社会危害性,是因为和加害者的利益相比,防卫者的利益受到更高的评价。从本书的立场来看,这种观点是最为妥当的见解。

(二)正当防卫的成立条件

从法治国的理念出发,现代国家建立了完善的组织机构和制度来保护公民利益,原则上禁止公民自己使用实力自我救济。这种自我救济只有在极为例外的情况下才能被允许,并受到苛刻的条件限制。正当防卫属于公民使用实力自我救济的一种方式,因此,其使用理应受到严格的限制。我国也不例外,刑法第 20 条在规定人们有权对紧急不法的侵害实施反击的同时,又对正当防卫的适用进行了严格限制。

1. 必须存在不法侵害

正当防卫是制止不法侵害、保护合法利益即法益的行为,理所当然地以存在现实的不法侵害为前提。换言之,存在不法侵害,是正当防卫的前提条件。有关"不法侵害"内容的认定,必须注意以下几点:

首先,"不法侵害"既包括犯罪行为也包括其他违法行为,是一切违法犯罪行为。

侵害他人生命、身体、财产的犯罪行为属于"不法侵害",这自不必说,即便是爬窗偷窥之类的侵害他人隐私的违法行为,也属于不法侵害。不应将不法侵害不当地限缩为暴力侵害或者犯罪行为。对于非法限制他人人身自由、非法侵入他人住宅等不法侵害,行为人可以实行防卫。对于正在进行的拉拽方向盘、殴打司机等妨害安全驾驶、危害公共安全的违法犯罪行为,可以实行防卫。成年人对于未成年人正在实施的针对其他未成年人的不法侵害,应当劝阻、制止;劝阻、制止无效的,可以实行防卫。[212] 但要注意的是,不是对任何违法犯罪行为都可以进行防卫,只有对那些具有进攻性、破坏性、紧迫性的不法侵害,在采取防卫措施可以减轻或者避免危害结果的情况下,才宜进行正当防卫。[213] 例如对贪污、行贿、受贿之类的犯罪行为,就不宜进行正当防卫。因为,正当防卫作为一种例外的自救措施,只有在极为紧迫的情况下才能使用,在能够请求其他机关制止这种侵害,或者尚有时间等待其他机关救助时,就应当采用其他措施。就上述犯罪而言,行为人采用检举、揭发等方式,请求有关部门采取相应措施,也完全能解决问题。

既然正当防卫起源于不法侵害行为,那么,对于合法行为诸如执行命令行为、正当业务行为、依照法令的行为、正当防卫行为以及紧急避险行为,当然就不能实施正当防卫。如根据人民法院的决定或者经人民检察院批准,司法人员逮捕犯罪嫌疑人和搜查、扣押物品,是依法执

---

[212] 2020 年最高人民法院、最高人民检察院、公安部《关于依法适用正当防卫制度的指导意见》第 5 条。
[213] 刘艳红主编:《刑法学》(上)(第 3 版),北京大学出版社 2023 年版,第 190 页。

行职务的行为,被逮捕人或第三人不能以其人身自由权或者财产权受到侵害为借口而实施反击。[214] 但要注意的是,在警察依照职务要求执行逮捕行为,被执行人因为确实不是真犯人而暴力拒捕,将警察打伤的场合,是否成立正当防卫,从重视个人法益还是重视国家法益的不同立场出发,能够得出不同结论。从重视国家法益的立场来讲,被执行人的行为属于妨害执行公务行为,可能构成犯罪;但是,从重视个人法益的立场来讲,这种行为属于正对"不正"(错误抓捕)的行为,可以被看作为正当防卫。从本书的角度来看,被执行人的上述行为可以作为后述的紧急避险行为而排除社会危害性。因为这种场合,警察的行为属于正当行为,被错误执行的人的反击行为也是正当行为,整体上属于"正"对"正"的行为。

从理论上讲,不法侵害中的"不法"是就客观上具有侵害法益危险的事实所作的评价,既针对人也针对物,动物的侵袭也称得上是"不法侵害"。但由于我国刑法第 20 条将正当防卫的对象限定为"不法侵害人",因此,动物不能成为正当防卫的对象。在动物特别是国家保护的珍贵濒危动物对人袭击时,对其只能采用紧急避险措施,而不能直接进行正当防卫。当然,在将动物作为工具袭击他人的时候,他人可以对包括该动物在内的他人的攻击行为进行反击,因为,此时的动物是行为人实施不法侵害的工具,属于行为人的不法攻击手段的一部分。

其次,作为正当防卫前提条件的"不法侵害",是指客观上违反法秩序,对法益具有侵害或者威胁的行为,换言之,就是具有社会危害性的行为,其不受加害人主观意思内容、年龄、精神状态以及行为形态的影响。只要属于客观的不法侵害,不管是故意还是过失实施的,也不管实施者是否达到刑事责任年龄、精神状态是否正常,以及是以作为形式还是以不作为的形式实施的,都可以反击。

理论上,对没有达到刑事责任年龄的人的不法侵害行为以及精神病人的侵害行为,是否可以实施正当防卫,存在不同看法。

否定说认为,对无责任能力人的反击不是正当防卫,而是紧急避险。因为,刑法中所说的不法侵害,是指主客观相统一的不法侵害,即达到法定责任年龄并且具有辨认控制能力的人在罪过或者过错心理支配下实施的不法侵害。不符合上述条件的加害行为,不是不法侵害,只能算是正在发生的危险。[215]

相反地,肯定说则认为,对于无责任能力的人也可以正当防卫。因为,不法侵害不以行为人主观上有责为必要,只要行为客观上对公共利益和其他法益造成严重损害,就属于不法侵害。无责任能力之行为人的侵害行为同样具有不法性质,可以对之实行正当防卫。[216]

折中说认为,在遇到无责任能力人的侵害时,防卫人如果明知侵害人是无责任能力人并有条件用逃跑等其他方法躲避侵害时,则不得实行正当防卫;如果不知道侵害人是无责任能力

---

[214] 问题是,在行为人不知情的情况下,对上述合法行为进行了反击的场合,该如何处理?如某夜,某甲在被某强盗乙追杀而逃跑的时候,发现某丙的家里还亮着灯,于是破门而入,闯入其院内。某丙发现有人闯入自己的住宅,于是拿棍棒将某甲打成轻伤,对某丙的行为应如何处理?依照通常见解,这种情况属于假想防卫中的意外事件。但是,别人正闯入自己的住宅,这是真真切切的现实存在,怎么能说是假想的呢?本书认为,只要承认在部分场合下紧急避险行为也属于阻却责任的事由的话,则认为上述某丙的行为构成正当防卫也并无不可。

[215] 《刑法学》(上册·总论)(第 2 版),高等教育出版社 2023 年版,第 204 页。

[216] 王政勋:《正当行为论》,法律出版社 2000 年版,第 127 页。

人,或者不能用逃跑等其他方法躲避侵害时,才可以实行正当防卫。[217]

上述观点中,否定说的问题是显而易见的。否定说认为,对无责任能力人的行为不能实施正当防卫,如果实施了,只能看作紧急避险。但是,紧急避险和正当防卫是两个在成立要件上相差极大的概念。紧急避险所指向的对象通常是和危险来源无关的第三者,而正当防卫行为所指向的对象则是进行不法侵害的人即加害人(包括和加害人一起的共犯)。既然防卫人在防卫过程中,反击的对象是直接加害的人,而不是与侵害无关的第三者,那么,如何能说该行为不是正当防卫,而是紧急避险呢?让人费解。同时,紧急避险和正当防卫的成立要件也不相同。如果说对无责任能力人的袭击只能采取紧急避险的话,则意味着防卫人首先必须采取躲避措施,只有在迫不得已的情况下,才能进行反击。这显然有过度限制防卫人行使权利的嫌疑。

同样,折中说的结论也值得商榷。本来,正当防卫和紧急避险都是客观的排除社会危害性事由,是一种客观存在,不得随行为人主观认识的有无而发生变化。但是,按照上述折中说的理解,行为人知道加害方是无责任能力人的话,其反击行为就是紧急避险,不知道的话,就是正当防卫。换言之,客观存在的反击行为的性质,可以随行为人主观认识的不同而发生变化。如此说来,正当防卫和紧急避险岂不是一个极具随意性的主观概念吗?另外,按照这种分析方法会得出不公平的结论。面对同样的侵害行为,了解对方情况的人只能采取逃跑等紧急避险措施,而不了解对方情况的人,则可以实施反击等正当防卫行为,而紧急避险的成立要件比正当防卫要严格得多,因此,了解对方情况的人只有消极地躲避或者忍受,这对知道事实真相的人显然是不公平的。

所以,本书同意上述肯定说的见解,认为对无责任能力人的不法侵害行为,受到侵害的一方也同样可以反击,这种反击应当构成正当防卫,而不是紧急避险。其理由在于以下两点:一是肯定说符合刑法设立正当防卫制度的宗旨。本来,设立正当防止制度,就有源于行为人自卫本能的一面,让公民在来不及请求国家机关制止不法侵害的紧急状况下可以对加害人进行反击,以保护自己或者他人的法益,其目的在于弥补国家机关保护能力之不足,更好地保护合法利益。如果对防卫行为进行各种限制,说对精神病人的加害行为不能防卫,对未达刑事责任年龄的人的加害行为也不能防卫的话,就难以实现以上设立正当防卫的宗旨和目的。因为在现实生活中,公民遭遇不法侵害时,处于愤怒、亢奋或者恐惧的心理状态之下,往往没有时间也难以弄清对方是不是未达刑事责任年龄的人或者精神病人,如果在法律上不允许对无责任能力之行为人实行正当防卫,只能实施消极的紧急避险的话,显然对公民来说是过于苛刻的退避要求,与刑法设置正当防卫制度的宗旨不符。二是刑法第20条第1款中的用语是"不法",其完全可以被理解为客观上不合法,没有必要在其中加入成立犯罪所要求的责任能力、主观罪过等主观限制内容。没有辨认、控制能力的精神病人等所实施的侵害合法利益的行为,也属于不法行为。当然,在实际防卫的时候,对无责任能力人的加害行为的反击,和对一般人的加害行为的反击相比,应当受到一定的限制,即尽量采用温和的、对对方损害较小的反击行为。这主要是基于人道主义或者说伦理道义上的考虑,并不是法律上的要求。相关司法解释也认为,成年

---

[217] 高铭暄、马克昌主编:《刑法学》(第10版),北京大学出版社2022年版,第130页;刘艳红主编:《刑法学》(上)(第3版),北京大学出版社2023年版,第197页。

人对于未成年人正在实施的针对其他未成年人的不法侵害,应当劝阻、制止;劝阻、制止无效的,可以实行防卫。[218]

最后,在不法侵害所针对的是没有具体受害人的国家、公共利益时,正当防卫的适用范围应当受到限制。因为,国家以及公共利益的保护是专属于国家机关的任务,如果将保护国家和公共利益的任务委托给私人(如发现有人违反交通规则横穿马路,就以汽车将其撞倒;有人违法乱停车,就以砖头将其汽车玻璃砸坏)的话,会造成人人都以警察自居的局面,反而不利于公共秩序的维护。因此,原则上,任何人不得假借维护国家或者公共利益之名而行使正当防卫权。[219] 因此,对于司法解释中"不法侵害既包括针对本人的不法侵害,也包括危害国家、公共利益或者针对他人的不法侵害"[220]的规定应当进行限制解释。也就是说,只有在国家利益遭受国家机关来不及处理的重大危险,如间谍窃取国家机密文件正欲出境时,个人才可以为保护国家利益而实施正当防卫行为。

2. 不法侵害必须正在进行

正当防卫只能在不法侵害正在进行的时候实施,这是正当防卫的时间条件。所谓不法侵害正在进行,包括两方面的内容:一是不法侵害是真实的,而不是假想的;二是不法侵害正在进行,即不法侵害已经开始并且尚未结束。

首先,不法侵害必须是真实的而不是假想的。真实的并且正在进行的不法侵害是正当防卫成立的前提条件,这是因为不法侵害行为已经开始或者防卫人直接面临侵害这一事实的存在,使法律所保护的公共利益或公民的人身或其他权益处于直接受到威胁的状态之中,只有在这种情况下实行的防卫,才是正当防卫。

现实并不存在不法侵害,但行为人误认为发生了某种不法侵害,因而对"侵害人"进行所谓防卫行为的,属于假想防卫。其一般发生于以下两种场合:一是根本不存在不法侵害的场合,如某甲晚上睡觉的时候,朦胧中觉得窗外有人影,误认为有流氓准备翻窗爬进女儿房间,就拿起事先放在床边的菜刀冲上去将"流氓"砍成重伤,结果发现被砍倒的"流氓"是正在为女儿整理窗帘的妻子;二是在对不法侵害实施防卫的过程中,对与不法侵害无关的人实施了防卫行为的场合。如面对数名歹徒的围殴,王某惊恐万状,持水果刀不断挥舞,此时下班路过此地,既没有着装又未表明身份的民警甲,突然从身后抓住王某的肩膀,王某以为该民警是对方的帮凶,转身用水果刀将其刺伤。

对假想防卫,应当按照后述的事实认识错误处理。其一,假想防卫不属于故意犯罪,虽然假想防卫人"故意"地实施了反击对方、造成对方受损害的行为,但这种"故意"不是犯罪的故意。因为,行为人不知道自己的行为会发生危害社会的后果,不符合刑法第14条"明知自己的行为会发生危害社会的结果"的要求,缺乏刑法要求的犯罪故意的认识内容,因而不具有犯罪故意。其二,在多数假想防卫的案件中,防卫人对于并不存在不法侵害或所针对的对象不是不法侵害人是应当预见而且能够预见的,但其由于过于自信或疏忽大意而没有预见,错误地实施

---

[218] 2020年最高人民法院、最高人民检察院、公安部《关于依法适用正当防卫制度的指导意见》第5条。
[219] 黄荣坚:《基础刑法学》(上)(第4版),台北,元照出版有限公司2012年版,第228页。
[220] 2020年最高人民法院、最高人民检察院、公安部《关于依法适用正当防卫制度的指导意见》第5条。

"防卫",引起了无辜者受损害的结果,因此,假想防卫人在主观上是存在过错的,对于所引起的结果,可以追究其过失犯罪的刑事责任。其三,在受客观条件限制,防卫人根本不可能预见到是假想侵害或者无法确定假想防卫行为所可能引起的危害后果时,可以说,其主观上不存在故意或者过失的主观罪过,因而其防卫行为属于意外事件,不构成犯罪。

其次,不法侵害必须正在进行,即不法侵害已经开始并且尚未结束。何谓不法侵害已经开始,理论上有三种观点:一是"进入现场说",主张以侵害者是否进入侵害现场为标准;[221] 二是"着手说",主张以侵害行为是否着手为标准;[222] 三是"综合说",认为通常情况下以着手为标准,但对于某些危险犯罪而言,以对法益形成了紧迫危险为标准。[223]

本书同意上述第三种观点。侵害行为的着手之时,就是不法侵害的开始,此时就可以对加害人反击,这是毫无异议的。但是,有些危险的犯罪行为虽然还没有着手,但依照当时的全部情况,对法益的侵害已经迫在眉睫,防卫人若不反击,就要错过最后或者最可靠的反击机会的时候,应当允许其实施反击。换言之,对某些危险性很大的不法侵害,对其着手应当进行实质性判断。如在无人的荒野,4 名男子意图实施强奸而向被害人迫近的时候,可以认为强奸行为已经着手,被害人面临的"法益侵害已经迫在眉睫",被害人此时就可以实施反击。对此,相关司法解释规定,对于不法侵害已经形成现实、紧迫危险的,应当认定为不法侵害已经开始;对于不法侵害虽然暂时中断或者被暂时制止,但不法侵害人仍有继续实施侵害的现实可能性的,应当认定为不法侵害仍在进行;在财产犯罪中,不法侵害人虽已取得财物,但通过追赶、阻击等措施能够追回财物的,可以视为不法侵害仍在进行。[224]

事先安装防卫装置预防将来可能发生的不法侵害,在该装置发挥作用造成不法侵害人损害时,可以看作正当防卫。因为,防卫人在安装时,虽然不存在正在进行的不法侵害,但该装置发生作用时,不法侵害正在进行,满足了成立正当防卫的时间条件。因此,只要安装防卫装置的时间、地点、方式合适,行为本身并不违法,不危害公共安全,在其针对正在进行的不法侵害发生作用时,就应认为是正当防卫。但要注意的是,防卫装置所造成的结果,有可能成立防卫过当。如店主为了防止自行车店铺被盗而在店门口私自安装电网,并且没有设置说明,结果导致前来"光顾"的小偷触电身亡的情况就是如此;相反地,不是安装电网,而是将捕杀老鼠用的铁夹子装在自行车铺的窗台上,导致前来偷车的小偷被夹伤的场合,则成立正当防卫。

对于何谓不法侵害已经结束,学界也存在几种不同观点:一是"不法侵害状态排除说",主张以不法侵害的危险状态是否已经被排除为标准;[225] 二是"侵害行为停止说",主张以侵害行为是否已经停止为标准;[226] 三是"危害结果形成说",主张以不法侵害行为所引起的结果是否

---

[221] 辽宁省法学学会 1980 年编印:《辽宁省刑法理论座谈会:论文汇集》,第 196~197 页。
[222] 周国均、刘根菊:《正当防卫的理论与实践》,中国政法大学出版社 1988 年版,第 53 页。
[223] 王作富、黄京平主编:《刑法》(第 7 版),中国人民大学出版社 2021 年版,第 100 页;高铭暄主编:《新编中国刑法学》(上册),中国人民大学出版社 1998 年版,第 279 页;田宏杰:《刑法中的正当化行为》,中国检察出版社 2004 年版,第 229 页。
[224] 2020 年最高人民法院、最高人民检察院、公安部《关于依法适用正当防卫制度的指导意见》)第 6 条。
[225] 陈兴良:《正当防卫论》(第 4 版),中国人民大学出版社 2023 年版,第 212 页。
[226] 周国均、刘根菊:《正当防卫的理论与实践》,中国政法大学出版社 1988 年版,第 62 页。

已经实际形成为标准;[227] 四是"侵害状态结束说",主张以侵害状态是否持续为标准。[228]

本书同意上述第四种观点。不法侵害已经结束,是指法益不再处于紧迫、现实的侵害、威胁之中,或者说不法侵害已经不可能继续侵害或者威胁法益。不法侵害人确已失去侵害能力或者确已放弃侵害的,应当认定为不法侵害已经结束。[229] 因此,在不法侵害行为已经结束,如杀人犯已经把人杀死,强奸犯已经奸淫完毕,或者不法侵害行为确已自动中止,如抢劫犯自动放弃了暴力、胁迫行为,或者不法侵害人已经被制服,或者已经丧失侵害能力的场合,都可以视为"不法侵害已经结束"。不过,在其具体认定上,必须实质地进行。有些侵害行为,虽然行为已经完成,但损害还能挽回,仍有成立正当防卫的余地。例如抢劫、盗窃罪犯虽然已经抢得或窃得财物,但在尚未逃离现场的时候,仍应视为不法侵害尚未结束,被害人可以实施防卫行为。[230] 在这种场合下,若加害者为了保护赃物,以暴力抗拒,向防卫人加害,这就是实施了新的不法侵害,当然更加可以实施正当防卫。不过,加害者抢走或窃走财物之后,若已逃离现场,则应视为不法侵害已经结束。

就正当防卫的时间条件而言,有以下几点值得注意:

一是关于事后防卫的处理。所谓事后防卫,就是在不法侵害结束之后而实施的反击行为。因为事后防卫不存在正当防卫的时间条件,因此,我国通说认为,对于报复性的事后防卫,应将其作为故意犯罪处理;对于基于认识错误的事后防卫,按照认识错误的处理原则,分别按照过失犯罪或者意外事件处理。[231] 但是,最近的判例则认为在这种情形下,有可能成立正当防卫。如在著名的"涞源反杀案"中,被告人王某某夫妇的事后杀人行为之所以被认定正当防卫,就是因为"在被害人被防卫人王某倒地之后,被告人防卫人王某某夫妇又继续用菜刀、木棍击打王某,与之前的防卫行为有紧密连续性,属于一体化的防卫行为"。[232] 此处,检方在认定被告人的行为性质时,使用了"有紧密连续性,属于一体化的防卫行为"的整体分析方法。

这种对事后防卫行为的性质进行整体分析,即对具有连续状态,可以分解为数个行为的反

---

[227] 高格编著:《正当防卫与紧急避险》,福建人民出版社1985年版,第29页。
[228] 马克昌主编:《犯罪通论》(第3版),武汉大学出版社1999年版,第732页。
[229] 2020年最高人民法院、最高人民检察院、公安部《关于依法适用正当防卫制度的指导意见》第6条。
[230] 如在"于海明正当防卫案"中,在论证过程中有意见提出,于海明抢到砍刀后,刘某的侵害行为已经结束,不属于正在进行。论证后认为,判断侵害行为是否已经结束,应看侵害人是否已经实质性脱离现场以及是否还有继续攻击或再次发动攻击的可能。于海明抢到砍刀后,刘某立刻上前争夺,侵害行为没有停止,刘某受伤后又立刻跑向之前藏匿砍刀的汽车,于海明此时不间断追击也符合防卫的需要。于海明追砍两刀均未砍中,刘某从汽车旁边跑开后,于海明也未再追击。因此,在于海明抢得砍刀顺势反击时,刘某既未放弃攻击行为也未实质性脱离现场,不能认为侵害行为已经停止。于海明正当防卫案,最高人民检察院指导性案例检例第47号(2018年)。"于海明正当防卫案"的基本事实是,于海明在骑车正常行驶过程中,与违规醉驾的刘某发生冲突。刘某从车中拿出砍刀击打于海明颈部等过程中,将砍刀甩脱,于海明抢到砍刀并捅刺刘某。刘某受伤后跑向轿车,于海明继续追砍两刀(均未砍中),刘某当日失血死亡。
[231] 高铭暄、马克昌主编:《刑法学》(第10版),北京大学出版社2022年版,第131、132页。
[232] 李涛、戴幼卿、张夕:《对"涞源反杀案"当事女生父母不起诉》,载《北京青年报》2019年3月4日,A8版。案件介绍,参见后述特殊防卫部分。

击行为,采用对其整体进行判断评价的原则来自于日本判例。[233] 所谓整体判断,就是针对具有时间、空间上的连续状态的行为,不是将其中某一个场景或者某一时刻的行为样态单独拿出来评价,而是结合事态发展的全过程,将其作为一个整体进行分析评价。在事后防卫的定性上,在进行整体评价时,主要考虑以下要素:其一,前行为和后行为是不是具有时间、场所上的连续性。如果前行为和后行为在时间、空间上相距太远,便不能作为一个连续行为进行整体判断。其二,行为人是不是具有防卫意思上的一致性,即后行为必须是基于防卫意思即防止对方再次对自己攻击——而不是基于报复、加害对方——的意思而进行的。其三,已经被制服的对方是不是具有马上会恢复原来的样态,再次对行为人进行攻击的可能性。在尽管对方已经倒地,停止了侵害,但从当时的情况来看,仍具有再次起来对行为人进行加害的可能性时,行为人仍然可以对其进行反击。其中,防卫意思的连续性是最为关键的要件,因为,就具有数个防卫行为的场合,时空的连续性和反击的必要性只是判断行为人在事后防卫时是基于报复、泄愤的攻击意思还是防卫意思的辅助材料而已。行为人的事后防卫行为即便和之前的防卫行为具有时空上的连续性,只要能确认其不是基于连续的防卫意思而实施的,就不能对其进行整体性评价。[234]

二是对处于所谓持续危险状态下的防卫行为的理解。所谓持续危险状态,是指尽管行为时并不存在现实侵害,但依照行为时的客观判断,有足够的理由认为,在行为当时或者行为后的一段时间内随时可能发生不法侵害的危险状态,在此危险状态之下,行为人所实施的反击行为,是否属于正当防卫存在争议。对此,司法解释认为,对于不法侵害是否已经开始或者结束,应当立足于防卫人在防卫时所处情境,按照社会公众的一般认知,依法作出合乎情理的判断,不能苛求防卫人。对于防卫人因为恐慌、紧张等心理,对不法侵害是否已经开始或者结束产生错误认识,应当根据主客观相统一原则,依法作出妥当处理。[235] 同时,在最高人民检察院颁布的指导性案例"于海明正当防卫案"中,该指导案例在"指导意见"部分指出,不法侵害行为多种多样、性质各异,判断侵害是否正在进行,应就具体行为和现场情境作具体分析。不能机械地对刑法上的着手与既遂作出理解、判断,因为着手与既遂侧重的是侵害人可罚性的行为阶段问题,而侵害行为正在进行,侧重的是防卫人的利益保护问题。所以,不能要求不法侵害行为已经加诸于被害人,只要不法侵害的现实危险已经迫在眼前,或者已达既遂状态但侵害行为没有实施终了,就应当认定为正在进行。

三是关于持续性暴力是否属于正在进行的不法侵害。例如,被害人范某嫁入吴家之后,被吴家兄弟非法拘禁之后,白天晚上都被吴家兄弟轮流看守,每天都遭受吴家兄弟的奸淫,曾四

---

[233] 黎宏:《事后防卫处理的日中比较——从"涞源反杀案"切入》,载《法学评论》2019年第4期。需要注意的是,将事后防卫进行整体评价,作为防卫过当处理的做法,在日本刑法关于事后防卫不成立正当防卫的主流观点之下,似乎是对行为人的一种有利做法。但这种想法有一厢情愿之嫌。事实上,整体分析法并不一定有利于事后防卫的行为人。这种做法,在事后防卫造成比前行为更为严重的后果的场合,或许对被告人有利,但在事后防卫造成比前行为较轻后果的场合,整体评价并不一定对行为人有利。特别是,为何能够将事后防卫的后果溯及既往归咎于前面的正当防卫行为呢?整体评价的做法依然存在不少值得进一步探讨的问题。

[234] 曾文科:《论复数防卫行为中的评价视角问题——以日本判例为素材的分析》,载易延友主编:《中国案例法评论》总第1辑,法律出版社2015年版。

[235] 2020年最高人民法院、最高人民检察院、公安部《关于依法适用正当防卫制度的指导意见》第6条。

次试图逃跑均未成功。在被抓回之后还遭受毒打的情况下,某日凌晨,范某趁吴家兄弟熟睡之机,用斧头将二人砍死之后逃走。对于上述案件的性质认定,直接涉及对范某行为性质的认定。肯定说认为,由于被害人身处危险状态,随时都有可能受到侵害,因此应当认为已经有正在进行的不法侵害,被害人的行为属于正当防卫。[236] 否定说认为,持续危险不能被视为现实侵害。[237] 本书同意否定说。因为,所谓持续危险状态,并非正在进行的不法侵害,而是可能经过一段时间之后才能变为现实侵害的危险,或许根本就没有变为现实侵害的可能。因此,将这种危险作为正在进行的不法侵害,有认定过宽之嫌。[238] 同样,在长期遭受严重家庭暴力的受害者为反抗、摆脱家暴杀死施暴者的场合,由于其行为动机具有值得同情之处,因此,可以认定为故意杀人罪"情节较轻"的情形。

实际上,从我国已经公布的涉及家庭暴力的典型案例来看,成立正当防卫的"反家暴"行为,也均为针对正在进行的家庭暴力行为所进行的反击。如在"常某防卫过当案"中,被告人常某与其父常某某(被害人,殁年 56 岁)、其母郑某共同居住,常某某饮酒后脾气暴躁,经常辱骂、殴打家人。某日 18 时许,常某某酒后又因琐事辱骂郑某,郑某躲至常某卧室。当日 20 时许,常某某到常某卧室继续辱骂郑某,后又殴打郑某和常某,扬言要杀死全家并到厨房取来菜刀。常某见状夺下菜刀,常某某按住郑某头部继续殴打。常某义愤之下,持菜刀砍伤常某某头、颈、肩部等处,常某某在医院救治途中身亡。法院认定,常某持刀故意伤害致一人死亡的行为已构成故意伤害罪,但其行为属防卫过当。[239] 该案中,被告人常某的反击行为所针对的是"常某某按住郑某头部继续殴打"的行为。另外,在"邱某某故意伤害案"中,妻子邱某某故意重伤其丈夫张某甲的行为被认定为正当防卫,主要是因为案发当时,张某甲到邱某某和其子张某乙的住所再次进行滋扰,并对邱某某进行辱骂、殴打,后又将张某乙按在床上,跪压其双腿,用拳击打张某乙的臀部。邱某某为防止张某乙术耳受损,徒手制止无果后,情急中拿起床头的水果刀向张某甲背部连刺三刀致其受伤。[240] 相反地,在"姚某某故意杀人案"中,妻子姚某某因为长期遭受家庭暴力,并被逼离婚,在绝望无助、心生怨恨的情况下产生杀害方某某的想法。姚某某趁方某某熟睡之际,持宿舍内的螺纹钢管猛击其头部数下,又拿来菜刀砍切其颈部,致方某某当场死亡。对此,法院生效裁判认为,姚某某因不堪忍受方某某的长期家庭暴力而持械将其杀死,其行为已构成故意杀人罪,但是在深入了解被告人姚某某作为被施暴妇女的特殊心理和行为模式,全面把握姚某某在该案中的作案动机、犯罪手段以及量刑情节后,明确认定姚某某属于故意杀人"情节较轻",对其作出了有期徒刑 5 年的判决。[241]

当然,这并不意味着涉及家庭暴力的场合,没有成立正当防卫的余地。不法侵害虽然暂时

---

[236] 黄荣坚:《基础刑法学》(上)(第 4 版),台北,元照出版有限公司 2012 年版,第 229~230 页。
[237] 林东茂:《刑法综览》(修订 5 版),中国人民大学出版社 2009 年版,第 83 页。
[238] 我国的相关司法解释也采用了这种观点。如 2015 年最高人民法院、最高人民检察院、公安部、司法部《关于依法办理家庭暴力犯罪案件的意见》指出,要准确认定对家庭暴力的正当防卫。为了使本人或者他人的人身权利免受不法侵害,对正在进行的家庭暴力采取制止行为,只要符合刑法规定的条件,就应当依法认定为正当防卫。其中强调"对正在进行的家庭暴力采取制止行为"。
[239] 常某故意伤害案,最高人民法院发布涉家庭暴力犯罪典型案例之案例三(2015 年)。
[240] 邱某某故意伤害案,最高人民法院发布中国反家暴十大典型案例之案例四(2023 年)。
[241] 姚某某故意杀人案,最高人民法院发布中国反家暴十大典型案例之案例二(2023 年)。

中断或者被暂时制止,但不法侵害人仍有继续实施侵害的现实可能性的,应当认定为不法侵害仍在进行。[242] "仍有继续实施侵害的现实可能性"意味着,该种侵害行为仍有可能反复不断出现,既然如此,当前的侵害行为看起来似乎已经结束,但实际上从整个行为来看,它并没有结束,对于被害人来说,其所面临的危险并未结束。这种存在某种条件就会重复侵害的连续非法侵害行为,可以被视作一个整体,被害人可以针对该整体行为选择在任何时段上实施反击。[243] 换言之,在根据各种迹象,足以预见到侵害必然会发生或者几乎确实要发生(如从日常生活的经验来看,被害人具有逢酒必醉,醉后就会殴打妻子和孩子的规律,而眼下被害人又开始喝酒)的场合,可以说不法侵害迫在眉睫,此时被害人可以进行具有防卫性质的反击行为。

3. 必须具有防卫意识

按照刑法第20条第1款的规定,只有在防卫人出于防卫意识的场合,正当防卫才能成立。刑法理论认为,防卫意识包括防卫认识和防卫意志。防卫认识,是指防卫人认识到不法侵害正在进行;防卫意志,是指防卫人出于保护国家、公共利益、本人或者他人的人身、财产或其他权利免受正在进行的不法侵害的目的。防卫意识对认定正当防卫有着不可低估的意义。一般认为,正当防卫之所以被立法者视为排除社会危害性的事由,不仅在于该行为客观上保护了社会利益,而且在于行为人主观上具有防卫的意思。[244]

但是,这种对防卫意识的过多要求违背了刑法设立正当防卫制度的本意。正当防卫规定本来具有源自于人的自我防卫、自我保护本能的一面,在面临不法侵害的紧急状态下,行为人可能因为吃惊、恐惧、紧张而陷入无意识状态,本能地对加害行为人进行反击。这种反击行为不一定都是基于冷静的判断而实施的具有防卫意图的行为,但客观上只要是因为面临正在进行的紧急不法侵害而实施的反击行为,就可以说是防卫人自我防卫、自我保护本能的体现,难以否定其正当防卫性质。同时,在现实生活当中,防卫人在防卫的时候,防卫意思和加害意思并存的场合也不少。如在先前因为某种情况的存在,防卫人预感到会遭受难以预测的侵害,于是,事先准备好武器,在对方来袭的时候,使用武器对对方进行迎击的场合,由于该意思当中包含有通过反击行为加害对方的内容,因此,不能说防卫人具有纯粹的防卫意思。但在这种场合下,即便说防卫人的防卫意思不纯粹,也不能说其不是正当防卫。因为,在预料到可能受到的攻击而事先做好防范准备的场合,不能说因为行为人具有对方来犯的话就反击对方的动机,就以行为人不具有防卫意识,而否定其正当防卫的权利。

在我国刑法明确只有在防卫人出于防卫意识的场合,正当防卫才能成立的情况下,认为成立正当防卫不要求行为人具有防卫意识的观点固然不现实,但在防卫意识的内容上,则可以适当放宽,即只要行为人具有防卫认识,认识到正在面临紧急不法的侵害就可以了,而对于防卫的目的或者动机等意志因素,则不必做过高的要求。从此立场出发,防卫人在行为当时,认识

---

[242] 2020年最高人民法院、最高人民检察院、公安部《关于依法适用正当防卫制度的指导意见》第6条。
[243] 杨兴培、李翔:《对于重复侵害的行为能否适用正当防卫问题研究》,载《中国刑事法杂志》2001年第5期。
[244] 王作富、黄京平主编:《刑法》(第7版),中国人民大学出版社2021年版,第101页;王政勋:《正当行为论》,法律出版社2000年版,第161、163页;田宏杰:《刑法中的正当化行为》,中国检察出版社2004年版,第236页。

到正面临紧急不法的侵害,基于理性的防卫目的而进行反击的场合就不用说了,[245] 哪怕是由于受恐惧、亢奋、惊愕等非理性的情绪性因素的影响而本能地进行还击,或者利用还击的机会乘机攻击对方,即在防卫的意图中夹杂有加害对方的意思的场合,由于防卫人具有正在遭受紧急不法侵害的认识,因此,也能说其具有防卫意识。[246] 综上,正当防卫中的防卫意识,只要理解为对行为时所存在的客观事实的认识就足够了,没有必要做更高的要求。

基于上述考虑,下面对理论上争议较大的相互斗殴、挑拨防卫、偶然防卫等问题进行探讨。

(1) 相互斗殴

所谓相互斗殴,是指各方参与者在不法侵害意思的支配下,实施具有连续性的互相侵害行为。相互斗殴的双方主观上都有侵害对方的故意,客观上都实施了攻击对方的行为。通常认为,在相互斗殴之中,斗殴双方都具有攻击、伤害对方的故意,也就是说,双方都是以侵害对方为目的,实施积极的侵害行为,根本不存在正当防卫的前提条件和合法目的。所以,斗殴的任何一方不得主张正当防卫的权利。[247] 轻微的相互斗殴是违法行为,情节严重的相互斗殴双方都构成故意伤害罪。对于纠集多人聚众斗殴的,应当按照刑法第 292 条的聚众斗殴罪处理。

但是,仅仅因为行为人具有攻击、伤害对方的目的,就说打架斗殴中的行为人不具有主张正当防卫的权利,这是过于极端的论断。如前所述,即便行为人不是出于防卫意图,而是由于愤怒或者激动而反击对方,这样的情形也完全可能成立正当防卫;并且,在伴随有报复加害对方意图的正当防卫的场合,行为人在防卫目的之外,同时也存在攻击、伤害对方的意图。因此,仅以行为人不具有防卫目的这种心情因素来否定互殴行为中可能存在正当防卫,不仅不符合正当防卫的实际情况,还会在防卫行为的客观评价上,混入伦理要素,落入主观主义刑法的窠臼,使正当防卫的成立范围过窄。另外,我国近年来的刑法学说,也并不绝对否认相互斗殴中存在可以成立正当防卫的情形,而是认为在斗殴过程中,一方已经放弃斗殴并向另一方求饶或者逃走,另一方仍然紧追不舍,放弃斗殴的一方具有正当防卫的权利。[248] 这样说来,即便是相互斗殴的场合,也并非完全没有成立正当防卫的余地。问题只是"在相互斗殴的场合,何种情况成立正当防卫"而已。对此,相关司法解释认为,准确区分两者要坚持主客观相统一原则,通过综合考量案发起因、对冲突升级是否有过错、是否使用或者准备使用凶器、是否采用明显不相当的暴力、是否纠集他人参与打斗等客观情节,准确判断行为人的主观意图和行为性质。[249]

现实生活中,相互斗殴大致可分为以下两种类型:

第一种类型是约定斗殴。也就是说,双方当事人事先约定时间、地点甚至方式,进行打斗。事先约定,既可以是双方当事人早有预谋,也可以是临时起意。在这种类型的斗殴当中,双方

---

[245] 即便是为了防止犯罪所得的赃物被无关的第三人抢走而实施的反击行为,由于具有保护人身权和未经法定程序不得被没收的利益的目的,也能说是具有防卫意识的行为。

[246] 但纯粹是基于斗殴故意而实施的反击行为,不能说是具有防卫意识的行为。

[247] 马克昌主编:《犯罪通论》(第 3 版),武汉大学出版社 1999 年版,第 748 页;王政勋:《正当行为论》,法律出版社 2000 年版,第 174 页。

[248] 林亚刚:《刑法学教义(总论)》(第 2 版),北京大学出版社 2017 年版,第 276~277 页;苏惠渔主编:《刑法学》(第 4 版),中国政法大学出版社 2009 年版,第 129~130 页;刘艳红主编:《刑法学》(上)(第 3 版),北京大学出版社 2023 年版,第 199 页。

[249] 2020 年最高人民法院、最高人民检察院、公安部《关于依法适用正当防卫制度的指导意见》第 9 条。

不仅在主观上对相互攻击的事实有认识,而且早已准备好加害对方即具有侵害对方的强烈意思。双方所实施的打斗行为,虽然从短时间上看,具有防卫反击的性质,但从整体上看,则是积极进攻对方的手段,因此,客观地说,这种类型的相互斗殴行为,既难以说是排除正在进行的不法侵害的反击,也难以认为行为人具有正面临不法侵害的认识。所以,在约定斗殴的场合,不管行为人主观上的认识如何,也不管客观上是谁先动手的,都不得认定为正当防卫。当然,在极为罕见的情况下,也有符合正当防卫的情形。如双方约定空手相斗,正在交手的时候,一方违反约定,突然拿出菜刀等凶器,或者一方已经斗败,宣布退出斗殴,而另一方仍然穷追不舍的时候,对方具有成立正当防卫的可能。因为,在前一情况下,双方约定的侵害基本上是被限定在一个不造成致命伤害的层次上,一方突然拿出武器,意味着另一方的生命就面临现实的不法侵害;而在后一情况下,一旦有一方宣布退出,就意味着其不法侵害已经结束,另一方仍然穷追不舍的话,就是对宣布退出的一方形成了新的不法侵害。因此,在上述两种情况下,生命或身体受到现实不法侵害威胁的一方具有正当防卫的权利。[250]

第二种类型是突发斗殴。也就是说,双方当事人并未事先约定,突然因故相互殴打。因为这种情况是偶发的原因所引起的,并没有事先约定,因此,是否成立正当防卫,应当根据具体情况来判断。在双方都具有强烈的加害对方意思的场合,客观上,不问谁先下手,都应和"约定斗殴"的情形同样看待,不得主张正当防卫。但在其中一方出于侵害的意思而先发制人,实施攻击,而另外一方出于防卫意思进行反击的时候,或者一方只是进行轻微加害,而另一方暴力还击的时候,可以考虑成立正当防卫。特别是在因琐事发生争执,双方均不能保持克制而引发打斗,对于有过错的一方先动手且手段明显过激,或者一方先动手,在对方努力避免冲突的情况下仍继续侵害的,还击一方的行为一般应当被认定为防卫行为。双方因琐事发生冲突,冲突结束后,一方又实施不法侵害,对方还击,包括使用工具还击的,一般应认定为防卫行为。不能仅因行为人事先进行防卫准备,就影响对其防卫意图的认定。

(2)挑拨防卫

所谓挑拨防卫,是指出于加害对方的故意,挑逗对方向自己实施某种不法侵害行为,然后以正当防卫为借口对对方加以侵害的行为。例如,甲意图伤害乙,利用其性格暴躁容易冲动的特点,对其进行公然侮辱。乙中计,挥拳殴打甲(正在进行的不法侵害),甲便拿出事先准备好的棍棒还击(制止不法侵害的行为),致乙重伤。其和相互斗殴的差别是,相互斗殴的场合,斗殴双方同时具有加害对方的意思,而在挑拨防卫的场合,只是单方具有加害对方的意思。对于挑拨防卫,我国刑法学的通常见解认为,挑拨防卫形式上符合正当防卫的客观条件,但防卫人主观上不具有防卫意图,因此,不是正当防卫,而是利用正当防卫的形式来实施自己预谋的犯

---

[250] 这里涉及决斗行为的定性问题。所谓决斗,是指两人发生争端,互不相让,约定时间、地点,并邀请证人,彼此打斗,根据胜负来决定对争端的处理结果。其本是一种私人自力解决纠纷的方式,在大多数近代法治国家,基本上被明文禁止。但是,也有些国家如我国对此没有明文的禁止规定。对此,本书认为,可以从两个方面加以考虑:一是作为纠纷处理方式应当被禁止,通过决斗所达成的协议,在法律上无效;二是决斗行为本身,如果不危及生命的话,根据被害人同意的法理,造成的结果,由各人自己承担,刑法不予干涉。但是,在危及生命的场合,则可以按照故意杀人罪处理,因为,对于生命法益,不得适用被害人同意的法理。当然,妨害社会管理秩序的决斗,不在此列,可以按照相关规定处理。

罪活动,应当以故意犯罪论处。[251]

但是,仅仅以没有防卫意思即防卫目的为由来否定挑拨防卫的观点,存在严重缺陷。因为,成立正当防卫是否一定要具有防卫的意思或者目的,在理论上本来就是一个有争议的问题。[252]"防卫意思不要说"就不用说了,在该学说看来,以没有防卫目的来否定防卫行为本身就是一个笑话。即便是"防卫意思必要说",也能通过将防卫意思内容淡化,得出类似结论来。因此,在挑拨防卫的场合,仅仅以行为人没有防卫意图来说明其不是正当防卫,理由显然不是特别充分。实际上,在挑拨防卫的场合,也不乏行为人的轻微挑拨行为引发对方过度反击的情况,在这种场合下,反击方的行为就是不法侵害行为(防卫过当),对于这种不法侵害行为,没有理由禁止挑拨方进行正当防卫。[253]因此,仅仅以行为人不具有防卫意图而说"挑拨防卫,无论在形式上如何符合正当防卫的客观要件,但也不构成正当防卫"的结论,在分析过程上有过于草率之嫌。

更为重要的是,这种观点在基本观念上也存在重大缺陷。从行为是不是具有社会危害性、是否合法,取决于该行为所引起的客观结果的立场来看,正当防卫之所以能够成为排除社会危害性事由,首先是由于该行为是同不法侵害行为作斗争的正义、合法的行为,其给不法侵害者所造成的损害,乃是制止不法侵害所必要的损害,不仅不具有社会危害性,反而对社会有益。如此说来,即便在不具有防卫意思的挑拨防卫的场合,挑拨行为是不是具有社会危害性,是否成立正当防卫,也应当从挑拨者和被挑拨者的相互冲突所具有的客观效果的角度来考虑。换言之,判断挑拨防卫是否成立正当防卫,首先应当考虑该行为是否具有客观的防卫效果,而不是从一开始就看行为人主观上是不是具有防卫意思。

基于上述,本书认为,对于挑拨防卫,可以按照以下两个原则加以考虑:

一方面,挑拨防卫原则上是不法加害行为,构成故意犯罪,没有被正当化的余地。在挑拨行为违法的场合,被挑拨人能够以正当防卫对该挑拨行为进行反击,挑拨人对于该反击行为,不能进行正当防卫;在挑拨人的挑拨行为和"防卫"(侵害)行为的因果关系极为紧密,整体上

---

[251] 陈兴良:《规范刑法学》(第4版)(上册),中国人民大学出版社2017年版,第144页;李洁主编:《刑法学》(第2版),中国人民大学出版社2014年版,第111页;高铭暄、马克昌主编:《刑法学》(第10版),北京大学出版社2022年版,第127页。

[252] 近年来,随着我国在社会危害性的判断上,主张不考虑行为人主观条件的纯粹客观说的兴起,在成立正当防卫是否需要防卫意图的问题上,开始出现了"防卫意思不要说"。如认为正当防卫的主观方面只要求其"知道有加害之事实",即对正在进行的不法侵害有认识便可,"认识到有正在进行的不法侵害,而采取的制止不法侵害的行为,对不法侵害人造成损害的,属于正当防卫,不负刑事责任"的观点,就是其体现。参见王晓云、胡利敏:《正当防卫的有关问题再研究》,载《石家庄师范专科学校学报》2004年第1期。同时,刑法学上的有力学说也认为,正当防卫的意识包括防卫认识与防卫意志,但重点在于防卫认识,换言之,行为人只要认识到自己的行为是与正在进行的不法侵害相对抗时,就应认为具有防卫意识。这种观点虽然认可成立正当防卫,行为人主观上必须具有防卫意志,但将其内容淡化,强调只要具有防卫认识就够了。参见张明楷:《刑法学》(上)(第6版),法律出版社2021年版,第266~267页。

[253] 有见解一方面认为,既然防卫过当是一种危害社会的行为,会损害法益,那么它也是一种不法侵害,这是防卫行为由正当合法行为转化为不当的非法侵害的一面,但另一方面又认为,对于挑拨人而言,对方的防卫过当行为仍不失为防卫行为,且这一行为是由其自身的不法侵害所引起的。防卫行为是否过当,在当时的具体条件下,也是难以分清的,因而,挑拨人无权对防卫过当人进行所谓的"正当防卫"。以上内容,参见马克昌主编:《犯罪通论》(第3版),武汉大学出版社1999年版,第724页。但这种说法似乎不符合正当防卫是"正对不正"的基本特征。

可以评价为一个行为的场合,可以说在挑拨时,紧急不法侵害就已经开始,在该阶段,由于对方(被挑拨人)没有反击,不存在紧急不法的侵害,因此,更不应当将挑拨人的所谓防卫行为视为正当防卫。

另一方面,在极为罕见的情况下,能够将挑拨防卫看作正当防卫。这种罕见的情形是,对于挑拨行为,被挑拨人以超过正当防卫必要限度的手段进行反击,如预料到对方最多只是以拳脚相向而以言辞侮辱对方,不料对方却拿出菜刀向自己冲过来的时候,该反击行为就转变为了不法侵害。对于这种超过防卫限度的反击,挑拨人能够进行正当防卫。但是,由于挑拨人是引起对方(被挑拨人)反击的原因,因此,在正当防卫的限度上,应当受到一定的限制,即尽量以躲避为主,只有在不能躲避的时候,才可以实施防卫,并且要求被侵害的利益和所防卫的利益存在严格的均衡。[254]

（3）偶然防卫

所谓偶然防卫,是指侵害他人法益的行为巧合地满足了正当防卫的客观条件。偶然防卫分为故意的偶然防卫和过失的偶然防卫两种：前者如,当甲用枪故意射击乙的时候,乙恰好正在持枪瞄准丙,但甲对乙的行为一无所知,甲开枪打死乙的行为,恰好救了无辜的丙;[255] 后者如因为自己的过错在道路上撞上了某甲的汽车,使某甲负伤,而某甲正好要撞上前面经过的行人。

关于偶然防卫,理论上通常从防卫意思的角度来进行探讨。从这种角度出发,有两种相反的观点：一是"有罪说"。该说认为在偶然防卫的场合,尽管行为客观上具有防卫效果,但由于行为人主观上不具备防卫意思,因此,不能被正当化,即认为偶然防卫行为构成犯罪。只是,在成立犯罪的形态上,该见解内部还有既遂犯说[256]和未遂犯说[257]之分。二是"无罪说"。该说认为偶然防卫不成立犯罪,不需要承担刑事责任。至于其理由,则有各种说法：有的认为正当防卫无须具备防卫意识这一主观责任要件,只要客观上具有防卫效果,就可以成立正当防卫,因此,偶然防卫不失为正当防卫；有的认为,社会危害性的本质在于结果无价值,偶然防卫防止不法侵害、保护法益,没有发生侵害法益的结果,因而不具有违法性。[258]

但必须说明的是,从防卫意思的角度出发,难以得出"偶然防卫既遂论"和"偶然防卫无罪论"的结论来。首先,在偶然防卫的场合,行为人尽管不具有防卫意思,反而出于杀人的意思,实施了杀人行为,并引起了他人死亡的结果,但毕竟其杀死的是一个在法律上可以被杀死的人

---

[254] [日]大塚仁：《刑法概说（总论）》（第3版）,冯军译,中国人民大学出版社2003年版,第327页。

[255] 实际上,一个更具有现实性的例子是,某甲追杀某乙,在即将追上某乙的时候,某乙将在路边站立的某丙拉过来挡在自己的身前,结果致某丙被刺身亡。事后表明,某丙为某甲同伙,正在此截击某乙,某乙让某丙受死的行为实际上是解救了自己。此种情况,也属于偶然防卫。

[256] 马克昌主编：《犯罪通论》（第3版）,武汉大学出版社1999年版,第749页；林亚刚：《刑法学教义（总论）》（第2版）,北京大学出版社2017年版,第277～278页；刘艳红主编：《刑法学》（上）（第3版）,北京大学出版社2023年版,第201页。

[257] 王政勋：《正当行为论》,法律出版社2000年版,第177页；童伟华：《刑法总论》,兰州大学出版社2005年版,第159页；冯军、肖中华主编：《刑法总论》（第3版）,中国人民大学出版社2016年版,第271页；周光权：《刑法总论》（第4版）,中国人民大学出版社2021年版,第292～298页。

[258] 王政勋：《正当行为论》,法律出版社2000年版,第176页。持无罪说的教科书有张明楷：《刑法学》（上）（第6版）,法律出版社2021年版,第271～272页。

(按照刑法第20条第3款的规定,对正在进行杀人的暴力犯罪,采取防卫行为,造成不法侵害人伤亡的,不属于防卫过当,不负刑事责任。上述案例中的乙属于正在实施杀人暴力犯罪的人,按照刑法第20条第3款的规定,其生命在刑法上不受保护,任何人都可以对其进行无限防卫),如何能说其已经引起了无辜的他人被杀的结果,成立故意杀人罪(既遂)呢? 其次,从正当防卫不需要防卫意思,只要具有防卫效果就足够的角度所得出的"无罪说"也是值得商榷的。从刑法第20条第1款"为了……"的规定来看,刑法显然是将防卫意识作为正当防卫的成立条件,我国刑法学的通说也普遍承认这一点,只是在防卫意识内容的理解上见解不一而已。在偶然防卫的场合,尽管行为人客观上引起了防卫效果,具备正当防卫的客观条件,但由于行为人主观上完全没有正面临紧急不法侵害的防卫认识,不符合我国刑法关于正当防卫的主观条件,因此,以偶然防卫成立正当防卫为由,认定其无罪的结论,让人难以接受。

本书同意偶然防卫成立未遂犯的见解。在本书看来,偶然防卫问题不完全是一个关系到防卫意思的问题,更主要的是一个涉及未遂犯与不能犯的界限何在的问题。如前所述,依照刑法第20条第1款,成立正当防卫,行为人至少必须意识到正在发生不法侵害,否则就不成立正当防卫。在所谓偶然防卫的场合,行为人并没有意识到其所偶然防卫的对象是"正在进行不法侵害"的人,如何能成立正当防卫呢? 虽然可以退一步讲,上述偶然防卫不是因为成立正当防卫而无罪,而是因为客观上没有侵害法益而不构成犯罪。但在偶然防卫的场合,不能因为行为没有造成实际的法益侵害,就绝对肯定该行为不构成犯罪。虽说从事后所查明的全部事实来看,站在裁判的时点上,能说在偶然防卫的场合,行为人的开枪行为因为没有引起法益侵害结果而不构成犯罪。但是,这种"碰巧"的概率在现实生活当中微乎其微、千载难逢,从人的生命是刑法上最为重要的保护法益,必须予以最为严密的保护的政策角度来看,有必要将这种偶然防卫行为以故意杀人罪未遂处理。如此说来,在偶然防卫的场合,"防卫者"尽管没有引起实害结果,但并不意味着其行为绝对不构成犯罪。

4. 必须针对不法侵害人本人进行

正当防卫只能针对不法侵害人本人进行,这是由正当防卫的本质所决定的。正当防卫是制止不法侵害、保护法益的行为;不法侵害是由不法侵害人直接实施的,针对不法侵害人进行防卫,使其不再继续实施不法侵害行为,才可能制止不法侵害,从而保护法益。当然,共同实施不法侵害的人,包括在现场的不法侵害的组织者、指挥者以及直接参与者,由于其和侵害人成为一体,是共同侵害人,因此,对他们也可以进行正当防卫。

在这一点上,有争议的是在防卫行为的效果影响到侵害人以外的第三人的场合,该如何处理的问题。

所谓防卫行为的效果影响到第三者的场合,正如警察A在歹徒B挥刀向自己砍来的时候,为了自卫,不得已而向B开枪,结果子弹没有打中B,而是打中了B旁边的行人C,致其死亡,或者普通市民A为了反击加害人B而向其投掷石块,结果没有打中加害人,而是打中了旁边的路人C,致其死亡的场合一样,是在正当防卫的时候,偶然地对不法侵害人(B)以外的第三者(C)造成了损害的场合。这种场合下,对防卫人(A)的行为该如何处理就会成为问题。

对以上情形,在我国刑法理论当中,存在两种不同的观点:一种观点认为,上述情形构成正当防卫和紧急避险的竞合,按照有利于被告人的原则,仍应当以正当防卫论处。[259] 但是,这种观点欠妥。正当防卫是针对紧急不法的侵害人进行的反击行为,其所反击的对象是不法侵害人自身,而不是其他人。在上述案例当中,防卫人反击行为所造成的损害结果却是发生在和不法侵害人(B)完全无关的第三者(C)身上,显然不符合正当防卫的基本特征。另一种观点认为,在迫不得已的情况下,损害了第三者的法益,应以紧急避险处理。[260] 这种观点曾经是我国刑法学界的通常见解。但是,这种观点也存在问题。

正如后述,成立紧急避险,要求避险行为人当时的处境是,要么忍受正在发生的危险,要么牺牲第三者的利益以保全自己或者他人利益,行为人必须在二者当中作出选择,否则不成立紧急避险。但是,上述案件当中并不存在这种前提。一方面,就防卫人而言,保护自己的生命利益,并不一定要通过对无辜的第三者的利益造成侵害的方式;另一方面,行为人也确实没有通过损害第三者的利益来避免现实危险的意图和认识,而仅仅是碰巧损害了第三者的利益。因此,说行为人的上述行为成立紧急避险过于勉强了。

另外,上述场合,从行为人的立场来看,其本是出于对加害人进行反击的正当防卫意图而实施的行为,应当是正当防卫行为;但是,防卫行为的结果却发生在与加害无关的第三人身上,换言之,行为碰巧符合了紧急避险的形式要件。这种现象,类似于后面要说到的假想避险,即客观上并不存在实施紧急避险的条件,但行为人误以为存在而实施。这时候,行为人的行为尽管形式上符合紧急避险的要件,但正如前述,并不存在一定要实施紧急避险的实质要件,即在当时,给第三人造成损害不是避免眼前危险的唯一选择,因此,不是真正的紧急避险。同时,在行为人的前述反击意图当中,实际上也包含避免现实发生的危险的意思即紧急避险的意思。这样说来,防卫行为的效果影响到侵害人以外的第三人的场合,应按照假想避险来处理,或者构成过失犯,或者构成意外事件,但肯定不是故意犯。

5. 必须没有明显超过必要限度造成重大损害

刑法第 20 条第 2 款规定,正当防卫明显超过必要限度造成重大损害的,应当负刑事责任。可见,是否明显超过必要限度并造成重大损害,是区分防卫行为合法与否的界限。

所谓必要限度,人们对它的理解很不一致,有"必要说"、"基本相适应说"和"折中说"之分。

"必要说"主张以有效地制止不法侵害作为正当防卫的必要限度。也就是说,只要这种防卫行为在当时的具体情况下是有效地制止不法侵害所必需的,则无论其性质、手段、强度与后果是否与不法侵害行为相适应,都不能认为是超过了必要限度。[261] 这种观点从防卫目的的正当性出发,抓住了理解必要限度的关键,但其过分强调了必要,而忽视了防卫与侵害在客观上的相当性,难以对防卫者进行必要的限制。

"基本相适应说"认为,防卫行为是否超过必要限度,应当将防卫行为与不法侵害行为在性质、手段、强度、后果等方面进行对比,只有二者大体上相当的场合,才能说没有明显超过必要

---

[259] 王政勋:《正当行为论》,法律出版社 2000 年版,第 157 页。
[260] 刘艳红主编:《刑法学》(上)(第 3 版),北京大学出版社 2023 年版,第 198 页;陈忠林主编:《刑法总论》(第 5 版),中国人民大学出版社 2016 年版,第 137 页。
[261] 陈建国:《从调戏妇女的流氓被防卫人刺伤谈起》,载《光明日报》1983 年 5 月 21 日,第 3 版。

限度,否则,就是明显超过必要限度。[262] 这种见解对于如何判断是否明显超过必要限度提出了一些具体标准,有利于防止公民滥用正当防卫制度从而造成不必要的侵害。但是,此说过分强调防卫行为与不法侵害行为在性质、手段、强度等方面的基本一致,忽视了正当防卫是在事前的紧急情况下所实施的反击行为,对防卫人的反击行为提出了过多的限制,因而没有抓住正当防卫是制止正在进行的不法侵害的问题实质。

"折中说"认为,"必要说"和"基本相适应说"是从不同角度提出问题,而不是相互排斥的,应当把这两点结合起来考虑。原则上应当以防卫行为足以制止正在进行的不法侵害为必要限度;但是,在考虑防卫行为是否过当,是否必要的时候,还必须考虑防卫与侵害的性质、手段、强度、后果等因素是不是基本相适应,而不应当只强调其中一个方面。[263]

本书同意"折中说"。也就是说,关于正当防卫的必要限度,应当以制止不法侵害、保护法益所必需为标准,同时要求防卫行为与不法侵害行为在手段、强度等方面,不存在过于悬殊的差异。换句话说,只要是为制止不法侵害、保护法益所必需的,就是在必要限度之内的行为。但判断是否必需,要全面分析案件。一方面,要分析双方的手段、强度、人员多少与强弱、在现场所处的客观环境与形势。防卫手段常常是由现场的客观环境所决定的,防卫人往往只能在现场获得最顺手的工具,不能要求防卫人在现场选择比较缓和的手段。问题在于如何使用防卫工具(包括打击部位与力度)。对此应根据各种客观情况,判断防卫人在当时的情况下应否控制防卫强度、能否控制防卫强度。另一方面,还应权衡防卫行为所保护的法益与防卫行为所造成的损害后果。所保护的法益与所损害的法益不能差距过大,不能为了保护较小的财产性利益而对加害人造成较大的身体乃至生命上的损害。[264] 这样说来,开车追逐正在逃窜的盗窃、诈骗罪犯,将其撞死的行为,以及开枪将正要骑上摩托车逃走的小偷打死的行为,都难以说是没有超过必要限度的防卫行为。

但要注意的是,并非凡是超过必要限度的,都是防卫过当,只有"明显超过必要限度"并"造成重大损害"的,才是防卫过当。其中,防卫行为是否"明显超过必要限度",应当综合不法侵害的性质、手段、强度、危害程度和防卫的时机、手段、强度、损害后果等情节,考虑双方力量对比,立足于防卫人防卫时所处情境,结合社会公众的一般认知作出判断。在判断不法侵害的危害程度时,不仅要考虑已经造成的损害,还要考虑造成进一步损害的紧迫危险性和现实可能性;不应当苛求防卫人必须采取与不法侵害基本相当的反击方式和强度。通过综合考量,对于防卫行为与不法侵害相差悬殊、明显过激的,应当认定防卫明显超过必要限度。"造成重大损害"是指造成不法侵害人重伤、死亡。造成轻伤及以下损害的,不属于重大损害。防卫行为虽然明显超过必要限度但没有造成重大损害的,不应认定为防卫过当。[265]

如此说来,第一,轻微超过必要限度的不成立防卫过当,只有当行为能够被清楚容易地认定为超过了必要限度时,才可能构成防卫过当;第二,造成一般损害的不成立防卫过当,只有防

---

[262] 杨春洗等:《刑法总论》,北京大学出版社1981年版,第231页。
[263] 田宏杰:《刑法中的正当化行为》,中国检察出版社2004年版,第242页。
[264] 阮齐林、耿佳宁:《中国刑法总论》,中国政法大学出版社2019年版,第178页;高铭暄、马克昌主编:《刑法学》(第10版),北京大学出版社2022年版,第133页。
[265] 2020年最高人民法院、最高人民检察院、公安部《关于依法适用正当防卫制度的指导意见》第11、12、13条。

卫行为造成不法侵害人死亡、重伤时,才可能构成防卫过当;第三,不存在所谓明显超过必要限度但没有造成重大损害的情况,换句话说,只有在造成重大损害的情况下,才存在明显超过必要限度的问题;第四,防卫过当的必要限度要求的是不针对严重危及人身安全的暴力犯罪所进行的防卫。

(三)防卫过当

在防卫行为明显超过必要限度造成重大损害的场合,就是防卫过当,不成立正当防卫。刑法第20条第2款规定:"正当防卫明显超过必要限度造成重大损害的,应当负刑事责任,但是应当减轻或者免除处罚。"[266]

防卫过当是正当防卫行为明显超过必要限度造成重大损害的一种犯罪形态,并不是独立的罪名,只是量刑时应当减轻或者免除处罚的法定情节。因此,在处理防卫过当案件时,不能定"防卫过当罪",而应当根据防卫过当的行为、后果和防卫人主观的心理态度,依照刑法分则的有关条款来确定罪名,符合什么罪的构成要件,就定什么罪。

关于防卫人在防卫过当情况下的罪过形式问题,有不同见解:一是故意说,该说认为防卫过当都是故意犯罪,因为防卫人是故意造成损害的;[267]二是过失说,该说认为防卫过当都是过失犯罪,因为防卫人都是出于正当防卫的意图,并没有危害社会的故意;[268]三是故意与过失并存说,该说认为防卫过当既有故意犯罪,又有过失犯罪,要根据案件的具体情况分别确定。[269]通说认为,防卫过当的罪过形式一般是过失,但不排除故意。[270]

防卫过当的罪过形式尽管是个不起眼的小问题,但其涉及防卫过当和正当防卫在刑法体系中的结构问题,因此有必要详细探讨。

防卫过当的罪过形式,尽管众说纷纭,但实际上关系到两个核心问题:一是故意能否成为防卫过当的罪过形式?二是以过失犯处罚防卫过当合适吗?

1. 故意能够成为防卫过当的罪过形式

可以说,当今有关认为防卫过当不存在故意(包括直接故意)的见解,在理论上都经不起推敲。

第一,即便从实质故意的角度来看,也难以否定故意实施的防卫过当的存在。有人认为:构成刑法上的故意,不仅要求行为人对行为结果有认识,而且还要认识到该结果具有社会危害性。在防卫过当的场合,行为人虽然对结果有认识,但其常认为该结果是制止不法侵害所必需

---

[266] 刑法第20条第2款防卫过当的条文表述是前后矛盾的。既然是"正当防卫",就不会出现"明显超过必要限度造成重大损害的"问题。正确的说法应当是,"防卫行为明显超过必要限度造成重大损害的,应当负刑事责任,但是应当减轻或者免除处罚"。

[267] 王政勋:《正当行为论》,法律出版社2000年版,第196页;冯军、肖中华主编:《刑法总论》(第3版),中国人民大学出版社2016年版,第274页。

[268] 郑德豹:《也论正当防卫与防卫过当的界限——与金凯同志商榷》,载《法学研究》1981年第6期。

[269] 田宏杰:《刑法中的正当化行为》,中国检察出版社2004年版,第246~247页;高铭暄、马克昌主编:《刑法学》(第10版),北京大学出版社2022年版,第134页。该书进一步指出在防卫过当的场合只可能存在间接故意或过失两种主观罪过形式(排除直接故意说)。

[270] 阮齐林、耿佳宁:《中国刑法总论》,中国政法大学出版社2019年版,第180页。

的正当防卫结果,不具有社会危害性,难以构成故意犯罪。[271] 司法实践中之所以将防卫过当认定为故意犯罪,主要是因为形式地理解犯罪构成要件与故意。[272] 这是有关防卫过当不能成立故意犯罪的最为有力的理由。

确实,在行为人对正在发生的紧急不法侵害进行反击之际,以为自己的反击行为没有明显超越必要限度,属于法律所允许的正当防卫,但最后却造成了"重大损害"的过当结果时,属于刑法上所谓的事实认识错误。在事实认识错误的场合,行为人的行为只能被认定为过失,或者意外事件。但当行为人在实施防卫时,明知自己的防卫行为明显超过必要限度会造成重大损害,但却仍然不终止或者放弃,以致造成加害人死伤的场合,依照刑法第14条的规定,显然不能说行为人主观上仅仅是过失而非故意。

实践中,真正成为问题的"以为自己的行为是正当防卫,但最后却引起了防卫过当的结果"的各种情形则需要具体分析。其具体可以分为以下几种情况:

一是行为人为了防卫自己的微小利益而使用明显超过必要限度的手段,造成他人重大损害的场合,如为防止自己庭院里的水果被盗,以开枪射击的方式进行反击,将他人打死,属于"质的防卫过当"。此时,可以说,一般人都会清楚地认识到,即便法律赋予一般公民正当防卫的权利,但这种权利的行使是有一定限度的。为了保护自己庭院里的苹果不被盗走而开枪杀人,绝对不会为法律所允许,否则,任何人都可以对他人的轻微违法行为"判处死刑"。因此,以行为人对自己明显超过必要限度的防卫行为后果没有认识为由来否认防卫过当行为的故意罪过,是没有道理的。

二是如将攻击自己的他人打倒在地,在其不能动弹之后,猛击其头部,致其死亡之类的情形,属于前述的"量的防卫过当"。此时,由于加害人已经倒地丧失了攻击能力,不属于"正在进行的不法侵害"。对这种人进行攻击,属于事后防卫,是防卫不适时。这种情形毫无疑问地构成故意犯罪,而不是过失的防卫过当。

三是防卫人在被追打的时候,惊慌失措,误以为手边的棍状物是木棍而抄起进行反击,结果因为是铁棒而将对方打死之类的情形,可以说是"以为自己的行为是正当防卫,但最后却引起了防卫过当的结果"的具体情形。理论上所谓"过失的防卫过当",主要是指这种情形。但这种场合,且不说是故意犯罪,恐怕连过失犯罪都难以构成。因为,在行为人慌乱之际,由于错愕和恐惧,根本想不到还有什么更为温和的处理办法,也不可能期待其采用不超越必要限度的防卫手段。此时,任何要求其在当时的情况下,考虑不采取明显超越必要限度的手段的想法,都是强人所难。毕竟,正当防卫是一种基于人性或者说是对人在紧急状态下的本能反应的体恤,是"紧急状态下无法律"的体现。也正因如此,《德国刑法典》第33条规定,行为人出于慌乱、恐惧或者惊吓而逾越正当防卫界限的,不罚。我国刑法当中尽管没有如此明确的规定,但刑法第20条第3款的特殊防卫,实际上也是这种观念的体现。一般认为,之所以如此规定,是因为上述犯罪都是严重威胁人身安全的,被侵害人面临正在进行的暴力侵害,很难辨认侵害人的目的

---

[271] 尹子文:《防卫过当的实务认定与反思——基于722份刑事判决的分析》,载《现代法学》2018年第1期;朱刚灵:《防卫过当的罪过形式认定——以二元论为视角的展开》,载《四川警察学院学报》2017年第1期。

[272] 赵金伟:《结果无价值论视角下的防卫过当责任形式研究》,载《西部法学评论》2017年第4期。

和侵害程度,也很难掌握实行防卫行为的强度,规定太严,会束缚被侵害人的手脚,妨碍其与犯罪作斗争的勇气。[273] 因此,在刑法第20条第3款增设特殊防卫制度之后,典型的过失防卫过当便失去了其存在的实际意义。

从历史演变来看,有关防卫过当的罪过形式只能是过失的观点,主要存在于1997年刑法修改之前,在1997年刑法第20条第2款关于防卫过当的行为限度增加了"明显"、对于结果限度将"不应有的危害"修改为"重大损害"之后,[274] 这种观点就有偃旗息鼓的趋势。所谓"明显超过必要限度",意味着防卫行为远远超过制止不法侵害所必要的限度,这种情形下,一般人都能感觉到其已经不是刑法所规定的正当防卫行为了。如为了制止一个赤手空拳的人的加害行为,事先没有任何警告地直接以向对方头部、胸部等要害部位开枪射击或者用匕首、菜刀等致命凶器进行捅刺的方式进行反击,就是"明显超过必要限度"的反击方式。对此,说行为人对自己行为的性质或者后果没有认识,或者说没有意识到其行为已经超越了正当防卫的必要限度而为法律所不允许的话,难以让人信服。[275]

第二,防卫意思不是说明防卫过当不可能是故意犯的理由。有学者认为,在具有防卫意思的防卫过当的场合,行为人不可能是故意犯。以防卫手段制止不法侵害,保护合法权益的心理状态,和希望或者放任危害结果发生的故意心理状态不能并存。[276] 但这种理解存在局限性,其对防卫意思提出了过多要求,违背了刑法设立正当防卫制度的本旨。

正当防卫制度原本是基于人的自我防卫、自我保护本能,即考虑到人在面临不法侵害的紧急状态下,可能会因为吃惊、恐惧、紧张而陷入无意识状态,出于逃避危险的条件反射而对加害行为人进行反击的本能而设立的,是法律不能强人所难的体现。这种反击行为不一定都是基于冷静的判断而实施的,但客观上只要是因为面临正在进行的紧急不法侵害而实施的反击行为,就可以说是防卫人自我防卫、自我保护本能的体现,难以否定其正当防卫性质。同时,在现实生活当中,防卫人在防卫的时候,防卫意思和加害意思并存的情形并不少见。如先前因为某种情况的存在,防卫人预感到可能会遭受突然袭击,于是,事先准备好防卫工具,意图在对方来袭的时候迎头反击。在该场合,由于该反击意思当中掺杂有加害对方的内容,因此,可以说防卫人的防卫意思并不纯粹。但以此为由,说防卫人的反击行为不是正当防卫的话,显然是不合适的。因为事先做好反击准备并不是为了主动发起对他人的攻击,而是为了在受到他人的不法侵害时制止该侵害行为,行为人的反击意思当中具有防卫目的或者动机,完全符合正当防卫的要求。

如前所述,在刑法第20条第1款明文将"为了使国家、公共利益、本人或者他人的人身、财产和其他权利免受正在进行的不法侵害"作为正当防卫的成立条件的情况下,完全否定成立正

---

[273] 郎胜主编:《中华人民共和国刑法释义》(第6版),法律出版社2015年版,第23页。
[274] 1979年刑法第17条第2款关于防卫过当,是这样规定的:"正当防卫超过必要限度造成不应有的危害的,应当负刑事责任;但是应当酌情减轻或者免除处罚。"
[275] 王政勋、贾宇:《论正当防卫限度条件及防卫过当的主观罪过形式》,载《法律科学(西北政法学院学报)》1999年第2期。
[276] 曹玮:《防卫过当罪过形式的刑法学思考——以我国刑法第20条为研究对象》,载《洛阳师范学院学报》2007年第3期;高铭暄、马克昌主编:《刑法学》(第10版),北京大学出版社2022年版,第134页。

当防卫必须具有防卫意识的观点固然不现实,但是,对该内容的理解可以适当放宽。只要行为人认识到正在面临紧急不法的侵害就可以了,即只要出于防卫国家、公共利益、本人或者他人的人身、财产或者其他权利免受不法侵害的动机或者目的进行反击,就可以说行为人具有防卫意识,即将保护自己或者他人的合法权益作为实施防卫行为的一种动机或者目的。动机、目的与犯罪故意是两个不同层次的概念,二者可以并存。任何故意犯罪都有一定的动机或者目的,没有动机、目的的故意犯罪不可能存在,但故意犯罪之成立,并不要求行为人一定要有特定的动机或者目的。如以牟利为目的而传播淫秽物品的,固然可以成立传播淫秽物品牟利罪,但没有牟利目的传播淫秽书刊、影片、影像、图片或者其他淫秽物品,情节严重的,也能成立传播淫秽物品罪,而这种犯罪就是典型的故意犯。

弄清上述关系,就能理解为什么防卫过当可以成立故意犯了。在防卫过当的场合,"以防卫手段制止不法侵害,保护合法权益的心理状态"是实施防卫行为的动机,但其并不能保证防卫行为本身一定不成立故意犯罪。正如在"大义灭亲"的场合,行为人为民除害的良好动机不能保证其"灭亲"行为不构成故意杀人罪一样,出于制止不法侵害的良好目的或者动机,故意采用"明显"超过必要限度的手段,造成重大损害的场合,构成故意的防卫过当;即便在行为人具有利用防卫之机乘机加害对方的意图的场合,也属于刑法第20条第2款所规定的防卫过当。只是在这种掺杂有借机加害对方的意思,最终造成对方重大损害的场合,行为人绝对不会只成立过失犯。

第三,造成重大损害的要件要求并不妨碍防卫过当成立故意犯罪。反对意见认为,防卫过当以造成不法侵害人重伤、死亡为成立要件,而成立故意伤害罪(重伤)、故意杀人罪并不要求出现此类结果,因此,防卫过当不能构成故意犯罪,只能构成过失犯罪,具体而言,是过失致人重伤罪或者过失致人死亡罪。[277] 但这种理由同样经不起推敲。

首先,在我国刑法中,并非只有过失犯才以结果发生为成立要件,故意犯中也存在要求造成一定结果的类型。且不说盗窃、诈骗、抢夺等财产犯罪中都有引起数额较大的财产损失的结果要求,即便是刑法第234条所规定的故意伤害罪,也只有造成轻伤以上结果才能构成,因此,结果要求并不是过失犯的专属标志。其次,正如刑法第129条规定,依法配备公务用枪的人丢失枪支不及时报告的行为,只有在"造成重大损害"的场合才构成犯罪,但并不能因为有结果要求,就说该犯罪是过失犯一样,在防卫过当的场合,也不能因为其有结果要求,就推导出其只能是过失犯。刑法第20条第2款之所以要求"造成重大损害",是为了限定防卫过当的处罚范围,而并非为了表明其只能是过失犯。从理论上讲,以明显超过必要限度的防卫手段进行反击,但没有造成重大损害的场合(如向赤手空拳的歹徒开枪射击却没有击中歹徒,但有效地阻止了歹徒进攻),完全可以构成故意杀人罪未遂,只是由于在这种场合下,客观上实现了一个完全为法秩序所积极肯定的结果,因此,其无论在行为性质还是预防必要性方面,都微弱到了可以忽略不计的程度,没有必要作为故意犯罪的未遂犯处理。[278] 最后,退一步讲,即便说故意杀人罪、故意伤害罪的成立没有结果要求,但这并不意味着造成了实害结果(如造成他人死亡或

---

[277] 胡东飞:《论防卫过当的罪过形式》,载《法学评论》2008年第6期。
[278] 陈璇:《论防卫过当与犯罪故意的兼容——兼从比较法的角度重构正当防卫的主观要件》,载《法学》2011年第1期。

者受伤)就不会成立故意杀人罪、故意伤害罪。实际上,故意杀人,造成他人死亡结果的,或者故意伤害他人,造成他人轻伤以上结果的会分别成立故意杀人罪、故意伤害罪。即便是故意伤害他人,意外造成他人死亡结果的,也仅成立故意伤害罪,只是在量刑上要适用加重的法定刑而已。如此说来,成立防卫过当必须有造成严重结果的规定,不能成为妨碍其成立故意杀人或者故意伤害犯罪的理由。

第四,故意防卫过当并没有人为地割裂防卫行为。反对防卫过当有故意形态的观点认为,主张防卫过当有故意形态的观点,是"人为地将一个完整的防卫行为机械地割裂开来,将前一半认定为正当防卫,将后一半认定为防卫过当",不能认为行为人对前一部分(适当部分)持正当防卫意识,对后一部分(过当部分)持犯罪故意。[279] 但这种批判同样不妥。

众所周知,防卫过当并不是"正当防卫 + 过当结果"。正当防卫与防卫过当是相互排斥关系,反击行为一旦被认定为正当防卫,就绝对不可能是防卫过当,反之亦然。因此,认为防卫过当的前一半是正当防卫,后一半是防卫过当的观点,其立论前提本来就存在问题,主张防卫过当存在故意形态的人不会也没有必要提倡这种观点。

防卫过当存在故意形态,是就其实际发生的过程而言的。从前述有关防卫过当的判例来看,防卫过当基本上存在两种类型:一是行为明显超过必要限度。这种场合,如果行为人本应意识到自己反击行为的限度,但因恐惧、惊愕、亢奋等而没有意识到,则可以说其不具有故意,但这种情形的存在,并不排除行为人有意明显超过必要限度进行反击的可能(如对赤手空拳的加害人以开枪的方式反击)。二是希望或者放任严重损害后果发生。和上述场合一样,这种场合,如果行为人本应意识到加害人已经丧失攻击能力,自己应当停止反击,但因恐惧、惊愕、亢奋等而没有意识到,则可以说其不具有故意,但这种情形的存在,同样,并不排除行为人有意明显造成重大损害发生的可能。既然如此,有什么理由否定防卫过当存在故意犯的形式呢?

反对意见还认为,很难想象,防卫人由起先对防卫行为和防卫结果持正当的防卫意识突然转变为犯罪的故意。[280] 但是,如前所述,防卫意识只是防卫动机,其不能替代犯罪故意,也不能保证行为人不具有犯罪故意。在"正当的"防卫动机支配下,实施超过必要限度的杀人行为,不仅在理论上是可能的,在实务中也是常见的。这一点,已经在前述判例当中有所体现。

主张防卫过当存在故意形式的论者,并没有将一个防卫行为机械地割裂开来,而仅仅是将防卫意识与最终发生的防卫过当的主观罪过区分开来了而已。在防卫意识支配之下的防卫行为,最终结局无非是两种:一种是为法律所允许的正当防卫,另一种是可能要受到刑法追究的防卫过当。防卫过当虽然构成犯罪,但其最初也是在防卫动机支配之下实施的。这一点不能否认。

2. 过失犯与防卫过当难以并存

从比较法的角度来看,关于防卫过当的处罚,通常有三种方式:一是追究刑事责任,但从宽处罚。如《日本刑法》第36条第2款规定,超过防卫限度的行为,根据情节,可以减轻或者免除其刑罚。二是作为没有期待可能性的情形,不予处罚。如《德国刑法典》第33条规定,防卫人

---

[279] 胡东飞:《论防卫过当的罪过形式》,载《法学评论》2008年第6期。
[280] 胡东飞:《论防卫过当的罪过形式》,载《法学评论》2008年第6期。

因为慌乱、恐惧或者惊吓而超越正当防卫的界限的,不罚。《荷兰刑法典》第41条第2款也规定,因遭受不法侵害而导致的一时冲动,造成防卫过当的,不负刑事责任。《日本刑法》当中尽管没有如此规定,但在《日本有关防止以及处分盗犯等的法律》(以下简称《日本盗犯防止法》)中有类似规定。该法在第1条第1款[281]之后的第2款中规定,即便是没有现实危险的场合,"在由于恐怖、惊愕、兴奋、狼狈而当场杀死或者杀伤犯人的时候",不受处罚。这实际上是对《日本刑法》第36条第2款有关防卫过当的一种补充。三是单独设置处罚。如《俄罗斯联邦刑法典》第109条规定:超过正当防卫限度杀人的,处2年以下限制自由或者2年以下的剥夺自由;超过拘捕犯罪人所必需的方法杀人的,处3年以下的限制自由或者3年以下的剥夺自由。第114条规定:超过正当防卫限度故意严重损害他人身体健康的,处2年以下的限制自由或者1年以下的剥夺自由;超过拘捕犯罪人所必需的方法故意严重他人健康或者故意中等严重损害他人身体健康的,处2年以下的限制自由或者2年以下的剥夺自由。[282]

我国刑法中有关防卫过当的处罚,某种程度上和日本的规定类似:一方面明文规定,防卫过当的,应当承担刑事责任(第20条第2款);但另一方面又规定,在遭遇严重危及人身安全的暴力犯罪时,防卫行为即便超过必要限度造成重大损失,也不属于防卫过当,行为人不负刑事责任(第20条第3款)。因此,我们在有关防卫过当的罪过形式的探讨上,必须注意以下几点:

第一,减免处罚只是对防卫过当的处罚方式之一,而不是唯一的方式。

实践中,司法机关在遇到防卫过当的案件特别是被害人死亡的案件时,通常会考虑追究防卫人的刑事责任,所不同的只是,在到底应当追究行为人的故意责任还是过失责任上存在差别而已。但这种做法并不妥当。依照刑法的规定,防卫过当的场合,行为人并不一定都要承担刑事责任。对此,只要看看刑法第20条第3款的规定,就能明白。依照该条款,行为人在遭受行凶、杀人、抢劫等严重危及人身安全的暴力犯罪时,进行反击,由于超过必要限度而造成重大损害的场合,不是防卫过当,不负刑事责任。[283] 之所以如此规定,主要是因为,我国刑法对严重危及人的生命权、人身权的犯罪,鉴于我国当下的治安状况,出于政策上的考虑,大幅度地赋予公民自卫权利,同时还因为防卫人在遭遇严重暴力攻击之际,陷入慌乱之中,根本想不到还有什么更温和的方法可以使用,此时不可能期待行为人采用合适手段。换言之,防卫人在面临严重危及人身安全的犯罪时,在恐惧、惊愕、紧张等各种情绪性因素的影响下,本能地对加害人进行反击时,不可能期待其具有合理评估妥当的必要手段的能力。此时,由于行为人没有超过防卫限度的预见或者预见可能性,从而根本欠缺构成犯罪所必要的故意或者过失(根本无罪)。[284]

---

[281] 《日本盗犯防止法》第1条第1款规定,"在防止盗犯以及意图夺回被盗赃物的时候""在意图防止携带凶器,或者翻越损坏门窗墙壁或者撬开门锁,进入有人居住或者有人看守的宅院,建筑物或者舰船的人的时候""要求无故进入他人住宅或者有人看守的宅院、建筑物、舰船的人退去,或者意图使受到这样的要求,但不自上述场所退去的人离开的时候""为了排除对自己或者他人的生命、身体、贞操进行的现实侵害而杀伤犯人的,是刑法第36条第1款所规定的防卫行为"。

[282] 《俄罗斯联邦刑法典释义》(上册),黄道秀译,中国政法大学出版社2000年版,第293、316页。

[283] 这里必须说明的是,尽管刑法第20条第3款明确规定,对正在进行行凶等严重危及人身安全的暴力犯罪,采取防卫行为,造成不法侵害人伤亡的,不属于"防卫过当",但从实质上讲,这种情况仍然是"防卫过当"。因为,在该条款的适用上,除防卫限度之外,其他方面都必须合乎正当防卫的一般规定。只是为了和刑法第20条第2款所规定的要承担刑事责任的"防卫过当"区分开来,所以该款才特意规定其"不属于防卫过当"。但这只是形式上的区别而已。

[284] 黄荣坚:《基础刑法学》(上)(第4版),台北,元照出版有限公司2012年版,第238页。

但我国的司法实践似乎并没有意识到这一点,仍然坚持只要在防卫过程中发生死伤结果,就是防卫过当,就要承担刑事责任,只是在处罚上要从宽而已。这一点,只要看看现实生活中被作为过失防卫过当而判决的案子,就能深刻地体会到。

在我国的司法实践当中,被作为过失犯罪处罚的防卫过当的常见例子是:在被众人围殴的过程中,被告人随手捡起地上的一把锐器物挥舞,刺中了冲在最前面的人的颈部,造成重伤结果;[285] 女性被告人被酒后的男性被害人用双膝压住腹部并用双手掐住脖子不松手的时候,顺手从窗台上摸到一棍状物(实际上是刀子)向被害人后背部位打去,致使被害人死亡;[286] 面对手持军刺向自己冲来的被害人,行为人将右手中的玻璃茶杯向其扔去,砸中被害人眼部,致其重伤;[287] 等等。这些案件中,行为人都是在遭受危及人身安全的严重暴力犯罪的过程中,惊慌失措,本能地采取了当时最为顺手的反击。且不说正当防卫制度体现的是"正不得向不正让步"的理念,没有要求防卫人在反击时首先必须考虑避让,即便说行为人在造成过当后果上具有过失,但上述程度的过失是难免的、可以理解的,没有必要将其作为防卫过当而追究防卫人的刑事责任。毕竟,任何人在面临突发的危急的时候,要求其沉着冷静,采取最为温和、最为精准的反击方式,有强人所难之嫌。而且,将紧急状态下的防卫过当行为一律作为刑法第 20 条第 2 款的防卫过当处理,会使刑法第 20 条第 3 款失去其存在价值。

第二,应当减免处罚的防卫过当与过失犯难以并存。

防卫过当本来不是正当防卫,而是危害社会的犯罪行为,只是因为考虑到其中包含有正当防卫的因素,所以才赋予行为人一个足够有分量的优惠,即从宽处罚情节的地位("应当减轻或者免除处罚"),但这种从宽处罚的优惠也只能使用一次,而不能使用两次。否则,就会违反禁止重复评价原则,造成违反罪刑法定原则的结果。

实务中,很多判例没有注意到这一点,将防卫过当情节既在定罪(过失犯)中使用,又在量刑(应当减轻或者免除处罚)中使用,从而造成量刑上的失当。如在"林某某过失致人重伤案"中:一方面,法院认为,上诉人林某某在遭受他人殴打的过程中,持锐器物反击,造成被害人重伤的严重后果,其行为已构成过失致人重伤罪,应依法惩处;另一方面,法院又认为林某某的行为属防卫过当,且其有主动投案自首的情节,依法应当减轻处罚,故以过失致人重伤罪判处其有期徒刑 1 年。[288] 但问题也由此而来。且不说行为人另外还有一个一般要从宽处罚的自首情节,单凭"防卫过当"情节,被告人也不至于被判处 1 年的有期徒刑。因为,在防卫过当的场合,行为人享受"应当减轻或者免除处罚"的优惠,而过失致人重伤罪的法定刑是"三年以下有期徒刑或者拘役"(刑法第 235 条),在此范围之内减免处罚的话,对林某某的最终量刑,即便不是免除处罚,也应当是比有期徒刑更轻的拘役才对,否则就不是"减轻或者免除处罚"。法院判处被

---

[285] 广东省揭阳市中级人民法院刑事附带民事判决书,(2017)粤 52 刑终 226 号。
[286] 西藏自治区康马县人民法院刑事判决书,(2016)藏 0230 刑初 1 号。
[287] 安徽省东至县人民法院刑事判决书,(2015)东刑初字第 00196 号。
[288] 该案基本事实为:两伙人因为琐事发生争执互殴,被告人林某某等上前劝阻,但遭到其中乙方的殴打。在被殴打期间,林某某随手从地上捡起一条状器物反击,在此过程中林某被刺伤颈部。经鉴定,损伤程度属重伤一级。林某某经公安机关传唤主动到案,并如实供述自己的罪行。广东省揭阳市中级人民法院刑事附带民事判决书,(2017)粤 52 刑终 226 号。

告人林浩堆1年有期徒刑,明显有违反罪刑法定原则之嫌。[289]

实践中,也能看到仅将防卫过当评价为过失犯而未给予减免处罚优惠的判例。如在"央某过失致人死亡案"中,法院认为,被告人央某的行为是防卫过当,构成过失致人死亡罪,判处其有期徒刑3年缓期5年执行。[290] 因为依据刑法第233条规定,过失致人死亡罪的基本法定刑是3年以上7年以下有期徒刑,而"判3缓5"正好在此范围之内。可见,该判决在量刑时没有将防卫过当与过失犯的情节并用。

但这种直接将防卫过当评价为过失犯,不减免处罚的做法又会引发另外的问题,即依照刑法第20条第2款的规定,防卫过当是量刑情节,为何在将防卫过当评价为过失犯时其就成为定罪情节了呢?而且,将防卫过当作为评价过失犯的定罪情节,不再对过失犯减免处罚的处理方式,会导致防卫过当处罚上的轻重倒置。如在防卫过当致人重伤的场合,如果说行为人构成过失致人重伤罪的话,其量刑就要在"3年以下有期徒刑或者拘役"(刑法第235条)的范围之内进行;相反地,若说该行为在构成故意伤害罪的基础上享受"减免处罚"的优惠的话,则行为人即便不被免除处罚,也有可能被判处比拘役更轻的管制(刑法第234条第1款)。从保护公民正当防卫的积极性的角度来讲,后者的做法,即将防卫过当作为故意犯处罚,显然比前者即将防卫过当作为过失犯处罚更为妥当。

3. 极端的防卫过当致死行为应当作为故意杀人罪处理

所谓极端的防卫过当致死行为,就是明知自己的防卫行为明显超过必要限度,会造成不法侵害人死亡的严重后果,而希望或者放任该种结果发生的防卫行为。如为夺回自己的被盗财物而以开车撞击小偷的手段进行反击,造成小偷死亡;或者为了保护自己的西瓜被盗而用刀砍断盗窃犯的手掌的场合。这种情形在国外存在争议。如在日本,一种观点从刑法对于防卫过

---

[289] 从笔者所收集的被判定为过失致人重伤罪的防卫过当的判例来看,几乎都存在这样的问题。如在"宋某某故意伤害案"[湖南省溆浦县人民法院刑事判决书,(2015)溆刑初字第97号]中,法院认为:被告人宋某某的行为具有防卫性质,但明显超过必要限度,造成重大损害,是防卫过当,构成过失致人重伤罪;考虑到宋某某的行为属防卫过当,应减轻处罚;且被告人还有自首,取得了被害人谅解等情节,可以从轻处罚;认定被告人宋某某犯过失致人重伤罪,判处有期徒刑6个月,缓期1年执行。在"黄某某过失致人重伤案"[广西壮族自治区天等县人民法院刑事判决书,(2014)天刑初字第77号]中,法院认为:被告人黄某某为了使他人的财产免受正在进行的不法侵害,采取制止不法侵害的行为,但其防卫行为明显超过必要限度,且造成了被害人苏某某重伤的后果,属于防卫过当,应当负刑事责任,但依法应减轻处罚;被告人黄某某归案后如实供述自己的罪行,且当庭自愿认罪,依法予以从轻处罚,故认定被告人犯过失致人重伤罪,判处有期徒刑8月。在"朱某某过失致人重伤案"中[黑龙江省巴彦县人民法院刑事判决书,(2015)巴刑初字第248号],法院认为,被告人朱某某在阻止他人实施不法侵害时,致一人重伤的后果已明显超过必要限度,属防卫过当,构成以过失致人重伤罪,但应当减轻或者免除处罚。另外,被告人到案后,能如实供述犯罪事实,且与被害人达成和解协议,可依法从轻处罚。故法院判决被告人朱某某犯过失致人重伤罪,判处有期徒刑10个月。在"宋某某过失致人重伤案"[云南省西畴县人民法院刑事附带民事判决书,(2015)西刑初字第45号]中,法院认为,被告人宋某某虽具有避免他人及自身合法利益受到伤害的防卫意图,但其防卫行为明显超过必要限度造成重大损害,是防卫过当,在量刑上应当减轻或免除处罚;且被告人案发后有自首,积极赔偿了被害人部分经济损失,庭审中认罪态度较好等情节,故判决被告人宋祖传犯过失致人重伤罪,判处有期徒刑2年缓刑3年。唯一被判处免予刑事处罚的是,"钱某某过失致人重伤案"[文山市人民法院刑事附带民事判决书,(2015)文刑初字第214号]法院认为,钱某某的行为虽然发生在沙某某先用手掐住其脖子时,即不法侵害正在进行之时,但钱某某用力向地面推搡沙某某的行为,已经明显超过了制止沙某某不法侵害的必要限度,并最终给沙某某造成了重伤的重大损害,钱某某的行为应属防卫过当;结合钱某某具有自首并部分赔偿了被害人的经济损失等情节,属情节轻微,不需要判处刑罚,故依法判处被告人钱某某犯过失致人重伤罪,免予刑事处罚。

[290] 西藏自治区康马县人民法院刑事判决书,(2016)藏0230刑初1号。

当的减免处罚是任意处罚,法官根据情况也可以决定不处的立场出发,认为上述情形有成立防卫过当的余地。[291] 但另一种观点则从正当防卫必须是"不得已而实施的行为"[292]的角度出发,认为在保护法益与被害法益显著失衡的场合,应当否定反击行为的防卫性,认为上述行为不是防卫过当,而是故意犯罪。[293]

在刑法第20条第1款所规定的正当防卫制度当中,没有"不得已"的"相当性"要求,同时,对于防卫过当的减免处罚,我国采取的是强制性规定,因此,和日本相比,我国的正当防卫的成立条件更为宽松,对防卫过当的处罚更为轻缓。由于立法对公民个人自行正当防卫的提倡和鼓励,使上述行为在我国刑法规定之下,通常会被认定为防卫过当。同时,为了体现对防卫过当从宽处罚的强制性要求,在实务中,防卫过当,即便发生了死人结果,通常也会被论以故意伤害罪,只是在量刑上从宽处罚而已。[294] 由此而带来的问题是,在防卫过当的场合,防卫人对所引起的伤害结果被认定为故意,但对死亡结果则只能被认定为过失,理由何在?

司法实务为何一直有意避免对出现了死亡结果的防卫过当案件适用故意杀人罪,有学者认为是出于对民众法感情的顾虑,即一般人在情感上很难将制止了不法侵害的防卫人与故意杀人犯联系在一起。[295] 但这种顾忌民众法感情的做法,不仅与实际情况不符(在行为人明知自己的明显超过必要限度的防卫行为会造成他人死亡的严重后果仍不停止反击的场合,还能说行为人对死亡结果没有认识或者预见,仅仅构成故意伤害致死吗?),而且还会导致刑法对防卫过当者赋予的一些优惠政策难以落到实处。如依照刑法第234条第2款,对于故意伤害致人死亡的,处10年以上有期徒刑、无期徒刑或者死刑。如果说防卫过当致人死亡的,一概论以故意伤害(致死)罪,则不管行为人具有什么可以斟酌的情节,法院都只能在"7到10年"有期徒刑之间选择适当刑罚,再也没有其他选择了。[296] 但若尊重事实,说防卫过当行为构成故意杀人罪,则对行为人量刑的范围就要宽广得多。

按照刑法第232条的规定:故意杀人的,处死刑、无期徒刑或者10年以上有期徒刑;情节较轻的,处3年以上10年以下有期徒刑。在防卫过当致人死亡的场合,如果构成故意杀人罪,没有其他量刑情节的话,对行为人的处罚和故意伤害(致死)罪的场合没有差别,最多只能在7年以上10年以下有期徒刑的幅度之内选择;但在存在义愤杀人、大义灭亲、因不堪忍受被害人长期迫害或者虐待等"较轻情节"的故意杀人案中,处罚就大不一样了。此时,对行为人可以在3年以下有期徒刑的范围内选择合适的量刑,或者免除处罚。这种处罚,显然更加符合防卫过当致人死亡的实际情况,可实现对故意杀人罪的量刑幅度从免除刑罚到10年有期徒刑的全覆

---

[291] [日]西田典之:《日本刑法总论》,刘明祥、王昭武译,中国人民大学出版社2007年版,第130页。

[292] 《日本刑法》第36条第1款规定:"对于紧迫不法的侵害,为了防卫自己或者他人的权利而不得已实施的行为,不处罚。"其中,"不得已",是指保护自己或者他人权利的手段必须是必要的、最小限度的侵害、威胁利益的行为。[日]大谷实:《刑法讲义总论》(新版第5版),黎宏、姚培培译,中国人民大学出版社2023年版,第283页。

[293] [日]山口厚:《刑法总论》(第3版),付立庆译,中国人民大学出版社2018年版,第137~138页。

[294] 造成重伤的,按照刑法第234条第2款前段量刑;致人死亡的,则按照刑法第234条第2款后段规定,在"十年以上有期徒刑、无期徒刑或者死刑"范围之内处罚。

[295] 陈璇:《论防卫过当与犯罪故意的兼容——兼从比较法的角度重构正当防卫的主观责任要件》,载《法学》2011年第1期。

[296] 因为通说认为,减轻处罚只能在具体犯罪的最低法定刑的下一档幅度之内量刑。

盖;而且还能避免认定为故意伤害(致死)罪所带来的量刑幅度过窄而造成的诸多不便。

总而言之,虽然从理论上讲,存在应当预见到自己明显超过必要限度的防卫行为会造成他人死伤的重大损害后果而没有预见到,或者已经预见到却轻信可以避免的所谓过失防卫过当,但由于刑法第20条第3款的存在,使所谓过失防卫过当情形仅具理论上的研究价值,而鲜有实践意义。[297] 在刑法第20条第3款存在的前提下,实务中真正成为问题所谓防卫过当,只有一种情况,就是明知自己明显超过必要限度的防卫行为会造成他人死伤的重大损害,却希望或者放任该种死伤结果发生的情形。这种情形下,行为人所具有的、在道义上值得评价的防卫动机或者意图,不能掩饰或者抵消行为人对他人死伤结果的追求或者放任的实质,因此,可以将其作为故意犯处罚。只是,这种故意犯具有防卫过当的性质,必须享受减轻或者免除处罚的优惠。

司法实务中,由于对刑法第20条第3款的理解、认识不足,致使大量的应当按照刑法第20条第3款处理的特殊防卫被作为第2款规定的防卫过当处理。在采用这种方法处理时,由于会导致量刑过重的问题,因此,司法人员便采用了一种"和稀泥"的做法:在造成伤害结果的场合,承认行为人具有故意;但在造成死亡结果的场合,则仅认定为过失。但这种做法,不仅不符合我国刑法中犯罪故意、犯罪过失的规定,在量刑结果上还有违反罪刑法定原则之嫌。实际上,"减轻或者免除处罚"只是处理防卫过当的手段之一,并不是唯一。在行为人面临严重危及人身安全的暴力犯罪,由于恐惧、惊愕、亢奋等情绪的影响,不可能期待其采取妥当、精准的反击措施时,即便造成不法侵害人伤亡的过当结果,也不承担刑事责任。这就是刑法第20条第3款所规定的对防卫过当行为进行处理的另一选项。

这样说来,关于防卫过当的罪过形式,说到底就是在刑法第20条第2款和第3款上的选择取舍问题。重视第2款的话,防卫过当的认定范围就会偏大,将防卫过当行为认定为故意或者过失犯罪;重视第3款的话,防卫过当的认定范围就会偏窄,将超过必要限度的防卫行为以无罪处理。既然刑法在1997年修改时增设了第20条第3款即特殊防卫,既然防卫权是基于公民在遭受突然袭击时的本能反应而设定的权利,则重视刑法第20条第3款,扩张正当防卫的适用范围,有其现实合理性。只是,刑法是一把"双刃剑",用得好,国家与公民均得其利;用得不好,则国家与公民均受其害。正当防卫制度也是如此。因此,只有活用刑法第20条第3款所规定的特殊正当防卫制度,提高公民行使正当防卫权的积极性,同时,提高刑法第20条第2款的防卫过当的处罚,将其从过失犯转化为故意犯,才能让公民在行使权利的同时,充分注意到自己的义务,从而使正当防卫制度成为让国家与公民双方得利的宝剑。

---

[297] 类似情形不仅在我国存在,在日本也是一样。尽管日本学术界有认可过失防卫过当的倾向,并且认为在尽管危险已经结束,但由于惊愕、恐惧、亢奋等陷入异常心理状态,没有认识到危险已经消失,而继续反击的场合;或者对方是幼儿、老人、精神病人等,尽管应当回避侵害,而且也容易回避,但由于惊愕、恐惧、亢奋、狼狈,或者其他某种理由,在回避的必要性上发生错误,导致了防卫过当;或者对方仅仅是出于威吓的目的而进行轻微的暴力攻击,但行为人却由于惊愕、恐惧、亢奋、狼狈等陷入异常的心理状态,没有认识到这一点,反而错误地以为是对生命、身体等重大法益施加侵害,基于相当性的错误而进行正当防卫的场合,由于行为人存在事实认识错误,对于所引起的过当结果排除故意,在刑法规定有过失犯的场合,就成立过失犯。参见[日]津田重宪:《正当防卫与紧急救助的基本问题》,成文堂2012年版,第89~90页。但实务中并没有明确的过失防卫过当的判例存在。[日]内藤谦:《刑法讲义总论》(中),有斐阁2001年版,第349页。

4.假想防卫过当

与防卫过当和假想防卫有关的,是所谓假想防卫过当。假想防卫过当,是指本不存在正在进行的不法侵害,但行为人误以为(假想)存在,并对该假想侵害实施明显超过必要限度的反击,造成重大损害的行为。[298] 例如某日晚11时许,被告人谢某某起身如厕,见陌生人史某某(男,16岁,送奶员)骑自行车从其家门口经过,觉得其形迹可疑,遂尾随其后查看。见史某某向前骑至一拐角处,将自行车停靠在该处路灯下,右向拐进小弄,至另一户门口,用手开门旁的窗户。谢某某跟至史某某身后五六米处停下,查问史某某是干什么的,史某某答:"你管我是干什么的!"谢某某听后未作声,返身至一邻居家,对邻居讲:"有贼,快跟我去捉贼!"并从门后取得一根晾衣用的铁杈返回现场,见史某某正欲推自行车离开,遂用铁杈向史某某头部打去,击中史某某的嘴部,致史某某7颗牙齿脱落。随后赶至的邻居认出史某某系送奶员,谢某某也发现了自行车倒下后从篓筐中散落在地的牛奶瓶,才知道史某某原来是送牛奶的。经法医鉴定,史某某的损伤已构成重伤。谢某某误以为送奶员史某某是小偷,用铁杈打击其头部,导致其重伤。此案就是典型的假想防卫过当事例。就该案而言,即便说被害人是"小偷",但对手无寸铁,没有任何防范准备且"正欲推自行车离开"的"小偷",被告人谢某某所采用的反击手段,即用铁杈击打其头部,也明显超过了正当防卫的必要限度,造成了重大损害,属于典型的假想防卫过当。也正是基于这种故意实施过当防卫、导致被害人重伤的事实,检察机关认为对被告人谢某某应以故意伤害罪定罪,在3年以上10年以下有期徒刑的范围内量刑。但是,对假想防卫(过当)以故意犯罪论罪并予以重罚的做法,其理论根据何在,尚需进一步探讨;况且,重罚的社会效果也并不一定理想。就上例而言,如果对谢某某的行为以重刑处罚,极有可能挫伤公民见义勇为的主动性和积极性,偏离刑法设立正当防卫的宗旨,因此,在综合考虑了该案发生的起因以及被告人的主观目的之后,二审法院最终还是维持了被告人谢某某构成过失致人重伤罪,判处有期徒刑1年的原判结论。这种判法尽管降低了对被告人的处罚,一定程度上褒奖了其见义勇为的积极性,但是,这种做法,注重被告人的防卫动机,被告人对"正欲推自行车离开"的误想"小偷"采取用铁杈击打其头部的事实明明有认识,却被置于不顾,明显违反了刑法第14、15条有关犯罪故意和犯罪过失的规定,不仅不利于保护无辜的被害人的利益,而且也根本没有考虑到即便是对正在发生的不法侵害的反击,也不得"明显超过必要限度造成重大损害"的限度要求。因此,假想防卫过当到底应当如何定性、对其是否能够减免处罚等,就成为问题。

(1)假想防卫过当的罪过形式

假想防卫过当,是行为人误认为存在正当防卫的前提事实即"正在进行的不法侵害",并在此基础上采取了"明显超过必要限度造成重大损害"的防卫行为的情形。这种场合,由于不是针对"正在进行的不法侵害而采取的制止不法侵害的行为",且"明显超过必要限度造成重大损害",因此,肯定不是刑法所允许的作为排除社会危害性事由的正当防卫,而是刑法所不允许的侵害行为。这是确定无疑的。只是,成立刑法上的犯罪,除具有侵害行为、造成危害结果之外,还要求行为人在引起该结果时,主观上必须有罪过即故意或者过失,否则不成立犯罪。因此,

---

[298] 《谢某某假想防卫过当案》,载西政刑法,https://xzxf.swupl.edu.cn/jdynal/2023-10-19/70fb99c519104aca8a2124054a66610a.htm。

在处理假想防卫过当的时候,首要的问题就是,如何确定假想防卫过当场合下的行为人的罪过形式。对此,理论上主要有三种见解:

一是故意说,该说认为假想防卫过当的重心在于防卫过当,由于行为人对反击行为超过防卫限度有认识,因此,成立故意犯。这种观点认为,假想防卫的场合,行为人本应只成立过失犯或者意外事件,但由于其中掺杂的防卫过当行为中,存在行为人有意而为的情形,使整个假想防卫过当行为的性质发生了变化,从过失犯和意外事件转化为了故意犯。[299] 但是,防卫过当行为并不总是行为人有意而为,还存在行为人过于自信或者疏忽大意以及在当时的情形下,由于高度紧张、恐惧、惊愕,不能抗拒或者难以预见是否过当而引起的场合。将包含这种场合的假想防卫过当一概认定为故意犯罪,难言妥当。

二是过失说,该说认为假想防卫过当的重心在于行为人对作为防卫行为起因的紧急不法侵害存在误认,本质上是假想防卫,因此,构成过失犯。该见解认为,假想防卫的场合,不可能是故意,而只能是过失,在连过失都没有的时候,只能是意外事件。如此说来,在这种观点看来,假想防卫过当的罪过形式,最多只能是过失。[300] 我国的司法实践也多半主张这种观点。但该说有片面之嫌。一方面,将假想防卫过当一概看作"假想防卫",是只看到了该行为中的起因即"假想防卫"的一面,而没有看到其发展过程中的"防卫过当"的一面。在防卫过当的场合,正如在他人伸手偷拿自己水果摊上的一块西瓜时,竟然拿起西瓜刀将他人手砍断的场合一样,对所造成的侵害结果,行为人难以说没有故意。另一方面,其会导致处罚上的不平衡。在假想防卫过当的场合,行为人有两个过错(起因上的误认和防卫限度上的误认),而假想防卫的场合,行为人只有一个过错(起因上的误认)。如果说假想防卫过当就是假想防卫,对二者同样处罚的话,则明显评价不足,会导致处罚上的不平衡。

三是二分说,这种学说将假想防卫和防卫过当并重,认为在行为人既对不法侵害有误认,又对防卫的必要限度有误认的场合,排除故意,可以成立过失犯;但行为人只是对不法侵害有误认,而对超过防卫限度没有误认的,可以按故意犯处理。[301] 本书赞成这种观点。

平心而论,上述单纯的故意说或者过失说并非彻头彻尾地荒诞不经,其问题在于,固执地坚持一种形式而排斥另一种形式,有以偏概全之嫌。事实上,在行为人误认存在正在发生的不法侵害而决定进行反击之后,假想的事实便演变为了行为人实施防卫行为的动机,对于整体上的过当行为的性质已经不可能有什么影响了。假想防卫过当的整体性质,取决于后面的过当行为发生时行为人的认识(是否认识到行为超过了防卫的必要限度),正如在"大义灭亲、为民除害"的故意杀人罪当中,决定该行为性质的,是杀人行为发生时,行为人对于其行为及其后果是不是具有认识,而不是取决于行为人实施行为时所怀揣的良好动机。因此,在以为前来买西瓜的顾客是偷瓜贼而用自己摊位上的西瓜刀将其右手砍断的例子中,针对假想的不法侵害,行为人明显超过必要限度而进行反击,造成重大损害时,对该损害后果而言,可以说其具有故意。此种场合,且不说行为人存在认识错误(误将前来买西瓜的顾客当作了小偷),即便说可以针对

---

[299] 孙立权、潘晓军、邢思利:《假想防卫过当辨析》,载《现代法学》1989年第3期。
[300] 吴亚娥:《对假想防卫的再认识——兼评"假想防卫过当"》,载《安康学院学报》2011年第5期。
[301] 黎宏:《论假想防卫过当》,载《中国法学》2014年第2期。

该种误认下的侵害进行反击,但在反击的时候,也应有限度的考虑,选择较为温和的制止手段,如用言辞呵斥或者用木棍敲打对方等即可。但行为人却有意选择了过于激烈的防卫方式即用刀砍手,最终造成了他人手被砍断的重伤结果,属于典型的故意的防卫过当;相反地,在误以为挥舞竹竿吓唬自己的对方要殴打自己,于是意图用木棒进行反击,但由于过分紧张,误把手边的钢管当成木棒反击对方,结果把对方打成重伤的场合,防卫过当的结果是由于行为人不注意而引起的,其对所使用的反击手段没有认识,此时就该过当结果而言,行为人属于过失,而不能说其具有故意。

要注意的是,在假想防卫过当的场合,除故意和过失之外,还存在一种因为没有罪过而不构成犯罪的类型。其存在于行为人就假想防卫和防卫过当这两种违法行为均没有主观罪过的场合。具体而言,就是指当时的情形足以让行为人误认为存在正在进行的不法侵害,从而激起了其自我防卫的本能,但在防卫的时候,"行为人在慌乱之中,根本没有想到还有什么更温和的方法可以使用,在防卫行为人的主观认知中,其行为已经是符合必要性的行为。换句话说,行为人根本没有逾越尺度的预见或者预见可能性,从而根本欠缺构成犯罪所必须具备之故意或者过失(根本无罪)"[302]。换言之,行为人在假想防卫和防卫过当的时候,若均没有过错,即便发生了"重大损害",也只能作为意外事件处理,而不能认定为犯罪。

(2)假想防卫过当能否减免处罚

成立正当防卫,具有限度要求,即防卫行为不能"明显超过必要限度造成重大损害",否则就不是正当防卫,而是防卫过当。依据刑法第20条第2款的规定,防卫过当要负刑事责任,但是"应当减轻或者免除处罚"。假想防卫过当具有防卫过当的一面,因此,其是否也可以享受"应当减轻或者免除处罚"的待遇,便成为问题。对此,我国学者多持否定态度,因为:第一,肯定论会导致过失程度更严重、主观恶性较大的假想防卫过当,反而比过失程度轻、主观恶性小的假想防卫处罚还轻的不合理现象;第二,会导致在其他情节相同的情况下,作为故意犯罪的假想防卫过当反而比作为过失犯的假想防卫还轻的失衡现象;第三,有悖防卫过当减免处罚的立法精神。[303]

但是,本书认为,假想防卫过当能否适用防卫过当的规定减免处罚,应当从其本身所具有的特点出发进行讨论,而不能简单地一概否定。

可以肯定,无论从违法减少还是责任减少的角度,都难以对假想防卫过当行为直接适用防卫过当的规定,"减轻或者免除处罚"。因为,依照刑法第20条第2款的规定,所谓防卫过当是指正当防卫明显超过必要限度造成重大损害,其意味着,防卫过当是在其他方面均符合正当防卫要求,只是在防卫限度上没有达标而已,如此说来,成立防卫过当,首先必须符合正当防卫的前提条件即存在"正在进行的不法侵害"。但假想防卫过当的场合,由于所谓"正在进行的不法

---

[302] 黄荣坚:《基础刑法学》(上)(第4版),台北,元照出版有限公司2012年版,第238页。
[303] 刘明祥:《论假想防卫过当》,载《法学》1994年第10期;冉巨火:《假想防卫也存在过当——从一则案例谈起》,载《河南公安高等专科学校学报》2010年第5期。个别学者认为,尽管假想防卫过当不能直接适用法律对防卫过当减免处罚的规定,但其中行为人毕竟有防卫的目的,与通常的间接故意犯罪有别,因此,对这一心理在量刑时也不能完全不加考虑,对于假想防卫过当的案件应酌情从宽处理。参见王政勋:《正当行为论》,法律出版社1999年版,第201页。

侵害"是行为人所误认的、臆想的，客观上并不存在，因此，对于假想防卫过当，绝对不能直接套用刑法第20条第2款"防卫过当"的规定，否则就是违反了该规定。这个问题，对于责任减少说而言，也同样存在。责任减少说的根本理由在于，行为人处于恐惧、惊愕、亢奋等心理上的异常状态的时候，即便作为正当防卫前提的紧急不法侵害客观上并不存在，也还是能够以行为人心理上的异常状态为由，将假想防卫过当与正当防卫同样对待。但这种考虑，也同样会使假想防卫过当变成为防卫过当，违反刑法第20条第2款的规定。更为现实的问题是，上述推论均会导致刑罚处罚的失衡。如前所述，假想防卫过当的场合，行为人通常构成故意犯或者过失犯，而假想防卫的场合，行为人通常构成过失犯。如果说在具有双重过错（起因上的误认和防卫限度上的误认）的假想防卫过当中，行为人仍然构成防卫过当，能够享受减免处罚的待遇，而只有一个过错（起因上的误认）的假想防卫的场合，虽说行为人能构成过失犯，但却不能享受减免处罚的待遇的话，岂不正好落入反对者所称的"在其他情节相同的情况下，作为故意犯罪的假想防卫过当反而比作为过失犯的假想防卫还轻的失衡现象"的窠臼了吗？因此，从防卫过当的处罚根据的角度来探讨假想防卫过当的处罚，是强人所难的。

但这并不意味着无法从责任原则的角度出发，寻求对假想防卫过当的妥当处罚。理论上讲，故意的假想防卫过当，是在行为人误以为存在紧急不法侵害的前提下，出于（应当减免刑罚的）防卫过当的认识而实施的行为。从我国刑法所坚持的、定罪量刑必须遵循的主客观一致的原则来看，可以说，虽然行为人造成了"重大损害"，应当承担刑事责任，但其所担责的范围也只能限定于行为人所认识或者应当认识的主观责任范围之内，否则就有追究结果责任之嫌。在假想防卫过当的场合，虽说行为人客观上"明显超过必要限度"造成了"重大损害"，应当追究其刑事责任，但既然行为人主观上只有防卫过当的认识，即误认为自己是在进行防卫，只是超过了必要限度而已，则就其客观上所引起的重大损害结果而言，也只能在其主观认识即防卫过当认识的限度之内，追究其刑事责任。如此说来，故意的假想防卫过当的场合，即便行为人就其所引起的损害结果，构成故意犯，但由于其主观上只有防卫过当的认识，因此，对于该结果，应当在防卫过当的范围内追究其责任。换言之，行为人就其所引起的过当防卫结果构成故意犯罪，但享受"应当减轻或者免除处罚"的待遇。"举重以明轻"，如果说故意的假想防卫过当能够这么处理的话，则过失的场合也当然能够同样处理。

只是，假想防卫过当作为假想防卫的一种，受到刑法有关假想防卫规定的制约。在刑法学当中，典型的假想防卫，即本不存在紧急不法的侵害但行为人误以为存在而实施反击的，属于事实认识错误的一种，通常作为过失犯处理，但不能被减免处罚。如果说作为假想防卫的假想防卫过当，在成立过失犯的基础上，还能享受防卫过当的待遇，则无疑会导致二者轻重颠倒、处罚失衡，因此，在假想防卫过当是否能够享受防卫过当待遇以及如何享受的问题上，还必须斟酌权衡其和不可能享受减免处罚待遇的典型假想防卫的关系。

基于以上前提，以下，对假想防卫过当该如何减免处罚的问题，进行分析：

首先，在对作为假想防卫过当前提的不法侵害事实的误认上，行为人连过失都没有的场合，可以直接适用防卫过当的规定减免处罚。因为从责任的角度来看，在对防卫行为的起因即不法侵害的假想或者说误认连过失都没有的场合，行为人所实施的防卫过当，和实际存在不法侵害的防卫过当，没有任何实质上的差别，二者都是在恐惧、惊愕、亢奋等心理状态下，出于对正在发生的不法侵害进行反击的目的或者对不法侵害进行反击的本能而实施的,在行为人的主观认识方面完全一致。如身材高大的便衣警察甲在下班回家的路上,偶然看到正在被通缉的女贩毒犯A,于是上前实施抓捕。女贩毒犯A拼命挣脱,并大喊:"救命啊,有人要流氓!"旁边经过的路人乙不知真相,顺手从路边拿起一块砖头向便衣警察的后脑砸去,致使便衣警察甲重伤不治,毒贩A逃走。在该场合,路人乙的行为具有假想防卫过当的嫌疑。但就当时的情况(警察身着便衣,没有表明身份;女犯大喊"救命啊,有人要流氓!")来看,可以说,路人乙在假想防卫的起因上没有什么过错,换作其他人,也足以认为当时正在发生不法侵害事实。尽管此举最终造成了便衣警察死亡、毒贩逃走的结果,但作为行为人的路人乙完全是为了使他人人身免受正在进行的不法侵害(被"耍流氓")而采取的制止不法侵害的行为,只是"明显超过了必要限度造成重大损害"而已。既然如此,在上述场合下,有什么理由不对路人乙比照防卫过当的规定,对其减免处罚呢? 相反地,如果不考虑上述情况中行为人的具体认识情况,不将其作为防卫过当减免处罚,而是作为故意伤害(致死)罪处理的话,则会让社会公众对不法行为的制止、抵抗产生犹豫,由于害怕惹麻烦,从而导致整个社会"事不关己、高高挂起""见危绕路、见死不救"的冷漠风气。[304]

其次,行为人对不法侵害事实的误认(侵害错误)有过失的场合,能够有限度地适用防卫过当的规定,减免处罚。因为,对不法侵害事实的误认有过失,实际上就是通常的假想防卫,而通常的假想防卫,一般是作为过失犯处理的,不享受减免处罚的待遇。如果说对不法侵害和过当事实的误认有过失的场合直接适用防卫过当的规定,对行为人减轻甚至免除处罚的话,则会出现尽管都是假想防卫,但责任更重的假想防卫过当被减免处罚,而责任较小的假想防卫则不能被减免处罚的结局,二者明显失衡。

但这并不意味着在上述场合,一概不能适用防卫过当的规定。因为,上述场合,仍是行为人在防卫过当心理支配下实施的行为,总体上仍能看作防卫过当,享受减免处罚的待遇。只是,受通常的假想防卫不能被减免处罚的影响,假想防卫过当在享受减免处罚待遇的幅度上,要受到一定限制。具体而言,可以分为以下三种情形:

一是在对不法侵害事实的存在有误认,但对过当事实没有误认的场合(故意的假想防卫过当),享受减免处罚的待遇,但不得轻于通常的假想防卫的处罚。只要将相关情形进行对比,其原因就能一清二楚。如就误以为前来买西瓜的顾客是偷瓜贼而用自己摊位上的西瓜刀将其右手砍断(重伤)的场合,尽管在误以为顾客是小偷这一点上存在过失,但在用刀砍手这一点上则存在故意,因此,这种场合属于典型的故意的假想防卫过当,构成故意伤害罪,应当在"3年以上10年以下有期徒刑"的范围内,按照刑法第20条第2款有关防卫过当的规定,减轻或者免除处

---

[304] 关于这一点,日本的一个判例可供参考。该案案情是:行为人看见数名警官深夜进到了大学校园,便深信他们是前来收集情报活动的特别审查局的特务,误以为存在紧急不法的侵害,出于保护大学学术自由和大学自治的传统的目的,当场就将警察们控制住,而且认为机不可失,如果不查清上述人员进入大学校园的真相的话,就难以实现排除上述侵害的目的,于是干脆就将警察扣留起来。对于行为人的这种行为,法院认为"上述行为是为了排除侵害不得已而实施的假想防卫行为",但同时也承认其是"超越了防卫程度的过当行为"。因此,法院就所起诉的非法拘禁等罪名,认为"应当依照刑法第36条第2款处理",免予刑罚。在这个案件中,法官之所以认为被告人的行为应当准用防卫过当的规定,免除处罚,是因为他们认为,警察们的言行中有不谨慎之处,其加剧了被告人的误信。日本名古屋高等法院1970年8月25日判决,刑事裁判月报2卷8号,第789页。

罚。但是，在没有过当情节的通常的假想防卫——如误以为顾客是暴力抢劫犯而将其右手砍断——的场合，其处罚只能依照刑法第 235 条规定的过失致人重伤罪定罪，在"3 年以下有期徒刑或者拘役"的范围之内进行，不能享受减轻或者免除处罚的待遇。在对不法侵害事实有误认而造成他人重伤的场合，行为人有两个罪过（对不法侵害的误认有过失、对过当事实的误认有故意）的，最高可以免除处罚，相反地，只有一个罪过（仅只对不法侵害的误认有过失）的，则不能免除处罚，至少要判处 6 个月的拘役。这显然在处罚上有颠倒轻重之嫌。如此说来，在以刑法第 20 条第 2 款对故意的假想防卫过当进行宽大处理的时候，应当受到一定限制。如就上述误以为顾客是小偷而砍断其手的情形而言，纵然可以享受防卫过当的待遇，但最多也只能减轻处罚，而不能达到免除处罚的程度；即便是减轻，其最终的量刑结果也不能低于造成同样结果的通常的假想防卫。

二是在对不法侵害事实和过当事实都有误认，但在后者的误认中存在过失的场合（过失的假想防卫过当），其处罚必须高于通常的假想防卫所成立的过失犯。如在误以为对方要侵害自己，本欲以竹竿进行反击，不想将手边的钢管当作竹竿，将对方打成重伤的场合，对行为人的处罚，不得轻于通常的过失致人重伤罪。因为，在这种场合下，尽管也成立过失犯，但行为人有两个过失，责任较重；相反地，在通常的假想防卫的场合，行为人虽然成立过失犯，但只有一个过失，责任较轻。因此，在最终的处罚结果上，即便认可过失的假想防卫过当可以享受防卫过当的待遇，但最终的处罚必须高于造成同样结果的通常的假想防卫。

三是对不法侵害事实和过当事实都有误认，但在后者的误认当中连过失也没有的场合（意外事件），其处罚只能减轻至单纯的过失犯的程度。因为，这种场合，和通常的假想防卫场合相比，没有什么两样。如行为人误以为大呼大叫、赤手空拳地向自己冲来的对方要攻击自己，于是顺手捡起路边的一根建材用的木条向对方头部挥去，不想上面有个钉子，击中对方太阳穴，将对方打死的，最多只能依据刑法第 235 条规定的过失致人重伤罪，在"3 年以下有期徒刑或者拘役"的范围内处罚。因为上述场合，尽管造成了死亡这种明显超过必要限度的重大损害结果，但却是行为人意想不到的原因（木条上有钉子）造成的；即便说行为人的行为是假想防卫过当，构成刑法第 233 条所规定的过失致人死亡罪，应当在"3 年以下有期徒刑"的量刑幅度内，减轻或者免除处罚，但最终也不能低于过失致人重伤罪的处罚，否则，会造成轻重失衡。

以上见解，简单地说，就是在假想防卫过当的场合，如果行为人有意对自己所假想或者误认的不法侵害人进行超过必要限度的反击，造成重大损害，就要构成故意犯罪；对超过防卫限度进行反击、可能造成重大损害的事实应当预见但因为疏忽大意而没有预见，或者已经预见但因为轻信能够避免，以致最终没有预见而造成损害结果的场合，就要构成过失犯罪。换言之，假想防卫过当，根据行为人对过当事实有无认识，可以分为故意犯和过失犯。在针对假想侵害进行过当防卫的场合，由于行为人在实施行为时有防卫过当的认识，因此其责任的追究只能在其主观认识即防卫过当的认识限度内进行，否则有追究结果责任的嫌疑。只是，在以刑法第 20 条第 2 款防卫过当的规定处罚假想防卫过当时，必须注意假想防卫过当本身所具有的假想防卫的一般特征，注意其和通常只能作为过失犯处理而不享受"减免处罚"待遇的假想防卫的平衡。

据此，就前述"谢某某假想防卫过当案"而言，应当以故意伤害罪定罪，适用刑法第 20 条第

2款的防卫过当规定,减轻处罚。因为,在该案当中,尽管陌生人史某某"形迹可疑",让谢某某误认其是小偷,因而产生了"使他人财产权利免受正在进行的不法侵害"的正当防卫动机。但是,用铁权击打赤手空拳、"正欲推自行车离开"的"小偷"头部,致其7颗牙齿脱落的行为,"明显超过必要限度造成重大损害",属于故意的假想防卫过当,构成故意伤害罪,应"处3年以上10年以下有期徒刑"。但由于谢某某是出于应当减免刑罚的防卫过当的认识而实施行为的,按照我国刑法一贯遵循的、行为人只能在其认识范围内承担刑事责任的主客观一致原则,同时考虑到和通常的假想防卫要作为过失致人重伤罪处罚、没有减免处罚待遇的平衡,因此,对谢某某应当减轻处罚,判处3年以下有期徒刑。这样说来,原判决对被告人谢某某"判处有期徒刑1年",大致妥当,只是就"过失致人重伤罪"的定性而言,确实存在值得商榷之处。

（四）特殊防卫

刑法第20条第3款还对暴力犯罪的正当防卫行为作了特殊规定,即"对正在进行行凶、杀人、抢劫、强奸、绑架以及其他严重危及人身安全的暴力犯罪,采取防卫行为,造成不法侵害人伤亡的,不属于防卫过当,不负刑事责任"。这一规定就是通常所说的无限制防卫或特殊防卫。

现行刑法之所以这样规定,主要有两点考虑：一是当下社会治安的实际情况。各种严重暴力犯罪不仅严重破坏社会治安秩序,也严重威胁公民的人身安全,对上述严重的暴力犯罪所采取的防卫行为进行特别规定,有利于鼓励群众同严重暴力犯罪作斗争,维护社会治安秩序。二是上述暴力犯罪的实际特点。上述所列举的犯罪都严重威胁人身安全,被害人在面临上述犯罪威胁之际,很难辨认加害人的目的和侵害程度,也很难判断和掌握反击的强度,如果对反击行为做过多的限制,则会束缚被害人的手脚,不利于公民同犯罪人作斗争,保护自身法益。[305]

但要注意的是,刑法第20条第3款规定的防卫类型,不是防卫过当,也不是正当防卫,而是一种独立的免责类型。因为,其并不符合刑法第20条第1款规定的正当防卫要求。我国司法实践对于刑法第20条第3款存在误解。目前的通说观点认为,刑法第20条第3款是对刑法第20条第1款在防卫限度上的修正,其适用必须以防卫人的行为符合刑法第20条第1款的条件为前提。[306] 但这种理解存在重大缺陷。首先,第20条第3款不只是在防卫限度上对刑法第20条第1款规定的正当防卫进行了修正,在其他方面也和第20条第1款的规定存在明显差异。按照刑法第20条第3款的规定,只要是针对"正在进行"的"行凶"等"严重危及人身安全的暴力犯罪"进行反击,在防卫限度上就没有不能"明显超过必要限度"的要求,也没有"为了使国家、公共利益、本人或者他人的人身、财产和其他权利"免受不法侵害的防卫意识限定,并且即便造成"不法侵害人伤亡"这种程度的"重大损害",也不用负刑事责任。可见,刑法第20条第3款所规定的不负刑事责任的防卫行为,和该条第1款所规定的正当防卫是截然不同的两种行为类型。其次,对正当防卫的必要限度进行修正的是刑法第20条第2款。其中规定防卫行为"明显超过必要限度造成重大损害的",就是防卫过当。如果说第3款也是对第1款所规定的"限度"的修正,则第2款和第3款在逻辑上应当一致,但刑法第20条第2款和第3款在逻辑上自相矛盾。一方面,刑法第20条第2款将防卫过当的标准设定为"明显超过必要限度造成重

---

[305] 王尚新主编：《最新〈中华人民共和国刑法〉释解与适用》,人民出版社2011年版,第22页。
[306] 杨宗辉、郭泽强：《正当防卫制度的再思考——从刑法第20条第3款切入》,载《法学评论》2001年第4期。

大损害",意味着以杀人手段制止伤害行为是过当的,要承担刑事责任;另一方面,第20条第3款又将防卫过当的标准做了调整,认为针对严重危及人身安全的暴力犯罪,即便造成了不法侵害人伤亡,也不属于防卫过当。[307] 也就是说,在这类防卫情形下,不存在防卫过当的问题。显然,刑法第20条第3款不是简单地对该条第1款进行防卫限度上的修正。

本书认为,刑法第20条第3款的规定是一种迥异于第1款正当防卫的免责规定。这一点,从该款的立法原因便可窥豹一斑。关于为什么要增设该款规定,刑法草案起草者对此有如下说明,即被侵害人面临正在进行的严重威胁人身安全的暴力犯罪,"很难辨认侵害人的目的和侵害程度,也很难掌握实行防卫行为的强度",规定太严,会束缚被侵害人的手脚,妨碍其与犯罪作斗争的勇气。[308] 这种通俗易懂的说明,正好印证了以下立法建议,即行为人在面临该种严重危及人身的暴力犯罪时,心理上处于高度紧张状态,不能苛求行为人采取适当的手段进行防卫。[309] 这种由于行为人高度紧张而不承担刑事责任的规定,实际上是一种因为没有期待可能性而不负刑事责任的特殊防卫类型。[310] 该种防卫类型,与《德国刑法典》第33条"防卫人因为慌乱、恐惧或者惊吓而超越正当防卫的界限的,不罚"、《荷兰刑法典》第41条第2款"因遭受不法侵害而导致的一时冲动,造成防卫过当的,不负刑事责任"、《日本盗犯防止法》中的"没有现实危险的场合,在由于恐怖、惊愕、兴奋、狼狈而当场杀死或者杀伤犯人的时候,不受处罚"等规定中所体现的理念是一致的。这种行为人面临危急情况而出手仓促,没有可能期待行为人采取最为合适的应对方法的场合,因为行为人欠缺有责性而根本不构成犯罪,是与正当防卫的减免处罚所不同的问题。从此意义上讲,在前述"于海明正当防卫案"[311] 中,尽管存在于海明在被害人刘某倒下之后,仍然继续持刀追砍的行为,但从事发当时的全过程来看,完全可以说于海明属于因为慌乱、恐惧或者惊吓而超越正当防卫限度的情形。虽说法院在于海明案中强调,事后的追砍行为未砍中被害人,意在说明被害人死亡结果是前面的正当防卫行为所致,与后面的防卫不适时无关,但从刑法第20条第3款的角度来看,即便是后面的追砍行为所致,于海明也可以不承担刑事责任。因此,在援引刑法第20条第3款规定的前提之下,对追砍两刀并未砍中的事实没有强调的必要。

在适用刑法第20条第3款的特殊防卫规定时应当注意以下问题:

1. 该规定是有关特殊条件下的防卫行为的免责规定,而不只是针对正当防卫限度的变通规定,因此,在适用该规定的时候,除防卫限度外,其他方面也未必要全然合乎正当防卫的一般规定。例如,乙拿刀对甲实施抢劫,甲进行反击使乙倒地休克。甲心想,对抢劫者可以杀死,于是拿起乙所持的刀,猛刺乙的左胸部致其死亡。在上述场合,对甲的行为就不能适用刑法第20条第3款的规定。因为,甲在事后所进行的刺杀行为,并不是在因恐惧、愤怒、惊愕等产生心理动摇的情况下实施的,其与使用超过必要限度的反击手段所进行的防卫过当并没有本质上的

---

[307] 袁彬:《情绪犯原理》,中国人民大学出版社2014年版,第220页。
[308] 郎胜主编:《中华人民共和国刑法释义》(第6版),法律出版社2015年版,第23页。
[309] 陈康伯等:《关于完善正当防卫的建议》,载高铭暄主编:《刑法修改建议文集》,中国人民大学出版社1997年版,第269页。
[310] 黄荣坚:《基础刑法学》(上),台北,元照出版有限公司2012年版,第238页。
[311] 于海明正当防卫案,最高人民检察院指导性案例检例第47号(2018年)。

区别,甚至可以说是事后加害行为。相反地,若是在行为当时,由于事发突然,防卫人精神高度紧张,心理极度恐惧而实施了不符合时间条件、限度条件的防卫行为,则可以适用刑法第 20 条第 3 款的特殊防卫规定。如在"涞源反杀案"中,因为骚扰王某某夫妇而被公安机关警告但无效的王某携带水果刀、甩棍翻墙进入王家院中,被王某某夫妇及其家人持铁锹、木棍、菜刀等打倒在地后,王某两次欲起身。王某某夫妇因为担心其起身实施侵害,就先后用菜刀、木棍连续击打王某,致其颅脑损伤合并失血性休克死亡。对此,检察机关认为,本案中王某某夫妇的行为属正当防卫。理由是,在王某倒地之后,王某某夫妇又继续用菜刀、木棍击打王某,与之前的防卫行为有紧密连续性,属于一体化的防卫行为。同时,王某某家在村边,周边住宅无人居住,案发时已是深夜,院内无灯光,王某突然持凶器翻墙入宅实施暴力侵害,王某某、赵某某受到惊吓,精神高度紧张,心理极度恐惧。在上述情境下,要求他们在无法判断王某倒地后是否会继续实施侵害行为的情况下,即刻停止防卫行为不具有合理性和现实性。因此,检察机关认为,王某某夫妇的行为符合刑法第 20 条第 3 款的规定,属于正当防卫,不负刑事责任。[312]

2. 要正确理解这里所说的"行凶"。按照一般理解,行凶就是"打人或者杀人"。但由于该条款将"杀人"单独规定,所以,对"行凶"必须作体系性解释,即这里的"行凶"仅指"打人",即法律意义上的"故意伤害",而不要求一定是用凶器进行伤害。身强力壮者对羸弱不堪者,即便赤手空拳地进行殴打,也说得上是严重侵害他人人身权利的"行凶"。"行凶",从与其后所列举的行为的比较来看,应当是指比较严重的故意伤害,即对被害人进行暴力袭击,严重危及被害人的人身安全的行为。只有在这种情况下,才可以对其实施特殊防卫,而一般性的打一巴掌、扇一耳光、轻击一拳,对不法侵害人是不能造成重伤的,更无法造成死亡结果,因此,不能将其看作这里的"行凶"而对其进行特殊防卫。根据刑法第 20 条第 3 款的规定,下列行为应当认定为"行凶":(1)使用致命性凶器,严重危及他人人身安全的;(2)未使用凶器或者未使用致命性凶器,但是根据不法侵害的人数、打击部位和力度等情况,确已严重危及他人人身安全的。虽然尚未造成实际损害,但已对人身安全造成严重、紧迫危险的,可以认定为"行凶"。[313]

3. 要正确理解这里所说的"抢劫""强奸""绑架"。这里所说的"抢劫""强奸""绑架",应是指严重危及被害人人身安全的暴力抢劫、暴力强奸、暴力绑架行为,而不是指具体罪名。在实施不法侵害过程中存在杀人、抢劫、强奸、绑架等严重危及人身安全的暴力犯罪行为的,如以暴力手段抢劫枪支、弹药、爆炸物或者以绑架手段拐卖妇女、儿童的,可以实行特殊防卫。有关

---

[312] 李涛、戴幼卿、张夕:《对"涞源反杀案"当事女生父母不起诉》,载《北京青年报》2019 年 3 月 4 日,A8 版。从检察机关所查明的事实来看,得出上述结论并无不可。但就得出上述结论的说理而言,则存在值得商榷之处,即如果说王某某夫妇在不法侵害人王某倒地之后的继续击打行为,与之前的防卫行为是"有紧密连续性,属于一体化的防卫行为"而成立正当防卫的话,则其直接适用刑法第 20 条第 1 款的规定就足够,而不用再讨论行为人在防卫时"精神高度紧张,心理极度恐惧",因为"精神高度紧张,心理极度恐惧"意味着行为人的精神状态出现问题,辨认、控制自己行为的能力降低或者丧失,可以排除其责任。刑法第 20 条第 1 款规定的正当防卫,并没有如此要求;相反地,如果说王某某夫妇在王某倒地之后继续击打被害人的行为,是"受到惊吓,精神高度紧张,心理极度恐惧"所致的话,则可以说行为人当时辨认控制自己行为的能力严重下降或者丧失,难以期待其不如此行为,此时说行为人在行为时被排除责任就够了,而不用证明其在被害人倒地之后的继续击打行为与之前的防卫行为"有紧密连续性,属于一体化的防卫行为"。因此,检察机关在"涞源反杀案"的说理当中,存在前后互相矛盾之嫌。

[313] 2020 年最高人民法院、最高人民检察院、公安部《关于依法适用正当防卫制度的指导意见》第 15 条。

行为没有严重危及人身安全的,应当适用一般防卫的法律规定。[314] 对于采用胁迫、麻醉手段进行抢劫、强奸、绑架的,则不能将不法侵害人打成重伤或致其死亡。

4. 要注意正确理解"其他严重危及人身安全的暴力犯罪"的范围。所谓"其他严重危及人身安全的暴力犯罪",应是指与杀人、抢劫、强奸、绑架行为相当,并具有致人重伤或者死亡的紧迫危险和现实可能的暴力犯罪,如武装叛乱、武装暴乱,暴力劫持航空器、船只、汽车等直接严重危及人身安全的犯罪,不能将其理解得过于宽泛。

三、紧急避险

(一) 紧急避险的概念及其性质

1. 紧急避险的概念

根据我国刑法第21条第1款的规定,所谓紧急避险,是指为了使国家、公共利益、本人或者他人人身、财产和其他权利免受正在发生的危险,不得已而损害合法利益的行为。其可以分为两种类型:一是将危险转嫁给无关的第三人的"攻击型紧急避险",如历史上传为佳话的"司马光砸缸救人"即司马光用大石砸破水缸救出掉在大水缸里的同伴的故事,就是其适例;二是对正在引起现实危险的危险源进行攻击的"防御型紧急避险"。如甲、乙二人在山中打猎的时候,乙遭受野猪攻击而倒地,情况十分紧急,甲为了救乙,于是朝野猪开枪,不幸子弹射偏,击中了乙,致使其身亡的场合,就是如此。在这种场合下,甲是在乙正遭受紧急不法侵害的危险之下,不得已而实施的直接针对危险源(野猪)的避险行为,尽管最终没能避免乙的死亡,但在当时的情况下,也是无可奈何的事情,没有超过必要限度而造成不应有的损害,因而也应属于紧急避险。只是在该例子中,由于打击错误导致保护者和牺牲者是同一人即乙而已。

对于紧急避险的特点,可以从不同层面加以分析:

(1) 作为"正在发生的危险的行为"的紧急避险。紧急避险是针对正在发生的危险的行为。所谓正在发生的危险,就是侵害法益的危险迫在眉睫或者说已经现实存在,和正当防卫的紧迫侵害几乎是同一个意思。换言之,紧急避险和正当防卫一样,都是在来不及请求国家救济的紧急状态下,为了保全利益而实施的行为。

(2) 作为"对无辜的第三者转嫁危险"的紧急避险。利益遭受侵害的人在避免该侵害的时候,一般来说,有三种方法可以实施:一是不用侵害他人利益而回避该危险;二是对侵害进行反击回避该危险;三是将该危险转嫁给第三者,通过损害第三者的利益来保全自己的利益。第一种方法,当然不存在刑法上的问题。第二种方法,如果该侵害属于刑法第20条1款所预定的"不法侵害",就涉及正当防卫。第三种方法,就是紧急避险。为了保全自己的利益而对不法侵害进行反击,这是正当防卫;相反地,紧急避险是对无辜者的利益进行加害来保全自己的利益的行为,就是为了保全正当利益而对正当利益实施加害的行为,具有"正"对"正"(合法对合法)的构造。

(3) 紧急避险的两面性。从上述分析来看,紧急避险具有两面性:从由于他人的避险行为而遭受利益侵害的人(被侵害人)的角度来看,该避险行为是没有任何忍受理由的犯罪行为;但

---

[314] 2020年最高人民法院、最高人民检察院、公安部《关于依法适用正当防卫制度的指导意见》第16条。

是,从避险行为人的角度来看,该避险行为是为保全正遭受侵害危险的利益而实施的行为,并不一定是犯罪行为。刑法第 21 条第 1 款规定,避险行为是"不得已而采取的"行为,并且只有在该行为所引起的危害不"超过必要限度造成不应有的损害"的时候,才不受处罚,这就是刑法对紧急避险的这种两面性进行调整的体现。

2. 紧急避险的法律性质

关于紧急避险的法律性质,学界一直以来存在排除违法事由说、排除责任事由说、放任行为说二分说与之争。

排除违法事由说为我国刑法学中的传统学说,认为紧急避险和正当防卫具有相同的法律性质,属于排除客观社会危害性事由,即排除违法性事由。[315] 该说基于"优越利益原理",认为双方利益发生冲突、不能两全时,利益小者不得不为利益大者作出牺牲,以保全较大的利益,从而求得社会整体利益的维持。因此,紧急避险之所以不成立犯罪,是因为其客观上不具有违法性即社会危害性,没有侵害社会的整体利益。[316] 然而,与正当防卫的场合不同,避险行为所损害的是无辜第三人的合法利益,在判断处于冲突中的利益孰大孰小之时,除了需要考量牺牲法益自身的价值,还需要考虑被避险人自身的自律性或自主选择利益的价值,二者叠加之下,其与保全法益常常难以衡量或大致相等,此时纯粹基于"优越利益原则",难以排除避险行为的违法性。因此,将紧急避险完全作为排除违法性事由尚有不足,需要对其中具体情形予以区分对待。

排除责任事由说则基于期待可能性理论,认为紧急避险行为客观上具有违法性,只是在紧急态势下,行为人基于保护自身利益的本能,除通过实施避险行为,将危险转嫁给无辜第三人外,再无其他选择,即主观上不具有期待可能性,所以免除行为人的责任。[317] 排除责任事由说基于消极自由观,强调个人权利不受外在强制、限制和干涉,因此即使避险行为在客观上保护了更大的利益,但由于牺牲了原本无关的第三人利益,干涉了其行动自由的空间,因此必须被评价为违法,只是由于该行为是基于人性本能的无奈之举,因此在责任层面予以宽恕。应当说,虽然该说体现了保护个人自由不受任何强制力干涉的思想,但与我国法条规定存在较大龃龉。一方面,在避险行为保护的是行为人本人或其他与行为人具有特定关系的人时,基于行为人的自我保护本能,或特定关系人遭遇危险对行为人造成的强制性心理影响,的确无法期待行为人不去实施损害其他合法利益的行为;然而,如前所述,我国刑法第 21 条规定,避险行为所保全的同样可以是公共利益、没有紧密关系的其他人利益,这二者遭受危险不会令行为人承受极大的精神压力,从而陷入除了损害他人正当利益再无他法的窘境,因而不能肯定其此时不具有期待可能性。另一方面,根据法条规定,我国紧急避险的成立需要满足"没有超过必要限度造成不应有的损害"这一限度条件;而纯粹基于期待可能性理论,即使牺牲法益超过甚至远远大于保全法益,只要存在对行为人造成心理强制的紧急状态,也同样可以基于"法律不强人所

---

[315] 马克昌主编:《犯罪通论》(第 3 版),武汉大学出版社 1999 年版,第 781 页;陈兴良:《规范刑法学》(上册)(第 4 版),中国人民大学出版社 2017 年版,第 151 页。
[316] 黎宏:《紧急避险法律性质研究》,载《清华法学》2007 年第 1 期。
[317] 童德华:《期待可能性事由在刑法规范中的具体适用》,载《浙江社会科学》2003 年第 5 期;方军:《紧急避险的体系再定位研究》,载《现代法学》2018 年第 2 期。

难"原则,肯定紧急避险的成立并免除刑事处罚,而该结论明显与我国法条规定不相符。因此,在我国法条规定紧急避险的保全法益范围广泛,且避险造成的损害需要控制在一定范围内的情况下,排除责任说难免显得"水土不服"。

放任行为说认为,如果将紧急避险视为违法行为,允许对之正当防卫,则与法律规定紧急避险的目的不符。反过来,如果把紧急避险视为合法行为,不允许他人为保护自己的正当法益而予以抵抗,也有失公允。[318] 因此,应当将紧急避险视为一种放任行为,不合法,但也不是犯罪。[319] 所谓放任行为,是基于"紧急时无法律"的思想,认为在两个合法利益处于零和博弈的紧急状态之时,法律如何规定已经无关紧要,因此应当对该场合中行为的实施不加以干涉、放弃评价,既不认为其合法,也不认为其违法。然而,一方面,从刑法作为裁判规范的角度来看,在紧急避险的场合,避险行为已经对合法的生命、身体、或财产利益造成了现实损害,即行为本身已经侵害了刑法所保护的法益,进入了刑法规制的视野,刑法必须对其作出合法或违法的评价;另一方面,从刑法作为行为规范的角度来看,刑法应当对于一般人日常行为具有指引功能,而当合法的利益之间发生冲突时,恰恰是一般人进退失据、最需要法律为其排忧解惑的关键时刻,只有对紧急避险的法律性质作出明确界定,才不至于令人们在日常生活中陷入无所适从的状态。因此,刑法必须将紧急避险明确评价为合法或是违法,而不是将其作为放任行为,放置于评价体系之外的法外空间。

由此,近年来,认为紧急避险可能排除违法、也可能排除责任的二分说也逐渐有力。[320] 由于原则上排除责任、例外地排除违法的二分说,同样存在上述排除责任事由说与法条规定难以解决的矛盾,因此目前我国理论界所主张的,主要为原则上排除违法、例外地排除责任的二分说。

本书仍然主张传统学说,认为紧急避险是排除违法事由,排除责任的场合不是紧急避险,而单纯属于欠缺期待可能性。紧急避险的特征是"两害相权取其轻",即在两种合法利益发生冲突的紧急情况下,不得已而牺牲其中之一,以保全较大的利益,因此,紧急避险和正当防卫一样,属于排除客观的社会危害性事由。在紧急避险是否成立的认定上,只要根据社会危害性的判断当中所常用的"优越利益说"进行合法利益的轻重权衡就可以了。合法利益的冲突,包括以下三种类型:一是保护法益的价值大于牺牲法益,这是紧急避险的常见类型,在社会危害性的判断上,采用优越利益说不存在任何障碍;二是保护法益的价值小于牺牲法益,通常属于"紧急避险超过必要限度而造成不应有的损害"的避险过当,不成立紧急避险;[321] 三是保护法益的价值与牺牲法益的价值相等。这种场合是否成立紧急避险,认定非常棘手。可以肯定的是,这种行为具有社会危害性,属于违法行为,因为其不是引起了较小的法益侵害,而是引起了和保护法益同等的法益侵害结果。但是,也难以将这种情形作为应当负刑事责任的避险过当看待。

---

[318]　刘明祥:《论紧急避险的性质》,载《法学研究》1997年第4期。
[319]　王政勋:《正当行为论》,法律出版社2000年版,第234页。
[320]　黎宏:《刑法学总论》(第2版),法律出版社2016年版,第150页;付立庆:《刑法总论》,法律出版社2020年版,第175、176页;张明楷:《刑法学》(上)(第6版),法律出版社2021年版,第294页。
[321]　但是,这种避险过当的行为并不一定构成犯罪。如果在当时的情况下,不可能期待行为人不如此行为的话,可以依据后述的所谓"没有期待可能性"原理,免除行为人的责任。

因为,从法益比较衡量的角度来看,保护法益和牺牲法益等价,就意味着二者的冲突结果为"0"。既然是"0",就意味着没有出现必须作为刑法处罚对象的法益受到严重侵害的负面结果。如此,如何能将这种行为作为刑法上的犯罪处理呢?所以,在同等法益相互冲突的场合,虽然不能积极地确认某行为是保全法益的有益行为,但是,从是否产生了侵害法益的负面结果的角度出发,可以消极地确认该行为不是值得刑法处罚的有害行为。[322]

紧急避险,属于为保全正面临危险的利益而例外允许之行为,在这一点上,其和正当防卫类似,但是,正当防卫是对不法侵害人进行反击,是"正对不正"的关系,与之相对,紧急避险是为了避免现在的危难,不得已而侵害和危难无关的合法利益(通常是第三者的利益)的行为,是"正对正"的关系。也正因如此,紧急避险和正当防卫虽然都是在紧急状态之下实施的行为,但紧急避险的成立却要严格得多。例如,紧急避险属于"不得已"即除侵害第三者的利益之外,没有其他保全法益的方法时采取的紧急措施,属于唯一的避险方法,因此,在尚有其他避免危险措施可选择时,就不能实施紧急避险,相反地,正当防卫则没有这方面的限制,任何人只要是面对正在进行的不法侵害,不管其是否可以采取逃跑、报警、劝阻等其他躲避或者制止不法侵害的措施,都可以对加害人进行反击;同时,在造成损害的限度上,二者也明显不同。紧急避险受到了较大的限制,必须是不能"超过必要限度造成不应有损害";而正当防卫受到的限制较小,只要不是"明显超过必要限度造成重大损害"即可,对行凶等严重危及人身安全的暴力犯罪采取的防卫行为,就没有防卫限度的要求。

(二)紧急避险的成立条件

根据刑法第 21 条的规定,成立紧急避险,必须具备以下条件。

1. 必须存在现实危险

按照我国刑法第 21 条的规定,只有存在针对国家、公共利益、本人或者他人的人身、财产和其他权利的正在发生的危险时,才能实施避险行为。这里所谓的"危险",一般认为,就是指客观的侵害或者对法益的威胁,不限于人的违法或者合法行为,自然现象、疾病、动物引起的灾害也包括在内。[323]

但实际上,紧急避险中的"危险"是一个规范性极强的概念,理解对该概念要考虑多方面的因素,并不是只要存在对法益的侵害或者威胁,就能被认可。如在 20 世纪 60~70 年代,有不少外国人为了逃避本国的刑法处罚而偷渡到日本,然后以政治避难或者紧急避险为由,要求免予刑事处罚。对此,日本法院基本上持否定态度,认为在外国法秩序之下的合法处罚、处分,基本上不属于《日本刑法》第 37 条第 1 款紧急避险规定中的"危险",并且进一步指出,不管是国内国外,合法的抓捕危险、刑罚权的发动,即便具有被判处死刑的可能性,也都不是作为紧急避险

---

[322] 这种分析结论或许让人难以接受,因为,该行为毕竟造成了一个无辜者的牺牲,但是,刑法上的社会危害性的判断,自有其独特的规则和逻辑,不是一个充满道义感情色彩的"无辜"可以说得清楚的。在这一点上,我们可以深刻体会到近代刑法所提倡的"道德和刑法截然分开"口号中所蕴含的冷酷无情的一面。

[323] 《刑法学》编写组:《刑法学》(上册·总论),高等教育出版社 2019 年版,第 202 页;刘艳红主编:《刑法学》(上)(第 3 版),北京大学出版社 2023 年版,第 209 页。

理由的"危险"。[324] 甚至有判例认为,在溯及既往等违反近代国家处罚原理的特别场合,也应以刑罚是国民理当忍受的情形为由而予以否认。[325]

就作为紧急避险前提的"危险"而言,争议最大的是,对于自己所招致的危险,行为人能否以此为由实施紧急避险。对此,我国学界曾经存在肯定说[326]与否定说[327]之争,当前多数学说持原则上不允许,但例外场合允许的折中立场。[328] 如挑拨避险例外说认为,当行为人为了达到某种不法目的而故意招致危险,而后借口实施紧急避险而损害第三人合法权益的场合,不能认定为紧急避险。[329] 同样,个别化处理说认为,意图利用紧急事态招致危险的,理应不允许紧急避险;对由于其他原因而自招的危险(包括故意与过失),需要进行紧急避险的,应当允许。[330] 究其原因,是我国刑法第21条并没有明确规定紧急避险所引起的危险必须不是避险人所故意或者过失引起的危险,而只要求在实施避险行为时存在现实危险,至于危险发生的原因,则与能否实施紧急避险无关。刑法应当允许行为人为保护国家、社会利益或者他人权利而实施紧急避险。[331] 但与此同时,刑法也不能允许对所有的自招危险都能实施紧急避险。因为,从权利义务平衡的角度来看,在自招危险的场合,行为人事实上对自己招致的危险存在着一定程度上的忍受义务,在这种忍受义务的范围之内,行为人不能将危险转嫁给第三人,否则有悖于紧急避险之"正对正"的关系。因此,针对所有的自招危险都能实施紧急避险的看法,也是不合理不公正的。[332] 因此,在挑拨防卫之外的自招危险的场合,能够实施紧急避险,只是应当受到一定程度的限制。

只是,在自招危险的场合,什么样的条件下能够实施紧急避险成为问题。本书认为,从紧急避险之所以不构成犯罪,不承担刑事责任,是因为存在比牺牲利益更加优越的值得保全的利益的角度来看,在判断行为是否构成紧急避险时,应当结合牺牲利益与保全利益相关的各种利

---

[324] 日本福冈高等法院1963年7月5日判决,下刑集5卷7、8号,第647页。另外,在韩国原内部部长等流亡日本的案件中,日本最高法院认为,即便革命立法的实施迫在眉睫,预想到自己将要被处以重刑,但也不能以此为由断定存在现实危险。日本最高法院1964年8月4日,判例时报380号,第2页。

[325] 日本神户地方法院1963年7月5日判决,判例时报260号,第273页。

[326] 肯定说认为,危险发生的原因对紧急避险的成立不起决定作用,无论是为行为人自己的过失行为还是故意行为引起的危险,只要其无忍受这种危险的义务,即可认定为紧急避险的危险来源。参见刘明祥:《紧急避险研究》,中国政法大学出版社1998年版,第30页。但是,若行为人故意或者过失地引起某种危险,造成能够实施紧急避险的状态,然后实施紧急避险行为,将自己应当承受的危险转嫁给无辜的第三人,则无论如何都难以说这是公平合理的。因此,现在主张全面肯定说的学者已很罕见。

[327] 否定说认为,危险概念本身就含有偶然事件的意义,由自己的故意、过失行为所引起的事态,不能说是偶然事件,因而不能实行紧急避险,换言之,损害危险是由行为人的不法行为所引起的场合,行为人无权避险。参见高铭暄主编:《刑法学原理》(第2卷),中国人民大学出版社1993年版,第242页。但是,人在紧急状态下——即便这种状态是行为人自身的原因引起的——也存在逃避危险,求得生存的本能,因此这种场合下,对其一概予以否定,也不妥当,所以,现在已经很少有人主张这种观点。

[328] 冯军、肖中华主编:《刑法总论》(第3版),中国人民大学出版社2016年版,第277页;黎宏:《刑法学总论》(第2版),法律出版社2016年版,第148页。

[329] 王政勋:《正当行为论》,法律出版社2000年版,第243、244页。

[330] 马克昌主编:《犯罪通论》(第3版),武汉大学出版社1999年版,第786页;刘艳红主编:《刑法学》(上)(第3版),北京大学出版社2023年版,第210~211页。

[331] 王政勋:《正当行为论》,法律出版社2000年版,第243页。

[332] 叶伟民:《试论自招危险之紧急避险》,载《浙江工商大学学报》2006年第1期;张珂:《应当允许自招危险之紧急避险》,载《山西警察学院学报》2021年第1期。

益,从二者的关系出发,立足于综合权衡比较的立场,将自招危险作为一个对行为人不利的因素来考虑,由此判断在什么情况下可以对自招危险实施紧急避险。通常情况下,自己招致危险的人,具有忍受由此引起的结果的义务,承担由此而引起的对自己的不利;只有在超出了应当忍受的限度,侵害了超出忍受义务的重大利益的时候,才可以成立紧急避险。在判断是否超出了应当忍受的限度时,应当考虑行为人自招危险的责任程度(故意还是过失)、自招危险所侵害的合法利益的重要性(人身利益还是财产利益)、自招危险所侵害的合法利益的范围(危险当中是否包含有他人利益)、自招危险的行为性质(行为情节是否恶劣、危险)、被牺牲利益和保全利益的比较(自招危险者不能使用牺牲他人生命的方式来保护自己生命)等因素。

2. 危险必须正在发生

按照刑法第21条的规定,只有在危险"正在发生"的时候,才能实施紧急避险。与该规定用语相关,我国刑法第20条规定,只有在不法侵害"正在进行"的时候,才能实施正当防卫,二者表述基本一致。因此,关于刑法第21条中的"正在发生"的意涵,学说上通常将其和刑法第20条中"正在发生"作同样理解,即所谓"正在发生的危险",是指危险"已经出现而且尚未结束"[333]。其中,"危险已经出现",是指危险已经对合法利益形成了迫在眉睫的威胁,"危险尚未结束",是指危险继续威胁着一定的法益或者可能给法益造成更大损害的状态。如果法益不再受到威胁,或者危险不可能对法益造成进一步的损害,就意味着危险已经结束。

但是,这种理解值得商榷。刑法第20条正当防卫针对的是"正在进行的不法侵害",而第21条紧急避险针对的是"正在发生的危险"。"侵害"和"危险"显然是不同的两个概念。"侵害"是指以暴力或者非法手段而进行的现实损害,要求不法侵害已经现实形成并且非常紧迫,其强调不法侵害"现在性";而"危险",则是一种有可能遭受损害的潜在可能性,相对更为抽象,距离结果的发生比较遥远,相较于"现在性",其更强调危险的"紧迫性",二者尽管都使用了"正在"的表述,但实际上具有微妙的差别。了解这一点,具有实际意义。如偏僻地方的饭店老板在打烊之际,从客人的对话中发现有人准备对自己进行袭击,心想一旦客人将行动付诸实施,自己就难以对抗,于是在向客人提供的啤酒之中放入了安眠药,将客人迷倒后逃走。在该场合,尽管其行为所作用的并不是"正在进行的不法侵害",难以成立正当防卫,但由于行为当时,可以说存在"正在发生的危险",因此,能够说饭店老板的行为成立"防御型紧急避险"。

如上所述,无论何种危险,都必须是实际存在的。如果客观上并不存在危险,而行为人误以为有危险存在,实行所谓避险的,则属于"假想避险"。对于假想避险,和假想防卫一样,应当按照事实认识错误的有关原则处理。具体来说,由于行为人对所发生的事实具有认识错误,因此,对于所发生的损害结果,不能说其具有故意而追究其故意犯罪的刑事责任;从行为发生当时的主、客观情况来看,如果说行为人应当能够注意到其避险行为可能危及无辜而没有注意的话,那么,对于实际造成的损害后果,可以追究其过失犯罪的刑事责任;从行为发生当时的情况来看,如果说行为人根本不可能注意到其行为可能危及无辜的话,则不能追究其刑事责任,行为人无罪。

所谓危险正在发生,是指危险已经出现并且尚未结束。危险已经出现,是指危险已经对合

---

[333] 《刑法学》(上册·总论),高等教育出版社2019年版,第202页。

法利益形成了迫在眉睫的威胁。如杀人犯手持凶器追赶被害人的时候，就形成了对被害人的生命法益迫在眉睫的现实威胁；孕妇在被用马车送往医院的途中，出现了早产现象的时候，就形成了对胎儿的生命和孕妇身体迫在眉睫的现实威胁；连日的大雨导致承包人承包的池塘水位持续上涨，极有可能溃坝的时候，就形成了对承包人的财产迫在眉睫的现实危险。危险尚未结束，是指危险继续威胁着一定的法益或者可能给法益造成更大损害的状态。如果法益不再受到威胁，或者危险不可能对法益造成进一步的损害，就意味着危险已经结束，如杀人犯已被制服、火灾已被扑灭，就是如此。在危险没有出现或者已经结束后实行所谓避险的，不能成立紧急避险，而是避险不适时。对于"避险不适时"，应当根据案件的具体情况，追究行为人的违法或者犯罪的责任。

3. 必须是为了使法益免受正在发生的危险

"为了使国家、公共利益、本人或者他人的人身、财产和其他权利免受正在发生的危险"，这是紧急避险的主观条件。通说认为，避险的主观条件包括两个方面的内容：一是行为人认识到了法益面临着正在发生的危险，二是行为人采取行为的目的是保护合法权利免受危险。[334] 但是，从紧急避险的本质是牺牲较小利益而保护了较大利益的立场来看，对这个条件没有必要过分强调，只要将其和正当防卫中的防卫意思同样考虑就可以了。在客观上存在威胁较大法益的危险，行为人在并不知晓危险的情况下故意造成无辜者法益受到损害，但避免了威胁较大法益的危险的场合（偶然避险），和偶然防卫的场合一样，避险人可能就其所故意引起的结果，成立犯罪未遂。

4. 必须是不得已而损害另一法益

按照刑法第 21 条，紧急避险只有在"不得已"的场合才能实施。所谓不得已，是指当法益面临正在发生的危险时，除了侵害另一合法利益，没有其他选择，即该避险行为是"避免危险，保全法益的唯一办法"，若有其他选择，就不允许实行紧急避险。如货船在大海中航行遇到了风暴，为了避免倾覆危险，只能抛弃一些货物加速离开该区域，对此可以说抛弃货物的行为属于不得已而实施的行为；但是，如果说附近有一避风港，在当时的情况下，完全来得及进入该港口避难的话，则抛弃货物的行为，就不是不得已而实施的行为。之所以这样要求，是因为紧急避险是以"正对正"的关系为基础的，所牺牲的是受法律保护的合法利益。我国实践也承认了这一点。如 2023 年 12 月 13 日最高人民法院、最高人民检察院、公安部、司法部发布的《关于办理醉酒危险驾驶刑事案件的意见》第 12 条第 2 款规定，"醉酒后出于急救伤病人员等紧急情况，不得已驾驶机动车，构成紧急避险的，依照刑法第二十一条的规定处理"。此处，司法解释将"不得已"作为判断酒后驾车送医是否构成紧急避险的关键条件。实务中，也确实有醉酒驾驶人因"紧急避险"免于刑罚的案例。如 2018 年，江阴市一女子深夜突然发病晕倒，因住在偏远乡村，救护车不能及时赶来，其醉酒丈夫无奈之下，只好开车将妻子送往医院救治，被警方当场查获，后被批捕。法院经审理认为，陈某的行为构成紧急避险，不负刑事责任。[335]

---

[334] 冯军、肖中华主编：《刑法总论》（第 3 版），中国人民大学出版社 2016 年版，第 279 页；王作富、黄京平主编：《刑法》（第 7 版），中国人民大学出版社 2021 年版，第 105 页。

[335] 葛川平、滕晓武、刘宁：《紧急避险成醉驾"免刑金牌"？》，载《南京日报》2024 年 3 月 17 日，A3 版。

但要注意的是,"不得已"是一个尽管内涵模糊,但外延非常严格的概念。就"不得已"的判断而言,一方面,只能是从行为当时的各种客观情况来看,除侵害他人利益之外,没有其他救助途径。如果还有其他方法手段的话,就不能认定为紧急避险。另一方面,还要考虑避险人自身的生理条件和主观认知。面临同样的危险,不同的人会有不同的反应。如遭到动物的袭击时,身强力壮、沉着冷静者可能会采用反击动物的方法来避免危险;反之,身体羸弱、惊慌失措者则不具备这种可能,唯有采用牺牲其他合法利益的紧急避险的方式来避免危险。因此,对于"不得已",不能不顾避险人自身的条件而一律强求。在此判断上,日本的相关判例能够为我们提供借鉴。如在住家佣人 A 夜里胃痉挛发作,痛苦不堪,于是被告人 X 无证驾车送 A 去 10 公里之外的医院就诊的案件中,一审以 X 在被警察发现之际,并没有提出 A 是急症病人,也没有申请派救护车为由,否定 A 是急症患者。被告人 X 提出上诉,辩称自己的无证驾驶行为属于紧急避险。二审法院肯定了 A 为病痛所折磨、需要就医的事实,但认为尽管如此,X 也没有必要实施该案中的无证驾驶。一方面,因为 X 家附近有数家医院,可以请医生前来为 A 诊治;另一方面,X 的饭馆里也有电话,可以呼叫附近的出租车,或者请求消防署派急救车,或者采取其他的有效合适的措施。依据原审以及二审法院查明,X 曾向附近的医院打电话求救,但对方回话说医生不在,也有向附近的出租车和年轻人打电话联系,但对方说即便出车但也不会很快就到;至于求助急救车的选项则完全被 X 置之脑后。应当说,就附近的医院以及出租车的情形而言,因为没有证据表明 X 的自辩是假的,故只能予以采信;但是,如果有胃痉挛而出动救护车的话,则在记录上有明确记载。因此,就 X 而言,只能说其当时应当请求出动救护车,但却并未实行。另外,从该案中 X 的年龄、地位以及其他各种具体事情来看,也不能说其当时不具有实施这种行为的期待可能性。如此说来,不能说只有该案中的(无证)驾驶行为才是避免 A 的危险的唯一手段、方法,故 X 的行为不成立紧急避险,也不成立避险过当。[336] 该案中,被告人 X 自称无证驾驶在当时的情形下是"不得已"而为之,法官在承认 X 确实面临 A 发病的现实危险的同时,列举了当时可以采用的三种可能的选择:电话请求附近医院的医生,叫出租车,让消防署派救护车。尽管有证据表明,X 实施了其中两种行为,但是没有证据表明其实施呼叫救护车的行为。在此基础上,法官认定,该案中,X 无证驾驶并非唯一避险手段,因此被告人的行为不仅不能构成紧急避险,也不成立避险过当。

　　本书认为,虽然我国的相关司法解释规定,对于醉酒后出于急救伤病人员等紧急情况驾驶机动车的,可以构成紧急避险,但是也只是表明存在这种可能性,还应根据不同案件中的具体事实予以判断。只有在"不得已",即穷尽一切可能手段之后,醉驾成为唯一选择的场合,才有可能认定为紧急避险。实际上,从我国司法实践来看,对酒后送医行为是否构成紧急避险,其认定也是非常谨慎的。如在张某酒后驾车送怀孕的妻子去医院被查,张某辩称其行为属于紧急避险的案件中,交警在对车上人员进行信息核对后,得知坐在副驾驶的张某姐姐有驾驶证、具备驾驶车辆资格,并且没有饮酒的情况后,并未认定张某的行为构成紧急避险。之所以得出否定结论,是因为在当时的情况下,张某还有一个避免危险的选择,即将汽车交由其姐姐驾驶,但他并没有这样做。同样,在被告人醉酒驾车送遭遇骨折的孩子就医的案件中,尽管被告人自

---

[336] 日本东京高等法院 1971 年 5 月 24 日判决,判例时报 267 号 382 页。

称是紧急避险,但法院以其当时完全有条件向"120"急救求助或打车送病人就医,没必要自己开车为由,没有认可其构成紧急避险的辩解。[337] 如此说来,虽说酒后送医行为或许是紧急避险的一种,但只有在严格遵循紧急避险的条件,在属于"不得已"实施该行为成为"避免危险,保全法益的唯一办法"的场合,才能被认可。

司法实践中,存在受强迫而实施犯罪的情形。如行为人(甲)在被犯人(乙)用刀逼着强奸其他女性(丙),或者受绑架自己孩子的犯人(丙)胁迫抢劫他人(丁)的场合,就是如此。这种情况下,该如何处理,是课堂讨论中的热门话题。有人主张,行为人(甲)的行为属于为了避免自己所面临的现实紧迫威胁"不得已"而实施的紧急避险行为。[338] 但是,如果说甲的行为属于紧急避险,属于"正当"行为的话,则被强奸或者被抢劫的被害人就不能对甲进行反击,即不可能实施正当防卫,只能忍受。对于被害人丙和丁来说,这显然是强人所难。同时和其他类似情形相比也不平衡。在上述案件中,如果是犯人(乙)亲自动手实施强奸或者抢劫行为的话,则作为受害人的丙、丁就可以进行反击,而乙强迫其他人实施的话,被害人就不能进行反击。其实,上述两种行为在效果和性质上是一样的,为什么在是否能够进行反击即正当防卫上,结论会差别如此之大,令人难以理解。实际上,从紧急避险是为了保护较大利益而牺牲较小利益的角度来看,引起同等法益侵害结果的行为,无论怎么说都是具有社会危害性的。也正因如此,刑法第28条有被胁迫参加的也构成犯罪的规定。但是,考虑到"法律不能强人所难",在行为人遭受紧急危难,难以期待其在当时的情况下进行别的选择的时候,可以将其作为后述的排除主观责任事由的"没有期待可能性"的情形看待,但不能将其作为排除社会危害性事由的紧急避险对待。因此,被害人对于行为人的加害行为,可以进行反击。

5. 不能超过必要限度而造成不应有的损害

关于紧急避险的必要限度,刑法理论上有两种见解:一种见解认为,紧急避险的必要限度,是指紧急避险所引起的损害必须小于所避免的损害,即只要避险行为所引起的损害小于所避免的损害,就是没有超过必要限度;[339] 另一种见解认为,紧急避险的必要限度,是指在所引起的损害小于所避免的损害的前提之下,排除危险所必需的限度。也就是说,即使避险所引起的损害小于所避免的损害,但如果所引起的损害中有一部分不是排除危险所必需的,也仍然是超过了必要限度造成了不应有的损害。[340] 从解释论的角度讲,后一种见解更为合理。但是,是否超过必要限度,还必须结合是否"造成不应有的损害"来考虑,即在考察必要限度时,除将危险的程度、紧迫性、侵害法益的性质、可能造成损害的大小等客观要素作为基础之外,还必须将避险人自身的状况及认识水平、避险能力等也一并考虑在内。由于紧急避险是在法益面临紧急危险的情况下所实施的,要求行为人在当时作出非常精准、周密的计算,设计出避免危险的最佳方案,有强人所难的嫌疑。因此,本书认为,只要紧急避险所引起的损害小于所避免的损害,

---

[337] 葛川平、滕晓武、刘宁:《紧急避险成醉驾"免刑金牌"?》,载《南京日报》2024年3月17日,A3版。

[338] 曾昭光、川彦:《谭荣财、罗进东强奸、抢劫、盗窃案[第495号]——强迫他人性交、猥亵供其观看的行为如何定性》,载最高人民法院刑事审判第一、二、三、四、五庭主办:《刑事审判参考》总第63辑,法律出版社2008年版,第1~9页。

[339] 高铭暄、马克昌主编:《刑法学》(第10版),北京大学出版社2022年版,第138页。

[340] 张明楷:《刑法学》(上)(第6版),法律出版社2021年版,第293页。

就可以说没有超过必要限度,即上述前一种见解妥当。

在判断是否造成了"不应有的损害"时,可以将侵害利益和保护利益进行比较衡量。在前者不超过后者的场合,就可以说没有造成不应有的损害。当然,如何进行利益的比较衡量,是一个非常复杂的问题。这里仅就法益衡量过程中应当考虑的一般因素,加以说明:

首先,进行法益的静态比较。同种法益,一般是根据各个犯罪的法定刑的高低、数量、质量及其所处地位,判断其大小。如财产法益的大小,可以用财产的价值进行比较,价值大的为大,价值小的为小。生命之间,不能进行利益衡量。如绝对不能说病人的生命价值小于健康的人、受教育程度高的人的生命价值高于受教育程度低的人。但是,生命和身体,还是可以相互比较的。如为了挽救他人生命而在一定条件下牺牲他人身体利益(如造成他人肢体残疾)是可行的;同时在涉及身体利益的场合,为了避免对自己或者他人身体的重大伤害而对第三者的身体造成轻度伤害的,根据情况也能认定为紧急避险。但也不是单纯地对这种法益价值进行抽象对比,如事后救济是否容易等也要考虑在内进行更为实质的判断。从这种立场来看,一般来说,身体比财产更为优越,但为了回避表皮擦伤之类的轻微伤而损害作为国宝的花瓶的场合,就显失均衡。

另外,在实务中,衡量个人法益和国家法益这种不同种类的法益并不容易。如为了救人而在醉酒状态下,驾车进城将病人送医的场合,就面临这一问题。此时,不仅要考虑抽象法益价值的大小(病人的生命、身体和醉驾而引起的危害公共安全危险),还要考虑危险的迫切程度、避险行为侵害的程度和范围(如病人的病情的严重程度、所经过路段的交通状况、行为人醉酒的情况等)。若病人的病情紧急,而行为人违反交通规则所导致的危险极为轻微,就可以说保护法益和侵害法益达到均衡。

其次,进行法益的动态衡量。这种动态衡量以上述法益价值的静态衡量为基础,斟酌考虑侵害法益行为的形式和强度、危险的迫切程度、受保护法益的危险程度、牺牲法益所不可避免的程度、法益所有者和具体法益的利益关系、避险行为对法益的侵害强度以及其他与冲突法益有关的一切有利和不利因素,来确定紧急避险是否超过必要限度而造成了不应有的损害。其对于判断自招危险即由于自己而使国家、公共利益、本人或者他人利益面临正在发生的紧急危险的场合,所实施的避险行为是否成立紧急避险时,格外重要。如在自招危险的场合,通常情况下,自己招致危险的人,具有忍受由此而引起的结果的义务,承担由此而引起的对自己的不利。只有在超出了应当忍受的限度,侵害了重大利益的时候,才可以成立紧急避险。但是,自招危险这种对行为人的不利,是如何影响紧急避险的成立的呢?这就必须进行法益的动态判断,综合考虑对自招危险的责任程度、自招危险所侵害的合法利益的重要性、自招危险所侵害的合法利益的范围、自招危险的行为性质、被牺牲利益和保全利益的比较衡量等各个方面的要素,才能得出妥当的结论。[341]

---

[341] 在为了避免自己招致的危险,不得已而牺牲他人利益,没有超过必要限度造成重大损害,成立紧急避险的场合,尽管对于避险行为所引起的结果而言,不成立犯罪,但并不意味着自己招致危险的行为,也能被正当化。如驾驶制动装置不好的汽车上路,为了避免撞到放学回来的一群学生而转向路边,结果将一农夫撞死的场合,客观上,死亡结果和行为人驾驶制动装置不好的汽车上路的行为具有因果关系,并且,行为人驾驶制动装置不好的汽车上路的时候,并没有紧急避险的事由存在,因此,行为人开车上路的行为构成交通肇事罪。

需要注意的是,在保护利益和牺牲利益集中在同一人身上的紧急避险的场合,其利益衡量必须进行特殊考虑。如就前述为保护同伴免受野猪攻击而开枪,结果不幸击中其同伴的案件中,甲开枪所欲保全的法益和可能遭受损害的法益的抽象价值相当,难以简单比较。但是此时,从整体上考量,甲不开枪,乙必死无疑,而甲开枪的话,乙则有可能免于死亡,如此说来,甲的开枪行为整体上看是利大于弊。同时,既然甲是瞄准野猪射击,那么射中野猪的机会至少比让野猪咬死乙的可能性要大。因此,从保全法益以及避险行为所造成损害的概率来看,甲开枪行为所意图保全的法益已经超过了其所可能侵害的法益,因此,甲的行为合乎利益均衡原则。

再次,生命利益原则上不得进行比较衡量。在进行避免行为的利益衡量时,当牺牲法益为生命法益时,能否排除避险行为的违法性,即是否能够以牺牲他人生命为代价来保全自己的生命?这也是我国刑法学中极为敏感而又不能绕开的话题。对此,主要存在否定说与肯定说两种观点。

否定说认为,"生命权利高于其他任何权利,任何人不得以牺牲他人生命的代价来保护其他利益;生命权利之间是等价的,不能以牺牲他人生命为代价来换取自己生命的保全"[342]。另有见解认为,功利主义之下的"优越利益原则",会导致个人利益沦为社会利益最大化的工具,最终致使法律对于个人利益保护的严重漠视,同时无法解释被避险人为何具有容忍义务的问题。[343] 因此,紧急避险的正当化依据应当为社会团结义务,认为社会共同体成员应在一定程度上互相照应,在必要时甚至适当地为他人牺牲自身利益,部分地放弃自己的自由。具体而言,由于每一个社会成员都希望在未来遇到危险时,能够牺牲他人较小的利益来保全自身的重大利益,因此对于他人损害自身较小利益的避险行为同样具有容忍义务,就如同交纳较少的金额购买保险,为了在事故发生时得到较大金额的保险金一样,人们允许他人损害自己较小的利益,以达到未来自己同样可以实施避险行为来实现对自身重大利益的保全。由此,就如同理性人不可能愿意以生命为代价签订保险合同,"对生命的紧急避险超出了理性人自愿承担的社会团结义务的范围,不能因其所保护和所损害生命的数量对比而合法化"[344]。还有见解认为,任何人的生命都只是法律保护的目的而不是手段,不能用一个人的生命和另一个人的生命进行比较,这种情形下对生命进行绝对保护,牺牲别人的生命是没有任何理由的,是一种违法行为。但在为了保护自己生命而不得已牺牲他人生命的场合,可以在责任层面考虑行为有无可谴责性。当行为人欠缺"他行为可能性",即不可能选择合法行为时,法律就不应再去谴责。这种情形属于具有刑事违法性,但因为欠缺期待可能性而免责的紧急避险。[345]

肯定说整体上对于生命的紧急避险持肯定态度,只是在牺牲的生命与保全的生命相等的场合,在能否认定避险行为的社会危害性的问题上,存在分歧。有见解认为,生命在法律面前的价值是平等的,牺牲等价的生命来保全自己的生命,为排除违法性的事由。因为在紧急状态下,牺牲他人生命保全自己生命的行为是人的原始本性的一种复苏,是法律不能控制的。牺牲

---

[342] 马克昌主编:《刑法学》,高等教育出版社2003年版,第134页。
[343] 王钢:《紧急避险中无辜第三人的容忍义务及其限度兼论紧急避险的正当化根据》,载《中外法学》2011年第3期。
[344] 王钢:《对生命的紧急避险新论——生命数量权衡之否定》,载《政治与法律》2016年第10期。
[345] 付立庆:《刑法总论》,法律出版社2020年版,第181页。

他人生命的紧急避险,有利于实现社会的最大利益。[346] 另有见解认为,如果不允许牺牲一个人的生命以保护更多人的生命,则意味着宁愿导致更多人死亡,也不能牺牲一个人的生命,这难以为社会一般观念所接受,也不一定符合紧急避险的社会功利性质。故为了保护多数人的生命而牺牲一个人的生命应当是被允许的。但在为了保全一个人的生命而牺牲一个人的生命的场合,当然是不被允许的。[347]

本书原则上持否定说,即通常情况下,人不得牺牲他人生命拯救自己的生命,或者牺牲少数人拯救多数人。人的生命,只要存在,就与将来可持续的时间,以及生命数量的多少无关,绝对受到法律的保护,是不可衡量比较的法益,不能成为紧急避险的对象。这种见解的基本理由来自近代社会的一个观念,即人的本质是人性,这种人性的基础是人具有自由意志、有理性,与此相关,人人都有与生俱来的身为人的自由权利和尊严,这种权利和尊严必须受到他人包括社会的尊重。因此,人在任何时候都只能是目的,而不能作为实现其他目的的手段。这种有关人只能是目的,而不能是手段的理念,体现在刑法当中,就是人的生命不能成为紧急避险的对象。

当然,在绝对极端的紧急状况下,人最终选择牺牲他人拯救自己,也不应当被追究刑事责任。确实,以牺牲他人生命为代价的紧急避险,是人类生活当中最残忍的场景之一,也是人性"恶"的最极端体现,应当受到道德的强烈谴责。但是,道德谴责和法律谴责并不是一回事,二者适用完全不同的标准和评价体系。当人类陷入绝对极端情况,已经丧失正常理性的场合,如航船沉没后两人争夺只能负载一人的木板的场合,最终结果无非是以下四种:一是其中一人舍己为人,二是争夺成功者存活而失败者死亡,三是二人相让同时死亡,四是二人相争同时死亡。其中,后二者是最坏的结果,当然不是人们所希望看到的,可以不予考虑;第一种结果是建立在高尚道德基础之上的,而刑法既不能强迫人们作出牺牲,也不能将英雄主义强加于人,因此这种结果固然理想,但可遇而不可求。逐一排除之后,只剩下第二种结果了。第二种结果的出现,尽管是不道德的,但是属于在没有其他选择的情况下,结局最好的选择。因此,紧急情况下牺牲他人生命拯救自己的行为虽然违法,但并不具有主观可谴责性,应当免除行为人的责任。

综上,凡是剥夺他人生命的行为,无论如何,都要考虑为故意杀人,只有在极为特殊的情况下,才可以考虑能否根据紧急避险的规定,令行为人对该行为不负刑事责任。这样说来,在犯罪的判断当中,以生命为对象的紧急避险是一种例外判断,必须慎重地进行。

具体来说,在以他人生命为避险对象的场合,必须考虑以下几方面的因素:(1)被作为避险对象的人是不是已经作出了牺牲其生命的承诺。如身处绝境的人通过抽签的方式,决定牺牲一人拯救其他人时,参与抽签即意味着被害人对放弃自己生命的行为表示了同意,其处分生命法益的自主选择利益归于消灭,其生命法益的整体受保护性程度降低。(2)避险对象是否具有生还的可能。在数人均面临共同危险时,如若不采取某种措施,则所有人都将性命不保,而牺牲一部分人,就能救活另一部分人,此时的危险共同体内部可以通过牺牲部分人的方式保全其他共同体成员。如三人在一根绳子上攀岩,最上面的人发现上方绳子不堪重负,即将被崖壁磨断,于是掏出匕首将身后的绳子割断,以其他两人摔死为代价换取自己得救,如果哪怕不割绳

---

[346] 王政勋:《正当行为论》,法律出版社2000年版,第269页。
[347] 张明楷:《刑法学》(上)(第6版),法律出版社2021年版,第294页。

子,绳子被磨断后,两人同样被摔死,则割绳子的行为保全了危险共同体内的部分成员,成立紧急避险。(3)避险行为人是不是导致危险的诱因。一般认为,除了挑拨避险的情形,在行为人故意或过失招致危险的场合,其同样能够将自招危险转嫁给无辜第三人,但避险行为理应受到一定限制。因此,当牺牲的是生命法益时,自己招致危险状态者,一般情况下不能以牺牲他人生命的方式来保全自己的利益。(4)被避险人是不是威胁他人生命的危险源。当被牺牲者成为威胁其他多数人生命的危险源时,如恐怖分子劫持飞机,撞向地面正有上万人聚集的体育馆时,可以考虑紧急避险,将被劫持飞机击落。(5)必须一定程度上考虑被避险人的特殊情况。如在刑法上,对于没有辨认、控制能力的未成年人或者在危险状态下丧失正常辨认控制能力的人,对其实施特殊的保护政策,从法益比较衡量的角度来讲,这实际上也是一种属于他们的特殊利益。因此,在这些人的生命利益和其他一般人的生命利益发生冲突的时候,通常来说,在权衡比较上会稍微偏向他们。[348]

最后,在法益衡量中,必须考虑被转嫁危险者的人格尊严。绝对地按照客观利益衡量,可能会出现弱肉强食的极不公平的结果。如在为了不让自己身上名贵的西装被雨淋湿就夺过穿着破衣烂衫的穷人的雨伞,或者为了挽救重病患者的生命而强行从旁边经过的第三者身上采血的场合,纯粹按照上述优越利益衡量说,会得出上述场合都是紧急避险的结论。但是,这样做的结果是,将人贬斥为纯粹的"手段",完全否定了作为个体存在的人的自我决定的自由。如就医生可否为了挽救重病患者的生命而强行从旁边经过的第三者身上采血的问题而言,或许有人认为从利益位阶上看,生命法益高于身体法益,因此,为挽救生命强制采血也并无不可。但强制采血不仅是对他人身体的伤害,更重要的是侵害到了他人的自由。与自由法益相比,生命并不一定处于优位,否则,就不会有"不自由,毋宁死"的呐喊了。更为重要的是,个人自主决定权是近代法秩序中的最高保护价值,其有各种不同的表现,如住宅安宁的自由、投票的自由、上学的自由、性行为的自由,或是普遍的身体行动的自由等。每个人在这些个别利益的坚持上都有不同强度,因此,一个人的生命利益相比于另一个人的自由利益,是否一定处于优越地位,难以一概而论。就一个人坚持自己的身体不受侵害的自由而言,即使伤害行为(如强制采血)本身很轻微,但由于其本质上是侵害他人自由的体现,因此,应看作对一个重要利益的侵害。[349]否则,每个人都可能被现实生活中偶然发生的事情或者因为某种借口而失去做人的自由。由此而来的结果是,我国《宪法》第二章所规定的有关公民的人身自由、人格尊严不受侵害的内容,就会沦为一纸空文,这显然不是刑法规定紧急避险制度所希望看到的结果。因此,在为了保全自己的利益而牺牲无辜第三者的利益的时候,必须将第三者的人身自由、人格尊严作为一个因素(利益)进行考量。

6. 避险主体不具有职务上、业务上的特定责任

根据刑法第21条第3款的规定,在职务上、业务上负有特定责任的人,不适用紧急避险的规定。所谓"职务上、业务上负有特定责任的人",是指在其职务、业务性质上具有必须忍受一定危险的义务的人。例如,警察、消防队员、船长等。义务的根据,有法令、契约、习惯等。

---

[348] 黎宏:《刑法总论问题思考》(第2版),中国人民大学出版社2016年版,第353~357页。
[349] 黄荣坚:《基础刑法学》(上)(第4版),台北,元照出版有限公司2012年版,第257~258页。

之所以有这种特别规定,是因为如果允许职务、业务上有特别义务的人,在自己遭受危险之际,为了自己的利益而牺牲他人的话,那么,该种职务或者业务就失去了其存在意义。所以,这类人不能适用紧急避险的规定。

但是,有特别义务的人所承担的忍受义务的范围,应当以具体的事实关系为基础,在各个案件中具体地加以确定。在有的案件当中,对业务上负有特别义务的人的忍受义务要加以否定。如正在灭火的消防员,为了躲避正要倒塌的建筑物砸到自己,擅自毁坏他人的院墙,闯入其中的场合,如果说建筑物的倒塌是早已预见到了的情况的话,那么这种预见就在否定成立紧急避险、肯定负有忍受义务的方向上起作用,但考虑到遭受危险的利益是生命这种重大利益,和他人院墙即被牺牲的利益相比,消防员的生命利益明显优越,因此,足以将上述场合评价为紧急避险。

(三)避险过当的刑事责任

所谓避险过当,是指避险行为超过必要限度而造成了不必要的损害。如为抢救被火灾威胁的家具与宠物而撞伤或者造成邻居死亡,或者牺牲他人生命而挽救自己的财产等,就是如此。刑法第21条第2款规定,避险过当的,"应当负刑事责任,但是应当减轻或者免除处罚"。

和防卫过当的场合一样,对避险过当行为进行减免处罚,也只是可能出现的结果之一,并非唯一结果。避险人在慌乱之中,可能出现既无故意也无过失的情形;同时,在为了保护自己而牺牲他人生命的场合,尽管行为人具有故意,但由于不可能期待其当时不如此行为,因此,必须免除其责任。在这种场合,对避险人而言不是减免处罚的问题,而是不承担刑事责任的问题。因此,因避险过当而构成犯罪,要减免处罚的,只能是避险过当行为诸多情形中的一种。

四、其他排除社会危害性的事由

除刑法有明文规定的正当防卫、紧急避险之外,我国刑法学的通说还将以下情形作为排除社会危害性事由看待。

(一)法令行为

所谓依照法律的行为,是根据法律、命令以及其他成文法规,作为权利或义务而实施的行为。依照法律的行为,可以分为以下三种类型:(1)职务行为,即根据法令,属于国家机关工作人员职务权限内的行为。例如,执行死刑、自由刑,逮捕、拘留犯罪嫌疑人、被告人等行为,虽然符合故意杀人罪、非法拘禁罪的犯罪构成要件,但不具有社会危害性。因为,相对于国家机关工作人员依照法定程序执行职务的行为而言,犯罪嫌疑人或者被告人的人身利益不受保护或者受保护程度大大降低。(2)权利、义务行为,即根据法律,属于他人行使权利或者承担义务的行为。如公民扭送现行犯的行为;监护人在必要时,强行将精神病患者送入医院治疗或者监禁于家中的行为;父母为了保护未成年人的安全,上班时将孩子锁在房间里的行为。在这些场合,虽然行为人的行为形式上符合非法拘禁罪的犯罪构成要件,但其保护了对象人更为重要的利益,因此不违法。(3)基于政策理由的行为,是指由于一定的政策性理由而排除违法性的情况,如国家发行体育彩票、福利彩票的行为就属这种情况。这些行为虽然符合赌博罪的犯罪构成要件,但由于它是基于更大的财政或经济上的政策性利益而实施的,所以不违法。

关于法令行为排除违法性的根据,学说中,有将法令行为的排除违法性和排除违法性的一般原理相结合,进行实质说明的倾向,这就是"目的说"。这种学说意图以和利益衡量无关的形式,赋予"正当手段"独立意义。在"目的说"看来,在法令行为的排除违法性方面,行为形态以及行为人的主观意图起着很大的作用。但是,在"目的说"的内部,将法令行为正当化的行为人的主观内容,到底是"履行义务的目的"还是"合理的确信",存在争议。相反地,优越利益说从"国家利益和个人自由的法益衡量"角度来考虑法令行为的排除违法性,认为在法令明确规定了行为合法的范围的场合,国家利益具有优越性。但是,即便根据法益侵害说,也存在法令行为合法的具体范围、成立要件等不明确的问题。如在法令赋予公务员裁量权的场合就是如此。在这种场合,可以从法令行为的排除违法性根据在于其是被"允许的危险"的角度来加以说明。

所谓被允许的危险,是对于在社会生活上不可避免的、具有侵害法益危险的行为,以其社会意义为根据,允许其在一定范围内实施的见解。如对警察的逮捕行为,被允许的危险论是这样说明的:众所周知,即便在完全符合逮捕条件的场合,也不能说警察的逮捕行为绝对不会出错。警察的逮捕行为,具有将不是犯人的人错误地加以逮捕的危险,但即便是抓错了的场合,只要在行为当时具备逮捕的要件,该种错误通常就是被允许的,换句话说,该种错捕的危险是法律所允许的危险。但是,在被允许的危险中,有"行为无价值型"和"结果无价值型"两种不同类型。两种类型的正当化基准是不同的。行为无价值型从行为形态是否具有社会相当性的角度出发,结果无价值型从行为时行为的有用性、必要性和法益侵害危险的比较衡量的角度出发,分别划定正当行为的成立范围。具体来说,"行为人的诚实性"和"行为时的客观状况+行为人判断的合理性"分别在行为无价值型与结果无价值型中,成为判断具体行为是否正当的关键。但是,行为无价值型的见解存在一定问题。将这种见解贯彻到底的话,会得出只要行为人恪守诚实,不管行为时的具体客观状况如何,都不可能违法的结论。这种见解的基础是"因为行为人没有责任,所以其行为不违法",和行为无价值论具有亲和性。

(二) 正当业务行为

所谓正当业务行为,是指没有法律上的根据,但根据其业务特点而被正当化的行为。所谓业务,是指作为社会生活上的正当事务而反复继续实施的行为,如作为体育活动的摔跤、格斗,作为医疗行为的截肢、开颅等,只要是在正当业务范围内实施的,即便符合故意伤害罪的构成要件,也排除社会危害性。

正当业务行为在什么范围内排除犯罪性呢?对此,刑法理论上有不同看法。有一种观点认为,必须以现存的、有关该业务行为的行动准则为标准进行判断。在违反该准则的时候,就具有犯罪性。[350] 但是,体育比赛、医疗行为等业务活动之所以正当,除了是因为该活动是基于体育活动或者医疗活动的目的,参与活动的各方都遵守体育规则或者医疗规则,还因为"被害人的同意"或者"推定的同意"在使体育比赛、医疗活动等业务行为正当化的过程中也起着重要作用。具体来说,在手术行为中,如果患者在了解了手术的意义之后,表示了真实同意,就可以说,手术行为所针对的被害人的法益被放弃,手术行为不符合伤害罪的犯罪构成。这种对手术行为的合法性的说明,对于体育竞技也适用。因为,尽管体育竞技中设置了规则,但如果行为符合规则的话,就可以说既存在优越利益,也具有竞技者的同意。因此,违反被害人的现实同

---

[350] 刘艳红主编:《刑法学》(上)(第3版),北京大学出版社2023年版,第226页。

意或者推定同意,或者超越被害人同意的医疗、拳击、摔跤等行为,也不属于正当业务行为,如果没有特殊情况,应当构成犯罪。

(三)安乐死

所谓安乐死,是指病人患有令人痛苦不堪的疾病无法治疗,且濒临死亡,为了减轻其死亡前的肉体痛苦,基于患者本人的请求或者同意,采用适当方法,让其提前死亡的行为。其包括两种类型:一是积极安乐死,即给病人服用足以致命但无痛苦的药物,使其提前死亡;二是消极安乐死,即对病人不实施或者停止实施维持生命的措施,让其体面地、自然地迎接死亡来临,也称尊严死。

理论上讲,安乐死具有以下特征:第一,实施的对象是身患绝症且痛苦不堪、濒临死亡的危重病人;第二,实施的目的是基于人道主义立场,减轻病人肉体上的痛苦;第三,实施的条件是基于患者本人的请求或者同意,并采用适当的方法。

安乐死能否成为排除社会危害性事由,是刑法理论上一个长期争论的话题。[351] 学界对此存在否赞两论。否定的理由是:(1)安乐死同我国"救死扶伤、实行革命的人道主义"[352]的医疗工作的基本方针相违背;(2)医学是在积累临床经验的基础上发展起来的,今天的不治之症也许就是明天的可治之症;(3)施行安乐死,会造成对人的生命分等论价,不一视同仁;(4)就我国目前医疗水平不平衡的状况而言,不宜广泛宣传安乐死,否则会造成一些本可以挽救的生命丧失被救的机会;(5)安乐死是消极、悲观的生命观,会使人的生命变得十分简单、脆弱,失去其应有的神圣性,因而是人类对自身生命的蔑视、破坏和践踏。相反地,赞成的理由则认为:(1)当病人患有不治之症,痛苦难当时,对其实施安乐死,让他没有痛苦、不失尊严地死去,符合人道主义的精神,也解除了家庭和社会的负担;(2)人的固有权利中包括选择死亡方式的权利,这种权利应当受到尊重;(3)把宝贵的医疗资源用在身患绝症、濒临死亡的人身上,是一种浪费;(4)医院规定拒收晚期癌症病人,放弃对垂死病人抢救医疗,实际上是在一定程度上、一定范围内实行和认可安乐死。[353]

赞成者不仅认为应当允许安乐死,并列举了合法安乐死所必要的条件。这些条件是:(1)从现代医学的技术和知识来看,患者患有不治之症,濒临死亡;(2)病人极为痛苦,令人不忍目睹;(3)实施安乐死完全是为了缓和病人所面临的死亡的痛苦;(4)实施时间是在病人能够表明其意思的场合,并且,病人本人具有接受安乐死的真诚意思和愿望;(5)安乐死原则上由医生实施,其他情况下,必须具有特别的理由;(6)实施安乐死的方法必须符合伦理。[354]

以上是有关安乐死的一些争议。但我国目前并没有允许安乐死的法律规定,司法实践中,

---

[351] 有关安乐死的适用情况,参见王政勋:《正当行为论》,法律出版社 2000 年版,第 477 页以下;田宏杰:《刑法中的正当化行为》,中国检察出版社 2004 年版,第 414 页以下。
[352] "救死扶伤,实行革命的人道主义"是毛泽东于 1941 年为中国医科大学第十四期学员所作的题词。它成为我国一代又一代医务工作者的座右铭。
[353] 以上内容,参见王政勋:《正当行为论》,法律出版社 2000 年版,第 507~508 页。
[354] 马克昌主编:《犯罪通论》(第 3 版),武汉大学出版社 1999 年版,第 843 页以下。

对于为他人实施安乐死的行为,也认为属于故意杀人行为。[355] 从理论上讲,任何剥夺他人生命的行为,都是不被允许的杀人行为,从违法性或者社会危害性的角度来看,安乐死行为值得作为故意杀人行为加以谴责。当然,考虑到实施安乐死的场合,行为人的主观目的是减轻他人肉体上难以忍受的痛苦,客观上该行为也得到了患者本人的请求或者同意,因此,在处罚上可以和一般的故意杀人行为区别对待。

与安乐死相关的就是患者本人拒绝治疗的行为。在一般的医疗中,患者在享有接受治疗的权利的同时,也享有拒绝治疗的权利。拒绝治疗,即便是在他人看来不合理的决定,但只要是具有判断能力的人,基于自己的意思而作出的决定,就都是被允许的。这种场合,可以劝说患者接受治疗,但绝对不允许对其强制医疗。同样,在意识清晰的晚期患者,谢绝不必要延长其生命的医疗的场合,必须绝对优先考虑患者的自主决定权,当患者自己决定中断治疗时,即便医生停止对其抢救,导致死亡结果发生,也属于合法行为。

(四) 器官移植

所谓器官移植,是指将不能正常发挥作用的器官从患者身上摘除,同时将从活人、死人或者动物身上取出来的器官移植到患者身上的治疗方法。器官移植的刑法问题:一是与植入器官的接受者("受体")有关,二是与被摘除器官的提供者("供体")有关。

就器官移植的接受者而言,将从他人身上摘出的器官移植到接受者身上,是否构成故意伤害罪,成为问题。一般认为,植入器官行为和其他治疗行为一样,在同时满足属于在医学上正当、合理的治疗行为和接受者表示同意这两个条件时,就排除故意伤害罪的社会危害性。具有争议的是在医疗实验阶段中的器官移植问题。此时,由于"恢复健康"和"死亡"的可能性同时集中在同一法益主体(接受者)身上,因此,何者优先,应该根据法益主体的意思加以解决。接受者在对手术内容及其危险性有充分了解,并且同意进行移植手术的时候,可以说,该移植手术是合法的。

在和被摘除器官的提供者的关系上,根据提供者是"活人"还是"死人",问题也不一致。

在提供者是"活人"的时候,摘除器官行为有可能成立故意伤害罪。这里,就要综合考虑该摘除行为在医学上是否合理、在医术上是否妥当、提供者是否同意,判断摘除行为是否合法。需要注意的是,在所摘除的器官是心脏、肝脏等人体独一无二的器官的时候,即便该摘除行为得到了提供者的同意,该同意也无效。因为,被害人同意的效果不及于其生命,而全部摘除心脏、肝脏等器官的行为会直接危及提供者的生命,因此,这种场合下的摘除器官行为是违法的。在提供者是"死人"的场合,则涉及是否成立"侮辱尸体罪"的问题。一般来说,人死之后,摘除器官的时候,除了医学上合理、医术上妥当,还必须征得死者家属的同意。可见,根据器官提供者是"活人"还是"死人"的不同,移植行为的性质也不一样。在此,关键在于如何判断提供者是死人还是活人。换言之,如何对作为其"分水岭"的"死亡"在法律上进行定义。

历来,法律上所谓的"死亡",按照医学上的定义,就是"循环、呼吸系统不可逆转地停止"

---

[355] 2001 年 10 月 8 日,上海市闵行区人民法院以故意杀人罪对该市首起"安乐死"的实施人梁某某判处有期徒刑 5 年。92 岁的梁母因脑溢血深度昏迷瘫痪,形同植物人。67 岁的儿子梁某某不忍其母受苦,为救母病钱财耗尽。一向孝顺的他终于用触电的方式结束母命,以后投案自首。该案的审判结果更表明我国司法界视主动安乐死为故意杀人罪。参见《上海判决前列实施"安乐死"案——实施者被判五年》,载《文登日报》2001 年 10 月 16 日,第 4 版。

(心脏死说)。其在临床上表现为:心跳停止、自主呼吸停止和瞳孔散大,因此,它也被称为"三征候说"。但是,随着救生技术的发展以及人工呼吸设备的使用,上述临床特征日渐失去其死亡诊断标准的意义,主张只有在发生包括脑干在内的整个脑部机能不可逆转地停止即脑死亡的场合,才能认定为死亡的"脑死亡说",在医学界变得异常有力。

"脑死亡说"兴起的背景中,具有随着器官移植技术的发展、停止无益的延长生命措施的呼声日益高涨的现实要求的一面,但是,就终止对处于脑死状态的患者进行无益治疗的情形而言,"脑死亡说"并没有什么特殊意义。因为,对于生命确实已消逝、不可能起死回生的脑死亡患者而言,医生并没有刑法上的治疗义务,因此,主张"脑死亡说"的实质理由在于扩张器官移植的合法范围。一般来说,供移植用的器官必须是鲜活的,如就心脏移植手术而言,为了提高成功的概率,在确认提供者的心脏在不可逆转地停止跳动之前,就必须确认提供者已经死亡。虽然"脑死亡说"不是变更死亡概念的学说,但是属于改变死亡判定方法的见解,和"心脏死说"相比,它确实能够使死亡认定时间提前,因此,对器官移植持肯定态度的学者主张脑死亡标准,而持否定意见的学者则提倡心脏死标准。我国2024年5月1日起施行的《人体器官移植和捐献条例》第19条第1款规定,"获取遗体器官,应当在依法判定遗体器官捐献人死亡后进行。从事人体器官获取、移植的医务人员不得参与遗体器官捐献人的死亡判定"。其中的"死亡",按照相关权威说法,包括心跳停止和脑死亡两种类型。[356] 换言之,在人体器官移植的场合,脑死亡就是死亡。从脑死亡患者身上取下维持生命装置,或者摘除器官,导致心脏死的行为,不构成故意杀人罪。

(五)被害人同意

1. 被害人同意概述

被害人同意,又称被害人承诺,[357] 是指法益主体对他人侵害自己能够支配的利益表示同意。作为一种排除社会危害性事由,其已经为我国刑事立法所广泛认可。如在非法侵入住宅罪、强奸罪、盗窃罪等中,违反被害人意思成为该罪的构成要件要素,只要被害人同意,行为人的行为就不符合该罪的犯罪构成。

被害人同意之所以成为排除社会危害性事由,是因为被被害人同意放弃的法益,不值得刑法保护。如前所述,刑法的任务在于保护法益。刑法之所以将某种利益作为法益加以保护,主要是因为其是个人自己决定或者说自我实现(人格发展和完善)所必不可少的前提,是实现该种目标的必要条件。如此说来,法益只有在对人的自我实现具有积极意义的限度内,才有作为法益而受到刑法保护的意义。相反地,如果保护某种法益成为个人自己决定或者自我实现的障碍或者说是负面因素的话,就没有必要对其进行法律保护。这种场合,尊重个人的意愿,任其放弃其可以自由处分的利益,实际上就是其个人自我实现的体现。所以,被害人自愿放弃其

---

[356] 2007年的《人体器官移植条例》(已失效)和2023年《人体器官捐献和移植条例》并没有对死亡标准直接作出规定。但在2005年6月3日举行的第六届国际临床肝脏移植研讨会上,我国卫生部副部长黄洁夫表示,我国有望出台的首部"人体器官移植条例"将首次采取心跳停止和脑死亡两种死亡标准并存的方针。对于判定脑死亡的病人,即可以进行器官移植手术。在《人体器官移植条例》施行之后,我国的人体器官移植手术也是按照这一标准进行的。

[357] 也有人认为,排除构成要件符合性的为"同意",而排除违法性的为"承诺"。但本书由于采用构成要件符合性和违法性一体判断的体系,故主张没有进行这种区分的必要。

能够处分的利益,在以个人的自我实现为刑法的终极目的的现代刑法当中,应当允许;对侵害该种被放弃的利益的行为,不能作为犯罪而加以处罚。

2. 被害人同意的成立条件和法律效果

(1)被害人同意有效的条件

被害人同意有效的条件包括以下内容:

一是同意主体对同意的内容、意义和后果能够正确认识。在法益主体由于年少或者精神病而不能准确地表达自己的思想,缺乏同意能力的时候,可以由其代理人(如亲权人)代为表示同意。但是,由于受刑法保护的利益具有和特定人紧密相关的人格特征,和民法理论上的代理有所不同,因此,确定刑法中能够代为同意的法益范围的时候,应当根据代理权的范围、法益的种类(是身体、自由还是财产)、侵害的程度、对于被害人本人而言的利益程度以及法益主体的实质判断能力,综合考虑。

二是同意对象是符合犯罪构成要件的事实。它不仅包括侵害法益的结果,也包括引起该结果的行为。由于被害人同意放弃的是法益,因此,对结果是否同意,对认定同意是否有效来说,具有决定性的意义。在行为人对行为同意但对行为结果不同意的时候,对该结果不能适用被害人同意原理。如在被害人明知他人酒后驾车危险但仍乘坐该车,结果发生了伤亡事故的场合,对于该驾驶人员不能直接按照被害人同意原理而认定其行为不构成犯罪。[358] 同时,行为主体和行为方式也是被害人同意的对象。在侵害法益的结果合乎同意内容,但行为主体和行为方法与同意内容不一致的时候,也不排除犯罪性。就行为主体而言,如在被害人误以为他人是自己的丈夫或者情人而同意与其发生性关系的时候,尽管被害人对侵害自己性自由的结果表示了同意,但由于这种同意是针对特定行为主体(被害人的丈夫或者情人)发出的,因此,对行为人不能适用被害人同意原理而排除其行为的犯罪性。同样,在数人共同对同一女子实施强奸而构成轮奸的场合,如果被害人只对其中一人的奸淫行为表示同意,那么,就该男子而言,可以适用被害人同意的原理,而对于其他人,则照样构成强奸罪。另外,就行为方法而言,如被害人由于轻微过失而请求对方宽恕,说:"你惩罚我吧!"不料对方将被害人的衣服剥光,让其到操场上跑三圈。该行为,显然也是不符合其同意内容的行为,有构成侮辱罪的余地。为了救助重病伤者,得到了身体健康者的同意之后而在其身上采血的行为本身是合法的,但是,若采取给供血者的健康造成严重损害(重伤)的方法采血,则是不被允许的。

三是同意时间必须在结果发生时。同意应当在什么时候存在,理论上有不同看法。一种观点认为,只有在行为前或者行为时作出的同意才可能被行为人认识,能够阻却违法,否定事后同意;相反的观点则认为,由于同意而使法益的法益性或者保护价值丧失,因此,同意必须在结果发生时存在,而且仅此就足够。[359] 一般认为,后一种观点是妥当的。因为,同意所导致的效果是法益的要保护性丧失,即法益主体同意处分法益后,就不存在值得保护的法益。因此,只要在结果发生时,被害人同意就可以了,而不要求一定要在行为前或者行为时存在。按照这种观点,被害人在财物被转移到他人占有之下的时候,只要同意放弃该财物,对方的行为

---

[358] [日]大谷实:《刑法讲义总论》(新版第5版),黎宏、姚培培译,中国人民大学出版社2023年版,第258页。

[359] [日]山口厚:《刑法总论》(第3版),付立庆译,中国人民大学出版社2018年版,第167页。

就不构成盗窃罪;强奸罪的受害人在事毕之后,发现加害人原来是自己所中意的人而表示并不反对的时候,该同意仍然有效。只是,此时,行为人有可能构成盗窃罪、强奸罪的未遂犯。因为,同意只是对于不成立盗窃罪既遂、强奸罪既遂的结果有效,而对于可能导致盗窃结果、强奸结果的行为危险并不有效。

四是同意表示只要在被害人的内心存在就足够。对于被害人的同意是不是要在外部表现出来,各方见解也不一致。意思方向说认为,同意只要作为被害人的内心意思存在就足够了,不要求一定要在外部表现出来;相反地,意思表示说认为,同意当中所显现出来的法益主体的自己决定不纯粹是个人内心层面上的东西,作为社会的法律层面上的问题,必须具有存在的轮廓和实体,因此,它必须体现于外。[360] 从被害人同意的法律根据在于其属于行使自己决定权的立场来看,只要深藏在被害人内心的自己决定的自由受到保障就足够了,因此,意思方向说妥当。另外,现在的多数意思表示说都主张,不管是明示还是默示的方式,都可以看作同意的意思表示方式,因此,意思表示说和意思方向说已经没有多大差别。

与被害人同意是不是要在外部表现出来的问题相应,行为人即加害人是不是要对被害人的同意具有认识,理论上也有两种看法。主张意思表示说的人认为,行为人对同意的存在必须具有认识(认识必要说);相反地,主张意思方向说的人认为,行为人对同意的存在不要求具有认识(认识不要说)。在认识必要说看来,在行为人没有认识到同意的场合,就成立既遂犯,相反地,在认识不要说看来,这种场合,至少不成立既遂犯。如在行为人盗窃之际,没有认识到被害人同意的场合,按照认识必要说,就成立盗窃罪既遂,相反地,按照认识不要说,或者不成立犯罪,或者最多只成立盗窃罪未遂。其中,盗窃罪未遂说以故意是盗窃未遂的主观违法要素为前提,以没有意识到同意的行为具有侵害财产权的一般危险为根据。但从盗窃罪未遂的处罚根据在于违反被害人意思的、侵犯财产权的具体危险的立场来看,只要客观上存在被害人的同意,行为人即便没有意识到该同意,由于不能说发生了违反被害人意思的侵害财产权的具体危险,因此,也只能将该行为看作不能犯加以处罚。[361]

五是非基于被害人真实有效的同意无效。被害人同意必须是其自由、真实意思的体现,也就是说,被害人只有在没有受到外力强制或者欺骗的情况下,基于自己的内心判断,自由作出的同意才是其真实意志的反映。这种判断自由具有值得保护的普遍价值,应当作为法益而受到尊重;相反地,在被害人虽然具有同意能力,但当该同意是由于受到强迫或者欺骗而作出的时候,同意的有效性就要被否定。这种场合下的同意不能被评价为自由意思。虽说在被迫同意的场合,法益主体也有一定的自由(如果完全没有自由,就不可能存在同意的问题),但被害人作出该种同意的过程中,其主观意思客观上受到了一定的限制,因此,仍然可以说这种同意是无效同意。[362] 这也正是通过敲诈勒索行为而获取他人财物的场合,虽说被害人在一定程度上表示了同意,但仍然要作为犯罪加以处理的原因。

---

[360] [日]西原春夫:《刑法总论》(上卷)(改订版),成文堂1995年版,第276页。
[361] [日]曾根威彦:《刑法的重要问题》(总论),成文堂1994年版,第98~99页。
[362] [日]山口厚:《刑法总论》(第3版),有斐阁2007年版,第160页。

(2) 被害人同意的法律效果

在法益主体即被害人表示了有效同意之后,其所享有的利益就会丧失作为法益的性质或者要保护性,即便该利益遭到侵害,加害人的行为也不构成犯罪,这是根据被害人同意原理所应当得出的一般结论。这个结论,就侵害自由、名誉、财产等利益的犯罪而言,可以说,在理论上已经没有什么异议;但就生命、身体法益而言,被害人同意是否具有上述效果,则存在不同意见。

首先,就生命法益而言,被害人同意并不能排除杀人行为的社会危害性。因为,"自己的生命不属于可以同意的对象,生命权不在个人可以自由处分的法益范围之内,因为它毁灭的是自由与自由权主体本身"[363]。换言之,"从生命这一法益无可替代的重要性出发,并不认可法益主体有处分生命的自由,而是意味着认可了可以违反法益主体当时之意思而对生命加以保护"[364]。

其次,就身体健康法益而言,被害人同意是否能排除故意伤害罪的社会危害性,具有争议。本书认为,只要本人作出真诚的同意,同意伤害行为原则上不成立故意伤害罪。因为,刑法将和个人生活相关的各种利益作为法益加以保护,仅仅是为了实现个人的自由发展和自我实现,因此,个人的自己决定权就成为各种法益中最重要的保护对象。除少数极为特殊的情况(如不具有处分能力)以及消灭作为自由决定的物质基础的生命法益的同意杀人行为之外,对于其他被害人处分自己可以自由处分的利益的行为,都应当充分尊重被害人的自己决定,因此,对于处分自己健康利益的同意伤害行为,原则上应当认可。这样做,也符合罪刑法定原则的宗旨和刑法的相关规定。[365]

需要注意的是,有些同意伤害行为,单独地看并不构成犯罪,但是在成为其他人的犯罪行为的一部分时,可能会构成其他犯罪。如为了骗取保险金,取得被害人同意之后而伤害被害人的,尽管不构成故意伤害罪,但构成保险诈骗罪,而此时的被害人,也要作为保险诈骗罪的共犯处理。

3. 有瑕疵的同意及其处理

(1) 传统的处理方法

被害人同意有效的条件之一,就是被害人的同意必须真实、自愿。如果被害人是在受胁迫或者被欺骗的情况下作出同意,该同意就是有瑕疵的同意即错误同意,无效,这一点在学界已经取得了一致的共识。但是,如果说在被害人作出某种同意的时候,只要存在某种欺骗因素,就一律认为该同意无效,对于行为人所实施的侵害行为,一律按照保护该种法益的犯罪处理,显然也是存在问题的。如在行为人欺骗被害人说,如果同意与其发生性关系,就可以为其提供一个职位,被害人信以为真,就和行为人发生了性关系,结果发现此事是一个骗局的场合;或者在男方为了摆脱女方的纠缠,利用女方对自己的迷恋,提出一起殉情自杀,女方信以为真,喝下了毒药,而男方却把毒药吐出来,结果只有女方死亡的场合。如果说被害人同意都是在受到欺

---

[363] 李海东:《刑法原理入门(犯罪论基础)》,法律出版社1998年版,第91页。
[364] [日]山口厚:《刑法总论》(第3版),付立庆译,中国人民大学出版社2018年版,第172页。
[365] 例如,刑法第234条规定,"故意伤害他人身体的"才构成犯罪。

骗的情况下所作出的无效同意,那么,上述场合下,行为人的行为岂不是一律要构成强奸罪和故意杀人罪吗?

确实有外国判例是这么理解的。如在男方和女方决定分手的时候,女方不同意而提出一起自杀,在商量过程中,尽管男方的自杀意图已经消失,但他看到女方迷恋自己并具有追随自己去死的念头,就有意利用这一点,装出自己也要和她一起死去的样子,把氰化钾递给她,让她喝下身亡的案件当中,日本最高法院认为被害人是在受到被告人的欺骗,估计被告人会追随自己死去之后,才做出死的决定的,该决定是具有不符合其真实意愿的重大瑕疵的意思,因此,认定被告人的行为构成故意杀人罪。[366] 有力学说也认为,被害人由于错误而引起的同意,不是出自真心实意,无效,对上述判例结果表示支持。[367] 按照这种见解,被害人相信对方会和自己一起殉情自杀的事实是导致被害人自杀的本质要素,如果没有行为人假装追随被害人一同死去的行为,被害人的自杀意图就不可能被强化,因此,被害人的自杀决意不是出自其自由的真实意思。行为人利用没有自杀意图的被害人的行为,使其自杀身亡的场合,是故意杀人罪的间接正犯。

但是,这种判例见解,遭到了多数学者的反对。有见解认为,假意追随对方死亡的事实只是让对方自杀的一个条件而已,对于具有正常的判断能力,理解自杀意义的人来说,追随自杀是不是能够成为支配自杀的本质要素,还有疑问。因为,行为人只是为对方提供了行为动机而已,不能说直接支配了死亡结果,因此,行为人应当成立自杀关联罪。[368] 同样,还有见解也认为,即便被告人的假意追随对方死亡的行为使被害人产生了"重大意思瑕疵",也不能仅此就认定被告人的行为具有了故意杀人罪的实行行为程度的危险,还要考虑欺骗行为的内容、程度、让人自杀之际的工具准备情况、行为人的参与程度等。在根据一般经验,可以说实施该行为,通常会发生按照行为人的意志,让被害人死去结果的时候,能够将该欺骗行为评价为杀人罪的实行行为。[369]

我国学者在这个问题上还比较清醒。按照我国学者的看法,被害人同意中的错误分为两种:一是事实错误,即被害人对所同意的损害行为本身存在误解,如某女误以为深夜进屋的男子是其男友而同意与其发生性关系的场合,就是如此;二是动机错误,即对所同意的损害行为本身没有误解,仅仅对与引起行为发生的相关情况存在误解,如该女知道进屋的不是其男友,而是其上司,但误以为通过与上司发生性关系即可获得提职加薪的机会而同意与其发生性关系的场合,就是如此。我国学者认为,事实错误影响被害人同意的有效性,而动机错误则不影响被害人同意的有效性。[370]

上述参考美国理论[371]所提出的见解,尽管在一定程度上克服了对有瑕疵同意不加区分,

---

[366] [日]《最高法院刑事判例集》,12(15),第3519页。
[367] [日]福田平、大冢仁:《对谈 刑法总论》(中),有斐阁1986年版,第94页。
[368] [日]曾根威彦:《刑法各论》,弘文堂1995年版,第14页。
[369] [日]大谷实:《刑法各论》,黎宏、邓毅丞译,中国人民大学出版社2023年版,第20页。
[370] 王政勋:《正当行为论》,法律出版社2000年版,第462页;田宏杰:《刑法中的正当化行为》,中国检察出版社2004年版,第377页。
[371] 有关美国的情况,参见储槐植:《美国刑法》(第2版),北京大学出版社1996年版,第126页。

认为一律排除被害人同意效力的弊端,但是,主张动机错误完全不影响被害人同意的有效性的见解,则是过于形式化,完全走向了另一个极端,同样会得出不合理的结论来。如被告人为了达到不偿还他人债务的目的,利用被害人夫妇为琐事闹矛盾的机会,先骗得丈夫自缢身亡,而后以此为由,欺骗、威胁被害人说,"事情闹大了,公安局要来验尸","我与你都要被逮捕,可能还要枪毙,不如我先杀死你,然后自杀",申言与被害人"同归于尽",骗得被害人和其两个女儿自杀。[372] 在该案中,被害人对于"自尽"即自己剥夺自己性命的事实是完全有认识的,只是在为何要自尽的动机上存在错误(以为是自己害死了丈夫,会被公安局"枪毙")而已。如果说事实错误影响被害人同意的效力,而动机错误没有这种效果的话,那么,上述案件中,被告人对被害人的死亡就不负担故意杀人罪的刑事责任,最多只是承担违法性较小的自杀关联罪[373]的刑事责任了。

但是,刑法上的故意杀人罪和自杀关联罪,尽管都以剥夺他人生命为内容,却属于两个性质完全不同的罪名。前者是以作为或者不作为的手段,故意剥夺没有放弃自己生命意思的人的生命,而后者是以教唆的方式,让没有放弃自己生命意思的人产生放弃自己生命的念头,或者为已经具有放弃自己生命念头的人提供帮助,方便其自杀的行为。就教唆形式的自杀关联罪而言,作为手段行为的教唆,在形式上没有限制,可以是明示的方式,也可以是暗示的方式,甚至可以是威逼和欺骗的方式,但必须尚未达到使被害人丧失意思自由的程度。在行为人的"教唆"行为使被害人在处分法益的意思决定上丧失了自由的时候,就不能说是教唆,而应当是利用被害人之手实现自己的犯罪目的的间接正犯了。因为,在教唆的场合,教唆人对被教唆人仅仅是提出了一种建议,被教唆人并没有产生心理上的压力,尚有自由地选择实施或者不实施被教唆行为的余地。相反地,在教唆行为给被教唆人产生了心理上的压力,使其意思决定自由受到限制,无法进行自由的意思决定的时候,可以说,其实际上已经陷入了一种类似于无法辨认和判断自己行为的境地。这时候,该行为就不应当构成以教唆或者帮助他人自杀为内容的自杀关联罪,而应当构成假被害人之手实现杀害被害人的犯罪目的的间接正犯,构成故意杀人罪。

这样说来,以动机错误不影响被害人同意的法律效力为由,说在上述案件当中,被告人的行为不构成故意杀人罪,最多只是构成自杀关联罪的见解,是有问题的。因为,在本案当中,被害人尽管明白自杀的意义,没有事实错误,只是在选择自杀原因的动机上存误解而已。但是,动机错误里面,也包含两种情况:一种是被害人以为放弃法益,能够获得某种对价或者利益的动机错误;另一种是行为人以为只能放弃利益,没有其他选择的动机错误。在前一种情况下,被害人尽管在选择上受到了一定的影响,但总体上体现的还是自己的自由意志;但在后一种情况下,被害人则是不得不如此的一种无可奈何的判断,意思自由受到抑制,基本上没有自由选择的余地。上述案件当中,被害人自杀,应当是属于后一种情况。从前述案情的交代中可

---

[372] 关于本案的具体案情和判决,参见"姚定荣诱逼他人自杀案",载最高人民法院中国应用法学研究所编:《人民法院案例选 刑事卷(1992~1996年合订本)》,人民法院出版社1997年版,第274页。
[373] 即教唆、帮助他人自杀的犯罪,国外刑法当中,一般都单独规定有这种犯罪,我国刑法中虽然没有类似规定,但这并不意味着在我国刑法当中,其不是犯罪。教唆、帮助他人自杀在我国也是犯罪,在定罪上,通常被认定为故意杀人罪。

以看出,当时的情况下,被害人本不至于产生自杀念头,但是,被告人在被害人之夫因为家庭矛盾而"自缢"身亡之后的特定时间环境下,欺骗她说"事情闹大了,可能还要枪毙!""枪毙"意味着剥夺人的生命,而且是一种在大庭广众之下,经过仪式化的法定程序,剥夺人的生命的惩罚。在这种巨大的压力面前,常人显然难以作出正确判断和选择。被害人也没有例外,由此而形成了错误判断:由于自己害死了丈夫,即便不自杀,也会被公安机关抓去"枪毙";与其让公安"枪毙",还不如自己先自杀。这样,被害人最终选择了放弃自己生命法益的自杀。但实际上,被害人的丈夫并不是由于被告人的原因而自杀的,同样,即便公安机关调查本案,被告人也不会被"枪毙"。可见,在被害人自杀的时候,尽管没有事实错误,只是在动机上存在误解,但这种误解的内容已经超出了一般事实的认识范围,而是和处分自己生命法益的内容直接相关。被害人尽管对于自己剥夺自己生命的事实没有错误,但是,在作出该种决定的动机上,行为人除了选择自杀,难以想象还有其他选择。这种情况下,主张被害人只有动机上的错误,这种错误不影响被害人同意的有效性,被告人的行为不构成故意杀人罪,最多只是构成自杀关联罪的见解,显然是不合适的。由此说来,在被害人有瑕疵同意的处理上,不对动机错误的内容进行甄别,笼统地说动机错误不影响被害人同意的效力的观点,是不准确的,存在过于形式化的弊端。

(2)"法益错误说"之提倡

在处理被害人有瑕疵的同意的问题上,本书同意这样的观点,即和法益处分决定直接相关的错误,影响该被害人同意的有效性;相反地,和法益处分决定不直接相关的错误,不影响被害人同意的有效性。[374]

是否"和法益处分决定直接相关的错误",应当根据具体犯罪构成中的保护法益来确定。如医生欺骗患者说:"你患的是癌症,剩下的日子不多了!"患者知道后,绝望之至,请求医生停止对自己的抢救措施,让自己死去。在这样的场合,患者的"来日无多"的错误就和处分自己的生命法益的事实直接相关,这种场合下,尽管被害人完全明白"停止对自己抢救"意味着什么,只是对引起"停止对自己抢救"的原因(以为自己"来日无多")有误解而已。但由于这种错误是导致被害人同意他人剥夺自己生命法益的直接原因,因此,该种错误之下的同意也应当无效,医生是故意杀人罪的间接正犯,构成故意杀人罪。[375] 相反地,在被告人欺骗被害人一起自杀,被害人信以为真而引颈自刎的场合,显然,被害人在自刎会导致自己生命利益丧失的一点上并没有错误,只不过在自己死了的话,对方也会信守承诺,追随自己死去的自杀原因上存在错误,而这种轻信他人会信守承诺的错误和故意杀人罪的保护法益并不直接相关,所以,上述场合下,被害人的同意有效,被告人的行为不构成故意杀人罪,而仅仅是教唆或者帮助他人自杀的问题,应当作为情节较轻的自杀关联罪(在我国也是以故意杀人罪定罪)处理。

为什么要坚持上述"法益错误说"呢?这主要是缘于刑法保护法益机能和保障自由机能

---

[374] [日]佐伯仁志:《有关被害人同意的处理》,载[日]川端博主编:《现代刑法理论的现状和课题》,成文堂2005年版,第95页;[日]山口厚:《刑法总论》,付立庆译,中国人民大学出版社2018年版,第169页。

[375] 对于这种结论,可能会有人提出,医生撒谎导致病人自杀的场合,一律认定为故意杀人罪,可能是过于极端和绝对。但是,本书认为,在医患关系的问题上,病人和医生之间存在信息不对称的问题,医生处于绝对主导地位,而患者基本上处于"唯命是从"的从属地位,换言之,医生基本上操纵着患者的行动。当然,在具体案件当中,医生和患者之间是不是存在上述"操纵关系",还必须结合具体情况加以判断。

(罪刑法定原则)之间的平衡协调。一方面,刑法具有保护法益的机能,对于各种侵害法益或者导致法益遭受侵害的行为,都必须予以处罚;另一方面,刑法的保护法益机能要受到罪刑法定原则的制约。在现行刑法当中,对各种犯罪的成立要件、保护法益,均有明确的规定,因此,在适用刑法的时候,必须充分地考虑各个犯罪的成立要件和保护法益。被害人同意,作为刑法上的正当化事由之一,其适用当然也不例外。

如就故意杀人罪而言,虽说其是保护生命的最极端手段,任何剥夺他人生命的行为都能构成本罪,但是,其中又有同意杀人和不同意杀人之分。在同意杀人的场合,由于存在被害人的同意,生命的要保护性在一定程度上有所降低,因此,这种杀人行为的社会危害性较小,法定刑相对较轻。相反地,在不同意杀人即普通杀人罪的场合,由于被害人没有放弃自己生命的同意,因此,其对法益的侵害程度当然要大于同意杀人的场合。故而在考虑作为正当化事由的被害人同意的时候,必须弄清该同意的具体内容,确定被害人所放弃的到底是哪一种犯罪的保护法益。如果不做这样详细的区分,"眉毛胡子一把抓",只要行为人在得到被害人同意的时候,使用了欺骗手段,就形式地套用被害人有瑕疵同意无效的基本原理,对所造成的犯罪结果直接按照保护该法益的极端形式(只要有死人结果,就按照故意杀人罪处罚)处理的话,不仅难以正确地认定该行为的性质,而且还会违反刑事立法规定,将某罪保护的法益变为和被害人错误相关的其他法益,即和故意杀人罪无关的不受欺骗的法益。

如在行为人欺骗被害人说,如果他愿意成为假车祸的受害人,其家属就能得到20万元的补偿金(当然,不给20万元的话,被害人绝对不会冒此风险),结果被害人信以为真,被撞身亡的案件当中,如果说被害人的同意无效而成立故意杀人罪,那么,故意杀人罪的保护法益就不是被害人的生命,而是和20万元金钱之间的交换价值了,这显然偏离了故意杀人罪以他人生命本身为保护法益的宗旨。这种理解,同样适用于被害人以"对方追随自己自杀"为条件而处分自己的生命的场合。在这种场合,对于欺骗被害人自杀的他人,无论如何是不能以故意杀人罪处理的。因为,故意杀人罪保护的法益是人的生命自身,而不是用自己的生命和他人的生命做交换的同意。这种场合下,没有自杀意图却假装具有自杀意图的欺骗行为,确实严重地误导了被害人的自杀意思决定,具有侵害被害人的"意思决定自由"的一面,但是,故意杀人罪的保护法益不是"意思决定自由",而是他人的生命,因此,以此为理由将行为人认定为故意杀人罪,无论如何都是不妥当的,该行为只能构成以教唆或者帮助他人自杀为内容的所谓"自杀关联罪"。[376]

对于法益错误说,反对意见认为,它在特定情况之下,存在难以自圆其说之处。如在医生甲谎称"为了救治重伤患者的生命,必须实施大量输血的手术",于是,征得正在附近通过的行人乙的同意,从他身上采集了500毫升血液,但事后发现,并不存在所谓需要救治重伤患者的紧急事态的场合,应当说,乙对于从其身上采血这种伤害其身体健康行为的性质是有认识的,在他没有反对的情况下,意味着其对这种伤害其身体健康的行为表示了同意。这种场合下,如

---

[376] 当然,由于我国与国外规定不同,并不按照被害人是否具有处分自己生命的同意而将杀人罪分为法定刑相差极大的普通杀人罪和自杀关联罪、同意杀人罪,而是将上述情形一律概括地规定为故意杀人罪,因此,即便在被害人同意杀人的场合,也只能认定为故意杀人罪,按照刑法第232条的规定处理。但是,必须意识到同样是杀人行为,但在被害人具有同意和没有同意的场合,其成立要件和处罚具有很大的不同。

果说尽管医生甲的欺骗行为导致了路人乙的认识错误,但这种错误只能说是动机错误,不影响被害人同意行为的有效性,医生的行为不构成故意伤害罪的话,显然是叫人难以接受的。由于这种结局的出现,因此,有人认为,上述法益错误说存在破绽。[377]

但是,对于这个问题,可以从紧急避险的角度来加以说明。通常来说,没有出现法益错误,同意就是自己自由的意思决定。但是,在紧急避险或者其他紧急状态下,从一般正常人的角度来讲,其意思判断自由会受到一定限制。如在根据法益的比较衡量,觉得为了保护较大的利益而不得不放弃自己的一定利益的场合,就是如此。这时候,行为人的意思判断受到了一定条件的影响,所得出的结论很难说是真实自由的意思决定,所以,例外地,应当说该种场合下的同意是不真实的,无效。

如在上述案例中,如果和欺骗有关的事实现实存在,和乙是否愿意献血的意思无关,完全可以把甲的采血行为看作不得已而采取的紧急避险行为。在实施紧急避险的场合,乙就不得不忍受来自甲的法益侵害,而乙的身体健康的要保护性,在采血行为没有超出救助他人所必要的限度的范围之内,就要被否定,甲的行为属于紧急避险,排除违法性。依此类推,在尽管客观上没有相当于要进行紧急避险的事态,但由于欺骗行为的存在,使得被害人误以为产生了可以进行紧急避险的状况,不得不忍受来自加害人的"避险措施"即侵害,其法益不得不受到一定侵害或者限制的错觉时,可以说,法益错误就变得现实存在起来。

当然,必须注意的是,这里所说的紧急状况,是类似于紧急避险的状况,和法定的紧急避险不完全相同。如在法定的紧急避险的场合,对无辜的第三人造成损害时,通常是不和其商量,不用征得其同意的;在采用征得被害人同意之后再采血的场合,就很难说存在法定的紧急避险中的紧迫性的要件。同时,被害人的自主决定的自由,也很难和避险人的生命、财产或者其他利益进行比较衡量。尽管如此,之所以还能将上述情况看作为紧急避险,是因为在医患关系或者医疗行为的场合,存在一些特殊之处。这种特殊之处,正如日本学者山中敬一教授所说:"患者对于手术的必要性方面的判断、决定,事实上不得不依赖于医生的说明、诊断,因此,医生在手术必要性方面的错误或者欺骗,实质上,直接就是患者的错误,同意人只要受到医生的误导和欺骗,就可以说没有不陷入错误的自由。考虑到这种特殊情况,即便不是严格意义上的紧急状态,有关手术必要性的错误,也有必要按照这一点来考虑。"[378]根据这种见解,就上述献血案而言,作为乙来说,他是在为救助重症患者的生命而不得不做出牺牲自己身体利益的前提下,做出同意的,但由于要救治重症患者生命的紧急情况并不存在,所以,乙在必须承受一定侵害的认识上存在错误,这种场合下,可以说,其放弃自身健康利益的同意并不是基于自由的意思决定而做出的,因此,乙的同意无效,甲成立故意伤害罪。

总之,在行为人欺骗被害人,使被害人同意放弃其利益的场合,虽说这种骗人行为很坏,必须予以处罚,但是,在刑法学当中,必须考虑这种"坏"和刑法中的什么罪相关,是在侵害什么样的法益的意义上的"坏",然后才能做出妥当结论,而不能一概地说,被害人在受欺骗的情况下所做出的同意是无效同意,对所造成的侵害法益结果,一律根据有瑕疵同意无效的原则,对其

---

[377] [日]齐藤诚二:《特别讲义 刑法》,法学书院1993年版,第110页。
[378] [日]山中敬一:《被害人同意中的意思缺失》,载《关西大学法学论集》,第33卷第3、4、5合集,第271页以下。

所造成结果进行最极端的处罚。

我国实务中,关于和被害人的法益认识错误直接相关的争议案件,就是所谓"酒托案",其是指不法分子出于卖酒等商业目的,利用一般人的社交心理,以交友、恋爱等为诱饵,将男性网友带至指定场所进行高额消费的行为。[379] 这种行为,是不是能够认定为诈骗,存在争议。否定说认为,在"酒托案"中,行为人所虚构的恋爱交友之希望仅仅属于行为人作出交易判断的辅助事实而非基本事实,无论酒品价格虚高幅度是否过大,被害人对于点单消费、酒水价值情况等基本事实都已经知悉,且作为正在营业的酒吧,"酒托"团伙部分履行了提供酒水服务的义务,且具有履约能力,因而从客观行为上看,"酒托"团伙所实施的并非诈骗罪的"诈骗行为",而是民事欺诈行为。[380]

但本书认为,即便"酒托案"中的被害人对于酒水交易具有"知情同意",也仍然构成诈骗罪,理由如下:首先,"酒托"团伙成员实施了足以导致对方财产损害的诈骗行为。在"酒托案"的场合,"酒托"团伙利用人性的弱点和社会一般社交习惯,通过精心设计、严密分工,将酒水服务等的营销行为,通过互联网交友方式,包装成为"网络交友""网络恋爱"等正常社交的前奏或者必经阶段。行为人在实施这种行为的过程中,隐瞒了自己实际上是酒吧雇佣的工作人员或者"托儿"的真实身份,事实上根本不可能和应约前来的被害人建立"恋爱"或者"交友"关系;被害人与"酒托"在酒吧消费过程中的所有花销,都是在为"酒托"团伙创造销售收入,不可能实现被害人在花费中所设定或者追求的"恋爱""交友"的目的,因此,可以说,"酒托"团伙成员这种隐瞒真实身份和真实目的而"交友""恋爱"的行为,是具有足以导致被害人财产损害危险的诈骗行为。其次,被害人遭受了能够经济评价的实质的个别财产损害。财产并非生命、身体一样的有自己目的的存在,而是一种手段性存在,在具体交易中,是作为交换手段、目的的实现手段而成为刑法保护对象的。在"酒托案"的场合,被害人尽管得到了与其所付对价相应的酒水服务,似乎未遭受财产损失,但这只是表面理解,并不妥当。从实质上看,如果没有"酒托"的诱惑或者欺骗,陷入以为是交友、婚恋的必要花费,被害人就不会去酒吧花这个钱,换言之,被害人在酒吧的花费不仅是一定数额的金钱,而是包含有一定价值、目的即交友或婚恋的金钱,而且这种价值赋予也为社会一般观念所认可。但在"酒托案"中,因为行为人即"酒托"从一开始没有和被害人交友、婚恋的意思,而仅仅只有向被害人推销酒水或者骗取金钱的意思,因此,被害人即便花费再多的金钱,也不会实现自己在该花费中的目的或者价值,因此,被害人的交易目的落空,遭受了可以经济评价的财产损害。最后,被害人是在陷入法益关系错误的情形下进行对价的转移、交付的。如前所述,我国刑法中的诈骗罪不是保护人的一般意志自由的犯罪,而是保护财产的犯罪,作为本罪成立基础的交易目的,就是该被保护财产所内在的效用的实现,其是能够被经济评价的东西。就"酒托案"而言,被害人在支付酒水服务对价时,通常而

---

[379] 有兴趣的读者只要在相关网站上输入"酒托式网络诈骗",就能搜索到大量相关事例。事实上,不仅仅是"酒托诈骗",近年来全国各地高发的"招工美容诈骗",即被告人虚构高薪招聘信息,以入职需整容为由诱骗被害人贷款整容,手术后,被害人却被告知招工单位出现意外,现在不能录用,或者说被害人的其他条件不符合岗位条件,不予录用,使得被害人不仅高薪职位打了水漂,还花费高额的贷款整容的案件中,也存在同样的问题。另外,"免费修眉诈骗"、常见于微信交友中的"卖茶女诈骗"等也采用类似的套路,其中存在同样的法律问题。

[380] 参见李闽节:《"酒托女"引诱男网友高消费案件的处理》,载《中国检察官》2014年第20期。

言,虽说是自愿的,具有意思自由,但这种自愿并不是真实的意思决定。在行为人即"酒托"的眼里,其提供酒水获取对价的行为,纯粹是赤裸裸的推销酒水的行为;但是,"酒托"团伙却将其包装成了温情脉脉的"交友""恋爱"的前奏或者必经阶段,让不明真相的被害人陷入错误之中,心甘情愿地为之付出。这种作为"交友""恋爱"前奏或者必经阶段的对价付出和作为纯粹的购买酒水服务的付出,显然有天地之别,属于被害人的法益关系认识错误。因此,对于"酒托案",一旦承认其可以成立诈骗,在行为人以假充真、以次充好,销售劣质酒水的场合就不用说了,即便是被害人享受了和所付对价相应的酒水服务的场合,也要构成诈骗罪,而不需以被害人自己也享受了酒水服务,或者"酒托"团伙所提供的酒水中也有真实的部分为由,进行财产损失上的折抵。因为,被害人所落空的交友、婚恋目的是无法从中拆分开来的。[381]

(3)法益错误之认定

那么,什么样的错误是使被害人同意无效的"与法益有关的错误"呢?所谓和法益有关的错误,就是"由于被害人对成问题的法益侵害的种类、范围、结果存有误解,因而对同意的意义和范围没有明确认识的场合"。[382] 这个结论不是一两句话可以说清楚的,要通过对各个具体犯罪的犯罪构成进行分析,才能确定一般而言,以下几种情况可以说是"与法益有关的错误":

第一,对侵害法益结果的错误。它是法益错误中最为典型的情况,如被害人同意行为人对自己进行轻微殴打,不料,行为人却对其腹部等容易受伤部位进行拳打脚踢,造成被害人重伤的场合,就是如此。此时,被害人的同意是对轻微伤害即一般违法行为的同意,而没有对造成自己重伤的结果也表示同意,换言之,被害人同意的意思表示并没有涉及伤害罪的保护法益,因此,这种场合下,被害人的同意无效,根据具体情况,可以认定行为人的行为构成故意伤害罪。[383] 同样,在行为人发现被害人的价值20元的旧书当中夹有价值2万元的珍贵邮票,于是就以20元的价格买下了该书的场合,被害人的出让同意无效,行为人的行为构成盗窃罪。因为,行为人同意出售的只是价值20元的旧书,而对于其中的价值2万元的邮票没有表示同意。被害人价值2万元邮票的损失,是行为人在被害人不知情的情况下,转移到自己的占有之下的,不是被害人同意处分的结果。

第二,对侵害法益的程度、范围即法益价值的错误。如欺骗肺癌晚期患者,说其还只能活一个月,患者深感绝望,只好同意医生停止对自己的医疗的场合,被害人即患者即便对医生停止对自己的救治,让自己提前死去的一点上具有同意,但该同意仍然无效。因为,作为故意杀人罪的保护法益的生命,不仅是抽象的有无问题,也包括具体的长短幅度的问题。哪怕是为了免除痛苦而让一个只能活15分钟的人提前死去的行为,也是剥夺他人生命法益的行为,构成故意杀人罪。另外,行为人欺骗被害人,使其误以为其所持有的价值上万元的文物只价值几百块钱而廉价处理给自己的场合,应当说,被害人的廉价出让同意也是无效的。因为,行为人只

---

[381] 黎宏、贾小我:《"酒托案"定性的司法现状与法理分析》,载《人民检察》2022年第18期。
[382] [日]佐伯仁志:《有关被害人同意的处理》,载[日]川端博主编:《现代刑法理论的现状和课题》,成文堂2005年版,第98页。
[383] 被害人同意无效,只能说明行为人的行为造成了某一具体犯罪的法益侵害,但是,行为人对这种法益侵害是不是要承担刑事责任,还要看行为人主观上是不是具有罪过。在被害人同意不明确,行为人主观上没有罪过的场合,行为人对于该结果可以不承担刑事责任。

有处分价值几百元的物品的意思,而没有处分价值上万元的文物的意思,因此,被害人廉价处理该物品的同意无效,实施欺骗行为的行为人构成诈骗罪。

第三,对于侵害法益行为的性质具有误解的场合,也可以说是法益错误。如医生欺骗女患者,想治好乳腺癌,除采用与其发生性关系,将其调配的药物送入患者体内的方式之外,别无他法,患者对此表示同意的场合,患者的同意无效,医生的行为构成强奸罪。因为,这种场合,患者对于侵害其法益的行为性质发生了误解,将行为人的奸淫行为当成了治疗行为;同样,在邪教教主对信徒说,要想升天,进入极乐世界,除了在特定时间、地点,采用特定方式自杀或者自残,别无他法的场合,信徒对于其自杀或者自残行为即便具有同意,该同意也无效。因为,教主的欺骗行为,使信徒对自己行为的性质产生了误解,将侵害自己生命、身体利益的行为理解成了一种宗教仪式。

相反地,以下情形可以看作为"与法益无关的错误"。

第一,有关支付对价的错误。在甲一开始就没有付钱的打算,但欺骗乙说买他的肾脏,在获得乙的同意之后摘取了其右肾,但事后却不付钱的场合,如果说根据欺骗而得到的同意不是真实同意,一律无效的话,上述场合下,甲的行为构成故意伤害罪。但是,上述案例中,乙对于甲在自己身上摘肾的意义和后果是完全了解的,而且也表示了同意,因此,就甲在他身上摘肾的一点而言,他是有同意的。在摘肾行为完成之后,乙就处于已经付出,能够要求对方即甲向自己支付相应对价的地位。甲不支付这种对价的话,就意味着其行为侵犯了乙的获取相应对价即报酬的权利,可以构成诈骗罪(以诈骗财产性利益为内容);相反地,这种场合下,如果说乙的同意错误无效,成立故意伤害罪,就会使人误以为故意伤害罪的保护法益不是他人"身体的完整性"或者"正常生理机能",而是与上述身体健康无关的"报酬请求权"。这显然是不对的。

第二,有关放弃法益的动机、目的的错误。如医生欺骗作为被害人的女性患者说,如果同意与其发生性关系,就可以免收其看病费用,患者表示同意,但事毕之后,医生却不将其许诺兑现的场合,无论如何,不能说被害人的同意是被欺骗的无效同意,由此而认定医生的行为构成强奸罪。因为,强奸罪的保护法益是妇女的性自由权。被害人对于自愿和医生发生性行为一点是有认识的,并没有错误,只是在发生性行为的原因或者说是动机即以为医生会免除其看病费用的一点上没有正确认识,出现了错误而已,因此,这种错误只能说是动机错误,而不能说是法益错误。相反地,在前面所举的、医生欺骗女患者说,要治疗好乳腺癌,除与他发生性关系之外,别无他法,骗得患者同意之后,将其奸淫的场合,医生的行为构成强奸罪。因为,这种场合下,由于医生的欺骗行为,使患者错误地理解了奸淫行为的性质,误以为该奸淫行为就是治疗行为,而没有意识到该行为就是侵犯其性自由的行为。此时,患者同意的是治疗行为,而不是侵犯自己性自由权的奸淫行为,因此,这种错误不能看作为动机错误,而应看作法益错误。

4. 推定同意

与被害人同意相关的一种特殊情况,就是被害人的推定同意。所谓被害人的推定同意,就是被害人实际上并没有作出同意的表示,但如果被害人了解事实真相的话,从一般人的立场出发,推定其会表示同意。在推定同意的场合,即便对作为利益主体的被害人的利益造成了某种侵害,行为人的行为也只会被认定为正当行为,不承担刑事责任。如医生对意识不清的伤病人员实施急救手术的行为;在外出的邻居家里起火的时候,撞开邻居家的大门,搬出其家中贵重物品的行为,都是其适例。

推定同意,是包含有被害人同意和紧急避险两方面要素的独特的法律制度。它是在被害人的法益发生冲突,为了保护被害人的优越利益,在无法取得被害人现实同意的情况下,作为一种补充性的法律制度而存在的。同时,即便没有这种优越利益,在一定的利益冲突状态下,以被害人和行为人迄今为止的关系以及迄今为止的事实为基础,如果能够合理地推定被害人会同意,就能说该推定的同意和实际同意具有同样的法律效果,这就是推定同意的存在意义。

(1)推定同意的成立条件

由于推定同意兼具被害人现实同意和紧急避险的特征,因此,在成立要件上,比上述两种制度中的任何一种都要严格。具体来说,包括以下内容:

第一,适用犯罪的种类。能够适用推定同意法理,排除行为的社会危害性的,只限于个人能够处分的法益的犯罪,如盗窃罪、故意毁坏财物罪,非法侵入住宅罪,私自开拆、隐匿、毁弃邮件、电报罪等,对于个人不能处分的法益的犯罪,被害人不能在事后同意或者宽恕。这一点,与前述被害人同意的适用范围相同。

第二,补充性。推定同意原则上只适用于不可能获得被害人(法益主体)现实同意的场合,在能够获得被害人现实同意的场合,就不能适用推定同意原理,因此,推定同意属于对现实同意的补充。如为了修理邻居家破裂的水管而擅自进入邻居家里,只限于邻居不在,不可能获得其现实同意的场合。为了不耽误自己的大事而擅自将友人的自行车骑走的场合,也是如此。当然,推定同意的补充性并不是绝对的。如就治疗行为而言,即便能够获得患者(被害人)的现实同意,但在如实说明病情以及手术效果,反而会使患者产生拒绝配合治疗的心理,导致病情恶化的场合,也可以不考虑推定同意的补充性的特点。在这种场合,在考虑了治疗行为的医学适应性的程度之后,根据若知道真相的话,患者不会拒绝治疗的推定同意的法理,即便没有得到患者的现实同意,也应当可以排除治疗行为的违法性。

第三,与概括的、默示同意的关系。相对于被害人的现实同意可以是事前的、概括的、默示的同意而言,推定同意的范围应当受到限制。如将在银行或者百货店开店期间,擅自进入其中的行为理解为被推定同意的行为,这是可能的。但是,这种场合,从银行或者百货店的业务性质来看,应当说,对任何人的进入都应当看作概括的、默示的同意。相反地,在邻居家没有人的时候,为了扑灭邻居家的火灾而进入其中的场合,推定同意的适用范围成为问题。因为一般来说,事前不可能具有允许他人擅自进入其家中的概括的、默示的同意。当然,这种场合,在邻居事前有明示的或者概括的、默示的同意的时候,推定同意就不成问题。

(2)推定同意的适用范围

推定同意,适用于为了被害人利益的场合和为了行为人本人或者第三人利益的场合。对于前者,如邻居家里没人的时候,擅自进入其家中,将爆裂的水管修好的行为,医生对意识不清的重症患者做急救手术的行为等,都是如此;对于后者,如朋友不在家的时候擅自进入其家里住宿的行为,帮助做家务的佣人将男主人准备处理掉的旧西装施舍给要饭的人等,都是其适例。

5. 被害人自冒风险

所谓被害人自冒风险,是指法益主体即过失犯的被害人在事前就对所存在的危险具有认识,但仍然决定冒险,结果,行为人的行为还是使该种危险成为现实。例如:被害人明知他人酒后驾车很危险,却仍然决意乘坐,结果发生交通事故,导致被害人死亡;明知河豚肝脏有毒,食用河豚非常危险,但仍然要求餐馆厨师用河豚做菜,结果食用后中毒身亡;某种医疗手术技术还不成熟,存在危险,但被害人仍然执意接受该种手术治疗,结果手术失败,被害人果真死亡;被害人明知酒后深夜在封闭的高速公路上下车行走是一件很危险的事情,但仍然要求司机放其下车,结果被撞身亡;被害人明知关于恶劣天气的预报,河上的渡船停航,但仍然要求船夫开船将其送到对岸,船只行至河中,突遇大风暴雨翻船,导致被害人死亡的场合,都是其适例。在被害人自冒风险的场合,无论是行为人还是被害人,都绝对不希望发生危害结果,甚至可以说都反对发生结果。但事与愿违,被害人的过失参与最终引起了结果的发生,这是本问题的最重要特点。在被害人自以为不会发生结果而自冒风险,结果却不幸发生的场合,被害人欠缺注意的态度,即被害人的自冒风险对行为人的犯罪认定,是不是具有一定影响,就是所谓被害人自冒风险中讨论的问题。

对这种被害人自冒风险引起结果的情况,该如何处理,理论上存在争议。在刑法学上,主要有以下几种见解:

(1)根据自我答责原理加以解决的见解。所谓自我答责原理,就是若被害人根据自己的积极态度在一定活动中取得了主动权,行为的危险和所发生的结果就应当归属于被害人自担责任领域,行为人对所发生的结果不负责任,即结果的客观归属被否定。如在暴风雨中,客人要求船夫将他留在岛上,船夫说明危险并加以劝说,但劝阻无效,客人后来被淹死的情况,就是如此。[384] 在被害人自冒风险的场合,由于被害人自愿参与该危险活动,而且在其中掌握主导权,因此,对于发生在其身上的危害结果,当然也应当由其自己负责。

但是,自我答责原理适用的前提是,被害人"以自己的积极态度在一定活动中取得了主动权",即在活动当中处于主导、支配地位的场合下,如果发生了对被害人不利的结果,被害人当然应自己承担责任。如被害人喝酒之后,明知他人醉驾而乘坐他人的汽车,不仅乘坐,而且还嫌他人驾车速度太慢,自己亲自上手,指挥他人驾驶,结果汽车坠落路边的池塘中,被害人因为不会游泳而死亡的场合,就是如此。本案中,被害人不仅乘坐醉驾者的汽车,而且还指挥醉驾者驾驶汽车,可以说其在肇事活动中,处于主导地位。在此情况下,可以说是被害人咎由自取,行为人不担责。但是,在自冒风险的场合,被害人并没有将主导结果发生的因果关系控制在自己手中,而只是作为一个参与者而已。相反地,彼时,行为人亲自实施危险行为,将因果关系的发展掌握在自己手中,因此,即便被害人具有保护自己法益的责任,也不能排除行为人对被害人的不利结果在客观上所应承担的责任。

(2)根据社会相当性说加以解决的见解。这种见解认为,应当将观察视角转换,将重心从被害人转换到行为人,从社会伦理的角度出发,看行为人的行为在社会一般人看来是不是被允许的,即根据是否具有社会相当性,进行判断。[385] 从这种立场出发,作为有无社会相当性的判

---

[384] 关于自我答责原理的介绍,参见[日]曾根威彦:《刑法学基础》,黎宏译,法律出版社2005年版,第66页;李海东:《刑法原理入门(犯罪论基础)》,法律出版社1998年版,第56页以下。

[385] [日]大谷实:《刑法讲义总论》(新版第5版),黎宏、姚培培译,中国人民大学出版社2023年版,第259页。

断资料之一,在一定程度上考虑被害人的危险接受。这也是日本判例采纳的见解,如日本千叶地方法院 1995 年 12 月 13 日在"千叶越野赛车事件"中认定,被告人在本案中的驾驶行为之所以阻却违法,理由之一,就是被告人的行为因具有社会相当性而否定其违法。泥地赛车是已经为社会所广泛承认的汽车赛事,和其他体育赛事相比,并不特别危险,本案中的保障组织、使用车辆、驾驶方法都严格遵照日本汽车联盟(JAF)规定的标准,"就体育活动而言,即便所面临的危险中包含有死亡或者重大伤害,也不一定能够否定其相当性",故本案中的驾驶行为并不欠缺社会相当性。[386]

但是,以社会相当性这种模糊的一般原理对被害人自冒风险进行可罚性判断,标准非常不明确,有损法的安定性。一般认为,社会相当性的概念,相当地抽象、多义,其定位和内容都不是很明确。所谓社会相当性的内容,不外乎以下两个方面:一是符合社会生活中所历史形成的社会伦理或者社会生活秩序,二是由于具有日常性、通常性而为社会一般人所认可。但是,将"社会相当性"的内容理解为符合社会伦理秩序的观点,过于看重应当和法区别开来的社会伦理秩序的重要性,明显违反"法和伦理道德应当严格区分开来"的近代法的基本要求。将社会相当性理解为"在社会生活秩序的框架之内"的见解尽管去掉了"社会伦理"一词,淡化了"社会相当性"过于浓厚的道德伦理评价色彩,但是,"历史形成的社会生活秩序"同样内容含混且抽象,容易成为没有任何实质内容的空洞之物。在性质上,其和违法性的判断必须客观具体的要求不相适应。将"社会相当性"理解为"具有日常性、通常性而为社会一般人所认可"的见解:一方面,其涵盖的范围太窄。在刑法理论和司法实践中,社会危害性即违法性的判断真正成为问题的是正当防卫、紧急避险、自救行为之类的,在日常生活中不太常见、不可能反复实施的一次性的排除违法事态。这些类型,和从社会相当性观念中所推断出来的日常性、通常性不一定能联系起来。另一方面,该见解违反了犯罪构成符合性判断的要求。国外刑法学中,"社会相当性"是作为否定构成要件符合性的原理看待的。[387] 但是,构成要件符合性的判断是类型化的事实判断,其中必须尽量排除暧昧、不确定的因素,而将社会一般观念,日常性、通常性之类的具体所指不明的概念原封不动地搬入其中,就是在构成要件符合性的判断上,大量加入价值判断,这岂不是和构成要件符合性判断的一般要求相背离吗?

(3) 根据信赖原则加以解决的见解。有学者提出,对于被害人自冒风险的问题可以依照信赖原则加以解决。[388] 所谓信赖原则,就是当数人参与某事务,有足够理由相信彼此会遵守规则而适当行动时,即便其他人无视规则的行为和自己的行为竞合而引起了危害结果,对行为人

---

[386] 该案的事实是,初学越野赛车、技术还不熟练的 X 在某日正在专用赛道上练习的时候,同意从事赛车活动且经验老到的 A 坐在其旁边的助手席上,对其进行指导。X 在以时速 40 公里的速度行驶的时候,由于减速不当,赛车在一个急拐弯处失控,撞到了设在赛道右边用原木做的防护栏上,车辆侧翻,插入车内的右侧防护支柱挤压 A 的颈部以及胸部,致使 A 窒息死亡。日本千叶地方法院 1995 年 12 月 13 日判决,判例时报 1565 号,第 144 页。

[387] 如藤木英雄教授认为,作为会对患者身体带来损伤的医疗行为,只要具有医学上的妥当性,并且是在尽到必要注意义务的基础上,作为妥当手段实施的,那么,就是具有社会相当性的行为类型,一开始就要将其从伤害罪的构成要件当中排除。另外,拳击、摔跤等为社会观念上所公认的体育竞技行为,只要是按照竞技规则,并且尽到了所必要的注意义务的话,就具有社会相当性,在此所实施的殴打、伤害身体行为,一开始就不符合暴行罪、伤害罪的构成要件。[日]藤木英雄:《刑法讲义总论》,弘文堂 1975 年版,第 127 页。

[388] [日]深町晋也:《关于危险接受的理论》,载《本乡法政纪要》第 9 期(2000 年),第 121 页。

也不能追责的原则。按照这种见解,既然被害人对法益侵害没有表示同意,则其有充分的理由相信与其一起活动的对方,会采取危险回避行动,按照这种经验法则而行动的人,不能说其具有必须作为过失犯加以处罚程度的高度的预见可能性。因此,在前述"越野赛车事件"中,可以说,被告人会信赖"已经认识到危险的被害人会以妥当的指示控制危险,结果能够被避免",在此信赖之下,可以说被告人对被害人之死的结果没有预见。但反对意见认为,如果该类事故是在专门从事安全驾驶的驾校的教学活动中发生的话,或许可以这么理解,但在为追求更快的赛车成绩而进行冒险时,出现翻车事故,并不罕见,也不难预测。此时,还能依据信赖原则为依据提出上述见解吗?值得怀疑。[389]

本书认为,就上述被害人自冒风险的情形而言,虽说被害人同意承担行为人的行为所具有的危险,但只是同意承担行为危险,而没有同意承担结果危险,因此,对于被害人所面临的结果危险(包括致死结果),要求行为人承担全部责任,确实有些不妥。但这并不表明,将被害人自冒风险作为"被害人同意"的一种类型的做法本身存在问题。在自冒风险的场合,尽管说行为人所同意的是参与危险行为,而不是对所发生的危险结果表示同意。但是,这是过于形式化的理解。既然是危险行为,就表明该行为蕴含有发生结果的可能,行为人既然同意参与行为,就绝对不能说对该行为所可能产生的结果表示不同意,否则,莎士比亚的名著《威尼斯商人》中所要求的"只许割肉、不许流血"的做法,就不会成为一个笑话,同时,这也是从违法性即社会危害性评价是对包括结果在内的行为整体评价的立场出发,所得出的必然结论。因此,在被害人作为具有完全责任能力的人,能够预见到该行为的结果而执意参与其中的时候,完全可以视为"被害人同意"从而否定该行为成立犯罪。

但是,在以"被害人同意"的原理来否定被害人自冒风险场合中的行为人罪责的时候,必须注意以下几点:

(1)对于剥夺生命的过失行为,不能适用"被害人同意"的原理。因为,多数国家刑法规定,即便是接受他人请求而杀害他人的行为,也要作为犯罪(同意杀人罪)处罚,据此,一般认为,生命不在被害人可以自由处分的利益之内。换言之,被害人同意原理,对于剥夺他人生命的行为不适用。由此类推,在过失导致他人死亡的场合,也不得以被害人自冒风险为由而免除被告人的罪责。因此,被害人在明知他人酒后驾车极为危险,仍然乘坐该车,结果发生交通事故丧生的场合,尽管被害人具有自冒风险的行为,但仍然要追究驾驶者交通肇事罪的刑事责任。[390]

(2)对于造成他人重伤的过失行为,可以适用"被害人同意"的原理。因为,在充分尊重个人自主意识的现代社会中,处分自己身体的一部分利益,是个人行使权利的体现,因此,同意伤害原则上不予处罚。但要注意的是,对于具有导致死亡危险的重大伤害,由于其直接威胁到他人生命,因此,在适用"被害人同意"法理的时候,必须慎重。从这种立场来看,同意伤害是否违法,取决于伤势是否严重。在被害人明知他人酒后在山路上骑车危险,但仍然执意坐在该车的后架上,结果摔落下来,造成重伤的时候,可以说被害人同意可能遭受身体伤害的不利,这时

---

[389] [日]山口厚、佐伯仁志编:《刑法判例百选Ⅰ 总论》(第7版),有斐阁2014年版,第121页。
[390] 在国外,交通肇事致人死亡通常是以过失致人死亡罪论处的,但在我国是以交通肇事罪论处的。由于我国的交通肇事罪是危害公共安全的犯罪,对于公共安全利益,个人无法放弃、无权处分,因此,这种场合下,无论如何不能通过被害人同意原理免除行为人罪责。

候,行为人对于该伤害结果,可以不承担过失致人重伤罪的罪责。

(3)在过失犯中适用"被害人同意"原理的时候,必须查明被害人同意的真实内容。在过失犯的场合,发生了当事人都没有意想到的结果,和故意犯罪的场合相比,对于该结果而言,几乎难以想象被害人有积极的、明确的同意。也正因如此,可能会有这样的倾向,即在过失犯的场合,同意的内容极为抽象,只要是明知他人的行为属于违法或者违规的危险行为,而甘愿参与其中,就可以说具有概括的同意。但是,这种想法是不妥当的。正如前述,"被害人同意"是被害人对所发生的法益侵害结果表示同意,在根本没有想到会发生该结果,或者预见到了结果但没有表示同意的场合,就不具有适用被害人同意法理的前提。因此,在判断被害人对所发生的结果是否同意的时候,必须考虑被害人对发生事故的预见程度,只有在被害人对发生事故具有高度预见而仍然参与该行为的场合,才可以说其同意法益被害。

另外,就在前述在日本刑法学中被广为人知的"越野赛车事件"而言,日本学者认为,该案并不适合作为"被害人自冒风险"的典型案件。因为,本案中的赛车属于泥地赛车,具有计时赛的竞技性质,驾驶该赛车具有某种程度的危险性,翻车或者冲撞护栏属家常便饭。正因如此,在练习或者正式比赛时一般都使用增强型的特殊车辆,使用设有防护栏的专用赛道,即采取充分的安全措施,像本案一样的重大事故,在日本从来没有发生过。因此,包括被告人和被害人在内,相关人员都认为泥地赛车竞技是数种赛车运动中危险性最低的运动。而且,从本案事实来看,本案发生激烈冲撞引起被害人死亡的因果经过异常,难以说被告人对发生死亡结果具有具体的预见可能性,由此也能推导出被告人无罪的结论来。总之,本案中,无论是被告人还是被害人,都没有认识到被害人可能死亡,因此,并不适合于作为"被害人自冒风险"的案件对待。[391]

(六)义务冲突

所谓义务冲突,就是存在不可能同时履行的数个法律义务,履行其一就不能完成另外一个或者数个义务。如医生为了抢救重伤患者,只能拒绝救治轻伤患者,或者两个孩子均落水,父亲只能救助其中一个而放弃另外一个,都属于这种情况。义务冲突,在为了保护某一个利益而不得不牺牲其他利益这一点上,和紧急避险有类似之处,但是,紧急避险的场合,避险行为人如果愿意忍受危险,也可以不实施避险行为,而在义务冲突的场合,行为人对所有的义务都必须履行,因此二者不完全相同。

义务冲突的场合,未履行义务的行为能否被正当化,除看该行为能否说是保护了优越法益之外,履行义务的可能性和容易程度,也成为重要的参考因素。因此,在自己的母亲和妻子同时落水,应当先救谁的问题当中,不能根据道义说谁更重要,作为受法律同等保护的生命利益,她们在法律上是等同的。只是在当时的具体条件下,谁更容易被救助或者说谁更需要被救助,成为判断该救助行为是否合法的重要参考。

(七)自救行为

所谓自救行为,是指法益受到侵害的人,根据自己的力量恢复自己权益的行为。如自行车

---

[391] [日]盐谷毅:《危险的接受》,载[日]佐伯仁志、桥爪隆编:《刑法判例百选Ⅰ 总论》(第8版),有斐阁2020年版,第121页。

的主人在马路上从盗窃犯手中夺回自己数天之前丢失的自行车的行为,债权人在机场将一直赖账、准备外逃的债务人扣押起来的行为,就是如此。在这些场合,行为人的行为均不构成抢夺罪、非法拘禁罪。

一般来说,自救行为成为排除社会危害性事由,必须具备以下条件:(1)发生了侵害权利的违法犯罪行为。(2)行为人来不及请求国家机关通过正常程序恢复其法益。(3)行为是必要并且妥当的。也就是说,在当时的情况下,行为人如果不采用自力救济的方式,日后恐怕很难恢复自己的利益;同时,行为人所采取的手段具有相当性,没有明显超过必要限度而造成重大损害。(4)自救行为的结果不能超出恢复法益的需要限度。[392]

---

[392] 马克昌主编:《犯罪通论》(第3版),武汉大学出版社1999年版,第822页以下;周光权:《刑法总论》(第4版),中国人民大学出版社2021年版,第236页。

第六章　犯罪构成的主观责任要件及其判断

　　行为引起了法益侵害并且不具有排除违法客观事由,只是表明行为具备具体犯罪的客观成立要件,据此还不足以认定构成犯罪。行为人的侵害法益行为构成犯罪,还必须是行为人因为该行为而受到"这样做不行""这种行为不值得原谅"的谴责或者说非难。这就是所谓的"无责任即无刑罚"原则。这种判断行为人对其所实施的不法行为是不是值得谴责的要件,就是所谓犯罪构成的主观责任要件,其包括行为人的刑事责任能力即刑事责任年龄、精神状态、生理状态,以及罪过即故意、过失、动机、目的、期待可能性等内容。

　　在犯罪成立条件上,之所以在客观不法要件之外还要考虑主观责任要件,主要是因为现行刑法对于犯罪的法律后果,所规定的是"刑罚"这种以国家强制力为后盾的最严厉的制裁手段。刑罚,正如后述,是对在规范或者道义上值得谴责的行为施加以剥夺生命、自由、财产或者名誉为内容的"报应"。这些限定内容,决定着刑罚报应并不仅仅是对违法行为的反作用或者否定,也不仅仅是以预防犯罪为目的的功利主义的对抗手段。如一个10岁的小孩子也会偷别人的钱,给他人财产造成实际的损失,而且他在实施这种行为时,也多半会知道这样做是不对的。但现实生活中,恐怕没有人会觉得应当将10岁小孩的盗窃行为作为犯罪而予以最严厉的刑罚制裁,相反地,一旦将一个10岁小孩的盗窃行为作为犯罪予以刑罚处罚,不仅不会引起人们对小孩的谴责,还会引起人们对小孩的同情,人非圣贤、孰能无过。毕竟小孩年纪还小,尚有可塑造的机会和余地。在此年龄段上就对其予以如此严厉惩罚的话,说不定将来其会以更为暴戾的手段反抗社会,会引起更多社会问题。同样,精神病人在精神病发作,不能辨认和控制自己行为的时候造成危害后果的,恐怕也不会有人认为要将其行为作为犯罪处罚。作为犯罪法律后果的刑罚,既然以在规范或者道义上值得谴责的违法行为为前提,则犯罪就当然是"有责"的不法行为,即对实施了该不法行为的行为人,能够予以谴责。动用刑罚,还必须是行为人对于其所实施的行为的性质及其后果具有认识,否则即便对行为人科处刑罚,也难以对其收到报应谴责的效果。"没有责任,就没有犯罪,也没有刑罚。"这就是所谓责任主义。我国现行刑法也确认了这一点。如按照刑法总则第17、18条的规定,在行为人因为年龄太小或者患有精神病而没有正常的辨认、控制能力的场合,即便其实施了刑法所禁止的不法行为,也不作为犯罪处罚。

　　责任主义,在两个层次上发挥作用:一是对于行为人为不法行为的原因进行评价,即如果行为人实施的不法行为是某些特殊原因所致,则其可以不对该不法行为负责。如行为人因为不可抗力或者不可预见而实施了不法行为,或者行为人因为一般人都能理解的原因如已婚妇女因为天灾人祸流落他乡,为生活所迫而在异乡与他人事实重婚的场合,就是这种情形。在这种场合,行为人生存都成问题,难以期待其为了维护婚姻关系而付出生命。作为犯罪构成的主观责任要件而探讨的责任,主要就是这种意义上的责任。二是作为行为人构成犯罪之后量刑标准上的责任问题,这一点在国外刑法如《德国刑法典》第46条中有明文规定,即"刑罚之裁量应以行为人之责任为基础"。我国刑法第5条也规定,刑罚的轻重,应当与犯罪分子所犯罪行和承担的刑事责任相适应;刑法第61条量刑的一般原则即"对于犯罪分子决定刑罚的时候,应当根据犯罪的事实、犯罪的性质、情节和对于社会的危害程度,依照本法的有关规定判处"中的"情节",通常认为,是指犯罪构成事实之外的其他能够影响犯罪社会危害程度以及犯罪人人身危险大小的各种具体事实情况,包括犯罪动机、犯罪后的态度、犯罪人的一贯表现、前科等反映行为人主观责任的内容。[1] 相关司法解释如2021年6月16日最高人民法院、最高人民检察院公布的《关于常见犯罪的量刑指导意见(试行)》中明确规定,量刑既要考虑被告人所犯罪行的轻重,又要考虑被告人应负刑事责任的大小,做到罪责刑相适应,实现惩罚与预防犯罪的目的。可见,主观责任要素不仅决定定罪,也决定量刑。

第一节 责任原则

何谓责任原则、其内容如何,各国刑法均无明文规定,而只规定有和责任相关的责任能力、责任年龄以及故意、过失等方面的内容。有关责任(准确地说,是刑事责任)的阐释和理解,完全交付给了刑法学说。我国也莫能例外。现行刑法中,尽管刑事责任的字眼随处可见,但是,什么是刑事责任,则没有任何说明。

一、责任原则的意义

责任原则,是近代刑法在克服古代刑法所坚持的结果责任原则和团体责任原则的过程中形成的,其实质意义在于,克服结果责任和团体责任观念之下,为保证国家法律不打折扣地执行,而将行为人本人不能预见、不能回避的结果以及他人所引起的结果也强加在行为人头上,由行为人承担的弊端。

在古代,法律责任指向客观行为乃至结果,并以株连、连坐的方式分配给相关的个人。到罗马时代的中期,受伦理学的影响,诞生了恶意(dolus)的观念,客观事实与行为人的主观的、心理的联系被作为了科刑的前提,这就是故意的概念。过失(culpa)概念的采用则最早出现在中世纪的意大利刑法中,意大利刑法将其作为与恶意即故意并列的科刑前提。之后,《加洛林纳刑法典》继承了这一观念。到近代,以启蒙时期以后的个人主义为土壤,主张只能就与行为人具有心理联系的事实科处刑罚的责任观念,开始处于支配地位。[2]

尽管近代刑法在责任原则的本质和内容上存在多种分歧,但在以下两方面则达成了共识:

---

[1] 高铭暄、马克昌主编:《刑法学》(第10版),北京大学出版社2022年版,第250~253页;《刑法学》编写组:《刑法学》(上册·总论)(第2版),高等教育出版社2023年版,第330~333页。

[2] [日]大谷实:《刑法讲义总论》(新版第5版),黎宏、姚培培译,中国人民大学出版社2023年版,第309页。

第一,基于排斥结果责任和客观责任的宗旨,认为只有在行为人具有责任能力和故意、过失,能够对其进行谴责的场合,才能追究行为人的责任,这是所谓"主观责任原则"的内容;第二,任何个人只能就其本人实施的犯罪承担责任,而不能对他人实施的犯罪承担代位或者转嫁责任,这是所谓"个人责任原则"("归责中的责任原则")的内容。

责任原则,具有"有责必罚"的积极责任原则和"无责不罚"的消极责任原则的两个侧面。由于"有责必罚"的强烈责任追求产生于强烈的道德主义或者说是强烈的保安关心,同时,近代刑法是为了消除人民对国家刑罚权的不信任感而产生的,兼有限制国家刑罚权发动的性质,因此,责任原则中,应当偏重"无责不罚"的消极责任原则。另外,从本书主张的犯罪构成体系论也能看出,在犯罪的认定上,客观违法要素和主观责任要素应当被严格区分开来。主观责任要素的意义在于,无论有多么严重的客观法益侵害,只要行为人没有被谴责的可能,就不能被作为罪犯而加以处罚。这里,责任原则也是作为消极原则即排除原则而出现的。相反地,在将客观违法要素和主观责任要素混合起来把握,大量承认主观的违法要素,认为犯罪的本质就是"背离伦理要求的法益侵害",反映行为人的主观恶性的话,主观责任就成为判定犯罪的入门条件之一,属于处罚的积极要素,这样容易得出"有责任就有刑罚"的积极责任原则的结论。鉴于责任原则的使命以及历史发展,本书不采纳这种结论。

在关注社会防卫,强调刑罚的一般预防效果的场合,存在刑法客观化优先、责任原则后退的现象。英国的"客观责任"以及美国的违反公共卫生法等的犯罪中大量存在"严格责任"原则,就是例证。在客观责任之下,行为人如果处于一般人认为有故意的状态之下的话,就可以说其具有故意;在严格责任之下,只要引起了危害结果,不问行为人是否有故意、过失,都有可能受到处罚,几乎是"没有责任也要罚"。正因如此,一般认为,"客观责任"和"严格责任",虽然短期内具有强化刑罚所具有的一般预防的效果,但从长期来看,倒不如说,有弱化一般预防效果以及特别预防效果的趋势。因为,客观责任和严格责任是对没有责任的人进行处罚,使人们产生对法律的不信任感,结果使一般人丧失守法意识,而且就对犯罪行为人而言,由于"客观责任"和"严格责任"使刑罚丧失了感召力,所以,也难以期待其具有防止再犯的效果。

二、刑事责任的本质

所谓刑事责任的本质,就是探讨人在实施危害社会或者说侵害法益的行为之后,国家为什么能够将该行为作为犯罪而科处刑罚。对此,刑法理论上,历来有道义责任论、社会责任论以及规范责任论这样三种截然不同的解释。

(一)道义责任论

道义责任论认为,之所以能够将人的侵害行为作为犯罪而予以处罚,是因为该侵害行为是在行为人的自由意思支配下实施的,在行为人自愿选择违法同时也违反道义这点上,当然应当受到道德伦理上的谴责。因此,所谓责任,就是从国家的立场出发,对行为人进行道义上的谴责。[3]

道义责任论的特点是:首先,其理论基础是非决定论,认为能够受到道义谴责的只能是具

---

[3] [日]曾根威彦:《刑法学基础》,黎宏译,法律出版社2005年版,第44页。

有自由意思的人。非决定论则认为,世界运行并无必然性,人的自由意思可以决定其行为,换言之,人在决定做什么或者不做什么的选择上,具有绝对的自由,完全不受外在因素(遗传或者环境)的制约,责任能力者具有自由意思。由于自由意思可以决定人的行为,因此人必须对作为自己自由意思表现的行为负责,其在根据该意思活动而实施犯罪的时候,作为对其自由意思活动的报应的刑罚就能被正当化。其次,谴责的内容是伦理谴责。也就是说,在当时,行为人完全能够选择实施不违反伦理道德的行为,但其却按照自己自由的意思决定,反其道而行之,实施了为伦理道义所不容的行为,因此,其必须对自己的这种不当的选择付出代价。最后,能够受到道义谴责的,只能是具有责任能力的人。所谓责任能力,就是辨认和控制自己行为的能力。就没有达到一定责任年龄,不具备正常的精神状态的人而言,即便其实施了侵害法益的危害行为,在一般道义上也难以对其进行谴责。

道义责任论一方面,以近代的个人主义、平等主义的思想为背景;另一方面,以自古以来所存在的理性人只要是基于自己的意思而实施了犯罪行为,就要自己承担刑事责任的思想为前提,认为对犯罪追究责任是伦理的要求,因此,在责任的性质上,使用了"道义"一语。这种责任观由于强调依据客观的侵害行为而对行为人进行伦理谴责,因此,属于"行为责任论";同时,由于其主张在行为人具有能够被认定为故意、过失的心理状态乃至心理事实的时候,就能认可责任,因此,又被称为"心理责任论"[4];另外,在主张将国家刑罚权的行使,限定于对客观的、现实的犯罪事实的侵害的意义上,其也被称为"现实说"[5]。

道义责任论是西方资产阶级古典学派以自由意志论为根据建立起来的刑事责任理论。其在将犯罪和刑罚处罚的范围限定在具有责任能力的人基于故意或者过失而实施行为,尽量缩小犯罪成立范围,防止滥用国家刑罚权方面,完全契合了近代刑法的基本理念,具有积极意义。[6] 但是,道义责任论也存在一定问题。一方面,其提倡报应刑容易导致残酷刑,同时,过度强调谴责的道德性也会侵蚀近代以来所强调的"法律与道德严格分开"的原则;另一方面,人是否真的具有自由意思,也是一个存在争议的问题。如同自然科学所强烈显示的,人的行动并非我们想象的那样自由,而是受到了严格制约。[7] 人不能决定自己的生,亦不能决定自己的死;同时,在生活过程中,每个人为了维持生活并获取快乐,都必须做一些能被他人认同的有价值的事,并以之获取回报。如果说人具有不受任何外在因素影响的自由意思的话,则通过刑法来预防犯罪、通过刑罚处罚来改造罪犯的设想就变得毫无意义。从这种角度来看,道义责任论的前提本身也值得怀疑。

(二)社会责任论

与道义责任论相反的是社会责任论。这种学说认为,在具有客观的法益侵害之后,之所以

---

[4] 心理责任论将有责性的内容直接理解为行为人犯罪时的故意或者过失的心理状态,所有的有故意或者过失的行为都毫无例外地要受到刑罚处罚。但是,在无认识过失的场合,则无法肯定这种心理关系;同时,从心理事实出发,并不能直接说明谴责可能性意义上的价值判断的责任。因此,心理责任论无法正确把握责任,现在已经没有人主张。[日]大谷实:《刑法讲义总论》(新版第5版),黎宏、姚培培译,中国人民大学出版社2023年版,第314页。

[5] [日]大谷实:《刑事责任论的展望》,成文堂1983年版,第8页。

[6] [日]曾根威彦:《刑法学基础》,黎宏译,法律出版社2005年版,第44页。

[7] 黄荣坚:《基础刑法学》(下)(第4版),台北,元照出版有限公司2012年版,第600页。

能够对行为人进行谴责,是因为该行为当中,暴露出了行为人的主观恶性和对社会的危险性。社会为了自我防卫,必须对这种可能危害社会的人进行处罚,因此,所谓刑事责任,就是"对社会有危险的人,必须甘心忍受社会对其所采取的作为防卫手段的刑罚的法律地位"[8]。简言之,为了社会安全,即便人不自由,但还是必须予以刑罚处罚。

社会责任论具有以下特点:首先,社会责任论的基础是决定论。决定论认为,人的行为并非来自自己的自由意思决定,而是为自由意思以外的要素所操控,故人以及世界上的诸现象就像是一个被上紧发条的机器。在以决定论为基础的社会责任论看来,犯罪是素质和环境的产物,人没有选择犯罪行为和合法行为的自由意思,自由意思是不可能被实证的幻想。其次,刑罚的基础仅仅是行为人的危险性格。在社会责任论看来,具有危险性格的人必须心甘情愿地忍受社会对其采取的、作为社会防卫手段的刑罚,因此,这里的责任,不包括以意思决定自由为前提的"谴责"因素,责任的大小完全取决于再次犯罪的可能性的大小。最后,承担社会责任的人并不一定是具有自由意思的人,即便是精神病人或者幼年人,对社会有危险的话,也要被送至精神病院以及教养院强制收容、隔离改造("保安处分")。因为,精神病人和幼年人也负有忍受社会对其进行强制改造的义务。因此,在社会责任论中,以意思自由为前提的谴责意义上的责任概念被否定,而只有承担作为社会防卫手段的强制措施义务的"社会责任"被承认。

社会责任论,由于意图在犯罪行为当中观察行为人性格的危险,因此被称为"征表主义";另外,由于其将行为人的危险性格当作责任的内容,因此又被称为"性格责任论"或者"行为人主义"。当然,社会责任论并不是说只要人身危险以某种征兆表现出来,行为人就一律负有责任,而是说虽然行为人现实地实施了犯罪行为,但若没有故意、过失这种心理事实的话,也不得将危险性作为处罚对象,所以,作为现行法的解释,其也不是什么特别激进的主张。这一点,从现在的道义责任论和社会责任论的关键区别在于责任能力的问题上也能看得出来。[9]

社会责任论是西方近代学派以实证主义决定论为根据建立起来的刑事责任理论,其从功利主义的立场出发,在将抑制、预防将来的犯罪——而不仅是对过去犯罪的报应、惩罚——作为重心上,具有其积极意义。但是,人的思想在受制于所生活的外在环境和内在遗传素质的同时,人作为理性的存在,具有主动选择行动的自由,可以控制因果法则,一定程度上对素质和环境具有能动作用,但社会责任论却完全否定了这一点,显然不妥;同时,社会责任论实际上否定了以自由意思为前提的责任概念,在其看来,所谓责任,就是行为人因其性格的危险而应甘愿受罚的地位。换言之,即便行为人尚未实施犯罪,只要有征兆表明,行为人具有与一般犯罪人同等程度的犯罪可能性,就应予以处罚。但行为人再次实施犯罪的危险原本很抽象,仅凭这种

---

[8] [日]大谷实:《刑法讲义总论》(新版第5版),黎宏、姚培培译,中国人民大学出版社2023年版,第311页。
[9] 道义责任论和社会责任论在结论上的分歧,在于责任能力的问题。道义责任论认为,责任能力是决定能否科处刑罚的关键,相反地,社会责任论不重视有无责任能力,即便是精神病人或者年幼者,只要对社会有危险,也有必要在精神病院或者少年院强制收容。精神病人和年幼者,尽管没有责任能力,但是也有忍受社会制裁的义务。承担这种义务就是具有社会"责任"。只是,这个"责任"和刑法本来意义上的责任不同。本来意义上的责任,是指科处刑罚谴责的心理要件。对精神病人和年幼者,由于不能科处刑罚这种谴责,所以说没有"责任"。社会防卫论者也大致承认,必须忍受刑罚这种防卫处分和必须忍受精神病院收容这种防卫处分存在区别,因此,二者在实质上没有多大区别。只是,在社会责任论的意义上使用"责任"一语,可能会引起用语的混乱。上述内容参见[日]平野龙一:《刑法总论Ⅰ》,有斐阁1972年版,第59页。

危险是否真的能够使行为人的刑罚忍受义务得以正当化,不无疑问。[10] 这种见解必然会导致无犯罪而处罚的结局。特别是基于社会防卫的需求所建立起来的刑罚正当性,并没有具体切入责任概念的核心。换言之,依循什么样的标准,刑法可以将何种不法行为排除在刑罚的处罚范围之外,社会责任论并没有作出回答。[11]

道义责任论和社会责任论作为两种完全对立的责任观,在相当长的一段时间内,属于近代刑法学争论的焦点,但现在这种对立已经趋向缓和。一方面,刑法上的责任,并非纯粹以内心感受为内容的道德、伦理上的责任。道德、伦理责任,说到底,是对自己的良心负责,内心的感受最为重要。但是,法律责任,是国家科处的以刑罚痛苦为内容的谴责,其不是伦理上的、内在的良心上的责任,而是社会生活上的责任,是从外部追究的责任,即便涉及行为人的内心,也只是理解社会谴责,并按照该种谴责约束自己行动所必要的心理要素而已。从这种意义来看,刑法上的责任或者说刑事责任是一种社会责任乃至法律规范上的责任。因此,社会责任论者的主张在某种程度上有其合理之处。另一方面,各国刑法并没有完全坚持道义责任论的立场。从道义责任论的立场来看,有无责任能力是决定对犯罪人是否适用刑罚的关键。有责任能力,就要适用刑罚,没有责任能力,就不能适用刑罚。但是,现在许多国家的刑法,如《德国刑法典》总则第三章第六节、《西班牙刑法典》卷一第四编,对于没有责任能力的犯罪人,如精神病人或者年幼者,尽管不予刑罚处罚,但均规定在必要的时候,可以由政府进行不能说完全没有刑罚色彩的保安处分。另外,就未成年人的刑罚处罚而言,责任能力也已经不是决定是否要对其科处刑罚的关键。如 2006 年最高人民法院《关于审理未成年人刑事案件具体应用法律若干问题的解释》第 11 条第 1 款规定:"对未成年罪犯适用刑罚,应当充分考虑是否有利于未成年罪犯的教育和矫正。"在刑罚的适用上,不完全考虑以意思决定自由为前提的谴责要素,而考虑是否有利于行为人的教育与矫正、再犯危险性的大小的做法,一定程度上体现了社会责任论的主张。

(三)规范责任论

现在关于刑事责任的本质学说,流行的是规范责任论。规范责任论的特点是,从和法规范的关系上理解责任,认为有责性是对行为人不法行为的可谴责性。理由是,法规范尽管是作为对个人的命令、禁止而展现出来的,但这种命令、禁止,只有在根据当时的具体情况,判断行为人是否能够按照该命令、禁止,自由选择实施犯罪行为以外的行为时才妥当。简单地说,行为人基于故意或者过失而有不法行为,仅此还不一定要负刑事责任,还必须做进一步的评价工作,追问为什么行为人会有故意或者过失的不法行为?是因为不能还是因为不为?如果是不为,而不是不能,那么行为人就具有可谴责性,应该处罚;如果是不能而不是不为,则欠缺可谴责性,不应该处罚。不能与不为的区别,就是看相同情况的人处于相同条件下,是否可以不为违法行为。[12] 因此,对行为人进行责任谴责,仅仅要求行为人具有责任能力,具有故意、过失的心理要素还不够,还要求在行为当时能够期待行为人实施合法行为,否则就不能对其进行谴

---

[10] [日]松原芳博:《刑法总论重要问题》,王昭武译,中国政法大学出版社 2014 年版,第 165 页。
[11] 黄荣坚:《基础刑法学》(下)(第 4 版),台北,元照出版有限公司 2012 年版,第 602 页。
[12] 黄荣坚:《基础刑法学》(下)(第 4 版),台北,元照出版有限公司 2012 年版,第 597、598 页。

责。这种理论,最初作为所谓期待可能性思想在20世纪初的德国开花,之后作为规范责任论而结果,因此,规范责任论和期待可能性论在内容上是一致的。[13]

我国刑法学的通说在说明构成犯罪和承担刑事责任,行为人主观上必须具有罪过的问题时,是这样说明的:对于是否实施危害社会的犯罪行为,任何正常人都完全具有选择的自由。行为人在处于一定条件下即具有相对自由的意志和意识的支配下,选择实施危害统治阶级利益的犯罪行为,他就不但在客观上危害了社会,在主观上也具有了犯罪的故意或者过失的心理态度。这种心理态度使他在国家面前产生了罪责。因此,国家认定行为人的行为构成犯罪并追究其罪责,是合乎情理的,也是必要和有效的。[14] 这种观点虽说是"以辩证唯物主义原理为指导的社会主义刑事责任理论",但是,在内容上,依稀看得出规范责任论的影子来。同时,刑法第20条有关正当防卫、第21有关紧急避险的规定,也体现了规范责任论的观念。因为,其中明文规定,行为人在紧急情况下,对加害人进行反击,或者对无辜的第三人进行加害,即便造成了损害也不负刑事责任。这种规定虽说可以从客观违法的角度来进行解释,但从主观责任的角度也能这样说明,即在当时情况下,不可能期待行为人采取其他更为恰当的措施,即体现了期待可能性的观念。同时,刑法第17条第1款规定,已满16周岁的人犯罪,应当负刑事责任;第2款规定,已满14周岁不满16周岁的人,只有在犯故意杀人等八种严重犯罪时,才应当负刑事责任。这就表明,15周岁的人犯盗窃、诈骗或者过失致人轻伤等常见多发的犯罪,即便其在犯罪时具有故意或者过失,但因为其年龄尚小,可谴责性较低,故还是不构成犯罪。可见,我国刑法诸多条文规定中都能看到规范责任论的影子。

在道义责任论和社会责任论争论不休的情况下,主张规范责任论具有一定道理。实际上,规范责任论是在道义责任论的基础上形成的,但其中也体现了社会责任论的理念,从某种意义上说,其是道义责任论和社会责任论的折中。如前所述,道义责任论认为,具有责任能力的人在意思上是绝对自由的,完全受自由意思的支配,其所实施的行为是其自由意思的选择;相反地,规范责任论认为,即便具有责任能力,但由于受行为时所存在的各种客观情况(所谓行为的伴随情况)的影响,行为人也可能存在自由意思的支配所不能及的场合。在这种场合下,就不能对其进行责任谴责,这是对道义责任论的修正。但是,规范责任论也认为,行为人自身在行为当时是不是具有实施其他合法行为的可能(期待可能性),这是判断行为人是否具有刑事责任的关键。在将和自由意思相关的合法行为实施可能性作为认定刑事责任的前提或者说是出发点上,规范责任论与道义责任论具有异曲同工之妙。同时,规范责任论,在将有无期待可能性的判断标准求之于一般人的时候,也能契合社会责任论的环境和素质使人犯罪的理念。道义责任论认为,责任的本质是人在对行为和结果具有认识的情况下,进行的自由意志的选择,所以,要受到道义伦理的谴责;相反地,规范责任论认为,人在对行为和后果具有认识的情况下,也有不得不实施违法行为的场合,因为,这种场合下,没有期待行为人实施合法行为的可能性。这种行为人在意思选择上看似自由,但实际上并不真正自由的立场,正好暗合了社会责任论所主张的环境和素质导致人犯罪的立场。如此说来,以期待可能性为核心的规范责任论,将

---

[13] [日]大谷实:《刑事责任论的展望》,成文堂1983年版,第9页。
[14] 高铭暄、马克昌主编:《刑法学》(第10版),北京大学出版社2022年版,第100页。

在具体情况下的具体人的意思作为问题这一点上,结合了道义责任论和社会责任论。按照这种观点,极度贫困、已经几天没有吃饭的人,为了果腹而偷吃了一片面包的场合,尽管行为人明知自己的行为以及结果,但从其当时所处的环境来看,不可能期待该人恪守"不要盗窃"的规范要求而不偷吃面包,这种情况下,行为人就没有期待可能性,不能加以谴责,即行为人没有责任。从此意义上讲,超越有关责任论的学派对立的规范责任论的主张有一定道理,也正因如此,目前有关刑事责任的本质的各种观点,均以规范责任论为基础。

(四)本书的见解

责任,从我国刑法第 5 条"刑罚的轻重,应当与犯罪分子所犯罪行和承担的刑事责任相适应"的规定来看,其既是科处作为犯罪后果的刑罚的前提,也是判断行为人的行为是不是值得予以刑罚处罚即犯罪是否成立的条件,从此意义上看,有关责任内容的理解,不能脱离刑罚的实质意义即犯罪预防(包括一般预防和特殊预防)的目的,仅仅以对过去的违法行为的报应或者谴责作为责任内容的见解,是有问题的。只是,要想充分发挥刑罚预防犯罪的效果,则在以刑罚手段追究行为人的违法行为的责任时,必须以社会一般人所认可的法规范为其基础,换言之,只有能够理解法规范的命令或者禁止的人,违反法规范的期待而实施了违法行为的场合,才能对行为人进行谴责。因此,认为决定行为人的责任的有无及其程度的,是故意、过失之上的,实施合法行为的期待可能性的规范责任论大致上是妥当的。

只是,刑罚,如前所述,是内含有"谴责"契机的恶害。科处刑罚,并不仅仅是对行为人在过去基于自由意思造成的犯罪后果进行道义上的谴责,其中还有对"这样做不行"的规范意识的强调。人在因为饥肠辘辘而偷窃馒头的场合,从自由意思的角度来看,应当说盗窃不是自由意思的选择,而是在消除饥饿状态的生理需求驱使下不得已而为之的行为。但即便如此,也还是要对行为人予以谴责,追究其责任。这是因为,面临同样的情景时,也有很多人不选择盗窃馒头的方式。二者的差别在于对"不许盗窃"的规范的尊重程度,这也是决定具体场景下人的行为选择的重要因素。因此,认为刑法预防犯罪的目标,实际上是通过唤醒犯罪人的规范意识或者维持人们的规范意识来实现的说法[15]有其道理。故谴责,只能针对那些具有故意、过失,以及具有责任能力的人进行,因为只有对这种人才能通过刑罚谴责,唤醒其尊重法益的规范意识。反之,对于即便予以谴责也无法唤醒其规范意识的未成年人、精神病人等,在其实施违法行为的场合,即便予以刑罚处罚也不会产生预防效果,因此没有必要对其谴责。如未满 16 周岁的小孩,就通常犯罪而言,即使实施了不法行为,但依然没有责任,因为其还没有成熟到有能力针对法规范作出忠诚或者不忠诚的表态。相反地,即便行为人的某次犯罪行为所造成的结果并没有达到具体的"造成严重后果"或者"数额较大"的程度,但若行为人具有"多次"等情节的话,就不仅意味着其行为在属性上类似于累犯,还表明其主观上尚未形成尊重法规范的态度。同时,谴责以立场互换的可能性为前提,只有换位思考,将自己置于对方的立场,认为自己不得不甘愿忍受该谴责时,针对他人的谴责始能被正当化。[16]因此,尽管责任是一种社会性虚

---

[15] [日]松宫孝明:《刑法总论讲义》(第 4 版补正版),钱叶六译,中国人民大学出版社 2013 年版,第 6 页。

[16] [日]松原芳博:《刑法总论重要问题》,王昭武译,中国政法大学出版社 2014 年版,第 165 页。

构,[17]但可以通过这种换位思考将其具体化。

基于上述情况,就责任的理解和判断,必须注意以下几点:

首先,就责任的基础而言,必须以相对的非决定论即相对的意思自由论为基础。如果说人所有的行为都是素质与环境的必然产物,没有自由意思的存在余地的话,刑罚就不可能具有通过事先明示犯罪行为的法律后果,预防潜在的犯罪人,对已经犯罪的人适用刑罚,预防其再犯的功能,即刑罚不具有预防犯罪的效果。从此意义上讲,否定人具有自由意思的纯粹的社会责任论难以对责任作出妥当说明。但是,人的思想也并非绝对自由。事实上,支配人类意志(行为)的因素在某种程度上已经根植于人的基因组里面,并且更明确地反映在一千亿个大脑神经元的结构里,同时,现实经验也表明,一个人在行为时也要依据行为时的现实环境因素,其中刑罚的存在也是影响其行为的因素之一,这是我们在考虑刑事责任时所不可忽视的事实。只是,从刑罚的角度来看,人是"自由的"还是"不自由"的讨论并不重要,重要的是,我们在以自由意志概念为内容的责任问题上要怎么做?绝对的决定论导致宿命论,会否定人的主体性,将人物化,并进一步否定人存在的一切价值和意义,包括刑事责任本身。因此,只有肯定人的自由意思,人生才有存在的价值,世界才会变得生机盎然,所以,我们在日常生活之中虽然经常会觉得造化弄人,但是与宿命对抗的乐观主义依然是我们作为人的生活的主旋律和唯一生路。[18] 因此,只有在以相对的自由意思论为基础时,才可以对具体的人在当时的情境下即受到素质与环境双重制约的宿命之下,主动地引起的不法行为进行道义或者规范上的谴责,刑事责任的概念也才能被肯定。

其次,责任的对象是具有引起法益结果危险的危害行为或者说侵害法益行为。就责任的对象而言,到底是行为人还是行为背后所体现的行为人人格或者危险性格,学说上存在争议。基于行为主义,刑罚的根据在于个别的法益侵害行为,因此,刑事责任也必须是针对各个犯罪人所实施的法益侵害行为的谴责,这是以非决定论为基础的见解(行为责任论)。相反地,社会责任论将行为时,行为人的性格危险作为责任谴责的对象(性格责任论)。但是,既然立足于相对的意思自由论,立足于行为主义讨论责任,就不能将责任的对象求之于行为人的性格危险。有学者提倡人格责任论。[19] 这种观点以行为责任为根本的同时,将问责对象延伸至行为人背后的人格形成过程,认为就惯犯而言,由于其规范意识迟钝,压缩了其自由意思,不仅不能减轻其刑,反而要加重其刑,就是因为其自主形成的不尊重规范的人格在作祟。

要注意的是,国外学者如日本学者之所以提倡人格责任论,很大程度上和其刑法中"再犯加重"[20]以及"惯犯盗窃、惯犯抢劫加重处罚"[21]的规定有关。从行为责任的立场来看,这种

---

[17] [日]高桥则夫:《刑法总论》,李世阳译,中国政法大学出版社2020年版,第307页。
[18] 黄荣坚:《基础刑法学》(下)(第4版),台北,元照出版有限公司2012年版,第616页。
[19] [日]团藤重光:《刑法纲要总论》,创文社1990年版,第260页;[日]大塚仁:《刑法概说总论》,有斐阁2008年版,第442页。我国也有学者提倡这种观点,参见张文、刘艳红:《人格刑法学理论之推进与重建》,载《浙江社会科学》2004年第1期。
[20] 《日本刑法》第56条规定,徒刑执行完毕之后5年以内,以及被处死刑者在被免除死刑之后,或者减为徒刑执行完毕之后5年之后,再犯有期徒刑之罪的,就是再犯。第57条规定,再犯之刑是其所犯的徒刑的上限的2倍以上。第59条规定,三次以上犯罪的,比照再犯规定处罚。
[21] 《日本盗犯防止法》第3条将常习盗窃、常习抢劫作为加重处罚事由。

将行为人的危险作为加重刑罚处罚的理由的做法,是有问题的。批判意见认为,何种要素对人格形成具有贡献,难以确定,并且将责任对象扩张至人格形成过程,不仅有将刑法过度伦理化之虞,而且还会对成为行为基础的潜在人格进行法律上的评价,对个人生活进行不当介入。[22] 一般认为,从行为责任论的立场来看,当同样形态的行为被反复实施(如以赌博为业)时,可以将其合并考虑为一个赌博累犯或者惯犯行为。行为人无视此前的有罪警告而仍然实施了犯罪时,其行为的违法性增大,与此相应的责任也比单纯的犯罪要重,这就是对其加重处罚的根据。[23]

从我国刑法的立场来看,由于没有"再犯加重""惯犯(常习犯)加重"之类的规定,因此没有必要提倡人格责任论,在行为责任论之下,就可以将"多次犯罪"加重处罚的问题予以解决。问题是,我国刑法采用了"二元制裁体系",即同样的行为,数额不够或者后果较轻的,交由《治安管理处罚法》之类的行政法处理,"数额较大"或者"后果严重"的,才交由刑法处罚,由此而带来的问题是,在行为违法性的判断上,关于责任的对象,仅仅是"行为责任论"中的危害行为还不够,还必须是足以引起刑法处罚后果、值得刑法处罚的危害行为。这是我国刑法与国外刑法规定的重大不同之一。与此相应,作为对行为人所引起的侵害法益结果的主观归属的谴责,在责任问题上,也必须进行调整,即行为人的主观责任也必须达到与其客观违法行为程度对应的可罚的责任的程度。

最后,责任的要素是故意和过失,责任能力、合法行为的期待可能性。[24] 关于刑事责任的要素,当初,心理责任论立足于道义责任论,认为只要有责任能力以及故意、过失之类的心理事实,就能肯定道义责任。据此,责任,就是行为人对行为的心理认识事实,其有行为人对行为乃至结果的认识(故意)和认识的可能性(过失)之分,有故意或者过失就有责任,没有故意或者过失就没有责任。但问题是,过失的本质是应当认识而没有认识,是与故意不同的心理事实,因此,以心理事实来表述过失的内容非常勉强。特别是,心理事实和作为价值判断的谴责、非难相去甚远,在行为人具有故意、过失,但由于行为情况特殊而无法期待其选择合法行为时,从换位思考的角度来看,无法对行为人进行谴责即追究刑事责任,因此,心理责任论现在鲜有人支持。[25] 之后,规范责任论在心理责任论的基础上更进一步,将合法行为的期待可能性作为责任的核心要素,认为行为人即便存在责任能力以及故意、过失的心理事实,但考虑到行为之

---

[22] [日]大谷实:《刑法讲义总论》(新版第5版),黎宏、姚培培译,中国人民大学出版社2023年版,第313页。所谓人格,是指一个人本来的存在方式,包括有形的肤色、体形、容貌等,也包括无形的智商、性情、行为习惯等。基于一个简单的假设,一个人或者一个东西现实上存在的状态或者倾向,就是他当时最安定或者最愉悦的状态,对于这种状态下的人格,不管我们在情绪上是否喜欢,在理念上都应当尊重它。一个人难以控制自己的犯罪,表示他当时只能在犯罪当中得到平衡,因此,对于带有"犯罪基因"的人的刑罚,即便会有预防犯罪的功能,也会导致对人格的侵犯。因为,即便是天生的犯罪人格,也必须被尊重。以上内容,参见黄荣坚:《基础刑法学》(下)(第4版),台北,元照出版有限公司2012年版,第608页。

[23] [日]高桥则夫:《刑法总论》,李世阳译,中国政法大学出版社2020年版,第307、308页;[日]松原芳博:《刑法总论重要问题》,王昭武译,中国政法大学出版社2014年版,第166、167页。另外,也有学者认为,再犯加重规定违反宪法,应予废除。[日]浅田和茂:《刑法总论》,成文堂2007年版,第508页。

[24] 在日本学者的著作中,通常将"违法性意识的可能性"置于刑事责任的要素之中。本书由于将违法性意识可能性作为故意的认识内容,因此不将其单独列举。

[25] [日]大谷实:《刑法讲义总论》(新版第5版),黎宏、姚培培译,中国人民大学出版社2023年版,第314页。

际的具体情况,无法期待行为人选择实施合法行为时,也不能对行为人进行谴责,从而在责任内容中,加入了期待可能性及其程度的规范判断。之后,在规范责任论基础上发展而来的"可罚责任论"在责任概念中加入了刑罚目的即预防视角,认为尽管规范责任论是责任的出发点,但责任的内容是科处刑罚的实质意义,即对犯罪的一般预防和对犯罪人的特殊预防乃至对回归社会而言的刑罚的必要性。由于这种立场在否定道义责任论的同时,认为不能从期待可能性的规范要素中推导出具体刑罚,而只能以预防犯罪的实质观点来把握责任,故也被称为"实质责任论"。[26] 在责任概念中加入预防视角,难免会遭受导致责任主义虚空的批判,但预防判断是可以验证的经验判断,比实施合法行为的可能性更为具体,并不一定会导致责任原则的空洞化。因此,在责任之中,加入可以实证判断的预防视角,将道义责任转变为可罚的责任,并无不可。

　　总之,作为限定犯罪成立范围、避免出现结果责任的责任原理,就是对行为人的不尊重刑法规范的、值得刑法处罚的行为的谴责。这种针对不尊重刑法规范的意思决定而加以谴责的可罚的责任概念,对于我国将数额、结果作为犯罪成立要件的犯罪规定方式而言,具有实践意义。如在冬日,流浪汉为御寒,将他人晒在路边的价值100元钱的旧棉被偷走。失主赶来,将其扭送至派出所,撕开棉被一看,发现其中还藏有5000元现金,而流浪汉并不知情。在该场合,尽管流浪汉在主观上并没有盗窃他人数额较大的财物的故意,但所有的盗窃行为,都违反了"不得如此"的规范要求,应当受到谴责,所以,按照规范责任论的理解,上述行为也应当成为我国刑法的处罚对象。但是,将上述行为人偶然引起盗窃罪结果的行为也作为犯罪处罚,显然违反了一般人的处罚感情,也难以达到刑罚的特殊预防效果。

　　为了避免上述结果的出现,从刑法的角度来理解责任的立场就非常必要。"可罚责任论"中的规范,不是道义或者日常生活规则当中的"应当如此"或者"不得如此",而是处罚必要性的要求。在理解刑法上的责任时,不得不考虑刑法规定。正如刑法第264条规定"盗窃公私财物,数额较大的……处三年以下有期徒刑、拘役或者管制,并处或者单处罚金……"一样,我国刑法在规定具体犯罪的成立要件时,并不是仅规定"应当如此行为"、"不得如此行为"或者"不得实施盗窃行为",而是规定"不得实施伴随有较大数额的公私财产损失结果的盗窃行为"。这一点,显然和传统的规范责任论的理解有较大差别。从此意义上看,我国刑法中的责任,就是以刑罚为手段对行为人过去的、伴随有特定结果的行为的谴责。谴责的前提仍然以行为人可以不实施该种会导致严重后果的违法行为,而进行其他程度较低的违法行为为前提。如就上述盗窃棉被的例子而言,行为人在盗窃棉被时不可能认识到其中还藏有5000元现金的事实。因此,即便以刑法上的盗窃罪对其予以处罚,也不可能防止其再犯此类犯罪。

　　这样理解责任,一是符合将责任看作制约国家刑罚权发动的限制原则的本旨;二是符合刑法第13条的规定,即不仅在客观侵害即社会危害性上达到了刑罚处罚程度,而且在主观责任上也达到了"值得刑罚处罚程度"。

---

[26] [日]大谷实:《刑法讲义总论》(新版第5版),黎宏、姚培培译,中国人民大学出版社2023年版,第314~315页。

第二节 责任能力

一、概说

所谓责任能力,就是行为人能够对自己的犯罪行为负责的能力,进一步地说,就是行为人在行为时所具备的辨认自己行为的可能违反法律的性质并控制该行为的能力,这是从规范责任论的立场推导出来的结论。正是由于行为人在行为时具有该种能力,所以才能期待行为人进行合法行为,并对行为人进行谴责,也才能够以刑罚手段追究行为人的责任。责任能力必须在实施犯罪行为时存在,所以,其和行刑时必须具有的受刑能力不同;同时,由于没有责任能力的人也能够实施行为,所以,它和行为能力也不同。

关于责任能力的存在意义,理论上存在争议。道义责任论将责任能力看作进行道义谴责的条件与归责能力,和意思自由同等看待。社会责任论之下,如果采用保安处分一元论的话,则有无责任能力无关紧要;反之,若采用刑罚和保安处分并列的二元论,责任能力就是科处刑罚(不是保安处分)的行为人的特性即刑罚适应性。心理责任论之下,责任的种类是故意、过失,相应地,责任能力(归责能力),被看作责任的前提即具有故意、过失的能力。规范责任论之下,责任能力被看作有责行为能力,其中又有认为责任能力是一般的人格能力的"责任前提说",和认为责任能力是和故意、过失、期待可能性并列的谴责要素的"责任要素说"之分。责任要素说认可同一犯罪人虽然在某种犯罪(如故意杀人)上没有责任能力,但在其他犯罪(如侮辱尸体)上可能具有责任能力的"部分责任能力"。相反地,"责任前提说"认为,责任能力不是有关各个行为的能力,而是作为其前提的一般的人格能力,而人格具有同一性,因此"部分责任能力说"不被认可。[27]

从本书的角度来看,责任前提说妥当。首先,如果说责任能力是各个犯罪的责任要素的话,那么,其最终也归于期待可能性的问题,没有作为独立责任要件的意义;其次,人格是统一的东西,就单一的行为人而言,不能说其在某一行为上有责任能力,而在其他行为上没有责任能力;最后,从刑法尚未对各个未成年人的行为责任的有无、程度进行判断,就否定了其责任的规定情况来看,刑法将责任能力看成是独立的要件,也就是责任前提的要件。[28]

因为责任能力是责任的前提,所以,在判定为没有责任能力时,就不用进行期待可能性的判断,可直接认定为没有责任。这样,由于现行刑法对没有责任能力的行为人没有规定刑事上的处分,所以,即便该行为人有反复实施犯罪之虞,也不能予以刑罚处分,只能给予行政处分。

关于责任能力的存在时期,理论上有认为实行行为时必须具有的"实行行为时说",和认为成为实行行为的原因的行为阶段存在就够了的"原因行为时说"之争。一般认为,因为责任能力是各个行为的责任前提,因此原则上必须在实行行为时存在("实行行为与责任能力同在原

---

[27] [日]浅田和茂:《刑法总论》,成文堂2007年版,第281~282页。
[28] [日]大谷实:《刑法讲义总论》(新版第5版),黎宏、姚培培译,中国人民大学出版社2023年版,第320页。

则")。但也有例外,即基于原因行为时的意思决定而实施实行行为的时候,由于该实行行为是基于自由的意思决定而实施的,值得进行谴责,因此,责任能力并不一定要在实行行为时存在,在和实行行为具有一定关系的原因行为的阶段存在就行了。[29] 这就是所谓原因自由行为的问题,后文再专门叙述。

有关责任能力的规定,存在于我国刑法第 17 条至第 19 条的规定之中。刑法第 17 条和第 17 条之一是有关年龄对责任能力的影响的规定,第 18 条是精神状态对责任能力影响的规定,第 19 条是有关听说、视觉机能对责任能力影响的规定。

二、年龄

(一)年龄的概念和意义

这里所说的年龄,是指刑法所规定的、行为人对自己所实施的危害社会行为负刑事责任必须达到的年龄以及对所负刑事责任的大小有影响的年龄,又称"刑事责任年龄"或者"责任年龄"。

犯罪是具备辨认和控制自己行为能力者在其主观意志和意识支配下实施的危害社会的行为,而辨认和控制自己行为的能力,取决于行为人智力和社会知识的发展程度,因此,它必然受到行为人年龄的制约。年龄幼小的儿童还不能正确认识周围事物和自己行为的性质及意义,也不具有辨认和控制自己的能力,若将他们实施的危害社会的行为作为犯罪追究,则不符合我国刑法的性质和刑罚目的。只有达到一定年龄,能够辨认和控制自己行为的人,才能要求他们对自己的危害行为依法负刑事责任。人在进入老年之后,身体各器官功能下降,体力和精力衰退,辨认和控制能力大大降低,倘若对其所犯罪行,仍然和一般成年人同样追究,不仅难以获得社会认同,同时也会降低或者丧失刑罚的效果,因此,对老年人犯罪的处罚原则,应当和青壮年有所不同。我国刑事立法正是根据自然人的年龄因素与责任能力的这种关系,确立了刑事责任年龄制度。可以说,满足一定年龄要求,是自然人具备刑事责任能力而可以作为犯罪主体的前提条件,也是追究行为人刑事责任时必须考虑的重要因素。

刑法第 17 条根据我国历来所坚持的对未成年人犯罪以教育为主、惩罚为辅的政策,考虑到我国现阶段未成年人犯罪的实际情况,并适当参考外国的立法经验,对年龄作了较为集中的规定。其内容具体如下:

1. 不满 14 周岁的人,通常不负刑事责任。这是有关完全不负刑事责任年龄阶段的规定。之所以这样规定,主要是考虑到不满 14 周岁的人尚处于幼年时期,受生理和智力条件的限制,还不具备辨认和控制自己行为的能力,即不具备责任能力。因此,刑法规定,对不满 14 周岁的人所实施的危害社会的行为,一概不追究刑事责任。但应当注意,对于实施了危害社会的行为但因不满 14 周岁而不构成犯罪的人,以及后述的因不满 16 周岁而不承担刑事责任的人,一般应当责令其家长或者监护人加以管教;必要的时候,可以由政府收容教养。

2. 已满 12 周岁不满 14 周岁的人,犯故意杀人、故意伤害罪,致人死亡或者以特别残忍手段致人重伤造成严重残疾,情节恶劣,经最高人民检察院核准追诉的,应当负刑事责任。这一规

---

[29] [日]大谷实:《刑法讲义总论》(新版第 5 版),黎宏、姚培培译,中国人民大学出版社 2023 年版,第 320~321 页。

定是2020年《刑法修正案(十一)》中新增的内容。刑事责任年龄到底应当如何规定,这个问题的讨论在我国由来已久。早在1988年,就有人建议将刑事责任年龄从14岁降为13岁。[30] 其理由是:随着政治、经济、文化的发展,未成年人身心发育成熟较早,犯罪向低龄化发展,有些严重罪行不予处罚,群众极为不满;13岁的人对杀人、重伤、放火、惯窃、爆炸等罪行具有认识辨别能力;外国刑法也有规定为13岁的,有的甚至规定为12岁,还有的规定为7岁。[31] 但是,主流观点仍然认为,这种观点并不可取,因为仅仅依靠降低刑事责任年龄,并不能真正解决未成年人犯罪问题,也与我国刑法发展完善方向相悖。我国现行刑法关于刑事责任年龄的规定是符合实际的,不必修改降低。[32] 但涉嫌重大恶性犯罪的未成年人的年龄不断降低的现象引起了人们的关注。随着新闻资讯的发达,近年来,未成年特别是未满14周岁的人凶恶犯罪屡屡见诸报端,不断挑战人们的认知和容忍底线。在此背景之下,认为青少年生理、心理成熟时间的提前提高了其在刑法上的辨认与控制能力,特别是考虑到近年来低龄犯罪增加,刑法应发挥其惩戒机能,对低龄犯罪行为予以打击,最低和完全负刑事责任年龄应降至12周岁的观点最终获得了立法机关的支持。

但要注意的是,即便未成年人负刑事责任的年龄已经有条件地降至12周岁,这种规定多半还是一个宣示性规定,后面还有一系列的配套工作需要完善。司法机关过去反对降低刑事责任年龄时经常使用一个理由,即"14岁以下的少年犯罪,尤其是严重犯罪案件虽然有,但毕竟是极少数"[33],时至今日这种理由依然能够适用。实际上,从媒体曝光的情况来看,全国范围内未满14周岁的未成年人所实施的恶性案件,每年也是屈指可数。由此看来,这个条款实际上有多大的效果,还有待进一步观察。特别是,对于这种未满14周岁的未成年人定罪量刑之后,如何执行,则是一个更复杂更棘手的问题。12周岁的少年正值接受九年制义务教育的阶段。对这种每年全国范围内屈指可数的少年犯,如何能够让其和正常少年一样,完成义务教育之后,有机会上高中甚至大学,在其风华正茂的年龄,作为一个正常人回归社会,是一个迫在眉睫的现实问题。同时,在本条款的适用上,必然会面临行为人实施强奸、抢劫等犯罪,但作为其手段的暴力行为导致被害人死亡、重伤或者残疾的场合,该如何适用的问题。此种场合,必然会有对这一规定扩张适用的问题。正如相关立法解释将刑法第17条第2款规定的八种犯罪,理解为八种"具体犯罪行为而不是具体罪名"一样,修改过后的刑法第17条第3款在适用时,将来在必要的时候,也有可能被解释为"故意杀人、故意伤害行为",从而将以暴力手段实施抢劫、强奸、绑架等严重犯罪,造成被害人死亡或者以特别残忍手段致人重伤造成严重残疾,情节恶劣的情况囊括在内。

3. 已满14周岁不满16周岁的人,犯"故意杀人、故意伤害致人重伤或者死亡、强奸、抢劫、

---

[30] 高铭暄、赵秉志编:《新中国刑法立法文献资料总览》(下),中国人民公安大学出版社2015年版,第1061页。
[31] 高铭暄、赵秉志编:《新中国刑法立法文献资料总览》(下),中国人民公安大学出版社2015年版,第1064页。
[32] 最高人民法院刑法修改小组:《关于刑法修改若干问题的研讨与建议》(1991年草拟,1993年修改补充),载高铭暄、赵秉志编:《新中国刑法立法文献资料总览》(下),中国人民公安大学出版社2015年版,第1144~1145页。
[33] 最高人民法院刑法修改小组:《关于刑法修改若干问题的研讨与建议》(1991年草拟,1993年修改补充),载高铭暄、赵秉志编:《新中国刑法立法文献资料总览》(下),中国人民公安大学出版社2015年版,第1145页。

贩卖毒品、放火、爆炸、投毒罪的,应当负刑事责任"[34]。这是有关相对负刑事责任年龄阶段的规定。达到这个年龄段的人,在明显的大是大非面前,应当说已经具备了辨认和控制能力,因此,对上述八种严重危害社会的行为应当负刑事责任。这里必须说明的是,刑法中,严重危害社会的行为,除了上述八种行为之外,还有不少,如决水、以其他危险方法危害公共安全、绑架、劫持航空器、破坏交通设施、破坏电力设施等,但由于考虑到这些行为并不常见,因此,刑法没有将其列举出来。

与上述规定有关,全国人大常委会法制工作委员会于2002年7月24日作出《关于已满十四周岁不满十六周岁的人承担刑事责任范围问题的答复意见》,其中指出:"刑法第十七条第二款规定的八种犯罪,是指具体犯罪行为而不是具体罪名。对于刑法第十七条中规定的'犯故意杀人、故意伤害致人重伤或者死亡',是指只要故意实施了杀人、伤害行为并且造成了致人重伤、死亡后果的,都应负刑事责任。而不是指只有犯故意杀人罪、故意伤害罪的,才负刑事责任,绑架杀害被绑架人的,不负刑事责任。对司法实践中出现的已满十四周岁不满十六周岁的人绑架人质后杀害被绑架人、拐卖妇女、儿童而故意造成被拐卖妇女、儿童重伤或死亡的行为,依据刑法是应当追究其刑事责任的。"2003年4月18日最高人民检察院也作出了《关于相对刑事责任年龄的人承担刑事责任范围有关问题的答复》,就相对刑事责任年龄的人承担刑事责任范围的相关问题,答复如下:"一、相对刑事责任年龄的人实施了刑法第十七条第二款规定的行为,应当追究刑事责任的,其罪名应当根据所触犯的刑法分则具体条文认定。对于绑架后杀害被绑架人的,其罪名应认定为绑架罪。[35] 二、相对刑事责任年龄的人实施了刑法第二百六十九条规定的行为的,应当依照刑法第二百六十三条的规定,以抢劫罪追究刑事责任。但对情节显著轻微,危害不大的,可根据刑法第十三条的规定,不予追究刑事责任。"最高人民法院于2006年1月11日公布的《关于审理未成年人刑事案件具体应用法律若干问题的解释》第5条规定:"已满十四周岁不满十六周岁的人实施刑法第十七条第二款规定以外的行为,如果同时触犯了刑法第十七条第二款规定的,应当依照刑法第十七条第二款的规定确定罪名,定罪处罚。"第10条第1款规定:"已满十四周岁不满十六周岁的人盗窃、诈骗、抢夺他人财物,为窝藏赃物、抗拒抓捕或者毁灭罪证,当场使用暴力,故意伤害致人重伤或者死亡,或者故意杀人的,应当分别以故意伤害罪或者故意杀人罪定罪处罚。"

根据上述规定,在适用刑法第17条第2款的时候,应当注意以下问题:

(1) 刑法第17条第2款规定的八种犯罪均是指"犯罪行为",即故意杀人等八种行为,而不是指具体罪名。因此,其中所说的"故意杀人、故意伤害致人重伤或者死亡",既包括刑法第232、234条的故意杀人罪、故意伤害罪,也包括其他犯罪中的故意杀人或者故意伤害致人重伤或者死亡的行为,如犯刑法第120条组织、领导、参加恐怖组织罪中的杀人或者伤害犯罪行为,犯第294条组织、领导、参加黑社会性质组织罪中的杀人或者伤害犯罪行为,犯第318条组织他人偷越国(边)境罪中的伤害被组织人或者杀害检查人员等犯罪行为,犯第239条所规定的绑架罪中的故意杀人或者故意伤害犯罪行为等;所说的"强奸"犯罪,除刑法第236条的强奸罪之

---
[34] 根据《刑法修正案(三)》的相关规定,"投毒罪"已经被修改为"投放危险物质罪"。
[35] 关于第一点,原文如此。但将罪名认定为绑架罪,是否合适,则值得探讨。

外,也包括刑法分则其他条文中所规定的"依照本法第 236 条的规定定罪处罚"的情况,如刑法第 241 条第 2 款规定"收买被拐卖的妇女,强行与其发生性关系的"等;所说的"抢劫",除刑法第 263 条的抢劫罪之外,还包括刑法第 127 条第 2 款规定的抢劫枪支、弹药、爆炸物、危险物质罪等其他条文中的抢劫犯罪。

(2)罪名根据第 17 条所列举的八种行为来确定。详言之,就是已满 14 周岁不满 16 周岁的人实施刑法第 17 条第 2 款规定以外的行为,如果同时触犯了刑法第 17 条第 2 款规定的,应当依据刑法第 17 条第 2 款的规定确定罪名处罚。据此,已满 14 周岁不满 16 周岁的人绑架他人之后予以杀害或者重伤的,拐卖妇女、儿童而故意造成被拐卖妇女、儿童重伤或者死亡的,定故意杀人罪或者故意伤害罪;拐卖妇女又强奸妇女的,定强奸罪。

(3)第 17 条第 2 款中的"贩卖毒品",仅指以贩卖手段实施的毒品犯罪行为,而不包括其他相关联的犯罪形式如走私、运输、制造毒品等;已满 14 周岁不满 16 周岁的人仅仅绑架他人的,不构成犯罪。

(4)不适用刑法第 269 条的规定。已满 14 周岁不满 16 周岁的人盗窃、诈骗、抢夺他人财物,为窝藏赃物、抗拒抓捕、毁灭罪证,当场使用暴力,故意伤害致人重伤或者死亡,或者故意杀人的,应当分别以故意伤害罪或者故意杀人罪定罪处罚。[36] 这大概是因为,刑法第 269 条所规定的转化型抢劫罪以前行为构成盗窃、诈骗、抢夺罪为前提,而已满 14 周岁不满 16 周岁的人不能成为盗窃、诈骗、抢夺罪的主体,既然前提不存在,结论当然也不可能成立。已满 16 周岁不满 18 周岁的人犯盗窃、诈骗、抢夺罪,为窝藏赃物、抗拒抓捕、毁灭罪证而当场使用暴力或者以暴力相威胁的,应当依照刑法第 269 条的规定定罪处罚;但情节显著轻微的,可不以抢劫罪定罪处罚。

对已满 14 周岁不满 16 周岁的人是否适用刑法第 267 条第 2 款之"携带凶器抢夺的"以抢劫罪论处的规定,尚无定说。如果把第 17 条第 2 款所列举的犯罪理解为"行为",那么对他们就不应当适用第 267 条第 2 款的规定。因为第 267 条第 2 款属于拟制规定,把不是抢劫行为的"携带凶器抢夺的"行为依照抢劫罪定罪处罚。若抢劫行为当然包含"携带凶器抢夺",或者"携带凶器抢夺"当然属于抢劫行为,则刑法没有作此特别规定的必要。[37]

4. 已满 16 周岁的人犯罪,应当负刑事责任。这是完全负刑事责任年龄阶段的规定。之所以这样规定,是由于已满 16 周岁的未成年人在体力和智力上已有了相当的发展,具有了一定的社会知识,是非观念和法制观念的增长已达到了一定程度,一般已能够根据国家法律和社会道德规范要求来约束自己,换言之,他们已经具备了刑法意义上的辨认和控制自己行为的能力。因此,我国刑法认定已满 16 周岁的人除其他特殊情况之外,原则上可以实施刑法中的犯罪,要求他们对自己实施的刑法禁止的一切危害行为承担刑事责任。

5. 已满 12 周岁不满 18 周岁的人犯罪,应当从轻或者减轻处罚。这是对未成年人从宽处罚的年龄阶段的规定。其意味着所有达到刑事责任年龄但不满 18 周岁的人犯罪,不论是已满 12 周岁不满 14 周岁的人犯故意杀人、故意伤害罪,已满 14 周岁未满 16 周岁的人犯故意杀人、故

---

[36] 2006 年最高人民法院《关于审理未成年人刑事案件具体应用法律若干问题的解释》第 10 条第 1 款。

[37] 阮齐林:《刑法学》(第 3 版),中国政法大学出版社 2011 年版,第 122 页。

意伤害致人重伤等刑法第17条第2款所规定的八种严重罪行,还是已满16周岁未满18周岁的人犯罪,都应当从轻或者减轻处罚。

关于从宽处理,相关司法解释有详细规定。如2021年6月16日最高人民法院、最高人民检察院公布的《关于常见犯罪的量刑指导意见(试行)》明文规定,对于未成年人犯罪,应当综合考虑未成年人对犯罪的认识能力,实施犯罪行为的动机和目的,犯罪时的年龄,是否初犯、偶犯,悔罪表现,个人成长经历和一贯表现等情况,予以从宽处罚。(1)已满14周岁不满16周岁的未成年人犯罪,减少基准刑的30%~60%;(2)已满16周岁不满18周岁的未成年人犯罪,减少基准刑的10%~50%。同样,2017年3月2日最高人民检察院公布的《未成年人刑事检察工作指引(试行)》第15条规定,"人民检察院办理未成年人刑事案件要切实贯彻"教育、感化、挽救"方针和"教育为主、惩罚为辅"原则,落实好刑事诉讼法规定的特殊制度、程序和要求。坚持教育和保护优先,为涉罪未成年人重返社会创造机会,最大限度地减少羁押措施、刑罚尤其是监禁刑的适用。第176条规定,"对于犯罪情节轻微,具有下列情形之一,依照刑法规定不需要判处刑罚或者免除刑罚的未成年犯罪嫌疑人,一般应当依法作出不起诉决定:(一)被胁迫参与犯罪的;(二)犯罪预备、中止、未遂的;(三)在共同犯罪中起次要或者辅助作用的;(四)系又聋又哑的人或者盲人的;(五)因防卫过当或者紧急避险过当构成犯罪的;(六)有自首或者立功表现的;(七)其他依照刑法规定不需要判处刑罚或者免除刑罚的情形。对于未成年人轻伤害、初次犯罪、过失犯罪、犯罪未遂以及被诱骗或者被教唆实施犯罪等,情节轻微,确有悔罪表现,当事人双方自愿就民事赔偿达成协议并切实履行,或者经被害人同意并提供有效担保,符合刑法第三十七条规定的,人民检察院可以依照刑事诉讼法第一百七十三条第二款的规定作出不起诉决定,并根据案件的不同情况,予以训诫或者责令具结悔过、赔礼道歉、赔偿损失,或者由主管部门予以行政处罚"。第181条规定,"对于符合以下条件的案件,人民检察院可以作出附条件不起诉的决定:(一)犯罪嫌疑人实施犯罪行为时系未成年人的;(二)涉嫌刑法分则第四章、第五章、第六章规定的犯罪的;(三)可能被判处一年有期徒刑以下刑罚的;(四)犯罪事实清楚,证据确实、充分,符合起诉条件的;(五)犯罪嫌疑人具有悔罪表现的。人民检察院可以参照《最高人民法院关于常见犯罪的量刑指导意见》并综合考虑全案情况和量刑情节,衡量是否'可能判处一年有期徒刑以下刑罚'。具有下列情形之一的,一般认为具有悔罪表现:(一)犯罪嫌疑人认罪认罚的;(二)向被害人赔礼道歉、积极退赃、尽力减少或者赔偿损失的;(三)取得被害人谅解的;(四)具有自首或者立功表现的;(五)犯罪中止的;(六)其他具有悔罪表现的情形。对于符合附条件不起诉条件,实施犯罪行为时未满十八周岁,但诉讼时已成年的犯罪嫌疑人,人民检察院可以作出附条件不起诉决定。"

6.已满75周岁的人故意犯罪的,可以从轻或者减轻处罚;过失犯罪的,应当从轻或者减轻处罚。这是有关老年人犯罪从宽处罚的年龄阶段的规定。其意味着,对于老年人犯罪而言,在适用从宽处罚规定时,除应满足"已满75周岁"这一绝对条件之外,是否从宽以及多大程度上从宽,还要因犯罪人的主观方面而有所不同。对年满75周岁的故意犯而言,也有可能不予从宽处罚。根据2021年6月16日最高人民法院、最高人民检察院公布的《关于常见犯罪的量刑指导意见(试行)》:对于已满75周岁老年人故意犯罪,综合考虑犯罪的性质、情节、后果等情况,可以减少基准刑的40%以下;过失犯罪的,减少基准刑的20%~50%。

(二)刑事责任年龄的认定

1.刑事责任年龄的计算

刑法所限定的年龄,是指实足年龄,刑法特别使用"周岁"一词,就是为了明确该年龄不是指虚岁。实足年龄以日计算,并且按照公历的年、月、日计算,而不是按照我国传统的农历来计算。例如,已满14周岁,是指过了14周岁生日,从第二天起,才是已满14周岁。如行为人1990年1月1日出生,2004年1月2日即认为已满14周岁。对于已满12周岁、16周岁、18周岁、75周岁年龄的计算,与此相同。

根据相关司法解释,[38]人民检察院审查未成年人刑事案件,应当注重对未成年人年龄证据的审查,重点审查是否已满14周岁、16周岁、18周岁。对于未成年人年龄证据,一般应当以公安机关加盖公章、附有未成年人照片的户籍证明为准。当户籍证明与其他证据存在矛盾时,应当遵循以下原则:(1)可以调取医院的分娩记录、出生证明、户口簿、户籍登记底卡、居民身份证、临时居住证、护照、入境证明、港澳居民来往内地通行证、台湾居民来往大陆通行证、中华人民共和国旅行证、学籍卡、计生台账、防疫证、(家)族谱等证明文件,收集接生人员、邻居、同学等其他无利害关系人的证言,综合审查判断,排除合理怀疑,采纳各证据共同证实的相对一致的年龄。(2)犯罪嫌疑人不讲真实姓名、住址,年龄不明的,可以委托进行骨龄鉴定或者其他科学鉴定。经审查,鉴定意见能够准确确定犯罪嫌疑人实施犯罪行为时的年龄的,可以作为判断犯罪嫌疑人年龄的证据参考。若鉴定意见不能准确确定犯罪嫌疑人实施犯罪行为时的年龄,而且显示犯罪嫌疑人年龄在法定应负刑事责任年龄上下,但无法查清真实年龄的,应当作出有利于犯罪嫌疑人的认定。

实务中,刑事案件被告人年龄认定尤其是临界年龄认定发生争议,穷尽证据调查和证明手段仍无法查明,或者查实的证据有瑕疵、相互矛盾或者证明力较低的,一般采用以下规则处理:一是户籍优先原则。"出生医学证明"是户口登记机关登记出生的重要依据,公安机关作出确认当事人身份关系包括年龄的具体行政行为具有法律效力。在调取的户籍资料与其他书证如学籍资料记载的入学日期、与其他证人证言等存在相互矛盾时,以认定户籍登记资料为原则,对户籍登记资料不予采信为例外。二是书证优先原则。有关部门存档的书证,尤其是在案发前形成的书证客观性较强,其证明的内容与证人证言存在相互矛盾时,以书证认定优于证人证言为原则,对书证不予采信为例外。三是参考鉴定原则。司法骨龄鉴定意见对判断被鉴定人年龄有科学参考价值。如果骨龄鉴定意见不能准确确定被告人实施犯罪行为时的实际年龄,存在一定的跨龄鉴定幅度,该鉴定意见不能单独作为认定年龄的证据加以适用,应当结合其他证据且必须是有效证据慎重判断才能作出综合认定。不能排除证据之间的矛盾,无充分证据证明被告人实施被指控犯罪时已满18周岁且确实无法查明的,应按有利于被告人的原则,推定其不满18周岁。[39]

2.刑事责任年龄计算的基准

通常情况下,危害行为与危害结果同时发生,或者是在同一责任年龄段之内发生,但也有

---

[38] 2017年最高人民检察院《未成年人刑事检察工作指引(试行)》第152条。
[39] 上海市长宁区人民检察院诉韩某某盗窃案,载《最高人民法院公报》2018年第1期。

不在同一年龄段发生的情况,这时候,就会出现刑事责任年龄的计算基准即是以行为时为基准还是以结果发生时为基准的问题。本书认为,应当以危害行为时为基准。因为,犯罪是客观侵害和主观责任的统一,尽管行为人客观上造成了侵害结果,符合了犯罪构成的客观要件,但是,由于行为人在实施引起该危害结果的行为时,尚未达到法定的刑事责任年龄,难以说具有辨认和控制自己行为的能力即刑事责任能力,因此,不能将该行为作为犯罪处理。如此说来,在犯罪嫌疑人刘某过16周岁生日的夜晚,将石头放在铁轨上,导致第二天上午经过此地的货车出轨翻车,造成严重经济损失的场合,不能因为造成了货车出轨翻车事故就说其行为构成破坏交通设施罪。因为,刑事责任年龄的计算只能以行为时为基准,而刘某在生日之夜实施的行为,只能看作不满16周岁时实施的行为。当然,可以不真正不作为犯的原则对嫌疑人刘某进行处罚,即尽管其在行为时未满16周岁,但在行为后的第二天已经年满16周岁,此时有义务消除自己先前行为所造成的危险状态,不消除而引起严重后果的话,就要构成破坏交通设施罪的不真正不作为犯。

3. 跨刑事责任年龄阶段的犯罪问题

有两种情况值得注意:(1)行为人已满16周岁以后实施了犯罪,并在已满14周岁不满16周岁期间也实施过相同的行为,应否一并追究其刑事责任,应具体分析。如果已满14周岁不满16周岁期间所实施的是刑法第17条第2款规定的特定严重犯罪,则应一并追究刑事责任;否则,就只能追究已满16周岁以后的刑事责任。已满14周岁不满16周岁期间所实施的行为,如果与已满16周岁以后实施的行为具有密切联系,则说明行为人的人身危险性较大,可以作为量刑情节予以考虑。(2)行为人在已满14周岁不满16周岁期间,实施了刑法第17条第2款规定的特定严重犯罪,并在未满14周岁时也实施过相同行为,对此不能一并追究刑事责任,只能追究14周岁以后实施的特定严重犯罪的刑事责任。同样,如果未满14周岁时实施的行为与已满14周岁后实施的犯罪行为具有密切联系,则说明行为人的人身危险性严重,量刑时应予以考虑。

三、精神状态

(一)精神病

精神状态也是影响人的刑事责任能力的重要因素之一,特别是在人患有精神病时,这种影响尤为明显,因此,刑法第18条对其进行了详细规定。

所谓精神病,是指因大脑功能紊乱而严重影响主体辨认和控制自己行为能力的一种非器质性病症,是影响行为人刑事责任的有无和程度的一个重要因素。一般来说,精神状态正常的人,随着经验和知识的增加,达到一定年龄,就会具备刑事责任能力即辨认和控制自己行为的能力。但在患精神病的情况下,行为人即使达到负刑事责任的年龄,也可能不具备刑事责任能力或者在一定程度上减弱,从而使其实施危害行为时的刑事责任也受到一定影响。我国刑法第18条第1款至第3款专门规定了精神病人、间歇性精神病人和限制刑事责任能力的精神病人的刑事责任问题,其是我国现阶段司法实践中解决实施危害行为的精神病人的犯罪与刑事责任的基本依据。

1. 完全丧失辨认和控制能力的精神病人

刑法第18条第1款载明:"精神病人在不能辨认或者不能控制自己行为的时候造成危害

结果,经法定程序鉴定确认的,不负刑事责任,但是应当责令他的家属或者监护人严加看管和医疗;在必要的时候,由政府强制医疗。"根据这一规定,认定精神病人为无责任能力人,必须同时具备以下两个条件:

(1)在医学上,属于精神病人。这是认定精神病的医学或者说是生物学标准。其意味着,实施危害行为的精神病人,确切地说,从医学上看,是基于精神病理的作用而实施特定危害社会行为的人。一般来说,关于刑法第18条所称的"精神病"应注意从两个方面加以理解:一方面,对"精神病"从广义上加以理解,即包括各类重性精神疾病或精神病性障碍,以及其他能够导致辨认能力和控制能力丧失的精神障碍,包括人格障碍和性变态在内。也就是说,对我国刑法中的"精神病"的理解应作扩大化解释,其外延与精神障碍已相当接近,当然尚不完全等同于精神障碍。毕竟,后者产生于心理学领域,引入法律领域,界定为精神病之后,基于合法性、操作性等考虑必然就会有所限制。因此,我国确认的关于精神障碍者刑事责任能力认定标准的医学方面的要件,即"精神病"的范围与其他国家比较起来已经很宽泛了。法院在司法实践中一般承认的六种精神病包括:精神分裂症、分裂情感性障碍、持久的妄想性障碍(偏执性精神病)、双相(情感)障碍、癫痫所致精神障碍、精神发育迟滞伴发精神障碍。这些疾病均属于严重的精神障碍,可能导致患者无法正常辨认或控制自己的行为。另一方面,"精神病"又不同于非精神病性精神障碍,如各种类型的神经官能症,人格障碍式变态人格,性变态,情绪反应,未达到精神病程度的成瘾药物中毒,轻躁狂与轻度抑郁症,生理性醉酒与单纯慢性酒精中毒,脑震荡后遗症和癫痫性心境恶劣以及其他未达到精神病程度的精神疾病、轻微精神发育不全等。精神病患者的精神功能障碍会导致其辨认或控制能力的完全丧失,而非精神病性精神障碍人一般都不会因精神障碍而丧失辨认或控制行为的能力。因此,只有精神病人才能成为刑法第18条所规定的无责任能力人。

(2)在法学上,属于丧失了辨认、控制能力的人。这是有关认定精神病的法学或者说是心理学标准。其意味着,从心理学来看,患有精神病的行为人的危害行为,不但是精神病理机制直接引起的,而且由于精神病理的作用,使其行为时丧失了辨认或控制自己触犯刑法的行为的能力。这被称为鉴定精神病人的"心理学标准"。所谓丧失辨认行为的能力,是指行为人由于精神病理的作用,在行为时不能正确地了解自己行为危害社会的性质及其危害后果。所谓丧失控制行为的能力,是指行为人由于精神病理的作用,不能根据自己的意志自由地选择实施或不实施危害行为,也往往表现为不能根据自己的意志选择和控制危害行为实施的时间和地点。如果精神病人所实施的行为与其精神病没有直接联系,就不能认为他没有辨认与控制自己行为的能力,而只有当他实施危害行为起因于精神病时,才能说其丧失了辨认与控制自己的行为能力,属于无责任能力人。由上可见,我国刑法第18条关于精神病人无责任能力的认定标准,采用的是医学标准与心理学标准相结合的方式。

具体案件中,在有关精神病的认定上,原则上必须尊重医生的鉴定结论,即以医学标准为主,我国法律上也是如此规定的,但是实践中却很少打开这样的口子。因为,精神病学(心理学)在我国的发展尚不成熟,未确立起自己的权威,法官不会轻易与之分享这种权威,因此,我国法院在审理需要确认被告人的刑事责任能力的案件时,较少支持被告人有精神障碍的鉴定结论。[40] 同时，辨认和控制自己行为的能力的概念，不是精神医学上的概念，而是法律上的概念。换言之，行为人有无精神病及其程度，有无辨认能力、控制能力及其程度，都是法律上的判断，最终必须由法官决定。在进行辨认能力的鉴定时，我国司法精神医学界普遍采用作案动机理论，将作案动机分为四种：病理动机，其是由妄想或幻觉等认知障碍引起，缺少现实目的；现实动机，由需要或现实冲突引起，动机和目的是明确的、现实的；混合动机，病理动机与现实动机兼备；不明动机，此动机是无意识的，行为要达到目的也是无意识的。其中，现实动机属于正常动机，其他三种动机则属于异常动机。一般来说，行为人具有病理动机的场合，即丧失了辨认能力，但对其他几种动机则需要综合分析，应根据行为人的病情严重程度、作案时与作案后的精神状态，分析精神障碍与犯罪行为之间有无潜在的联系，从而评定行为人的辨认能力状况。[41]

对此，我们可以参见一个实际案例。如在黄某某故意伤害上海某小学学生，造成两人死亡，两人轻伤的案件中，在民警的审讯过程中，黄某某时而哭泣时而癫狂发笑，尽管经过专业的司法鉴定，黄某某最终被确认患有精神分裂症，也就是常规意义上的精神病人，但在该案中，司法机关考虑到，根据黄某某的审讯笔录和民警的走访调查来看，黄某某在作案前，有意识地进行踩点，为自己报复社会寻找行凶目标，并且专挑防范能力弱的学生下手，这证明黄某某虽为精神病人，但他在行凶时精神状态是正常的，也就是说在实施犯罪行为时，黄某某是十分清楚自己的举动的，也能够预知到自己行为会带来的后果，因此具有刑事责任能力，他为泄愤杀害他人的行为已经构成故意杀人罪。综上所述，法院最终以故意杀人罪判处黄某某死刑立即执行，剥夺政治权利终身。

根据《刑事诉讼法》第 302 条的规定，实施暴力行为，危害公共安全或者严重危害公民人身安全，经法定程序鉴定依法不负刑事责任的精神病人，有继续危害社会可能的，可以予以强制医疗。司法实践中，关于精神病患者的刑事裁判，通常做法是：经过鉴定，认为患精神病的人，在他不能辨认或者不能控制自己行为的时候造成危害结果的，依照刑法的规定，不负刑事责任，不应对其判处刑罚，更不能被判处死刑。人民法院如果对原鉴定有怀疑，可以按照刑事诉

---

[40] 一份鉴定结论有效必然需要符合多方面的条件。按照 1989 年最高人民法院、最高人民检察院、公安部、司法部、卫生部发布的《精神疾病司法鉴定暂行规定》，其必须满足四个条件：首先，对精神病人的刑事责任能力的鉴定可以由司法机关提出，当然也可以由被告的辩护人提出，并且，在刑事诉讼的全过程中都可以提出。其次，鉴定机关必须是省级人民政府指定的医院，而鉴定人是所属该院或由该院委托的具有相当资格和资历的专家。具体而言，即鉴定人必须是具有 5 年以上精神科临床经验并具有司法精神医学知识的主治医师以上人员，以及具有司法精神病学知识、经验和工作能力的主检法医师以上人员。再次，鉴定结论的作出必须符合法医的鉴定程序。精神疾病的司法鉴定程序分为委托和鉴定两步：委托是指司法机关出具鉴定委托书委托鉴定，并向鉴定机关移交鉴定所需的全部资料；鉴定是指鉴定人接受委托以后的整个鉴定工作，包括资料分析、精神检查和作出结论等具体内容，其中精神检查是鉴定的核心环节。最后，鉴定结论的内容必须符合法律的要求。就刑事案件的被鉴定人而言，鉴定结论的内容（以无责任能力场合为例）包括：被鉴定人实施危害行为时，经鉴定患有精神疾病，由于严重的精神活动障碍，致使不能辨认或者不能控制自己行为的，为无刑事责任能力。被鉴定人实施危害行为时，经鉴定属于下列情况之一的，为具有责任能力：(1) 具有精神疾病的既往史，但实施危害行为时并无精神异常；(2) 处于精神疾病的间歇期，精神异常症状已经完全消失。以上内容参见吴日刚：《我国精神障碍者刑事责任能力若干问题初探》，载中国法院网 2008 年 2 月 19 日，https://www.chinacourt.org/article/detail/2008/02/id/288949.shtml。

[41] 参见连恩青故意杀人案。关于动机理论，参见纪术茂、高北陵、张小宁主编：《中国精神障碍者刑事责任能力评定案例集》，法律出版社 2011 年版，第 12 页。

讼法的规定,再次送请鉴定。经过复验,如果确定此人不是精神病人或者虽是间歇性的精神病人,但在精神正常的时候犯罪,依照刑法的规定,应当负刑事责任的,须按照法律规定判刑;罪该处死的,可以判处死刑。犯罪的时候精神正常,犯罪后患精神病的人,依照法律规定,应当负刑事责任。[42]

2. 精神正常的间歇性精神病人

刑法第18条第2款规定:"间歇性的精神病人在精神正常的时候犯罪,应当负刑事责任。"依照司法精神病学的理解,刑法中所说的"间歇性精神病",是指具有间歇发作特点的精神病,包括精神分裂症、躁狂病、抑郁症、癫痫性精神病、周期性精神病、分裂情感性精神病、隐症性精神病等。所谓"间歇性精神病人的精神正常时期",即上述精神病(如癫痫性精神病)的非发病时期。"间歇性精神病人"在精神正常的时候,实施刑法所禁止的危害行为的,其辨认和控制行为的能力即责任能力完全具备,不符合无责任能力和限制责任能力所要求的心理学标准,因此,法律要求行为人对其危害行为负完全的刑事责任。需要指出的是,根据刑法第18条第2款的规定,间歇性精神病人的行为是否构成犯罪,应以实施行为时是否精神正常,是否具有辨认和控制自己行为的能力为标准,而不是以侦查、起诉、审判时是否精神正常为标准。如果间歇性精神病人实施危害行为时精神正常,具有辨认与控制自己行为的能力,即使实施行为之后精神不正常的也应承担刑事责任。当然,在承担刑事责任的具体方式上,司法机关应根据行为人的实际情况,酌情妥善处理。

3. 尚未完全丧失辨认或者控制能力的精神病人

刑法第18条第3款规定:"尚未完全丧失辨认或者控制自己行为能力的精神病人犯罪的,应当负刑事责任,但是可以从轻或者减轻处罚。"一般认为,所谓限制刑事责任的精神病人,是介乎无刑事责任的精神病人与完全刑事责任的精神病人之间的精神病人。其特点是,均在精神病发作期间实施了危害行为,然而他们在犯罪前与一般犯罪分子一样,都有一定的犯罪动机,而且能事先计划、挑选犯罪的时间地点与对象,犯罪前后有掩饰、诡辩、推卸责任等表现和明显的自我保护能力。回忆犯罪经过无误,并且都能认识到自己的行为是错误的或是违法的。因此,对这类精神病人,刑法进行了专门规定。

---

[42] 精神病患者的责任能力的有无及其大小的判断,可以说是一个世界性的难题。在德国,医生和法官之间的习惯(Konvention)是,只要鉴定结论认为行为人在行为时具有精神分裂症,原则上就认为行为人无责任能力。在日本,通说认为,作为精神病别称的心神丧失、心神耗弱,不是精神医学上的概念,而是法律上的概念,所以,行为人有无精神病及其程度,有无辨认能力、控制能力及其程度,这些都是法律上的判断,最终必须由法院决定。法院以被告人实施犯罪行为时的病情、犯罪前的生活状态、犯罪的动机和形态等为根据,在确定生物学要素的基础上,以精神病对行为人的辨认能力、控制能力所产生的影响这一记述性事实为基础,立足于责任的理念,从该行为人是否具有适合在刑法上进行谴责的人格的角度出发,从规范的、法律的立场来加以认定。在认定时,首先,必须认定作为法律判断基础的生物学、心理学的事实,在这一阶段,必须具有精神医学、心理学等方面专家的精神鉴定。根据专家的鉴定,例如,在鉴定结论认为被告人在行为时处于精神分裂症的发病期时,法院虽然没有足够的证据推翻这一结论,但无视这一结论而进行法律判断的话,就是违反一般经验法则的。但是,在鉴定资料不充分或鉴定结论的推论中有错误等,专家的判断不值得信赖的时候,法院可以不考虑该鉴定结论。法院以鉴定结论以及其他证据所认定的生物学的事实以及心理学的事实为基础,作出行为人在行为时,是不是处于心神丧失、心神耗弱状态的法律上的判断。以上内容,参见[日]大谷实:《刑法讲义总论》(新版第5版),黎宏、姚培培译,中国人民大学出版社2023年版,第326~327页。

在适用这一规定时,必须注意的是:首先,这类人确实是"精神病人",一般来说,包括处于早期(发作前驱期)或者部分缓解期的精神病(如精神分裂症)患者,以及某些非精神病性精神病人,包括轻至中度的精神发育迟滞(不全)者,脑部器质性病变(如脑炎、脑外伤)或精神病(如精神分裂症、癫痫病)后遗症所引起的人格变态者,精神官能症中少数严重的强迫症和癔症患者等。其次,这类人"尚未完全丧失辨认或控制自己行为的能力",即行为人对自己实施的行为还具有一定的辨认控制能力,只是由于精神病而有所减弱而已。如果虽然患有精神病,但对其实施的行为具有与正常人相同的辨认控制能力,或者完全不具有辨认控制能力,则不能适用刑法第18条第3款的规定。最后,对限制辨认控制能力的犯罪人,只是可以从轻或减轻处罚,而不是应当从轻或者减轻处罚。因此,如果其实施的犯罪与辨认控制能力减弱具有直接关系,就得从轻或减轻处罚;如果没有联系,则可以不从轻或减轻处罚。

(二)醉酒

醉酒本是一种生理现象,和刑法无关,但是,醉酒引起酒精中毒,使醉酒者丧失了辨认、控制能力而实施了危害社会的行为的时候,醉酒就成为一个刑法问题,因此,刑法特地在第18条第4款中规定:"醉酒的人犯罪,应当负刑事责任。"

1. 病理性醉酒和生理性醉酒

醉酒是酒精中毒的俗称,分为生理性醉酒和病理性醉酒两种。现代医学与司法精神病学认为,生理性醉酒即普通醉酒不是精神病,在生理性醉酒的情况下,行为人还具有辨认、控制能力,所以对其实施的犯罪行为应当追究刑事责任;即使其辨认、控制能力有所减弱,但由于醉酒是一种恶习,也不得从轻或减轻处罚。所以,刑法规定,醉酒的人犯罪,应当负刑事责任。

病理性醉酒则属于精神病状态,多为通常并不饮酒或对酒精无耐受性者,或并存感染、过度疲劳、脑外伤、癫痫症者在偶尔饮酒之后发生。病理性醉酒人的行为紊乱、记忆缺失、出现意识障碍,并伴有幻觉、错觉、妄想等精神病状,且其行为通常具有攻击性。一般认为,病理性醉酒属于精神病,醉酒人完全丧失了辨认、控制能力,所以,首次病理性醉酒导致结果发生的,不能认定为犯罪。但在行为人明知自己有病理性醉酒的历史,预见到自己饮酒后会实施攻击行为,造成危害结果的情况下,借酒发疯,故意饮酒造成危害结果,或者由于饮酒过失导致危害结果的,则应当负刑事责任。[43]

2. 原因自由行为

刑法理论将上述"借酒发疯",即行为人故意或过失使自己陷入无辨认、控制能力的状态,然后又在该状态下实施刑法禁止的行为,造成危害结果的现象,称为"原因自由行为"。在原因自由行为的状态下,行为人实施危害行为造成危害结果时,是没有辨认、控制能力的,按照传统的"行为与责任同在原则"即责任能力和实行行为同时存在时才能构成犯罪的原则,本不构成犯罪;但是,当今的刑法学说并没有完全固守这一点,而是对其进行了一定的变通,即认为在存在自由意思支配下的原因行为(如醉酒行为),并具有作为该自由意思的体现的结果行为(如杀人行为)的时候,该结果行为无非是在责任能力状态下的意思实现过程。因此,在发生结果行为的时候,即便

---

[43] 高铭暄、马克昌主编:《刑法学》(第10版),北京大学出版社2022年版,第90页;冯军、肖中华主编:《刑法总论》(第3版),中国人民大学出版社2016年版,第215页。

行为人处于精神病状态,也能追究全部责任。[44]

我国的司法实践也认可了这一点。如在"陈某某故意杀人案"中,陈某某(丈夫)因饮酒致酒精依赖,长期酒后辱骂、殴打胡某某(妻子),在因经济压力及琐事与胡某某发生争吵时,坐在胡某某身上,用双手掐胡某某颈部,又将胡某某后脑往地上砸,致其机械性窒息当场死亡。对于该案,法院生效裁判认为,陈某某非法剥夺他人生命,致人死亡,其行为已构成故意杀人罪。陈某某案发时具有限定刑事责任能力,但该精神障碍系非病理性的自由行为饮酒所致,且陈某某存在长期酒后家暴行为,该案亦是陈某某单方过错引发,不宜认定为"家庭矛盾引发"而予从轻处罚,对陈某某判处死刑,缓期2年执行,剥夺政治权利终身。该案编者认为,酗酒、吸毒所致精神病变不必然减轻其刑事责任。对吸毒、醉酒等自陷型行为应采用"原因自由行为理论"予以评定。主动摄入行为是加害人的一种生理性依赖,施暴人明知自己极易酒后失控施暴,仍将自身陷于醉酒后的行为失控或意识模糊情境中,就应对施暴行为负责,且绝大多数情况下,主动摄入酒精、毒品或其他物质后,加害人实施家庭暴力的手段和程度都会加大,会给受害人带来更严重的后果。陈某某虽因酒精依赖导致大脑皮质器质性损伤,被评定为限定刑事责任能力,但该损伤系其自主选择所致,法院仍根据其全案情节,对其判处严刑。[45]

关于原因自由行为的处罚依据,国外理论上有多种说法。原因行为说将原因行为把握为危害行为,认为在原因自由行为的场合,因为行为人在实施原因行为时具有完全责任能力,因此也能够贯彻实行行为和责任能力同时存在的原则,从而能够对原因自由行为追究全部责任。关于原因行为的危害行为性的证明,其中"间接正犯类似说"认为,原因自由行为和间接正犯具有相同的构造。也就是说,间接正犯是将他人作为正犯而加以利用,与此相对,原因自由行为,是将自己的无责任能力状态作为道具而加以利用,因此,和间接正犯一样,将自己作为道具而加以利用的行为即原因设定行为就是被类型化了的危害行为。这样,就维持了责任能力和危害行为同时存在的原则。[46] 据此危害行为的范围被大大扩大。如在前面杀人的例子当中,行为人开始喝酒的时候,就是实行的着手,即便其在醉酒之后处于睡眠状态,也不得不当作杀人未遂罪处理。这种理解不仅与其所主张的重视行为的定型性的观点相矛盾,且开始喝酒就是杀人的着手的说法也不符合常理。同时,在行为人喝酒之后,并未陷入无责任能力状态,而只是陷入限制责任能力状态,在此状态中实施了杀人行为时,行为人还是有一定责任能力的,难以说是被自己利用的道具,对行为人只能适用刑法第18条第3款,对其"可以从轻或者减轻处罚"。但如此的话,岂不会导致喝多罚少,喝少罚多的结局吗?特别是在本想喝酒之后饮酒驾驶,但想到多喝点达到限制责任能力状态的话,还可以享受从宽处理的优惠,于是就开怀畅饮。这在刑事政策上也是有问题的。

正因如此,现有的多数说是"结果行为说"。该说将结果行为理解为危害行为,同时又认为,就责任谴责而言,并不一定要求行为人在危害行为的时点上具有完全的责任能力,以此来说明原因自由行为的可罚性。在此,原因自由行为,从形式上看,是危害行为和责任能力同时

---

[44] 马克昌主编:《犯罪通论》(第3版),武汉大学出版社1999年版,第282页。
[45] 根据2023年6月15日最高人民法院发布中国反家暴十大典型案例(2023)之案例1,陈某某故意杀人案——家庭暴力犯罪中,饮酒等自陷行为导致限制刑事责任能力的,应依法惩处。
[46] [日]西田典之:《日本刑法总论》(第2版),刘明祥、王昭武译,法律出版社2013年版,第257页。

存在原则的例外,责任谴责的时点可以追溯到原因行为时。问题是,为什么能够说"责任谴责并不一定要求行为人在危害行为的时点上具有完全的责任能力"呢?对此,代表性的见解即"同时存在原则实质化说"认为,结果行为当中也有实行的着手,仅仅追溯至责任的存在时期就够了。这种见解的根据是规范责任论,其认为责任是谴责可能性,是对有关行为的意思决定的否定评价,因此,危害行为时具有责任能力并不重要;危害行为受事前的责任能力所支配,或者可能受到支配的话,就能追究责任;将正犯行为和危害行为分离,正犯行为即原因行为时具有责任的话,就可以了。该见解放弃了"危害行为和责任的同时存在",但维持了"行为和责任的同时存在";主张从意思决定开始到危害行为发生、引起结果为止的人的态度被贯穿于同一个意思当中的时候,就将其理解为一个意思,在开始实施这个行为的时候具有责任能力的话,对于该行为就追究其全部责任。该见解由于将结果行为看作危害行为,因此对于原因行为说中第一个问题即饮酒就是杀人的着手的问题就不存在了;另外,只要行为人实施原因行为时具有完全责任能力,其之后的状态不管是无责任能力还是限定责任能力,都能追究其全部责任,因此也不会产生刑罚处罚上的不均衡问题。[47] 对于这种实质化说,批判意见认为,其忽视了责任能力中的"行动控制能力",责任能力,不是对行为的事前控制问题,而是对行为的同时控制问题。将从意思决定开始到实行行为为止的一连串经过整体上看作"一个行为",将其作为问责对象,存在很大的困难。[48]

就我国学术界的现状而言,有关原因自由行为要受到处罚的理由,通常是这样说明的:犯罪结果只有在具有责任能力状态下的意思决定所引起的场合,才有可能受到谴责。因此,在具有基于自由意思决定的原因行为,并具有作为该意思决定的实现的结果行为的时候,该结果行为无非就是责任能力状态下的意思决定的实现过程,因此,在发生结果行为的时候,即便行为人处于精神病状态,也能追究全部责任。[49] 据此,我国学界通常将原因自由行为分为以下两种情况加以讨论:(1)行为人在实施原因行为时,不仅对原因行为有认识,而且对于在原因状态下将要实施的结果行为也有认识。这就是所谓故意犯的原因自由行为的场合。如行为人为了杀人而喝酒,陷入丧失辨认、控制能力的病理性醉酒状态之后,实施了事前所设定的杀人行为的场合,就是如此。这种场合下,由于杀人的结果行为是行为人在实施醉酒的原因行为时所追求和计划的,因此,行为人对杀人结果必须承担故意杀人罪的全部责任。(2)行为人在实施原因行为时,应当预见到自己可能陷入丧失辨认、控制能力状态却没有预见到,或者已经预见到却轻信可以避免,结果在该状态下引起了危害结果。这是所谓过失犯的原因自由行为的场合。如大量饮酒之后可能陷入病理性醉酒状态而伤害他人的人,尽管过去有过类似情况却仍不注意,大量喝酒,结果陷入精神失常状态,造成他人死亡的场合,就是如此。这种场合下,即便行为人在杀人时没有责任能力,但由于该杀害结果是喝酒时的不注意造成的,因此也能构成过失致人死亡罪。

从本书的角度来看,原因自由行为的处罚依据,可以从行为危险现实化的角度即最终所发

---

[47] [日]山口厚:《刑法总论》(第3版),付立庆译,中国人民大学出版社2018年版,第272~273页。
[48] 以上内容,参见黎宏:《日本刑法精义》,法律出版社2008年版,第182~185页。
[49] 张明楷:《刑法学》(上)(第6版),法律出版社2021年,第405页;刘艳红主编:《刑法学》(上)(第3版),北京大学出版社2023年版,第141页;林亚刚:《刑法学教义(总论)》(第3版),北京大学出版社2017年版,第356页。

生的结果能否被评价为原因行为危险的现实体现来理解。原因自由行为中所讨论的核心问题,虽说是行为与责任不同时存在的场合,对该行为能否追究行为人的责任的问题,但反过来说,现实所发生的结果行为,能否看作行为人原因行为的危险现实化,在二者存在"原因行为中所蕴涵的法所不允许的危险在结果行为中变为了现实"的关系的场合,就可以说,最终所发生的结果行为是行为人将犯罪意思决定付诸实施的原因行为危险的现实体现,行为人必须对此结果承担全部责任。按照这种见解,就行为人意图在醉酒后杀人,并最终实现的场合,由于之后的杀人行为即结果行为可以说是行为人将在饮酒时点上所具有的故意杀人意思决定付诸实施的原因行为的现实化,因此,应排除刑法精神病条款的适用,成立故意杀人罪;就行为人意图醉酒后杀人,但最终是在半醉状态(限定责任能力状态)下杀人的场合,由于杀人的结果行为可以说是体现行为人先前的意思决定的原因行为的现实体现,因此,排除刑法限制责任能力人条款的适用,行为人成立故意杀人罪;就行为人意图醉酒驾驶而饮酒的场合而言,因为醉酒驾驶的决定是行为人在具有完全责任能力的饮酒行为即原因行为时所作出的,之后的醉酒驾驶行为可以说是该意思决定行为的实现,因此,也不用适用刑法限制责任能力人条款,不用减轻其刑。

(三)听说、视觉机能的丧失

一般来说,精神正常的人,其智力和知识随着年龄的增长而发展,达到一定年龄就开始具有刑事责任能力,成年就标志着刑事责任能力的完备。但是,人也可能由于重要的生理功能(如听能、语能、视能等)的丧失而影响其接受教育,影响其学习知识和开发智力,继而影响其刑法意义上的辨认或控制行为能力。因此,刑法第19条规定:"又聋又哑的人或者盲人犯罪,可以从轻、减轻或者免除处罚。"这就是我国刑法对生理功能缺陷者即聋哑人、盲人刑事责任的特殊规定。这一规定意味着:聋哑人、盲人实施刑法禁止的危害行为的,应当构成犯罪;但又可以从轻、减轻或免除处罚。

在适用本条时,应当注意以下两点:(1)本条的适用对象仅限于两类人:一是又聋又哑的人,即同时丧失听力和语言功能的人;二是盲人,即双目均丧失视力的人。因为,对于先天性聋哑、自幼聋哑与双目失明的人而言,生理功能缺陷限制其自幼受教育和参与社会活动的机会,使其辨认、控制能力低于一般人,所以,对其犯罪可以从轻、减轻或免除处罚。(2)正确适用对聋哑人、盲人犯罪"可以从轻、减轻或者免除处罚"的原则。对于聋哑人、盲人犯罪,原则上要从宽处罚;只有极少数情况,才可以不考虑从宽处罚。

第三节 犯罪故意

一、犯罪故意的概念和本质

(一)犯罪故意的概念

我国刑法第14条规定了故意犯罪的概念。故意犯罪与犯罪的故意密切相关,无后者就无前者,但两者并不是同一概念,后者是一种罪过心理,前者是这种罪过心理支配下实施的犯罪行为。根据刑法第14条的规定,所谓犯罪故意,就是指行为人明知自己的行为会发生危害社会的结果,并且希望或者放任这种结果发生的一种主观心理态度。

如村民某甲在村头自留地里所种的苹果经常被盗。他为了防止这种事情再次发生,就在地旁立了一块牌子,谎称苹果上撒有农药,请不要摘吃。但是,村里有小孩偷吃后,发现没有任何异常,于是照摘不误。某甲无奈,就真的在果树上撒药,并在村里发告示说明果树上喷有剧毒农药,偷吃发生人命事故的话,概不负责。某日,邻村的两个孩子路过某甲的果园时,摘吃树上的苹果,导致一死一伤。本案当中,某甲对于所发生的死亡结果的心态,就是间接故意。因为,从主观认识上看,他已经意识到在果树上喷洒剧毒农药,会发生偷摘者死亡的严重后果,而且从其以往的经验来看,发生这种结果的可能性极高,但其仍然实施该种行为,并最终引起了死人结果的发生,因此,尽管某甲在主观愿望上并不希望发生毒死人的结果,但他对自己行为可能会毒死人的结果有预见,并且放任了这种结果的发生,完全符合刑法第14条有关犯罪故意的规定。

(二)犯罪故意的本质

故意犯是敌视法秩序的最极端、最明显的表现。因为,只要对符合犯罪构成的客观事实有认识的话,一般人就有机会知道自己的行为是法律所不允许的,要直接面临法规范的拷问。简单地说,对于"杀人"有认识的行为人,就面临从刑法规范立场所提出来的"杀这个人可以吗?"的问题。刑法规范期待着行为人回答"不可以",并因此而放弃杀人。产生这种放弃犯罪行为的动机的过程就是所谓"形成反对动机"。尽管行为人具有实行犯罪行为的动机(行为动机),但是,刑法规范期待行为人打消该动机,形成放弃犯罪行为的新的动机(反对动机)。而当行为人辜负了这种期待,给出了"杀他也可以"的错误答案,并作出实施犯罪行为的意思决定的时候,对于该意思决定,刑法规范就对行为人作出"这样不行"的警告,并对其科处较重的责任谴责。这是作为刑法基本原则之一的责任原则的当然结论。按照责任原则,若没有和刑罚处罚效果匹配的应受谴责的主观事实,行为人就不能受到处罚。成立故意,原则上必须对符合构成要件的客观事实具有认识。我国也不例外,刑法第14条就是基于这种宗旨的规定。

二、犯罪故意的构成要素

按照刑法第14条的规定,犯罪故意由两个因素构成:一是认识因素,即明知自己的行为会发生危害社会的结果,其属于心理学上所讲的认识方面的因素;二是意志因素,即希望或放任该种危害结果的发生,其属于心理学上所讲的意志方面的因素。认识因素和意志因素是有机统一的关系,即任何犯罪的故意都必须同时存在认识因素与意志因素,同时,认识因素与意志因素必须存在内在关系。突出地表现为行为人所认识到的结果与希望或放任发生的结果必须是同一的,而且意志因素是以认识因素为前提的。如果发生认识错误,就可能影响故意的成立。

(一)认识因素

成立犯罪故意,行为人必须明知自己的行为会发生危害社会的结果,这是所有的故意犯罪在主观方面必须具备的特征。行为虽然在客观上会发生甚至已经发生了某种危害社会的结果,但他本人在行为时并不知情的,就不具有犯罪故意。因此,对自己行为可能引起的结果具有明知,是认定犯罪故意的关键。

如果说"故意"就是行为时,行为人对所预见的对象发生侵害法益的结果的"预见(预测)"的话,那么,在"行为时"就已经对现实所发生的具体结果有"认识"在理论上就是不可能的。因为,"认识"和"预测"不同。"认识"的是已经存在的事实,而"预测"的是将来会发生的事实。[50]

所谓故意,就是开始行为的时候(因而是结果发生之前)行为人脑海中所想的符合犯罪构成的事实的认识,在此,若行为人预定计划的第一行为和第二行为具有"一体性",能够评价为一个符合犯罪构成的事实,就可以说,存在从该种行为当中发生结果的认识。

关于犯罪故意的认识因素,应当明确以下两点。

1. 明知的范围

关于明知的范围,刑法第 14 条只概括地说是"自己的行为会发生危害社会的结果",但到底是什么程度和范围的危害结果,则没有具体说明。这样,在犯罪故意的认定上,就可能出现以下问题:(1)只要行为人认识到自己行为有害于社会,不管该危害的内容如何,都可以说行为人具有故意犯罪中的明知吗?如一流浪汉冬天将别人晒在外面的棉被(价值 100 元。棉被内还藏有 5000 元,但流浪汉并不知道,一般人也看不出来)偷走,后被失主发现,并将其扭送到派出所,要求追究其盗窃罪的刑事责任。这种场合下,能够追究流浪汉盗窃罪的刑事责任吗?或者民工偷摘路边的一个大院里种的葡萄,共摘了约两麻袋。事后,才知道他们偷的是某科研院所已经投入了 100 多万元所种下的实验品种即"天价葡萄"。这些民工是不是要就盗窃价值 100 多万元的葡萄的行为承担盗窃数额特别巨大的财物的刑事责任?换句话说,犯罪故意中的社会危害性的认识,和日常生活中所说的违反道德的认识以及违反一般法规的认识,是不是应当有所区别?(2)按照上述规定,行为人只有在"认识到自己的行为会发生危害社会的结果"的时候才能成立犯罪故意。但是,如果一个人不仅没有认识到自己的行为会危害社会,反而以为自己的行为有益于社会,在这种心理状态下,制造了危害社会的结果,该如何处理?如行为人本着为民除害、大义灭亲的动机,杀死自己忤逆不孝、横行乡里的儿子,能说行为人不但没有危害社会的认识,反而以为自己的行为有益于社会,所以不构成故意杀人罪吗?

应当说,上述问题完全从刑法第 14 条规定的字面意思来理解的话,是没有办法解决的。因为,按照刑法第 14 条的规定,行为人在知道自己的行为是杀人,但并不知道自己的行为具有社会危害性的情况下,是不能构成故意犯罪即故意杀人罪的。但现实的司法实践中,对于行为人误以为自己行为并不危害社会的所谓"大义灭亲"的行为却都是以故意杀人罪定罪量刑的。因为,生命是刑法所保护的最高利益,任何人包括自己的亲生父母也不得剥夺,这是现代社会最基本的观念。而且在现代法治社会,一般人也应当知道这种观念。从这种意义上看,大义灭

---

[50] 这里需要注意的是,在我国,除刑法总则第 14 条有关故意的规定中有"明知"一语之外,刑法分则中也有不少条文中规定有"明知",二者尽管用词一致,但含义不同。总则中的"明知",如刑法第 14 条所述,是对自己行为所可能导致的危害后果的"预见""预测",而分则中的"明知",正如"明知是宣扬恐怖主义、极端主义的图书、音频视频资料或者其他物品而非法持有"(刑法第 120 条之六)、"明知是伪造的货币而持有、使用"(刑法第 172 条)一样,不是对自己行为可能具有的后果的预测,而是对事态或者对象"清楚地知道或了解"。因此,成立刑法分则中的"明知",要求比总则中要高,是指"确切地知道",不应当包括"可能知道"。

亲的行为,不管其动机和出发点如何,都应当构成犯罪。可见,从字面意思理解刑法第 14 条的话,有缩小故意犯罪的处罚范围之嫌;同样,"危害社会的结果"是一个内容暧昧、外延模糊的概念。认识到盗窃他人价值 100 元的财物的行为和认识到盗窃他人价值 1 万元的财物的行为,概括地讲,都是对"自己的行为会发生危害社会的结果"有认识,但是,盗窃他人价值 100 元的财物的认识属于一般违法行为所要求的认识,而盗窃他人价值 1 万元的财物的认识则属于盗窃罪中的犯罪故意所要求的认识,二者在内涵和处罚后果上完全不同。如果说盗窃 100 元的认识和盗窃 1 万元的认识都是"危害社会的结果"的认识,则只要主观上出于盗窃 100 元的认识,客观上盗窃到了 1 万元的话,就要说行为人具有盗窃罪的故意,构成盗窃罪。但这种做法有客观论罪的嫌疑,会扩大犯罪故意的认定范围。

之所以出现上述问题,主要是因为"我国现行刑法将犯罪故意中的认识混同于一般危害性故意中的认识,从而将犯罪故意混同于一般危害性的故意"[51]。众所周知,"危害社会的结果"是一个相当宽泛且抽象的概念,社会危害性的判断,可以依据几乎所有的成文的或不成文的、明确的或者不明确的社会规范作出,因此,有关社会危害性的认识,其范围也必然是无限宽泛且难以确定的。

但是,从我国刑法规定的现状来看,刑法中所规定的犯罪主要是故意犯,而过失行为只是在法律有规定的情况之下才处罚;而且,从对故意犯的刑罚一般高出过失犯的事实来看,有关"危害社会的结果"的认识,不能仅限于一般程度的危害社会的认识,而必须是和该种刑罚效果相称的危害事实的认识,即值得处以该种刑罚的事实的认识。这种认识显然应当有一定范围的限制。

另外,从行为符合犯罪构成是行为人负刑事责任的唯一根据的立场来看,故意犯罪中的认识内容,也不应当是宽泛且没有限制的认识。如前所述,犯罪构成是刑法所规定的、说明某行为的社会危害性程度而为该行为成立犯罪所必要的各种主客观要件的有机统一,它表明了行为成立犯罪的规格和标准。犯罪构成的各个构成要件的意义在于,从不同角度、以不同方式反映行为的社会危害性,并且使犯罪构成整体所反映的社会危害性达到犯罪程度,是形式特征和实质特征的统一。作为犯罪构成的组成部分之一,犯罪构成主观责任要件也概莫能外。既然作为犯罪构成客观不法要件的危害行为和危害结果都必须达到一定程度,那么,作为其反映的认识内容就不能仅限于一般的危害社会的内容,而必须是达到行为人具有该种内容的认识的话,就表明其具有主观恶性深重,应当作为故意犯罪加以谴责程度的事实。从这种意义上讲,故意犯罪中的认识的内容,并不是一般意义上的社会危害性的认识,而是与故意犯罪的谴责程度相匹配的社会危害性的认识。

从这种问题意识出发,本书认为,应当对刑法第 14 条的内容作限定解释,即刑法第 14 条所规定的故意不是泛指一般的故意,而是指刑法分则所规定的某种犯罪的故意。对其内容,应当这样理解,即"明知自己的行为会发生刑法分则所规定的某种犯罪的危害结果,并且希望或者放任这种危害结果发生,因而构成该种犯罪的,是犯罪故意"。如此的话,则在上述盗窃他人棉被的场合,行为人因为没有认识到所盗财物达到了数额较大(以 2000 元以上为标准)的程度,

---

[51] 赵秉志主编:《刑法争议问题研究》(上卷),河南人民出版社 1996 年版,第 288 页。

所以不能说有盗窃罪的故意,而在盗窃天价葡萄案中,行为人或许有数额较大的认识,但很难说有盗窃"数额特别巨大"的财物的认识,因此不能承担盗窃"数额特别巨大"的财物的刑事责任;相反地,在"大义灭亲"的场合,"大义灭亲"的动机并不能掩盖对非法剥夺他人生命这种危害社会事实的认识,因此,行为人具有故意杀人罪的故意。[52]

2. 明知的内容

明知的内容,根据刑法第14条的规定,就是"自己的行为会发生危害社会的结果"。具体来说,其包括以下情形。

(1) 对客观事实的明知

行为人对危害结果要有认识。这里的危害结果,是指危害行为对犯罪客体即法益所造成的实际损害或者现实威胁,具体来说,就是广义的危害结果。以发生一定的损害结果为成立要件的结果犯的场合就不用说了,即便是在以引起危险结果为犯罪成立要件的危险犯的场合,也必须对可能引起的危险有认识和预见。因为,刑法规定是基于保护一定法益的目的而设立的,因此,犯罪故意中,所谓对危害结果的认识,永远包括对于法益侵害结果的认识,这一点是理所当然的。同时,从本书所主张的规范责任论的角度来看,行为人也只有在认识到自己的行为会发生危害社会的结果的时候,才有机会接受"这样做行吗?"的法规范的拷问,从而判断自己的行为妥当与否。在这种情况下,行为人还不打消违法行为的念头,仍然一意孤行实施该行为,就表明行为人主观恶性深重,具有作为故意犯加以谴责的必要。从此角度来看,将客体即刑法所保护的利益纳入犯罪构成客观不法要件的范畴,作为判断行为人是否具有犯罪故意的参照因素,是有其道理的。

但需要注意的是,结果加重犯中的加重结果不是故意的认识对象,正如在故意伤害致死罪中,对作为加重结果的"死亡"有认识,就要成立故意杀人罪一样,当行为人对结果加重犯中的加重结果有认识的时候,成立故意犯。当然,也有例外。如抢劫致人死亡的场合,即便行为人对该死亡结果有认识,也仍然只成立抢劫罪,只是加重处罚而已。

与危害结果相关的问题,是对"客观处罚条件"有无必要认识。所谓客观处罚条件,就是刑法中所规定的制约对行为的处罚,但和行为是否成立犯罪无关的要素。如日本刑法中的事前受贿罪,在行为人就即将担任的职务,接受请托、收受、索要或者约定贿赂的时候就可以构成,但是对其处罚,则只有在行为人"就任公务员或者仲裁人的时候"才能进行。其中,"就任公务员或者仲裁人的时候"就是客观处罚条件。德日刑法学的通说认为,客观处罚条件属于刑事政策的内容,独立于作为犯罪成立条件的构成要件符合性、违法性和有责性,不是故意、过失的认识对象。[53] 在我国现行刑法当中,作为一大特色的"情节严重"、"数额较大"或者"造成严重后果"之类的对犯罪的危害行为进行限制或者补充的要素随处可见,其是否属于故意的认识内

---

[52] 当然,如果从各种事实来看,行为人确实以为"大义灭亲"是一件并不违法的善举的话,就只能否定行为人具有杀人的故意。但在现代社会,这种情形基本上不太会有。因为,无论出于何种善意的杀人行为,只要不是国家基于法定程序而实施的,也不是正当防卫等合法行为,就都是为现代国家所绝对禁止的"私刑"。

[53] [德]汉斯·海因里希·耶赛克、托马斯·魏根特:《德国刑法教科书》(上),徐久生译,中国法制出版社2017年版,第747页;[日]大塚仁:《刑法概说(总论)》(第3版),冯军译,中国人民大学出版社2003年版,第439页;[日]大谷实:《刑法讲义总论》(新版第5版),黎宏、姚培培译,中国人民大学出版社2023年版,第150页。

容,理论上众说纷纭。受德国、日本的客观处罚条件说的影响,近年来,我国也有学者提出,上述要素属于所谓客观处罚条件,不是故意认识内容。[54]

但是,本书不同意上述见解。我国的犯罪构成体系当中,不可能有所谓客观处罚条件或者与其类似要素存在的空间。因为,我国刑法中的犯罪构成,是达到应当追究刑事责任或者说应当受到刑罚处罚程度的违法行为的类型(可罚的行为类型),是形式违法和实质违法的统一,行为符合犯罪构成,就意味着该行为无论是在客观要件还是主观责任要件上,都达到了成立该种犯罪所必要的、值得刑罚处罚的程度,而不可能出现行为在形式上符合了犯罪构成但在处罚上还要考虑其他条件的情形。[55]这是主张刑法第13条有关犯罪概念的规定是形式概念和实质概念的对立统一所得出的必然结论。从犯罪是应受刑罚处罚程度的社会危害行为的角度来看,所谓"客观的超过要素",作为和行为人的实行行为具有某种关系的结果,是表明该行为达到了应受处罚程度的具体体现,作为说明该行为达到了应当受到刑罚处罚程度社会危害性的标志,应当在行为人的认识或者应当认识的范围之内。因此,以下几种观点都是值得商榷的:

一是认为盗窃罪中的"数额较大"、滥用职权罪和玩忽职守罪当中的"致使公共财产、国家和人民利益遭受重大损失"之类的要件是独立于犯罪构成的客观要件,不属于行为人主观认识的内容,与确定行为人的故意或者过失没有关系,而仅仅表明了行为对法益的侵害程度。[56]因为,"数额较大"的财物被盗、"公共财产、国家和人民利益遭受重大损失"作为犯罪结果,分别是成立盗窃罪和滥用职权罪所必不可少的要件。没有引起这些结果,根本不可能说行为人的行为符合了盗窃罪和滥用职权罪的犯罪构成。既然如此,怎么可以说上述要件是独立于犯罪构成的客观要件呢?这种观点显然没有注意到上述犯罪之中,只有在行为引起了一定危害结果的场合,才能说符合了犯罪构成的客观要件的现实。而且,按照这种观点,会得出这样的结论来,如在行为人盗窃了一个价值300元的财物的场合,行为人的行为已经符合盗窃罪的客观要件,只是因为数量不够所以才不处罚,但这种结论显然是不符合我国刑法学中的犯罪构成论的基本原理的。

二是认为我国刑法第129条所规定的丢失枪支不报罪中,作为成立要件之一的"造成严重后果",是类似于德日刑法中所谓的客观处罚条件所说的事实。[57]

本书认为,在将"造成严重后果"等作为犯罪构成客观不法要件的时候,这种要件必须在行为人的认识或者推定认识的范围之内。按照刑法第14条的规定,这种认识不要求一定是确定的认识,也可以是一种可能的认识,因此,在行为人对于自己的行为所可能引起的严重后果,确实没有认识(预见)的时候,不构成故意犯罪。当然,如何判断行为人是不是具有该种认识,则需要具体分析。就丢失枪支不报告,造成严重后果的情形而言,通常来说,行为人对所可能发生的后果是有预见的。因为,这里的行为人不是一般人,而是依法配备公务用枪的人。这些人对于枪支的性能、使用规则、管理规则等都有充分的了解,因此,对于在丢失枪支之后不报告,

---

[54] 刘士心:《犯罪客观处罚条件刍议》,载《南开学报(哲学社会科学版)》2004年第1期;陆诗忠:《刍议"客观的处罚条件"之借鉴》,载《郑州大学学报(哲学社会科学版)》2004年第5期。
[55] 马克昌主编:《犯罪通论》(第3版),武汉大学出版社1999年版,第68页。
[56] 陈兴良:《规范刑法学(教学版)》(第3版),中国人民大学出版社2022年版,第97页。
[57] 张明楷、黎宏、周光权:《刑法新问题探究》,清华大学出版社2003年版,第57页。

可能会引起的严重后果,应当说是有充分认识的。只有在行为人提出反证,令人信服地说明,其对不报告行为所引起的后果,确实没有认识(预见)的时候,才可以说,行为人的行为不构成本罪。同样,就玩忽职守罪、违法发放贷款罪等犯罪而言,也必须如此考虑。这种考虑,和将上述要件作为"客观处罚条件"或者"客观的超过要素"的观点,在最终结论上,可能不会有太大差别,但是,这种思考方法更加合乎刑法规定,更加合乎责任原则,因此,更加合理、妥当。

成立故意犯罪,行为人对危害行为要有认识。犯罪是危害行为,但不是所有的危害行为都是犯罪,刑法只将那些特定形态的行为规定为犯罪。同时,在发生同样的危害结果的场合,所采取的行为方式不同,侵害法益程度的评价不相同,所构成的犯罪也不相同。如同样是故意剥夺他人生命的行为,就有伤害致死的行为和杀人的行为之分,所成立的犯罪也不相同;同样是获取他人财产的行为,也有抢劫、抢夺、盗窃、诈骗、侵占等之分,所成立的犯罪也完全迥异;同样是狩猎的行为,是否使用禁用的方法、工具,行为性质就不一样。因此,在犯罪故意的认识内容中,应当包括危害行为的形态。

成立故意犯罪,行为人对与行为的社会危害性大小有关的其他客观要件也必须有认识。如行为的时间、地点、行为人的身份等,如果是作为犯罪构成要件加以规定的,亦应属于认识内容。如非法狩猎罪,只有在行为人"违反狩猎法规,在禁猎区、禁猎期"进行狩猎才能构成。此处,"禁猎区、禁猎期"就成为认识对象。

至于危害行为和危害结果之间的因果关系是否在认识的范围之内,存在认为故意是对作为明知内容的构成要件事实的认识,因果关系属于犯罪构成的客观要件内容,理应在行为人的认识范围之内的肯定说,[58]和认为明知的内容应当包括法律所规定的构成某种故意犯罪所不可缺少的危害事实,即对行为本身、行为结果以及与危害行为和危害结果相联系的其他犯罪构成要件事实应有认识的否定说[59]之争。

应当说,无论是肯定说还是否定说,都有其不足。就肯定说而言,如在行为人意图将他人从桥上推下掉到水里淹死,但实际上,他人在掉下的过程中,头部撞到桥墩,引起脑颅内部出血而死的"桥墩案"中,结果发生的实际过程和行为人的预想不一致。如果说因果关系是故意的认识内容,对事实认识有错误,就要阻却故意的话,则本案就要排除行为人的故意,对于该死亡结果,行为人最多只能构成过失犯,连故意杀人未遂都不构成。因为,故意是行为人在行为时的认识,即便是杀人未遂,行为人也必须具有故意。但是,在"桥墩案"中,被害人不是掉水里淹死,就是在从桥上下落过程中,头部撞上桥墩而死,或者掉在坚硬的河滩上摔死,推人下桥的行为必定会引起死亡结果。如果说这种因果进程上的细微不同会导致行为人性质(有无故意)认定上的巨大差别的话,显然会导致众多的故意犯无法认定,产生处罚上的漏洞。同样,否定说也有问题。如被害人在桥上下落过程中,被岸边猎人发射的流弹命中("流弹案"),或者在行

---

[58] 李希慧主编:《刑法总论》,武汉大学出版社2008年版,第223页;陈兴良:《规范刑法学》(教学版)(第3版),中国人民大学出版社2022年版,第78页;齐文远主编:《刑法学》(第3版),北京大学出版社2016年版,第118页;刘艳红主编:《刑法学》(上)(第3版),北京大学出版社2023年版,第159页。

[59] 高铭暄、马克昌主编:《刑法学》(第10版),北京大学出版社2022年版,第104页;马克昌主编:《刑法》(第2版),高等教育出版社2010年版,第92页;贾宇主编:《中国刑法》(第2版),中国政法大学出版社2011年版,第88页。上述教材虽然没有明说,但均没有在"明知"的内容中,提到危害行为和危害结果的因果关系。

为人意图杀人但只是造成被害人轻伤,结果被害人在去医院途中遭遇车祸而死亡的场合("车祸案"),如果说因果关系不是故意的认识对象,则上述场合,均要认定为故意杀人既遂。但在致死结果为无法预料的第三人所引起的场合,也将该结果归责于前行为人,显然荒谬。

但从本书在责任论上所采用的规范责任论的立场来看,还是以支持肯定说为妥,即认为因果关系是犯罪构成客观不法要件要素,是犯罪故意的认识内容。只是,这里的"因果关系",是指因果关系的基本部分,即行为本身的危险性以及行为具有导致结果发生的高度可能性。换言之,行为人成立故意,必须对具体犯罪的因果关系有认识,但只要认识到行为本身的危险足以导致结果发生的高度危险即可,不要求行为人对因果关系进程的具体细节具有详细认识。按照刑法第14条的规定,行为人只要在行为时对自己的行为会导致危害社会的结果的高度可能性具有认识,就会面临"这样行吗"的规范拷问;如果面临这种拷问,产生了可能违法的意识却不放弃该违法行为,选择其他合法行为的话,就足以将行为人的行为作为故意犯罪进行最为严厉的谴责。至于其行为是如何引起危害社会结果的,即危害行为和危害结果之间的因果发展过程的具体细节,则没有必要详细追究。如在车辆来往频繁的马路上追杀他人,他人在躲避追杀过程中被汽车撞死的场合,行为人即便没有认识到被害人最终死于他人的车轮之下,而不是自己的刀下,这种程序的细微差别也并不足以否定行为人的杀人故意。因为,行为人在车辆较多的马路边挥刀追杀他人,极有可能导致他人不是被自己杀死就是被汽车撞死的结果,这是包括行为人在内的一般人都会预料到的。如此说来,危害结果和行为之间的因果关系是故意的认识对象。在行为人对因果关系发展过程没有认识的场合,只要具有危害行为,而且也引起了行为人所追求的结果,即便行为人的认识和现实发生的结果不一致,但只要行为本身具有危险性以及行为具有导致结果发生的高度可能性,就可以说行为人对因果关系有认识,不排除故意。如此说来,上述桥墩案中,虽然结果发生的实际过程和行为人的预想稍有出入,但这种不一致和行为人当初所预想的因果经过并没有太大差别,仍然可以归因于行为人的实行行为,换言之,这种不一致仍在推人下桥的实行行为危险所可能导致的危害结果的范围之内,不影响故意的成立。[60]

存在争议的是行为人向无辜的他人A开枪射击,没有命中A,而是打中了A脚下不知是谁在什么时候掩埋的地雷,引起爆炸,导致A身亡的"地雷案"。按照认为因果关系不是故意的认识对象的否定说,上述案件,行为人至少构成故意杀人未遂。相反地,肯定论者或许会说,因为发生了因果关系错误,所以,上述场合成立过失致人死亡罪。但从本书的立场来看,并不会得出这种结论。因为,这种场合,实际上是属于有介入因素的因果关系的场合。A脚下所埋地雷爆炸的事实,阻止了行为人的开枪行为和A死亡结果的因果关系。也就是说,A之死不是行为人的开枪行为导致的,而是作为介入因素的地雷爆炸引起的,在包括行为人在内的任何人都不

---

[60] 现实中,从学者的叙述来看,因果关系错误不要说和必要说并没有本质上的差别。持必要说的学者虽然主张,因果关系是故意的认识对象,但其也主张,行为人只要对因果关系的基本部分,即行为本身的危险性以及行为具有导致结果发生的高度可能性有认识即可,不要求行为人对因果关系的具体进程有认识。参见付立庆:《刑法总论》,法律出版社2020年版,第196页。相反地,不要说的学者也认为,行为人必须认识到自己的行为通常会导致危害结果的发生,只是不要求认识到具体的因果进程而已。参见张明楷:《刑法学》(上)(第6版),法律出版社2021年版,第339页。如此说来,二者的差别仅仅在于对"因果关系的基本部分""因果关系的具体进程"的理解不同而已。

知道 A 脚下有地雷的场合,也不能说该爆炸并非开枪行为所必然引起的,即难以将其评价为开枪行为的伴随状态,故行为人的开枪行为和 A 的死亡结果并不具有刑法上的因果关系,行为人只能构成故意杀人罪的未遂犯。

关于因果关系错误问题,必须说明以下几点:

首先,因果关系错误是为了解决因果关系理论中的限制条件说以及客观因果关系说在因果关系的范围上认定过广,让行为人对一些罕见的偶然结果也要承担既遂犯刑事责任的问题而提出的概念,是试图将在客观违法阶段难以解决的问题转移至主观责任阶段加以解决的尝试。但毋庸讳言,这种试图通过因果关系错误的解决方式,有一定难度和风险,会加重责任判断阶段的负担,导致违法判断与责任判断的失衡。因为,故意或者过失是涉及行为人内心的主观因素,深藏于行为人的内心,其认定只能依靠行为人的口供或者其他客观证据推定,不可避免地具有随意性,因此,将本来应当在客观违法阶段通过因果关系解决的既遂犯的处罚范围问题,通过将因果关系转变为因果关系错误的方式,转移至责任阶段解决的做法,在方法论上是否可行,值得怀疑。正因如此,相当因果关系说(客观的相当因果关系说除外)以及客观归责理论并不认可因果关系错误概念,仍然试图在客观层面,通过对因果关系有无的判断来限定既遂犯的处罚范围。这种做法,有其道理。

其次,在客观层面限定既遂犯的处罚范围的尝试,已经成为当今的主流。从客观层面限定既遂犯的处罚范围的方式主要有两种:一种是相当因果关系说的方式。其对因果关系的判断基础和判断标准加以限定,即将判断基础限定于一般人(也有将行为人所特别认识的事实纳入其中)能够认识、预见的事实,将判断标准限定于(科学的)一般人的经验法则。但这种见解的问题是,客观的相当因果关系说在结论上和条件说相差无几,最终不得不认可因果关系错误理论;而折中的相当因果关系说,将因果关系的判断基础付诸一般人或者行为人所特别认识的事实,表面上看似乎客观,但一般人在行为时认识的事实和事后查明的全部事实是两个概念,加之用以作为标准的"一般人"概念本身模糊不清,因此,虽然采用了一般人标准,但仍然难逃因果关系主观化的质疑。另一种是客观归责的方式。这种方式将判断重心置于实行行为,即行为人创制了法所不允许的危险时,只要能够肯定现实发生的结果就是这种行为危险的现实化,且该结果没有超出构成要件的保护范围,就可以说,该结果和行为具有可归责的关系即因果关系,行为人对该结果必须担责,成立既遂犯;反之,就成立未遂犯。

最后,在客观归责的方式之下,因果关系错误概念没有存在的必要。因果关系错误概念,主要是为了解决诸如出于杀人故意将被害人的胳膊用刀划成轻伤,不料被害人是血友病患者,血流不止,以致身亡的之类的案件(血友病案)中,行为时存在罕见的隐性病等事实的责任归属问题。这种场合,按照客观的相当因果关系说或者说条件说,由于将被害人为血友病患者之类的事实也列入了因果关系判断基础,因此,能够肯定行为和结果之间的因果关系。理由是,让被害人承担该种病因风险,或将"导致刑法规范的保护,在特殊病患和普通人之间区别对待"[61],或者"让被害人承担结果归属,不公平"[62]。上述见解的骨子当中,或许具有对身患残

---

[61] [日]井田良:《犯罪论的现状与目的行为论》,成文堂 1995 年版,第 92 页。
[62] [日]佐伯仁志:《刑法总论的思之道·乐之道》,有斐阁 2013 年版,第 76 页。

疾的病人或者身体障碍者的人道考量,但作为刑法上的结果归属的判断标准,还是欠缺说服力。因果关系的判断,不能以损害负担是否公平的民法观念为基础,而应当从因果关系的客观性出发,以现实结果是否为行为危险的现实体现为标准来判断。另外,因果关系错误论者还有一个顾虑,即在构成要件结果提前实现的场合,如果不使用因果关系错误概念的话,就无法得出妥当结论。[63] 但这种担心是多余的。若因果关系是危害行为和构成要件结果之间的引起和被引起的关系,则只要重点考虑危害行为,便能妥当地解决这一问题。如在妻子调制好有毒牛奶放在厨房灶台上,准备在丈夫下班后递给他服下,不料丈夫提前下班,自己走进厨房一饮而尽,以致身亡的"杀夫案"中,从现象上看,现实发生的杀人经过和妻子的预料不一致。但是,如果说妻子调制有毒牛奶放在厨房的行为尚未达到"着手"即故意杀人罪的实行行为的程度,则可以说,行为人的行为只能构成故意杀人预备罪,对于所发生的结果最多只能构成过失致人死亡罪,不需要以因果关系错误概念来阻却妻子对死亡结果的故意。如此说来,只要在因果关系的判断上处理得当,不用因果关系错误概念,也足以解决现实发生的因果经过和行为人的主观预计不一致所带来的问题。

(2)对排除社会危害性事由的明知

成立故意,行为人对于其行为不属于排除社会危害性事由即正当防卫、紧急避险等也必须具有认识。如在行为人遭到他人围殴、正在紧张对峙的时候,误以为从背后拍他肩膀的便衣警察是对方同伙而将其刺死的场合,就难以说行为人具有犯罪故意。本案中,尽管行为人对杀人的事实有认识,但他当时以为所杀死的是一个正在对其进行加害、人皆可杀的人,自己的行为属于法律允许的正当防卫,而非危害社会的行为。既然行为人没有认识到自己的行为会引起危害社会的结果,则其当然就没有故意了。

本来,在故意的认识内容上,没有单独讨论"对排除社会危害性事由的明知"的必要。因为,既然说故意的认识内容首先是危害行为和危害结果,自然就会将正当防卫、紧急避险等法律允许的行为排除在危害行为和危害结果的范围之外。也就是说,肯定正当防卫等排除社会危害性事由,不属于会引起"危害社会结果"的"行为"。但由于我国刑法学说在进行相关叙述的时候,大多没有意识到犯罪构成是形式和实质的统一,将犯罪构成和正当防卫等排除社会危害性事由当作两个不同的内容分开来论,在对故意认识内容进行探讨时,通常不涉及正当防卫等排除社会危害性事由,所以,给人留下在故意认识对象的分析上,可以不考虑正当防卫、紧急避险等排除社会危害性内容的错误印象。

更为重要的是,在故意的认识内容当中是否要包括对排除社会危害性事由的明知,是在犯罪构成上采用"三阶层体系"还是"二阶层体系"的一个重要不同。就二阶层体系论而言,行为人所认识的事实,由于必须是"危害社会的事实",既要求其形式上符合犯罪构成要件,又要求其实质上危害社会,因此,自然要求对该行为不是排除社会危害性事由的一点具有认识,否则就不能说具有故意。但是,按照三阶层体系论,成立故意只要求行为人对形式上符合犯罪构成的事实有认识就足够了,而不要求认识到行为不属于排除社会危害性事由,就上述案例而言,既然行为人已经认识到自己是在杀一个人,那么就可以肯定行为人具有犯罪故意。但在二阶

---

[63] [日]山口厚:《刑法总论》,付立庆译,中国人民大学出版社2018年版,第231页。

层体系论之下,上述案件中的行为人不能说具有故意,最多只能说具有过失。

(3)对违法性的明知

在故意的认识要素即"明知"的对象当中,是否包括违法性的认识,理论上存在严重对立。通说是否定说,认为成立故意,不要求行为人明知行为以及结果的刑事违法性。[64] 相反地,少数说即肯定说认为,违法性认识应当成为犯罪故意的认识内容。[65]

上述两说的差别实际上并不大。尽管否定说声称,违法性认识不是犯罪故意的认识内容,但其所说的违法性认识是指行为为刑法所不允许意义上的"刑事违法性的认识",而为民法、行政法等所不允许意义上的一般违法性认识还是必要的。[66] 可见,否定说也并不否认成立故意的场合,行为人必须具有违法性的认识,只是在程度上比肯定说要求要低。如此说来,关于违法性认识,我国学界的一致见解是,一般意义上的违法性认识还是必要的,只是不要求认识达到违反刑法的程度而已。

本书认为,在罪刑法定原则之下,上述观点是值得商榷的,成立犯罪故意,行为人必须认识到行为及其后果可能违反刑法,即必须具有刑事违法性的认识。

罪刑法定原则的基本要求是:什么样的行为是犯罪,对该行为应当予以什么样的处罚,不仅在事先要在刑法中加以规定,而且还必须是有明确的规定(明确性要求),以使公民能事先预测自己行为的后果。罪刑法定原则的这一要求,集中体现在犯罪构成的规定当中。如前所述,犯罪构成是刑法所规定的、说明某行为的社会危害性程度而为该行为成立犯罪所必需的各种主客观要件的有机统一,它是行为成立犯罪的规格和标准。犯罪构成的各个要件,能够从不同角度、以不同方式反映行为的社会危害性,并且使其整体达到犯罪程度,是形式特征和实质特征的统一。作为犯罪构成的组成部分之一,主观责任要件也莫能例外。既然是故意犯罪,那么,其认识内容也不应仅仅达到一般意义上的"社会危害性"或者"违反法律"的程度,而是必须要求行为人在主观上背离刑法规范已经达到了和犯罪构成客观不法要件并驾齐驱,从而为该行为成立某具体犯罪所必要的主观认识程度。从这种意义上讲,故意犯罪中的认识的内容,并不是一般意义上的"社会危害性"或者"违法"的认识,而必须是达到成立故意犯罪即可能违反刑法的程度。

同时,刑事违法性的认识要求,不会成为犯罪人逃避刑事责任的借口。虽然从法律规定的角度来看,行为人是不是具有违法性认识,要以行为人实际认识的事实为对象判断,但是,行为人对该事实性质是不是有认识,则必须从一般人的立场来加以判断。换句话说,行为人有无违法性的认识,是由司法机关根据行为人所交代的行为当时的具体情况,结合行为人的年龄、经历、经验等客观事实来加以认定的,而不是完全依靠行为人自己的陈述。这一点和过失犯罪中判断行为人是否具有预见能力是完全一样的。同时,违法性认识的要求反而使行为人更难逃

---

[64] 高铭暄、马克昌主编:《刑法学》(第10版),北京大学出版社2022年版,第104页;马克昌主编:《犯罪通论》(第3版),武汉大学出版社1999年版,第332页。

[65] 马松建、史卫忠主编:《刑法理论与司法认定问题研究》,中国检察出版社2001年版,第174页;林亚刚:《刑法学教义(总论)》,北京大学出版社2014年版,第215页。

[66] 中国法学会刑法学研究会组织编写:《全国刑法硕士论文荟萃(1981届—1988届)》,中国人民公安大学出版社1989年版,第223页;阮齐林:《刑法学》(第3版),中国政法大学出版社2011年版,第100页。

脱法律制裁。因为，内容抽象的社会危害性认识是一个饱含道德内容的概念，对于"大义灭亲"的"激情犯"或者政治、宗教上的"确信犯"而言，很难说其意识到了自己的行为对社会有害。但是，如果以"违法性认识"这种法律概念来替代的话，就比较容易解决这种问题。在上述犯罪的场合，行为人可以说在道义或者意识形态上没有危害社会的意识，但是，却很难说没有意识到违反了现实的法律规范。如由于政治或者宗教方面的原因而实施犯罪行为的人，尽管相信自己在道义上是正确的，但很难说他没有意识到自己的行为违法。

需要说明的是，在犯罪故意的认定上，行为人虽然必须具有可能违反刑法的认识，但没有必要将其作为一个独立要素加以列举。实际上，违法性认识只是对刑法第14条中含义模糊的"社会危害性认识"的一个限定而已，而不是和危害行为、危害结果等并列的认识对象。因此，在其认定上，只要根据"原则与例外"的认识方法加以判断就可以了。也就是说，原则上，行为人只要对构成犯罪的事实有认识，就可以说，其具有违法性的认识。只有在极为例外的情况下，才可能出现事实认识和违法性认识脱节的情形。这时候，可以根据行为人当时所处的环境等具体事实，来判断其是否确实不具有违法性意识。因为，实际上，在判断有无作为故意的认识对象的危害行为和危害结果的时候，无论如何都不可能撇开有无社会危害性的认识即违法性认识的判断。

如前所述，传统刑法理论认为，作为犯罪构成要件的要素，大体上可以分为两大类：一类是所谓记述要素，即根据约定俗成的一般观念就能断定，而不需要经过法官的价值判断就能认识的要素，如故意杀人罪中，作为对象的"人"，作为行为的"杀"，以及作为行为主体的"的"，就是如此。另一类是所谓规范要素，是指在其存在与否的认定上，必须经过法官的价值评判才能确定的要素。如"他人财物""为了国家、社会利益""淫秽""毁坏名誉"等，就是如此。一般认为，前者不需要经过实质判断就能认定，而后者则需要经过实质判断才能认定。但从刑法规范的立场来讲，即便是所谓的记述要素，也并非单纯的赤裸裸的事实，而是包含了一定的社会性意义的事实。如就故意杀人罪而言，作为保护对象的"人"，并不仅是"张三或者李四"，而是"生命受法律保护的活着的张三或者李四"。如果是正在实施紧急不法侵害的张三或者李四，则其不能成为故意杀人罪的对象；作为行为的"杀"，并不仅是"挥刀向人头部砍去"的动作，还必须是属于一般人所说的"杀人"行为，在行为人采取单纯不为救助他人所必要的手段的时候，这种不作为是不是能看作"杀"，需要从行为人的义务等多方面进行考虑；作为行为主体的"的"即人，并不仅是"甲或者乙"这样一些抽象的人，而应当是"已经成年、精神正常的甲或者乙"之类的具体的人。如果是精神病人，或者是正在执行命令的法警或者正在实施正当防卫的人的话，很难说其是故意杀人罪的主体。

总之，在认定犯罪故意的时候，脱离了社会性意义即违法性的判断，是无法认定作为故意认识对象的行为和结果的。因此，将作为认识对象的行为和结果与限定该行为和结果的性质的社会危害性分割开来分别判断，是行不通的。而且，就司法实践的实际情况来看，在说行为人对结果和行为具有认识的时候，实际上就已经对社会危害性即违法性的认识进行了判断。说行为人对自己的行为和结果有认识但没有犯罪故意的情况几乎不存在。当然，这样说并不表示行为人对于结果和行为有认识，但对其性质没有认识的情况完全不存在，这种情况有但罕见，只需要将其作为例外情况，在错误论当中加以个别认定就可以了，而没有必要因为存在这种极为罕见的情形,就改变犯罪故意的认定原则,将社会危害性即违法性的认识作为一道程序,在每个犯罪故意中都进行考虑。

就对事实的"明知"程度而言,只要具有可能性的认识就够了。在行为人实际动手实施犯罪行为之前,结果的发生仅处于可能的状态,因此,所谓"明知",实际上是一种预测、预见。也就是说,只要预见到自己的行为可能发生违反刑法的结果即可。

(4) 行政犯的认识问题

我国刑法分则当中,有不少犯罪以违反相关行政法规或者国家规定为前提。如刑法第142条之一规定的"妨害药品管理罪"以"违反药品管理法规"为前提,第225条规定的非法经营罪以"违反国家规定"为前提,第327条规定的非法出售、私赠文物藏品罪以"违反文物保护法规"为前提。实践中也经常出现行为人在无证采集某野生兰花之后,以不知该兰花被规定在《国家重点野生保护植物名录》之中,或者醉酒之后驾驶超标电动自行车被查,后以不知道超标电动自行车属于"机动车"为由而自辩没有故意(或者没有责任)的案件。由此而来的问题是,此类犯罪的故意的认识要素当中,是不是要求行为人必须认识到自己的行为违反该相关行政犯的规定?

对此,学说上主要有两种见解:一种见解是"故意说",其认为成立犯罪故意,行为人必须认识到行为及其后果可能违反刑法,即必须具有刑事违法性的认识,意图将违法性认识错误纳入规范化的故意中统一处理。据此,该见解认为行为人只有具备对相关前置行政法律规范的认识才能具备相关行政犯的犯罪故意,当行为人主观上缺少对该类规范的认识,即存在行政违法性认识错误时,意味着缺乏对于构成要件的认识,应当否定犯罪故意。[67] 另一种见解是所谓"责任说",认为违法性认识是独立于故意的,是与故意、过失并列的一项独立要素。行为人欠缺违法性认识不影响故意的成立,只会对罪责产生影响。当违法性认识错误具有避免可能性时,行为人仍应以故意犯论处,但可以从轻、减轻处罚;当违法性认识错误不可避免时,行为人因责任阻却而无罪。责任说认为,这样理解能够避免故意说动辄对当事人以没有违法性意识,不知道法律规定为由而要求免责的轻纵。[68]

从本书所提倡的违法性认识即社会危害性的认识是故意的认识对象的角度来看,还是故意说妥当,即在我国刑法的规定之下,即便是所谓行政犯的场合,行为人也必须对自己的行为违反相关行政法规具有认识。理由如下:一方面,责任说的理解不符合我国现行刑法的规定。首先,和国外刑法(如《日本刑法》第38条第3款、《德国刑法典》第17条)明文规定违法性意识不影响犯罪故意之成立,只能免责或者影响罪责的做法不同,我国刑法中不仅没有类似规定,反而在刑法第14条明文规定,明知自己的行为会发生危害社会的结果而希望或者放任该结果发生的场合,就有故意。换言之,违法性认识影响的是故意而不是责任。其次,主张责任说的理由之一是,行政法的内容原则上属于价值中立的规定(法定犯),不同于刑法所规定的一般为违背伦理道德的犯罪(伦理犯)。在行为人对于自己的行为是否违反行政法规并无认识的情况

---

[67] 马春晓:《行政违法性认识错误的性质与处理规则》,载《中国法学》2023年第6期。
[68] 黎宏:《刑法总论问题思考》,中国人民大学出版社2007年版,第251页;陈璇:《责任原则、预防政策与违法性认识》,载《清华法学》2018年第5期。

下,就论以故意犯罪,难免处罚过重。但是,这种观点值得商榷。如前所说,行政犯或者说法定犯与自然犯或者说伦理犯之间的区别,并没有想象的那么大。事实上,很多行政犯,如在野生动植物保护的立法背景当中,就有物种多样化对人类的生存而言具有重大利益的考虑,并非纯粹因为法律强加规定而无实质利害关系(法益衡量)为基础的犯罪,即行政犯所规定的禁止内容,并不完全在价值上中立。[69] 因此,以行政犯的场合,行为人难以有违法性的认识为由,主张责任说是没有道理的。另一方面,现代社会中传媒发达,各种立法所禁止或者命令的行为,特别是和人们日常生活密切相关的法律规定,事先都会广泛宣传(如醉驾入刑等)。因此,人们即便不知道相关法律的具体细节,但是对于相关法律的主要内容多少会了解。况且在现代社会中的法律,包括行政法规在内,其内容多半是日常生活经验的总结,只要是逾越日常生活经验的行为,行为人多半会有可能违法的意识,特别可能构成行政犯的多数是相关行业的从业人员,这些人事先都必须通过培训甚至考试,才能取得执业资格(专业驾驶人员就不用说了,即便是普通人开车,事先也必须通过交通规则考试,取得驾照)。[70] 因此,以违反行政法规的行为,违法性难以为一般人所认识为由,只能免责的见解,既没有道理,也没有法律依据。特别是,现实中,很多所谓没有违法性认识的案件,都是媒体炒作出来的,并不符合实情。就曾经在我国广泛引起争议的所谓"大学生掏鸟窝被判10年"的案件中,很多人为该大学生鸣不平。但事后,根据法院等相关部门的调查,事情好像并没有那么简单。相关部门的调查资料显示,该大学生其实是一个鸟类爱好者,对各种鸟类了如指掌,经常发信息收购各种鸟类,包括各种鹰隼等珍稀保护动物,并转手进行高价售卖。除了该次案件涉及的燕隼,其还涉嫌购买国家二级保护动物凤头苍鹰,还非法饲养过包括鹰雕、苍鹰、雀鹰等在内的很多猛禽。除此之外,其还自己非法制作气枪,用来捕获野生动物。因此,过于强调行政犯与一般犯罪的差别,以行为人不知道也不可能知道自己的行为违反行政法规为由,为以违反行政法规为前提的所谓行政犯开脱,对于法治社会的建设和刑法的适用而言,并不是一件好事。

当然,在某些特殊情况下,从行为人自身的文化程度、知识水平以及行为当时的特殊场景和各种情况来看,行为人虽然对事实具有认识,但这种认识没有达到让其产生危害社会意识的程度的话,可以说行为人存在事实认识错误,排除故意。在刑法第14条的规定之下,完全没有必要以德国、日本具有法律依据的"责任说"来处理我国的类似案件。

(二)意志因素

犯罪故意,以行为人明知自己的行为会发生危害社会的结果的时候,尽管具有选择实施合法行为的机会,却仍然实施该种行为的主观意思为本质。因此,构成犯罪故意,行为人仅有对危害行为及其结果的认识还不够,还必须具有意志要素,即具有实现所认识内容的追求和意愿。

关于犯罪故意的意志因素,我国刑法第14条规定为"希望或者放任这种结果发生"。通说

---

[69] 黄荣坚:《基础刑法学》(上)(第4版),台北,元照出版有限公司2012年版,第439页。
[70] 如就超标电动自行车是否为机动车存在争议的案件而言,根据《道路交通安全法》第119条的规定,凡是以动力装置驱动或者牵引,上道路行驶的供人员乘用或者用于运送物品以及进行工程专项作业的轮式车辆都是"机动车"。电动自行车以电力马达作为驱动装置,属于"机动车"。依照《道路交通安全法》第11条,机动车应当上牌行驶。在上牌时驾驶员都会接受相关交通安全法规的提醒或者教育。

认为,所谓"希望",就是对危害结果的发生抱着一种积极追求的心理态度;所谓"放任",就是对危害结果的发生,抱着一种既不是希望也不是不希望,而是听之任之、漠然置之、满不在乎的无所谓态度。这种描述给人的感觉是,意志因素是一种纯粹的主观情绪的要素,和认识因素能够通过证据证实或者根据客观事实来推定完全不同。但是,作为认定故意犯罪的重要因素的"意志因素"如果如此不确定、如此情绪化的话,也是一件很可怕的事情。实际上,在做某一件事情的时候,即便行为人心里非常不情愿,但只要其还是做了,甚至是骂骂咧咧地做了,也能说做这件事情并不违反其本意。现实生活中,"言语上抗拒,行动上顺从"的现象极为常见,这是典型的心口不一的体现。事实上,身体语言是他人了解行为人的真正意愿,甚至是行为人自己也不了解的自己意愿的最好手段。行为人最后付诸行动的,就是其整体考量之后的选择。[71] 因此,在意志因素的考量上,绝对不能只是从行为人的言语或者心境来判断,而应当从其实际行动上加以判断。从此意义上讲,就犯罪故意中的意志因素而言,即便其是情绪性的心理要素,也还是要从客观上加以判断。只要行为人已经认识到其行为有可能造成危害社会的结果,而不加制止,就可以说,其对最终所发生的危害结果,具有意志因素,即希望或者放任其发生的态度。换言之,有无意志因素的判断,以行为人对自己的行为会引起危害社会的结果有明知即认识,但没有打消实施该行为的念头为准,而不需要另外经过特殊程序。

我国刑法第14条所规定的意志因素的两种表现,即"希望或者放任这种结果发生"的态度,实际上概括了犯罪故意的意志要素的全部内容,而且也将行为人的意志要素的射程放得很宽。按照这种规定,首先,在认识或者预见到自己的行为大概率会发生危害社会的结果而希望或者追求该结果发生的场合,成立故意。如在行为人认识到开枪就会射中对方,剥夺其生命,但这正是自己所希望看到的结果的场合,行为人具有犯罪故意。其次,在认识或者预见到实施某种行为一定会发生某种危害社会的结果,虽然并不追求该结果发生,但行为人并没有打消实施行为的念头,而是采取听之任之、发生了也无所谓的态度的场合,也还是成立故意。如认识到开枪打熊的话有可能伤害到旁边的人,但仍然开枪的场合,就可以说行为人具有犯罪故意;同样,在丈夫已经意识到,在妻子的饮料中放毒的话,极有可能连带毒死妻子疼爱的孩子,但他杀妻心切,还是在妻子常喝的饮料里投毒,妻子和孩子一同饮用该饮料之后,孩子身亡的场合,也是如此。再次,在认识或者预见到自己的行为不一定会发生危害社会的结果,即对是否会发生危害社会的结果没有确切认识,但仍然希望或者追求该结果发生的场合,成立故意。如行为人基于致人死亡的目的而开枪,虽然行为人并不确定自己的枪法有多准确,但只要其认识当中,不排除有射中被害人的可能性,就能认定行为人具有杀人故意;同样,远处一闪而过的影子到底是人(张三)还是熊,尚不十分确定,但行为人由于杀人(张三)心切而开枪,结果真的打死了意图杀死的人(张三)的场合,行为人具有杀人的故意。最后,行为人对所实施的危害行为有认识,但对是否发生危害社会的结果没有确切把握,也不希望结果发生的时候,可以考虑为过失。如学过驾驶但没有考过驾驶证的人驾车上路的场合,虽然行为人明知自己无证上路的行为是一个危险行为,并且也不希望发生交通肇事结果,但不幸的是,最终还是将一名横穿马路的行人撞死的场合,不能说因为行为人已经认识到其无证上路行为的危险,并且这种危险最终

---

[71] 黄荣坚:《基础刑法学》(上)(第4版),台北,元照出版有限公司2012年版,第452页。

也变为了现实,就马上断定行为人对该结果具有犯罪故意。因为,按照刑法第14条的规定,行为人是不是具有犯罪故意,关键还是取决于其对行为可能造成的结果的认识。在行为具有可能发生结果,也可能不发生结果的风险的场合,是不是构成故意,考察的重心应当是看行为人对于结果的意愿。积极追究或者希望的场合,成立故意,否则,就只能认定为过失。

(三)认识因素与意志因素的关系

认识因素与意志因素是构成犯罪故意的必备要素,二者共同体现行为人的违反规范的意思及其程度乃至主观恶性,但这两者对构成犯罪故意的作用是不同的。认识因素是意志因素存在的前提与基础,行为人对危害结果的希望和放任的心理态度,是建立在对行为及其结果的危害性具有认识的基础之上的,唯有基于这种认识,才谈得上对危害结果的发生是持希望还是放任的态度,才会在持希望心理态度时确定行为的步骤和方法,并直接支配行为。相反地,意志因素是认识因素的发展,如果行为人仅有认识因素而没有意志因素,即主观上既不希望也没有放任危害结果发生的意志的话,从理论上讲,也不存在犯罪故意,因此,二者的作用似乎是相同的。但是,从实际认定来看,既然行为人已经认识到自己的行为会发生危害社会的结果,有机会面临"这样做行吗"的规范拷问,但仍然没有打消自己的行为念头,而听任行为继续发展,就可以说,行为人希望或者放任了危害结果的发展,以实际行动表达了其希望结果发生的态度,故成立犯罪故意。质言之,犯罪故意,实际上以行为人对犯罪事实的认识、预见为要件。

三、犯罪故意的种类

犯罪故意的主观心理态度,可以从不同角度进行分类。

(一)直接故意和间接故意

这是按照行为人对危害结果所持的心理态度即故意的意志因素的不同而进行的分类。

所谓直接故意,是指行为人明知自己的行为可能发生危害社会的结果,并且希望这种结果发生的心理态度。如甲想杀死乙,用枪顶在乙的脑门上射击的场合,就可以说行为人具有直接故意。因为,行为人甲明知对人脑袋开枪射击的行为可能导致他人死亡的结果而决意为之。

所谓间接故意,是指行为人明知自己的行为可能发生危害社会的结果,并且放任这种结果发生的心理态度。一般认为,犯罪的间接故意大致有以下三种情况:一是行为人追求某一个犯罪目的而放任另一个危害结果的发生。如丈夫为杀妻子而在妻子的饭里放毒,虽明知妻子有和孩子共同吃饭的习惯,在妻子碗里放毒可能引起孩子死亡的结果,但仍放任该种结果发生,因而导致孩子死亡的场合,就是如此。二是行为人为追求一个非犯罪的目的而放任某种危害结果的发生。如行为人明知在庄稼地里安装电网,在防止前来损坏庄稼的野猪的同时,也可能电到不小心碰上电网的行人,但仍然安装电网,放任该种结果的发生,结果引起小孩触电身亡的场合,就是如此。三是在突发性犯罪中,不计后果,放任严重后果发生。例如,临时起意,动辄行凶,不计后果,捅人一刀即扬长而去而致人死亡的情况就属于此。

关于间接故意与直接故意的区别,通常见解认为,除了意志因素不同,在认识因素上,二者对行为导致危害结果发生的认识程度也有所差别。直接故意既可以是行为人明知自己的行为必然发生危害结果,也可以是明知其行为可能发生危害结果;而间接故意只能是行为人明知自己的行为可能发生危害结果。[72]

本书不同意这种看法。从刑法的规定来看,直接故意和间接故意的差别并不在于认识因素的不同,而在于意志因素的不同。对结果的发生持希望或者追求态度的是直接故意,持放任即对发生或者不发生持两可的、无所谓态度的,是间接故意。认识因素是对行为人有无认识危害事实即自己的行为是否会发生危害社会结果的客观描述,其本身并不能表明行为人对客观事物的主观心理态度,而"希望"即追求危害结果发生和"放任"即不制止危害结果发生这种意志因素的强弱,则表明了行为人主观恶性的差别。因此,刑法理论上将其分别看待,并在处罚程度上加以体现;同时,在行为时,结果尚未发生,行为人对于将来会发生结果的预见,无论在何种情况下,都只能是一种可能性的认识,而不可能是必然性的认识。否则,在直接故意犯罪的场合,就不可能出现未遂犯的形态。因此,认为直接故意的场合,行为人认识到的是结果发生的可能性和必然性,而在间接故意的场合,行为人只能认识到结果发生的可能性的说法,是没有任何根据的。

区分直接故意和间接故意的主要意义在于,两种故意的意志因素的不同,影响和决定了行为人主观恶性不同。在绝大多数情况下,直接故意的社会危害性要大于间接故意。根据罪刑相适应原则的要求,对直接故意犯罪的量刑一般应重于间接故意犯罪。

(二)确定故意和不确定故意

这是按照行为人对于事实有无确定认识所进行的分类。

所谓确定故意,是指行为人对犯罪事实有确定认识。例如,刑法第310条规定的窝藏、包庇罪中,将"明知是犯罪的人而为其提供隐藏处所、财物,帮助其逃匿或者作假证明包庇"作为本罪的构成要件。所谓"明知是犯罪的人"就属于确定故意。行为人对"犯罪的人"没有确定的认识时,就不能成立本罪。

与此相对,所谓不确定故意,是指行为人对犯罪事实没有确定认识。不确定故意之中,包含"概括的故意"、"择一故意"和"未必的故意"三种。所谓概括的故意,又称不确定的故意,是指对对象有概括性认识,如向人群中扔炸弹,尽管对所发生的结果的个数并不确定,但是,无论多少人被炸死,都在行为人"概括的认识"之内。所谓择一故意,是指认识到行为必定会引起侵害结果,但两个结果不会同时出现,事实上处于相互排斥状态。如向甲、乙所在方向开枪,可能致甲死,也可能致乙死,但绝对不会使甲、乙同时死亡的场合,就是这种情形。从理论上讲,择一故意与概括的故意的差别在于,概括的故意的场合,行为人对于其行为可能同时造成数个法益侵害的事实是有预见的,而择一故意的场合,行为人尽管对其行为可能造成不同法益侵害的事实有预见,但是,数个不同法益侵害结果相互排斥,其在事实上不可能同时实现,换言之,从整体上讲,行为人最多只具有造成一个结果发生的认识或者认识可能性。所谓未必的故意,是指对是否发生结果,认识并不确定,但仍然实施该行为的场合。如知道开枪可能打中熊旁边的小孩,但出于打死小孩也无所谓的心理而开枪的场合,就是如此。

对于择一故意该如何处理,理论上有不同看法。虽然从事实来看,行为人对所可能发生的

---

[72] 齐文远主编:《刑法学》(第3版),北京大学出版社2016年版,第120页;高铭暄、马克昌主编:《刑法学》(第10版),北京大学出版社2022年版,第107页。

每一个侵害结果都有认识或者说预见,但是,绝对不能因此而说择一故意的场合,行为人对于已经发生的和尚未发生的结果必须分别定罪,数罪并罚。如就上述开枪事例而言,行为人尽管意识到向甲开枪或许会击中甲旁边的乙,但绝对不会意识到同时击中甲、乙,换言之,此时行为人最多只会认识到致一人被击中,或者一个都不会被击中,而不可能认识到甲、乙两人都被击中。因此,就最终的处理结果而言,绝对不能对被击中者成立既遂,对未被击中者成立未遂,然后作为数罪处理。实际上,就择一故意的场合而言,由于行为本身只能造成一个侵害结果,而不能同时造成数个侵害结果,即从其实质上看,择一故意的场合,实际上是就所现实发生的危害结果成立的单纯一罪,而不能将该行为论以数罪,然后作为想象竞合从一重处罚。换言之,在择一故意的场合,行为人的行为属于单纯一罪。

至于择一故意场合下的罪名选择,就必须依据侵害法益的不同种类而分别处理。在法益相同的情况下,以所实际引起的一个结果论罪。就上述向甲、乙所在方向开枪的情形而言,不论甲死还是乙死,都仅视为一个故意杀人既遂,而不是一个故意杀人既遂加上一个故意杀人未遂的想象竞合。若两人都未被击中,也仅论以一个故意杀人未遂。就不同法益而言,在行为人故意范围的极限内论罪。如对着在豪车边打电话的被害人开枪,可能会击中豪车(故意毁坏财物),可能会击中人(故意杀人)。假定从当时的情况来看,子弹不可能同时击中二者的话,那么对行为人的开枪行为,不能在论以故意杀人罪的同时,又论以故意毁坏财物罪的未遂(当然不罚);反之亦然。当然,因为一般来讲,故意杀人罪的未遂处罚较重,因此,在子弹击中豪车,造成财物毁损的场合,为了避免造成处罚上的漏洞,也还是必须从一重即以故意杀人未遂处罚。

(三)事前故意和事后故意

这是按照行为人产生故意的时间所作的分类。

所谓事前故意,是指事先对犯罪事实的整体有认识而后实施行为的场合。事先有预谋的犯罪,多半属于这种情况;所谓事后故意,是指已经实施了会侵犯一定法益的行为之后才产生犯罪的故意,并按照已有行为的发展势头,放任结果发生。例如,医生合法地将病人的胸部打开之后,产生杀人念头,将病人放置不管,让其死去的行为就属于这种情况。这种情形实际上只是在不作为犯的场合才成为问题,但是,并不妨碍犯罪故意的成立。

(四)侵害故意和危险故意

所谓侵害故意,是指对侵害法益的结果有认识并追求该结果发生的意思。所谓危险故意,是指认识到会对法益造成危险,但是却有意引起该危险状态发生的意思。在具体危险犯和抽象危险犯中,对危险的认识程度是不同的。在具体危险犯中,行为人对于危险性必须有明确的认识,但是,在抽象危险犯中,并不一定要求行为人对危险性有认识,只要认识到行为本身违反既定的规定或者规则就够了。

这种基于行为人对是否违反规则的认识来判断其是否具有危险故意的理解,与刑法第14条有关犯罪故意的判断必须以行为人"明知自己的行为会发生危害社会的结果"的规定有所不同。行为人即便对危害结果没有预见,只要依据其对违反规则具有认识,就能认定其构成犯罪。但是,这种例外的判断方式,是有其道理的。一般来说,危险犯所涉及的保护法益是环境、公共卫生、公共安全、经济秩序之类的超个人法益。这种公共法益的保护,不是以我们个人的能力所能判断的。如很多人都会认为,自己向湖泊中排放的那一点污染物不会造成水体污染;

国家有的是钱,不在乎自己偷逃的那一点税收。事实上,这种想法都是不理性的。如果社会中的每个人都以为自己的那点排污可以忽略不计,则每个人的行为累积的效果最终必定会形成塌方式的环境污染效果;同样,逃税的场合也是如此。人们常说,"雪崩的时候,没有一片雪花是无辜的",就是这个意思。就生命、身体、财产等个人利益的保护而言,我们可以根据自己的经验来判断出行为是不是具有引起结果的危险,但是,就和我们生活息息相关的陌生领域而言,特别是那些关系到不特定多数人或者子孙后代利益的法益保护而言,其中存在远超我们个人生活经验的复杂的运作机制,我们不是专业人士,显然不能将自己个人的生活经验作为自己的行动依据,而必须以立法者或者专业人士以人类过往的历史经验所形成的规则,作为判断自己行为是否会造成危害结果的依据。就这些领域而言,普通人自行判断危险,本身就是一种危险。因此,在这些行为人非常陌生的领域,依据个人经验判断危险的权限缩小,基于听闻(一般社会宣传教育)产生的危险判断,成为故意的判断基础。[73] 从此意义上讲,基于已有的规定或者规则来进行危险判断,并不是对刑法第14条规定的违反,而是其衍生和发展,在明知自己的行为违反相关规则要求的时候,就意味着行为人已经预见到了自己行为会发生危险后果,具有故意。

(五)附条件故意

所谓附条件故意,就是实行犯罪的意思是确定的,但是,该实行犯罪的意思和一定条件相关时,如出于"不答应复婚的话就扣动扳机"的念头,向离婚的妻子开枪的场合,就是如此。通常认为,其有以下几种情形:

一是共谋共同正犯的场合。如甲、乙、丙三人共谋到A家里强迫其交出所欠钱财,如果不答应的话,就由乙、丙杀死他。换言之,在实施谋议之时,虽然甲有命令乙、丙杀人的行为,但是否实施杀人行为,取决于是否发生一定条件(A不交出钱财)。这种场合,没有到达犯罪现场的共谋人甲,对于乙和丙所实施的杀人结果,是否具有故意?存在争议。对此,必须说,只要将犯罪计划付诸实施的意思即实行意思本身是确定的,即便说最终是否发生结果,并不确定,但还是能够认定甲具有共谋共同正犯的故意。就甲而言,其在共谋的时点上,已经做完了他所应该做的事情,因此,这种情形即共谋共同正犯的场合不涉及"附条件故意"的问题。

二是附条件的实行故意。在单独犯的场合,就实行故意而言,行为人必须认识到自己正在实行的行为,具有足以造成侵害结果的原因力。如在行为人出于若对方拒绝就杀死对方的企图,准备了手枪,但在对方态度未明朗之前,手枪走火致使对方死亡的场合,由于没有实行的着手,因此只能认定为故意杀人预备罪与过失致人死亡罪的观念竞合;但在行为人具有以枪顶住对方脑袋的着手行为的时候,因为行为人已经着手杀人的实行行为,故即便由于枪支走火而杀死对方,也能认定为故意杀人既遂。同样,在甲想着将乙所有的昂贵花瓶搬到室外砸毁,不料脚下一滑,花瓶掉地上摔碎的场合,由于行为人尚未开始故意毁坏财物罪的实行行为,故不能将甲在抱着花瓶时候所具有的"毁坏"的意思,认定为故意毁坏财物罪的故意。只有在第一行为和第二行为几乎不存在时空上的间隔时,开始第一行为,就可以说行为人已经开始具体犯罪的着手,对于第二行为所引起的结果,具有故意。如在计划将被害人打晕之后,立即向其注射

---

[73] 黄荣坚:《基础刑法学》(上)(第4版),台北,元照出版有限公司2012年版,第448页。

药物,将其毒死的场合,将击打被害人头部的行为,认定为故意杀人未遂也是可以的;还有,将基于发现有容易换钱的东西就偷的意思而打开他人抽屉的行为,认定为盗窃未遂也是可以的。在此,尽管只是具有毒杀行为、窃取行为的决意,结果并不确定,但只要第一行为达到上述程度,就可以认定行为人对结果的发生具有故意。

三是预备罪中的目的。在预备罪中的主观目的成为附条件内容的场合,是不是能成立预备罪,成为问题。如在出于"如果被害人抵抗的话,就杀了他"的意思而准备杀人凶器的场合,或者出于"如果被发现就改偷窃为强抢"的意思而准备抢劫工具的场合,因为杀人或者抢劫的犯罪决意已经被确定,为了犯罪而准备工具、制造条件的要件完全被满足,因此,将其认定为故意杀人预备或者抢劫预备,没有任何问题。

第四节 认识错误

所谓错误,就是人的主观认识和客观事实不一致。刑法上的认识错误,是指行为人对自己行为在法律上的意义有不正确理解或者对有关客观事实存在不符合真相的认识。如以为是动物而开枪,结果将人打死;或者以为是甲而开枪,结果将乙打死;或者以为自己的行为合法而实施,结果并不合法。这些都是刑法上的认识错误的表现形式。刑法上的错误,包括事实认识错误和法律认识错误两种类型。

一、错误论和故意论的关系

一般认为,"错误论是故意论的反面"或者"错误论是对所发生的犯罪事实是不是具有故意的问题,二者之间处于表里关系",[74] 由此而来的问题是,既然如此,则讨论故意就足够了,为什么还要讨论错误问题呢?可见,错误论和故意并非简单的表里关系,二者存在较大差别。从现象上看,故意论是在事前对行为的发展动向进行预测,只能以行为时为基点进行判断,而错误论则是在行为人的事前预测和事后所发生的结果不一致的场合,就是否能够评价为故意的问题,只能在裁判时即事后判断。

如在甲为了杀张三而向其开枪,子弹射中张三,张三倒地死亡的场合,甲在行为时的认识内容是"对准张三开枪,作为该行为的发展结果,就是所发射的子弹射中张三,张三死亡",因此,具有这种认识的甲,明显具有杀人的认识和愿望,应当说,其主观心态符合成立故意杀人罪所必须的"故意"这种主观责任要件。由此可见,所谓故意,就是行为人对自己所可能引起的法益侵害后果的"预测",而非"认识"。因此,那种认为"故意"是行为时,行为人对所预见的对象发生侵害法益的结果的"认识"的见解,在理论上是值得商榷的。[75] 认识是对现实已经存在的

---

[74] 张明楷主编:《刑法学》(第7版),中国政法大学出版社2024年版,第156页。
[75] 只是,习惯上都认为,故意就是对自己行为所可能造成的结果的主观"认识"。本书也并不排斥这种称呼,故将"认识"和"预测""预见"通用。

事实的感知,而"预测"则是将来会发生的事实的推测,二者含义不同。

理论上,有必要将"认识"和"预测"区分开来。因为,刑事责任,说到底是对于行为人所引起的现实结果,可否进行归责的问题,因此,其所面临的现实问题是,"是否可以根据行为人在行为时的预见、预测,对所引起的结果进行谴责"? 在上述甲开枪射杀张三的场合,由于行为人在行为时所预见(预测)的结果和现实所发生的结果一致,因此,当然可以根据该结果,追究其故意犯的刑事责任。但是,现实生活中,行为人在行为时所预见(预测)的结果,和现实中所发生的结果不一致也是常有的。如就上例而言,假设甲向张三瞄准,但实际上射中的不是张三,而是张三旁边的李四。对于李四的死亡结果,还能理直气壮地说,当然应当以故意犯罪追究甲的刑事责任吗? 对此疑问进行回应的,就是此处"错误论"的研究领域。

可见,所谓故意论,就是在行为时的时点上,探讨行为人是不是具有值得作为故意加以谴责的预测、预见问题,而错误论,就是是否可以将现实发生的结果归责于具有该种预测、预见的行为人的问题。故意论是在任何故意犯罪中都要考虑的问题,而错误论则只有在现实发生的结果和行为人在行为时的预测(故意)不一致的场合,才需要讨论,可见,二者并不完全是"一体两面"或者说是"表里"关系。

二、事实认识错误

(一) 事实认识错误的范围和解决标准

所谓事实认识错误,是指行为人对与自己行为有关的事实情况有不符合真相的认识。

事实错误中,有对对象的性质具有认识错误的"对象错误"(如行为人误认为张三是李四而开枪射击,结果将张三打中的场合)、结果发生在预见对象以外的人或者物上的"方法错误"(如行为人向李四开枪,由于枪法不好,结果将李四身边的张三打中的场合)以及因果关系的进程和预想不一致的"因果关系的错误"(如行为人向李四开枪,子弹没有打中,但李四却被吓死的场合)三种类型。

关于事实认识错误在什么范围内影响犯罪故意的成立,刑法理论上有不同的看法,主要有以下三种学说:

具体符合说认为,行为人的认识和现实发生的结果必须完全吻合,否则,行为人对所发生的结果就不承担故意犯的刑事责任。如在行为人误把张三当成李四加以杀害的所谓对象错误的场合,按照这种观点,行为人对张三成立过失致人死亡罪,而对李四成立故意杀人罪(未遂)。因为,张三和李四是两个不同的生命主体,行为人主观上所认识到的是李四的死亡结果,而不是张三的死亡结果。但要注意的是,现在的具体符合说并没有将这种理念完全贯彻到底,而是主张应区分情况,分别认定。如在上述意图杀李四却误把张三当成李四加以杀害的对象错误的场合,现在的观点认为,尽管行为人的认识和实际结果存在细节上的不同,但由于行为人意图杀死的是处于现场的"那个人(李四)",结果也杀死了在现场的"那个人(张三)",行为人的认识和现实发生的结果并没有细节上的不同,因此,行为人对张三的死亡结果应当承担故意犯的刑事责任。但是,在行为人意图杀李四,因为枪法不好而误将李四旁边的张三杀害的所谓方法错误的场合,因为行为人只有杀死"这个人(李四)"的认识,而现实发生的却是"那个人(张三)"的死亡,二者在细节上不吻合,所以,行为人对于现实中发生的事实(张三死亡)不能构成故意犯,只能以对李四的故意杀人罪(未遂)和对张三的过失致人死亡罪追究其刑事责任。可见,现在的具体符合说所说的"完全一致",并非行为人的犯罪动机(如意图杀李四)和现实结果(却杀死了张三)的完全一致,而是比具体动机低一层次的主观认识(认识到现场有人,至于那个人是李四还是张三在所不问)和现实结果的一致。[76]

法定符合说认为,行为人的认识和实际发生的结果不用完全吻合,只要在法定范围即犯罪构成的范围内一致,就可以说行为人对所发生的结果具有故意。按照这种观点,行为人的主观认识与现实发生的事实之间,虽然在侵害对象、手段上不一致,但只要所侵害的是同一性质的法益,在犯罪构成范围内相符合,就可以说在法律上具有相同价值,行为人对所发生的结果承担故意犯的责任。[77] 如在意图杀李四,却误把张三当李四加以杀害的对象错误的场合,尽管存在行为人意图杀李四,而事实上杀死了张三这种细节上的不一致,但不管是李四还是张三,二者都是刑法故意杀人罪中所保护的人,杀害二人的行为都能构成刑法中的故意杀人罪,因此,上述场合,毫无疑问地成立故意杀人罪;同样,在意图杀李四但因为枪法不好而误将李四旁边的张三杀害的方法错误的场合,尽管李四、张三不是同一个人,但二者的生命都是刑法中故意杀人罪所保护的法益,在犯罪构成上,二者具有完全相同的价值,因此,行为人仍然成立故意杀人罪。可见,法定符合说和具体符合说,在对象错误的场合结论是一致的,只是在方法错误的场合,二者存在显著差别。

抽象符合说认为,行为人的认识和实际发生的结果即使横跨不同的犯罪构成,比较行为当时认识到的犯罪事实与发生了的犯罪事实,也至少应当就较轻的犯罪肯定故意犯的成立。[78] 具体来说,在行为人以较轻的甲罪的故意引起了较重的乙罪的结果的时候,因为甲罪和乙罪都是可罚的事实,因此,至少应当在较轻的甲罪的范围内成立故意;相反地,在以较重的甲罪的故意引起了较轻的乙罪的结果的时候,就应当在较轻的乙罪的范围内成立故意。例如,在意图杀狗而开枪,结果误杀了狗的主人的场合,由于杀人这一重罪当然能够涵盖伤害动物这种较轻罪的结果,因此,在伤害动物的范围内,成立故意毁坏财物罪的既遂犯;而在误伤狗主人这一重结果的范围内,成立过失致人死亡罪,二者之间是想象竞合犯的关系。相反地,在意图杀害狗的主人而开枪,结果却击中了狗的时候,由于较重的杀人结果当然涵盖较轻的伤害动物的结果,因此,在现实发生的狗被杀害的事实范围之内,成立故意毁坏财物罪的既遂。至于其原本想要实现的犯罪即故意杀人罪,则只能构成未遂犯(或者不能犯),二者成立想象竞合犯。抽象符合说的根据是,行为人的犯罪意图体现在所发生的事实之中,在行为人的主观认识和实际发生的事实所共通的危险意思或者性格的范围内,能够认定抽象危险。[79]

上述学说中,抽象符合说已经没有多少人坚持。因为,如此理解犯罪故意,将行为人的危

---

[76] 何洋:《论打击错误之处理原则——具体符合说之提倡》,载《河北法学》2012年第1期;张宝、张书勤:《论打击错误之处理原则——基于具体符合说理论合理性的展开》,载《中国刑事法杂志》2014年第4期;周光权:《刑法总论》(第4版),中国人民大学出版社2021年版,第175~176页。

[77] 刘明祥:《刑法中错误论》,中国检察出版社2004年版,第68页;陈兴良:《规范刑法学(教学版)》(第3版),中国人民大学出版社2022年版,第83页;张明楷:《刑法学》(第6版),法律出版社2021年版,第352页;刘艳红主编:《刑法学》(上)(第3版),北京大学出版社2023年版,第179页。

[78] [日]大谷实:《刑法讲义总论》(新版第5版),黎宏、姚培译,中国人民大学出版社2023年版,第166~167页。

[79] [日]大谷实:《刑法讲义总论》(新版第5版),黎宏、姚培译,中国人民大学出版社2023年版,第166~167页。

险性格或者危险意思作为故意的认识对象,故意的认识对象是符合犯罪构成的客观事实的宗旨就会消失,这显然不符合各国现行刑法的规定和基本理论。因此,现在的对立主要集中在具体符合说和法定符合说上。

具体符合说和法定符合说对立,源自它们各自所主张的故意概念的差别。在法定符合说看来,成立故意,只要有对在具体的犯罪构成当中被抽象化的事实类型(如"人""他人的财物"之类)的认识就够了,其背景是,在行为时只要行为人认识到所杀的对象是"人"或者说所盗的对象是"他人的财物"的话,一般来说,就有机会面临"不得杀人""不得盗窃"之类的规范的考问,形成停止违法行为的反对动机,尽管如此,行为人竟然没有形成反对动机,仍然实施了该行为,这就说明其主观上具有强烈的违反规范的意思,即便对于意外发生的事实,也可以作为直接的反规范的意思活动的结果,并作为刑法上的故意犯加以谴责。与此相对,具体符合说的理论根据是,刑法以刑罚加以禁止的,不是法定符合说意义上的抽象规范内容(如"不要杀人"),而是与具体行为状况相应的法益侵害(如可以杀死正在进行紧急不法侵害的人,但不得滥杀无辜)。从此种意义上讲,刑法所禁止的是在一定时间和空间上存在的"具体法益侵害",而不是一般意义上的抽象的法益侵害,与此相应,作为刑法上的责任,就必须是对在特定时间、空间上存在的具体法益的"有意"或者"无意"的侵害。行为人在将这种具体对象作为个别具体的法益主体加以认识的时候,所面临的是"不要侵害该特定对象"的意思决定规范,违反这一规范就成立故意;而对于行为人所没有认识到的其他对象,行为人在实施行为时,只是面临注意有无可能侵害其他对象的意思决定规范,而这种应当注意却没有注意的心态,是认定过失犯的前提。所以,在具体符合说和法定符合说的对立背后,体现了各自不同的故意理念。

从本书的立场来看,具体符合说更为合理。

首先,法定符合说在对生命、身体等一身专属法益出现打击错误(方法错误)的场合,无法作出妥当处理。[80] 其具体表现为:一是和具体符合说的结论趋同。如在意图杀甲而开枪,子弹穿过甲,还射中了甲背后的乙,致使其死亡的所谓"并发事件"的场合,由于法定符合说认为,对于生命之类一身专属的重要对象(法益)而言,"杀害一人"的意思和"杀害两人"的意思,在行为人的意思形成上,具有很大的差别,因此,在认定故意的时候,应当重视具有个性的"对象的个数"。对只有杀一人意思的行为人而言,不能认定其有杀死两个人的故意,即认为对甲成立故意杀人未遂,对乙成立故意杀人既遂的"数故意犯说"是违反责任原则的。在只有杀一个人的意思的场合,只能成立一个故意犯("一故意犯说")。但对哪一个被害人成立故意犯呢? 理论上有不同理解。有的认为,对于发生最大法益侵害的被害人成立故意犯,对剩下的人只能成立过失犯;有的认为,对于发生最大法益侵害的被害人成立故意犯就可以了,对剩下的人则不成立任何犯罪;还有的认为,对所追求的目标成立故意犯罪未遂,而对意外侵害的目标成立过失犯。但这种理解,已经偏离了法定符合说主张的既然对受到相同刑法评价的事实(如杀甲)有认识,那么,就会遇到相同的规范问题(如"杀人行吗?"),对于所发生的事实(杀死了乙)就

---

[80] 对生命、身体等一身专属的人格法益,刑法对每个人提供独立保护。杀害两个人的行为,即便是由一个行为所引起的,也构成两个杀人罪,而不是成立针对"一般意义上的人"的一个杀人罪。因此,要成立针对甲的杀人故意,就必须具有杀害甲的认识,以杀害乙的认识来替代杀害甲的认识,是认为对不存在的犯罪事实的认识也成立故意。
[日]松原芳博:《刑法总论重要问题》,王昭武译,中国政法大学出版社2014年版,第181页。

具有相同的责任即故意责任的观点,而走向了具体符合说所主张的故意观念。二是无法处理防卫对象错误的问题。所谓防卫对象错误,又称打击错误,是指防卫效果影响第三人的场合,正如市民甲向抢劫自己钱包后逃跑的罪犯乙投掷石块,不料砸中电线杆,石块反弹回来,砸中路人丙,致其死亡的场合一样,是指正当防卫行为过失地对不法侵害人以外的第三人造成了损害。由于法定符合说认为,行为人的认识和实际发生的结果,只要在法定范围即犯罪构成的范围内一致,就可以说行为人对所发生的结果具有故意。上述场合下,乙的生命和丙的生命在故意杀人罪的范围内完全一致,因此,市民甲对路人丙的死亡结果,要承担故意杀人的刑事责任。然而,抢劫得手后逃走的人(乙)和正在街上行走的无辜市民(丙)尽管表面上看都是人,但二者在刑法上的评价是完全不同的。对于前者,依照刑法中的正当防卫规定,任何人都可以对其反击甚至置其于死地,但对于后者,任何人都不得对其发起攻击,否则就是犯罪。但法定符合说却无视这种本质上的不同,将二者同等评价,显然是有问题的。

其次,具体符合说符合刑法第14条故意的规定宗旨。按照刑法第14条的规定,行为人不仅要对自己的行为可能引起的结果有认识,还必须认识到该行为以及结果的社会危害性,即该行为具有违法性。从此意义上讲,不存在排除社会危害性事由也是故意的认识对象。换言之,在行为人认为自己的攻击或者加害行为属于排除社会危害性事由时,就可以说其对自己行为的违法性的基础事实没有认识,无法面临"这样做违法吗?"的规范考问,更无法期待行为人形成反对动机,因此就要作为事实认识错误而排除故意。如此说来,在故意杀人罪的犯罪事实的认识上,行为人不仅要认识到所杀的对方是"人"这种事实,还必须认识到对方"不是正在进行不法侵害的人",否则,就难以说对故意杀人罪的事实有认识。但要达到对方"不是正在进行不法侵害的人"的认识程度,仅仅认识到对方是"人"还远远不够,还要认识到对方当时所处的时空环境、正在从事的活动等诸多方面的内容,而这些内容恰恰就是具体符合说所要求的内容,即行为人的认识和现实发生的结果,不仅在犯罪构成范围内一致,还必须在具体细节上吻合。

最后,具体符合说的不足,不是源自该学说本身,而是源自立法规定。如批判意见认为,在意图破坏某甲的财物但是却错误地破坏了某乙的财物的场合,按照具体符合说,对某甲的财物而言,行为人的行为是故意毁坏财物罪的未遂,对某乙的财物而言,则是过失毁坏财物。但是,刑法对于毁坏财物的犯罪,既不处罚未遂犯,也不处罚过失犯。这样,就会出现出于毁坏他人财物的故意而实施行为,实际上也毁坏了他人的财物,但最终只能说该行为无罪的结果。但这种批判比较牵强。因为,既不处罚未遂形态也不处罚过失形态的犯罪,往往是相当轻的犯罪,没有必要一定要把它作为犯罪处罚。换言之,即便说上述结论不合理,它也是来源于立法本身,而不是来自具体符合说。况且,将上述例子稍作修改,如在意图破坏某甲的财物但是错误地打死了甲的场合,按照法定符合说,则构成不可罚的故意毁坏财物罪(未遂)和过失致人死亡罪。由此可见,按照法定符合说,若在对象物旁边的是财物的话就要肯定故意,若是人的话就要否定故意,这在理论上也不具有一贯性。

当然,需要说明的是,现在,具体符合说和法定符合说的差别已经不大。在对象错误的场合,二者已经没有什么差别。二者都认为,在意图杀甲,但误将乙当作甲而加以杀害的场合,构成故意杀人罪。差别只存在于方法错误或者说打击错误的场合。在意图杀甲,但未击中甲或者击伤甲之外,还意外地打中了甲旁边的乙的场合,法定符合说认为,就未击中或者击伤甲而言,构成故意杀人罪未遂,就意外打中的乙来说,构成故意杀人罪既遂,二者成立想象竞合犯,从一重处罚;但具体符合说主张,就意图打击的对象甲而言,构成故意杀人罪的未遂犯,就意外打中的对象乙而言,构成过失致人死亡罪,二者成立想象竞合犯,从一重处罚。

以下,根据上述见解,对对象错误、打击错误以及因果关系错误的有关问题,分别进行探讨。

(二)事实认识错误的具体分析

1. 对象错误

对象错误是指行为人对自己行为的侵害对象产生错误认识。换言之,行为人误将甲对象视为乙对象加以侵害。其中,有具体的对象认识错误和抽象的对象认识错误之分。

(1)误把甲对象当作乙对象加以侵害,而甲对象与乙对象体现相同的法益的场合。这种情况被称为"具体的对象错误"。如行为人本想杀甲,黑夜里误将在该处的乙当作甲加以杀害的场合就是如此。按照法定符合说,这种情况下,因为不管是甲还是乙,其生命都是刑法当中的故意杀人罪的保护对象。行为人出于杀人(甲)的故意,实施了杀人(乙)的行为,引起了乙被杀的结果,因此,其对乙的死亡结果,应当说具有故意,必须承担故意杀人罪的刑事责任。按照具体符合说,也会得出相同的结论。因为,行为人意图杀死的是身处该处的"那个人(甲)",结果也杀死了置身该处的"那个人(乙)",行为人认识的事实和实际发生的结果并没有细节上的不同,因此,行为人对乙的死亡结果应当承担故意犯的刑事责任。

(2)误把甲对象当作乙对象加以侵害,而甲对象与乙对象体现不同的法益即属于不同犯罪构成内的法益的场合。这被称为"抽象的对象错误"。如行为人本欲盗窃一般财物,却意外地盗窃到了枪支弹药的场合,就是如此。这种场合,该如何处理,成为问题。从形式上看,行为人构成盗窃罪未遂(一般不罚)和过失盗窃枪支、弹药罪(不罚),二者成立想象竞合犯,最终只能得出不罚的结论。但故意是为了将侵害法益事实作为行为人的意思产物归属于行为人的一种心理状态,在保护法益不同的情况下或许不能认定故意的存在,但在保护法益相同或者部分相同的情况下,至少要在部分相同的范围内认定为故意。盗窃枪支、弹药和盗窃普通财物尽管分属侵害不同法益的犯罪,但枪支、弹药也具有财物的属性,至少属于财物这一点上,和普通财物相同。因此,在上述场合,应当结合行为人的主观认识和客观上所发生的侵害结果,在二者统一的范围内加以认定。行为人主观上只有犯轻罪的故意,客观上却引起了重罪结果的场合,由于二者只能在轻罪的范围内重合,故只成立轻罪的故意。就上例而言,行为人客观上虽然拿到了枪支、弹药,但其主观上没有盗窃枪支、弹药的认识,所以,不能将该行为认定为较重的盗窃枪支、弹药罪。枪支弹药尽管是一种危险物品,但其本质上也属于"公私财物"。行为人出于盗窃他人"公私财物(普通财物)"的故意,客观上也引起了"公私财物(枪支、弹药)"被盗的结果,在盗窃(公私财物)罪的范围内,可以说行为人的主观认识和客观事实相吻合,所以,上述行为至少可以考虑成立盗窃(普通财物)罪。其和过失盗窃枪支、弹药行为竞合,最终构成盗窃(普通财物)罪一罪。

相反地,在行为人主观上有犯重罪的故意,而客观上却发生了轻罪的结果的场合,因为客观上只存在轻罪的结果,所以,不能根据行为人的重罪故意而认定其成立重罪既遂,只能在二者重合的范围(通常是实际发生的轻罪结果的范围)内认定成立轻罪既遂,再依据想象竞合犯的原理,在轻罪既遂与可能成立的重罪未遂之间从一重处罚。如将上例颠倒过来,行为人本欲盗窃枪支、弹药,结果却盗窃到了普通财物的场合,就是如此。从形式上看,行为人的行为构成盗窃枪支、弹药罪(未遂)和过失盗窃财物罪。但上述结论,显然没有对行为人实际上拿到的是普通财物进行评价。因此,应当在二者重合的范围,即盗窃(普通财物)罪(既遂)的范围内,认定行为人具有故意;然后再依据想象竞合犯的原则,从一重处罚。也就是说,行为人或者构成盗窃(普通财物)罪(既遂),或者构成盗窃枪支、弹药罪(未遂)。同样,在出于抢劫罪的故意而实施行为,结果引起了敲诈勒索罪的结果时,因为以暴力、胁迫以及类似手段强取他人财物的行为和利用他人的弱点而对其要挟或者威胁强索他人财物的行为在客观危险上是完全不同的,因此,绝对不能以行为人主观上具有抢劫罪的故意而认定其行为构成抢劫罪既遂。实际上,无论是抢劫罪还是敲诈勒索罪,都是出于非法占有目的而采用非法手段获取他人财物的犯罪,抢劫罪的故意当中,实际上也含有敲诈勒索的内容。这样说来,以上场合,行为人客观上引起了敲诈勒索罪的结果,主观认识中也含有敲诈勒索罪的意思,二者在敲诈勒索罪的范围之内相互统一,所以,成立敲诈勒索罪;然后依据想象竞合犯从一重处罚的原则,在抢劫罪未遂和敲诈勒索罪既遂的范围内选择较重的犯罪定罪。同样,在出于盗窃罪的故意而引起了侵占罪的结果的场合,也是如此,在盗窃罪未遂和侵占罪之间从一重处罚。在行为人基于强奸的故意,趁女性睡着实施奸淫行为,女性惊醒之后,发现其是暗恋已久的男子,不仅没有反抗,反而说早已钟情于该男子的时候,尽管行为人也存在事实上的认识错误,但由于其奸淫行为并不违背女方意志,所以,不是成立强奸罪未遂,而是根本就不构成强奸罪。[81]

2. 打击错误

打击错误又称"目标错误""行为误差",是指行为人意图侵害某一对象,因未能控制行为方向而侵害了另一对象,其是刑法中事实错误的一种。其中,有具体的打击错误和抽象的打击错误之分。

所谓具体的打击错误,正如向甲射击却打中了甲旁边的乙一样,是指行为人出现行为误差而导致实际打击的目标与预期打击的目标不一致,但均属于同一犯罪构成的场合。对此,法定符合说认为,行为人的行为仍然构成故意杀人罪。因为,在刑法当中,故意杀人罪是"故意杀人的"行为,至于什么样的人被杀则不是问题。尽管甲和乙是两个不同的人,但都是受刑法保护的人,这是不可否认的。但按照具体符合说,行为人认识到的是"这个人(甲)"的死亡,结果发生的却是"那个人(乙)"的死亡,二者在细节上不相吻合,因此,行为人对乙的死亡结果没有故意,只能以对甲的故意杀人(未遂)罪和对乙的过失致人死亡罪,追究其想象竞合犯的刑事责任。

所谓抽象的打击错误,正如出于杀甲的意思而实施了向甲射击的行为,但是结果却打中了甲身边的狗一样,是指行为人出现行为误差而导致实际打击的目标与预期打击的目标不一致,横跨不同的犯罪构成的场合。按照具体符合说,由于行为人的认识和所引起的结果并不是发生在同一犯罪构成之内,因此,就对甲的行为而言,成立故意杀人未遂罪;就对甲的狗的行为而言,成立现行刑法上并不处罚的过失毁坏财物行为。但是,在行为人所期待的结果和实际发生

---

[81] 当然,这一结论是结果无价值论的观点。如果从行为无价值论的立场来看,该男子可以构成强奸罪(未遂)。

的结果有重合部分时,对于重合范围内的结果,行为人具有故意,最终按照想象竞合犯的原则,从一重处罚。其分析过程和上述对象错误的场合一样。

打击错误是行为方法上的错误,其在最终的表现结果上仍然是对象错误。但是,这种错误不是产生于辨认的错误,行为人在对象的辨认上是正确无误的,而是产生于行为本身的失误(枪法不准),所以,这是一种客观的行为错误,而不是主观上的认识错误。

3. 因果关系错误

所谓因果关系错误,就是虽然行为当时行为人所预见到的因果过程和现实中发生的因果过程不一致,但是行为人所预期的结果仍然发生了的场合。如甲意图让乙淹死而将乙推下桥,乙在下坠的过程中因为脑袋撞上桥墩而死亡("桥墩案");意图杀死他人而向他人射击,致被害人轻伤,但被害人患有血友病因而死亡("血友病案");甲意图让乙淹死而将乙推下桥,乙在下坠过程中被猎人发射的流弹打中("流弹案")——都属于这种情况。这种错误,历来被当作事实认识错误,在是否成立故意方面进行讨论。

因果关系错误概念的价值在于,阻却或者排除行为人对现实发生的既遂结果乃至整个犯罪的故意责任。由于刑法理论的通说认为,构成要件要素当中,因果关系是故意的认识对象,但不要求行为人对现实因果经过的细枝末节都有认识,只要对其大概或者主要部分有认识就足够了。因此,在考虑因果关系错误问题时,首先要确认,现实发生的因果经过和行为人的预想之间,何种程度的不一致能够称得上是"因果关系错误"。如果引起结果发生的因果流程和行为人的预想存在若干差别,但其仍然在实行行为所可能具有的变形范围之内(如被害人不是掉水里淹死,而是在下落过程中头部撞上桥墩而死,或者掉在坚硬的河滩上摔死),则该种程度的差别可以忽略不计,不是影响结果故意的"因果关系错误";相反,如果现实发生的结果,和行为人的预想存在重大偏差,超出了该行为所可能具有的变形范围(如被害人在桥上坠落过程中,被岸边猎人发射的流弹命中),则该种程度的偏差,不仅会阻却行为人对现实发生的结果的认识,也会截断行为和结果的因果(流程)关系。如此说来,因果关系错误问题的关键,在于因果关系自身,准确地说,在行为人预想的结果引起路径和现实存在一定差别时,是否仍然可以说,行为和结果仍具有刑法上的因果关系。[82]

据此,在甲向靠在墙边的乙开枪射击,意图打死他,但子弹没有命中乙,却引爆了地里埋藏的地雷,乙被炸身亡的场合("地雷案"),甲对乙死亡的因果经过预测是其被子弹射中而亡,但实际上,乙是因发射枪弹行为中无法包含的地雷爆炸而死亡的,这种不一致并不在发射枪弹行为所可能具有的变形范围之内,和甲的预测存在重大不一致,属于因果关系的认识错误,此时,甲对乙之死的因果经过存在认识错误,不具有故意,最多只能承担过失致人死亡罪的刑事责任。"流弹案"以及"血友病案",也能如此分析。在"桥墩案"中,乙无论是被淹死还是撞桥墩而死,都是被甲从桥上推下这一危害行为的必然结果。换言之,乙撞桥墩而死的结果仍在甲的推人下桥行为所可能具有的变形范围之内,行为人甲所预见的因果经过和实际发生的因果经过,并不存在明显差异,这种程度的不一致不属于因果关系认识错误,不影响行为人的主观故意,甲对被害人乙之死要承担故意杀人罪既遂的刑事责任。同样,对"甲出于杀人故意将一盘

---

[82] 黎宏:《因果关系错误问题及其应对——以行为危险现实化说的再阐释为中心》,载《法学研究》2022年第1期。

拌有毒菌的鱼端给乙食用,但甲并未意识到鱼肉已经腐烂并产生致命毒素,乙不喜欢菌类,只是将鱼肉吃下,中毒身亡"的所谓"腐鱼案",也可以同样理解。本案中,虽说乙最终死于腐鱼而不是毒菌,但是将拌有毒菌的鱼拿给乙食用,就意味着乙既可能因为食用毒菌而亡,也可能因为食用被毒菌污染的鱼而死亡,无论哪一种情况都在拿有毒食物给乙吃的行为所可能具有的变形范围之内,因此,甲所预见的因果经过和实际发生的因果经过,并不存在明显差异,甲对乙之死构成故意杀人罪既遂。

除上述事实错误的类型之外,传统学说还列举有以下事实错误的类型:[83](1)客体错误即行为人意图侵犯一种客体,而实际上侵犯了另一种客体。如意图杀人而开枪,但实际上打死的却是一头牛的场合,就是如此。因为"牛"和"人"属于不同的对象,代表两种不同的犯罪客体,因此,其被称为客体错误。类似的情况还有:把根本不含毒品的物质误作毒品贩卖,将尸体当作活人"杀害",将男子当成女子强奸,等等。本书认为,将上述情形作为事实错误的类型,没有任何意义。实际上,上述内容当中,有的属于抽象的事实(对象)错误的情形,而有的属于未遂犯和不能犯的区分标准中所讨论的内容,因此,此处不做讨论。(2)行为实际性质的错误,即行为人对自己行为的实际性质发生了错误的理解,假想防卫、假想避险,就是其典型。这种情况虽说属于事实认识错误的内容,但在有关正当防卫、紧急避险的相关章节有专门介绍,因此,此处不作讨论。(3)工具错误。如行为人误把白糖、碱面等当作砒霜等毒药去毒杀人,误用空枪、坏枪、哑弹去射杀人,从而未能发生致人死亡的结果的场合,就是如此。本书认为,这种情况,实际上是有关未遂犯和不能犯的成立范围的问题,没有必要在这里讨论。因此,本书所列事实错误的类型,比传统学说所列范围要窄。

三、法律认识错误

所谓法律认识错误,就是行为人在法律认识上存在误解,具体来说,是指行为人对自己的行为在法律上是否构成犯罪、构成何种犯罪或者应当受到什么样的刑事处罚,有不正确的理解。法律认识错误,通常包括以下情形:

1. 将非罪行为误以为犯罪行为。行为人的行为依法不构成犯罪,但行为人却误以为构成犯罪的情形,即所谓假想的犯罪,理论上称其为"幻觉犯"。如行为人误以为通奸行为是犯罪,于是向有关机关"自首"的场合,就是如此。这种场合,不能根据行为人的认识而认定其有犯罪的故意。因为,通奸行为本身并不是刑法上要处罚的危害行为。

2. 将有罪行为误以为非罪行为。行为人的行为在法律上构成犯罪,而行为人却误以为不构成犯罪。如行为人误以为只要对方同意,即便和未满14周岁幼女发生性关系,也不构成犯罪的场合,就是如此。实际上,按照刑法第236条的规定,和未满14周岁幼女发生性关系的,即便幼女表示同意,也要构成强奸罪。在将有罪行为误以为非罪行为的场合,由于行为人对自己行为的性质和可能产生的危害后果是有认识的,只是对该行为在刑法上是否构成犯罪有误认,因此,按照刑法第14条的规定,行为人仍然具有犯罪故意。换言之,违法性的错误,原则上不

---
[83] 高铭暄、马克昌主编:《刑法学》(第10版),北京大学出版社2022年版,第120~121页;冯军、肖中华主编:《刑法总论》(第3版),中国人民大学出版社2016年版,第256~257页。

影响犯罪故意的成立。

但是,也有例外情况的存在。有时候,行为人对自己行为是否违法的误认,足以影响其对自己行为性质的理解。按照刑法第 14 条的要求,成立故意,不仅要求行为人认识到自己的行为会引起一定结果,还要求其必须认识到这种结果是"危害社会的结果"。在行为人仅仅认识到了一定结果,而没有认识该结果是"危害社会的结果"时,可以说行为人对事实具有认识错误,不能成立犯罪故意。"危害社会"是"违法性"的判断基础,因此在行为人对"危害社会的结果"有误认时,就意味着其存在法律上的认识错误,进而影响其犯罪故意。这样说来,"违法性的错误不影响犯罪故意的成立",只是一个原则性说法。在行为人有足够的理由,如听信了有关政府机关的见解、规定或者经过上级批准的情况下,可以说其违法性的误认能够排除犯罪故意。如此说来,在农村妇女甲按照正规出版物《农村致富万事通》上的介绍种植冰岛罂粟花(系毒品原植物)的场合;经过上级机关同意之后,对与本单位职工有关的人以高利率为诱饵,吸收公众存款的场合;按照省级主管机关的文件,养殖国家珍稀保护动物并进行商业化利用的场合,均可以说是因为对违法性有误认而排除行为人的犯罪故意。

3. 对行为的定性以及处罚轻重存在错误认识。如行为人偷割正在使用中的电话线,依照法律应当构成破坏通信设备罪,但行为人自己误以为构成盗窃罪;行为人盗窃了数额巨大的公私财物,本应根据刑法第 264 条在 3 年以上 10 年以下有期徒刑的范围之内处以刑罚,行为人却误以为应当在 3 年以下有期徒刑的范围之内处以刑罚;就是行为人对自己行为的定性以及处罚轻重存在错误认识的情形。在这种情况下,行为人因为对自己行为会发生危害社会的后果这一点具有认识,因此,认定其具有犯罪故意是没有问题的。换言之,这种误解,对犯罪故意的成立没有影响。

四、事实认识错误和法律认识错误的关系

根据刑法第 14 条的规定,成立犯罪故意,行为人只要"明知自己的行为会发生危害社会的结果"就够了,而对法律认识则没有要求。由此,人们就得出结论,即事实认识错误会影响犯罪故意的成立,而法律认识错误则没有这种效果。[84]

但上述说法并不一定妥当。因为,在我国的犯罪构成体系之下,事实认识和法律认识是统一的,行为人对自己的行为所可能引起的结果有认识的话,就能了解该行为的法律意义。否则,就不能说行为人对自己的行为及其可能引起的后果的性质具有认识。同时,刑法第 14 条也规定得非常清楚,成立犯罪故意所必要的事实认识,是"自己的行为会发生危害社会的结果",即具有社会危害性的结果。既然是可能引起危害社会结果的行为,则该行为肯定是可能违法的行为,作为社会的一般人,都应该明白这个道理。如就"淫秽物品"而言,要达到刑法第 14 条所说的犯罪故意的程度,行为人的认识仅仅停留在"本书充满性爱描写的场面"或者"尽是不穿衣服的女孩子的图片"的程度还不够,还必须意识到该种描写可能达到了危害社会、为法律所禁止的程度。如果行为人只是对事实有认识,但并没有达到该事实可能危害社会的程度,则可以说行为人的事实认识和法律认识之间产生了偏差。行为人对事实的认识并没有达

---

[84] 传统的法律谚语"不知法律不免罪"就是其体现。

到刑法第14条所要求的程度。同时,按照上述通说,大家经常所说的例子,即居住在深山老林中靠狩猎为生的猎户甲,因为不知道新近颁布的禁止打猎的命令而触犯非法狩猎罪的场合,猎户甲的行为就只能认定为有罪。因为在上述案例中,猎户甲对打猎的事实是有认识的,只是对该行为的法律性质即为新近颁布的法律所禁止的这一点没有认识而已。但这样理解显然是不教而诛、客观定罪。

这样说来,事实认识错误和法律认识错误实际上是一体的,没有必要分开。如果行为人对事实认识的程度达到了让其产生危害社会即违法的意识的话,就可以说行为人对事实的认识是真实的,并不存在错误;相反地,如果行为人虽然对事实具有认识,但该种认识没有达到让其产生危害社会意识的程度的话,就可以说,行为人对事实的认识是不真实的,存在错误。这种错误,形式上看,虽说是法律认识错误,但说到底,还是属于事实认识错误。这样说来,认为上述猎户甲非法狩猎行为构成非法狩猎罪的结论是不妥的。因为,虽说猎户甲对于自己打猎的事实是清楚的,但由于不知道新近颁布有不许打猎的命令,不知道打猎已经属于具有社会危害性的行为,因此,比照刑法第14条关于犯罪故意的规定,应当说其没有犯罪故意。换言之,猎户甲虽然客观上实施了为法所禁止的打猎行为,但由于其主观上没有非法狩猎的故意,因此,不成立刑法第341条第2款所规定的非法狩猎罪。

根据上述,我们还可以对以下案例进行分析。如在贩毒女被便衣警察抓住,急于脱身,大喊:"抓流氓!"旁边的某甲见状,上前将便衣警察抱住,贩毒女趁机脱逃的案件中,某甲的行为不构成刑法第277条的妨害公务罪。因为,尽管某甲客观上实施了抱住警察,让毒贩逃走,妨害警察执行逮捕公务的行为,但其主观上并没有妨害公务罪的犯罪故意。因为在当时的情况下,某甲所见到的是便衣警察,听到的是"抓流氓"的呼喊,根本不可能意识到是警察在执行公务,产生不了自己的行为会发生妨害公务的后果的意识,因此,不具有成立妨害公务罪的故意。相反地,在父亲甲确信自己儿子不是盗窃犯,见警察欲将儿子作为盗窃嫌疑人带走时,上前将警察死死抱住,让其儿子逃走,事后查明,其儿子的确不是罪犯的场合,父亲甲的行为是否构成妨害公务罪暂且不论,但其具有妨害公务罪的犯罪故意,这是毫无疑问的。因为,父亲对警察在执行公务这一点是有认识的,这种情况下上前阻拦,作为一个正常人,应当说对自己的行为可能发生妨害警察执行公务的危害社会结果是有认识的,即具有妨害公务罪的故意。只是,由于事后查明,其儿子不是罪犯,因此,父亲的阻拦行为是否产生了值得作为妨害公务罪处罚的危害后果,即该阻拦行为客观上是否具有可罚性,则是另外一回事。

第五节 犯罪过失

一、犯罪过失的概念、本质和类型

(一)犯罪过失的概念

从理论上讲,所谓过失,就是不注意而对事实没有认识,是与犯罪故意并列的主观罪过形式之一,是过失犯罪的主观心理态度。我国刑法中并没有规定犯罪过失,只规定了过失犯罪。

现在有关犯罪过失的理解，均是从刑法第 15 条有关过失犯罪的规定中推导出来的。

按照刑法第 15 条有关过失犯罪的规定，所谓犯罪过失，是指行为人应当预见自己的行为可能发生危害社会的结果，因为疏忽大意没有预见，或者已经预见而轻信能够避免的心理态度。如行为人在山里抓到一条毒蛇之后，放在自家院门口的水桶里，准备等来客人时招待客人食用。某天，行为人家中举办宴席，来了很多客人。其中一个来客在水桶里洗手，结果被蛇咬成重伤。在本案中，应当说行为人对客人的重伤具有疏忽大意的过失。因为，毒蛇是危险物，从一般人的生活经验上看，对其必须严加保管，而不能随便放置。本案中，行为人因为疏忽大意，将毒蛇放在位于院门口极有可能为客人洗手使用的水桶里，没有预见到自己的行为可能引起危害社会的结果，使不知情的客人被咬伤。对于这种结果，可以说，行为人具有疏忽大意的过失心理态度。

关于出于过失心理而实施的规定犯罪，依照刑法第 15 条第 2 款的明文规定，"过失犯罪，法律有规定的才负刑事责任"。换言之，法律没有规定的过失犯，就不处罚。那么，人们自然会追问以下两个问题：

一是刑法为什么例外地处罚过失犯呢？这是因为：一方面，刑法的目的在于保护法益。在发生了法益侵害的场合，刑法就要使用刑罚进行事后处理，其中也有防止将来再次发生法益侵害的目的的考虑。为了实现这种目的，就有必要将并不一定是故意引起法益侵害的场合也包括在处罚的范围之内。另一方面，过失犯也值得谴责。因为，过失犯的场合，尽管行为人对犯罪事实没有认识，没有机会意识到自己行为的违法性，从而直接面临规范的考问，在此基础上形成反对动机，但是，行为人在行为时如果全神贯注，提高注意力的话，就可能认识犯罪事实。换言之，行为人在行为时虽然没有直接面临规范考问，却间接地面临规范问题，在此能发现谴责过失犯的契机。

二是法律没有明文规定的场合，是否能够处罚过失犯？从刑法所规定的罪刑法定原则以及刑法第 15 条第 2 款的规定来看，法律没有规定的过失犯，行为人不负刑事责任。但问题是，是不是法条规定当中一定要挂有"过失"字样的，才是过失犯？对此，从我国刑法的规定来看，并非如此。如刑法第 133 条规定的交通肇事罪，从"违反交通运输管理法规"的角度来看，行为人在实施本罪的实行行为时，并不一定是出于过失，也可以是故意，但是，从"发生重大事故，致人重伤、死亡或者使公私财产遭受重大损失的，处三年以下有期徒刑或者拘役"的角度来看，交通肇事罪在主观责任要件上显然是过失犯，否则最高法定刑不至于在 3 年以下。类似情形，在刑法第 134 条第 1 款重大责任事故罪、第 135 条规定的重大劳动安全事故罪、第 135 条之一规定的大型群众性活动重大安全事故罪、第 136 条规定的危险物品肇事罪、第 137 条规定的工程重大安全事故罪、第 138 条规定的教育设施重大安全事故罪、第 139 条规定的消防责任事故罪、第 397 条所规定的玩忽职守罪中也能见到。如此说来，过失犯，除分则具体犯罪的规定当中有"过失"规定的以外，没有规定的场合，依据其法定刑也能推导出来过失犯的规定。在这类过失犯中，尽管实施偏离标准的行为时行为人的主观心态是故意（如"违反交通运输管理法规""违反消防管理法规"），但从即便造成人员死伤的严重后果，也仅仅规定较低的法定刑的角度来看，只能说行为人对该结果的责任比较轻，从而被认定为过失犯。在此也能看出，在过失犯中，相较于法益侵害结果，立法更加关注行为人对于所发生的侵害法益结果的主观心态。

刑法上所有的犯罪,从行为人主观上对犯罪事实有无认识来区分,不外乎两种,即行为人对犯罪事实有认识的类型和没有认识的类型。行为人对犯罪事实有认识而实施,即有意而为的场合,被称为"故意犯";行为人对犯罪事实没有认识的场合,即不意而为的场合,除行为人不可能认识的场合即意外事件和不可抗力事件之外,被称为"过失犯"。从犯罪都是因为违反刑法规范所以才受到谴责的角度来看,故意犯的场合,行为人并不是因为对犯罪事实有认识而受罚,而是因为其对犯罪事实有认识,因此而有机会意识到自己的行为违法,并在此基础上形成停止违法行为的反对动机,却仍然违反社会一般人对其不要实施犯罪的期待,选择实施犯罪,因而才要受到刑法的严厉处罚。相反地,在过失犯的场合,也并不是因为行为人对犯罪事实没有认识而受罚,而是因为在当时的情况下,行为人只要稍微注意一下,就能够对犯罪事实具有认识和预见;如果行为人对犯罪事实有认识的话,就有机会意识到自己的行为违法,并在此基础上形成停止违法行为的反对动机,选择避免犯罪结果发生即回避犯罪结果发生的行为。但由于行为人没有尽到其应尽的注意,对可能发生的犯罪事实没有认识和预见,因而未能避免结果的发生。从此意义上讲,过失犯是应当并且也能够认识犯罪事实,由于不注意却没有认识,以致引起了危害结果的犯罪类型,所以,要受到刑法处罚。这样来说,故意犯处罚的是对犯罪事实已经有认识或者预见而不停止的情形,而过失犯处罚的是对犯罪事实应当有认识或者预见而没有认识或者预见的情形,二者在行为人主观上都有违反规范的预见可能性,但却辜负了这种可能性的一点上具有共同之处。

以上理解,和我国现行刑法的规定也是一致的。刑法第14条关于故意犯,明文规定为行为人明知自己的行为会发生危害社会的结果,并且希望或者放任这种结果发生的情形,说的是行为人对犯罪事实有预见的情况;第15条关于过失犯,明文规定是应当预见自己的行为会发生危害社会的结果而没有预见,或者已经预见而轻信能够避免的情形,说的是行为人对犯罪事实没有预见或者认识的情况。这里,值得探讨的是行为人对危害结果"已经预见而轻信能够避免"的情形。通说认为,这种情形下,行为人对可能发生危害结果已经有认识或者说是有预见。[85] 但本书认为,这种理解是错误的。既然是轻信通常情况下可能发生的危害结果"能够避免"(不发生),这就意味着,"能够避免"的判断取代了"可能发生"的预见,即行为人最终还是认为危害后果不会发生。这样来说,在过于自信的过失当中,行为人对危害结果的发生是没有认识的。但这并不意味着,行为人可以不承担刑事责任。因为,行为人相信能够避免的原因是过于自信,即高估了可以避免危害结果发生的有利因素,而低估了导致危害结果发生的不利因素,因此,其还是要受到谴责,只不过这种谴责程度比故意的场合要轻。

(二)过失犯罪的本质[86]

从理论上讲,过失犯的场合,行为人对犯罪事实没有认识,没有直接面临刑法规范"这样行

---

[85] 高铭暄、马克昌主编:《刑法学》(第10版),北京大学出版社2022年版,第111页。
[86] 本来,从本书所坚持的近似于旧过失论的修正旧过失论的立场来讲,过失和犯罪故意一样,属于成立犯罪的责任要素,因此在此处,只要讨论与主观罪过有关的结果预见可能性的内容,即犯罪过失即可。但因为新过失论的崛起,使过失的讨论,已经超出了主观责任的范围,而蔓延到了客观违法的领域。为了使读者更加全面地理解当今的过失论的内容,因此本书在这一问题的探讨上,将犯罪过失和过失犯在相同意义上使用,在后述内容上,除探讨主观责任的判断之外,也探讨客观行为的认定。特此说明。

吗?"的考问,那么,为何过失犯的场合也要处罚呢? 这就是所谓过失犯的本质问题。对此,历史上曾经有不同的看法。另外,要注意的是,过失犯的处罚在不同历史时期变化极大,具有强烈的经济政策、历史色彩,受不同历史时期的国家产业政策、经济政策以及科技发展水平的影响极大,这一点在各种过失犯的本质论中有明显体现。

1. 旧过失犯论

这种见解认为,预见可能性是过失犯的责任基础,过失犯的处罚根据是,由于不注意而未能预见危害结果。详言之,行为人如果为了预见结果而打起精神的话,就能预见结果的发生,但是,由于疏于打起精神、集中思想,在没有预见到会发生结果的状态下实施行为,以致引起了结果。这里,欠缺为了预见结果发生而使精神处于紧张状态的注意(预见义务)的心理状态,就成为过失犯所特有的本质要素。以"违法和客观的、外部的事实有关,而责任则和主观的、内部事实有关"的客观违法性论为前提的话,以行为人的主观预见可能性为前提的过失,当然应当考虑为责任要素。这种将过失仅仅理解为主观责任要素的见解,就是旧过失犯论。据此,过失犯在客观上和故意犯没有本质区别,因此,在过失犯的理解上,除了对主观要素进行详细说明,在客观违法方面没有必要进行特别说明。客观上只要有结果,并且能够确认其和行为之间具有因果关系,下一步就应考虑行为人有无主观过失的问题了。

旧过失犯论主要流行于 20 世纪 50 年代以前。在 20 世纪初所发展起来的火车、电车、汽车等交通工具,由于其具有运载量大、运行速度快等便捷之处,因而在社会生活中占据了重要地位。但与此相应,交通事故也急剧增加,为了减少这种现象,人们便大量增设有关交通方面的过失犯罪,因此,在以处罚故意犯为主的传统刑法中,过失犯所占的分量也迅速增大。但问题是,按照社会一般观念,驾驶汽车等快速交通工具本身就是一件很危险的事情,难免发生交通事故。换言之,发生事故在人们能够预见的范围之内。汽车的使用者在驾驶汽车过程中,只要发生事故,导致人员伤亡或者财产损失,按照旧过失犯论,就应当承担过失犯的刑事责任。但是,这样一来,汽车等交通工具的驾驶人员等在使用汽车等现代交通工具的过程中就要承担非常沉重的注意义务,即便是意外事件或者不可抗力所引起的结果,只要其和行为人的行为之间处在因果关系的范围之内,也不得不将其作为符合构成要件的违法结果,实际上是让汽车驾驶人员承担结果责任。这种理解,不仅极大地限制了汽车等现代交通工具的发展,不利于现代科技产业的进步,还会不当扩张过失犯的成立范围。如只要说一般人都能预见现代社会中,交通事故的发生难以避免,则在汽车驾驶人员采取了足够的注意,但仍然未能避免车祸的场合,即便是在因为偶然因素或者不可抗力而引起的结果的场合,也仍然容易被认定为违反了结果预见义务,要追究行为人的过失犯责任。

2. 新过失犯论

有观点认为,应当在将过失把握为责任问题即不注意的"心理"状态以前,把过失把握为"行为",认为在行为人尽到了法定的注意义务但仍然发生了结果的场合,就将该行为作为具有社会相当性的行为,排除其违法性,直接出罪,不必进入责任阶段再以行为人主观上没有过失责任为由予以出罪。这种在违法阶段上就开始讨论过失问题的新见解,就是所谓"新过失犯论"。

新过失犯论的主要内容可以归结为以下三点:首先,说明了过失犯中的实行行为的存在,这是新过失犯论的最大贡献。旧过失犯论由于认为过失犯和故意犯在违法性方面一致,差别仅仅在于主观责任方面,因此对于什么样的"行为"引起结果时成立过失犯的问题,基本上没有讨论。新过失犯论对这一点提出批判,认为过失犯和故意犯在违法性的阶段就已经不同,过失犯的危害行为就是没有遵守社会生活上所要求的注意,没有采取合适的回避结果的措施的行为,即违反回避结果义务的行为或者说是脱离标准行为的行为,和故意犯的危害行为不同。其次,将过失的讨论重心从结果预见义务变为结果防止义务,并认为在以预见义务为中心的旧过失犯论中,只要行为和结果之间具有因果关系,并且行为人具有预见义务,对于所有的引起结果的行为,就都要予以处罚,明显会扩大过失犯的处罚范围。为了防止出现这种结果,新过失犯论认为,即便行为人已经预见到可能发生危害结果,只要履行了结果防止的义务,就不应当成立过失犯;并且认为,应当以一定的客观行为为基准设定结果防止的义务,即客观注意义务。过失犯的违法要素,就是违反这种客观的注意义务。[87] 最后,新过失犯论的本意,是重视治疗行为、交通运输行为的社会意义,通过缓和结果防止义务,限定过失犯的处罚范围。

"新过失犯论"登场的背景是,随着物质文明的进步,社会现象也在发生变化。现代社会中,即便是驾车之类自身蕴含侵害法益风险的行为,但由于其伴随巨大利益,给人们生活带来极大的便利和好处,因此,人们也必须忍受这种风险,承认上述危险行为的存在并与其共存。并且,在当今的现实生活中,人们已经习惯了这种风险,几乎不可能禁止这些行为,将它们从人们的社会生活中驱除出去。在行为人遵守必要的注意义务的状态、尽量按照行为规范要求,谨慎从事的场合,也可能不幸将行为中所蕴含的风险变为了现实,引起了侵害法益的结果,但在人们生活在这个巨大复杂的社会系统中,本来就应当承担一定风险的意义上,依然应当说,该行为合法(允许的风险)。换言之,不能像旧过失论一样,因为行为人在行为时已经认识到了危险,因此对于危险行为所引起的结果,就一律要承担过失犯的刑事责任。这样,行为人在实施驾驶汽车等行为时,自身的注意义务的程度得以减轻。新过失犯论就是基于这种考虑,认为只要行为人采取了一般应当采取的措施,即便发生了结果,也要以其没有注意义务为由,否定成立过失犯。由于新过失犯论认为,过失犯的违法性,不应当仅仅根据有无法益侵害来决定,还应当以有无违反客观注意义务为基础,因此,其和认为违法性的本质是行为无价值论的观点之间,具有亲和性。

由于新过失犯论将违反防止结果义务理解为过失犯的客观犯罪构成,因此,行为人客观上是否采取了防止结果发生的措施,而不是是否尽到了主观的注意义务,就成为判断过失犯的关键。如在马路上驾车行驶的时候,将在路边玩耍的一群孩子中突然冲出来的某个小孩撞死的场合,固然要考虑驾驶人员是否能够预见死伤结果,但在此之前,首先必须考虑,行为人是否能够预见有小孩冲向马路;在能够进行这种预见之后,接着必须考虑应当采取什么样的措施避免该结果。如果采取减速、鸣笛或者拐弯就能避免该结果发生的话,该措施就成为防止结果义务

---

[87] 新过失犯论,将过失客观化,认为过失是没有采取一定的回避措施,即在不作为犯的构造上来理解过失犯。按照这种观点,过失犯是开放的构成要件,相当于作为义务的防止结果义务在构成要件上没有规定出来。因此,在以过失犯为中心的交通事故当中,以《日本道路交通法》等所规定的义务为中心,通过将客观行为基准类型化,就能够显示出过失犯的具体处罚范围。新过失犯论在"二战"后被日本司法实务广泛采用,原因就在于此。[日]前田雅英:《刑法总论讲义》,东京大学出版会1999年版,第346~347页。

的内容,在行为人没有采取该种措施而造成小孩被撞结果的时候,行为人具有过失。

关于新过失犯论的问题,按照旧过失犯论以及后述的修正旧过失犯论的说法,其会导致过失犯的成立范围不当扩张。按照新过失犯论,过失犯的实行行为就是违反回避结果义务,其判断标准就是是否偏离防止结果所必要的标准行为。在新过失论之下,所谓过失行为,就是偏离标准行为的行为;处罚过失犯的根据在于,没有实施应当实施的行为。但是,如果说只要是违反标准行为并且导致了死伤结果就认定为过失犯的话,则某甲在大白天的笔直马路上驾驶尾灯损坏的卡车行驶,被醉酒驾驶者的轿车追尾,导致轿车内的两人死亡的场合,则某甲就有可能构成交通肇事罪。这显然是不妥的。

3. 新新过失犯论——恐惧感说

到了 20 世纪 70 年代,在日本等发达国家,企业业务活动引起的环境污染造成人的生命财产损失等公害事故成为深刻的社会问题。当时,主要以交通事故为对象所建立起来的新过失犯论,难以对这种制度性或者说结构性、系统性的公害事故提出合适的对策。因为,企业活动中所潜在的发生大规模的环境灾害、药物灾害以及其他侵害市民的生命、身体、财产的巨大危险,要完全显现出来,一般来说,需要一段较长的时间,并且危险变为现实,引发损害的机理在当时的科学技术上还不清楚,对于企业来说,很大程度上属于意外。此时,如何追究行为人甚至是企业的刑事责任,成为一件非常棘手的事情,也成为对被害人进行救济的巨大障碍。历来的见解不管是新过失犯论还是旧过失犯论,都要求对危害结果的预见可能性是具体的预见可能性,但是,在上述灾害主要引起者的企业组织中处于管理、监督地位的个人,很多场合下,并没有发生结果的具体预见可能性。并且,在企业犯罪之类的组织体犯罪的场合,将不在犯罪现场的高层管理者排除在外,仅仅追究底层劳动者的过失责任是违反社会正义的,在此背景之下,"恐惧感说"应运而生。这种见解认为,预见可能性的内容是"抽象的预见可能性",即只要具有可能发生结果的模糊的不安感、恐惧感的话,就足以说明行为人具有预见可能性。这种见解被称为"新新过失犯论"(也被称为"恐惧感说"或者"超新过失论")。

"新新过失犯论",在属于以回避结果义务为中心的过失犯论的意义上,和新过失犯论完全一致。但是,鉴于过失犯所引发的损害往往非常巨大,因此,新新过失犯论在回避结果义务的内容上,提出了近乎苛刻的要求,即在回避结果义务的前提方面,不要求行为人对具体结果有预见可能性,只要具有某种恐惧感就够了。之所以将预见要求降低到如此低的程度,是因为,这种观点认为,在未知的领域中,传统的过失犯论几乎无能为力。在科学实验或者建筑工程等场合,即便发生重大结果,但只要没有积累与此有关的经验,就不可能作出具体预见。但如果对这种情况不予处罚的话,那么,初次发生大事故总是不可罚的,这很不合理。[88]

"新新过失犯论"是意图扩大过失犯的处罚范围的见解,有导致接近结果责任的危险,因此,遭到了强烈的批判。有人认为,将恐惧感作为预见可能性的内容,让人有恢复结果责任的担忧。因为,恐惧感的内容不明确,将茫然不安的心理状态作为预见可能性的内容,使预见可能性的内容抽象化,仅仅剩下外壳;且在现代社会中,很难想象没有恐惧感的情况,如开发、应用科学技术具有巨大的破坏力,会对公众生活带来威胁。这种情况下,对尚未认识到的危险,

---

[88] [日]藤木英雄:《过失犯:新旧过失论争》,学阳书房 1981 年版,第 33~34 页。

要求行为人事先采取防备措施,实际上是要求其承担近乎无过错责任的严格责任。还有人认为,将作为注意义务内容的结果预见可能性解释为恐惧感的话,就会扩大过失犯的成立范围,有时和客观责任没有什么大的差别。[89] 因此,被称为"恐惧感说"的"新新过失犯论",在学界最终未能成为通说。

同时,在"新新过失犯论"的全盛时期,出现了对以行为无价值论为基础的新过失犯论进行批判,重新评价传统的旧过失犯论的动向。这种见解对新过失犯论将偏离标准行为作为过失行为的一点进行批判,说"到底什么是标准行为极不明确,容易将行政取缔法规中所规定的各种义务看作为客观的注意义务,对没有采取合理行动的人进行处罚,招致处罚范围的无限扩大"[90],认为过失犯的违法性,不在于标准模糊的行为无价值,而在于过失行为所具有的发生结果的实质危险,以及作为该危险的现实化的结果发生。这种见解,和以具体危险性为中心的旧过失犯论如出一辙,但在意图根据实行行为对过失犯的成立范围进行限定上,是对旧过失犯论的修正,所以,其被称为"修正旧过失犯论"。其从20世纪70年代中期开始有力,得到了结果无价值论者的有力支持,在当今学界和新过失犯论有平分秋色之势。

4. 本书的见解——修正旧过失论

本书原则上同意旧过失论的见解,不过在旧过失论的基础上,还必须考虑过失犯的实行行为。只有在行为人对发生结果具有具体预见,且实行行为中具有发生结果的高度危险的场合,才能成立过失犯。这种观点实际上是"修正旧过失论"的见解。

从刑法第15条即行为人应当预见自己的行为可能发生危害社会的结果,但因为疏忽大意或者过于自信而没有预见,以致发生该种结果的,是过失犯的规定来看,成立过失犯:首先,行为人主观上必须具有结果预见可能性。只不过,这种预见并不是驾驶汽车上路本身就是一件危险活动程度的漠然、抽象的恐惧感式的预见,而必须是具有现实具体事实作为依据程度的预见,是人们若感知到该事实,便能依据一般生活经验,将由周围环境提供的信息加工后,转变为警告讯号所引起的预见。如此说来,能够作为联想到对因果经过基本部分之预见的契机事实:一方面必须内含一定程度的、具体的危险预兆,另一方面该预兆容易为行为人所感知,就如同交叉路口的信号灯或是道路上的路标一样,对于行为人来说这一契机事实实际上就是一个"危险信号"。[91] 这种对结果的具体预见要求,能够有效地克服旧过失论中因预见可能性要求过低而成立范围过广的弊端。其次,行为人客观上必须有发生结果危险性较高的过失行为,或者说具有"实质上不允许的危险"行为。和故意犯的场合一样,过失犯中也必须具有实行行为,而且,这种行为不是一般的行为。从过失犯是结果犯的立场出发,过失犯中的实行行为必须是足以引起结果程度的危险行为。在妻子为了杀夫而制作有毒饮料,准备等丈夫下班之后,交给其饮用,不料丈夫提前回家,自己拿起放在书架上的有毒饮料一饮而尽,以致身亡的场合,妻子的调制有毒饮料的行为和丈夫之死之间具有因果关系。只是,因为妻子只是将调制好的有毒饮料放在书架上,尚未亲自动手递给丈夫,没有达到故意杀人罪的着手程度,故只能构成故意杀

---

[89] 林亚刚:《犯罪过失研究》,武汉大学出版社2000年版,第30~31页。
[90] [日]平野龙一:《刑法总论Ⅰ》,有斐阁1972年版,第190页。
[91] 黎宏、杨轩宇:《过失犯中结果预见可能性的认定——危险信号认识说之提倡》,载《吉林大学社会科学学报》2024年第1期。

人预备;同时,妻子调制有毒饮料并放在丈夫容易拿到的书架上的行为,属于没有尽到其应尽的防止有毒饮料被丈夫饮用的注意义务的行为,因此还构成过失致人死亡罪,二者之间属于想象竞合犯的关系。从此意义上讲,过失犯中的实行行为,至少达到故意杀人罪的预备犯的程度。

以下根据以上见解,对所谓"乘客酒后跳车案"进行分析。该案案情是,某日下午,邓某和朋友陈某饮酒后搭乘李某驾驶的出租车,达到指定地点后,李某向邓某、陈某索要车资51元,邓某、陈某质疑车资过高并拒绝支付并下车。李某遂下车阻拦二人离开并电话报警,后三人就返回始发地达成合意。在行驶途中,邓某要求下车并拉开右后车门,被陈某阻止。过后,邓某突然从车右后方玻璃处跳车,陈某发现后要求李某停车,李某驾车继续行驶几百米后停下,让陈某下车后驾车离开。经鉴定,邓某损伤程度属重伤二级。对于该案,两审法院均判定司机李某无罪,因为要求出租车司机预见乘客可能随时会从车窗处跳车,明显是强人所难,不符合日常生活的正常逻辑。[92] 从本书的立场来讲,法院判决妥当。首先,司机在该案并没有实施"实质上不允许的危险"行为。被害人虽要求停车司机未予理会,但在此之前双方因为车资纠纷而发生争执,随后就将乘客载至指定地点达成了合意。司机在已经报警的情况下,为了保护自身利益索要车资而不愿停车,并按乘客指示将其载往新的地点,应当说在问题处置上并无不当。其次,该案中不具有明显的足以让司机预见结果的危险信号。出租车系于下午行驶在路况正常的既定路线上,不存在使乘客心生恐慌的因素,加之被害人是在有朋友陪同乘坐的情况下,突然从后车窗跳出,连在一旁的同乘者都未发觉其存在异常举动。结合前述两点综合考虑的话,预示跳车的危险信号在很大程度上被其他指向危险消灭的安全事实所覆盖,仅仅是乘客酒后嚷嚷两句要下车这种程度极低的危险信号不足以使人联想到"从车窗跳下从而摔伤"的因果经过。在不存在较为明显的危险信号的场合,要求司机既要尽到安全驾驶的义务又要时刻关注后座乘客的一举一动过于强人所难。因而,不能肯定被告司机对被害人重伤的结果具有预见可能,应否定过失责任。[93]

5. 修正旧过失犯论和新过失犯论的差别

就过失犯的本质而言,当今流行的是修正旧过失犯论和新过失犯论,那么二者有何差别呢? 总结国内外有关学说,可以概括如下:

一是关于违法性的本质。新过失犯论认为,违法性的本质是"偏离社会相当性的法益侵害或者法益危险",以行为无价值论为基础;而修正旧过失犯论认为违法性的本质是"侵害或者威胁法益",以结果无价值论为基础。

二是关于实行行为。新过失犯论认为,违反客观注意义务的行为即偏离标准行为就是实行行为,强调其和故意犯中的实行行为的本质区别;而修正旧过失犯论认为,侵害或者威胁法

---

[92] 魏晶晶、段晶晶:《乘客为逃车资跳车致伤 司机无需承担刑事责任》,载《人民法院报》2020年9月17日,第6版;广东省广州市中级人民法院刑事裁定书,(2019)粤01刑终346号。

[93] 黎宏、杨轩宇:《过失犯中结果预见可能性的认定——危险信号认识说之提倡》,载《吉林大学社会科学学报》2024年第1期。

益的危险行为就是实行行为,强调其和故意犯中的实行行为的共性。[94]

三是关于注意义务。新过失犯论尽管也承认结果预见义务,但更强调结果回避义务,将其作为过失犯的核心要件,以试图限定过失犯的成立范围。所谓违反结果回避义务,就是尽管能够回避结果,却没有采取相应的回避措施。是不是采取了回避措施,不是行为人的主观问题,而是客观行为形态的问题。[95]因此,在新过失犯论中,过失不是责任要素,而是构成要件要素,这样,故意犯和过失犯的区别在构成要件阶段就能显现出来。而修正旧过失犯论则强调结果预见义务,认为故意以对发生构成要件结果的预见为核心要件,而过失就是尽管能够预见构成要件结果的发生却没有预见,行为人的这种由于欠缺必要的紧张而未能预见结果发生的精神状态,就是对行为人作为过失犯加以谴责的主观要素。因此,旧过失犯论者多将结果无价值作为违法性的本质,由于结果无价值论中,主观要素原则上不是构成要件要素或者违法要素,而是责任阶段考虑的要素,因此,在旧过失犯论中,过失是和故意并列的责任要素。故意犯和过失犯的区别,不在构成要件符合性和违法性阶段,只体现在责任阶段。

四是关于预见可能性。新过失犯论和旧过失犯论在认为没有发生结果的具体预见可能性,就不成立过失犯的一点上是一致的,但是,由于预见可能性在过失构造论中的体系位置不同,因此,两者对预见可能性的要求程度也不一样。新过失犯论将预见可能性作为回避结果预见义务的前提,因此,对预见的要求是必须达到成为回避结果的动机的程度,而且,仅此就够了。修正旧过失犯论将预见可能性作为责任要素,因此,其要求预见必须达到"作为责任谴责基础的程度"。如厨师给客人提供了河豚的内脏而导致客人中毒死亡的场合,从新过失犯论的立场来看,如果行为人能意识到河豚的内脏有毒,就会因此而形成采取不提供内脏的回避结果措施的动机,因此,容易肯定行为人对业务过失致死罪的预见可能性,但从旧过失犯论的立场来看,如果只认识到该毒具有引起伤害结果程度,那么,业务过失致死罪的预见可能性就要被否定,因为,行为人没有致死程度的具体预见。

二、过失犯的成立条件

按照新过失论,过失犯的关键是违反结果回避义务。这种违反以行为人具有结果预见义务为前提。因为,在不能预见危害结果的场合,就难以回避结果,不能赋予行为人回避结果义务。因此,预见义务是回避义务的前提。同时,要注意的是,即便说能够预见结果,但如果结果不能回避的话,还是不能赋予行为人结果回避义务。因此,结果回避义务的前提,就是结果回

---

[94] 如在行为人驾车以时速50公里的速度行驶,行人躲避不及被撞伤的场合,新过失犯论首先设定"限速30公里"为"标准行为",根据是不是超过了这一速度来确定是否为过失犯的实行行为,但为什么将限速30公里作为标准行为,而不是将限速40公里、50公里作为标准,并不一定清楚。旧过失犯论对此进行批判,认为不应当以时速30公里的速度行驶为标准进行评判,而应当以时速50公里驾车的行为是不是具有导致死伤结果发生的危险,来确定过失犯的实行行为。

[95] 据此,如在马路上练习高尔夫球的挥杆动作时,其有仔细观察周边情况的义务,在违反该义务而挥杆,打伤路上行人时,就是过失犯的实行行为;相反地,当行为人在幼儿园周边的道路上以时速10公里的速度行驶,充分地意识到一旦有情况就马上刹车,但一个孩子突然挣脱幼儿园老师的手飞速跑到马路上来,汽车躲闪不及,撞伤孩子的场合,只要行为人已经采取了回避结果所必要的措施,即便撞伤行人,也不是过失犯的实行行为,不违法。可见,新过失犯论的目的是,通过设定具体的结果回避义务,将有些模糊的过失实行行为的内容加以明确。

避可能性。这样,在新过失论之下,过失论的探讨,就是按照从预见可能性到结果回避可能性,再到违反结果回避义务的顺序进行的。

相反地,按照旧过失论或者修正的旧过失论,由于过失犯是行为人在实施具有一定导致结果的危险的行为时,应当预见自己的行为可能发生危害社会的结果,因为疏忽大意或过于自信而没有预见,以致发生了该种危害结果,因此,在过失犯的认定上,无论是疏忽大意的过失还是过于自信的过失,都离不开行为人主观上的"预见"。在疏忽大意的过失中,行为人具有预见能力但根本没有发挥这种能力,以致对危害结果没有预见;在过于自信的过失中,行为人已经预见到危害结果可能发生,似乎与预见能力无关,但实际上行为人并没有确切地认识到危害结果发生的内在机制,以致轻率地作出危害结果不会发生的错误判断。所以,过于自信的过失最终也还是没有充分地"预见"的问题。[96] 因此,行为人对犯罪结果是否具有"预见",就成为认定过失犯的关键。当然,修正旧过失论并不是不讨论实行行为或者危害行为,只是在旧过失论看来,过失犯中的实行行为,与故意犯中的实行行为并无二致,都是具有导致结果发生相当危险的行为。实务当中,这种行为和新过失论所谓的结果回避行为几乎一致,[97] 都是以行为违反法律规定或者生活习惯为前提。

由此看来,在有关过失犯成立条件的问题上,尽管新过失论和修正旧过失论存在诸多不同,但在具体内容的叙述上,并无二致:一是与主观要素有关的结果预见可能性,二是与客观要素有关的结果回避可能性。以下,分别叙述。

(一)过失犯的主观要件——结果预见可能性

从我国刑法第 15 条的规定来看,犯罪过失,就是行为人应当预见自己的行为会发生危害社会的结果,因为疏忽大意或者过于自信而没有预见,以致发生了该种后果。因此,"应当预见"是成立犯罪过失的前提。所谓"应当预见",包括以下三层含义:一是行为人具有预见义务,二是行为人具有预见能力,三是预见达到一定程度。另外,与此有关,就是对结果预见的成立范围进行限制的"信赖原则"。

1. 预见义务

预见义务的发生根据,即为什么说行为人应当预见的理由,通常分为三种:一是法律规定,如各类行政管理法规、行业规章制度的规定等;二是职业要求,如风险职业特有的谨慎从事、避免风险的要求等;三是人们公共生活的准则,如实施冒险行为之前,先必须确认周边安全等。一般来说,源自法律的预见责任只应限于法律的规定。对于超越行为人的合法行为或者符合规章制度要求的行为所可能产生的危害结果,行为人不负有预见的义务;来自职务要求的预见义务,只限于行为人所从事的职业或所担负的职务而产生的预见义务。在职权范围内的正常活动可能产生的危害社会结果,行为人不负有预见的义务;来自公共生活准则所产生的预见义务,只限于一般人都能意识到这种行为是违反公共生活准则的场合;对于超出合乎公共生活准则的行为所产生的危害后果,行为人不负有预见的义务。[98] 因此,行为人在行车过程中,对于

---

[96] 陈兴良:《刑法适用总论》(上卷)(第 3 版),中国人民大学出版社 2017 年版,第 158 页。
[97] [日]西田典之:《刑法总论》,[日]桥爪隆补订,弘文堂 2019 年版,第 276 页。
[98] 马克昌主编:《犯罪通论》(第 3 版),武汉大学出版社 1999 年版,第 354 页。

后车厢中有人偷偷爬上来的事实,不具有预见的义务。在因为超速而撞上路边的电线杆,导致后车厢中的人死亡的场合,不应承担过失犯罪的刑事责任。

2. 预见能力

行为人具有预见义务,不能马上就确定其"应当预见",还必须考虑其是否具有预见能力。因为,法律不能强人所难。

如何判断行为人对自己行为可能产生的危害结果是否具有预见能力,在理论上有不同看法。主观说主张,以当时具体条件下行为人本人的能力和水平为标准来判断。[99] 客观说主张,以社会上一般人的能力为标准加以判断。[100] 折中说主张行为人的能力比一般人高的场合,以一般人为标准;比一般人低的场合,以行为人为标准判断,[101] 这是我国的通说。

上述三种观点,实际上是主观说和客观说之间的对立,而所谓折中说不过是主观说的一个变种而已。主观说的宗旨是,为了对行为人进行道义上的谴责,只能在具体行为人的注意能力的范围之内对行为人进行处罚,否则就是强人所难;相反,客观说的理由是,从防卫社会和教育刑的立场来看,每个人都必须尽到其为社会一分子的一般的注意义务;不具有通常的注意能力的人,对社会而言,也是危险的存在。因此,从防卫社会和使不具有能力者也具有能力的角度来看,行为人值得科处刑罚,否则,就难以实现刑法防止犯罪、维持社会秩序的目的。[102] 由此看来,有无预见能力之争,实际上是在过失犯的处罚范围问题上,刑法的保护法益机能和责任原则该如何协调的问题。

从预见能力是行为人个人的事情,其有无完全取决于各个人的具体情况来看,主张预见能力属于责任要素,应当以各行为人的注意能力为标准加以判断的主观说是妥当的,它是责任原则要求的最忠实体现。但是,完全按照主观说,就有缩小过失犯的处罚范围、为过失犯开脱的嫌疑。首先,按照主观说,以当时具体条件下行为人本人的能力和水平为标准,会出现行为人是否具有预见能力,完全由行为人自己说了算的局面。如在"他平常就是个稀里糊涂的人,不可能预见到会发生这样的后果"的场合,法律就对其无能为力。这显然难以实现刑法打击犯罪、维持社会秩序的目的。其次,会出现打击先进、鼓励落后的局面。"如甲乙二人同为工人,甲没有积极钻研,因此业务水平低,而乙则相反,勤奋钻研,自学成才,业务水平高。对于同一工作上的事故,按照甲的业务水平,没有预见能力,不以过失犯论处,而按照乙的业务水平,具有预见能力,应以过失犯论处。"[103] 这里显然包含有不合理的因素。因此,有学者说:"拒绝客观尺度,就是纵容了个人的眼光短浅、不学无术的庸碌无能。"[104] 这样说来,在有无预见能力的判断标准上,不能采用主观说。

同样,完全按照客观说,也会强人所难,导致违反责任原则的结果。预见能力是主观的判断能力,其有无必须根据各个人的情况来加以认定。如果以一般人为标准加以判断的话,在行

---

[99] 陈兴良:《刑法适用总论》(上卷)(第3版),中国人民大学出版社2017年版,第160页。
[100] 姜黎艳、孟庆华:《论疏忽大意过失的预见标准》,载《法学》1991年第8期。
[101] 马克昌主编:《犯罪通论》(第3版),武汉大学出版社1999年版,第356页。
[102] [日]前田雅英:《刑法总论讲义》,东京大学出版会2006年版,第282页以下。
[103] 陈兴良教授的举例。参见陈兴良:《刑法适用总论》(上卷)(第3版),中国人民大学出版社2017年版,第160页。
[104] [苏联]马特维也夫:《苏维埃民法中的过错》,彭望雍等译,法律出版社1958年版,第323页。

为人自身的认识能力较低,达不到一般人的认识能力程度的时候,就会出现强人所难的结果。这会违反近代刑法所主张的主观责任原则,出现追究行为人的客观责任或者说是结果责任的结局。

本书认为,在有无预见能力的判断上,应当以"行为人所属领域的一般人"为标准。在其所属领域的一般人能够预见的场合,就可以说行为人具有预见能力。当然,行为人的年龄、职业以及认识能力、行为能力也要考虑在内。在这些事情的基础之上,以一般人为标准加以判断。这主要是因为,过失犯罪往往是从事业务活动的人实施的,或者是一般人违反日常生活中的重要注意义务而实施的,处于该种地位的人,必须具有这种注意能力。否则,就不能从事该项工作。在行为人所属领域的一般人能够预见的时候,行为人就应当能够预见,否则,就会陷入主观说的窠臼;在行为人所属领域的一般人都难以预见的时候,就应当说,行为人不能预见,否则难以避免客观说的弊端。这种以行为人所属的一般人为标准加以判断的学说,可以称为"修正的客观说"。

按照这个标准,行为人在当时条件下尽管没有预见到某种后果,但从行为人所属领域的一般人的立场来看,该种后果属于应当能够预见的后果的话,就能说行为人具有预见能力。如行为人在驾驶汽车过程中,由于眼睛近视又忘记了戴眼镜,看不见前方,结果将行人撞死的场合,尽管在危害结果发生的当时,可以说行为人没有预见能力(眼睛看不见),但是,由于行为人对于自己在驾驶汽车时必须戴眼镜这一点具有注意能力,因此,可以说其对现实发生的结果具有预见,根据这一点,能够追究其过失责任。否则,就会出现奖懒罚勤的结局,实现不了刑法保护法益的目的。相反地,一般人在当时条件下难以预见的,行为人也可以因为自身认识能力较强而能够预见。这种情况下,只要能够查明行为人确实能够预见,那么,就可以行为人的实际预见能力而追究其过失责任,以体现近代刑法所坚持的责任原则的要求。因此,在有无预见能力的判断上,既不应无视行为人的实际情况,以一般人的认识能力来代替其认识能力,也不能只考虑行为人的实际情况,以他本人为标准来说明其有无预见能力,而必须以行为人本人所属的一般人为素材,从其本人的实际情况出发,加以判断。

3. 预见程度

根据刑法第15条的规定,成立过失犯,行为人对行为的危害结果必须有预见,这是没有争议的。但是,行为人的预见必须达到何种程度,则有不同看法。

第一种见解认为,只要对发生结果有漠然的恐惧感或者意识到抽象危险,就足以说明其对危害结果具有预见。主张这种见解的,主要是恐惧感说或者新新过失犯论的学者。这种见解主要是针对企业事故特别是企业活动中所发生的公害事故,为了追究企业自身的过失责任而提出来的,目的是扩大企业自身的注意义务的范围。这种见解主要存在于国外。如在乳制品制造企业中的两名责任人因为从长期有业务往来的供货单位所购进的添加剂含有不合格原料而导致消费者死伤的案件中,乳制品企业本次所购进的食品添加剂和一直以来所购进的添加剂在外形上完全相同,无法进行区分,因此,对两名责任人而言,能够预见到本次进货会造成死伤事故,显然有强人所难之嫌。但是,从恐惧感说的角度来看,只要两人具有对于入口的食品难免会不卫生的恐惧感,就能肯定其成立业务过失致人死伤罪。[105] 但是,现代社会中,不伴随有恐惧感的行为几乎没有,仅有恐惧感是难以让行为人产生回避结果的动机的。如果说将只要有"稍不留神就会发生刹车事故"这种程度的不安感作为注意义务的根据的话,则只要发生交通事故,造成严重后果的话,就要作为过失犯加以处罚。可见,这种观点会无限扩大刑事犯罪的成立范围,违反责任原则。

第二种见解认为,行为人只要对自己的行为属于违法行为或者是违反规则的行为具有认识,就可以说明其对危害结果具有预见。这种观点主要为司法实践所采用。如相关司法解释规定,单位主管人员、机动车辆所有人或者机动车辆承包人指使、强令他人违章驾驶造成重大交通事故的,以交通肇事罪处罚。[106] 因此,实务当中,车主将无牌照车辆交给他人超载驾驶,发生重大交通事故的,便通常将车主认定为交通肇事罪的共犯。但这种做法过于简单粗暴。实际上,无牌照车辆上路行驶属于违反交通行政管理目的的行为,违反这类目的的行为与交通事故的发生之间并不具有因果关系。超载运输的违法行为是否必然会引起交通肇事结果,也必须依据具体事实查明。事实上,超载运输并不是完全不被允许的,只是要经过公路运输管理部门许可而已。[107] 超载运输的危害性,首先是严重破坏公路设施,增加公路维护费用,缩短公路使用寿命,其次才是容易引发道路交通事故。在车辆长期处于超负荷运输状态时,会导致车辆的制动和操作等安全性能迅速下降,但这种情形也只是在长期超载运输时才会出现,新车并不一定。因此,超载运输违反相关行政法规,但并不一定必然导致重大交通事故。换言之,违反规则的行为,且有重大事故发生的场合,是否一定构成犯罪,需要从因果关系的角度进行实质判断。[108]

第三种见解则认为,行为人仅有对自己行为违法程度的认识还不够,还必须对可能发生的结果具有具体预见。这是我国刑法理论上的通常见解。如一般认为,过失犯中的危害结果是构成要件,构成要件是由刑法明确规定的,所以,这里的危害社会的结果,只能是刑法分则对过失犯所规定的具体的危害结果。[109]

对过失犯中的预见程度要求不同,对于同一案件的定性,可能会得出不同结论。如在行为人由于超速行驶,方向盘操作失当,结果汽车撞上了路边的电线杆,致使同车的副驾驶座上的A受伤,同时,致使在行为人不知道的时候爬进后车厢的B、C二人死亡的案件中:如果说行为人只需要预见违法驾驶,则行为人对后车厢中的B、C二人的死亡就要承担过失犯的刑事责任;相反地,如果说行为人必须具有发生致人死亡结果的具体危害结果的预见,则行为人对后车厢中的B、C二人的死亡就不必承担过失犯的刑事责任。

本书同意上述最后一种见解,认为成立犯罪过失,行为人对所发生的危害后果必须具有具

---

[105] 日本高松高等法院1966年3月31日判决,判例时报447号3页。
[106] 2000年最高人民法院《关于审理交通肇事刑事案件具体应用法律若干问题的解释》第7条。
[107] 2021年交通运输部《超限运输车辆行驶公路管理规定》第10条。
[108] 根据最高人民法院研究室《关于对运输货车自行滑坡造成他人死亡如何定性处理问题的研究意见》,如行为人严重超载与事故发生之间不能认定存在因果关系,则应认定为意外事件。(黄应生、刘涛:《关于对运输货车自行滑坡造成他人死亡如何定性处理问题的研究意见》,载张军主编:《司法研究与指导》总第2辑,人民法院出版社2012年版,第102页。)
[109] 赵秉志、吴振兴主编:《刑法学通论》,高等教育出版社1993年版,第129页。

体的预见。从本书所主张的法益侵害说的立场来看,犯罪在本质上是侵害或者威胁法益的行为,而不仅仅是违反法规范的行为。违反法规范,是一切违法行为(包括民事违法、行政违法等)的共同特征,但是,就刑法上的犯罪而言,其不仅仅违反了法规范,更重要的是,这种违法行为给刑法所保护的利益(法益)造成现实的侵害或者危险,即从侵害或者威胁法益结果的角度来考虑犯罪本质。但是,认为过失犯的实行行为是"违反规则的行为"的观点,实质上将行为人违反规则作为处罚过失犯的根据,而发生侵害法益的严重结果只是一个客观处罚条件而已。由于上述问题的存在,在过失犯的预见程度问题上,应当坚持具体结果预见说。具体而言,就是在行为时具体事实的基础上,判断行为人是否有可能引起危害社会的结果。如就交通肇事的场合而言,要根据道路的幅宽、视野、路面状态,肇事发生时间,当时的交通流量、车辆运行速度、被害人的行动状况等各种具体事实,判断行为人在行为时的预见能力。因此,在马路上驾车行驶的场合,仅仅具有"开车的话,可能会引起交通事故"程度的抽象漠然的预见还不够,必须具有"在这种路窄人多的道路上,以时速70公里的速度行车,极有可能撞上路人,造成死伤事故"程度的具体预见可能性。同样,也不能以行为人认识到医疗行为具有风险为由,在发生事故的场合,就说行为人具有预见。如在进行医疗手术的场合,在由主刀医生和资深护士组成的团队所进行的大型医疗手术中,由资深护士负责准备器械、医生负责手术,由于资深护士失误将高频电刀的正负极接反,导致患者手术中被烫伤,因为,将高频电刀的正负极接反这种程度的低级错误在当时的医疗行业还从来没有出现过,资深护士竟然会犯这种低级错误,让人难以置信,因此,主刀医生对所导致的手术失败结果,可以说没有预见可能性。

相反地,上述主张行为人只要对自己的行为属于违法行为或者是违反规则的行为具有认识就足以说明其对危害结果具有预见的观点,则有明显的不妥。按照这种观点,所谓过失行为,就是偏离标准行为的行为;处罚过失犯的根据在于,没有实施应当实施的行为。因此,在判断行为人是不是具有过失时,主要是看行为人是不是意识到自己的行为偏离标准行为即违反规则或者日常生活中应当注意的事项。但是,在某一具体活动中,行为人应当遵守的行为标准不止一个,而是具有数个。这样说来,何为应当实施的标准行为,其认定就很困难,弄不好就会流于任意。而且,按照这种方法认定过失,也容易得出只要实施了违反一定标准的行为,就马上可以认定其具有过失的结论。换言之,在行为人实施违反标准行为的场合,即便是偶然原因引起了结果,也能认定为过失犯,这显然扩大了过失犯的处罚范围。如在陈某某交通肇事案中,被告人陈某某驾驶的货车停靠在路边等人的时候,被同向行驶的被害人张某某驾驶的小客车追尾,导致小客车损坏,车中的两人当场死亡。陈某某驾车逃逸。交通管理部门认为,被告人陈某某在交通肇事之后逃逸,负事故主要责任;被害人张某某酒后驾驶机动车,负事故次要责任。一审法院以交通肇事罪判处被告人有期徒刑1年6个月。但二审法院认为,交通事故发生在前,陈某某的逃逸行为发生在后,其逃逸行为并非引起本次交通事故的原因。至于陈某某有无其他与本次事故发生有因果关系的违反交通运输管理法规的行为,一审没有查明,故裁定撤销原判,发回重审。[110] 这里,一审法院的判决思路中,就有只要行为人认识到自己的行为违

---

[110] 陈兴良、张军、胡云腾主编:《人民法院刑事指导案例裁判要旨通纂》(上卷)(第2版),北京大学出版社2018年版,第70~71页。

法,就足以认定对危害结果具有预见的考虑。

在理解过失犯中的具体结果预见说的时候,必须注意以下两点:

第一,这种预见是指对构成要件结果的预见,而不是对结果以外的内容的预见。过失将爆炸物遗忘在公共场所,发生爆炸,造成人员伤亡和财产损失的场合,关于行为人主观上的预见内容,是指对发生人员死伤、财产损失具有预见,而不要求其预见到在某年某月某日,会造成某特定的被害人伤亡或者财产损失。另外,对于结果的个数也没有要求。在危险行为引起数人死伤的场合,即便行为人只对其中特定的人员伤亡或者财产损失具有预见,也不能说行为人只对预见的部分承担责任,而对其他损失撒手不管。

第二,对行为和结果之间的具体因果经过不要求有时间、地点上的细节预见,但对因果关系的重要部分必须具有预见。因为,要求行为人在行为时,就对之后结果发生的具体时间、地点等因果的全部都有预见,是不现实的;同时,对已经预见到结果的人而言,仅以其对现实的因果进程没有认识而否定其主观责任,也是极不合理的。[111] 在此意义上讲,过失犯中的预见可能性的内容,一定程度上不得不抽象。但是,这并不意味着只要具有发生结果的恐惧感或者没有任何根据的漠然的不安感就可以说行为人对发生结果具有预见,而是要求行为人"对特定犯罪的构成要件结果以及到该结果发生为止的因果关系的重要部分"具有预见。

所谓因果关系的重要部分,是指在因果经过中,能够使一般人预见到构成要件结果的事实,至于该事实是如何引起该结果发生的,即因果经过的每一个细节,则没有必要预见。就此而言,日本的"生驹隧道火灾案"判决具有借鉴意义。在铁路隧道中铺设电缆之际,具有施工资格进行作业的被告人,将本应接地的线路,接到了 Y 分歧接续器上,形成炭化导电路,引发了火灾,导致正在通过该隧道的火车中的乘客吸入有毒气体,造成死伤结果。对此,一审法院认为,导致本案火灾发生的炭化导电路形成现象,以前没有报告过。故被告人对作为本案火灾的原因及因果经过的基本部分的炭化导电路的形成现象没有预见可能性,更不可能预见本案火灾发生的结果,否定了被告人的过失责任。二审法院则认为,本案火灾事故发生的根本原因,是被告人的疏忽引起的接线错误,导致诱起电流长时间地流向本不应该流向的地方即 Y 分歧接续器本体的半导电层部。所谓因果经过的基本部分,在此以及由此引起的火灾结果中尽显无遗。只要说行为人对"接错线导致电流长时间地流向本不应该流向的地方"的一点大致上能够认识、预见,就可以说其对因果关系的重要部分具有预见,不要求对不断地流向半导电层部的诱起电流所招致的炭化导电路的形成、扩大,可燃性气体的发生,以电闪放电为契机而引发的火灾发生的全过程的每一个细节都有具体的预见、认识,故肯定了被告人的过失责任。日本最高法院肯定了二审法院的结论。[112] 本案判决的曲折过程,体现了法官对于"因果关系的重要部分"理解上的差别。其中,一审判决的基本思路是,既然难以预见到炭化导电路的形成,则通过形成炭化导电路引起火灾的预见更是不可能,其将"形成炭化导电路"理解为"因果关系的重要部分";相反地,二审判决的思路是,只要对电流没有接地,就可能使电线发热起火引起火灾的一点具有预见,就能肯定过失,其将"将电流引向不该流向的部分"作为"因果关系的重要部

---

[111] [日]前田雅英:《刑法总论讲义》,东京大学出版会 2006 年版,第 285~286 页。
[112] 关于本案判决过程,参见[日]奥村正雄、松原久利等:《判例教材刑法 I 总论》,成文堂 2013 年版,第71~72页。

分"。可见,在"因果关系的重要部分"的理解上,即便行为人对实际的因果路径不能预见,但只要对更为广泛的范围上的因果路径有预见,就可以说对"因果关系的重要部分"有预见。这种判决思路,类似于在胡同里开车,虽说行为人对撞死从路边窜出的小孩的结果没有预见,但如果说对胡同边的巷子里"常有小孩窜出"的一点有预见的话,就可以说对现实发生的孩子被撞死的结果具有预见。

4. 信赖原则

对过失犯中的结果预见可能性起限定作用的是"信赖原则"。所谓信赖原则,就是"在行为人实施某种行为的时候,如果有足够的理由相信被害人或者第三人会采取适当的行为,即便由于被害人或者第三人的不适当的行为而引起了危害结果,行为人也不承担责任"。这种见解本来源自德国、日本刑法学,主要适用于交通事故之类的信赖方和被信赖方处于对向关系的场合(对向型),目的是减轻驾驶人员的负担,在德国、日本,过去,"汽车是危险的交通工具"的观念盛行,在汽车撞死人的场合,常常仅仅是因为死了人,就马上对驾车者予以处罚。这样,就迫使驾车人"在驾驶的时候,就必须将被害人所可能具有的各种过失都考虑在内",结果不仅难以发挥汽车这种现代交通工具的优势,反而会形成在过失犯的名义下,追究驾车者的无过失责任的局面。为了避免这种尴尬局面,还过失责任以本来面目,法院就采用了信赖原则,以减轻驾车人的责任。[113] 我国学者也接受了这一理念,认为"汽车司机在封闭的高速公路上驾驶汽车时,因合理信赖他人不会横穿公路而正常驾驶,如果他人违法横穿公路被汽车撞死,该汽车司机就不负刑事责任"[114]。

信赖原则,在合理分配过失责任,限制过失犯的成立范围方面,具有现实的积极意义。但在信赖原则的适用上,必须注意以下几点:

第一,信赖原则过去仅仅适用于交通活动的场合,但现在也适用于医疗团队或者企业等组织体之内,数人之间相互信赖对方会采取合适的行动,共同协力完成某项工作的场合。

第二,信赖原则排除过失犯的适用的法理,是因为能够适用信赖原则的场合,就欠缺过失犯的成立要件。详言之,在信赖一同参与活动的他人会按照规定或者习惯,采取合适举动的场合,行为人就不具有预见义务,即便预见到他人会采取不适当举动,但也不能强加给行为人采取回避结果发生措施的义务。如在高速公路上,他人违反道路交通法规,突然违规(如不打转向灯)强行并线,导致后车与其追尾的场合,即便后面正常行驶的行为人已经有所预见,但仍要否定其成立过失犯。因为,依据信赖原则,行为人被视为没有结果预见可能性。

第三,信赖原则的适用,具有一定条件。如就交通事故的场合而言,根据信赖原则,解除行为人的肇事责任的条件是:交通设施比较完善,遵守交通秩序的习惯已经形成,行为人从其经验来看,有足够的理由相信,其他交通参与人采取不合适行动的可能性很小,并且,具体地看,行为人也无法预见到存在使其他人采取不适当行动的特别事实。因此,就我国的现实情况而言,在设施完备、秩序良好的道路上驾车的时候,行为人可以说有足够的理由相信他人会采取合适的行动,但是,在路况复杂、人车混杂的公路上,或者在遇到幼儿、老人、残疾人、醉酒者等

---

[113] [日]平野龙一:《刑法总论Ⅰ》,有斐阁1972年版,第198页。
[114] 马克昌主编:《刑法》(第2版),高等教育出版社2010年版,第100页。

难以说有足够的理由相信他人会采取适当行动的场合,要慎用信赖原则来解除行为人的过失责任。

第四,即便在行为人自己违法的时候,一定条件下,也可以适用信赖原则。这主要是指以下几种情况:违反交通法规和事故结果之间不具有条件关系的场合,如行为人无证驾驶或者驾驶没有牌照的车辆之类的场合,不排除信赖原则的适用;违反交通法规连续发生交通事故,但这些事故之间并没有相互联系的场合;在行为人违反交通法规的行为已经成为事实,被害人也知道这一事实的情况下,不采取躲避措施,以致引起事故发生的场合;不管自己是否违反规则,都能期待对方采取适当行动的场合。[115]

(二)过失犯的客观要件——结果回避可能性

故意犯的场合,就其客观要件而言,主要考虑危害结果、危害行为以及二者之间的因果关系,过失犯的场合也是考虑这些内容,而且,就危害结果和因果关系的内容而言,过失犯和故意犯之间没有任何差别。但是,在危害行为的判断上,二者之间却存在较大差别。如我国刑法中,交通肇事罪是典型的过失犯,按照刑法第133条的规定,其危害行为是"违反交通运输管理法规",可见,在作为过失犯的交通肇事罪的实行行为或者说危害行为的判断上,首先考虑是否"违反交通运输管理法规",然后考虑是否"因而发生重大事故"。同样,实务当中,关于过失犯的危害行为的描述,也是以行为人的不注意为前提。如在"丁某某过失致人重伤案"中,判决书对被告人危害行为的描述是:"被告人丁某某在楼顶天沟西南角搬运花盆过程中,因疏忽大意碰倒其放置于天沟边缘的小花盆上的煤灰砖,致使煤灰砖从6楼楼顶天沟掉落并砸中路过的被害人董某某背部,致使被害人董某某受伤",其中,"疏忽大意"就是不注意,"碰倒其放置于天沟边缘的小花盆上的煤灰砖",就是对行为的描述,而"致使煤灰砖从6楼楼顶天沟掉落并砸中路过的被害人董某某背部,致使被害人董某某受伤"既是对结果和因果关系的描述,同时也是对不注意行为中的危险的显示。由此可见,过失犯中的危害行为,和故意犯中的危害行为,尽管都是具有侵害法益危险的行为,但在其认定上,通常都是以违反注意义务为前提,其客观上表现为,违反具体法规、具体场景下的习惯或者日常生活要求。

在过失犯的危害行为的认定上,要注意以下几点:

第一,过失犯的实行行为,和故意犯的实行行为相比,定型性阙如,内容具备开放性,通俗地讲,就是只要具有一定程度的导致法益侵害结果的危险即可,外在形式不拘一格。就现实生活中出现过的过失致人死亡罪的表现形式而言:如为了吓唬挡在车前要钱的村民,发动汽车向前滑行,不料将村民撞倒轧死的行为;违章加高车身,在行驶过程中,不料和违章架设的电线接触,导致乘客触电死亡的行为;司机深夜听从醉酒者的要求,在高速公路的停车道上停留让其下车,结果被汽车撞死的行为;两人在五楼的楼梯口因发生口角而拉扯,其中一方摔倒后跌至四楼至五楼楼梯口水泥地处,造成严重脑伤而死亡的行为;将裹有毒药的香肠放在工棚里的床下,准备下班后伺机毒杀狗,不料被常来工棚玩耍的小孩偷吃,致其死亡的行为;粗心父母将孩子遗忘车内导致其被闷死的行为;等等,这些都是过失致人死亡的行为。

第二,过失犯的危害行为和结果发生之间,可以具有时间上的间隔。如将准备用来毒杀狗

---

[115] [德]克劳斯·罗克辛:《德国刑法学总论》(第1卷),王世洲译,法律出版社2005年版,第257页。

的诱饵放在床底,后来因为忘记没有使用。1年后被和自己孩子一同来家里躲迷藏的邻居家小孩找出食用,中毒死亡的场合,也能成立过失犯。相关司法解释也是这么理解的。如2003年11月13日公布的最高人民法院《全国法院审理经济犯罪案件工作座谈会纪要》就渎职犯罪的法律适用问题,规定玩忽职守行为造成的重大损失当时没有发生,而是玩忽职守行为之后一定时间发生的,应从危害结果发生之日起计算玩忽职守罪的追诉期限。还有,过失犯的危害行为可以向前倒查。如因为高度醉酒驾驶导致正常经过人行横道的行人被轧死的场合,尽管司机因为酩酊而意识不清,导致其在撞人的瞬间没有辨认控制能力,但是,只要其在醉酒之后开始驾车的时候具有导致交通肇事的危险,就可以将该醉酒驾驶行为作为交通肇事罪的实行行为。其实际上是过失犯中的原因自由行为。另外,由于驾驶技术不熟练而驾车,或者癫痫病患者驾驶途中癫痫发作而导致车辆失控,交通肇事,致人死伤的场合,由于该种人的驾驶行为自身就带有导致结果发生的危险,因此可以直接将其作为过失犯的危害行为。[116]

第三,关于过失犯的实行行为个数,学说上也存在争议。如在因为醉酒驾驶、超速、闯红灯三种行为齐备而撞死人的场合,到底将哪一种行为作为业务过失致死罪(国外罪名)的实行行为,国外学说存在争议。有的主张"过失并存说",建议将以上三个行为都作为过失犯的实行行为,相反地,也有人主张"最近过失说",主张将与结果发生最近的闯红灯行为作为过失犯的实行行为。[117] 国外学说,之所以对这个问题纠结,主要是因为在《日本道路交通法》中,上述三个行为分别构成三个不同的犯罪,因此有必要区分清楚。但在我国,由于上述三个行为,除醉酒驾驶行为之外,其他两个行为并不独立成罪,因此没有必要如此详细区分。只要将所有的不注意的违规行为集合起来,作为一个整体,认定其具有导致交通肇事罪的危险的话,就可将其作为交通肇事罪的危害行为。如此说来,上述学说中的"过失并存说"妥当。

第四,过失犯的危害行为和允许的危险。允许的危险是近年来刑法学中常常出现的一个概念,也被称为"允许的风险",是指社会生活中的某些行为,虽然有一定的侵害法益的危险,但由于为社会生活所必需,所以该行为所具有的危险在法律上被允许的情况。如医生在患有不治之症的病人身上试用刚开发的新药的行为,警察为抓捕罪犯而驾驶警车超速、闯红灯等,都属于允许的危险。如果不幸造成了严重后果,只要在程序上合乎规则,就不应当承担过失犯的刑事责任。

允许的危险是刑法学中所公认的排除过失犯的事由。这种理论认为,性质上具有一定危险的行为,若属于允许的危险,就不是危险行为,即便引起一定结果,也不成立犯罪;相反地,若属于不被允许的危险,就是危险行为,引起结果的话,可以成立过失犯。但是,何谓允许的危险,理论上则有两种完全不同的理解:一是广义理解。其将允许的危险理解为日常生活中所说的一般危险,这些危险之所以能存在,是因为其为我们日常生活所必需,即便危险,也允许其存在。如驾驶汽车的行为尽管很危险,但由于汽车快捷方便,而且运载量大,广泛地为人们的社会生活提供各种方便,因此,虽然危险,但仍然在日常生活中广泛存在,就是因为其是被允许的

---

[116] [日]西田典之:《刑法总论》,[日]桥爪隆补订,弘文堂2019年版,第277页。
[117] [日]高桥则夫:《刑法总论》,李世阳译,中国政法大学出版社2020年版,第209页。

危险。[118] 二是狭义理解。其将允许的危险理解为实质上具有引起危害结果的危险,本应在严格禁止范围之列,但为了救济其他利益,而不得不允许其存在。如为了抢救病人而允许救护车超速或者闯红灯行驶的场合,就是如此。违反限速的超速行驶或者闯红灯行驶的行为是具有导致危害结果发生的实质危险行为,本不被允许,但是,由于是为了抢救病人的生命这种更大的利益而实施的,所以,也应当允许。[119]

我国学者通常在广义上理解允许的危险。如将科学实验作为允许的危险对待。[120] 但是,如此广义地理解允许的危险,存在背离允许的危险的本来意义、淡化该原理存在价值的问题。如汽车作为一种危险源,稍微操纵不慎,就有可能引起人命事故或者财产损失,这是不可否认的。但是,在现代社会中,汽车制造技术已经非常成熟,而且,人们已经就汽车的使用制定出了很多规则,按照这些规则来合理地使用汽车,驾驶汽车就是一件很安全的事情,没有什么危险,因此,没有必要将驾驶汽车作为允许的危险看待。相反,从允许的危险的存在意义来看,它是限制或者排除过失犯的成立范围的事由,而不是扩大过失犯的成立范围的事由。如果说驾驶汽车或者医疗行为本身是危险行为,只是由于社会生活需要才在一定条件下予以允许,属于允许的危险的话,那么,对某些在日常生活中常见的超出允许的危险范围,但不构成犯罪的行为,就难以作出合理的说明。如对消防车在奔赴火灾现场的途中,一路超速行驶并且连闯红灯的行为就难以解释。因为,按照广义的允许的危险的概念,如果说违反交通规则的驾驶汽车行为就是超出允许的危险的行为,构成过失犯的话,那么,上述驾驶消防车的行为就是过失犯的实行行为了,在该消防车发生事故造成重大财产损失或者人命伤亡的场合,就要构成过失犯。但实际上,一般认为,从法益比较衡量的角度来看,在救火的过程中,违反限速规定的行驶行为即便造成了一定危害结果,但只要和所要救助的利益相比不大的话,也不能说该行为构成犯罪。同样,医生在做手术的时候,也会面临手术失败、致患者伤残的风险,但在对手术治愈患者所具有的利益以及当时所可能发生的风险进行比较权衡之后,还是冒着危险给病人进行了手术,这种手术行为,可以说是允许的危险。即便造成了一定危害结果,也不能马上就说医生的行为构成犯罪。但是,广义地理解允许的危险的话,就难以对上述场合作出合理说明。所以,广义地理解允许的危险,不仅歪曲了允许的危险的本来意义,扩大了允许的危险的存在范围,而且还为某些疏忽大意、不尽职责的犯罪分子提供了开脱罪责的借口。

因此,在理解"允许的危险"的时候,应当注意以下两点:其一,允许的危险的适用范围相当狭窄。如果说"允许的危险"就是在实质上具有引起犯罪结果的危险行为的话,那么,其所应用的范围,就只应当限定于为了保护一个更大的利益而违反一般规则或者日常生活当中应当遵守的注意事项,具有引起危害结果危险的行为,如救护车或者消防车为了救助病人或者救火而违反限速规定行驶,或者闯红灯行驶的场合,就是如此。相反地,通常的驾驶汽车行为,医生进行常规手术的行为,工矿企业的生产行为等,虽说从物理现象的角度来看,有一定的风险,但是,只要按照实际的操作规则行事,应当说是没有任何危险的行为。在这些场合,不能按照允

---

[118] [日]大塚仁:《犯罪论的基本问题》,有斐阁1984年版,第145页。
[119] [日]平野龙一:《刑法总论Ⅰ》,有斐阁1972年版,第198页。
[120] 马克昌主编:《刑法》(第2版),高等教育出版社2010年版,第100~101页。

许的危险的原理,认为行为人的驾驶行为或者医生的手术行为,属于允许的危险,即便引起严重后果,也不构成犯罪。其二,在判断是否属于允许的危险的时候,应当进行法益的比较衡量。允许的危险理论起源于19世纪的德国,本来的意思是,对于伴随有侵害法益危险的工矿业、机械交通、医疗等行业,由于其存在对社会具有重要意义,因此,即便引起了一定的侵害结果,也是允许的,而不作为犯罪处理。按照这种理解,允许的危险的量和该行为所具有的价值成正比;发生实害结果的可能性和所预想的允许的危险的大小成反比。

提出允许的危险理论的初衷,主要是为了保障社会经济产业的优先发展,即交通、工矿、医疗等现代产业。在其刚开始兴起的阶段,即便对人的生命、身体、财产具有一定危险,但为了保障其发展,也必须予以允许。因此,在这一阶段,行为是否属于允许的危险,主要看该行为是不是有利于社会整体经济的发展。但是,在上述产业已经比较成熟、人权观念被广泛接受的当今,在判断某种行为是否属于允许的危险的时候,就不能继续沿袭上述观念,否则,难以得出合理的结论来。如在当今,说工矿企业对社会经济发展有益,因此,其在运营过程中,即便制造点公害损害人的生命或者身体健康,也无所谓的话,显然是难以为人们所接受的。因为,工矿企业的存在是为人们谋福利,而不是为人们带来灾难;同时,工矿企业的运行,如果严格按照操作规程的话,是不会引起事故的,出现事故的,往往是没有按照操作规则行事。这样说来,在判断某行为是否属于允许的危险的时候,必须进行利益的比较衡量,具体考虑该行为本身所具有的实际价值(如灭火、救人),而不能以该行为以外的附加价值即"国家经济发展""交通秩序"等作为参照标准。

第五,过失犯的危害行为和"合义务替代行为"。近年来,在过失犯的讨论中,一个经常提及的概念就是所谓"合义务替代行为",其是在作为限定过失犯的危害行为的成立范围的意义上,所使用的概念。

通常来说,在过失犯中,结果的引起常常是因为行为人违反规则或者违反了日常生活中应当注意的事项,但有时候,行为人即便谨慎从事,也还是难以避免结果的发生。这种场合,该如何处理? 具体来说,"即便行为人谨慎行为,但仍难以避免该结果发生"的假设性事实,能否免除过失犯的刑事责任? 这就是所谓"合义务行为替代"的问题。

最初引起这一话题的,是德国的所谓"卡车司机案"。司机A违反超车间隔在狭窄的道路上驾驶卡车超越前面骑自行车的被害人B,B由于喝得大醉,骑车时东倒西歪、摇摇晃晃,结果跌进卡车的后轮而被轧死。事后发现,在当时的情况下,即便A按照法律规定,在法定间隔上超车,也会导致同样的结果。检察官以被告人犯过失致死罪对该案起诉,但法院宣告被告人无罪。[121] 在日本,也存在类似的判决。如在火车司机疏忽大意,通过视野极差的铁路道口时,没有注意到铁路道口上有一个小孩而将其轧死的案件("京都铁路道口案")中,法院认为,即便驾驶员没有疏忽大意,在发现幼儿之后,迅速采取拉响汽笛、紧急刹车等措施,但从火车的时速和火车到人行道口之间的距离来看,也难以防止该结果的发生,因此,认定驾驶员的行为和幼儿死亡结果之间没有因果关系,判处驾驶员无罪。[122]

---

[121] 案情介绍,参见[德]克劳斯·罗克辛:《德国刑法学总论》(第1卷),王世洲译,法律出版社2005年版,第257页。
[122] 日本大审院1929年4月11日判决,法律新闻3006号,第15页。

我国近年来的司法实践中,也有根据"合义务替代行为"进行刑事辩护的情形。如在"赵某某交通肇事案"中,被告人在 8 月某日下午 4 时许,驾驶小轿车经过某路段时,因超速行驶,其所驾车辆轧在散放于路面的 1 个雨水井盖上后失控,冲过隔离带进入辅路后与正常行驶的一辆小轿车和骑自行车的人相撞,造成 3 人死亡 2 人受伤。交警认定,被告人赵某某负此事故的全部责任。尽管法院最终认定被告人构成交通肇事罪,但在本案裁判过程中,赵某某的超速行驶行为与被害人 3 死 2 伤的危害后果是否存在刑法上所要求的因果关系,则有争议。本案辩护人认为,本案中,应该由公安部门进行相关的侦查实验,以证实在 60 公里/小时以下的速度行驶的机动车辆轧在井盖上是否会发生上述危害后果,并进而认为,如果行为人已履行了注意义务还是不能避免危害结果的发生,就不能认定为犯罪。[123] 这种观点实际上是前述"合义务替代行为"的翻版。

在理论上,学者认可上述交通案件中的判决结论,但就其说理而言,则众说纷纭。有学者从没有条件关系的角度对其加以说明,认为在上述场合,由于"即便驾驶员采取上述措施"也仍然难以防止结果发生,因此可以说,驾驶员的前行为和所发生的后结果之间不具有条件关系。[124] 但是,条件关系的判断,仅限于现实所发生的具体结果和导致该结果发生的个别实行行为之间的关系,而不得加入其他假想事实,否则会丧失其作为事实判断的公式的意义,因此,条件说的说明当中存在方法论上的错误。另有学者从不作为犯的因果关系的角度对其加以说明,[125] 认为从驾驶员没有采取回避结果发生措施的角度来看,可以将其看作不作为犯,并据此而认定行为人的不作为和结果之间没有因果关系。因为,不作为不是什么都未为(单纯的"无"),而是没有实施所应当实施的行为,因此,在不作为犯的场合,不得不进行"如果实施了应当实施的行为的话"的假设判断。这样理解的话,就可以说在上述案例中,行为人的不作为和结果之间没有条件关系。但在上述"卡车司机案"中,并不是没有在法定间隔上超车的不作为引起了事故,而是在不合法的间隔上超车的作为引起了事故;同样,在"京都铁路道口案"中,并非没有拉响汽笛、没有紧急刹车的不作为引起了事故,而是使列车运行的作为引起了事故,因此,把以上事例看作不作为犯是相当困难的。还有学者从没有"增加危险"的角度对其加以说明。认为和合法行为(或者是合乎义务行为)相比,在现实发生的违法行为(或者违反义务行为)加大了发生结果的危险,并且危险变为现实的场合,承认结果的归属;但在即便实施合法行为也难以避免结果发生的场合,就不能说,现实的违法行为加大了发生结果的危险,危险变成了现实。在上述"卡车司机案"中,德国法院就是以此为由判决被告人无罪的。但是,即便说现实的违法行为和假设的合法行为具有同样的危险,两者必须同样看待和处理,也无法"直接"得出双方都不可罚的结论。只要现实所发生的结果是行为的恰当体现,就难以说现实发生的结果不是实际的违法行为的现实体现。因此,依据"危险有无增加"而否定结果的客观归属非常

---

[123] 北京市第一中级人民法院刑事附带民事裁定书,(2005)一中刑终字第 3679 号。
[124] [日]町野朔:《因果关系论》,载中山研一等编:《现代刑法讲座》(第 1 卷),成文堂 1982 年版,第 327 页以下;[日]山口厚:《问题探究 刑法总论》,有斐阁 1998 年版,第 7 页以下。
[125] [日]北川佳世子:《交通事故和过失论》,黎宏译,载高铭暄、赵秉志主编:《过失犯罪的基础理论:二十一世纪首次(总第七次)中日刑事法学术讨论会论文集》,法律出版社 2002 年版,第 76 页以下。

困难。[126] 有人从没有结果预见可能性的立场对其加以说明，认为在"卡车司机案"中，如果一般人不可能认识到被害人异常（醉酒）的话，就说明卡车司机没有过失。相反地，行为人能够认识到被害人的异常的场合，就能肯定其对结果的预见可能性，卡车司机就应当承担过失犯的责任。[127]

本书同意上述"合义务替代行为"的法理即即便行为人谨慎行为，但仍难以避免结果发生的场合，行为人对于行为结果不担责。在其理由说明上，可以前述"危险现实化"说加以说明。如上所述，需要以所谓"合义务替代行为"解决问题的案件，实际上就是在行为人的过失危险行为和最终所发生的结果之间，介入了其他因素的行为，因此，对这种情况可以本书前述的"危险现实化"理论解决。按照本书的危险现实化说，在行为和结果之间有介入因素的场合，需要考虑介入因素是否前行为的伴随状态，以及介入因素对最终结果的引起所具有的贡献的大小。在介入因素属于前行为的伴随状态乃至诱发因素的场合，可以将结果归属于前行为，属于前行为的危险现实化；相反地，在前行为危险可能具有的效果为介入因素所覆盖或者超越的时候，该结果就不能归属于前行为，而只能看作中途介入的后行为即介入因素的危险现实化。以下，据此对上述案例进行说明。

就德国"卡车司机案"而言，其实际上是在卡车司机的违规超车行为和被害人之死的结果之间，介入了被害人自身的因为醉酒而无法自控的行为。而被害人这种醉酒之后无法自控的行为，并非作为前行为的违规超车行为所必然伴随或者说是被其诱发的行为，因此，不能说最终发生的结果是卡车司机的违规超车行为危险的现实化；同时，由于事后查明，被害人由于酩酊大醉，行为人即便按照规则在更宽的间隔（150厘米）上超车，也难以避免被害人死伤结果的发生，事实上，被害人之死是由于其骑车时东倒西歪、摇摇晃晃，结果跌进卡车的后轮而被轧死。换言之，被害人醉酒不能自控的介入因素，覆盖或者说超越了卡车违规超车所具有的危险，因此，卡车司机对被害人之死不应当担责。[128]

同样，就日本"京都铁路道口案"而言，也可以如此说明。在本案当中，在火车司机因为疏忽大意在驾驶火车经过铁路道口时忘记了减速或者拉响汽笛的危险行为和小孩之死之间，存在小孩自己滞留在铁轨上的危险行为的介入因素，二者共同作用导致了小孩之死的结果。本案中，首先可以肯定小孩违规滞留铁轨的行为，并非火车司机疏忽大意驾车所诱发的结果，也并不是该过失危险行为的伴随状态，因此不能说小孩之死是火车司机疏忽大意行为的危险现实化；其次，事后查明，该案中，即便驾驶员没有疏忽大意，在发现幼儿之后，迅速采取拉响汽笛、紧急刹车等措施，但从火车的时速和到人行道口之间的距离来看，也难以防止该结果的发生，因此，可以说，小孩滞留铁轨的介入因素所具有的危险超越或者覆盖了火车司机疏忽大意过失行为所具有的危险，是导致结果发生的主要原因，小孩之死是作为介入因素的行为危险现实化的体现，因此火车司机对小孩之死不担责。

---

[126] [日]山口厚：《因果关系论》，载[日]芝原邦尔等编：《刑法理论的现代展开（总论Ⅰ）》，日本评论社1990年版，第51页。

[127] [日]北川佳世子：《交通事故和过失论》，黎宏译，载高铭暄、赵秉志主编：《过失犯罪的基础理论：二十一世纪首次（总第七次）中日刑事法学术讨论会论文集》，法律出版社2002年版，第77页。

[128] 但要注意的是，司机尽管对被害人之死不担责，不构成业务过失致死罪，但对其违规超车的行为必须承担责任。

同样,在"赵某某交通肇事案"中,尽管有见解提出,判断赵某某的行为是否构罪的关键是,如果其以合乎法定要求的时速行驶,会不会导致车辆失控而冲入辅路,造成重大交通事故。但从本书的角度来讲,以这种"合义务替代行为"的假设为赵某某出罪的依据,说服力不够。因为,如果赵某某以合乎法定要求的时速驾车经过此地的话,就不存在刑法第133条所规定的"违反交通运输管理法规"的交通肇事罪前提,故即便发生了肇事结果,也不成立犯罪,更不用讨论其行为和结果之间有无因果关系的问题了。

本书认为,"赵某某交通肇事案"的认定,仍然可以借鉴"行为危险现实化说"的见解。本案的关键是,现实发生的"重大交通事故的结果"到底应当归属于"雨水井盖散放于路面"的介入因素,还是应当归属于赵某某的违章驾驶行为?从行为危险现实化说的立场来看,如果能够证明"雨水井盖散放于路面"属于赵某某违章驾驶的伴随因素或者说为其所诱发的话,则可以说本案中的"重大交通事故的结果"是赵某某违章驾驶行为的危险现实化的体现,赵某某对此应当担责。但显然这种推论是不成立的,雨水井盖在赵某某违章驾驶之前就已经散落于路面。现在只能考虑"重大交通事故的结果"是否"雨水井盖散放于路面"这种介入因素所致。本案中,由于各种原因没有进行相关侦查实验,故无法像前述德国的"卡车司机案"以及日本的"京都铁路道口案"一样,在事后证明,即便行为人在当时的情况下,合法操作也难以避免结果的发生,因此不能排除本案被告人赵某某的违规驾驶行为和"重大交通事故的结果"之间所存在的引起和被引起的关系。这大概也是包括律师在内的很多人对认定被告人有罪结果表示质疑的理由。毕竟,就判定被告人有罪的判决而言,必须排除一切合理怀疑,而本判决在这一点上存在瑕疵。

但是,就本书的立场而言,这种程度的瑕疵,并不足以否定本案中被告人有罪的判决结论。虽说本案中,基于各种原因没有进行相关侦查实验,但也不能据此而否定赵某某的超速驾驶行为中所包含的引起结果的危险。因为,在该道路上,雨水井盖散落地面并不是赵某某肇事之前一瞬间发生的事情;当时路面应当有很多车辆来往,但那些车辆都没有出事。由此可以推断出,只要按照法定限速行驶,应该是不会出现车辆失控而冲入辅路的结果的。因此,本案中,没有进行侦查实验的事实,不应成为否定本罪中被告人成立犯罪的关键理由。

从本书所主张的修正旧过失论的立场来看,可以肯定法院的有罪判决。一方面,被告人赵某某有结果预见义务。作为资深驾驶人员赵某某,应当预见到违章驾驶所可能导致的后果,特别是应当预见到,大幅超越会使驾驶人员的观察前方路上的异常情况并据此迅速作出反应的时间缩短,反应能力降低,容易出现交通肇事的后果。另一方面,被告人赵某某具有回避结果义务。赵某某在进行违章超速驾驶(本案事发路段的交通标志牌显示,限速60公里/小时,被告人赵某某事发时"行驶速度高于77公里/小时")的场合,未能采取合理的结果规避措施,以致发生车辆失控而冲入辅路,造成重大交通事故的结果。尽管无法证明,行为人以合乎要求的限速行驶是不是会导致车辆失控冲入辅路,但事实上是,行为人的超速行驶导致车辆失控而冲入辅路,造成重大交通事故,这是不能否认的事实。因此,被告人对于本次肇事结果,应当承担过失犯罪的刑事责任。

三、犯罪过失的种类

就犯罪过失的种类而言,我国刑法中原本只有过于自信的过失与疏忽大意的过失之分,学说上也主要讨论这两种情形,但近年来受国外刑法学的影响,有关过失犯的分类之中,也加进了业务过失和重大过失、监督过失和管理过失的区分。

(一)过于自信的过失和疏忽大意的过失

按照犯罪过失心理态度的不同内容,刑法理论把犯罪过失区分为过于自信的过失和疏忽大意的过失两种。

所谓过于自信的过失,是指行为人已经预见到自己的行为可能发生危害社会的结果,但轻信能够避免,以致发生这种结果的心理态度。如甲、乙、丙三人周末相约到野外山林野炊。三人打了一只野兔,进行烧烤。正在这时,天空突然阴云密布,雷电交加,眼看就要下大雨。甲提议赶快下山避雨;乙说先把火灭掉,不然会起火;丙说马上要下雨了,不灭也没关系,还是躲雨要紧。经丙这样一说,三人扔下燃烧的火堆,慌忙向山下奔跑。结果刚到山下,云就散开了,不仅没有下雨,反倒起了一阵大风,将整个火堆吹得四散开来,结果引起了森林大火,造成严重损失。在本案当中,甲、乙、丙三人主观上,应当说具有过于自信的过失。第一,三人对于已经发生的森林大火,是没有预见的。尽管乙曾说"先把火灭掉,不然会起火",看似对起火的结果具有预见,但是,在其他人的劝说下,最终也否定了会发生火灾的预见。第二,认为不可能发生森林大火的预见,是有一定依据的,即当时雷电交加、阴云密布,这是雷雨的前兆。一旦下雨,自然能够将他们点燃的火堆浇灭,这是很自然的事情。正是因为存在这种客观条件,所以,他们最终否定了曾经有过的会起火的预见,并导致了森林火灾的发生。可见,在存在一定有利的客观条件,致使行为人否定了曾经有过的会发生危害结果的预见的场合,就属于过于自信的过失。

所谓疏忽大意的过失,是指行为人应当预见到自己的行为可能发生危害社会的结果,因为疏忽大意而没有预见,以致发生这种结果的心理态度。如动物园的饲养员某甲,一天清晨起来给老虎窝打扫卫生,由于马上要开馆了、时间比较紧,于是,他在打扫完之后就匆匆忙忙地离开了,忘记将老虎窝的门锁上。结果,老虎跑了出来,将一名游客咬成重伤。这个案件当中,饲养员某甲对于游客被老虎咬伤的结果,应当说具有疏忽大意的过失。理由在于:第一,其对老虎会跑出来咬伤游客的结果是没有预见到的,但从动物园饲养员的身份来看,其应当意识到;第二,之所以没有预见到,是因为当时要开馆、时间比较紧,匆忙之中疏忽了,忘记了锁门,导致老虎出来咬伤了游客。可见,从行为人的具体情况来看,应当对结果有预见而没有预见的场合,就属于疏忽大意的过失。

(二)业务过失和重大过失

所谓业务过失,就是违反在从事一定业务的时候所具有的注意义务而导致的过失。如日本刑法当中,关于业务过失犯罪,规定有业务过失失火罪、业务过失威胁交通罪、业务过失致人死伤罪,其法定刑均比普通过失犯罪要重。我国刑法当中,交通肇事罪便属于此类。关于业务过失犯罪被重罚的理由,一般认为,是业务人员被科处了比一般人更重大、更特殊的义务。按照这种见解,会得出这样的结论,即在相同的情况下,一般人和业务人员所具有的注意义务是不同的。但是,注意义务并不随着行为人的地位、立场而发生变化。不仅如此,按照这种见解,比一般人能力差的业务人员,也被科处比一般人更高的注意义务,要受到重罚,但这显然是违反责任原则的。与其如此,倒不如说,业务人员在日常的业务生活中,对结果的预见比一般人更为容易,尽管如此,其还是不注意引起了结果,仅此就要说业务人员的责任更重。在这一点上,可以说业务人员的责任是拟制的。业务者不管是具有较轻的过失还是较重的过失,一律要科处较重的刑事责任。

这里所谓"业务",不一定是指职业或者营业,只要是"在社会生活上反复继续实施的、具有威胁他人的生命、身体性质的事务"就够了。其中,所谓"社会生活上的地位",并不要求是职务上的行为,作为兴趣而实施的体育活动,对兴趣小组活动的指导等,都可以说是业务。另外,也不要求该行为一定要合法,违法的业务也可以。如无证行医或者无证驾驶而引起他人死伤的场合,也成立业务过失致死罪。相反地,做饭、洗衣、照顾小孩等日常行为不是业务。另外,在志愿者活动过程中所发生的儿童溺水死亡事故,法院没有认定为业务过失致死罪,而是认定为重过失罪。[129] 所谓"反复继续",是只要有反复继续的意思,就不要求实际上一直在反复继续。如一发动汽车就撞上了行人的场合,也成立业务过失致伤罪。但是,业务过失加重的根据在于容易预见的一点,因此,仅仅具有反复继续的意思还不够,还必须有在过去反复继续的事实。"具有威胁他人的生命、身体性质的事务"要求业务必须是对他人的生命、身体具有危险的行为。如走路或者骑自行车都不是危险行为,即便和行人相撞,引起伤害,也不能说是业务过失致伤罪。相反地,遛狗或者体育竞技则是危险行为。另外要注意的是,日本判例将业务失火罪中的"业务"理解为"作为职务应当考虑安全用火的社会生活上的地位",和业务过失致人死伤罪的场合不同,这里在和职务的关系上考虑业务。如公共浴场经营者之类的直接和火打交道的人,贩卖液化煤气之类的极有可能引起火灾的器具、设备等的人,或者保安、更夫之类的以发现和防止火灾为任务的人,都被看作业务人。

所谓重大过失,是指业务过失之外的、严重违反注意义务的情形,刑法上规定有重大失火罪、重大过失致人死伤罪。其法定刑,均比普通过失犯罪要重。即便是普通过失,但在该过失行为可能造成多数人死伤的结果的场合,或者已经造成多数人死伤的场合,或者没有资格的人实施只有具有一定资格的人才能实施的行为的场合,也都有可能成立重大过失犯罪。这样说来,重过失之所以被重罚,不是因为回避结果的义务侵害程度更高,而是由于更容易预见到结果,而且能够很容易地预见到结果的一点。如在汽车加油站抽烟,在人群密集的广场上练习棒球或者高尔夫球,这种行为发生结果的危险性更高,因此,也更容易预见结果。另外,在点火状态下给油灯加油的时候,在不注意的程度较高的时候,能够很容易预见结果的发生,但由于没有预见而引起结果的场合,可以说责任重大。

(三)监督过失和管理过失

监督过失是日本学者对过失犯的分类,其创立目的是为追究不在事故现场的管理人员的过失犯罪提供依据。刑法第 134 条重大责任事故罪,强令、组织他人违章冒险作业罪,刑法第 397 条玩忽职守罪中,也有行为人承担监督责任的体现。广义上讲,处于监督地位的人的过失都可以称为监督过失,但学说当中,通常将其区分为监督过失和管理过失两种。

所谓监督过失,是指处于让直接行为人不要犯错的监督地位的人,违反该注意义务,造成后果场合的过失。如工厂厂长由于疏于对现场工作人员的指挥、监督,致使工作人员疏忽大

---

[129] 日本名古屋高等法院 1984 年 2 月 28 日判决,判例时报 1114 号,第 3 页。

意,违反操作规则,引起爆炸事故的情况就属于此。在这种场合,监督者对被监督者的现场作业进行指挥、监督,处在能够预见被监督者的过失、避免发生结果的立场,因此,对直接行为人的过失,可以追究监督人的过失责任。被监督人的过失,只要没有特别情节,就视为监督者的监督过失。所谓管理过失,是指管理者对人、财、物等管理不善而构成的过失。例如,具有使火灾自动报警设施处于正常运转状态义务的人疏忽履行该义务,导致火灾,造成多数人死亡的场合,就是管理上的过失。在管理过失中,同对被监督者的指挥、监督不当相比,没有履行回避结果的适当管理义务的不作为,特别是建立安全体制的义务更为重要,因此,在这种场合,应当从是否具有不真正不作为犯的成立要件,特别是管理人是否具有保证人的地位的角度来把握管理过失。[130]

管理过失、监督过失的分类,源自日本,虽然我国也有探讨,但多半是借鉴了日本的相关学说。[131] 因此,了解日本有关监督过失的处理情况,对于我国理解监督过失的相关争议,具有借鉴意义。

在日本,20世纪60年代有关监督过失的讨论,主要集中在食品药品事故的领域以及医疗事故领域,但在20世纪70年代以后,讨论重心就逐渐转移到工厂爆炸事故以及大规模火灾事故领域了。特别是,随着日本最高法院有关大规模火灾事故的判决相继作出,有关其判决结果妥当与否的论文相继问世,使这一问题成为过失犯领域的热门话题。

监督过失,最初在"森永奶粉事件"[132]等中成为问题。该案的基本情况是:森永乳业的德岛工厂,为了使奶粉具有良好的溶解度,从1953年开始,向协和产业购入"第二磷酸苏打",作为维持奶粉溶解度的安定剂,混入原料之中,生产奶粉。但是,1955年4月到7月,从协和产业所购入的"第二磷酸苏打"中,有一部分是从松野制药公司购进的,它和一般的"第二磷酸苏打"不同,含有大量的砒霜。因此,喝了含有松野制药公司的"第二磷酸苏打"的奶粉的小孩,有数人死伤。对于以上事实,德岛工厂的厂长和制造科长被以业务过失致死伤罪的罪名起诉。原第一审判决认为,被告人没有预见的可能性,所以无罪。对此检察官提出了抗诉,第二审判决发回重审,理由是:行为人只要对工业用第二磷酸苏打中可能混入不纯物、有害物有漠然的恐惧感,就具有预见的可能性;被告人有订购合规格的产品,并对运来的药剂进行化学检查的义务,但是,他却没有履行这一义务。被告人提起了上诉,但是却被最高法院驳回。在发回重审后的第一审判决中,法院认为:"预见的可能性不要求能看到具体的因果关系的可能性,只要有不能忽视程度的恐惧感就够了",因此,对忽视了订购合规格的产品和化学检查的制造科长判决有罪,对事务出身的厂长宣告了无罪。本案中,制造科长之所以被判有罪,除在过失认定上采用了"恐惧感说"之外,就是认为制造科长对于手下工作人员的所作所为具有监督过失。之后,在检查、清扫制造化学物质装置的过程中,由于损坏了部分物品,导致化学物质喷出、气化而引起爆炸,导致工作人员死伤的"信越化学事件"[133],在变更城市天然气热量的作业过程

---

[130] [日]大谷实:《刑法讲义总论》(新版第5版),黎宏、姚培培译,中国人民大学出版社2023年版,第199页。
[131] 代表性著作有,吕英杰:《客观归责下的监督、管理过失》,法律出版社2013年版;曹菲:《管理监督过失研究——多角度的审视与重构》,法律出版社2013年版。
[132] 具体情况,参见日本高松高等法院1966年3月31日判决,高刑集19卷2号,第136页。
[133] 日本新潟地方法院1978年3月9日判决,判例时报893号,第106页。

中,由于疏忽,没有在事后进行检查,结果在工作人员过失遗漏检查的某一家中,引起家属中毒死亡的"北部天然气事件"[134],在夜间医院,由于锅炉工的过失,引起火灾,看见报警器而知道发生火灾的保安人员看见火势凶猛就仓皇逃走,而值班的实习护士以及打工的助产士以为有人错误地按响了报警装置,没有确认已经发生火灾,也没有在火灾发生之后采取适当的疏散措施,结果导致多人死伤的"白石中央事件"[135]中,都依照监督过失概念,对相关领导追究了其过失犯的刑事责任。

随着20世纪70年代,商场、旅馆等大规模火灾案件频发,如何依照监督过失概念追究不在火灾现场的相关高级管理人员的过失犯罪责任,也成为争论焦点。如在改装新建筑场馆的露天澡堂的时候,工作人员过失引起火灾,旅馆方面没有设置防止烟火弥漫扩大的防火门和防火区,导致烟火在短时间之内迅速弥漫到整个建筑物之中,加上旅馆工作人员没有指导如何进行疏散,结果致使住宿客人多人死伤的"川治王子饭店火灾事件"[136]。千日百货大楼第三层的超市中,正在安装照明装置的床上用品贩卖部发生了火灾(原因不明),2层和4层几乎都被燃烧。火势扩大而引起的大量的烟雾顺着酒吧专用电梯的通道、螺旋阶梯以及排风口弥漫到了位于7层的酒吧之内,由于一氧化碳中毒或在顺着救生袋的外侧下滑过程中摔到等,酒吧间的客人和营业人员多人死伤的"千日百货大楼事件"[137]。饭店9层客房的客人抽烟不慎导致失火,闻讯赶来的旅馆工作人员用灭火器喷射,将床表面上的火焰扑灭,但是,大约1分钟之后,火势又死灰复燃,加之该房间的窗户被打开,火势扩大,并数次发生跳火现象,在9层和10层的大部分范围内,烟火迅速蔓延开来,由于饭店方面没有安装喷水灭火装置,以及划定作为替代的防火区,饭店的工作人员也没有对客人通报和采取引导疏散措施,结果造成了客人32人丧生,24人被烧伤的结果的"新日本饭店事件"[138]。正在营业的百货店的2层到3层的楼梯附近发生了原因不明的火灾,燃烧到3层店内并迅速扩大到其他各层,3层到8层几乎全部被烧。其时,店里的工作人员完全没有通报发生了火灾,也几乎没有指导如何紧急疏散,多数人无路可逃,只好强行往外冲,结果,由于一氧化碳中毒、在出逃过程中摔到、从窗户跳下来时跌倒等,工作人员、客人以及施工人员104人死亡、67人负伤的"大洋百货事件"[139]。在这一系列火灾案当中,作为被告人的宾馆高级管理人员有无对现场工作人员工作情况把握的义务,有无事前调查,制订妥当的工作计划,确保必要的工作人员,采取事后检查措施的义务,有无设置自动喷水装置、防火门和防火墙,制作消防计划,确立对消防人员进行灭火、通报、疏散训练等防火管理体制,检查维持防火用设施以及为履行上述义务而进行指导、监督的义务,都成为判决争议的焦点。

监督过失的场合,和普通过失的场合一样,也是以疏于注意,以致引起结果为主要内容。只是,监督过失中的注意义务,明显和视线注视前方以及遵守限制速度义务之类的汽车事故中的注意义务不同,另外,也和汽车驾驶人员确认汽车汽油箱内状况的注意安全义务和日常生活

---

[134] 日本札幌地方法院1986年2月13日判决,刑事裁判月报18卷1、2号,第68页。
[135] 日本札幌高等法院1981年1月11日判决,刑事裁判月报13卷1、2号,第12页。
[136] 日本最高法院1990年11月16日决定,刑集44卷8号,第744页。
[137] 日本最高法院1990年2月11日决定,刑集44卷8号,第871页。
[138] 日本最高法院1993年11月25日决定,刑集47卷9号,第242页。
[139] 日本最高法院1991年11月14日决定,刑集45卷8号,第221页。

中的注意防火义务等迄今为止所出现的各种事故当中的注意义务有异。迄今为止的注意义务的违反,都是监督者身处事故现场,其对于事故的发生具有现实具体的预见和回避义务。当今的监督过失,不是行为人身处事故现场,因为未能预见结果或者未能采取妥当措施,避免结果发生意义上的注意义务违反,而是对在事前应当采取措施,防止事故或者说是避免扩大事故的注意义务违反。这种对处于管理者、监督者地位的人所要求的注意义务,和行政取缔法上的注意义务常常重合,因此,违反行政取缔法上的注意义务,常会被认定为监督过失的前提。而且,按照新过失犯论,这两个注意义务完全相同。另外,在监督过失的场合,没有进行安全体制所必要的一定行为的确认也成为问题,因此,监督过失犯罪,也是不真正不作为犯。因此,其认定,可以从没有制作消防计划,没有设置防火门,没有进行疏散训练,没有进行通报、避险、诱导客流等违反作为义务的行为来判断。但从本书的立场来看,作为义务不同于注意义务。不仅如此,在监督过失当中,成为问题的,不是违反这种义务本身。让人住在屋顶会垮塌、地板不结实的房间的行为就是危险行为,这是以作为方式违反注意义务的行为。让客人入住没有防火设施的旅馆,或者让顾客到没有防火设施的商场买东西,这些行为自身也是危险行为,所以,上述问题最终还是作为犯的问题。在这一点上,还是要尽量将监督过失中的注意义务的问题看作过失犯的问题。

从新过失论的立场来看,监督过失的场合,只要对防火、防灾体制所存在的不足能够预见就可以了,不要求对发生火灾具有预见。确实,在商场或者饭店,发生火灾的危险时时存在,另外,在防火、防灾体制存在缺陷的时候,一旦发生火灾,就会发生多数人员死伤的结果,这是很容易预见到的,因此,对于发生火灾来说,可以不要求有预见。但是,这种见解会和恐惧感说一样,将预见可能性一般化、抽象化,导致有关人员只要处于监督者的地位,就必须承担过失责任的结果。这种结局,超过了仅仅处罚对结果具有具体的预见可能性的人的个人责任原理,并不妥当。应当说,即便在监督过失当中,也和通常过失的场合一样,对于成为发生结果的基础的事实必须具有具体的预见。具体而言,就宾馆的经营者等处于管理者、监督者立场的人来说,其不是仅仅意识到对于宾馆的运营来说,一旦发生火灾,就会发生人员伤亡,而是必须意识到,本宾馆中,无论是人还是设施方面,均存在具体的防火措施的不完善之处,此外,客人一旦遇到危险,如何指导其逃生,对宾馆工作人员的相关演练以及逃生设施的配备,尚有不完善之处,而这些问题的存在,使事故发生时,必然会导致人员死伤。当然,对于事故发生的具体原因,如有客人在宾馆房间抽烟,或者做饭时煤气泄漏,宾馆的电机房在进行改造工事时电焊引燃纸屑,等等,并不一定要求要有预见。因为,就不特定的多数人居住使用的宾馆而言,"火灾危险常在其中",这是不言而喻的。[140]

一般认为,在监督过失当中,也能适用信赖原则。只是和交通事故等场合,即两个当事者之间具有对等关系的场合不同,在监督过失当中,由于当事人之间是监督、管理与被监督、被管理的关系,因此,不能将交通过失场合的信赖原则基准直接搬到监督过失的场合。如在工厂从事液态氯原料收集工作的技术人员,由于技术不熟练,过失地排放了氯气,致使司机、附近居民等受伤,从而追究了接受该技术人员并安排其上班组工作的制造科厂和班长的过失责任的

---

[140] 日本最高法院 1990 年 11 月 16 日决定,刑集 44 卷 8 号,第 744 页。

"日本拌酱工厂氯气泄漏案"中,法院认为:"事先贯彻了安全教育或指导的话,通常,就可以说,能够期待熟练的技术人员们会遵守这些规定,尽管如此,另外存在不能信赖的特别事情的场合,将不熟练的技术人员安排在技术班组中,这本身就是不允许的。"[141] 也就是说,明确表示信赖原则的适用,只限于事先进行了安全教育以及妥当指示的场合,而并不要求行为人作为监督者到罐装现场进行巡视检查。这种判例所坚持的,即便在管理、监督过失领域也能适用信赖原则的基本立场是正确的。信赖原则,本来就是将对他人行动的信赖作为问题的,特别是,在管理过失中,对防止结果发生的物质设备的信赖也成为问题。预见可能性的概念,富有弹性,特别是在发生结果之后来考虑的话,只要想肯定它,什么时候都可以肯定它,因此,将作为规范制约预见可能性原理的信赖原则导入到主观的预见可能性中,具有重要意义。

四、犯罪故意与犯罪过失的区别

犯罪故意与犯罪过失的区别,特别是过于自信的过失与间接故意之间该如何区别,无论在刑法理论上还是在司法实践中,都是一大难题。因为,通常认为,二者在认识因素上都预见到行为可能会发生危害社会的结果,在意志因素上都不希望危害结果发生,因而二者容易混淆。

犯罪故意与犯罪过失的区别,实际上和如何理解犯罪故意的本质有关。关于犯罪故意的本质,理论上有三种见解。这些见解都以如何区分犯罪故意和犯罪过失为中心,目的是将二者加以区分。

主张成立故意,只要对犯罪事实有认识、预见就够了的"认识说"认为,犯罪故意和犯罪过失的区别在于,对发生危害结果的认识或者预见程度不同。在行为人认识或者预见到有发生危害结果的高度可能性的时候,就成立犯罪故意;在只是认识或者预见到危害结果发生的低程度可能性的时候,就成立犯罪过失。因此,成立犯罪故意,行为人必须认识到极有可能发生危害结果。如行为人是杂技团的特技演员,平常的拿手好戏是在 5 米开外飞刀刺中女演员头上放置的苹果。某日,在表演该节目之前,突然感到手腕有些疼,顿时有今天不妙,可能会失败而刺伤人的感觉。但是,又想到迄今为止,在同样的状态下,从来没有失手过的经历,于是很快否定了该种不祥的念头,仍然和往常一样进行飞刀刺苹果的表演,结果小刀偏离方向,刺中头顶苹果的女演员的胸部,致其失血死亡的场合("飞刀案"),按照"认识说",如果说行为人认识到不太可能失手而刺中人,只有发生结果的低度认识的话,就是犯罪过失;相反地,如果说认识到极有可能刺中人,具有发生危害结果的高度认识的话,就有犯罪故意。但是,这个见解忽视了犯罪故意所具有的意志因素;另外,什么程度的认识是高度,什么程度的认识是低度,也没有一个明确的说法。

相反地,主张只要具有实现犯罪事实的愿望,就成立犯罪故意的"容认说"认为,区分犯罪故意和犯罪过失的关键在于,是不是"容认即放任危害结果的发生"。行为人认识到发生危害结果的可能性,但仍容认或者说放任该结果发生的话,就可以说其具有犯罪故意。如果连放任都没有的话,就是犯罪过失。希望即积极追求犯罪结果发生的场合就不用说了,即便在不是积极追求,而是发生了危害结果也无所谓或者说漠然置之的放任场合,也可以说是"容认即放

---

[141] 日本最高法院 1988 年 10 月 27 日判决,刑集 42 卷 8 号,第 1109 页。

任"。从这种立场来看,即便没有认识或者预见到极有可能发生危害结果的高度可能性,但只要容允、放任该结果发生,就可以说具有犯罪故意。按照这一观点,就上述"飞刀案"而言,行为人的可能失手刺中人的认识并不重要,重要的是行为人实质上所具有的即便刺中他人也是没有办法的意思。在行为人具有这种容忍危害结果发生意思的时候,可以说行为人具有犯罪故意。"容允说"在过去相当长的一段时间内,一直是刑法理论上的通说。但是,"容允说"是过于强调犯罪故意中的意志要素的观点,有将刑法理论过度主观化(因为,有无认识可以客观地判断;而是否希望或者放任则完全听从于行为人的口供)、情绪化(如在驾车遇到违反交通规则的行人的时候,司机总免不了骂上几句"找死"之类的话。但是,这并不表明司机希望行人被撞死。若以此为根据说行为人具有希望或者放任他人死亡的心态的话,就是情绪化的表现)的危险。行为人在对危害结果没有预见的情况下,之所以在主观上仍然要受到谴责,是因为在当时的情况下,行为人应当预见而没有预见。故批判意见认为,"容允说"具有轻视犯罪故意中的认识因素的一面;同时,"容允"是一种极为微妙的心理状态,包含非理性的情绪因素在内,将其作为犯罪故意的中心要素的话,反而会使犯罪故意的成立范围变得不明确。[142]

综合上述两种学说的是"动机说"。这种学说认为,犯罪故意所谴责的是对危害结果有认识和预见,但行为人不但没有根据该种认识、预见而打消违法行为念头,反而选择实施违法行为的意思决定,因此,犯罪故意就是"实现所认识、预见的危害结果的意思",或者说是"对自己的行为会造成危害社会的结果有预见,但是没有形成打消该行为的念头"。按照动机说,行为人如果认识到发生危害结果的高度可能性,即便没有发生该结果的愿望,但只要没有根据该认识打消实施行为的念头,就可以说具有实现结果的意思,成立犯罪故意。相反地,行为人尽管只是认识到发生危害结果的低度可能性,但仍希望发生结果的时候,由于可能发生结果的认识和希望结果发生的愿望结合在一起了,因此,仍然可以说其具有故意。这样说来,在动机说之下,成立故意,行为人必须"对符合犯罪构成的事实具有认识、预见,并具有实现该认识、预见的意思"[143]。据此,就上述"飞刀案"而言,关键是行为人对于飞刀行为可能导致被害人被刺中的结果有无明确认识、预见,在有预见但仍不放弃的场合,按照动机说,行为人就具有犯罪故意。本案中,行为人尽管有过"可能会失败而刺伤人的感觉",但"又想到迄今为止,在同样的状态下,从来没有失手过的经历",于是"否定了该种不祥念头"。换言之,行为人对刺伤结果并没有真实预见或者预测,这种情况下,行为人自然不会有希望或者放任结果发生的动机,因此,按照动机说,上述"飞刀案"的场合,行为人对于飞刀刺中女演员致使其死亡的危害结果,不具有犯罪故意。

刑法第 14 条所规定的犯罪故意,既没有偏重认识或者说预见因素,也没有只是考虑意志因素的一方,而是将这两个方面有机地结合起来考虑,既要求行为人对危害行为和危害结果等客观事实有认识,又要求行为人必须具有希望或者放任该结果发生的主观愿望;同时,由于在事实认识要求和主观愿望要求之间使用了"并且"这种表示并列意思的用语,因此,可以说行为人"希望"或者"放任"结果发生的意志是建立在自己对危害行为以及危害结果的事实认识基

---

[142] [日]大谷实:《刑法讲义总论》(新版第 5 版),黎宏、姚培培译,中国人民大学出版社 2023 年版,第 156 页。
[143] [日]大谷实:《刑法讲义总论》(新版第 5 版),黎宏、姚培培译,中国人民大学出版社 2023 年版,第 157 页。

础之上的,认识或者预见因素和意志因素必须同时具备,二者缺一不可,从此意义上讲,刑法第14条所规定的犯罪故意的概念,与"动机说"的主张类似。

从动机说的立场来看,成立犯罪故意,首先要求行为人对于客观事实必须具有预见,否则,就不存在认定故意的前提。只是,这种预见并不要求达到行为必然会发生危害社会的结果的程度,只要预测到可能会发生的程度就够了。如果行为人连自己的行为可能会发生危害社会的结果都没有认识或者说预见到,其就不具有犯罪故意。从这个角度来看,我国刑法理论的通说认为,无论行为人认识到危害结果必然发生还是可能发生,均符合犯罪故意的认识特征的观点[144]是妥当的。

但这并不意味着犯罪故意中的认识因素会影响意志因素。一方面,从刑法的规定来看,直接故意和间接故意的差别并不在于认识因素的不同,而在于意志因素的不同。认识因素是对行为人有无认识危害事实的客观描述,其本身并不能表明行为人对客观事物的主观心理态度,而"希望"即追求危害结果发生和"放任"即不制止危害结果发生这种意志因素的强弱,则表明了行为人主观恶性上的差别,因此,刑法理论上将其分别看待,并在处罚程度上加以体现。[145]另一方面,在行为时结果尚未发生,行为人对于将来会发生结果的预见,无论在何种情况下,都只能是一种可能性的认识,而不可能是必然性的认识。否则,在故意犯罪的场合,就不可能出现未遂犯的形态。因此,认为直接故意的场合,行为人认识到结果发生的可能性和必然性,而在间接故意的场合,行为人只是认识到结果发生的可能性的说法[146]有欠妥当,值得商榷。

从故意犯罪和过失犯罪的本质来看,故意犯的场合,是行为人已经预见到自己的行为会发生危害社会的结果,却明知故犯,仍然实施该行为;相反地,在过失犯的场合,则是行为人应当并且也能够预见到自己的行为会发生危害社会的结果,但是却没有预见到,以致引起了危害结果的发生,属于不意误犯。虽然在过于自信的过失的场合,行为人似乎已经预见到自己的行为会发生危害社会的结果,但是,由于各种主客观条件的存在,使其对结果发生的可能性作出了错误的估计和判断,轻信危害结果能够避免。换言之,对于通常情况下可能发生的结果轻信可以避免,所以,最终还是属于对结果的发生没有预见。这样说来,犯罪故意和犯罪过失的差别在于,故意的场合,行为人对行为可能发生危害社会的结果的一点有认识,而过失的场合则是没有认识,而不是对发生结果有较低程度的预见。在认识到肯定会发生结果的场合,即便是不希望发生该结果但还是实施了行为的场合,是应当成立故意犯的;相反地,在没有认识到会发生结果的场合,即便强烈地希望发生该结果,也不应当作为故意犯加以处罚。

当然,需要说明的是,并非只要行为人认识到自己的行为会发生一定危害结果,哪怕是概率极低的场合,也说行为人对发生结果有认识或者说预见,从而认定其有犯罪故意。从广义的允许危险的角度来看,有些行为,即便具有一定危险,但从维持社会生活需要的角度出发,人们也必须承受,此种程度之内的危险即便最终变为了现实,也不能说行为人对其具有故意。这一

---

[144] 高铭暄、马克昌主编:《刑法学》(第10版),北京大学出版社2022年版,第105页。

[145] 从这个立场来看,认为"认识程度决定着意志程度,从而决定主观恶性"的观点值得商榷。上述观点的具体内容参见陈兴良:《刑法哲学》(第6版),中国人民大学出版社2017年版,第204~205页。

[146] 高铭暄、马克昌主编:《刑法学》(第10版),北京大学出版社2022年版,第107页;王作富、黄京平主编:《刑法》(第7版),中国人民大学出版社2021年版,第88页。

点,只要看看现实生活的相关场景就能明白。如到医院进行胃镜检查时,都会签署一份知情同意书,其中告知病人进行该种治疗存在一定风险(危险)。如果说医生明知胃镜检查存在伤害人们身体的风险却仍然使用,就是有犯罪故意的话,不仅不符合人们的生活常识,也不利于社会生活的正常运行。更为重要的是,从本书所持的动机说的角度来看,成立故意,不仅要求行为人对行为所可能具有的危害结果具有预见,还要求行为人在这种预见之下,具有希望或者放任危害结果发生的意念。仅有预见而没有希望或者放任结果发生意念的场合,不能成立犯罪故意。而且,这种希望或者放任结果发生的意念,是可以通过一定事实显现出来的。如和走路相比,开车本身具有一定风险。但我们通常不会据此就说开车的人都有杀人或者伤害的犯罪故意。在行为人意识到开车风险的时候,只要严格遵守交通规范,不超速、不闯红灯,严格按照规矩变道,严格遵守这些规定,不仅可以将开车的风险降到最低限度,而且能具体现实地表明,行为人并不希望或者放任开车的风险变为现实,即行为人没有放任或者追求开车行为风险变为现实的犯罪故意。如此说来,在行为人尽管对自己行为可能引起危害后果的一点具有预见,但只要希望或者放任其变为现实的愿望,没有达到使人需要采取措施,以回避结果发生的动机程度的话,就可以说其没有犯罪结果的预见即故意。

据此,我们可以对著名的教学案例"满汉全席投毒案"中厨师的心态进行分析。宫廷厨师在为皇上制作皇家盛宴——满汉全席时,不小心将砒霜当作了调味料,致使108道菜中有一道含有会导致腹泻的砒霜。厨师已经意识到这一点,但他分不清楚到底是哪一道菜中有砒霜,况且皇帝用膳时间已到,万般无奈之下,他只有让人将108道菜全部摆上餐桌,心想皇上不会这么运气不好,在108道菜中,恰好吃到有砒霜的那一道。但无巧不成书!皇帝的侍从在试吃的时候,一动筷子就吃到了有砒霜的那道菜,事情败露。此时,厨师的心态该如何分析,其有无伤害皇帝的故意,成为问题。从认识说的角度难以判断,因为厨师对于御膳中有一道菜有毒的一点具有认识;从容允说的角度也难以判断,因为,只要将有毒的菜品搬上餐桌,就不好说厨师没有放任结果发生的心态。但从动机说的立场来看,答案是否定的。因为,从动机说的立场来看,成立故意,行为人不仅对事实必须有认识,而且这种认识还必须达到使人产生希望或者放任结果发生,达到让其足以形成回避结果动机。本案中,厨师尽管认识到有一道菜有砒霜,可能会伤及皇帝,但可能性微乎其微(1/108),几乎可以忽略不计。否则,厨师在行为时不会"心想皇帝不会运气这么不好",可见厨师最终还是没有皇帝一定会吃到有毒菜品的预见。特别是,如果该案中的厨师深知皇帝胃口不大,108道菜只是摆摆样子,真正喜欢且动筷子的就七八道固定菜品,而且厨师大致也估计了一下,可能混进砒霜的是哪几道菜。于是就将可能混入砒霜的菜品放在距离皇帝较远的地方,而将皇帝喜欢的几道菜放在皇帝面前,以保证万无一失。如果有这些防止结果措施的话,更能证明,本案中厨师不具有伤害皇帝的故意。

同样,我们还可以动机说,对著名的"机井盖子案"进行分析。在甲、乙二人看见山下有小孩玩耍,打赌不会砸到小孩而将山上的机井盖子滚下山,结果将小孩砸死的场合,判断甲、乙当时的心态到底是间接故意还是过于自信的过失,至少必须考虑以下几方面的要素:山上到山下有多远的距离,山坡上的情况(是不是有作为障碍物的草丛或者树林、坡度大不大、是否有利于机井盖子的滚动等),机井盖子有多大(质量越大,滚下的速度越快,击中目标的可能性也就越大),甲、乙事先是否采取了回避措施,等等。如果说从山上到山下的距离很远、坡度也不大,从山顶到山下丛林密布、沟壑纵横,机井盖子也不重、难以滚到山脚等情况来看,甲、乙当时有充分的理由相信,即便推动山上的机井盖子,其也不会滚下山,将小孩砸死的话,则可以说,甲、乙对危害结果的发生没有预见或者说认识,所发生的小孩死亡的结果,确实出乎他们的意料,只能认定为过于自信的过失;相反地,如果说从当时时空环境来看,从山顶到山脚的坡地平缓,没有什么障碍物,甲、乙二人尽管不能绝对肯定会发生结果,但也没有完全否定,在这种心态支配下,仍然实施了滚机井盖子下山的危害行为,则可以说其对危害结果的发生抱有放任心态,对于最终所导致的小孩死亡结果,应当说,抱有间接故意的心理态度。[147] 总之,从动机说的角度来看,犯罪故意与犯罪过失的界限在于,行为人在行为时对于发生危害结果是不是具有预见,且这种预见是否达到足以认定其希望或者放任危害结果发生的程度。答案是肯定的话,就表明其具有犯罪故意;答案是否定的话,就表明其不具有犯罪故意。

第六节 犯罪目的与犯罪动机

人的任何行为,都是在一定动机支配下去追求一定目的的。犯罪,作为人的行为之一,当然也不例外。正因如此,我国刑法分则的相关条款当中,很多地方都有对行为人主观目的或者动机的描述。刑法分则中所规定的各种动机和目的,作为犯罪构成的主观责任要件,有的是限定犯罪的成立与否的要件,有的则是影响责任大小的要素。因此,值得研究。

一、犯罪目的

(一)犯罪目的及其分类

所谓犯罪目的,是指行为人希望通过实施某种行为来实现某种危害结果的心理态度。根据法律对犯罪目的的表述和法律意义的差别,犯罪目的可以分为"法定的目的犯中的目的"和"非法定的目的犯中的目的"。

1. 法定的目的犯中的目的

刑法分则中,有些条文对犯罪构成主观责任要件有特别的目的要求,并明文规定或者予以提示。如刑法第240条第2款规定成立拐卖妇女、儿童罪必须"以出卖为目的"。这种以特定目的为构成要件的犯罪类型,即所谓的"目的犯"。在目的犯的场合,仅仅证明行为人主观上具有犯罪故意还不够,还必须证明其具有特定目的。缺乏该特定目的,意味着行为人不具备该罪的主观责任要件,不成立该罪。

---

[147] 某甲在自己的房间里安装防盗电网,将房门与院子的大门锁上之后,举家出游。因为其家里的煤气管道漏气,邻居喊来物业人员撬开大门之后,进入房间准备查看情况时,不幸触电身亡。在该场合,不涉及故意与过失的区分问题,只涉及认识错误问题。因为,通电的电网肯定能电死人,这一点行为人无论如何都是有认识的。只是,意图电死的人和实际电死的人并不一致,这属于故意的认识错误问题。从本书所主张的具体符合说的立场来看,行为人安装电网的目的本是反击入侵的小偷,却没有想到伤了无辜的物业管理人员,属于打击错误,这是行为人始料未及的,因此,对于最终发生的物业人员死亡的结果而言,行为人只具有过失,而不能说具有故意。

按照现行刑法的规定,"目的犯"中的"目的",主要有以下几种情况:(1)"以营利为目的。"如刑法第 217 条规定的侵犯著作权罪、第 218 条规定的销售侵权复制品罪、第 303 条规定的赌博罪,就属于这种情况。(2)"以牟利或者传播为目的。"如刑法第 152 条规定的走私淫秽物品罪,就是如此。(3)"以牟利为目的。"如刑法第 228 条规定的非法转让、倒卖土地使用权罪、第 265 条规定的盗窃罪、第 326 条规定的倒卖文物罪、第 363 条规定的传播淫秽物品牟利罪,就是如此。(4)"以非法占有为目的。"如刑法第 192 条规定的集资诈骗罪、第 193 条规定的贷款诈骗罪、第 224 条规定的合同诈骗罪,就是如此。(5)"为谋取不正当利益。"如刑法第 164 条规定的对非国家工作人员行贿罪、第 389 条规定的行贿罪、第 391 条规定的对单位行贿罪,就是如此。

2. 非法定的目的犯中的目的

除上述法律明文规定的目的犯之外,刑法理论上还有一种法律没有明文规定的目的犯。如一般认为,盗窃罪、抢劫罪、抢夺罪、敲诈勒索罪、诈骗罪以及一些金融诈骗犯罪,其故意内容当然包含"非法占有目的"。在这些犯罪当中,尽管法律条文没有明示特定的犯罪目的,但是,刑法理论通常将其作为目的犯看待。[148] 这主要是因为,就破坏他人财产所有权的犯罪来说,取得他人财产的占有之后加以毁坏的场合,构成故意毁坏财物罪,因此,行为人出于什么目的而取得他人财物,对于盗窃等犯罪的认定来说,就具有非常重要的意义。

(二)犯罪目的的性质

关于目的犯中的目的的性质,有观点将其作为主观违法要素来看待,认为其是影响社会危害性大小的因素。[149]

但这种观点经不住推敲。就诈骗犯罪而言,如果说"非法占有目的"这种主观要素增强了诈骗行为的客观危险的话,那么具有"非法占有目的"的诈骗和不具有"非法占有目的"的诈骗在行为外观上就是有所差别的,二者仅仅根据客观方面就能区分开来,没有必要认可主观的违法要素。如果说这种主观要素在行为当时难以认定的话,只要将判断的时间往后挪一些,即在出现他人财物被非法占有的结果时,才说行为人具有非法占有目的就可以了,而没有必要将"非法占有目的"作为影响社会危害性大小的因素。同样,盗窃罪之类的财产犯罪中的"非法占有意思"也被看作主观违法要素。因为,盗窃罪是破坏所有权等本权的犯罪,而盗窃罪的客观方面体现在侵害所有权权能的一部分即他人对财物的现实占有之中,因此,传统观点认为,为了说明盗窃行为达到了侵害所有权的程度,就需要在行为人的侵害现实占有行为以及对该行为的认识(故意)之外,再加上一个主观的超过要素即"非法占有意思",以便将没有达到破坏所有权程度的"使用盗窃"与盗窃罪区分开来,并为区分盗窃罪和故意毁坏财物罪提供理论基础。但是,以没有相应的客观事实为基础的单纯意思("非法占有意思")来决定是否成立犯罪,会导致犯罪认定上的主观化,造成很危险的结果。实际上,就盗窃罪而言,客观上是否具有社会危害性,应当以该侵害占有行为是不是达到了应受刑罚处罚的程度来决定。正如盗窃数

---

[148] 高铭暄、马克昌主编:《刑法学》(第 10 版),北京大学出版社 2022 年版,第 116 页。

[149] 周光权:《刑法总论》(第 4 版),中国人民大学出版社 2021 年版,第 191 页。认为违法性判断的要素包括主观要素(内心状态,如认识、意图、目的等)。

额较小的财物不构成盗窃罪一样,对极为轻微的侵害占有的行为也不能认定为盗窃罪的实行行为。这样说来,单凭客观行为本身,就足以说明"使用盗窃"是否构成盗窃罪,而并不一定要考虑"非法占有意思"。同样,盗窃罪和故意毁坏财物罪的区别也可以这样理解。"非法占有意思"不是主观违法要素,它没有使盗窃行为的法益侵害性增大。出于非法占有意思而占有他人财物的行为与出于毁坏目的而占有他人财物的行为,在侵害他人的财产所有权这一点上,是没有什么差别的。甚至可以说故意毁坏财物罪的社会危害性更大一些,因为,它使他人的所有权完全无法恢复。但是,现行刑法考虑到盗窃财物对人们更具诱惑,发案率更高,有必要更加严厉地加以打击,因此,其法定刑更重。但这主要是着眼于"非法占有行为"的恶劣性、危险性而予以的重大责任谴责,而不是基于"非法占有意思"的考虑。[150]"非法占有目的"应当是责任要素,和没有该种目的的人相比,具有该种目的的人,主观责任上更加值得谴责,而不是所造成的客观危害更大。

二、犯罪动机

(一)犯罪动机的一般意义

所谓犯罪动机,是指刺激行为人实施犯罪行为以达到犯罪目的的内心冲动或者内心起因。行为人之所以会产生某种犯罪目的,绝不是无缘无故的,而是受到了一定内心冲动或者起因的引导。如就直接故意杀人罪来讲,非法剥夺他人生命是犯罪目的,而促使行为人实施这种犯罪目的的内心起因则可能多种多样,如贪财、奸情、仇恨、报复或者极端的嫉妒心理等。因此,弄清犯罪动机,对于了解犯罪人为何要实施该种犯罪行为具有重要意义。

(二)分则中动机的特殊意义

1. 作为判断责任大小的要素。如刑法第 399 条规定,徇私枉法罪是"司法工作人员徇私枉法、徇情枉法"的犯罪。其中,"徇私""徇情"就是该罪的法定犯罪动机,行为人主观上不是出于上述动机的话,就不能作为该罪处理。其意义在于,通过对犯罪动机进行这种限定,可以将一些尽管客观上造成了枉法结果,但并非由于"徇私""徇情"这种主观上值得强烈谴责的要素,而是由于司法工作人员业务水平不高或者对事实掌握不全而造成的情况,排除在该罪的处罚范围之外。将"徇私"动机作为犯罪构成要件的情形在我国刑法中并不少见,如第 169 条规定的徇私舞弊低价折股、出售公司、企业资产罪,刑法第 401 条规定的徇私舞弊减刑、假释、暂予监外执行罪,第 402 条规定的徇私舞弊不移交刑事案件罪,第 403 条规定的滥用管理公司、证券职权罪,第 404 条规定的徇私舞弊不征、少征税款罪,第 405 条规定的徇私舞弊发售发票、抵扣税款、出口退税罪和违法提供出口退税凭证罪,第 410 条规定的非法批准征收、征用、占用土地罪和非法低价出让国有土地使用权罪,第 411 条规定的放纵走私罪,第 412 条第 1 款规定的商检徇私舞弊罪,第 413 条第 1 款规定的动植物检疫徇私舞弊罪,第 414 条规定的放纵制售伪劣商品犯罪行为罪,第 418 条规定的招收公务员、学生徇私舞弊罪,都是如此。

2. 作为法定量刑情节。如刑法第 397 条第 2 款规定"国家机关工作人员徇私舞弊,犯前款罪的,处五年以下有期徒刑或者拘役……"这里"徇私"动机就被看作加重法定刑的情节。类似

---

[150] [日]前田雅英:《刑法各论讲义》(第 3 版),东京大学出版会 1999 年版,第 183 页。

的规定,在刑法第168条第3款中也存在。其中规定,"国有公司、企业、事业单位的工作人员,徇私舞弊,犯前两款罪的,依照第一款的规定从重处罚"。

三、犯罪目的和犯罪动机的关系

犯罪动机是推动行为人追求某种犯罪目的的原因,犯罪目的是行为人希望通过实施某种行为实现某种结果的心理态度,二者既密切联系又相互区别。

二者的联系在于:二者都是行为人实施危害行为过程中的主观心理活动,反映了行为人的主观恶性和人身危险性的程度;犯罪目的以犯罪动机为前提和基础,其来源于犯罪动机,犯罪动机促使犯罪目的形成,有时候,它们之间反映的需要是完全一致的。如出于贪利动机实施以非法占有为目的的侵财行为,就是如此。

二者的区别在于:(1)从内容、性质和作用上看,犯罪动机是表明行为人为什么要犯罪的内心起因,比较抽象,是更为内在的发动犯罪的力量,起着推动犯罪实施的作用;犯罪目的则是犯罪行为所追求的客观危害结果在行为人主观上的反映,起的是为犯罪定向、确定目标和侵害程度的引导、指挥作用,比较具体,已经指向外在的具体对象和客体。(2)对于同一种犯罪而言,其目的是相同的,但其动机则可能多种多样。如就杀人目的而言,其产生的动机,既可能是仇杀也可能是情杀,还可能是谋财害命。相反地,一种犯罪动机也可能导致几个犯罪目的。如报复动机可以导致行为人去实施伤害他人健康、剥夺他人生命甚至毁坏他人财物等多个不同的犯罪目的。(3)一般来说,刑法关注的是犯罪目的即行为人对危害结果的心理态度,因此,犯罪目的能够反映出行为人的整个犯罪进程,从而判断出行为人的行为形态。如就行为人所伪造的公文、证件、印章而言,如果行为人的目的是将其用于骗取他人财物的话,该行为就属于诈骗罪的预备,但是,如果说行为人的目的就是制造公文、证件、印章本身的话,该行为则构成伪造公文、证件、印章罪。因此,行为人的目的不同,对相同行为的定性就不相同。但犯罪动机一般不具有这种作用。

第七节 期待可能性

一、期待可能性论的意义

有时候,即便引起了侵害法益的结果,且行为人有责任能力、故意或者过失但也不能对行为人进行处罚。这就涉及所谓期待可能性的问题。所谓期待可能性,就是指在行为时的具体情况下,能够期待行为人不为违法行为而实施合法行为。在能够期待行为人实施合法行为的场合,行为人竟然背离这种期待而实施危害行为,就能够对行为人的危害行为进行谴责。在这种意义上,期待可能性和谴责可能性即责任是互为表里、成为一体的关系。反过来说,在对行为人没有期待可能性的时候,即便行为人具有责任能力、故意和过失,也不能对行为人进行谴责。这是规范责任论的结论,体现了"法律不能强人所难"的观念。正因如此,有学者将期待可能性概念看作否定责任的一般原理。[151]

我国刑法中没有期待可能性原则的一般规定。但是,理论上一般认为,不可能期待行为人实施合法行为时,不能对行为予以处罚;在期待可能性降低的时候,应当减轻处罚。[152] 这一点在现行刑法中也能找到根据。如刑法第16条有关不可抗力、意外事件的规定就是没有期待可能性的时候,不能对行为予以处罚的最明显证明。但刑法意义上的没有期待可能性的场合,远不止以上两种情况。如刑法第20条第2款、第21条第2款规定防卫过当、避险过当的场合,应当减轻或者免除处罚,其根据也应当在于期待可能性较低。另外,我国过去的一些司法解释也体现了这个原理。如1986年最高人民检察院曾经在《关于〈人民检察院直接受理的法纪检察案件立案标准的规定(试行)〉中的一些问题的说明》第9条中指出:由于自然灾害、被拐卖或者其他客观原因而流落外地,为生活所迫而与他人结婚的;因强迫、包办婚姻或因遭受虐待,与原配偶没有感情,无法继续维持夫妻生活而外逃,由于生活无着,又与他人结婚的;因配偶长期外出下落不明,造成家庭生活严重困难,又与他人结婚的,可以认为不构成重婚罪。

如果说承认期待可能性是排除责任事由的话,首先要考虑的是,其和其他责任要素是什么关系,这就是有关期待可能性的地位问题。关于这一点,有期待可能性是和故意、过失并列的第三责任要素的见解,期待可能性是故意、过失的构成要素的见解以及期待可能性是排除责任原因的见解(通说)之对立。[153] 故意、过失是对犯罪事实有认识以及由于不注意,应当认识而没有认识,是仅仅和行为人的心理状态有关的问题,因此,将同时包含对于行为外部伴随状况之考察的期待可能性作为故意、过失的构成要素的见解,显然是不适当的。另外,从规范责任论来看,之所以说没有责任能力的人,没有故意、过失的人没有责任,是因为不可能期待这些人实施合法行为,因此,与其说期待可能性是和责任能力、故意、过失相独立的个别因素,倒不如说是上述责任要素的共同前提,从此意义来说,认为期待可能性是和故意、过失并列的第三责任要素的见解也是不妥当的。从责任论的立场来看,行为人具有故意、过失的话,原则上就有责任,但是,也存在行为人虽然对自己的行为及其后果有认识或者应当认识而没有认识,但当时所处的各种客观情况,迫使行为人不得不如此的情形。这种场合,追究行为人的责任,显然有强人所难的嫌疑,也难以起到威慑、教育的作用,因此,只能不追究行为人的刑事责任。这样说来,认为期待可能性是法律没有规定的超法规的排除责任事由的观点,即通说是妥当的。

在有关期待可能性的争议中,最为激烈是有无期待可能性的判断基准,即以谁为标准来判断能够期待行为人实施合法行为。对此,有行为人标准说、一般人标准说以及国家标准说之对立。[154] 但是,上述标准分别存在以下问题:就行为人标准说而言,由于从行为人的情况来看,在当时的情况下,他只能实施犯罪行为,所以结果就是"掌握了行为人的所有事实的话,就会理解其所作的一切";行为人所实施的犯罪事实就是证明其没有期待可能性的证据。就一般人标准说而言,批判意见认为,如果以能够对一般人进行期待为由,在行为人本人没有遵守该期待的

---

[151] 阮齐林:《刑法学》(第3版),中国政法大学出版社2011年版,第114页以下;齐文远主编:《刑法学》(第3版),北京大学出版社2016年版,第133页。
[152] 孙国祥主编:《刑法学》,科学出版社2008年版,第107页。
[153] 童德华:《刑法中的期待可能性论》(修订版),法律出版社2015年版,第75~77页。
[154] [日]大塚仁:《刑法概说(总论)》(第3版),冯军译,中国人民大学出版社2003年版,第406页。

时候,就要追究其责任的话,则责任就成了一种拟制物,不管行为人本身的情况如何,只要没有达到一般人的要求,就要承担刑事责任。这显然不妥。就国家标准说而言,如果说"什么场合下国家对行为人不可能期待"的答案是"国家认为不能期待的时候,就是没有期待可能性",则是将问题作为了答案。由于这种标准不明确,在实践当中难以适用,因此,各国对将期待可能性作为出罪理由,一般都持谨慎态度。[155]

本书认为,期待可能性的理论,在根据客观的法益侵害原理难以作出妥当说明的情况下,将其作为救济多少属于社会混乱状态或者紧急状态的牺牲品的被告人的原理,具有一定的现实意义。但不可否认的是,同以法益衡量为内容的社会危害性的判断标准相比,期待可能性的标准更加不明确,这是其弱点。因此,为积极利用期待可能性原理的合理价值,有必要探求其判断标准。在这一点上,本书认为,在判断是否能够期待行为人实施合法行为的时候,可以其所属的一般人为标准。就行为人的所为而言,如果说其所属处境的一般人都会如此的话,就难以说能够期待其实施合法行为;相反,如果说其所属处境的一般人都不会如此的话,则应当说对其也能期待其实施合法行为。

需要说明的是,由于期待可能性理论存在法律上没有明文规定、弱化法治国的统一司法秩序、判断标准不是很明确等缺陷,因此,在其适用上必须慎重。

二、期待可能性论的应用

(一)保护法益小于牺牲法益的避险行为的场合

如前所述,在为了抢救火灾中的财物而撞死邻居之类的、保护法益小于牺牲法益的避险行为的场合,属于紧急避险"超过必要限度而造成不应有的损害"的避险过当,不成立紧急避险。但这种情况也不一定构成犯罪,因为其中存在不可能期待行为人不如此行为的情形。换言之,可能存在行为人没有期待可能性的场合。

在保护法益小于牺牲法益的避险行为的场合,人们经常谈论的话题是,人是否能够牺牲他人生命来保全自己的生命?[156]这是一个关系紧急避险本质的话题,存在巨大争议:否定说认为,人的生命,只要其存在,就与其将来存在的时间以及存在的数目无关,绝对受到法律的保护,是不可衡量比较的法益,不能成为紧急避险的对象;[157]肯定说认为,生命在法律面前的价值是平等的,用牺牲等价的生命来保全自己的生命,为排除违法性的事由,在紧急情况下,牺牲

---

[155] 黎宏:《日本刑法精义》(第2版),法律出版社2008年版,第227页。

[156] 关于这个问题的最著名讨论,源自哲学家菲利帕·佛特(Philippa Foot)于1967年发表的《堕胎问题与教条双重影响》所提出的"电车难题"。大意是说:一辆电车驶过来时,其前方轨道上正好有五个人,根本来不及逃跑,除非有人搬动扳道器使电车驶向备用轨道,但备用轨道上同样也有一个人。假设你站在扳道器前,给你几秒钟的时间,你是否选择搬动扳道器改变电车轨道,以牺牲一个人来拯救五个人。之后,以此为基础,出现了所谓"胖子难题""医院难题""定时炸弹难题""惩罚无辜""飞机难题""雪山遇难难题""哭泣的婴儿"等多种演绎版本,都是讨论作为社会中的一员,你是否赞成为了多数人的生命而牺牲少数人的生命。[美]迈克尔·桑德尔:《公正:何谓正当之为?》(全新修订版),朱慧玲译,中信出版集团股份有限公司2022年版,第24~27页。

[157] 马克昌主编:《刑法》(第2版),高等教育出版社2010年版,第124页;高铭暄、马克昌主编:《刑法学》(第10版),北京大学出版社2022年版,第138页,认为:"一般情况下,不允许用损害他人生命和健康的方法保护另一种合法权益。"

他人生命保全自己生命的行为是人的原始本性的一种复苏,是法律不能控制的,牺牲他人生命的紧急避险,有利于实现社会的最大利益。[158] 折中说认为,应当将牺牲他人生命拯救自己生命的避险行为进行分类,分别予以考虑。如有的学者认为,在为了保全一个人的生命而牺牲另一个人的生命的场合,当然是不允许的,但在为了保护多数人的生命而牺牲一个人的生命时候,则应当允许。[159]

应当说,上述见解站在自己的立场上都有一定道理。肯定说站在功利主义的立场上,认为当且仅当该行为比其他可供取舍的行为能够产生更大的社会福利(后果)时,才应当允许构成紧急避险;相反地,否定说则站在道义论的立场上,认为行为的正当与否与其所产生的后果无关,而在于其是否遵循了义务限制或者道德的要求。人是目的而不是手段,法律没有赋予任何一方对另一方进行杀戮的权利。但上述观点探讨问题的角度似乎有问题,即它们都是从事件发生之前,是不是可以这么做的事前角度来提出赞成或者否定意见的,而不是从事件发生之后,该如何处理的事后角度来探讨问题。从本书所主张的在犯罪的认定上,客观违法在先、主观责任判断在后的角度来讲,人是否能够牺牲他人生命来保全自己的生命的问题,更多的是在发生了牺牲他人生命来拯救自己的事件之后,刑法上该如何处理的问题,而人是不是可以牺牲他人拯救自己的价值判断,则是伦理学上要讨论的问题。[160] 在伦理上考虑上述问题的出发点是,人们从此之后是不是可以这么做,当此之际,成为判断标准的,不仅有法律,还有伦理、宗教、习俗等众多条条框框,还有行为人的良心。一旦置身于这种场景,即便是法学家,也会对人是不是可以牺牲他人生命拯救自己生命的问题感到迷茫。但就刑法学而言,通常是在事件发生之后,进入法院审理阶段,站在是不是要"处罚"该被告人的立场上考虑问题。即便是从伦理或者宗教的角度来看不一定能让人产生同感的行为,也并不一定都要对其予以刑罚处罚。倒不如说,以刑罚手段让人接受特定的、往往过于严格的伦理规范或者宗教信条的做法,反而是不当的。[161]

基于上述立场,本书认为,牺牲他人生命来拯救自己生命的行为是超出了避险限度的违法行为,不能允许。作为本书主张根基的结果无价值论的理论基础是功利主义。功利主义的基本原则是"每一个人所实施的行为或者所遵循的道德规则应该为每一个相关者带来最大的好处或者幸福"[162]。但即便按照这一原则,牺牲他人的生命来拯救自己的做法也是有问题的。因为,被牺牲的他人本是无辜的人,如果说为了拯救更多人的生命就可以将无辜者的生命作为手段使用,那么将这个原则推而广之,则每个人都可能成为无辜者,每个人的生命安全都有可能受到威胁,社会将变得鸡犬不宁,人人惶惶不可终日,整体幸福度反而下降了,因此选择牺牲他人的决定,表面上看是为了多数人的利益,但实际上侵害了这个社会中所有相关者的利益,

---

[158] 王政勋:《正当行为论》,法律出版社2000年版,第269页。
[159] 张明楷:《刑法学》(上)(第6版),法律出版社2021年版,第294页。
[160] 所处立场不同,对同一问题的看法会迥异。在此也能看出,刑法尽管有行为规范的一面,但在其实际应用上,更多的还是表现为裁判规范的一面。
[161] [日]平野龙一:《刑法的基础》,黎宏译,中国政法大学出版社2023年版,第134~135页。
[162] [美]雅克·蒂洛、基思·克拉斯曼:《伦理学与生活》(第11版),程立显、刘建译,四川人民出版社2020年版,第42页。

而这种结局显然违背了功利主义的"最大多数人的最大幸福"原则。

只是,在牺牲他人生命拯救自己的场合,是不是一定都要作为犯罪处理,则是另外一个问题。如强烈反对将他人作为"手段"的康德很久以前就指出:"事实上没有任何刑法会对下述的这样一个人处以死刑:当一条船沉没了,他正在为了他的生命而推倒另一个人,使后者从木板上掉入水中,而他自己在木板上免于死亡。因为法律惩罚的威吓不可能比此时此刻害怕丧失生命的危险具有更大的力量。这样一条刑法,在此时完全丧失了它所意图达到的效力。因为一个尚未确定的威胁——例如法庭判处死刑——不能超过对那种灾祸的恐惧(如在上述情况下,肯定会淹死)。但是,这样一种为了自我保存而发生的暴力侵犯行为,不能视为完全不该受到谴责,它只是免于惩罚而已。"[163] 在这里,康德也认为,牺牲他人生命拯救自己的行为是"为了自我保存而发生的暴力侵犯行为,不能视为完全不该受到谴责,它只是免于惩罚而已"。该行为既然是暴力侵犯行为,为什么还能免受惩罚呢?唯一的理由,就是从人性的基本立场出发,认为当时不可能期待行为人不如此行为。

如此说来,在航船沉没后两人争夺只能负载一人的木板的场合;在大地震时,众人争先恐后夺门而出,结果挤死他人的场合;在父亲背负小孩蹚水过河,突遇山洪,于是扔下孩子快速跑上对岸的场合;在众人共用一条绳索攀岩,最上面的人眼见绳索快被磨断,于是拔刀将身后的绳索割断,致使处于绳索下方的人坠崖摔死,而自己得救的场合;在众人飘落荒岛,粮尽水绝,只能通过抓阄决定杀死其中一人,靠吃其肉饮其血渡过难关,最终得救的场合:虽然均不构成紧急避险,但因为行为人当时没有期待可能性,因而也不构成犯罪。

(二)意外事件

所谓意外事件,按照刑法第16条的规定,是指并非出于故意或者过失,而是由于不能预见的原因所引起的损害结果。在意外事件的场合,由于当时的情况下,不可能指望行为人产生故意或者过失,因此,也可以作为没有期待可能性的一种情况对待。在意外事件的场合,行为人不具有责任,因而不构成犯罪。

一般认为,意外事件具有以下三个特征:一是行为人的行为在客观上造成了损害结果。自然现象、动物侵害等并非人的行为所引起的结果,不是损害结果,不在意外事件所考虑的范围之内。二是行为人对该损害结果主观上没有故意或者过失。由于这个原因,不能对该行为人进行主观上的归责。三是损害结果是由不能预见的原因所引起的。所谓"不能预见",是指在行为当时,行为人对其行为所可能引起的结果没有预见,而且从当时的客观条件以及行为人所属的一般人的认识能力来看,也不可能预见。如一个有点糊涂的60多岁的老太太到女儿家做客的时候,看见女婿将治腰用的药酒喝了一口之后,把瓶子放在床底下。之后,有客人来访,其中一个人说腰不好。老太太说我女婿这里有好药酒,你喝点就好了。于是她从床底下把那个瓶子拿出来给客人倒了一两左右,客人喝后中毒死亡。事后查明,床底下有两个一模一样的瓶子,一个装的是酒,另一个装的是农药,老太太对此毫不知情。本案中,老太太的行为就属于意外事件。尽管老太太的行为引起了他人死亡的损害结果,但是,这种结果不是老太太所能预见的。作为一个客人,她对女婿家的情况不是很熟悉;而且,将两个完全相同的瓶子放在床底下,

---

[163] [德]康德:《法的形而上学原理——权利的科学》,沈叔平译,商务印书馆2017年版,第49页。

一个装酒,另一个装药,也不是一般人所能想象的;尽管说在将"药酒"这种有关人的身体健康的重要物品给他人服用之前,应当仔细掂量一下,但这对于一个"60多岁、有点糊涂"的老人来说,应当是强人所难,超出了其所属的一般人的认识能力。因此,本案应当属于意外事件。

需要注意的是,意外事件属于一种排除责任事由。也就是说,行为人的行为引起了法益侵害结果,但由于是不能预见的原因引起的,所以不承担责任。因此,成立意外事件的前提是行为人自己引起了侵害法益的结果,否则就不能认定为意外事件。如在被告人张甲将拆卸下来的旋板机刀片,套上刀口护套,刀口朝后横扎在自行车后架上,骑该车沿路右侧行驶途中,村民唐某某酒后骑二轮摩托车从被告人张甲左侧超越时撞在张甲自行车后架上的旋板机刀片上,造成肌腱断裂,失血休克死亡的案件中,有人认为张甲的行为之所以不构成犯罪,就是因为其是意外事件。但是,这个案件不能说是意外事件,因为,造成被害人死亡后果的原因是其酒后骑摩托车撞击到被告人张甲自行车携带的刀片上,而并非被告人张甲的作为,根本到不了对张甲进行问责的程度。

(三)不可抗力事件

所谓不可抗力事件,是指不是出于故意或者过失,而是不能抗拒的原因引起的损害结果。不可抗力事件的场合,也是属于在当时的情况下,不可能期待行为人实施合法行为的场合,因此,不可抗力也是一种排除责任事由。

不可抗力事件也具有以下三个特征:一是行为人的行为客观上引起了损害结果,二是行为人主观上没有故意或者过失,三是损害结果是不能抗拒的原因所引起的。所谓"不能抗拒",包括两方面的意思:一方面,行为人主观上已经认识到自己的行为可能发生危害社会的结果;另一方面,行为人对所发生的损害结果难以阻止或者抗拒。不可抗力的具体来源多种多样,机械故障、洪水暴发、动物袭击、身体被暴力捆绑等,都是其体现。精神上受到强制的场合,即便在被他人用枪指着脑袋的场合,也不能视为不可抗力。因为精神上的不可抗拒是不存在的。这种情况下,实施犯罪的场合,最多只能看作没有期待可能性的情形。精神受到强迫,但未完全丧失自由意思,具有选择实施合法行为余地的场合,实施违法行为,引起危害结果的,属于刑法第28条所规定的胁从犯。

第七章 故意犯罪的未完成形态

第一节 概 述

一、故意犯罪的未完成形态概述

故意犯罪的未完成形态,是指故意犯罪在其发展过程中,因主观、客观原因的影响,尚未完成(通常是没有引起犯罪结果)而停止下来的结局状态,具体来说,就是犯罪的预备形态、未遂形态和中止形态。

刑法上的绝大多数犯罪和日常生活中的行为一样,其发展过程是:基于某种动机而产生犯罪意念,并为实现该意念做准备,然后在准备的基础上将该犯罪意念付诸实施,最后引起结果。其中,单纯的触法意图不是刑法的评价对象,因为人不能因思想而受罚。在刑法当中,只有准备阶段以后的行为才是处罚对象。刑法学上,根据上述行为的发展阶段,将犯罪分为三个类型,即预备犯、未遂犯(包括中止犯)和既遂犯。其中,预备犯是行为人为了实行犯罪而准备工具、制造条件,但由于意志以外的原因未能着手实行的结局形态;犯罪未遂是行为人着手实行犯罪之后,由于意志以外的原因而未能得逞的结局形态;犯罪中止是行为人在犯罪过程中,自动地放弃犯罪或自动有效地防止犯罪结果发生的结局形态;既遂犯是指故意犯罪在其发展过程中未在中途停止下来而得以进行到终点,行为人完成了犯罪的情形。

本书此前的论述,都是以单独的行为人完全实现犯罪的场景即既遂犯作为模本而展开的,而对行为人已经准备犯罪,但尚未完成便中途停止下来的未完成形态,则基本没有涉及。因此,本章有关犯罪未完成形态的研究对象,便是犯罪既遂形态以外的几种形态,即犯罪的预备形态、未遂形态和中止形态。

犯罪的未完成形态,是理论上所说的修正的犯罪构成的表现形式之一。因此,在其认定上,要以刑法分则具体条文规定的基本的犯罪构成为基础,结合刑法总则中有关犯罪预备、犯罪未遂、犯罪中止的相关规定加以认定。换言之,犯罪的未完成形态,都是具体犯罪的未完成形态,如故意杀人罪的预备犯、抢劫罪的未遂犯、强奸罪的中止犯等,而不存在脱离刑法分则所规定的具体犯罪的抽象的未完成形态。

二、故意犯罪未完成形态的存在范围

从理论上讲,任何犯罪,无论是故意犯罪还是过失犯罪,在其发展过程的不同阶段都可能出现未完成形态。但是,和国外通常将未完成形态的犯罪均在刑法分则中明文规定[1]的情形不同,我国只在刑法总则中对犯罪预备、犯罪未遂和犯罪中止的定义和处罚原则进行了规定,而在分则中,没有具体提及哪些犯罪要处罚未完成形态。由于刑法总则的规定适用于刑法分则的所有犯罪,这样给人的感觉是,我国刑法分则中的任何犯罪,都要处罚未遂犯等未完成形态,实际生活中也有很多人这么认为。但实际上并非如此。司法实践并未对所有犯罪的未完成形态都予以处罚,而是有选择地对部分犯罪处罚其未完成形态。这样,关于犯罪的未完成形态的存在范围,在理论和实务之间就出现了偏差。

首先,关于过失犯是否存在犯罪未完成形态的问题。一般认为,由于我国刑事立法规定过失行为只有造成了严重危害后果才构成犯罪,这就意味着只要其犯罪过程尚未结束,就不可能构成犯罪,因此,过失犯不可能具有未完成形态。[2] 但是,既然过失犯罪中也有实行行为和结果的观念,那么,也会存在犯罪未完成形态。在有实行行为但实行行为没有造成结果的场合,(在理论上)可将其看作过失犯的未完成形态。只是过失犯只有造成结果的才处罚,即不处罚过失犯的未完成形态,因此,即便过失犯具有未完成形态,也没有什么现实意义。

与过失犯的犯罪未完成形态有关的,就是结果加重犯是否具有未遂形态的问题。关于这一点,有以下几种学说:(1)否定说。该说认为结果加重犯以实际发生法定的加重结果为要件,未发生此种结果时,就不能适用结果加重犯的规定定罪判刑,因此,结果加重犯不发生未遂问题。[3] (2)有限肯定说。该说认为在行为人对加重结果持直接故意的情况下,如果没有发生加重结果,就成立结果加重犯的未遂形态。[4] (3)全面肯定说。该说认为不仅在意图实现加重结果而未实现的场合可以承认结果加重犯的未遂,在加重结果得以实现但基本犯未遂的情况下,也应成立结果加重犯的未遂。[5] 结果加重犯是由作为基本行为的实行行为引起基本犯罪构成结果以外的加重结果的犯罪类型,因此,作为基本行为的实行行为当中,必须含有引起加重结果的危险,否则就不能成立结果加重犯。[6] 由此可见,结果加重犯本质上是结果犯,既然如此,就完全有成立未遂犯的可能。从此意义上讲,否定说并不妥当。只是,法律规定错综复杂使结果加重犯的未遂形态的具体情形和实际处理,也远比理论上推论来得复杂,这一点在

---

[1] 如《日本刑法》第199条规定,杀人的,处死刑、无期或者5年以上徒刑;第201条规定,以犯第199条之罪为目的进行预备的,处2年以下徒刑,但可以根据情节免除处罚;第203条规定,第199条犯罪的未遂,应当处罚。即将故意杀人罪的既遂犯、预备犯和未遂犯,分别进行了规定。同样,《德国刑法》第223条规定,不法伤害他人身体或者损害其健康的,处5年以下自由刑或者罚金;犯该罪未遂的,亦应处罚。
[2] 高铭暄、马克昌主编:《刑法学》(第10版),北京大学出版社2022年版,第143页。
[3] 赵秉志:《犯罪未遂形态研究》(第2版),中国人民大学出版社2008年版,第264页。
[4] 李邦友:《结果加重犯基本理论研究》,武汉大学出版社2001年版,第131页以下。
[5] 陈兴良:《刑法适用总论》(上卷)(第3版),中国人民大学出版社2017年版,第609页;王志祥:《结果加重犯的未遂问题新论》,载《法商研究》2007年第3期。
[6] 邓毅丞:《结果加重犯基本行为的判断规则——兼对日本相关学说的评述》,载《政治与法律》2014年第4期。

后面未遂犯的部分再探讨。[7]

其次,关于间接故意犯罪是否存在未完成形态的问题。通说认为,间接故意犯罪中,行为人特有的放任心理决定了其不可能有犯罪预备、未遂和中止等未完成形态。[8] 如在"曹某金故意杀人案"中,法院认为,"正因为在间接故意中,行为人对危害结果的发生与否是持一种放任态度,当法律上的危害结果发生时,则已成立犯罪既遂……而没有造成人员伤亡,也是行为人这种放任心理所包含的,而不是什么意志以外的原因所致,无所谓'得逞'与否,犯罪未遂也就无从谈起了"。[9] 这样说来,在向牵着名贵的狗散步的人所在方向射击,子弹从狗和人之间穿过的场合,就会得出这样的结论,即如果射击目的是杀人而放任狗死亡的结果发生的话,那么,该行为就是故意杀人罪(未遂);相反,如果射击的目的是杀狗而放任人死亡的结果发生的话,那么,该行为就是故意毁坏财物罪(未遂,不处罚)。上述情形中,行为人的主观目的固然不同,但行为所引起的客观危险结果(子弹在人和狗之间近距离地穿过,客观上对人的生命或者身体造成了现实的威胁)并没有任何差别。既然如此,为什么要将对人的场合和对狗的场合区分开来,说对人的场合有未遂,而对狗的场合没有未遂呢?可见,认为间接故意犯罪不存在未完成形态的通说观点具有过分强调犯罪主观因素的嫌疑,明显不合理。本书认为,在间接故意犯罪的场合,也同样存在犯罪的未完成形态。

最后,故意犯罪并非都存在犯罪的上述未完成形态。说故意犯罪可以存在犯罪的完成和未完成形态,只是就其理论上的情况而言的,并不意味着一切故意犯罪的罪种与具体案件都可以存在或者要处罚其未完成形态。其一,从罪种方面分析,有几类故意犯罪并不存在或者不处罚其未完成形态:一是最高法定刑在3年以下的犯罪,由于属于比较轻微的犯罪,这类犯罪即便存在未遂形态,也不会处罚;二是我国刑法中把"情节严重""情节恶劣"规定为构成犯罪限制性情节的情节犯,不可能存在犯罪未遂。其二,从具体案件方面考察,突发性的直接故意犯罪案件由于一般不存在在犯罪的预备阶段,而是直接着手实施犯罪实行行为,因而往往也不可能存在犯罪的预备形态以及犯罪预备阶段的中止形态,只有犯罪未遂、犯罪中止形态存在的

---

[7] 与结果加重犯有无未遂问题相关的,是所谓情节加重犯有无未遂的问题。所谓情节加重犯,是指刑法分则规定的某种犯罪行为,由于具备了法定的加重情节,按照法律的特别规定,应当依照本罪定罪,并加重其刑罚的情况。简言之,就是应具备特定情节而加重法定刑的情形。如现行刑法第263条规定:"以暴力、胁迫或者其他方法抢劫公私财物的,处三年以上十年以下有期徒刑,并处罚金;有下列情形之一的,处十年以上有期徒刑、无期徒刑或者死刑,并处罚金或者没收财产:(一)入户抢劫的;(二)在公共交通工具上抢劫的;(三)抢劫银行或者其他金融机构的;(四)多次抢劫或者抢劫数额巨大的;(五)抢劫致人重伤、死亡的;(六)冒充军警人员抢劫的;(七)持枪抢劫的;(八)抢劫军用物资或者抢险、救灾、救济物资的。"以上就是抢劫罪的情节加重犯。和结果加重犯中之所以加重处罚,是因为出现了基本行为当中所不包含的重结果的情形不同,情节加重犯中的加重情节,多表现为特殊的犯罪场所、特殊的犯罪对象或者特殊的犯罪手段,但不管如何,都没有超出基本犯的构成要件范围,仍然能够为基本犯的构成要件所包容。也正因如此,情节加重犯的场合,都存在既、未遂的区分问题,而且,其既、未遂的区分标准,应当根据基本犯来加以确定。我国的相关司法解释也确定了这一点。如2005年最高人民法院《关于审理抢劫、抢夺刑事案件适用法律若干问题的意见》第10条中明文规定,"刑法第二百六十三条规定的八种处罚情节中除'抢劫致人重伤、死亡的'这一结果加重情节之外,其余七种处罚情节同样存在既遂、未遂问题,其中属抢劫未遂的,应当根据刑法关于加重情节的法定刑规定,结合未遂犯的处理原则量刑"。

[8] 高铭暄、马克昌主编:《刑法学》(第10版),北京大学出版社2022年版,第143~144页;陈兴良:《规范刑法学(教学版)》(第3版),中国人民大学出版社2022年版,第101页。

[9] 王正山:《曹成金故意杀人案[第129号]——间接故意犯罪是否存在未遂形态》,载中华人民共和国最高人民法院刑事审判第一庭、第二庭编:《刑事审判参考》总第21辑,法律出版社2001年版,第15页。

可能。

三、故意犯罪的未完成形态的处罚根据

从理论上讲,所有的犯罪既遂形态即既遂犯,由于对刑法所保护的利益造成了现实侵害,因此,原则上都要受到处罚;行为人已经着手实行但没有完成犯罪的未遂犯,由于对刑法所保护的利益造成了现实危险,因此,多数情况下,也要作为未遂犯、中止犯而受到处罚。预备犯,由于对刑法所保护的利益并没有形成现实危险(只具有抽象危险),因此,通常情况下,不予处罚,只有在例外场合,考虑到所保护的利益非常重要,才予以处罚。

既然行为没有造成现实的侵害法益结果,为什么还必须对该行为予以处罚呢?这就是未完成犯罪的处罚根据问题。对此,可以从理论和实体法的规定两方面来探讨:

首先,从理论的角度展开分析。刑法中,为什么对没有造成实际结果的未完成形态也要处罚,理论上有主观说和客观说的对立。主观说从行为人的意思、动机、心情、目的等主观方面寻求未完成形态犯罪的处罚根据,认为即便没有引起危害结果,行为人意图实现犯罪的主观意思对于社会而言,也是很危险的,为了维持社会秩序,对于这种恶劣意思也必须予以处罚。客观说则从侵害法益的危险当中寻求未完成形态犯罪的处罚根据,认为在未遂的场合,行为虽没有产生危害结果,但存在引起法益侵害的危险,因此,从实现保护法益、预防犯罪的角度来看,也必须处罚未遂。上述学说的对立,可以追溯到刑法机能观的对立。主观说重视刑法所具有的维持社会秩序和防卫社会的机能,而客观说强调刑法所具有的保护法益和保障公民自由的机能。过于强调刑法的维持社会秩序和社会防卫机能,就会导致刑法过度干预社会生活,造成不当侵害个人自由的结果。刑法在维护社会秩序的同时,还应当将确保个人自由作为其任务,因此,只有在具有侵害或者威胁个人法益的危险行为的时候,才能适用刑法。这样,未完成形态犯罪的处罚根据,就不能在实施犯罪的主观意思,而只能在侵害法益的危险(结果)中寻求。

其次,从刑法规定的角度进行分析。一般而言,只要有犯罪意思的表示,行为人就有企图再次实现犯罪的可能性,因此,在这一阶段就有必要予以处罚,由于这一原因,主观主义在德国刑法和英美刑法的学说以及判例中占支配地位。的确,行为人的犯罪意思是处罚未完成形态的重要根据,但刑法之所以设计了犯罪的阶段类型并规定了处罚轻重上的差别,无非是将作为犯罪意思表现的行为自身的客观危险性作为处罚根据。即虽然在实现犯罪意思的一点上,预备和未遂之间并没有大的差别,但是,在行为的客观面上,预备只有实现犯罪的抽象危险,而在未遂阶段,危险就是急迫的、具体的、现实的东西,在刑法上不能放任不管,原则上必须予以处罚。这样,未完成形态的处罚根据,就在于该行为具有实现犯罪意思的客观危险。

最后,从我国独特的二元制裁体系的角度展开分析。众所周知,与外国不同,我国对于违法(包括犯罪)行为采用行政处罚和刑事处罚的二元制裁体系。如盗窃、诈骗等行为,在国外一定是刑法上的犯罪行为,只能受刑罚处罚,而不可能是只受到行政处罚的行政违法行为。[10] 但在我国,情况则不同。《治安管理处罚法》第58条规定,盗窃、诈骗、哄抢或者敲诈勒索的,处5日以上10日以下拘留或者2000元以下罚款;情节较重的,处10日以上15日以下拘留,可以

---

[10] 黎宏:《结果本位刑法观的展开》,法律出版社2015年版,第17页以下。

并处 3000 元以下罚款。这意味着,在我国,即使不构成犯罪的盗窃、诈骗等行为,还有可能构成行政违法。二者之间的区分,虽说按照刑法第 13 条的规定,主要是看行为的情节是不是"显著轻微、危害不大",但就侵害财产的行为而言,所谓"情节",主要还是指"结果"。因为,"结果"本身就是成立犯罪的最为重要的情节。这一点从刑法第 14 条、第 15 条的规定可以证实。同时,在我国,行政违法和刑事违法的区分,主要还是看后果,而不是行为。在盗窃对象本不存在或者没有达到数额较大的程度,行为根本不可能达到致使数额较大的财物被盗的危险程度时,将该行为认定为未遂犯,不仅会使盗窃的行政违法行为没有存在的余地,还会违反刑法第 13 条"情节显著轻微危害不大的,不认为是犯罪"的规定,不当扩大犯罪的成立范围。

总之,未完成犯罪的处罚根据,不在于犯罪中所体现出来的行为人的主观恶性,而是其中所显示出来的客观危险。

第二节 犯 罪 预 备

一、犯罪预备的概念与特征

按照刑法第 22 条的规定,所谓犯罪预备,是指为了实行犯罪,准备工具、制造条件,但由于行为人意志以外的原因而未能着手实行犯罪的形态。如被告人意图抢劫,尾随一妇女。当该妇女回家、打开房门进屋并准备关门时,被告人以为其家中无人,也强行挤进屋内,并随手锁上门,该妇女被吓得惊叫一声。她的丈夫闻声起床后,在邻居的帮助下,将被告人扭送到公安机关的场合,就是如此。

按照刑法第 22 条的规定,犯罪预备具有以下四个特征:

1. 主观上为了实行犯罪。即为了实施犯罪的实行行为。因此,为预备行为实施的"准备"行为,不能认定为犯罪预备。例如,为了杀人而购买毒药的行为是预备行为,但为了购买毒药而打工挣钱的行为,不是犯罪的预备行为。因为,打工挣钱的最终目的虽然也是追求被害人死亡的结果,但其距离被害人死亡结果的发生还很遥远。换言之,打工挣钱的行为对被害人的生命连抽象危险都不具备。

2. 客观上实施了犯罪预备行为。预备行为是为犯罪的实行创造便利条件,以利于危害结果顺利实现的行为。一方面,这种行为是整个犯罪行为的一部分,如果不是由于某种原因停顿下来,预备行为就会进一步发展为实行行为,从而导致危害结果的发生。所以,预备行为已经对刑法保护的法益构成了抽象危险。另一方面,预备行为只是为实行创造便利条件而已,不可能直接引起危害结果的发生,因此,其和未遂犯不同。

我国刑法将预备行为规定为两类,即准备工具与制造条件。其实,"准备工具"也是为实行犯罪制造条件的行为,只因其是最常见的预备行为,故刑法将其在"制造条件"之外单独予以规定。准备工具,即准备实行犯罪的工具,具体表现为:购买某种物品作为犯罪工具、制造犯罪工具、改装物品使之适合犯罪需要、租借他人物品作为犯罪工具、盗窃他人物品作为犯罪工具等。在通过犯罪手段获取犯罪工具的场合,该手段本身构成了独立的犯罪,其和之后行为人所意图实施的犯罪之间形成牵连关系,按照牵连犯处理。

这里的"制造条件",不包括准备工具的行为,主要表现为:(1)制造实施犯罪的客观条件,如调查犯罪场所、打探被害人行踪、出发前往犯罪场所或者守候被害人到来、诱骗被害人前往犯罪场所、排除犯罪障碍等;(2)创造实行犯罪的主体条件,如勾结犯罪同伙、寻找共犯人等;(3)制造实施犯罪的主观条件,如商议犯罪的实行计划和犯罪后逃避侦查的计划,等等。

3. 未能着手犯罪的实行。所谓犯罪的实行,是指实施刑法分则中具体犯罪构成客观方面的行为。这一特征意味着犯罪活动在具体犯罪行为着手以前停止下来。如果已经超出了这个阶段,着手实行了犯罪的话,就不可能是犯罪预备。如行为人为杀人而购买了毒药,但由于没有机会而未能使用的,是犯罪预备。在行为人有使用行为亦即将毒药投到了被害人的饭菜里的场合,该行为就不是犯罪预备而只能构成犯罪未遂或者犯罪中止(如又将有毒饭菜倒掉)了,因为行为人已经着手实施了实行行为。

4. 未能着手实行是由于行为人意志以外的原因。即行为人本来想继续实施预备行为、着手实行犯罪,但由于出现了违背行为人意志的原因,行为人客观上不可能继续实施预备行为,或者客观上不可能着手实行犯罪,或者行为人认识到自己客观上已经不可能继续实施预备行为与着手实行犯罪。刑法虽然没有明文要求犯罪预备是由于意志以外的原因而未能着手,但刑法规定了犯罪过程中自动放弃犯罪的,成立犯罪中止。因此,如果行为人自动放弃犯罪预备行为,或者自动不着手实行犯罪,则属于犯罪中止;只有由于意志以外的原因而未能着手实行犯罪时,才是犯罪预备。

构成犯罪预备必须同时具备上述四个条件。缺少其中任何一个要件,都不构成预备犯。

二、犯罪预备与犯意表示的区别

犯意表示一般是指以口头、书面或者其他方法,将真实犯罪意图表现于外部的行为。其特征是:是人的犯罪意图的反映;必须通过口头的、书面的或者其他形式表现出来;是单纯表露犯罪意图的行为,不具有刑法意义上的社会危害性。因此,单纯的犯意流露不是刑法的处罚对象。

犯罪预备与犯意表示,在行为人都具有犯罪意思这一点上具有共同之处,但二者存在本质区别。即犯罪预备是准备工具、制造条件,对实行犯罪起促进作用的行为,或者说是实现其犯罪故意的行为,因而对刑法所保护的法益构成了威胁;而犯意表示并没有对实行犯罪起促进作用,只是单纯流露犯意的行为,并非实现犯意的行为,也未对法益构成威胁。例如,只是告诉他人自己将要实施某种犯罪行为的,属于犯意表示;告诉他人之后,劝诱他人与自己共同实施的,则是寻找共犯的行为,属于制造主体条件的犯罪预备。再如,只是告诉他人自己将采取某种方法、步骤实施犯罪的,属于犯意表示;如果与他人共同商量犯罪计划,则是制造主观条件的犯罪预备行为。如在某案件中,个体水暖安装工刘某在某军事基地安装水暖设施期间,看到某库房墙壁上悬挂的大幅军用地图,想当然地认为如果能将这幅军用地图获取到手,定能卖个好价钱,遂对负责看管该厂房的战士张某说,如果能帮助我弄到这种地图,我给你二三十万元,还可以去新加坡、马来西亚等地旅游。战士张某将这一情况向部队首长和部队保卫部门作了报告,部队领导指示让张某继续接触试探刘某,以彻底探清刘某的底细。在之后的几次交谈中,刘某表现得不是十分积极和迫切。水暖安装工程竣工在即,部队保卫部门为了加快侦查进度、及早

"人赃俱获",让张某携带一份写有"军事实力统计表"字样的空白纸张前去找刘某,佯称是从首长办公室窃取到的军事机密,刘某知道后非常紧张,让张某将窃取到的机密送回原处。张某说不能送回,送回去就会暴露,并央求说:"你给我帮帮忙,带不出去就想办法销毁。"正当刘某将"军事机密"装入上衣内欲携带离去时,早已埋伏在周围的军警人员将其抓获。案发后国家安全机关查明,刘某无任何关系和背景,刘某的行为最多只是犯意流露,而不构成犯罪预备。因为在整个案件当中,刘某只是具有获取军事机密的言语表示,而并没有实际付诸行动。

三、预备犯的刑事责任

按照刑法第 22 条的规定,对于预备犯,可以比照既遂犯从轻、减轻处罚或者免除处罚。

在上述规定的适用上,必须注意以下几点:

1. 预备犯的处罚范围是相当有限的。尽管从理论上讲,刑法总则中的相关规定适用于刑法分则的所有条款,但由于预备犯对刑法保护的法益只有间接的抽象危险,因此,原则上不处罚,只有在侵害特别重要的法益如国家安全、公共安全、生命、身体等的场合,才能受到处罚,对比较轻的犯罪的预备犯,原则上不予处罚。[11]

2. 对预备犯裁量刑罚时,所比照的既遂犯,应当是预备犯向前发展可能形成的,或者必将出现的既遂犯。预备犯与所比照的既遂犯之间应具有合乎逻辑的因果关系。如行为人为抢劫而制造枪支的行为,就是(持枪)抢劫罪的预备犯,应当比照(持枪)抢劫罪的既遂犯处理,而不能比照一般的抢劫罪处理。

3. 尽管刑法规定对预备犯可以比照既遂犯从宽处罚,但从预备犯的主客观特征可以看出,预备犯的社会危害性通常要小于未遂犯,因此,对其处罚,应当比未遂犯还轻。

4. 对预备犯比照既遂犯从宽处罚的时候,应当综合考虑预备犯所意图实施的犯罪的性质、预备行为的进展情况和严重程度、未能着手的原因等因素。

第三节 犯罪未遂

一、犯罪未遂的概念与特征

按照我国刑法第 23 条的规定,所谓犯罪未遂,是行为人已经着手实行犯罪,由于其意志以

---

[11] 如《日本刑法》之中,关于预备犯,规定有内乱预备罪(第 78 条)、外患预备罪(第 88 条)、私战准备罪(第 93 条)、放火预备罪(第 113 条)、准备伪造货币罪(第 153 条)、非法制作支付用卡预备罪(第 163 条之 4)、杀人预备罪(第 201 条)、准备凶器集合以及集结罪(第 208 条之 3)、勒索赎金目的的绑架等预备罪(第 228 条之 3)、抢劫预备罪(第 237 条)。其中,私战准备罪中,没有规定与其相对应的基本的构成要件。另外,在特别刑法中,《日本有组织犯罪处罚法》第 6 条规定,除对杀人预备行为加重刑罚之外,还要对有组织性的、以营利为目的的诱拐预备行为加以处罚;《劫机等处罚法》第 3 条规定对劫机预备行为加以处罚;《爆炸物取缔罚则》第 3 条规定对适用爆炸物的预备行为进行处罚;《沙林等防止法》第 5 条第 3 款规定,处罚散布沙林等的预备行为;《破坏活动防止法》第 39 条对出于政治目的的放火、爆炸、颠覆火车、杀人、抢劫的预备行为予以处罚,该法第 40 条规定,对出于政治目的的骚乱预备行为要予以处罚。

外的原因而未能完成犯罪的一种犯罪停止形态。其特征包括以下几点。

（一）已经着手实行犯罪

成立犯罪未遂，前提条件是行为人已经"着手"实行犯罪，这是犯罪未遂区别于犯罪预备的主要特征。换言之，行为被评价为"着手"，是认定该行为构成未遂犯的前提。另外，根据该行为在性质上是否能够认定为实行的着手，可以将其与不能犯区别开来。因此，什么是实行的着手，对其该如何认定，就成为未遂论中最重要的问题。

关于实行的"着手"，刑法理论上众说纷纭，但就我国目前的情况而言，代表性的对立观点是以下两种：一是传统观点，可以称为形式着手说，认为所谓着手，是指行为人开始实施刑法分则具体犯罪构成要件中的犯罪行为，如故意杀人罪中的杀害行为，抢劫罪中侵犯人身的行为和劫取财物的行为等；[12]二是有力说的观点，可以称为实质着手说，认为在发生侵害法益的具体危险的时候，就是实行的着手。[13]

应当说，形式着手说在从开始实施犯罪构成的客观要件的角度考虑实行的"着手"的一点上，和主张"什么是犯罪，应当给予什么样的处罚，法律事先都必须具有明确规定"的罪刑法定原则的精神是一致的，但是，其问题也很明显。首先，存在不明确之处，难以将犯罪未遂和犯罪预备区分开来。如从口袋中掏枪杀人的行为，在什么阶段可以作为开始实施杀人行为的部分行为，是从将枪支掏出口袋时开始认定为杀人行为的部分行为，还是从已经对准目标，即将扣动扳机时才能认定，在形式上难以确定；[14]同时，在入室盗窃的场合，如果完全以开始实施盗窃罪的客观行为为着手的话，则只有在行为人的手开始接触到他人财物的时候，才可以认定为着手，而入室之后找寻财物的时候，还不能算是着手，这也是过于僵硬的理解。因此，以这种标准来判断实行的着手，存在实际困难。其次，会扩大或者缩小未遂犯的处罚范围。具体来说，该见解在某些情况下，会使着手提前。例如，刑法第243条规定的诬告陷害罪的客观要件行为是"捏造事实诬告陷害他人"。按照前述见解，行为人先捏造事实，后向司法机关告发的，捏造事实时就是着手。事实上，只有开始向司法机关告发时，才能认为是着手。在另一些情况下，该见解又可能使着手推迟。如根据该说，对于故意杀人，扣动扳机时才是着手，瞄准被害人还不是着手，实际上，瞄准被害人就已经是故意杀人罪的着手了。最后，忽视了行为人的主观意图。"着手"是具体犯罪的着手，而犯罪是主客观要件的统一，作为故意犯罪发展过程中的一个环节的"着手"，其认定当然也要考虑行为人的主观要素。如潜入他人住宅的行为，如果不考虑行为人的主观意图，就难以判定该行为的性质。在行为人的目的就是非法入侵他人住宅的场合，可以说该行为是非法侵入住宅罪的实行行为的一部分，称得上是"着手"；但在行为人是为抢劫潜入他人住宅进行的场合，该入室行为还很难说是抢劫行为的一部分，所以，还不能看作抢劫行为的"着手"。这一点也是上述形式着手说所没有考虑到的。

从此种意义上讲，实质着手说所主张的"在发生侵害法益的具体危险的时候，就是实行的着手"的见解是有道理的。这种观点认为，之所以处罚未遂犯，是因为该行为存在发生结果的

---

[12] 高铭暄、马克昌主编：《刑法学》（第10版），北京大学出版社2022年版，第151~152页；李洁主编：《刑法学》（第2版），中国人民大学出版社2014年版，第134页。
[13] 张明楷：《刑法学》（上）（第6版），法律出版社2021年版，第441页。
[14] 钱叶六：《犯罪实行行为着手研究》，中国人民公安大学出版社2009年版，第117页。

具体危险。这种危险,不是行为人的性格(主观的)危险,而是行为所具有的侵害法益的客观危险。未遂犯不是抽象危险犯,而是具体危险犯。该危险是紧迫的,它就是将未遂和预备相区别的实质性理由。[15] 按照这种观点,在盗窃的场合,仅仅是打开他人窗户,进入他人室内,还难以说是着手实行盗窃,只有在行为人靠近室内的保险柜的时候才可以说对保险柜之内的金钱这一法益引起了现实具体的危险,可以肯定实行的着手。但是,上述实质着手说也有不尽如人意之处。如前所述,未遂犯是刑法分则所规定的具体犯罪的未遂,因而着手也应当是具体犯罪的着手,而任何具体犯罪都是主客观要件的统一,因此,只考虑客观危险而不说明到底会引起什么罪的客观危险,是难以正确界定着手的。

本书认为,所谓实行的着手,就是开始实施行为人所追求的、具有引起某特定犯罪构成结果的现实危险的行为。首先,着手是"具有实现犯罪构成结果的现实危险的行为"。我国刑法将犯罪预备和犯罪未遂明确地区别开来,并明确地说明犯罪预备是"为了犯罪,准备工具、制造条件"的行为,可见,我国刑法对于犯罪未遂的认定,采取了客观主义的理解。客观主义的刑法理论认为,预备是为实行做准备的行为,它没有导致构成要件结果发生的现实危险;与此相反,实行是有引起构成要件结果发生的现实危险的行为。因此,实行行为与预备行为的本质区别在于,前者具有导致构成要件结果发生的现实危险,而后者则没有这一危险。例如,行为人为了诈骗公私财物而伪造文书。伪造文书虽然具有导致财物被骗的危险,但只要没有被使用,就不能说具有现实危险,因此,只能是具有抽象危险的预备行为;而使用所伪造的文书行骗时,财物被骗的现实危险才显现出来,这时可以说成立着手。其次,必须考虑行为人的主观意思。着手是具体犯罪的着手,而犯罪是主、客观要素的统一,因此,在着手的认定上,当然也必须考虑成立犯罪所必要的主观要素即故意。如为了盗窃枪支而伸手接近枪支的行为,相对于盗窃枪支罪而言,是具有导致枪支被盗的现实危险的行为,但是,对于意图取得枪支之后再行抢劫的犯罪来说,该行为就不是具有引起财物被抢的现实危险的行为。所以,在判断行为是否具有导致犯罪结果发生的现实危险时,必须考虑行为人的主观故意。当然,超出故意内容以外的因素,如行为人的主观恶性、犯罪计划等,则不必也不应当考虑在内。[16]

在刑法理论上,关于犯罪的着手,还有以下几个问题需要特别探讨:

首先是间接正犯的着手问题。[17] 它是传统刑法理论上特别有争议的问题之一,对此学界有三种见解:[18]一是主张利用人开始实施诱使被利用人实施犯罪行为的时候,就是着手的"利用人标准说";二是主张被利用人开始实施实行行为的时候,就是着手的"被利用人标准说";三是主张具有引起发生构成要件结果的现实危险的时候,就是着手的"个别化说"。那么,侵害法益的具体危险该如何把握呢?理论上,有两种判断基准:一种是"侵害法益的确实性、自动性",另一种是"侵害法益的迫切性"。[19] 两个基准的差别,来自对危险性质的不同理解。"确实性、

---

[15] [日]平野龙一:《刑法总论Ⅱ》,有斐阁1975年版,第313页。
[16] 钱叶六:《犯罪实行行为着手研究》,中国人民公安大学出版社2009年版,第173页。
[17] 需要说明的是,由于本书主张间接正犯类型没有存在的必要,将其视情考虑为教唆犯即可,因此有关间接正犯的着手,参照后述教唆犯的着手考虑即可。
[18] 赵秉志:《犯罪未遂形态研究》(第2版),中国人民大学出版社2008年版,第242页以下。
[19] [日]大越义久:《刑法总论》,有斐阁1991年版,第182页。

自动性"的基准,是从行为人方面出发探讨危险的基准,是将危险把握为行为属性的立场的必然归结;相反地,"迫切性"基准是从行为结果出发把握危险的基准,是将危险把握为结果的立场的归结。"确实性、自动性"基准,以着手必须从行为人的行为中加以认定的见解为背景,而"迫切性"基准,则着眼于危险侵入被害人领域这一事实为前提,意图具体把握危险。这样说来,只要将未遂犯把握为结果犯,则作为判断侵害法益的具体危险的基准,应当采用"迫切性"基准。而如果将"确实性、自动性"作为着手的基准,就会在行为人的行为中探讨着手,在危险的理解上更加向主观主义倾斜。因此,从实质客观说的立场出发,在间接正犯的着手时期上,从迫切性中探讨具体危险基准的"被利用人标准说",是当然的标准。

在间接正犯的着手问题上,存在争议的是隔离犯的着手问题。隔离犯是间接正犯的一种情形。所谓隔离犯,是指在行为人的行为和所引起的构成要件结果之间,存在时间和场所上的间隔。例如,为了杀害朋友而将有毒的酒邮寄到朋友家就属于这种情况。在这种场合,如果将是否具有足以引起结果发生的现实危险作为判断基准,那么,毒酒寄出时、到达时或能够饮用时,都能成为实行的着手时期。但本书主张,未遂犯的处罚根据在于引起侵害法益的具体危险的实质客观说的立场来看,故应当采用到达时说,以到达时为着手。因此,在甲为了杀死乙而在乙经常通过的田间小道上放置了有毒饮料的场合,虽说甲已将应当实施的行为实施完毕,但还不能马上就说已经着手。只有在乙或者其他人拾得上述饮料,准备喝下去的时候,才能成立故意杀人罪的着手。

其次是不作为犯的着手问题。关于不真正不作为犯的着手时期的认定,有主观说和客观说的对立。主观说认为,在行为人开始实施违反作为义务的不作为时,就能认定着手。按照这种观点,母亲在出于杀人意图不给婴儿喂奶时,就能认定为着手;相反地,客观说认为,只有在违反作为义务的行为引起了具体危险的时候,才能认定为着手。按照这种观点,只有在不喂奶的行为引起婴儿生命危险的时候,才能认定为着手。从法益侵害说的立场来看,当然是后一种观点妥当。

最后是结合犯的着手问题。在结合犯的场合,只有在实施了作为手段的行为的时候,才能成立着手。例如,抢劫罪是以暴力、胁迫为手段的结合犯,所以,只要是基于抢劫的故意而实施了暴力行为,就是抢劫的实行着手。因为,只有实施了手段行为,才有符合结合犯或者复行为犯的构成要件的行为。所以,在出于抢劫的意思而携带凶器侵入他人住宅,但他人由于熟睡没有睁开眼睛,因此,行为人没有使用暴力、胁迫手段而将财物取走的场合,就不是抢劫未遂而是单纯的盗窃既遂和抢劫预备的竞合。

如此说来,实行的着手和开始实行具体犯罪的客观行为是两个不同的概念,二者之间并不总是一致,可以适当分离。

(二)犯罪未得逞

成立犯罪未遂的第二个条件是"未得逞",即犯罪未达既遂状态,或者说未完成而停止下来,其是犯罪未遂形态区别于犯罪既遂形态的主要特征。犯罪未得逞,或者说犯罪未完成,包括行为人已经着手实施犯罪,但实行行为没有实施终了的场合,和实行行为虽然实施终了但结果没有发生的场合。前者被称为"着手未遂"("未实行终了的未遂"),后者被称为"实行未遂"("实行终了的未遂")。

如何判断"未得逞",理论上也是见解不一,有"犯罪目的说""犯罪结果说""犯罪构成要件说""综合说"之争。

"犯罪目的说"认为,犯罪未得逞是指犯罪人主观上的犯罪目的没有达到,即犯罪人通过实施犯罪行为所追求的结果没有发生。[20]

该说纯粹根据行为人的主观目的实现与否来考虑是否得逞,而忽视了着手是犯罪行为的一个环节,就这一点来说存在显而易见的缺陷。首先,在法律标有"犯罪目的"的犯罪中,"犯罪目的说"无法贯彻到底。如刑法第217条规定的侵犯著作权罪,要求行为人必须具有"营利目的"才能成立。从我国刑法有关犯罪目的的规定以及立法思想来看,刑法尽管把法定目的作为这些犯罪的构成要件,但没有将法定目的实现与否作为犯罪完成与否即既遂还是未遂的区分标准。如果在这些罪里贯彻"犯罪目的说",会将那些齐备了其他犯罪构成要件,只是未能实现营利的情况都认定为未遂犯。这显然不符合刑法规定该种犯罪的宗旨。其次,在以法定危险状态是否出现作为成立要件的危险犯,以及着手实行即达到既遂而没有未遂的直接故意犯罪(如举动犯)中,"犯罪目的说"会导致错误结论。在这些犯罪中,行为人也有目的(如破坏交通工具罪中,行为人实施破坏交通工具的目的,当然是希望发生交通工具倾覆、毁坏的危险),但是按照法律的规定,却不能以行为人的犯罪目的已经实现作为犯罪既遂的判断标准。[21]

"犯罪结果说"认为,犯罪未得逞,是指没有发生法律所规定的作为犯罪构成要件的犯罪结果,且犯罪未遂一般只存在于发生物质性结果的犯罪之中,在发生非物质性结果的犯罪之中,因其损害结果不易测量,所以,不以结果为成立犯罪的要件,也不区分既遂与未遂。[22]

反对这种见解的学说认为,犯罪结果说的缺陷在于:它不能贯穿到存在既遂、未遂形态的一切犯罪中。首先,它不能适用于以法定的犯罪行为完成与否作为区分既遂、未遂标志的犯罪。这类犯罪的既遂,要求的并不是物质性有形犯罪结果的发生,而是一定程度的犯罪行为的完成。其次,犯罪结果说也不能适用于危险犯的既遂与未遂的区分。因为,危险犯的既遂、未遂的区分是以危险状态是否出现为标准,而不是以犯罪结果发生与否为标准。[23]

但是,上述反对意见并没有说服力。因为,提倡"犯罪结果说"的人主张的犯罪结果是狭义的犯罪结果,而反对该种观点的人主张的犯罪结果是广义的犯罪结果,即二者立论的前提不同,因此,结论当然也不一致。实际上,"犯罪结果说"的问题主要在于,它仅仅以行为的客观方面作为判断行为是不是既遂的标志,而忽视了犯罪未得逞作为犯罪的停止形态之一,也应当是主客观要件的统一。因此,仅仅以是否实现了某种犯罪的构成要件结果来说明某种行为是否得逞,是不确切的。如行为人的主观目的是杀死他人,结果只导致他人重伤而没有致死的场合,就犯罪结果而言,并不是没有发生任何犯罪结果(发生了故意伤害罪的结果),而只是没有发生行为人所追求的致他人死亡的犯罪结果而已。因此,就故意伤害罪的结果而言,是行为人

---

[20] 高铭暄主编:《新中国刑法学研究综述(一九四九——一九八五)》,河南人民出版社1986年版,第326页。
[21] 在这些犯罪中,只要出现了法定的危险状态,就构成犯罪,而不要求行为所追求的主观目的已经实现。具体情况,参见赵秉志主编:《犯罪停止形态适用中的疑难问题研究》,吉林人民出版社2001年版,第65~66页;马克昌主编:《犯罪通论》(第3版),武汉大学出版社1999年版,第446页。
[22] 高铭暄主编:《新中国刑法学研究综述(一九四九——一九八五)》,河南人民出版社1986年版,第326页。
[23] 赵秉志主编:《犯罪停止形态适用中的疑难问题研究》,吉林人民出版社2001年版,第67页。

已经得逞；但是，就故意杀人罪的结果而言，则是"未得逞"。

"犯罪构成要件说"认为，犯罪未得逞，就是犯罪行为没有齐备具体犯罪构成的全部要件，而犯罪既遂是齐备了犯罪构成的全部要件，因此，犯罪构成是否齐备是区分犯罪既遂与未遂的标志。[24] 该说是我国刑法理论的通说。

"犯罪构成要件说"之所以成为通说，是因为犯罪构成要件说具有统一的适用性。无论是只有发生一定实害结果才告成立的结果犯，还是只要着手实施一定行为即告成立的行为犯，或者只有具备法定危险状态才告成立的危险犯，都可以在其客观方面的构成要素中，找到甄别犯罪既遂与未遂的适当角色。换句话说，以"犯罪构成要件说"来说明"犯罪未得逞"的含义，可以贯彻到我国刑法中存在既遂未遂之分的各类故意犯罪的场合。[25]

的确，行为符合犯罪构成是该行为成立犯罪的标志，犯罪就是指行为具备刑法中的某一犯罪的犯罪构成。因此，说犯罪未得逞就是指行为没有完全具备某个犯罪的构成要件，绝对是没有问题的。但是，"犯罪构成要件说"是以行为人开始实施具体犯罪的客观行为为前提的，因此，和前述的形式着手说一样，在"未得逞"的认定上，该说也必然存在过于讲究形式而难以准确地认定犯罪"未得逞"的问题。如在行为犯的场合，按照犯罪构成要件说，只要行为人实施了符合构成要件的行为，就是已经得逞，成立既遂，但是，正如在脱逃罪的场合，虽然行为人实施了越狱脱逃，超过了监狱警戒线的行为，但只要其没有实质性地摆脱监管人员的监视控制，仍然是脱逃未遂，而不是脱逃既遂一样，[26] 行为人虽然在形式上实施了符合脱逃罪的犯罪构成要件的行为，但仍然有可能还是"未得逞"。在结果犯和危险犯中，也存在相同的问题。如在盗窃罪等结果犯中，仅有转移被害人财物的行为或者在形式上支配被害人财物的行为还不够，只有在该财物被行为人实际支配占有的时候，才可以说是犯罪既遂；[27] 在破坏交通设施罪等危险犯中，仅仅具有破坏铁路、公路等交通设施的行为还不够，还必须达到足以使交通工具具有"倾覆、毁坏危险"程度，才成立该罪。而什么样的程度是"足以使交通工具具有'倾覆、毁坏危险'程度"，则必须进行具体、个别的判断。[28] 另外，需要注意的是，"犯罪构成要件说"中所谓的行为没有完全齐备构成要件，确切地讲，是指没有完全齐备"犯罪客观方面的要件"。[29] 换

---

[24] 高铭暄、马克昌主编：《刑法学》（第10版），北京大学出版社2022年版，第153页；陈兴良：《规范刑法学》（第4版）（上册），中国人民大学出版社2017年版，第213页。

[25] 赵秉志主编：《犯罪停止形态适用中的疑难问题研究》，吉林人民出版社2001年版，第68页。

[26] 齐文远主编：《刑法学》（第3版），北京大学出版社2016年版，第512页；高铭暄、马克昌主编：《刑法学》（第10版），北京大学出版社2022年版，第153页。

[27] 我国刑法学中，失控说认为当财产的所有人、管理人对财物失去控制时即为盗窃既遂，例如甲等人深夜潜入某厂仓库偷出6箱货物扔出墙外，却被驾驶卡车路过的丁德机装走。这种情况下，当赃物被扔出厂外时厂方损失已经发生，即便甲等人最终未能将财物实际控制在自己手上，也成立盗窃既遂。具体参见王作富、黄京平主编：《刑法》（第7版），中国人民大学出版社2021年版，第454页；高铭暄、马克昌主编：《刑法学》（第10版），北京大学出版社2022年版，第508页。实际控制说则认为，当被盗财物已经被行为人实际控制时，才能构成盗窃罪的既遂。如行为人乘人不注意的时候，爬上停靠在江中的货船，将价值1万余元的货物推入江中，准备待船离开之后伺机取走。但是，由于江河涨水，行为人找不到货物被沉入江中的位置。于是，只好作罢。本案中，行为人尽管在形式上实施了秘密窃取货物的行为，但是，由于行为人意志以外的原因，行为人没有实质支配和控制该货物，因此，只能认定为盗窃未遂。阮齐林、耿佳宁：《中国刑法各论》，中国政法大学出版社2023年版，第238页。

[28] 鲜铁可：《新刑法中的危险犯》，中国检察出版社1998年版，第191页。

[29] 赵秉志主编：《犯罪停止形态适用中的疑难问题研究》，吉林人民出版社2001年版，第68页。

言之,行为人的犯罪是否得逞,是单就客观要件而言的,这样也不可避免地存在忽视了"未得逞"是行为人主客观要件相统一的弊端。如在行为人意图入室抢劫,但在入室后即被制止的场合,若不考虑行为人的主观方面,是无法判断该行为的性质的。如果行为人的主观意图仅仅是非法侵入他人住宅,因为该非法入室的行为完全符合了非法侵入他人住宅罪的客观要件,所以,不能看作犯罪"未得逞";但是,如果查明行为人入室的主观目的是抢劫,则该入室后即被制止的行为就不能说是完全符合了抢劫罪的客观要件的行为,而只能看作犯罪的"未得逞"。从此意义上讲,"犯罪构成要件说"并没有跳出上述"犯罪结果说"的窠臼。

"综合说"[30]从主客观相结合的立场来理解"未得逞",认为犯罪未得逞,是指没有达到行为人主观上的犯罪目的,即实施了犯罪行为但所追求的结果没有发生;或者认为,犯罪未得逞是指犯罪人所追求的、受法律制约的危害结果没有发生;或者认为,犯罪未得逞是指没有发生作为既遂标志的结果。[31]

本书基本同意上述"综合说"的观点,认为所谓犯罪未得逞,就是没有实现行为人所追求的、作为某种犯罪构成要件的结果。首先,犯罪未得逞通常作为故意犯罪的结局形态的一种,也是主客观的统一,而且"未得逞"的本来意义就是没有实现行为人的恶意(但不是"目的"),因此,在未得逞的认定上,必须考虑行为人的主观意图。其次,这里所谓的结果是指狭义的危害结果,而不是广义的危害结果。广义的危害结果是对刑法所保护的利益或者说社会关系的一切侵害或者危险,它是判断某种行为是否为危害行为的前提。任何犯罪都必须具有广义的危害结果,否则就不构成犯罪。而狭义的危害结果是对刑法所保护的对象所造成的现实侵害,它不是一切犯罪都必须具备的要件,只是以发生某种具体结果为成立要件的结果犯所必须具备的要件。因此,在刑法明文规定以发生某种结果为构成要件的犯罪中,行为人所追求的结果没有发生的时候,就是犯罪未得逞,而在不以发生某种具体危害结果为要件的犯罪中,一般以法定的犯罪行为未能完成作为犯罪未遂的标志。

根据以上分析,在"未得逞"的认定上,有以下几点值得注意:

第一,在结果犯中,以法定的犯罪结果没有发生作为犯罪未得逞的标志。如脱逃罪,以依法被关押的罪犯、被告人、犯罪嫌疑人"摆脱被关押状态"为犯罪结果,因此,本罪的未得逞,就以实施脱逃的行为人未能摆脱看守人员的监视控制为标志。再如盗窃罪,其未得逞以未发生窃得财物的犯罪结果为标志。

在此要注意的是,在结果犯中,考虑犯罪未得逞的时候,只能以是否引起了作为犯罪构成要件的结果为判断依据,而不能以行为人直接追求的结果是否发生为依据。如在行为人意图盗窃1万元,实际上只窃得3000元的场合,不能因为行为人意图盗窃的目标没有实现,就说行为人的行为是盗窃未得逞。因为,盗窃到手的3000元是行为人出于盗窃目的而实施的,同时也符合盗窃罪的成立要件,因此,该行为不能说是盗窃未得逞的行为。

---

[30] "综合说"是本书自己取的名称。在学界,有的人将其归类为"犯罪结果说",有的人将其归类为"犯罪目的说"。参见赵秉志主编:《刑法争议问题研究》(上卷),河南人民出版社1996年版,第413页。但实际上,主张"未得逞"就是没有实现行为人所追求的、受法律所制约的犯罪结果的观点的最基本特征在于:在确定未得逞的时候,将行为人的主观目的和客观结果结合起来考虑,而不是仅仅偏重一个方面。因此,本书将其概括为"综合说"。

[31] 张明楷:《刑法学》(上)(第6版),法律出版社2021年版,第445页。

第二,在危险犯中,以法定的危险状态未出现作为犯罪未得逞的标志。在出现了法定危险状态的时候,就成立犯罪既遂,否则,就是未遂。刑法第143条规定的生产、销售不符合安全标准的食品罪以生产、销售的不符合安全标准的食品,"足以造成严重食物中毒事故或者其他严重食源性疾病"为成立既遂的条件,因此,生产、销售不符合安全标准的食品,但没有达到"足以造成严重食物中毒事故或者其他严重食源性疾病"的程度的时候,理论上讲,成立未遂犯。即便对不以出现危险状态为成立要件的抽象危险犯而言,也是如此。抽象危险犯,在我国刑法当中,常以行为犯,即只要作出某种行为就成立犯罪,不以出现某种危险状态为成立要件的形式出现。在这种犯罪中,通常来说,完成行为就标志着法定危险的出现,因此,未得逞的标志,以是否完成行为为准。如就盗窃枪支、弹药、爆炸物罪而言,完成盗窃行为,实际控制了作为危险物品的"枪支、弹药、爆炸物",就构成本罪的既遂;相反地,没有完成盗窃行为,即没有实际控制作为危险品的"枪支、弹药、爆炸物"的,就是本罪的未遂。同样,在放火的场合,点着足以引起燃烧结果的对象物,让其独立燃烧的就是既遂,尚未点着对象物就被制止的,是放火未遂。如此说来,我国有些司法解释对犯罪的理解是值得商榷的。如2012年5月16日最高人民检察院、公安部《关于公安机关管辖的刑事案件立案追诉标准的规定(三)》第1条规定,以贩卖为目的而非法收买毒品的行为,就是贩卖毒品罪中的"贩卖"。这一规定有过于扩大了"贩卖"的处罚范围,违反罪刑法定原则之嫌。所谓贩卖,就是将手上已有的毒品有偿转让,前提是毒品已经在行为人的掌握之下。但是,"为卖而买"的场合,行为人手上根本就没有毒品,这种情况下怎么能称得上是"贩卖"?即便说"为卖而买"具有导致毒品扩散的危险,但这种危险相当抽象,连贩卖毒品罪的未遂犯都谈不上,更不用说构成贩卖毒品罪的既遂犯了。最多只能成立贩卖毒品罪的预备犯。

第三,在结果加重犯中,以加重结果未出现作为判断"未得逞"的标志。如前所述,所谓结果加重犯,就是实施具有引起加重结果危险的基本行为,最终导致了基本犯罪所难以评价的结果,因而对其加重法定刑另行处罚的犯罪类型,这种犯罪本质上是结果犯。如我国刑法所规定的故意伤害(致死)罪、强奸(致人重伤、死亡)罪、抢劫(致人重伤、死亡)罪,就是其典型。之所以会有上述结果加重犯的犯罪类型,是因为作为其基本行为的故意伤害、强奸、抢劫行为本身就内含有引起被害人人身伤亡这种加重结果的危险,[32] 为了阻止上述结果的发生,同时也为了对这种高度危险行为进行妥当评价,所以就单设了结果加重犯这种犯罪类型。在结果加重犯的场合,基本犯罪既遂且引起了加重结果的话,当然应当构成结果加重犯本罪(既遂)。这是没有任何争议的。如甲以抢劫的意图暴力重伤妇女乙,并劫得其价值3000元的手镯,应构成抢劫罪的结果加重犯的既遂,在刑法第263条第5项的范围之内量刑处罚。

但在基本犯罪未遂,却出现了加重结果的场合,犯罪到底是既遂还是未遂,则存在争议。有观点认为,在基本犯未遂的情况下,结果加重犯是否未遂,不应仅从加重结果是否发生来看,而要结合犯罪的主客观要件进行整体分析。就抢劫罪而言,从行为人主观要件来看,取财是主

---

[32] 实际上,以"致人重伤、死亡"为加重结果的结果加重犯类型,在其性质上,已经不再是基本犯的简单延伸,而是转化为一种新的以保护被害人的生命、身体为中心内容的犯罪。特别是对抢劫罪这种以财产法益为主要法益、人身法益为次要法益的犯罪而言,作为其加重类型的结果加重犯,已经完全不具有财产犯罪的性质,而是转变为一种新的人身犯罪。

要目的,财未取到,不能说是已得逞。客观上虽然有致人死亡的结果,但作为抢劫罪客观要件之一的非法占有他人财物的结果未发生。综合以上两方面,应该说抢劫罪的结果加重犯的构成要件是不齐备的,以结果加重犯的未遂论更为妥当。[33] 但是,这种观点值得商榷。就抢劫罪的结果加重犯即抢劫致人重伤、死亡的类型而言,其基本行为就是抢劫本身,即以暴力、胁迫或者其他手段强取公私财物本身,其中,无论引起伤人还是取财结果,都构成抢劫既遂,这已经为我国司法解释所明文肯定。[34] 因此,以抢劫只是伤人而未取财为例说明其是抢劫罪的结果加重犯未遂类型的前提,本身有误;同时,抢劫罪的暴力手段包括"故意杀人"在内,如果说以故意杀人手段抢劫,将他人打死,但最终只是因为没有获取财物,所以构成抢劫罪的结果加重犯的未遂犯,在"十年以上有期徒刑、无期徒刑或者死刑,并处罚金或者没收财产"的幅度之内从轻或者减轻处罚,就会导致处罚上的不均衡。因为,上述场合,单就其取财的暴力手段而言,就足以以故意杀人罪定罪,在"死刑、无期徒刑或者十年以上有期徒刑"幅度内对其进行处罚。

本书认为,作为抢劫罪的结果加重犯的基本行为的抢劫行为,无论行为人最终是不是拿到了财物,都不影响其暴力手段当中所内含的引起被害人死伤结果的危险,只要这种死伤结果的危险变为了现实,就应当构成刑法第263条第5项所规定的抢劫罪的结果加重犯。因此,无论基本犯既遂还是未遂,只要引起了致人死亡、重伤的加重结果,都构成本罪的结果加重犯,在"十年以上有期徒刑、无期徒刑或者死刑,并处罚金或者没收财产"的幅度之内定罪处罚。否则,就会出现处罚不平衡的结果。在强奸罪的结果加重犯的场合,也应当作同样理解。不然的话,不仅会偏离强奸罪的结果加重犯是保护被害人的生命、身体的犯罪类型的主旨,还会出现强奸罪的"暴力"当中,无法涵盖"伤害致死"或者"以特别残忍手段致人重伤造成严重残疾"类型的伤害行为的结局。因此,在邹某意图强奸小女孩邓某而用右手小臂猛勒邓某颈部,致邓某摔倒在地,由于用力过猛,致使邓某当场死亡,奸淫行为未得逞的案件中,对邹某也应当以强奸罪的结果加重犯的既遂形态处理,而不能因为奸淫结果未实现而作为强奸罪的结果加重犯的未遂犯处罚。

如此说来,按照本书的理解,结果加重犯的未遂只有一种形态,就是实施了作为结果加重犯的基本犯的实行行为,但由于其意志以外的原因,未引起法定的加重结果。如实施了内含致人死亡危险的伤害行为,但意外地没有引起死亡结果的场合,就是如此。但这只是理论上的推论,在实际应用当中,这种情况通常按照其所引起的实际结果,作为故意伤害罪处理。

第四,在结合犯中,通常以被结合的他罪的未遂作为确定未得逞的标准。因为,结合犯的场合,只有在实施了作为手段的行为的时候,才能被认为已着手。只有实施了手段行为,才有符合结合犯或者复行为犯的构成要件的行为。所以,结合犯的场合,未得逞通常只能以被结合的他罪的构成要件结果未出现为判断标准。

(三)犯罪未得逞是由于"犯罪分子意志以外的原因"

这是构成未遂犯的实质要件,也是区分未遂犯和中止犯的重要标志。它表明了未遂犯和中止犯在停止犯罪活动时的两种截然不同的心理状态。未遂犯是面对外在阻力无可奈何而被

---

[33] 陈兴良:《刑法适用总论》(上卷)(第3卷),中国人民大学出版社2017年版,第609~610页。
[34] 2005年最高人民法院《关于审理抢劫、抢夺刑事案件适用法律若干问题的意见》第10条。

迫停止犯罪，而中止犯则是出于内心的自由选择而自动放弃犯罪。

对于什么是"犯罪分子意志以外的原因"，也是众说纷纭，理解不一。按照刑法条文的规定直接理解，所谓"犯罪分子意志以外的原因"，应当是指行为人没有意料到的一切客观障碍。如此理解的话，则在行为人着手实施犯罪的过程中，所有没有预料到的客观障碍，哪怕是极为细小、微不足道的障碍，都应当是"犯罪分子意志以外的原因"。但是，这样就有可能将犯罪未遂的认定范围理解得过于宽泛，而将犯罪中止限定在一个非常狭小的范围之内，即只有在行为人是在没有任何意外原因，完全出于悔悟、良心发现等情况下所作出的停止犯罪行为，才能算是犯罪中止。这显然不利于犯罪中止制度发挥其应有作用，也不符合设置犯罪未遂制度的本来意义。因此，刑法理论从刑法设置犯罪未遂制度和犯罪中止制度的目的出发，对"犯罪分子意志以外的原因"的问题进行了各种各样的限制性解释。如有的学者着眼于犯罪意志以及犯罪行为揭示"犯罪分子意志以外原因"的本质意义，认为"违背行为人犯罪意志，阻碍犯罪意志的实现，使犯罪未得逞的各种主客观要素"是"犯罪分子意志以外的原因"；有的学者从犯罪意志及危害结果着眼，认为"犯罪分子意志以外的原因"是指"始终违背犯罪分子的本意，客观上使危害结果不可能发生，或者使犯罪分子认为危害结果不可能发生从而被迫停止犯罪的原因"；有的学者从犯罪意志着眼，认为"犯罪分子意志以外的原因"，是指"足以阻止犯罪意志的原因"。[35]

本书认为，所谓"犯罪分子意志以外的原因"，是指"违背行为人本意的、足以阻止其所追求的犯罪构成结果的原因"。它包含以下几层意思：首先，犯罪人意志以外的原因是违背行为人本意的原因。这是对犯罪分子意志以外的原因的"质"的要求，即在犯罪未遂的情况下，行为人希望发生危害结果的意志并没有改变与放弃，即行为人始终都希望发生危害结果；之所以没有发生行为人所追求的结果，并不是由于行为人放弃犯意，而是由于某种原因使行为人追求的结果没有发生；这种原因违背了行为人的本意，与其犯罪意志相冲突。其次，这种犯罪人意志以外的原因必须"足以阻止行为人所追求的犯罪构成结果"。所谓"足以阻止"是对"犯罪分子意志以外的原因"的"量"的要求。[36] 现实的犯罪中，存在各种不利于犯罪完成的因素，但这些不利因素并非都能达到阻止犯罪完成的程度。那么，如何判断某种不利于犯罪完成的因素是不是达到了"足以阻止"犯罪完成的程度呢？本书认为，对此应当客观判断。即根据实际存在的客观障碍以及犯罪人当时对客观障碍的认识情况，从具有正常理智的一般人的立场出发，判断该情况是否成为阻止犯罪结果发生的意外原因。通常情况下，被害人怀孕或者月经来潮并不足以成为使强奸犯放弃强奸犯罪的原因，被害人碰巧是熟人或者被害人的轻微抵抗、挣扎也不足以成为使抢劫罪犯放弃抢劫犯罪的原因。但是，在有各种证据表明，行为人有洁癖，看见血污就产生恶心、厌恶感，或者胆量极小害怕被熟人举报，或者行为人具有某种迷信心理，担心和月经中的妇女性交会染上晦气等心理上的原因，被迫抑制了其犯罪意念的时候，上述被害人正处于月经来潮期间或者被害人碰巧是熟人等情况，也能成为阻止犯罪人完成犯罪的"犯罪分子意志以外的原因"。最后，成为"犯罪分子意志以外的原因"的客观障碍，除了上述抑制犯罪人

---

[35] 赵秉志：《犯罪未遂形态研究》（第2版），中国人民大学出版社2008年版，第135、137页。

[36] 高铭暄、马克昌主编：《刑法学》（第10版），北京大学出版社2022年版，第153页。

的犯罪意志的情况,还包括抑制犯罪行为的原因和抑制犯罪结果的原因在内,前者是指使行为人在客观上不可能继续实行犯罪的情况,行为人正在实行犯罪时,意外地被第三者发现而制止、抓获的场合就属于此;后者是指行为人已将其认为应当实行的行为实行终了,但某种情况的存在阻止了结果发生,如行为人将被害人打昏之后拖入水中,以为被害人必死无疑,但适逢路人经过将被害人救活等,就属于此。

以上三点是依据我国刑法第23条的规定总结出来的犯罪未遂的三个特征。一般来说,只要具体的危害行为符合这三个特征,就大致能够认定其构成具体犯罪的未遂犯。但是,必须说明的是,以上三个特征只是有关未遂犯的形式判断。有的场合下,尽管经过上述三个特征的检验能够得出未遂犯的结论,但从保护法益的角度看认定为未遂犯并不妥当的时候,就不能将其认定为未遂犯。以下试举一例加以说明。

案情如下:犯罪嫌疑人徐某深夜到叶某家向叶某求婚,叶某拒绝并大声吃喝、张扬,徐某气愤,遂用手卡叶某脖子(本人供述大约有10分钟),认为叶某已死。后又对叶某实施奸淫。法医鉴定后认为,叶某系被他人扼压颈部窒息而死亡,叶某被奸淫时尚未死亡(属生前)或处于濒死期。对徐某用手卡叶某脖子致其死亡的行为构成故意杀人罪不存在异议,但对徐某奸淫正处于濒死期的叶某的行为(第二行为)如何定性,存在意见分歧。其中一种观点认为,构成侮辱尸体罪(未遂)。理由是徐某主观上具有奸淫尸体的故意,但叶某被奸淫时尸体并不存在,故成立侮辱尸体罪(未遂)。但是,本书不同意这种观点,其形式地理解了未遂犯的成立要件,没有体现刑法所具有的保护法益的内涵。[37]

确实,徐某主观上出于侮辱尸体的故意,客观上实施了这种侮辱尸体的行为,从现象上看,完全符合刑法第302条所规定的侮辱尸体罪的要件。但问题是,行为人在实施奸淫行为时,虽然自以为行为的对象是"尸体",但实际上是一个活人,因此没有侵害侮辱尸体罪的保护法益。而这种结果的出现,是行为人所没有想到的原因造成的,所以,有人主张徐某的上述行为构成

---

[37] 黎宏:《不是强奸罪,而是既遂的侮辱尸体罪》,载《检察日报》2006年1月23日,B3版。关于行为人徐某的行为性质,除本书中所分析意见之外,另外几种意见分别是:第一种意见认为,构成强奸罪。理由是叶某被奸淫时尚未死亡。但是,徐某的上述第二行为不成立强奸罪。强奸罪,除行为人客观上必须以暴力、胁迫或者其他手段强行奸淫妇女以外,主观上还必须具有以暴力、胁迫或者其他手段强行奸淫妇女的认识。如果行为人不具有这种认识,就表明其难以认识到自己的行为会发生某种犯罪构成结果,存在刑法理论上所说的"事实认识错误",排除故意。本案当中,行为人虽然具有奸淫的认识,但是,其以为所奸淫的对象是尸体,而不是"妇女"即具有生命现象的活人,因此,难以说其具有强奸妇女的故意,不构成强奸罪。第二种意见认为,不成立犯罪。徐某主观上没有强奸的故意,强奸罪(既遂)的对象必须是活体。但这种见解也不妥当。根据我国现行刑法的规定,活着的人对于死者的虔诚尊敬的感情也受法律保护,盗窃、侮辱尸体历来被认为是对生者对死者虔诚尊敬感情的亵渎,是对我国善良民族习惯和传统风俗的侵犯,因此,具有值得刑罚处罚的社会危害性。奸尸是侮辱尸体的常见方式之一,因此这种行为应当作为犯罪处理。第三种意见认为,属于"不可罚之事后行为",为故意杀人罪所吸收。但是,这种观点误解了"不可罚之事后行为"的意义。所谓不可罚之事后行为,是指当一种行为达到既遂之后,不法状态仍继续存在,由于这种不法状态的持续已经被前罪的犯罪构成所评价,所以不予独立处罚。盗窃他人财物之后,予以窝藏、转移、销售的行为就是其典型。这种行为发生在盗窃既遂之后,是盗窃行为人像财物的主人一样占有、处分财物,这是非法占有他人财物行为的继续和体现。它本身就是盗窃罪非法占有他人财物的本质表现,不是引起了新的法益侵害的行为,因此被包含在盗窃罪之内,不另外评价为新的赃物犯罪。但是,故意杀人罪的场合则不同。故意杀人罪是即成犯,剥夺他人生命的行为一旦完成,故意杀人罪即告成立,不存在剥夺他人生命行为已经完成即人死之后,他人生命受侵害的状态仍然持续的情形。杀人之后奸淫尸体的行为,已经超出了杀人之后违法处置尸体或者放置尸体的违法状态,是引起了新的法益侵害的行为,应当成立新的犯罪,而不能作为杀人罪的"不可罚之事后行为"。

侮辱尸体罪的未遂。应当说，从现有的刑法理论来看，这种理解是有道理的。但是，这样一来，就会出现以下问题，即相对于活人即具有生命现象的人而言，尸体承载的应当是一种较小的保护法益，在对尸体进行侮辱的场合，构成侮辱尸体罪既遂，而侮辱比尸体更加值得保护的活人，却只构成侮辱尸体罪未遂，这岂不是有法益保护轻重颠倒的嫌疑？因此，主张上述行为构成侮辱尸体罪未遂的观点，是值得商榷的。

实际上，徐某的上述行为应当构成侮辱尸体罪既遂。在对具体案件进行定性的时候，对刑法中的有关条款应当动态地分析，而不应当静态地生搬硬套；既要考虑结论的具体妥当性，又要考虑符合刑法的整体精神，否则便难以得出妥当的结论。就以上案件中徐某的第二行为而言，也可以如此理解。尸体和活人虽然在刑法上是两种不同的犯罪对象，体现的是两种不同的保护法益，但是在都属于人体或者说人的肉体这一点上，没有什么差别。在行为人出于侮辱尸体的故意，而对误以为是尸体但实际上是活人的人体加以侮辱的时候，虽说实际侮辱的并非尸体，而是活人，但在性质上也可以看作对他人的肉体进行侮辱，并且也达到了该种效果。因此，虽说行为人由于没有侵害活人的认识而不能构成有关对活人的犯罪，但其行为已经造成了比对死人更加受到保护的活人的实际侵害，因此，从处罚的必要性的角度看，和将这种侮辱活人的行为认定为侮辱尸体罪的未遂相比，认定为既遂更能体现刑法的保护宗旨。这种情况，正如以为是普通财物而盗窃，实际上窃取到了枪支弹药的场合。在行为人出于盗窃普通财物的目的，但实际上盗窃到了枪支的场合，虽然在刑法上枪支不是普通财物，不是盗窃罪的犯罪对象，而是盗窃枪支罪的犯罪对象，因此，按照通常的理解，以为是普通财物但实际窃取到的是枪支的时候，行为人的行为只能构成盗窃罪的未遂。出于盗窃故意，窃取到比普通财物的社会危害性更大的对象——枪支的时候，竟然只能按照盗窃普通财物犯罪的未遂犯处理，这显然是不合适的。枪支虽然不是普通财物，但其也具有财产价值，可以评价为财物。在行为人出于盗窃财物的故意，实际窃取到了具有财产价值的枪支的时候，至少符合了盗窃罪的犯罪构成，应当成立盗窃罪既遂。

二、未遂犯的处罚范围

我国刑法没有明确规定什么样的犯罪要处罚未遂犯，理论上，关于如何理解现行刑法中所规定的未遂犯的处罚范围，主要有以下两种观点：(1)"既遂要件说"，认为由于我国刑法分则条文是对单独犯的既遂状态即既遂要件的规定，因此，除过失犯罪、间接故意犯罪、举动犯以及以"情节严重""情节恶劣"等为构成犯罪限制性要件的情节犯等以外，其他犯罪都应该存在包括未遂形态在内的犯罪停止形态。[38] (2)"成立条件说"，认为刑法规定的犯罪构成要件，都是犯罪的成立要件，并不是既遂要件。因此，在危害结果是直接故意犯罪的构成要件时，如果没有发生危害结果，就不成立犯罪，而不是成立犯罪预备、犯罪未遂与犯罪中止。相反地，只有在危害结果不是构成要件，不发生危害结果也能成立犯罪的形态中，才可能有犯罪预备、未遂与中

---

[38] 高铭暄、马克昌主编：《刑法学》(第10版)，北京大学出版社2022年版，第145页。这种见解认为，之所以没有将基本的犯罪构成表述为刑法条文就单独犯的既遂所规定的犯罪构成，是因为刑法中，"有少数条文是以两个或者两个以上的行为人犯罪的既遂状态为标本规定的具体的犯罪构成"。也就是说，有的犯罪主体必须是复数的人。

止形态。[39]

以下对上述两种观点进行评析：

第一种观点是借鉴大陆法系的刑法理论，根据我国刑事立法的实际情况所得出的结论。这种理论最大的优点是，能够对我国现行刑法中的犯罪规定的特点作出恰当的说明。我国刑法和国外刑法规定不同，条文内容比较简洁。即我国刑法中有关各个犯罪的成立和处罚条件，散布在刑法总则和分则之中。分则规定各个具体犯罪的最基本形态，而对于基本形态之外的犯罪未遂、中止、预备等各个犯罪共同的特殊情况，则在总则中统一规定。这既减少了刑法的规模和篇幅，又便于司法工作人员灵活地应对现实中所出现的各种案件。但是，这种见解也有其缺陷，其中，最大的问题是：如果说分则规定了各个犯罪的既遂模式，那么，除了一些不可能具有犯罪停止形态的犯罪类型，分则所规定的大多数犯罪应当都具有未遂犯等故意犯罪停止形态。但是，从我国司法实践的实际情况看，处罚未遂犯只是一种例外，很多犯罪的预备、未遂形态等都没有作为犯罪处理。如刑法第397条所规定的滥用职权罪，它是指国家机关工作人员违反法律规定的权限和程序，非法地行使本人职务范围内的权力，或者超越其职权实施有关行为，致使公共财产、国家和人民利益遭受重大损失的行为。这种以"致使公共财产、国家和人民利益遭受重大损失"为成立要件的犯罪，按照上述通说性见解属于犯罪既遂类型，那么，国家机关工作人员滥用职权但没有造成上述结果的行为，应当是犯罪未遂的行为，应当受到处罚。但是，提倡该见解的学者却认为，"如果滥用职权行为仅仅造成了一般损失，不能以犯罪论处，只能按照一般违法行为对行为人进行相应的行政、党纪处分"。[40] 显然，这种结论和作为其前提的"刑法分则规定的是故意犯罪的既遂形态，不是成立条件"的见解之间是互相矛盾的。

第二种观点的好处在于，能够比较全面地贯彻落实罪刑法定原则和行为人的行为符合犯罪构成是追究行为人刑事责任的唯一基础的观点，但是，其所主张的"刑法分则中有关犯罪的规定，是各个犯罪的成立要件的规定而不是各个犯罪的既遂形式的规定"的结论，是否能适用于我国刑法中所有的犯罪，则有很大的商榷余地。首先，其对于司法实践中常见多发的财产犯难以适用。因为我国刑法中关于财产犯，多半具有数额上的限定，即将"数额较大"作为条件规定出来了。如果将"数额较大"理解为犯罪成立条件，那么，是不是说这些犯罪只要没有达到数额较大的程度就不是犯罪，连犯罪预备或犯罪未遂的形式都不具有呢？从现实的司法实践和刑法理论来看，显然不是如此。如盗窃、诈骗、敲诈勒索等犯罪都处罚未遂犯。另外，在法律明确规定的销售金额为5万元以上才能成立犯罪的生产、销售伪劣产品罪中，按照有关司法解释，也存在未遂犯的形式。[41] 其次，该见解有扩大刑法的处罚范围之嫌。因为按照上述观点，没有以"造成严重后果"或"情节严重"之类为限定条件的犯罪，其行为本身就能表明该种行为具有严重的危害性，是不需要用后果或其他情节加以补充的最为严重的犯罪。但是，非法侵入他人住宅、暴力干涉他人婚姻自由以及以暴力、威胁等方法妨碍国家机关工作人员依法执行职

---

[39] 曾宪信等：《犯罪构成论》，武汉大学出版社1988年版，第145页以下。

[40] 高铭暄、马克昌主编：《刑法学》（第10版），北京大学出版社2022年版，第660页。

[41] 2001年最高人民法院、最高人民检察院《关于办理生产、销售伪劣商品刑事案件具体应用法律若干问题的解释》第2条第2款规定："伪劣产品尚未销售，货值金额达到刑法第一百四十条规定的销售金额三倍以上的，以生产、销售伪劣产品罪（未遂）定罪处罚。"

务等犯罪都没有"造成严重后果"或"情节严重"之类的限制,那么,是不是可以说这些犯罪都要处罚其犯罪预备、犯罪未遂的形态呢?实际上,从这些犯罪所侵害的法益的角度来看,这些犯罪远远说不上是连其预备、未遂形态都要予以处罚的社会危害性极大的犯罪;同时,在司法实践中,处罚这些犯罪的未完成形态的案例几乎没有。最后,该说会给某些犯罪在量刑幅度的选择上带来困难。这一点正如有的学者所指出的,如果说刑法分则的规定是犯罪的成立模式,既包括既遂形态,也包括预备、未遂等形态,有关刑罚的规定就难以理解。按照我国刑法的规定,未完成形态犯罪的刑事责任原则上由总则规定,如未遂犯比照既遂犯从轻或减轻处罚。按照一般理解,从轻是在法定刑范围内选择较轻的刑罚;减轻是在法定刑之下判处刑罚。如果说分则有关犯罪的规定包括未完成形态,则与之相应的法定刑就应包括未完成犯罪形态的法定刑,根本就不应再有减轻的规定,从轻也有问题。因为,法定刑范围之内的任何法定刑,都适用于既遂犯,在既遂犯的法定刑已经达到法定刑的最低限的情况下,未完成犯罪的处罚如何从轻就成了问题。[42]

可见,未遂犯的处罚范围问题,不仅是一个对法条的内容进行解释分析的技术问题,更重要的是,它是刑法的任务观和机能观的重要体现。理论上讲,从社会防卫的角度出发,在主观主义的名义之下,将犯罪概念主观化,认为所有的故意犯罪都存在未遂和预备形式,都要予以处罚,这也不是不可以。20世纪30年代的德国就有学者提倡这种主张。[43] 但是,这种主张显然和"二战"以后国际社会所通行的客观主义刑法学的立场以及谦抑主义的思潮不相吻合,因此,上述见解在国外刑法学中,没有什么市场。

我国刑法学界虽然在现行刑法的任务到底是保护法益还是维持社会秩序这个问题上存有争议,但是我国现行刑法在犯罪未遂的问题上,基本体现了客观主义的刑法观则是没有争议的。既然如此,则应当说,"刑法以处罚既遂犯为原则、以处罚未遂犯为例外"的见解在我国也是行得通的。因此,在确定未遂犯的处罚范围的问题上,也应当从客观主义的立场出发,认为只有在行为对刑法所保护的重要利益造成了严重危险或者严重威胁的时候,才能作为未遂犯处罚,而仅仅抽象地威胁到法益的行为,不能予以处罚。基于这一理念,我国刑法学的传统观点认为,可以将3年有期徒刑作为一个区分界限,即实施了法定最低刑为3年以上有期徒刑的犯罪时,应处罚未遂形态。我国司法实践多采用这种观点。[44]

笔者原本也持这种见解。虽然从客观主义刑法观以及我国司法实践的角度看,这个观点

---

[42] 李洁:《犯罪既遂形态研究》,吉林大学出版社1999年版,第11页。
[43] [日]平野龙一:《刑法总论Ⅱ》,有斐阁1975年版,第310页。
[44] 有一个比较早的典型案例为证。2006年4月8日下午,在郑州市黄河路与南阳路交叉口的知青村地锅城门前,一名撬盗放有价值3000多元的烟酒的汽车后备厢的窃贼被该酒店保安当场抓获。该男子被抓后,气焰嚣张,反抗抓捕,并准备使用事先已经准备好的凶器,但被保安制止。然而该男子在被派出所民警带走的当晚就被释放了。警方的理由是,按照最高人民法院的有关司法解释,对这种盗贼,不能追究其刑事责任。《治安管理处罚法》中没有盗窃"既遂"和"未遂"的概念和规定,派出所确实没有办法处理,只能放了他们。对此案件,据记者调查,公安局依据的是1998年3月17日最高人民法院出台的《关于审理盗窃案件具体应用法律若干问题的解释》。该解释第1条第2项规定,盗窃未遂,情节严重,如以数额巨大的财物或者国家珍贵文物等为盗窃目标的,应当定罪处罚。关于数额巨大的标准,当年河南省高级人民法院、河南省人民检察院联合发文规定:"(盗窃未遂的违法分子)盗窃金额为1万元以上的,应当追究刑事责任"。以上内容,参见张有义、李跃武:《盗窃未遂,嫌犯即可逍遥法外》,载《法制早报》2006年5月8日至5月14日,第6版。

有一定的现实针对性,但从理论上看,其也存在倒果为因的论证上的不足。确实,我国司法实践当中将"3年有期徒刑"作为是否处罚未遂犯的"分水岭",但这只是总结实践经验所得出的结论,而非一定要如此处刑的原因。未遂犯的处罚原因及其范围最终还是取决于刑法保护法益的大小以及社会局势等其他诸多因素。从针对社会治安现状,有目的地运用刑法手段,打击重点犯罪的趋势来看,对于法定刑为3年以下有期徒刑的盗窃数额较大财物的盗窃罪的未遂形态予以处罚,也是很有必要的。但是,司法解释只是说,盗窃未遂,具有"以数额巨大的财物为盗窃目标"等情形的,"应当"依法追究刑事责任,[45]但也没有否定以数额较大的财物为盗窃目标的场合"可以"依法追究刑事责任,因此,这个观点存在缺陷,本书也不再坚持。

如果说未遂犯的处罚根据,不是行为当中所体现出来的行为人的主观恶性,而是其中所显现出来的客观危险,即具有侵害特定法益的抽象危险的行为,经过合乎法则的发展,事后引起了一定威胁法益的危险状态即结果的话,则以盗窃罪为代表的数额犯的未遂形态的成立而言,必须存在某种可能导致数额较大财物被盗抽象危险的行为(类型性要求),且这种行为引起了数额较大的财物被盗的具体危险状态的事实(侵害结果)。从这个角度来讲,盗窃罪之类的数额犯(包括诈骗、抢夺、敲诈勒索、挪用资金等犯罪在内)中,三个不同层次的数额犯都存在未遂犯,而不是只有数额(特别)巨大的盗窃罪的场合才存在未遂犯。以下以盗窃罪为例,结合盗窃罪的司法解释中的相关规定进行具体叙述。

首先,数额较大类型的盗窃罪也存在未遂犯,但应限定在一定范围之内。

关于未遂犯的处罚范围的确定,即什么样的犯罪处罚未遂犯,什么样的犯罪不处罚未遂犯,并没有一个特别绝对的要求。这主要取决于各国的刑事政策和法律规定。通常来说,未遂犯的处罚范围只应存在于保护重大法益的场合。但在有必须严厉打击犯罪要求的社会或者时代,容易产生基于预防目的而广泛处罚未遂犯的倾向。特别是在未遂的领域,容易受制于"国民的处罚要求"。如在治安恶化的时代,为了回应国民的扩大处罚要求,1981年的《英国未遂犯法》(Criminal Attempts Act 1981),就变更了迄当时为止的判例的做法,转而向主观说的方向发展。[46]就我国的情形而言,作为盗窃罪对象的财产,不管是公有还是私有,都是我国宪法所保护的重要法益。同时,在我国,尽管针对盗窃行为的处罚越来越严厉,但盗窃犯罪的数量在诸种违法行为中仍然位于前列。针对这种现状,我国近年来的刑事立法将一些社会危害严重、人民群众反响强烈,原来由行政管理手段调整的盗窃行为(如多次盗窃、入户盗窃、携带凶器盗窃、扒窃)直接规定为了犯罪。这些实际上都是为了满足"国民的处罚要求"。在这种背景之下,仍然要求盗窃罪的数额必须达到人民币1000~3000元以上,恐怕是非常困难的。同时,虽说依照我国刑法第264条的规定,盗窃他人财物数额较大的,才构成盗窃罪,但从刑法总则的规定适用于刑法分则所规定的所有犯罪的角度来看,说盗窃他人财物未达数额较大程度,但可能达到较大程度的,构成盗窃罪的未遂犯,也并无不可。既然如此,有什么理由说盗窃未遂只有在盗窃"数额巨大的财物"或者盗窃"珍贵文物或者金融机构"的场合才存在呢?

只是,由于我国刑法第13条明文规定,一切危害社会的行为"情节显著轻微危害不大的,

---

[45] 2013年最高人民法院、最高人民检察院《关于办理盗窃刑事案件适用法律若干问题的解释》第12条。
[46] [日]前田雅英:《刑法总论讲义》(第6版),曾文科译,北京大学出版社2017年版,第89页。

不认为是犯罪",这就意味着,即便是盗窃未遂行为,要构成未遂犯,也必须达到超出"情节显著轻微危害不大"的程度;同时,我国对于一般的盗窃违法行为,仍然保留了行政处罚,由此而引出的另一个问题是,应当受到行政处罚的盗窃行为和应当受到刑事处罚的盗窃(包括未遂)行为该如何区分? 从处罚的角度讲,在我国,盗窃行为可以分为三种类型,即违反《治安管理处罚法》的盗窃即盗窃违法行为、盗窃犯罪行为(未遂)、盗窃犯罪行为(既遂)。其中,盗窃既遂的情形比较好认定,就是客观上实际占有了他人数额较大的财物的行为。但是,已经着手盗窃,但什么也没有拿到,或者只拿到数额较小的财物的场合,行为到底构成行政违法行为还是犯罪行为(未遂)? 二者该如何区分呢?

从本书的立场来看,如果说未遂犯的处罚根据在于"行为所具有的引起数额较大财物被盗结果的危险",则行为人的盗窃行为,只要事前从一般经验上看,具备致使公私财物被盗的可能性即抽象危险(如针对公私财物进行盗窃),且从事后所查明的事实来看,该行为已经引起数额较大的财物被盗的危险结果(如行为人确实已经接近数额较大财物,或者已经将数额较大财物拿到手,但尚未离开现场即被抓获),则该行为就构成盗窃罪数额较大的未遂犯。相反,在行为人着手实施盗窃行为,但从事后来看,该行为没有引起使他人数额较大的财物被盗的危险结果的场合(如根本就没有数额较大财物的存在),就连盗窃罪未遂犯也不构成,对其只能依照《治安管理处罚法》的相关规定处理。这样说来,作为行政违法行为的盗窃行为和作为盗窃罪未遂犯的盗窃行为的区别在于,实施盗窃行为,尽管没有导致他人数额较大的财物被盗的结果,但从事后来看,在足以引起数额较大财物被盗危险结果的场合,行为可以作为刑法中的未遂犯处罚;相反,在实施了盗窃行为,但从事后来看,根本不可能引起数额较大财物被盗危险结果的场合,即便已经到手了一些财物(如在专卖10元物品的商店中,拿了6个发卡),也只能作为行政违法行为,按照《治安管理处罚法》处理。这样说来,就盗窃罪数额较大的未遂犯的成立而言,关键并不是是否存在盗窃行为,而是行为时是否存在数额较大的公私财物。[47]

其次,特定情形下的数额减半规定,宜作为盗窃罪数额犯未遂的参考。

2013年4月2日最高人民法院、最高人民检察院发布的《关于办理盗窃刑事案件适用法律若干问题的解释》第2条规定,盗窃公私财物,具有曾因盗窃受过刑事处罚等8种情形之一的,作为盗窃罪入罪标准的"数额较大"的标准可以按照前条规定标准的50%即减半确定。这种对盗窃"数额较大"标准的特别规定,有观点认为可以弥补"唯数额论"的不足,更好地贯彻罪责刑相适应的刑法基本原则和主客观相统一的刑法基本原理。[48] 但对此质疑之声也不绝于耳,认为其颠倒了违法与量刑责任,极不妥当,根据该种超出司法解释权限范围的解释还会得出诸多不公平的结论。[49]

---

[47] 实际上,我国相关司法解释也是这么理解的。如2013年最高人民法院、最高人民检察院发布的《关于办理盗窃刑事案件适用法律若干问题的解释》第12条规定"以数额巨大的财物为目标""以珍贵文物为盗窃目标"的场合,要处罚盗窃罪的未遂犯。这里"数额巨大的财物""珍贵文物"都是行为时必须客观实在的对象,只能通过事后查明的事实来确定。

[48] 胡云腾、周加海、周海洋:《〈关于办理盗窃刑事案件适用法律若干问题的解释〉的理解与适用》,载《人民司法》2014年第15期。

[49] 张明楷:《简评近年来的刑事司法解释》,载《清华法学》2014年第1期。

本书同意上述批评意见,认为一定条件下,"数额较大"可以降至原定标准的50%的规定,本质上是"数量不够,情节来凑",不够的数量可以其他情节来补充认定,二者只要在性质上差不多就够了,故意虚化或者模糊法条中的"数额"规定的做法,具有类推之嫌,和刑法第3条所规定的罪刑法定原则直接冲突。

但是,如果换一种思路,说上述规定不是盗窃罪既遂犯的规定,而是盗窃罪的未遂犯的规定,则可以部分消除上述冲突。详言之,在上述司法解释第1条清楚地规定了作为既遂犯标准的"数额较大"的前提下,紧跟其后的第2条中有关"特定情节下,数额减半"的规定,可以看作前述规定的未遂犯的规定,而不用将其看作盗窃罪数额犯的既遂犯的规定。因为,根据本书的理解,构成盗窃罪数额犯的未遂犯,要求"行为危险和结果危险同时存在"。既然上述司法解释将刑法第264条"盗窃他人财物,数额较大"中的"数额较大"理解为"公私财物价值1000元至3000元",那么可以说,成立盗窃罪数额犯的基本犯,无论如何都必须满足这一数额要求;没达到这一数额要求的,不可能成立既遂犯。如果说"数额减半"的场合也成立盗窃罪,则这种情形最多只能成立盗窃罪数额较大的未遂犯,而绝对不可能成立已经获得了数额较大的财物的既遂犯。因为,从本书的立场来看,成立盗窃罪数额较大的未遂犯,除有盗窃行为的行为危险之外,还要有数额较大财物被盗的结果危险。这种结果危险,除了"分文未得"的危险状态,还包括"有部分所得,未达数额较大要求,但完全有可能达到数额较大要求"的场合(如盗窃孤寡老人放在列车行李架上的提包里的财物,在已经拿到了1200元的时候被发现。事后查明,该老人的提包里有12,000元现金)。如此理解,不仅符合成立盗窃罪的未遂犯所必须的"危险结果"即状态的要求,也符合未遂犯作为犯罪必须满足刑法第13条所排除的"情节显著轻微危害不大的,不认为是犯罪"的情形,更重要的是,如此理解,能消除上述解释和罪刑法定原则之间的抵牾。[50]

再次,"以数额巨大的财物或者珍贵文物为盗窃目标的,成立盗窃未遂"的规定是注意规定,而非拟制规定。对其可以这样解读:第一,"以数额巨大的财物或者国家珍贵文物等为盗窃目标的,应当定罪处罚"的规定意味着,在最高司法机关看来,即便是盗窃罪之类的数额犯,也有成立未遂犯的余地,法定数额并不是盗窃罪的成立条件,而是既遂条件。第二,司法解释只是规定了追究盗窃罪数额犯的未遂犯的上限,但并未对其下限作出限制。即虽然上述司法解释明文表示,对以数额巨大的财物或者国家珍贵文物等为盗窃目标的未遂犯"应当依法追究刑事责任",但并没有说对以数额较大的财物或者国家一般文物等为盗窃目标的未遂犯就不得追究其刑事责任。刑法第23条第2款规定:"对于未遂犯,可以比照既遂犯从轻或者减轻处罚",而"可以"是一个选择性的规定,和上述司法解释中作为强制性规定的"应当"相比,是一个程度比较轻、对被告人有利的处罚规定。司法机关完全可以根据实际情况,在不超过上限的情况下,自由地选择对盗窃未遂形态的处罚。第三,上述司法解释还规定,对于"其他情节严重的情形",也应当作为盗窃未遂,依法追究刑事责任。换言之,即便以"数额较大"的财物为盗窃对

---

[50] 当然,必须说明的是,这种将"数额减半"理解为未遂犯的成立要件的规定也只能解决部分问题。如就盗窃上述孤寡老人手提包里的财物的场合而言,如果事后查明,老人手提包里只有1200元钱,即便被全部拿走,也不可能产生"数额较大财物被盗"的结果危险,则上述未遂犯的理解就难以成立了。但这种难题并不是上述理论本身的问题,而是司法解释规定自身的问题。如果一个规定从各个方面都难以自圆其说,则只能认为该规定经不起推敲。

象,只要"情节严重",也可以盗窃未遂处罚,并不一定要求是以"数额巨大的财物"或者"珍贵文物"为盗窃对象。这样说来,以上述司法解释第 12 条的规定为依据,对盗窃罪数额犯的未遂处罚范围自我设限,是没有道理的。

最后,以数额(特别)巨大财物为目标进行盗窃而未得逞时,要根据不同情况处理。

针对数额(特别)巨大财物进行盗窃,分文未取时,由于"数额(特别)巨大"是加重构成要件,而非加重刑罚要件,因此,针对数额(特别)巨大的财物进行盗窃,结果却分文未取的场合,构成针对数额(特别)巨大的盗窃罪的未遂犯。[51] 与此相关,针对数额(特别)巨大财物进行盗窃,结果却只是盗窃到数额较大的财物的场合(如行为人意图盗窃价值 5 万元的名画,但由于认识错误,误将价值 2000 元的赝品当作价值 5 万元的油画拿走),该如何处理? 对此,有两种处理意见:一种意见认为,这种情形,应当作为盗窃罪的基本犯即数额较大类型的盗窃罪的既遂犯处理。因为,在造成实害的既遂场合,行为的违法性程度无论如何都要高于危险(未遂)的场合。[52] 另一种意见认为,这种情形属于想象竞合,应当择一重罪论处,最终有可能按照盗窃数额巨大财物的未遂论处。[53]

本书主张上述后一种见解。虽然从直觉上讲,造成实害(既遂)的场合,其违法性程度无论如何都要高于危险(未遂)的场合,但是,这种结论并不具有法律上的根据。为了切实有效地保护法益,各国刑法通常将未造成实害的危险状态也作为犯罪即未遂犯(有时还处罚预备犯)加以处罚,并且规定"对于未遂犯,可以比照既遂犯从轻或者减轻处罚"(我国刑法第 23 条)。虽然在司法实践中,"可以"条款意味着"通常必须如此"。但从字面上讲,"可以"也意味着"可以不必如此",即也可以不比照既遂犯从宽处罚,而是和既遂犯同等处罚。既然未遂犯和既遂犯可以同等处罚,则"既遂场合,其违法性程度无论如何都要高于危险(未遂)的场合"的说法,并不一定可靠。在上述场合下,若仅以基本犯(数额较大)的既遂犯论处,就会遗漏对数额(特别)巨大财物所受现实紧迫危险的评价,从而导致对数额(特别)巨大法益保护的不周全。[54]正因如此,上述司法解释第 12 条第 2 款规定:"盗窃既有既遂,又有未遂,分别达到不同量刑幅度的,依照处罚较重的规定处罚;达到同一量刑幅度的,以盗窃罪既遂处罚。"

三、未遂犯与不能犯的区分

在未遂犯的认定中,一个重要问题是其与不能犯的界限。这也是刑法理论上争议最大的问题之一,与刑法学者的基本立场直接相关。

---

[51] 我国传统学说也是这么理解的。如有学者认为,"如果行为人潜入银行金库、博物馆等处作案,从主观犯意和客观盗窃行为上都明确地以数额巨大或者数额特别巨大的钱财或者物品为目标,只是因为行为人意志以外的原因未能取得巨额财物的,可以而且应当认定为数额巨大或者数额特别巨大的盗窃罪的未遂犯,综合全部案情按照刑法第 264 条中段或者后段以及第 23 条予以适当的处罚"。赵秉志:《犯罪未遂形态研究》(第 2 版),中国人民大学出版社 2008 年版,第 347 页。

[52] 董玉庭:《盗窃罪研究》,中国检察出版社 2002 年版,第 175 页;张明楷:《加重构成与量刑规则的区分》,载《清华法学》2011 年第 1 期。

[53] 赵秉志:《犯罪未遂形态研究》(第 2 版),中国人民大学出版社 2008 年版,第 347 页;柏浪涛:《加重构成与量刑规则的实质区分——兼与张明楷教授商榷》,载《法律科学(西北政法大学学报)》2016 年第 6 期。

[54] 柏浪涛:《加重构成与量刑规则的实质区分——兼与张明楷教授商榷》,载《法律科学(西北政法大学学报)》2016 年第 6 期。

所谓不能犯,是行为人出于犯罪的意思而实施了行为,但该行为在性质上不可能引起犯罪结果的情形,如念咒杀人、针扎面人等迷信犯就是其典型。刑法学说认为,不能犯不可能侵害或者威胁法益,完全没有实现犯罪的可能,所以不是犯罪,更谈不上成立未遂犯了。[55] 日本1972年公布的《修正刑法草案》采纳了这一见解,其第25条规定:"行为在性质上不可能引起结果的,不是未遂犯,不罚。"

我国刑法学的通说中没有不能犯的概念,只有不能犯未遂的概念。作为能犯未遂的对称,其是指犯罪分子已着手实行犯罪行为,因所使用的工具、方法不当,或犯罪对象不存在,而使犯罪未能得逞的情况。如误把白糖等无毒物当作砒霜等毒药去杀人;误用空枪、坏枪、哑弹去射杀人;误认尸体为活人而开枪射杀、砍杀;误认空包内有钱财而扒窃;误认被害人在卧室而开枪射击;误认男子为女子而实行强奸等,就是如此。这些情况之所以被认定为犯罪未遂,是因为从总体上看,行为人主观上具有犯罪故意,客观上作出了该种犯罪故意支配下的行为,其行为虽不能发生犯罪结果,但仍然具备了犯罪构成主客观方面的必备要件,本质上是具有社会危害性的犯罪行为,所以,须负未遂犯的刑事责任。[56]

但是,从本书所主张的法益侵害说的立场看,将不能犯作为未遂犯处理,违背了我国刑法有关未遂犯的处罚根据。如前所述,在我国刑法当中,关于未遂犯的处罚根据,采用的是客观说,而不是主观说。这一点从我国刑法将未遂犯和预备犯的处罚作明确区分就能看出来。犯罪预备是为了犯罪而准备工具、制造条件的行为,其不仅间接地威胁到了刑法所保护的法益,更是行为人主观恶性的流露。如果说未遂犯的处罚根据在于行为人主观恶性的流露,则没有必要区分未遂犯和预备犯,直接将预备犯作为未遂犯处理就够了,但是,我国刑法并没有这样规定。可见,我国刑法在未遂犯的处罚上,选择了客观说。

既然未遂犯的处罚根据,在于行为具有引起侵害法益结果的具体危险,那么,应该如何判断行为是否具有引起法益侵害的具体危险呢? 关于这一问题,刑法学上存在非常复杂的对立,主要存在纯粹主观说、主观危险说、具体危险说和客观危险说之争。

纯粹主观说来自主观主义的刑法理论,认为只要实施了体现犯罪意思的行为,不问该行为是否具有危险性,都成立未遂犯。如以为白糖能够杀人,就出于杀人的目的而让他人食用白糖的行为,也是杀人未遂。但又认为迷信犯只是单纯地表明行为人的希望而已,由于行为人性格懦弱,不具有性格上的危险,所以是不能犯。但迷信犯也是充分地体现了行为人的主观恶意的行为,从主观主义的立场看,也应当受到处罚,但是,该种学说却将它作为不应认定为犯罪的绝对不能犯(未遂),[57] 这表明,"纯粹主观说"自身在某些问题上也是互相矛盾的。

抽象危险说也称主观危险说,它以行为人的主观意思上的危险为出发点,以行为人在行为时所认识的事实为基础,从客观角度来判断有无危险。这种观点认为,在判断某行为是不是具有危险的时候,应当按照这样的方法,即从一般人的立场来看,如果按照行为人的犯罪计划向

---

[55] [日]大谷实:《刑法讲义总论》(新版第5版),黎宏、姚培培译,中国人民大学出版社2023年版,第376～377页。
[56] 高铭暄、马克昌主编:《刑法学》(第10版),北京大学出版社2022年版,第155页。
[57] [日]宫本英修:《刑法大纲》,弘文堂1984年版,第190页。

前发展,就有发生危害结果的危险的话,就是未遂;如果没有该种危险的话,就是不能犯。[58] 如在行为人以为玩具枪是真枪而向他人射击的场合,由于在一般人看来,向人举枪射击的行为(意图实施的行为)是危险行为,因此,该行为成立故意杀人未遂。同样,在行为人以为对面山坡上有人而开枪射击,但实际上并没有人的场合,由于开枪射击行为在一般人看来是具有致人死亡危险的行为,因此,该行为构成故意杀人未遂。在抽象危险说看来,迷信犯是不能犯。因为,迷信犯的所谓犯罪计划,在一般人看来,是违背科学规律和一般人常识的荒谬不经的东西,根本没有危险性。

抽象危险说将行为人的认识作为判断危险的基础,认为行为人的行为之所以成为犯罪,是因为其所持有的犯罪意图对法秩序具有抽象危险,所以,又被称为行为人危险说。但是,如果仅仅将行为人的危险意念作为判断危险的根据,就会将客观上完全没有危险的行为也作为犯罪予以处罚,这是不妥的。因为,无论行为人的内心如何恶劣,不能发射子弹的玩具枪无论如何不能造成杀死他人的危害社会的结果。而且,完全按照抽象危险说的理论,以行为人的主观内容作为危险判断的基础,在行为人意图杀人,以为食盐能够杀人而在他人饭碗里放入了氰化钾的场合,如果仅仅因为行为人的主观意图是"用食盐杀人",而用食盐杀人的方法在一般人看来没有危险性,从而否定其行为的危险性的话,就会得出行为人的行为不构成犯罪的结论,这显然是不合理的。因此,抽象危险说尽管在试图对危险性进行客观判断这一点上,对主观说的缺陷作了一些弥补,但是,由于这种学说在危险判断的基础上,仅以行为人的认识或计划为内容,所以,并没有脱离主观主义的窠臼。[59]

具体危险说,是指"以行为当时一般人所能认识的事实以及行为人所特别认识到的事实为基础,从一般人的立场出发来判断有无危险的立场"。[60] 按照这种观点,在出于杀人的故意,向一般人都会误认为是"人"的稻草人开枪的场合,成立杀人未遂,但是在一般人都明白那仅是稻草人的场合,就成立不能犯。这个见解以"该客观存在的行为在一般人看来会不会发生结果"为根据来划定未遂犯的界限。但具体危险说又将行为人所特别了解或者知道的事实作为危险判断的基础,认为尽管一般人不知道,但行为人通过特别途径知道,该事实应当在危险的判断范围之内。如在用注射葡萄糖的方法杀害重度糖尿病患者的场合,这种见解认为如果一般人不知道被害人是糖尿病患者,而且行为人本人也无从知道,那么,该行为就没有侵害病人生命的危险,成立不能犯;但是,在一般人不知道该事实,而行为人通过某种途径了解到这一事实的场合,该行为就有了剥夺他人生命的危险,至少应该作为未遂犯加以处罚。

具体危险说由于将主观责任内容和行为危险的判断混为一谈,存在严重问题。如具体危险说认为,在危险的判断上以"一般人难以认识的事实为基础的话,过于残酷",因此,主张以一般人能够认识的事实为基础,但是,"过于残酷"的评价属于责任谴责的问题,和行为在客观上

---

[58] [日]宫本英修:《全订新刑法读本》,法文社1990年版,第256~257页。从我国学说的举例来看,我国多数说也接近这种见解。冯军、肖中华主编:《刑法总论》(第3版),中国人民大学出版社2016年版,第309页。
[59] [日]大谷实:《刑法讲义总论》(新版第5版),黎宏、姚培培译,中国人民大学出版社2023年版,第379~380页。
[60] 郑泽善:《论未遂犯与不能犯之区别》,载《中国刑事法杂志》2005年第5期;郑军男:《不能未遂研究》,中国检察出版社2005年版,第288页以下;赵秉志:《犯罪未遂形态研究》(第2版),中国人民大学出版社2008年版,第194页。

是否具有危险是两回事;同时,具体危险说认为,危险性的判断也必须以行为人所特别知道的事实为基础。换句话说,如在向尸体开枪射击的场合,在其他条件完全相同的情况下,如果行为人知道是尸体而开枪,该行为就没有杀人的危险;如果不知道是尸体而开枪,该行为就具有杀人的危险。但这是将客观危险主观化的见解。因为,知道是尸体而开枪和不知道是尸体而开枪的场合,其处罚确实是不同的。但这主要是由责任程度的不同而引起的,而不是由于该行为的危险性不同。就行为的客观危险程度而言,行为人知道和不知道并没有什么差别。相反地,如果说危险的有无随着行为人的主观认识而不同,那么,客观危险岂不是成了一个主观责任要件?

客观危险说悄然崛起,是近年来最有影响的危险判断学说。客观危险说的特点在于以行为时和行为后所判明的全部客观事情为判断基础,以裁判时为标准,从事后的、客观的立场来判断行为是否具有危险。早期的客观危险说,又称为旧客观说,将不能犯分为对象不能和方法不能,认为只有在方法相对不能的场合才成立未遂犯,而其他情况都成立不能犯。所谓对象的绝对不能,是指把死人当活人而开枪射杀之类的场合;所谓对象的相对不能,是指为了杀人而向他人宿舍开枪,但碰巧对方外出而未得逞之类的场合;所谓方法的绝对不能,是指出于毒杀的目的而让他人饮用糖水之类的场合;所谓方法的相对不能,是指出于杀人的意思而开枪,碰巧枪里没有子弹之类的场合。但这种见解在无法区分绝对不能和相对不能这点上存在问题。现在的客观危险说普遍将行为当时的全部客观事实作为判断基础,从科学一般人的角度出发,认为行为有发生结果的危险时,就是未遂犯;没有该种危险时,就是不能犯。

对于上述客观危险说,批判意见认为,其在将科学危险作为前提,从事后的、客观的立场来判断行为是不是具有危险这一点上,存在方法论上的错误。因为,从事后来看,任何没有发生犯罪结果的未遂犯都是有其理由和原因的。如果将这种理由和原因看作阻碍结果发生的必然原因,那么,就会出现所有的未遂犯都是不能犯的结局,[61]这显然和现行法处罚未遂犯的规定不吻合。这一点,可以说是对客观危险说最致命的批判。

本书认为,既然未遂犯中的危险是一种现实的、具体的危险状态或者说结果,那么,就应该支持"客观危险说"的基本立场,以行为时所存在的各种事实为基础,以科学的经验法则为标准,经过一定程度的置换和抽象,判断行为有无引起结果的危险。有的话,成立未遂犯;没有的话,就是不能犯。

首先,在危险的判断资料上,应当以行为时所客观存在的全部事实为基础。所谓行为时客观存在的全部事实,包括行为时行为人所了解到的事实和行为人行为时不了解但事后即裁判时所查明的事实。关于这一点,具体危险说认为,只能将一般人所认识的以及行为人所特别了解到的事实作为判断资料,一般人和行为人所没有认识到的事实,即便该事实客观存在,也不能列入危险的判断基础之内。这样说来,具体危险说在危险的判断资料范围的理解上,比客观危险说的范围要窄。但是,具体危险说的判断基础存在以下两方面的问题:其一,使危险判断成为抽象判断,在结论上和将行为人的主观认识作为危险判断基础的抽象危险说没有什么差别。因为,如果将"一般人所认识的事实"作为判断资料,即便是重要的事实(如被害人是特异

---

[61] 郑军男:《不能未遂犯研究》,中国检察出版社 2005 年版,第 287 页。

体质,或者被害人在被杀害的时候已经死亡,或者枪里没有子弹,根本无法引起危害结果),只要没有被一般人所认识,就要从判断的资料当中剔除。如在将死人当作活人加以杀害的场合,如果在杀害行为当时,一般人没有认识到对方是死人的事实,该杀害行为就有成立故意杀人罪的危险;相反地,如果当时一般人认识到这一事实,该杀害行为就没有成立故意杀人罪的危险。这种结论使危险成了一般人的感觉。其二,将客观存在的危险主观化。具体危险说还将"行为人所特别了解到的事实"作为危险的判断资料。之所以如此,主要是为了避免行为人积极利用一般人所不知道的事实进行犯罪。但是,知道是糖尿病患者而对其注射葡萄糖的行为和不知道是糖尿病患者而对其注射葡萄糖的行为,在会引起病人身体病变的客观效果上存在什么差别呢?这样理解只会使作为客观属性的危险,最终成为随着行为人主观认识的有无而发生变化的东西,违背危险的客观属性。[62]

其次,在危险的判断时间上,应当以事发之后的"裁判时"为准。关于危险判断的时间,客观危险说从刑法规范是裁判规范的立场出发,认为应当以事后即"裁判时"为标准,进行事后判断,而具体危险说则从刑法规范是行为规范的立场出发,认为应当以事前即"行为时"为标准,进行事前判断。二者的区别在于,如果把危险判断理解为事后判断,就要把裁判时所了解的全部事实都作为资料,对危险进行判断,因此,危险就被把握为行为的"结果"。相反地,将危险判断把握为事前判断的话,就要以行为时人们可能认识的事实为基础,因为是对行为自身所具有的发生结果的危险性进行判断,所以,危险就被把握为行为的"属性"。如前所述,既然未遂犯中的危险是"已经迫在眉睫的危险事态"即危险结果,因此,有关危险的判断时间,当然只能采取事后判断了。

最后,在危险的判断标准上,应当分别考虑科学法则和一般人的观念。关于危险的判断标准,具体危险说主张以一般人的感觉(社会一般观念)为标准。其根据是:"只有当根据一般人的见地或者一般人的观念判定行为人的行为符合故意杀人罪的类型性行为时,亦即从实质的角度讲,只有当根据一般人的见地判断该行为具有发生死亡结果的一般危险时,该行为才具有可罚性。"[63]但正如为了杀人而向他人饭碗里投放硫黄粉末的场合,尽管科学地看该行为并无危险,因为硫黄粉末没有能致人死亡的毒性;但如果一般人并不知道这一事实,那么,从一般人的观念来看,可能会得出上述行为具有危险的结论,这样就会造成不是将法益,而是将一般人的恐惧感作为刑法保护对象的结果。同时,"一般人"的概念过于暧昧模糊。如在上述为杀人而在他人饭碗中投放硫黄的场合,对硫黄是否有毒,即便在一般人的认识当中,结论也不可能完全一致。到底谁能代表一般人,无法判断。但这也不表明,对危险只能进行科学判断。在由于枪口略有偏差而未击中目标的场合,如果将"枪口偏差"这种事后查明的事实作为判断基础,就会得出扣动扳机的行为永远不可能击中目标的结论,在结局上摆脱不了"所有的未遂犯都是

---

[62] 具体危险说之所以将危险判断的基础限定于"一般人所认识的事实以及行为人所特别了解到的事实",主要是考虑到将一般人或者行为人本人所不知道的事实也列入判断的范围,判断行为人的行为具有危险,从而追究其未遂犯的刑事责任,过于残酷。但是,认定行为人的行为具有危险,并不一定就能追究其刑事责任,还必须考虑其主观方面的认识,在行为人没有认识的情况下,无论如何不可能追究其故意责任。因此,对于可能引起过于残酷结果的担心,完全可以通过行为人主观上有无责任解决,而没有必要通过判断危险的方式解决。

[63] 郑军男:《不能未遂犯研究》,中国检察出版社2005年版,第303页。

不能犯"的噩运,这违反现行刑法处罚未遂犯的明文规定。

因此,在依据客观危险说判断未遂犯中的危险时,必须适当调整,即先基于科学的经验法则,以行为时所存在的全部事实为基础,查明结果未发生的原因事实("差错"),并据此判断在什么样的情况下,结果能够发生("假定事实");之后,从一般人的立场出发,将现实存在的事实和前述"假定事实"进行对比分析(在分析时必须对现存的客观事实进行一定抽象,即舍弃上述导致结果未发生的"差错"即原因事实),看现存的事实有无引起结果的危险或者可能。如果得出肯定结论,就说明行为有引起结果的危险("一般人的事后危险感"),成立未遂犯;相反地,如果得出否定结论,就不能说该行为具有引起结果的危险,成立不能犯。如在向人开枪,因为枪口稍微向左偏离而没有命中的场合,按照上述见解,其分析过程就是:之所以没有发生致人死亡的结果,是因为枪口稍微向左偏离("差错")。但科学地看,在枪支是真枪,人也在有效射击范围之内的场合,向人开枪是能够夺人性命的("假定事实")。根据一般人的经验,在当时的情况下将枪口稍微向右挪一点,就足以剥夺被害人生命("一般人的事后危险感"),可以说,上述向人开枪的行为具有夺人性命的现实危险,能够成立未遂犯。相反,在枪是玩具枪,不能发射子弹打死人的场合,因为玩具枪无论如何都不可能通过发射子弹夺人性命,因此,以玩具枪向人开火的行为不会引起夺人性命结果的危险,不会成立未遂犯。这种见解是在强调科学的事后判断的客观危险说的基础上,适当参考了具体危险说中的一般人观念(科学的一般人立场)加工而成的,因此,可以称为"修正的客观危险说"。[64]

以下按照"修正的客观危险说",试对两大类常见的争议情形进行说明:

第一,方法不能的类型。所谓方法不能,是指因为行为方法或者手段中有错误而未能发生结果的情况,如误将白糖当砒霜杀人、将面粉当白粉(毒品)贩卖、投放没有达到致死剂量的毒物杀人、夺取警察没有上子弹的空枪向警察射击、试图制造兴奋剂因为触媒量不够而未成功等,就是其典型。按照具体危险说,上述场合,因为从行为手段的外观上看,都足以让一般人感觉到危险,因此,应当成立未遂犯。[65]但从上述"修正的客观危险说"的立场来看,则不一定如此。如就"误将白糖当砒霜杀人"而言,按照上述"修正的客观危险说",就难以成立未遂犯。因为,科学地看,本案当中之所以没有发生死人的结果,是因为白糖不具有夺人性命的毒性,而且,从现实的情况看,无论行为人怎么努力,都无法使白糖产生夺人性命的效果(若被害人是糖尿病患者的话,则另当别论),因此,在当时的情况下,即便从一般人的立场来看,也不能说上述将白糖当砒霜投放的行为具有剥夺他人生命的危险,因此,只能构成不能犯;就"将面粉当白粉(海洛因)贩卖"而言,结论也是一样。因为,就现实的客观情况而言,面粉无论如何不会产生作为白粉即海洛因所具有的使人人格解体、心理变态、寿命缩短、精神系统受到伤害等后果。因此,即便从一般人的立场来看,也不能说上述将面粉当白粉卖的行为具有剥夺他人生命的危

---

[64] [日]山口厚:《刑法总论》(第3版),付立庆译,中国人民大学出版社2018年版,第288~289页;[日]西田典之:《日本刑法总论》(第2版),王昭武、刘明祥译,法律出版社2013年版,第277页;[日]松原芳博:《刑法总论重要问题》,王昭武译,中国政法大学出版社2014年版,第258页。

[65] 在"误将白糖当砒霜杀人"的案中,由于所服用的白糖和砒霜具有同样的外观,能够让人感到危险,因此,也成立未遂犯。

险,故只能构成贩卖毒品罪的不能犯。[66] 就其他案例而言,则有可能成立未遂犯。如就"投放没有达到致死剂量的毒物杀人"而言,只要现实存在的投毒行为能产生剥夺他人生命的结果,而"投放剂量不够"的程度"差错"是很容易克服的事情,则上述行为在一般人看来,就属于有导致结果危险的行为,成立未遂;就"夺取警察没有上子弹的空枪向警察射击"而言,只要扣动扳机子弹就会出膛,产生剥夺他人生命的结果,而"空枪"这种程度的"差错"对于一个警察来说是非常罕见也极容易克服的事实,则可以说夺取警察没有上子弹的空枪向警察射击的行为非常危险,应当构成未遂犯;就"试图制造兴奋剂因为触媒量不够而未成功"而言,如果没有出现"触媒的量不够"这种"差错",按照行为的工艺流程和使用的原材料能够制造出毒品,就可以说,该行为具有危险,应当成立未遂犯。[67]

第二,所谓对象不能的类型。所谓对象不能,是指行为所针对的对象不存在而未能发生结果的情况。如对空床开枪、掏空口袋、盗窃自己财物等,就是其适例。其中,最为经典的类型,就是把尸体当作活人加以杀害的行为。传统的客观危险说认为,这种情况是绝对不能,属于不能犯。具体危险说认为,行为人相信被害人还活着,在一般人看来,被害人也还活着。向这种行为人本人和一般人都认为活着的人开枪,当然具有发生死亡结果的现实危险,因此,把尸体当作活人加以杀害的行为是杀人未遂。修正的客观危险说则认为,要区分情况对待。在将尸体作为活人而用刀加以杀害的场合,如果被害人是刚中枪而倒下,这种时候,即便是法医也难以鉴定其生死,被害人极有可能还活着,如果行为人用刀刺入身受重伤的被害人的腹部,足以产生剥夺被害人生命的结果,具有作为未遂犯处罚的危险,因而对上述案件作为故意杀人罪(未遂)加以处罚也未尝不可。但除此之外,在误以为尸体是活人而对其开枪的场合,即便行为人具有强烈的杀人故意,也不能说该行为具有剥夺他人生命的危险而作为故意杀人罪(未遂)处罚。同样,在对空床开枪的场合,由于对人开枪的行为客观上具有夺人性命的危险,而"空床"这种程度的"差错"极容易被克服(如被害人碰巧上厕所去了或者偶然地当时没有睡在床上,而是睡在同室的沙发上,等等),就可以说该对空床开枪的行为具有成立未遂犯的危险;同样,在掏空口袋的场合,人的口袋里平常总是放有财物,空口袋这种这种程度的"差错"很容易被克服(财物不是在左口袋就是在右口袋),因此,掏人口袋的行为具有造成他人财物被盗的危险,构成盗窃罪的未遂犯。

需要注意的是,我国刑法中没有不能犯的相关规定。在域外的刑法中,对不能犯,通常是"不罚"。但要注意的是,这里的"不罚"应当是指不作为所追求犯罪的未遂犯处罚,但并不意味着其也不作为其他犯罪类型加以处罚。如在将硫黄掺入他人的饭中,意图杀人的场合,即便该行为是故意杀人罪的不能犯,但在硫黄引起腹泻等病症的时候,不排除成立故意伤害罪的可能。另外,投掷爆炸装置失灵的手榴弹的行为,尽管可能被认定为爆炸罪的不能犯而不处罚,但不排除该行为被认定为爆炸罪的预备犯而要受到处罚。

---

[66] 当然,将面粉当白粉(海洛因)贩卖的行为,可能构成诈骗罪。
[67] 需要说明的是,以上情形之所以成立未遂犯,与其说是从法益侵害说出发的逻辑推论,不如说是贯彻刑法中生命法益至上、对毒品犯罪必须予以严厉打击的刑事政策的结论。

四、未遂犯的刑事责任

刑法第 23 条第 2 款规定:"对于未遂犯,可以比照既遂犯从轻或者减轻处罚。"所谓"可以比照既遂犯从轻或者减轻处罚",从字面上讲,当然也可以不从宽处罚,但实际上,其是刑法的一种倾向性要求,即与既遂犯相比,对未遂犯,原则上必须从轻或者减轻处罚。只有在极少数情况下,才可以不从轻或者减轻处罚。另外,对未遂犯裁量刑罚时,所比照的既遂犯,应当是未遂犯向前发展可能形成的,或者必将出现的既遂犯,即未遂犯与所比照的既遂犯之间具有合乎逻辑的因果关系。如在故意杀人未遂的场合,量刑时所比照的既遂犯,就是没有意外的话必将导致他人死亡场合,即一般情节下的故意杀人罪的既遂犯。根据 2021 年 6 月 16 日最高人民法院、最高人民检察院公布的《关于常见犯罪的量刑指导意见(试行)》,对于未遂犯,综合考虑犯罪行为的实行程度、造成损害的大小、犯罪未得逞的原因等情况,可以比照既遂犯减少基准刑的 50% 以下。另据相关指导案例,[68] 在数额犯中,犯罪既遂部分与未遂部分分别对应不同法定刑幅度的,应当先决定对未遂部分是否减轻处罚,确定未遂部分对应的法定刑幅度,再与既遂部分对应的法定刑幅度进行比较,选择适用处罚较重的法定刑幅度,并酌情从重处罚;二者在同一量刑幅度的,以犯罪既遂酌情从重处罚。

第四节 犯罪中止

一、犯罪中止概念及其法律性质

(一)概念

按照刑法第 24 条第 1 款的规定,所谓犯罪中止,是指在犯罪过程中,自动放弃犯罪或者自动有效地防止犯罪结果发生的行为。如行为人出门盗窃时听见乌鸦叫,以为不吉利于是打道回府,放弃犯罪念头;或者着手强奸,发现被害人正处在生理期,于是放弃进一步的奸淫行为,都属于犯罪中止。

根据刑法的相关规定,犯罪中止有两种情况:一是未实行终了的中止,即在实行行为还没有实行终了的过程中自动放弃犯罪;二是实行终了的中止,即在实行行为实行终了之后结果尚未出现之前,自动有效地防止了结果的发生。

(二)法律性质的诸种学说

尽管中止犯和未遂犯一样,都是没有引起犯罪结果的犯罪,但二者的结局大相径庭。刑法第 24 条第 2 款规定,对中止犯应当减免处罚,而对于未遂犯,则是可以减轻处罚。为什么中止犯会有这等优待呢?刑法理论上对中止犯的减免根据,存在"政策说"、"宽恕说"、"刑罚目

---

[68] 王某明合同诈骗案,最高人民法院指导案例 62 号(2016 年)。

的说"、"违法/责任减少说"以及"综合说"之分。[69]

政策说来自德国,认为减免刑罚是基于刑事政策的特殊考虑,其能够为行为人提供悔改的"黄金之桥"。按照这种观点,行为人一旦着手实行犯罪,就成立未遂犯,之后,即便自动中止犯罪的完成,也不可能减少或者消灭其客观侵害或者主观责任,因此,对中止犯减免刑罚根据政策说才能说通。但是,政策说在对不知法律的人不能在政策上有所期待这一点上存在问题。而且,在德国,对犯罪中止是不处罚的,因此,犯罪中止制度可以说是犯罪人悔改的"黄金之桥"。相反地,在我国,对于中止犯并不是不处罚,而仅仅是必须减轻或者免除处罚而已。因此,对于行为人而言,犯罪中止只是犯罪人迷途知返的"银桥"或者"铜桥"而已。

宽恕说,又称奖赏说,认为行为人通过中止弥补了着手行为产生的不法和罪责,消除了自己行为给公众造成的负面影响,值得宽恕和奖赏,不用考虑行为人的中止动机。该说与上述政策说大同小异。据此,在盗窃别人财物之后由于害怕处罚又送回原处的,虽然属于消除负面影响的行为,但这种行为并不是中止犯。

刑罚目的说认为,行为人通过中止行为表现出自己并不具有很强烈的犯罪意志和自己已经回归到尊重法律的状态,表明其犯罪意志已经不及犯罪既遂之人强烈,其反社会性格也低于一般人,侵害法秩序的程度也大为降低,对于行为人本人的特殊预防和对社会一般人的一般预防都已经降低或失去了意义,因此法律应当减轻或放弃对尚未既遂的行为进行制裁。换言之,该说是从刑罚目的的角度来说明对中止犯应减免刑罚。但问题是,中止犯罪有的时候是由于极为偶然的原因(如抢劫遇到熟人),并不意味着行为人的犯罪意志降低。

违法减少说认为,从规范违反说的角度看,行为人在实施一定的犯罪行为之后,又通过撤回该行为体现出合乎规范的态度;从法益侵害说的角度看,行为人自己实施了防止结果发生的行为,消灭了法益侵害的危险,故总体上减少了违法性。不过,中止犯相较于既遂犯其客观不法性确实有所减少,但相较于未遂犯而言,对中止犯从宽处理的根据,仅仅从违法性减少的角度难以说明。而且,对于已经形成危险或者已经违反规范的事实,无论如何不可能从事后消除,因而该说也不足以说明为何可以对中止犯免除处罚。

责任减少说认为,未遂犯和中止犯在客观侵害的层面上是同一的,二者的区别只能从主观责任层面寻求,即在未遂犯的场合,是行为人意志以外的原因导致犯罪结果未发生,而中止犯的场合,是行为人自动放弃犯罪或者自动有效地防止了犯罪结果的发生,一个是被动地放弃犯罪,另一个是主动放弃了犯罪,因此,对中止犯之所以要从宽处罚,应当是由于行为人的主观责任的减少。表面上看,责任减少说是妥当的。但是,按照责任减少说,所谓"自动",必须是出于"真诚悔悟"或者其他类似动机,否则就不能说责任减少。这样的话,不是出于真诚悔悟的动机,而是觉得今天的时机不好而暂时收手,准备下次再干的场合,就不能成立中止犯。但即便是上述场合,实践中一般也还是认定为中止犯。可见,责任减少说对现行法的理解过窄,会使中止犯的成立范围不当缩小。

---

[69] 陈子平:《刑法总论》(增修本第3版),台北,元照出版有限公司2015年版,第424~427页;王世洲:《现代刑法学(总论)》(第2版),北京大学出版社2018年版,第239~240页;刘艳红主编:《刑法学》(上)(第3版),北京大学出版社2023年版,第248页;[日]松原芳博:《刑法总论重要问题》,王昭武译,中国政法大学出版社2014年版,第263页。

未遂犯和中止犯在客观侵害层面完全一致,仅仅因为一个是行为人意志以外的原因而未得逞,而另一个是由于行为人自动放弃犯罪而未得逞,因而在处罚上大不相同,可见,在决定中止犯处罚减免上,起关键作用的还是行为人主观责任的减少。但是,我国刑法规定对于中止犯不仅可以减轻处罚,还可以免除刑罚。就免除刑罚而言,责任减少说是难以说明的,因为责任减少不等于消除责任,因此,还必须从刑事政策的角度加以理解说明。即对于中止犯,立法者有鼓励罪犯自动放弃的功利考虑的一面。如此说来,将责任减少说和政策说结合起来的综合说的立场是较为妥当的。

二、犯罪中止的特征

根据刑法第 24 条第 1 款的规定,成立犯罪中止,必须满足以下要求。

(一)中止行为发生在犯罪的发展过程中

这是中止的时间性要求。这一要求意味着,如果犯罪已经达到既遂形态,犯罪人不可能中止犯罪;犯罪虽没有达到既遂状态,但在发展过程中由于犯罪分子意志以外的原因而在犯罪预备或犯罪未遂形态停止下来的时候,犯罪人也不可能再中止犯罪。因此,从犯罪预备行为发生开始,到形成犯罪既遂形态以前的这段时间,都可以成立犯罪中止。犯罪结果已经出现,行为已经既遂,行为人又主动恢复原状或者主动赔偿损失,例如在盗窃犯把盗得的财物送回原处、贪污犯主动退赔以前贪污的公款的场合,由于其犯罪行为已经完成、犯罪结果已经产生,不存在中止犯罪的时间条件,因而不属于犯罪中止而是犯罪既遂,但对于该种事后退赔或者返还的事实在处罚时必须考虑。

之所以要求中止行为必须发生在犯罪的发展过程中,乃因为成立中止行为的前提要件是发生结果的危险尚未变为现实,存在被阻止的可能。中止犯是为了保护濒临危险的法益,奖励消除发生结果的危险而设计的制度。如果危险已经被消除,就没有成立中止犯的余地。如甲出于杀意向张三开枪,使其身负重伤,在其准备发射第二发子弹时,看见张三的哀求,于是改变主意,离开了现场,该场合下甲是否成立中止,在有关中止犯的法律性质上,采取不同学说会得出不同结论。责任减少说对中止行为的理解采取主观说,主张以行为人的主观(意思、计划)为基准;相反地,违法减少说对中止行为的理解采取客观说,主张以客观上是否有发生结果的可能性的行为为准。就上例而言,如果说甲具有至少发射两发子弹的计划的话,则可以说,在此时其实行行为尚未终了,没有发射第二发子弹的不作为可以说是中止行为。但是,张三已经身负重伤,甲仅有不发射第二发子弹的不作为,难以有效地防止犯罪结果发生,因此这种见解并不妥当。相反地,若是甲的枪因为只装了一发子弹,没有进一步导致杀害结果的危险,其行为不构成中止行为。毕竟,中止犯是为了保护濒临危险的法益,奖励消除发生结果的危险而设计的制度,成立中止行为的前提要件,是存在阻止发生结果的危险的可能。

由于犯罪中止是为奖励消除发生结果危险而设计的制度,因此,作为奖励对象的中止行为必须可以消除发生结果的危险。如此说来,什么样的行为可以成立中止行为,取决于为了避免已经发生的危险成为现实结果需要什么样的行为。在上述甲为杀害张三而向其射击的案中,如不开第二枪(当然,前提是枪里必须有两发子弹)这种单纯的不作为就能回避结果,只要有不作为就足够了;而在枪里不只有一发子弹,并且已经致人重伤的场合,在不切断因果关系就有发生结果危险的状况下,中止行为的内容除了不继续开枪,还要求将被害人带到医院,让其接受手术等积极作为。

犯罪中止的核心是防止犯罪结果的发生,故从理论上讲,对以发生一定危害结果作为犯罪构成要件的结果犯而言,在危害结果尚未发生之前,行为人都有放弃犯罪的机会。但何为结果,必须结合刑法规定的整体情况考察,不能孤立地根据某个条文规定分析。如被告人故意在铁路上放置大石头,意图制造翻车事故。后来因害怕承担刑事责任,赶在火车到来之前,将石头挪开,避免了交通事故发生。这种场合就存在这种问题。如果说刑法第117条规定的是破坏交通设施罪的既遂形态,而第119条规定的是破坏交通设施罪的结果加重犯,则上述案件中的被告人的行为就要构成破坏交通设施罪的既遂犯;如果说刑法第117条和第119条之间是未遂犯和既遂犯的关系,则上述案件中的被告人就要构成刑法第119条规定的破坏交通设施罪的中止犯。因为行为人尽管在铁路上放置了石块,但在尚未造成实害结果之前又将石头挪开,避免了交通事故的发生,自动防止了结果的发生,应当是中止犯。同样,在行为人醉酒之后在道路上驾驶机动车辆,走了不多远就感觉身体不适,于是停在路边休息,被交警查获的场合,行为人也可能构成危险驾驶罪的中止犯。刑法第133条之一规定了危险驾驶罪,看似只要有在道路上醉酒驾驶机动车的行为,就能够成立本罪的既遂。但本罪是危害公共安全的犯罪即公共危险犯,要求醉驾行为必须达到一定危险程度才能成立,属于以一定现实危险为构成要件的结果犯。行为人在道路上的醉酒行为尽管已经具有一定的危险,但由于自动有效地防止了危险可能的现实化,因此,从理论上讲,将其作为中止犯没有任何问题。另外,从刑事政策的角度来讲,也避免了在醉驾型危险驾驶罪的场合,只要行为人一上路驾驶,就只能将危险行为进行到底,而没有回头路的结局。

(二) 中止必须基于行为人自己的意思

这是中止的自动性要求。所谓"自动",是指基于自己的自觉自愿,没有受到外在因素的干扰。

一般来说,在行为人没有受到任何外在影响的情况下,放弃犯罪或者有效地防止了犯罪结果发生,毫无疑问地属于自动中止犯罪。问题往往出在,在中止犯罪的时候,存在如抢劫的对象正好是自己的熟人、强奸对象正好处在生理期、出门看见大街上警察比往常要多之类的外部事实。这种情况下,是否能够认可中止的自动性?关于这一点,和前述中止犯的法律性质的诸种学说相关,有客观说、主观说和限定主观说之争。[70]

客观说是基于违法减少说的见解,认为该犯罪没有得逞的原因,如果按照社会一般观念通常不具有应当看作外部障碍的性质,就可以说是基于自己的意思。据此认定中止是否自动实施,主要看行为人所意识到的外部事实,在一般经验上是否对行为人的意思决定具有强制影响。在具有强制影响的场合,就是未遂犯,在没有强制影响的场合,就是中止犯。这种见解的特色是,将是否"自动"中止这种行为人主观方面的问题,交由"社会一般观念"的客观标准来解决。而这也正是其缺陷。因为,将"自动"这种责任要素完全交由一般人判断,会忽视行为人的真实意思。

---

[70] 具体情况的介绍,参见陈子平:《刑法总论》(增修本第3版),台北,元照出版有限公司2015年版,第428~430页。

相反,主观说是基于责任减少说的见解,认为按照"违法是客观的,责任是主观的"原理,除了由于外部障碍而中止的场合以及认识到外部障碍之后而停止的场合,行为人都是由于自己的意思而中止。据此,中止的自动性,只能从行为人对客观存在的外部事实的认识是否对其中止动机产生了影响的角度区分,没有产生影响而中止的是中止犯,否则就是未遂犯。在具体应用上,则援引著名的"福兰克公式",认为行为人在"能达目的而不欲"因而放弃犯罪的场合,是中止犯;反之,行为人在"欲达目的而不能"因而放弃犯罪的场合,就是未遂犯。从对中止犯减免处罚的根据在于责任减少这一点来看,主观说值得支持。但是,在"自动性"的判断上,将其完全交由行为人本人决定也是有问题的,会导致未遂犯和中止犯的界限难以划清。

限定主观说也是基于责任减少说的见解,认为只有在行为人的规范意识觉醒或者出于广义的后悔,否定自己行为价值的规范意识的作用下而中止的场合,才是任意中止,并将同情、怜悯等"广义上的后悔"作为自动性的成立要件。这种见解在责任减少说的立场上,很容易理解。因为,在由于"后悔、悔悟、怜悯"而中止的场合,能够确认行为人的责任谴责减少。但是,刑法第24条只是规定"自动",而没有要求行为人必须具有"后悔、悔悟"之类的动机,因此,上述解释显然很勉强。

本书认为,中止犯之所以比未遂犯的从宽处罚幅度更大,起关键作用的还是行为人的主观责任的减少,因此,在任意性的判断上,也应从责任减少说的角度考虑。是否出于自己的意思,应当从行为人的主观意思出发进行判断,具体检讨外部事情对行为人的动机所产生的影响:在不存在出乎行为人预料范围的物理或生理障碍使其强制停止,决定放弃实施犯罪行为的时候,应当肯定任意性;行为人尽管在行为过程中遇到了一些障碍,但该障碍均属于一般情形下能够预见或者能够克服的障碍,而行为人仍然决定放弃的时候,就应当否定任意性。具体而言,在没有任何外部事实影响的情况下,可以根据"福兰克公式"考虑"自动性",即行为人在"能达目的而不欲"因而放弃犯罪的场合,是中止犯;相反地,行为人在"欲达目的而不能"因而放弃犯罪的场合,就是未遂犯。但是,在外部事实障碍和行为人的中止行为同时存在的场合,就要以行为人本人的情况为基础,判断该种程度的事实障碍是否会导致行为人放弃犯罪。如果得出肯定结论,就是犯罪未遂;如果得出否定结论,就是犯罪中止。[71]

具体来说,认定中止的"自动性"的时候,应当注意以下几点:

1. 在行为人真诚悔悟或者因同情怜悯被害人而停止犯罪的场合,属于"自动"中止。但要注意的是,这是理想状态下的犯罪中止,由于刑法没有作如此严格的要求,因此,从实际情况来看,成立"自动"中止,不以行为人具有真诚悔悟的态度或者同情怜悯被害人的事实为必要。另外,在犯罪过程中,因他人请求而放弃原来的犯罪意图的场合,也属于"自动"中止。如在行为人出于强奸的意图实施胁迫之后,被害人称今天身体不舒服,恳求行为人放过自己的场合,就是如此。但在行为人意图强奸被害人,被害人谎称这里不方便,换个地方去满足行为人的要求,行为人信以为真而放弃了强行奸淫行为,在跟着被害人一起找地方的途中被抓获的场合,不属于犯罪中止,而是未遂。这里之所以成立未遂,是因为被害人的灵机一动让行为人没有料到。

---

[71] 本书将这种见解定义为"修正主观说"。

2. 客观上存在轻微阻止犯罪继续的外部事实障碍,但从一般人的立场来看,并不足以阻止犯罪的进行,但行为人选择放弃的场合,属于"自动"中止。如行为人意图入室抢劫而出门,到他人家门口忽然听见乌鸦叫,心想今天不吉利,于是放弃的场合;着手实行强奸,适逢被害妇女处于生理期,于是放弃的场合;意图杀人而掐住被害人的脖子致其昏迷的时候,被放学回家的被害人8岁的孩子看见,于是放开被害人离开现场的场合,都是如此。对于上述由于存在一定的轻微障碍而放弃犯罪场合的任意性的判断,主观说和客观说在以行为人所认识的事实作为判断资料这点上相同,但在该事实是不是对行为人的意思具有强制性上,其判断基准有所不同(主观说求之于行为人标准,而客观说采用一般人标准)。一般认为,行为人的认识事实对行为人的主观具有什么样的影响,应当客观判断,即采用客观说。按照客观说,上述场合下,一般人遇到该种情况,也不一定会放弃犯罪,而行为人实施了超出一般人做法的行为,因此能够肯定其具有任意性。

依据上述见解对相关典型案例展开分析。如在甲计划从某单位财务室的保险柜中盗窃巨额的钱财,好不容易撬开了保险柜,结果发现只有30张面额100元的钞票,于是非常失望地离开,一张钞票也没有拿的场合,甲的行为是不是具有任意性比较难判断。这种因对对象的价值失望而放弃的场合,按照主观说,甲尽管可以继续实施犯行但选择中止,应当肯定任意性;但按照客观说,先判断一般人(一般的盗窃犯)在这种场合下会不会拿走价值3000元的钞票,在一般人会拿走,而行为人却没有拿走的场合,可以说甲具有任意性,如果一般人也不会拿走,就不具有任意性。只是,此种场景下对一般人会如何做的判断非常模糊,会流于肆意。从本书所持的修正主观说的立场来看,具有任意性的判断或许会更妥当一些。因为,俗话说"贼不走空",即使偷不到东西,也会顺手牵走不值钱的东西。就上述案例中的行为人而言,本次盗窃遇到财务室的保险柜中只有3000元的情形,尽管数额较小,但并非完全出乎行为人的预料,并不足以成为阻止其实施本次犯罪的障碍。这种情况下,行为人最终基于各种考虑放弃这3000元,可以说其具有任意性。

同样,在诸如甲携带凶器拦路抢劫,黑夜中遇到乙便实施暴力,乙发现行为人是自己的熟人甲,便喊甲的名字,甲一听就住手,还向乙道歉说"对不起,认错人了"的场合,是否具有任意性也需要进行分析。对这种因为对象错误而放弃的场合,从主观说的角度来看,甲尽管可以将抢劫行为进行到底却选择主动放弃,可以肯定任意性。从客观说的角度来看,也能得出同样的结论。因为,在"杀熟"已经不是什么稀罕事的当今,抢劫熟人也是很常见的事情,因此,行为人遇到熟人之后,明明可以继续将抢劫行为进行到底,却主动放弃的,可以说具有任意性。但是,本书认为,抢劫遇到熟人是出乎行为人预料的事情,不仅容易留下证据而被抓获,将来也无法在熟人社会中生存,还会落下不仗义的名声,使行为人在将来的社会中无法立足。这些严重后果的存在迫使行为人不得已放弃抢劫,因此不能认定任意性。事实上,若不是如此的话,行为人不可能放弃抢劫。

3. 客观上并不存在影响犯罪实施的外部事实,但行为人误以为存在而不得不放弃本次犯罪的场合,不能认定为自动中止。如在盗窃过程当中听见警车的警笛声,误以为自己的犯罪行为已经被发现,于是放弃本次盗窃的,就是如此。此时,尽管并不存在阻止行为人继续实施犯罪的客观障碍,但行为人由于产生了错误认识,其主观上已经形成了心理障碍,难以继续将犯罪进行下去,因此其中止也不是"自动"中止,而是属于犯罪未遂。客观上存在严重阻止犯罪继续的外部事实障碍,但行为人并未意识到这一点而放弃本次犯罪的场合,属于"自动"中止。如行为人将过期农药(行为人并不知情)投放到被害人的饭碗当中,意图杀死被害人,但后来改变主意,在被害人准备吃饭的时候,将该饭碗换掉的场合,行为人的行为属于"自动"中止。

4. 担心、害怕事后被告发而停止犯罪的,是否具有自动性,需要根据情况而定。在实施抢劫、强奸、绑架、公然杀人伤害等暴力犯罪,因遭到被害人的斥责、警告而停止犯罪的场合,由于这类犯罪本身就是公然实施的,行为人并不避讳被害人的斥责或者警告。换言之,被害人的斥责、警告并不会使行为人形成心理障碍,因此,因遭到斥责、警告而停止犯罪的,也可以认定为"自动"中止;相反地,盗窃、诈骗、贪污、受贿等犯罪多半是秘密进行的,一旦被发现,行为人便会遭受较大的不利后果,属于行为人事先没有预料到的事实,属于影响其将犯罪行为进行到底的障碍,因此,行为人在进行该种行为的过程中遭到被害人的斥责、警告而停止犯罪的,一般不能成立"自动"中止。

(三)中止行为必须有效地防止了犯罪结果的发生

这是中止的有效性要求。具体而言,就是在实行行为实施终了以后,犯罪结果发生之前,行为人采取措施,有效地防止了行为人所追求的、行为性质所决定的犯罪结果的发生,而不是没有发生任何结果。

在认定中止行为有效性的时候,需要注意以下几点:

1. 不要求中止行为和结果未发生之间具有因果关系。有见解认为,成立"中止",要求中止行为和既遂结果未发生之间必须具有因果关系。[72] 但是,这样理解的话,在实行行为从一开始就没有发生既遂结果的可能性的时候,就不能适用中止犯的规定。如行为人意图杀人而向他人的饭碗里投毒,但不久之后就反悔,于是赶紧将他人送往医院抢救,由于投放的毒物未达致死剂量而没有引起死亡结果。在该场合,他人没死,不是行为人将其送往医院抢救的中止行为的结果,而是所投放的毒药的剂量不够导致的结果。因此,按照上述见解,这种情况不成立中止犯。但是,投放的毒物达到了致死剂量的话,就适用中止犯的规定,没有达到的话,就不适用中止犯的规定,即行为人的行为是否构成犯罪中止,完全取决于先前的危害行为的程度,而不是取决于后面的中止行为,这显然不符合犯罪中止的基本宗旨。因此,正确的结论是,即便投放了没有达到致死剂量的毒物,也适用中止犯的规定,不要求中止行为和结果未发生之间具有因果关系。

2. 成立中止行为,行为人必须付出足以防止结果发生的努力。一般来说,借助他人的帮助而防止结果发生的场合,也能成立中止行为。如放火犯正在努力灭火的时候,途经此处的第三人加入进来,用水将火浇熄的场合,就是如此。但是,在这种场合,行为人也必须付出足以防止结果发生的努力。因此,在放火犯放火之后高喊"起火了"就逃之夭夭的场合,即便第三人最终在火苗未成火势之前就将其扑灭了,也不成立中止行为。

---

[72] 高铭暄、马克昌主编:《刑法学》(第10版),北京大学出版社2022年版,第158页。其中写道:"如果行为人虽然采取了防止既遂的犯罪结果发生的积极措施,但实际上未能阻止住既遂的犯罪结果的发生,或者该犯罪结果未发生是由于其他原因所致,则不能认定行为人成立犯罪中止,而应认定为犯罪既遂或犯罪未遂。"

3. 在尽管实施了中止行为,但先前所追求的危害结果还是发生了的场合,也有可能适用中止犯的规定。如行为人意图杀人而向某甲的饭碗里投毒,但之后后悔马上将某甲送往医院,治疗过程中,在医院做护士的某甲的妻子某乙为了获取某甲的死亡保险金而将某甲毒死的场合,就是适例。因为,某甲的死亡结果是其妻子的行为所引起的,而不是行为人所引起的。换言之,某甲的死亡结果并非行为人投毒行为危险的现实化。某甲的生命危险状态已经被行为人将其送医院就医的行为有效防止。

4. "自动放弃犯罪"是指自动放弃了本次犯罪,而不要求犯罪人自动放弃一切犯罪。如赵某持刀拦住回家途中的王某(女),欲行强奸。王某提出愿意给赵某2000元让其去找"三陪女",赵某表示同意。因王某身上没带现金,赵某遂持刀逼王某回家去拿,途中遇到巡警而得救的场合,就前面的放弃强奸行为而言,赵某的行为构成中止犯,但就后面的拿钱行为而言,赵某应当构成抢劫罪(未遂)。因为赵某的要钱行为是在对被害人王某进行持刀胁迫的情况下发生的,只是因为中途遇到巡警而未得逞而已。顺便说一句,这种情况下,不能适用被害人同意原理,说行为人的要钱行为不构成抢劫罪。因为,本案中的被害人同意不是在意志自由状态下作出的决定,并非真实的同意,不产生"同意无侵害"的效果。

三、放弃能够重复实施的侵害行为的定性问题

"凡犯罪分子使用可以一下子造成犯罪结果的工具(不仅限于枪,还包括刀、铁器等),实施了足以发生其所追求的犯罪结果的行为,但由于意志以外的原因,使这种结果没有发生(不一定是没有发生任何结果),犯罪分子根据主客观条件认为仍可实施重复侵害,但他却基于某种原因自动放弃了重复侵害,因而使犯罪结果不再可能发生的情况,都是放弃重复侵害行为",[73] 如某甲蓄意谋杀某乙,携带数颗子弹,第一次开枪射击没有打中目标,本有可能再次开枪射击,但突然改变主意,不再射击,故未发生预期的死亡结果的情形,就是如此。

对这种行为的定性,有未遂犯说、中止犯说和折中说三种观点:

1. 未遂犯说。该说认为这种情况下,犯罪行为已经实行终了,预期的危害结果没有发生,是由于犯罪人意志以外的原因,因此,完全符合未遂犯的特征。[74]

但是,未遂犯说在逻辑上是站不住脚的。如果说行为人不开第二枪是实行终了的故意杀人未遂,就意味着该行为人的杀人行为已经完全实行完毕。那么,假如行为人此时继续开第二枪,将被害人打死;或者第二枪又未打中,第三枪才把人打死;依此类推,开数枪后才把人打死。能否认为犯罪人构成一个故意杀人罪既遂,一个或者数个故意杀人罪未遂呢?显然不能得出这样的结论。

2. 中止犯说。该说认为放弃能够重复实施的侵害行为,从时间上看,发生在犯罪未实行终了的过程当中,不是犯罪行为已经停止的未遂形态或者既遂形态;从主观上看,犯罪分子是自动放弃而不是被迫停止;从客观上看,预期的危害结果还没有发生,因此,完全符合我国刑法中

---

[73] 赵秉志:《犯罪未遂形态研究》(第2版),中国人民大学出版社2008年版,第156页。
[74] 杨春洗等:《刑法总论》,北京大学出版社1981年版,第189页。

的中止犯的成立条件。[75]

这是通说的观点,也是本书的立场。在放弃能够重复实施的侵害的场合,完成整个犯罪的实行行为并没有实行终了,预期的危害结果尚未发生,犯罪人完全有条件继续犯罪。在能够进一步实施侵害的情况下,出于本人意志,自动中止了实行行为,或者在预期的危害结果发生之前,自动有效地避免了预期结果的出现,就完全符合中止犯的要件。

3. 折中说。该说认为放弃能够重复实施侵害的行为由两部分构成,即第一次侵害行为由于意志以外的原因未发生预期的危害结果,构成未遂犯;后来放弃能够重复实施的侵害行为,构成中止犯。但在定性上,应当按照重行为吸收轻行为的原则,以未遂犯论处。[76]

这种观点的问题在于,将一个行为分解为数个行为加以评价。如果行为人使用自动步枪连续射击造成死亡结果的,只构成一个杀人既遂罪;如果射出一发子弹后未击中目标,此后掉转枪口转向别处,避免了死亡结果发生的,当然不能认为构成故意杀人未遂和中止两个罪。

四、中止犯的刑事责任

刑法第 24 条第 2 款规定:"对于中止犯,没有造成损害的,应当免除处罚;造成损害的,应当减轻处罚。"对此规定,在理解上应当注意以下几点:

1. 对中止犯,没有造成损害的,应当免除处罚;造成损害的,应当减轻处罚。如某甲在故意杀人过程中自动中止犯罪,虽然造成了他人受伤的结果,但避免了死亡结果发生,应当在刑法第 232 条所规定的"死刑、无期徒刑或者十年以上有期徒刑"的范围内减轻处罚,即实际判处的刑罚最高不能超过 10 年有期徒刑。假如某甲没有造成损害结果,则应当免除处罚,即宣告有罪但实际不判处刑罚。

2. 作为中止犯处罚条件的"损害",并不是指行为人实施直接故意犯罪所追求的危害结果,而是这种危害结果之外的其他危害结果。如行为人投毒杀人,被害人中毒之后,行为人积极抢救,使被害人免于死亡,这就是犯罪中止。但中毒使被害人的身体健康受到了实质性的伤害,则是行为人犯罪目的之外的犯罪结果。这种结果就是这里所说的"损害"。在该损害结果能够为先前中止的犯罪所吸收的场合,就不单独成立犯罪。如就上例而言,由于伤害结果能够为故意杀人罪的中止犯所吸收,因此,行为人的行为并不另外构成故意伤害罪,而只成立故意杀人罪的中止犯,应当按照故意杀人罪的法定刑减轻处罚。同样,预备犯的场合也是如此。如在成立故意杀人罪、抢劫罪的中止犯的场合,行为人之前的行为就不再成立故意杀人罪的预备犯、抢劫罪的预备犯,只成立故意杀人罪、抢劫罪的中止犯。

3. 和中止犯属于数罪关系的行为,由于其并不能为中止的犯罪所吸收,因此,中止犯的效果不及于该罪。如出于诈骗的目的而伪造国家机关公文,之后即便自动中止了诈骗行为,但其效果不及于伪造公文罪。换言之,尽管行为人就诈骗罪而言成立中止犯,但就伪造国家机关公文罪而言,并不成立中止犯,而是成立既遂犯。

---

[75] 刘艳红主编:《刑法学》(上)(第 3 版),北京大学出版社 2023 年版,第 253 页;马克昌主编:《犯罪通论》(第 3 版),武汉大学出版社 1999 年版,第 481 页;王作富、黄京平主编:《刑法》(第 7 版),中国人民大学出版社 2021 年版,第 127 页;高铭暄、马克昌主编:《刑法学》(第 10 版),北京大学出版社 2022 年版,第 158~159 页。

[76] 张尚鷟编著:《中华人民共和国刑法概论(总则部分)》,法律出版社 1983 年版,第 174 页。

第八章 共同犯罪

第一节 共同犯罪的概念、参与体系、处罚根据和本质

一、共同犯罪的概念

到目前为止,我们以单独个人犯罪为范本(单独犯),对因果关系、故意、错误论等刑法总论的基本问题进行了探讨。但现实生活中的犯罪,虽然大多数是一个人单独实施的,但也有不少是二人以上基于一定计划共同实施的,这就是所谓共同犯罪。由于在共同犯罪当中,各个参与者的参与形式不同,有的亲自动手、直接实行犯罪,有的则不亲自动手,而是组织、谋划、帮助或者教唆他人实行犯罪,还有的则是几个人一起行动,各人只实施部分行为,这些部分行为整合起来满足一个具体犯罪的全部犯罪构成,对于这些亲自动手实施全部或者部分行为或者不亲自动手参与犯罪的人,最终应当如何确定他们各自的刑事责任,就是共同犯罪理论所要研究的问题。

对共同犯罪的处理,与单独犯罪相比,要复杂得多。过去,有人将共同犯罪论称为"绝望之章",[1] 即其是刑法总论中最为复杂的部分。原因在于,共同犯罪的实行中有数人参与,而各个参与者之间又有各种不一致。如甲、乙共同施暴导致张三死亡,甲有杀意,但乙没有杀意。这种场合,是无视二人之间的这种内心不同而一体性(连带)考虑,还是按照各个人之间的不同而个别性(单独)考虑(甲成立故意杀人罪的共同正犯,乙成立故意伤害罪的共同正犯),便出现了单独犯的场合绝对不可能出现的难题。特别是,正如在政治经济学上,协作不是若干个人劳动的简单相加,而会产生一种新的力量一样,共同犯罪不是若干单独犯罪的简单相加,而会造成更大的社会危害性。[2] 一个人可能有犯罪之心,而无犯罪之勇,但是在多人一起商量或者实施的氛围下,就会不顾一切地将犯罪付诸实现。而且,参与共同犯罪的数人在共同行为中所起的作用并不相同,如果对其予以同样的法律评价和处罚,则不仅不符合共同犯罪的实际情况,也不利于对各个共犯参与人的妥当评价和处罚。因此,现代各国刑法大多采取了在总则中设置共同犯罪的规定以解决共犯参与者的刑事责任的方式。我国也不例外。我国刑法总则第二章第三节专门设立"共同犯罪"一节规定了共同犯罪的概念以及各种共犯参与者的成立条件和处罚原则。

---

[1] 据说这一说法由德国学者康托洛维茨提出,后为宾丁所引用。袁国何:《功能单一正犯体系的理论脉络及其检讨》,载《中外法学》2019年第1期。

[2] 高铭暄、马克昌主编:《刑法学》(第10版),北京大学出版社2022年版,第161页。

在共同犯罪的规定和处罚上,我国采用了和德国、日本等国不同的方式。德国、日本等国采用了将参与共同犯罪的行为人区分为正犯和共犯、分别认定和处罚的方式。所谓正犯,简单地说,就是出于亲自实施构成要件意思,实施具有实现构成要件的现实危险的行为的人;相反地,所谓共犯,是指不亲自动手实施符合构成要件的行为,而是通过教唆或者帮助正犯的方式来参与犯罪的实现的人。[3] 换言之,在德国、日本等国,刑法中并没有采取规定数人参与犯罪的共同犯罪现象的形式,相反地,是将参与共同犯罪现象的数人,分别规定为"正犯"和"共犯"这种单独犯。这也是德国、日本将包括正犯和共犯在内的犯罪类型称为和未遂犯等类似的修成的犯罪构成的原因。相反地,我国刑法采用了先统一规定什么是"共同犯罪",然后分别按照各个参与人在共同犯罪中的作用,区分主、从加以处罚的做法。换言之,我国刑法在共同犯罪的规定上,采用了和德国、日本不一样的处理方式。因此,在以德、日刑法中的"正犯和共犯"理论来说明我国刑法中共同犯罪的相关内容时,必须注意这一点。[4]

二、共同犯罪的参与体系

所谓共犯参与体系,简单地讲,就是共同犯罪的规定方式,其目的是解决有数人参与犯罪的场合该如何定罪处罚的问题。从比较法的立场来看,有关共犯参与体系的立法,大致有两种:一种是所谓"单一制共犯参与体系",又称"统一正犯体系"或者"一元制共犯体系"。在这种体系之下,不管各人参与犯罪的形式如何,只要为构成要件(结果)赋予条件者,都被视为正犯,对其适用同一法定刑,相互之间不存在一部分人的犯罪以另一部分人的行为构成犯罪为前提的从属问题。意大利、奥地利、挪威、巴西、丹麦等国刑法均采用这种共犯体系。《意大利刑法》第110条规定,当数人共同实施同一犯罪时,对于他们当中的每一人,均处以该罪的法定刑;《奥地利刑法》第12条规定,直接实施犯行、唆使他人实施犯行或其他加功于犯罪行为之实行者,均为实施犯罪行为之人,即"参与行为者皆为正犯"。其基本意思是,凡是引起或者造成法益侵害的人,都是正犯,即便是教唆犯或者帮助犯,也属于正犯,一律按照正犯处理,意图在较宽的范围内把握正犯("扩张正犯说")。"统一正犯体系"不赞成唯有实行犯是正犯的观念,主张在共同犯罪之中不区分正犯与从犯;帮助、教唆等非正犯行为有其独立的不依从于正犯的犯罪性或者刑事责任("共犯独立性")。无论正犯是否成立犯罪、成立何种犯罪,帮助、教唆等参与人各自对自己的行为承担罪责。另一种是所谓"区分制共犯参与体系",又称"参与犯体系"。这种体系根据各人参与犯罪的形式的不同,将共同犯罪的参与人区分为亲自实施构成要件行为的正犯和以教唆、帮助形式参与正犯行为的共犯两种类型,并对二者在刑罚评价上区别对待,其中,教唆犯、帮助犯不仅在犯罪成立条件上从属于正犯,在处罚上也从属于正犯。德国、日本采用了这种共犯体系。如《德国刑法典》第25条规定:(1)自己实施犯罪,或通过他人实施犯罪的,依正犯论处;(2)数人共同实施犯罪的,均依正犯论处。第26条规定,故意教唆他人故意实施违法行为的是教唆犯。对教唆犯的处罚与正犯相同。第27条规定:(1)对他人故

---

[3] [日]大谷实:《刑法讲义总论》(新版第5版),黎宏、姚培培译,中国人民大学出版社2023年版,第403页。

[4] 近年来,随着国外共犯学术的输入,我国不少学者开始尝试引进德日刑法学中的正犯与共犯理论对我国传统学说进行改造,并对我国刑法中有关共同犯罪的规定进行说明。具体参见张明楷:《刑法学》(上)(第6版),法律出版社2021年版,第493页以下;付立庆:《刑法总论》,法律出版社2020年版,第286页以下。

意实施的违法行为故意予以帮助的,是帮助犯;(2)对帮助犯的处罚参照正犯的处罚,并依据刑法典第49条第1款减轻其刑罚。《日本刑法》当中也有类似规定。在"参与犯体系"看来,所谓正犯,就是亲自动手实施符合犯罪构成行为,本来就值得处罚的直接行为人,而教唆、帮助等参与人之所以要受到处罚,是因为将正犯的处罚范围扩展到本不值得处罚的犯罪形态中,意图在较窄的范围内把握正犯("限制正犯说")。在"参与犯体系"之下,唯有实施刑法分则规定的犯罪构成要件行为的,才是正犯;其他没有实施构成要件行为的,则不是正犯,按照其参与形态,被作为教唆犯、帮助犯。教唆犯、帮助犯不能独立存在,其犯罪性以及刑事责任均从属于正犯("共犯从属性")。[5]

我国刑法总则编第二章第三节有关"共同犯罪"的相关规定,由于采用了先根据一定条件判断参与犯罪的数人是否成立共同犯罪,在得出肯定结论之后,再根据各个参与人在其中的作用大小,分为主犯、从犯,分别处罚的叙述方式,与单一制或区分制之区分无关,故我国传统学说对其均不加探讨。[6] 近年来,受德日刑法学的影响,我国在共犯问题的讨论上,逐渐放弃了上述以刑法规定为基础的"共同犯罪"处理方式,采取了将参与共同犯罪的数人具体化为正犯与共犯的"个人犯罪"的处理方式,由此便出现了我国刑法中的共犯规定到底是采用了单一制还是区分制的争议。

多数学者认为,我国刑法在共同犯罪的规定上采用的是区分制。理由是:第一,我国刑法承认了教唆犯的存在,意味着我国刑法在共犯领域是倾向于正犯·共犯二分的区分体系;第二,我国刑法中有不少真正身份犯即正犯规定;第三,在我国实质刑法观念十分强烈的情况下,应当采用以形式——客观为基础的正犯与共犯的区分制,从而更好地在共同犯罪的定罪量刑中体现罪刑法定精神;第四,单一制存在无视共同犯罪的团体性本质等诸多缺陷,应当从共同犯罪的团体性本质出发,构建中国特色的"主—从"区分式共犯参与体系。[7] 相反,认为我国刑法采用的是单一制的见解也很有力。理由是:第一,我国刑法中有关共同犯罪的规定符合单一制共犯论的特点。第二,从我国刑法不太强调各个共同犯罪人的参与形态,也不重视各个共同犯罪人的分工,而是按照其在共同犯罪中作用的大小来区分主、从;主犯不是按照实行行为来确定,实行犯即正犯也可以是从犯;在从犯的处罚上,并不强调要依从于主犯的角度来看,我国的共犯制度更接近于"单一制体系"。第三,单一正犯体系正确地揭示了犯罪参与的归责结构,是值得采用的体系。[8]

本书认为,只要认为犯罪的本质是侵害法益、刑法的任务是保护法益,则当今的区分制和

---

[5] 张开骏:《共犯从属性研究》,法律出版社2015年版,第22~30页。
[6] 高铭暄、马克昌主编:《刑法学》(第10版),北京大学出版社2022年版,第161~178页。另外,参见贾宇主编:《刑法学》(上册·总论),高等教育出版社2019年版,第228页以下。
[7] 张明楷:《刑法学》(上)(第6版),法律出版社2021年版,第508页;陈兴良:《共同犯罪论》(第4版)(上册),中国人民大学出版社2023年版,第171页;冯军、肖中华主编:《刑法总论》(第3版),中国人民大学出版社2016年版,第321页;陈家林:《共同正犯研究》,武汉大学出版社2004年版,第5页;周啸天:《单一正犯体系的反思性检讨》,载《政治与法律》2024年第1期。
[8] 刘明祥:《犯罪参与论》,中国人民大学出版社2023年版,第51~52页;阮齐林、耿佳宁:《中国刑法总论》,中国政法大学出版社2019年版,第221页;张伟:《扩张的正犯概念与统一正犯体系》,载《清华法学》2020年第5期;江溯:《关于单一正犯体系的若干辩驳》,载《当代法学》2011年第5期。

单一制正在相向而行、渐趋融合。因此,区分制和单一制的争论意义不大。一方面,区分制的意义是,通过严格遵循构成要件的要求,维持正犯概念的明确性,保证罪刑法定原则的贯彻落实。其具体做法是,将正犯理解为亲自动手实施刑法分则所规定的具体犯罪构成要件行为的人;将共犯理解为通过以构成要件行为外围的教唆、帮助方式加功正犯行为的人。[9] 但如后所述,不亲自动手、而是将他人作为共犯的间接正犯,和仅仅只是参与犯罪的谋议而不亲自动手实施犯罪、却一定条件下也能成立的(共谋共同)正犯,这些情形的出现使作为区分制基础的形式正犯论几乎失去了存在价值。现在,我国主张区分制的学者通常采用"犯罪支配论"或者"行为支配论",即以行为人对于构成要件结果是否具有支配为标准来区分正犯与共犯,认为正犯是犯罪事实的核心角色,是对犯罪事实的发生、发展和结果具有支配的人;共犯虽然对犯罪事实存在影响,但不是能够决定性地支配犯罪过程的人,是犯罪实施的边缘角色。[10] 但是,采用这种根据是否在共同犯罪中起着关键支配作用来判断正犯和共犯的犯罪支配说、行为支配说,则无异于直接证明了这样一个事实,即在当今,正犯和共犯之间的形式区别真的无足轻重,意图通过严格遵循构成要件的要求,维持正犯概念的明确性的希望就要落空。并且在核心角色理论之下,区分制就会失去其存在价值。本来,区分制的目的是说明数人在什么情况下成立共同犯罪,一旦说正犯是共同犯罪中的核心角色、共犯是边缘角色,则意味着数人之间是否成立共同犯罪的步骤可以忽略,而直接考虑参与犯罪的数人在共同犯罪之中是不是核心角色、所起作用大小了,这样,区分制的存在还有什么意义呢?

另一方面,单一制框架下,即便参与犯罪的数人具有独立性,这种独立性也只是体现在处罚上,就作为处罚前提的共犯成立条件而言,还是要以数个参与人之行为和法益侵害结果相关为前提。众所周知,单一制概念源自近代学派的主张,其基础是"行为人刑法"或者"意思刑法",因此,人们便想当然地认为,在单一制之下,参与人的参与模式无关紧要,数个参与人中,有可能存在没有一个犯罪参与人接近构成要件(支配构成要件)的情形。未遂教唆或者未遂帮助的场合,由于对教唆人和帮助人都独立评价,故其行为被评价为构成要件行为,因此,单一制扩大了犯罪处罚的范围。[11] 但这种见解是对当今的单一制的误解。当今的单一制不重视各个参与者的参与形态,但并不意味着其不重视作为其前提的共同犯罪自身。单一制是在数人参与实现构成要件行为之后,对其中各个参与者予以定罪处罚时的一种分类方式。换言之,单一制和区分制一样,都是在数人共同行为已经成立共同犯罪的背景之下,所讨论的概念。如在一个人教唆另一个人犯罪,而另一个人完全无动于衷的场合,只要坚持法益侵害说,认为刑法的任务是保护法益,犯罪的本质是侵害法益,则在共犯处罚根据上,首先必须考虑共犯行为的因果性,只有在共犯行为和法益侵害结果之间存在引起和被引起的关系,即能够肯定二者之间的因果性时,共犯处罚才能被正当化。在一方教唆另一方犯罪,而另一方断然拒绝的场合,由

---

[9] [日]大谷实:《刑法讲义总论》(新版第5版),黎宏、姚培培译,中国人民大学出版社2023年版,第403页。在我国,也有教材明确地主张这种学说,参见冯军、肖中华主编:《刑法总论》(第3版),中国人民大学出版社2016年版,第322~323页。

[10] 柯耀程:《变动中的刑法思想》,中国政法大学出版社2003年版,第165页。付立庆:《刑法总论》,法律出版社2020年版,第289页;张明楷:《刑法学》(上)(第6版),法律出版社2021年版,第511页。

[11] 王华伟:《犯罪参与模式之比较研究——从分立走向融合》,载《法学论坛》2017年第6期。

于不存在任何侵害或者威胁法益的客观行为,故两人之间不可能存在"共同犯罪",更不可能存在教唆犯,此时,何来共犯参与形式呢?更遑论区分制与单一制之分了。而且,单一制是将共同参与者区分为正犯和共犯的区分制的对称,而区分制,顾名思义就是有两个以上的人共同犯罪时才可能具有的分类,因此,单一制也必然是在数人共同行为成立共同犯罪之后才有的概念。即便出于罪刑法定原则的考虑,将数人共同实施的共同犯罪的团体具体化为"正犯""共犯"这种单独犯的形式,也不能忘记其前提,即正犯、共犯的分类,是以行为人在共同犯罪场合下的分类。进行这种分类的前提是数人之间成立共同犯罪。而在包括当今提倡区分制的论者在内的绝大多数人所主张的法益侵害说之下,共同犯罪的成立,以数人共同行为侵害或者威胁法益为前提,或者说是其最基本的要求。具体而言,参与共同行为的数人中,有而且至少必须有一个人实施了构成要件行为,或者为构成要件结果的发生提供了条件。如此说来,仅以单一制不重视各个参与者的行为形态这一点,就得出其是"行为人刑法"或者"意思刑法"的结论,显然罔顾了作为共犯参与体系论的单一制的存在前提,忽视了法益侵害说背景下的共同犯罪的成立条件,因而说理不足。[12]

实际上,在法益侵害说的前提之下,可以说,我国有关共同犯罪的刑事立法和司法,和区分制相比,更接近于单一制。我国的刑法不仅没有像德国、日本一样,明确地区分正犯和共犯,然后规定其成立要件和刑罚,相反,刑法第 25 条第 1 款明确规定,"共同犯罪是指二人以上共同故意犯罪"。这一规定不仅适用于共同正犯,也适用于其他共同犯罪形态(包括有教唆犯、帮助犯和实行犯的情形),然后按照各个共同犯罪参与人"在共同犯罪中的作用",分别认定为主犯、从犯,依照分则所规定的单独犯的规定进行处罚。[13] 这意味着,我国刑法在共犯参与人的处罚上,并不重视各个共犯参与者参与形态的差别(如实行犯、教唆犯、帮助犯),而是重视各个参与者在共同犯罪中的地位和所发挥的作用的大小,并据此量定刑罚。从这种并不从形式上区分正犯和共犯的规定方式来看,我国刑法在共犯参与体系上更加接近单一制。只是要注意的是,这里的"单一制",不是指传统的单一制。源自近代学派的传统单一制的基础是"行为人刑法"或者"意思刑法",只要共犯人出于犯罪意思实施了行为,即便该行为没有引起法益侵害结果,数个参与人中,没有一个犯罪参与人接近构成要件(支配构成要件),也是违法行为,即共犯

---

[12] 这一点,在公认采用了单一制共犯参与体系的意大利刑法中有体现。其刑法第 110 条规定:"当数人共同实施同一犯罪时,对于他们当中的每一个人,均处以法律为该犯罪规定的刑罚",但是,可以根据不同的情节,减轻或者增加处罚。此规定表明,对所有参与者处以刑法分则规定的刑罚的前提是,数人共同实施"同一犯罪"。对于实施"同一犯罪"的理解,通常认为,其是指参与犯罪的数人中,必须有人实施了构成犯罪客观要件的行为;并且参与犯罪的数人都必须对犯罪的发生有因果影响。如果某人所实施的行为对结果的发生没有影响,则该人不属于共同犯罪人。《意大利刑法典》,黄风译,中国政法大学出版社 1998 年版,第 23 页;耿佳宁:《作用极小的贡献于意大利单一制下之展开——兼述中意刑法在参与者处罚原则上的差异》,载《北方法学》2017 年第 6 期。另外,《奥地利联邦共和国刑法典》(2002 年修订)第 12 条(所有参与人均作为正犯对待)规定:"自己实施应当受到处罚的行为,或者通过他人实施应当受到刑罚处罚的行为,或者为应当受到刑罚处罚的行为的实施给予帮助的,均是正犯",这里,认定正犯的教唆、帮助犯时,均以"他人实施应当受到刑罚处罚的行为为前提"。这些法条规定均表明,即便在单一制之下,正犯的认定根据也是法益侵害,而非共犯的行为样态。
[13] 我国 1979 年刑法关于从犯的处罚,曾经规定,对于从犯,"应当比照主犯从轻、减轻或者免除处罚",1997 年刑法则删除了"比照主犯"的规定。这意味着,对以共犯为主的从犯的处罚,不一定要从属于以正犯为主的主犯了。

人是"因为自己的行为而受到惩罚",因此单一制扩大了犯罪处罚的范围。[14] 但经过法益侵害说洗礼之后的单一制,和传统单一制相比已大异其趣。参与人即便出于犯罪意思实施了教唆或者帮助行为,但只要该行为引起法益侵害的危险(如被教唆人没有响应教唆且当场报警的场合),参与人的行为无论如何不能构成犯罪。由此说来,即便我国刑法对共犯在参与形式上采用了单一制,也不会造成扩大犯罪处罚范围的结果。

而且,以单一制的共犯参与体系来说明我国的共犯规定,有以下两方面的好处:一是和传统的共同犯罪理论吻合。传统的共犯理论认为,在共同犯罪的认定上,按照刑法第25条第1款的规定,从违法连带性的角度出发,将共同犯罪作为团体犯罪,首先考虑是否成立共同犯,在此之后,再从个人犯罪的角度出发,区分主、从,确定对每个人的处罚,而不是像西方一样,将共同犯罪作为个人犯罪,首先考虑正犯,然后考虑共犯。二是合乎当今的共同犯罪现实。在当今网络犯罪猖獗的情形下,引起了犯罪结果,但查不清正犯或者说正犯不能被抓获的情况非常常见。按照区分制,这种场合,所有的共犯参与者均无法处罚。但是,按照本书提倡的单一制,只要能够确定数人共同犯罪、有人予以实施,不管是不是能够确定谁实施了犯罪,所有的参与者都可以作为共同犯罪予以处罚,从而避免了区分制之下,因为无法确定正犯而无法对其他参与者予以处罚的情形。

需要注意的是,由于本书以犯罪的本质是法益侵害为前提,因此即便在共犯参与体系上采用单一制,但在具体案件的结论上,不会与传统的区分制之间有太大差别。因为,法益侵害说之下的单一制,以共同犯罪成立,且参与共犯的数人中有人实施了法益侵害行为为前提。如在教唆他人杀人,他人当场拒绝的场合,二人之中没有人引起法益侵害结果或者危险,因此不成立共同犯罪。这一点,和传统的以规范违反说为前提的单一制,即即便被教唆人当场拒绝,但教唆人已经显现出其主观上的恶性,因而单独成立教唆未遂的观点[15]迥然不同。不仅如此,在后说所谓间接正犯、共同正犯(包括共谋共同正犯)、教唆犯、帮助犯的场合,因为成立共犯至少要求有一人将侵害法益行为付诸实施,因此作为其成立条件,单一制和区分制也不会有什么不同。并且,区分制之下,对各种共犯类型的详细探讨更有助于对各个行为人在共同犯罪中的"地位高低和作用大小"的判断。因此,本书在相关探讨中,并没有特意排除区分制之下共同犯罪的概念和理解。

当然,单一制的共犯参与体系之下的共犯论,说到底,就是数人参与或者说加功同一行为事实,只要其中一人付诸实施,则所有参与人均成立共同犯罪,不用分正犯与共犯,然后根据各个参与者地位高低、作用大小区分主、从,分别按照刑法规定予以处罚的体系论。这样说来,在我国现行刑法有关共同犯罪的规定之下,单一制的共犯参与体系是对其最为自然妥帖的说明。

三、共同犯罪的处罚根据

共同犯罪的处罚根据来自共犯处罚根据。共犯处罚根据,本是在区分制的理念之下,围绕

---

[14] 王华伟:《犯罪参与模式之比较研究——从分立走向融合》,载《法学论坛》2017年第6期。
[15] 刘明祥:《犯罪参与论》,中国人民大学出版社2023年版,第75页。

最狭义共犯[16]中的教唆犯的处罚而展开的,旨在说明共同犯罪中,有些参与人如教唆犯甚至根本就没有亲自动手实施犯罪构成的要件行为,却也要对亲自动手的他人的犯罪结果承担刑事责任的理由。但由于在其发展过程中所演绎出来的引起说的理念不仅和教唆犯有关,也波及帮助犯、共同正犯,因此,其现在已经成为整个共同犯罪通用的学说,对于理解共同犯罪的内部结构,具有重要意义。

在我国,探讨共同犯罪处罚根据是最近十多年来的事情。[17] 过去,关于为什么要处罚共犯,大多是从形式的角度出发,认为其符合教唆犯、帮助犯之类的修正的犯罪构成,所以要处罚,但这种做法对教唆未遂是不是要受处罚、帮助要达到什么程度才受罚、为什么共同正犯的场合实行"部分行为全部责任"等问题无法作出有说服力的回答,因而出现了从犯罪的本质在于对法益造成现实、具体侵害的实质角度出发,借用因果共犯论,说明各个共犯参与人之间存在千丝万缕的关系,并据此说明共犯处罚根据的见解。

关于共犯的处罚根据,从历史发展沿革来讲,代表性的学说主要有以下三种:一是责任共犯论,二是违法共犯论,三是因果共犯论。

(一)责任共犯论

这种学说从共犯和正犯的关系当中寻求共犯的处罚根据,认为共犯诱惑正犯,使其堕落,陷入罪责和处罚的境地,所以要受到处罚。借用德国学者 H. 迈耶的话说,就是"正犯杀人,而教唆犯制造杀人的人"。[18] 因此,在 X 教唆 Y 将 A 杀害的场合,教唆人 X 之所以要受到处罚,不是因为其通过正犯 Y 侵犯了被害人 A 的利益,而是因为其制造了杀人犯 Y。

责任共犯说的理论基础是:正犯和共犯在违法实体上完全不同。正犯是由于侵害了刑法分则所规定的保护法益而受罚的,而共犯(教唆犯)则是由于具有"诱惑"正犯,使其"堕落"这种心情的、伦理评价的要素才受罚的,二者在本质上完全不同。但这一点,在法益侵害说看来,是无论如何都不能接受的。一方面,共犯既然是犯罪的一种形态,那么,其在本质上,也应当是侵害了法益而受到处罚的。犯罪的本质是侵害法益,无论是正犯还是共犯均没有例外,只不过形式表现不同,即正犯是直接引起法益侵害,而共犯是通过正犯间接地引起法益侵害。另一方面,按照上述说法,正犯不是共犯的成立前提,而仅仅是共犯的处罚条件。换言之,共犯本来具有独立的可罚性,只是在出现正犯行为之后,这种可罚性才成为现实。这种观点和主观主义的共犯独立性说一脉相承。因此,现在的刑法学中,正面认可责任共犯论的见解,已经不存在。

(二)违法共犯论

其是在批判责任共犯论的基础上发展起来的一种学说,从使正犯陷入违法"行为"这一点上寻求共犯的处罚根据,认为共犯是因为使正犯陷入反社会状态,扰乱了社会安宁,所以才要

---

[16] 刑法学中,共犯有最广义、广义和狭义之分。所谓最广义共犯,是指两个以上的人共同实现构成要件的情况,可以分为任意共犯和必要共犯。所谓任意共犯,是指两个以上的行为人共同实施法律上以单独的行为人为模式而设计的构成要件的情况,它包括刑法总则中所规定的共同正犯、教唆犯以及帮助犯三种。所谓广义共犯,是指作为任意共犯的共同正犯、教唆犯以及帮助犯,一般所说的共犯就是指任意共犯。所谓狭义的共犯,是指教唆犯和帮助犯。由于共同正犯在性质上和正犯类似,所以认识时有必要和教唆犯以及帮助犯区别开来。

[17] 其中的相关说明,参见杨金彪:《共犯的处罚根据》,中国人民公安大学出版社 2008 年版。

[18] [日]大越义久:《共犯的处罚根据》,青林书院新社 1981 年版,第 71 页。

受到处罚的。换言之,正犯杀人,而共犯教唆他人杀人。所以,就前述 X 教唆 Y 将 A 杀害的例子而言,X 之所以受罚,就是因为其教唆 Y 实施了杀人这种违法行为。[19]

这种见解从贯彻所谓行为无价值论的立场出发,强调行为的违法性,将引起正犯的行为无价值(正犯实施了"恶"行)这一点作为共犯的处罚根据,要求共犯行为和正犯行为之间必须具有因果关系。也正因如此,该见解遭到了来自结果无价值论者的批判。仅仅"使"正犯实施了正犯行为还不能充分说明共犯的违法性,它忽视了结果无价值的一面(引起结果的一面)。

(三)因果共犯论

其是主张结果无价值论的学者的见解,又称"引起说",[20]从共犯和正犯一道引起由正犯所实现的犯罪结果的角度来考虑共犯的处罚根据,认为共犯之所以受罚,是因为通过正犯而引起了违法结果(法益侵害)。就前述 X 教唆 Y 将 A 杀害的例子而言,就是 X 和 Y 共同引起了 A 死亡的结果,因此要受罚。这里,明确要求共犯行为和正犯结果之间有因果关系(共犯行为成为原因引起正犯结果发生)。

关于共犯的处罚根据,在我国,现在因果共犯论(引起说)已经占据压倒性地位。这与对刑法目的和犯罪本质的理解有关。只要认为刑法的目的在于保护法益,犯罪的本质在于侵害法益,则作为犯罪类型之一种的共犯,其处罚根据也必须结合法益侵害才能说明。

在因果共犯论看来,共犯和正犯一样,都是侵害或者威胁法益的犯罪类型,他们之间的关系是"一荣俱荣、一损俱损",一个违法的话,另一个也绝对不会合法。但是,现实情况似乎并非如此。如各国刑法当中,就买卖淫秽物品犯罪而言,往往只规定处罚贩卖者,而不处罚购买者,即便是购买者让贩卖者将该物品卖给自己的场合,购买者也不会被作为贩卖者的共犯即教唆犯处理。同样,在窝藏包庇罪或者有关毁灭证据的犯罪当中,即便教唆他人窝藏包庇自己或者让他人帮助自己毁灭证据,本犯也不会构成窝藏包庇罪或者有关毁灭证据犯罪的共犯。同时,在刑法理论上,如在 X 根据 A 的请求,剥夺了其生命的场合,正犯 X 的行为违法,共犯 A 的教唆行为是不是也随之违法呢(没有共犯的正犯)? 在 B 怂恿 Y,让 Y 自伤的场合,Y 的自伤行为合法,B 的教唆伤害行为是不是也随之合法呢(没有正犯的共犯)? 这些在理论上都还具有很大的争议。如此说来,在现实的共同犯罪当中,也存在共犯即便和正犯一起引起了侵害或者威胁法益的结果,但并不一定和正犯一起构成犯罪的情形。换言之,在两个以上的人共同犯罪的场合,可能存在正犯违法,但共犯不违法,或者正犯不违法,但共犯违法的情形。这就是所谓共犯的违法相对性,即共犯独立于正犯而违法或者不违法的问题。

对此,因果共犯论的内部,根据在多大程度上认可共犯的违法相对性(独立性),又有纯粹引起说、混合引起说、修正引起说之分。

1.纯粹引起说

该说认为共犯教唆或者帮助正犯,实际上就是共犯人亲自动手,侵害刑法分则所保护的法益;共犯的违法性以其自身的违法性为基础,和正犯无关,因而从正犯的违法性当中完全独立

---

[19] [日]大越义久:《共犯的处罚根据》,青林书院新社1981年版,第100页。

[20] 马克昌:《比较刑法原理——外国刑法学总论》,武汉大学出版社2002年版,第701~706页;黎宏:《刑法总论问题思考》(第2版),中国人民大学出版社2016年版,第441页以下。

出来(违法的独立性)。[21] 按照这种见解,"没有共犯的正犯"就不用说了,连"没有正犯的共犯"也能够被认可。如在 X 根据 A 的请求,剥夺其生命但未得逞的场合,由于杀人行为无论如何都是违法的,因此,接受他人请求而杀害他人的正犯人 X 的行为是违法的,但是,教唆他人杀害自己的行为,由于是自己同意或者说是处分自己利益的行为,因此,该行为合法,即共犯人 A 的教唆行为不违法;相反,在 B 怂恿 Y,让 Y 自伤的场合,尽管 Y 的自伤行为是合法的自损行为,但教唆他人自伤,无论如何都侵害了他人的身体利益,因此,B 的教唆伤害行为违法。

纯粹引起说能对各自分担实行行为的共同正犯的处罚根据作出合理的说明,但对于只有通过正犯才能对犯罪结果产生影响的教唆、帮助行为的处罚根据,则难以作出合理的说明。[22] 同时,共犯在正犯没有引起侵害结果的时候,如何能够引起犯罪构成结果呢?除非将因果关系抽象为心理上的因果关系,否则,很难想象共犯有独立的违法性。

2. 混合引起说

该说认为违法性的实质是偏离社会相当性的法益侵害或者危险,共犯的违法性不仅体现为侵害法益的结果无价值,侵害法益的方法、形态之类的行为无价值也必须考虑在内,因此,共犯的处罚根据,仅仅和正犯引起的法益侵害结果有因果关系还不够,还必须是以帮助、教唆的方法,为正犯侵害法益作出了贡献。也就是说,共犯的违法性,一半以正犯行为为基础,另一半以共犯行为自身的违法性为基础,因此,持此观点的学说被称为"混合引起说"。[23] 混合引起说,部分认可违法的连带性,否定"没有正犯的共犯",但是,部分认可违法的相对性即独立性,对"没有共犯的正犯"持肯定态度。因此,在 B 怂恿 Y,让 Y 自伤的场合,如果说 Y 的自伤行为是自损行为不违法,则怂恿 Y 实施该行为的 B 的教唆行为也不违法,但是,在 X 根据 A 的请求,剥夺其生命但未得逞的场合,X 的杀人行为即便违法,A 的教唆行为也不违法。

混合引起说原则上否定违法的相对性,承认违法的连带性,在结论上,和后述修正引起说并没有多大差别,但其在论证过程上,则有许多模糊之处。如按照混合引起说,共犯的违法性一半以共犯行为自身的违法性为基础,一半以正犯行为为基础,但是,其二者之间是如何分担的,则并不一定清楚。因为,强调前者就会使共犯违法具有个别性、相对性,强调后者就会使共犯违法具有连带性、普遍性,那么,二者发生冲突的时候,何者优先就成为问题。

3. 修正引起说

该说认为共犯是因为以正犯为中介,间接地侵害了法益才受到处罚的,因此,共犯是否违法,完全取决于正犯是否违法,即承认共犯的从属性,否认共犯具有独立的违法性。按照修正引起说,不仅"没有正犯的共犯"不可能存在,连"没有共犯的正犯"也必须予以否定。[24] 如就 B 怂恿 Y,让 Y 自伤的场合而言,Y 的自伤行为合法的话,B 的教唆行为也合法,不仅如此,在

---

[21] [日]中义胜:《讲述犯罪总论》,有斐阁 1980 年版,第 255 页;[日]山中敬一:《刑法总论》(第 3 版),成文堂 2015 年版,第 862 页。

[22] [日]曾根威彦:《刑法的重要问题(总论)》(第 2 版),成文堂 2005 年版,第 306~307 页。

[23] [日]大谷实:《刑法讲义总论》(新版第 5 版),黎宏、姚培培译,中国人民大学出版社 2023 年版,第 405~406 页;陈兴良:《教义刑法学》(第 3 版),中国人民大学出版社 2017 年版,第 689~690 页。

[24] [日]曾根威彦:《刑法原论》,成文堂 2016 年版,第 543~544 页;杨金彪:《共犯的处罚根据》,中国人民公安大学出版社 2008 年版,第 82 页。

上述事例一即 X 根据 A 的请求,剥夺其生命但未得逞的场合,X 的杀人行为违法的话,请求他人剥夺自己生命的 A 的教唆行为在客观上也要违法。换言之,在共同犯罪参与人的行为的违法上,各参与人"休戚与共"。

从本书在共犯参与体系上所主张的单一制的立场来看,修正引起说的观点比较妥当。

一方面,该说符合我国现行刑法的有关规定。所谓共同犯罪,就是数人参与犯罪,在法益侵害说之下,其中至少一人实施了构成要件行为或者引起了构成要件结果。如教唆犯的处罚,按照刑法第 29 条第 1 款,是按照其在共同犯罪中的作用进行的,以存在共同犯罪为前提。而成立共同犯罪,则意味着在存在教唆犯的共同犯罪当中,被教唆人即正犯必须着手实行刑法分则中所规定的特定犯罪,否则,就不可能成立共同犯罪了。同样,在作为共犯的另一种类型的帮助犯的场合也是如此。关于帮助犯,我国刑法中没有总则性规定,但在刑法分则当中却有规定。如刑法第 107 条规定的资助危害国家安全犯罪活动罪,就是其典型。它是以境内外机构、组织或者个人以提供财物的形式,帮助境内组织或者个人实施背叛国家、分裂国家等行为为内容的犯罪。按照现行刑法的规定,本罪也是以被帮助的他人即正犯的背叛国家、分裂国家等行为构成犯罪为前提。因此,在我国现行刑法当中,共犯的成立都以其所参与的犯罪中有人实施了犯罪为必要。

另一方面,该说符合我国刑法以共同犯罪参与者依照其在共同犯罪中的地位和作用予以处罚的特点。按照区分制,各个共犯参与人的违法性,除了源自和结果之间的直接或者间接的因果关系,还来自各个参与人自身的行为方式,如以让没有犯罪意思的人产生犯罪意思的教唆方式,或者以让已经具有犯罪意思但犹豫不决的人坚定其犯罪意思的方式,或者为他人犯罪提供方便的帮助方式,与这种共犯参与体系相应的共犯处罚根据论是认为共犯处罚根据一半来自侵害法益的结果无价值,一半来自共犯行为形态的行为无价值的混合引起说。但是,策划、商量、谋议等制造犯意的"造意"行为,其作用并不一定仅止于共犯即教唆;同样,他人实施盗窃,自己在现场附近警戒、望风的行为,也并不一定只是为他人犯罪提供帮助,也可能是和实行者有同等作用的"正犯",因此,仅仅以共犯参与人的参与形态为标准来确定行为人的类型过于形式,不能准确地确定每个人在共同犯罪中的角色。正因如此,我国刑法在犯罪参与人的分类上,采用了按照其在共同犯罪中的"地位和作用"的实质标准,克服了仅以行为形式为标准的片面性。这样,即便行为人仅仅参与犯罪的策划,但在其属于犯罪的造意者,对整个犯罪的发起和过程的控制起到重要作用的场合,行为人可以是最为重要的主犯(正犯);相反,即便是犯罪行为的实施者,但如其仅属于被控制的工具,也并不一定就被评价为主犯(正犯)。这种不注重各个参与者的行为形式,而是以其和法益侵害结果之间的因果力的大小为标准的做法,实际上就是修正引起说的理念。

四、共同犯罪的本质

因果共犯论兴起直接导致刑法理论在共同犯罪到底在什么方面共同的共犯本质问题上采用了行为共同说,而不再坚持传统的犯罪共同说了。

和共同犯罪的处罚根据主要探讨教唆犯、帮助犯之类的不直接参与犯罪实行的人为何要受处罚、在符合什么条件时才被处罚的问题相反,共同犯罪的本质,则是探讨两个以上均直接参与实施特定犯罪的人的处罚问题,其涉及数人共同实行犯罪即共同正犯的场合,数人之间到底在什么方面共同,并由此而决定直接参与犯罪实行的人在何种条件下受罚、应当如何处罚的问题。其本来是有关共同正犯,即"二人以上共同实行犯罪"的场合,为何各参与人只是实施了部分实行行为,却要承担全部刑事责任("部分行为、全部责任"原则)的依据,但是,在法益侵害说与因果共犯论出现之后,其将行为共同说中的"行为"进行扩大解释,理解为了除具体犯罪的构成要件行为即实行行为之外,还包括与构成要件行为相关的教唆、帮助、未遂、预备等行为,之后有关共犯本质的理解,也逐渐适用于所有的共同犯罪类型了。[25] 特别是在我国,一旦确定所有的犯罪参与者成立共同犯罪,就要依据各个参与人在共同犯罪中的"地位和作用"——依据参与行为的形式——分别予以处罚,这种场合,共同犯罪的本质,即各个参与者到底在什么方面共同的问题便显得格外突出。

关于共同犯罪的本质,学说上主要有"犯罪共同说"和"行为共同说"的对立。

犯罪共同说认为,共犯是数人共同实施"特定犯罪"(一个犯罪),即数人一罪。共同正犯的本质,就是在"一起干的话就不可怕"的集团心理之下,大家成为一体,实现同一犯罪(数人一罪)。犯罪共同说的特点是,将共同正犯理解为形成并实现同一犯罪的心理统一体,并将共同正犯现象完全看作集团现象(共犯人集团的合作行为)。从这一点来看,共同正犯中各人之所以对其他共同人所引起的结果承担责任(部分行为全部责任),就是因为两个以上的人相互利用他人的行为,使每个参与犯罪的个人结合为一体而实现了犯罪(一体性说)。

相反,行为共同说认为,共犯是数人共同"行为",实施各自的犯罪,即共同正犯的本质,就是相互利用对方的行为,实现"各自"的意图(数人数罪)。行为共同说认为,所谓共同正犯,就是实施犯罪的一个方法类型,即为了实现自己的犯罪而利用他人的行为,因而扩大自己行为因果影响力的范围,共犯现象的特点是,完全属于个人现象(共犯人相互之间的"个别利用关系")。从此立场来看,共同正犯中各人之所以对其他共同人所引起的结果承担责任(部分行为全部责任),就是因为在物理上的共同行为的同时,共同者之间相互教唆乃至帮助,在心理上相互影响,从而提高了引起结果的盖然性(因果性说)。

对共同犯罪本质理解不同,对于由数人共同引起的犯罪现象是不是共同犯罪的结论也不一致。如在数人之中,有人出于伤害的故意,有人出于杀人的故意,共同对被害人拳打脚踢,致其死亡的场合,行为共同说当然认为其构成故意伤害(致死)罪和故意杀人罪的共同正犯;犯罪共同说之中,有的认为不构成共同犯罪,只能按照单独犯处理,有的认为只能在故意伤害(致死)罪的范围之内成立共同犯罪。[26]

我国传统学说在共同犯罪的本质问题上,基本上坚持了犯罪共同说的理念。刑法第25条第1款明文规定,共同犯罪就是"二人以上共同故意犯罪",据此,通常见解认为,共同犯罪就是"二人以上以共同的犯罪故意实施共同的犯罪行为",[27] 即成立共同犯罪,各行为人客观上必须具有共同的犯罪行为,同时,主观上必须有共同的犯罪故意,而不可能仅仅在客观行为或者

---

[25] [日]大谷实:《刑法讲义总论》(新版第5版),黎宏、姚培培译,中国人民大学出版社2023年版,第407页
[26] 陈家林:《共同正犯研究》,武汉大学出版社2004年版,第60~73页。
[27] 马克昌主编:《犯罪通论》,武汉大学出版社1999年版,第505页。

在主观罪过上相同。按照这种理解,在有人出于杀人故意,有人出于伤害故意而共同对同一对象实施暴力,引起他人死亡结果的场合,由于众人之间没有"共同故意",故无法认定为共同犯罪,而只能作为单独犯处理。但是,作为单独犯处理的前提是,各个行为人和他人死亡结果之间的因果关系一清二楚。在上述场合中,如果到底是谁的行为造成了被害人死亡的致命伤无法查清,则各人只能分别认定为故意伤害罪和故意杀人罪(未遂),这种结论显然让人难以接受。鉴于此,近年来,一些学者提出了"部分犯罪共同说",认为二人以上虽然实施了不同的犯罪,但当这些不同犯罪之间具有重合的性质时,则在重合的限度之内成立共同犯罪。[28] 就上述例子而言,尽管故意伤害罪和故意杀人罪是两个不同的犯罪,但二者在故意伤害(致死)罪的范围内重合,所以,在故意伤害(致死)罪的范围之内成立共同犯罪,这样就避免了传统学说将上述二者作为单独犯,分别定罪处罚的尴尬和不妥。

但是,部分犯罪共同说在本质上还是属于犯罪共同说,因而难以避免犯罪共同说与生俱来的缺陷。犯罪共同说的致命缺陷是,忽视了共同犯罪本身只是一个客观归因原则的事实,在确定是否成立共同关系的判断当中,混入了作为主观责任要素的故意内容。[29] 详言之,犯罪共同说认为,二人以上共同实现特定犯罪的场合,才能成立共犯。其特别强调特定"犯罪"的共同,因此,共同的犯罪意思即共同故意就必不可少。但是,作为主观要素的故意在犯罪的成立当中属于责任要素,其本身是和行为人的人格相关的一身专属要素,要求共同故意,与作为客观归因原则的犯罪共同说并不吻合。从前述有关共犯处罚根据的介绍当中就能看出,在教唆犯、帮助犯的认定当中,根据所谓要件从属性思想,将责任要素排除在外,作为共犯表现形式之一的共同正犯的场合,也应当如此理解。如此说来,在共同"犯罪"的认定上,坚持将作为一身专属要素的责任(故意)也包含在内的部分犯罪共同说存在根本性的问题。

也正因如此,有关上述例子的理解,就有让人难以理解之处。按照部分犯罪共同说,上述例子当中,参与人在故意杀人罪和故意伤害致死罪的共同部分即故意伤害(致死)罪上成立共同正犯。但这个结论说到底还是以"犯罪"的共同为原则而建立起来的。但只要作为"犯罪"考虑,就可以说,故意伤害(致死)罪并非为故意杀人罪所包摄,倒不如说两者之间是对立、择一的关系,即故意杀人罪以存在杀人意思为要件,相反地,故意伤害(致死)罪以没有杀人意思为要件,将故意伤害(致死)罪包含在故意杀人罪之中纯属拟制,实际上共同存在的,只是"致人死亡"事实。如果说上述二行为在该事实范围之内成立共同正犯倒没有不妥,但这样理解的话,就已经不是"犯罪"共同说,而是"行为"共同说了。

本书认为,共同正犯尽管是数人共同实施同一特定犯罪,但最终受罚的只是单个参与者的现象来看,共同正犯不过是行为人利用了和他人一起实施行为的契机,实现自己犯罪目的的一种犯罪类型而已,和一个人单打独斗的单独犯之间没有什么两样,因此,共同正犯的本质,应当从数人共同行为,实现各自犯罪的行为共同说的角度来加以理解。理由如下:

首先,符合近代刑法所坚持的个人责任原则。众所周知,责任原则的基本内容是,行为人

---

[28] 陈兴良:《规范刑法学(教学版)》(第3版),中国人民大学出版社2022年版,第110页;冯军、肖中华主编:《刑法总论》(第3版),中国人民大学出版社2016年版,第325页。
[29] 黎宏:《刑法总论问题思考》(第2版),中国人民大学出版社2016年版,第419~420页。

只能对自己的罪过行为负责,而不能对他人的行为承担连带责任。在共同犯罪的场合,(部分)犯罪共同说虽然在最终结果上也得出行为人只能对自己参与的部分承担责任的结论,但相对而言,在贯彻这个原则方面,行为共同说比犯罪共同说更为彻底一些。因为,按照部分犯罪共同说,对于两个以上没有共同犯罪意思的人,拟制性地认为其二者之间有重合,然后要求各个参与人在这种重合范围内承担责任,实际上就是让没有某种犯罪意思的人,因为他人的原因而承担其本身并不应承担的刑事责任。从最终结论上看,行为人所承担的责任可能并不比自己实际所犯罪行更重,但终究还是违反了个人不能因为他人的行为而承担连带责任的责任原则。相反,按照行为共同说,就不会存在这种问题。根据行为共同说,共同犯罪就是数人相互利用、相互补充,各自实现自己的犯罪。数人各自的行为只要客观上属于同一犯罪构成,能够评价为共同行为,那么,该共同行为就能被评价为参与者各自的行为,然后再根据各个行为人的主观意思内容定罪处罚。这样,在定罪量刑上,各负其责,互不牵扯,能够完整地体现个人责任原则的宗旨。

其次,和客观主义刑法观并不矛盾。传统的行为共同说从犯罪是行为人主观恶性的表征的立场出发,认为二人以上有共同行为而实现犯罪的,不管该行为是否符合同一犯罪构成,都构成共犯,将共同犯罪中的"共同行为"理解为"和特定犯罪构成无关"的社会事实的共同,完全偏离了客观主义的犯罪构成论,因此,行为共同说被看作主观主义的共同犯罪学说。[30] 但是,现在这种强调人的主观恶性的行为共同说已经不复存在,取而代之的是以客观主义立场为基础的行为共同说。该说在共同犯罪不是数人共同实施特定犯罪,而是数人通过共同行为实现各自犯罪,即"数人数罪"这一点上,继承了传统的行为共同说的精髓,但这里所说的"共同行为"中的"行为",并不是指"先于构成要件的行为,而是指实现犯罪构成要件之外在、客观事实限度内之实行行为"。[31] 它们在犯罪构成上,必须和各自所实施的犯罪构成行为有本质上的重合,并且和自己所追求的结果之间具有因果关系,这一点与传统的行为共同说大不相同。如此说来,现今的行为共同说的核心是,共同犯罪是各个共犯人为实现各自的目的而相互利用对方或者团体力量的一种现象,对参与这种团体的个人而言,在实现各自犯罪的形态上,可以是分工合作,也可以是共同进行,还可以是激励、唆使等精神上的支持配合,从而提高了引起结果的盖然性(因果性说)。[32] 从各个参与者将他人的行为或者共同行为的事实作为自己的行为或者自己行为的一部分,用以实现自己犯罪目的这一点来看,可以说其和通常的单独犯没有什么两样,和客观主义刑法观并不冲突。

最后,行为共同说并不违反我国刑法有关共同犯罪的规定。我国刑法第25条第1款规定,二人以上共同故意犯罪的是共同犯罪。按照这个规定,一般认为,成立共同犯罪,行为人必须具有共同的实行行为和共同的故意。这正是犯罪共同说(包括部分犯罪共同说)存在的法律理由。但是,对于这个规定,完全可以从另一个角度来解读:两人以上客观行为共同的话,就可以成立共犯,但是,最终受到处罚的,只限于两个以上主体都出于故意,或者一个故意和一个过失

---

[30] 具体介绍参见陈家林:《共同正犯研究》,武汉大学出版社2004年版,第66页。
[31] 陈子平:《刑法总论》(第4版),台北,元照出版有限公司2017年版,第506页。
[32] [日]山口厚:《刑法总论》(第3版),付立庆译,中国人民大学出版社2018年版,第311页。

的场合。

按照行为共同说,共同犯罪虽然是数人参与、共同实施的犯罪类型,但在本质上仍然是行为人单个人的犯罪即单独犯,是各行为人为实现自己的目的而相互利用对方或者团体力量的一种现象,其与单独犯的差别仅仅在于,单独犯的场合,行为人亲自实施至引起结果为止的全部实行行为;共犯的场合,行为人并不亲自实施全部实行行为,而是将他人行为作为自己的行为,或者将他人行为作为自己的行为,或者将他人行为置于自己行为的延长线上。[33] 换言之,共犯并不因为借用了他人的可罚性而与他人共同担责,而是因为共犯为了实现自己的犯罪而利用他人的行为,为了扩大自己行为的因果影响范围而将他人行为视为自己行为的延伸,故现实发生的构成要件结果理所当然要归责于所有参与共同犯罪的人。[34] 既然共同犯罪不过是个人犯罪的一种类型,是各参与人将他人行为作为自己的手足加以利用,或者将他人行为置于自己行为延长线上的客观现象而已,那么参与人是亲自实施,还是仅以教唆、帮助的行为参与到共同犯罪之中的形式差别,就无关紧要了。关键是,各参与人是不是通过自己或者他人的行为而为构成要件结果的发生赋予了条件,或者对结果的发生作出了因果贡献,或者升高了引起结果的盖然性,贡献的形式则在所不问。可以是亲自实施(正犯),也可以事前出谋划策(教唆犯),也可以是在旁提供工具、呐喊助威,提供物质或者精神帮助(帮助犯)。如此说来,在行为共同说之下,单一制与强调正犯是直接引起构成要件结果、共犯是通过正犯间接引起构成要件结果的区分制之间,真的差别不大。

在共同犯罪的本质上,依据采用(部分)犯罪共同说和行为共同说的不同,在具体案件的分析思路和所得结论上会存在微妙的不同。

如在甲出于抢劫的意思,乙出于强奸的意思(相互之间并不知道对方的目的),一起对A女施加暴力,二人最终既没有实现取财目的,也没有实现奸淫目的,但甲的暴力让A女身负重伤的场合:依据完全犯罪共同说,甲、乙两人不成立共同正犯,甲成立强奸(致伤)罪的单独正犯,乙成立强奸罪(未遂)的单独正犯。按照部分犯罪共同说,抢劫罪和强奸罪在伤害的范围内具有构成要件上的重合,因此,甲、乙在故意伤害罪的范围内成立共同正犯,甲另外成立抢劫(致伤)罪,与故意伤害罪的共同正犯竞合,从一重处罚,以抢劫(致伤)罪论处;乙另外成立强奸(致伤)罪,与故意伤害罪的共同正犯竞合,从一重处罚,以强奸(致伤)罪论处。按照行为共同说,甲、乙二人在故意伤害的限度之内,存在构成要件行为的共同,成立共同犯罪,因此,就造成A女负伤的甲而言,成立抢劫(致伤)罪的共同正犯,就没有造成伤害结果的乙而言,成立强奸(致伤)罪的共同正犯。可见,就上述案例而言,行为共同说和部分犯罪共同说在结论上接近。

---

[33] [日]斋藤信治:《刑法总论》,有斐阁1998年版,第269页。
[34] 黎宏:《刑法总论问题思考》(第2版),中国人民大学出版社2016年版,第416页;姚培培:《共犯本质论重述——行为共同说的本土化论证》,载《中外法学》2022年第6期。我国主张归责意义上的区分制的学者认为,所有共同犯罪人首先应当作为整体对构成要件的实现共同负责;在是否要负责的一点上,全体共同犯罪人不分彼此;只是在不法归责的轻重上,才划分出核心人物和边缘人物。何庆仁:《归责视野下共同犯罪的区分制与单一制》,载《法学研究》2016年第3期。这种"所有共同犯罪人首先应当作为整体对构成要件的实现共同负责"的观点,与本书主张的"现实发生的构成要件结果要归责于所有参与共同犯罪的人"不谋而合,只是分析思路不同而已。

但是,在甲出于杀人目的、乙出于伤害目的,共同向 A 开枪,乙的子弹致 A 受伤,甲的子弹导致 A 死亡的场合,按照行为共同说,甲、乙分别成立故意杀人罪的共同正犯和故意伤害(致死)罪的共同正犯。但按照部分犯罪共同说,甲、乙成立伤害致死罪的共同正犯,因为甲的行为导致了 A 的死亡结果,因此,甲还成立作为单独正犯的故意杀人罪。可见,不管采用行为共同说还是部分犯罪共同说,乙在成立故意伤害(致死)罪的共同正犯这一点上是相同的。不同的是,就具有杀人故意的甲而言,行为共同说认为其构成故意杀人罪的共同正犯,而部分犯罪共同说认为其成立故意杀人罪的单独正犯和伤害致死罪的共同正犯。这样,就法定刑较重的故意犯罪人的罪责而言,采用不同见解会得出不同结论。

第二节　共同犯罪的成立条件

一、共同犯罪的成立条件

我国刑法第 25 条第 1 款规定,所谓共同犯罪是指二人以上共同故意犯罪。根据这一规定,成立共同犯罪,必须具备以下三个条件:一是二人以上,这是主体要件;二是共同行为,这是客观要件;三是共同犯罪故意,这是主观责任要件。上述三个要件密切联系、缺一不可。

(一)二人以上

共同犯罪的主体,首先必须是"二人以上"。其中,"二人"是最低限度,一人犯罪不可能成立共同犯罪;至于"以上"是多少,则没有限制。"人",既包括自然人,也包括刑法第 30 条所规定的"公司、企业、事业单位、机关、团体"。两个以上的单位或者一个单位与一个自然人,共同故意实施单位犯罪的,可以成立单位犯罪的共同犯罪。

传统观点认为,作为共同犯罪主体的两个以上的人,必须都具备刑事责任能力。如果其中一人有刑事责任能力,而另一人没有的话,则二人不成立共犯。[35] 但是,这是从犯罪共同说的立场出发所得出的结论,从行为共同说的立场来看,共同犯罪只是个人实行犯罪的一种方法类型,是为了实现自己的犯罪而利用他人的行为,扩大自己行为的因果影响范围的一种形式,属于各共犯人相互之间的"个别利用关系",因此,只要有共同的行为就够了,至于参与行动的人是不是具有责任能力,对是否构成共同行为没有任何影响。换言之,共同犯罪的主体不要求都具备刑事责任能力。二人以上只要有共同故意行为,即便其中有人未达刑事责任年龄、没有刑事责任能力,也不影响共同犯罪的成立。如 15 周岁的人和 16 周岁的人共谋盗窃,15 周岁的人让 16 周岁的人替自己望风,自己进入他人室内盗窃的场合,如果说二人都必须达到刑事责任年龄、具有责任能力,则上述场合无法作为共同犯罪处理。同时,也无法作为个人犯罪处理。因为入室盗窃的人未达刑事责任年龄,而达到刑事责任年龄的人则在外望风,没有实施盗窃行为,最终只会导致对二人都无法处理的结局。这显然无法体现刑法保护法益的目的。但从行

---

[35] 高铭暄、马克昌主编:《刑法学》(第 10 版),北京大学出版社 2022 年版,第 162 页;冯军、肖中华主编:《刑法总论》(第 3 版),中国人民大学出版社 2016 年版,第 326 页。

为共同说的角度来看,上述场合属于二人共谋盗窃的情形,二人之间相互补充、利用对方的行为,实现了盗窃他人财物的结果,因此,构成盗窃罪的共同正犯,按照"部分行为、全部责任"的原则处理。上述案件中,尽管二人都构成盗窃罪的共同正犯,但依照"违法连带、责任个别"的原则,二人最终只能分别承担责任。就入室盗窃的15周岁的人而言,由于未达盗窃罪的刑事责任年龄,最终只能不处罚,但在外望风的人并不存在承担刑事责任的障碍,因此,要承担盗窃罪的刑事责任。这样,按照行为共同说,上述案件中,至少可以处理一人,尽管有些遗憾,但总比将其作为单独犯,一个人都不能处理要强。

(二)共同行为

所谓共同行为,是指两个以上的人的行为,通过相互之间的因果影响而交织在一起,共同对侵害法益结果产生影响,即引起犯罪结果。具体来说,包括以下内容:

首先,所谓共同的犯罪行为,不仅指数人共犯一罪,也包括数人共犯数罪的情形。如前所述,所谓共同犯罪,和个人犯罪一样,是实现个人犯罪的一种方法类型,其与个人犯罪的不同之处仅仅在于:个人犯罪的场合,行为人单打独斗,完全依靠自己的亲力亲为引起法益侵害结果;共同犯罪的场合,则是各参与人相互利用,将对方的行为视为自己行为的延伸,并借助其扩大自己行为的因果影响,从而实现自己的犯罪。如在甲、乙出于杀死张三的意思,经过谋议之后,一起向张三开枪,致使张三死亡,但事后发现,张三胸前只有一个弹孔,到底是谁的子弹射中了张三,无法查清的场合,如果不将甲、乙的行为作为一个整体结合起来看,就无法对甲、乙作出妥当处罚。因为,在无法查清死亡结果到底是谁的行为引起的场合,按照罪疑从轻的原则,甲或者乙的行为最多只能单独构成故意杀人罪(未遂)。这对死者而言,显然不公。但是,如果将甲、乙二人的行为结合起来看,并考虑到二人之间如果没有心理上的相互鼓励、相互支持,相互将对方作为自己行为的延伸,就可以说,无论是谁的行为引起了死亡结果,都可以归责于两个人中的任何一人;换言之,每一个人都构成故意杀人罪。同样,在丙教唆丁抢劫了李四的财物的场合,丙利用丁的抢劫行为实现了自己的抢劫意图,而丁则在丙所引起的犯罪意思的影响下,完成了自己的抢劫目的,丙的行为无法单独构成抢劫罪,但将其和丁的行为结合在一起来考虑,就和被害人的财物被抢的结果之间产生了因果关系,因此,可以说,丙和丁的行为都符合抢劫罪的客观构成要件,因而二人都有可能构成抢劫罪。

其次,在共犯行为符合数个犯罪构成的场合,也以各人相互利用对方行为实现自己犯罪的原则加以判断。共犯行为符合数个犯罪构成的场合,犯罪共同说认为,数罪行为至少必须在某具体犯罪构成范围之内共同即重合。因为,既然共同犯罪是数人的共同犯"罪",那么就要求数个参与者的行为合并起来,至少必须在某一具体犯罪构成的范围内重合,否则,就难以认定为共同犯罪。如在甲教唆乙"教训"(伤害)一下张三,乙却将张三"解决"(杀死)的场合,虽说甲、乙二人的行为形式上分属两个不同的犯罪构成,难以成立共同犯罪,但是,杀人行为当中,规范地即在法律性质上包含伤害致死的行为,因此,上述案件中,甲、乙的行为至少在故意伤害(致死)罪的范围内重合,二者可以在故意伤害(致死)罪的范围内成立共同正犯。但如前所述,故意伤害(致死)罪并未被故意杀人罪所包摄,倒不如说两者是对立、择一的关系,因此,犯罪共同说不妥。

按照因果共犯论,因果性是成立共同犯罪的必要条件,"没有因果性,就没有共犯罪的成立和处罚"。所谓因果性,实际上就是共同犯罪的参与者行为之间的"影响力",虽说这种影响力,最终可以归结为共犯行为对结果(法益侵害)的影响力,但并不要求每个共犯参与者的行为都直接对结果具有影响,也可以是间接地对结果产生影响。如数个共犯参与者中,传统意义上的正犯,就是通过亲自动手直接实施构成要件行为而引起法益侵害结果,其就是直接对构成要件结果产生影响,而传统意义上的共犯即教唆犯,则是通过让没有犯罪意思的人产生犯罪意思并付诸实施,从而间接地对犯罪结果产生影响,而传统意义上的帮助犯,即为正犯的实施提供方便的人也是对正犯行为施加影响,通过促进正犯行为,对侵害法益结果产生影响。而传统意义上的所谓共同正犯,则是通过相互将对方作为自己的行为加以利用,或者通过将对方行为置于自己行为的延长线上,每个参与者的行为既是其他参与者行为的一部分,同时又都将其他参与者的行为作为自己行为的组成部分,呈现出"你中有我、我中有你、相互交融"的状态,整体上对构成要件结果的发生产生影响。

因果性可以分为物理的因果性和心理的因果性,各个犯罪参与者之间只要具备其中一类,就可以说具备作为共犯处罚条件的"因果性"。所谓物理的因果性,就是各个参与者的行为在物理(物质)意义上对结果具有影响力,如参与者 X 出借手枪给参与者 Y,Y 使用该手枪射杀被害人 A 的场合,X 的出借枪支行为就对被害人 A 被杀的结果具有物理(物质性)贡献,就是产生了影响力。这种场合,出借手枪行为与 A 被杀具有物理的因果性。所谓心理的因果性,就是各个参与者的行为在心理(精神)意义上对结果产生影响力。如参与者 X 教唆参与者 Y 杀害 A,Y 听从了该建议,杀害了 A 的场合,由于 X 的教唆行为使 Y 决意杀人并付诸实施,因此,教唆行为对被害人的死亡具有心理上(精神上)的贡献,就是产生了影响力。这种场合,教唆行为与 A 被杀具有心理的因果性。

最后,数人共同参与犯罪的时候,不要求数人的行为形式完全一致。数个犯罪参与者可以相同地作为,如大家一起上阵,共同实施伤害行为、抢劫行为(实行共同正犯),也可以是有人进行组织策划、运筹帷幄,其他人则在此策划之下,逐个将计划付诸实施(共谋共同正犯),也可以是有人作为,而其他人不作为的共同犯罪,如工厂的保安和外面的盗窃犯人相互勾结,在其值班当天睡着,让盗窃犯人趁虚而入,将工厂的财物搬走。这种场合,就是保安的不作为为盗窃犯人的作为即盗窃行为提供促进作用,据此而对财物被盗的结果产生影响,属于作为和不作为的共同犯罪。如父亲看见自己的仇人正在将自己的续弦带来的孩子推入水中,但却像没有看见一样从旁经过,以致孩子落水淹死的场合,也是如此。负有救助孩子义务的父亲的不作为与自己仇人的作为,二者共同对孩子之死的结果产生影响。数个参与者的行为还可能是相同的不作为。如负有赡养义务的夫妻二人共同遗弃年老多病、没有独立生活能力的老父亲,致使其走投无路而自杀的,肯定是不作为的共犯。总之,只要数个共同犯罪的参与者行为结合在一起,共同对结果产生物理或者心理上的影响力即可满足共同犯罪的共同行为要求。

(三) 故意

按照我国刑法第 25 条的规定,二人以上共同故意犯罪的,成立共同犯罪。据此,传统学说认为,作为共同犯罪的主观成立要件,一是各共同犯罪人必须具有相同的犯罪故意;二是共同犯罪人之间必须具有意思联络。[36] 应当说，这是基于犯罪共同说的理解，这种理解会不当地缩小共同犯罪的处罚范围，人为地造成刑法上的处罚空隙，因此，为本书所不采。

从本书所主张的"因果共犯论"以及"行为共同说"的立场来看，共同犯罪是数人根据共同行为来实现各自所追求的犯罪，是个人实现自己犯罪的一种方法类型，参与犯罪的数人只要具有自己行为和引起侵害法益结果相关的行为认识就足够，并不要求数人之间具有共同的犯罪故意。基于这种理解，可以说，只要各个参与人主观上意识到不是自己一个人在行为，而是有他人一起共同行为，并且明知自己行为无论表现形式如何，最终都和侵害法益的结果相关这种程度的认识就足够了，不要求各个参与人之间具有相同的犯罪故意，也不要求各个参与人之间一定要有意思联络。因此，相互之间具有意思联络的通常共犯就不用说了，即便在没有相互联络，而只有单方面意思联络的片面共犯的场合，也是共犯；故意犯之间就不用说了，故意犯与过失犯之间，或者过失犯之间也可以成立"共同犯罪"。

当然，以上是按照因果共犯论和行为共同说所作的理论解释，在实际的认定上，由于受罪刑法定原则的限制，还有类型性的要求。由于我国刑法第25条第1款规定，二人以上共同故意犯罪的是共同犯罪，因此，在我国刑法当中，二人以上共同行为的，均可成立共犯，但最终作为共犯而处罚的，只限于有犯罪故意的参与人。

二、是否成立共同犯罪有争议的场合

（一）间接正犯的场合

1. 间接正犯的概念

所谓间接正犯，就是将他人作为工具加以利用，实现自己的犯罪的情形。从这个定义可以看出，间接正犯和以自己的肢体实施犯罪或者以刀枪棍棒等为工具而实施犯罪的作为犯一样，也是作为犯的一种表现形式；但在以他人的行为为中介而侵害或者威胁法益上，又与后述的教唆他人，使他人实行犯罪的教唆犯类似，因此，间接正犯，作为在犯罪参与体系上采用区分制时所特有的概念，可以说是处在正犯和教唆犯的边界上的一种犯罪形态，其身上兼具共犯和单独犯的特征。因此，到底是将其作为单独犯还是作为共同犯罪处理，就存在争议。

本书认为，尽管从起源上看，间接正犯是为了弥补正犯和共犯之间的处罚空隙而创造出来的概念，但既然将其称为"间接正犯"，可见通常还是将其认定为亲自动手实施构成要件行为的正犯的。但既然间接正犯是将他人作为手段或者工具而实施犯罪，是两个以上的人的共同行为引起侵害法益结果的形态，因此，和间接正犯这种单独犯相比，将其理解为共同犯罪更为合适。并且，间接正犯概念的出现，直接突破了正犯必须亲自动手实施构成要件行为的传统概念要求，进一步淡化了正犯必须是行为人亲自动手实施构成要件行为的观念，这引发了不少难题。且不说包括我国在内的不少国家的刑法均没有明文规定间接正犯概念，如何协调该概念与正犯概念所一再强调的罪刑法定原则之间的关系，成为问题；而且，如何区分间接正犯和教

---

[36] 高铭暄、马克昌主编：《刑法学》（第10版），北京大学出版社2022年版，第164页。

唆犯,也是一个很现实的问题。[37]

现在,主张区分制的学者虽然勉强可以采用行为支配说,以"对结果发生具有行为支配的人是正犯(间接正犯),不具有行为支配的人是共犯(教唆犯)"为标准将二者区分开来,但在让具有辨认控制能力的12周岁、13周岁的少年犯罪的场合,行为人到底是教唆犯还是间接正犯,仍然无法得出一致结论。[38] 从本书的角度来看,间接正犯概念没有存在的必要,完全可以共同犯罪中的教唆犯的概念取而代之,然后按照其在共同犯罪中的地位和作为,认定为主犯进行处罚。下文在论述现行有关间接正犯通说的基础上,对此进行讨论。[39]

2. 间接正犯的理论基础及其问题

一是替补角色说。间接正犯,最初是为弥补正犯和共犯之间所存在的处罚漏洞而登场的。各国法律通常都有这样的规定,即教唆他人犯罪的,构成教唆犯;教唆未满18周岁的人犯罪,要从重处罚。其中的"犯罪",过去一般认为,必须是达到刑事责任年龄的人的所为。按照这种理解,教唆达到刑事责任年龄的人犯罪的构成教唆犯,而教唆未达刑事责任年龄的人犯罪的,因为被教唆者不能构成犯罪,所以其背后的教唆者也不构成犯罪,这种场合,按照罪刑法定原则,只能按照无罪处理。这显然是有问题的。为此,刑法理论才引进了"间接正犯"的概念。根据这个概念,利用他人的合法行为或者不承担责任的行为来实现自己的犯罪目的的场合,实质上是将他人作为犯罪工具要弄,和使用器物或者动物来实现自己犯罪的情形没有什么差别,它不是教唆犯之类的共犯,而是比教唆犯性质更为恶劣的正犯。从此意义上讲,间接正犯是一个替补性的概念,是因为现行的正犯概念和共犯概念之间存在处罚上的漏洞,需要以"间接正犯"概念弥补。

但是,替补角色论引起了一些没有预料到的新问题。首先,替补角色论完全颠倒了正犯和共犯的主次顺序,也不符合疑罪从轻的刑法思考方式。在共犯与正犯的关系当中,应当是先有正犯概念,后有共犯概念。间接正犯尽管被冠以了"间接"的名称,但由于其是将他人作为工具的犯罪形式,本质上仍然是正犯。这样说来,关于间接正犯和共犯的关系,正确的思考方式应当是:只有在不构成(间接)正犯的情况下,才考虑有无成立共犯(教唆犯)的可能,而不是由于不构成较轻的共犯即教唆犯,所以才要将其考虑为较重的(间接)正犯。其次,不符合共同犯罪的基本原理。根据替补角色论,在正犯违法但不具有责任的场合,共犯即教唆犯难以成立,所以,要成立比共犯更为严重的(间接)正犯,即"共犯成立与否,取决于正犯是否具有责任"。但在共同犯罪中,"违法是连带的,责任是个别的",共犯成立与否取决于正犯是否违法,而不取决于正犯是否具有责任,因为责任是个别的,完全可能存在正犯违法但不具有责任,而共犯(包括教唆犯)既违法又有责任的情形。最后,替补角色论也会背离间接正犯的正犯特点。间接正犯,顾名思义,属于正犯的范畴,即属于行为人将他人作为工具加以使用的情形。未满14周岁的人尽管认识和辨别能力比较低,但对于杀人、盗窃等大是大非界限极为分明的犯罪,还是有

---

[37] 大体上,有以被利用者的利用行为中,是不是具有实现一定犯罪的现实危险为基准的"实行行为说",以对被利用者的实行行为是不是具有行为支配为基准的"行为支配说"、以实际引起构成要件结果的人是不是具有形成反对动机的可能性为基准的"反对动机可能性说"之分。[日]日高义博:《刑法总论》,成文堂2015年版,第444~445页。
[38] [日]高桥则夫:《刑法总论》,李世阳译,中国政法大学出版社2020年版,第383~384页。
[39] 黎宏、姚培培:《间接正犯概念不必存在》,载《中国刑事法杂志》2014年第4期。

认识和辨别能力的。在其被人利用实现盗窃罪的场合,也可以说是受自己的意思支配的,难以说是他人手中的工具。利用人的教唆只是为其犯罪意思的产生提供了一个契机而已。所以,将教唆未满14周岁的人犯罪的,一律作为间接正犯处理,并不完全符合间接正犯所特有的将他人作为工具使用的特征。

二是工具理论,认为在被利用人就像是枪支等物品一样,成为利用人手中的工具的场合,可以将利用人看作间接正犯。这种观点尽管具有质朴直观,以比喻的方式说明间接正犯的正犯性,通俗易懂,易于被接受的优点,然而存在以下问题:首先,忽视了被利用者的人格特征,将被利用者物化处理,并且没有给出为何可以这样处理的理由,况且,在法律看来,人与物的区分十分重要,两者在很多方面都不具有等同性。其次,对于很多被认定为间接正犯的情形难以说明。如A隐瞒自己牟利目的,唆使B与自己一起传播淫秽物品,这种"利用有故意的工具"的场景是间接正犯的一种类型,然而此时B自己也在实施传播淫秽物品罪的犯罪行为,其并不是A可以随意使用的工具,工具理论并不能解释此种情形。最后,将被利用者作为工具,则利用者只要开始利用被利用者,就是间接正犯的着手,导致实行着手的认定大大提前,如教唆13周岁的未成年人盗窃,即便被利用者是翌日才实施盗窃行为的,但行为人的着手从教唆之时起算,这显然将着手的认定过于提前。

三是行为支配说。以行为人对于构成要件结果是否具有支配为标准来区分正犯与共犯,认为正犯是犯罪事实的核心角色,是对犯罪事实的发生、发展和结果具有支配的人,共犯虽然对犯罪事实存在影响,但不是能够决定性地支配犯罪过程的人,是犯罪事实的边缘角色。[40]其出发点是,在间接正犯中,重要的不是和发生结果有关的行为危险性的程度,而是所发生的结果,该说认为对结果的发生具有行为支配的人是正犯(间接正犯),不具有行为支配的人是共犯(教唆犯)。

确实,间接正犯就是像使用工具一样支配他人的行为,从此意义上讲,行为支配说在研究方向上是正确的,但是,学界对"行为支配"概念有各种各样的理解,其内容极为模糊,因此,将其作为区分正犯和共犯的基准有不明确之嫌。另外,即便是在共犯中,也存在各种各样的行为支配,如教唆犯和帮助犯都是以一定形式实施行为支配,因此,仅仅说间接正犯就是利用人支配了被利用人的行为,而不具体地说明在什么场合下,具有何种程度的"支配"才可以说具有行为支配,仍然难以说明间接正犯的理论基础。

四是规范障碍说。认为在被利用人不了解犯罪事实,无法形成抑制犯罪行为的反对动机时,存在规范障碍,此时,该被利用人就和被作为犯罪工具的器物或者动物没有什么两样,可以看作纯粹的犯罪工具,此时的利用者可以看作间接正犯;反之,则不构成。[41] 本说的长处在于判断标准明确清晰,具有可操作性,但问题是:第一,判断方法不对。本来,利用者的行为是否具有正犯性,应该从利用者行为本身进行论证,然而本说却从被利用者对自己行为是否有认识,是否能够形成反对动机的角度反过来论证利用者是否具有正犯性。第二,无法解释所有的

---

[40] 柯耀程:《变动中的刑法思想》,中国政法大学出版社2003年版,第165页;付立庆:《刑法总论》,法律出版社2020年版,第289页;张明楷:《刑法学》(上)(第6版),法律出版社2021年版,第511页。

[41] [日]西原春夫:《刑法总论》(下卷·改订准备版),成文堂1993年版,第358页;[日]山中敬一:《刑法总论》(第3版),成文堂2015年版,第858页。

情形。一般认为,间接正犯包括使用欺骗方法和使用强制方法两种情形。规范障碍说或许可以解释被利用者被蒙骗而实施犯罪的情形,但却无法解释其被强制而实施犯罪的情形。如在被歹徒拿枪逼迫强奸妇女的场合,被逼迫者知道自己的行为性质,难以说其是具有规范障碍的工具。另外,在公务员利用自己的妻子受贿的所谓利用"无身份有故意的工具"的场合,妻子对受贿为刑法所禁止的事实不能说有规范障碍。第三,规范障碍说的判断逻辑是,"因为被利用者不具有有责性,所以利用者不构成共犯,而构成间接正犯",这种责任共犯论的见解和因果共犯论的观点背离。

由于间接正犯概念肯定说存在以上问题,因而出现了否定间接正犯的观点,认为是否承认间接正犯,与共犯理论休戚相关:采取犯罪共同说,会肯定间接正犯;采取行为共同说,则可以否定间接正犯。采取共犯从属性说,会肯定间接正犯;采取共犯独立性说,则可以否定间接正犯。由于本书在共同犯罪本质上采用法益侵害说基础上的行为共同说,因此,主张就共同犯罪的成立而言,参与犯罪的数人之间只要在侵害法益的行为上具有共同之处,或者在引起法益侵害结果的因果经过上,存在交叉或者重合即可,不用考虑行为人主观上是不是共同,更不用考虑参与犯罪的数人是不是都满足具体犯罪的主体要件,因此,在本书看来,将他人作为工具或者手段加以利用的所谓间接正犯,实际上就是利用者和被利用者所形成的共同犯罪,其中利用者根据其利用他人的具体情况,可以归于教唆犯之内,按照其在共同犯罪中所起的作用予以处罚,而作为单独犯的间接正犯概念,完全没有存在的必要。

3. 作为共犯的间接正犯

否定间接正犯概念之后,对原来被认定为间接正犯的类型,按照共犯处理。具体来说,就原本成立间接正犯的案件来看,由于不要求共犯人具备有责性,也不要求形成相同的犯罪故意,利用者与被利用者之间完全可以成立客观违法层面的共同犯罪关系,被利用者系亲自实现违法构成要件的人,本是正犯,但由于责任方面的因素,最终只能成立较轻的犯罪,或者不被追究刑事责任,而利用者则或者因为让没有犯罪的意思的人实施犯罪,或者让有轻罪意思的人实施了重罪,因而成立教唆犯,多半会按照其在和被利用人所形成的共同犯罪中的作用而被作为主犯处罚。当然,将间接正犯按照教唆犯,以主犯处理只是一个处理原则,例外情况也有可能将其作为直接正犯或者帮助犯而追究从犯责任,具体是按照主犯还是从犯处理,要按照其在共同犯罪中的作用而定。以下进行具体说明:

第一,利用无刑事责任能力人(包括利用未达刑事责任年龄的人和利用精神病人)的场合,利用者构成教唆犯。这是间接正犯的典型情况。所谓无刑事责任能力人,通常是指未达刑事责任年龄的人和精神病人。刑法学的通常见解认为,利用这种人的身体活动造成危害社会的后果,与利用其他工具进行犯罪如利用手枪杀人之间,并无本质的差别,所以,理论上应当视为以自己之手实行犯罪。但如将间接正犯理解为共犯,利用者构成教唆犯。就这种情形而言,从因果共犯论的角度来看,没有利用者的教唆,就不会有被利用者的开枪行为;没有被利用者的开枪行为,就不会有被害人的死亡结果。如此说来,利用者客观上将被利用者的行为作为自己的杀人行为,被利用者的杀人行为则是受利用者的教唆而引起的,二者相互结合,共同引起了被害人的死亡结果,利用者和被利用者的行为在犯罪构成的实现过程中,具有因果关系上的相互联系,具有行为的共同性,据此足以将二人的行为认定为(故意)"杀人罪"的共同犯罪。又因为共同犯罪仅仅只是一种客观违法类型,并不要求参与人之间在主观责任上一致,因此,被利用者即便和利用者在责任上不尽一致,也不影响二者之间成立共同犯罪。在最终的处理上,尽管二者成立故意杀人罪的共同犯罪,由于被利用人属于无刑事责任能力人,故不被追究刑事责任,最终利用者作为教唆犯,被追究在共同犯罪中的主犯责任。

第二,利用被利用者缺乏故意的行为而引起犯罪结果的场合,利用者构成教唆犯。利用他人缺乏犯罪故意的行为的场合,也是间接正犯的典型场景。其中,还可以细分为两种不同情况:一是被利用者连犯罪过失都没有的场合。如利用人甲通过邮局将有毒食品邮寄给第三人,第三人食后身亡的场合。其中,邮递员尽管在其中起到了帮助作用,但是,由于其不知情,不具有违法性的意识,在帮助传递有毒食物方面完全没有罪过,只能说是一个被利用的工具,所以,其本人不构成犯罪,故传统学说认为,利用人甲构成故意杀人罪的间接正犯。二是被利用者有犯罪过失的场合。如医生甲出于杀人的故意,让护士给病人注射过量的吗啡,杀死病人的场合,就是如此。同样,行为人甲向出租车司机谎称候车站台上的行李为自己所有,让出租车司机把行李搬上车拿走的场合,由于出租车司机没有盗窃故意,不构成盗窃罪,但利用者构成盗窃罪的间接正犯。这两种场景,在行为共同说看来,均能构成共同犯罪。其中,利用人的行为均引起他人犯罪行为或者犯罪意思,可以构成共犯即教唆犯;被利用人在行为时,尽管没有相应的共同犯罪的意思,但共同犯罪的成立并不要求参与者之间具有相同的犯罪故意,只要其所实施的行为交织结合在一起,部分满足具体犯罪的构成要件即可。在上述案例中,尽管利用者和被利用者在主观责任方面完全不同,但其并不妨害数人之间在客观违法行为上的共同,因此客观上成立共同犯罪。只是在最终的处罚上,要根据各自的主观意思分别追究。

第三,利用没有特定目的的故意工具的场合,利用者构成教唆犯。刑法中,有些犯罪的成立,除了要求行为人必须具有特定故意,还要求行为人具有一定目的,缺乏该种特定目的,就不成立该种犯罪。这种犯罪就是所谓目的犯。传统学说认为,利用者根据目的犯的这种特点,利用有实施特定犯罪的故意但没有该种目的的人实施犯罪,就可以成立间接正犯。[42] 但是,按照行为共同说,共同犯罪的成立并不需要参与者之间主观责任一致,因此这种场合下,利用者和被利用者之间仍然可以构成共同犯罪,主动引起的一方即利用者构成教唆犯。如在 A 隐瞒自己的谋利目的,教唆 B 与自己一同传播淫秽物品的场合,根据行为共同说,A 与 B 构成共同犯罪,两人均要对所传播的淫秽物品负责,只是由于 A 具有传播淫秽物品牟利的目的而最终构成传播淫秽物品牟利罪,B 不具有传播淫秽物品谋利的目的而最终构成传播淫秽物品罪,即便不认为 A 构成间接正犯,也能妥善处理本案。

第四,利用没有身份的故意工具的场合,利用者构成教唆犯。如具有国家工作人员身份的丈夫甲向不具有国家工作人员身份的妻子乙说明事实真相之后,让其受贿的场合,传统学说认为,甲构成受贿罪的间接正犯,乙构成受贿罪的帮助犯。然而这种理解存在问题:不管是将受贿罪的保护法益理解为职务行为的公正性还是理解为职务行为的不可收买性,如果不考虑甲的存在,非国家工作人员乙收受他人财物的行为就不可能侵犯受贿罪的保护法益,其行为也不

---

[42] 马克昌主编:《犯罪通论》,武汉大学出版社 1999 年版,第 547 页;陈兴良:《当代中国刑法新境域》(第 2 版),中国人民大学出版社 2007 年版,第 529 页。

可能是收受贿赂的行为。换言之,受贿罪的实行行为并非收受他人财物的行为,而是形成"权钱交易"这种关系,在这个意义上,上述案件中甲支配了对受贿罪保护法益的侵害,因而甲构成受贿罪的直接正犯,而非间接正犯。

第五,利用具有轻罪故意的人的场合,利用者和被利用者分别构成各自犯罪的正犯。常举的例子是:王五为了杀死被害人,将一包足以夺人性命的毒药交给赵六,告诉他说"让被害人吃点苦头,叫他长长记性!"赵六信以为真,将毒药放在被害人碗里,被害人吃后死亡。上述场合中,尽管被利用人也具有实施犯罪的意思,但是具有较轻的犯罪故意,利用人根据这一点,实现自己的犯罪意思。对此,传统学说认为,利用人成立所追求犯罪即故意杀人罪的间接正犯。但在本书看来,王五与赵六的共同行为侵犯了被害人的生命,两人构成共犯,都要对被害人的生命被非法剥夺的结果负责,王五分担了教唆杀人行为,且具杀人的故意,构成故意杀人罪的教唆犯,赵六实施了伤害行为,且具有伤害罪的故意,构成故意伤害致死罪,这样认定就可以了,不必再费心说王五构成故意杀人罪的间接正犯。

第六,利用他人合法行为的场合,利用者构成教唆犯。如甲诱导丙对乙进行不法侵害,乙正当防卫杀害了丙。间接正犯肯定论者认为,甲利用了乙的合法行为(正当防卫)杀害了丙,因而构成间接正犯。但也有肯定论者对此表示反对,理由是甲并未支配犯罪事实,并进而指出,只有在甲为了使丙死亡,以如不听命令就杀害丙相威胁,迫使丙杀害乙,乙正当防卫杀害了丙的场合,甲才构成间接正犯。但即便是在后一种场合,也难以认定乙的正当防卫是甲的杀人工具,因为,如果被利用者的行为合法,那么利用合法行为也就是合法的。具体而言,只要乙采取的防卫行为必要且相当,那么,即便丙被杀死,那也是不得已而为之,并且,法没有理由保护攻击者的生命。也就是说,攻击者自始便担负了这种风险,就甲唆使丙使之杀害乙这件事来说,应使其承担针对丙的故意杀人罪未遂的教唆犯的罪责,这种理解更自然一些。可见,利用他人合法行为也不能成立间接正犯。

第七,利用被害人自己行为的场合,利用者构成教唆犯。在间接正犯的概念之下,学说中也有承认正犯后正犯的场合。所谓正犯后正犯,简单地说,被利用者固然是正犯,利用者也应当被评价为正犯,所以出现了正犯利用正犯实现自己犯罪的情形。学说上经常讨论的例子是,某甲知道某乙计划在周末傍晚时埋伏在自己固定散步的森林中杀害自己。某甲于是故意冒名,约自己的仇人某丙前往森林。某丙不知有诈,欣然前往,结果被某乙误认为某甲而加以杀害。其中,某甲就是正犯后正犯。[43] 但是,从本书的立场来看,这种情况中的某甲只能认定为帮助犯,而不能认定为间接正犯。因为,从具体符合说的角度来看,某乙意图杀害的是身在该处的人(某甲),实际上也杀害了身在该处的人(某丙),因此,某乙构成故意杀人罪。既然某丙的死亡结果是行为人某乙基于自己的意愿而直接引起的,则只能说某乙支配了整个杀人行为,没有被某甲利用为工具,因此,某乙是故意杀人罪的正犯,某甲只能是帮助犯。

(二)共同过失导致结果发生的场合

二人以上由于共同过失行为导致某种过失犯的犯罪结果的场合,就是所谓过失共同正犯,这是过失犯论和共同正犯论交叉的领域。如在A、B共同在屋顶上施工,在没有确认有无行人

---

[43] 黄荣坚:《基础刑法学》(下)(第4版),台北,元照出版有限公司2012年版,第789页。

经过的情况下，一起在楼上将一块木材往楼下扔，正好落在行人的头上，致其受重伤的场合，可以将 A 和 B 作为过失同时犯加以处理，或者 A 和 B 一起，各自将道路上的大石头往悬崖下扔，砸中了正在路过的 C，致使 C 死亡，但是，C 到底是被 A 和 B 中的谁扔的石头打中无法查明的场合，就是其适例。在前一场合，由于能够查清结果是二人共同引起的，因此可以作为过失同时犯予以处罚，A、B 二人都成立过失致人重伤罪；但在后一场合，由于砸中行人的石头到底是 A 扔下的还是 B 扔下的难以确定，因此，就不能以过失同时犯追究他们的责任。相反地，如果能够肯定过失共同正犯，那么，就上述案例而言，不仅在前一场合，即便在后一场合，也能将 A、B 作为过失致人重伤罪的共同正犯加以处罚。这就是认可过失共同正犯的实际好处。

另外，在猎人 A 和 B 一起在森林中打猎，听见林荫中有声音，以为是野猪（实际上是采蘑菇的人 C）藏在里面，就同时开枪，结果 A 发射的子弹打中了 C，致使 C 死亡的场合，也面临 B 的责任该如何认定的问题。如果肯定过失共同正犯，就上例而言，B 也要成立过失致人死亡罪的正犯而承担全部责任。因为，按照肯定说，A、B 之间具有不要造成他人死亡结果而互相注意的义务（共同的注意义务），但他们没有谨慎地履行相互提醒注意的义务，在没有相互确认的前提下，轻信射击的对象不可能是人，以致引起了 C 死亡的结果。在此，由于能够认定二人之间存在作为"部分行为、全部责任原理"基础的相互利用、补充关系，因此，A 和 B 成立过失致人死亡罪的共同正犯。相反，不承认过失共同正犯的话，A 和 B 就是过失同时犯，和死亡结果之间具有因果关系的 A 成立过失致人死亡罪，而 B 由于和死亡结果之间没有因果关系，结果不可能归责于 B，所以，B 不可罚。

在我国，由于刑法第 25 条第 2 款明文规定，二人以上共同过失犯罪，不以共同犯罪论处；应当负刑事责任的，按照他们所犯的罪分别处罚。因此，通常见解一直认为，共同过失犯罪的，不成立共同犯罪而是按照单独过失犯处理，即否定成立过失共同正犯（以下简称否定说）。[44] 但是，近年来，从解决实践当中所出现的具体问题的立场出发，一些刑法学者开始质疑上述传统见解，提出了共同过失犯罪应当成立共同正犯的主张（以下简称肯定说）。[45]

现在肯定过失共同正犯的主流见解，可以分为两种立场：一种以认为共犯就是数人共同实施特定"犯罪"的犯罪共同说为依据。过去的犯罪共同说对过失共同正犯持否定态度，其将过失共同正犯把握为数人共同实现特定犯罪的共同犯罪现象，认为在共同正犯中，行为人必须具有共同实现特定犯罪结果的意思，这样，意思联络即共犯人之间所具有的实现特定犯罪的意思即共同故意必不可少，但过失共同正犯本是过失犯，其本身就对结果的发生没有认识和容允，因此，不可能要求具有共同故意。[46] 但问题是，过失单独正犯的场合，不要求对结果要有认识，为何在过失共同正犯中却要求"对结果要有认识"即共同故意呢？这是一个问题。由于这一问题的存在，现在的犯罪共同说转而肯定了过失共同正犯，认为对赤裸裸的行为（如扔下石头的行为）的共同认识，不能成为让共同行为人承担全部责任的根据，行为人最起码要对行为的危

---

[44] 高铭暄、马克昌主编：《刑法学》（第 10 版），北京大学出版社 2022 年版，第 164 页；冯军、肖中华主编：《刑法总论》（第 3 版），中国人民大学出版社 2016 年版，第 329 页。

[45] 张明楷：《刑法学》（上）（第 6 版），法律出版社 2021 年版，第 545 页；邹兵：《过失共同正犯研究》，人民出版社 2012 年版，第 16 页。

[46] [日]团藤重光：《刑法纲要总论》（第 3 版），创文社 1990 年版，第 393 页。

险性有共同认识。换言之,必须存在两个以上的人共同实施具有引起结果发生的高度危险性的行为,从法律的角度来看,就是各个共同行为人被赋予了共同的防止结果发生的注意义务。违反这种共同注意义务的共同行为所引起的犯罪结果,就是该过失犯的共同实行所引起的该过失犯的构成要件结果,其能够被认定为过失共同正犯的(构成要件)过失。[47] 另一种见解以认为共犯是数人根据共同"行为"实现各自犯罪的行为共同说为依据。由于行为共同说将共同犯罪把握为数人在行为或者因果关系上共同、分别实施各自的犯罪的现象(把共犯看作共犯人之间的"个别的相互利用的关系"),只要是构成要件之前的自然行为共同就足够,不要求在主观责任上相同或者相互之间具有意思联络,因此,在行为共同说之下,过失共同正犯的成立没有任何障碍。

本书同意过失共同正犯肯定说的见解。过失共同正犯,本质上是共同犯罪,而不是过失犯,因此其肯定与否也应当从共同犯罪的角度来理解。从现实生活经验的立场来看,在数人一起扔木材、石头的场合,或者在一起打猎的场合,由于各个行为人之间是在共同行为,因此他们之间就具有不要引起结果的共同注意义务,在共同违反这种注意义务而造成严重结果的场合,尽管难以说清到底是谁的行为直接引起了结果,但是,结果的发生和各个行为人均没有履行必要的注意义务之间是有因果关系的。这样说来,完全否定过失共同正犯也是很困难的。另外,即便按照因果共犯论,只要过失行为是共同实施的,那么,在这一点上就能肯定行为人之间是相互利用、相互补充的关系,肯定其过失与结果具有心理上的因果关系,因此,从现行的刑法理论来看,肯定过失共同正犯也并不存在理论上的障碍。

目前,过失共同正犯之所以被否定,主要是因为,传统观点认为,在共同犯罪中,各参与人必须具有共同实现特定犯罪结果的意思,而过失犯的根本特征就是参与人对事实应当认识而没有认识,因此,过失共同正犯不可能存在。但要说明的是,这种观点存在严重不足。一方面,其对过失犯的理解还是局限于最初的过失的理解。实际上,现在的过失犯早已不是对包括危害结果在内的事实应当认识而没有认识,而是违反注意义务或者违反结果预见义务——要在谨慎行为,防止危害结果发生的行为义务违反当中寻求其本质。另一方面,其没有关注到过失共同正犯的共同犯罪的一面。在数人参与具体事项或者作业的过程中,每个人的注意义务汇集在一起,就成为一种相互监督、相互提醒不要发生危害结果的注意义务。这种场合,各个参与人之间存在即便对结果没有意思联络,但具有相互提醒不要实施有导致法益侵害结果的行为的共识。这种共识,可以成为过失共同正犯之间的"意思联络"。

简言之,从数人共同违反共同义务中寻找出共同人的相互利用、相互补充关系,就是将数人之间的共同过失行为作为"过失共同正犯",追究其"部分行为、全部责任"的理由,其核心根据是"共同违反共同义务"。因此,在甲、乙二人一起进行焊接管线作业的场合,按照上述见解,两人在作业完成时,具有不仅要确认自己的焊枪已经熄灭,还要确认对方的焊枪已经熄灭的共同义务,如果两人均疏于履行这一义务就离开了现场(共同违反),使焊枪喷出的火焰引燃现场的杂物,因而导致火灾的场合,甲、乙二人具有共同过失行为,因此构成失火罪的共同正犯。

只是,肯定过失共同正犯,可能有不当扩大刑法的处罚范围之嫌。如十个人都误以为远处

---

[47] [日]高桥则夫:《刑法总论》,李世阳译,中国政法大学出版社2020年版,第421页。

的人是动物而开枪,结果只有一枪打中目标,致人死亡,但无法查清到底是谁射出的子弹打中被害人的场合,按照上述过失共同正犯的观点,这十个人都得对该人的死亡结果承担过失致人死亡罪的刑事责任。确实,让十个人对只是身中一弹的被害人的死亡结果担责,其中必定会有九个人是无辜的。但十个人同时向一个人开枪必然是十个人的有组织行为,如集体狩猎或者一个班的士兵进行打靶训练等。此时,为了避免不当扩大处罚范围,可以考虑让组织者承担监督过失责任,即在该种场合下,组织者处于让直接行为人不要犯过失的监督地位,对被监督者的现场作业负有指挥、监督责任,处于能够预见被监督者的过失、避免结果发生的立场和地位,因此对直接行为人的过失,可以追究监督人的过失责任。

另外,关于肯定过失共同正犯和我国刑法第25条第2款的关系问题。本书是这样理解的,即对刑法第25条第2款规定可以这样理解,首先,其前段即"二人以上共同过失犯罪,不以共同犯罪论处"的规定实际上是对刑法第25条第1款"共同犯罪是指二人以上共同故意犯罪"的重申,其意味着二人以上共同过失犯罪的,不是刑法第25条第1款所规定的故意共同犯罪,也不适用其相关规定。其次,其后段是二人以上共同过失犯罪,应当负刑事责任的,按照其所犯的罪分别处罚的规定。二人以上共同过失犯罪,应当负刑事责任的,只有一种情形,即两个以上的人,在共同的业务活动中违反业务要求,以致引起了侵害法益结果。如甲、乙两人在装修屋顶,将不用的砖瓦扔到地面。之后,发现地上倒着一人,头部被砖瓦击中,但到底是被谁扔下的砖瓦击中查不清楚的场合,此时,如果按照个人犯罪处理,则因为无法查明行为和死亡结果之间的因果关系,只能按照无罪处理。但既然有"应当追究刑事责任的"场合,就意味着考虑了甲、乙之所以应当负刑事责任,就是因为其疏于履行在作业时监督提醒对方不要砸中路上行人的义务。否则,就不可能出现"二人以上共同过失犯罪,应当负刑事责任的"规定。这种情形下,甲、乙各自按照所犯的罪,即各自对其所违反的疏于监督提醒他人而造成法益侵害结果的行为承担过失责任,是理所当然的。因此,以刑法第25条第2款的规定否定过失共同正犯,理由并不充分。

当然,必须说明的是,现行刑法以处罚故意犯为原则,既然没有特别规定,就不应当认可过失共同正犯。尽管在理论上可以认定过失共同正犯,一旦认定,其处罚范围就变得极为广泛,在充满风险的现代社会中,会导致过多的刑法控制。因此,对过失共同正犯的处罚,必须具有一定的限定。对此,首先,可以肯定的是,成立过失犯的共同正犯,必须具有能够对参与者适用"部分行为、全部责任"法律效果的实际内容的"共同实行"的实体。这种共同实行的实体,以共同人之间的互相协作的实际情况为基础。具体来说,作为犯的场合,以对结果的发生在因果上具有多大的贡献为关键点(因果贡献的重要性)。因果贡献大的场合,就能认可"共同的结果回避义务"(回避结果义务的共有),在"共同违反"该义务的场合,就能肯定"共同实行"(共同过失行为)。其次,在不作为犯的场合,共同的排他支配等能否成为共同作为义务的基础成为问题(作为义务的存在)。在作为义务被认可的场合,"共同的结果回避义务"(结果回避义务的共有)能被认可,在"共同违反"的场合,也能肯定"共同过失行为"。如2名担任铁路道口扳道工职责的铁路员工,在上班时喝酒睡着,疏于履职,导致扳道不及时而发生车祸,车毁人亡的场合,就构成过失致人死亡的共同犯罪。

这样,过失不作为犯的场合就不用说了,过失作为犯的场合,在"共同违反共同的回避结果

义务"的时候,就能肯定过失共同正犯的成立。具体而言,可以分为以下几种情况:

首先是过失作为犯的场合。其是指两个以上的人的过失行为与发生结果相关的场合,还可以继续将其分为两种类型:第一类是一体的危险创出型,即单个人的行为没有引起结果的危险,但两个以上的人的过失行为竞合,就会导致结果发生的类型。如甲、乙二人醉酒之后,将停靠江边的渡船开走,甲掌舵,乙开机,结果因为甲掌舵过失,船撞上对岸的礁石,造成船只损坏的场合,就是这种类型。本案中,甲、乙基于意思联系,使两人不合力协作就不会移动的船只移动起来,因此,可以说两人结为一体引起了危险。由于二人对结果的发生具有很大的原因力,因此,二人具有共同回避危险行为的义务即共同的结果回避义务。违反该义务的场合,二人就成立过失损坏交通工具罪的共同正犯。

第二类是一道创出危险型。其是指单个人的行为具有独自引起结果的危险,但两个以上的人在同一机会一道实施该种危险行为,其中某一个人的行为引起了结果发生的场合。这种场合,从各个参与者作业的危险性来看,所有参与作业的人都有防止其他从事共同作业的人的行为危险变为现实结果的义务,因此,有必要将其评价为共同正犯。其代表性判例,就是日本"世田谷通信线路火灾事件"。[48] 本案中,甲、乙两名工人为寻找电缆中断的故障,用乙炔炎将包扎被置于地下管道中电缆的铅管熔开,找到故障之后,就着急商量如何修理,在焊枪仍然喷火的情况下,匆忙离开了地下管道,以致焊枪烧灼了保护电话线用的布质防护帆布,导致大量电线被烧毁。对此,法院认定甲、乙二人构成业务过失失火罪的共同正犯。理由是,甲、乙二人是在同一通信公司工作的员工,处于对等地位、进行相同内容的作业,公司在内部也明确规定了员工作业时的回避危险义务,并且反复对甲、乙强调要注意回避危险,但两人都疏忽了不仅要确认自己的焊枪已经熄灭,而且要相互确认对方的焊枪已经熄灭的共同义务(共同义务),不仅如此,两人还一起离开了现场(共同违反),这些共同违反义务的行为一并构成过失共同行为。相反地,如果数个参与者之间具有上、下级关系,因为上位者具有(作为过失单独犯的)监督下位者的义务,但下位者没有监督上位者的义务,因此,原则上要否定二人之间具有共同的结果回避义务。

其次是过失作为犯和过失不作为犯复合的场合。如在甲、乙二人共同出行,甲由于视力较弱,就让乙为其观察前面情况。中途,甲驾车时,由于乙在看导航,疏于履行提醒义务,以致甲在驾驶途中没有看清信号变化,撞死一名正在过人行横道的路人的场合,就是甲的疲劳驾驶行为在本应没有危险的地方创造出了危险(作为犯),而乙负有阻止该危险变为现实(不作为犯)的职责的场合。此时,甲、乙两人的回避结果义务在内容上完全不同,没有互换性,因此,难以将两者的回避结果义务看作共同义务。此时,甲、乙二人不成立共同正犯,只能分别讨论二人的罪责。此时,由于能够查明是甲的违章驾驶行为引起了路人死亡的结果,因此,其要承担交通肇事罪的刑事责任。乙由于没有尽到其提醒甲不要违章驾驶的约定职责,致使甲违章驾驶行为的危险变为了现实结果,因此构成过失致人死亡罪。当然,如果甲、乙两人从事长途贩运共同驾驶一辆大货车,二人约定,一方驾驶货车时,另一方在旁边提醒注意安全,则甲、乙二人就是一个驾驶共同体,此时,二人可以构成交通肇事罪的共同犯罪。

---

[48] 日本最高法院1962年11月8日决定,刑集16卷11号,第1522页。

最后是过失不作为犯的场合。如甲、乙两人系国家重要仓库的门卫,在值夜班时因为打瞌睡,未能发现并制止窃贼进入其中行窃,致使国家重要物资失窃,就是过失不作为犯的典型案例。这种场合,无论甲还是乙,一旦上岗值守夜班,就面临来自外在的物资被抢、被盗的危险状况,他们的职责就是阻止这种危险变为现实。这种防止危险变为现实的义务(结果回避义务)的根据,形式上来自法令、契约或者岗位职责要求,但实质上来自除了正在值班的甲、乙,没有其他人能够阻止这种危险现实化的客观事实。并且,此时甲、乙的义务自身就是以必须相互提醒、相互监督,共同阻止盗抢危险变为现实为内容,故能够肯定其二者之间具有共同的作为义务(共同的结果回避义务)。因此,上述场合,甲、乙二人可以构成作为过失犯的玩忽职守罪的共同正犯。

(三)共谋共同犯罪的场合

例如,甲、乙二人共谋杀丙,由甲一人动手将丙杀死的场合,甲、乙是否可以说具有共同行为而成立共同犯罪,存在争议。否定说认为,共谋不是共同犯罪行为,共谋而未实行,就意味着缺乏共同犯罪行为,因此,不能构成共同犯罪。[49] 肯定说认为,共谋是共同犯罪行为,参与共谋即便未实行,也构成共同犯罪。因为,共同犯罪行为包括犯罪的预备行为和实行行为,而犯罪的预备和犯罪的实行是两个紧密相连的阶段,共谋属于犯罪预备,不能将犯罪的预备同犯罪的实行之间的密切联系割裂开来。换言之,不应把甲、乙共谋杀丙的行为视为与甲单独杀死丙这一犯罪活动的全过程无关的、以外的活动。[50]

本书同意上述肯定说的见解,认为数人共谋犯罪并由其中部分人付诸实现的场合,可以成立共同犯罪。实际上,在共谋所产生的心理影响切实支配了各个行为人的场合,就可以说共谋和实行并没有实质上的不同。从目前的通说即区分制所认可的间接正犯概念中可以清楚地看出,刑法上的正犯并不一定限于亲自动手实施实行行为的人,在背后对实行者进行操纵的人,即使不亲自动手,也可以作为正犯对待。如此说来,在共谋者就一定犯罪事项进行谋议,所得出结论对直接实行人具有强烈影响,支配了其行动的场合,将这种参与谋议的人和直接实施实行行为的人同等看待,作为正犯处理,也不是不可以。我国刑法也承认了这一点。如刑法第310条第2款规定:犯窝藏、包庇罪的犯罪分子,"事前通谋的,以共同犯罪论处",即二人以上共谋实行犯罪,其中有的人着手实行了犯罪,有的人未实行犯罪(只是窝藏或者包庇实行犯),对其中参与共谋而未实行者,也要"以共同犯罪论处"。

就共谋共同犯罪而言,其中有争议的是共谋共同正犯的成立条件和成立范围,关于其详细内容,参见后述复杂共同犯罪的相关部分。

(四)超出共同故意范围的场合

所谓超出共同故意范围,就是通常所说的"共犯的实行过限",即个别参与人在共同犯罪过程中,实施了超出共同故意范围的犯罪行为。如某甲教唆某乙"教训教训"(伤害)张三,某乙会意。但某乙在"教训"张三的过程中遇到张三反抗,一怒之下,顿生杀机,将张三打死的场合,就是如此。在本案当中,就甲、乙当初的犯意而言,只有伤害的意思,但在实行过程中,某乙超

---

[49] 高格:《关于共同犯罪的几个理论问题的探讨》,载《吉林大学社会科学学报》1982年第1期。
[50] 赵秉志主编:《刑法争议问题研究》(上卷),河南人民出版社1996年版,第435页。

出了和某甲约定的共同故意的范围,实施了杀人行为。对于某乙造成的死亡结果,作为教唆犯的某甲是不是要承担故意杀人罪的刑事责任?这是一个问题。

对此,有两种分析思路:一是通说主张的"部分犯罪共同说"的分析思路。其认为,即便是两种不同的犯罪,但如果二者在犯罪构成上有部分重合,则在重合限度之内,成立共同犯罪。例如,甲教唆乙杀丙,而乙除了实施杀人行为,还放火烧毁了丙家并导致附近多户居民房屋着火,但甲对乙的放火行为毫不知情。此时,甲、乙二人只成立故意杀人罪的共同犯罪,就放火罪而言,只能由乙个人单独承担刑事责任。[51] 二是本书所主张的"行为共同说"的分析思路。按照行为共同说,两个以上的人根据共同行为实现各自的犯罪意思,就成立共同犯罪,不要求就同一"犯罪"而共同实行,也不要求有共同犯罪的意思即共同故意。就上述案件而言,在甲教唆乙杀丙,乙基于该教唆实施了杀害丙的行为这一点上,应当说,二人具有为了实现自己犯罪而相互利用对方行为的共同行为;也正因如此,可以将丙死亡的结果归咎于共同参与者即甲和乙。只是,二人在实施行为时的主观意思不同,甲是杀人的故意,而乙除杀人之外,还有放火的故意,因此,甲对丙之死要承担故意杀人的罪责,乙对丙之死除承担故意杀人罪的罪责之外,还要独自承担放火的罪责。同样,就前述某甲教唆某乙伤害张三,某乙却将张三打死的场合,某甲的伤害教唆引起了某乙的杀人行为,二者共同引起了致人死亡的法益侵害结果,因此二者都要对张三致死担责。但由于甲只有伤害的故意,而乙具有杀人的故意,故甲构成故意伤害(致死)罪,而乙构成故意杀人罪。

可见,就超出共同故意范围的行为而言,无论是采用"部分犯罪共同说"还是采用"行为共同说",结论都是一致的。

第三节 共同犯罪的形式

共同犯罪的形式,是指共同犯罪的存在形式和结构状况。准确地对共同犯罪进行分类,能够把握不同类型的共同犯罪的特征,澄清不同类型的共同犯罪的成立范围,对其进行妥当的处罚。通说将共同犯罪分为以下几种形式。

一、任意共同犯罪和必要共同犯罪

这是以共同犯罪是否任意形成为标准而进行的区分。

所谓任意共同犯罪,是指刑法分则规定可以由单个人实施的犯罪而由二人以上共同实施的场合。这种犯罪不以数人实行为必要,一个人实施也可,两个以上的人共同实施也可。刑法分则中规定的故意杀人罪、强奸罪、抢劫罪、盗窃罪、放火罪等都属于这种情况。任意共同犯罪由刑法总则加以规定。刑法理论所研究的共同犯罪,主要是这种共同犯罪。对这种共同犯罪,应当根据刑法总则中的共同犯罪条款和刑法分则中的具体犯罪条款定罪量刑。

---

[51] 冯军、肖中华主编:《刑法总论》(第3版),中国人民大学出版社2016年版,第331页。

所谓必要共同犯罪,是指刑法分则规定二人以上才能构成的犯罪,其包括以下三种形式:

1. 对向性共同犯罪,指以二人以上的互相对向行为为成立条件的犯罪,其中,还可细分为以下三类:(1)双方都构成犯罪,且法定刑和罪名完全相同的类型,如刑法第258条规定的重婚罪,就是如此;(2)双方都构成犯罪,但罪名与法定刑并不相同的类型,如刑法第385条规定的受贿罪和第389条规定的行贿罪就是如此;(3)法律只规定一方构成犯罪,对另一方则未作规定的类型,如刑法第363条第1款规定的贩卖淫秽物品牟利罪就是如此,其被称为"片面对向犯"。

"片面对向犯"的场合,由于只处罚其中一方即贩卖方,而不处罚对向方,因此,其能否被称为共同犯罪受到质疑。也正因为只处罚其中一方,因此,对没有被规定要处罚的另一方,是否可以作为要处罚方的共犯即教唆犯、帮助犯对待,即便在单一制体系之下,也是问题。

对此,理论上有不同见解。"立法原意说"认为,就对于成立某种犯罪而言所当然地预想到的,并且毋宁说是就此而言所必不可少的参与行为而言,既然没有处罚该种行为的规定,就应当说,将其作为接受参与方的可罚行为的教唆或者帮助行为予以处罚,原则上,不是法律的意图之所在。因此,在法律明文规定将贩卖淫秽物品行为作为犯罪,但没有将购买淫秽物品行为作为犯罪的情况下,即便购买者具有恳求贩卖者卖给自己的行为,但如果这种行为不在可罚的对向行为所通常伴随的情况类型之内,则不适用共犯规定予以处罚。但是,类型上没有被预想在内的,对向方即购买方积极且执拗地劝说的场合,因为已经超出了必要共犯关系,应当适用共犯规定,予以处罚。[52]

"实质根据说"则认为,立法原意说中的是否"所当然地预想到的"的标准,非常不明确。该说试图将不处罚参与者的一方的根据,求之于欠缺违法性或者责任的实质观点,而非求之于立法者的意思这种形式观点。如就贩卖淫秽物品罪而言,刑法只处罚贩卖者,而不处罚购买者,就是因为购买者是被害人,购买行为不具有违法性。据此,既然购买者是被害人,那么即便购买者实施了超越"所当然地预想到的"教唆或者帮助行为,也不应当受到处罚。[53]

另外,"向心犯、离心犯说"则认为,对向犯的本质在于危险聚集和危险散布,对向犯中的一方,如淫秽物品的贩卖者就是向心犯,其作用就是通过贩卖淫秽物品行为将他人即购买者引入犯罪的危险境地;而对向犯中的另一方,如淫秽物品的购买者就是离心犯,其作用就是在购买被贩卖的淫秽物品的过程中,扩散和增大该物品的危险。贩卖淫秽物品罪、使用假币罪之类的对向犯的不法在于,以正犯行为为中心,将危险物品向不特定人传播散布,在此过程中,具有危险的物品与部分人接触时,引发法益侵害或者危险。此类对向犯在行为实施过程中,如果参与人仅仅是偶然地、随机地取得该物品而处于一种边际角色时,无论是使用教唆还是帮助的行为方式,都不成立犯罪;若是处于创造机会的角色,则具有可罚性。如向商家购买淫秽物品的顾客不具可罚性,但教唆出售淫秽刊物的书店老板继续销售或者扩大销售的行为,就是贩卖淫秽物品罪的帮助犯;同样,顾客让本不销售淫秽书刊的书店老板销售淫秽物品的场合,也构成贩

---

[52] [日]大谷实:《刑法讲义总论》(新版第5版),黎宏、姚培培译,中国人民大学出版社2023年版,第400~401页。
[53] [日]山口厚:《刑法总论》(第3版),付立庆译,中国人民大学出版社2018年版,第355页。

卖淫秽物品罪的教唆犯。[54]

上述观点当中,"立法原意说"中何谓立法原意,解释者只能作出主观揣测,且作为"可罚的对向行为所通常伴随的情况类型"的标准非常模糊不清;同样,就"实质根据说"而言,即便是在违法性和有责性上值得处罚的行为,但基于刑事政策或者立法技术的考虑而不处罚的情形也是可能存在的(如我国刑法中的贩卖淫秽物品罪、出售出入境证件罪、销售侵权复制品罪等罪中不处罚购买者绝对不是立法者的疏漏,而是体现了通过严厉打击犯罪根源铲除犯罪的治理思维),因此以违法性和有责性为根据,还是难以说明为何不处罚对向犯中的另一方。并且贩卖淫秽物品罪的保护法益是抽象的社会法益,因此将购买者解释为被害人,也是值得商榷的。

从本书的角度来讲,"向心犯、离心犯理论"中的一些见解值得参考。从侵害法益的角度来讲,该理论实际上表明,在买卖特定物品之类的犯罪中,处于出售地位的一方之所以要处罚,就是因为其通过向不特定的人出售该物而产生或者扩大了法益侵害程度或者风险;处于购买地位的一方的处罚根据在于,通过购买该种物品,而使该物产生的危险得以实际传播、散发。因此,对向行为是不是值得作为共犯处罚,取决于该行为让对向方即出售、贩卖方的行为所产生的法益侵害性增大的程度。只有在该种对向行为使其相对方的行为的法益侵害的增加程度大到足以使出售行为潜在的法益侵害程度大幅增长或者具有这种危险,即达到所谓危险源增幅效应,已经超越一般性的购买行为的性质的时候,该种行为才可以作为相对方的共犯予以处罚。如就购买淫秽物品而言,在仅仅购买一两件供自己观看浏览的场合,因为这种程度的购买行为难以大幅破坏刑法所明文处罚的贩卖淫秽物品罪的保护法益即社会正常的性风俗,因此,不能作为相对方的共犯予以处罚,即便行为人反复、执拗地要求出售者出售,也不能作为传播淫秽物品罪的共犯处理;在购买者一次就向贩卖者求购 500 件淫秽物品的时候,这种行为显然已经超越了个人浏览的范围,有向其他多数人传播的高度危险,会严重破坏贩卖淫秽物品罪所保护的社会正常的性风俗,因此,在这种场合,即便法律没有规定,也有必要将行为人作为贩卖淫秽物品罪的共犯处理。

不过要注意的是,从理论上讲,对于那种双方行为均构成犯罪,但刑法只处罚其中一方的犯罪类型而言,之所以只处罚其中一方,而不处罚另一方,实际上有多方考虑,如购买行为的不法程度、行为的高发程度、对出售行为的推波助澜的程度、执法成本等。既然法律只处罚其中一方,因此,对于没有被处罚的另一方,原则上不作为犯罪处理。特别是如将仅利用偶然机会而购买的行为人一律作为对向犯的共犯处理,将大量的司法资源用于查处这种比较轻微的违法行为,会造成司法资源的浪费。

2. 聚众性共同犯罪,是指把指向同一目标的多数人的共同行为作为成立要件的犯罪。如刑法第 104 条规定的武装叛乱、暴乱罪,第 290 条规定的聚众扰乱社会秩序罪等属之。这种共同犯罪的特点是:(1)人数较多;(2)参与人的行为所指向的目标相同;(3)参与的程度和形态可能不同,有的参与组织、策划或指挥,有的只是参与实施犯罪活动。要注意的是,聚众性犯罪中,也有只处罚首要分子的类型,如刑法第 291 条规定的聚众扰乱公共场所秩序、交通秩序罪

---

[54] 王彦强:《对向参与行为的处罚范围》,载《中外法学》2017 年第 2 期;李婕:《不只是共犯:购买伪造的居民身份证行为入罪之检讨》,载江溯主编:《刑事法评论:刑法方法论的展开》,北京大学出版社 2019 年版。

就是如此。如果首要分子只有一个,就谈不上是共同犯罪。

3. 集团性共同犯罪,是指以组织、领导或参加某种犯罪集团为成立要件的犯罪。例如,刑法第 120 条第 1 款规定的组织、领导、参加恐怖活动组织罪、第 294 条第 1 款规定的组织、领导、参加黑社会性质组织罪等属于此类。

就聚众犯和集团犯而言,由于分则各条文中对该种类型犯罪的参与形态有明确规定,所以,有关共同犯罪的总则规定,对其不适用。[55] 但是,在被聚集的众人和集团之外唆使其他人参与到该团体中去的场合,对该唆使者,则应当适用总则中有关教唆犯的规定,按照教唆犯处理。因为,分则中有关聚众犯和集团犯的规定,只适用于该团体之内的人,难以想象其对团体之外的行为人也适用,同时,在理论上也很难找到必要共犯的处罚效果波及团体外的人的依据。

二、事前通谋的共同犯罪和事中通谋的共同犯罪

这是以共同犯罪故意形成的时间为标准进行的分类。

事前通谋的共同犯罪的场合,行为人着手实行犯罪以前就已经形成了共同犯罪的故意。"通谋"通常指共同犯罪人之间就犯罪内容用语言或文字互相沟通,如就犯罪方法、地点、时间、分工进行交流,就犯罪后湮灭罪迹、分配赃物等进行沟通。只要是在着手实行之前形成的,无论采取什么形式的通谋,都无碍于事前通谋的共同犯罪的成立。与事中通谋的共同犯罪相比,这种共同犯罪更为危险。

事中通谋的共同犯罪的场合,行为人在着手实行犯罪之际或实行犯罪过程中才形成共同犯罪的故意。这种共同犯罪形式,通常称为"事前无通谋的共同犯罪"。考虑到"事前无通谋"一词包括事中通谋和事后通谋,而事后通谋不构成共同犯罪,所以"事前无通谋"实际上仅指事中通谋。事中通谋的场合,由于共犯的意思是各共同人在着手实行犯罪后临时形成的,往往缺乏周密的谋议,社会危害性相对较小。

就事中通谋的共同犯罪而言,值得讨论的是所谓承继的共同犯罪的场合。

所谓承继的共同犯罪,就是某人(先行者)已经着手实施特定犯罪,在实行行为尚未全部终了的时候,其他的人(后行者)参与进来,在与先行者取得意思联络之后,单独或者和先行人共同将剩下的行为实施完毕的情况。此时的问题是,后行者对其参与之前的先行者的行为(以及行为所引起的结果)是不是要承担责任?如甲出于抢劫的故意对被害人丙施加暴行,使其失去反抗能力的时候,碰巧路人乙路过此地,了解情况之后,参与进来,和甲一起或者单独夺取了被害人的财物的场合,就是如此。这种场合,如果不承认承继的共同犯罪(正犯),甲就成立抢劫罪,而路人乙只是在盗窃罪的范围内和甲成立共同犯罪(正犯);如果承认承继的共同犯罪(正犯),甲和路人乙就都成立抢劫罪的共同正犯。而且,如果说路人乙成立承继的共同犯罪(正犯),那么,在甲的行为造成被害人重伤的场合,乙对该重伤结果也得承担刑事责任。按照刑法第 263 条第 5 项的规定,要在"十年以上有期徒刑、无期徒刑或者死刑,并处罚金或者没收财产"的范围内量刑。

---

[55] 高铭暄、马克昌主编:《刑法学》(第 10 版),北京大学出版社 2022 年版,第 166~167 页。

那么,途中参与进来的后行为人,要对其参与之前的先行人的行为和结果,承担共同犯罪(正犯)的刑事责任吗?

"全面肯定说"认为,后行者对于包括其介入之前的先行行为在内的整个犯罪,都得作为共同正犯而承担刑事责任。这种见解的核心理由是,既然后行者对先行者的行为、结果有认识并加以利用,那么,其和在事前成立意思联络的场合在价值上看并没有什么差别,因此,这种继承被肯定,它也可以说是肯定说的实质根据。这种观点,实际上是以重视意思说的行为无价值论为实质根据,同时又以只要实施了部分实行行为就可以说有共同实行的客观要件的形式理解为补充。[56] 但是,正如在知道自己一直想杀掉的仇人被他人杀掉而未采取任何制止措施,甚至幸灾乐祸的场合,不能仅仅因为自己容忍了该行为,就说自己参与了他人的杀人行为一样,不能根据事后的认识和放任,将他人已经实施的行为看作自己所实施的行为。因为有事后的认识和容忍,就要求对自己所不能左右的结果承担责任,这是认可心情刑法的体现,并不妥当。不管具有怎样的、和先行者同样的应当受到刑罚处罚的责任谴责的心情,都不能因此而说该心情和已经发生的结果之间具有因果关系。并且,这种将承继共犯和本来的共同正犯同等看待的做法,会对后行者科处过于严厉的刑事责任,因此,随着因果共犯论成为通说,全面肯定说就沦为少数说了。

"全面否定说"认为,后行者不应对共同意思产生之前率先实施的实行行为及其结果承担刑事责任。理由是,之所以能够将共同正犯评价为正犯,按照"部分行为、全部责任"原则处理,是因为各个共同者之间具有相互利用、相互补充,实现一定犯罪的关系,但这种相互利用、相互补充的关系,与后行者的行为和之前的先行者的行为以及结果之间的关系不同。[57] 但批判意见认为,这种观点无视了承继共同犯罪(正犯)的特殊情况,因而不妥。如在抢劫罪中,尽管先行者所造成的死伤结果不能被继承,但是,暴力、胁迫所造成的反抗不能状态和效果还是能够持续的,后行者可以利用先行者的暴力行为所引起的他人不敢反抗的状态,趁火打劫。这种场合要构成抢劫罪,而不能仅仅构成盗窃罪。[58]

"二分说"以因果共犯论为基础,主张就共同正犯而言,否定继承关系,但是,就从犯而言,对先行者的行为或者结果要承担责任。[59] 据此,在某甲将被害人某丙打成重伤,某乙路过此地,了解实情之后,帮助某甲取走某丙的财物的场合,仅与取财有关的后行人某乙,在成立盗窃罪的共同正犯的同时,因为对抢劫罪部分具有因果贡献,所以还成立抢劫(致人重伤)罪的帮助犯,二者之间是观念竞合的关系。但从因果共犯论的立场来看,只起帮助作用的从犯是通过正犯和所发生的结果发生因果关系的,如果说后行行为和正犯之间没有因果关系,那么,无论是共同正犯还是从犯都应当和所发生的结果之间不具有因果性,如此才具有理论上的一贯性。

---

[56] [日]西原春夫:《刑法总论》(上卷·改订版),成文堂1997年版,第336页。我国刑法学当中,没有人明确地主张全面肯定说,但是,从我国刑法理论所广泛承认的所谓事中通谋的共同犯罪,即各个共同犯罪人在刚着手实行犯罪时或者在实行犯罪过程中形成共同犯罪故意的时候,也是共同犯罪的见解当中,不难推断出类似的结论。

[57] 林亚刚、何荣功:《论承继共同正犯的法律性质及刑事责任》,载《法学家》2002年第4期;张明楷:《刑法学》(上)(第6版),法律出版社2021年版,第589页。

[58] 马克昌:《比较刑法原理——外国刑法学总论》,武汉大学出版社2002年版,第693页。

[59] [日]斋藤诚二:《特别刑法讲义》,法学书院1993年版,第203页。

换言之，如果说后行为和上述二者之中的一方没有因果性，应当否定继承关系，那么，和另一方之间也应当得出同样的结论。但是，上述二分说认为后行为和先行为之间不具有因果关系，不成立承继共同正犯，但成立承继共犯，这显然是矛盾的。

"折中说"是对上述全面肯定说和全面否定说进行修正之后得出的结论，其中，又包括以下两种观点：

首先是基本上站在"全面肯定说"的立场上，主张根据犯罪设定一定的界限，对后行者的责任范围进行限定的见解。如在抢劫致人死伤罪的场合，尽管后行者也成立抢劫致人死伤罪的共同正犯，但是，后行者在夺取财物的时候，只是利用了先行者所引起的结果当中的一部分即被害人不能抵抗的状态而已，因此，对于先行者所造成的被害人的死伤结果，不能认可后行者的责任，意图仅在抢劫(不包括死伤结果)的限度之内，追究后行者的刑事责任。[60] 但是，这种站在肯定立场上的折中说，存在定罪和量刑分离的明显缺陷。如就上述抢劫案而言，按照这种观点，后行者由于和先行者一道成立抢劫致人死伤罪的共同正犯，因此，在定罪上，应当是抢劫(致人死伤)罪，但是，在量刑上，则要按照和抢劫(致人死伤)罪不同的抢劫罪进行，这显然不妥。

其次是基本站在"全面否定说"的立场上，认为一定场合下，可以要求后行者对其参与以前的行为承担正犯责任的见解。这种观点认为，后行者在将先行者的行为和结果作为实现自己犯罪的手段而加以利用的场合，后行者也必须对其参与前的行为以及结果承担正犯责任。[61] 如在抢劫的场合，尽管先行者所造成的死伤结果由于不存在持续状态而不能被继承，但是，暴力、胁迫所造成的不能反抗状态和效果还是能够持续的，因此，先行者的暴力等行为可以被继承，这种情况下，后行者的行为仍然可以构成抢劫罪。按照这种观点，在前述某甲将被害人某丙打成重伤，某乙路过此地，了解实情之后，帮助某甲取走某丙的财物的场合，某乙和某甲一道，构成抢劫罪的共同正犯。[62]

这种在"全面否定说"基础之上的"折中说"或者"有限肯定说"，尽管在基本理念上是妥当的，但是，从本书的因果共犯论的立场来看，存在以下问题：一是在具体概念的区分上存在问题。如能够承继的"状态"和不能承继的"结果"之间的界限该如何划分，标准很不明确。如抢劫罪当中，被害人身负重伤，这既可以说是一种状态，也可以说是一种结果。如此说来，什么样的状态能够被继承，什么样的状态不能被继承，就没有一个明确的界限，难以为承继共同犯罪(正犯)的认定提供明确标准。二是和单独犯的认定之间，不能取得平衡。如抢劫罪以行为人先有非法占有意思，然后实施暴力、胁迫等手段取财为成立要件，因此，在行为人实施了暴力、胁迫等手段之后，再产生取财意思的场合，无论如何不能构成抢劫罪，而只能构成伤害罪和盗窃罪。与此相应，在先行者实施暴力、胁迫等手段之后，后行者基于非法占有被害人财物的意思参与进入，和先行者一道取走他人财物，也只有构成盗窃罪的共同正犯，才能和单独犯的场合一致。

---

[60] [日]藤木英雄：《刑法总论》，弘文堂1978年版，第290页。
[61] [日]大塚仁：《刑法概说(总论)》(第4版)，有斐阁2008年版，第295页。
[62] 案例分析参见[日]大塚仁：《刑法概说(总论)》(第4版)，有斐阁2008年版，第295页。

实际上,承继的共同犯罪(正犯)概念和后行者是否对先行者的行为和结果承担刑事责任是两个不同层次的问题。[63] 承继的共同正犯是和原始的共同正犯相对应的概念,后者是指两个以上的人在着手实施犯罪以前,已经就共同实行犯罪形成了有意思联络的共犯形式;前者是指两个以上的人在着手实行部分行为之后,才就共同实行犯罪形成了有意思联络的共犯形式。二者的差别仅仅在于,共同故意产生的时间是在着手实行前或者之后。既然在着手实行之后产生共同犯罪意思联络的情况完全可能存在,而且其存在与现实的立法也不冲突,因此,承认承继的共同犯罪(正犯)概念,是完全可能的。

但是,承认承继的共同犯罪(正犯)现象,并不意味着后行者对其介入之前的先行者的行为及其结果要承担共同正犯的刑事责任。从因果共犯论的立场来看,行为人只能对和自己行为具有因果关系的结果承担刑事责任,而在承继的共同犯罪(正犯)的场合,后行者的行为无论如何不可能对先行者的行为和结果产生影响,因此,对于先行者先前所引起的行为和结果,无论如何都不能追究后行者的刑事责任。换言之,先行者的行为和结果作为一种客观事实,一旦发生,就是一种已经实施完毕的客观存在,不能延续,不能被继承。但是,先行者的行为所引起的被害人不敢反抗、不能反抗或者不知反抗的状态,则能够延续下来并且能够被继承。如果这种状态在后行者介入之后仍然延续,且被后行者作为犯罪手段积极利用,成为实现后行者犯罪的手段或者犯罪行为的一部分的时候,则后行者对于利用这种状态所造成的结果,要承担刑事责任。如先行者为了抢劫,将他人打成重伤,碰巧第三人经过此地,在和先行者取得一致的意思联络之后,共同将已经不能反抗的被害人的财物抢走的场合,由于在后行者即第三人参与进来的时候,被害人身负重伤的结果已经存在,和第三人后面的介入行为之间没有任何因果关系,因此,第三人尽管对于被害人的财物被抢的结果要承担抢劫罪的刑事责任,但对于被害人的重伤结果,则不应当适用我国刑法第 263 条的规定,承担抢劫致人重伤、死亡的刑事责任。

因此,在处理承继共同犯罪现象时候,对于途中参与进来的后行为人的处理,必须注意以下几点:

1. 在诈骗罪之类的在构成要件上预定了数个行为的场合,对于中途介入的后行者,应当就该罪的整体认定成立共同犯罪。如在甲出于非法占有的目的而欺骗 A,让 A 陷入认识错误,之后,第三人乙在和甲取得意思联络之后,从陷入认识错误的 A 手中取得了 5 万元人民币的场合,后行者即第三人乙是否因取财行为构成诈骗罪的共同正犯便成为问题。肯定说认为,乙的取财行为是基于被害人 A 的交付意思而实施的,因此,将乙的取财行为和 A 的交付意思切割开来看的话,乙的行为就不成立现行法上的犯罪。但是,乙的取财行为从先行者甲的立场来看,就是骗取。既然乙处于能够左右这种违法结果的立场,当然应当让其承担诈骗罪的共同正犯的罪责。全面否定说则认为,在诈骗罪之类的单纯一罪的场合,后行者的行为虽说和最终的骗取结果之间具有因果性,但被害人陷入错误状态是先行者的欺诈行为所导致的,这种欺诈行为以及作为其结果的错误状态和后行者的行为无关。因果共犯论的前提是,自己亲自引起某种事态的场合,与仅仅利用他人引起某种事态的场合,在刑法上不能进行同等评价,因此对乙只能不处罚。但是,从本书的立场来看,上述场合,因为诈骗罪的正犯行为即欺诈和取财行为尚未终

---

[63] 陈家林:《共同正犯研究》,武汉大学出版社 2004 年版,第 238 页以下。

了,仅仅与财物的取得有关的后行者为被害人在错误状态下交付财物的结果提供了原因,因此,乙的行为符合我国刑法第27条"在共同犯罪中起次要或者辅助作用的,是从犯"的规定,应当被认定为诈骗罪的从犯。

2. 虽说后行者对于其参与之前的行为,不可能具有因果性,但即便是先行者所实施的事情,也不能说是已经发生完毕的结果(如被害人的伤害或者死亡),在后行者参与时效果仍在持续的场合(如抢劫罪中的反抗抑制状态),由于后行者参与后利用了仍在持续的先行者的行为效果,可以说是和先行者一道引起了结果,因此,可以据此对后行者参与前的行为追究责任。如在抢劫的场合,先行者实施暴力行为,造成他人重伤或者死亡的结果,先行者所引起的伤害结果成为一种已经固定的事实状态,本身就成为定罪或者量刑所要考虑的因素,不能继承。但是,重伤和死亡结果所导致的被害人不能反抗、不敢反抗或者不知反抗的状态,则不因为暴力行为的结束而消失,在一段时间之内,其还会一直延续下去。在这种状态延续的过程中,后行者介入,和引起该种状态的先行者进行意思上的沟通之后,共同或者按照分工单独将尚未完成的犯罪行为实施完毕的场合,由于后行者将先行者所形成的某种状态作为自己实现犯罪的手段,因此,对于在先行行为所形成的状态下实现的结果,后行者必须承担共同犯罪(正犯)的刑事责任。如在先行者出于抢劫的意思而将被害人杀死或者打伤之后,后行者出现,和先行者取得意思上的沟通之后,单独或者共同将被害人财物拿走的场合,由于后行者积极利用了被害人不能反抗或者不敢反抗的状态,将其作为了自己劫取财物行为的手段,因此,后行者的行为符合抢劫罪的成立要件,构成抢劫罪。只是由于被害人死伤的结果和后行者无关,因此,其不能对被害人的死伤结果负责,即不能在"十年以上有期徒刑、无期徒刑或者死刑,并处罚金或者没收财产"的范围内处刑。

3. 在伙同他人冒领他人盗窃到的存折中的存款的场合,由于活期存折能够即时兑现,无须附加条件即可凭折取款,因此,盗窃到存折就意味着盗窃罪成立。由于这一行为是由先行者独立实施的,后行者没有介入其中,因此,不成立盗窃罪的共同正犯。只是冒领存款的行为本身是一种诈骗行为,后行者在参与先行者将盗窃到的存折冒领兑现的时候,虽然不对其参与前的盗窃罪承担责任,但是,其所实施的冒领兑现行为,在诈骗罪的范围之内,和先行者一道,成立诈骗罪的共同正犯。在先行者采用欺诈手段让他人陷入错误认识之后,后行者介入其中,从被害人手中接过财物的场合,后行者由于没有参与诈骗罪中的诈骗行为,故不构成诈骗罪的正犯,而只构成事后帮助取财的诈骗罪从犯。

同样,在甲等三人意图从张三那里敲诈勒索金钱而对其实施威胁,导致张三惊恐万分的时候,丙、丁经过此地,了解情况之后,加入其中。甲等指示丙、丁跟随张三去取钱,丙、丁在银行停车场从张三手中拿走5万元钱的场合,对后面加入进来的丙、丁的行为该如何处理,成为问题。本案中,甲等三人施加言语威胁,意图让对方交付财物的敲诈勒索罪的正犯行为在先,丙、丁仅仅只是知情之后接受财物交付行为的人,而且,他们的行为不是作为自己的犯罪而实施的,而是按照甲等的指示,为了甲等的利益而实施的,难以认定其具有敲诈勒索的正犯的意思,不能认定成立恐吓的共同正犯,只能在敲诈勒索罪的帮助犯的限度之内加以认定,将其认定为敲诈勒索罪的帮助犯比较妥当。

三、简单共同犯罪和复杂共同犯罪

这是以共同犯罪人之间有无分工为标准进行的分类,也是理论上问题比较多的共同犯罪类型,需要详细地进行探讨。

(一)简单共同犯罪

简单共同犯罪,也称"实行共同正犯",指二人以上出于共同实行犯罪的意思(共同实行的意思),共同实施实行行为(共同实行行为)的共犯形式。

如前所述,刑法分则具体犯罪的犯罪构成,原则上预定为一个人单独实施犯罪的场合,如故意杀人罪的犯罪构成中的"杀人",就是以一个人单独杀害他人的"单独犯"为前提的。行为人单独实施故意杀人罪的场合,如果杀人的实行行为和杀害结果之间没有因果关系即杀人未遂,行为人对死亡结果就不承担刑事责任。这是"任何人只对自己行为所引发的结果承担责任"的"个人责任原则"的体现,其对"同时犯"也适用。

所谓同时犯,就是两个以上的人,没有共同实行的意思联络,同时对同一对象实行犯罪的场合。同时犯和共同正犯,在二人以上同时针对同一对象实施犯罪这一点上,有相同之处,但前者没有意思联络,后者具有共同实行的意思联络,在这一点上二者不同。因此,同时犯中,行为人仅对自己实施的行为和结果承担刑事责任(个人责任原则),共同正犯对他人(共同行为人)的行为和结果也要承担刑事责任。共同正犯的场合,共同行为人全体对结果承担责任,意味着行为人对他人的行为结果也要承担责任,因此,共同正犯概念的存在,是对个人责任原则的重大修正。"分担部分实行行为的共同行为人对犯罪整体承担责任"的原则,就是"部分行为、全部责任"原理,这一责任原理针对的就是共同正犯。[64]

1. 简单共同正犯

简单共同正犯,在我国刑法第25条第1款"共同犯罪是指二人以上共同故意犯罪"的规定中,能够体现出来。另外,司法实践中也经常出现这种共犯类型,因此有必要对其加以探讨。

构成简单共同正犯,除主体是两人以外,还必须具备如下要件:

(1)客观上,必须具有共同分担部分实行行为的事实。所谓"共同",就是所有的参与人互相利用、相互补充,实施具体犯罪构成的实行行为,共同引起犯罪结果,因此,各个参与人必须分担具有实现犯罪构成的现实危险的行为即实行行为。是不是分担了具有现实危险的行为,应当从两个以上的人相互利用、补充他人的行为的关系出发,以单个人的行为是否为整体实行行为的一部分为标准来决定。例如,A和B具有共同杀死甲的意思,在A抱住甲的身体,B朝甲的胸部连砍数刀,致其死亡的场合,由于A和B的行为在整体上是具有实现故意杀人罪的犯罪构成结果危险的行为,所以,A和B就具有共同杀人的事实。在两个以上的人具有意思联络,分别实施不同犯罪构成行为的场合,依照完全犯罪共同说,原则上不成立共同正犯,对于各自所实施的行为,按照单独犯处理。部分犯罪共同说认为,在参与人所实施的犯罪具有某个犯

---

[64] 但是,也存在并非共同正犯,但适用"部分行为、全部责任"原理的例外场合,如《日本刑法》第207条规定:"二人以上施加暴行致人伤害的场合,无法判明各自暴行致伤的轻重,也难以查明致伤人的时候,即便不是共同实行者,也以共犯处理。"这就是所谓同时伤害的特别规定。这种同时伤害的特别规定,是鉴于在没有共犯关系的数人同时施加暴行,使人受伤的场合,哪一种伤害是由谁的暴行而引起,事实上难以证明的情况大量存在,为了救济这种举证上的困难而设计的。

罪构成上重合的场合,在该重合的范围之内,成立某个犯罪的共同正犯。如 B 出于杀人的意思,A 出于伤害的意思,共同对甲进行伤害,导致甲死亡的场合,A 的故意伤害(致死)罪和 B 的故意杀人罪,在故意伤害罪的范围之内成立共同正犯,对于 A 应当适用故意伤害(致死)罪、B 适用故意杀人罪的条款。这种场合下,虽然单独地看,A 的行为并不是故意杀人罪的实行行为,但将其和 B 的行为放在一起整体考察,如果是具有实现故意杀人罪的犯罪构成的现实危险的行为,就能认可 A 在分担故意杀人罪的实行行为。按照行为共同说也能得出同样的结论。如在 B 出于杀人的意思,A 出于伤害的意思,共同对甲进行伤害,导致甲死亡的场合,行为共同说认为,A 将 B 的杀人行为作为自己的伤害行为,B 将 A 的伤害行为作为自己的杀人行为,二者相互将对方的行为作为自己行为的延长,共同引起结果,实现各自的犯罪意思,因此成立共同正犯,只是因为 A 出于伤害意思,B 出于杀人意思,因此,A 构成故意伤害罪的共同正犯,而 B 构成故意杀人罪的共同正犯。

(2)主观上,必须具有共同实行的意思。所谓共同实行的意思,就是行为人和他人一道相互合作,以实现犯罪的意思。共同实行的意思,在实行行为时存在就够了,不一定要有事前的谋议。在实行行为之际,偶然产生的共同实行的意思也可以说是共同实行的意思(偶然共同正犯)。某行为人在实施部分实行行为之后,其他的人基于共同实行的意思而加入该行为的场合,也可以说具有共同意思(承继的共同犯罪)。由于过失犯也有实行行为,所以,通说认为,过失犯之间只要具有共同实施该实行行为的意思,就应该说具有共同实行的意思,即承认过失犯的共同正犯。欠缺共同实行意思的行为人绝对不能成立共同正犯。

具有共同实行的意思联络,有以下两方面的要求:一是要求各参与人之间具有"意思联络"。这种意思联络,对实施具体犯罪的合意的形成方法、形态,并没有特别的限制。共同实行的意思联络在事前共谋的场合比较多,但在犯罪现场的瞬息之间所形成的也不少(现场共谋)。行为人相互之间可以没有语言的交流,联络方式可以是以目光交会而形成意思联络的默示方式(默示共谋)。所有的参与者聚集在同一场所形成合意的场合就不用说了(同时共谋),在数人之间顺次通谋的场合,行为人之间也具有意思联络(顺次共谋)。二是要求各参与人具有正犯性认识,这种正犯性的认识,就是"实现自己犯罪的意思(正犯意思)",在仅具有让他人犯罪变得容易,即为他人犯罪提供方便的意思(帮助意思)的场合,不能使参与人承担共同正犯的责任。

简单共同犯罪的场合,只要能证明"二人以上共同实行了犯罪",即便不能证明各个参与者的行为与结果之间的因果关系,也可以将所有的人作为正犯处理,这是其实际好处。所谓故意杀人罪的共同正犯,就是将刑法第 232 条规定的故意杀人罪的犯罪构成,依据刑法第 25 条第 1 款共同犯罪的规定加以修正而成的,据此,实施了符合"二人以上共同故意杀人"的构成要件的行为的人,就是故意杀人罪的共同正犯。因此,在 X 和 Y 出于杀人的共同故意同时向 A 开枪,其中一发子弹命中 A(无法查清到底是谁发射的),导致其死亡的场合,可以说是两人"共同杀害了 A",所以 X、Y 二人成立故意杀人罪的共同正犯,每个人均要对 A 的死亡结果承担故意杀人罪的全部责任。全部责任意味着,每个人都构成故意杀人罪的既遂犯。如果事后能够查明,上述场合是 X 的子弹射中 A,Y 的子弹射偏的话,命中的 X 就不说了,即便是射偏的 Y,也要承担杀人既遂的刑事责任。这意味着,"二人以上共同实行了犯罪"的场合,只要能够证明是共同行为人的行为引起了结果(上例中,只要X、Y所发射的子弹有一发命中),而且证明到此即可,就能得出"都是正犯"的结论,而后产生"共同行为人整体都要对结果承担刑事责任"的法律效果。这样,通过共同行为人之间的意思联络证明,就可以减轻每个个人和结果之间的因果关系的证明负担,这样将刑法第25条第1款规定理解为其中包含共同正犯内容的好处就显现出来了。

2. 片面共同正犯

所谓片面共同正犯,是指在参与同一犯罪的实行行为的人当中,一方具有共同实行的意思,而另一方并不具有该种意思。如X在对行人A实施抢劫行为之际,Y在X不知情的情况下,用枪对准行人A,抑制了其反抗的场合,Y的行为,通常被看作片面共同正犯。这种场合下,Y在明知X正在实施抢劫的情况下,以抢劫的意思,参与了劫夺财物的行为,构成抢劫罪,但其行为是在和X之间没有意思联络的情况下实施的,所以,Y被认为是抢劫罪的片面共同正犯。

如前所述,数人在同一机会实行同一犯罪的场合,相互之间具有意思联络的是共同正犯,完全没有意思联络的是同时犯,片面共同正犯就是处于两者之间的情形。这种片面共同正犯是应当作为"共同正犯"处理,还是作为"同时犯(单独正犯)"处理,成为问题。

在我国刑法学界,通常见解对片面共同正犯持否定态度,但偶尔也能见到肯定说的观点。否定说的理由是不言而喻的,因为"行为人的故意和行为都是单方面的,而不是行为人相互之间的共同故意和相互利用对方的行为,与我国刑法规定的共同犯罪的概念不符"。[65] 肯定论者则认为:"片面共同正犯对不知情的他方的实行行为却有清楚的认识,并且,正是在这种认识的基础上,一方面将对他方的认识纳入自己的故意犯罪当中,从而表现出更大的主观恶性;另一方面在客观上又以此种认识和意志指导和支配自己的行为,去利用、加功他方的实行行为,事实上将自己的实行行为融入他方的实行行为当中,并且也的确是以此实现了自己的犯罪意图,因此,对这种片面共犯者,以共同正犯追究共同犯罪人的刑事责任,是主客观相统一的犯罪构成及刑事责任的必然结论,也是责任主义的当然要求。"[66]

肯定说与否定说的争议焦点在于,"相互之间的意思联络"是不是"共同正犯"不可缺少的要件?对此,理论上,行为共同说和犯罪共同说之间存在对立。虽说成立共同犯罪,数个行为人必须"共同"实行犯罪,但"共同"的意义,犯罪共同说和行为共同说理解不同。

犯罪共同说认为,共同正犯是数人共同实行"特定犯罪"(数人一罪),因此,就实行特定犯罪而言,行为人相互之间必须具有意思联络,否定片面共同正犯。行为共同说则认为,共同犯罪是数人以实行犯罪的相同"行为过程"或者"因果关系",实现各自的犯罪(数人数罪),数人之间即便没有意思联络,只要行为共同,实施各自的犯罪就足够了,片面共同正犯也能被肯定。

本书由于在共同犯罪本质上主张行为共同说,在共犯处罚根据上坚持因果共犯论,因此,对片面共同正犯的存在持肯定态度。从行为共同说的角度来看,如果说共同犯罪的本质在于利用他人的行为来实现自己的犯罪,那么,就不仅仅有自己利用他人犯罪的情形,他人利用自

---

[65] 何秉松主编:《刑法教程》,中国法制出版社1998年版,第250页。还有见解认为,简单的共同犯罪的场合,各共同犯罪人具有共同的意思联络,在一人具有共同实行犯罪的认识,而另一人没有的场合,不构成简单的共同犯罪,因而否定所谓片面共同正犯,参见高铭暄、马克昌主编:《刑法学》(第10版),北京大学出版社2022年版,第168页。
[66] 林亚刚、何荣功:《片面共同正犯刑事责任的探讨》,载《法学评论》2002年第4期。

己犯罪的情形也可能存在,因此,只要片面参与者的参与对该犯罪的实行来说必不可少,那么,将这种参与行为评价为(片面)共同正犯就没有太大问题。从有关共犯处罚根据的因果共犯论的立场来看,也能得出肯定结论。正如帮助犯和教唆犯的处罚根据在于帮助、教唆行为和结果之间具有因果性一样,对结果赋予因果性也是共同正犯的处罚根据。实行共同正犯的场合,分担实行行为就认可了物理的因果性,有意思联络就能认可心理上的因果性,这些就是其对其他共同正犯人的行为、结果要承担责任的根据。在所谓片面共同正犯的场合,行为和结果之间存在物理上的因果性,只是行为人相互之间没有心理上的因果性而已。但即便单方面的,只要其具有利用对方行为的意思,且对结果的发生提供了物理上的影响力,就可以说以物理方法共同引起了结果,可以让其承担全部责任。如此说来,上述 X 在对行人 A 实施抢劫行为之际,Y 在 X 不知情的情况下,用枪对准行人 A,抑制了其反抗的场合,X 即便不知道有 Y 的参与,但可以说 Y 在物理上促进了 X 的行为,具有物理因果上的共同,因此,Y 构成 X 抢劫罪的共同正犯。但由于 X 并不知情,故 Y 的单方面参与行为被称为片面共同正犯。

否定说认为,成立共同正犯,共同人之间必须具有共同实行的意思,"片面"就意味着单方面,各个参与者之间不具有共同实行的意思联络,这显然不符合共同正犯的成立条件,因此,该种观点否定片面共同正犯,只认可片面帮助犯,主张对所谓片面共同正犯,视为利用不知情的他人犯罪,作为间接正犯处理。[67] 但是,上述举例中 Y 一样的单方参与者,由于和其他人如 X 之间没有意思联络,很难说支配了同 X 一样的其他行为人的行为,因此,将其作为间接正犯处理的理由何在,不得而知。肯定说认为,所谓共同正犯就是共同引起犯罪构成事实,从片面共同者的角度来看,以物理的因果性为基础的犯罪构成事实,也是自己和他人一道所共同引起的,因此,没有理由要否定片面共同正犯。[68]

3. 简单共同犯罪的处罚原则

对简单共同犯罪即共同正犯,实行的是特殊的处罚原则,即"部分行为、全部责任"原则。[69] 意思是,对参与简单共同犯罪的人,即便只是实施了具体犯罪的部分行为,也要对其所参与引起的全部结果,追究其刑事责任,即让其承担正犯(实行犯)的刑事责任。如 A 和 B 出于共同杀害甲的目的而向甲开枪,即便只有 A 的子弹打中了甲的心脏引起了甲的死亡结果,而 B 的子弹偏离目标,没有打中甲,A 就不用说了,即便对没有射中的 B,也要按照故意杀人罪的正犯即实行犯处理。

关于为何共同正犯的场合,行为人只要实施了部分行为,就要承担全部责任,即共同正犯

---

[67] [日]大谷实:《刑法讲义总论》(新版第 5 版),黎宏、姚培培译,中国人民大学出版社 2023 年版,第 432 页;[日]团藤重光:《刑法纲要总论》(第 3 版),创文社 1990 年版,第 391 页;前田雅英:《刑法讲义总论》(第 7 版),东京大学出版会 2019 年版,第 345~346 页。

[68] [日]平野龙一:《刑法总论 II》,有斐阁 1975 年版,第 391 页;[日]山口厚:《刑法总论》(第 3 版),付立庆译,中国人民大学出版社 2018 年版,第 364 页。

[69] 域外刑法中一般都有"二人以上共同实行犯罪之行为者,皆为正犯"的规定。其意思是,对于共同实行的犯罪,将全体共犯人都作为正犯追究其刑事责任。换句话说,和单独实行犯同样处理。我国刑法中尽管没有这类规定,但我国刑法第 26 条规定了"主犯",其是指组织、领导犯罪集团进行犯罪活动或者在共同犯罪中起主要作用的人,并且规定,组织、领导犯罪集团的首要分子,按照集团所犯的全部罪行处罚;主犯按照其所参与的或者组织、指挥的全部犯罪处罚。换言之,在我国,"主犯"的场合,实际上也是按照"部分行为、全部责任"的原则予以处罚。

的场合"部分行为、全部责任"的根据何在,学说上有两种解释方式:

一种是"相互利用、相互补充说"。认为两个以上的人出于共同实施犯罪的意思,相互利用、相互补充,将自己的行为与他人的行为结合成为一体,共同实现了犯罪,故即便是部分行为,也要承担全部责任。[70] 换言之,共同正犯的本质,不在于分担实行行为,而在于通过数个人的互相合作,实现犯罪,引起了犯罪结果。如在 A 和 B 企图杀 C,A 从背后将 C 抱住,B 从前面刺 C 的心脏的场合,将他人从背后抱住的行为自身并不是杀人罪的实行行为,但仍然要追究 A 的杀人罪的刑事责任,这是因为,在 A 和 B 共同携手杀 C 的共同实行的意思之下,他们互相补充、利用对方的行为,实现了杀人的结果。

另一种是"因果性说"。其从共同参与者相互利用对方的行为,共同为具体犯罪结果的发生提供原因力的角度的因果共犯论(引起说)的立场来说明共同正犯的处罚根据。[71] 据此,如在 X、Y 共谋杀害 A 而同时开枪,但只有 X 的子弹打中 A 造成 A 死亡的场合,Y 之所以也要承担杀人既遂的罪责,是因为 Y 通过和 X 的共谋,强化了 X 的杀意,从心理上对其杀人行为有促进作用,和 A 的死亡结果之间具有心理上的因果性。这样,共同正犯在将他人的行为作为中介,扩张了自己行为的因果性这一点上,和教唆犯、帮助犯的狭义共犯有相同的构造,在此意义上,可以说是和单独正犯不同的"共犯"。既然教唆犯、帮助犯等不直接参与犯罪的人可以通过正犯而和最终的犯罪结果之间产生因果关系,并基于此而被处罚,则共同正犯的场合,也能以此为处罚根据。只是,和教唆犯、帮助犯等狭义共犯相比,共同正犯的场合,只是在对结果的因果影响的强弱上存在程度差别而已。

(二)复杂共同犯罪

所谓复杂共同犯罪,是指各参与人之间存在分工的共同犯罪。具体表现为:有的仅仅是指挥、策划、教唆他人,使他人产生犯罪的意思并付诸实施;有的则只是为他人实行犯罪提供方便;有的则是亲自动手实行该种犯罪的实行行为。尽管各个共犯人的行为互不相同,但都是服务于一个犯罪目的,共同实现具体犯罪的犯罪构成,因而被称为复杂共同犯罪。复杂共同犯罪与简单共同犯罪的区别在于:后者是各共犯人都直接参与犯罪的实行,都构成实行犯,而前者则是有的直接参与犯罪的实行(如实行犯),有的则是间接参与犯罪的实行(如教唆犯和帮助犯)。

在复杂共同犯罪之中,理论上存在所谓共谋共同正犯的类型,值得探讨。

所谓共谋共同正犯,是在数人共谋实施一定犯罪的场合,有人参与了实行行为,有人只是参与商量策划而没有参与实行,但只要有人将共谋的计划付诸实施,则对于其他没有实施实行的共谋人,一律按照共同正犯处理的共同犯罪类型。

共谋共同正犯,是日本判例创造出来的概念,其最初的适用范围,集中于强调精神、脑力劳动的敲诈勒索罪等智能犯,后来逐渐扩大到抢劫罪、杀人罪等暴力犯的场合。考虑到这样无限制地发展下去,有可能违反近代刑法主张的个人责任原则,于是日本的学界和判例便试图通过

---

[70] [日]大谷实:《刑法讲义总论》(新版第 5 版),黎宏、姚培培译,中国人民大学出版社 2023 年版,第 416 页。
[71] [日]山口厚:《刑法总论》(第 3 版),付立庆译,中国人民大学出版社 2018 年版,第 338 页;[日]西田典之:《刑法总论》,[日]桥爪隆补订,弘文堂 2019 年版,第 372 页。

将共谋行为解释为"构成犯罪的事实",以限定其适用范围。在我国,刑法第 26 条第 2 款规定,三人以上为共同实施犯罪而组成的较为固定的犯罪组织,是犯罪集团;第 3 款规定,对组织、领导犯罪集团的首要分子,按照集团所犯的全部罪行处罚;第 4 款规定,首要分子以外的主犯,应当按照其所参与的或者组织、指挥的全部犯罪处罚。"组织、领导"当中包含了策划、指挥、谋议等并不直接参与犯罪实行的意思在内,因此,可以说,我国刑法的相关规定当中,也包含共谋共同正犯的内容。同时,近年来,我国也有学者从明确共谋者的法律性质与责任,发展精细化的正犯、共犯区分理论;推动对主犯核心共犯体系整体合理性的探讨;探讨以构成要件为核心的共犯成立条件的阶层犯罪体系的立场出发,认为有必要认可并引进共谋共同正犯概念。[72] 因此,日本的相关学说对理解我国刑法中"对组织、领导犯罪集团的首要分子,按照集团所犯的全部罪行处罚"的规定具有借鉴意义。

共谋共同正犯的理论基础,主要有以下几种学说:

1."共同意思主体说"。本说着眼于异心别体的两个以上的人为了实现同一目的而结合成为一体的社会现象,认为共同犯罪就是两个以上的人为实现一定的犯罪目的,通过共同谋议而形成"共同意思主体"。在此意思共同体中的一人在共同目的之下实施了犯罪的时候,就承认共同意思主体的活动,所有的共同人都成为共同正犯,依照民法中的合伙理论,共同意思主体当中的每个人,对于共同意思主体中的其他人所引起的结果,承担共同正犯的刑事责任。[73] 因此,就刑事责任的归属而言,本应归于由各个共犯所形成的、超越于各个共犯个人的共同意思主体,但该"共同意思主体"是各个共犯者个人为实现犯罪之目的而暂时形成的违法存在,无法对其论科罪责,因此,只能对构成该"共同意思主体"的个人追究罪责。对于这种见解,批判意见认为,这个见解不仅违反个人责任原理,而且,如完全贯彻这一学说,所有参与犯罪的人都必须作为共同正犯予以处罚,这样就会和日本现行法区分共同正犯、教唆犯、帮助犯的形式相冲突。

2."间接正犯类似说"。认为"行为人在实施实行行为之际,若意识到有其他人在共同实行犯罪方面和自己意见一致,存在和自己意见一致的同伴时,行为人就完全不是在自己一个人实施行为,而是在共同意思的心理约束之下实施行为",这时候,可以说存在类似于间接正犯的关系。"以共同意思所产生的心理约束对实行者施加影响的人,可以说是利用实行者来实现自己的犯罪意思的人",因此,共谋共同正犯就具有了作为正犯的基础。[74] 但是,批判意见认为,共谋者如果真的在支配行为人,实行人就应当是道具,而不是正犯,而共谋人就不是共同正犯,而应当是单独正犯,因此,该说并不妥当。另外,这个见解即便能够肯定所谓"支配型"共谋共同正犯,但是,对于各个参与人在平等立场上参与犯罪的实现,分担作用的"对等型"共谋共同正犯,不能进行说明。

3."概括正犯说"。其一方面从强烈的心理因果性中寻求部分行为、全部责任法理的根据;另一方面,根据共谋人对实行人具有强烈的心理影响、心理支配的特点,认为其在和在实现犯

---

[72] 刘艳红:《共谋共同正犯论》,载《中国法学》2012 年第 6 期。
[73] [日]西原春夫:《刑法总论》(下卷)(改订准备版),成文堂 1993 年版,第 375、376 页。
[74] [日]藤木英雄:《可罚的违法性理论》,有信堂 1967 年版,第 334 页。

罪中分担实行行为类似,或者说起到了与其类似的重要作用的场合,就成立共谋共同正犯。[75] 按照这种见解,共同正犯人并不一定要实施实行行为,只要实施了值得作为正犯严厉处罚的行为就足够了,没有分担实行行为的谋议参与者,对于实现犯罪而言,发挥了和"实行"类似的贡献和作用,其奠定了共同正犯性的基础。

从间接正犯概念当中就可以清楚地看出,刑法上的正犯并不一定限定于亲自动手实施实行行为的人,在背后对实行者进行操纵的人,尽管不亲自动手,也仍然可以作为正犯对待。如此说来,在共谋者就一定犯罪事项参与谋议,所得出结论对直接实行人具有强烈影响,支配了其行动的场合,将这种参与谋议的人和直接实施实行行为的人同等看待,作为正犯处理,也不是不可以的。只是,共谋和实行毕竟还有一定差别,对能够看作实行的共谋的成立范围必须加以限定。在实行共同正犯当中,各个参与人之间所存在的相互影响、相互促进、共同引起法益侵害结果的关系为共同正犯性的成立提供了基础,依此类推,在欠缺实行行为的共谋共同正犯的场合,参与谋议的人必须对行为人的意志具有强烈影响,达到实行共同正犯程度的强烈的因果(支配)关系。这种关系非常强烈,以至于不仅在共谋人和实行人之间处于支配与被支配关系的场合(行为支配型),即便在两者之间处于对等关系,分担实现犯罪的场合(作用分担型),也能够认可这种关系。

成立共谋共同正犯,必须具备以下条件:(1)出于共同实行犯罪的意思(共同实行的意思);(2)谋议相互利用他人的行为以实现自己的犯罪意思(共谋的事实);(3)共谋者中有人将所谋议的内容付诸实施(共同实行的事实)。

所谓共同实行的意思,是指利用或者补充他人的行为而实行犯罪的意思,仅有共同实行的认识还不够,还必须具有和其他人合作实现自己的犯罪的意思。这种意思不是教唆或者帮助的意思,而是作为正犯的意思。之所以如此,主要是为了将共谋共同正犯和教唆犯、帮助犯区别开来。实行共同正犯的场合,以有无实行行为就能将其与教唆、帮助行为区分开来。而且如果有共同的实行行为,共同实行的意思也能被肯定。在共谋共同正犯的场合,由于不要求具有实行行为的要素,因此共同实行的意思这种主观要素就成为区别共同正犯和教唆犯、帮助犯的本质要素。共同意思必须在共谋者之间存在。如在财产犯中,不具有接受不法利益的分配的意思的话,就不能说具有共同实行的意思。共同实行的意思,要通过检讨实现犯罪的意愿以及积极性来加以认定,但成为判断嫌疑人、被告人犯行之际有无意欲及其程度的基础的,则是"犯行的动机"。证明这种犯行动机的重要线索,是有关"犯行所获得的经济利益"的事实。如"获利的大小"或者"对获利期待值的大小"等,能够作为推知参与者是不是具有"实现自己的犯罪意思"的依据。

所谓共谋的事实,是指两个以上的人就实施特定犯罪而相互利用或者补充他人的行为,以实现各自的犯意而进行协商,并达成合意。共谋只是成立共谋共同正犯的必要条件,而不是充分条件,成立共谋共同正犯的充分条件是"发挥了重要作用的共谋",因此,不是所有参与共谋的人都能成立共谋共同正犯。如行为人尽管参与了抢劫的共谋,但准备袭击的对象是自己熟

---

[75] [日]平野龙一:《刑法总论Ⅱ》,有斐阁1975年版,第40页;[日]西田典之:《共犯理论的展开》,江溯、李世阳译,中国法制出版社2017年版,第66页。

人的家,自己虽然不想参与该行动,但也没有提出什么反对意见,或者虽然事前有同意的意思表示,但犯行当天没有参与,也没有参与分赃,就是没有积极的犯行的意思,因而只能成立帮助犯。这样,不是所有的参与者都成立共同正犯。成立共谋共同正犯的充分要件是,发挥了"重要作用"。参与谋议但没有发挥重要作用者,是帮助犯。

在判断共谋者在共同犯罪中是否发挥了重要作用时,一般认为,应当根据以下几个方面进行认定:一是在组织犯罪的场合,共谋人和实行人之间所具有的主从关系。一般来说,上位者多数场合下对下位者具有支配力、影响力,处于下位的人对实现犯罪并没有发挥重要作用。相反地,参与谋议者(非实行者)和担当实行者之间就不是主从关系,而是处于同格、同等关系,无论哪一方都在发挥重要作用。如在"叶某某等故意杀人案"中,二审法院认为,不在故意杀人的犯罪现场,而且也没有直接实施故意杀人罪的实行行为的叶某某在决定杀害两名儿童、采用制造意外高坠方式作案、催促逼迫亲自动手的张某实施杀人、追求被害儿童死亡等方面更为积极主动,二人在共同犯罪中地位、作用相当,均系主犯。[76] 二是共谋人在犯罪计划的起草、实行、分工方面的指示、策划或者指导作用。首先,在谋议阶段,必须确认谁设计了犯罪计划、谁指示了实行方法或者任务分工、谁主宰了谋议,检讨参与谋议者在谋议阶段所发挥的作用。其次,在准备、实行阶段,如何以实行行为以外的形式参与到犯行过程当中成为问题。能够考虑的样态是,分担犯行过程的一部分,包括激励犯行担当者、为其提供帮助、为其望风、为其寻找机会、传授犯罪方法、提供犯罪工具、提供资金等。实务当中也是这么认定的。如在"洪某等故意杀人案"[77]中,二审法院认为,在故意杀人共同犯罪中,洪某系犯意提起者,并实施了具体组织及指挥行为,提供相应资金和部分作案工具,设计诱骗被害人李某月至案发地,提供李某月的行程信息,罪责最为突出;另两人与洪某共谋,具体实施杀人行为,共同致李某月死亡,罪责相当,三人均系主犯。三是在犯罪的准备、实行阶段,根据共谋者所承担的作用的重要性等,客观、具体地认定与实行行为类似的支配关系以及作用分担关系。一般来说,实施接近实行行为或者直接援助实行行为的行为,或者不是直接为实行行为提供援助,但提供在完成犯罪上重要且必不可少的援助行为的场合,就可以说行为发挥了重要作用。作为实际问题而被讨论的,就是犯罪中的望风者是共同正犯还是帮助犯。如在甲、乙、丙三人共谋盗窃电动车,三人一起在街上寻找作案目标,找到之后,由甲进行开锁,乙负责望风,甲开了锁之后,丙就将车骑走,然后折价出售,三人平分赃款的案件,甲、乙、丙三人都是直接正犯,只是分工不一样而已。这样,虽说望风行为不是实行行为,其是为防止犯罪被发现或者排除障碍而实施的,但很多时候其是完成犯罪所不可缺少的,因此不少判例承认,望风者可以成为共同正犯。如在甲、乙共谋偷车过程中,

---

[76] 张某、叶某某故意杀人案,重庆市高级人民法院刑事裁定书,(2022)渝刑终 9 号。本案案情为,叶某某在同案犯张某的婚姻存续期间,与其建立不正当男女关系,张某离婚后,其明知张某的两名子女将由张某前妻抚养,仍视其为自己与张某结婚的障碍,遂与张某共谋,让其采取制造意外高坠方式剥夺两名无辜未成年子女的生命。之后,叶某多次催促、逼迫张某作案,并限定作案期限,最终促使张某直接实施故意杀人的犯罪行为。

[77] 《云南省高级人民法院对上诉人洪某等人故意杀人、盗窃一案二审公开宣判》,载云南法院网 2022 年 9 月 20 日,https://fy.yngy.gov.cn/article/detail/2022/09/id/6920219.shtml。本案案情为:被告人洪某因与女友李某月交往过程中发生矛盾,便邀约被告人张某某、曹某某帮忙杀害李某月,并制订作案计划、提供资金和作案工具,带领二人多次演练杀人方法,指使二人从南京乘机提前抵达商定的作案地点,购买铁锹并挖好土坑。之后,被害人李某月按照洪某设计好的骗局,从南京前往云南的案发现场,被曹某某、张某某杀害并掩埋。

甲入室盗窃，乙负责望风，过程中见有保安过来，其就和保安聊天，为甲争取了很多盗窃时间的场合，应当认定乙属于正犯，而不是从犯，因为乙的行为为盗窃犯罪的完成作出了重大贡献。相反，丙到别人家里偷东西，让丁负责望风，但没有遇到任何困难的场合，丁应被认定为从犯。因为，在本次犯行的实现过程中，望风行为相对来说并不是很重要。当然，实施乍看之下并不重要的行为，但从和实行担当者之间的强烈组织上的一体性的程度来看，也能形成共同完成的合意，肯定成立共谋共同正犯。因此，被告人所实施的行为在犯罪整体的既遂当中，占据了多大的作用（重要性）、被告人的犯行对于实现犯罪而言是不是必不可少（必要性）、在犯罪计划当中是不是发挥了主导性（主导性），必须考虑这些要点之后加以判断。[78]

所谓共同实行的事实，是指共谋人按照共谋的内容，分别实施完成犯罪所必需的行为，其中至少有一人实施了实行行为。在实行行为和共谋的内容不同的场合，共谋人不对该行为承担刑事责任。在没有实行行为就不成立共谋共同正犯的意义上，共谋共同正犯也仍从属于实行行为。这就是共谋共同正犯的从属性。

共谋共同正犯一旦成立，所有的共谋人就都是共谋共同正犯，不是只有实行者是正犯而其他的共谋人是共谋共同正犯。

四、一般共同犯罪和特殊共同犯罪

这是以共同犯罪人之间结合的紧密程度为标准进行的分类。

所谓一般共同犯罪，是指各参与人之间不存在固定组织形式的共同犯罪。这种共同犯罪的特点是，犯罪人之间没有固定组织，他们只是为了实施某一个具体犯罪而临时纠集在一起，该犯罪一旦实行完毕，这种共同犯罪形式也就不复存在了。一般共同犯罪既可以是事前通谋的共同犯罪，也可以是事中通谋的共同犯罪；既可以是简单共同犯罪，也可以是复杂共同犯罪。属于什么形式的共同犯罪，就按照该种形式的共同犯罪处理。

所谓特殊共同犯罪，是指各参与人之间有固定组织形式的共同犯罪，或称有组织的共同犯罪，亦即犯罪集团。我国刑法第 26 条第 2 款规定，"三人以上为共同实施犯罪而组成的较为固定的犯罪组织，是犯罪集团"。犯罪集团是三人以上，在较长时间内，为了实施某种或者多种犯罪而建立起来的，具有一定稳定性的一种犯罪组织，集团内部有着严密的组织纪律，其成员之间的联系具有一定的牢固性，他们在较长的时间内多次实施犯罪，甚至以犯罪为常业，其犯罪手段狡猾、诡秘，实施犯罪和逃避侦查的能力强，对社会的危害特别大，是最危险的一种共同犯罪形式，是我国刑法的打击重点。

犯罪集团是为了实现共同的犯罪目的而组织起来的特殊群体，其得以组织的心理纽带是成员共同的群体兴趣、群体需求、群体规范、群体价值和群体目标。在这种心理纽带之下，身处其中的个人，在集团文化、场景或者氛围的感染之下，有意识的人格会被团体所淹没，无意识的人格占据主导地位，成员之间呈现出"从众"现象；集团成员之间普遍存在一种"责任扩散"心理，认为自己的行为是集团群体行为的一部分，个人责任由集体承担，个人犯罪时的罪恶感比较轻，规范意识比较弱；由于"相乘群体效应"，使得集团作案时，成员之间相互依托相互感染，

---

[78] ［日］西田典之：《刑法总论》，［日］桥爪隆补订，弘文堂 2019 年版，第 344 页。

增强了集团整体的犯罪能力;集团中地位高的成员处于权威地位而发号施令,一般成员常常唯命是从,处于被动服从地位,从而在集团内部呈现出明显的等级结构和"地位效应"。[79] 以上心理纽带决定了犯罪集团的影响力和破坏行为,因为集团的组织构造、规模等特征而远超其构成人员的自然人的总和。集团犯罪的重大危害性,很大程度上源于集团的以上特征。犯罪集团不只是共犯参与人个人的集合体,而是兼具"复杂性"(complexity)特征的实体。无视犯罪集团的这一重要特征,将集团责任还原为集团中的各个参与人的做法,是对集团犯罪的本质和犯罪集团的特征的严重误判。也正因如此,我国刑法中专门规定"犯罪集团"这类特殊的共同犯罪形式,并基于"射人先射马,擒贼先擒王"的原理,对犯罪集团的首要分子和主犯规定了特殊处罚规则。

按照刑法第26条,构成犯罪集团,必须具备如下条件:(1)人数为三人以上,包括三人在内,这是成立犯罪集团的人数条件。也就是说,二人共同进行犯罪活动的,是一般的共同犯罪;只有三人或超过三人共同进行犯罪活动的,才可能是犯罪集团。在社会现实生活中,犯罪集团远远不止三个人参加,有的成员多达十几人或者几十人,少者也有六七人。只有三人的,是个别的情况。(2)目的是共同实施犯罪。犯罪集团总是以实施某一种或者几种犯罪为目的而成立的,否则便无法成为犯罪集团。(3)有较为固定的组织。组织总是意味着成员之间存在领导与被领导的关系,亦即既有组织者、领导者、指挥者,又有普通成员,后者服从于前者的领导和指挥,前者领导、指挥后者进行犯罪活动。犯罪集团的性质不同,组织的严密程度也大不一样。按照组织严密的程度来划分,犯罪集团可分为普通犯罪集团、黑社会性质组织、黑社会组织。当前我国社会中的犯罪集团,组织最为严密的当属"黑社会性质组织"。所谓较为固定,指并非以实施一次具体犯罪为目的而纠集在一起,或者一次犯罪完毕即散伙,而是以多次实施犯罪为目的并长期存在。是否较为固定,以是否准备长期存在而定,不以事实上长期存在为必要。所以,只要查明各共同犯罪人是以实施多次或不定次数犯罪为目的而组织起来,即使没有来得及实施犯罪,也不影响犯罪集团的成立。犯罪集团是最危险的共同犯罪形式,历来是我国刑法打击的重点。

在犯罪集团的认定上,要注意以下几个问题:

一是犯罪集团与普通共同犯罪的关系。二者的差别在于:首先是人数要求不同。共同犯罪为两人以上,而犯罪集团则要求三人以上。其次是组织稳定性不同。共同犯罪的成员关系较为松散,可能只是一次性的合作,成员之间没有固定的组织和领导结构,犯罪集团则具有较高的组织稳定性,成员之间有明确的分工和领导层次,组织形式较为固定。再次是犯罪的预谋性和计划性不同。共同犯罪可能缺乏预谋和计划,往往是临时起意或即兴犯罪,犯罪集团则强调有预谋、有计划地实施犯罪活动,成员之间会事先商量和策划,以提高犯罪的成功率和逃避法律制裁的能力。最后是法律后果不同。共同犯罪的成员根据其在犯罪中的作用和责任分别受到相应的法律制裁,犯罪集团的成员,特别是首要分子和主犯,可能会受到更严重的法律制裁,因为他们不仅实施了具体的犯罪行为,还组织和领导了整个犯罪集团的活动。

二是犯罪集团和犯罪团伙的区别。犯罪团伙并不是一个法律概念,而是司法实践中的一

---

[79] 李树:《犯罪集团群体心理机制剖析》,载《青少年犯罪问题》1994年第6期。

个说法,通常是指三人以上纠合型的共同犯罪。在处理犯罪团伙案件时,如果其符合犯罪集团的构成特征,即成员为三人以上,具有共同实施犯罪的目的性、较强的组织性以及相当的稳定性,则应将其认定为犯罪集团;相反地,如果其不具备或者不完全具备犯罪集团的构成特征,如属于临时纠集的数人,没有组织性,甚至是一次犯罪实施完毕之后立即解散,无长期存续的计划,则应当作为一般共同犯罪处理。

对于犯罪集团的处理,刑法分则有规定的,即属于必要的共同犯罪中的集团性共同犯罪,应当依照刑法分则的有关规定处理。如刑法分则当中,关于恐怖组织犯罪,规定有组织、领导、参加恐怖组织罪(第120条);关于邪教组织犯罪,规定有组织、利用会道门、邪教组织、利用迷信破坏法律实施罪(第300条);关于黑社会性质组织犯罪,规定有组织、领导、参加黑社会性质组织罪,入境发展黑社会组织罪,包庇、纵容黑社会性质组织罪(第294条)等,并且就每个罪名,均规定其成立条件和相应处罚。

第四节 共犯人的分类及其刑事责任

一、共犯人分类概述

共犯人的分类,是指按照一定标准将共同犯罪的参与人划分为不同的类别,目的是对其区分不同的成立条件并分别予以不同的处罚。对共犯进行分类,理论上有两种方法:一是以形式标准为主的分工分类法,即按照共犯人在共同犯罪中的分工或行为形式,将共犯人分为正犯(实行犯)、教唆犯、帮助犯,有的还加上了组织犯;二是以实质作用为准的作用分类法,即依照共犯人在共同犯罪中所起作用的大小,将共犯人分为主犯、从犯,有的还加上了胁从犯。

从理论上讲,上述两种分类方法各有利弊。一般认为,作用分类法较为充分地反映了各个参与人在共同犯罪中的作用及其社会危害程度,便于解决共同犯罪人的量刑问题,但这种分类因为不能准确地显示各个参与人在共同犯罪中的分工,因此,在解决共同犯罪的定罪等问题上存在不足;相反,分工分类法能够准确地反映各个参与人在共同犯罪中的实际分工及其联系,便于解决共犯的定罪问题,但不能充分地体现各个参与人在共同犯罪中的作用大小,因而难以准确地解决量刑的问题。

但从当今的情况来看,采用实质标准的作用分类法逐渐占据了主导地位。按照形式的分工分类法,所谓正犯就是"实行犯",即亲自动手,实施刑法分则所规定的具体犯罪构成要件全部行为的人;所谓共犯,是指不亲自动手实施符合构成要件的行为,而是通过以构成要件行为外围的教唆、帮助方式,加功正犯行为的人。但间接正犯的出现,直接突破了正犯必须亲自动手实施构成要件行为的传统概念要求。在间接正犯的场合,形式上看,也是二人以上(利用者和作为工具的被利用者)共同实施犯罪,形式上满足共同犯罪的成立条件,但和传统正犯概念不同的是,作为正犯的利用者并没有,也不必亲自动手实施具体犯罪的构成要件行为。之后出现的共谋共同正犯概念,使作为分工分类标准的形式正犯论几乎土崩瓦解。从分工分类的角度来看,共谋共同正犯概念是难以理喻的存在。因为,从正犯是亲自动手实施构成要件行为的人,共同正犯作为正犯的一种,至少必须分担部分行为的立场来看,共谋仅仅是就实施共同犯罪行为进行商量而已,岂能将其视为实施构成要件行为呢?这是从区分制出发必然会有的疑问。现在,主张正犯与共犯严格区分的学者,通常采用德国的"犯罪支配论"或者说"行为支配论",以行为人对于构成要件结果是否具有支配为标准来区分正犯与共犯,认为正犯是犯罪事实的核心角色,是对犯罪事实的发生、发展和结果具有支配的人,共犯虽然对犯罪事实存在影响,但不是能够决定性地支配犯罪过程的人,是犯罪事实的边缘角色。[80] 据此,正犯包括三种形态:一是具有行为支配的直接正犯,[81] 二是具有意思支配的间接正犯,[82] 三是具有功能支配的共同正犯。[83] 一旦采用犯罪支配说,无异于直接表明,在当今共犯的区分标准上,形式标准的分工分类已经真的不合时宜。但在犯罪支配说之下,正犯已经抽象为了犯罪中的核心角色,是对犯罪事实的发生、发展和结果具有支配的人。换言之,对于正犯并不要求其亲自动手实施具体犯罪构成要件行为,只要支配即对实现具体犯罪构成要件的人或者事物起引导、操控作用即可,这意味着,在共犯的区分标准上,实质的作用分类才能准确地体现出各个共犯参与人的实际情况。

我国刑法以共犯的参与人在共同犯罪中所起的作用——而不是按照分工或者行为形式——为基本标准,将共同犯罪人分为主犯、从犯、胁从犯。但考虑到教唆犯的情况比较复杂,所以又对教唆犯进行专门规定。只是,教唆犯在其处理上,也是"按照他在共同犯罪中所起的作用处罚"的。换言之,教唆犯并不是与主犯、从犯、胁从犯并列的分类,而是主犯、从犯中的一种。以下按照以上顺序,分别叙述。

二、主犯及其刑事责任

(一)主犯的概念

根据刑法第 26 条第 1 款的规定,所谓主犯,就是组织、领导犯罪集团进行犯罪活动或者在共同犯罪中起主要作用的犯罪分子,其包括两类:一是组织、领导犯罪集团进行犯罪活动的犯罪分子;二是在犯罪集团或者一般共同犯罪中起主要作用的犯罪分子。

组织、领导犯罪集团进行犯罪活动的犯罪分子,就是犯罪集团的首要分子。这种主犯具有以下两个特征:一是以犯罪集团的存在为前提条件,没有犯罪集团,就没有这种主犯存在的空间;二是实施了组织、领导犯罪集团进行犯罪活动的行为。所谓组织,主要是指为首纠集他人组成犯罪集团,使集团成员固定或基本固定。所谓领导,联系刑法第 97 条的规定,是指"策划""指挥"。"策划"主要是指为犯罪集团的犯罪活动出谋划策,主持制订犯罪活动计划;"指挥"主要是指根据犯罪集团的计划,直接指使、安排集团成员的犯罪活动。从司法实践上看,犯罪

---

[80] 柯耀程:《变动中的刑法思想》,中国政法大学出版社 2003 年版,第 165 页。
[81] 其是指实施构成要件行为,通过对行为的支配从而支配整个犯罪事实的,具有行为支配。亲自实施构成要件行为,对犯罪事实具有行为支配的,成立直接正犯;只是实施部分犯罪行为而不直接支配全部犯罪事实的,只能成立共犯,不能成立正犯;但事先对构成要件行为的实现分工具有约定的,成立共同正犯。
[82] 是指虽未亲自动手实施构成要件,但利用自己的意志力量支配了犯罪的因果流程,因而具有意志支配。对他人的意志支配可以通过强制、被利用人的错误和权力组织来实现。
[83] 其是指行为人通过和其他犯罪人的分工合作,功能性地支配整个犯罪过程的人。形成功能性支配的条件是,存在共同的犯罪计划、在犯罪实行阶段共同参与犯罪的实行、在实行阶段对于犯罪的完成作出了重大贡献。

集团的组织者通常也策划、指挥集团的犯罪活动,但有的也存在分工。只要从事上述活动之一,就是首要分子,所以,犯罪集团中的首要分子既可以是一人,也可以不止一人。

在共同犯罪中起主要作用的犯罪分子,是指除犯罪集团的首要分子以外的在共同犯罪中起主要作用的犯罪分子。具体包括:(1)犯罪集团的骨干分子,即虽然不起组织、指挥作用,但积极参与集团的活动,属于集团的得力成员。(2)聚众犯罪中,起组织、策划、指挥作用的犯罪分子,即聚众犯罪的首要分子。(3)在犯罪集团或者一般共同犯罪中起主要作用的犯罪分子。其中,聚众犯罪的首要分子的情况较为复杂。在共同犯罪中,聚众犯罪的首要分子,对于某些犯罪的定罪量刑起着关键性作用。如刑法第317条将参加组织越狱罪、暴动越狱罪和持械聚众劫狱罪的人分为首要分子、积极参加者和一般参加者,分档次量刑。要注意的是,聚众犯罪中的首要分子不一定是主犯,当刑法分则将首要分子作为某种犯罪的主体时,是否为首要分子就成为罪与非罪的界限。如刑法第291条规定的聚众扰乱公共场所秩序、交通秩序罪中,只有首要分子才构成犯罪,应依法予以处罚。上列犯罪的首要分子,如有两人以上,就构成共同犯罪,其中有可能存在主犯;如只有一人,则不构成共同犯罪,主犯也就无从谈起。

(二)主犯的定罪机能

在我国刑法学中,由于通说认为作用分类法便于解决共同犯罪人的量刑问题,因此,主犯的存在意义,似乎仅仅在于对各共犯参与人的刑罚轻重提供参照。但是,从司法实践的角度来看,主犯不仅影响量刑,也影响定罪。如按照有关司法解释,[84]公司、企业或者其他单位中,不具有国家工作人员身份的人与国家工作人员勾结,分别利用各自的职务便利,共同将本单位财物非法占为己有的,按照主犯的犯罪性质定罪。

将主犯作为共同犯罪的定性标准,值得商榷。一方面,所谓主犯,就是组织、领导犯罪集团进行犯罪活动或者在共同犯罪中起主要作用的犯罪分子。从此可以看出,所谓主犯是在整个共同犯罪的定性,如组织、领导诈骗犯罪集团、黑社会性质组织等,或者某种具体的共同犯罪,如抢劫共同犯罪、贪污共同犯罪等已经确定之后,再判断其在犯罪集团或者共同犯罪的地位或者作用之后而得出的结论,因此,以"主犯"的犯罪性质决定共同犯罪的性质,有前后颠倒之嫌。另一方面,在实务当中,也难以操作。如在国家工作人员甲在担任有国企参股的A公司董事长兼总经理时,指示财务人员将A公司90万元收入隐瞒不入账,并将其作为个人资金投资入股其他公司,并在A公司股权财产清算期间隐瞒不报。新任职的董事长乙得知此事后,向甲提出重新分配该款,否则就公开此事。两人商定按A公司原始股权分配该款。甲指示财务人员转账给魏某60万元,自己分得30万元。本案应如何定性,产生了争议。一种观点认为,甲系董事长,他的职权高于乙,在本案中系主犯,因此,甲、乙的行为应定为职务侵占罪。另一种观点认为,甲、乙利用各自职务便利,共同非法占有单位财物,两人所处地位、所起作用相当,应以贪污定性。之所以产生这种争议,就是因为在作用相当而行为不同的场合,谁为主犯,难以确定。因此,司法解释中作出了无可奈何的规定,即根据案件的实际情况,各共同犯罪人在共同犯罪中的地位、作用相当,难以区分主从犯的,可以贪污罪定罪处罚,[85]即以较重的罪处罚。

---

[84] 2000年最高人民法院《关于审理贪污、职务侵占案件如何认定共同犯罪几个问题的解释》第3条。
[85] 2003年最高人民法院《全国法院审理经济犯罪案件工作座谈会纪要》第2条第3款。

本书认为,就共同犯罪的定性而言,准确地说,还是应当以正犯行为为准。只是在正犯的理解上必须扩张其范围,除了实施某具体构成要件行为的实行犯,还包括支配该正犯行为的实施、对犯罪结果发生起到重要作用的人。这种意义上的正犯,很大程度上和"主犯"重合。

在客观主义刑法观之下,决定具体犯罪的性质的,还是客观、外在的行为,而不是行为人的主观思想。无论行为人的主观企图或者想法多么邪恶,只要没有外化为具体行为,就不得对其定罪处罚。这是近代刑法学公认的道理。在共同犯罪的场合,也不例外。在二人以上共同犯罪的场合,尽管其中有人出谋划策、有人提供方便,但只要没有人将谋划或者助攻的内容付诸实施,产生侵害或者威胁法益的结果,则上述行为毫无意义。换言之,即便众人共谋犯罪,但只要没有人实施危险行为,产生侵害或者威胁法益的结果,还是不能确定该行为成立共同犯罪。其中,实施具体犯罪行为的共犯参与人,就是沟通共同犯罪意思和具体危害行为以及侵害法益结果的中介,在共同犯罪的成立当中起着至关重要的作用,就是刑法理论上所称的"正犯"。正犯的行为,理所当然地起着决定共同犯罪行为性质的作用。

但是,正犯的范围并不仅仅限定于亲自动手实施具体犯罪构成要件和结果的人。如前所述,正犯除亲自动手的参与人之外,还包括不亲自下场动手的"间接正犯"或者本书所说的教唆犯和仅参与谋议策划的共谋共同正犯。这两种类型的正犯,虽然看似不亲自动手,但是却对构成要件结果的发生、发展和实现起引导、操控作用,即实际支配着引起构成要件结果的人的行为,因此,其和亲自动手实施构成要件行为,引起构成要件结果的人一样,也是正犯。此时,即便无法查清亲自动手的实行犯的行为,但只要能够查明具体实施操纵行为的人与现实发生的侵害法益结果之间一致,即便无法确定直接行为人的身份,也可以根据操纵者的行为确定共同犯罪的性质。这一点,在最高人民检察院第176号指导性案例"郭某记、徐某伦等人伪造货币案"中有体现。本案中,辩护人提出,郭某记只是出售制造假币的设备材料和提供制造假币技术,未直接实施伪造货币活动,不应认定为伪造货币的共犯,不应对直接实施伪造货币人员的犯罪数额负责。但法院认为,对于未直接实施伪造货币行为的人员,应当根据具体行为判断其在共同伪造货币过程中的地位和作用。通过网络积极宣传、主动为直接实施伪造货币人员提供伪造货币的关键技术、设备、材料,或者明知他人有伪造货币意图,仍积极提供专门从事伪造货币的相关技术、设备、材料等,应当认定其在共同伪造货币犯罪中起主要作用,系主犯,对其实际参与的伪造货币犯罪总额负责。

从共犯参与体系上讲,虽说有区分制和单一制之分,但在法益侵害说之下,无论是区分制还是单一制,均以数人中"有人"引起了侵害法益结果为成立共同犯罪的前提。这里,引起法益侵害结果的人一定是正犯,但不一定是主犯(如在所谓间接正犯即教唆犯的场合,或者共谋共同正犯的场合)。在正犯和主犯重合的时候,可以说,主犯决定共同犯罪的定性;但在二者分离的时候,正犯决定共同犯罪的性质。

(三)主犯的认定

在认定主犯时应注意,对不同种类的主犯,其考察的着眼点是不同的。对于犯罪集团和某些聚众犯罪中的首要分子,应着重考察犯罪人在集团犯罪或者聚众犯罪中是否起到了组织、领导、策划、指挥作用。对于其他主犯的认定,则应考虑其在共同犯罪所处的地位、参与程度、犯罪情节以及对危害结果所产生作用的大小等各方面的因素。具体来说,应对参与共同犯罪者的下列情节进行考虑:(1)犯前表现。主犯一般在事前提出犯意,担当导演、纠集、邀约他人、出谋划策。(2)犯中表现。主犯在实施犯罪时,一般会积极参加,担当主角,往往还协调、指挥他人的行动,所犯罪行较为严重,或者直接造成严重后果。(3)犯后表现。有的场合,主犯还会在犯罪后策划掩盖罪行、毁灭罪迹、逃避处罚等反侦查活动,或者控制犯罪所得等。

对于犯罪集团中的首要分子以外的主犯的认定,应综合考察以下几方面的情况:(1)实行犯罪前的表现,如是否主动邀约他人犯罪,是否出谋划策等;(2)实行犯罪过程中的表现,如是积极主动地参与犯罪还是消极被动地参与实行犯罪,其行为是否是导致结果发生的主要原因等;(3)犯罪完成后的表现,如是否控制、支配赃物,是否组织、指挥逃跑、布置反侦查活动等。共同犯罪中的主犯可能是一个,也可能是几个,有时全部共犯人都是主犯。

按照相关指导性案例,就首要分子和主犯的认定,可以作如下考虑:如就网络诈骗犯罪而言,对符合刑法关于犯罪集团规定,有明确首要分子,主要成员固定,其他人员有一定流动性的电信网络诈骗犯罪组织,依法可以认定为诈骗犯罪集团。对出资筹建诈骗窝点、掌控诈骗所得资金、制订犯罪计划等起组织、指挥管理作用的,依法可以认定为诈骗犯罪集团首要分子,按照集团所犯的全部罪行处罚。对负责协助首要分子组建窝点、招募培训人员等起积极作用的,或加入时间较长,通过接听拨打电话对受害人进行诱骗,次数较多、诈骗金额较大的,依法可以认定为主犯,按照其参与或组织、指挥的全部犯罪处罚。对诈骗次数较少、诈骗金额较小,在共同犯罪中起次要或者辅助作用的,依法可以认定为从犯,依法从轻、减轻或免除处罚。[86]

(四)主犯的刑事责任

刑法第26条第3款规定,"对组织、领导犯罪集团的首要分子,按照集团所犯的全部罪行处罚"。第4款规定,"对于第三款规定以外的主犯,应当按照其所参与的或者组织、指挥的全部犯罪处罚"。可见:

1.犯罪集团中的首要分子,除对自己直接实施的具体犯罪行为及其结果承担刑事责任以外,还要对集团所犯的全部罪行承担刑事责任,就是还要对其他成员按该集团犯罪计划所犯的全部罪行承担刑事责任。这里要注意的是,对于犯罪集团的首要分子,是按照"集团"所犯的全部罪行处罚,不是按照全体成员所犯的全部罪行处罚。集团成员超出集团犯罪计划或者授意,自己单独实施的犯罪行为,不属于集团所犯罪行,首要分子对此不承担刑事责任。如恐怖组织成员自己单独实施的强奸、抢劫等与恐怖组织的宗旨无关的犯罪,恐怖组织首要分子对此也并不知情,首要分子对此不承担刑事责任。但是,恐怖组织成员擅自实施的带有恐怖色彩的暴力犯罪,即便不是首要分子授意或者纵容、默许的,但只要是在该组织的活动范围之内,且首要分子对于手下的此类行为事先并未采取有效措施加以约束或者控制,也可以归于首要分子。

2.犯罪集团的首要分子以外的其他主犯,按照该主犯在共同犯罪活动中所参与的全部犯罪处罚,或者按照其组织、指挥的全部犯罪处罚。由于一般主犯虽然在共同犯罪中对其所参与的犯罪起主要作用,但其毕竟还不能像犯罪集团的首要分子一样,组织、策划、指挥甚至参与犯罪集团的全部活动,因此,对犯罪集团首要分子以外的其他共同犯罪的主犯,在追究刑事责任时其承担刑事责任的范围也与犯罪集团的首要分子不同。他们只对自己亲自参与或者组织、

---

[86] 张某闵等52人电信网络诈骗案,最高人民检察院指导性案例第67号(2020年)。

指挥的全部犯罪承担刑事责任,而不像犯罪集团的首要分子那样要对集团所有的犯罪活动承担刑事责任。

三、从犯及其刑事责任

(一)从犯的概念

刑法第27条第1款规定:"在共同犯罪中起次要或辅助作用的,是从犯。"据此,从犯是指在共同犯罪中起次要作用的犯罪分子,即对共同犯罪的形成与共同犯罪行为的实施、完成起次要于主犯作用的犯罪分子,主要是指起次要作用的实行犯与教唆犯。[87]

(二)从犯的认定

如上所述,从犯包括在共同犯罪中起次要作用的犯罪分子和在共同犯罪中起辅助作用的犯罪分子两种,因此,在其认定上,也必须分类进行。

1. 在共同犯罪中起次要作用的犯罪分子

所谓在共同犯罪中起次要作用的犯罪分子,是指其虽然直接参与实施了犯罪的行为,但相对于主犯来说,其在整个犯罪过程中所起的作用比较小的犯罪人。具体表现为:在犯罪集团的首要分子的领导下参与犯罪活动,但罪行不够重大、情节不够严重;在一般共同犯罪中直接参与实行犯罪活动,但所起的作用不大,没有造成严重的危害后果或者情节较轻。因此,对起次要作用从犯的认定,必须考虑以下几方面的情况:(1)起因,即要看共同犯罪的意思是谁最先提出来的。一般来说,最先提出犯罪的起意者,是主犯;跟随附和的,是从犯。(2)行为人在共同犯罪中所处的地位,即要看行为人在共同犯罪中是居于主导、支配地位还是处于从属、被支配的地位。如属前者,则为主犯;如属后者,则为从犯。(3)行为人在共同犯罪中的实际参与程度,即行为人在共同犯罪过程中是参与了整个犯罪的始终且行为积极主动,还是只是参与了一部分犯罪活动且缺乏积极主动精神。如系前者,就是主犯;如系后者,就是从犯。(4)行为人具体罪行的大小,即要看行为人在犯罪的形成、实行到完成的各个环节中,对危害结果的发生所起的作用的大小。如起的作用大,就是主犯;如起的作用小,就是从犯。(5)看利益的分配情况,即犯罪所得是如何分配的。一般来说,分配多者是主犯,分配少者是从犯。

2. 在共同犯罪中起辅助作用的犯罪分子

所谓在共同犯罪中起辅助作用的犯罪分子,是指没有直接参加犯罪的实行,而是以其他方式帮助实行犯,帮助其实现犯罪结果的人,实际上就是所谓帮助犯。

所谓帮助犯,就是为他人犯罪提供方便的人。其基本特征是,自己不直接实行犯罪,而是在他人具有犯罪决意之后,为他人实行犯罪创造条件或者提供方便,帮助他人完成犯罪。我国现行刑法中没有明文规定帮助犯,只规定了从犯,但一般认为,从犯的规定中包含帮助犯。刑法第27条规定的"在共同犯罪中起……辅助作用"的从犯,就是帮助犯,只是没有使用帮助犯的概念而已。

---

[87] 本来,在本书所主张的单一制共犯参与体系之下,历来被作为共犯的教唆犯、帮助犯概念没有存在的必要,它们也是与实行犯一样的正犯,但考虑到教唆犯、帮助犯的具体细节,对于认定其属于主犯还是从犯具有重要意义,因此,本书仍然保留区分制之下有关狭义共犯即教唆犯、帮助犯的介绍。

本书认为,帮助犯是区分制之下的,从分工的角度所提出的一种分类,其本非我国刑法中的共犯分类,因此,将共同犯罪中起辅助作用的人,一律认定为为他人犯罪提供方便的帮助犯,比较勉强。如盗窃犯从他人家里搬东西的时候,因为太重搬不动,知道实情的张三上前帮助其抬出来,搬到盗窃犯的车上的场合,尽管张三的行为也是直接参加盗窃的实行行为,但在我国刑法中,只会被认定为从犯,而不会是主犯。因此,说我国刑法中"在共同犯罪中起……辅助作用"的人就是区分制之下的帮助犯,并不一定准确。二者之间存在微妙的不同。只是,我国的从犯中确实存在只是为他人实行犯罪创造条件或者提供方便的类型,因此有必要对区分制之下的帮助犯进行研究。

从因果共犯论的立场出发,帮助犯的场合,帮助行为和侵害法益结果之间的因果关系如何认定,成为问题。如在 X 入室盗窃,Y 在门外帮其望风的场合,当时门外恰好没有任何人经过,X 和帮助望风的 Y 在盗窃过程中也没有任何意思联络,由于就当时的情况来看,可以说即便没有 Y 的望风行为,盗窃行为也能顺利实现,因此,X、Y 之间很难说有"没有 Y 的望风行为,就不会有 X 的盗窃结果"之类的条件关系,似乎可以说,这时候,Y 的行为不成立帮助犯。但是,说这种场合下,Y 不成立帮助犯显然是不妥的,因为,没有 Y 的望风行为,可能就没有 X 的放心大胆的盗窃行为。问题是如何说明 Y 的行为和 X 的盗窃结果之间具有"没有该帮助行为,就没有该正犯结果"的因果关系呢? 这就是所谓"帮助的因果性"的问题。

关于帮助犯的因果关系,刑法理论上有以下几种见解:

第一,因果关系不要说。认为帮助犯是具体危险犯,帮助行为和正犯结果之间不要求有条件关系。按照这种观点,帮助行为,只要使正犯行为成功的机会增加,就具有具体危险,因此,其和正犯结果之间即便没有因果关系,也能看作既遂的帮助犯。[88] 但这几乎就是"只要有帮助行为,就能认可共犯的可罚性"的立场,据此,帮助者在正犯不知情的情况下,自作主张,帮助望风的场合,也能说该望风行为具有帮助盗窃的危险,成立盗窃既遂的帮助犯。

第二,因果关系具体化说,从便于确认帮助行为和正犯结果之间的因果关系的立场出发,将条件关系中的发生结果的形态等具体化、个别化,认为即便在对从构成要件上看完全不重要的事情引起了变更的场合,也能存在条件关系。[89] 据此,Y 在砸保险柜意图窃取财物快要成功的时候,X 现身并将保险柜的钥匙交给他,Y 于是使用该钥匙打开保险柜,顺利地取得了财物的场合,由于使用钥匙开启保险柜,使获得财物的时间提前了,因此,X 交钥匙的行为和正犯 Y 取得财物的结果之间,具有条件关系。但哪怕是使获得财物的时间有一秒钟的提前,也说具有因果关系,显然是过于形式的考虑。这样的话,借给抢劫犯人合适的衣服的行为,也要成为抢劫的帮助行为了,显然不妥。成立帮助犯,还是要求该帮助行为引起了"法律上的重要差别",而根据构成要件上并不重要的变更来认可因果关系,是对因果关系本来所具有的限定归责机能的放弃。

第三,正犯结果变更说,该说主张和没有该帮助行为的场合相比,该帮助行为使正犯结果

---

[88] [日]野村稔:《刑法总论》,全理其、何力译,法律出版社 2001 年版,第 424 页。
[89] [日]植松正:《现代刑法论争 I》(第 2 版),劲草书房 1997 年版,第 338 页。

在发生时间的早晚或者严重程度上发生了变化的时候,就可以说,成立帮助犯。[90] 如此说来,望风成为帮助行为的场合,只应限定为,没有望风就不会实施盗窃的场合,或者没有望风正犯就不会放心大胆地盗窃的场合。但结果变更说会将心理帮助的情形排除在帮助犯的处罚范围之外。如在 A 用刀杀害了 B,但是 A 还从 X 那里借来了手枪的场合,在能够证明被告人在"除了刀还有手枪,因此,杀人就更有信心了",或者"刀坏了的话,还有手枪,因此,可以放心地杀人"的心情之下而实施犯罪的场合,若说因为就发生结果而言,在时间以及结果方面没有任何变化,所以借枪行为不可罚的话,显然不合理。

第四,促进的因果关系说。该说认为帮助犯是共犯的一种,共犯规定是为了实现保护法益目的的扩张处罚事由,允许采用和正犯场合不同的归责概念,不一定要达到"没有帮助行为,就没有正犯结果"的程度,只要达到"没有帮助行为,就没有正犯行为"的程度就可以了,主张作为"没有前者,就没有后者"的条件关系的替代,以"是否促进或者方便结果发生"为基准来判断帮助犯的因果关系。[91] 据此,除对正犯结果的发生有影响(如使正犯行为的结果发生变得可能或者提前发生)的场合以外,对正犯行为具有物理或者心理上的促进作用的场合,也能认可帮助的因果性。就上述帮助望风的案件而言,正犯人在盗窃过程当中一直和望风者之间具有意思联络的场合就不用说了,在盗窃过程当中,即便和望风者之间没有意思联络,但只要想到有人在帮助望风,于是放心大胆地行窃的场合,就能够说望风行为"促进了正犯行为",望风行为和盗窃结果之间具有因果关系,成立帮助犯。

对于这种观点,批判意见认为,就帮助犯的因果关系而言,如果说不要求证明帮助行为和正犯结果之间具有因果关系,只要帮助行为加剧了正犯侵害法益的危险就够了,那么,帮助犯就成了危险犯。从帮助犯不仅仅是因为具有帮助行为而受到处罚,而是因为间接地参与了正犯引起的法益侵害结果才受罚的立场来看,将帮助犯从结果犯转化为危险犯,显然是有问题的。

第五,特殊心理的因果关系说。主张对共犯中的因果关系概念进行修正,以不符合条件关系公式的特殊的"心理的因果性"的概念说明"促进的因果关系"的内容。这种见解认为,共犯中的心理的因果关系,不是用于认定行为法则上的"原因",而是为正犯行为提供"理由"。[92] 这种观点当中,还有见解认为,共犯人之间只要具有"意思沟通",就可以说和正犯结果之间具有因果关系。即有意思联络的话,就有促进效果,就存在心理上的因果关系,"帮助"的限定,依据心理因果关系之外的物理意义上的"帮助行为"来进行。[93]

特殊心理的因果关系说,其实质内容是"有意思联络的话,就有因果关系",是考虑到在心理因果关系当中,"没有前者,就没有后者"的条件关系难以认定,所以,就说只要有意思联络,就有心理上的因果关系,意图在客观帮助行为当中寻求限定的见解。但是,帮助行为既可能是

---

[90] [日]大越义久:《共犯的处罚根据》,青林书院新社 1981 年版,第 172 页;[日]曾根威彦:《刑法原论》,成文堂 2016 年版,第 602 页。
[91] [日]平野龙一:《刑法总论Ⅱ》,有斐阁 1975 年版,第 381 页。
[92] [日]林干人:《刑法的基础理论》,东京大学出版会 1995 年版,第 159 页。
[93] [日]町野朔:《惹起说的整理与检视》,载[日]松尾浩也、芝原邦尔编:《刑事法学的现代状况:内藤谦先生古稀祝贺》,有斐阁 1994 年版,第 130 页。

物理上的也可能是心理上的,从物理的观点出发对心理因果关系进行限定,一开始就没有可能。如果说心理因果关系只限定于具有物理上的促进,那么就会得出提供消息、提供技术、言辞鼓励之类的心理帮助行为不可罚的结论。相反地,将客观帮助行为的认定标准放宽,认为只要具有意思联络,就具有帮助,就会忽视帮助的因果关系是物理的因果关系和心理的因果关系的综合这一点。另外,该说在认为物理上的促进和帮助的因果关系无关,共犯的因果关系问题都是心理因果关系问题这一点上,也有值得商榷之处。因为,如果说帮助就是为实行人提供方便,那么,至少必须将帮助行为和实行行为之间的因果关系作为问题。因此,上述观点并不妥当。

从本书所主张的修正引起说的立场来看,本书认为,就帮助犯的因果关系而言,促进的因果关系说是妥当的。

众所周知,在共犯和正犯的关系上,有两种相互对立的见解,一种是扩张正犯说,另一种是限制正犯说。扩张正犯说认为,即便是帮助犯,也要求对所引起的结果具有条件关系或者相当因果关系,但是,限制正犯说不要求帮助犯和正犯的因果关系完全一致,即帮助犯的因果关系,只要在帮助行为和实行行为之间考虑就够了,没有必要直接考虑帮助行为和正犯结果之间的因果关系。从共犯从属性的立场考虑,应当说,限制正犯说的见解是妥当的。

从限制正犯说的角度来看,帮助行为是为正犯提供方便的行为,在促进正犯引起侵害法益结果这一点上具有可罚性,因此,在有关帮助犯的因果关系的认定上,必须充分地考虑到这一点。在帮助犯给杀人犯提供枪支,为其杀人提供方便的场合,即便说帮助行为和杀人结果之间具有关系,也不能说帮助行为是导致他人死亡的直接原因。因为,提供枪支的帮助行为自身,并不可能直接引起他人死亡的结果;只有在他人扣动枪支的扳机,发射子弹的时候,才可能引起他人死亡的结果。因此,不通过正犯的实行行为,难以说明帮助行为和他人死亡结果之间具有引起和被引起的因果关系。帮助的因果关系,应当求之于提供枪支,客观上为他人的杀人行为提供了方便或者促进了他人引起杀人结果这一点。这样说来,帮助的因果关系,只要从其和正犯的实行行为之间的关系角度考虑就可以了,没有必要直接考虑为其和正犯结果之间的关系。当然,这并不意味着成立帮助犯,不要求具有法益侵害性。只是考虑的方法和正犯的场合不同而已。在正犯的场合,实行行为和结果之间具有直接的引起和被引起的关系,从共犯从属性的角度来看,这种关系是帮助犯从属于正犯的实行行为而受罚的前提,因此,在判断帮助犯和结果之间的因果关系的时候,如帮助犯以提供武器的方式,客观上为正犯行为提供了方便,固然成立帮助犯,但在不是以提供武器的方式,而是以精神鼓励的方式,进一步强化正犯的犯罪决心的时候,也能说二者之间具有促进关系。

这样,从帮助行为和实行行为的关系上考虑帮助的因果关系的话,和单独正犯场合的因果关系的判断相比,在内容上多少有些差别,必须将促进正犯实施行为的心理帮助和提供武器的物理帮助同样看待。也就是说,物理帮助的因果性在于,在物理上为引起法益侵害的实行行为提供方便,而心理帮助的因果性在于,现实地强化或者助长正犯实行犯罪行为的决心。

从上述促进的因果共犯说的立场出发,可以得出以下结论,即成立帮助犯,行为人必须具有帮助的行为,而正犯即被帮助者必须基于该帮助而实施了实行行为。

首先,就客观方面而言,要求行为人必须有帮助行为。所谓帮助,就是以实行行为以外的手段,使正犯行为容易实施,但不要求一定是实现正犯行为所必不可少的行为。帮助行为在手段、方法上没有限制,既可以是提供或者借给凶器、场所、资金等有形的物质帮助,也可以是帮腔、鼓励等无形的精神帮助。前者如明知是用于伤害行为而借给菜刀,明知用作贿赂而借给钱款等;后者如在他人为杀人活动费用问题而感到为难的时候,说:"钱的问题,我来办!"从而使他人得以动手杀人等。另外,正如保安人员看见他人进入仓库盗窃而假装睡着一样,可以存在不作为的帮助。

帮助行为既可以是在正犯着手实行之前制造条件之类的事前帮助,也可以是在正犯实行过程中帮助望风之类的事中帮助。但是,在正犯实行终了之后,由于不可能再为该犯罪行为提供帮助,所以,正犯实行终了,再对该犯罪行为提供方便的"事后帮助"不成立帮助犯。

其次,就主观方面而言,必须是故意,过失不能成立帮助犯。所谓帮助的故意,是对正犯的实行行为以及自己的行为是为正犯提供方便具有认识,但是,对于自己的帮助行为和犯罪构成结果之间的因果关系则没有必要认识。行为人只要认识到帮助行为的结果是使正犯行为容易得手就够了。与帮助的故意相关,正犯和帮助犯之间是不是要有意思联络,应当区别情况对待。在提供物理帮助的场合,只要帮助者自己具有帮助他人的故意就可以了,不要求其和正犯之间有意思联络,因而可以存在片面帮助犯。但在提供精神帮助的场合,帮助犯和正犯之间必须具有意思联络。因为,在提供精神帮助的场合,正犯如果没有认识到帮助行为的存在,就难以说为其实行行为提供了方便,不能成立片面帮助犯。

过失帮助行为不成立帮助犯。所谓过失帮助,正如因不注意而将毒药卖给了杀人犯一样,是指不注意而为他人犯罪提供了方便的行为。过失帮助是否成立过失犯,历来,行为共同说对此持肯定态度,而犯罪共同说对此持否定态度。本书对此持否定态度。确实,从行为共同说的立场来看,过失为杀人犯提供方便的行为和他人的杀人行为之间,确实存在因果关系,属于共同行为,但是,成立帮助犯,也必须具备一定的条件。帮助犯以为他人即实行犯提供方便为内容,以具有帮助故意为前提,过失帮助显然不具备这一条件;同时,(故意)帮助行为本身社会危害性较小,属于共犯的一种例外处罚情形,相比之下,过失帮助就更是例外的例外了,其所具有的危害性很难说达到了应当受到刑罚处罚的程度,因此,应当将其排除在处罚范围之外。

与帮助犯的故意有关的是所谓片面帮助犯的问题。所谓片面帮助犯,是指帮助人基于帮助的故意而实施了帮助行为,但被帮助人并不知情的场合。如甲在餐厅抢夺被害人的钱包之后逃跑,被害人在后面追赶,正在旁边就餐的第三人乙见状,突然将凳子推到被害人的面前,将被害人绊倒,甲顺利脱逃的场合,甲之所以能够顺利得手,就是由于有乙的帮助,但是,得到帮助的甲并不知情,在这种情况下,乙的单方面的帮助行为,能否成立帮助犯,就是问题。

对此,否定说认为,根据我国刑法的规定,不应承认片面帮助犯。因为,帮助者的故意和行为都是单方面的,与我国刑法规定的共同犯罪的概念不符。[94] 肯定说认为,相互认识固然存在主观联系,单方认识也存在主观联系。对于主观上有与他人共同实施犯罪的故意,客观上又有共同的犯罪行为,完全符合共同犯罪的构成要件的情形,应以片面共同犯罪论处。否则,势

---

[94] 何秉松主编:《刑法教程》,中国法制出版社1998年版,第250页。

必会放纵这些犯罪分子,不利于同犯罪作斗争。[95]

本书同意肯定说的见解。理由和后述的片面教唆犯的场合一样,既然帮助就是单纯地协助,帮助就是为已经具有犯罪意思的人即正犯的犯罪提供方便或者强化其犯罪意念,那么,只要正犯的犯罪行为在客观上确实得到了方便,或者其犯罪意念被加强,即使其并不知道有人在暗中帮助他,就帮助者而言,其还是实现了帮助的效果,具备帮助犯的本质,而不要求帮助犯和被帮助者之间具有意思联络。换言之,客观上得到了帮助和主观上并不知道有人在为其提供帮助的情形,是完全可以并存的,因此,片面帮助行为,应当作为共犯处理。至于说帮助犯也是共同犯罪的一种,应当具备共同犯罪故意所具有的双向、全面的特征,本书认为,这种理解是从犯罪共同说的立场所作出的,从本书所主张的行为共同说的立场出发,在帮助犯的场合,没有必要这样理解。事实上,我国刑法分则的相关条文也认可了片面帮助犯。如刑法第198条第4款规定:"保险事故的鉴定人、证明人、财产评估人故意提供虚假的证明文件,为他人诈骗提供条件的,以保险诈骗的共犯论处。"据此,保险事故的鉴定人、证明人、财产评估人和他人共谋,为他人诈骗保险金提供条件的,以保险诈骗罪的共犯论处,这是毫无疑问的。但是,没有与他人共谋而单方面地为他人诈骗保险金提供条件的,按照本条款处理,也符合本条的规定。刑法第350条第2款规定得更为明确,即"明知他人制造毒品而为其生产、买卖、运输前款规定的物品的,以制造毒品罪的共犯论处"。这就意味着,只要自己一方有为他方制造毒品而提供原料或者配剂的故意,不管对方是否知情,均可以共犯即帮助犯论处。

最后,成立帮助犯,被帮助者(正犯)必须实施了实行行为,造成了侵害、威胁法益的结果,换言之,帮助行为和正犯行为之间必须具有因果关系。在犯罪的本质是侵害法益的前提下,无论是基于区分制还是单一制的共犯参与体系,都会得出这样的结论。

(三)日常生活行为与从犯

现实生活中,很多日常生活行为都有可能被恶用于犯罪。例如,日杂店的老板卖给他人菜刀之后,他人用该菜刀杀人;出租车司机将客人送到指定地点之后,客人在该地点实施了杀人行为;猎人把自己的猎枪借给他人打猎,他人却用来抢劫;工程师在网上公布自己开发的开锁方法,结果被他人用于入室盗窃;大学生在网上公布制造炸药的配方,被他人用来制造炸弹用于恐怖活动;等等。诸如此类的情况非常多,这些行为一方面属于日常生活中常见的行为,禁止这些行为会给人们的生活带来诸多不便;另一方面又可能被一些人恶用,为自己的犯罪行为提供方便。在被恶用于犯罪的场合,上述行为是否构成正犯的帮助犯,成为问题。

本书认为,日常生活行为是不是成立帮助犯,必须从帮助犯的定义来判断。所谓帮助犯,就是明知他人实施犯罪行为而为其提供方便。因此,在将日常生活行为认定为帮助行为的场合,首先,要看行为人对于提供方便的行为属于犯罪行为,是不是具有明知。因为所谓帮助,顾名思义,就是明知他人在从事某种行为而为其提供方便,因此,"知情而为之",就成为成立帮助的前提。并且从我国刑法的规定来看,总则中的"明知"和分则中的"明知"的含义还有所不同。总则中的"明知"是对自己行为所可能导致的后果的"预见""预测",而分则中的"明知",正如"明知他人利用信息网络实施犯罪,为其犯罪提供互联网接入……"(刑法第287条之二)、

---

[95] 苏惠渔主编:《刑法原理与适用研究》,中国政法大学出版社1992年版,第258页。

"明知是犯罪的人而为其提供隐藏处所、财物,帮助其逃匿或者作假证明包庇的"(刑法第310条)一样,不是对自己行为后果的"预测""预见",而是"明确了解"或者"知道得很清楚"的意思,是一种状态的描述。因此,在行为是否成立帮助犯的判断上,首先要求行为人对相关事实必须"明明知道",而不是对"可能是"的预测。如此,便可将大量的日常生活中作为业务活动而实施的涉嫌违法行为,排除在犯罪行为之外。

其次,看该帮助行为是不是对正犯结果的引起具有重要影响。

具体来说,在日常生活行为的处罚范围的探讨上,先要明确中立帮助行为的探讨范围。刑法学之所以将日常生活行为单独拿出来讨论,无非是因为行为人的行为客观上为正犯行为提供了方便,和正犯结果之间具有哪怕是微不足道的因果关系,而行为人本人也了解这种情况,否则,根本就不可能作为刑法上的问题加以讨论。因为,在刑法上处罚某行为人的前提是,该行为人对其行为及所引起的后果有认识或者认识的可能性,即有故意或者过失,否则根本就无法处罚该行为。然后,必须从中立帮助行为本身的客观性质方面判断是否成立帮助犯。既然共同犯罪的本质是数人根据共同行为来实现各自所追求的犯罪,是为了实现自己的犯罪而利用他人行为,从而扩大自己行为的因果影响范围的一种方法类型,是确定各个共犯参与人责任大小的一种客观判断方式,那么,作为共犯类型之一种的帮助犯,在其认定上,主张依据行为的客观方面来区分不可罚的中立行为与可罚的帮助行为的客观说,是有其合理性的。只是,在采用客观说的方法分析中立帮助行为的可罚性的时候,也应当根据帮助犯的基本特征,以"没有帮助行为,就没有正犯行为"的条件说为前提,从该行为是否促进了被帮助行为的实施,强化了正犯行为侵害力度的角度出发进行判断。

在观察中立行为是否引起正犯结果的重大变更时,一个简单的做法是,站在事后观察的立场,看该行为是否加大了正犯的侵害法益结果的危险。如加大了这种危险,可以说该行为确实对正犯结果的发生有实质性的影响,起到了方便正犯的作用,二者之间具有因果关系,成立帮助犯;否则,就只能得出否定结论。

如在经常被作为教学案例的出租车司机运送杀人犯的案件中,除了在乘车当时只有该一辆出租车,行为人没有其他选择,或者犯罪现场非常偏僻,只有该车辆的司机熟悉路线能够将其顺利送达的场合,在出租车服务极为普遍的当今,乘车服务的可替代性极高,即便没有这位出租车司机的运送行为,行为人也很容易打上另一辆车。这一特点降低或者模糊了该出租车司机的运送行为帮助正犯引起杀人结果的危险,难以说该出租车司机的运送行为对行为人的杀人行为有重大促进作用。对五金店老板向客人贩卖菜刀,客人用该刀杀人的案件,也可以作同样分析。通常情况下,无论如何都不能说该五金店老板卖刀的行为对该杀人结果起到实质的促进作用。因为,在平时,菜刀并不是一种很稀缺的资源,对客人而言,其即便在本店买不到菜刀,也会很容易地在其他店买到菜刀;实在买不到菜刀,也能轻而易举地获得作为菜刀的替代品的其他凶器如斧头。因此,在平时,即便五金店的老板觉得客人买菜刀动机可疑,但出于生意上的考虑,或者说没有正当理由不卖给对方的情况下,将菜刀卖给对方,事后对方果然用在本店买的菜刀杀了人的场合,也不能说该卖刀的行为构成对方故意杀人罪的帮助犯。因为,且不说店主没有帮助对方杀人的故意,实际上犯人即便未在本店买到菜刀,也能很方便地在其他店买到菜刀。但在特殊时刻,情况就完全不同了。如在两伙人正在赤手空拳打斗的时候,五金店老板将菜刀卖给其中一方,结果该方用菜刀将对方某人杀死的时候,五金店老板构成正犯的帮助犯。因为,在双方赤手空拳打斗,胜负难料的紧迫场合,是否掌握有菜刀之类的凶器,就成为决定胜负的关键因素。由于当时受特定时空条件的限制,行为人不能到很远的地方找凶器,此时,从打斗现场旁边的五金店老板处拿到菜刀就成为最好的选择。换言之,这种场合,菜刀就成了一种能够决定胜负引起正犯结果的稀缺资源,可替换性极低。五金店老板将菜刀卖给杀人犯的行为,改变了整个打斗行为的格局,使正犯结果发生了重大变化,因此,当然构成正犯的帮助犯。

但是,在网上公布自己开发的撬锁方法,结果被他人用来入室盗窃;网上公布制造炸药的配方,被他人用来制造炸弹进行恐怖活动的场合,应当说,行为和正犯结果之间具有帮助关系。因为,撬锁方法和炸药配方,一般人难以掌握。行为人将这种有百害而无一利的"独门绝技"在网上公开时,应当能够预见到该方法有可能被犯罪分子用于犯罪;并且,客观上,行为人在网上将自己开发的方法公布之后,就使通常情况下难以实施的行为变得容易起来,使正犯结果在出现的时间早晚或者严重程度上发生了重大变化。

基于以上思路,以下对日常生活中常见的明知他人诈骗而提供帮助的行为,以及如电信运营商为诈骗集团提供通信线路、服务器和软交换平台等技术支撑,名人代言虚假广告,报纸的经营者、广告的发布者对内容明显违法且虚假的信息照登不误等以业务活动为名的中立诈骗帮助行为的性质进行分析。在这种中立诈骗帮助行为的认定上,也还是应当从帮助犯的基本特征出发,以该诈骗帮助行为是否对正犯结果的发生造成了重大影响,增加正犯侵害法益的危险为标准进行判断。具体来说,可以分以下两种情况进行讨论:

1. 并不涉及重要生活利益、即便实施危害也不是很大,且管控不是很严格的日常生活行为中的中立的诈骗帮助行为,通常不作为帮助犯对待。所谓日常生活行为中的中立的诈骗帮助行为,是指如出租车司机明知他人前往某地行骗而将其送往某地;打印社老板明知他人行骗而帮助其制作内容虚假的名片;房东明知他人开设"皮包公司"行骗而将房屋出租给他人等行为。这类场合,行为人即便不实施该日常生活行为,作为正犯的诈骗者也会找到其他人来实施该帮助行为,因此,该帮助行为对于正犯的诈骗钱财的结果而言,并没有起到重大改变的实质性作用。而且,将这类行为作为诈骗罪的帮助犯处理,不仅给日常生活中的普通人强加了一份防止犯罪的警察义务,还会使当事人产生因为运气不好而成为罪犯的心理,对其进行惩罚难收改造之效。

2. 涉及重要生活利益、一旦实施危害极大、被严格管控的职务业务活动过程中的诈骗帮助行为,通常作为帮助犯处理。如明知他人实施诈骗犯罪,而为其提供广告宣传、信用卡、手机卡、通信工具、通信传输通道、网络技术支持、费用结算等便利的,就属于这种情况。这些场合之所以构成帮助犯,主要是因为政府对上述业务活动从企业设立到业务运营过程都实行严格的监控,属于社会上信赖程度比较高的稀缺资源,具有较高的公信力,容易让人陷入认识错误。如就为诈骗行为提供广告宣传的行为而言,和马路街头电线杆上张贴的小广告相比,在官方出版的正式报刊上刊登诈骗广告的行为更可能导致被害人上当受骗。因此,利用这种受到法律严格监控和管制的机构的业务活动而实施诈骗帮助行为,能够增加他人即正犯骗取他人钱财的危险,使诈骗罪的正犯结果发生重大变更,符合诈骗罪的帮助犯的要求。

(四) 从犯的刑事责任

刑法第 27 条第 2 款规定:"对于从犯,应当从轻、减轻处罚或免除处罚。"其中没有"应当比照主犯从轻"的规定,即对从犯的处罚,不是要比照主犯从宽,而是将从犯作为了一个单独的法定从宽处罚情节。之所以如此,主要是由于,一方面,共同犯罪的场合,主犯未到案而未被处罚是常有的事;另一方面,表明我国刑法在共犯处罚上并没有严格地遵循从犯处罚要从属于主犯的区分制的原则。但实际上,共同犯罪中,在能够区分主、从犯的场合,对从犯的处罚通常是要轻于主犯的。另外,需要注意的是,对于共犯行为的后果,从犯与主犯一样,都应按照"部分行为、全部责任"原则承担责任。如在甲、乙、丙三人共同伤害他人,致人死亡,甲、乙作用较大,属于主犯,而丙的作用较小的场合,尽管丙属于从犯,但其也要和甲、乙一样,在故意伤害(致死)罪的范围之内承担全部责任,只是在具体的处罚上,再根据从犯这个情节从宽而已。

根据 2021 年 6 月 16 日最高人民法院、最高人民检察院发布的《关于常见犯罪的量刑指导意见(试行)》,对于从犯,综合考虑其在共同犯罪中的地位、作用等情况,应当予以从宽处罚,减少基准刑的 20%～50%;犯罪较轻的,减少基准刑的 50% 以上或者依法免除处罚。

四、胁从犯及其刑事责任

(一) 胁从犯的概念

依照刑法第 28 条的规定,所谓胁从犯,是指被胁迫参加共同犯罪的人。所谓被胁迫,就是精神上受到一定程度的强制或者威胁。这种情况下,行为人并没有完全丧失精神自由,因此,仍然应当对其所参与的共同犯罪承担刑事责任。

(二) 胁从犯的认定

在胁从犯的认定上,应当注意以下几点:

首先,胁从犯仅仅是指被胁迫参加犯罪的情形,不包括被欺骗参加犯罪的情形。在被欺骗参加犯罪的场合,由于行为人对犯罪事实存在错误认识,不能说具有犯罪故意,因此,难以成立共犯。

其次,胁从犯尽管受到一定程度的外力强制,但仍具有某种程度的意志自由,否则就不能构成胁从犯。如受到他人的杀伤威胁而杀死第三人或者强奸第三人的,就属于这种情况。据此,可以将其和行为人身体完全受强制、完全丧失意志自由时所实施的行为区分开来。在后一场合,由于行为人主观上没有罪过,所以,不构成胁从犯。

再次,符合紧急避险条件的,不构成胁从犯。如民航飞机在飞行时遭武装歹徒劫持,机长为避免机毁人亡,不得已将飞机开往歹徒指定地点。机长的行为是紧急避险,不是劫机犯的胁从犯。

最后,胁从犯除被动参加之外,其在共同犯罪中所起的作用相对较小。对于那些刚开始是被胁迫参加犯罪,但之后尝到了甜头,发生了变化,转而积极、主动地参与犯罪,并且在犯罪当中起到主要作用的,就不能认定为胁从犯,而要根据情况,认定为主犯或者从犯。

(三) 胁从犯的处罚

刑法第 28 条规定:"对于被胁迫参加犯罪的,应当按照他的犯罪情节减轻处罚或者免除处罚。"由于胁从犯是被胁迫参加犯罪的,从客观方面来看,其在共同犯罪中所起的作用比较小,是共同犯罪中社会危害性最小的人;从主观方面来看,其不是出于自愿,所以刑法规定,对于胁从犯,应当视犯罪情节减轻处罚或者免除处罚。

五、教唆犯及其刑事责任

首先,必须明确,在我国刑法有关共犯的分类中,教唆犯并不是一种独立的犯罪类型。我国刑法中只有主犯、从犯和胁从犯的分类,教唆犯根据其在共同犯罪中的作用大小,或者是主犯,或者是从犯。之所以将教唆犯单独拿出来讲,一是因为刑法第29条对其有单独规定,二是因为教唆犯是共同犯罪中除正犯之外的最为常见的类型,有必要单独探讨。

(一)教唆犯的概念以及特征

根据刑法第29条第1款的规定,教唆犯是指教唆他人犯罪的人,具体来说,就是以授意、怂恿、劝说、利诱或者其他方法,让尚未有犯罪意图的他人产生犯罪意思并将该意思付诸实施的人。成立教唆犯,必须具备以下条件:

1. 就教唆的对象而言,必须特定。必须特定,不意味着只能是一个人,可以是多数人。以张贴悬赏广告的形式,针对不特定的人教唆其犯故意杀人罪,结果真的有人实施了杀人行为的,构成教唆犯。就该种形式的教唆犯而言,张贴广告属于寻找犯罪同伙的犯罪预备行为;在他人将该悬赏内容即杀人行为付诸实施之后,预备行为就发展为了犯罪的实行行为,杀人者和张贴悬赏广告者之间成立共同犯罪。此时,张贴悬赏广告的行为可以看作为对特定人即该杀人者的教唆犯。

2. 就客观方面而言,必须有教唆他人犯罪的行为。其包括以下内容:

首先,必须具有教唆行为,即通过一定行为,使没有犯罪意思的他人产生犯罪意思。教唆行为的手段、方法没有限制,包括嘱托、威吓、欺骗、怂恿、提供利益等,只要足以使对方产生实施犯罪的意图即可。教唆教唆人的场合,从引起说的角度来看,由于最终所引起的侵害法益结果都可以追溯到最初的教唆行为,同时,刑法第29条的"教唆他人犯罪"也可以理解为"教唆他人去教唆第三人"犯罪,因而也是教唆行为。[96] 教唆,不限于明示的方法,暗示的方法也可。由于教唆是积极地使对方产生犯罪意图的行为,因此,从语义上讲,不可能存在不作为形式的教唆。

其次,被教唆人根据该教唆行为而实施了犯罪,即教唆行为和被教唆人的犯罪决意以及犯罪行为之间具有因果关系。因此,在教唆人实施了教唆行为但被教唆人没有实施犯罪行为的场合,或者即便实施了犯罪行为,但该犯罪行为和教唆行为之间没有因果关系的场合,也不成立教唆犯。其中,所谓犯罪行为,就是侵害或者威胁法益的客观行为,不要求是有责任的行为,因此,即便是教唆他人实施符合修正的构成要件的行为(如未遂行为),教唆犯也能成立。教唆他人犯预备罪的,教唆犯也能成立。只是,未遂罪、预备罪的教唆犯,以被教唆的未遂罪、预备罪之成立为前提。教唆人在教唆他人犯罪之后,继而身体力行,和被教唆人一起实施犯罪的时候,就是共同正犯。教唆人在教唆他人之后,又帮助他人犯罪的,按照处罚较重的教唆犯处理。

---

[96] 所谓教唆教唆人,包括:(1)某甲教唆某乙教唆某丙实施犯罪,某乙按照该种教唆对某丙实施了教唆的场合;(2)某甲教唆某乙实施犯罪,某乙不亲自动手实施正犯行为,而是让某丙实施犯罪的场合。

最后，刑法第 29 条第 2 款的规定不是肯定教唆犯具有独自的违法性的根据。我国刑法第 29 条第 2 款规定，如果被教唆的人没有犯被教唆的罪，对于教唆犯，可以从轻或者减轻处罚。据此，有学说认为，在这种情况下，教唆犯与被教唆人根本不成立共同犯罪关系，刑法却仍然对之规定了刑事责任。这里的教唆犯既无犯罪的从属性，也无刑罚的从属性，亦即只有独立性。[97]

但是，本书认为，上述观点值得商榷。如果说教唆犯具有独立的违法性，会得出不恰当的结论。例如，按照刑法第 29 条第 2 款的规定，被教唆的人没有犯被教唆的罪，对于教唆行为也要一律予以处罚的话，那么，就会和刑法第 29 条第 1 款发生冲突。因为，刑法第 29 条第 1 款规定，教唆犯的处罚是按照其在共同犯罪中的作用进行的，但在被教唆人根本没有接受教唆，没有着手实行特定犯罪的情况下，怎么会有作为对教唆者处罚的参照标准的共同犯罪呢？这种时候，只能根据其在虚拟的共同犯罪中的作用加以处罚，显然荒唐。又如，教唆他人杀人，他人在准备工具阶段就被抓获的时候，教唆者应当成立故意杀人（预备）罪的教唆犯。按照刑法第 29 条第 1 款的规定，对教唆犯应当按照其在故意杀人预备罪的范围内，根据其作用加以处罚。但是，不考虑这种情况，认为教唆犯具有独自的违法性，直接适用第 29 条第 2 款规定，就会得出对上述情况要按照刑法第 232 条所规定的故意杀人罪的未遂犯处理，而罔顾故意杀人罪的规定中包含故意杀人（预备）罪的事实。再者，刑法理论的通常见解认为，在无身份的人教唆或者帮助有身份的人实施真正身份犯的时候，由于无身份的人不可能符合真正身份犯的犯罪构成，所以，只能依附于有身份的人的实行行为，构成真正身份犯的共犯。如非国家工作人员的妻子可以教唆或者帮助作为国家工作人员的丈夫收受贿赂，成为受贿罪的共犯，而不可能单独成为受贿罪的实行犯。但是，如果教唆犯具有独立的违法性，那么，上述见解就难以成立了。因为，如果教唆犯具有不依赖于正犯的独自违法性，那么，在上述例子中，即便国家工作人员的丈夫没有听从教唆，收受贿赂，非国家工作人员的妻子也要因自己的教唆行为而构成受贿罪。没有国家工作人员身份的人单独成立受贿罪，显然是不可思议的。实际上，对于"被教唆的人没有犯被教唆的罪"，可以从另外一个角度加以理解，即被教唆的人已经着手实行犯罪，但由于其意志以外的原因而没有得逞即所谓教唆未遂的情况，它包括两种情形：一是被教唆人构成犯罪未遂的情形，二是被教唆人着手实行犯罪后又中止的情形。这样，便可以将被教唆人完全拒绝教唆犯的教唆，或者当时接受了教唆，但根本没有付诸行动的情形排除在教唆犯的处罚范围之外。如此说来，教唆犯并不具有独自的违法性。

3. 主观方面没有特定要求。就故意的场合而言，不要求一定是直接故意（确定的故意），间接故意（未必的故意）也是可以的。在"甲、乙二人上山打猎，甲从望远镜中发现其共同之仇人丙正在草丛中休息，于是告诉乙抓住机会开枪。乙误以为草丛中之物体为猎物，于是开枪射击，导致丙死亡"[98]的案例中，尽管从责任共犯论的角度来讲，由于二人之间没有共同的犯罪故意，不构成共同犯罪，最多只能作为故意杀人罪的间接正犯处理，但从本书所持的因果共犯

---

[97] 马克昌主编：《犯罪通论》，武汉大学出版社 1999 年版，第 556 页；陈兴良：《共同犯罪论》（第 4 版）（上册），中国人民大学出版社 2023 年版，第 177 页；阴建峰、周加海主编：《共同犯罪适用中疑难问题研究》，吉林人民出版社 2001 年版，第 268 页。

[98] 黄荣坚：《基础刑法学》（下）（第 4 版），台北，元照出版有限公司 2012 年版，第 830 页。

论的立场来看,对甲可以故意杀人罪的教唆犯处理。因为,没有甲的"快开枪!"的教唆行为,就不会有正犯乙的开枪行为,更不会有丙的死亡结果,因此,甲的教唆行为和丙的死亡结果之间具有因果关系。甲、乙之间尽管主观意思不同,但这并不妨碍二者成立共同犯罪。二人在共同引起他人的死亡结果上,具有共同行为。对于所造成的丙的死亡结果,甲具有故意,成立故意杀人罪,乙是过失,成立过失致人死亡罪。

过失教唆不成立教唆犯。所谓过失教唆,如甲酒后不注意,当着血气方刚、容易冲动的乙大骂张三是"衣冠禽兽",结果引起了乙的杀人意图并将张三杀害的场合,是因不注意而使他人产生犯罪意思的情形。过失教唆是否成立教唆犯,因果共犯论历来对此持肯定态度。确实,仅仅从因果关系的角度来说,乙的杀人意图是由于甲的说话不注意而引起的,二者之间存在因果关系,可以说是共同行为,但是,教唆犯的成立不得不考虑其类型性即犯罪构成。所谓教唆,从语义学上讲,就是"诱导唆使或怂恿指使(别人做坏事)",既然是指使、怂恿他人做坏事,必然要求行为人对自己的行为性质要有认识,即有"故意",因此,过失使他人产生犯罪意图的行为,无论如何,不可能包括在教唆犯的犯罪类型之内。

片面教唆犯是否成立,理论上有争议。所谓片面教唆,就是教唆者出于教唆的故意而进行了教唆行为,但被教唆者并没有意识到对方的存在而产生了犯罪意思的场合。如甲为了教唆乙杀死丙,便利用乙因为身体瘦小,经常遭丙欺负,一直希望得到一件能够制伏丙的武器的心理,在乙的桌子上放了一把手枪。乙看到手枪之后,如获至宝,骤然产生了杀害丙的念头,完全没有考虑到是谁、出于什么目的将该枪支放在该处,就直接用该枪支将丙打死的场合,就是如此。[99] 这种场合下,甲具有教唆故意,但被教唆者乙对甲的教唆行为完全没有意识,因此,甲单方面的教唆行为能否成立教唆犯,成为问题。

对此,肯定说认为,现实生活中存在片面教唆犯的情形,只有承认片面教唆犯,才能够有效地惩治这种犯罪。[100] 但是,这种观点并不具有说服力。因为,不根据法律的规定,而仅仅根据现实生活的需要来决定某种行为是不是值得处罚,会违反罪刑法定原则。否定说则认为,共同犯罪的社会危害性来自各共犯人的行为相互配合、相互协调、相互补充,而片面教唆犯并不具有这种特点,因此,不能将其作为共同犯罪处理。[101] 这种观点在我国学界目前处于通说地位。

本书同意肯定说的观点。否定说的基础是责任共犯论,其从"参与者的一体性""犯罪集团"的角度来理解共同犯罪,认为成立共同犯罪,行为人之间不仅行为上要相互配合、相互利用,心理上也要彼此一致、相互联络、相互沟通,将共同犯罪作为一个整体看待。但前面已经说过,这种理解违背了我国刑法所坚持的个人责任原则,在应用上也存在很多问题。从因果共犯论的立场来看,共同犯罪只是个人犯罪的一种方法类型,是各个行为人为了实现自己的犯罪意图而利用他人的行为或者将他人行为作为自己行为一部分的一种表现,其和单独犯的不同仅

---

[99] 关于片面教唆犯,日本学者山口厚教授的举例是,教唆者将丈夫与人通奸的照片和一把手枪放在桌子上,妻子看见之后,妒火中烧,产生杀意,于是用该手枪将丈夫杀死。参见[日]山口厚:《刑法总论》(第3版),付立庆译,中国人民大学出版社2018年版,第363页"注释1"。
[100] 陈兴良:《共同犯罪论》(下册)(第4版),中国人民大学出版社2023年版,第645页。
[101] 阴建峰、周加海主编:《共同犯罪适用中疑难问题研究》,吉林人民出版社2001年版,第127页。

仅在于,行为人除了身体力行,还可以利用他人的行为作为自己的犯罪手段,立足点始终是个人的犯罪。既然是个人犯罪,就不要求各个行为人在主观意思上完全一致,也不要求其相互之间具有意思联络。教唆犯作为共同犯罪形态之一种,也应当如此理解,只要行为人明知自己行为的性质,而且也知道所教唆的对方存在,就可以说其具有共同犯罪的故意,没有必要要求其和被教唆人之间具有意思上的沟通。所以,认为片面教唆犯不符合共同犯罪的本质,因而不能成立的观点,从因果共犯论的立场来看,是没有说服力的。

(二) 对教唆犯的处罚

刑法第29条对教唆犯规定了以下三个处罚原则:

1. "教唆他人犯罪的,应当按照他在共同犯罪中所起的作用处罚。"这是处罚教唆犯的一般原则。如果教唆犯在共同犯罪中起主要作用,就以主犯论处;如果教唆犯在共同犯罪中起次要作用,则以从犯论处;教唆犯在个别特殊情况下,也可能是胁从犯,应以胁从犯论处。

2. "教唆不满十八周岁的人犯罪的,应当从重处罚。"这是因为未满18周岁的人属于未成年人,容易受教唆而走上犯罪道路,因此,对不满18周岁的人的教唆行为,社会危害性比较大,必须从重处罚。但要注意的是,这种从重是建立在确定了教唆犯在共同犯罪中的作用的基础上的从重,即必须先确定教唆人是主犯还是从犯,然后才能确定是主犯的从重还是从犯的从重。

3. "如果被教唆的人没有犯被教唆的罪,对于教唆犯,可以从轻或者减轻处罚。"这种情况在刑法理论上被称为教唆未遂,即被教唆的人已经着手实行犯罪,但由于其意志以外的原因而没有得逞的所谓教唆未遂的情况,包括以下两种情形:一是被教唆人已经着手实行犯罪,但由于其意志以外的原因而未得逞,构成犯罪未遂的情形;二是被教唆人着手实行犯罪后又中止的情形。被教唆人完全拒绝教唆犯的场合,或者当时接受了教唆,但根本没有任何行动的场合,不包括在教唆犯的处罚范围之内。

(三) 未遂教唆

与教唆未遂有关的是所谓未遂教唆的处罚问题。它是指明知不可能引起犯罪结果,却诱使他人犯罪,他人在开始实行犯罪的时候,就被抓获。其包括两种类型:

第一种类型是,被教唆人的行为属于不能犯的类型。如X明知金库里没有钱,却教唆Y盗窃金库,或者明知金库有重兵把守,却教唆Y盗窃,结果Y一接近金库就被抓获的场合,就是如此。这种场合,教唆者X是不是成立盗窃未遂罪的教唆犯,存在争议。如果说Y没有引起成立盗窃未遂罪所必要的结果的具体危险,则Y作为盗窃罪的"不能犯",是不可罚的。如果说正犯是不能犯而不可罚,那么教唆其实施该行为的教唆犯X也是不可罚的。这里的关键是,Y盗窃金库的行为是否会产生财物被盗的危险。对此,具体危险说认为,以行为当时,一般人所能认识到的事情以及行为人所特别认识到的事情为判断资料,一般人感受到危险的时候,就具有(为未遂犯的处罚奠定基础的) "具体危险"。据此,上述场合,即便金库客观上是空的,但从一般人的立场出发,只要看起来似乎有金钱在其中,侵入可能有金钱的金库,一般人就有在库的钱财被窃取的危险。因此,能够认可盗窃罪的具体危险,被教唆者Y成立盗窃未遂罪,对其进行教唆的X的行为就要作为"未遂的教唆"处理。另外,客观危险说认为,应将行为当时的全部客观资料作为判断资料,客观地判断有无具体危险。从本书提倡的客观危险说的立场来看,既然事后查明金库中没有金钱,则金钱被盗的具体危险完全不存在,被教唆者 Y 就是盗窃的不能犯,不可罚。因此,教唆者 X 也不可罚,不产生"未遂的教唆"的问题。

第二种类型是,被教唆人的行为有可能既遂,但教唆者出于使其在未遂阶段终止的目的而教唆的场合。如 X 意图陷害 Y,就教唆 Y 杀害穿有防弹背心的 A。Y 出于杀意向 A 开枪,命中了 A 的腹部,但由于 A 穿有防弹背心,没有受伤。X 明知 A 穿有防弹背心,且其从一开始就准备让 Y 在开枪阶段被制服,使 Y 的犯行在未遂阶段终止,Y 成立故意杀人未遂罪,这是没有问题的。但问题是,X 的行为该如何处理?[102]

从成立教唆犯的客观要件进行检讨的话,就是 X 的教唆行为让 Y 产生杀人的意思,据此而着手实行杀人,只是因为最终没有实现杀人目的成立未遂而已,但 X 的教唆行为和 Y 的杀人未遂结果之间的因果性能被肯定,X 符合杀人未遂罪的教唆犯的客观条件。问题是,成立教唆犯,行为人主观上还必须具有作为主观责任要件的"教唆犯的故意",即对符合构成要件的事实具有认识。为了说 X 构成故意杀人未遂的教唆罪,就要求其对符合故意杀人未遂罪的构成要件的事实具有认识。就上述场合而言,就是 X 必须具有"根据自己的教唆行为,让正犯人 Y 产生杀人决意,实施杀人行为,产生杀人的具体危险"的认识。那么,上述场合下,X 是否具有杀人未遂教唆的认识呢?

依照本书所采用的因果共犯论,可以得出 X 因为没有教唆犯的故意,故不可罚的结论。按照认为刑法的目的在于保护法益,共犯因为通过正犯侵害了法益而受罚的因果共犯论(引起说),成立教唆犯,行为人必须具有通过正犯而侵害法益的认识。未遂教唆的场合,既然教唆者从一开始就没有想过让被教唆的正犯引起法益侵害结果,则表明其没有通过正犯侵害法益的认识,故不成立教唆犯。这一结论,通过一个单独犯的例子能解释得更加清楚。Z 为了报复素有隙的 A,让其难受一下,就在其面前的咖啡中掺入未达致死剂量,不足以死人的毒药。A 饮用咖啡之后,严重腹泻,但没有生命危险。此种场合,尽管 Z 在被害人 A 的咖啡中混入的毒药未达致死剂量,但总归是毒药,因此,Z 的行为不是不能犯,而是故意杀人罪的实行的着手,只是因为没有发生杀害结果,因此,似乎成立故意杀人未遂罪。但 X 最初就是止步于未遂的意思而实行的,完全没有引起杀害结果的意思。就没有杀害结果认识的 X 而言,不能认定其有故意杀人罪的故意。既然没有故意杀人罪的故意,故意杀人既遂罪就不用说了,连故意杀人未遂罪也不成立。故意杀人既遂罪和故意杀人未遂罪之间,根据是不是发生了杀害结果加以区分,但作为主观责任要件的故意的内容是完全一样的。因此,就没有引起杀害结果故意的 Z 而言,在不成立故意杀人未遂罪的一点上是没有争议的。当然,对拉肚子等伤害结果而言,Z 具有故意,成立故意伤害罪。可见,就单独正犯的场合而言,行为人要成立故意杀人未遂罪,其必须事

---

[102] 与此相关,就是理论上饱受争议的"陷阱侦查"的问题。所谓陷阱侦查,就是侦查机关出于发现犯罪的目的,教唆成为诱饵的人实施犯罪,在其着手犯罪的时候,将与该犯罪有关的人抓获的侦查方法。这种侦查方法常被用于由于犯罪的组织化、秘密化使侦查极为困难的毒品犯罪场合。其中,有"犯意诱发型"和"机会提供型"之分。前者是对成为诱饵的人即侦查对象做工作,让其实行犯罪,并借机将其抓获;后者是对已经具有犯意的对象提供犯行机会,在其犯罪过程中将其抓获。前一场合,有让没有犯意的人产生犯意,侵犯人格自律性之嫌,所以违法,但后者是让有犯罪嫌疑的人实施犯罪,以证实其犯罪或者破获更大的犯罪,因此作为自由侦查手段的一种,一般认为其是合法的。当然,即便是后一场合,在所使用的手段是超越常规的强烈劝诱的场合,由于该种手段通常会诱发犯意,因此,还应当看作违法。

先具有引起结果的认识。因此,上述共犯(教唆犯)X 的例子中,由于 X 没有引起结果发生的意思,没有教唆犯的故意,故不可罚。[103]

但是,反对意见认为,即便采用因果共犯论,也不一定会得出教唆人 X 不可罚的结论。因为,"采用因果共犯论"和"作为教唆犯的故意内容,必须认识到侵害法益结果(的程度)"之间并不具有逻辑上的必然性。故意是对客观构成要件的认识(客观构成要件的主观反映)问题。因此,教唆犯的客观构成要件并不要求教唆行为和最终结果(实害结果)之间具有因果性,只要教唆行为和正犯人的实行行为(危险结果)之间具有因果性就可以。因为,未遂犯中发生结果的"危险"本身也是一种结果。[104] 在此意义上,"未遂教唆"的可罚性的有无,最终取决于共犯因果性贯彻到何种程度的问题。

从本书的立场来讲,即便说未遂犯中的发生结果的危险也是一种"结果",因此,说教唆故意只要是对发生结果的"危险性"有认识就足够的观点,也并没有什么问题。并且,这种理解在教唆者预计被教唆者的行为会止于未遂而实施教唆,但出乎意料地发生了结果的场合,其实际价值能清晰地显现出来。如 X 确信毒药没有达到致死剂量,教唆 Y 向 A 的饭碗中投毒,Y 实施了该行为,不料 A 却出乎意料地被毒死了。若按照最终结果认识说,本例中的正犯人 Y 成立故意杀人罪,而教唆者 X 由于没有教唆杀人即引起人死亡的故意,因此不可罚。但是,在本例中,客观上看,教唆者让正犯实施故意杀人的实行行为,并且实现了该犯罪结果,即便从主观上看,其也具有让正犯人实施杀人实行行为的认识,使正犯形成了实施实行行为的意思。认为其无罪显然是不妥当的。

但是,即便如此,也不能说教唆者 X 的教唆行为可罚。按照本书所坚持的,刑法的目的在于保护法益,共犯是因为通过正犯侵害了法益而受罚的因果共犯论(引起说)的见解,成立教唆犯故意,教唆人也必须认识到通过正犯而侵害法益的程度。未遂教唆的场合,既然教唆者已经清楚地意识到正犯不可能引起侵害法益结果,或者说其在意图让正犯阻止法益侵害发生,则侵害法益结果就不可能发生。换言之,教唆人不管对结果的发生有多少认识,还是难以认定其具有故意,教唆犯不成立。

即便是在如 X 确信毒药没有达到致死剂量,教唆 Y 向 A 的饭碗中投毒,Y 实施了该行为,不料 A 却出乎意料地被毒死了的场合,X 也还是不成立杀人未遂的教唆犯。本例中,从一般人的观念来看,要求实害结果的因果共犯论所推导出的"正犯人 Y 成立故意杀人罪,而教唆者 X 由于没有教唆杀人的故意,因此不可罚"的结论似乎很不近人情。

但是,正如不能说在单独犯即正犯没有杀人结果的认识,只具有杀人危险认识的场合有杀人故意一样,在共犯故意的场合,也必须作同样考虑。未遂犯中的"结果",说到底就是"发生最

---

[103] [日]山口厚:《刑法总论》(第 3 版),付立庆译,中国人民大学出版社 2018 年版,332 页;[日]井田良:《讲义刑法学总论》(第 2 版),有斐阁 2018 年版,第 537 页;[日]高桥则夫:《刑法总论》,李世阳译,中国政法大学出版社 2020 年版,第 430 页。

[104] [日]团藤重光:《刑法纲要总论》(第 3 版),创文社 1990 年版,第 407 页;[日]平野龙一:《刑法总论 II》,有斐阁 1975 年版,第 350 页;[日]大谷实:《刑法讲义总论》(新版第 5 版),黎宏、姚培培译,中国人民大学出版社 2023 年版,第 442 页。按照未遂教唆可罚说的观点,由于 X 主观上出于较轻的未遂教唆的故意(杀人未遂罪的教唆犯的故意),客观上引起了较重的既遂教唆的结果(杀人罪的教唆犯),属于事实认识错误的问题,按照《日本刑法》第 38 条第 2 款,X 最终成立较轻的杀人未遂罪的教唆犯。

终实害结果的危险",具有该种认识意味着行为人必须具有引起最终结果的意思。上述案例中,引起杀人结果的行为被故意杀人罪的规定所禁止,教唆者只有在有发生该种结果认识的场合,才可能形成不要教唆他人犯罪的反对动机。从责任原则的观点来看,说没有该种认识的X具有故意杀人未遂罪的教唆犯的故意,是不妥当的。[105]

第五节　共同犯罪的特殊问题

一、共同犯罪和身份[106]

有身份的人和没有身份的人共同实施身份犯即只有具有一定身份者才能构成的犯罪的场合,该如何处理,就是"共同犯罪与身份"的问题。其中,涉及三个具体问题:一是无身份者参与有身份者实施的真正身份犯场合的处理;二是不同身份者共同实施真正身份犯场合的处理;三是无身份者与有身份者共同实施不真正身份犯的场合的处理。

关于无身份的人与有身份的人一起实施某种身份犯罪(包括真正身份犯和不真正身份犯)时,应当如何定罪量刑,有的国家刑法当中有明文规定。如《日本刑法》第65条第1款规定,"参与由于犯人的身份而构成的犯罪行为的时候,即便是没有身份的人,也是共犯";第2款规定,"由于身份而特别影响刑罚的轻重时,没有身份的人按照通常的刑处罚"。我国刑法总则当中没有身份与共犯的直接规定,只有分则当中存在部分规定。[107] 但可以说,即便有上述规定,其也是将理所当然的结论进行了明示而已,即便没有上述规定,透过学理也能得出相同的结论。[108]

以下,根据我国刑法中的相关规定以及学说,对共同犯罪与身份的相关问题分别进行介绍。

1.无身份者和有身份者共同实施真正身份犯的场合。如前所述,所谓真正身份犯,也称构成身份犯,是以行为人有一定身份为犯罪成立要件的犯罪类型。身份的有无决定犯罪的成立与否。所谓真正身份犯,意味着此类犯罪的保护法益,只有具有特定身份的人才能侵害,如受贿罪,不具有国家工作人员身份的人,不可能具有利用职务之便以权谋利的机会,从而也不可能对国家工作人员职务行为的公正性造成侵害,因此,成立真正身份犯,首先要求行为人具有特定身份。

但这并不意味着没有身份的人就不可能成为真正身份犯的共犯。如前所述,教唆犯、帮助犯之类的共犯,虽然不是直接亲自动手侵害法益,却是通过对实施实行行为的正犯加功,即通

---

[105] 当然,在X教唆他人在被害人饭碗里投放未达致人死亡剂量的毒药,不料导致被害人死亡的案件中,虽说理论上可以考虑X构成故意杀人罪的过失教唆,但由于过失教唆欠缺"类型性",因此不成立。教唆人的行为最多可以构成过失致人死亡罪。
[106] 关于刑法中的身份的理解,参见前述"行为主体"部分的内容。
[107] 如刑法第382条(贪污罪)第3款规定,(非国家工作人员)与前两款所列人员勾结,伙同贪污的,以共犯论处。
[108] 林钰雄:《新刑法总则》,台北,元照出版有限公司2021年版,第495页。

过让正犯产生实施特定犯罪的意思,或者是让已经有犯罪意思的正犯进一步强化其犯罪意思或者为其犯罪提供方便的形式,间接地产生侵害法益的效果。换言之,没有身份的人虽然不能单独侵害保护法益,但可以和有身份者一道,共同引起侵害法益的效果。如此说来,首先,可以肯定,无身份者可以作为共犯,和有身份者一道实施真正身份犯的犯罪行为。这一点也已经为我国的刑事立法所承认。如我国刑法第 382 条第 3 款也规定,与国家工作人员或者国有单位委托管理、经营国有财产的人员勾结,"伙同贪污的,以共犯论处",其中对于伙同者没有身份的限定,自然也包括无国家工作人员身份的人在内。[109]

只是,无身份者能否成为真正身份犯的共同正犯(共同实行犯),对此见解不一。"否定说"认为,无身份者是不可能实施真正身份犯的实行行为的。例如,背叛国家罪,只有我国公民才能构成,外国人是不可能实施我国刑法中的背叛国家罪的。[110] 确实,如果从行为无价值论的立场出发把握身份犯的本质,将身份犯看作违反特定义务的行为,则因为非义务对象的非身份者,不可能实施上述违反义务的实行行为,容易得出无身份者不可能构成共同"正犯"的结论。

但是,从本书的立场来看,无身份者可以成为真正身份犯的共同正犯(共同实行犯)。首先,从法益侵害说的角度来看,犯罪的本质是侵害法益,无身份者虽然单独不能侵害真正身份犯的保护法益,但若和身份者一道,共同引起法益侵害结果,则能够成为共同正犯。况且,现在的共同正犯的认定,并不一定要求行为人一定要亲自实施构成要件行为,如共谋共同正犯、间接正犯一样,只要是对他人实施构成要件行为产生重要影响即可。

从因果共犯论的立场来看,共同正犯本质上是以他人的行为为中介,扩张自己行为的影响即因果性的犯罪类型,在依据上述行为方式对他人行为所产生的结果承担责任上,和教唆犯、帮助犯没有什么本质的差别,仅仅在因果性的强弱上不同而已(因果性说)。既然无身份者可以教唆犯、帮助犯的形式参与身份犯的实行,为何不能以他人的行为为中介扩张自己行为的影响的方式参与身份犯的实行呢?因此,无身份者也能通过有身份者的行为,参与对真正身份犯的保护法益的侵害,成为真正身份犯的共同正犯。

如此说来,在非国家工作人员甲与国家工作人员乙共谋,利用乙管理公共财物的便利条件,共同盗窃乙所管理的公共财物的场合,甲与乙构成贪污罪的共同正犯;在无身份的投保人与有身份的保险公司的工作人员共谋,联手骗取保险金的场合,只要二者在关键环节上利用了保险公司的工作人员的职务之便,就一律按照职务侵占罪或者贪污罪的共同正犯论处。当然,如果二者并未利用国家工作人员职务便利,则全案应依盗窃罪处理。同样,在无国家工作人员身份的妻子极力怂恿、劝说,并且以各种手段施压要求有国家工作人员身份的丈夫,利用其职务便利索要或者收受贿赂的场合,妻子可以和丈夫一道构成受贿罪的共同正犯。当然,在相反的场合,即具有国家工作人员身份的丈夫向不具有国家工作人员身份的妻子说明事实真相之

---

[109] 我国的刑事司法实践也不否认这一点。如 1984 年最高人民法院、最高人民检察院、公安部《关于当前办理强奸案件中具体应用法律的若干问题的解答》中指出:"妇女教唆或者帮助男子实施强奸犯罪的,是共同犯罪,应当按照她在强奸犯罪活动中所起的作用,分别定为教唆犯或从犯,依照刑法有关条款论处。"

[110] 高铭暄、马克昌主编:《刑法学》(第 10 版),北京大学出版社 2022 年版,第 322 页;王作富主编:《刑法》(第 6 版),中国人民大学出版社 2016 年版,第 238 页。

后,让其收受贿赂,即有身份者教唆、帮助无身份者实施真正身份犯的场合,具有身份的丈夫就不用说了,关于妻子,根据其所发挥的作用的不同,成立受贿罪的帮助犯。这是根据法益侵害说所推导出来的必然结论。

2. 不同身份者共同实施真正身份犯的场合。如非国有公司的工作人员甲(非国家工作人员)与国有公司委派到该非国有公司从事管理工作的乙(国家工作人员),一道利用职务上的便利共同侵占该非国有公司的财产的场合,就是如此。因为在真正身份犯的场合,身份成为确定行为违法性的关键,没有身份的人不可能单独实施该种犯罪,因此,以谁的身份为准来确定行为性质,就是难题。对此,理论上一直存有争议。

"主犯决定说"认为,应当根据主犯的特征来认定。如果主犯是有特定身份者,则按身份犯来定罪;如果主犯是无特定身份者,则以无特定身份者所定之罪定罪。"实行行为决定说"认为,应当根据实行犯的行为决定,不以其他共犯人在犯罪中所起作用的大小为转移。[111] "优先特殊主体说"主张,对不同身份作出比较,以更为特殊的身份对犯罪进行定罪量刑。[112] "核心角色说"强调实行行为与非实行行为的相对性,部分采用行为支配说的理论,引入核心角色这一概念,主张以核心角色为标准来认定犯罪的性质。[113] 实务当中,通常情况下,采用主犯决定说,但在难以查清主犯的场合,采用优先特殊主体说。如2003年11月13日最高人民法院发布的《全国法院审理经济犯罪案件工作座谈会纪要》就贪污罪的法律适用问题明确指出:对于在公司、企业或者其他单位中,非国家工作人员与国家工作人员勾结,分别利用各自的职务便利,共同将本单位财物非法占有的,应当尽量区分主从犯,按照主犯的犯罪性质定罪。司法实践中,如果根据案件的实际情况,各共同犯罪人在共同犯罪中的地位、作用相当,难以区分主从犯的,可以贪污罪定罪处罚。

本书认为,以上观点均是从(部分)犯罪共同说的角度所提出的见解,强调罪名的从属性即所有参与共同犯罪的行为人的罪名必须一致。但从不是单独实行犯罪,而是通过和他人的协作来完成自己犯罪的行为共同说的角度来讲,数个不同身份的人共同参与真正身份犯的时候,和无身份者虽然不能单独成立真正身份犯,但可以和有身份者一道成立真正身份犯的共犯一样,不同身份者也都同样可以构成特定的真正身份犯。只是,在不同身份者共同引起法益侵害结果时,因为主体身份的不同而可以论以不同犯罪。如就上述举例而言,站在国家工作人员的立场,可以将整个行为评价为贪污罪,站在公司、企业管理人员的立场,可以将整个行为评价为职务侵占罪。但在行为共同说之下,不同主体之间是相互利用的关系,即将对方的行为作为自己行为的延长,同时将自己行为看作他方的行为,从而共同引起构成要件结果的发生。如此说来,在不同身份者参与某真正身份犯时,各个参与者成立依据其身份所构成的犯罪的共同正犯。就上述举例而言,国家工作人员构成贪污罪的共同正犯,公司、企业管理人员构成职务侵占罪的共同正犯。当然,以上只是就甲、乙共谋实施犯罪或者一道共同实施犯罪的情形而言的。如果二者之间存在一方教唆或者帮助另一方实施犯罪行为的关系,则以实施者的行为为

---

[111] 马克昌主编:《犯罪通论》,武汉大学出版社1999年版,第584页。
[112] 赵秉志主编:《犯罪总论问题探索》,法律出版社2003年版,第520页。
[113] 张明楷:《刑法的基本立场》,中国法制出版社2002年版,第281页。

准判断成立到底是职务侵占罪还是贪污罪,而教唆或者帮助者则成立相应犯罪的教唆犯或者帮助犯。

3. 无身份者与有身份者共同实施不真正身份犯的场合。所谓不真正身份犯,如前所述,是即便没有特定身份也能成立该罪,但特定身份的存在对刑罚的轻重具有影响,即特定身份对科刑存在影响的身份犯类型。如传播淫秽物品罪牟利罪中的"牟利目的"、职务侵占罪中的"公司、企业或者其他单位的人员"等,就是其例。

在真正身份犯的场合,无身份者根本不可能单独引起与该种犯罪相应的法益侵害结果,因此这种身份犯中的身份具有建构不法、创设刑罚的意义,没有特定身份的人根本不可能独自实现该罪的犯罪构成;在不真正身份犯的场合,没有该种身份的人也能引起该种法益侵害结果,只是有该种身份的人和没有该种身份的人相比,在量刑上存在不同。可见,不真正身份犯中的身份不具有建构不法、创设刑罚的意义。也正因如此,通常认为,在真正身份犯的场合,身份是"违法要素",而在不真正身份犯的场合,身份只是"责任要素"。这种差别的存在,导致在无身份者与有身份者共同实施不真正身份犯的场合,对无身份者的处理,就会和真正身份犯的场合有所不同。

如在出于牟利目的而开设贩卖淫秽书刊书店的老板和不具有牟利目的的雇员共同贩卖淫秽书刊的场合,对该雇员到底是按照刑法第363条传播淫秽物品牟利罪的共犯处罚,还是按照刑法第364条的传播淫秽物品罪处罚,[114]就需要分析。按照刑法第363条的规定,传播淫秽物品牟利罪,是具有牟利目的才能成立的犯罪,是目的犯,从没有该种目的的人不能成立本罪的角度来说,本罪属于身份犯。[115] 由于刑法第364条规定,没有牟利目的的传播淫秽物品的行为也构成犯罪,但法定刑比传播淫秽物品牟利罪要轻,所以,刑法第363条和第364条之间可以看作加减身份犯的关系。正因如此,上述书店老板和雇员的案例可以从无身份者和有身份者共同实施不真正身份犯的角度进行分析。

本书认为,既然不真正身份犯也是身份犯的一种,则与真正身份犯的场合一样,该身份也会对各个共犯参与人的定罪量刑产生影响。在不同身份者共同实施某特定的不真正身份犯的场合,首先要比照真正身份犯进行定罪处理。如就传播淫秽物品牟利罪而言,从没有"牟利目的"身份的人不能单独成立该罪的角度来讲,传播淫秽物品牟利罪属于真正身份犯。就真正身份犯而言,无身份者尽管不能单独实施,但其可以和有身份者一道而成为其共犯(包括教唆犯、帮助犯乃至共同正犯),因此,上述举例中,无"牟利目的"身份的书店雇员客观上可以和有身份者即有"牟利目的"的书店老板一道成立传播淫秽物品牟利罪的共犯,这也是"共犯违法的连带性"的体现。在此前提之下,再考虑"共犯责任的个别性"的问题。既然刑法分则明文以有无"牟利目的"为标准,将传播淫秽物品罪和传播淫秽物品牟利罪分开规定,则在实际认定上,就

---

[114] 在书店老板教唆雇员贩卖淫秽书刊的场合,对书店老板可从间接正犯的角度加以探讨。
[115] 关于营利目的能否成为身份,理论上存在争议。否定说主张,从"身份"一语的本来意义来看,成立身份,多少应当限定为具有持续性的东西,"目的"之类的主观事情(一时的心理状态)不能说是身份,故"营利目的"不包括在身份之中,但肯定说认为,身份不限于具有继续性质的东西,认为营利目的包括在身份之内。肯定说是多数说,认为身份是行为人的一身专属的事情,只要是"行为人的特殊状态"就足够了,是否具有继续性并不是重要的因素。只要主观要素也是犯人的特殊状态,就没有理由将其从身份之中除外。

必须尊重这种规定,体现这一点。由于"牟利目的"是一身专属、不波及他人的罪责要素即责任身份,因此,具有该种身份者和不具有该种身份者的认定必须分开进行。这样说来,上述出于牟利目的而开设贩卖淫秽书刊书店的老板和不具有牟利目的的雇员共同贩卖淫秽书刊的案例中,尽管书店雇员可以和书店老板一起成立传播淫秽物品牟利罪的共同犯罪,但由于雇员不具有牟利目的这种责任身份,因此,其只能按照非身份犯的传播淫秽物品罪定罪处罚。

同样,在某航空公司部门经理X和无业人员的情人Y共谋,将自己保管的公司现金1000万元卷走,和Y一起逃亡海外的场合,对没有身份的Y,也应当按照上述方法处理。上述案例,涉及Y的行为是否构成刑法第271条的职务侵占罪的问题。因为对于职务侵占罪,没有职务身份者不能单独构成本罪,因此,属于真正身份犯。社会无业人员Y虽然不能单独犯职务侵占罪,但其可以通过X的行为而构成职务侵占罪的共同正犯。但Y连普通侵占罪中所要求的"保管他人财物"的人都不是,在单独犯的场合,连普通侵占罪都不能构成,但仅仅因为和公司管理人员有共谋,就越过侵占罪这一级,直接上升为职务侵占罪的共同正犯,显然有罪刑失衡之嫌。

实际上,我国刑法中的职务侵占罪具有"双重身份犯"的性质。在非"代为保管他人财物"者不能构成侵占罪的意义上,其属于一重身份犯,再在非"公司、企业或者其他单位的人员"不能构成职务侵占罪的意义上,其属于二重身份犯。在非"代为保管他人财物"者不能构成犯罪的意义上,职务侵占罪是构成身份犯(真正身份犯),但在"公司、企业或者其他单位的人员"的身份只影响刑罚轻重的意义上,职务侵占罪具有加减身份犯(不真正身份犯)的特征。因此,非身份者加功于职务侵占罪的时候,就会出现真正身份犯和不真正身份犯的处罚原则的双重适用局面。具体而言,上述案例中,职务占有人X成立职务侵占罪的共同正犯,非职务占有人Y和X一道共同实现了职务侵占罪,但由于职务侵占罪中包含有"职务"人员这一加减身份(不真正身份),因此,不具有该身份的Y只能成立不要求"职务"身份的普通侵占罪的共同正犯。

二、共同犯罪的脱离

所谓共同犯罪的脱离,是指共犯关系成立之后,犯罪结果发生之前,其中的部分参与人切断其与其他共犯人的关系而从该共犯整体中解脱出来,其他参与人基于重新成立的犯罪关系继续实施行为,引起了犯罪结果。如甲、乙、丙三人共同抢劫被害人丁,在对丁实施暴力的过程中,丙对丁产生怜悯同情之心,宣布自己退出,并用语言和行动阻止甲、乙的暴力行为,但遭到甲、乙两人的拒绝,丙无奈离去,甲、乙在丙离开之后,对丁实施了强行劫取财物的场合,就是如此。

在共犯脱离的场合,尽管脱离人具有脱离和防止犯罪结果的行为,但犯罪结果还是发生了,并没有有效防止犯罪结果的发生。这种情况,按照现行刑法的规定,是难以被认定为中止犯而被从宽处罚的。但是,在共犯的场合,即便行为人有抽身脱离的意图和行动,只要没有能够阻止结果的发生,就一律不被考虑,对自己离开之后的其他人所引起的犯罪结果,也要承担既遂犯的刑事责任,这对于那些在犯罪途中回心转意的人来说,显然过于残酷,也不利于对共同犯罪的分化瓦解。

为了解决上述问题,学说上就提出了所谓共同犯罪的脱离的问题,即在共同犯罪的场合,如果部分共犯人表示了从共同关系中脱离的意思,并且实施了脱离共犯的行为,切断了其和其他共犯之间的物理和心理上的因果关系,其他人即便实施了犯罪行为,引起了犯罪结果,也必须说,脱离人和所发生的犯罪结果之间没有因果关系,其对于所发生的犯罪结果,不能承担既遂犯的刑事责任,而仅就其脱离前的行为,承担中止犯的刑事责任。[116] 这就是共同犯罪脱离的思想。

那么,什么情况下,可以说共犯人已经脱离现实存在的共犯关系呢?对于这个问题,理论上有不同看法。从本书所主张的因果共犯论的立场来看,应当说,只有在共犯人以实际行动切断了自己和其他共犯人所引起的结果之间的因果关系的场合,才有可能。

因果关系切断论认为,既然共犯的处罚根据,应当从与其相关的正犯所引起的法益侵害中加以寻求,则和正犯所引起的结果或者完成的犯罪之间具有因果关系,就成为处罚共犯的出发点,换言之,即便是共犯,也只对与自己的行为具有因果关系的结果承担责任,对于和自己行为没有因果关系的结果,没有必要承担责任。这样说来,是否共犯脱离,应当以是否切断了和该脱离者在脱离以前所参与的行为以及脱离之后由其他共犯人所引起的结果之间的因果关系为基准来判断。换言之,是否成立共犯关系的脱离,关键在于是否切断了共犯与正犯行为的关系以及与正犯所引起的结果之间的因果关系。

但如何判断因果关系被切断,则是难题。因为,就共同犯罪而言,各个犯罪人之间的联系,除物理上的相互利用、将他人的行为作为自己行为的因果关系之外,还包括心理上的相互激励、维持、强化彼此的实行犯罪的意思的心理因果性。因此,切断和共犯之间的因果关系,是要求同时切断和其他共犯之间的物理、心理上的因果关系,还是只要切断物理、心理上的因果关系中的一方就可以了呢?对此,理论上存在不同见解。

有见解认为,不管是借与凶器等物理的因果关系,还是维持、强化实行犯罪意思等心理的因果关系,只要有一方存在,就成立共犯,因此,只有在这两方面的关系都被切断的场合,才可以说脱离了共犯关系。[117] 相反,也有见解认为,共犯中的因果性应当限定于心理的因果性。[118] 共犯人之所以对他人的行为、结果承担责任,是因为行为人在实施某种行为的时候,认识到有其他人知道并支持他的行为,使他鼓足了勇气,促使他实施行为,也促使了该种结果的发生,这就是所谓心理上的因果性。这种心理上的因果性消失的话,就可以肯定共犯的脱离。

本书认为,既然共同犯罪之中的因果关系,既包括共犯人之间的物理上的联系,也包括心理上的联系,那么,因果关系的切断,当然应当包括这两方面的内容,而仅仅切断其中一种关系,显然是不够的。这样说来,上述前一种观点,即脱离人不仅要切断自己和其他共犯人之间的物理联系,还要切断其和其他共犯人之间的心理联系的观点,是妥当的。相反,根据后一种见解,如果说只要不能确认共犯人之间具有"意思联络"这种主观性质极强的暧昧关系,就说共犯关系已经解散,对脱离人免责,有轻纵脱离人的嫌疑。不仅如此,按照这种观点,还会将共犯责任建立在共犯人之间具有意思联系这样一个模糊的基础上,使共犯成立丧失了其

---

[116] 具体内容,参见黎宏:《刑法总论问题思考》(第2版),中国人民大学出版社2016年版,第135、472页。
[117] [日]前田雅英:《刑法讲义总论》(第7版),东京大学出版会2019年版,第365页。
[118] [日]町野朔:《惹起说的整理与检视》,载[日]松尾浩也、芝原邦尔编:《刑事法学的现代状况:内藤谦先生古稀祝贺》,有斐阁1994年版,第136页。

应有的客观性。如此说来,共犯因果关系的切断,既包括心理联系的切断,也包括物理联系的切断这两个方面的内容。不过,这两个方面的内容,在不同类别的共同犯罪的场合,要求是不一样的。

首先是共同正犯的脱离。其中,又有在部分共犯人着手实行犯罪之前的脱离(着手前的脱离)和着手实行犯罪之后的脱离(着手后的脱离)之分。在着手前的脱离的场合,一般参与者与主要参与者的脱离,其认定又有所不同。就普通参与者而言,其只要向其他人表明了自己不愿意干的意思,并且其他人也清楚这一点的话,就可以说其已脱离。但是,就主要参与者如主犯或者首要分子而言,脱离,仅有行为人向其他参与人表明脱离共犯关系的意思还不够,还要消除其对其他参与人所产生的物理和心理上的影响,方能被认可。如共同犯罪的组织者或者策划者脱离的时候,仅仅说自己"不干了"还远远不够,还必须具有积极劝说或者阻止其他人实施犯罪的举动,否则就难以认定其已经切断了其和其他参与者之间的心理上的联系。同样,在行为人不仅组织、策划了他人的行动,还为他人提供了武器等犯罪工具的场合,行为人除了具有劝说、阻止行为,还必须收回其所提供的犯罪工具,否则也不能说其切断了其与其他人之间的物理和心理上的因果关系。脱离的意思表示,可以是明示的也可以是暗示的,但一定要达到让其他人知晓的程度。

着手后的脱离的场合,也有一般参与者的脱离与主要参与者的脱离之分。在一般参与者的场合,脱离者只要在犯罪行为进行过程中对其他参与者表明了脱离的意思,其他人也了解这一点,就可以说成立脱离。如甲、乙、丙三人共同对丁实施殴打,丙因为同情丁而中途放弃,并且向其他人表明了自己的态度,结果甲、乙将丁殴打致死的场合,可以说丙成立脱离。但在主要参与者如主犯或者首要分子的场合,其不仅要自己脱身不干,还必须以实际行动阻止他人,叫他人也不要干,否则难以说其切断了与其他人所引起的结果之间的因果关系。在其采取积极行为来阻止其他的人,使当初共谋实施的实行行为难以实现的场合,即便后来由其他人引起了犯罪结果,由于该结果不是由当初的共谋行为所引起的,因此,也可以说,共犯关系被解除。

脱离就意味着解除共犯关系,所以脱离人只对到脱离为止的行为负责。换言之,着手前脱离的场合,就已经成立的预备罪成立共同正犯,如果脱离人符合自动性要件,就成立该预备罪的中止犯。着手后脱离的场合,有可能发生了犯罪结果。这时候,只要脱离人具有自愿脱离的意思,仍然可以成立中止犯。

其次是教唆犯的脱离。教唆犯的场合,教唆人只要在被教唆人着手实行以前或者在实行过程当中,表示了脱离的意思,并且采取了劝说、阻止等打消被教唆人即正犯的犯罪意思和行为的实际行动的话,就可以说,其切断了和正犯之间的心理上的因果关系,被教唆人后来实施的行为和结果与教唆犯当初的教唆行为无关。之后,被教唆人即便形成了同样的犯意,实施了犯罪行为,但就教唆人而言,都构成中止犯。因为,其以实际行动切断了其和被教唆人的行动之间的心理上的因果关系。帮助犯的场合,如果帮助者只为他人提供心理上的帮助,则只要有劝说、阻止他人不要实施犯罪的行为,消除其和他人之间的心理或者精神上的促进、鼓励作用的表示就够了;但在提供物理帮助的场合,则必须收回该种物理帮助,否则不能成立中止犯。

三、共同犯罪的错误

所谓共同犯罪的错误,是指共同犯罪的各个参与人之间的认识与所实现的结果不一致的场合。如共谋一起抢劫,但有人却实施了强奸;教唆他人伤害,他人却实施了杀人;帮助他人盗窃,他人却实施了诈骗,诸如此类的场合,都属于共同犯罪的错误。在发生共同犯罪的错误的场合,各个共犯人在什么范围内承担罪责,成为问题。

理论上讲,共同犯罪的错误和单独犯的错误没有什么两样,因此,即便在处理共犯错误的场合,也应当以前述的具体符合说为标准,进行判断。但由于共同犯罪的错误是各个共犯人的相互影响而形成的,所以,和单独犯的场合相比,要复杂一些。以下分别进行讨论。

(一)对象错误

其中,有具体的对象认识错误和抽象的对象认识错误之分。

1. 教唆、帮助他人侵害乙对象,他人却误把甲对象当作乙对象加以侵害,而甲对象和乙对象体现相同法益的场合,就是具体的对象认识错误。如 A 让 B 盗窃 C 家,B 在暗夜中误将 D 家当作 C 家而实施了盗窃的场合,就是如此。依照具体符合说,A 仍构成盗窃罪的教唆犯。因为,B 具有盗窃"那一家(C 家)"的故意,实际上也是盗窃了处于该处的"那一家(D 家)",行为人认识的事实和实际发生的结果之间在"盗窃那一家"的细节上没有差别,因此,A 对 B 引起的盗窃结果承担教唆犯的刑事责任。同样,在 A 帮助 B 杀害"身在该处的人"C,但是 B 认错了人,误将"身在该处的人"D 当作 C 杀害的场合,按照具体符合说,由于 B 在杀害"身在该处的人"这一点上没有错误,因此,仍然要追究 A 故意杀人罪的帮助犯的刑事责任。

2. 教唆、帮助他人侵害乙对象,他人却误把甲对象当作乙对象加以侵害,而甲对象与乙对象体现不同的法益即属于不同犯罪构成内的法益的场合,就是抽象的对象认识错误。如 A 教唆 B 盗窃他人钱财之类的普通财物,B 却盗窃了他人枪支弹药等特殊财物的场合,就是如此。这种场合下,盗窃枪支、弹药和盗窃普通财物尽管分属侵害不同法益的盗窃犯罪,但枪支、弹药也具有财物的属性,至少在"财物"一点上和普通财物相同,因此,上述举例中,A 至少就已经发生的盗窃普通财物罪要承担教唆犯的刑事责任。在 A 帮助 B 盗窃枪支弹药,B 却只盗窃到普通财物的场合,因为 B 的行为构成盗窃枪支弹药罪的未遂和盗窃(普通财物)罪的既遂之间的竞合,因此,A 也在此范围之内成立对 B 的帮助犯。

(二)打击错误

其中,也有具体的打击错误和抽象的打击错误之分。

1. 正如教唆、帮助他人向甲射击,他人开枪却打中了甲旁边的乙一样,被教唆、帮助的正犯即行为人因为行为误差而导致实际打击的目标与预期打击的目标不一致,但均属同一犯罪构成之内的保护法益的场合,这就是所谓具体的打击错误的场合。对此,法定符合说认为,因为不管甲还是乙,其生命都是刑法上的故意杀人罪所保护的法益,二者具有完全相同的性质,因此,开枪打甲,结果却射中乙的场合,构成故意杀人罪。与此相应,开枪者的教唆、帮助行为,构成故意杀人罪的教唆、帮助犯。相反地,按照具体符合说,教唆、帮助者在对他人的故意杀人(未遂)罪和对乙的过失致人死亡罪的范围内,承担教唆、帮助犯的刑事责任。因为,按照具体符合说,被教唆、帮助的正犯认识到的是"这个人(甲)"的死亡,结果发生的却是"那个人(乙)"的死亡结果,而人命属于一身专属的法益,二者之间不能替换,即甲、乙之间存在细节上的不一致,所以,正犯对乙的死亡结果没有故意,只能以对甲的故意杀人(未遂)罪和对乙的过失致人死亡罪,追究其想象竞合犯的刑事责任。只是,从教唆、帮助的类型性来看,教唆、帮助他人过失犯罪的情形不可能存在,因此,作为共犯的教唆、帮助者最终只能对故意杀人(未遂)罪承担刑事责任。

2. 正如教唆、帮助他人向甲射击,他人出于杀甲的意思而实施了向甲射击的行为,但是结果却打中了甲身边的狗一样,行为人因为行为误差而导致实际打击的目标与预期打击的目标不一致,横跨不同的犯罪构成的场合,这就是所谓抽象的打击错误的场合。对此,按照法定符合说,教唆、帮助者也只能构成故意杀人(未遂)罪的教唆犯和帮助犯,而教唆、帮助过失毁坏财物的行为,因为不符合刑法上的类型性的要求,只能不罚。因为,在法定符合说看来,抽象的打击错误的场合,也只有在构成要件重合的范围之内,才能作为故意犯加以处罚,而故意杀人罪和故意毁坏财物罪之间显然没有任何重合之处。按照具体符合说,也能得出同样的结论。按照具体符合说,由于行为人的认识和所引起的结果并不是发生在同一犯罪构成之内,因此,就对甲的行为而言,成立故意杀人罪(未遂);就对甲身边的狗的行为而言,成立现行刑法上并不处罚的过失毁坏财物行为。因此,就上述举例而言,作为教唆、帮助他人杀人的共犯,最终也只能在教唆、帮助他人的故意杀人罪(未遂)的范围内承担刑事责任。

(三)间接正犯和教唆犯的错误

在承认间接正犯的传统学说之下,间接正犯和教唆犯之间的错误也成为问题。如在甲让不知情的护士乙给病人丙注射毒药,意图杀死丙,护士乙看破了甲的意图,正好也对丙不满,便有意借此机会对丙注射了毒药,致使丙死亡的场合,对甲该如何处理,存在主观说和客观说之间的对立。主观说认为,应当以行为人的主观意图为基础来决定,因为在客观上出现了能够评价为间接正犯的事态,所以,甲是间接正犯。相反,客观说认为,应当根据行为人的客观方面决定行为人是否成立犯罪,既然行为人客观上只符合教唆犯的成立要件,则甲就成立教唆犯。

本书尽管不认可间接正犯,但承认上述案例描述的情形还是存在的。认为在上述场合,将甲认定为故意杀人罪的(间接)正犯显然是不妥的。因为,最终决定杀人的是乙自己,其不存在被甲利用的事实,所以,甲的行为难说是把他人作为了工具加以利用。在此,只能考虑甲是否成立故意杀人罪的教唆犯的问题。换言之,将他人作为工具加以利用的行为是否也可以评价为"教唆"他人的行为,其中的关键是,故意杀人罪的间接正犯和故意杀人罪的教唆犯之间是否具有实质上的重合?本书认为,二者之间存在这种关系。实际上,间接正犯的故意,就是将他人作为工具加以利用,以实现特定犯罪的意思,从广义上讲,包含了引起他人的犯罪意思的教唆故意在内。因此,在以间接正犯的故意引起了教唆的结果的场合,成立教唆犯,然后按照其在共同犯罪中的地位和作用,作为主犯予以处罚。

(四)结果加重犯中的错误

A教唆B实施伤害,B实施了故意伤害致死行为的场合,由于伤害行为通常会引起致死结果,A对此应当具有预见,因此,A对B所引起的重结果,必须承担故意伤害(致死)罪的教唆犯的刑事责任。当然,确有证据证明B的行为超出A的认识范围的时候,其可以对致死结果不承担教唆犯的责任。

(五)共同正犯的错误

所谓共同正犯的错误,是指共谋的内容和基于该共谋而实行的犯罪事实之间不一致。包括三种形态:一是具体的事实错误(同一构成要件之内的错误),这种场合,共同行为人全部成立共同正犯。如共谋故意杀人罪的共犯人之中,有人将在该处的被害人 A 认错而对其开枪,结果却将在该处的他人 B 杀害,这种场合,全体参与者都成立故意杀人罪的共同正犯。二是抽象的事实错误(不同构成要件之间的错误),这种场合,在构成要件重合的限度内,成立较轻的犯罪的共同正犯。如 X 等 7 人共谋盗窃 A 家,并决定由 X 实施。但 X 进入二楼的卧室之后,被醒来的 A 发现,为防止被抓获,X 擅自做主将 A 杀死。X 成立抢劫罪,其他 6 人成立盗窃罪的共同正犯。三是结果加重犯的场合,只要行为人在基本行为中具有共犯关系,就对重结果的发生具有共同的注意义务,所以,对于所发生的重结果,在重合的范围内成立共同正犯。如共谋抢劫的场合,共同人中的某一个人引起了抢劫致人重伤的结果时,除在共谋当时对分担实行行为者的行为采取了限定措施的场合,其他共谋人都要对此结果承担刑事责任。

要注意的是,在处理共同正犯特别是共谋共同正犯的错误问题时,首先必须判断该结果是不是在最初的共谋的范围之内,即是不是能够将该结果归咎于共谋行为,然后再按照错误处理原则。

如在 X 和 Y 共谋伤害 A,X 在负责执行时,遭遇 A 的激烈反抗,X 顿起杀心,用刀将 A 砍死的场合,X 和 Y 的共谋内容是伤害,但因为 X 出于杀意杀害了 A,出现了共谋内容和结果之间不一致的错误问题。这里,首先要分析,杀害 A 的结果是不是在 X 和 Y 最初的共谋范围之内。在本案中,所针对的被害人、实施行为的日期和场所完全相同,当初所共谋的伤害行为中也不排除杀害的行为类型(伤害通常能引起死亡结果),可以说,共谋内容和结果之间具有因果性,因此,杀害 A 的结果在共谋的射程范围之内,对没有分担实行行为的 Y 也能进行客观归责。其次要判断,客观上能够归咎于 Y 的 A 的死亡结果,主观上是不是也能归责于 Y。在本案中,Y 所认识到的是故意伤害罪的共同正犯的构成要件事实,现实发生的却是故意杀人罪的共同正犯的构成要件事实,二者之间存在抽象的事实认识错误。但由于故意伤害罪的共同正犯的构成要件和故意杀人罪的共同正犯的构成要件,在保护生命这一点上相同,在行为形态是伤害这一点上也有共同之处,可见,两个构成要件在较轻的故意伤害罪的共同正犯的限度之内实质上重合,因此,上述案例中,可以说,Y 成立故意伤害(致死)罪的共同正犯。

相反,也存在形式上看似是共同正犯的错误问题,但实际上却与共同正犯的错误毫不相关的情形。如在犯罪集团的首领 X,对属下的成员 Y 下命令,要求其绑架被害人 A。Y 领命之后,意图在路上设伏绑架,但被 A 识破而失败。Y 觉得这样下去没有面子,第二天侵入 A 住宅,用菜刀杀死了 A 的场合,X 和 Y 因为对先前的绑架有认识,因此,X 成立对 A 的绑架罪的共谋。但是,现实中发生的却是杀害 A 的结果。因此,能否将这种死亡结果归咎于 X,成为问题。在这个举例当中,如果说 A 的死亡结果是 Y 在绑架之际的暴力行为引起,则可以说,X、Y 之间的共谋和 A 的死亡结果之间具有因果性。因为,暴力绑架通常会引起他人的死亡结果,这是通常都能预料到的。但是,Y 在侵入 A 宅之后,并未实施实力控制他人的绑架行为,而是不管三七二十一,直接用刀砍死了 A,这种行为,显然不包含在事先所共谋的绑架的实行行为当中。

另外,Y之所以杀死A,是出于"维护面子"的意思,而不是基于当初所共谋的绑架即实力控制他人的目的。这样说来,尽管被害人是同一人,但时间、场所、行为形态等与共谋的内容完全不同,很难说共谋和死亡结果之间具有因果性。这样,上述案例中,X对A被杀死的结果不承担共谋共同正犯的刑事责任,而Y单独成立故意杀人罪。

第九章 罪　　数

第一节　罪数的区分

一、区分罪数的意义

到此为止,我们探讨了行为成立犯罪的基本条件,之后,就面临着犯罪个数以及与此有关的处罚原则的问题。这就是有关一罪与数罪的问题。具体来说,在行为人引起了某种犯罪事实的场合,这些事实到底是构成一罪还是数罪？构成数罪的话,必须解决对行为人该如何处罚的问题。讨论这些问题的理论就是罪数论,就是给什么场合下是一罪、什么场合下是数罪提供判断标准的理论,其是对具体危害事实准确定罪和量刑的前提。

罪数论的研究价值,不仅涉及犯罪论和刑罚论,也和我国刑法中某些重要制度的适用紧密相关。如在我国刑法中,继续犯、连续犯、牵连犯、吸收犯的认定和刑法适用的空间效力、时间效力、追诉时效等规定或者制度的适用存在密切关系。如果不能从理论上对这些罪数形态的构成特征和处罚原则作出合理解释,就会在刑事管辖权、刑法溯及力和追究犯罪人刑事责任方面适用法律不当。同时,罪数论也和刑事诉讼相关。受某些特殊形态的犯罪的构成特征、罪数性质、处断原则的制约,涉及此类犯罪形态的刑事诉讼,在诉讼管辖、起诉范围和审判范围的确定方面,具有区别于一般刑事诉讼的特殊性和复杂性,因此,深刻地理解和把握这些犯罪的构成特征和处断原则,也是保障刑事诉讼顺利进行的基础。

二、区分罪数的标准

关于区分罪数的标准,刑法学中,历来有以行为人的"犯罪意思"为标准的意思标准说、以"行为"个数为标准的行为标准说、以"结果(法益侵害)"个数为标准的法益标准说、以"符合构成要件的次数(回数)"为标准的构成要件标准说等。我国主要有以符合犯罪构成的个数(回数)为标准的"犯罪构成标准说"[1]和主张原则上应以符合犯罪构成的次数(回数)为标准,但同时也要考虑刑法的特殊规定,参照合理的司法实践经验,实行不同标准的"个别化说"[2]。其中,"犯罪构成标准说"是我国的通说。[3]

---

[1] 李希慧主编:《刑法总论》,武汉大学出版社2008年版,第367页;阮齐林:《刑法学》(第3版),中国政法大学出版社2011年版,第212页。

[2] 周光权:《刑法总论》(第4版),中国人民大学出版社2021年版,第391页。

[3] 王作富、黄京平主编:《刑法》(第7版),中国人民大学出版社2021年版,第152页;高铭暄、马克昌主编:《刑法学》(第10版),北京大学出版社2022年版,第181～182页。

从理论上讲,犯罪构成标准说是妥当的。因为,任何犯罪都是客观要件和主观责任要件的统一,因此,仅仅以构成犯罪的要件当中的某一个方面作为判断行为是成立一罪还是数罪的标准,显然有以偏概全之嫌;同时,在我国刑法中,犯罪构成是形式要件和实质要件的有机统一,行为是否符合犯罪构成是判断行为是否成立犯罪的唯一标准,因此,将行为符合犯罪构成的次数作为判断一罪与数罪的评价标准,也符合我国刑法犯罪构成的基本理论。

问题是,首先,在判断符合犯罪构成的次数(回数)之前,要重视构成要件的什么要素?这是无法回避的问题。因为"意思""行为""法益侵害"都是犯罪构成要件要素,意思标准说、行为标准说、法益标准说的对立,实际上是判断符合犯罪构成的次数时,应当重视哪一个要素的问题。其次,犯罪构成标准说通常情况下没有问题,然而,对行为尽管形式上数次符合同一犯罪构成,但最终仍作为一罪处理的连续犯、惯犯等犯罪类型,以及行为尽管形式上符合数个犯罪构成,但最终仍作为一罪处理的牵连犯、吸收犯、想象竞合犯来说,不起作用。最后,从我国的刑事立法来看,也没有完全依照"犯罪构成标准说"来区分一罪和数罪。突出地表现为:有些行为明明是数罪,但刑法规定为一罪或事实上只以一罪论处。例如,奸淫被拐卖的妇女的,严格地按照犯罪构成标准说,应当成立强奸罪和拐卖妇女罪,但刑法规定按拐卖妇女罪一罪处罚(刑法第 240 条);三次贪污国有财产,每次都独立地符合贪污罪的犯罪构成,严格地按照犯罪构成标准说,应成立三个贪污罪,但刑法规定按一罪处理(刑法第 383 条第 2 款)。相反,有些行为明明只符合一个犯罪构成,但刑法规定按数罪处理。如纳税人缴纳税款后,采取假报出口或者其他欺骗手段,骗取所缴纳的税款的,构成逃税罪;骗取税款超过所缴纳的税款部分,构成骗取出口退税罪(刑法第 204 条第 2 款)。纳税人或行为人本来只是实施了一个骗取税款的行为,却可能构成两个犯罪。这显然是不符合"犯罪构成标准说"的。[4]

本书主张以法益侵害说为基础的犯罪构成标准说。因为,刑法的目的在于保护法益,犯罪的本质是侵害法益,刑法将侵害法益的行为作为处罚对象,将其类型化为"犯罪构成",因此,在对行为符合犯罪构成进行评价之际,起决定性作用的是"结果(法益侵害)"的个数。侵害数个法益的,原则上成立数罪。如盗窃他人财物之后又毁坏的数个行为,由于实质上只侵犯了一个法益即财产权,故以一罪论处;故意造成被保险人伤残,然后骗取保险金的行为,由于两个行为分别指向人身和财产两个法益,应当构成数罪。同样,杀害妇女之后奸淫尸体的行为,由于分别指向妇女的生命权和死者的尊严,应当构成数罪;抢劫他人信用卡后,到银行取款的行为,由于分别侵害持卡人的人身、财产权和银行的财产权这两个法益,应当构成抢劫罪和信用卡诈骗罪的数罪。这样,即便坚持犯罪构成标准说,也必须以法益作为其实质的判断标准,即"侵害一个法益成立一罪,侵害数个法益成立数罪"。

例外地,也可能存在有数个法益侵害,但因为只有一个行为和意思,被认定为一罪的场合。如某甲到朋友 A 家做客的时候,在 A 家 15 平方米的房间内,将 A 所有的手机、A 妻子所有的钻石项链、A 孩子所有的钱包同时偷走的场合,如果说盗窃罪的保护法益是"所有权以及其他本权",则上述举例中的某甲因为侵害了三个人的所有权,造成了三个法益侵害结果,就构成三

---

[4] 对此也有见解认为,罪数的区分和对数罪是否并罚是两个不同层面的问题,参见张明楷:《刑法学》(上)(第 6 版),法律出版社 2021 年版,第 616 页。

个盗窃罪。但盗窃罪从本质上讲,是以侵害他人占有的方式来达到侵害他人财产的效果的行为形态。上述案件中,重视某甲的行为形态的话,结论就会有所不同。因为,被害人 A 等三人的手机、戒指、钱包均放在 A 家的 15 平方米的房间之内,总体上可以评价为处于 A 的管理状态之下(占有下),因此,某甲在盗窃这些财物时也只有盗窃"A 家的财物"这种概括的故意。虽然从侵害法益的角度来看,某甲造成了三个侵害结果,但从行为形态来看,可以说某甲基于一个概括的故意、通过一个破坏占有行为引起了侵害 A 家财产的法益侵害结果,因此,成立一个盗窃罪。同样,在某甲明知向 A 宅放火,就会延烧至旁边的 B 宅、C 宅,但仍一意孤行,导致三家住宅全部被烧的场合,尽管从形式上看,甲放火烧毁了三个建筑物,侵害了三个所有权,但就放火罪这种侵害社会法益的犯罪而言,其保护法益是"公共安全"。在放火罪当中,即便说一个放火行为烧毁了数个建筑物,也只是引起了一个公共危险而已,实质上看,还是侵害了一个法益,因此,其还是成立一个放火罪。如此说来,在评价符合犯罪构成的次数时,还是要以侵害法益的个数为根本,参考行为形态和行为意思,进行综合评价。在评价为一次符合犯罪构成的场合,就是一罪;评价为数次符合犯罪构成的场合,就是数罪。

当然,在判断数行为是构成一罪还是数罪的时候,还必须考虑刑法的规定。有些行为,从犯罪构成标准说的角度来看,应当构成数罪,但是,刑法却规定将其按照一罪处理。如刑法第 153 条第 3 款规定:"对多次走私未经处理的,按照累计走私货物、物品的偷逃应缴税额处罚。"这意味着,对于多次走私行为,即便每一次都构成犯罪,但最终仍然按照一个犯罪处理,只是走私物品的偷逃税收额度,必须累计计算。相反,按照刑法第 358 条的规定,强迫他人卖淫的,构成强迫卖淫罪,因此,拐卖妇女、儿童之后,又强迫其卖淫的,应当成立两个犯罪,但是,按照刑法第 240 条第 1 款第 4 项的规定,诱骗、强迫被拐卖的妇女卖淫的,构成拐卖妇女、儿童罪一个罪,只是在量刑上要按照较重的法定刑幅度处理。还有,绑架他人之后,故意杀害被绑架人的,应当构成两个罪,但按照刑法第 239 条的规定,故意杀害被绑架人的,也仅仅构成绑架罪一罪,而不是构成绑架罪和故意杀人罪两个罪,只是在处罚上必须处无期徒刑或者死刑。此类情况在刑法当中比较常见,除了上述举例,根据刑法第 318 条第 1 款第 4 项、第 5 项之规定,组织他人偷越国(边)境,并剥夺被组织者人身自由的,以及组织他人偷越国(边)境,并以暴力、威胁方法抗拒检查的,均以组织偷越国(边)境罪一罪定罪处罚,也属于这种情况。当然,也有相反的规定。如刑法第 241 条第 4 款规定,收买被拐卖的妇女,强行与其发生性关系的,构成收买被拐卖的妇女罪和强奸罪两个罪,而不是仅构成收买被拐卖的妇女罪一罪,尽管这种情况与上述刑法第 240 条所规定的奸淫被拐卖的妇女的情况类似。

在判断数行为是构成一罪还是数罪的时候,还必须注意参照司法实践的一般做法。很多情况下,尽管行为数次符合了一个犯罪构成,但是,在司法实践当中,却常常将这种情况作为一个犯罪看待。如按照有关司法解释,[5]国家机关工作人员利用职权,非法拘禁他人 3 人次以上的,才有可能被作为非法拘禁罪立案。本来,只要非法拘禁他人一人或者一次,就符合了刑法第 238 条的非法拘禁罪的犯罪构成,"非法拘禁 3 人次以上的",应当构成三个非法拘禁罪才妥当,但是,实践中,基于各种考虑,将"非法拘禁 3 人次以上的"认定为一罪。同样,一年之内 3

---

[5] 2006 年最高人民检察院《关于渎职侵权犯罪案件立案标准的规定》第 2 条第 1 项。

次以上抢夺数额较大的财物的,本来是3次以上符合抢夺罪的犯罪构成,应当成立3个以上的抢夺罪,但是,实践中,对这种情况,则往往作为一个抢夺罪处理,只是在处罚上从重而已。[6]另外,在司法实践中,对于同种数罪即性质相同的两个以上的犯罪行为,往往不实行数罪并罚,而是累计犯罪数额,作为一罪处理。如多次抢劫、盗窃、诈骗,未经处理的,实践中,通常是累计数额,作为一罪处理。这种做法与我国刑法当中绝大多数条文都规定有加重犯的规定方式有关。也正因为这一点,即便不将本为数个犯罪的行为作为数罪处理,而作为一罪处理,也能实现罪刑均衡。

三、罪数的种类

在以法益侵害说为基础的犯罪构成标准说,将某种犯罪事实评价为一罪的时候,该事实就成立本来的一罪,即出于一个犯意,实施一个行为,造成一个法益侵害结果的情形;在评价为数罪的时候,该事实就成立单纯数罪,即出于数个故意,实施数个行为,造成数个法益侵害结果的情形。在本来的一罪和单纯数罪之间,还存在以下两种形式的看似数罪,但实际上被评价为一罪或者作为一罪处理的情形:一是"数行为在刑法上规定为一罪的情形",即实质的一罪,包括结合犯、集合犯;二是"数行为在处断或者科刑上作为一罪的情形",包括想象竞合犯、连续犯、吸收犯和牵连犯。这种介于本来的一罪和单纯数罪之间的犯罪类型,就是本章主要研究的内容。

第二节 本来的一罪

本来的一罪,包括单纯一罪、法条竞合、继续犯和结果加重犯。其特点是,实施一个行为,引起一个法益侵害结果,一次符合犯罪构成,被评价为一罪。

一、单纯的一罪

所谓单纯一罪,就是一个行为引起了一个法益侵害结果,所以只能评价为一次符合犯罪构成的场合。如X试图杀A而向A发射一发子弹,命中A的头部致使其死亡的场合,就是一个开枪行为引起了一个生命侵害结果,由于一次符合故意杀人罪的犯罪构成,所以成立一个故意杀人罪。

二、法条竞合

(一)法条竞合的概念

所谓法条竞合,就是一个行为引起了一个法益侵害结果,看起来似乎符合了数个犯罪构成,但从这些犯罪构成的相互关系来看,最终只能被评价为符合一个犯罪构成,因而成立一罪

---

[6] 2013年最高人民法院、最高人民检察院《关于办理抢夺刑事案件适用法律若干问题的解释》第2条。

的场合。如 X 实施"一个生产、销售伪劣农药的行为",引起了"农民的农业生产遭受较大损失"这样一个结果的时候,即便其看起来既符合刑法第 140 条的生产、销售伪劣产品罪的犯罪构成,又符合刑法第 147 条的生产、销售伪劣农药罪的犯罪构成,也不能说成立两个犯罪。因为,针对一个法益侵害,认定成立两个犯罪,是对同一事实的二重评价,违反了前述数罪判断标准即"侵害一个法益构成一罪,侵害数个法益构成数罪"的基本原则。在此,必须对生产、销售伪劣产品罪的犯罪构成事实和生产、销售伪劣农药罪的犯罪构成要件事实进行比较,在二者之间具有"一定关系"的场合,就评价为只符合一个犯罪构成,成立一罪。如此说来,所谓法条竞合,说到底,只是行为看起来符合数个条文(法律条文的竞合),但实际上只符合一个犯罪构成。

(二) 法条竞合的构成特征

从理论上讲,法条竞合具有以下特征:

1. 行为人实施了一个行为。这是成立法条竞合的前提。如果行为人实施的不是一个行为,而是数个行为,数个行为分别符合不同的犯罪构成,则不会发生法条竞合的问题。一个行为,指的是自然意义上被评价为一个行为,和犯罪构成评价无关。

2. 引起了一个法益侵害结果。法条竞合是为了避免和禁止重复评价原则相冲突而存在的概念,因此,只有在行为人的行为侵害了同一法益,引起了一个法益侵害结果时才能适用。如果该行为侵害了数个独立法益,就必须另外宣告新罪名,否则就不足以评价该行为的不法内涵,也没有适用法条竞合概念的可能。如此说来,在以下两种情况下,都成立法条竞合:第一,两罪的保护法益完全同一时,两罪之间是法条竞合关系。如域外刑法所规定的杀人罪和杀害尊亲属罪就是如此。这种情形下,两罪的保护法益完全一致,立法者只是基于量刑的考虑,在相同的法益侵害行为上另设法条来区分其法定刑。第二,一罪的保护法益能够为另一罪所完整评价时,两罪可成立法条竞合。如我国刑法第 266 条规定的诈骗罪的保护法益是财产法益,而金融诈骗罪的保护法益是社会主义市场经济秩序中的金融管理秩序以及财产法益。当某一行为触犯金融诈骗罪的同时,虽然形式上也符合普通诈骗罪的犯罪构成,但在其被评价为金融诈骗罪时,已经包含了对该行为同时造成财产法益侵害事实的评价,所以只能适用金融诈骗罪,否则就违反了刑法中的禁止重复评价原则。因此,诈骗罪和金融诈骗罪之间是法条竞合关系。

3. 符合数个犯罪构成。如公司、企业人员利用职务上的便利将公司财物据为己有的行为,在符合职务侵占罪的犯罪构成的同时,也符合侵占罪的犯罪构成。之所以出现这种情况,主要是出于立法技术的考虑,在从不同角度、不同层次,对具有同一特征的基本犯罪行为进行描述和界定时,难免会有重合和交叉,形成了纵横交错的复杂关系。如就盗窃罪而言,本来刑法第 264 条就规定有针对一般财物的盗窃罪,但另外又有若干类型的盗窃罪:如针对不同对象,规定有盗窃国家机关公文、证件、印章罪,盗窃枪支、弹药、爆炸物、危险物质罪,盗窃尸体、尸骨、骨灰罪;针对不同主体,规定有军人作为行为主体的盗窃武器装备或者军用物资罪,国家工作人员利用职务盗窃公私财物的贪污罪;针对不同目的、动机,规定有为境外窃取国家秘密、情报罪,为境外窃取军事秘密罪;针对手段的不同,规定有盗伐林木罪,盗掘古人类化石、古脊椎动物化石罪,盗掘古文化遗址、古墓葬罪;等等。

(三)法条竞合的类型

所谓法条竞合的类型,是指具有什么关系的法条之间能够存在法条竞合。以下结合我国目前存在的几种学说,进行介绍:

一是特别关系(包含关系),即两个犯罪构成中的一方被另一方所包摄,二者之间形成"一般法和特别法"关系的场合。这是学界公认的一种法条竞合类型。如我国刑法中的诈骗罪与各种金融诈骗犯罪或合同诈骗犯罪之间就是这种关系。

二是补充关系(偏一竞合关系),即一个行为,同时符合某构成要件(基本类型)和为了对其进行补充而规定的构成要件(补充类型),但由于"基本法优于补充法",仅适用基本法的构成要件,成立一罪的场合。一般认为,补充关系的特点在于,为了避免基本法条对保护法益的疏漏,有必要补充规定某些行为成立犯罪。但这种补充关系的法条竞合是不是独立于特别关系的一种类型,值得商榷。因为,这两种关系实际上都存在一般与特殊的关系,很难加以区分。如尽管有学者认为诈骗罪与金融诈骗罪是特别关系的法条竞合,但也有人认为二者是补充关系的法条竞合。因为,规定普通诈骗罪的第266条规定,"本法另有规定的,依照规定",说明只有当其他法条不能适用时,才有补充适用普通诈骗罪的余地。既然如此,就没有必要特别清楚地区分二者,补充关系实际上就是特别关系。

三是吸收关系,即一个行为实施过程中所通常伴随的行为,分别符合不同的犯罪构成,但作为伴随形态的行为并不独立成罪,而是被主行为成立的犯罪所吸收,这就是所谓吸收关系的法条竞合。如既遂吸收未遂、预备,正犯行为吸收狭义共犯行为。但这种形态的法条竞合并没有存在必要。故意犯罪停止阶段的实行行为吸收预备行为不仅没有意义,反而会引起吸收犯与牵连犯或者想象竞合犯区分界限上的混乱;而共同犯罪中的主、从犯等的区分,主要考虑的是行为人在共同犯罪中所起作用,并不存在相互吸收的关系。

四是择一关系(交叉关系),是指某一法条所规定的犯罪构成与另一法条所规定的犯罪构成之间存在部分重合,就该重合部分而言,只有一个法益侵害,只能适用其中一个法条,所以是法条竞合的一种类型。域外刑法中的义愤杀人罪与尊亲属杀人罪之间就是这种关系。首先,该二罪在保护法益上完全同一,都是生命法益,符合法条竞合的特征;其次,该二者之间并不能确定哪一个是特别法条,哪一个是普通法条,也就是说不存在简单的包容关系,因而不同于前述的特别关系的法条,可以作为独立形态而存在。只是这种类型的法条竞合在我国刑法中并不存在。[7]

五是包容关系,即指刑法分则规定的甲罪(重罪)和乙罪(轻罪),并不存在规范意义上的"普通法条和特别法条"关系,但甲罪的犯罪构成要比乙罪的犯罪构成具有完全性时,完全法排斥、拒绝不完全法的适用。如拐卖妇女罪能够包容强奸罪,绑架罪能够包容故意杀人罪、过失致人死亡罪。但这种包容关系实际上是一种特别关系。就拐卖妇女罪与强奸罪的关系而言,因为立法规定,拐卖妇女罪的保护法益可以涵括妇女的性的自主决定权,行为人在拐卖妇女过

---

[7] 可能会有人主张,同为特别法条的金融诈骗犯罪之间、金融诈骗犯罪与合同诈骗犯罪之间存在择一关系。但如前所述,各金融诈骗犯罪与合同诈骗犯罪在同样保护财产法益这一点上具有相同之处,但各罪又都有自己独特的保护法益,所以,这些犯罪在保护法益上仅仅具有重合关系,但一方不能对另一方进行完整评价,所以不能认为是法条竞合,而只成立想象竞合。

程中又强奸妇女的,其侵害法益事实完全可以由拐卖妇女罪一个罪名所完整评价,所以,拐卖妇女罪相对于强奸罪而言,属于特别法条。

由此看来,从我国刑法条文来看,我国刑法中的法条竞合只存在特别关系一种类型。

(四)对法条竞合的处理

对于法条竞合,按照以下原则处理:

首先,适用特殊法优于普通法的处理原则。在特殊法与普通法之间,特殊法更加符合犯罪的具体特征,更能对具体犯罪作出精准评价,应当适用特殊法。如我国刑法第141条至第148条所规定的生产、销售各类伪劣产品的犯罪,既符合各自的犯罪构成,又符合刑法第140条所规定的生产、销售伪劣产品罪中的犯罪构成。其中,刑法第140条所规定的"生产、销售伪劣产品罪"是针对生产者、销售者在产品中掺杂、掺假,以假充真,以次充好,以不合格产品冒充合格产品而作的一般性规定,而刑法第141条至第148条则是针对不同对象的伪劣产品所作的特别规定,从此意义上讲,刑法第140条的规定是一般法,而刑法第141条至第148条的规定则是特别法。按照刑法理论,基于法条适用时特别法优于普通法的原则,在上述情形下,首先考虑适用特别法。

其次,在法律有特别规定的情况下,适用重法优于轻法的原则。这个原则虽在我国刑法分则的个别条文当中有明确规定,但是不是能够推而广之,一直存在争议。提倡者认为,法律虽然没有明文规定按照普通法条定罪量刑,但对此也没有作出禁止性规定,而且按照特别法条定罪不能做到罪刑相适应时,应当按照重法优于轻法的原则定罪量刑。[8] 反对者则认为,这种理解有悖于罪刑法定原则。[9] 本书同意后一种见解。在特别关系的法条竞合之中,滥用重法优于轻法的原则,会导致出现多数贪污行为都可能按照盗窃罪、诈骗罪这种重罪论处的结果,易冲击罪刑法定原则并架空刑法中有关特别法条的规定。因此,只有在刑法有明文规定的场合,才能适用本原则。关于重法优于轻法的原则,我国刑法中只有第149条第2款规定,即"生产、销售本节第一百四十一条至第一百四十八条所列产品,构成各该条所规定的犯罪,同时又构成本节第一百四十条规定之罪的,依照处罚较重的规定定罪处罚",其是在优先适用特别法条会导致结论明显不合理时的一种例外规定。

最后,行为符合特别法条的行为类型但尚未达到特别法条的入罪标准时,不能递补适用普通法条论罪。与前述问题相关,有见解认为,公务人员利用职务上的便利盗窃价值3000元的公共财物,未达3万元的贪污罪(特别法条)的追诉标准的场合,可以盗窃罪(普通法条)对其追诉,否则就会导致罪刑失衡。[10] 但这种见解不仅使贪污罪(特别法)的立法目的落空,推而广之的话,也同样会导致罪刑失衡。如按照相关司法解释,个人集资构成集资诈骗罪的数额起点为10万元。在行为人集资诈骗8万元的场合,若以普通法论处,应构成"数额巨大的"诈骗罪,法定刑为3年以上10年以下有期徒刑,并处罚金;在行为人集资诈骗10万元的场合,构成集资诈骗罪,其法定刑为5年以下有期徒刑或者拘役,并处罚金。结果是,以同样的行为方式诈骗,

---

[8] 张明楷:《刑法分则的解释原理》(下册),高等教育出版社2024年版,第764~765页。

[9] 周光权:《刑法总论》(第4版),中国人民大学出版社2021年版,第398~402页;陈兴良:《教义刑法学》,中国人民大学出版社2010年版,第704页。

[10] 张明楷:《刑法学》(下)(第6版),法律出版社2021年版,第1563页。

数额小的反而处罚更重。这岂不是导致罪刑更加失衡吗？实际上,贪污罪在性质上与职务侵占罪更为接近,是国家工作人员利用职务上的便利,将自己管理支配之下的财物据为己有的行为,因此,认为在国家工作人员贪污数额不足3万元时,可以盗窃、诈骗、侵占罪定罪的观点,也是不合适的。

三、继续犯

(一)继续犯的概念

所谓继续犯,也称持续犯,是指行为从着手实行到由于某种原因而终止之前,一直处于继续状态的犯罪。非法拘禁罪是典型的继续犯,行为人从着手非法剥夺他人人身自由到恢复他人人身自由为止,其非法剥夺他人人身自由的行为一直处于持续状态之中。除此之外,窝藏罪,遗弃罪,非法持有、私藏枪支、弹药罪,私自隐匿邮件、电报罪也是典型的继续犯。

(二)继续犯的构成特征

1. 犯罪行为在相当时间内继续存在。这是构成继续犯的前提,其包含以下几个方面的内容:一是犯罪行为属于继续性的行为,具有时间上的延续性。因此,瞬间即告完成的行为,不能成立继续犯。二是这种行为除短暂中断之外,自始至终在持续。何为短暂中断,理论上没有一个明确的标准,只能依据继续犯的构成特性判断,如果行为人在终局性地终止之后,再重新继续(出于另一个独立的意思决定,重新招致违法状态),便不是短暂中止。因此,在行为人将他人非法拘禁28个小时后将他人放回,两天后,又将他人非法拘禁24个小时的场合,尽管行为人分别实施了两个具有继续性的行为,但由于两个行为之间存在间断,因此,不能说是继续犯,应当构成两个犯罪。三是这种行为一直指向同一对象,侵害同一法益。就非法拘禁罪而言,行为人持续非法拘禁某甲一月有余,没有间断的,是继续犯。但如果前天非法拘禁某甲,昨天非法拘禁某乙,今天非法拘禁某丙,非法拘禁的对象完全不同的话,则构成数个非法拘禁罪,而不是一个继续犯。

2. 犯罪行为与不法状态同时继续。这是构成继续犯的重要条件,也是继续犯与其他犯罪形态相区别的显著特征。这一要件包括如下含义:首先是犯罪行为必须具有持续性,即犯罪行为从着手实行到行为终了在时间上有一个过程,在此过程当中,实行行为处于不间断进行的状态中。其次是犯罪行为所引起的不法状态必须具有持续性。所谓不法状态,是指犯罪行为使客体遭受侵害的状态。这种不法状态不是即行消失,而是在时间上处于继续存在的状态中。最后是犯罪行为与不法状态同时持续,而不只是犯罪行为或者不法状态的持续。如果只是犯罪行为所造成的不法状态处于持续状态,而犯罪行为一经实行即已完成并不持续,就不是继续犯。如盗窃罪的场合,尽管行为人持续地占有所窃得的赃物,使不法占有他人财物的状态一直持续,但由于作为实行行为的盗窃行为一经实施,便告结束,而不再继续,因此,盗窃罪不是继续犯,而是状态犯。同样,重婚罪也是继续犯。因为重婚罪中的犯罪行为是违反婚姻法中确立的一夫一妻制的非法同居行为,而不是重婚登记或者结婚仪式。在法律重婚中,重婚登记只是侵犯一夫一妻制行为的开始,不是重婚行为的全部。正因如此,在事实重婚中,即使未进行重婚登记也可以构成重婚罪。如果将重婚登记看作重婚行为的全部,事实重婚就会因为没有重婚行为而不构成重婚罪。

但要注意的是,通常认为,脱逃罪也是继续犯。但是,这种理解值得商榷。因为,脱逃罪的行为人即依法被关押的罪犯、被告人、犯罪嫌疑人脱离司法机关监管的,即构成犯罪既遂,虽说既遂之后的不受羁押状态处于持续之中,但是,犯罪行为已经结束而不再持续,因此,脱逃罪不是继续犯。行为人在不满16周岁时脱逃,在已满16周岁时被抓获的,应当认为脱逃时未达刑事责任年龄,不能追究其脱逃罪的刑事责任。

(三)继续犯与相关犯罪的区别

1.继续犯与即成犯的区别。所谓即成犯,是指危害行为一旦实施终了,即符合某种犯罪的犯罪构成,达到既遂状态的犯罪形态。如伪证罪、诬告陷害罪。此类犯罪不是不能引起某种不法状态或者危害结果,而是不以产生一定不法状态或者危害结果为犯罪成立要件。可见,继续犯与即成犯的主要区别在于:继续犯的场合,犯罪行为和其所引起的不法状态同时继续存在,而在即成犯的场合,犯罪行为一旦实施终了,犯罪行为和违法状态即告终结,不存在延续状态。

2.继续犯与状态犯的区别。所谓状态犯,是指犯罪行为一旦实施,即告既遂,犯罪行为也随之结束或者终了,但犯罪行为所引起的违法结果或者违法状态仍然继续存在的情形。盗窃罪就是如此。尽管盗窃行为已经结束,但是他人财物被盗的状态仍然在延续。可见,继续犯与状态犯的主要区别在于:继续犯的场合,犯罪行为和其所引起的不法状态同时继续存在,而在状态犯的场合,犯罪行为一旦实施终了,犯罪行为即告终结,只有其所引起的违法状态在持续。

(四)对继续犯的处罚

对于继续犯,不论其继续时间长短,均以一罪论处。因为,继续犯中的犯罪行为是在同一个罪过心理支配之下,针对同一对象实施的,侵犯的是同一法益,因而符合一个犯罪构成。此外,根据刑法第89条的规定,对继续犯的追诉期限,从犯罪行为终了之日起计算,这也说明对继续犯只能以一罪论处。

四、结果加重犯

(一)结果加重犯的概念

所谓结果加重犯,是指实施基本犯罪行为,由于发生了基本犯罪构成以外的重结果,刑法对其规定加重法定刑的犯罪形态。典型例子就是刑法第234条所规定的故意伤害(致死)罪。按照该条规定,故意伤害他人的,通常情况下,处3年以下有期徒刑、拘役或者管制;但造成"致人死亡"的严重后果的,就要处10年以上有期徒刑、无期徒刑或者死刑。

(二)结果加重犯的构成特征

一般来说,结果加重犯具有以下特征:

1.实施基本犯罪行为,却引起了基本犯罪构成以外的重结果。作为结果加重犯前提的基本犯并不要求是结果犯,行为犯的场合也可能出现结果加重犯,如非法拘禁致人重伤或死亡的场合。基本犯通常是故意的,但也可以是过失的,如刑法第132条规定的铁路运营安全事故罪中,基本行为是过失造成"严重后果",但当行为造成"特别严重后果"时,至少包含了结果加重犯的情形在内。作为基本犯罪构成以外的重结果,是对基本犯罪所导致的基本结果的延伸和发展,是基本行为所内在的危险的现实化的体现。对其的判断,不仅要考虑基本行为本身是不是内含有导致结果的危险,被害人的特殊情况以及行为时的周边环境也是判断基本行为是否具有引起加重结果危险的重要因素。[11] 如行为人在人流密集的场所殴打某甲,某甲躲避的时候,将站在其旁边的老人某乙撞倒,某乙头部着地死亡的场合,由于没有行为人在此种人流密集场所的殴打行为,就不会有某甲慌乱中的躲避行为;没有某甲的躲避行为,也就不会有老人某乙的死亡结果,因此,某乙之死可以评价为行为人在人流密集场所殴打某甲的行为所内在的危险现实化的结果,行为人的行为构成故意伤害(致死)罪。

2.行为人对于加重结果具有罪过。成立结果加重犯,行为人对于所引起的结果,至少要有过失。通常情况下,行为人对于重结果只能出于过失,不可能出于故意。例如,伤害致人死亡,致人死亡就只能出于过失,如果出于故意,就成立故意杀人罪,而不可能是故意伤害(致死)罪。但有的结果加重犯中,对所引起的重结果,行为人既可能出于过失,也可能出于故意。如抢劫致人重伤、死亡的场合,本罪当中,对于所引起的致人重伤、死亡的结果,行为人既可能出于过失,也可能出于故意,即使出于故意,亦无碍于抢劫罪的结果加重犯的成立。

3.刑法规定了比基本犯重的刑罚。这里的加重法定刑,是相对于基本犯罪的法定刑而言的,即结果加重犯的法定刑高于基本犯罪的法定刑。因此,行为虽然引起了基本犯罪结果以外的重结果,但刑法并没有对其单独规定较重的法定刑的,那就不是结果加重犯。如刑法第247条规定,刑讯逼供致人伤残、死亡的,依照刑法关于故意伤害罪、故意杀人罪的规定定罪从重处罚。这种情况就不能说是刑讯逼供罪的结果加重犯。

(三)结果加重犯和转化犯

所谓转化犯,是指行为人实施一个基本犯罪,在出现法定的严重情节或者严重结果时,法律规定转化为另一种更为严重的犯罪,并依照后一种犯罪定罪量刑的犯罪形态。如刑法第238条所规定的非法拘禁罪。其第2款规定,犯非法拘禁罪,使用暴力致人伤残、死亡的,依照故意杀人罪、故意伤害罪定罪处罚。这意味着,无论行为人对于被害人的伤害或者死亡结果是否具有故意或者过失,只要是在非法拘禁的过程当中,使用暴力致人伤残或者死亡的,就一律按照故意杀人罪或者故意伤害罪定罪处罚。与此类似的规定,在刑法第247条、第248条、第292条中也能看到。

结果加重犯与转化犯的相同之处是,都发生了法定的加重结果;不同之处在于,结果加重犯的场合,按照基本犯定罪,按照加重的法定刑量刑,而转化犯的场合则是按照转化后的犯罪定罪量刑。

(四)结果加重犯的处罚

由于刑法对结果加重犯规定了比基本犯罪更重的法定刑,所以,对结果加重犯只能依照刑法的规定,在较重的法定刑幅度内量刑,不能数罪并罚。

---

[11] 邓毅丞:《结果加重犯基本行为的判断规则——兼对日本相关学说的评述》,载《政治与法律》2014年第4期。

第三节　法定的一罪

法定的一罪包括结合犯和集合犯。法定的一罪的特点是，原本为可单独成立数个犯罪的数个行为，因为法律的规定而成为一罪。

一、结合犯

(一)结合犯的概念

所谓结合犯，是指数个原本独立的犯罪行为，根据刑法的明文规定，结合成为另一独立的新罪的犯罪类型。《日本刑法》第241条所规定的抢劫强奸罪就是其典型。本来，抢劫和强奸在日本刑法当中均独立成罪，但现行《日本刑法》规定，在抢劫之际实施强奸的，不数罪并罚，而是成立一个单独的抢劫强奸罪。结合犯可以分为形式结合犯和实质结合犯。所谓形式结合犯，是指从法条所规定的结构或者文字便可推知，该罪是由两个独立犯罪结合而成。如域外常见的抢劫强奸罪便是其例。所谓实质结合犯，是指通过对条文的规定形式或者文字进行解释，可推知该罪在本质上是包含有数个独立犯罪的犯罪，如抢劫罪就内在有伤害罪和盗窃罪两种独立犯罪。一般认为，我国刑法中，没有典型的结合犯。[12] 但这只是指没有形式结合犯而已，实质结合犯还是存在的。有些犯罪类型如杀害被绑架人的绑架罪的犯罪未遂等问题，必须借鉴结合犯的基本原理进行分析，因此，有必要对结合犯进行探讨。

(二)结合犯的构成特征

一般认为，结合犯具有以下特征：

1. 结合犯所结合的数罪，原为刑法上数个独立的犯罪。数个独立的犯罪，指数个行为均因为刑法有规定而各自独立成罪，这些犯罪多数为故意犯，但偶尔也能见到故意犯和过失犯结合的情形。如《德国刑法典》第251条规定的"抢劫致死罪"，就是抢劫罪和过失致人死亡罪的结合。数个独立的犯罪，还必须是数个不同的犯罪，而不是数个相同的犯罪。如日本刑法当中的抢劫杀人罪、抢劫强奸罪，均为数个不同犯罪之间的结合。

2. 原本独立的数罪结合成为一个新罪。结合犯是将数个原本独立的犯罪，结合成为另一个独立新罪的罪名，用公式表示就是：甲罪+乙罪=丙罪，丙罪就是结合犯。数个原本独立的犯罪被结合为另一新罪之后，失去了原有的独立犯罪的意义，成为新罪的一部分。被结合的独立新罪的罪名，通常表现为两种情况：一是反映了被结合的原来数罪的罪名，如抢劫罪与故意杀人罪结合之后成立的抢劫杀人罪就是如此。二是并未反映被结合的原来数罪的罪名。如暴行、胁迫与夺取财物相结合，成为抢劫罪的结合犯。

3. 数个原本独立的犯罪结合为另一个独立的犯罪，是基于刑法的明文规定。如果没有刑法的明文规定，便没有结合犯。结合犯之所以被看作法定一罪，理由就在于此。刑法之所以将

---

[12] 王作富、黄京平主编：《刑法》(第7版)，中国人民大学出版社2021年版，第157页。

原本数个独立犯罪规定为一个独立新罪即结合犯,主要是因为原本独立的数个犯罪之间,或者存在目的行为与手段行为或原因行为与结果行为的关系,或者在时空上存在紧密联系。

(三)结合犯的处罚

由于结合犯是刑法把数个原本独立的犯罪组合成为另外一个独立的新罪,因而其是一罪,而不是数罪,所以,只需要依照刑法规定进行定罪量刑即可。我国刑法中不存在典型的结合犯,因此,在我国刑法学中探讨结合犯,只有理论研究的价值。但是,就结合犯的内在结构探讨,对于分析我国刑法中的一些复合行为犯的未遂标准等,具有借鉴意义。其具体内容,参见前述犯罪未遂部分的叙述。

二、集合犯

(一)集合犯的概念

所谓集合犯,也称"惯犯",是指在犯罪构成中,一开始就预定有数个同种类行为反复的犯罪类型。详言之,是指以一定的意思倾向,反复实施同种行为,依照法律的特别规定,成立一罪的犯罪类型。如刑法第303条所规定的"以赌博为业的"赌博罪,就是这种情况。

集合犯本为国外刑法学中的概念,通常包括以下几种情形:一是常习犯即具有反复实施某种犯罪习性的犯罪,如具有赌博习性的人所进行的反复赌博行为,构成赌博罪一罪;二是职业犯即以反复实施一定犯罪为职业的犯罪,如多次实施散布、贩卖淫秽物品的行为,只成立传播、散布、贩卖淫秽物品罪一罪;三是营业犯即出于营利目的而反复实施犯罪的情形,如没有医师资格的人出于营利目的对多人实施的医疗行为,也只成立非法行医罪一罪;四是对不特定人的犯罪,如在街头对多数被害人实施募捐诈骗的行为,最终是以诈骗数额的多少为标准定罪,而不是以被害人的数量定罪。

我国现行刑法中,尽管取消了1979年刑法当中的惯犯规定,但仍然规定有"以赌博为业"的赌博罪、"未取得医生执业资格的人非法行医"的非法行医罪、"违反国家规定,非法经营,扰乱市场秩序"的非法经营罪之类的犯罪类型,因此,研究集合犯,对于我国刑法学具有一定借鉴意义。

(二)集合犯的构成特征

一般来说,集合犯具有以下特征:

1. 客观上,预定有数个同种类的危害行为。数个同种类的危害行为,主要是指均不独立成罪但集合起来能够成立犯罪的情形。如非法行医的场合,尽管每一次行为都未达到情节严重、构成犯罪的程度,但长期非法行医,屡教不改的行为,集合起来,也能成立非法行医罪。另外,虽说集合犯以实施数个同种类的危害行为为成立要件,但其只是一种倾向性的表示,并不要求实际上如此。偶尔赌博,不是以赌博为业的,不构成犯罪;但以赌博为业的,哪怕只实施了一次赌博,也构成犯罪。

2. 主观上,行为人以实施不定次数的同种犯罪行为为目的。换言之,行为人不是意图实施一次犯罪行为就即行结束,而是预计实施不定次数的同种犯罪行为。如刑法第336条规定的非法行医罪当中,行为人意图的就是不定次数的非法行医行为。因此,对主观上明确以实施一次行为为目的的,不能认定为集合犯。

3. 刑法将数个同种行为规定为一罪。正因为刑法将可能实施的数个同种行为规定为一罪,所以行为人实施了数个同种行为的,仍只构成一个犯罪。如非法行医的场合,即便行为人实施了数个非法行医行为,仍只构成一个非法行医罪;以赌博为业的场合,行为人即便实施了数个赌博行为,也只构成一个赌博罪。从同属于数个同种行为构成一罪的角度来看,集合犯与后述的连续犯近似,但两者存在根本区别,即集合犯是连续实施刑法上数个并不独立成罪的同种行为,刑法将其规定为一罪,所以是法定的一罪;而连续犯,是连续实施刑法上数个独立成罪的同种行为,本质上是数罪,只是刑法在处理上作为一罪而已,所以是处断的一罪。从同属于在时间上可能存在一定过程的犯罪的角度来看,集合犯与前述的继续犯相似,但两者之间也存在明显区别,即集合犯是由数个同种危害行为组成,并且行为之间存在时间的间隔,简言之,它是数行为;而继续犯则是一行为处于不间断的持续之中,简言之,它是一行为。

(三) 集合犯的处断原则

集合犯是法定的一罪,刑法分则条文设有明文规定,对集合犯,不论行为人实施多少次行为,都只能根据刑法的规定以一罪论处,不实行数罪并罚。

第四节 处断的一罪

处断的一罪包括想象竞合犯、连续犯、吸收犯和牵连犯。处断的一罪的特点是,尽管是数罪,但并不作为数罪处理,而是例外地,在处断或者说科刑上,以一罪处理,简单地说,就是尽管"成立"数罪,但只按照一个罪来"科刑"。

一、想象竞合犯

(一) 想象竞合犯的概念

所谓想象竞合犯,也称"想象的数罪"或"一行为数罪",是指实施一个行为而符合数个犯罪构成,侵害了数个法益的情形。如起爆一个炸弹,一次杀害数人的场合,成立数个故意杀人罪,成立观念竞合(同种观念竞合)。一个投石行为,砸坏了窗户玻璃,伤及里面的人的时候,成立故意毁坏财物罪和故意伤害罪,成立观念竞合(异种观念竞合)。从理论上讲,想象竞合犯因为造成了数个法益侵害结果,本应成立数罪,但因为刑法评价的对象是行为本身,既然只有一个行为,为了避免对同一行为进行重复评价,所以由法律在效果上拟制为一罪。我国刑法总则当中没有想象竞合犯的专门规定,但是,在分则当中却有不少想象竞合犯的规定,司法实践也大量应用这个概念,因此,有必要进行探讨。

(二) 想象竞合犯的构成特征

从理论上讲,想象竞合犯具有以下特征:

1. 行为人只实施了一个行为。这是构成想象竞合犯的前提条件,如果是实施了数个行为,则不可能构成想象竞合犯。所谓一个行为,是指在自然意义上被评价为一个行为,和犯罪构成评价无关。如盗窃井盖的行为和破坏交通设施的行为,从犯罪构成的角度来看,分属两个行为,但从自然观察的角度来看,行为人所实施的仅仅是一个盗窃行为。乙用右手殴打 A,同时用左手殴打 B 的场合,成立对 A 的伤害和对 B 的伤害,即便说右手的动作和左手的动作是同时且在相同场所实施的,但从事实上看,针对的是两个人的身体,侵害两个法益,属于两个行为,因此不是想象竞合,而构成数罪。在同一机会下实施一连串行为的场合,一连串行为的基本部分或者主要部分重合的话,就是一个行为。如在酒后无证驾车的场合,可以说酒后驾车和无证驾车两个行为之间重合,因此,是一个行为。行为通常是作为,但也可能是不作为。至于行为是否必须出于一个犯意或一个罪过,理论上存在争论。从实际情况来看,想象竞合犯可能出于一个故意行为,如故意开枪向人群射击,打死三人,打伤五人;可能出于过失,如某甲玩枪,不慎走火,致一人死亡,一人重伤。

2. 一个行为必须符合数个犯罪构成而触犯数个不同或者相同罪名。想象竞合犯只能是实施一个行为符合数个犯罪构成,如果是实施数个行为符合了数个犯罪构成,则是实际的数罪;如果是作为犯罪手段的行为和作为结果的行为分别符合不同的犯罪构成,则构成牵连犯,而非想象竞合犯。所谓一个行为符合数个犯罪构成,就是一个行为在形式或外观上同时符合刑法规定的数个犯罪构成。有学说认为,数个犯罪构成必须是不同种类,触犯数个同种犯罪的,不能构成想象竞合犯。[13] 确实,在开一枪打死三人,最终也还是按照故意杀人罪一罪从重处罚的角度来看,认为同种数罪不构成想象竞合犯的说法是有一定道理的。但是,生命、身体、名誉之类的一身专属法益,是基于人格而生成的法益概念,具有不可能摆脱法益主体而转移给他人的属性,因此其计算应以法益持有者的个数为标准。不这样理解,就降低了对一身专属法益的评价,有时候会造成罪刑不均衡的结果。如轻伤十人的行为,无论如何,最高只能处以 3 年有期徒刑,这显然评价过低,但如果作为十个轻伤处理,结论便会大不相同。况且从本书所采用的具体符合说的角度来看,开一枪打死三人的场合,其中只能认定一个故意杀人罪,而其他两个则要认定为过失犯,此时,想象竞合犯的"从一重处罚"原则就有其用武之地。因此,本书认为,针对一身专属法益而言,数个犯罪构成包括同种犯罪构成在内。

3. 侵害了数个法益。想象竞合犯是一行为触犯数罪名,数个罪名都能单独成立,其本质上是数罪,不过因为出于一个行为,为避免对一个行为重复评价,因此,在处罚上采用从一重处断的原则,其和法条竞合不同。法条竞合是一行为尽管符合数个罪名,但这种符合是立法技术造成的,所以在法律效果上只成立一个能够充分而又不过度评价该行为的罪名,并排斥其他罪名的适用。因此,侵害法益的个数不同是想象竞合犯和法条竞合之间的根本区别。在一行为触犯数罪名,数罪的保护法益部分重合,但任何一罪的保护法益都不能被另一罪完整评价时,成立想象竞合犯。如金融诈骗罪与合同诈骗罪就是如此。前者的保护法益是金融管理秩序与财产,后者的保护法益是合同管理秩序与财产。如果仅宣告成立其中一罪,势必会在保护法益上有所遗漏,因此只能评价为想象竞合犯。在数罪的保护法益完全不重合时,成立想象竞合犯。如破坏电力设备罪是指故意破坏电力设备,足以或者已经造成严重后果,危害公共安全的行为。本罪的保护法益是公共供电中的公共安全,而不当然地包括电力设备本身的财产价值,所

---

[13] 王作富、黄京平主编:《刑法》(第 7 版),中国人民大学出版社 2021 年版,第 153 页;刘艳红主编:《刑法学》(上)(第 3 版),北京大学出版社 2023 年版,第 298~299 页。

以,当行为人盗窃正在使用中的电气设备,并危及公共安全的,就同时符合了盗窃罪与破坏电力设备罪的构成要件,而且两罪的保护法益分别为财产和公共安全,二者之间不存在重合关系,因此是一行为造成了两个独立的法益侵害事实,应成立盗窃罪与破坏电力设备罪的想象竞合犯。

(三) 对想象竞合犯的处罚

对于想象竞合犯,应按行为所触犯的数罪名中的一个重罪论处,而不以数罪论处。刑法分则的某些条文肯定了这一原则。如刑法第 329 条第 1 款规定了抢夺、窃取档案罪,第 2 款规定了擅自出卖、转让档案罪,第 3 款接着又规定:"有前两款行为,同时又构成本法规定的其他犯罪的,依照处罚较重的规定定罪处罚。"如果窃取的档案是国家秘密,则同时触犯了窃取档案罪与非法获取国家秘密罪(刑法第 282 条),如果擅自出卖、转让的档案是国家秘密,则同时触犯了擅自出卖档案罪与泄露国家秘密罪(刑法第 398 条)或者非法提供国家秘密、情报罪(刑法第 111 条),这些情况下,均按其中的一个重罪定罪处罚。之所以作为一罪处理,是因为尽管引起了数个法益侵害,但只有一个行为,因而只有一个犯罪实行的意思决定,所以,和实施了数个行为的场合相比,行为人的可谴责性即责任减少了。这样,想象竞合本来是数罪,但因为只有一个行为,具有接近"一罪"的性质,所以被作为一罪看待。

在对想象竞合犯"从一重罪处断"的时候,必须注意,有可能出现重罪的最低法定刑比轻罪的最低法定刑还低的情况,如甲的某一行为符合 A、B 两个犯罪构成,构成想象竞合犯。其中,A 罪的法定刑为 6 个月以上 3 年以下有期徒刑,而 B 罪的法定刑为 1 年以上 2 年以下有期徒刑。如果"从一重论处",对甲处以 A 罪,则其有可能被判处 6 个月的有期徒刑,比以较轻的 B 罪论处的处罚还轻。这显然违背了"从一重处断"原则的宗旨。为了避免这一结果,在适用"从一重罪处断"原则的时候,必须注意,不得科以较轻犯罪所定最低法定刑以下之刑。这就是所谓"轻罪的封锁作用"。按照这种理解,就以上举例而言,法官对甲只能在 3 年到 1 年有期徒刑之间裁量刑罚。

另外,刑法分则的个别条文似乎规定了特殊的想象竞合犯以数罪论处。如根据刑法第 204 条第 2 款的规定,纳税人缴纳税款之后,采取假报出口或者其他欺骗手段骗取所纳税款的,依照逃税罪定罪处罚,骗取税款超过所交纳的税款部分,依照骗取出口退税罪定罪量刑。因此,行为人在纳税 10 万元之后,一次假报出口骗取了 20 万元退税款的场合,则应分别认定为逃税罪(10 万元)和骗取出口退税罪(10 万元),实行数罪并罚。这实际上是一个行为触犯了两个罪名,但刑法规定实行并罚,而不以一罪论处。

二、连续犯

(一) 连续犯的概念

所谓连续犯,是指在一段时间之内,基于同一的或者概括的犯罪故意,连续实施性质相同的数个行为的场合。如行为人在某年 12 月的 9 日、10 日、12 日、13 日、14 日、15 日,连续 6 次盗窃某商场价值 15,000 余元的商品,每次盗窃的数额均在 2000 元以上的情形,就是如此。尽管行为人数次实施盗窃行为,每次均独立成罪,但由于是出于一个概括的盗窃故意,且 6 次行为之间具有连续性,因此,6 次盗窃行为并不构成 6 个独立犯罪进而数罪并罚,而是将 6 次行为统一考虑,只定一个盗窃罪,这就是连续犯。

将数个具有连续性的独立犯罪行为作为一罪处理,表明刑法承认连续犯是一罪而不是数罪;但从连续犯中的数个行为均独立成罪的角度来看,连续犯又不失为数罪。之所以要用连续犯形式,将数个独立犯罪作为一罪处理,主要是基于以下原因:一是行为人主观上具有连续性,即基于一个犯罪意图实施了数个行为;二是行为人实施的犯罪行为具有同一犯罪性质,触犯的是同一罪名。因此,从简化诉讼程序、便于司法操作的立场出发,可以通过在一罪的量刑当中增加量刑幅度的方式来解决连续犯的问题,以满足罪刑相适应的要求。

(二)连续犯的构成特征

一般来说,连续犯具有以下特征:

1. 主观上是基于同一或者概括的犯罪故意。所谓同一的犯罪故意,是指每次行为的意思内容都完全相同,如针对同种法益进行侵害;所谓概括的犯罪故意,是指尽管每次行为的意思内容不完全相同,但基本类似。如某甲与某乙有仇,蓄意报复,但除了准备伤害某乙,对其家人并无明确的伤害意思。随后,某甲不仅伤害了某乙,又伤害了某乙的父母以及子女。这就是基于概括的故意所构成的故意伤害罪的连续犯。行为人在打猎时误伤某甲,使其身负濒临死亡的重伤,但行为人见周围四下无人,顿生杀意,对某甲再开一枪,致其死亡的场合,由于前者出于过失,后者出于故意,不是基于一个意思的两个行为,因此,即便是利用同一机会实施的,也不是概括的一罪,而成立过失致人重伤罪和故意杀人罪的数罪。另外,连续犯以数个犯罪行为之间具有连续性为必要条件,而连续的数个犯罪过失不可能使行为之间具有连续性,因此,基于犯罪过失而连续引起数个犯罪结果的,如公共汽车司机酒后开车,沿途先后三次将四人撞成重伤的场合,不宜认定为连续犯。要注意的是,在连续犯的主观故意的认定上,不要求行为人具有针对同一对象的认识,即是否针对同一对象,对行为人的数个犯罪故意是否同一的认定,没有影响。[14]

2. 实施性质相同的数个行为。只实施一次行为的,不可能成立连续犯。数个行为是指两个以上的行为。从理论上讲,连续犯一般仅限于每次行为都能独立成罪的情形。如果连续实施同一种行为,但每次都不能独立构成犯罪,只有这些行为的总和才构成犯罪,则可以称为"接续犯"或者"徐行犯"。但从我国刑法的规定来看,连续犯的数次行为,应包括数次行为都独立构成犯罪、数次行为都不独立构成犯罪、数次行为中有的独立成罪而有的并不独立成罪三种情况。如行为人连续盗窃,每次盗窃都数额较大的、每次盗窃都没有达到数额较大但整体上达到数额较大的、数次中有的达到数额较大而有的没有达到数额较大的,都成立盗窃罪的连续犯。另外,相同行为是指在犯罪构成评价范围之内相同,不要求自然形态上相同。例如,前后两次贪污,其中,一次采用盗窃公物的方式,另一次采用侵吞公物的方式,因为二者都在贪污罪的犯罪构成所预定的行为范围之内,因此数个行为性质相同、手段类似。如果一次采用盗窃的方式,一次采用抢劫的方式,就谈不上是数行为的连续。

3. 数行为之间具有连续性。这是构成连续犯的重要条件;否则,只能构成独立的数罪,而不构成连续犯。如何理解数个行为的连续性,刑法理论上见解不一。主观说认为,行为人主观

---

[14] 高铭暄、马克昌主编:《刑法学》(第10版),北京大学出版社2022年版,第191页。

方面有连续犯罪的决意或者同一的犯罪故意即已足,数行为之间客观上有无连续关系,对连续犯的构成毫无影响;客观说认为,数个行为的连续不应以行为人的主观方面为标准,而应从客观行为上来认定,即数个行为有外部的类似关系和时间上的联络,就可认为数个行为有连续性;折中说认为,连续犯的成立,不仅需要行为人主观上有连续犯罪的决意或同一的犯罪故意,而且要求数个行为客观上有外部的类似关系和时间上的联络。[15]

我国的通说主张折中说。[16] 据此,行为人虽然有同一的或概括的犯罪故意,但客观上未实施数个犯罪行为或实施的数个犯罪行为不具有连续性的,不成立连续犯;同样,行为人虽然在时间间隔较短的情况下,实施了性质相同的数个犯罪行为,但主观上缺乏实施数罪的同一的或概括的犯罪故意,也不能成立连续犯,而只能成立各自独立的犯罪。数个犯罪行为具有连续性表现为:数个行为性质相同,均指向同一法益侵害;时间、场所上接近;为一个意思决定所贯穿。因此,在某甲意图从某商场盗窃彩电,于是驾驶小货车进入该仓库,先搬一台放在车上(第一行为),然后再进入仓库,再搬出一台放在车上之后逃走(第二行为)的场合,第一行为和第二行为都是侵害他人占有的财产的窃取彩电行为,而且发生在同一场所(仓库)、时间上也非常接近(客观关联性),并且为窃取电视机的一个意思决定所贯穿(主观关联性),因此,两个行为之间的密切关联性能够被认可,某甲的行为成立一个盗窃罪。同样,在某甲一开始并没有盗窃两台彩电的意思,偷一台回家之后,重生犯意,返回原来的场所再偷另一台的场合,形式上看似具有两个意思决定,但被害法益都是他人所占有的彩电,并且在短短两个小时之内,在同一场所以同一方法实施犯行,因此,也能认可两个行为之间的密切关联性。在某甲一开始并没有盗窃两台电视机的意思,偷一台回家使用之后,觉得该型彩电不错,再次产生犯意,一周之后,再到该仓库盗窃一台的场合,因为第一个行为和第二个行为间隔了一周,不具有时间上的接近性,因此,不能认可两个行为之间的密切关联性,不能成立接续犯,某甲成立两个盗窃罪。

4.数行为必须触犯同一罪名。是否触犯同一罪名,其判断标准既不是行为侵害的法益性质是否相同,也不是数行为是否规定在同一法条当中,而是数行为是否符合同一犯罪的基本犯罪构成。因此,只要能为同一具体罪名所涵盖,即便数行为各自呈现不同的形态或者具有不同的犯罪情节,甚至属于其他犯罪转化为本罪的,都应被视为触犯同一罪名。这样说来,第一次抢劫既遂,第二次抢劫未遂,第三次以暴力相威胁抢劫,第四次持枪抢夺,第五次在盗窃之后被发现、为抗拒抓捕而当场使用暴力相威胁的场合,由于都符合抢劫罪的犯罪构成,所以都属于触犯同一罪名的情形。

既然成立连续犯要求数行为必须触犯同一罪名,则必然要求数行为侵害同一法益。但对于何为"同一法益",则有不同理解。因为,"同一法益"有"同一个法益"和"同一种法益"之分。如生命、身体、名誉、自由等与人格紧密相关的利益属于一身专属法益,其个数以具体人数为标准来区分;财产等则属于和人格等无关的法益即非一身专属法益,其个数和具体人数无关。如果说"同一法益"是指"同一个法益",则连续轻伤4人的行为,不能成立连续犯;如果说"同一法益"是指"同一种法益",则上述行为成立连续犯。本书认为,此处的"同一法益",原则上指

---

[15] 马克昌主编:《犯罪通论》,武汉大学出版社1999年版,第694~695页。
[16] 高铭暄、马克昌主编:《刑法学》(第10版),北京大学出版社2022年版,第192页。

"同一种法益",但例外地,对于侵犯一身专属法益,并且法定刑幅度较低的犯罪而言,所谓"同一法益"宜指"同一个法益",否则难以做到罪刑相适应。如就上述连续轻伤4人的案件而言,如果说"同一法益"是指"同一种法益",则上述行为成立连续犯,只能在"三年以下有期徒刑、拘役或者管制"的范围内予以处罚,明显有轻纵犯罪的嫌疑。因此,对于上述情况,应当认定为4个故意伤害罪,实行数罪并罚。

(三)连续犯的处断原则

连续犯按照一罪处断,不实行数罪并罚。具体来说,按照如下原则处理:

1. 刑法规定只有一个量刑档次,或者虽有两个量刑档次但无加重构成的量刑档次的,按照一个罪名从重处罚。例如,刑法第262条规定的拐骗儿童罪就只有一个量刑档次,对于拐骗儿童的连续犯,只能在这个量刑档次内从重处罚。又如,刑法第232条规定的故意杀人罪,虽有两个量刑档次,但无加重构成的量刑档次,故意杀人罪的连续犯,只能在该罪的基本构成的量刑档次内从重处罚。

2. 刑法对多次实施某种犯罪规定有加重的刑罚幅度的,对符合该种情况的连续犯,依照该加重刑罚幅度处理。例如,刑法第263条对"多次抢劫"明文规定了远远重于抢劫基本构成的量刑档次,连续三次以上抢劫的,应按照加重抢劫构成的量刑档次处罚。

3. 刑法对多次实施某种犯罪虽然没有明文规定,但对"情节严重"或"情节特别严重"分别规定有不同的加重量刑幅度的,对符合某种情况的连续犯,依照该刑罚幅度处理。例如,刑法第267条对抢夺罪按照基本犯罪、情节严重和情节特别严重分为三个量刑档次加以规定,抢夺罪的连续犯,应根据连续实施抢夺次数的多少,依据刑法的规定,按照相应的量刑档次处罚。

需要说明的是,以上关于连续犯的处断原则是就审判结束之前所认定的事实而言的,如果行为人连续犯罪的事实中有一次或者数次犯罪行为在其服刑期间才被发现,则应作为漏罪单独定罪量刑,然后依照刑法关于数罪并罚的规定合并执行刑罚。

三、吸收犯

(一)吸收犯的概念

所谓吸收犯,是指指向同一法益侵害的数个不同行为,其一行为吸收其他行为,仅成立吸收行为一个罪名的犯罪。如行为人盗窃枪支之后,私藏在家里,私藏枪支的行为被盗窃枪支的行为所吸收,仅成立盗窃枪支罪。又如在杀人的时候,把被害人的汽车也砸坏的场合,损坏汽车的行为尽管可以成立故意毁坏财物罪,但是,这种较轻的犯罪被较重的犯罪即故意杀人罪所吸收,而只成立故意杀人罪一个罪。

(二)吸收犯的构成特征

一般来说,吸收犯具有以下特征:

1. 具有数个独立的犯罪行为。这是成立吸收犯的前提。因为,吸收犯的特点是一个行为吸收其他行为,如果没有数个行为,就谈不上一个行为吸收另外行为,从而也就无所谓吸收犯。同时,从理论上讲,吸收犯的数个行为都必须独立成罪,即每个行为都单独符合刑法分则规定的具体犯罪构成。如果数个行为中只有一个是犯罪行为,其余是违法行为,则不可能构成吸收犯。总之,吸收犯是数个犯罪行为,这是吸收犯与想象竞合犯的重要区别。

2. 数行为必须触犯不同罪名。如果数行为触犯同一罪名,就不可能成立吸收犯。

3. 数行为之间具有吸收关系。这是吸收犯成立的关键,如果数个犯罪行为之间不存在一个犯罪行为吸收其他犯罪行为的关系,也不可能成立吸收犯。所谓吸收,即一个行为包容其他行为,只成立一罪,其他行为构成的犯罪失去其存在意义,不再予以定罪。一行为之所以能够吸收其他行为,是因为这些行为均是某种犯罪在实施过程当中所伴随的,前行为是后行为的必经阶段,后行为是前行为的自然结果。

从刑法规定的实际情况来看,吸收犯的吸收关系包括以下两种情形:

(1) 共罚的事前行为。其是指,指向同一法益的数个行为,具有手段和目的关系或者原因和结果关系,作为手段、原因的较轻犯罪事实被作为目的、结果的较重犯罪事实所"吸收",因而被评价为一罪。[17] 如为杀人而先买刀,之后将该刀用来杀人的场合,就是如此。为杀人而买刀是故意杀人罪的预备犯,而杀死人是故意杀人罪的既遂犯。二者分别符合故意杀人(预备)罪、故意杀人罪这两个不同的犯罪构成。尽管这两个行为是在不同的时间、地点实施的,但由于均指向同一被害人的生命法益,且买刀只是实现杀人"目的"的"手段"而已,也就是说,杀人预备和杀人结果之间具有手段和目的的关系,将其评价为,作为手段的较轻的犯罪事实(杀人预备罪)被作为目的的较重的犯罪(杀人罪)所"吸收"就足够了。[18]

(2) 共罚的事后行为。其是指,指向同一法益的数个行为,它们之间存在手段和目的关系或者原因和结果关系,作为目的、结果的较轻的犯罪事实被作为手段、原因的较重犯罪所"吸收",因而被评价为一罪。[19] 如某甲将某乙的笔记本电脑偷来之后,发现上了锁,非常生气,将电脑砸坏的场合,就是如此。偷电脑的行为构成盗窃罪,砸电脑的行为构成故意毁坏财物罪。在侵害某乙的电脑的所有权的意义上,二者是指向同一法益的两个行为,且二者之间具有原因(偷电脑)和结果(砸电脑)关系。故意毁坏财物罪的法定最高刑是7年有期徒刑,盗窃罪的法定最高刑为无期徒刑。尽管"结果"是事后的轻罪(故意毁坏财物罪),但被作为"原因"的事前的重罪(盗窃罪)所"吸收",所以只成立盗窃罪一罪。之所以这样处理,是因为事后毁坏财物的行为是事前盗窃罪的违法状态的通常伴随行为,而且事后的损坏财物行为也并没有制造新的法益侵害。[20]

上述吸收关系中所谓重罪吸收轻罪,是指不同罪名的数个犯罪之间,具有客观关联性(法益侵害的同一性以及时间、场所上的接近性)和主观关联性(贯彻一个意思)的密切关系时,进行概括性评价,轻罪被重罪吸收,仅以重罪一罪处理。如在甲、乙共谋抢劫毒贩A,谎称向A介

---

[17] 共罚的事前行为,传统上被称为"不可罚的事前行为",但相当于手段、原因的事前行为自身也是可罚的,只是因为其被相当于目的、结果的较重的事后犯罪所包括而被处罚,因此,不是不可罚,而是"不被独立处罚"而已,因而称作"共罚的"事前行为比较妥当。

[18] 这种场合,故意杀人罪的预备犯绝不是不可罚,而是被故意杀人罪所包括,不在杀人罪之外独立地加以处罚。但如果因为某种原因而不起诉故意杀人罪,处罚故意杀人罪的预备犯还是可能的。

[19] 共罚的事后行为,历来被称为"不可罚的事后行为",但相当于目的、结果的事后行为自身也是可罚的,只是,因为相当于手段、原因的事前的重罪所包括,因此"不被独立处罚而已"。与其说是"不可罚",倒不如说是"共罚的"事后行为。

[20] 但要注意的是,在事后的伴随行为制造了新的法益侵害的场合,就不能作为共罚的事后行为处理。如盗窃他人存折之后,到银行取款的场合,因为另外引起了侵犯银行的财产所有权的后果,所以,该行为就不能被前面的盗窃行为所包含,而必须另外单独评价为诈骗罪。

绍毒品买卖,将 A 骗到甲家里,以买主先要验货为由,从 A 那里拿走毒品后从甲家里逃走(第一行为)。之后,甲折返,用绳索将 A 勒死,并与在外等候的乙一起将 A 抛尸。在该案件中,甲、乙的行为看似成立诈骗罪的共同正犯和(事后)抢劫罪的共同正犯两个罪。但是,上述案件中,第一行为和第二行为,在指向同一被害人的财产上,可以说被害法益是相通的,第一行为和第二行为在同一场所实施,时间上也前后接近,能够认可时间和场所上的接近性,因此,可以说它们之间具有客观关联性。另外,第一行为和第二行为在杀害 A 的意图上,具有手段和目的关系,也为杀害 A 的意思所贯穿,因此,主观关联性也能被肯定。由于能够认可上述两个行为之间的主、客观上的密切关联,因此,可以进行概括评价。由于诈骗罪的法定刑较轻,是轻罪,而抢劫罪法定刑较重,属于重罪,因此,诈骗罪为抢劫罪所吸收,最终只成立"(事后)抢劫罪的共同正犯"。

(三)吸收犯的处罚原则

对吸收犯,依照吸收行为所构成的犯罪处罚,不实行数罪并罚。

四、牵连犯

(一)牵连犯的概念

所谓牵连犯,是指以犯一罪为目的,而其方法行为或者结果行为分别触犯不同罪名的犯罪形态。如以伪造公文方法(手段行为)骗取数额较大的公私财物(目的行为)的场合,由于伪造公文和诈骗都是刑法当中的独立犯罪,因此,属于牵连犯;又如,在盗窃他人存折(原因行为)之后到银行去冒领存折中的存款(结果行为)的场合,由于盗窃行为和诈骗行为都是刑法中的独立犯罪,因此,也构成牵连犯。

之所以将牵连犯作为处断上的一罪处理,是因为尽管存在数个行为,但在其具有手段和目的或者原因和结果关系的时候,实行犯罪的意思决定实质上只有一个,与基于数个意思决定而实施数个行为的场合相比,行为人的可谴责性即责任就减少了。这样,牵连犯本来是数罪,但意思决定只有一个,具有近似"一罪"的性质,因此,在科刑上作为一罪处理。

(二)牵连犯的构成特征

一般认为,牵连犯具有以下三个特征:

1.具有两个以上的行为。两个以上的行为,指可以独立成罪的行为,即原因行为与结果行为,或者方法行为与目的行为,都是符合具体犯罪构成的行为。如伪造公文、证件、印章诈骗他人财物,前者是方法(手段)行为,触犯伪造公文、证件、印章罪,后者是目的行为,触犯诈骗罪,两个行为均是独立成罪的行为。两个以上行为如有一行为不能独立成罪,不成立牵连犯,如窝藏自己所盗窃的赃物的行为,虽然盗窃行为独立成罪,但窝藏行为是共罚的事后行为,因此,二者之间不成立牵连犯。一犯罪行为引起数结果的,不成立牵连犯,而成立想象竞合犯;两个犯罪行为因存在牵连关系而被法律规定为一罪的,也不是牵连犯,而是结合犯。

2.两个以上的行为之间存在牵连关系。从与吸收犯相比较的角度来看,所谓牵连关系,应当是指犯罪的"手段到目的"或者"原因到结果"关系。数个行为之间是不是具有"手段到目的"或者"原因到结果"关系,并非取决于行为人的主观意图,而是取决于"数罪之间在其罪质上,是不是存在通常为手段和结果的关系",即在犯罪的性质上、类型上是不是存在该种关系。

A罪和B罪之间具有"手段到结果"关系,意味着在某种犯罪(B罪)的性质上,A罪"通常"是作为手段而使用的行为。另外,A罪和B罪之间具有"原因到结果"关系,意味着在某种犯罪(A罪)的性质上,B罪是作为结果而经常出现的行为。

什么样的场合,可以说是两个以上的行为之间具有手段和结果的牵连关系,理论上有不同看法。"主观说"认为,行为人主观上具有将数罪作为手段或者结果进行牵连的意思的场合,就具有手段和结果的关系。[21] 如行为人打算收买赃物而实施教唆盗窃行为的场合,成立牵连犯;反之,行为人起初打算伪造公文,伪造公文之后,又产生了使用该伪造的公文的意图的场合,不成立牵连犯,只能成立数罪。但是,现在认为,成立牵连犯,行为人主观上具有将一方作为另一方的手段或者结果的意图还不够,数行为之间,在其类型上即社会生活的一般经验上,必须具有通常应当看作手段和结果的关系的"客观说"成为通说。[22] 从此角度来看,侵入住宅和杀人、侵入住宅和盗窃、侵入住宅和放火、侵入住宅和强奸、伪造公文和诈骗等是牵连犯,因为,侵入住宅、伪造公文行为通常被用作以上所列犯罪的手段。另外,放火和诈骗保险金、杀人和侮辱尸体、滥用职权和受贿等之间,不是牵连犯,而是数罪。因为,上述两个行为之间,从社会生活的一般经验来看,不具有通常如此的关系。

3. 两个以上的行为必须触犯不同罪名。如果两个以上行为触犯相同罪名,也不成立牵连犯。各个行为所触犯的罪名,以现行刑法的规定为准。如杀人后遗弃尸体的场合,我国刑法规定有故意杀人罪和侮辱尸体罪,而没有遗弃尸体罪,因此,上述行为不存在触犯不同罪名的问题,不成立牵连犯。

(三)牵连犯与吸收犯的区别

牵连犯与犯一罪而其方法与结果触犯其他罪名的犯罪,依据罪的性质被当然吸收的吸收犯之间,当所犯罪为他罪必然使用的方法(必经途径)或当然结果时,二者极其一致。如损坏公物而脱逃的情形中,似乎也有目的行为与方法行为的牵连关系,而对于侵入住宅盗窃、侵入住宅强奸这类犯罪,在解释上,有的学者认为是吸收犯,有的则认为是牵连犯。

但是,一般认为,二者之间是有区别的:具有手段和目的关系的二罪,如果依据犯罪性质以及一般经验判断,可以认为一行为在本质上当然包括或足以吸收另一行为,不必将该二行为按牵连犯处理时,就是吸收犯。如杀人预备与杀人既遂,因为杀人的场合,通常要有准备工具、制造条件的预备行为,因此,杀人罪的预备犯和实行犯之间是吸收关系。反之,没有当然包括或足以吸收的关系时,就是牵连犯。[23] 如入室盗窃、入室强奸,通常情况是牵连犯,以一罪认定。因为盗窃和强奸在构成要件的性质上并不包含入室即侵入住宅的行为,因此,不具有吸收关系,应当构成牵连犯。

(四)牵连犯的处罚

我国刑法总则中没有规定牵连犯的处罚原则,刑法理论上一般认为,对牵连犯应从一重处

---

[21] 吴振兴:《罪数形态论》(修订版),中国检察出版社2006年版,第289页以下。
[22] 苏惠渔主编:《刑法学》(第4版),中国政法大学出版社2009年版,第191页;刘艳红主编:《刑法学》(上)(第3版),北京大学出版社2023年版,第313页。
[23] 吴振兴:《罪数形态论》(修订版),中国检察出版社2006年版,第323页。

罚,或者从一重从重处罚。刑法分则对牵连犯表现出不同的态度:(1)有些条文规定对牵连犯从一重处罚。如刑法第399条规定,司法工作人员因索取或者收受贿赂而枉法裁判的,依照处罚较重的规定定罪处罚。(2)有些条文规定对牵连犯从一重后从重处罚。如刑法第253条第2款规定,邮政工作人员私拆、隐匿、毁弃邮件而窃取财物的,依照刑法第264条关于盗窃罪的规定定罪从重处罚。(3)有些条文对牵连犯规定了独立的法定刑。如刑法第321条第2款规定,在运送他人偷越国(边)境中以暴力、威胁方法抗拒检查的,处7年以上有期徒刑,并处罚金。这显然是以一罪论处并提高法定刑。(4)有些条文规定对牵连犯实行数罪并罚。如刑法第157条第2款规定,以暴力、威胁方法抗拒缉私的,以走私罪和本法第277条规定的阻碍国家机关工作人员依法执行职务罪,依照数罪并罚的规定处罚。另外,刑法第198条规定,以故意造成财产损失的保险事故骗取保险金,或者故意造成被保险人死亡、伤残或者疾病骗取保险金,同时构成其他犯罪的,依照数罪并罚的规定处罚。这些都是将牵连犯数罪并罚的体现。

第十章 刑事责任和刑罚

第一节 刑 事 责 任

一、刑事责任的意义

到此为止,我们探讨了刑法学的基础理论以及犯罪论的相关学说,现在开始进入刑法总论的最后内容——犯罪的法律后果即刑事责任或者说刑罚论的内容的探讨。尽管刑事责任、刑罚论的排列位置靠后,但实际上,对于实施了犯罪行为的人来说,和所犯何罪相比,其更关心自己所要承担的刑事责任,即可能受到的刑罚。

只是,在探讨刑罚的时候,离不开对刑事责任的理解。因为,在我国现行刑法当中,刑事责任和刑罚分不开,二者几乎被同义理解。刑法总则第二章第一节以"犯罪和刑事责任"为标题,第14条第2款规定"故意犯罪,应当负刑事责任",第15条第2款规定"过失犯罪,法律有规定的才负刑事责任",第17条第1款规定"已满十六周岁的人犯罪,应当负刑事责任",等等。类似规定在我国刑法总则中随处可见。同时,我国众多的行政处罚法律也将犯罪的法律后果直接定义为"刑事责任",如《治安管理处罚法》第3条规定,扰乱公共秩序,妨害公共安全,侵犯人身权利、财产权利,妨害社会管理,具有社会危害性,依照刑法的规定构成犯罪的,依法追究刑事责任;尚不够刑事处罚的,由公安机关依照该法给予治安管理处罚。

但在刑法理论上,刑事责任并不直接等同于刑罚,二者之间存在微妙的区别。从理论上讲,关于刑事责任的意思,在我国可谓众说纷纭,有法律责任说,法律后果说,否定评价说(或称责难说、谴责说),刑事义务说,刑事负担说,等等。[1] 上述诸说,大体上可以分为两类:一类是作为犯罪成立条件的刑事责任,否定评价说、刑事义务说等,便属于此。这种观点将刑事责任作为一种抽象的规范评价,即能够从某种角度或者立场出发,对行为人进行道义评价或者规范谴责。其实际上是从犯罪成立要件的角度来理解刑事责任的。但这种观点和我国现行法中有关"刑事责任"的规定大相径庭。另一类是作为犯罪的刑事法律后果的刑事责任,法律后果说、刑事负担说大致上属于这类观点。从我国现行法的相关规定来看,应当说,这种观点更合乎我国的实际情况。也正因如此,我国刑法学的通说认为,刑事责任是刑事法律规定的,因实施犯罪行为而产生的,由司法机关强制犯罪人承受的刑事惩罚或者否定性法律评价的负担。[2] 其

---

[1] 赵秉志主编:《刑法争议问题研究》,河南人民出版社1996年版,第539~542页。
[2] 高铭暄、马克昌主编:《刑法学》(第10版),北京大学出版社2022年版,第200页;张明楷:《刑法学》(上)(第6版),法律出版社2021年版,第660页。

将刑事责任看作一种因先前的犯罪行为而产生的负担,如人身自由在一定时期内被剥夺或者受限制、一定数量的财产受损失等现实具体的利益受损,而不是单纯的否定性的法律评价,即仅仅对犯罪人宣告有罪,却不追究任何法律责任,既不予以刑罚惩罚,也不予以非刑罚处理方法的惩罚。

本书赞同上述通说见解,认为我国刑法中的刑事责任,尽管理论上云山雾罩,但实际上就是指犯罪的法律后果,即行为人为自己的犯罪行为所必须承担的某种对自己不利的法律后果。虽说犯罪的法律后果通常表现为刑罚,这一点从我国刑法第13条对犯罪就是"依照法律应当受到刑罚处罚的"危害社会行为的规定中能够清楚地体现出来,但从我国刑法相关规定来看,也不尽然。从我国刑法第37条的规定来看,犯罪的法律后果还包括"免予刑事处罚措施"。从刑法第37条的规定来看,免予刑事处罚措施包括两种情形:一种是宣告被告人有罪,但不给予任何处罚,即既不判处刑罚,也不处以非刑事处罚,仅仅作有罪宣告;另一种是判决被告人有罪,免除刑事处罚,但处以一定的非刑事处罚。免予刑事处罚的表现形式,尽管不是死刑、无期徒刑、有期徒刑、罚金之类的对犯罪人的某种权利、利益的剥夺,但也是以行为人的行为构成犯罪为前提,其仍然带有谴责的性质。[3]

二、刑事责任的性质

众所周知,所谓性质,是指事物的本质,是一个事物所具有的区别于其他事物的根本属性,因此,在理解刑事责任的性质的时候,必须将其和类似的情形进行比较。就违法的后果而言,并不仅仅限定于刑事责任,根据法律领域的不同,还有民事责任、行政责任之分。只有将刑事责任和民事责任、行政责任进行比较,才可能真正理解刑事责任。

从历史的角度来看,民事责任、行政责任和刑事责任的区分并非一开始就存在。初民社会的法律多半是"民刑不分、诸法合体",更遑论独立的行政法了,侵权行为的解决也主要采用民事赔偿的方式。后来,统治者认为,侵权行为不仅是对私人利益的侵害,也是对国家、社会共同体整体利益的侵害,于是才开始有了民法和刑法、侵权与犯罪之分。对此,英国历史学家梅因(Henry Sumner Maine,1822~1888年)有非常清楚的描述。按照他的说法,古代社会的"刑法"不是"犯罪法",而是"不法行为法"即"侵权行为法"。刑法的真正发展,是在国家或者社会团体自身受到了损害,尤其是当它感到某种直接作用于私人利益的侵权行为侵害了社会团体的公共生活秩序,进而使整个团体受到损害之后,国家才不再以超然的姿态游离于损害之外,而是摈弃"临时被召唤来的一个私人公断者"身份,直接作为当事人的一方介入纠纷。[4] 只是,相对于强大的国家,个人力量显然是微不足道的,为了防止国家滥用其权力伤害无辜,在国家

---

[3] 另外,被免予刑事处罚的责任追究的共产党员和公职人员,要受到党纪政纪处理。根据2024年1月1日实施的《中国共产党纪律处分条例》第33条第1款,党员犯罪情节轻微,人民检察院依法作出不起诉决定的,或者人民法院依法作出有罪判决并免予刑事处罚的,应当给予撤销党内职务、留党察看或者开除党籍处分。根据2020年7月1日起实施的《公职人员政务处分法》第14条第3款,公职人员因犯罪被单处罚金,或者犯罪情节轻微,人民检察院依法作出不起诉决定或者人民法院依法免予刑事处罚的,予以撤职;造成不良影响的,予以开除。

[4] [英]梅因:《古代法》,沈景一译,商务印书馆2017年版,第236~246页;另见于改之:《刑事犯罪与民事不法的分界——以美国法处理藐视法庭行为为范例的分析》,载《中外法学》2007年第5期。

以犯罪的名义追究个人责任时，就要求使用与民法完全不同的标准和程序。这也就导致了民法与刑法的区分。用于规范行政权的行政法，起源更晚。其是在近代历史上出现了法治与民主，并形成了与其相适应的政治、法律制度的条件下，作为规范国家行政权的手段而产生的。[5] 早期，尽管也有行政管理，但其并没有从其他国家权力体系中独立出来。及至近代，基于国家职能分工和权力制衡的需要，行政权从整个国家权力体系中独立出来，并成为与其他国家权力（如立法权、司法权）并立的一种权力。由于刚从其他国家权力中独立出来的行政权在手段和职能上主要或者首先表现为以公共权力来完成行政职能，具有很强的命令性与强制性，因此，早期的行政法以限制行政权的行使即"依法行政""法律之外无行政"为主要内容。但是进入20世纪以后，由于"市场失灵"带来了诸多的社会问题，使行政权不再是消极被动地"依法行政"，受到"法律之外无行政"规则的约束，也不再表现为采用制裁、强制等消极手段去维持社会某一领域的秩序，而更多表现为了促进社会发展而主动地采用组织、引导、奖励、赋予或者许可等积极手段行政。从此之后，行政权在法律范围之内有了较大的自由裁量余地。这种变化使现在的行政法，一方面，鉴于行政权力容易被滥用的事实，在行使行政程序以及对行政权进行监督等方面制定了越来越多、越来越详细的系列法律规范；另一方面，为了社会事业的发展和实现政府职责，在实体法规中对行政权的诸多方面只进行原则性或者概括性的规定。[6]

由此看来，将法律区分为民事法、行政法和刑事法，将法律责任相应地区分为民事责任、行政责任和刑事责任，是国家特别是近代以来的国家与法治观念兴起的结果。一方面，国家为了进行相应的社会管理，保证整个社会的正常运行，可以在授权的范围之内，对公民权利进行一定限度的剥夺和限制；另一方面，这种剥夺和限制也有一定限度，即必须依照事先制定的法律，按照正当程序进行，并且，在进行该种剥夺和限制时，必须针对不同权利内容，采用相应的手段，使对当事人的不利影响在最小限度之内。正是这种最大限度地平衡维持秩序和保护公民权利的要求，使有关国家机关在选择法律适用范围、追究法律责任时，必须选择与具体行为最为匹配的手段，即"适法制裁"。民事法、行政法以及刑事法尽管一定程度上都扮演着实现社会正义、维护社会秩序的角色，但由于三者的具体价值目标不同，因此，在内在性质、责任方式、目标以及程序设计等方面具有显著区别。这种区别对针对具体行为选择适用何种法律进行处理来说，具有决定性的影响。

具体而言，刑事责任、民事责任和行政责任的不同，在我国主要体现在以下三方面：

第一，责任性质和承担责任方式不同。所谓民事责任，是民事违法行为人应承担的法律后果，由于作为其前提的民事法属于调整私人之间的关系的私法，其目的和作用是通过使侵权行为人以金钱进行损害赔偿，从而恢复被侵权人的原状，恢复因侵权行为而改变了的私人之间的权利义务关系，因此，民事责任主要体现为一种弥补损失关系，以弥补受害人的损失为目标，遵循"无损害就无赔偿"的原则，民事责任的性质突出地表现为相对性、财产性、补偿性和恢复原状性。在实现责任的方式上，主要是损害赔偿责任，以财产责任形式为主，如返还财产、恢复原状、赔偿损失、支付违约金等。民事责任的实现方式中虽然也有非财产责任方式，如赔礼道歉、

---

[5] 王周户等编著：《行政法》，法律出版社2007年版，第6页。
[6] 王周户等编著：《行政法》，法律出版社2007年版，第8页。

消除危险、恢复名誉等,但也是体现补偿的要求。所谓刑事责任则是因为行为违反刑法而构成犯罪后依法应当承担的法律后果,是犯罪人向国家、社会承担的责任,而不是向被害人个人承担的责任,其目的在于通过对当事人科处刑罚(制裁)去预防、遏制行为人再次犯罪,并从而制止其他人的犯罪,因此,刑事责任主要体现一种报应和预防的关系,在性质上突出地表现为惩罚性、人身性和绝对性。在实现方式上,主要采取限制和剥夺人身自由的刑罚方式,包括管制、拘役、有期徒刑、无期徒刑,少数情况下也考虑适用剥夺犯罪人的生命的死刑。刑事责任也会采用剥夺财产的方式,如罚金、没收财产等,但这些方式在性质上是附加刑,而且在数额的确定上也是以剥夺罪犯的再次犯罪能力为主要目的,而不是以填补损失为出发点。

与上述民事责任、刑事责任的区别一目了然的情形不同,所谓行政责任,就是行政机关基于一般统治权而对违反行政法上的义务的个人或者法人科处的制裁或者惩罚。其尽管在以惩罚和预防违法行为的发生为目的这一点上,与刑事责任有共同之处,但其本身不是刑罚,在责任程度上不及刑罚。同时,行政责任也不同于民事责任,尽管其也有通过行政处罚恢复被破坏的权利、义务关系的一面,但它不局限于恢复权利、义务关系的原状,而是可以超出原来的权利、义务关系去追求惩罚或者预防违法行为的目的,从而实现公共利益所期待的行政秩序。[7]因此,可以说,行政责任总体上处于民事责任和刑事责任的中间地带,同时兼备民事责任和刑事责任的若干特征。

第二,追究责任的标准不同。由于刑事责任和民事责任、行政责任的性质不同,三者在成立标准上也有明显的差别。首先,三者在所侵害利益的范围上有明显的不同。就作为刑事责任前提的刑事违法行为即犯罪而言,其所可能侵害的对象无论在广度还是深度上都远远超过民事违法行为。就广度而言,犯罪不仅可能侵害公民的人身权利、财产权利等个人法益,还可能侵犯国家安全、国防利益以及国家机关的正常活动等国家利益,以及公共安全、市场经济秩序、社会管理秩序等公共利益,而作为民事违法行为的侵权行为所侵害的利益只可能是人身权、物权、股权、知识产权、继承权等个人法益。侵害与个人利益无关的公法益的行为,如组织卖淫或者引诱、容留、介绍他人卖淫的行为,不可能是民事违法行为,也可能是行政违法行为。就深度而言,在某些场合下,作为刑事违法行为的犯罪不要求一定要实际引起侵害法益的实害结果,而只要具有引起该种结果的危险就足够了,因此,即便是犯罪的未遂、中止、预备形态,也要承担刑事责任。但在追究民事责任的场合,发生损害后果是成立民事侵权行为的必要条件,而且,这种损害只限于实害。无论行为具有多大的危险,只要没有造成实际损害结果,就不构成侵权,因此,在没有造成实害结果的侵权行为的预备、未遂、中止的场合,侵权人不可能承担民事责任。其次,作为承担责任条件的主观要求也不相同。民事责任中的损害赔偿是直接为保护被害人的利益而服务的,为最大限度地实现这种目的,便在民事责任的追究当中,部分地采用了结果责任或者无过失责任的原则,即在特定情况下,不管行为人主观上是否具有过错,只要对他人造成了损害,就要承担侵权责任。而追究刑事责任很大程度上是为了预防行为人再次犯罪,行为人是否可能再次犯罪,多半取决于行为人对自己行为的性质有无认识,因此,行为人在行为时没有故意、过失的话,是无论如何不会承担刑事责任的。特别是过失犯,只有在

---

[7] 王云海:《日本的刑事责任、民事责任、行政责任的相互关系》,载《中国刑事法杂志》2014年第4期。

刑法有明文规定的场合，才能追究责任，即绝对不能追究行为人的结果责任或者说无过错责任。这样说来，刑事责任的有无以及大小要受行为人意思状态的影响，而民事责任（主要是侵权责任）的成立，在特定条件下是不问行为人主观意志状态的，其责任范围一般也不受主观恶性大小的影响。可见，刑事责任与民事责任之间的界限，相对来说，比较清楚。

但是，在行政责任的场合，情况则有所不同。可能作为行政违法而被追究责任的情形范围较广，不仅包括责任主体对行政相对人应负的责任，还包括责任主体对国家、行政机关应负的责任，另外，尽管行政责任同时具备救济功能（要求责任人为或者不为一定的行为，恢复行政行为造成的权利侵害和社会关系的功能）和预防功能（剥夺一定能力，预防纠纷和被害发生的功能），但由于行政责任属于公法责任，和刑罚一样，主要目的是预防，而不是救济，因此，作为追究行政责任前提的行政违法行为，不像民事侵权，一定要造成实害后果，而是只要具有违法行为就足以对其进行处罚。同时，由于行政责任的强度要低于主要体现为刑罚的刑事责任，预防效果也不及刑事责任，因此，作为追究行政责任前提的行政违法行为，在违法强度上也不像刑事犯罪，必须达到"情节严重"的程度，只要达到相关行政法规中的具体要求就足够。另外，作为行政违法行为的主观责任要件，行为人必须具有过错即故意或者过失，这一点与刑事违法行为相同，与民事违法行为有别。

第三，法律适用要求不同。虽说刑事责任和民事责任、行政责任是现代国家中三种最为基本的法律责任，[8]但其在适用要求上存在重大不同。之所以出现这种差别，主要是因为三者在对作为当事人的个人的生活利益的介入程度上存在巨大差别。其中，介入程度最深、影响最大的当属刑事责任，其直接后果是长期或者短期剥夺人的自由乃至生命，因此，包括我国在内的现代各国对其适用均规定了最为严格的要求。如在实体法即刑法的适用上，首先要求严格遵循"罪刑法定"原则，即在认定犯罪和科处刑罚时必须严格按照事先制定的成文法，严禁适用对行为人不利的"事后法"，没有上升为法律的习惯和风俗不得作为定罪量刑的依据，类推解释绝对禁止。其次，必须遵守"责任原则"，这是因为对实施危害行为时没有辨认、控制能力或者没有故意或者过失的人进行处罚，是不教而诛，达不到防止其本人再犯并威慑社会上其他潜在的犯罪人的效果，因此，作为刑事责任前提的犯罪行为，必须是在行为人具有辨认和控制能力以及故意或者过失的前提下实施的。最后，必须遵循"罪责刑相适应"原则，即在对被告人追究刑事责任时，要求制裁程度与行为的社会危害程度以及行为人的主观责任相匹配，即"重罪重判、轻罪轻判、无罪不判"。同时，在程序法即刑事诉讼法的适用上，首先，必须秉持"无罪推定"原则，即任何公民在没有经过合法程序确定其有罪之前，一律作为无罪处理。其次，在认定公民有罪的场合，国家必须承担举证责任，不得强迫被告人自证其罪；而且，对证明标准也提出了近乎苛刻的要求，必须达到"已排除合理怀疑"的程度。这实际上是对国家介入个人生活利益提出了最为严格的实体和程序上的要求。相反地，民事责任的场合，由于是以返还财产、恢复原状、赔偿损失、支付违约金、赔礼道歉、消除危险等较为轻微的强制手段恢复因为侵权行为而破坏的私人之间的权利义务关系，属于比较轻的国家对私人生活的干预，因此，现代各国在追究民事责任时均采取较为宽松的态度。在实体法的适用上，首先讲究"意思自治"，即私人相互

---

[8] 严格来说，还有一个"违宪责任"。但我国没有"违宪审查"制度，因此，本书中没有将其加以列举。

之间在法律规定的范围内,按照自己的意志从事民事活动,管理自己的事务,创设自己的权利和义务,只要该种权利、义务关系不影响公共利益,违反公序良俗,就不受国家和他人的干涉。其次,没有类似于刑法上的"罪刑法定"之类的严格要求,在民事侵权行为的认定和处罚上,可以类推解释,承认适用事后法的情势变更原则,并且民事法律行为必须讲究以道德伦常为核心的"公序良俗"和"诚实信用",此二者也成为民法适用的一般原则。最后,在程序法即民事诉讼法的适用上,基本上坚持"谁主张谁举证"的原则,在证明标准上依照"优势证据原则",即当证明某一事实存在或不存在的证据在分量与证明力上,比反对证据更具说服力或者更具可靠性的时候,法官采用优势证据方的当事人所列举的证据认定案件事实,而不像刑事诉讼中,遵循"排除合理怀疑"原则,要求对于定案事实的认定,已经没有符合常理的、有根据的怀疑,达到足以让人确信的程度。

相比之下,行政责任的适用要求则处于民事责任和刑事责任的中间地带。首先,行政责任属于公法领域的责任,和刑事责任具有若干类似之处。如在行政实体法的适用中,也有类似于"罪刑法定"原则的"依法行政原则""信赖保护原则"(不得制定对公民产生不利影响的具有溯及力的法律规定),以及与"罪刑均衡"原则类似的、要求行政机关在采取行政措施时必须尽可能地使行政措施造成的损害与所追求的行政目的相适应的"比例原则",但总的来说,在行政实体法的适用上,依法行政原则,根据适用对象的不同,可以有所变通。如就涉及公民权利、义务的内容事项而言,只要法律没有明确授权,行政机关就不能实施相应的管理活动,否则即构成违法("法律保留原则");但是,就其他行政管理活动而言,只要行政活动不与法律规定相抵触就够了,不要求所有的行政活动均具有明确的法律依据("法律优越原则")。[9] 同时,行政责任的追究程序,也远没有刑事责任的追究程序那么复杂。就参与主体而言,一般来说,行政诉讼只涉及行政机关,而刑事诉讼则涉及法院、检察院和公安机关;程序上看,行政处罚程序非常简单,行政处罚的决定可以当场作出,而在刑事诉讼中,这种情况极为罕见。同时,行政处罚的证明标准也低于刑事处罚。我国刑事诉讼的证明标准是"犯罪事实清楚,证据确实充分",行政诉讼的证明标准,依照2017年修订的《行政诉讼法》第69条的规定,是"证据确凿"。从字面上看,二者之间似乎没有什么区别。但行政诉讼是一种司法审查,要解决的是行使国家权力的行政主体和相对人之间的冲突。行政行为对相对人可能造成的不利后果主要集中于罚款之类的财产剥夺,对相对人的人身侵害最重的也不过是时间较短的行政拘留,这些都比刑罚所可能引起的后果要轻得多。同时,对于行政诉讼而言,所涉争议除作为原告的行政相对人的具体合法利益之外,还有隐藏在该合法利益之后的公共利益以及作为被告的行政主体的行政职责,另外,行政处理对象的广泛性和复杂性要求行政主体要有较大的裁量权,行政权的行使要快速,过高的证明标准会让行政主体过分谨慎和拘束,不利于行政目的的实现。因此,尽管现代各国都强调依法行政,要求行政行为要有法律和事实依据,以此约束强大的公权可能对私权的损害,但在实际操作上,一般认为,行政处罚的证明标准尽管比民事诉讼高,但要低于刑事处

---

[9] 朱维究、王成栋主编:《一般行政法原理》,高等教育出版社2005年版,第92~95页。

罚。[10] 换言之,对涉及相对人人身、财产等重要权益问题的,采取略低于刑事诉讼的证明标准;而在其他问题上则采取略高于民事诉讼的标准。[11] 其次,尽管作为行政责任之依据的行政法属于公法领域,但是其中许多原则却与属于私法领域的民法相通。如行政法中一个重要原则是"信赖保护原则",其要求行政机关应当确保管理活动的明确性、稳定性与连贯性,从而树立和保护公民、法人或者其他组织对行政机关及其管理活动的真诚信赖。一般认为,所谓信赖保护原则,实际上是民法上的诚实信用原则在行政法领域中的转换或者翻版。[12] 同时,行政机关在进行行政决定时,主要遵循利益衡量原则,即公共利益与个人利益之间的比较衡量,这一点也与民事决定的判断相似;行政机关甚至可以在授权范围内,对特定的民事纠纷进行审理和裁决。这也是行政责任受民事责任影响的体现。[13]

三、刑事责任性质的应用

从理论上对民事、行政与刑事责任加以区别,能够为司法实践中处理相关案件提供有益指导。

首先,为对同时符合多种法律规定的行为(所谓"特殊竞合违法行为")同时追究多种法律责任提供理论依据。有学者在研究民事不法与刑事犯罪的区别时指出,长期以来,刑法学界在探讨犯罪与民事纠纷的关系时,似乎存在一种误解:犯罪与民事不法行为之间是非此即彼的关系。[14] 具体地说,如果是犯罪,就不再是民事不法行为,犯罪是民事不法行为发展而来的。这种倾向在实践中更为普遍,例如认为"如果是民事欺诈,就不是刑事诈骗"。实际上,这种情况不仅存在于所谓"民刑交叉"的案件中,在"行刑交叉"乃至"民行刑交叉"案件中也大量存在。如就"行刑交叉"案件而言,实践中一直存在行政机关只要发现违法行为涉嫌犯罪,就直接移送司法机关,移送前不对该案件做任何处置的处理方式。[15] 但这些做法都是不妥当的。如前所述,现代社会各种法律规范的错综复杂,致使行为人的一个行为同时触犯数个法律条文的情形,不可避免地成为现实。尽管在同一个法律领域之内,对同一行为的评价结论可能是唯一确定的,但在不同法律领域,由于其法律责任的性质不同,判断规则和判断标准有异,因而对同一行为的判断并不是相互排斥关系,而可能是同时存在、并列(或者先后)进行的关系。[16] 同时,不同法律规范发挥不同的作用,具有不同的存在价值。如民事责任重在补偿损失和恢复原状,刑事

---

[10] 牛广济、刘守芬:《犯罪与行政违法行为的理论界限新探》,载戴玉忠、刘明祥主编:《犯罪与行政违法行为的界限及惩罚机制的协调》,北京大学出版社2008年版,第179页以下。

[11] 王峰:《行政诉讼、民事诉讼与刑事诉讼之比较研究——从制度属性的视角》,载《行政论坛》2013年第1期。

[12] 朱维究、王成栋主编:《一般行政法原理》,高等教育出版社2005年版,第100页。

[13] 当然,这种情形正在越来越少。

[14] 时延安:《论刑事违法性判断与民事不法判断的关系》,载《法学杂志》2010年第1期。

[15] 谢治东:《行政执法与刑事司法衔接机制中若干问题理论探究》,载《浙江社会科学》2011年第4期。

[16] 时延安:《论刑事违法性判断与民事不法判断的关系》,载《法学杂志》2010年第1期。如此说来,那种认为"某一行为在侵犯民事权利的同时,也会对社会秩序造成一定的危害,应当由行政法予以制裁。这就可能导致民事责任与行政责任并存的情况。两种责任并存对于社会秩序以及被害人来说是没有问题的,但对于行为人来说他对自己的一次错误承担两次后果。在现代民权社会中,即便是责任性质不同的前提下,一事再理也是存在问题的"的见解是错误的。上述观点,参见张旭:《民事责任、行政责任和刑事责任——三者关系的梳理与探究》,载《吉林大学社会科学学报》2012年第2期。

责任重在惩罚罪犯和预防其他人重蹈罪犯覆辙,而行政责任则兼具惩罚和补偿两方面的作用。这些不同性质的法律责任通过相互辅助、相互配合,共同维系整体的法秩序。从此意义上讲,对同时符合多种法律规定,能够追究多种法律责任的情形,仅以其中一种法律规定为依据,仅追究一种法律责任的做法,是不符合我国法律体系的整体规定的。而且,这种做法也难以恰如其分且有效地制止现实所发生的违法行为。如对在公共道路上醉酒驾驶机动车的行为人,在移送司法审查之前,不作出吊销或者暂扣机动车驾驶证的行政处罚,不采取暂扣机动车的行政措施等,就难以有效避免行为人在司法审查过程中,再次实施相关违法犯罪行为;同样,对严重污染环境的排污企业,在移送司法审查之前,不作出责令停产的行政处罚,也难以有效地防止违法犯罪行为进一步扩大。

其次,为有关行政责任与刑事责任竞合案件("行刑交叉"案件)的处理提供具体指引。当同一违法行为既违反行政法的相关规定,又因为"情节严重"而违反刑法的相关规定时,就会出现行政违法与刑事违法竞合的问题。这种情况该如何处理?对此,理论上素有争议。"吸收说"认为,应当按照"重罚吸收轻罚"的原则,单处刑罚;[17]"并合说"则认为,应遵循合并适用的原则。[18] 本书同意后一种观点。如前所述,行政责任和刑事责任本是不同的责任形式,可以同时存在,并不存在"一事二罚"的问题;而且,追究行政违法行为,是行政执法机关和行政执法人员依法享有的权力,也是其依法应尽的义务。对于依法应当追究的行政责任不予追究,仅仅交由司法机关予以刑事制裁,以刑代罚,在行政法上有构成行政不作为之嫌。

当然,在按照"并合说"追究行为人的法律责任时,要注意以下两点:

一是司法机关追究了行为人刑事责任或者免除其刑事处罚之后,行政机关在其行政职权范围内对该案件继续处理时,必须按照以下原则进行:其一,相似性质的处罚不得重复适用。如对法院已经对行为人判处罚金的"行刑竞合"案件,行政机关就不宜再作出罚款的行政处罚。因为,罚金是与罚款性质类似,且比罚款更为严厉的处罚措施,仅凭罚金即可达到教育和惩戒行为人的目的。其二,不同性质的处罚可以并用。如交通肇事的场合,人民法院判处行为人有期徒刑之后,行政机关对肇事者可以甚至必须科处吊销驾驶执照或罚款等行政处罚。其三,免予刑事处罚的场合,可以对行为人给予行政处罚。我国刑法第37条规定,对于犯罪情节轻微不需要判处刑罚的,可以免予刑事处罚,但可以由主管部门予以行政处罚或者行政处分。

二是行政机关已经对行为人进行了行政处罚,但司法机关继续追究其刑事责任时,可以重复适用相似性质的处罚,但必须考虑相互折抵。如罚款和罚金刑属于性质相似的处罚,但二者在强度上不同,后者明显大于前者,因此,在行政机关作出罚款决定之后,若司法机关认为制裁强度不够,不足以遏制犯罪的再次发生,可以再次判处罚金,只是在金额的判定上,应当考虑行为人已经受到过罚款处罚的事实,予以适当减免。同样,对已被行政机关处以行政拘留的行为人,司法机关同样可以处以自由刑。只是在刑期的裁量上,必须考虑其先前已经受过行政拘留的事实。行政拘留的期限,可以折抵相应的刑期。[19]

---

[17] 应松年主编:《当代中国行政法》(上卷),中国方正出版社2005年版,第867页。
[18] 侯艳芳、刘传领:《行政处罚与刑罚折抵的思考》,载《山东审判》2008年第2期。
[19] 根据2021年修订的《行政处罚法》第35条第1款,违法行为构成犯罪,人民法院判处拘役或者有期徒刑时,行政机关已经给予当事人行政拘留的,应当依法折抵相应刑期。

最后,为有关民事责任与刑事责任竞合案件("刑民交叉"案件)的处理提供具体指引。在同一行为既涉及民事法律关系又涉及刑事法律关系,或者所涉到底是民事法律关系还是刑事法律关系难以确定的场合,就会出现所谓"刑民交叉"的现象。对这种案件的处理,也存在两种完全相反的见解:一种见解主张"先刑后民",即对涉嫌刑事犯罪的民事案件,一律移送公安机关,在将涉嫌刑事犯罪的事实查清后,由法院先对刑事犯罪进行审理,再就所涉及的民事责任进行审理,或者由法院在审理刑事犯罪的同时,附带审理民事责任部分。在此之前不应当单独就其中的民事责任进行审理判决。这是我国司法实践的通常做法,也为最高司法机关所认可。[20] 另一种见解主张"先民后刑"。受刑法谦抑性观念和刑法是其他部门法的保障法、只有在迫不得已时才能适用的观念的影响,该种见解认为同一种行为在民法、行政法、刑法上都有规定时,就应当进行升级式的评判。民事法律能够调整固然好,不能调整时,才能以行政法或者刑法加以调整。如此才能真正落实刑法的保障法地位。[21] 其中,所谓升级式评判,就是将涉嫌犯罪的民事案件,先尽量在民事案件的范畴内解决,如果以民事手段能够满足各方诉求、填补损失、恢复原状,刑法就不宜介入。只有在民事手段解决不了的时候,刑法才作为保障法介入其中。

应当说,上述两种做法都是权宜之计,不能长久。"先刑后民"在公权与私权发生冲突时,优先保护公权,体现了国家利益保护的绝对性,但其中的问题也是很明显的:如由于对侦查机关的侦查期限没有明确规定,会出现民事案件久拖不决甚至"石沉大海"的现象,使原告的合法利益难以得到及时保护;轻伤之类的刑事案件被移送之后,被害人失去了只选择提起精神损害赔偿诉讼的机会,其损失也不能得到最大限度的保护。同样,"先民后刑"即在以民事手段解决不了问题之后再考虑刑事手段,固然可以体现刑法作为"保障法"和"最后手段"的特点,也符合我国目前司法实践中的一些做法。[22] 但是,倘若抹杀了民事违法和刑事违法的区别和界限,恐违反了近代法治国的根本原则。民事责任和刑事责任无论在性质、功能、追究责任的标准和适用要求上都存在重大不同,即便说民事责任和刑事责任在一定范围内可以相互转化,但其范围也应当非常有限,只限于那些在严重的民事侵权和轻微的刑事犯罪之间摇摆的行为。

同时,如前所述,民事责任和刑事责任在性质、功能上的不同,导致二者在举证责任以及证明程度等方面存在显著差别。民事诉讼中一般是"谁主张谁举证",在证明标准上采用"优势证据原则",这与刑事诉讼通常由检察机关举证,且必须达到"排除合理怀疑"的证明程度的情形明显不同。因此,对于"民刑交叉"案件,即便是同一事实,两个程序也完全可以同时进行,即在先提起民事诉讼的场合,对民事纠纷进行判断,先对民事部分作出判决,而不必等待刑事程序终结。相反地,在先提起刑事诉讼的场合,即便当事人没有提起附带民事诉讼,也不必等到刑

---

[20] 2020年最高人民法院《关于在审理经济纠纷案件中涉及经济犯罪嫌疑若干问题的规定(2020修正)》第11条规定,"人民法院作为经济纠纷受理的案件,经审理认为不属经济纠纷案件而有经济犯罪嫌疑的,应当裁定驳回起诉,将有关材料移送公安机关或检察机关"。
[21] 樊华中:《刑民交叉与刑民法律的调整限度》,载《中国检察官》2012年第12期。
[22] 2000年最高人民法院《关于审理交通肇事刑事案件具体应用法律若干问题的解释》第2条第1款第3项之规定。依照该项,交通肇事"造成公共财产或者他人财产直接损失,负事故全部或者主要责任,无能力赔偿数额在30万元以上的",处3年以下有期徒刑或者拘役。这就意味着,在造成财产损失的场合,赔偿损失直接决定行为人的行为是不是构成犯罪。

事诉讼终结之后再考虑民事诉讼。换言之,在"民刑交叉"案件的场合,可以不受"先民后刑"或者"先刑后民"观念的限制,而是"刑民并用",即对涉嫌犯罪的民事纠纷,分案审理,同时追究其刑事责任和民事责任。

实际上,相关刑法规定也并没有一味地坚持"先刑后民"或者"先民后刑"。我国刑法第36条规定:"由于犯罪行为而使被害人遭受经济损失的,对犯罪分子除依法给予刑事处罚外,并应根据情况判处赔偿经济损失。承担民事赔偿责任的犯罪分子,同时被判处罚金,其财产不足以全部支付的,或者被判处没收财产的,应当先承担对被害人的民事赔偿责任。"显然,立法在强调打击犯罪、维护秩序时,也并没有忽视对公民的民事司法救济。同时,民事诉讼和刑事诉讼分开审理的所谓"民刑并用"审理方式,已经为我国的司法审判实践所采用。如最高人民法院2005年7月25日对四川省高级人民法院的请示所作的《关于银行储蓄卡密码被泄露导致存款被他人骗取引起的储蓄合同纠纷应否作为民事案件受理问题的批复》(法释〔2005〕7号)中写道:因银行储蓄卡密码被泄露,他人伪造银行储蓄卡骗取存款人银行存款,存款人依其与银行订立的储蓄合同提起民事诉讼的,人民法院应当依法受理。也就是说,法院审理诈骗刑事案件的事实,并不影响被害人提起相关的民事诉讼。应当说,上述批复是有道理的。因为,就该案而言,存款人的起诉符合民事诉讼法规定的条件;存款民事关系成立于前,诈骗犯罪形成于后,存款民事关系并不因诈骗犯罪的发生而自然消灭;存款人依其与银行订立的储蓄合同请求银行支付其存款与他人伪造银行储蓄卡骗取存款人银行存款是两个法律事实,即诉讼请求所依据的事实与犯罪事实(诈骗银行存款)不是同一事实。并且,作为民事案件受理既有利于保护合同当事人的民事权益,也不影响对诈骗犯罪的刑事处理。只是,这一批复能否扩展适用于所有的"刑民交叉"案件,有待进一步观察。

第二节 刑罚理论

一、刑罚权及其结构

在我国刑法中,作为实现犯罪的法律后果的刑事责任的最主要表现形式的是刑罚。刑法规定所谓"负刑事责任""不负刑事责任",绝大多数情况下,就是对罪犯予以刑罚处罚,或者不予以刑罚处罚。即便是按照刑法第37条之规定,"对于犯罪情节轻微不需要判处刑罚的,可以免予刑事处罚",其中,所免除的也只是刑罚,而不是刑事责任。作为犯罪法律后果的刑事责任是不能被免除的,有罪宣告本身就意味着刑事责任的承担。

在讨论刑罚的时候,首先要解决刑罚权的问题。离开刑罚权,则刑罚为无源之水、无本之木。

国家能够根据所发生的犯罪而对犯人进行处罚的权限,就是刑罚权,它包括在发生犯罪后,国家能够对犯人进行处罚的抽象意义,以及在某个犯人实施了犯罪的场合,国家能够对该犯人科处刑罚的具体意义。因此,刑罚权的现实行使体现在刑事制裁当中,即能够对犯人进行有罪判决,并使该判决发生效力。

刑罚权由刑罚创制权、刑罚适用权和刑罚消灭权三部分构成。其中,所谓刑罚创制权,是指国家立法机关在刑事立法过程中创制刑罚的权力,其是在动态的立法过程中事先设定静态内容的权力。事先设定的静态内容,主要是指刑罚的体系和具体种类、刑罚的具体运用等。所谓刑罚适用权,是指国家刑事审判机关在刑事司法过程中适用刑罚的权力,包括请求对犯罪人予以刑罚处罚的求刑权、决定对犯罪人是否判处刑罚以及判处何种刑罚的量刑权和对犯罪人执行刑罚的行刑权。所谓刑罚消灭权,是指刑罚执行机关依据法律和事实原因将对犯罪分子的刑罚归于消灭的权力。上述三个权力当中,刑罚创制权是刑罚权的基础,是国家一般刑罚权的表现;刑罚适用权是国家一般刑罚权向具体刑罚权转化的关键,是整个刑罚权的核心;刑罚消灭权是刑罚适用权的必要延伸,是实现国家刑罚权的一个重要环节。这三个方面彼此联系、相互依存,共同构成刑罚权的整体。

需要说明的是,国家尽管具有创制、适用和消灭刑罚的权力,但是,也不得随意行使或者滥用这些权力。为了防止国家不当行使刑罚权,有必要将刑罚权的行使看作国家和犯人之间的权利、义务关系,必须受权利、义务对等原则的制约。具体来说,一旦出现犯罪,国家就取得了对该犯人科处刑罚的权力,犯人则由于违反刑法、实施犯罪而承担了接受刑罚处罚的义务。这里就出现了国家和犯人之间的个别的权利、义务关系,这种关系就是刑罚法律关系。根据这种关系,国家取得行使刑罚权所必要的、展开审判程序的权力;同时,犯人被赋予犯罪嫌疑人、被告人的地位,获得法律上的保障。在根据审判机关的判决确定刑罚的时候,犯人就有了接受行刑的义务,国家和受刑人之间就有了行刑上的法律关系。行刑也是一种法律关系,国家取得对犯人的行刑权;同时,犯人作为受刑人,其法律地位也受到保障。[23]

二、刑罚论的基本问题

刑罚论的基本问题千头万绪,但归纳起来,无非是说:"为什么要对犯罪的人科处刑罚?"这个问题涉及刑罚正当化的根据问题,即作为痛苦或者恶害的刑罚,为什么能够对人实施? 其在什么条件下可以实施? 如何判断所科处的刑罚是否合理妥当? 对此,在刑法学说中,主要存在报应刑论和目的刑论的对立。

报应刑论的最原始内容是,"因为犯了罪,所以要处刑"。具体来说,这种见解认为,刑罚是对犯罪的公平报应,体现的是人与生俱来的公平正义之心;科处刑罚的根据,仅仅是因为犯罪行为造成了客观损害。在对犯罪科处刑罚的时候,不应当抱有防止犯罪等目的性的考虑。也就是说,即便没有防止犯罪的效果,也必须基于伦理上的正义要求而对犯了罪的人科处刑罚;不得将对犯人科处刑罚作为"防止犯罪的手段"。这种主张,通俗地说,就是"以牙还牙、以眼还眼、以血还血",科处刑罚仅仅就是因为犯人犯了罪,再也没有任何其他理由。但是,仅仅将满足伦理上的正义要求作为刑罚能够干预公民个人生活的根据,明显地和侵害法益原理相冲突,同时,这种见解还会导致严刑峻法,因此将报应作为刑罚的存在理由,是不合适的。当然,报应刑论主张刑罚是"同态复仇",即只能在客观所造成的侵害范围内科处刑罚的观点,对于划定

---

[23] [日]大谷实:《刑法讲义总论》(新版第5版),黎宏、姚培培译,中国人民大学出版社2023年版,第535页。

刑罚处罚的上限,具有重要借鉴意义。[24]

相反地,目的刑论的最原始内容是"为了让人不要或者不再犯罪,所以要处刑"。具体来说,这种见解认为,为报应而报应不是刑罚的存在理由,刑罚只有在对预防犯罪或者教育罪犯具有特定效果的时候,才具有正当性。刑罚在广义上,是为了预防犯罪而科处的一种教育手段,科处刑罚的根据是犯罪行为当中所体现出来的行为人的"主观恶性"或者说"人身危险性",而不是行为所造成的客观侵害。迄今为止的目的刑论,大体上分为两大类,即一般预防论和特别预防论。

一般预防论认为,刑罚具有防止犯人以外的潜在行为人陷入犯罪深渊的效果,而且,也正是因为具有这种效果,其才能合法存在。这种一般预防效果,通过事先在刑法当中规定什么样的行为是犯罪、应当予以什么样的处罚的刑罚预告,以及在犯罪之后对该罪犯宣告刑罚、执行刑罚的方式实现。传统的一般预防论认为,刑罚的一般预防效果,是通过刑罚的威吓作用实现的,但是,现在的学说认为,其是通过对一般人的规范意识即遵守规范的意识进行确认和强化,从而使其不致走上犯罪道路的形式实现的。一般预防论在将刑罚的内容看作痛苦这一点上,与报应刑论具有相通之处。

也正因为一般预防论注重对其他潜在行为人的犯罪的预防,而不是行为人本身再犯的预防,因此,即使行为人由于特殊情况而实施了犯罪行为,没有再犯之虞,仍被认为应当加以处罚;也正因为其重点在于对社会大众产生威吓或者心理强制,因此,可能导致刑法的滥用或者将残酷严苛的手段作为刑罚的方式。[25]

特别预防论认为,刑罚具有使已经犯罪的人不再犯罪的效果,而且,也正是由于这种效果,其才被赋予了合法存在的理由。刑罚的特别预防效果,是通过对已经犯罪的人自身进行矫治(对于需要矫治且可能矫治者如一般罪犯,以教育与感化的方式使其再社会化)、威吓(对无矫治必要的偶发犯,以刑罚所产生的生理与心理强制使其产生警惕,不再犯罪)和隔绝(对没有矫治之可能的惯犯,以监禁或者死刑将其与世隔绝,从而再无法危害社会),确认、强化其规范意识,教育、改造犯人,使其重返社会的方式而实现的。后一种实现方式被称为"改造刑论""教育刑论""重返社会刑论"。特别预防论,在强调通过对犯罪人的反社会性进行教育、改造,消除其犯罪的原因,使其顺利地重返社会上具有特色。[26]

完全贯彻特别预防论,会脱离罪刑相适应原则的限制,导致轻罪重罚或者重罪轻罚的结果。同时,如何判断行为人是不是具有矫治的可能性,如何决定有效的矫治措施,在目前也是极为困难的事情,这一点,已经为再犯罪的高发所证明。因此,纯粹的特别预防论已经没有多大市场。

---

[24] [日]曾根威彦:《刑法学基础》,黎宏译,法律出版社2005年版,第49页。
[25] 林钰雄:《新刑法总则》,中国人民大学出版社2009年版,第12~13页。
[26] 有学者认为,特别预防与一般预防的并存,对于是否将不能犯作为未遂犯处理这一点,具有意义。就出于重大无知的不能未遂而言,即便不加处理,也不会引起一般人的模仿作用,因此,在一般预防的思考上不具有刑罚必要性。但考虑到行为人本身的特殊危险(下次可能会使用有效的方式为犯罪行为),不处罚行为人可能会造成法益保护上的明显漏洞。也就是说,从特殊预防的角度来讲,行为人这次虽然使用的是不能未遂的手段,但下次可能会使用足以造成法益侵害的手段,因此,还是具有刑罚的必要性。黄荣坚:《基础刑法学》(上)(第3版),中国人民大学出版社2009年版,第12页。

从现在的情况来看,完全不考虑刑罚所具有的预防犯罪目的,以绝对的报应刑论为内容,将刑罚作为对过去犯罪的报应的观点已经不存在,相反地,以目的刑论为内容,认为刑罚是为了防止将来的犯罪而科处的,所以,刑罚只有在对防止犯罪来说必要且有效的范围之内才是合理的。多数人提倡"折中主义"或者说"并合主义"的刑罚观,认为作为恶害的刑罚只能在,一方面能满足善有善报、恶有恶报的正义要求,另一方面是防止犯罪所必需(为了保护公民安全而不得不使用刑罚)且有效(刑罚在防止犯罪方面具有效果)的手段的场合,即在报应刑的范围内能实现一般预防和特别预防的目的的场合,才能够被正当化。[27] 其经典表述是"因为有了犯罪且为了不要或者不再犯罪,所以要处刑"。按照这种观点,刑罚既不能单纯以报应为目的,也不能太过强调预防目的,而超越公正报应的限度,也就是说,以预防为目的,以公正报应作为刑罚轻重的限制。因此,任何人不能因为一般预防或者特殊预防的要求,而遭受超越其犯罪行为以及个人罪责的刑罚处罚。[28]

我国学者对于"为什么要对犯罪的人科处刑罚"问题的回答也是众说纷纭。惩罚说认为,刑罚的目的在于限制和剥夺犯罪人的自由和权利,使其感到压力和痛苦,以制止犯罪。改造说认为,刑罚是通过惩罚犯罪,达到改造罪犯,使其重新做人的目的。预防说认为,刑罚的目的是预防犯罪,包括一般预防和特殊预防两个方面。双重目的说认为,刑罚既有惩罚犯罪分子的目的又有改造他们的目的。多目的说认为,刑罚的目的一是惩罚和改造犯罪分子,预防他们重新犯罪;二是教育和警戒社会上的不稳定分子,使其不致走上犯罪道路;三是教育广大群众增强法治观念,积极同犯罪作斗争。预防和消灭犯罪说认为,刑罚的目的是要把受惩罚的犯罪分子中的绝大多数人教育改造成新人,从而达到预防犯罪并最终消灭犯罪,以保护国家和人民利益的目的;根本目的与直接目的说认为,刑罚的根本目的是预防犯罪,保卫社会。其直接目的为惩罚犯罪,伸张正义;威慑犯罪者和社会上的不稳定分子,抑制其犯罪意念;改造罪犯,使其成为遵纪守法的公民。如此等等,不一而足。[29]

学界的通说为预防说。因为,上述诸说之中,惩罚说、改造说、双重目的说以及多重目的说中提到的惩罚、教育、改造等都是实现刑罚目的的手段,它们本身不能成为刑罚目的的内容;而预防和消灭犯罪说将消灭犯罪说成是刑罚目的,容易造成通过刑罚来消灭犯罪的不切实际的幻想;根本目的与直接目的说的提法,除同样具有将惩罚、威慑、改造等实现刑罚目的的手段混同于刑罚目的的不足之外,还可能导致将刑罚的目的与刑法的任务混为一谈的结果。[30]

但是,预防说,正如前述目的刑论中所说,将处刑作为一般预防手段,难免将罪犯作为威慑、恐吓他人不要犯罪的手段或者牺牲品,有损罪犯的人格尊严;而将处刑作为特别预防手段,则如何确定与罪犯的改造所必要程度的刑罚的量,以目前的经验科学水平是难以预测的。这些都是其软肋。更为重要的是,预防说虽然能解决为什么要处罚罪犯的问题,但是却不能解决什么样的刑罚才是正当的问题。现代社会中的刑罚理论,虽然发端于"为什么要处罚罪犯"的

---

[27] [日]大谷实:《刑法讲义总论》(新版第5版),黎宏、姚培培译,中国人民大学出版社2023年版,第39~40页。
[28] 林钰雄:《新刑法总则》,台北,元照出版有限公司2021年版,第19页。
[29] 以上内容参见马克昌主编:《刑法》(第2版),高等教育出版社2010年版,第206页。
[30] 高铭暄、马克昌主编:《刑法学》(第10版),北京大学出版社2022年版,第223页;冯军、肖中华主编:《刑法总论》(第3版),中国人民大学出版社2016年版,第406页。

疑问,但却是奔着"刑罚正当化的根据何在"的终极目标而去的。仅此,也可以说,预防说存在重大缺陷。

本书认为,刑罚是国家制度,因此,满足国家预防犯罪的需要,就成为刑罚存在的首要前提,而满足具体被害人的报复心理的绝对报应刑论,不能被认可。但是,为使刑罚有效地实现其预防犯罪的需要,就不得不考虑人与生俱来的追求公平和正义的要求与渴望,否则会招致人们对刑法的不信任,最终引起更多的犯罪。因此,关于刑罚的基本观念,应当是在目的刑前提之下的报应刑论("并合主义的刑罚观")。具体来说,其包括以下内容:

首先,我国刑法当中,刑罚正当化的根据在于保护法益,而不是其能惩罚犯罪。惩罚犯罪虽说来源于人与生俱来的报复心理,但是,当加害人与被害人之间的冲突演变为加害人与国家之间的冲突之后,这种报复心理就失去了其赖以存在的基础。国家以刑罚手段惩罚罪犯的目的,不可能是报复罪犯。否则,刑法当中就不可能有自首、立功、假释、减刑以及诉讼时效之类的明显偏袒罪犯的制度存在。其实,我国刑法第1条当中写得非常清楚,"惩罚犯罪"尽管放在第一位,但其终极目的还是"保护人民"即保护法益,而保护法益的最好方式当然就是预防犯罪。

其次,既然说刑法的任务不在于报应,而是保护人民,则动用刑罚的根据,只能是发生了法益侵害。换言之,作为保护人民的手段,其存在理由也基本上[31]应当从法益侵害原理中寻求。因为,在说刑罚是防止犯罪的手段的时候,这里的"犯罪",从保护人民安全的观点出发,只应限于侵害法益的行为。当然,要注意的是,在从法益侵害原理中寻求刑罚干预的正当根据的时候,必须注意两点:一是刑罚干预的必要性,即刑罚干预只有在为防止发生犯罪所必需的时候,才能科处;二是刑罚干预的有效性,即刑罚干预只有在其能发挥防止犯罪效果的时候,该科刑才是正当的。因此,在未达刑事责任年龄的人或者精神病人犯罪之类的场合,尽管发生了侵害法益的行为,但不能指望刑罚能有效地发挥作用的时候,就要限制科刑。如此说来,"有罪必罚"的积极报应刑论是不值得提倡的。

再次,刑罚的轻重必须受到报应观念即罪刑均衡的限制。尽管说刑罚的目的在于保护法益,但并不意味着为了达到预防犯罪、保护法益的目的或者效果,就可以无限度地适用刑罚。因为,刑罚的预防犯罪效果,特别是作为报应而施加不利所造成的效果,即便能够被承认,但是,在现阶段,很难根据经验科学预测科刑所具有的一般预防和特别预防效果,"对罪犯应当处以什么样的刑罚"的问题,最终还是要以"处罚罪犯是社会规则"的形式,从公平或者正义的观点加以考虑。在刑罚制度的目的上,即便采用预防说,在具体的量刑的场合,也不能放弃主张刑罚要和犯罪的量成正比例,以犯罪人的谴责可能性(责任)为前提的"道德的妥当性"的观念。[32]

最后,目的刑论和报应论之间存在互补关系。刑罚只有以报应原理为基础才合乎正义,才会对犯罪人的理性产生作用,才会使犯罪人自主地形成规范意识,也才会使一般国民形成规范意识,产生一般预防和特别预防的效果。

---

[31] 之所以说是"基本上",因为还存在"由于被害人同意而没有侵害法益"的犯罪。
[32] [日]曾根威彦:《刑法学基础》,黎宏译,法律出版社2005年版,第52页。

三、刑罚及其特点

关于刑罚,我国的通说认为,刑罚是刑法所规定的由国家审判机关依法对犯罪分子所适用的,剥夺或者限制其人身自由、财产、生命或其他权益的最严厉的强制性制裁方法。[33] 在这种理解之下,刑罚的最主要特点就是其制裁程度的严厉性。刑罚不仅可以剥夺犯罪人的财产和政治权利,还可以限制或者剥夺犯罪人的人身自由,甚至可以剥夺犯罪人的生命。而且,受过刑罚处罚者被视为有前科者,在一定期限内甚至终身被禁止从事某种职业或者担任某种职务,甚至再次犯罪时要受到更重的处罚,而其他法律制裁如民事制裁、行政制裁等一般都难以达到这种程度。[34]

应当说,这是一种落后的刑罚观,与现代社会中的刑罚现状有很大的差别,也与我国刑法中的有关规定不符。

首先,其过于强调刑罚措施的严厉性,而忽视了刑罚是犯罪行为的法律效果的本质。现代社会中的刑罚,无论以什么面目出现,都不能改变一种事实,即其以对犯罪的报应为本质,而以痛苦、恶害为内容,首先要强调的是其对犯罪行为的法律效果的特征,而不在于其本身比其他制裁措施更为严厉。仅就严厉性而言,有些行政法规当中所规定的制裁并不一定比刑罚轻。如就剥夺人身自由的程度而言,很多刑罚措施甚至还不及曾经作为行政处罚措施的劳动教养的时间长(最长可达3年);就剥夺财产性利益而言,有些行政法规当中,明确规定罚款的数额可以达到几十万元;就剥夺资格而言,有的行政制裁措施规定,违反者一定期限内或者终生不得从事某一特定职业,这些制裁都不见得比刑罚轻。现实生活中,之所以得出刑罚具有严厉性的观点,主要是因为发动刑罚这种制裁措施的前提是犯罪这种社会危害性最大的违法行为。由于和其他违法行为相比,犯罪行为具有较高的不法内涵和罪责内涵,因此,在法律制裁上,对于这种不法行为的制裁,自然会比其他不法行为的制裁更重。但这也仅仅是因为其前提为犯罪而使然,并不是刑罚本身就具有这种特点。因此,以严厉性为基本标志,将一些刑法明文规定为犯罪的法律效果,但并不十分严厉的措施排除在刑罚手段的范围之外,是没有道理的。

其次,不符合现代社会中刑罚手段多元化的现实。如果说刑罚就是犯罪行为的法律后果,则严厉性是不是刑罚的基本特征,已经变得无足轻重了。刑罚的内容本来就没有固定的内涵,其完全取决于刑法的规定。例如,作为小额罚款的"科料"本是一种行政处罚手段,但日本刑法在罚金之外又规定了"科料",于是"科料"就成为了一种刑罚手段;[35] 又如,"禁止驾驶"在很多国家都是一种行政处罚手段,而在德国被作为附加刑;[36] 在俄罗斯,义务劳动即犯人在基本工作和学习之余的自由时间内,无偿进行有益的社会性劳动,也被作为一种犯罪行为的法律效果而规定出来。[37] 这些刑罚措施和严厉性这个特点根本就搭不上边。特别是20世纪六七十年代非刑罚化的观念开始风行之后,用本来意义上的刑罚之外的制裁措施代替刑罚已经成为

---

[33] 高铭暄、马克昌主编:《刑法学》(第10版),北京大学出版社2022年版,第216页;曲新久主编:《刑法学》(第6版),中国政法大学出版社2022年版,第83页。

[34] 高铭暄、马克昌主编:《刑法学》(第10版),北京大学出版社2022年版,第218页。

[35] 《日本刑法典》(第2版),张明楷译,法律出版社2006年版,第11页。

[36] 《德国刑法典》,冯军译,中国政法大学出版社2000年版,第18页。

[37] 《俄罗斯联邦刑事法典》,赵路译,中国人民公安大学出版社2009年版,第26页。

一种倾向。受这种观念的影响,社会服务、民事赔偿、担保、向受害人赔礼道歉、具结悔过、公开训斥、行政处罚等替代传统制裁手段的措施纷纷出现。它们尽管和其他民事、行政处罚没有什么区别,但由于其是犯罪行为的法律后果,以存在犯罪行为为前提,在一开始就包含了道义谴责的内容,带有道义惩罚的性质,而与刑罚具有同样属性。在这种形势之下,仍然将"罚"理解为"刑罚",恐怕是不合时宜的。刑罚是"罚",但"罚"不一定就是传统意义上的刑罚。

最后,这种观念也不符合我国现行刑法的规定。由于刑罚是犯罪行为的法律效果,因此,凡是刑法作为犯罪行为的法律效果所规定的制裁措施,都可以称为刑罚,而不一定将其仅限于死刑之类的剥夺生命、身体自由、财产或者政治权利之类的制裁。由此说来,我国刑法所规定的刑罚,除了第33条至第35条所规定的本来意义上的刑罚,第37条所规定的"非刑罚处罚措施"以及由于犯罪人具有各种法定情节而宣告有罪但免除处罚的"有罪宣告免除处罚"措施,也可以说是一种刑罚制裁措施。因为,这些制裁措施都是以行为人的行为构成犯罪为前提,而且法律也明文规定其为犯罪的法律后果。

本书认为,刑罚不一定就是最严厉的制裁,而只是犯罪行为的法律后果;刑法规定的所有以对犯罪的谴责为根据而对行为人所科处的痛苦和损害,都可以说是刑罚。按照这种理解,我国刑法中的刑罚,有以下两种:一是刑法第33条至第35条所规定的各种主刑和附加刑;二是刑法第37条规定的非刑罚处罚措施,即训诫或责令具结悔过、赔礼道歉、赔偿损失,或者由主管部门予以行政处分等。它们尽管不同于传统意义上的刑罚,但也是对犯罪行为的"处罚措施",其主要针对犯罪情节轻微不需要判处实刑等处罚措施的人适用。

四、刑罚的机能

所谓刑罚的机能,是指适用刑罚所具有的社会效应。一般认为,刑罚具有以下四种机能:

1. 赎罪机能。指使罪犯通过承受刑罚所具有的痛苦,忏悔罪过、反思责任的机能。所谓赎罪,就是消除犯罪的羞耻心,使罪犯从犯罪的过去中解脱出来。国家为个人进行自我赎罪提供必要的帮助。

2. 预防机能。指预防犯罪的机能。预防机能,还可以进一步分为一般预防机能和特别预防机能。所谓一般预防机能,就是通过刑罚的威吓作用,确认和强化一般人的规范意识,使其不要犯罪的机能;所谓特别预防机能,就是对于已经犯罪的人,使其深刻反思其行为的反规范性、反社会性的意义,告诫自己将来不要再犯罪的机能。

3. 缓和机能。指缓和社会一般人对具体犯罪的愤慨之情,并抚慰受害人的心理上的痛苦的机能。现代社会中,尽管刑罚权被国家独占,禁止私人的复仇行为,但是,报应或者报复是人的本能,只要其还存在,就不能否定,刑罚具有缓和被害人及其家属以及社会一般人的报复感情的作用。

4. 保安机能。指刑罚所具有的保障社会秩序的机能。通过执行生命刑和自由刑,将犯罪人暂时或者永久性地和社会隔离,客观上起到保障社会安全的作用。

第三节 刑罚的种类

一、刑罚的分类

刑罚,可以进行不同的分类。首先,依其所剥夺的犯人的利益的种类的不同,可以分为生命刑、身体刑、自由刑、财产刑、名誉刑等。所谓生命刑,是剥夺犯人的生命的刑罚即死刑;所谓身体刑,是损害人的身体的刑罚,如古代的墨刑、宫刑、杖刑等就是其典型;所谓自由刑,是剥夺犯人的人身自由的刑罚,以流放、限制居住、监禁等为主要内容;所谓财产刑,是剥夺犯人财产的刑罚,以罚金、没收财产等为主要内容;所谓名誉刑,是剥夺犯人的名誉的刑罚,以剥夺公权为主要内容。在古代,刑罚以生命刑、身体刑为中心。但随着文明的发展,对其适用有限制的倾向,废除死刑的国家在增加,身体刑更是为各发达国家所禁止,取而代之的是自由刑和财产刑。其次,以刑罚在适用中的地位为标准,可将其分为主刑和附加刑。所谓主刑,是对犯人适用的主要刑罚,如死刑、无期徒刑、有期徒刑等。其特点为:一是只能独立适用,不能作为其他刑罚的补充而附加适用;二是对一个犯罪只能适用一个主刑,而不能同时适用两个或者两个以上的主刑。所谓附加刑,也称从刑,是补充主刑适用的刑罚方法,如罚金、没收财产、剥夺公权。其特点为:一是既可以附加于主刑而适用,也可以独立适用;二是既可以单独适用也可以几个同时适用。最后,以刑罚的轻重为标准可以分为重刑、轻刑和违警罪刑。但这种分类存在于国外的刑法中,在我国不存在。

依据我国现行刑法总则第三章第一节的规定,我国刑法中的刑罚分为三类:一是主刑,包括管制、拘役、有期徒刑、无期徒刑和死刑;二是附加刑,包括罚金、剥夺政治权利、没收财产和驱逐出境;三是非刑罚处罚措施,包括训诫或责令具结悔过、赔礼道歉、赔偿损失,或者由主管部门予以行政处分。

二、主刑

主刑是对犯罪分子独立适用、不能附加于其他刑罚的刑罚方法。对于一种犯罪行为或同一犯罪人,只能判处一个主刑,而不能判处两个主刑。按照刑法第33条的规定,我国刑法中的主刑包括管制、拘役、有期徒刑、无期徒刑和死刑5种。

(一)管制

管制是对罪犯不予关押,但限制其一定自由,依法实行社区矫正的刑罚方法。它是我国独创的一种刑罚方法。

管制的最大特点是不剥夺但限制犯罪分子的人身自由。被判处管制的犯罪分子,不被羁押在特定场所或者设施内,从而不被剥夺其人身自由,而是实行社区矫正。这是管制与拘役、有期徒刑等剥夺自由刑的重要区别。

但是,被判处管制的犯罪分子的人身自由还是要受到一定限制。根据刑法第39条的规定,被判处管制的犯人,在服刑期间,必须遵守法律、行政法规,服从监督;未经执行机关批准,不得行使言论、出版、集会、结社、游行、示威自由的权利;按照执行机关规定报告自己的活动情况;遵守执行机关关于会客的规定;离开所居住的市、县或者迁居,应当报经执行机关批准。同时,依照有关规定,[38]对被判处管制的犯罪分子,人民法院根据犯罪情况,认为从促进犯罪分子教育矫正、有效维护社会秩序的需要出发,确有必要禁止其在管制执行期间从事特定活动,进入特定区域、场所,接触特定人的,可以根据刑法第38条第2款的规定,同时宣告禁止令。但是,对犯罪人的劳动报酬不得进行限制,即对于被判处管制的犯罪分子,在劳动中应当同工同酬。

管制的适用对象,是罪行较轻可不予以关押的危害国家安全的犯罪分子和其他刑事犯罪分子。管制的期限为3个月以上2年以下,数罪并罚时不得超过3年。管制的刑期从判决执行之日起计算;判决执行以前先行羁押的,羁押1日折抵刑期2日。被判处管制的犯罪分子,管制期满,执行机关应即向本人和其所在单位或者居住地的群众宣布解除管制。

对被判处管制的犯罪分子,依法实行社区矫正。所谓社区矫正,是指将符合条件的罪犯放置于社区内,由专门国家机关在相关社会团体和民间组织以及社会志愿者的协助下,在判决、裁定或决定确定的期限内,矫正其犯罪心理和行为恶习,并促进其顺利回归社会的非监禁刑罚执行活动。这是与监禁矫正相对的一种行刑方式,也是人类为克服监狱行刑罪犯易交叉感染、重报应惩罚的局限性而作出的理性选择。我国为推行这一制度,在2019年12月28日,发布了《社区矫正法》,对社区矫正的机构、人员、职责、决定和接受、监督管理、教育帮扶、解除与终止、对未成年人社区矫正、法律责任等进行了全面规定。

为正确适用《刑法修正案(八)》,确保管制和缓刑的执行效果,2011年4月28日最高人民法院、最高人民检察院、公安部、司法部发布《关于对判处管制、宣告缓刑的犯罪分子适用禁止令有关问题的规定(试行)》就判处管制的犯罪分子适用禁止令的有关问题,进行了详细规定。其中,第1条规定,对判处管制、宣告缓刑的犯罪分子,人民法院根据犯罪情况,认为从促进犯罪分子教育矫正、有效维护社会秩序的需要出发,确有必要禁止其在管制执行期间、缓刑考验期限内从事特定活动,进入特定区域、场所,接触特定人的,可以根据刑法第38条第2款、第72条第3款的规定,同时宣告禁止令。第2条规定,人民法院宣告禁止令,应当根据犯罪分子的犯罪原因、犯罪性质、犯罪手段、犯罪后的悔罪表现、个人一贯表现等情况,充分考虑与犯罪分子所犯罪行的关联程度,有针对性地决定禁止其在管制执行期间、缓刑考验期限内"从事特定活动,进入特定区域、场所,接触特定的人"的一项或者几项内容。第3条规定,人民法院可以根据犯罪情况,禁止判处管制、宣告缓刑的犯罪分子在管制执行期间、缓刑考验期限内从事以下一项或者几项活动:(1)个人为进行违法犯罪活动而设立公司、企业、事业单位或者在设立公司、企业、事业单位后以实施犯罪为主要活动的,禁止设立公司、企业、事业单位;(2)实施证券犯罪、贷款犯罪、票据犯罪、信用卡犯罪等金融犯罪的,禁止从事证券交易、申领贷款、使用票据或者申领、使用信用卡等金融活动;(3)利用从事特定生产经营活动实施犯罪的,禁止从事相关生产经营活动;(4)附带民事赔偿义务未履行完毕,违法所得未追缴、退赔到位,或者罚金尚未

---

[38] 2011年最高人民法院、最高人民检察院、公安部、司法部《关于对判处管制、宣告缓刑的犯罪分子适用禁止令有关问题的规定(试行)》第1条。

足额缴纳的,禁止从事高消费活动;(5)其他确有必要禁止从事的活动。第4条规定,人民法院可以根据犯罪情况,禁止判处管制的犯罪分子在管制执行期间内进入以下一类或者几类区域、场所:(1)禁止进入夜总会、酒吧、迪厅、网吧等娱乐场所;(2)未经执行机关批准,禁止进入举办大型群众性活动的场所;(3)禁止进入中小学校区、幼儿园园区及周边地区,确因本人就学、居住等原因,经执行机关批准的除外;(4)其他确有必要禁止进入的区域、场所。第5条规定,人民法院可以根据犯罪情况,禁止判处管制的犯罪分子在管制执行期间内接触以下一类或者几类人员:(1)未经对方同意,禁止接触被害人及其法定代理人、近亲属;(2)未经对方同意,禁止接触证人及其法定代理人、近亲属;(3)未经对方同意,禁止接触控告人、批评人、举报人及其法定代理人、近亲属;(4)禁止接触同案犯;(5)禁止接触其他可能遭受其侵害、滋扰的人或者可能诱发其再次危害社会的人。第6条规定,禁止令的期限,既可以与管制执行的期限相同,也可以短于管制执行的期限,但判处管制的,禁止令的期限不得少于3个月。判处管制的犯罪分子在判决执行以前先行羁押以致管制执行的期限少于3个月的,禁止令的期限不受前款规定的最短期限的限制。禁止令的执行期限,从管制之日起计算。第7条规定,人民检察院在提起公诉时,对可能判处管制的被告人可以提出宣告禁止令的建议。当事人、辩护人、诉讼代理人可以就应否对被告人宣告禁止令提出意见,并说明理由。公安机关在移送审查起诉时,可以根据犯罪嫌疑人涉嫌犯罪的情况,就应否宣告禁止令及宣告何种禁止令,向人民检察院提出意见。第8条规定,人民法院对判处管制的被告人宣告禁止令的,应当在裁判文书主文部分单独作为一项予以宣告。第9条规定,禁止令由司法行政机关指导管理的社区矫正机构负责执行。第10条规定,人民检察院对社区矫正机构执行禁止令的活动实行监督。发现有违反法律规定的情况,应当通知社区矫正机构纠正。

另外,2017年3月2日最高人民检察院《未成年人刑事检察工作指引(试行)》第215条规定,人民检察院根据未成年被告人的犯罪原因、犯罪性质、犯罪手段、犯罪后的认罪悔罪表现、个人一贯表现等情况,充分考虑与未成年被告人所犯罪行的关联程度,可以有针对性地建议人民法院判处未成年被告人在管制执行期间、缓刑考验期限内适用禁止令:(1)禁止从事以下一项或者几项活动:①因无监护人监管或监护人监管不力,经常夜不归宿的,禁止在未经社区矫正机构批准的情况下在外留宿过夜;②因沉迷暴力、色情等网络游戏诱发犯罪的,禁止接触网络游戏;③附带民事赔偿义务未履行完毕,违法所得未追缴、退赔到位,或者罚金尚未足额缴纳的,禁止进行高消费活动。高消费的标准可根据当地居民人均收入和支出水平确定;④其他确有必要禁止从事的活动。(2)禁止进入以下一类或者几类区域、场所:①因出入未成年人不宜进入的场所导致犯罪的,禁止进入夜总会、歌舞厅、酒吧、迪厅、营业性网吧、游戏机房、溜冰场等场所;②经常以大欺小、以强凌弱进行寻衅滋事,在学校周边实施违法犯罪行为的,禁止进入中小学校区、幼儿园园区及周边地区,确因本人就学、居住等原因的除外;③其他确有必要禁止进入的区域、场所。(3)禁止接触以下一类或者几类人员:①因受同案犯不良影响导致犯罪的,禁止除正常工作、学习外接触同案犯;②为保护特定人员,禁止在未经对方同意的情况下接触被害人、证人、控告人、举报人及其近亲属;③禁止接触其他可能遭受其侵害、滋扰的人或者可能诱发其再次危害社会的人。

(二)拘役

拘役,是短期剥夺犯罪人自由,就近执行并实行劳动改造的刑罚方法。

拘役的特点是在较短的期限内剥夺犯罪分子的人身自由,就近执行并进行劳动改造。在剥夺犯罪分子人身自由这一点上,其与管制不同,而和徒刑接近;但在就近的看守所执行,每月可以回家,参加劳动且有报酬这一点上,又和徒刑有别。徒刑犯的劳动是无偿的,理论上没有任何报酬,同时在服刑地点的选择上,也没有就近的要求。

拘役的适用对象是一些罪行比较轻微的罪犯。拘役的期限为1个月以上6个月以下,数罪并罚时不得超过1年,所以,拘役属于短期自由刑。拘役的刑期从判决执行之日起计算,判决执行以前先行羁押的,羁押1日折抵刑期1日。根据2013年10月23日公安部公布的《看守所留所执行刑罚罪犯管理办法》的规定,被判处拘役的成年和未成年罪犯,由公安机关在看守所执行(第2条第2款);在执行期间,受刑人每月可以回家1天到2天(第54条);外国籍罪犯探亲时,不得出境(第55条);参加劳动的,可以酌量发给报酬并执行国家有关劳动保护的规定(第82条);看守所对罪犯的劳动时间,参照国家有关劳动工时的规定执行。罪犯有在法定节日和休息日休息的权利。违法行为构成犯罪,人民法院判处拘役或者有期徒刑时,行政机关已经给予当事人行政拘留的,应当依法折抵相应刑期;[39] 被判处拘役的犯罪分子的刑满释放日期,应为判决书确定的刑期的终止之日。[40]

(三)有期徒刑和无期徒刑

1. 有期徒刑

有期徒刑,是剥夺犯罪人一定期限的人身自由的刑罚方法。有期徒刑是我国适用面最广的刑罚方法,是名副其实的主刑。其特点与内容如下:

(1)有期徒刑剥夺犯罪人的人身自由。主要表现在将犯人羁押于监狱或其他执行场所如看守所、未成年人管教所,这是有期徒刑区别于生命刑、财产刑、资格刑以及管制刑的基本特征。

(2)有期徒刑具有一定期限。根据刑法第45条的规定,有期徒刑的最低期限为6个月,与拘役相衔接;最高期限为15年。同时,根据刑法第69条的规定,数罪并罚时,有期徒刑总和刑期不满35年的,最高不能超过20年,总和刑期在35年以上的,最高不能超过25年。刑期从判决执行之日即罪犯被送交监狱或者其他执行机关执行刑罚之日——而非判决生效之日——起开始计算,判决以前先行羁押的,羁押1日折抵刑期1日。如果被告人被判处刑罚的犯罪行为和被拘留或者被逮捕以前被羁押的行为系同一行为,无论羁押在何处,只要是完全限制了人身自由的,被羁押期间即可折抵刑期。刑满释放日期,应为判决书确定的刑期的终止之日。关于刑期的计算,按照以下规定:以年计算的刑期,自本年本月某日至次年同月同日的前1日为1年;次年同月同日不存在的,自本年本月某日至次年同月最后1日的前1日为1年。以月计算的刑期,自本月某日至下月同日的前1日为1个月;刑期起算日为本月最后1日的,至下月最后1日的前1日为1个月;下月同日不存在的,自本月某日至下月最后1日的前1日为1个月;半

---

[39] 2021年修订的《行政处罚法》第35条第1款。
[40] 2000年最高人民法院《关于刑事裁判文书中刑期起止日期如何表述问题的批复》。

个月一律按 15 日计算。[41] 例如,犯罪分子被判处有期徒刑 1 年,判决书确定刑期自 1990 年 1 月 1 日起至 1990 年 12 月 31 日止,其刑满释放日期应为 1990 年 12 月 31 日。根据刑法第 50 条的规定,死缓减为有期徒刑时,有期徒刑的期限为 25 年。正是由于有期徒刑具有伸缩幅度大、适用范围广的特点,因此,其在我国刑法中广泛适用于各种轻重不同的犯罪,处于刑罚体系的中心。

(3)有期徒刑的执行在监狱或者其他执行场所进行。所谓"其他执行机关",是指根据《监狱法》的规定,罪犯在被交付执行前,剩余刑期在 3 个月以下的,由看守所代为执行;对未成年犯在未成年管教所执行刑罚。凡有劳动能力的,都应当参加劳动,接受教育和改造。其中,所谓"有劳动能力",是指根据罪犯的身体健康状况,可以参加劳动。所谓"教育",是指对罪犯进行思想教育、文化教育和职业技术教育。

2. 无期徒刑

无期徒刑是剥夺犯罪人终身自由的刑罚方法,是自由刑中最严厉的刑罚方法。其特点与内容如下:

(1)终身剥夺犯罪分子的人身自由。正因如此,无期徒刑的适用对象只能是虽然达不到判处死刑的程度,但罪行也是极其严重,需要与社会永久隔离的罪犯。不过,话虽如此,由于法律同时规定了减刑、假释、赦免等制度,因此,被判处无期徒刑的犯罪人实际上很少有终身服刑的。同时要注意,对已满 14 周岁不满 16 周岁的未成年人,一般不判处无期徒刑。[42]

(2)判决确定前的羁押时间不能折抵刑期。因为无期徒刑本身无所谓期限可言,这一点和其他自由刑完全不同。同时,由于判决确定以前的先行羁押并不是"实际执行",因此,其也不能计算在作为减刑、假释前提条件的实际执行刑期之内。按照刑法第 78 条的规定,被判处无期徒刑的犯罪分子,减刑以后实际执行的刑期不能少于 13 年;按照刑法第 81 条的规定,被判处无期徒刑的犯罪分子,实际执行 13 年以上,才有可能被假释。

(3)无期徒刑的基本内容和有期徒刑一样是对犯罪人实行劳动改造。根据刑法第 46 条的规定,被判处无期徒刑的犯罪分子,在监狱或者其他执行场所执行;凡具有劳动能力的,应当参加劳动,接受教育和改造。

(4)无期徒刑不能孤立适用,即对于被判处无期徒刑的犯罪分子,应当附加剥夺政治权利终身,而对于被判处管制、拘役、有期徒刑的犯罪分子,则没有这一要求。这也从一个侧面说明无期徒刑的严厉性。

(四)死刑

1. 死刑的概念及其存废之争

我国刑法中的死刑,是指剥夺犯罪人生命的刑罚方法,包括立即执行与缓期执行两种。由于死刑的内容是剥夺犯罪分子的生命,所以又被称为"生命刑";由于生命具有最宝贵的、剥夺之后不能恢复的价值,所以,死刑是刑法体系中最为严厉的刑罚方法,故被称为"极刑"。

关于死刑,在西方,自近代以来,一直就有以死刑残酷、死刑没有什么威慑力、死刑一旦误

---

[41] 2021 年最高人民法院《关于适用〈中华人民共和国刑事诉讼法〉的解释》第 202 条第 2 款。
[42] 2006 年最高人民法院《关于审理未成年人刑事案件具体应用法律若干问题的解释》第 13 条。

判就没有挽回的余地等为由,主张废除死刑的呼声。在这种呼声的影响之下,"二战"之后,选择废除死刑的国家也在不断增加。但是,认为"杀人偿命"天经地义,为了维持法秩序,对于穷凶极恶的罪犯只能依靠死刑的威慑力量,因而主张保留死刑的观点也极为有力。我国也不例外。尽管有极少数学者以报应和功利为视角考察死刑的德性,认为死刑在道德上是一种不能证明其正当性的刑罚,在中国废除死刑是一种合理的选择,[43]但多数意见认为,死刑的存废不应当抽象地论证,有关死刑的讨论,绝对不能脱离该国的国情,特别是不能脱离该国的严重犯罪的发案状况和国民对于死刑的感情和观念。[44]

本书也同意后一种意见。西方社会200多年来,有关死刑存废之争均集中在死刑是否具有威慑力、是否违宪、是否能够避免错判、是否人道等抽象问题上,交锋双方势均力敌、互不相让,无奈之下,达成了一个将裁决标准交付给生活在该社会当中的一般人判断的抽象结论,就是说,当该社会中的多数人同意废除死刑的时候,死刑就没有存在的必要。[45]这种结果似乎表明,是否废除死刑已经不是问题,问题是如何废除。换言之,死刑废止论看似已经占据上风。但是,情况并非如此简单。社会中的多数人不懂也不关心死刑是否具有威慑力之类的问题,其所关心的是自己身处的环境、眼前的生活,过于高深的道理离他们很遥远。如果政府在从道义上优待罪犯、废除死刑之后,未能为守法公民提供足以保障其基本生活的最低限度的安全,在危害人们生命、财产的暴力犯罪日益增加的形势下拿不出有效的应对措施,在被害人遭受暴力犯罪侵害之后没有足够的措施抚平其肉体与心灵所遭受的严重创伤,一般人除了基于天然的报复和自卫心理,主张保留死刑,恐怕难以奢望他们有更崇高的道义选择。毕竟大家都是现实生活中的普通人。因此,死刑的存与废,不是什么理念之争,而是现实生活的具体选择。

我国对死刑的一贯政策,一是不废除,二是在适用时十分慎重。之所以不废除,主要是考虑到我国目前正处于全面建设社会主义现代化国家的重要战略机遇期,同时又是人民内部矛盾日趋复杂多样、刑事犯罪高发的复杂时期,在现阶段,手段极为残忍、方法极为野蛮、后果极为严重的犯罪仍然存在。维护社会和谐稳定的任务相当繁重,必须继续正确运用死刑这一刑罚手段同严重刑事犯罪作斗争,有效遏制犯罪活动猖獗和蔓延势头。但是,保留死刑绝不意味着可以多杀、错杀。正确的理解应当是,在保留死刑的基础上,坚持少杀,反对多杀、错杀。毕竟,我国对已经触犯刑法的罪犯一贯采用惩罚与教育相结合的刑事政策,死刑从肉体到精神对犯罪人进行彻底剥夺,绝不可能是教育,大量适用死刑和上述政策不符;同时,适用死刑本身就是一个悖论。政府不允许别人杀人,而自己却以死刑的名义杀人,不仅会导致人们对政府的不信任,而且也让人感觉到,人是可杀的,这会助长人性的残忍,进一步导致凶杀案件增多;还有,死刑一旦错判,就没有挽回的余地。大量适用死刑,难免会造成错杀、误杀。因此,在保留死刑的前提下,必须十分慎重地适用死刑。

---

[43] 邱兴隆:《死刑的德性》,载《政治与法律》2002年第2期。
[44] 胡云腾:《存与废——死刑基本理论研究》,中国检察出版社2000年版,第239页以下;马克昌:《比较刑法原理——外国刑法学总论》,武汉大学出版社2012年版,第768页;陈兴良主编:《刑种通论》(第2版),中国人民大学出版社2007年版,第58页以下。
[45] [日]大谷实:《刑法讲义总论》(新版第5版),黎宏、姚培译,中国人民大学出版社2023年版,第540页。

2. 死刑的适用

我国刑事立法以及司法实践严格贯彻了保留死刑,坚持少杀、防止错杀的刑事政策,这主要体现在以下几个方面:

(1) 从适用对象上进行严格限制

这一点体现在以下两个方面。第一,依照刑法第 48 条的规定,死刑只适用于罪行极其严重的犯罪分子。所谓"罪行极其严重",通说认为,是指"罪大恶极"即"犯罪的性质极其严重、犯罪的情节极其严重以及犯罪分子的人身危险性极其严重"。[46] 但是,这种理解值得商榷。首先,"罪大恶极"是对 1979 年刑法第 43 条"死刑只适用于罪大恶极的犯罪分子"的规定的概括,而现行刑法第 48 条对此已经作出修改,改为"死刑只适用于罪行极其严重的犯罪分子"。在这种情况下,仍然以"罪大恶极"来说明"罪行极其严重",并不妥当。其次,从现行刑法的相关规定来看,我国有关死刑(包括死刑立即执行和死刑缓期执行)适用的必要条件,已经不再像过去一样要求罪责兼备即"罪大恶极",而是只要客观上具有严重犯罪即"罪大"就够了。这一点,在刑法分则的相关条款中,有非常清楚的体现。就劫持航空器罪而言,刑法明确规定劫持航空器,"致人重伤、死亡或者使航空器遭受严重破坏的,处死刑"(刑法第 121 条),在这里,适用死刑的唯一标准就是客观上引起了"致人重伤、死亡或者使航空器遭受严重破坏"的后果。最后,将死刑适用条件仍然理解为"罪大恶极",虽然能够说明死刑立即执行的情况,但却难以对同属死刑的死刑缓期执行即"死缓"进行说明。因为,"死缓"的适用条件是"罪该处死,但不是必须立即执行"即"罪大恶不极"。因此,所谓"罪行极其严重",应当仅指客观上所引起的危害结果,即行为人所犯罪行客观上对国家和人民的利益危害特别严重、情节特别恶劣,但不包括行为人的主观恶性和人身危险性的因素在内。当然,需要注意的是,"罪行极其严重"是适用死刑(包括死缓)的必要条件,而不是充分条件。在实际选择死刑的时候,还必须另外考虑包括行为人的主观恶性、人身危险性等在内的其他诸多因素。第二,依照刑法第 49 条的规定,犯罪的时候不满 18 周岁的人和审判的时候怀孕的妇女,不适用死刑。审判的时候,已满 75 周岁的人,只要不是以特别残忍的手段致人死亡的,也不适用死刑。这些都是基于人道主义的考虑而做的特殊规定。其中,所谓"不适用死刑",是指不能判处死刑,包括不能判处死刑缓期 2 年执行;所谓"审判的时候怀孕",既包括人民法院审理时被告人正在怀孕,也包括案件被起诉到人民法院之前被告人怀孕但自然流产或者做了人工流产的情况。[47] 所谓"以特别残忍的手段致人死亡",是指以社会一般观念难以容忍的手段如采取放火、泼硫酸、灭门、肢解等残酷折磨人的手段致人死亡。

---

[46] 高铭暄、马克昌主编:《刑法学》(第 10 版),北京大学出版社 2022 年版,第 236 页;刘艳红主编:《刑法学》(上)(第 3 版),北京大学出版社 2023 年版,第 370 页。

[47] 1991 年最高人民法院研究室《关于如何理解"审判的时候怀孕的妇女不适用死刑"问题的电话答复》表明:"在羁押期间已是孕妇的被告人,无论其怀孕是否属于违反国家计划生育政策,也不论其是否自然流产或者经人工流产以及流产后移送起诉或审判期间的长短,仍应执行(83)法研字第 18 号《关于人民法院审判严重刑事犯罪案件中具体应用法律的若干问题的答复》中对第三个问题的答复:……人民法院对'审判的时候怀孕的妇女,不适用死刑'。如果人民法院在审判时发现,在羁押受审时已是孕妇的,仍应按照上述法律规定,不适用死刑。"

(2) 从适用程序上进行严格限制

此点即不得违反法定程序和证据认定原则适用死刑。首先,在死刑案件的管辖上,《刑事诉讼法》第 21 条规定,死刑案件只能由中级以上人民法院进行第一审,基层人民法院不得审理死刑案件。其次,在死刑核准程序上,根据刑法第 48 条以及《刑事诉讼法》第 246 条至第 248 条的规定,死刑除依法由最高人民法院判处的以外,都应当报请最高人民法院核准。中级人民法院判处死刑的第一审案件,被告人不上诉的,应当由高级人民法院复核之后,报请最高人民法院核准;高级人民法院判处死刑的第一审案件被告人不上诉的,以及判处死刑的第二审案件,都应当报请最高人民法院核准。死刑缓期执行的,可以由高级人民法院判决或者核准。违反上述法定程序适用死刑的,应当认为是非法适用死刑。最后,人民法院在办理死刑案件时,要坚持重证据、不轻信口供的原则。只有被告人供述,没有其他证据的,不能认定被告人有罪;没有被告人供述,其他证据确实充分的,可以认定被告人有罪。刑讯逼供取得的犯罪嫌疑人供述、被告人供述和以暴力、威胁等非法方法收集的被害人陈述、证人证言,不能作为定案的根据。对被告人作出有罪判决的案件,必须严格按照《刑事诉讼法》第 200 条的规定,做到"事实清楚,证据确实、充分"。证据不足,不能认定被告人有罪的,应当作出证据不足、指控的犯罪不能成立的无罪判决。特别是办理死刑案件,对于以下事实的证明必须达到证据确实、充分:被指控的犯罪事实的发生;被告人实施了犯罪行为与被告人实施犯罪行为的时间、地点、手段、后果以及其他情节;影响被告人定罪的身份情况;被告人有刑事责任能力;被告人的罪过;是否共同犯罪及被告人在共同犯罪中的地位、作用;对被告人从重处罚的事实。[48]

(3) 实行死刑缓期执行制度

死刑缓期执行制度简称为"死缓",是指对犯罪分子判处死刑的同时宣告缓期执行,强迫劳动,以观后效的一种死刑执行方法。"死缓"不是独立的刑种,而是我国独创的一种死刑执行方式。它对于贯彻少杀政策、缩小死刑立即执行的适用范围具有重要意义。

从现行刑法的相关规定来看,我国刑法中的死刑缓期执行制度,实际上包括三种类型:一是刑法第 48 条所规定的通常"死缓";二是刑法第 50 条第 2 款所规定的"死缓限制减刑";三是刑法第 383 条第 4 款所规定的"死缓终身监禁"。这三种制度尽管都是"死缓"的执行方式,但在适用对象、法律效果上有所不同。

第一,"死缓"的适用条件。根据刑法第 48 条的规定,宣告"死缓"必须具备两个条件:一是"应当判处死刑",这是宣告死缓的前提条件。结合刑法第 48 条前段的规定来看,所谓"应当判处死刑",应当是指"所犯罪行极其严重",即所犯罪行客观上对国家和人民的利益危害特别严重、情节特别恶劣,罪该处死;二是"不是必须立即执行",即虽然造成了极其严重的危害结果,但从行为人的主观恶性和人身危险性的角度来看,尚有可改造的余地,可以不立即执行死刑,简单地说,就是"罪大恶不极"。刑法对于判处死刑的犯罪有明文规定,但对于哪些属于"不是必须立即执行的"情况没有明文规定。根据刑事审判经验,应当判处死刑,但具有下列情形之一的,可以视为"不是必须立即执行的":犯罪后有自首、立功或者有其他法定从轻情节的;在共

---

[48] 2010 年最高人民法院、最高人民检察院、公安部、国家安全部、司法部《关于办理死刑案件审查判断证据若干问题的规定》第 5 条。

同犯罪中罪行不是最严重的或者其他在同一或同类案件中罪行不是最严重的;被害人的过错导致被告人激愤犯罪或者有其他表明罪犯容易改造的情节的;有令人怜悯的情节的;有其他应当留有余地的情况的。[49]

但是,就"死缓限制减刑"而言,根据刑法第 50 条第 2 款的规定,其适用对象除了上述一般要求,还必须是被判处死刑缓期执行的累犯以及因故意杀人、强奸、抢劫、绑架、放火、爆炸、投放危险物质或者有组织的暴力性犯罪判处死刑缓期执行的犯罪分子;就"死缓终身监禁"而言,根据刑法第 383 条第 4 款的规定,其适用对象是,犯贪污、受贿罪,数额特别巨大,并使国家和人民利益遭受特别重大损失,被判处死刑缓期执行的犯罪分子。

第二,死刑缓期执行的法律效果。由于"死缓"不是独立刑种,所以判处"死缓"之后会出现不同结果。根据刑法第 50 条的规定,一是在死刑缓期执行期间,没有故意犯罪,2 年期满之后,减为无期徒刑。二是在死刑缓期执行期间,如果确有重大立功表现,2 年期满之后,减为 25 年有期徒刑。其中的重大立功表现,应根据刑法第 78 条予以确定。三是在死刑缓期执行期间,如果故意犯罪,情节恶劣的,报请最高人民法院核准后执行死刑。四是在死刑缓期执行期间,故意犯罪但未执行死刑的,死刑缓期执行的期间重新计算,并报请最高人民法院备案。

但是,就"死缓限制减刑"的法律后果而言,根据刑法第 78 条的规定,被判处死缓限制减刑的犯罪分子,缓期执行期满后减为无期徒刑的,不能少于 25 年;减为 25 年有期徒刑的,不能少于 20 年。换言之,被判处死缓限制减刑的犯罪分子,实际服刑时间至少要达到 22~27 年。就"死缓终身监禁"的法律后果而言,在死刑缓期执行 2 年期满依法减为无期徒刑后,终身监禁,不得减刑、假释。显然,从后果上讲,死缓限制减刑和死缓终身监禁比"死缓"要重得多,是一种不同寻常的死缓执行方式。

第三,死刑缓期执行期间的计算。按照刑法第 51 条的规定,死刑缓期执行的期间,从判决确定之日起计算。死刑缓期执行减为有期徒刑的刑期,从死刑缓期执行期满之日起计算。据此,死刑缓期执行判决确定之前的羁押时间,不能计算在缓期 2 年的期限之内,因为规定 2 年的考验期是为了观察犯罪人在这样一段时间内有无悔改表现,如果将先前的羁押时间计算在内,就会使考察难以充分进行,缓期 2 年执行的规定也就失去了意义。至于死刑缓期执行减为有期徒刑的,则无论何时予以裁定(当然应在 2 年期满之后作出裁决),有期徒刑的刑期均从死缓执行期满之日起计算。

三、附加刑

附加刑是补充主刑适用的刑罚类型。其既可以附加主刑适用,也可以独立适用;而且,对同一犯罪人,可以同时适用多个附加刑。根据刑法第 34 条和第 35 条的规定,我国刑法中的附加刑有四种:罚金、剥夺政治权利、没收财产、驱逐出境。

(一)罚金

1. 罚金的概念和适用对象

所谓罚金,是命令犯罪分子向国家缴纳一定数额金钱的刑罚方法。罚金属于财产刑的一

---

[49] 高铭暄、马克昌主编:《刑法学》(第 10 版),北京大学出版社 2022 年版,第 238 页。

种,与行政罚款有些相似,但二者在处罚性质、适用机关、适用对象、适用依据等方面都有明显区别。

从刑法的规定来看,罚金的适用对象主要是破坏社会主义市场经济秩序罪、侵犯财产罪、妨害社会管理秩序罪和贪污贿赂罪的犯罪分子。此外,危害公共安全罪、侵犯公民人身权利、民主权利罪和危害国防利益罪中也有个别犯罪属于罚金刑的适用对象。

2. 罚金的适用方式

刑法总则和分则规定了以下四种方式:

(1) 单处罚金,即规定对犯罪人只能判处罚金,而不能适用其他刑罚方法。如刑法第31条规定,对单位犯罪的,只能判处罚金。另外,根据2000年最高人民法院《关于适用财产刑若干问题的规定》第4条的规定,犯罪情节较轻,适用单处罚金不致再危害社会,并具有偶犯或者初犯,自首或者有立功表现的,犯罪时不满18周岁的,犯罪预备、中止或者未遂的,被胁迫参加犯罪的,全部退赃并有悔罪表现等情形之一的,可以依法单处罚金。

(2) 选处罚金,即将罚金作为一种与主刑并列的刑罚方法,由人民法院酌情选择适用。如刑法第313条规定,拒不执行判决、裁定,情节严重的,处3年以下有期徒刑、拘役或者罚金。这里,罚金就是一种与有期徒刑、拘役并列适用的刑罚方法。

(3) 并处罚金,即对犯罪人判处主刑的同时附加适用罚金,包括必须附加适用和可以附加适用两种情形。前者如刑法第322条规定,违反国(边)境管理法规,偷越国(边)境,情节严重的,处1年以下有期徒刑、拘役或者管制,并处罚金;后者如刑法第325条规定,非法向外国人出售、赠送珍贵文物的,处5年以下有期徒刑或者拘役,可以并处罚金。二者的不同之处在于,刑法规定"并处"没收财产或者罚金的犯罪,人民法院在对犯罪分子判处主刑的同时,必须依法判处相应的财产刑;刑法规定"可以并处"没收财产或者罚金的犯罪,人民法院应当根据案件具体情况及犯罪分子的财产状况,决定是否适用财产刑。[50]

(4) 并处或单处罚金,即罚金既可以附加主刑适用,也可以作为与主刑并列的刑罚方法选择适用。如刑法第352条规定,非法买卖、运输、携带、持有毒品原植物种子或者幼苗,数量较大的,处3年以下有期徒刑、拘役或者管制,并处或者单处罚金。

3. 罚金数额的确定

关于罚金数额,刑法总则当中没有具体规定,只是在第52条中概括地说,判处罚金,应当根据犯罪情节决定罚金数额。所谓"根据犯罪情节决定罚金数额",就是根据违法所得数额、造成损失的大小等,并综合考虑犯罪分子缴纳罚金的能力,依法判处罚金。但是,从刑法分则的相关内容来看,我国刑法中有关罚金数额的确定,有以下几种形式:

(1) 无限额罚金制,即刑法只规定必须选处、单处或者并处罚金,但不规定具体额度,而是由人民法院依照刑法总则的相关规定加以确定的罚金。刑法没有明确规定罚金数额标准的,罚金的最低数额不能少于1000元。对未成年人犯罪应当从轻或者减轻判处罚金,但罚金的最低数额不能少于500元。[51]

---

[50] 2000年最高人民法院《关于适用财产刑若干问题的规定》第1条。
[51] 2000年最高人民法院《关于适用财产刑若干问题的规定》第2条。

(2)限额罚金制,即刑法规定了上限和下限的罚金。如刑法第173条规定,变造货币,数额较大的,除科处3年以下有期徒刑或者拘役以外,还必须并处或者单处1万元以上10万元以下罚金;数额巨大的,除科处3年以上10年以下有期徒刑外,还要并处2万元以上20万元以下罚金。

(3)比例罚金制,即按照犯罪金额的百分比决定罚金的金额。如刑法第158条规定,虚报注册资本数额巨大、后果严重或者有其他严重情节的,除科处3年以下有期徒刑或者拘役之外,还要并处或者单处虚报注册资本金额1%以上5%以下罚金。

(4)倍数罚金制,即以犯罪金额的倍数决定罚金的数额。如刑法第180条规定,内幕交易、泄露内幕交易信息,情节严重的,除科处5年以下有期徒刑或者拘役之外,还必须并处或者单处违法所得1倍以上5倍以下罚金;情节特别严重的,除科处5年以上10年以下有期徒刑之外,还要并处违法所得1倍以上5倍以下罚金。

(5)倍比罚金制,即同时以犯罪金额的比例和倍数决定罚金的数额。如刑法第148条规定,生产、销售不符合卫生标准的化妆品,造成严重后果的,除科处3年以下有期徒刑或者拘役以外,还要并处或者单处销售金额50%以上2倍以下罚金。

4. 罚金的执行

根据刑法第53条的规定和2021年1月26日最高人民法院公布的《关于适用〈中华人民共和国刑事诉讼法〉的解释》,罚金按照以下方式执行:

(1)罚金在判决规定的期限内一次或者分期缴纳。期满无故不缴纳或者未足额缴纳的,人民法院应当强制缴纳。经强制缴纳仍不能全部缴纳的,在任何时候,包括主刑执行完毕后,发现被执行人有可供执行的财产的,应当追缴。行政机关对被告人就同一事实已经处以罚款的,人民法院判处罚金时应当折抵,扣除行政处罚已执行的部分。其中,所谓"不能全部缴纳罚金",包括当时确无缴纳能力而不能缴纳,也包括将财产转移、隐匿而不缴纳。

(2)由于遭遇不能抗拒的灾祸等原因缴纳罚金确有困难,被执行人申请延期缴纳、酌情减少或者免除罚金的,应当提交相关证明材料。人民法院应当在收到申请后一个月以内作出裁定。符合法定条件的,应当准许;不符合条件的,驳回申请。其中,所谓"由于遭遇不能抗拒的灾祸缴纳确实有困难的",主要是指因遭受火灾、水灾、地震等灾祸而丧失财产;罪犯因重病、伤残等而丧失劳动能力,或者需要罪犯抚养的近亲属患有重病,需支付巨额医药费等,确实没有财产可供执行的情形。

(3)执行财产刑,应当参照被扶养人住所地政府公布的上年度当地居民最低生活费标准,保留被执行人及其所扶养人的生活必需费用。

5. 民事赔偿责任优先

根据刑法第36条的规定,由于犯罪行为而使被害人遭受经济损失的,对犯罪分子除依法给予刑事处罚外,并应根据情况判处赔偿经济损失。承担民事赔偿责任的犯罪分子,同时被判处罚金,其财产不足以全部支付的,或者被判处没收财产的,应当先承担对被害人的民事赔偿责任。其中,所谓经济损失,是指被害人因人身权利受到犯罪侵犯或者财物被犯罪分子毁坏而遭受的物质损失。因受到犯罪侵犯,提起附带民事诉讼或者单独提起民事诉讼要求赔偿精神损失的,人民法院一般不予受理。[52] 刑事附带民事案件的未成年被告人有个人财产的,应当由本人承担民事赔偿责任,不足部分由监护人予以赔偿,但单位担任监护人的除外。被告人对被害人物质损失的赔偿情况,可以作为量刑情节予以考虑。[53]

(二)剥夺政治权利

1. 剥夺政治权利的概念

所谓剥夺政治权利,是指剥夺犯罪人参加管理国家和政治活动的权利的刑罚方法。根据刑法第54条的规定,剥夺政治权利是指同时剥夺下列权利:(1)选举权与被选举权;(2)言论、出版、集会、结社、游行、示威自由的权利;[54] (3)担任国家机关职务的权利。如海关工作人员受到开除行政处分的,因犯罪被依法判处剥夺政治权利或者有期徒刑以上刑罚的,其关衔相应取消,并且不再履行批准手续;[55] (4)担任国有公司、企业、事业单位和人民团体领导职务的权利。如受到剥夺政治权利或者故意犯罪受到有期徒刑以上刑事处罚的,不能取得教师资格;已经取得教师资格的,丧失教师资格。[56]

剥夺政治权利的具体内容,可以参照公安部2020年7月20日发布的《公安机关办理刑事案件程序规定》第312条的规定理解。该条规定,被剥夺政治权利的罪犯在执行期间应当遵守下列规定:(1)遵守国家法律、行政法规和公安部制定的有关规定,服从监督管理;(2)不得享有选举权和被选举权;(3)不得组织或者参加集会、游行、示威、结社活动;(4)不得出版、制作、发行书籍、音像制品;(5)不得接受采访,发表演说;(6)不得在境内外发表有损国家荣誉、利益或者其他具有社会危害性的言论;(7)不得担任国家机关职务;(8)不得担任国有公司、企业、事业单位和人民团体的领导职务。

2. 剥夺政治权利的适用方式

剥夺政治权利既可以附加适用,也可以独立适用。在附加适用的场合,是作为较严厉的刑罚而适用于严重犯罪的;在独立适用时,则是作为一种不剥夺人身自由的轻刑,适用于较轻的犯罪。

(1)附加适用的场合。附加适用剥夺政治权利的,包括以下三种情况:第一,对危害国家安全的犯罪分子应当附加剥夺政治权利。第二,对被判处死刑、无期徒刑的犯罪分子,应当剥夺政治权利。对被处死刑和无期徒刑者还要剥夺政治权利,一是为了从政治上对上述犯罪分子进行彻底剥夺;二是为了防止上述犯罪分子被赦免或者假释之后利用这种权利再次犯罪;三是有利于处理与受刑人有关的某些民事权利如出版权等。[57] 第三,对于故意杀人、强奸、放火、爆炸、投放危险物质、抢劫等严重破坏社会秩序的犯罪分子,可以附加剥夺政治权利。对故意伤

---

[52] 2021年最高人民法院《关于适用〈中华人民共和国刑事诉讼法〉的解释》第175条。
[53] 2006年最高人民法院《关于审理未成年人刑事案件具体应用法律若干问题的解释》第19条。
[54] 其中,出版权包括出版、发表相关著作的权利。2000年司法部监狱管理局《关于〈关于罪犯李邦福撰写"怎样办工厂"书稿的处理问题的请示〉的复函》指出:由于罪犯李邦福被剥夺了政治权利,其中包括了出版权,因此其不能出版书籍。另一个批复则指出,由于罪犯没有被剥夺政治权利,因此能够行使发表权和出版的权利,参见2002年司法部监狱管理局《关于〈处理未被剥夺政治权利的罪犯向社会发表文学作品的请示〉的批复》。
[55] 2003年《海关关衔条例》第21条。
[56] 2009年修正后的《教师法》第14条。
[57] 高铭暄、马克昌主编:《刑法学》(第10版),北京大学出版社2022年版,第241页。

害、盗窃等其他严重破坏社会秩序的犯罪,犯罪分子主观恶性较深、犯罪情节恶劣、罪行严重的,也可以依法附加剥夺政治权利。[58] 需要注意的是,除刑法规定"应当"附加剥夺政治权利外,对未成年罪犯一般不适用附加剥夺政治权利。如果对未成年罪犯判处附加剥夺政治权利的,应当依法从轻判处。对实施被指控犯罪时未成年、审判时已成年的罪犯判处附加剥夺政治权利,也应当作同样处理。[59]

(2)独立适用的场合。在情节较轻、不宜判处主刑的场合,可以独立适用剥夺政治权利。独立适用剥夺政治权利的,由刑法分则加以规定。从我国现行刑法分则的规定来看,可以独立适用剥夺政治权利的对象主要是危害国家安全、侵害公民人身权利、民主权利、妨害社会管理秩序、危害国防利益等犯罪类型中罪行较轻的罪犯。

3. 剥夺政治权利的期限与执行

根据刑法第55条、第57条和第58条的规定,剥夺政治权利的期限与起算方式如下:

(1)对于判处死刑、无期徒刑的犯罪分子,应当剥夺政治权利终身,并从主刑执行之日起开始计算。

(2)在死刑缓期执行减为有期徒刑或者无期徒刑减为有期徒刑的时候,应当把附加剥夺政治权利的期限改为3年以上10年以下,从减刑之后的有期徒刑执行完毕之日或者假释之日起计算并执行。

(3)独立适用或者判处有期徒刑、拘役附加剥夺政治权利的期限,为1年以上5年以下。独立适用剥夺政治权利的场合,其期限从判决确定之日起计算并执行;判处有期徒刑、拘役附加剥夺政治权利的场合,其期限从主刑执行完毕之日或者从假释之日计算并执行,剥夺政治权利的效力当然适用于主刑执行期间。被判处拘役、有期徒刑时未附加剥夺政治权利的,在主刑执行期间,享有政治权利。

(4)判处管制附加剥夺政治权利的,剥夺政治权利的期限与管制的期限相等,同时执行。

被剥夺政治权利的罪犯,由罪犯居住地的派出所负责执行。负责执行剥夺政治权利的派出所应当按照人民法院的判决,向罪犯及其所在单位、居住地基层组织宣布其犯罪事实、被剥夺政治权利的期限,以及罪犯在执行期间应当遵守的规定。在执行期间,应当遵守法律、行政法规和国务院公安部门有关监督管理的规定,服从监督;不得行使刑法第54条规定的各项权利。被剥夺政治权利的罪犯,执行期满,公安机关应当书面通知本人及其所在单位、居住地基层组织。恢复政治权利之后,该人便享有法律赋予的政治权利。

(三)没收财产

1. 没收财产的概念

所谓没收财产,是将犯罪人所有财产的一部或全部强制无偿地收归国有的刑罚方法。

没收财产是我国刑法中唯一不能单独适用的附加刑,只能对较严重犯罪适用,具有浓厚的保安处分色彩。从刑法分则的规定来看,其主要适用于危害国家安全罪、破坏社会主义市场经

---

[58] 1997年最高人民法院《关于对故意伤害、盗窃等严重破坏社会秩序的犯罪分子能否附加剥夺政治权利问题的批复》。

[59] 2006年最高人民法院《关于审理未成年人刑事案件具体应用法律若干问题的解释》第14条。

济秩序罪、侵犯财产罪、贪污贿赂罪。

2. 没收财产的适用方式

从刑法分则的规定来看,没收财产的适用,主要有以下两种情形:

(1)并处没收财产,即对犯罪分子判处主刑的同时,必须并处或者可以并处没收财产。前者如刑法第383条第1款第2项规定,贪污数额巨大或者有其他严重情节的,处3年以上10年以下有期徒刑,并处罚金或者没收财产;后者如刑法第113条第2款规定,犯本章之罪的,可以并处没收财产。

(2)与罚金并列为并处的选项,即规定"并处罚金或者没收财产"。如刑法第142条规定,生产、销售劣药,后果特别严重的,处10年以上有期徒刑,并处罚金或者没收财产。

3. 没收财产的范围

根据刑法第59条的规定,没收财产是没收犯罪分子个人所有财产的一部或者全部,包括违禁品和供犯罪所用的本人财物。作为附加刑的没收个人全部财产,应当是没收犯罪分子个人合法所有的全部财产。如相关财产属于违法所得,应通过追缴、退赔程序予以追回;如相关财产确属犯罪分子家属所有或者应有的财产,也不得作为没收对象。在没收财产前,如犯罪分子的财产与其他家庭成员的财产处于共有状态,应当从中分割出属于犯罪分子个人所有的财产后予以没收。在判处没收财产的时候,不得没收属于犯罪分子家属所有或者应有的财产。

在认定没收财产的范围时,应当注意以下两点:

(1)所没收的只能是犯罪分子个人所有财产的全部或者一部分。所谓"犯罪分子个人所有的财产",是指属于犯罪分子本人所有的财物及其在共同财产中应得的份额,包括动产和不动产。"犯罪分子家属所有的财产"即如家属穿用的衣服、家属用自己劳动所得购置的供本人使用的物品等家属本人所有的财产,以及"犯罪分子家属所应有的财产"即家庭共有财产中应当属于家属所有的那部分财产,不在没收范围之内。在没收全部财产时,应当对依靠犯罪分子赡养、抚养或者扶养的家属,依照被抚养人住所地政府公布的上年度当地居民最低生活费标准,保留维持其基本生活所必需的费用。没收财产可以是全部没收也可以是部分没收,其由人民法院根据案件具体情况决定。

(2)根据刑法第60条的规定,没收财产以前犯罪人所负的正当债务,需要以没收的财产偿还的,经债权人请求,应当偿还。这意味着,没收财产不能影响正当债务的偿还。根据有关司法解释,[60]本条所说的"没收财产以前犯罪分子所负的正当债务",是指犯罪分子在判决生效之前所负他人的合法债务。正当债务清偿的要件是:其一,属于犯罪分子被判处没收财产刑以前所负的债务;其二,属于正当债务,因此,赌债之类的非法债务不在偿还之列;其三,需要经债权人提出请求;其四,只限于在没收财产的数额之内偿还,超过该数额的,国家不予偿还。

(3)判处没收部分财产的,应当明确没收的具体财物或者金额。

4. 没收财产的执行

根据2018年《刑事诉讼法》第272条,没收财产的判决,无论附加适用还是独立适用,都由人民法院执行;在必要的时候,可以会同公安机关执行。

---

[60] 2000年最高人民法院《关于适用财产刑若干问题的规定》第7条。

另外,根据2014年最高人民法院《关于刑事裁判涉财产部分执行的若干规定》,没收财产由第一审人民法院负责裁判执行的机构执行,被执行的财产在异地的,第一审人民法院可以委托财产所在地的同级人民法院代为执行;对没收财产的执行,人民法院应当立即执行;人民法院应当依法对被执行人的财产状况进行调查,发现有可供执行的财产,需要查封、扣押、冻结的,应当及时采取查封、扣押、冻结等强制执行措施;被判处没收财产,同时又承担刑事附带民事诉讼赔偿责任的被执行人,应当先履行对被害人的民事赔偿责任。判处财产刑之前被执行人所负正当债务,应当偿还的,经债权人请求,先行予以偿还。执行的财产应当全部上缴国库。委托执行的,受托人民法院应当将执行情况连同上缴国库凭据送达委托人民法院;不能执行到位的,应当及时告知委托人民法院。在执行标的物系人民法院或者仲裁机构正在审理的案件争议标的物,需等待该案件审理完毕确定权属,或者案外人对执行标的物提出异议确有理由的场合,人民法院应当裁定中止执行;中止执行的原因消除后,恢复执行。在据以执行的刑事判决、裁定被撤销,或者被执行人死亡或者被执行死刑,且无财产可供执行的场合,人民法院应当裁定终结执行。财产刑全部或者部分被撤销的,已经执行的财产应当全部或者部分返还被执行人;无法返还的,应予赔偿。

5. 没收财产与犯罪所得之物、所用之物的处理

刑法第64条规定,犯罪分子违法所得的一切财物,应当予以追缴或者责令退赔;对被害人的合法财产,应当及时返还;违禁品和供犯罪所用的本人财物,应当予以没收。本条规定的是犯罪分子的违法所得、违禁品、供犯罪所用的本人财物等与犯罪有关的财物即赃物赃款的处理原则,其和刑法第59条没收财产的规定之间是什么关系,有讨论的必要。

赃物赃款的处理,按照刑法第64条的规定,分为三种情况:第一,犯罪分子违法所得的一切财物,应当予以追缴或者责令退赔;第二,对被害人的合法财产,应当及时返还;第三,违禁品和供犯罪所用的本人财物,应当予以没收。由于追缴在形式上表现为"上交",因此,也有人习惯将本条的规定理解为"没收犯罪物品"。由于刑法第64条和第59条在用语上均使用了"没收"一词,因此,实践中常常将"没收财产"与"没收犯罪物品"混淆。实际上,二者相当不同。没收财产,作为刑罚的一种,是没收犯罪人合法所有并且没有用于犯罪的财产,这些财产从民法或者行政法的角度来看,在所有权上毫无瑕疵;而没收犯罪物品,包括追缴犯罪所得的财物、没收违禁品和供犯罪使用的物品三种类型,或者属于行政性强制措施,或者是出于刑事诉讼的需要而实施的,并不具有刑罚的性质。其中所没收的物品,只能是违法所得或者用于犯罪的、与犯罪行为有关联的物品,因此,"没收财产"与"没收犯罪物品"之间具有本质上的不同,不得以追缴犯罪所得、没收违禁品与供犯罪所用的本人财物代替或折抵没收财产。

在刑法第64条的适用上,应当注意以下几点:

(1)必须注意刑法第64条规定的追缴、责令退赔、返还、没收等法律行为之间的逻辑关系。所谓追缴,是勒令犯罪分子缴回违法所得的相关财物,其主要针对赃款赃物尚在的情形。追缴是一种暂时的司法处理措施,并不涉及对违法所得财物的最终处理;所谓责令退赔,是责令犯罪分子退还、赔偿违法所得的相关财物,其主要针对赃款、赃物已被用掉、毁坏或者挥霍即无法返还的场合;所谓返还,就是退还、归还,具体到本条而言,其是指将追缴到但属于被害人合法财产的赃款赃物归还给被害人;所谓没收,是强制性地收归国有,具体到本条,就是将客观存在

的违禁品和供犯罪所用的本人财物强制性地收归国有上缴国库。根据刑法第64条的规定以及相关司法解释,对于犯罪分子违法所得的财物,如果尚在的,应当追缴;如果已被用掉、毁坏或者挥霍,应当责令退赔。这是第一层次的要求。而对于被追缴至司法机关的财物,则应根据情况分别处理:其中属于被害人合法财产的,应当及时返还;如果属于违禁品和供犯罪所用的本人财物,应进行没收,上缴国库。这是第二层次的要求。

(2)必须注意刑法第64条中有关用语的意义。其中,作为追缴或者责令退赔对象的所谓犯罪违法所得的一切财物,包括犯罪行为所生之物以及作为犯罪行为所生之物的对价、报酬而获得的财物,如伪造货币行为所得的假币、盗窃所盗得的财物、受雇于他人实施杀人行为所得到的报酬、将赃物贩卖之后所获得的金钱等。之所以对上述物品实行追缴或者责令退赔,是为了不让犯人从犯罪行为中获利。要注意的是,作为追缴对象的物,必须是该物品自身。在该物品毁损或者丧失了原物的同一性的时候,就不能被追缴,只能责令退赔。但对同一性的理解,不能过于形式化。如作为贿赂而收受的美元,即便已经兑换为了人民币,但其作为货币的基本性质并未发生改变;同样,将收受的名贵呢料做成了一件衣服,只要其没有丧失和呢料之间的同一性,就可以成为追缴的对象。但是,如果将绸缎作为衣服的面料做成有夹层的衣服的场合,由于原物已经加工变成了新衣服,就丧失了原物的同一性,不能追缴,而只能采取责令退赔的处理方式。另外,违禁品应当被没收。所谓没收违禁品,是指没收国家禁止个人非法占有的物品,其属于行政性强制措施。毒品、武器之类的违禁品之所以要被没收,是因为该物在实质上具有普遍危险性而为国家所绝对禁止个人非法持有,因此,违禁品,无论是否属于犯罪分子本人所有的财物,均可以没收,而且一定要没收。供犯罪分子犯罪所用的本人财物也应当被没收。所谓供犯罪分子犯罪所用的本人财物,是指犯罪分子的犯罪工具。其包括两种类型:一是作为犯罪构成的客观要件所不可缺少的要素,如赌博罪中的赌资、伪造公文罪中的虚假公文等;二是供犯罪使用或者意图供犯罪使用的物,其是供犯罪的实行行为所用的物,或者供犯罪使用而准备的物,如杀人用的毒药、砍刀等。

(3)必须注意供犯罪所用财物的界定。实践中,对于犯罪分子专门用作犯罪工具的财物如制作假币的印刷机、传播淫秽物品的电脑中的硬盘等的没收,比较好把握,但对于不是直接或者专门用作犯罪工具的本人财物,则不好认定。对此,要结合该财物与犯罪形成的关联程度以及财物的价值与犯罪情节的轻重,遵循关联性原则和相当性原则,作出符合常情常理的认定。具体来说,考虑两方面的因素:一是关联性原则,即与犯罪的发生是否有密切关系,对于犯罪的形成是否有重大促进作用或者对排除犯罪障碍是否有重大作用。对与具体案件发生具有决定性的密切联系的财物,应当予以没收,但不具有这种程度关系的财物,即便被用作了犯罪工具,也不能认定为供犯罪所用的财物而予以没收。如赌博时所使用的赌具,无论其价值高低,均应没收。为赌博提供交通工具(如小汽车)以及场所(如房屋等)的,是违反治安管理的行为,对行为人应给予治安处罚。但交通工具、场所不是赌具,不应没收。在此,赌具既属于违禁品,又是直接用于犯罪的物品,毫无疑问应一律没收。而为赌博行为提供的交通工具、场所,虽然与犯罪有关,但并不直接用于赌博犯罪,只是为犯罪人实行犯罪活动提供了交通和场所的便利,对犯罪人合法所有的这些财物不宜没收。二是相当性原则,或称均衡原则。没收供犯罪所用本人财物的适用应体现罪与刑的均衡,没收财物的范围、价值应当与犯罪的危害性质、危害程度相当。有的财物在犯罪中起到重要作用,但该财物的价值与犯罪情节本身明显不相适应的,一般也不予没收。例如,驾驶价值20万元的小汽车盗窃他人一棵价值2000元的苗木的场合,该车是供犯罪所用的财物,在犯罪中起着重要作用。但如果因此而没收该汽车,则处罚过重,显失公平,因此,不能将该汽车作为供犯罪分子犯罪所用的本人财物而予以没收。

(四)驱逐出境

所谓驱逐出境,是强迫犯罪的外国人离开中国国(边)境的刑罚方法。

刑法第35条规定,对于犯罪的外国人,可以独立适用或者附加适用驱逐出境。由于驱逐出境既可以独立适用也可以附加适用,所以符合附加刑的基本特征;由于驱逐出境仅适用于犯罪的外国人(包括具有外国国籍与无国籍的人),所以是一种特殊的附加刑。

独立适用驱逐出境的,从判决确定之日起执行;附加适用驱逐出境的,从主刑执行完毕之日起执行。对判处独立适用驱逐出境刑罚的外国人,省级公安机关在收到人民法院的刑事判决书、执行通知书的副本后,应当指定该外国人所在地的设区的市一级公安机关执行。被判处徒刑的外国人,主刑执行期满后应当执行驱逐出境附加刑的,省级公安机关在收到执行监狱的上级主管部门转交的刑事判决书、执行通知书副本或者复印件后,应当通知该外国人所在地的设区的市一级公安机关或者指定有关公安机关执行。被驱逐出境的外国人,自被驱逐出境之日起,10年内不准入境。

四、非刑罚处罚措施

(一)非刑罚处罚措施的概念

所谓非刑罚处罚措施,是指人民法院对犯罪分子适用的传统刑罚以外的处罚措施方法。

非刑罚处罚措施的特点是:对犯罪分子适用,属于处罚措施,但不是传统意义上的刑罚;其适用的前提是行为人的行为已经构成犯罪,如果行为人的行为不构成犯罪,就不能适用非刑罚处罚措施。从此意义上讲,非刑罚处罚措施也是犯罪行为的法律后果,是对犯罪分子的处罚,具有刑罚的性质。

非刑罚处罚措施的适用对象,包括两种人:一是刑法第36条规定的"依法给予刑事处罚"同时还要"承担民事赔偿责任"的犯罪人;二是刑法第37条规定的"犯罪情节轻微不需要判处刑罚"而被"免予刑事处罚"的人。特别是对未成年犯,根据其所犯罪行,可能被判处拘役、3年以下有期徒刑,如果悔罪表现好,并具有下列情形之一的,应当依照刑法第37条的规定免予刑事处罚:系又聋又哑的人或者盲人;防卫过当或者避险过当;犯罪预备、中止或者未遂;共同犯罪中从犯、胁从犯;犯罪后自首或者有立功表现;其他犯罪情节轻微不需要判处刑罚的。[61] 如果根据案件的具体情况只需对犯罪分子单纯作有罪宣告而不必给予其他处理,则不能适用上述非刑罚处罚措施。

在刑法中规定非刑罚处罚措施,表明我国对犯罪的处理不是单纯地依靠传统意义上的刑罚,而是兼采多种方法。对于那些罪行轻微、需要处罚的犯罪分子,给予适当的非刑罚处理,一方面体现了我国刑法惩办与宽大相结合的基本刑事政策,另一方面也给予犯罪分子一定的否

---

[61] 2006年最高人民法院《关于审理未成年人刑事案件具体应用法律若干问题的解释》第17条。

定评价,使其受到教育、警戒,不致再次犯罪,从而达到预防犯罪的目的。[62]

（二）非刑罚处罚措施的种类

根据刑法第36条、第37条的规定,非刑罚处罚措施包括以下几种:(1)赔偿经济损失,是对犯罪分子判处刑罚的同时,根据被害人遭受的经济损失情况,命令犯罪分子给予被害人一定金钱赔偿的处理方法。(2)责令赔偿损失,是对犯罪情节轻微不需要判处刑罚的犯罪分子,在免除其刑罚的同时,责令其向被害人支付一定数额的金钱,以赔偿被害人的经济损失的处理方法。(3)训诫,是对犯罪分子当庭予以口头批评或谴责,并责令其改正。(4)责令具结悔过,是责令犯罪分子用书面方式保证悔改,以后不再重新犯罪。(5)责令赔礼道歉,是责令犯罪分子公开向被害人当面承认错误,表示歉意。(6)行政处罚,是指行政执法机关,依照国家行政法规和《行政处罚法》的规定,给予被免予刑事处罚的犯罪分子以经济制裁或剥夺人身自由的处罚,如罚款、行政拘留、劳动教养等。(7)行政处分,是指犯罪分子的所在单位或基层组织,依照行政规章、纪律、章程等,对被免予刑事处罚的犯罪分子予以行政纪律处分,如开除、记过、警告等。

（三）从业禁止

所谓从业禁止,是指对于实施了与职业相关犯罪的前科者,限制其在特定时间段内从事相关职业的资格。我国刑法第37条之一规定:"因利用职业便利实施犯罪,或者实施违背职业要求的特定义务的犯罪被判处刑罚的,人民法院可以根据犯罪情况和预防再犯罪的需要,禁止其自刑罚执行完毕之日或者假释之日起从事相关职业,期限为三年至五年。被禁止从事相关职业的人违反人民法院依照前款规定作出的决定的,由公安机关依法给予处罚;情节严重的,依照本法第三百一十三条的规定定罪处罚。其他法律、行政法规对其从事相关职业另有禁止或者限制性规定的,从其规定。"

关于从业禁止的法律性质,理论上存在争议。首先可以肯定的是,其不是一种刑罚,但也不是一种行政处罚,其是由刑法规定并由人民法院裁决的预防性的法律措施,其目的主要是防止犯罪分子再次利用职业和职务之便进行犯罪,与刑法第38条第2款规定的禁止令制度,即"判处管制,可以根据犯罪情况,同时禁止犯罪分子在执行期间从事特定活动,进入特定区域、场所,接触特定的人"的规定有相似之处。因此,学界一般将其归结为"保安处分"措施。[63]

依照刑法第37条之一的规定,适用从业禁止规定的条件如下:

第一,"因利用职业便利实施犯罪,或者实施违背职业要求的特定义务的犯罪被判处刑罚",这是适用本制度的前提。所谓职业,就是个人在社会中所从事的作为主要生活来源的工作,如法官、教师、律师、医生、导游、会计等。现代社会中,由于社会分工不断细化,每一种职业均有对专业知识和技能乃至伦理的要求。所谓"利用职业便利实施犯罪,或者实施违背职业要求的特定义务的犯罪",实际上就是利用从事职业活动的便利条件,违背其职业伦理或者特定义务而进行犯罪。

第二,"可以根据犯罪情况和预防再犯罪的需要",这是适用本制度的关键。不是所有因为职业犯罪而被判处刑罚的人都要被裁定"从业禁止",是不是要予以禁止从业处分,要由法院根

---

[62] 高铭暄、马克昌主编:《刑法学》(第10版),北京大学出版社2022年版,第245页。
[63] 叶良芳、应家赟:《论有前科者从业禁止及其适用》,载《华北水利水电大学学报(社会科学版)》2015年第4期。

据行为人的犯罪情况和预防再犯罪的需要而定。在进行这种裁定的时候，应当充分考虑行为人的人身危险性即再犯可能性，其可以从行为人的个人情况、犯罪的主客观情况以及犯罪后的表现上把握，其中，特别要考虑行为人所从事的特定职业的内在需要，考虑有前科者的犯罪行为对于其职业是不是具有典型性、普遍性，从而有针对性地限制有犯罪前科者的从业。如银行从业者和经纪人的职业中内在地具有欺诈客户的风险，而不太具有实施暴力犯罪的风险；法官职业当中内在具有贪赃枉法的风险。因此，对于这种利用职业当中所潜在的风险而实施犯罪的有前科者，通常应当予以从业禁止的处分。

第三，"禁止其自刑罚执行完毕之日或者假释之日起从事相关职业，期限为三年至五年"，这是本制度的主要内容。本规定意味着，法院在确定禁止从业的期限时，必须准确评估有前科者的人身危险程度，选择与行为人的人身危险性匹配的禁止期限。禁止从业的期限，最长为5年，而不是终身，保留了有前科者再次从事相关职业的机会。

第四，违反从业禁止规定的，必须承担一定的法律后果。被禁止从事相关职业的人违反人民法院作出的从业禁止决定的，由公安机关依法给予处罚；情节严重的，依照刑法第313条规定的拒不执行判决、裁定罪定罪处罚。

2022年11月10日最高人民法院、最高人民检察院、教育部发布的《关于落实从业禁止制度的意见》规定：(1)依照刑法第37条之一，教职员工利用职业便利实施犯罪，或者实施违背职业要求的特定义务的犯罪被判处刑罚的，人民法院可以根据犯罪情况和预防再犯罪的需要，禁止其在一定期限内从事相关职业。其他法律、行政法规对其从事相关职业另有禁止或者限制性规定的，从其规定。《未成年人保护法》《教师法》属于前款规定的法律，《教师资格条例》属于前款规定的行政法规。(2)依照《未成年人保护法》第62条的规定，实施性侵害、虐待、拐卖、暴力伤害等违法犯罪的人员，禁止从事密切接触未成年人的工作。依照《教师法》第14条、《教师资格条例》第18条规定，受到剥夺政治权利或者故意犯罪受到有期徒刑以上刑罚的，不能取得教师资格；已经取得教师资格的，丧失教师资格，且不能重新取得教师资格。(3)教职员工实施性侵害、虐待、拐卖、暴力伤害等犯罪的，人民法院应当依照《未成年人保护法》第62条的规定，判决禁止其从事密切接触未成年人的工作。教职员工实施前款规定以外的其他犯罪，人民法院可以根据犯罪情况和预防再犯罪的需要，依照刑法第37条之一第1款的规定，判决禁止其自刑罚执行完毕之日或者假释之日起从事相关职业，期限为3年至5年；或者依照刑法第38条第2款、第72条第2款的规定，对其适用禁止令。(4)对有必要禁止教职员工从事相关职业或者适用禁止令的，人民检察院在提起公诉时，应当提出相应建议。(5)教职员工犯罪的刑事案件，判决生效后，人民法院应当在30日内将裁判文书送达被告人单位所在地的教育行政部门；必要时，教育行政部门应当将裁判文书转送有关主管部门。(6)教职员工犯罪，人民法院作出的判决生效后，所在单位、教育行政部门或者有关主管部门可以依照《未成年人保护法》《教师法》《教师资格条例》等法律法规给予相应处理、处分和处罚。符合丧失教师资格或者撤销教师资格情形的，教育行政部门应当及时收缴其教师资格证书。(7)本意见所称教职员工，是指在学校、幼儿园等教育机构工作的教师、教育教学辅助人员、行政人员、勤杂人员、安保人员，以及校外培训机构的相关工作人员。学校、幼儿园等教育机构、校外培训机构的举办者、实际控制人犯罪，参照本意见执行。

第十一章 刑罚的裁量

第一节 量刑的概念和一般原则

一、量刑的概念和特征

量刑,就是人民法院依照刑法的规定对犯罪分子裁量决定刑罚,具体来说,就是人民法院根据罪犯的犯罪事实、犯罪性质、犯罪情节和对社会的危害程度以及其他情况,依法决定对犯罪分子是否判处刑罚以及判处什么样的刑罚的专门活动。

量刑具有以下特征:

首先,量刑是决定刑罚的专门活动。所谓决定刑罚,包括是否判处刑罚以及判处什么样的刑罚两个方面的内容,其和判刑是两个不同的概念。量刑是人民法院审理刑事案件的最后阶段,其结果可以有两种:一种是确定被告人有罪而判处刑罚,另一种是宣告被告人有罪而免予处罚。而判刑则是认定被告人有罪,对其判处刑罚。因此,判刑是量刑的结果之一,其外延比量刑要小得多。

其次,量刑的对象是犯罪人。量刑是在人民法院审判确定被告人已经构成犯罪的前提下进行的,未经人民法院确定有罪的被告人,不能成为量刑的对象。

最后,量刑是人民法院的专门活动。按照《宪法》以及《刑事诉讼法》的相关规定,人民法院是国家的审判机关,依照法律规定独立行使审判权。而审判权的重要内容之一,就是对罪犯判处刑罚。除人民法院以外,其他任何机关、团体或个人,都无权对公民适用刑罚。量刑权行使的这种绝对排他性,决定了它与其他制裁措施的区别,也决定了它与制定刑罚和执行刑罚的不同。

量刑是人民法院的基本刑事审判活动之一。人民法院处理刑事案件,有两个基本环节:一是定罪,二是量刑。定罪是对案件事实进行审查,解决被告人是否有罪,有什么罪的问题;量刑则是在定罪的基础上,解决对犯罪分子是否判处刑罚,判处何种刑罚以及刑期长短的问题。定罪是量刑的必要前提和基础,量刑则是定罪的必然结果和总结。二者既互相区别又紧密联系,共同实现我国刑法的任务。

定罪准确、量刑适当,是衡量人民法院办案质量和检验审判工作的重要标准。量刑与定罪的地位和作用虽然不同,但同样十分重要。实践证明,仅定罪准确却量刑不当,该判的不判或重罪轻判,会助长犯罪分子的嚣张气焰,起不到刑罚的惩罚、震慑作用;反之,不该判的判,或者轻罪重判,则会丧失刑罚的公正合理性,扩大打击面。因此,任何偏重定罪而轻视量刑的观点和做法都是不妥当的。

正确定罪是量刑适当的前提和基础。但是,定罪正确并不一定导致量刑适当,因为,量刑有其自身的原则和规律性,所以,在正确定罪的基础上,还必须认真严肃地对待量刑问题,严格依照刑法的基本原则和基本方法,慎重地确定犯罪分子的刑罚,以实现刑罚的目的。

二、量刑的原则

量刑原则是量刑活动的基本思想,决定以什么规律或者规则来指导量刑活动。确定量刑原则必须依据以下两个标准:第一,该原则必须是量刑活动所特有的,并非一切审判活动所共有的;第二,该原则必须是对量刑活动有实际且具体的指导意义,而不是一般、抽象的指导意义。依据上述两个标准,本书认为,"以事实为根据,以法律为准绳"不能作为我国刑法中单纯的量刑原则。[1] 首先,"以事实为根据,以法律为准绳"是一切司法工作,包括刑事审判、民事审判、行政审判、人民调解、公证等均必须遵守的一般性原则,并非量刑所特有;其次,在刑事审判中坚持"以事实为根据,以法律为准绳"原则,不仅是在量刑阶段,而且在定罪和其他刑事审判活动中,都必须适用这一原则。所以,将"以事实为根据,以法律为准绳"原则作为量刑的基本原则,实际上缩小了这项原则的适用范围,降低了它的普遍指导意义。

根据我国刑法第61条的规定和我国多年来的司法实践经验,本书认为,我国刑法中量刑的基本原则应该是罪刑相适应原则,其可以具体化为以下两个派生原则:一是"罪刑均衡原则",二是"刑罚个别化原则"。

(一)罪刑均衡原则

所谓罪刑均衡,是指刑罚的轻重,必须和行为人的客观危害事实即犯罪方法手段的残忍性、被害法益的大小以及被害人的人数等犯罪结果相均衡,重罪重判,轻罪轻判,无罪不判,罪刑相当,罚当其罪。2021年最高人民法院、最高人民检察院《关于常见犯罪的量刑指导意见(试行)》第1条也指出,量刑既要考虑被告人所犯罪行的轻重,又要考虑被告人应负刑事责任的大小,做到罪责刑相适应,实现惩罚和预防犯罪的目的。

罪刑均衡原则源自报应刑论,是客观主义刑法观在量刑当中的体现。报应刑论强调刑罚的纯粹性和无目的性,认为之所以对犯人科处刑罚,仅仅就是因为其犯了罪,而没有其他原因。科处刑罚的动机在于报应,善有善报、恶有恶报是人之常情,犯罪是一种恶,对于犯罪之恶,应当以刑罚之恶与其对应。换言之,刑罚是对过去的犯罪的报应,是恶对恶的反动;动和反动之间必须均衡,因此,刑罚和犯罪之间不仅在恶对恶的性质上必须对应,而且在大小的分量上也必须均衡。现在,罪刑均衡已经成为各国刑事立法和司法的一项普遍原则。其在以下几个方面具有重要意义:(1)满足人们对公正的要求和渴望。公正源自人类根深蒂固的等价交换观念,是法律的基本价值。刑罚通过制裁犯罪行为,实现对犯罪的道义谴责,恢复被破坏的道德秩序,伸张社会正义。而在使用刑罚手段实现对犯罪的道义谴责时,最基本的要求就是刑罚的强度必须与犯罪的危害大小相称。过轻就不能实现对犯罪的谴责,过重则丧失其存在的伦理

---

[1] 通说认为,我国刑法中的量刑原则是"以事实为根据,以法律为准绳"。高铭暄、马克昌主编:《刑法学》(第10版),北京大学出版社2022年版,第250~251页;冯军、肖中华主编:《刑法总论》(第3版),中国人民大学出版社2016年版,第440页以下。

基础,这些都会破坏法律的基本价值。因此,罪刑均衡能够满足人类自身的报应情感,满足人们对公正的渴望。(2)限制国家刑罚权的任意发动。在人类建立国家之后,个人之间的冲突纠纷就上升为个人对国家法律秩序的破坏和违反。国家为了制止这种现象的出现,难免有扩张处罚的冲动,表现之一就是毫无节制地滥用刑罚权,动用严刑峻法,强化一般预防的效果,侵犯公民的权利,而罪刑均衡原则恰好与此相对,要求刑罚的发动只能以外在的客观侵害为前提和限度,在行为没有造成具体侵害的时候不得发动刑罚,而且发动刑罚的界限也只能是犯罪引起的客观侵害。这样,罪刑均衡不仅限制了国家刑罚权的滥用,也保障了无辜的公民免受侵害。(3)划定了刑罚处罚的大致范围。由于刑罚的发动只能以外在的客观侵害为前提和限度,而且在刑罚的适用上必须与行为人所造成的侵害之间均衡,因此,在对行为人量定刑罚的时候,首先应根据外在的客观侵害判断对行为人所应量定的刑罚的大体范围,从而为量刑提供一个大致基础。

我国的刑事立法全面贯彻和体现了罪刑均衡原则:

首先,我国刑法总则中有关惩罚犯罪的一系列规定体现了罪刑均衡原则。例如,刑法第5条明确要求,刑罚的轻重应当与犯罪分子所犯罪行相适应;刑法第61条要求对于犯罪分子决定刑罚的时候,应当根据犯罪的事实、犯罪的性质、情节和对于社会的危害程度,依照本法的有关规定判处。这些都是量刑必须与犯罪行为所造成的客观侵害相均衡的原则性要求。同时,我国刑法还规定,根据犯罪形态的不同,对预备犯,可以比照既遂犯从轻、减轻处罚或者免除处罚;对未遂犯,可以比照既遂犯从轻或者减轻处罚;对中止犯,应当免除或者减轻处罚。这是根据客观侵害大小决定刑罚轻重的最明显体现。

其次,我国刑法分则中对各种具体罪的法定刑的规定也体现了罪刑均衡原则。如危害国家安全罪是危及我国的主权、领土完整和安全的犯罪,侵害人民的根本利益,是刑法打击的重点所在,所以法定刑比较重;而渎职罪,主要是国家机关工作人员玩忽职守或者滥用职权的犯罪,由于不是直接引起危害结果的发生,因此,和其他犯罪相比,社会危害性较小,其法定刑就比较轻。由于同一种犯罪的具体情节不同,其社会危害性也有大小之分,因此,我国刑法对大部分犯罪,除规定基本法定刑之外,还设置了加重构成和减轻构成的法定刑。换言之,当某种犯罪造成严重后果或者有严重情节时,加重其刑罚;当某种犯罪具有较轻情节时,减轻其刑罚。前者如刑法第275条规定的故意毁坏财物罪:该条前段规定,故意毁坏公私财物,数额较大或者有其他严重情节的,处3年以下有期徒刑、拘役或者罚金;后段规定,数额巨大或者有其他特别严重情节的,处3年以上7年以下有期徒刑。后者如刑法第232条规定的故意杀人罪,该条规定:故意杀人的,处死刑、无期徒刑或者10年以上有期徒刑;情节较轻的,处3年以上10年以下有期徒刑。

最后,罪刑均衡原则也是我国刑法对各种犯罪的刑罚进行补充和修改的指导思想。现行刑法自颁布以来,已经进行了12次补充和修改。其中的一个重要内容,就是对一些严重危害社会的犯罪加重其法定刑,以贯彻罪刑均衡原则。如强迫交易罪,刑法第226条原来规定,以暴力、胁迫手段强买强卖商品、强迫他人提供服务或者强迫他人接受服务,情节严重的,处3年以下有期徒刑或者拘役,并处或者单处罚金。这种轻刑化、单一化的法定刑设置对于强迫交易情节特别严重、牟取非法利益巨大或者特别巨大的行为来说,罪刑之间是远远不相适应的。为了合理、准确地惩处形形色色的强迫交易行为,《刑法修正案(八)》第36条增设了一个法定刑档次,规定对情节特别严重的强迫交易行为,处3年以上7年以下有期徒刑,并处罚金。这样就解决了原来强迫交易罪法定刑偏轻的问题。同样,在强迫劳动罪当中也存在同样的问题。对于以暴力、胁迫或者其他限制人身自由的方法强迫他人劳动,情节严重的行为,刑法第244条原来规定,处3年以下有期徒刑或者拘役,并处或者单处罚金。但是,这种刑罚单一、处罚力度较轻的刑罚显然难以对性质恶劣、后果严重的强迫劳动行为进行有力制裁,因此,《刑法修正案(八)》第38条增设了一个量刑档次,规定强迫劳动,情节严重的,处3年以上10年以下有期徒刑,并处罚金,从而解决了现行刑法对强迫劳动罪处罚偏轻的问题。

(二)刑罚个别化原则

所谓刑罚个别化原则,就是指人民法院对罪犯量刑时,不能仅仅以行为人所造成的实际危害大小为依据,还应考虑行为人的人身危险性的大小,有针对性地适用刑罚,以期改造罪犯,达到特殊预防的目的。简单地说,就是考虑罪犯再犯的可能性,给予适当的处罚。2021年最高人民法院、最高人民检察院《关于常见犯罪的量刑指导意见(试行)》第1条也指出,量刑应当以事实为根据,以法律为准绳,根据犯罪的事实、性质、情节和对于社会的危害程度,决定判处的刑罚;量刑应当贯彻宽严相济的刑事政策,做到该宽则宽,当严则严,宽严相济,罚当其罪,确保裁判政治效果、法律效果和社会效果的统一。

刑罚个别化原则源自教育刑论,是主观主义刑法观的体现。和报应刑论不同,教育刑论认为,科处刑罚不是因为报应,而是具有一定目的,即让犯人不再犯罪。犯人之所以犯罪,不纯粹是出于自己自由意思的选择,也受其先天遗传素质和后天成长环境影响,是其主观恶性或者说人身危险性的体现,刑罚处罚的不是行为,而是行为人。换言之,刑罚处罚的尺度不是行为所造成的危害结果,而是该行为当中体现出来的行为人的主观恶性或者说人身危险性。因此,在量刑上,不要求刑罚与罪行之间均衡,而是要求刑罚与行为人的主观恶性或者人身危险性之间均衡。由于各个人的先天素质和后天的成长环境不同,因此,尽管实施同样的行为,但其中所体现的主观恶性或者说人身危险性也完全不同,这就要求在量刑时必须根据各个人的情况,对症下药、量体裁衣。现在,刑罚个别化原则已经成为各国刑事立法和司法的一项基本原则,其在以下几方面具有积极意义:(1)满足了人们有关目的和效率的要求。和报应刑论主张罪刑均衡是等量报应即客观上犯了多大的罪就要判多重的刑相反,教育刑论主张等质报应,即犯罪只是行为人的主观恶性或者说人身危险性的体现而已,而每个人的主观恶性或者人身危险性不同,因此,完全没有必要强调在刑罚处罚上一律平等,应当针对各个犯人的主观恶性或者人身危险性,选用不同的刑罚手段,从而实现有效消除各个犯罪人的主观恶性的目的,以满足人们有关目的和效率的要求。(2)探究犯罪背后的深层次原因。与报应刑论专注于犯罪行为所引起的外在的客观侵害相反,教育刑论将重点放在犯罪行为所体现出来的行为人的内在素质以及引起犯罪行为的外在环境上,提倡从生物学以及改良社会环境方面来消除引起犯罪的原因,并提倡创造防止犯罪的文化,促进人们走向文化、文明的生活,以减少和防止犯罪的发生。(3)探讨科学的量刑和行刑制度。总的来讲,报应刑论在犯罪与量刑问题上,更多着眼于既成的犯罪事实,着眼于定罪、量刑,不外乎向后看,算过去的账。相反地,教育刑论则将刑罚看作教育、改造罪犯的一个过程,而将定罪、量刑作为一个起点,其着眼点是通过该过程来教育和有效地改造犯罪人,使之重返社会。这种面向未来、向前看的积极的思维方法,将量刑提高到了实证主义加辩证法的科学境界。

刑罚个别化原则在我国刑法中有完整的体现。

一方面,我国刑法中的一系列规定体现了刑罚个别化原则的要求。刑法第 5 条明确规定刑罚的轻重,应当与犯罪分子所承担的刑事责任相适应。其中,刑事责任,就是犯罪分子的主观责任,其包括犯罪人的刑事责任能力、罪过等方面的内容。刑法第 61 条规定:"对于犯罪分子决定刑罚的时候,应当根据犯罪的事实、犯罪的性质、情节和对于社会的危害程度,依照本法的有关规定判处。"由此不难看出,"根据犯罪事实、犯罪性质、情节和对于社会的危害程度",实际上就是要求在量刑时,要把犯罪行为作为客观基础,但"依照本法的有关规定判处"却耐人寻味,值得研究。刑法第 65 条规定,累犯从重处罚;第 67 条、第 68 条规定,自首、立功可以从轻、减轻或者免除处罚等,均已不再属于"犯罪的事实、犯罪的性质、情节和对于社会的危害程度"的范围,而属于犯罪者个人的情况,这无疑是说量刑必须考虑犯罪者个人的情况。刑法第 63 条第 2 款规定:"犯罪分子虽然不具有本法规定的减轻处罚情节,但是根据案件的特殊情况,经最高人民法院核准,也可以在法定刑以下判处刑罚。"这一条实际上是规定了一种特殊的减刑情节。这种特殊减刑情节可能与行为人的犯罪行为有关,如激情杀人,也可能与犯罪事实无关而仅与行为人的个人情况相关,如行为人一贯表现良好,此次犯罪纯系偶犯,犯罪后态度很好,有积极悔改之心等。这种特殊情节的法定化也从一个侧面说明我国刑法贯彻了刑罚个别化原则。至于刑法第 72 条规定的缓刑制度,即对于被判处拘役、3 年以下有期徒刑的犯罪分子,根据犯罪分子的犯罪情节和悔罪表现,适用缓刑确实不致再危害社会的,可以宣告缓刑的规定,则是直接根据犯罪分子人身危险性的大小进行量刑的具体表现。

另一方面,我国长期以来的刑事政策和司法实践也坚持了刑罚个别化原则。2010 年最高人民法院《关于贯彻宽严相济刑事政策的若干意见》中明确规定,严惩严重刑事犯罪,必须充分考虑被告人的主观恶性和人身危险性。对于事先精心预谋、策划犯罪的被告人,具有惯犯、职业犯等情节的被告人,或者因故意犯罪受过刑事处罚、在缓刑、假释考验期内又犯罪的被告人,要依法严惩,以实现刑罚特殊预防的功能(第 10 条);对于所犯罪行不重、主观恶性不深、人身危险性较小、有悔改表现、不致再危害社会的犯罪分子,要依法从宽处理(第 16 条)。

在追求刑罚个别化时,最重要的是要注意罪犯人身危险性的测定问题。所谓人身危险性,指的是罪犯对社会构成的威胁,即其再犯的可能性。关于罪犯的人身危险性的测定,只能根据罪犯的个人情况进行大致的测定。总结国内外的法律规定和司法实践经验,可发现测定罪犯的人身危险性的材料主要是罪犯的犯前情况、犯中情况和犯后情况。

犯前情况,包括罪犯的犯罪原因和罪犯的一贯表现等。犯罪人犯罪的原因是多种多样的,有的人是因为生活坎坷,屡遭挫折而走上犯罪道路;有的人是单纯为满足个人欲望而走上犯罪道路。从犯罪人的犯罪原因中,可以看出犯罪人犯罪意识的强弱,从而预测其再犯的可能性。犯罪人的一贯表现也能表明犯罪人犯罪的意识,那些经常违法、屡教不改的累犯和惯犯,其犯罪意识已经根深蒂固,甚至已经成癖,其再犯的可能性大于一般人。

犯中情况是指罪犯在犯罪过程中的情况。犯罪人自觉放弃犯罪,或者有效地防止犯罪结果的发生,表明其有弃恶从善的心理,其再犯的可能性较小。反之,罪犯在犯罪过程中,伪造现场,负隅顽抗,杀人灭口甚至订立攻守同盟,则表明其主观恶性较深,再犯的可能性较大。

犯后情况是指犯罪人犯罪后及在行刑中的表现。犯罪人在犯罪后主动坦白、自首甚至立功,积极退还赃款,尽力弥补因为犯罪造成的损失,说明犯罪人有认罪伏法、悔过自新的心理再犯可能性较小;相反地,犯罪人百般抵赖,拒不交代犯罪事实,则说明其再犯的可能性较大。

以上三种情况是对司法实践中一般经验的总结,在具体量刑过程中,需要审判人员根据案情和犯罪人的个人情况,全面分析,通盘考虑,酌定量刑。

(三) 罪刑均衡原则与刑罚个别化原则的关系

罪刑均衡强调量刑时要考虑犯罪的客观社会危害性,相反地,刑罚个别化注重犯罪人的人身危险性,这二者虽然都统一于对犯罪的评价,但并不是一个层面上的概念。罪刑均衡原则是决定性原则,而刑罚个别化原则是修正性的补充原则。换言之,罪刑均衡原则是刑罚个别化原则的前提和基础。犯罪的社会危害性主要通过犯罪行为本身以及与犯罪有直接联系的情节反映出来,因此,在量刑时,首先必须考虑行为的社会危害性的大小,否则会使量刑失去客观的衡量标准,造成主观臆断,破坏法治的稳定和统一。刑罚个别化原则是罪刑均衡原则必不可少的补充。因为,刑罚的目的最终还是预防犯罪。而要实现这一目的,就必须从根本上消除人的主观恶性或者人身危险性。由于人的遗传素质和成长环境的不同决定了各人的主观恶性或者人身危险性的差异,完全同罪同罚的报应刑观念是难以实现这一目的的。因此,在具体量刑时,司法人员应将罪刑均衡原则和刑罚个别化原则结合起来,综合考虑。对人身危险性较大的犯罪分子,应当在根据罪刑均衡原则确定的刑罚幅度内从严处罚;对于人身危险性较小的犯罪分子,应当在根据罪刑均衡原则确定的刑罚幅度内从宽处罚;对于没有人身危险性的犯罪分子,由于没有特殊预防的必要,可以不判处刑罚或者不执行刑罚。

第二节 量刑情节及其适用

所谓量刑情节,就是审判机关对犯罪分子量刑时应当考虑的、决定量刑轻重或者免除刑罚的各种情况。

量刑情节与定罪情节不同。所谓定罪情节,是刑法分则条文中作为某种犯罪构成要件的情节。如刑法第246条规定的侮辱或者诽谤行为,只有"情节严重的",才能构成犯罪,这里的"情节"就是作为侮辱罪或者诽谤罪的构成要件的"定罪情节",它是表明侵害行为的社会危害性程度相当严重,已经符合犯罪的主、客观事实特征。定罪情节与量刑情节的不同之处在于:定罪情节一般[2]只反映行为本身所具有的客观的社会危害性,而量刑情节既反映行为的社会

---

[2] 之所以说是"一般",主要是因为我国刑法中存在少数因行为人主观恶性重而影响定罪的情形,如刑法第351条规定,非法种植罂粟、大麻等毒品原植物,经公安机关处理后又种植的,构成非法种植毒品原植物罪。其实,从客观角度来讲,非法种植罂粟500株以上不满3000株或者其他毒品原植物数量较大的,才能构成犯罪;但是,按照以上规定,即便非法种植毒品原植物没有达到以上程度,但"经公安机关处理后又种植的"也构成犯罪。这实际上就是考虑了行为人主观恶性而定罪的表现。

危害性也反映犯罪分子的人身危险性;定罪情节只是存在于犯罪行为之前或者之中,犯罪行为完成之后的事实不影响定罪,因此,不可能成为定罪情节,但量刑情节既可以存在于犯罪行为之前和之中,也可以存在于犯罪行为之后。因此,不能将二者混为一谈。而且,在某个情节被作为定罪情节适用之后,就不得再作为量刑情节加以适用,否则就违反了禁止重复评价原则。[3] 如刑法第 274 条规定,敲诈勒索公私财物,数额较大的,处 3 年以下有期徒刑、拘役或者管制;数额巨大或者有其他严重情节的,处 3 年以上 10 年以下有期徒刑。假定"数额较大"的起点为 2000 元,"数额巨大"的起点为 3 万元。在某人欺诈勒索他人 3 万元的场合,该 3 万元就是"数额巨大"型敲诈勒索罪的定罪条件,法院在确定对行为人在 3~10 年有期徒刑的范围内量刑之后,不得再将 3 万元作为量刑情节加以考虑。

量刑情节,以是否由法律明文规定为标准,可分为法定量刑情节和酌定量刑情节。

一、法定量刑情节

法定量刑情节是法律明文规定的情节,包括刑法总则规定的对各种犯罪共同适用的情节和刑法分则规定的对各特定犯罪适用的情节。根据各种情节在量刑中所起的作用的不同,可以将其分为从重处罚情节、从轻处罚情节、减轻处罚情节和免除处罚情节。

(一)从重处罚情节

从重处罚情节,是指反映社会危害性和人身危险性程度较大,从而对犯罪人必须从重处罚的不利情节。所谓从重处罚,根据刑法第 62 条的规定,是指在法定刑限度之内,对犯罪分子判处相对较重的刑罚,它既可以是在法律规定的数个刑种中对犯罪分子适用较重的刑种,也可以是在法律规定的刑罚幅度之内对犯罪分子适用较长的刑期。

法律规定的从重处罚情节,都是"应当"从重处罚的情节。根据刑法的相关规定,其可以分为两大类:一类是刑法总则中规定的从重处罚情节,其适用于绝大多数犯罪。如教唆不满 18 周岁的人犯罪的教唆犯、累犯。另一类是刑法分则中规定的从重处罚情节。如策动、胁迫、勾引、收买国家机关工作人员、武装部队人员、人民警察、民兵进行武装叛乱或者武装暴乱的;掌握国家秘密的国家工作人员叛逃的;武装掩护走私的;伪造货币并出售或者运输伪造的货币的;奸淫不满 14 周岁的幼女的;猥亵儿童的;国家机关工作人员犯诬告陷害罪的;司法工作人员滥用职权,犯非法搜查罪的;犯刑讯逼供、暴力取证罪,致人死亡的;等等。

在理解和适用从重处罚情节时,必须注意几个问题:(1)这里的"法定刑",是指和犯罪分子所犯罪行和法定情节相对应的刑法条款所规定的量刑幅度。具体来说,如果所犯罪行的刑罚,

---

[3] 禁止重复评价是指对案件的同一事实涉及不同量刑情节的,不能对该事实进行刑罚上的重复评价,以免过度加重或减轻被告人的刑罚。禁止重复评价主要包含两方面的内容:(1)已经作为定罪、升降格条件处理的量刑事实不能再作为从重处罚的量刑情节。案件事实有不同的种类:第一类是符合犯罪构成要件的犯罪事实;第二类是作为选择法定刑依据的犯罪事实;第三类是在既定法定刑之下影响具体量刑的情节。前两类事实发挥了各自的作用后,就不能再作为第三类的量刑情节予以考虑。例如,我国刑法第 263 条规定,具有持枪抢劫、在公共交通工具上抢劫、抢劫金融机构等法定情节的,处 10 年以上有期徒刑、无期徒刑或者死刑。上述情节作为升格量刑情节适用后,就不能在确定宣告刑时再次作为从重处罚、增加被告人刑罚的依据。(2)同一事实涉及两个量刑情节时,不得同时用以调节刑罚。例如,对于既是毒品再犯又是累犯的被告人,在引用法律条文时,要同时引用毒品再犯和累犯的条文,但不能两次对被告人进行从重处罚,可以选择从重幅度更大的情节进行适用。

分别规定有几条或者几款时,以其罪行应当适用的条或者款中规定的刑罚幅度作为"法定刑";如果同一条文中有几个量刑幅度,以其罪行应当适用的量刑幅度作为"法定刑";如果只有单一的量刑幅度,此即为"法定刑"。[4] (2)从重处罚不是加重处罚,不能超越法定刑的限度,不允许在法定最高刑以上判处刑罚。(3)从重处罚并不等于都判处重刑,换言之,不是一定要判处法定最高刑或者一定要在某个刑法条文规定的最高刑和最低刑之间所划分的"中间线"以上量刑,而是仅比犯罪人不具有某个从重处罚情节时所判处的刑罚相对重一些而已。

(二)从轻处罚情节

从轻处罚情节,是指反映社会危害性和人身危险性程度较小,从而对犯罪人要从轻处罚的情节。所谓从轻处罚,根据刑法第 62 条的规定,就是在法定刑的范围内,判处相对较轻的刑罚,它既可以是在几个刑种之内适用较轻的刑种,也可以是在某一刑罚幅度内判处较短的刑期(或者较少的数额)。

我国刑法中,法定从轻处罚情节包括两类:一类是"应当"从轻处罚的情节,包括已满 12 周岁不满 18 周岁的人犯罪;已满 75 周岁的人过失犯罪,共同犯罪中的从犯等。另一类是"可以"从轻处罚的情节,包括预备犯、已满 75 周岁的人故意犯罪、尚未完全丧失辨认或者控制自己行为能力的精神病人犯罪、未遂犯、被教唆的人没有犯被教唆的罪的教唆犯、犯罪后自首、犯罪后有立功表现等。

理解和适用从轻处罚时也应当注意几个问题:一是这里的"法定刑",是指和犯罪分子所犯罪行和法定情节相对应的刑法条款所规定的量刑幅度;二是从轻处罚必须在法定最高刑和最低刑之间量刑,不能超越法定刑的限度在法定最低刑以下判刑;三是从轻处罚不等于要判处轻刑。换言之,不是一律判处法定最低刑或者一定在某个刑法条文规定的最高刑和最低刑之间所划分的"中间线"以下处刑,而仅仅是比犯罪人不具有某个从轻处罚情节时所要判处的刑罚相对轻一些而已。

(三)减轻处罚情节

减轻处罚情节,是指反映社会危害性和人身危险性程度较小,从而要对犯罪人在最低法定刑以下适用刑罚的情节。所谓减轻处罚,根据刑法第 63 条的规定,是指低于法定最低刑进行处罚。与从轻处罚不同,它突破了法定刑的最低限度。减轻处罚既可以从较重的刑种减轻到刑法分则条文未规定的较轻的刑种,也可以从较长的刑期减轻到分则条文未规定的较短的刑期。

减轻处罚分为两种:一种是一般减轻,即刑法第 63 条第 1 款所规定的对分则所规定的犯罪普遍适用的减轻处罚情节。其中,包括法定"应当"减轻的情节和法定"可以"减轻的情节两种类型。法定"应当"减轻的情节,如已满 12 周岁不满 18 周岁的人犯罪的;已满 75 周岁的人过失犯罪的;正当防卫超过必要限度的;紧急避险超过必要限度的;造成损害的中止犯;共同犯罪中的从犯;共同犯罪中的胁从犯;等等。法定"可以"减轻处罚的情节,如在我国领域外犯罪,依照刑法应当负刑事责任,但在国外已受过刑罚处罚的;已满 75 周岁的人故意犯罪;尚未完全丧失辨认或者控制自己行为能力的精神病人犯罪;又聋又哑的人或者盲人犯罪;预备犯;未遂犯;

---

[4] 高铭暄、马克昌主编:《刑法学》(第 10 版),北京大学出版社 2022 年版,第 255 页。

被教唆的人没有犯被教唆之罪的教唆犯;犯罪后自首;犯罪后立功;等等。

另一种是特殊减轻,即刑法第63条第2款规定的减轻处罚,其中规定:"犯罪分子虽然不具有本法规定的减轻处罚情节,但是根据案件的特殊情况,经最高人民法院核准,也可以在法定刑以下判处刑罚。"适用这种减轻处罚,必须符合以下两个条件:第一,从实体上看,存在"案件的特殊情况"。所谓特殊情况,既包括国家政治、外交、国防、宗教、民族、统战等方面的特殊需要,也包括案件其他方面的特殊情况。根据案件的具体情况,对被告人判处法定刑的最低刑还是过重,如果不在法定最低刑以下判刑,就不能做到罪刑相适应的,也可以说案件有特殊情况。[5] 第二,从程序上看,适用特殊减轻,首先必须由地方各级人民法院在审理时提出建议,然后由最高人民法院核准,以保证这种特殊减轻的权力不被滥用。

在适用刑法第63条所规定的减轻处罚规定时,应当注意以下问题:

1. 这里的"法定刑",是指和犯罪分子所犯罪行和法定情节相对应的刑法条款所规定的量刑幅度。

2. 减轻处罚中的法定刑以下,不包括本数在内。虽然刑法第99条规定"本法所称以上、以下、以内,包括本数",但是,对于第63条中所指的"以下",应当限制解释,不能包括本数,即减轻处罚是低于法定最低刑判处刑罚;否则,减轻处罚和从轻处罚在适用上就会重叠从而无法区分。

3. 减轻处罚既包括刑种的减轻,也包括刑期的减轻。至于如何减轻,应当联系法定最低刑的具体情况来决定:

（1）刑法规定有数个量刑幅度的,应当在法定量刑幅度的下一个量刑幅度内判处刑罚。如刑法第232条故意杀人罪的正常量刑幅度为"死刑、无期徒刑或者10年以上有期徒刑"。若对一个普通的、没有其他较轻情节的故意杀人行为减轻处罚,只能在下一个量刑幅度即"3年以上10年以下有期徒刑"的范围内进行。

需要注意的是,刑法第63条虽然规定在有多个量刑幅度时,应当减轻即在"法定刑"以下量刑,但没有明确具体减轻多少,这会导致法官无所适从。对此,有人主张,应当以我国刑法分则在有关法定刑的刑种间或者刑度内划分出来的一定量的等级为标准,划分出量刑格,然后以此量刑格为依据,决定减轻处罚的幅度。我国刑法分则是这样体现量刑格的:从法定最高刑归列,其量刑格有9个等级,即1年、2年、3年、5年、7年、10年、15年、无期徒刑、死刑;从法定最低刑归列,其量刑格也有9个等级,即无期徒刑、10年、7年、5年、3年、1年、6个月有期徒刑、拘役、管制。综合以上两种归列,刑法中共有12个基本等级的量刑格,即管制、拘役、6个月、1年、2年、3年、5年、7年、10年、15年、无期徒刑、死刑。减轻处罚,只能是在法定最低刑的下一格进行处罚,而不能跳跃式地减轻。如就情节较轻的故意杀人罪而言,其法定最低刑为3年有期徒刑。如果具有减轻情节的话,只能在3年以下2年以上这一格之内量定刑罚,而不能越过这一格量刑。[6] 本书同意这种观点。不这样考虑,就会导致法官自由裁量权的滥用。如法定最低刑为10年有期徒刑的,在没有限制的情况下,可能减至1年有期徒刑,这显然没有做到罪刑均

---

[5] 最高人民法院刑事审判第二庭编:《经济犯罪审判指导与参考》(总第2卷),人民法院出版社2003年版,第1页。
[6] 徐海风、辛方玲:《论刑罚的量刑格及其意义》,载《法学》1991年第2期。

衡。减轻处罚,应当有限度上的限制的观点,已经为最高司法机关所认可。[7]

(2)如果刑法分则某条文中规定的法定最低刑是该刑种的最低限,那么减轻处罚,就必须减轻到另一较轻的刑种。如刑法第252条规定的侵犯通信自由罪,其法定最低刑为拘役。如果减轻处罚的话,则可以判处管制,但不得低于管制。

(3)如果刑法分则某条文规定的法定最低刑并非该刑种的最低刑,那么,减轻处罚就要在该条文规定的最低限以下判处,但不得低于该刑种的最低限。如刑法第236条规定的强奸罪的最低刑期是3年有期徒刑,若要减轻处罚,则只能判处3年以下有期徒刑,但不能低于有期徒刑的最低限即6个月。

(4)如果刑法分则在某条文中规定的法定最低刑为管制,要减轻处罚,则只能宣告免予处罚。因为再没有比管制更轻的刑种了。

(四)免除处罚情节

所谓免除处罚,亦称免予刑事处分,是指根据法定事由,经过一定法律程序,对犯罪人作有罪宣告,但不再适用刑罚。免除处罚以行为人的行为构成犯罪为前提,只是因为犯罪情节轻微不需要判处刑罚,或者有法定的免予处罚情节,所以才免除处罚。在这一点上,其与免除执行刑罚不同。免除执行刑罚是指对犯罪人判处一定刑罚部分执行之后宣告缓刑或假释,在缓刑、假释考验期满后,原判刑罚不再执行,或者在刑罚执行过程中遇到特赦等情况,原判刑罚不再执行。

根据我国刑法规定,免除处罚情节有"应当"免除处罚的情节和"可以"免除处罚的情节之分。前者如正当防卫超过必要限度的;紧急避险超过必要限度的;中止犯;共同犯罪中的从犯;共同犯罪中的胁从犯;等等。后者包括在我国领域外犯罪,依法应当负刑事责任,但在外国已经受过刑罚处罚;又聋又哑的人或者盲人犯罪;预备犯;犯罪较轻且自首;犯罪后有重大立功表现;等等。

二、酌定量刑情节

酌定量刑情节,简单地说,就是法律没有明文规定,但对量刑具有影响的情节。由于其不是刑法明文规定的情节,所以,在适用的强制性上不如法定情节,其对量刑的影响作用也弱于法定情节。从理论上讲,凡是定罪情节和法定量刑情节以外的,能够表明行为的社会危害性和行为人人身危险性及其程度的主客观事实,都属于酌定量刑情节,因而酌定量刑情节是多种多样的,但在刑事审判实践中常见的酌定量刑情节,主要有以下几种:

1. 犯罪的手段和方法。在刑法未将犯罪的方法、手段规定为犯罪构成要件要素的情况下,犯罪手段虽然不影响定罪,但对量刑有一定的影响。如犯罪分子的手段和方法极为残忍或者极为狡猾、隐蔽,则其比一般原始、简单的手段方法所反映出来的社会危害性更大,对他们的处

---

[7] 2021年最高人民法院、最高人民检察院《关于常见犯罪的量刑指导意见(试行)》中规定:"量刑时应当充分考虑各种法定和酌定量刑情节,根据案件的全部犯罪事实以及量刑情节的不同情形,依法确定量刑情节的适用及其调节比例",同时,该文件详细规定了数种常见罪名在减轻处罚时所应考虑的具体比例,如"已满十二周岁不满十六周岁的未成年人犯罪,减少基准刑的30%~60%;已满十六周岁不满十八周岁的未成年人犯罪,减少基准刑的10%~50%"。可见,减轻处罚是有程度上的限制的。

罚也应当有所区别,即对前者的处罚要重于后者。同样,即便是造成同样的侵害结果,采用共同犯罪的形式的场合就比单独犯场合的社会危害性要大得多,因此,对这两种场合的处罚就不得不有所区别。

2. 犯罪的侵犯对象。在法律未将特定对象规定为犯罪构成要件要素的情况下,侵犯对象的差别也能体现行为社会危害程度的差别,从而影响量刑的轻重。一般来说,破坏国家重要设施、重要物品的行为,比侵害一般物品行为的社会危害性要大;对老弱病残的人的犯罪比对身强力壮的人的犯罪更容易激起一般人的处罚意愿。

3. 犯罪的损害结果。犯罪的损害结果不仅影响定罪,也影响量刑。例如,同是侵犯他人财产的行为,对数额较大者的处罚显然要重于较小者;同是故意伤害他人身体者,对程度重者的处罚通常要重于轻者;同是渎职犯罪,对引起较重后果者的处罚显然要重于较轻者。

4. 犯罪的时间、地点。犯罪的时间、地点在某些犯罪中是定罪情节,但在多数犯罪中则是酌定量刑情节。如光天化日之下的街头犯罪比在黑夜偏僻地方的犯罪更能体现罪犯的人身危险性;在抢险救灾时犯聚众扰乱交通秩序,比在平常时间、地点实施同样行为具有更大的社会危害性。

5. 犯罪的动机。犯罪动机也能体现犯罪分子的主观恶性的大小。例如,出于看病动机的盗窃他人财物行为,比出于购买奢侈品供自己享受动机而盗窃他人财物的行为更容易让人同情;出于防盗动机而非法设置电网致他人死亡的危害公共安全犯罪,比出于泄愤动机而危害公共安全的犯罪的主观恶性要轻;同样,出于正当防卫、紧急避险的动机而误杀或者损害他人生命财产的犯罪通常要比没有这些因素的犯罪的处罚要轻。

6. 犯罪后的态度。犯罪分子犯罪后的态度体现了行为人主观恶性的大小,因此对于量刑具有极大影响。一般来说,犯罪后真诚坦白、彻底交代罪行、积极退赃、主动赔偿损失,采取减轻危害后果的措施的人会受到从宽处罚;相反地,犯罪后拒不认罪、顽抗到底,或者订立攻守同盟、有赃不退、毁灭罪证、对被害人家属拒不道歉的人则会被从严处罚。

7. 犯罪人的一贯表现。平时一贯藐视法律,或者一贯道德败坏、品质恶劣或者有多次违法犯罪记录的人,和平时表现良好,此次犯罪纯属偶然或者事出有因的人相比,多半会受到较重的处罚。但要注意的是,犯罪人未成年时的前科不能作为后罪的酌定从重处罚情节。这一点法律尽管没有明文规定,但从犯罪人未成年时的前科在任何时候都不与后罪组合评价构成累犯的规定(刑法第65条第1款)中能够推知,同时,我国已经加入的《联合国少年司法最低限度标准规则》第21条第2款规定"少年罪犯的档案不得在其后的成人讼案中加以引用",这也意味着,不得依据未成年人的犯罪记录即前科对其后罪进行从重处罚。

三、量刑情节的适用

(一)多功能情节的适用

所谓多功能情节,是指具有从轻或者减轻处罚两种功能甚至从轻、减轻或者免除处罚三种功能的情节。适用多功能情节的核心,是如何从某一量刑情节所包含的多种功能中选择其一,并将其适用于具体案件的刑罚裁量中。具体来说,应按照以下方式进行:

首先,应根据罪行的轻重决定各种功能的取舍。对于危害严重的犯罪,应选择较重的从严功能或较轻的从宽功能;相反,对于危害较轻的犯罪,应选择较轻的从严功能或较重的从宽功能。例如,同是未成年人犯罪,甲盗窃巨额财产,乙仅盗窃数额较大的财产,对甲可选择从轻处罚,对乙可选择减轻处罚。同样,同是杀人未遂,但甲致被害人重伤,乙致被害人轻伤,丙未给被害人造成任何伤害的场合,对甲、乙可以选择从轻处罚,而对丙可以选择减轻处罚。

其次,应依据量刑情节本身的情况,选择具体的功能。如同样是自首情节,但投案的动机、时间、方式、如实供述罪行的程度以及悔罪表现等情况,对于决定是从轻处罚还是减轻处罚具有重大影响;同样,就立功情节而言,立功的大小、次数、内容、来源、效果等情况,对于确定从宽的幅度,也具有意义。

最后,注意多功能情节所包含的不同功能的排列顺序。这些排列顺序,不是随意安排的,而是充分反映了立法者的意志倾向,在适用时必须充分考虑。如刑法第22条规定,对于预备犯,可以比照既遂犯从轻、减轻或者免除处罚。所以,对于预备犯,首先应当考虑从轻处罚,如果根据具体案情从轻处罚还是过重,再考虑减轻或免除处罚。

(二)量刑情节竞合时的适用

所谓量刑情节的竞合,是指同一案件中并存数个量刑情节。其中,有同向竞合与逆向竞合之分。同向竞合,是指并存两个以上的从宽情节或从严情节;逆向竞合,是指在两个以上并存的情节中,既有从宽情节,又有从严情节。在数个量刑情节竞合时,应特别注意以下两点:

首先,在多个量刑情节同向竞合时,采取相加的方法。[8] 如未成年人犯盗窃罪之后自首的,必须将两个从宽情节相加,对行为人予以较大幅度的从宽处理。但不能任意改变量刑情节的功能。如就上述举例而言,除非存在刑法第63条第2款所规定的需要特殊减轻的情况,原则上只要适当予以较大幅度的从轻处罚即可,不允许将数个从轻处罚情节变更为一个减轻处罚情节。相反地,也不能将数个从严处罚情节变更为"情节特别严重"而升格其法定刑。

其次,在多个量刑情节逆向竞合时,采用相减的方法。[9] 其具体做法是,在量刑情节逆向竞合时,对正反双方的每个情节影响处罚轻重的分量和作用,进行分析和评估,分别确定各自的比例,然后将轻重比例等量抵消,剩下的只能是或轻或重的情节比例。对此,司法实践中的做法是,[10] 将各种量刑情节数量化为"调节比例"。如其规定,已满16周岁不满18周岁的人犯罪,减少基准刑的10%~50%;从犯,减少基准刑的20%~50%,其中犯罪较轻的,减少基准刑的50%以上或者依法免除处罚;犯罪对象为未成年人、老年人、残疾人、孕妇等弱势人员的,综合考虑犯罪的性质、犯罪的严重程度等情况,可以增加基准刑的20%以下;自首的,可以减少基准刑的40%以下,其中犯罪较轻的,可以减少基准刑的40%以上或者依法免除处罚。因此,假定某案件被告人是未成年人,可以减少基准刑的50%,又是从犯,可以减少基准刑的20%,犯罪对象为孕妇,可以增加基准刑的10%,同时又有自首情节,可以减少基准刑的10%,则其最终

---

[8] 2021年最高人民法院、最高人民检察院《关于常见犯罪的量刑指导意见(试行)》第2条第2款第2项。

[9] 在从宽处罚情节与从严处罚情节并存的情况下,该如何处理,理论上众说纷纭。有"整体综合判断说""分别综合判断说""优势情节适用说""绝对抵消说""抵消及排斥结合说"等。具体内容参见孙国祥主编:《刑法学》(第2版),科学出版社2012年版,第230~231页。本书采用了最高人民法院、最高人民检察院《关于常见犯罪的量刑指导意见(试行)》第2条第2款第2项规定的"同向相加、逆向相减"的处理方法。

[10] 2021年最高人民法院、最高人民检察院《关于常见犯罪的量刑指导意见(试行)》第3条。

的减轻比例为：1 – 50% – 20% + 10% – 10% = 30%。

(三)总则情节与分则情节、行为情节与行为人情节的适用

量刑情节当中，既有对所有犯罪都适用的总则情节，也有仅对具体犯罪适用的分则情节；既有针对行为本身的情节，也有只针对行为人本身的量刑情节。它们在适用上也有轻重缓急之分。

就总则情节与分则情节的适用而言，应当先分则情节，后总则情节。这主要是基于特殊法优于普通法的原则而得出的结论。从刑法总则与分则的关系来看，总则规定的内容属于普通法，而分则规定的内容属于特殊法。依此类推，在行为人所具有的数个量刑情节分属于刑法总则和分则所规定的不同内容时，应当优先考虑分则的适用。

就行为情节与行为人情节而言，应当先行为情节，后行为人情节。所谓针对行为人的量刑情节，是指不是基于行为人的特定行为作出的，而是针对行为人本身的特定情况所规定的量刑情节，如立功、又聋又哑的人、盲人、未成年人。除此以外，都是针对行为的量刑情节。之所以这样考虑，主要是因为，尽管刑罚的目的是预防犯罪，但这种目的只能在罪刑均衡的范围之内实现，否则就会使量刑失去公平正义。而体现量刑的公平正义的客观基础就是行为本身的客观危害。因此，在行为情节和行为人情节竞合时，应首先考虑行为情节。

(四)适用于数罪的量刑情节的适用

实践中，存在这样的情况，即一人犯数罪，同时具有多个不同的量刑情节，有的量刑情节只涉及个罪，有的量刑情节涉及所犯数罪的情形。就只涉及个罪的量刑情节而言，其效力当然只涉及相关个罪。但涉及所犯数罪的量刑情节该如何适用就成为问题。对此，2021年最高人民法院、最高人民检察院《关于常见犯罪的量刑指导意见(试行)》第2条第2款第3项规定："被告人犯数罪，同时具有适用于个罪的立功、累犯等量刑情节的，先适用该量刑情节调节个罪的基准刑，确定个罪所应判处的刑罚，再依法实行数罪并罚，决定执行的刑罚。"如被告人犯了故意伤害罪和抢劫罪，同时被告人具有立功情节，那么，立功情节应当分别对故意伤害罪和抢劫罪的基准刑进行调节，分别确定各自的宣告刑之后，再依法进行并罚，决定执行的刑罚。

第三节　量刑方法

量刑方法，是指量刑的步骤、程序和手段的总和。通俗地说，就是根据犯罪的事实以及罪犯个人的情况，按照法律的相关规定，给罪犯判处适当的刑罚。目前，我国理论上正在探索和司法实践当中正在使用的量刑方法，主要有以下几种。

一、综合估量式的量刑方法

这种量刑方法又被称为"经验操作法"或者"估堆法"，其是指审判人员凭借自己对法律规定的理解和过去的办案经验，对罪犯进行量刑的一种方法。一般做法是：审判人员先审理案件，熟悉案情，在法定刑的范围之内，参照过去司法实践的经验，大致估量出对具体案件的罪犯

应当判处的刑罚,接着再考虑案件中存在的从重、从轻、减轻和免除处罚的情节,最后通过综合估量,确定对罪犯应当判处的宣告刑。

综合估量式的量刑方法最大的好处是能充分发挥审判人员的主观能动性,凭借自己的审判经验应对各种案件的量刑。但这种量刑方法的弊端也是极为明显的。由于它是完全听凭审判人员的主观经验进行量刑的方式,这样会使量刑不可避免地受到审判人员的政治素质、业务素质和心理素质的影响,产生主观上的随意性,从而出现微观上的量刑偏差和宏观上的量刑不平衡。并且,这种情况已经出现。因此,对综合估量式的量刑方法进行改进,用更先进的量刑方法取代它,已经成为大势所趋。

二、数量化的量刑方法

所谓数量化的量刑方法,就是借助数学方法进行量刑。目前,尝试通过建立各种数学模型,并借助电子计算机进行量刑的方式引人注目,但这些模型均未获普遍推广应用。这里,介绍其中一种比较有影响的量刑方法。[11] 其具体做法是:

首先,在观念上将确定的法定刑看作一个具有特定上下限度和宽窄幅度的量刑空间,并将其分为若干刻度,以明确一个刻度等于多少不同性质的刑罚量。具体做法是,将法定刑空间平均划分为200个刻度,将其中每个刑种在扣除其"起刑期"之后按轻重顺序表示为若干刻度,并且将死刑、无期徒刑、拘役和管制四种刑罚虚拟为有期徒刑。换言之,将拘役1个月虚拟为徒刑1个月;将管制2个月虚拟为徒刑1个月;将无期徒刑虚拟为15年到20年即60个月的徒刑;将死刑虚拟为20年到25年即60个月的徒刑。附加刑不能虚拟为徒刑。这样,每一个刻度所体现的不同性质的刑罚的量,就可以计算出来,即虚拟徒刑的总月数÷法定刑空间200个刻度=每个刻度所体现的不同性质刑罚量("刻度月")。

其次,对案件确有的每个量刑情节逐一进行理性评价,分别用一定积分将不同评价结果表示出来。在对量刑情节进行量化的时候,采用定性与定量相结合的方法,进行两个层面的等级评价。首先通过外部比较,评价特定情节在量刑中的重要程度;其次通过内部比较,评价该情节在案件中的具体表现。两次评价所得的积分之和,就是一个量刑情节的整体积分,它表明情节影响处罚轻重的程度。如在某寻衅滋事案件中,只有累犯这个从重处罚情节。累犯和偶犯、初犯、再犯、重犯相比,对量刑影响大,故第一次评价为"特别重要情节",积20分。又因为同样是累犯,但刑满释放不久就犯罪与刑满释放后三四年才犯罪、累犯重罪和累犯轻罪的人的人身危险程度也不同。上述案件中,由于被告人是刑满释放不久又犯重罪,故第二次评价为"危险特别严重",积25分,两次评价所得的积分之和为45分。如果案件同时具有从宽和从重处罚情节,再将轻重积分按照1:1等量抵消。

最后,将所剩下的或轻或重的情节积分以法定刑"中间线"为起点,寻找最佳量刑适度。如就上述有累犯情节、积45分的某寻衅滋事案件而言,从法定刑的"中间线"(第101个刻度)开始向上读数,第45个刻度便是从重处罚的最佳适度。由于寻衅滋事罪的法定刑为5年以下有期徒刑、拘役或者管制,故虚拟徒刑为70个月。如果划分为200个刻度,则每个刻度为0.35个

---

[11] 赵廷光:《量刑公正实证研究》,武汉大学出版社2005年版,第15页以下。

月。这样,其宣告刑为:(从重处罚空间 100 刻度 + 从重处罚积分即 45 分 - 拘役、管制所占空间 46 个刻度)× 法定刑刻度月 0.35 + 有期徒刑起刑期 6 个月,最终结果为 3.3875 年。[12]

上述数量化的量刑方法是我国目前在量刑方法问题上研究比较深入的一种,而且已经被部分地应用于实践。这种方法对于克服传统的经验式量刑方式所具有的量刑畸轻畸重、量刑过程不透明的不足、消除量刑的不平衡而言,具有重要意义。但是,这种量刑方法在将量刑情节量化的问题上,存在很多需要进一步探讨的地方。如在量刑时候所要考虑的情节,事先在评价系统中是否能完全穷尽;每个情节具体量化到什么程度才合适,这些都值得进一步探讨。这其实也是对所有试图通过量化方式解决量刑问题的考虑的疑问。

三、《关于常见犯罪的量刑指导意见(试行)》中的量刑方法

为进一步规范刑罚裁量权,贯彻落实宽严相济的刑事政策,增强量刑的公开性,实现量刑均衡,维护司法公正,根据刑法和刑事司法解释的有关规定,结合审判实践,最高人民法院、最高人民检察院于 2021 年 6 月 16 日颁布了《关于常见犯罪的量刑指导意见(试行)》(以下简称《量刑指导意见》)。关于量刑的基本方法,该意见规定,应当以定性分析为主,定量分析为辅,依次确定量刑起点、基准刑和宣告刑,并据此将量刑过程和步骤分为三大步:一是根据基本犯罪构成事实在相应的法定刑幅度内确定量刑起点;二是根据其他影响犯罪构成的犯罪数额、犯罪次数、犯罪后果等犯罪事实,在量刑起点的基础上增加刑罚量确定基准刑;三是根据量刑情节调节基准刑,并综合考虑全案情况,依法确定宣告刑。以下分别说明。

首先确定基准刑。所谓基准刑,是指在不考虑各种法定和酌定量刑情节的前提下,根据基本犯罪事实的既遂状态所应判处的刑罚。确定基准刑是整个量刑过程中最为关键的环节,是一个逐步寻找和确定的过程:第一步是根据基本犯罪构成事实在相应法定刑幅度内确定量刑起点。《量刑指导意见》对常见罪名的不同法定刑幅度内的量刑起点均作出了规定,法官只要根据案件的具体情况在相应的量刑起点幅度内确定具体的量刑起点即可。如《量刑指导意见》规定,故意伤害致 1 人轻伤的,可在 2 年以下有期徒刑、拘役幅度内确定量刑起点,根据具体案情,可以确定为 6 个月、7 个月,也可以是 2 年,当然,法官需要结合具体案件的犯罪手段、犯罪情节、当地的社会治安现状和同类案件的判刑情况等综合考虑,犯罪危害性不同的案件,量刑起点也应该不一样。第二步是根据其他影响犯罪构成的犯罪数额、犯罪次数、犯罪后果等犯罪事实增加刑罚量,在量刑起点的基础上确定基准刑。如张三在路边卖水果,李四强拿硬要,张三遂拿砖头往李四面部猛砸致其当场流血倒地。张三逃离现场,第二天被父亲送至公安机关投案。经鉴定,李四所受损伤系重伤,构成 8 级残疾,根据《量刑指导意见》,犯罪情节一般,故意伤害致一人重伤的,量刑起点为 3 年至 5 年有期徒刑。假定将 3 年确定为该案的量刑起点,然后,根据其他影响犯罪构成的犯罪数额、犯罪次数、犯罪后果等犯罪事实增加刑罚量,在量刑起点的基础上确定基准刑。张三故意伤人造成被害人 8 级残疾,据此确定张三上述行为的基准刑为 4 年有期徒刑。

此后确定宣告刑。所谓宣告刑,就是人民法院根据量刑情节对基准刑进行调节之后,对罪

---

[12] 赵廷光:《量刑公正实证研究》,武汉大学出版社 2005 年版,第 427~428 页。

犯最终宣告的刑罚。常见量刑情节对刑罚的影响效果,《量刑指导意见》中有明文规定。根据《量刑指导意见》,量刑情节调节基准刑的方法是,具有单个量刑情节的,根据量刑情节的调节比例直接对基准刑进行调节。由于量刑情节的调节比例是用百分比计算的,用数学方法可以表示为:基准刑×(1±调节比例)。比如上述案件中,被告人张三的基准刑为4年,由于其有自首情节,可减少基准刑20%,因此,宣告刑即为4年×(1-20%)=3.2年。对于多种量刑情节并存的,可以采取"同向相加、逆向相减"的方法,即都是从严情节的就将各自的调节比例依次相加,都是从宽情节的就将各自的调节比例依次相减,既有从严情节又有从宽情节的,则将从严情节所对应比例相加、从宽情节所对应比例相减,轻重抵消后确定最终调节比例,用数学方法可以表示为:基准刑×(1+从重情节的调节比例-从轻情节的调节比例)。有多少量刑情节,就加减相应的比例,得出最后的结果。

需要注意的是,有些案件当中,根据量刑情节对基准刑进行调节之后,所得结果不一定符合法律的规定,不能直接作为宣告刑。比如,被告人有多个从轻情节,调节结果完全有可能在法定最低刑以下,那么,在没有减轻处罚情节的情况下,只能以法定最低刑量刑。再如,被告人有应当减轻处罚的情节,但由于基准刑较高,以量刑情节对基准刑进行调节之后,结果可能仍然在法定刑幅度内,这种情况下,也不能直接将其作为宣告刑,而必须在法定最低刑以下量刑。根据案件的具体情况,独任审判员或者合议庭可以在20%的幅度内进行调整,调整后仍然罪刑不相适应的,提交法院的审判委员会讨论决定宣告刑。

第四节 累犯、自首、坦白和立功

一、累犯

(一)概说

所谓累犯,是指被判处一定刑罚的犯罪人,在刑罚执行完毕或者赦免之后,在法定期限之内又犯一定之罪的情况。作为量刑情节,累犯是一种特定的再次犯罪的事实;作为量刑对象,累犯是指特定的犯罪人。受过一定刑罚处罚之后一定期限之内再次犯罪,表明该犯罪分子比其他犯人具有更深的主观恶性和人身危险性,应当对其予以更严厉的处罚,唯此才能实现刑罚的特殊预防之目的。

累犯与再犯不同。一般意义上的再犯,是指再次犯罪的人,也即两次或两次以上实施犯罪的人。就再犯而言,后犯之罪在实施的时间上并无限制,既可以是在前罪刑罚执行期间实施的,也可以是在刑满释放之后实施的。累犯与再犯的相同之处主要表现为:都是两次或两次以上实施了犯罪行为。不同之处主要表现为:累犯前罪与后罪必须是故意的犯罪,而再犯的前后罪则没有此种限制;累犯以前罪受过一定的刑罚和后罪应受一定的刑罚处罚为成立条件,而再犯则没有这一要求;累犯所犯后罪,必须是在前罪刑罚执行完毕或赦免以后的法定期限内实施,而再犯的前后两罪之间并无时间限制。可见,再犯的外延大于累犯,其包含了累犯。

累犯也不同于毒品再犯。我国刑法第356条规定:"因走私、贩卖、运输、制造、非法持有毒品罪被判过刑,又犯本节规定之罪的,[13]从重处罚。"本规定被称为"毒品再犯"。这个规定,尽管限制了前后所犯之罪的罪名,但没有限制前罪和后罪被判处的刑罚,也没有规定前罪和后罪之间的时间间隔,因此,可能会出现行为人构成累犯的同时也构成毒品犯罪的再犯的情形。对此,司法实践的做法是:"对同时构成累犯和毒品再犯的被告人,应当同时引用刑法关于累犯和毒品再犯的条款从重处罚。"[14]但这种规定过于模棱两可,并没有厘清累犯与毒品再犯之间的关系。一般认为,刑法第65条规定的累犯和第356条规定的毒品再犯之间是一种特殊的法条竞合关系,即累犯是一般规定,毒品犯罪的再犯则是特殊规定。按照法条竞合的适用原则,通常情况下,可以说,毒品再犯规定应当优先于累犯规定适用。但是,由于累犯的限制条件较严、法律后果较重,不仅要从重处罚,而且不得适用缓刑、假释。换言之,累犯属于重法。这样说来,在行为人构成累犯的同时也构成毒品犯罪的再犯的场合,首先考虑择一重法适用,即以累犯处理;只有不符合累犯条件但符合毒品再犯条件的,才能按照毒品再犯处理。[15]

根据刑法第65条和第66条的规定,累犯分为一般累犯和特殊累犯。

(二)一般累犯

刑法第65条第1款规定,被判处有期徒刑以上刑罚的犯罪分子,在刑罚执行完毕或者赦免以后,在5年以内再犯应当判处有期徒刑以上刑罚之罪的,是累犯,应当从重处罚;但是过失犯罪和不满18周岁的人犯罪除外。根据这个规定,一般累犯的成立条件是:

1. 前罪和后罪都必须是故意犯罪。如果行为人实施的前后罪均为过失犯罪,或者前后罪其中之一是过失犯罪,则不能构成累犯,即我国刑法将过失犯罪排除在累犯之外。

2. 犯罪分子在犯前罪和后罪时必须年满18周岁。如果犯前罪时是不满18周岁的未成年人,即便犯后罪时年满18周岁,也不构成累犯。这主要是考虑到未成年人身心发育尚未成熟,对他们以教育为主、惩罚为辅,不宜处罚太重。但要注意的是,行为人在年满18周岁前后实施同种犯罪行为,如果18周岁后的犯罪行为与18周岁前的犯罪行为能够相互区分,且可以单独被评价为犯罪,则应当认定为"犯罪时已满18周岁"。如被告人在18周岁前后实施了多起盗窃行为,其中在18周岁后实施的盗窃行为能够区别于18周岁前的盗窃行为,且能够单独构成犯罪,应当认定为"已满18周岁的人犯罪"。在同时符合累犯其他成立要件时,可以构成累犯。[16]

---

[13] 即刑法分则第六章第七节"走私、贩卖、运输、制造毒品罪"。
[14] 2008年最高人民法院《全国部分法院审理毒品犯罪案件工作座谈会纪要》第8条。
[15] 朱建华:《毒品犯罪再犯与累犯竞合时的法律适用》,载《人民检察》2006年第17期。
[16] 不满18周岁的人犯罪不构成累犯的原则被规定在刑法第65条第1款一般累犯中,其是不是适用于刑法第66条即特殊累犯的规定以及刑法第356条即毒品再犯的规定,并不清楚。从字面上看,似乎不能适用。换言之,不满18周岁的人犯刑法第66条和第356条规定的犯罪行为依然构成特殊累犯和毒品再犯。但这么理解的话,就会产生如下尴尬局面:如已满14周岁不满16周岁的人犯故意杀人罪被处罚,刑罚执行完毕或赦免以后,5年之内再犯罪不能构成累犯,而同样一个人贩卖1克海洛因被判过刑,又犯刑法分则第六章第七节规定的毒品犯罪,即使情节轻微,也要构成毒品再犯,这未免有些轻重失衡;且如果该未成年人被从轻处罚,在缓刑、假释或暂予监外执行期间又犯前述毒品犯罪的,除依法数罪并罚外,还应适用刑法第356条认定为毒品再犯。事实上,"判过刑"应当是指前罪判决已生效,而不论是否已经服刑完毕,包括刑罚未执行或者未执行完毕的情形。毒品再犯不要求前罪的刑罚已经执行完毕或赦免,也不要求本次犯罪与前次犯罪之间有确定的时间间隔。如果不将未成年人排除在特殊累犯、毒品再犯之外,还会受刑法第81条规定"不得假释"的制约。而这种处罚结果,似乎与审理未成年人犯罪案件须坚持的"教育为主、惩罚为辅"原则和"教育、感化、挽救"方针相悖。

3.前罪被判处有期徒刑以上刑罚,后罪应当判处有期徒刑以上刑罚。其中,前罪被判处有期徒刑以上刑罚,是指人民法院最后确定的宣告刑是有期徒刑以上刑罚;后罪应当判处有期徒刑以上刑罚,不是指法定刑为有期徒刑以上刑罚,而是指根据犯罪事实与刑事法律,应当判处有期徒刑以上刑罚。这一条件表明,只有当前罪和后罪都是比较严重的犯罪时,才成立累犯。

这里有两个问题值得研究:一是被国外法院判处并执行有期徒刑以上的刑罚之后再犯罪的,能否认定为累犯?二是如何判断后罪是否应当判处有期徒刑以上刑罚?

首先看第一个问题。对此,有学者认为,应认定为累犯。理由是"消极承认的前提是考虑到行为人在外国受到刑罚处罚的事实,而免除或减轻处罚;同样,在行为人于我国犯新罪时,我国法院也应该考虑行为人在外国受到刑罚处罚的事实,如果符合我国刑法规定的累犯条件,就应以累犯论处。这与消极承认是完全统一的,而不是矛盾的"。[17]

本书认为,上述观点值得商榷。因为按照上述观点,我国刑法对于外国法院的判决不是采取消极的承认态度,而是积极的承认态度,即将外国法院的判决和本国法院的判决同等看待,但这显然和我国刑法第10条"凡在中华人民共和国领域外犯罪,依照本法应当负刑事责任的,虽然经过外国审判,仍然可以依照本法追究;但是在外国已经受过刑罚处罚的,可以免除或者减轻处罚"的规定不符。因为,从第10条的规定来看,我国刑法对于外国刑法的判决是采取不承认态度的,也就是说,即使行为人在外国受到过刑罚处罚,也不等于在我国也受到过刑罚处罚;如果行为人的行为在我国刑法中仍然构成犯罪,也还是要受到我国刑法的处罚,只是考虑到该人在国外已经受到过刑罚处罚,所以可以免除或减轻处罚而已,这并不表示我国承认了该外国判决的效力。同时,我国刑法理论一直认为,刑罚权是国家主权的组成部分,因此,对外国判决直接承认,就意味着对属于国家主权内容的刑罚权的放弃,这是不可想象的。因此,外国法院的判决没有经过我国法院的承认,是不能成为我国刑法中累犯的成立条件的。

第二个问题,主要涉及在对犯罪分子的再次犯罪量刑时,是否应当考虑其有前科的事实。一般来说,法官在量刑时,除了考虑行为所造成的客观危害结果,还会考虑罪犯的主观恶性以及人身危险性,而对后者的考虑当中,当然会涉及犯罪分子是否有前科的问题。尽管所引起的危害结果相同,但和没有前科的初犯相比,有前科者极有可能被判处较重的有期徒刑以上的刑罚,并进而被认定为累犯。这是量刑个别化的必然要求。但是,这样处理,就会将过去犯过罪的前科事实在累犯从重以及"又犯应当判处有期徒刑以上刑罚"的判断中做两次评价,从而违反在社会危害性的评价上禁止重复评价的原则。因此,这里,是否"又犯应当判处有期徒刑以上刑罚"之罪,其判断,只能撇开过去曾经犯罪的前科事实,而纯粹客观地就本次犯罪事实,单独考虑其应否判处有期徒刑以上刑罚。

4.后罪发生的时间,必须在前罪所判处的刑罚执行完毕或者赦免之后的5年之内。因此,犯罪人在刑罚执行完毕或者赦免5年之后再次犯罪的,不构成累犯,只是酌定量刑情节。所谓前罪,不是特指再犯之罪的前一个犯罪,而是指后面再犯之罪之前行为人所犯的任意一个被判处了有期徒刑以上刑罚之故意犯罪。因此,被判徒刑的罪犯刑满释放,又被判处拘役,刑满释

---

[17] 张明楷:《刑法学》(上)(第6版),法律出版社2021年版,第729页。

放之后,在距离第一次刑满释放之后不满 5 年的期限之内,又犯应当判处有期徒刑以上刑罚之罪的,应当构成累犯。所谓刑罚执行完毕,是指主刑执行完毕,不包括附加刑在内。附加刑是否执行完毕不影响累犯的成立。主刑执行完毕 5 年之内又犯罪的,即使附加刑未执行完毕,仍构成累犯。因为,从刑法第 65 条前后文来看,"刑罚执行完毕"中的"刑罚"显然与前一句中"被判处有期徒刑以上刑罚的犯罪分子"中的"有期徒刑以上刑罚"在同一意义上使用,而"有期徒刑以上刑罚"只能是指有期徒刑、无期徒刑和死刑这几种主刑;结合刑法第 65 条第 2 款以及刑法第 85 条的规定,可以说,被判处有期徒刑或无期徒刑的犯罪分子假释后,只要假释考验期满,就是刑罚执行完毕,而并没有对附加刑执行完毕提出要求。另外,"刑罚执行完毕"是指刑罚执行到期应予释放之日,认定累犯,确定刑罚执行完毕之后"五年以内"的起始日期,应当从刑满释放之日起计算。所谓赦免,是指特赦减免。因为,大赦的场合,原先的罪和刑均已消灭,没有成立累犯的余地。由于我国刑法以刑满或赦免后 5 年内再犯罪作为构成累犯的时间界限,因此,若后罪发生在前罪的刑罚执行期间,则不构成累犯,而应适用数罪并罚,若后罪发生在前罪的刑罚执行完毕或者赦免 5 年以后,也不构成累犯。但在犯罪有连续或者继续状态的场合,若开始的行为发生在"刑罚执行完毕或者赦免之后" 5 年之内,则可将整个犯罪行为视为发生在 5 年之内。

由于累犯的成立以前罪"刑罚执行完毕或者赦免之后" 5 年之内再犯为条件,所以,被假释的犯罪人在假释考验期内再犯新罪的,不成立累犯。就假释犯而言,作为其成立累犯的条件的所谓"五年以内"的计算,按照刑法第 65 条第 2 款的规定,应当以假释期满之日为起点。被判处缓刑的犯罪人在缓刑考验期满之后再犯新罪的,是否构成累犯,存在争议。通说认为,不应当构成。因为,缓刑考验期满,意味着原判刑罚不再执行,而不是刑罚执行完毕。由于前罪的刑罚没有被执行,不符合"刑罚执行完毕"这一再次犯罪条件,所以不成立累犯。[18] 反对意见认为,缓刑是有期徒刑的一种特殊执行方式,缓刑考验期满不是原判刑罚免予执行,而是原判刑罚已经执行完毕。因此,缓刑考验期满之后 5 年之内又犯新罪的,构成累犯。[19] 本书认为,这个问题涉及对缓刑的性质理解问题。由于从整体上看,缓刑考验期满后应视为原判刑罚已经执行完毕,而不是原判刑罚没有执行,[20] 因此,本书同意后一种观点,即缓刑考验期满之后 5 年之内又犯新罪的,构成累犯。[21]

(三)特殊累犯

刑法第 66 条规定,危害国家安全犯罪、恐怖活动犯罪、黑社会性质的组织犯罪的犯罪分子,在刑罚执行完毕或者赦免以后,在任何时候再犯上述任一类罪的,都以累犯论处。据此,特

---

[18] 阮齐林:《刑法学》(第 3 版),中国政法大学出版社 2011 年版,第 291 页;郭自力主编:《中国刑法论》(第 7 版),北京大学出版社 2022 年版,第 169~170 页;高铭暄、马克昌主编:《刑法学》(第 10 版),北京大学出版社 2022 年版,第 259 页。

[19] 黄京平、陈鹏展:《缓刑执行说之论证——以"原判的刑罚就不再执行"为切入点》,载《法学评论》2006 年第 4 期。

[20] 详细论述,参见本书后面的相关章节。

[21] 但是,司法解释的见解与此相反。2020 年最高人民法院、最高人民检察院公布的《关于缓刑犯在考验期满后五年内再犯应当判处有期徒刑以上刑罚之罪应否认定为累犯问题的批复》指出,被判处有期徒刑宣告缓刑的犯罪分子,在缓刑考验期满后 5 年内再犯应当判处有期徒刑以上刑罚之罪的,因前罪判处的有期徒刑并未执行,不具备刑法第 65 条规定的"刑罚执行完毕"的要件,故不应认定为累犯,但可作为对新罪确定刑罚的酌定从重情节予以考虑。

殊累犯的成立条件如下：

1. 前罪和后罪都必须是危害国家安全犯罪、恐怖活动犯罪、黑社会性质的组织犯罪。如果前、后罪中有一个不在上述犯罪范围之内，则不能构成本条所规定的特殊累犯。根据本条的规定，犯危害国家安全犯罪、恐怖活动犯罪、黑社会性质组织犯罪的犯罪分子，只要再犯这三类犯罪中的任何一类犯罪，都构成累犯。换言之，前罪和后罪不需要属于同一类犯罪，如犯危害国家安全犯罪的人，再犯黑社会性质的组织犯罪的，就构成累犯。同时，要注意的是，尽管"危害国家安全犯罪"是指刑法分则第一章所规定的所有的犯罪，但"恐怖活动犯罪"并不限定于刑法分则第二章的"组织、领导、参加恐怖活动组织罪"（第120条）、"帮助恐怖活动罪"（第120条之一）等，任何有关恐怖活动组织的罪行，不管规定在刑法的哪一个条文，都属于"恐怖活动犯罪"。同样，"黑社会性质的组织犯罪"也不限于刑法分则第六章第一节下的"组织、领导、参加黑社会性质组织罪""入境发展黑社会组织罪""包庇、纵容黑社会性质组织罪"，而是包括刑法分则所规定的一切有关黑社会性质组织的犯罪。

2. 必须是在刑罚执行完毕或者赦免之后再犯罪。至于前罪所判处的刑罚种类和后罪应当判处何种刑罚，以及前罪和后罪的相隔时间，都不影响特殊累犯的成立。之所以这样规定，是考虑到上述三种犯罪都是社会危害极为严重的犯罪，行为人主观恶性较大，将其纳入特殊累犯的范围，有利于对这类罪犯的打击和防范。

（四）对累犯的处罚

根据我国刑法第65条第1款的规定，对累犯应当从重处罚。这个规定表明对累犯，要予以更强烈的否定评价和予以更严厉的刑罚制裁。其内容主要体现在以下几方面：

1. 从重处罚。具体而言，首先，对累犯，"必须"——而不是"可以"——从重处罚，没有任何商量的余地；其次，"从重"，就是在法定刑的幅度之内，与基本犯罪事实相同的初犯相比，处以更严厉的刑罚；最后，要注意的是，从重处罚，必须根据其所实施的犯罪行为的性质、情节、社会危害程度确定其刑罚，不是一律判处法定最高刑。根据有关司法解释，[22] 对于前罪为暴力犯罪或被判处重刑的累犯，更要依法从严惩处。对于累犯，综合考虑前后罪的性质、刑罚执行完毕或赦免以后至再犯罪时间的长短以及前后罪罪行轻重等情况，应当增加基准刑的10%~40%，一般不少于3个月。对于有前科的，综合考虑前科的性质、时间间隔长短、次数、处罚轻重等情况，可以增加基准刑的10%以下。前科犯罪为过失犯罪和未成年人犯罪的除外。[23]

2. 不适用缓刑。刑法第74条规定，对于累犯，不适用缓刑。这是从另一个侧面表明对累犯要从严处罚。缓刑的适用条件之一是根据犯罪分子的悔罪表现，适用缓刑不致再危害社会，但是，再次犯罪的事实说明累犯具有相当大的社会危害性，不符合缓刑的条件，因此，累犯不适用缓刑。

3. 累犯不得假释。根据刑法第81条第2款的规定，对累犯不得假释。犯罪分子在刑罚执行过程中一律不得适用假释，这也是对累犯从严制裁的体现。

---

[22] 2010年最高人民法院《关于贯彻宽严相济刑事政策的若干意见》第11条。
[23] 2021年最高人民法院、最高人民检察院《关于常见犯罪的量刑指导意见（试行）》第3条。

二、自首

(一)自首的概念和成立条件

根据刑法第67条第1款、第2款的规定,所谓自首,是指犯罪后自动投案,如实供述自己的罪行的行为。被采取强制措施的犯罪嫌疑人、被告人和正在服刑的罪犯,如实供述司法机关还未掌握的本人其他罪行的,以自首论。

自首制度,是基于感召犯罪分子主动投案、激励犯罪分子悔过自新的新派教育刑论而设置的,行为人不仅客观上要交代供述自己的犯罪事实,还要自觉自愿地将自己置于国家司法机关的控制之下接受国家司法机关的审查和裁判,因此,自首的成立要件,应当是比较严格的。

根据我国刑法第67条的规定,自首分为一般自首和特别自首两种。其中,一般自首,是指犯罪分子犯罪之后自动投案,如实供述自己罪行的行为。特别自首,是指被采取强制措施的犯罪嫌疑人、被告人和正在服刑的罪犯,如实供述司法机关还未掌握的本人其他罪行的行为。

(二)一般自首

根据刑法规定,成立一般自首,必须具备以下条件。

1. 犯罪后自动投案

一般指犯罪未被发觉,或者虽被发觉但尚未被司法机关查获或被群众扭送,犯罪人主动将自己置于司法机关的合法控制之下,接受司法机关的审查与裁判的行为。对此可以从以下几方面加以把握:

(1)投案行为必须发生在犯罪人尚未归案时。这是对自动投案的时间限定。根据有关司法解释,[24]自动投案,是指犯罪事实或者犯罪嫌疑人未被司法机关发觉,或者虽被发觉,但犯罪嫌疑人尚未受到调查谈话、讯问,或者未被宣布采取调查措施或者强制措施[25]时,主动、直接向公安机关、人民检察院或者人民法院投案。其中,所谓"讯问",是指司法人员依照《刑事诉讼法》第119条的规定,对不需要逮捕、拘留的犯罪嫌疑人,传唤到指定地点进行询问的一种强制措施。因此,归案之后被取保候审的犯罪分子在脱保之后主动投案的,因为其归案既不是在犯罪被发觉之前,也不是犯罪被发觉后受到讯问、被采取强制措施之前,即不符合自首的时间要求,所以,不能构成自首。犯罪嫌疑人在受到传唤讯问时,交代罪行的,也不是自动投案。如行为人因被警方怀疑系抢劫罪犯而受到传唤讯问之后,主动交代了自己也参与抢劫的犯罪事实的,不能认定为自首。但除了这种意义上的传唤讯问,犯罪嫌疑人因司法机关捎带口信或者接到电话通知之后,自动到司法机关接受讯问或者调查,并能如实供述罪行的,应当认定为自首。因为司法机关的口头通知并不属于《刑事诉讼法》规定的强制措施,故以上行为符合自动投案的要求。[26] 但是,没有自动投案,在办案机关调查谈话、讯问、采取调查措施或者强制措施

---

[24] 1998年最高人民法院《关于处理自首和立功具体应用法律若干问题的解释》第1条;2010年最高人民法院《关于办理职务犯罪案件认定自首、立功等量刑情节若干问题的意见》第1条。

[25] 这里的强制措施包括"取保候审"。因此,犯罪嫌疑人在取保候审期间外逃,回头又主动向公安机关投案的,不成立自首。

[26] 阮齐林:《刑法学》(第3版),中国政法大学出版社2011年版,第293页。

期间,犯罪分子如实交代办案机关掌握的线索所针对的事实的,不能认定为自首;[27] 犯罪后主动报案,虽未表明自己是作案人,但也没有逃离现场,在司法机关询问时交代自己罪行的;明知他人报案而在现场等待,即便他人报案内容与自己的犯罪行为不完全一致,[28]但抓捕时无拒捕行为,供认犯罪事实的;在司法机关未确定犯罪嫌疑人,尚在一般性排查询问时主动交代自己罪行的;因特定违法行为被采取劳动教养、行政拘留、司法拘留、强制隔离戒毒等行政、司法强制措施期间,主动向执行机关交代尚未被掌握的犯罪行为的;其他符合立法本意,应当视为自动投案的情形,也应当视为自动投案。[29]

此外,犯罪嫌疑人向其所在单位、城乡基层组织或者其他有关负责人员投案的,向所在单位等办案机关以外的单位、组织或者有关负责人员投案的;犯罪嫌疑人因病、伤或者为了减轻犯罪后果,委托他人代为投案,或者先以信电投案的;罪行尚未被司法机关发觉,仅因形迹可疑,被有关组织或者司法机关盘问、教育后,主动交代自己的罪行的;犯罪后逃跑,在被通缉、追捕过程中,主动投案的;经查实确已准备去投案,或者正在投案途中,被公安机关捕获的:应当视为自动投案。[30] 其中,"形迹可疑型自首"的认定,比较困难。所谓形迹可疑,通常是指在特定的时间、特定的场合,行为人举止、神情处于异常状态而引起他人怀疑,此种场合,"形迹可疑"纯粹是一种基于判断人的直观感觉或者经验所形成的主观判断。因此,受到盘问而交代罪行可以视为"主动投案"。如某甲故意伤害他人之后在逃,某日在大街上看见巡逻民警时因为神情慌张而被民警叫住,民警查看其证件并进行盘问,某甲因为恐慌而交代了自己犯罪事实的场合,就成立"形迹可疑型自首"。因为,这种场合下,没有任何证据表明某甲具有故意伤害的犯罪事实,其供述属于主动交代。相反,有关部门、司法机关在可疑者身上、随身携带的物品、驾乘的交通工具等处发现与犯罪有关的物品,可疑者不得已而交代犯罪事实的场合,不得认定为自首。[31] 如刘某深夜盗窃他人摩托车一辆,但无法发动,于是将车子推往住处。路上遇到巡逻民警,民警见其深夜推车而不骑车,觉得可疑,就拦住盘问。刘某见隐瞒不了,只好主动交代了盗窃事实的场合,就不能认定为自首。因为,第一,刘某被民警发现时,赃物摩托车正在其手上,此时盗窃犯罪事实虽然还没有被发觉,但对赃物的持有状态足以使民警怀疑刘某实施了与该赃物有关的犯罪,这种怀疑以证据为基础,是对证据进行分析、判断的结果;第二,刘某没有合法手续,无法对赃物摩托车的来源进行合理解释,所以不得不选择交代自己的罪行,这种交代是在证据面前被迫作出的无奈之举,属于被动交代。所以,刘某不属于自首。

(2)投案行为必须基于犯罪分子本人的意志,也即犯罪分子的归案,并不违背犯罪分子的本意,这是认定自动投案的关键条件。把握犯罪分子归案的自动性,必须注意自动投案的动机是多种多样的,但不同动机并不影响归案行为的自动性。根据有关司法解释,[32]并非出于犯

---

[27] 1998年最高人民法院《关于处理自首和立功具体应用法律若干问题的解释》第1条;2009年最高人民法院、最高人民检察院《关于办理职务犯罪案件认定自首、立功等量刑情节若干问题的意见》第1条。
[28] 如被害人家属以交通肇事罪为由报案,但行为人实际上犯有醉酒驾驶的危险驾驶罪的场合,就是如此。
[29] 2010年最高人民法院《关于处理自首和立功若干具体问题的意见》第1条。
[30] 2009年最高人民法院、最高人民检察院《关于办理职务犯罪案件认定自首、立功等量刑情节若干问题的意见》第1条。
[31] 2010年最高人民法院《关于处理自首和立功若干具体问题的意见》第1条。
[32] 1998年最高人民法院《关于处理自首和立功具体应用法律若干问题的解释》第1条。

罪嫌疑人主动,而是经过亲友规劝、陪同投案的;公安机关通知犯罪嫌疑人的亲友,或者亲友主动将犯罪嫌疑人送去投案的,也应当看作自动投案。犯罪嫌疑人被亲友采用捆绑等手段送到司法机关,或者在亲友带领侦查人员前来抓捕时无拒捕行为,并如实供述犯罪事实的,虽然不能认定为自动投案,但可以参照法律对自首的有关规定酌情从轻处罚。另外,作为上述观点的延伸,作案后告知他人任其报案,也应当视为自动投案。[33] 因为,此时,行为人尽管没有积极主动地自动投案,但是其默认别人替自己报案,并且不以隐藏、逃跑等行为来逃脱司法机关的控制,可以说,其对将自身置于司法机关控制之下是自愿的,与"亲友主动将犯罪嫌疑人送去投案"的情况类似。更进一步地讲,犯罪嫌疑人为防止被害人报复而被迫报警且到案后如实供述自己的犯罪事实,也能认定为自首。此时,尽管行为人并非出于悔罪意愿而将自身置于司法机关的控制下,但客观上有"主动投案"和"如实供述自己的犯罪事实"的行为,且主观上符合自己本意,符合自首的成立条件。

(3) 必须将自身置于有关机关或个人的控制之下。这是自动投案的基本构成要素。犯罪人归案之后,无论在刑事诉讼的侦查阶段、起诉阶段,还是审判阶段逃避司法机关现实控制的,都是不接受国家审查、裁判的行为,不能成立自首。因此,犯罪嫌疑人自动投案之后又逃跑的,不能认定为自首。[34] 同样,犯罪人匿名将赃物送回司法机关或原主处,或者用电话、书信等方式向司法机关报案或指出赃物所在但自己并没有出头露面的场合,以及行为人杀人之后,电话报警,然后意图自杀而未得逞的场合,由于行为人并没有将自身置于司法机关的控制之下,没有接受国家审查和裁判的诚意,因而不能视为自首。犯罪人自动投案并供述罪行后又隐匿、脱逃的;或者自动投案并供述罪行之后又推翻供述,意图逃避制裁;或者委托他人代为自首而本人拒不到案的,也属于拒不接受国家审查和裁判的行为,不能认定为自动投案。

2. 如实供述自己的罪行

指犯罪分子投案以后,如实交代自己主要的犯罪事实。在其认定上,应当把握以下几点:

(1) 必须如实。所谓如实,就是既不夸大也不弱化,所交代的内容和实际发生的案件事实基本一致。因此,在双方发生斗殴后,斗殴一方打电话向公安机关报案,重点陈述了对方伤害自己的事实,却未如实供述自己殴打他人的事实,即以被害人身份报案的"恶人先告状"的行为,不能认定是"如实"交代自己的罪行。如果犯罪嫌疑人避重就轻,只供述较轻的犯罪事实,而对其他重要事实则刻意掩饰或者隐瞒的,则不能说是"如实"。如行为人自动投案之后,将单独犯的行为供述为共同犯罪的行为,并谎称自己只是帮助犯,淡化自己在犯罪过程中的作用的场合,对其为掩盖重罪而交代的轻罪部分也不能认定为自首。犯罪嫌疑人自动投案并如实供述自己的罪后又翻供的,不能认定为自首;但在一审判决之前又能如实供述的,应当认定

---

[33] 这里的"他人",在极为特殊情况下,也包括处理案件的警察。如陈某驾驶二轮摩托车沿某市三环北路由东向西行驶,至十字路口时,因未按照交通信号依次通行且左侧视线受阻,与由南往北驶来的骑自行车的刘某相撞,两人均受伤倒地。此时,恰逢治安民警巡逻车路过,民警沈某见有交通事故发生即拨打报警电话。后民警沈某至两人倒地处,发现被告人也拿出手机准备报警,于是上前告知陈某其已报警,同时要求其在现场等候处理,陈某表示认同,120急救车将两当事人一同送医救治,陈某右手骨折,而被害人因伤势过重,抢救无效死亡。在该场合,被告人陈某的行为体现了其投案的主动性和自愿性,符合《关于处理自首和立功若干具体问题的意见》规定的"其他符合立法本意,应当视为自动投案的情形",应当认定为自动投案。

[34] 1998年最高人民法院《关于处理自首和立功具体应用法律若干问题的解释》第1条。

为自首。[35] 但要注意的是,尽管犯罪嫌疑人必须如实供述才能成立自首,但其对自己行为性质的辩解不影响自首的成立。[36] 因为,犯罪分子自动投案并如实供述罪行后,为自己进行辩护,或者提出上诉,或者补充或更正某些事实,这都是法律赋予被告人的权利,应当允许,不能视为拒不接受国家审查和裁判。如被告人姜某携带大量名贵手表和珠宝进境时被查获,之后,其向海关走私犯罪侦查分局投案,交代了自己涉嫌走私的行为。在一审开庭的过程中,被告人姜某否认自己有走私的犯罪故意,认为收藏品无须申报,并且自己是随旅行社导游进入无申报通道的,随身携带的行为也接受了海关查验机的查验,没有故意选择走无申报通道。这种自动投案后又当庭否认犯意的,不能认为是翻供。所谓翻供,是犯罪人对自己以前交代的罪行的全部或者部分不予承认,即不承认自己已经交代的罪行是事实。本案中,姜某认为自己没有走私犯罪的故意,实际上是对自己行为的性质发表看法,并没有违反法律规定。如果姜某否认自己有走私的客观行为,可以说是翻供,自首的情节也不成立,但是,姜某对于起诉书中认定的事实没有否认。因此,被告人的行为不是翻供,而是在依法行使辩护权,应当认定为自首。

(2)必须是有关自己的事实,也即自己实施并应由本人承担刑事责任的罪行。投案人所供述的犯罪,既可以是投案人单独实施的,也可以是与他人共同实施的;既可以是一罪,也可以是数罪。根据有关司法解释,[37] 犯有数罪的犯罪嫌疑人仅如实供述所犯数罪中部分犯罪的,只对如实供述部分犯罪的行为,认定为自首。共同犯罪案件中的犯罪嫌疑人,除如实供述自己的罪行,还应当供述所知的同案犯,主犯则应当供述所知其他同案的共同犯罪事实,才能认定为自首。交代别人的犯罪事实的,可以认定立功,但不能认定自首。

(3)必须是主要犯罪事实。所谓主要犯罪事实,是指对认定犯罪人的行为性质具有决定意义的事实、情节,以及对犯罪人的量刑具有重要意义的事实、情节。因此,只要犯罪人交代了主要犯罪事实,即便对一些无关紧要的细节有所隐瞒或者疏漏,也不影响自首的成立。如实供述的犯罪事实内容,除主要犯罪事实外,还应包括姓名、年龄、职业、住址、前科等情况。犯罪嫌疑人供述的身份等情况与真实情况虽有差别,但不影响定罪量刑的,应认定为如实供述自己的罪行。犯罪嫌疑人自动投案后隐瞒自己的真实身份等情况,影响对其定罪量刑的,不能认定为如实供述自己的罪行。如某甲实施盗窃行为之后向有关司法机关投案自首,交代了自己的犯罪事实,但是,在交代自己的个人情况时候,谎称自己只有15周岁的场合,不能认定为自首。因为自首表示行为人愿意接受国家机关的审判,接受审判的前提是行为人交代自己的犯罪事实和与行为人承担责任有关的情况,而年龄和承担责任有关,因此,谎报年龄是不如实交代自己的"罪行"的表现,不成立自首。犯罪嫌疑人多次实施同种罪行的,应当综合考虑已交代的犯罪事实与未交代的犯罪事实的危害程度,决定是否认定为如实供述主要犯罪事实。虽然投案后

---

[35] 1998年最高人民法院《关于处理自首和立功具体应用法律若干问题的解释》第1条。但是,自动投案后却不及时如实供述,而是在司法机关掌握其主要犯罪事实之后才被迫供述的,即便行为人在随后的庭审中供述了全部犯罪事实,也不能认定为自首。因为,2010年最高人民法院《关于处理自首和立功若干具体问题的意见》第2条第3款将投案人"如实供述"的时限节点限定在司法机关掌握犯罪嫌疑人主要犯罪事实之前,即犯罪嫌疑人自动投案时虽然没有交代自己的主要犯罪事实,但在司法机关掌握其主要犯罪事实之前主动交代的,才能认定为如实供述自己的罪行。而上述情形显然不符合这一时限节点要求。

[36] 2004年最高人民法院《关于被告人对行为性质的辩解是否影响自首成立问题的批复》。

[37] 1998年最高人民法院《关于处理自首和立功具体应用法律若干问题的解释》第1条。

没有交代全部犯罪事实,但如实交代的犯罪情节重于未交代的犯罪情节,或者如实交代的犯罪数额多于未交代的犯罪数额,一般应认定为如实供述自己的主要犯罪事实。无法区分已交代的与未交代的犯罪情节的严重程度,或者已交代的犯罪数额与未交代的犯罪数额相当,一般不认定为如实供述自己的主要犯罪事实。犯罪嫌疑人自动投案时虽然没有交代自己的主要犯罪事实,但在司法机关掌握其主要犯罪事实之前主动交代的,应认定为如实供述自己的罪行。[38]

(三)特别自首

根据刑法第67条第2款的规定,成立特别自首,应当具备以下条件:

1. 主体必须是被采取强制措施的犯罪嫌疑人、被告人和正在服刑的罪犯。其中,所谓强制措施,是指我国《刑事诉讼法》规定的拘传、拘留、取保候审、监视居住和逮捕。所谓正在服刑的罪犯,是指已经经过人民法院判决、正在执行所判刑罚的罪犯,包括被宣告缓刑正在考验期间的罪犯。除上述法律规定的三种人以外的犯罪分子,不能成立特别自首。因此,因为一般违法行为而被羁押的行政违法人员如被行政拘留的人,在行政拘留期间主动交代未被司法机关掌握的犯罪事实的,应当构成刑法第67条第1款规定的自首,而不是本款规定的特别自首。

2. 如实供述的罪行是司法机关还未掌握的本人其他罪行。其中,所谓"司法机关",本来是指直接办理案件的公安机关、检察机关和审判机关,但这里必须对其进行扩大解释,包括直接办理案件的纪检、监察、公安、检察等法定职能部门在内。因为在实践中,上述部门都负有调查案件事实的职权。所谓"还未掌握",是指犯罪嫌疑人所供述的内容是本人已经实施,但司法机关还不知道、不了解或者尚未掌握的犯罪事实。犯罪嫌疑人、被告人在被采取强制措施期间,向司法机关主动如实供述本人的其他罪行,该罪行能否认定为司法机关已掌握,应根据不同情形区别对待。如果该罪行已被通缉,一般应以该司法机关是否在通缉令发布范围内作出判断。不在通缉令发布范围内的,应认定为还未掌握;在通缉令发布范围内的,应视为已掌握;如果该罪行已录入全国公安信息网络在逃人员信息数据库,应视为已掌握。如果该罪行未被通缉,也未录入全国公安信息网络在逃人员信息数据库,应以该司法机关是否已实际掌握该罪行为标准。[39] 犯罪嫌疑人、被告人以为自己的罪行已经被司法机关完全掌握而如实供述,但实际上司法机关并不掌握的场合,应认为是如实供述司法机关还未掌握的罪行。相反地,司法机关已经完全掌握而犯罪嫌疑人、被告人误以为只是部分掌握而完全如实供述的场合,由于其供述的内容不属于司法机关"还未掌握"的内容,因此,不能构成自首,只能作为从宽处罚的一个情节看待。所谓"其他罪行",从字面上理解,是指司法机关已经掌握的犯罪嫌疑人、被告人和正在服刑的罪犯的罪行以外的罪行,包括性质相同的罪行和性质不同的罪行。但是,司法解释却对其进行了限定解释,即"与司法机关已掌握的或者判决确定的罪行属不同种罪行"。[40] 这种限定解释存在与刑法规定自首制度的宗旨不符,也不利于鼓励犯罪嫌疑人交代余罪等诸多弊端,因此,一直受到人们的抨击。有鉴于此,2009年3月12日最高人民法院、最高人民检察院《关于办理职务犯罪案件认定自首、立功等量刑情节若干问题的意见》第1条对上述问题进行了修

---

[38] 2010年最高人民法院《关于处理自首和立功若干具体问题的意见》第2条。
[39] 2010年最高人民法院《关于处理自首和立功若干具体问题的意见》第3条。
[40] 1998年最高人民法院《关于处理自首和立功具体应用法律若干问题的解释》第2条。

正,规定:"没有自动投案,但具有以下情形之一的,以自首论:(1)犯罪分子如实交代办案机关未掌握的罪行,与办案机关已掌握的罪行属不同种罪行的;(2)办案机关所掌握线索针对的犯罪事实不成立,在此范围外犯罪分子交代同种罪行的。"如此说来,特别自首当中的"其他罪行",包括两种情况:一是司法机关已经掌握的罪行以外的其他性质的犯罪,即非同种罪行。如因受贿而被采取强制措施的犯罪嫌疑人、被告人,在审判过程中又如实供述贪污犯罪事实的,就是这种情况。二是办案机关所掌握线索针对的犯罪事实不成立,在此范围外犯罪分子交代同种罪行的。如因某受贿犯罪线索而受到调查,没有查实,但在此过程中,嫌疑人主动交代了其他受贿事实并被查证属实的,就是如此。这意味着,没有自动投案,在办案机关调查谈话、讯问、采取调查措施或者强制措施期间,犯罪分子如实交代办案机关掌握的线索所针对的事实的,不能认定为自首。但是,犯罪分子如实交代办案机关掌握的线索所针对的事实之外的事实的,即便是同种罪行,也能认定为自首。只是,上述解释是针对职务犯罪案件而规定的,能否适用于职务犯罪之外的一般犯罪,还有待进一步观察。

犯罪嫌疑人、被告人在被采取强制措施期间如实供述本人其他罪行,该罪行与司法机关已掌握的罪行属同种罪行还是不同种罪行,一般应以罪名区分。虽然如实供述的其他罪行的罪名与司法机关已掌握犯罪的罪名不同,但如实供述的其他犯罪与司法机关已掌握的犯罪属选择性罪名或者在法律、事实上密切关联,如因受贿被采取强制措施后,又交代因受贿为他人谋取利益行为,构成滥用职权罪的,应认定为同种罪行。[41]

需要说明的是,即便犯罪嫌疑人等只有交代了"与司法机关已掌握的或者判决确定的罪行属不同种罪行"即非同种罪行的,才能构成自首,但对其中的"非同种罪行",也必须从客观意义上理解,而不能从犯罪嫌疑人等的主观认识角度来考虑。如被告人因入室盗窃而被抓获,在案件审理过程中,其主动交代其曾于数月前盗窃另一地方的电线,经查证该电线属于使用中的电线的场合,尽管行为人自己没有意识到,但因为其后所交代的行为属于破坏电力设备罪,与前罪即盗窃罪属于"非同种罪行",应当构成自首,绝不能因为被告人对此并没有认识而否定其行为成立自首。

(四)单位自首

单位自首是自首制度的一种特殊情况。其在现行刑法当中并没有规定,但最高人民法院、最高人民检察院《关于办理职务犯罪案件认定自首、立功等量刑情节若干问题的意见》(2009年3月12日)当中却有规定。依据该意见第1条,单位犯罪案件中,单位集体决定或者单位负责人决定而自动投案,如实交代单位犯罪事实的,或者单位直接负责的主管人员自动投案,如实交代单位犯罪事实的,应当认定为单位自首。单位自首的,直接负责的主管人员和直接责任人员未自动投案,但如实交代自己知道的犯罪事实的,可以视为自首;拒不交代自己知道的犯罪事实或者逃避法律追究的,不应当认定为自首。单位没有自首,直接责任人员自动投案并如实交代自己知道的犯罪事实的,对该直接责任人员应当认定为自首。

(五)交通肇事后的自首

交通肇事后报警并在现场等候处理的场合,是否存在认定自首的空间,存在争议。否定说

---

[41] 2010年最高人民法院《关于处理自首和立功若干具体问题的意见》第3条。

认为,此时不可能存在自首,只有在交通肇事逃逸后向有关机关投案,并如实供述犯罪事实的,才可能认定自首;而另一种观点即肯定说则认为,履行报警义务并不排斥自首的适用,此时自首可能存在。[42]

本书同意后一种观点。否定说认为,在现场等候处理的行为只是履行了一个不逃逸的法定义务而已,不能将这种履行法定义务的行为评价为自首中的"自动投案"行为,否则有双重评价的嫌疑,也会对交通肇事罪的自首认定得过于宽泛。但是,这种观点是错误的。从一般道理上讲,刑法中所规定的自首制度对所有犯罪嫌疑人都适用,既然交通肇事行为可能成立犯罪,则只要行为人犯罪之后自动投案,如实供述自己的罪行的,就应当认定自首。绝对不能因为交通肇事后行为人具有保护现场、在现场等候的义务,就否定其有成立自首的权利。只是,自首的成立条件比较严格。除了自动投案,还必须如实供述自己的罪行,这一点对于判断交通肇事后报警并在现场等候处理的行为的性质而言非常重要。

行为人交通肇事之后,行为人报警并停留在现场的情况非常复杂。有的是为了保护现场、配合警察的调查而停留在现场,有的是为了主动认罪而停留在现场,有的则是为了推卸责任而停留在现场。对行为人交通肇事后报警并在现场等候处理,向有关机关如实供述事故过程并承认自身责任的行为,应当认定为自首。相反,交通肇事后报警并在肇事现场等候处理,但在接受有关机关的调查过程中进行虚假供述,试图逃避法律追究的则不能认定为自首。

应当注意的是,交通肇事之后,肇事者将被害人送往医院,在医院期间被闻讯赶至的公安民警抓获,如实供述了自己的罪行的场合,对肇事者也可认定为自首。这种情况下,肇事者尽管没有主动向有关机关报告,但其没有选择隐藏、逃跑,而是送受害人到医院抢救,履行自己的救助义务,之后在接到报警的民警及社区保安到现场又转至医院调查时,主动承认自己是肇事者并自愿被公安民警带走。这一系列行为充分说明了肇事者主观上自愿接受司法机关的控制,而自愿被有关机关和个人控制则是自动投案行为的核心特征,因此,其行为符合自动投案的构成要素。

按照有关司法解释,交通肇事后保护现场、抢救伤者,并向公安机关报告的,应认定为自动投案,构成自首的,因上述行为同时系犯罪嫌疑人的法定义务,对其是否从宽、从宽幅度如何,要适当从严掌握。交通肇事逃逸后自动投案,如实供述自己罪行的,应认定为自首,但应依法以较重法定刑为基准,视情节决定对其是否从宽处罚以及从宽处罚的幅度。[43]

(六)自首犯的处罚

按照刑法第67条第1款的规定,对于自首犯应分别不同情况予以从宽处理。

1. "对于自首的犯罪分子,可以从轻或者减轻处罚。"这是对自首犯处罚的一般原则。既然是"可以",就意味着既可以从宽处罚也可以不从宽处罚。对于罪行极其严重、主观恶性极大、人身危险性极大,或者恶意地利用自首来规避法律制裁者,一般不能根据自首制度对其从宽处罚。[44] 对于具有自首情节的犯罪分子,应当根据犯罪的事实、性质、情节和对于社会的危害程

---

[42] 以上争议,参见田刚:《交通肇事后报警等候处理不应排除自首》,载《检察日报》2009年10月13日,第3版。
[43] 2010年最高人民法院《关于处理自首和立功若干具体问题的意见》第1条。
[44] 2010年最高人民法院《关于贯彻宽严相济刑事政策的若干意见》第17条。

度,结合自动投案的动机、阶段、客观环境,交代犯罪事实的完整性、稳定性以及悔罪表现等具体情节,依法决定是否从轻、减轻或者免除处罚以及从轻、减轻处罚的幅度。[45] 对于亲属以不同形式送被告人归案或者协助司法机关抓获被告人而认定为自首的,原则上都应当依法从宽处罚;有的虽然不能认定为自首,但考虑到被告人亲属支持司法机关工作,促使被告人到案、认罪、悔罪,在决定对被告人具体处罚时,也应当予以充分考虑。[46]

2."犯罪较轻的,可以免除处罚。"这是对犯罪较轻的自首犯的处理原则。按照这个规定,犯罪人犯有较轻之罪而自首的,可以得到比从轻或者减轻处罚更加宽缓的优待即免除处罚的处理。但何为"犯罪较轻",则看法不一。有人主张以法定刑或者犯罪性质作为划分标准,认为应当以犯罪所应当判处的刑罚的轻重作为划分标准,凡是应当处以3年以下有期徒刑的为较轻之罪;反之则属于较重之罪。[47]

按照2021年最高人民法院、最高人民检察院《关于常见犯罪的量刑指导意见(试行)》第3条第6项,对于自首情节,综合考虑自首的动机、时间、方式、罪行轻重、如实供述罪行的程度以及悔罪表现等情况,可以减少基准刑的40%以下;犯罪较轻的,可以减少基准刑的40%以上或者依法免除处罚。恶意利用自首规避法律制裁等不足以从宽处罚的除外。

三、坦白

所谓坦白,是指犯罪分子被动归案之后,如实地交代自己被指控的犯罪事实,并接受国家司法机关审查和裁判的行为。刑法第67条第3款规定:犯罪嫌疑人虽然不具有前两款规定的自首情节,但是如实供述自己罪行的,可以从轻处罚;因其如实供述自己罪行,避免特别严重后果发生的,可以减轻处罚。这就是有关坦白的规定。

其中,所谓"如实供述自己罪行",和前两款的精神是一致的,是指如实供述自己的主要犯罪事实或者基本犯罪事实。如办案机关掌握部分犯罪事实,犯罪分子交代了同种其他犯罪事实,或者办案机关仅掌握小部分犯罪事实,犯罪分子交代了大部分未被掌握的同种犯罪事实的;又如办案机关掌握的证据不充分,犯罪分子如实交代了有助于收集定案证据的事实的,都是"如实供述自己罪行"。所谓"因其如实供述自己罪行,避免特别严重后果发生",是指在犯罪结果尚未发生或者尚未全部发生的时候,由于行为人的供述,使有关方面能够采取措施,从而避免了犯罪结果发生的场合。

坦白和自首,都属于犯罪人犯罪之后对自己行为的态度,因此,共同之处甚多,如都以犯罪人实施了犯罪为前提,都要求犯罪人能如实供述自己的犯罪事实,都属于从宽处罚情节等。

但自首和坦白还是存在重大不同。首先,自首是犯罪人自动投案之后,主动如实地供述自己犯罪事实的行为,或者被动归案之后,如实供述司法机关还未掌握的本人其他罪行,或者办案机关所掌握线索针对的犯罪事实不成立,在此范围外交代同种罪行的行为;而坦白则是犯罪人被动归案之后,如实交代自己被指控的犯罪事实的行为。如被采取强制措施的犯罪嫌疑人、

---

[45] 2009年最高人民法院、最高人民检察院《关于办理职务犯罪案件认定自首、立功等量刑情节若干问题的意见》第1条。
[46] 2010年最高人民法院《关于贯彻宽严相济刑事政策的若干意见》第17条。
[47] 周振想编著:《刑法学教程》(第2版),中国人民公安大学出版社1997年版,第271页。

被告人和已宣判的罪犯,如实供述司法机关尚未掌握的罪行,与司法机关已掌握的或者判决确定的罪行属同种罪行,就是如此。其次,自首和坦白所反映的犯罪人的人身危险性不同,自首犯的人身危险性相对较轻,坦白者的人身危险性相对较重。最后,自首和坦白虽然都是法定的从宽处理情节,但在一般情况下,自首比坦白的从宽处罚幅度要大。按照刑法第67条第1款和第3款的规定,对于自首的犯罪分子,可以从轻或者减轻处罚。其中,犯罪较轻的,可以免除处罚;而对于坦白的犯罪分子,只是可以从轻处罚。因其如实供述自己罪行,避免特别严重后果发生的,也只是可以减轻处罚而已。

按照2021年最高人民法院、最高人民检察院《关于常见犯罪的量刑指导意见(试行)》第3条第7项,对于坦白情节,应综合考虑如实供述罪行的阶段、程度、罪行轻重以及悔罪表现等情况,确定从宽的幅度:(1)如实供述自己罪行的,可以减少基准刑的20%以下;(2)如实供述司法机关尚未掌握的同种较重罪行的,可以减少基准刑的10%~30%;(3)因如实供述自己罪行,避免特别严重后果发生的,可以减少基准刑的30%~50%。

四、立功

(一)立功的概念和成立条件

我国刑法中,立功有广义和狭义之分。广义的立功,既包括刑罚裁量中的立功(刑法第68条),也包括刑罚执行中的立功(刑法第50条和第78条)。这里所说的立功是指狭义的立功,即刑罚裁量中的立功。所谓刑罚裁量中的立功,是指犯罪分子揭发他人犯罪行为、查证属实,或者提供重要线索、从而得以侦破其他重要案件,或者阻止他人犯罪活动,或者协助司法机关抓捕其他犯罪嫌疑人,或者具有其他有利于国家和社会的突出表现的行为。其是和累犯、自首等并列的刑罚裁量情节。

从理论上讲,立功制度主要是基于行为是否"有利于国家和社会"的功利主义的考虑而设置的,行为客观上只要对国家和社会有利,能够节约司法资源、提高司法效率即可,和犯罪分子主观上是否具有悔悟之情、改悔之心没有多大关系。因此,相对于自首和坦白而言,立功的成立条件比较宽缓一些:只要犯罪分子向司法机关提供了司法机关尚未掌握的、有利于侦破其他案件的线索或者作出了其他有利于国家和社会的贡献,就应当符合立功的行为条件,而不管该线索是从什么地方、以什么方式获得的,或者行为人在实施该行为时出于什么动机。但仅仅以这种客观效果作为对犯罪分子从宽处罚的依据,是有悖刑罚的特别预防和一般预防的目的的,难以达到改造罪犯,教育其他人不要犯罪的效果,因此,近代各国一般不将其作为法定从宽情节加以规定。

构成立功,必须具备以下条件:

1. 主体是犯罪分子,即实施了犯罪行为,依法应当承担刑事责任的人。凡是构成犯罪的人,无论实施了何种性质的犯罪,被判处何种刑罚,只要能够作出有利于国家和社会的贡献,都能成为立功赎罪的主体。

2. 时间是从预备犯罪起到刑期届满或者执行死刑为止。无论司法机关是否对其立案侦查,也无论其是否处于诉讼阶段,均可成立立功行为。但犯罪预备之前的阶段,行为人的内心意思活动尚未付诸实施,不可能对刑法所保护的法益产生外在的侵害或者威胁,因此,即便揭发也不可能产生立功问题。同样,刑罚执行完毕之后也不发生刑法上的立功问题。

3.行为具有有利于国家和社会的突出表现。具体而言,包括以下内容:

(1)揭发他人犯罪行为、查证属实的。所谓"揭发他人犯罪行为",包括共同犯罪案件中的犯罪分子揭发同案共同犯罪以外的其他犯罪,经查证属实的情形。行贿人检举揭发其行贿对象的受贿行为,并非"揭发同案共同犯罪以外的其他犯罪",而是交代自己的犯罪,因此,不能认定为立功。[48]但是,贩毒分子提供毒品上家信息并进行照片辨认的行为,能够认定为立功。因为,贩毒分子与其毒品上家不属于共同犯罪,而系买卖关系中上下家关系,故其向公安机关提供上家信息不属于交代同案犯基本信息。

"揭发他人犯罪行为",必须指明具体的犯罪事实,泛泛地说他人有犯罪行为,但没有指明具体犯罪事实的,或者揭发的犯罪事实与查实的犯罪事实不具有关联性的,不能认定为立功。另外,要注意的是,这里所谓"犯罪行为",是指具有严重社会危害性、一般观念上作为犯罪看待的行为,不要求达到追究刑事责任的程度。刑法规定的立功制度,是针对一般人而言的,不可能要求他们都达到法律专家的认识程度;同时,只要发生了危害社会的行为,司法机关都得调查,尽管最终可能并不追究行为人的刑事责任,但在调查成本很高的情况下,如果已经归案的犯罪分子协助司法机关缉捕到某些在逃的罪犯,可以节省司法机关的人力、物力,对于这种行为,当然应当予以鼓励。因此,行为人检举、揭发的行为具有严重的社会危害性,且被查证属实,即便被检举、揭发的行为人由于自身原因(如未达刑事责任年龄或因精神状态缺陷)而最终未被追究刑事责任,该行为也属于这里所说的"犯罪行为",检举、揭发行为成立立功。

(2)提供重要线索、从而得以侦破其他重要案件。所谓重要线索,是指犯罪分子向司法机关提供未被司法机关掌握的重要犯罪证据或者证人。其必须对侦破其他重要案件具有实际帮助。犯罪分子提供的线索对于其他案件的侦破不具有实际作用的,不能认定为立功。

提供重要线索的主体,必须是犯罪分子本人。犯罪分子亲属为了使犯罪分子得到从轻处罚,检举、揭发他人犯罪或者协助司法机关抓捕其他犯罪人的,不能视为犯罪分子立功。同监犯将本人或者他人尚未被司法机关掌握的犯罪事实告知犯罪分子,由犯罪分子检举揭发的,如经查证属实,虽可认定犯罪分子立功,但是否从宽处罚、从宽幅度大小,应与通常的立功有所区别。通过非法手段或者非法途径获取他人犯罪信息,如从国家工作人员处贿买他人犯罪信息,通过律师、看守人员等非法途径获取他人犯罪信息,由犯罪分子检举揭发的,不能认定为立功,也不能作为酌情从轻处罚情节。[49]因此,某乙为了让自己犯罪的儿子某甲不判死刑而从在公安局当警察的某丙那里弄到一个在逃犯的线索,然后通过某甲的辩护律师告知某甲,某甲提供给狱警,经查证属实的场合,某甲的行为不能认定为立功。因为,该线索来自公安机关,公安机关对该线索已经掌握,对侦破其他案件没有帮助。为使涉嫌杀人的儿子某丁从轻处罚,父亲花钱雇请他人打探其他未被破获的案件的线索,然后通过律师告知其子某丁,由其子某丁提交给

---

[48] 但是,由于其他犯罪而被采取强制措施的犯罪嫌疑人、被告人和正在服刑的罪犯,检举揭发司法机关还未掌握的其行贿对象的受贿行为,既有如实供述自己罪行的自首的性质,也有揭发他人犯罪行为的立功的性质,属于自首与立功的竞合。此时,对行为人的行为性质的认定,应当按照有利于犯罪嫌疑人、被告人和正在服刑的罪犯的原则,决定该行为到底是被看作自首还是立功,而不能认定行为人既有自首又有立功这样两个从宽处罚情节。

[49] 2008年最高人民法院《全国部分法院审理毒品犯罪案件工作座谈会纪要》第7条。

公安机关,经查证属实的场合,某丁的行为成立立功。本案中,因为某丁所获得的线索不是来自司法机关,司法机关对与该线索有关的犯罪事实并未掌握。提供该线索,客观上有利于其他案件的侦破,因此,应当认定为立功。

(3) 阻止他人犯罪活动。这里所谓的犯罪活动,同前述一样,只要是具有严重社会危害性、一般观念上作为犯罪看待的行为就够了,不要求达到追究刑事责任的程度,如阻止间歇性精神病人在精神病发作期间实施的危害行为的,也属于"阻止他人犯罪活动"。阻止的方式,可以是劝告,也可以是以实际行动加以阻止,还可以是借助其他单位或者个人的力量加以制止。

(4) 协助司法机关抓捕其他犯罪嫌疑人。其中,"其他犯罪嫌疑人",既包括和犯罪分子无关的其他案件的犯罪嫌疑人,又包括犯罪分子的同案犯在内。协助司法机关抓捕其他犯罪嫌疑人的主体,必须是犯罪分子本人。为了使犯罪分子得到从轻处理,犯罪分子的亲友协助司法机关抓捕其他犯罪人的,不应当认定为犯罪分子的立功表现。在协助司法机关抓捕犯罪分子的同案犯时,还应注意,共同犯罪中同案犯的基本情况,包括同案犯姓名、住址、体貌特征、联络方式等信息,属于犯罪分子应当供述的范围。公安机关根据犯罪分子供述抓获同案犯的,不应认定其有立功表现。犯罪分子在公安机关抓获同案犯过程中确实起到协助作用的,如已归案的犯罪嫌疑人按照公安机关的要求稳住被民警跟踪的同案犯,使同案犯放松警惕性和戒备心,对公安机关的抓捕起到实质性协助作用的;规劝同案犯自首的;按照司法机关的安排,以打电话、发信息等方式将其他犯罪嫌疑人(包括同案犯)约至指定地点的;经犯罪分子现场指认、辨认抓获了同案犯;犯罪分子带领侦查人员抓获了同案犯;犯罪分子提供了不为有关机关掌握或者有关机关按照正常工作程序无法掌握的同案犯藏匿的线索,有关机关据此抓获了同案犯;犯罪分子交代了与同案犯的联系方式,又按要求与对方联络,积极协助公安机关抓获了同案犯等,属于协助司法机关抓获同案犯,应认定为立功。[50] 换言之,同案犯的基本情况,是犯罪分子应当供述的内容,即便对抓获同案犯起到一定帮助作用,也不构成立功,只有在抓获同案犯过程中确实起到协助作用的,才能认定为立功。[51]

(5) 具有其他有利于国家和社会的突出表现的行为。如犯罪分子有重大发明创造或者技术革新、在抗御自然灾害或者排除重大事故中有突出表现等。

(二) 立功的种类和表现形式

依据我国刑法第68条的规定,我国刑法中的立功分为一般立功和重大立功两种。二者的

---

[50] 2008年最高人民法院《全国部分法院审理毒品犯罪案件工作座谈会纪要》(已失效)第7条。
[51] 需要说明的是,在"协助司法机关抓捕其他犯罪嫌疑人"类型的立功认定上,相关司法解释之间存在不协调之处。1998年最高人民法院《关于处理自首和立功具体应用法律若干问题的解释》第5条规定:"……协助司法机关抓捕其他犯罪嫌疑人(包括同案犯)……应当认定为有立功表现。"而2008年最高人民法院《全国部分法院审理毒品犯罪案件工作座谈会纪要》中则认为,认定被告人是否构成立功,应当根据被告人在公安机关抓获同案犯中是否确实起到了协助作用。如在"被告人提供了不为有关机关掌握或者有关机关按照正常工作程序无法掌握的同案犯藏匿的线索,有关机关据此抓获了同案犯"等情况下,才能认定立功。两者同出于最高人民法院,但内容不一,前者作为司法解释认为认定立功只要协助司法机关"抓捕"同案犯即可,作为实践指导意见的后者则认为协助司法机关"抓获"同案犯方能成立立功。这种不一致,直接影响到被告人向司法机关提供了关于抓捕同案犯的确实线索,但由于其他原因没能抓获同案犯,可否认定该被告人有立功情节问题的答案。从立功制度的意义来看,应当说,认定协助司法机关抓捕同案犯是否构成立功的时候,应考虑其在司法机关抓捕同案犯过程中,是否确实起到了协助作用,包括是否提供了重要线索,而不宜以抓获同案犯为标准。否则,就会使立功的认定受其他犯罪同案犯是否实际被抓获的偶然因素影响,陷入不确定当中。

差别是,依法所受到的从宽处罚的程度不同。

所谓一般立功形式,是指犯罪分子到案后有检举、揭发他人犯罪行为,包括共同犯罪案件中的犯罪分子揭发同案犯共同犯罪以外的其他犯罪,经查证属实;提供侦破其他案件的重要线索,经查证属实;阻止他人犯罪活动;协助司法机关抓捕其他犯罪嫌疑人(包括同案犯);具有其他有利于国家和社会的突出表现。[52]

所谓重大立功形式,根据有关司法解释,[53]是指犯罪分子有检举、揭发他人重大犯罪行为,经查证属实;提供侦破其他重大案件的重要线索,经查证属实;阻止他人重大犯罪活动;协助司法机关抓捕其他重大犯罪嫌疑人(包括同案犯);对国家和社会有其他重大贡献等表现。其中,所谓"重大犯罪""重大案件""重大犯罪嫌疑人"的标准,一般是指犯罪嫌疑人、犯罪分子可能被判处无期徒刑以上刑罚或者案件在本省、自治区、直辖市或者全国范围内有较大影响等情形。另外,犯罪分子检举、揭发的他人犯罪,提供侦破其他案件的重要线索,阻止他人的犯罪活动,或者协助司法机关抓捕的其他犯罪嫌疑人,犯罪嫌疑人、犯罪分子依法可能被判处无期徒刑以上刑罚的,也应当认定为有重大立功表现。其中,可能被判处无期徒刑以上刑罚,是指根据犯罪行为的事实、情节可能判处无期徒刑以上刑罚。案件已经判决的,以实际判处的刑罚为准。但是,根据犯罪行为的事实、情节应当判处无期徒刑以上刑罚,因被判刑人有法定情节经依法从轻、减轻处罚后判处有期徒刑的,应当认定为重大立功。[54]

(三)立功犯的处罚

根据刑法第68条的规定以及相关司法解释,对于立功犯应当按照以下原则予以处罚:

1.犯罪分子有立功表现的,原则上应当从宽处罚。尽管刑法第68条使用的是"可以"从宽处罚的用语,但既然单独作出这种规定,就表明只要犯罪分子所造成危害后果不是特别大、主观恶性不是特别深重,在其有立功情节的时候,就必须对其从宽处罚。需要注意的是,立功制度的适用应当保证所有被告人在获取犯罪线索和立功机会上的公平性,避免因某些被告人具备特殊条件而获得更多的立功机会,从而导致司法不公。比如,职务犯罪中的被告人相较于其他类型的被告人更容易掌握职务犯罪线索,故有必要从严把握该类案件中重大立功相关线索、材料来源的正当性,包括结合被告人与所揭发检举的对象的关系,考察被告人获取及提供线索行为的难度,并与其他类型案件进行横向对比等,以确保刑罚公正在量刑环节的充分落实。对于对下属员工负有监督管理职责的人提供下属人员的违法犯罪线索,即便被认定具有重大立功情节,但也能不从宽处罚。[55]

2.在对犯罪分子从宽处罚的时候,必须区别对待。"对于具有立功情节的犯罪分子,应当根据犯罪的事实、性质、情节和对于社会的危害程度,结合立功表现所起作用的大小、所破获案件的罪行轻重、所抓获犯罪嫌疑人可能判处的法定刑以及立功的时机等具体情节,依法决定是

---

[52] 1998年最高人民法院《关于处理自首和立功具体应用法律若干问题的解释》第5条。
[53] 1998年最高人民法院《关于处理自首和立功具体应用法律若干问题的解释》第7条。
[54] 2009年最高人民法院、最高人民检察院《关于办理职务犯罪案件认定自首、立功等量刑情节若干问题的意见》第2条。
[55] 陈伟、廖月:《重大立功"从宽绝对化"误区的学理辨正》,载《人民法院报》2025年5月8日,第6版。

否从轻、减轻或者免除处罚以及从轻、减轻处罚的幅度。"[56] 对于有一般立功表现的,可以从轻或者减轻处罚;有重大立功表现的,可以减轻或者免除处罚。犯罪分子有重大立功表现,又不宜减轻或者免除处罚时,可以给予从轻处罚。在法律文书中可以表述为:被告人虽然具有重大立功表现,但根据本案的具体情况(具体案件中应说明是什么具体情况),不宜减轻处罚或者免除处罚,但可从轻处罚。[57] 关于从宽处罚的把握,应以功是否足以抵罪为标准。对于犯罪分子检举揭发他人犯罪构成立功的,一般均应当依法从宽处罚。对于犯罪情节不是十分恶劣,犯罪后果不是十分严重的犯罪分子立功的,从宽处罚的幅度应当更大。[58]

3. 在共同犯罪案件中,对具有立功情节的犯罪分子的处罚,应注意共同犯罪人以及首要分子、主犯、从犯之间的量刑平衡。犯罪集团的首要分子、共同犯罪的主犯检举揭发或者协助司法机关抓捕同案地位、作用较次的犯罪分子的,从宽处罚与否应当从严掌握,如果从轻处罚可能导致全案量刑失衡的,一般不从轻处罚;如果检举揭发或者协助司法机关抓捕的是其他案件中罪行同样严重的犯罪分子,一般应依法从宽处罚。对于犯罪集团的一般成员、共同犯罪的从犯立功的,特别是协助抓捕首要分子、主犯的,应当充分体现政策,依法从宽处罚。[59]

按照 2021 年最高人民法院、最高人民检察院《关于常见犯罪的量刑指导意见(试行)》第 3 条第 9 项,对于立功情节,综合考虑立功的大小、次数、内容、来源、效果以及罪行轻重等情况,确定从宽的幅度:(1)一般立功的,可以减少基准刑的 20% 以下。(2)重大立功的,可以减少基准刑的 20%~50%;犯罪较轻的,减少基准刑的 50% 以上或者依法免除处罚。

第五节 数罪并罚

一、数罪并罚的概念和特征

所谓数罪并罚,就是对一人所犯数罪的合并处罚,具体来说,就是人民法院对一人犯数罪分别定罪处罚,并根据法定原则与方法,决定应当执行的刑罚。其被规定在我国刑法第 69 条、第 70 条和第 71 条中。

我国刑法规定的数罪并罚制度具有以下特征:

1. 一人犯数罪。这是实行数罪并罚的前提。其中,所谓数罪,是指数个独立的、符合不同犯罪构成的行为,其认定,必须结合前述罪数论中的相关内容以及现行刑法的规定进行。首先,按照罪数论的相关论述,继续犯、想象竞合犯、结果加重犯之类的一行为在刑法上规定为一罪或者处理时作为一罪的情形;惯犯、结合犯等原本为独立数罪,但刑法基于某种原因将其规

---

[56] 2009 年最高人民法院、最高人民检察院《关于办理职务犯罪案件认定自首、立功等量刑情节若干问题的意见》第 2 条。
[57] 最高人民法院刑四庭:《被告人具有重大立功表现,不宜减轻或者免除处罚时,可否从轻处罚》,载最高人民法院刑事审判第一、二、三、四、五庭编:《刑事审判参考》总第 125 辑,人民法院出版社 2020 年版,第 194~195 页。
[58] 2010 年最高人民法院《关于贯彻宽严相济刑事政策的若干意见》第 18 条。
[59] 2010 年最高人民法院《关于处理自首和立功若干具体问题的意见》第 8 条。

定为一罪的情形;连续犯、牵连犯、吸收犯等原本为数个独立犯罪,但由于数行为之间关系密切,实践当中作为一罪处理的情形,均不属于数罪的范畴。其次,即便是数罪,但同种数罪通常不并罚,如对涉及财产、经济的犯罪,我国刑法的立法模式是,将法定刑的轻重与犯罪涉及的数额挂钩,将数次犯罪的数额累加,数额越大,法定刑越重,而不是作为数罪进行并罚;对一些非财产性犯罪如强奸、拐卖妇女等,即便是数次犯罪,也是通过"情节严重""情节恶劣""多次"等加重规定,将其作为一罪处理的,而没有作为数罪并罚。同时,对一些异种数罪,也有不实行数罪并罚的情况。如绑架人质之后加以杀害的、拐卖妇女过程中又对其加以奸淫的、强奸妇女迫使其卖淫的场合,尽管行为都分别独立成罪,但我国刑法均没有作为数罪加以规定,而是作为一罪,只是加重其法定刑而已。最后,数罪的形式没有限定,既可以是故意犯,也可以是过失犯;既可以是单独犯,也可以是共犯;既可表现为犯罪的完成形态即既遂犯,也可表现为犯罪的未完成形态即预备犯、未遂犯和中止犯。

2. 数罪发生在法定期限内。此为适用数罪并罚的时间条件,即只有当刑罚执行完毕以前发现犯罪人犯有数罪时,才适用数罪并罚。具体包括以下情况:一是判决宣告以前一人犯数罪;二是判决宣告后,刑罚执行完毕以前,发现被判刑的犯罪人在判决宣告以前还有其他罪没有判决的(漏罪);三是判决宣告之后,刑罚执行完毕之前,被判刑的犯罪人又犯罪的(新罪);四是被宣告缓刑或假释的犯罪人在缓刑或假释考验期内又犯罪或发现有漏罪。犯罪人在刑罚执行完毕以后,或者在缓刑、假释考验期满以后发现有漏罪或者又犯新罪的,则对于漏罪或者新罪依法判刑,符合累犯条件的按累犯处理,不适用数罪并罚。

3. 依法决定。数罪并罚的情况非常复杂,涉及很多技术性问题,因此,必须严格按照现行刑法的相关规定进行,即对犯罪分别定罪量刑之后,根据适用于不同情况的并罚原则以及在不同时间阶段和法律条件下的刑期计算方法,将各数罪被判处的刑罚合并,确定应当执行的刑罚的种类和期限等。

二、数罪并罚的原则

对一人犯数罪合并处罚时,应当依据什么样的原则,从各国刑事立法的情况来看,大致有以下四种:一是并科原则,即对一人所犯数罪分别量刑,然后将其相加合并执行。此种原则,对被告人有过于严酷之嫌,而且对有些刑种如死刑也无法合并执行。[60] 二是吸收原则,即以重罪之刑吸收轻罪之刑,仅执行一个刑罚。此种原则,有违背罪刑均衡原则,重罪轻罚之嫌。三是限制加重原则,即以数罪中的最高刑为基础,进行一定加重,再在数罪的总和刑期以下,决定执行的刑罚。此种原则较前两种原则合理,但对死刑、无期徒刑无法适用。四是折中原则,即以上述诸种原则中的一种为主,兼采其他原则,以适应不同类型的情况。此为当今各国的通常做法。

我国刑法第69条规定:"判决宣告以前一人犯数罪的,除判处死刑和无期徒刑的以外,应

---

[60] 并科原则真正的问题在于,违反责任原则。由于人的资源(生命、财富、体力、耐心以及快乐能力)是有限的,刑罚的增加,对于一个人的意义并不是数字关系上的相加,而是生命的质的改变。5年加5年固然等于10年,但后面的5年,可能是让一个人无法融入社会的5年,让人对自己绝望的5年,也可能是结束生命的5年。黄荣坚:《基础刑法学》(下)(第4版),台北,元照出版有限公司2012年版,第889页。

当在总和刑期以下、数刑中最高刑期以上,酌情决定执行的刑期,但是管制最高不能超过三年,拘役最高不能超过一年,有期徒刑总和刑期不满三十五年的,最高不能超过二十年,总和刑期在三十五年以上的,最高不能超过二十五年。数罪中有判处有期徒刑和拘役的,执行有期徒刑。数罪中有判处有期徒刑和管制,或者拘役和管制的,有期徒刑、拘役执行完毕后,管制仍须执行。数罪中有判处附加刑的,附加刑仍须执行,其中附加刑种类相同的,合并执行,种类不同的,分别执行。"可见,我国刑法对一人犯数罪的合并处罚采取了折中原则。以下进行简要说明。

首先,对判处死刑和无期徒刑的,采取吸收原则。判决宣告数个死刑或最重刑为死刑(含死刑缓期执行)的,采用吸收原则,只执行一个死刑,不执行其他主刑;数刑中有数个无期徒刑或者最高刑为无期徒刑时,只执行一个无期徒刑,不执行其他主刑。

其次,对于判处有期徒刑、拘役和管制的,采取限制加重原则。数罪均被判处数个有期徒刑或数个拘役或数个管制的,应当在总和刑期以下、数刑中最高刑期以上,酌情决定执行的刑期,但是均不得超过法定的最高限度,即管制最高不能超过 3 年,拘役最高不能超过 1 年;有期徒刑总和刑期不满 35 年的,最高不能超过 20 年;总和刑期在 35 年以上的,最高不能超过 25 年。限制加重原则中的"限制",主要体现在两个方面:一是只能在数罪的总和刑期以下、数罪中的最高刑期以上,酌情决定执行的刑期;[61] 二是酌情决定执行的刑期受数罪并罚法定最高刑的限制。以有期徒刑为例,假设被告人犯了两个罪,所判处的刑罚分别为 8 年和 12 年,这样,其所犯数罪的总和刑期为 20 年,数罪中最高刑期为 12 年,故应在 20 年以下 12 年以上的幅度内决定其执行的刑期。此时,对被告人的处罚上限就受到了数刑的总和刑期的限制。再如被告人犯了三个罪,所判处的刑罚分别为 8 年、12 年和 18 年,总和刑期为 38 年,最高刑为 18 年,但由于刑法第 69 条明文规定数罪并罚时,有期徒刑总和刑期不满 35 年的,最高不能超过 20 年,总和刑期在 35 年以上的,最高不能超过 25 年,所以只能在 18 年以上 25 年以下决定执行的刑期。此时,被告人的处罚上限就受到了数罪并罚法定最高刑即 25 年的限制。"加重"表现在:一是决定执行的刑期不能低于数刑中的最高刑,而只能在数刑中最高刑期的基础上加重;二是数罪并罚决定执行的刑罚,可能超过有期徒刑、拘役、管制的一般法定最高限度,即有期徒刑在并罚时可以超过 15 年而达到 25 年,拘役可以超过 6 个月而达到 1 年,管制可以超过 2 年而达到 3 年。

在一人犯数罪,均被判处同种有期自由刑时,根据上述限制加重原则予以处理,不存在问题。但是,在一人犯数罪,同时被判处不同种有期自由刑时,如何根据限制加重原则并罚,成为问题。对此,2015 年之前刑法没有明文规定,理论上的见解也不尽相同。有主张先进行折算,再进行并罚的"折抵说",主张只执行重刑种,不执行轻刑种的"吸收说";主张分别执行不同刑

---

[61] 这里的"以上""以下"是否包括本数,值得探讨。否定说认为,其不包括本数。因为,包括本数的话,刑法第 69 条中有关有期自由刑的并罚就不是采取限制加重,而是采用了吸收或者并科原则。但是,受刑法第 99 条的限制,我国刑法中的"以上""以下"应当包括本数,这是毫无疑义的。同时,刑法第 69 条第 2 款也明确规定,数罪中有判处有期徒刑和拘役的,执行有期徒刑,这就意味着,至少在此种场合,采用了吸收原则,"以上"包括本数。同时,刑法第 69 条第 2 款还规定,数罪中有判处有期徒刑和管制,或者拘役和管制的,有期徒刑、拘役执行完毕后,管制仍须执行。这也意味着,在此种场合,采用了并科原则,"以下"也包括本数。因此,应当采用肯定说。

罚的"分别执行说"之争。[62] 多数人同意折抵说,即以数罪所判刑罚中的主要刑种为基准进行折算,数刑中包含有有期徒刑的,将拘役和管制折抵为有期徒刑,数刑中没有有期徒刑的,将管制折抵为拘役,折抵为同一刑种之后再按照限制加重原则并罚。[63] 但司法实务部门主张分别执行说。[64] 为此,《刑法修正案(九)》在刑法第 69 条中专门增设第 2 款即"数罪中有判处有期徒刑和拘役的,执行有期徒刑。数罪中有判处有期徒刑和管制,或者拘役和管制的,有期徒刑、拘役执行完毕后,管制仍须执行"。按照这一规定,在数罪中有期徒刑和拘役并存的场合,执行有期徒刑,不执行拘役,即采取了"吸收原则";[65] 在数罪中有期徒刑和管制或拘役和管制并存的场合,有期徒刑、拘役执行完毕后,管制仍需执行,即采取了"并科原则"。

最后,数罪中有判处附加刑的,采取并科原则,附加刑仍须执行,其中附加刑种类相同的,合并执行;种类不同的,分别执行。这是因为,附加刑和主刑的根本属性不同,附加刑不能被主刑吸收,也不能用限制加重原则合并处罚,只能并科执行。但是,数个附加刑并罚,原则上也是合并执行,但应根据具体情况的不同而有所区别。数个剥夺政治权利中有剥夺政治权利终身的、数个没收财产中有没收全部财产的,应当采用吸收原则。如果数个剥夺政治权利均是有期的,则应采取限制加重原则,因为剥夺政治权利,除了终身剥夺的场合,其他场合有最长期限的限制。如果数个没收财产均为部分没收财产,或者应判处数个罚金刑,则应当按照并科原则的要求,相加执行,因为对于财产刑,我国刑法并没有规定最高限度。司法实践也采用这种做法。[66]

三、适用数罪并罚的不同情况

根据刑法第 69 条、第 70 条与第 71 条的规定,适用数罪并罚的,有以下几种情况。

(一) 判决宣告以前一人犯数罪的并罚

刑法第 69 条规定的是一人在判决宣告以前犯数罪的情况。按照该规定,对于一人犯数罪并且在判决宣告以前均被发现的,依照刑法第 69 条的规定,除判处死刑和无期徒刑的以外,应当在总和刑期以下、数刑中最高刑期以上,酌情决定执行的刑期。

问题是,数罪有性质、罪名完全相同的同种数罪和性质、罪名均不相同的异种数罪之分,判决宣告之前一人犯同种数罪的,是以一罪论处还是以数罪实行并罚?对此,理论上有三种见解:一是一罚说,主张对同种数罪一概不并罚,而应作为一罪的从重情节或法定刑升格的情节处罚即可;二是并罚说,主张对同种数罪一概实行并罚;三是折中说,主张以一罚作为基本处罚

---

[62] 马克昌主编:《刑罚通论》(第 2 版),武汉大学出版社 1999 年版,第 485 页。
[63] 有关情况的说明,参见马克昌主编:《刑法》(第 2 版),高等教育出版社 2010 年版,第 262 页。
[64] 1957 年 2 月 16 日最高法法研字第 3540 号复函中指出,管制的性质与拘役、有期徒刑不同,不能与拘役、有期徒刑换算,应当先执行有期徒刑或者拘役,刑满以后,返回社会,再执行管制。1981 年最高人民法院《关于管制犯在管制期间又犯新罪被判处拘役或有期徒刑应如何执行的问题的批复》重申了上述观点。
[65] 如在某甲犯抢劫罪,判处有期徒刑 15 年;犯危险驾驶罪,判处拘役 2 个月的场合,应数罪并罚,决定执行有期徒刑 15 年,而无须对其分别执行。
[66] 如 2000 年最高人民法院《关于适用财产刑若干问题的规定》第 3 条规定:依法对犯罪分子所犯数罪分别判处罚金的,应当实行并罚,将所判处的罚金数额相加,执行总和数额。一人犯数罪依法同时并处罚金和没收财产的,应当合并执行;但并处没收全部财产的,只执行没收财产刑。

方法,以并罚作为补充方法,即所犯之罪具有两个以上法定刑幅度时,不实行并罚,只有一个法定刑幅度时,则实行并罚。[67] 通说是上述第三种意见:对判决宣告以前一人犯同种数罪的,原则上应以一罪论处;但在以一罪论处不符合罪刑均衡原则,或者前后犯罪相隔时间很长,不宜作为一罪的从重情节或法定刑升格的情节处理时,应实行并罚。

本书也同意这种观点。首先,刑法事实上将许多同种数罪规定为一罪的从重情节或法定刑升格的情节,这意味着同种数罪原则上不需要并罚。其次,刑法分则的大多数条文规定的法定刑,都有几个幅度,不实行并罚完全可以做到罪刑相适应;如果均实行并罚,反而可能重罪轻判。再次,有些犯罪本身可以包含多次行为,或者说可以包含同种数罪,也没有必要实行并罚。最后,将同种数罪以一罪论处,有利于从整体上考虑犯罪人的人身危险性,也比较简单、方便。

例外情形是对同种数罪也要并罚,因为:一方面,有的犯罪只有一个幅度的法定刑,或者虽有两个以上幅度的法定刑,但不可能将同种数罪作为法定刑升格的情节,如果以一罪论处,不符合罪刑均衡原则的要求。例如,重婚罪只有一个法定刑——2年以下有期徒刑或拘役。如果被告人在判决宣告以前,两次犯重婚罪,而且情节严重,倘若以一个重婚罪论处,则不符合罪刑均衡原则;实行数罪并罚,才能做到罪责刑相适应。另一方面,有的虽然是同种数罪,但相隔时间很长。将相隔时间过长的同种数罪以一罪论处,也有不合适之处。如被告人两次犯一般情节的强奸罪,中间相隔3年。若将前后两个强奸罪作为一罪处理,就只能在3年到10年有期徒刑的范围内进行处罚,而实行数罪并罚的话,就可能判处10年以上有期徒刑。应当说,后一种选择比较合适。

当然,对同种数罪例外地实行并罚,必须遵循两个条件:一是符合罪刑均衡原则的要求;二是不违反刑法规定。否则,对同种数罪不能实行并罚。

(二)刑罚执行完毕以前发现漏罪的并罚

刑法第70条针对这种情况作出了规定。按照该规定,判决宣告以后,刑罚执行完毕以前,发现被判刑的犯罪分子在判决宣告以前还有其他罪没有判决的,应当对新发现的罪作出判决,把前后两个判决所判处的刑罚,依照本法第69条的规定,决定执行的刑罚。已经执行的刑期,应当计算在新判决决定的刑期之内。

这种数罪并罚的特点是:(1)一人所犯数罪均发生在原判决宣告以前;(2)原判决只对其中的部分犯罪作了判决,对另一部分犯罪没有判决;(3)不管漏罪即新发现的罪与原判决的罪是否性质相同。换言之,即便是性质相同的犯罪也必须实行并罚;[68](4)将新发现的漏罪定罪量刑,依照刑法第69条规定的原则与原判决的刑罚实行并罚;(5)已执行的刑期计算在新判决决定的刑期以内。这种方法称为"先并后减"。

如某甲因为犯盗窃罪被判处有期徒刑5年,在执行了3年之后,发现其在判决宣告以前还犯有敲诈勒索罪。这种场合,应按照以下方法并罚:首先,对新发现的罪,即敲诈勒索罪作出判决。假定判处有期徒刑7年。其次,按照刑法第69条的规定,在总和刑期即12年以下、数刑中

---

[67] 学说介绍参见马克昌主编:《刑法》(第2版),高等教育出版社2010年版,第263页。
[68] 1993年最高人民法院《关于判决宣告后又发现被判刑的犯罪分子的同种漏罪是否实行数罪并罚问题的批复》中明确,人民法院的判决宣告并已发生法律效力以后,刑罚还没有执行完毕以前,发现被判刑的犯罪分子在判决宣告以前还有其他罪没有判决的,无论新发现的罪与原判决的罪是否属于同种罪,都应当依照刑法的规定实行数罪并罚。

最高刑即7年以上,酌情决定执行的刑期。假定决定执行10年有期徒刑。最后,因为已经执行的刑期应当计算在新判决决定的刑期之内,因此,在决定剩下的执行期限时,必须将已经执行的3年从决定执行的10年中减去,因此,某甲还需要执行7年有期徒刑。

在适用刑法第70条的规定时,应当注意以下几点:

1. 缓刑和假释考验期内发现漏罪的处理。换言之,缓刑考验期内发现漏罪的并罚,依照刑法第77条的规定处理。换言之,被宣告缓刑的犯罪分子,在缓刑考验期限内犯新罪或者发现判决宣告以前还有其他罪没有判决的,应当撤销缓刑,对新犯的罪或者新发现的罪作出判决,把前罪和后罪所判处的刑罚,依照刑法第69条的规定,决定执行的刑罚。已经执行的缓刑考验期不得折抵刑期,但是,判决执行以前先行羁押的日期应当折抵刑期。如果数罪并罚后仍然适用缓刑的,已经执行的缓刑考验期应当计算在并罚后决定的考验期之内;在假释考验期内发现的并罚,依照刑法第86条第2款的规定处理。在假释考验期限内,发现被假释的犯罪分子在判决宣告以前还有其他罪没有判决的,应当撤销假释,依照刑法第70条的规定实行数罪并罚。行为人假释之前已经执行的刑期,应当计算在并罚后的刑期之内,但是,已经经过的假释考验期间,不得折抵刑期。

2. 判决宣告后,尚未交付执行时,发现犯罪人还有其他罪没有处理时的并罚。这种场合,应当依照刑法第70条的规定并罚。但如果在第一审人民法院的判决宣告以后,被告人提出上诉或者人民检察院提出抗诉,判决尚未发生法律效力的,第二审人民法院在审理期间,发现原审被告人在第一审判决宣告以前还有同种漏罪没有判决的,第二审人民法院应当依照刑事诉讼法的规定,裁定撤销原判,发回原审人民法院重新审判,第一审人民法院重新审判时,不适用刑法关于数罪并罚的规定。[69]

3. 在刑满释放后再犯罪并发现漏罪的并罚。在处理被告人刑满释放后又犯罪的案件时,发现被告人在前罪判决宣告之前,或者在前罪判处的刑罚执行期间,还犯有其他罪行,未经过处理,并且没有超过追诉时效的,如果漏罪和新罪属于不同种数罪,就应对漏罪与刑满释放后又犯的新罪分别定罪量刑,并依照刑法第69条的规定,实行数罪并罚。如果漏罪与新罪属于同种数罪,则原则上以一罪论处,不实行并罚。

4. 判决宣告之后刑罚执行过程中,发现数个漏罪的并罚。这时应当对新发现的数个漏罪分别定罪量刑,然后将各自所判处的刑罚与前罪所判处的刑罚,依照刑法第69条的规定,在总和刑期以下、数刑中最高刑期以上,酌情决定执行的刑期。

5. 被裁定减刑后,刑罚执行期间发现漏罪时的并罚。这个问题非常复杂,按照相关司法解释,[70]必须区分情况予以不同处理:(1)罪犯被裁定减刑后,刑罚执行期间因发现漏罪而数罪并罚的,原减刑裁定自动失效。如漏罪系罪犯主动交代的,对其原减去的刑期,由执行机关报请有管辖权的人民法院重新作出减刑裁定,予以确认;如漏罪系有关机关发现或者他人检举揭发的,由执行机关报请有管辖权的人民法院,在原减刑裁定减去的刑期总和之内,酌情重新裁定。(2)被判处死刑缓期执行的罪犯,在死刑缓期执行期满后被发现漏罪,依据刑法第70条规

---

[69] 1993年最高人民法院《关于判决宣告后又发现被判刑的犯罪分子的同种漏罪是否实行数罪并罚问题的批复》。

[70] 2016年最高人民法院《关于办理减刑、假释案件具体应用法律的规定》第34~37条。

定数罪并罚,决定执行死刑缓期执行的,交付执行时对罪犯实际执行无期徒刑,死缓考验期不再执行,但漏罪被判处死刑缓期执行的除外。在无期徒刑减为有期徒刑时,前罪死刑缓期执行减为无期徒刑之日起至新判决生效之日止已经实际执行的刑期,应当计算在减刑裁定决定执行的刑期以内。原减刑裁定减去的刑期依照(1)中所述方法处理。(3)被判处无期徒刑的罪犯在减为有期徒刑后因发现漏罪,依据刑法第70条规定数罪并罚,决定执行无期徒刑的,前罪无期徒刑生效之日起至新判决生效之日止已经实际执行的刑期,应当在新判决的无期徒刑减为有期徒刑时,在减刑裁定决定执行的刑期内扣减。无期徒刑罪犯减为有期徒刑后因发现漏罪判处3年有期徒刑以下刑罚,数罪并罚决定执行无期徒刑的,在新判决生效后执行1年以上,符合减刑条件的,可以减为有期徒刑。减刑幅度依照最高人民法院《关于办理减刑、假释案件具体应用法律的规定》第8条、第9条的规定执行。原减刑裁定减去的刑期依照(1)中所述方法处理。

6. 替人顶罪而服刑,在服刑过程中因为被揭穿又被处以包庇罪的场合,不能适用刑法第70条的规定。如王某在明知李某交通肇事撞死一人的情况下,因收受李某的好处而顶罪,到公安机关投案自首,谎称事故是自己造成的,法院以交通肇事罪判处其有期徒刑3年。在执行1年之后被人举报,法院以包庇罪判处其有期徒刑2年。在该场合,不能适用刑法第70条的规定,王某先因交通肇事罪所服刑期不能折抵其犯包庇罪所应服刑期。因为,刑法第70条适用的前提是一人犯有数罪,而本案当中,王某实际上只犯有一罪即包庇罪。王某因为替人顶罪而被关押是其自冒风险的结果,其咎由自取,国家不能承担责任。否则,会导致被司法机关错误关押者,后来因犯其他罪被判处有期徒刑等的场合,就有理由以原先所服刑期折抵其后所犯他罪所应服刑期的结果,这显然是很荒谬的。

(三)刑罚执行完毕以前又犯新罪的并罚

刑法第71条针对这种情况作出了规定。判决宣告以后,刑罚执行完毕以前,被判刑的犯罪分子又犯罪的,应当对新犯的罪作出判决,把前罪没有执行的刑罚和后罪所判处的刑罚,依照本法第69条的规定,决定执行的刑罚。

这种数罪并罚的特点是:(1)犯罪人在原判决宣告以后,刑罚执行完毕以前又犯新罪;(2)不管新罪与原判决的罪是否为性质相同的罪;(3)将新罪定罪量刑;(4)将前罪没有执行完毕的刑罚与新罪所判处的刑罚,依照刑法第69条的原则进行并罚;(5)已经执行的刑期不得计算在新判决所决定的刑期以内。这种方法被称为"先减后并"。

例如,被告人因犯某罪被判处有期徒刑15年,执行10年后又犯新罪,对新罪判处有期徒刑8年。依照"先减后并"的方法,应当将尚未执行的5年与新罪的8年实行并罚,即在8年以上13年以下决定执行的刑期,如果决定执行12年,则被告人还要服刑12年。加上已经执行的刑期,被告人实际执行的刑期为22年。

显然,"先减后并"的结果比"先并后减"的结果要重:一是实际执行的起点刑期提高了,二是实际执行的刑期可能超出刑法规定的数罪并罚法定最高刑的限制。如上例中,如果采用"先并后减"的方法,实际执行的起点刑为15年,最高刑期不得超过20年;而采用"先减后并"的方法,实际执行的起点刑为18年,最高刑期可以是23年。刑法这样规定,是因为犯罪人在刑罚执行期间又犯新罪,说明其主观恶性更深、人身危险性更重,只有给予更严厉的处罚,才能更有效地教育和改造犯罪人。

在适用刑法第71条时,应注意以下几点:

1. 犯罪人不仅在刑罚执行期间又犯新罪,并且发现其在原判决宣告以前尚有漏罪的并罚。这种场合,先将漏罪与原判决的罪,根据刑法第70条规定的"先并后减"的方法进行并罚;再将新罪的刑罚与前一并罚后的刑罚还没有执行的刑期,根据刑法第71条规定的先减后并的方法进行并罚。例如,犯罪人所犯甲罪已被人民法院判处8年有期徒刑,执行5年后,犯罪人又犯乙罪,并发现其尚有漏罪即丙罪,人民法院对新犯的乙罪判处7年有期徒刑,对所发现的漏罪即丙罪判处6年有期徒刑。这种场合下的具体操作是,先将漏罪即丙罪6年有期徒刑与甲罪的8年有期徒刑实行并罚,在8年以上14年以下决定应执行12年有期徒刑,因为甲罪已经执行了5年,因此,犯罪人还需要执行7年有期徒刑。然后,再将乙罪的7年有期徒刑与没有执行的7年实行并罚,在7年以上14年以下决定应当执行的刑罚,如果决定执行11年,则实际上要执行16年。

2. 在缓刑和假释考验期内又犯新罪的并罚。在缓刑考验期内又犯新罪的并罚,根据刑法第77条的规定处理。被宣告缓刑的犯罪分子,在缓刑考验期限内犯新罪的,应当撤销缓刑,对新犯的罪作出判决,把前罪和后罪所判处的刑罚,依照刑法第69条的规定,决定执行的刑罚。已经执行的缓刑考验期限,不得进行折抵;在假释考验期内又犯新罪的并罚,根据刑法第86条第1款的规定处理。换言之,被假释的犯罪分子,在假释考验期限内犯新罪,应当撤销假释,依照刑法第71条的规定实行数罪并罚。按照"先减后并"的方法,扣除假释之前已经执行的刑期,将剩余刑期与新罪刑期进行并罚,但是,已经经过的假释考验期间不得计算在已经执行的刑期之内。

但要注意的是,刑法第71条中的"刑罚执行完毕以前"应是指主刑执行完毕以前。如果被告人主刑已经执行完毕,只是罚金刑尚未执行完毕的,根据刑法第53条规定,人民法院在任何时候发现有可以执行的财产,应当随时追缴。因此,被告人前罪主刑已经执行完毕,罚金尚未执行完毕的,应当由人民法院继续执行尚未执行完毕的罚金,不必与新罪判处的罚金数罪并罚。[71]

3. 罪犯被裁定减刑后,刑罚执行期间因故意犯罪而数罪并罚时,经减刑裁定减去的刑期不计入已经执行的刑期。原判死刑缓期执行减为无期徒刑、有期徒刑,或者无期徒刑减为有期徒刑的裁定继续有效。[72]

(四)刑罚执行完毕以后发现漏罪的处罚

刑罚执行完毕以后发现漏罪的情况实践中常有发生。如某甲因为犯非法采伐国家重点保护植物罪,被法院判处有期徒刑1年,刑满释放后,有人举报称,某甲此前还伙同他人在其承包的山场,在未办理林木采伐许可证的情况下砍伐松树。公安机关侦查属实,后经公诉机关诉至法院,法院以犯滥伐林木罪,判处某甲有期徒刑2年,罚金1万元。现在的问题是,如何确定某

---

[71] 2017年全国人大常委会法制工作委员会《关于对被告人在罚金刑执行完毕前又犯新罪的罚金应否与未执行完毕的罚金适用数罪并罚问题的答复意见》。

[72] 2016年最高人民法院《关于办理减刑、假释案件具体应用法律的规定》第33条。

甲应当执行的刑罚。一种观点认为,应当将刑罚执行完毕后发现的漏罪即滥伐林木罪与前罪即非法采伐国家重点保护植物罪并罚,按照刑法第 70 条的规定,先并后减处理("数罪并罚说")。如就上例而言,应当在 2 年到 3 年的范围之内决定应执行的刑罚(假设为 2 年 6 个月),然后减去已经执行的 1 年,剩下的就是应当实际执行的刑期(1 年 6 个月)。另一种观点则认为,不能将刑罚执行完毕后发现的漏罪即滥伐林木罪与前罪即非法采伐国家重点保护植物罪进行数罪并罚,而应当单独起诉,单独处罚("单独处罚说")。就上例而言,就是 2 年。这个问题实际上涉及刑法规定的疏漏。尽管刑法第 69 条第 1 款规定,判决宣告以前,一人犯数罪的,都应当数罪并罚,但刑法第 70 条只规定了"判决宣告后刑罚执行完毕前发现漏罪"的处罚,而对于"判决宣告后刑罚执行完毕后发现漏罪"的情形该如何处理,却没有提及,因此,才出现了上述争论。

"单独处罚说"的理由是,这种情形不符合刑法第 70 条中"判决宣告以后,刑罚执行完毕以前"的时间要求;同时,刑法关于数罪并罚的规定并未考虑减刑,如果有减刑情形,数罪并罚可能对被告人不利。[73] 但是,刑罚执行完毕以后发现漏罪的处罚,属于判决宣告以前一人犯数罪的情形,这是无论如何都难以否定的,因此,对这种情形,应当依照刑法第 69 条第 1 款的规定,除特殊情形之外,应当在总和刑期以下、数刑中最高刑期以上,酌情决定执行的刑期。这完全符合罪刑法定原则的要求。刑法第 70 条虽说从字面上看是有关"判决宣告后刑罚执行完毕前发现漏罪"的规定,但从其内容上看,仍然是有关"判决宣告以前一人犯数罪"的规定,换言之,第 69 条第 1 款和第 70 条所规定的是完全相同的并罚情形。如此说来,刑罚执行完毕以后发现漏罪的场合,适用刑法第 70 条的规定,并不存在法律上的障碍。

---

[73] 杨晓:《刑罚执行完毕后对服刑期间发现的漏罪如何处理》,载《中国检察官》2013 年第 14 期;李莉、夏伟:《刑罚执行完毕发现漏罪不宜数罪并罚》,载《检察日报》2013 年 12 月 25 日,第 3 版。2012 年最高人民法院颁布实施的《关于罪犯因漏罪、新罪数罪并罚时原减刑裁定应如何处理的意见》规定,罪犯被裁定减刑后,因被发现漏罪或者又犯新罪而依法进行数罪并罚时,经减刑裁定减去的刑期不计入已经执行的刑罚。如就上述案例而言,按照数罪并罚说的理解,本案被告人某甲前罪原判刑期为有期徒刑 1 年,如在执行时减刑 6 个月,实际执行 6 个月,滥伐林木罪被判处有期徒刑 2 年,数罪并罚酌情决定的刑期为 2 年零 6 个月,减去已经执行的 6 个月,那么还应执行有期徒刑 2 年,此时与未实行数罪并罚的效果是一致的,即不管是数罪并罚,还是对后罪进行单一处理,被告人最终还需执行有期徒刑 2 年。假设数罪并罚酌情决定的刑期为 2 年 8 个月,减去已经执行的 6 个月,则还应执行有期徒刑 2 年 2 个月,此时实行数罪并罚比未实行数罪并罚还要多执行 2 个月,反而对被告人不利。

第十二章 刑罚执行制度

第一节 刑罚执行概述

一、刑罚执行的概念和意义

刑罚执行制度,简称"行刑制度",即指刑罚执行机关根据已决犯在服刑期间的悔罪表现和改造情况,确实符合刑法规定的有关条件,在原判刑罚没有执行完毕或者死缓2年期满时,提请人民法院审核裁定,减轻原判刑罚、有条件地提前释放或者执行原判死刑的制度。

行刑是实现刑罚目的的一项司法活动,其范围很广,既涉及实体法又涉及程序法。但从刑法的角度来讲,所谓行刑制度,特指缓刑制度、减刑制度和假释制度。

人民法院对犯罪人所作的刑罚宣告,是根据犯罪人的犯罪事实、犯罪性质、情节和犯罪人的人身危险程度,评价其刑事责任的大小,作出应当承担的法律后果的决定。其是一种预测性的宣告。它体现了罪刑均衡原则,表明国家对行为人所犯罪行的否定态度。至于对犯罪人是否必须执行所宣告的全部刑罚,还要受到刑罚目的的制约。只要犯罪人积极改造、真诚悔悟,在服刑过程中以实际行动表明其已经弃旧图新,不再危害社会,被判处的刑罚也可以不必全部执行或者以变通的方式加以执行。由于每一个犯罪人的悔罪态度和改造情况不同,判决书对判决后犯罪人的情况也不可能进行完全准确的预测,所以,判决书所宣告的刑罚也不可能和每个犯罪人的改造情况完全适应。所以,有必要规定减刑制度和假释制度,以便在行刑过程中根据犯罪人的改造情况对原判刑罚进行必要的调整和修正,以弥补原判决的不足。由此可见,在刑法中规定行刑制度的意义在于:(1)弥补原判的不足,使刑罚以较好的效果实现于不同的犯罪人。但这里必须明确,行刑制度的具体执行,并不是对原判的否定,相反,是通过对行刑制度的具体应用,使原判刑罚的执行获得最佳效果。(2)有利于犯罪人认罪伏法,加速其自身的改造。行刑制度的设立,使犯罪人特别是被判处无期徒刑或者长期刑的罪犯不至于产生绝望心理。他们会从缓刑、减刑制度、假释制度中看到希望,因而认真悔过,努力改造,争取法律的宽大处理,回归社会,重新做人。

总之,行刑制度的设立,有利于鼓励犯罪人改过自新,防止其自暴自弃。

二、刑罚执行的原则

根据我国的行刑目的和行刑实践,刑罚执行的原则主要有:

1.教育为主、惩罚为辅原则。执行刑罚本身具有惩罚的一面,否则,难以达到刑罚的效果。

因此,凡是被判处自由刑的罪犯,都必须接受强制劳动,以示对其恶行的惩罚。但惩罚不是行刑的目的和唯一内容,对罪犯进行强制劳动,除了对其进行惩罚,还包含或者说应当包含对他们进行教育的内容。教育,除了思想教育,还包括对他们进行文化教育和劳动技能教育。罪犯通过劳动,除了形成正确的人生观、道德观、法律观,还能学有所成、学有所用,增强适应社会的能力,成为自食其力的劳动者。因此,在行刑过程中,应当注意将惩罚与教育、教育与劳动结合进行。

2. 人道主义原则。行刑人道,是国际公认的刑罚执行原则。其要求在行刑中必须尊重罪犯人格,关心罪犯的实际困难,实行文明监管,禁止使用残酷的、不人道的刑罚执行手段。这在我国刑法以及有关法律中有完整的体现。如刑法将殴打、体罚虐待被监管人的行为规定为独立的犯罪;《监狱法》规定,罪犯的人格不受侮辱;必要的物质生活和医疗保健受到保障;劳动时间的安排必须合理,不搞超体力劳动;根据罪犯的不同情况安排不同的劳动方式并进行不同的劳动管理;罪犯的合法权利得到保障。这些都是人道主义在刑罚执行中的体现。

3. 区别对待原则。所谓区别对待,就是在刑罚执行过程中,根据犯罪人的年龄、性别、性格特点、文化程度、生理状况、犯罪性质及特点、罪行严重程度及人身危险性大小等,给予不同的处遇,采取不同的教育改造方式。如根据犯罪人所犯罪行的性质及轻重程度分别关押,对少年犯专门设立少年犯管教所,对老弱病残犯和孕妇,送往医院治疗或送其他专门场所监护;根据罪犯认罪态度、主观恶性的大小、思想改造的难易、犯罪次数多少等,采取分类关押;根据罪犯的身体条件、生理特点、年龄大小、性别状况等,合理分配适当的工种,制订合理的劳动定额;根据犯人劳动改造的表现,采取不同的奖惩措施。这些都是区别对待的体现。

4. 社会化原则。所谓社会化原则,是指在行刑过程中,打破监狱等行刑设施的壁垒,组织和鼓励社会各方面的积极力量参与到对罪犯的改造中来。其包括两方面的内容:一是调动社会的积极因素影响犯罪人,让社会参与对犯罪人的改造;二是培养受刑人再社会化能力,使之能适应正常的社会生活。我国在行刑过程中实施的监狱部门与罪犯家属之间保持经常联系的制度,罪犯在服刑期间与有关人员和单位的通信制度、会见制度,罪犯的请假制度、参观制度以及出狱之后由有关方面安置就业制度,监外执行制度,对被处管制刑的罪犯不予关押而放在社会上执行的制度,以及对被判处缓刑、假释的罪犯进行的社区矫正制度,可以说,都是行刑社会化原则的体现。

第二节 缓 刑

一、缓刑制度的概念和性质

在我国,缓刑是指对被判处拘役、3年以下有期徒刑的犯罪人,根据其犯罪情节和悔罪表现,如果暂缓执行刑罚确实不致再危害社会,就规定一定的考验期,暂缓刑罚的执行;在考验期内,如果遵守一定条件,原判刑罚就不再执行的一项制度。简言之,缓刑就是附条件地不执行原判刑罚。

缓刑制度应当归属于量刑制度还是行刑制度,理论界存在不同看法。其和判处过缓刑的犯罪分子,是否能够成为累犯等问题直接相关。通说认为,缓刑是与累犯、数罪并罚等并列的一种量刑制度,和刑罚执行无关。按照这种理解,刑法第 76 条"缓刑考验期满,原判的刑罚就不再执行",意味着刑罚的宣告归于无效,不再执行就等于没有执行,更不存在执行完毕的问题。[1] 按照这种见解,缓刑犯不可能成为累犯。另一种观点则认为,我国刑法中的缓刑是一种刑罚执行制度,而不是量刑制度。"原判刑罚不再执行",仅意味着刑罚权的消灭,即免除原判刑罚的执行,但定罪与判刑的客观事实依然存在。[2] 按照这种见解,缓刑犯可以成立累犯。

本书同意上述后一种观点。缓刑属于一种特殊的刑罚执行方式,而不是与自首、累犯、数罪并罚等并列的量刑情节或者量刑制度。这一点,从我国刑法典所规定的缓刑制度的内容就能清楚地判断出来。我国刑法第 72 条至第 77 条规定了缓刑的适用条件、执行机关、执行期限、执行地点、执行方式、执行变更以及执行的法律后果等内容,从中可以看出,我国刑法中的缓刑制度主要是着眼于刑罚的执行而不是刑罚的裁量。这与累犯、自首、立功、数罪并罚等公认的量刑制度明显不同。同时,认为缓刑制度是量刑制度会产生很多麻烦。如按照刑法第 78 条的规定,缓刑犯可以减刑。如果说缓刑不是刑罚执行,那么在缓刑考验期内即使有重大立功表现,也不能减刑,这与刑法的规定是冲突的。又如,我国刑法第 58 条规定,附加剥夺政治权利的刑期,从徒刑、拘役执行完毕之日起或者从假释之日起计算。缓刑犯是不可能被假释的;如果认为缓刑不是刑罚的执行,那么就不存在刑罚执行完毕之日,被判处缓刑并附加剥夺政治权利的犯罪分子就不存在执行剥夺政治权利这一附加刑的起算之日,因而就不可能执行剥夺政治权利了。这个解释的结论显然是荒诞的。再如,根据刑法第 67 条第 2 款的规定,被采取强制措施的犯罪嫌疑人、被告人和正在服刑的罪犯可以成立特别自首。如果缓刑不属于刑罚的执行,那么被判处缓刑的犯罪分子就不是正在服刑的罪犯,因而,缓刑犯也不可能成立特别自首。这也不符合我国鼓励犯罪分子自首的刑事政策。同时,如果说缓刑是量刑制度,"原判刑罚不再执行"意味着原判刑罚没有执行,则缓刑犯也不能成立累犯。这与刑法设立累犯制度的宗旨不协调。总之,从诸多方面来看,缓刑都应当是一种特殊的刑罚执行制度,而非刑罚裁量制度。

二、缓刑的适用条件

根据我国刑法第 72 条、第 74 条的规定,适用缓刑必须具备下列条件:

1. 犯罪分子被判处拘役或者 3 年以下有期徒刑的刑罚。其中,所谓"拘役或者 3 年以下有期徒刑",是指宣告刑而不是指法定刑。由于缓刑是附条件地不执行原判刑罚,犯罪分子不会被实际关押,因此,缓刑只适用于罪行较轻的犯罪分子。被判处 3 年以上有期徒刑的犯罪分子,其罪行相对较重,人身危险性较大,对他们不宜适用缓刑;被判处管制或者单处附加刑的犯罪分子,由于不剥夺其人身自由,其仍然留在社会上,故对他们适用缓刑没有实际意义。

对于一人犯数罪,犯罪人被数罪并罚的情况下,能否适用缓刑的问题,曾经有过争议。司法实务部门对此持肯定态度。1998 年最高人民检察院《关于对数罪并罚决定执行刑期为三年

---

[1] 齐文远主编:《刑法学》(第 3 版),北京大学出版社 2016 年版,第 282 页。
[2] 马克昌主编:《刑罚通论》(第 2 版),武汉大学出版社 1999 年版,第 589 页。

以下有期徒刑的犯罪分子能否适用缓刑问题的复函》指出,根据刑法第72条的规定,可以适用缓刑的对象是被判处拘役、3年以下有期徒刑的犯罪分子;条件是根据犯罪分子的犯罪情节和悔罪表现,适用缓刑确实不致再危害社会。对于判决宣告以前犯数罪的犯罪分子,只要判决执行的刑罚为拘役、3年以下有期徒刑,且符合根据犯罪分子的犯罪情节和悔罪表现,适用缓刑确实不致再危害社会的案件,依法可以适用缓刑。

2. 犯罪分子必须不是累犯或犯罪集团的首要分子。累犯具有屡教不改、主观恶性较深的特点,适用缓刑难以防止其再犯新罪;犯罪集团的首要分子在犯罪集团中起组织、领导作用,其无论社会危害性还是主观恶性都比一般犯罪分子大,留在社会上不足以防止其再犯新罪,所以对其也不能适用缓刑。

3. 根据犯罪分子的犯罪情节和悔罪表现,认为适用缓刑确实不致再危害社会。这是适用缓刑的本质条件。有些犯罪分子虽然被判处拘役或者3年以下有期徒刑,但是其犯罪情节比较严重、无悔罪表现,不能表明不予关押不致再危害社会的,就不能适用缓刑。

依据刑法第72条的规定,只有同时符合以下四个条件即犯罪情节较轻、有悔罪表现、没有再犯罪的危险、宣告缓刑对所居住社区没有重大不良影响的,才可以宣告缓刑。其中,所谓"犯罪情节较轻",是指犯罪性质不严重、手段不恶劣、结果不重大等;所谓"有悔罪表现",是指在犯罪之后,能够对其行为性质有正确认识,能够认罪,有自首、坦白、立功等积极表现,有向被害人道歉、赔偿损失、获得对方谅解等行为;所谓"没有再犯罪的危险",是指综合犯罪人的犯罪事实、情节,犯罪人的平时表现,工作、家庭、社会环境等因素进行预测,对犯罪分子不予关押,也不至于再次违法犯罪;所谓"宣告缓刑对所居住社区没有重大不良影响",包括两方面的内容,即对犯罪分子适用缓刑不会对其所居住社区的安全、秩序和稳定带来恐慌、不安等影响,同时犯罪分子所居住社区条件、氛围良好,不会对其改造矫正产生不利影响。

4. 对符合缓刑条件的不满18周岁的人、怀孕的妇女和已满75周岁的人,应当宣告缓刑。这主要是为了贯彻宽严相济的刑事政策,顺应刑罚轻缓化、人道化而作出的规定。在其应用上,应当注意的是:一是对这三类人宣告缓刑的前提是符合前述三项缓刑宣告的一般条件,否则就不能适用;二是对上述三类人在符合缓刑的一般条件时,必须对其宣告缓刑,不存在选择是否适用缓刑的问题;三是上述三类人只要在审判时满足年龄要求或者怀孕要求即可,而不是要在行为时满足上述要求。

三、缓刑的考验期限与考察内容

缓刑考验期,是指对被宣告缓刑的犯罪分子进行考察的期间,其是缓刑制度的重要组成部分。缓刑考验期限过长,对于罪行较轻、主观恶性较小的缓刑犯来说,过于残酷,影响其改造情绪,也给社会增加负担;但太短的话,则难以考察犯罪分子是否已经接受改造、弃恶从善。因此,规定合理的考验期限,非常重要。我国刑法第73条第1款、第2款规定:"拘役的缓刑考验期限为原判刑期以上一年以下,但是不能少于二个月。有期徒刑的缓刑考验期限为原判刑期以上五年以下,但是不能少于一年。"其特点是,以原判刑罚的轻重为基础,以等于或者略高于原判刑期为原则。其既体现了罪责刑相适应的原则,也考虑到了刑罚个别化的要求。

缓刑考验期限,从判决确定之日起计算。所谓"判决确定之日",即判决发生法律效力之日。一审判决后,被告人未上诉,检察机关也未提出抗诉的,从判决之日起经过10日,即为判决确定之日。对于上诉或者抗诉的案件,二审判决宣告之日即为判决确定之日。判决以前先行羁押的时间,不能折抵缓刑考验期限,因为缓刑考验期不是刑期,所以不发生折抵问题。如果撤销缓刑,执行原判刑罚时,则以前的羁押日期可以依法折抵刑期。

一审判处缓刑的犯罪分子,在判决生效之前,如果仍在羁押,一审法院可以变更强制措施,或者取保候审,或者监视居住,等待上诉、抗诉期限届满或者二审判决生效后,再交付执行。如果二审判决变更了一审判决,对被告人判处拘役、有期徒刑而不宣告缓刑的,即应根据二审判决书将犯罪分子收押。

根据刑法第75条的规定,被宣告缓刑的犯罪分子,在缓刑考验期限内,必须遵守以下四项内容:(1)遵守法律、行政法规,服从监督;(2)按照考察机关的规定报告自己的活动情况;(3)遵守考察机关关于会客的规定;(4)离开所居住的市、县或者迁居,应当报经考察机关批准。另外,根据刑法第72条第2款,宣告缓刑,可以根据犯罪情况,同时禁止犯罪分子在缓刑考验期限内从事特定活动,进入特定区域、场所,接触特定的人。这就是所谓对缓刑犯发布"禁止令"的情形。其中,所谓根据犯罪情况,主要是根据犯罪分子的犯罪情节、生活环境、是否有不良嗜好等;所谓特定活动,是指与原犯罪行为有关联的活动;所谓特定区域、场所,是指原犯罪的区域、场所以及与此类似的区域、场所;所谓特定的人,是指原犯罪行为的被害人及其亲属、证人等。总之,"禁止令"中所限定的内容,应当与防止被宣告缓刑的犯罪分子再次犯罪或者违反有关考验期内应当遵守的规章制度有关,确保其顺利地完成考验,顺利地回归社会。[3]

根据刑法第76条的规定,对被宣告缓刑的犯罪分子,在缓刑考验期限内,依法实行社区矫正。所谓社区矫正,是与监禁矫正相对的行刑方式,是指将缓刑犯等符合条件的犯罪分子置于社区内,由专门的国家机关在相关社会团体和民间组织以及社会志愿者的协助下,在判决、裁定或者决定确定的期限内,矫正其犯罪心理和行为恶习,并促进其顺利回归社会的非监禁刑罚执行活动。这种行刑方式能够积极利用各种社会资源、整合社会各方面的力量,在社区中对缓刑犯进行有针对性的管理、教育和改造。具体操作方法,依照2019年12月28日公布的《社区矫正法》进行。具体情况,参见前述管制刑的相关部分。

四、缓刑的法律后果

根据刑法第76条、第77条的规定,缓刑的法律后果有以下三种:

1. 被宣告缓刑的犯罪分子,在缓刑考验期限内,接受社区矫正,如果不具有刑法第77条规定的又犯新罪、发现漏罪、违反有关缓刑的监督管理规定等情形,缓刑考验期满,原判的刑罚就不再执行,并公开予以宣告。所谓"公开予以宣告",就是向犯罪分子及其所在单位、居住地的居委会、村委会及相关人员公开予以宣告。

2. 被宣告缓刑的犯罪分子,在缓刑考验期限内犯新罪或者发现判决宣告以前还有其他罪没有判决的,应当撤销缓刑,对新犯的罪或者发现的漏罪作出判决,把前罪和后罪所判处的刑

---

[3] 具体情况参见2011年最高人民法院、最高人民检察院、公安部、司法部《关于对判处管制、宣告缓刑的犯罪分子适用禁止令有关问题的规定(试行)》。

罚,依照刑法第69条的规定,决定执行的刑罚。

3. 被宣告缓刑的犯罪分子,在缓刑考验期限内,违反法律、行政法规或者国务院有关部门有关缓刑的监督管理规定,或者违反人民法院判决中的禁止令,情节严重的,应当撤销缓刑,执行原判刑罚。按照2020年7月1日起实施的《社区矫正法实施办法》第46条,社区矫正对象在缓刑考验期内,有下列情形之一的,由执行地同级社区矫正机构提出撤销缓刑建议:(1)违反禁止令,情节严重的;(2)无正当理由不按规定时间报到或者接受社区矫正期间脱离监管,超过1个月的;(3)因违反监督管理规定受到治安管理处罚,仍不改正的;(4)受到社区矫正机构两次警告,仍不改正的;(5)其他违反有关法律、行政法规和监督管理规定,情节严重的情形。

此外,根据刑法第72条第3款的规定,缓刑的效力不及于附加刑,即被宣告缓刑的犯罪分子,如果被判处附加刑,附加刑仍须执行。即无论缓刑是否撤销,所判处的附加刑都必须执行。

五、战时缓刑

战时缓刑是规定在刑法分则第十章"军人违反职责罪"中的一种缓刑制度,因为仅对特殊对象在特殊时间内适用,故又被称为"特殊缓刑"。以下进行简要介绍。

所谓战时缓刑,根据刑法第449条的规定,是指在战时,对被判处3年以下有期徒刑没有现实危险宣告缓刑的犯罪军人,允许其戴罪立功,确有立功表现时,可以撤销原判刑罚,不以犯罪论处。

战时缓刑具有以下不同于一般缓刑的特点:

1. 适用时间必须是在战时。所谓战时,是指国家宣布进入战争状态、部队受领作战任务或者遭敌突然袭击时。部队执行戒严任务或者处置突发性暴力事件时,以战时论,而一般缓刑则没有这一要求。

2. 适用对象只能是被判处3年以下有期徒刑的犯罪军人。不是犯罪的军人,或者虽是犯罪的军人,但被判处3年以上有期徒刑的,不能适用此种缓刑。同时,根据刑法第74条的规定,构成累犯的犯罪军人同样不适用战时缓刑,而一般缓刑则可以适用于除累犯和犯罪集团的首要分子以外的被判处拘役、3年以下有期徒刑的犯罪分子。

3. 适用关键是在战争条件下宣告缓刑没有现实危险。所谓"没有现实危险",是指根据犯罪军人所犯罪行的性质、情节、危害程度,以及犯罪军人的悔罪表现和一贯表现,评估其不会危害我军的军事行动、军事利益以及我军人员,而一般缓刑的要求是"适用缓刑确实不致再危害社会"。

4. 战时缓刑没有缓刑考验期,缓刑的考验内容为犯罪军人是否具有立功表现即杀敌立功或者其他突出表现,而一般缓刑必须是在宣告缓刑的同时依法确定缓刑考验期,考验期内的考察内容为犯罪分子是否具有刑法第77条所规定的情形。

5. 符合战时缓刑条件的,在犯罪军人确有立功表现的条件下,原判刑罚可予撤销,不以犯罪论处,即罪与刑同时消灭,而一般缓刑的法律后果为,无论缓刑是否被撤销,所宣告的罪刑仍然成立。

第三节 减刑与假释

一、减刑

(一)减刑概述

减刑,一般是指对被判处管制、拘役、有期徒刑、无期徒刑的犯罪分子,根据其在刑罚执行期间的悔改或者立功表现,而适当减轻其原判刑罚的制度。

减刑是我国特有的一项刑罚执行制度,其充分体现了我国惩办与宽大相结合、惩罚与教育相结合的刑事政策,是实现刑罚特殊预防目的的重要手段。

减刑包括两方面的含义:一是将较重的刑种减为较轻的刑种,如将原判无期徒刑减为有期徒刑;二是将较长的刑期减为较短的刑期,如将原判有期徒刑10年减为有期徒刑7年。

减刑不同于改判。改判是审判活动中的一个环节,指原判决在认定事实或者适用法律上确有错误时,依照第二审程序或者审判监督程序,撤销原判决,重新判决,它是对原判错误的纠正。而减刑则是刑罚执行活动中的一个环节,指在肯定原判决的前提下,根据犯罪分子在刑罚执行期间的悔改或者立功表现,按照减刑条件和程序,依法将原判刑罚予以适当减轻。

减刑也不同于减轻处罚。减轻处罚属于量刑活动,指人民法院根据犯罪分子具有的法定减轻处罚情节,对其判处低于法定最低刑的刑罚,适用对象为判决确定前的未决犯,而减刑则是在判决确定后,对正在服刑的犯罪分子,依法减轻其原判刑罚。

(二)减刑的适用条件

根据刑法第78条的规定,对犯罪分子减刑,必须符合下列条件:

1. 适用于被判处管制、拘役、有期徒刑、无期徒刑的犯罪分子。这是减刑适用的对象条件。也就是说,只要是被判处这类刑罚的犯罪分子,不论其是危害国家安全的罪犯还是其他刑事罪犯,是故意犯还是过失犯,是重刑犯还是轻刑犯,是初犯还是累犯,只要在刑罚执行期间具备法定减刑的实质条件,都可以减刑。

2. 在刑罚执行期间确有悔改表现或者立功表现,可以减刑。这是减刑适用的实质条件。犯罪分子在刑罚执行期间,确有悔改或者立功表现,说明其人身危险性已经减弱,对其教育改造收到了预期的效果,符合减刑制度的宗旨和目的。根据这种实质条件,又可以将减刑分为两种:一是可以型减刑,二是应当型减刑。其中,"可以型减刑"的实质条件为:在执行期间,认真遵守监规,接受教育改造,确有悔改表现或者有立功表现。对其认定,应当综合考察罪犯犯罪的性质和具体情节、社会危害程度、原判刑罚及生效裁判中财产性判项的履行情况、交付执行后的一贯表现等因素。

其中,"确有悔改表现"是指同时具备以下条件:(1)认罪悔罪;(2)遵守法律法规及监规,接受教育改造;(3)积极参加思想、文化、职业技术教育;(4)积极参加劳动,努力完成劳动任务。对职务犯罪、破坏金融管理秩序和金融诈骗犯罪、组织(领导、参加、包庇、纵容)黑社会性质组织犯罪等罪犯,不积极退赃、协助追缴赃款赃物、赔偿损失,或者服刑期间利用个人影响力和社会关系等不正当手段意图获得减刑、假释的,不认定其"确有悔改表现"。罪犯在刑罚执行期间的申诉权利应当依法保护,对其正当申诉不能不加分析地认为是不认罪悔罪。[4] 在原判事实清楚,证据确实充分的情况下,仍否认原判认定的绝大部分犯罪事实,未能认识所犯罪行的严重性和社会危害性,不能认定其"认罪悔罪"。[5] 对在报请减刑前的服刑期间不满18周岁,且所犯罪行不属于刑法第81条第2款规定情形的罪犯,认罪悔罪,遵守法律法规及监规,积极参加学习、劳动,应当视为确有悔改表现;对这类罪犯减刑时,减刑幅度可以适当放宽,或者减刑起始时间、间隔时间可以适当缩短,但放宽的幅度和缩短的时间不得超过最高人民法院《关于办理减刑、假释案件具体应用法律的规定》中相应幅度、时间的1/3。老年罪犯、患严重疾病罪犯或者身体残疾罪犯减刑时,应当主要考察其认罪悔罪的实际表现。对基本丧失劳动能力,生活难以自理的上述罪犯减刑时,减刑幅度可以适当放宽,或者减刑起始时间、间隔时间可以适当缩短,但放宽的幅度和缩短的时间不得超过最高人民法院《关于办理减刑、假释案件具体应用法律的规定》中相应幅度、时间的1/3。[6]

所谓"立功表现",是指具有下列情形之一:(1)阻止他人实施犯罪活动的;(2)检举、揭发监狱内外犯罪活动,或者提供重要的破案线索,经查证属实的;(3)协助司法机关抓捕其他犯罪嫌疑人的;(4)在生产、科研中进行技术革新,成绩突出的;(5)在抗御自然灾害或者排除重大事故中,表现积极的;(6)对国家和社会有其他较大贡献的。第(4)项、第(6)项中的技术革新或者其他较大贡献应当由罪犯在刑罚执行期间独立或者为主完成,并经省级主管部门确认。[7]

通常情况下,犯罪分子的悔改表现和立功表现应该是统一的,但也有些犯罪分子有悔改表现而无立功表现,或者有立功表现而无明显的悔改表现。刑法对他们分别规定的上述减刑的条件,只要具备其中一项,就可以减刑。如果罪犯既有悔改表现又有立功表现,则可以在法定减刑范围内给予较大幅度的减刑。"应当型减刑"的实质条件是具有下列重大立功表现之一:(1)阻止他人实施重大犯罪活动的;(2)检举监狱内外重大犯罪活动,经查证属实的;(3)协助司法机关抓捕其他重大犯罪嫌疑人的;(4)有发明创造或者重大技术革新的;(5)在日常生产、生活中舍己救人的;(6)在抗御自然灾害或者排除重大事故中,有突出表现的;(7)对国家和社会有其他重大贡献的。第(4)项中的发明创造或者重大技术革新应当是罪犯在刑罚执行期间独立或者为主完成并经国家主管部门确认的发明专利,且不包括实用新型专利和外观设计专利;第(7)项中的其他重大贡献应当由罪犯在刑罚执行期间独立或者为主完成,并经国家主管部门确认。[8] 罪犯在服刑期间的发明创造构成立功或者重大立功的,可以作为依法减刑的条件予以考虑,但不能作为追诉漏罪的法定量刑情节考虑。[9]

3.减刑不能超过一定限度。这是减刑适用的限制条件。减刑是在原判刑罚的基础上进行

---

[4] 2016年最高人民法院《关于办理减刑、假释案件具体应用法律的规定》第3条。
[5] 《罪犯张松坚不予减刑案——职务犯罪罪犯不认罪悔罪,依法不予减刑》,载中国法院网2015年2月13日,https://www.chinacourt.org/article/detail/2015/02/id/1555724.shtml。
[6] 2016年最高人民法院《关于办理减刑、假释案件具体应用法律的规定》第19~20条。
[7] 2016年最高人民法院《关于办理减刑、假释案件具体应用法律的规定》第4条。
[8] 2016年最高人民法院《关于办理减刑、假释案件具体应用法律的规定》第5条。
[9] 2011年最高人民法院研究室《关于罪犯在刑罚执行期间的发明创造能否按照重大立功表现作为对其漏罪审判时的量刑情节问题的答复》。

的,目的是鼓励犯罪分子加速改造,因此,其适用必须得当。减得过多,有损于国家法律的严肃性和法院判决的权威性,也使犯罪分子得不到必要的惩罚和改造;减得过少,又起不到鼓励犯罪分子改恶从善的作用,失去减刑制度的意义。为此,刑法第78条第2款对不同犯罪分子"实际执行的刑期"即判决交付执行后犯罪分子实际服刑改造的时间,作了相应的限制:减刑以后实际执行的刑期不能少于下列期限:(1)判处管制、拘役、有期徒刑的,经过一次或者几次减刑以后实际执行的刑期,不能少于原判刑期的1/2;(2)判处无期徒刑的,经过一次或者几次减刑以后实际执行的刑期,不能少于13年;(3)人民法院依照刑法第50条第2款规定限制减刑的死刑缓期执行的犯罪分子,缓期执行期满后依法减为无期徒刑的,不能少于25年,缓期执行期满后依法减为25年有期徒刑的,不能少于20年。有期徒刑罪犯减刑时,对附加剥夺政治权利的期限可以酌减。酌减后剥夺政治权利的期限,不能少于1年。[10]

(三)减刑的起始、间隔和幅度

刑法虽然对犯罪分子减刑后实际执行的刑期、所减刑种、适用条件作了相应的限制,但对不同犯罪分子在服刑期间何时可以减刑,可以几次减刑,每次减多长期限,则未作明确规定,这会导致司法适用的不便。为此,相关司法解释[11]进行了详细规定:

1. 对符合减刑条件的职务犯罪罪犯,破坏金融管理秩序和金融诈骗犯罪罪犯,组织、领导、参加、包庇、纵容黑社会性质组织犯罪罪犯,危害国家安全犯罪罪犯,恐怖活动犯罪罪犯,毒品犯罪集团的首要分子及毒品再犯,累犯,确有履行能力而不履行或者不全部履行生效裁判中财产性判项的罪犯,被判处10年以下有期徒刑的,执行2年以上方可减刑,减刑幅度应当比照最高人民法院《关于办理减刑、假释案件具体应用法律的规定》第6条从严掌握,一次减刑不超过1年有期徒刑,两次减刑之间应当间隔1年以上。

2. 第1点中被判处10年以上有期徒刑的罪犯,以及因故意杀人、强奸、抢劫、绑架、放火、爆炸、投放危险物质或者有组织的暴力性犯罪被判处10年以上有期徒刑的罪犯,数罪并罚且其中两罪以上被判处10年以上有期徒刑的罪犯,执行2年以上方可减刑,减刑幅度应当比照最高人民法院《关于办理减刑、假释案件具体应用法律的规定》第6条从严掌握,一次减刑不超过1年有期徒刑,两次减刑之间应当间隔1年6个月以上。罪犯有重大立功表现的,可以不受上述减刑起始时间和间隔时间的限制。

3. 被判处无期徒刑的罪犯在刑罚执行期间,符合减刑条件的,执行2年以上,可以减刑。减刑幅度为:确有悔改表现或者有立功表现的,可以减为22年有期徒刑;确有悔改表现并有立功表现的,可以减为21年以上22年以下有期徒刑;有重大立功表现的,可以减为20年以上21年以下有期徒刑;确有悔改表现并有重大立功表现的,可以减为19年以上20年以下有期徒刑。无期徒刑罪犯减为有期徒刑后再减刑时,减刑幅度依照最高人民法院《关于办理减刑、假释案件具体应用法律的规定》第6条的规定执行。两次减刑间隔时间不得少于2年。罪犯有重大立功表现的,可以不受上述减刑起始时间和间隔时间的限制。

4. 对被判处无期徒刑的职务犯罪罪犯,破坏金融管理秩序和金融诈骗犯罪罪犯,组织、领

---

[10] 2016年最高人民法院《关于办理减刑、假释案件具体应用法律的规定》第17条。

[11] 2016年最高人民法院《关于办理减刑、假释案件具体应用法律的规定》第7~21条。

导、参加、包庇、纵容黑社会性质组织犯罪罪犯,危害国家安全犯罪罪犯,恐怖活动犯罪罪犯,毒品犯罪集团的首要分子及毒品再犯,累犯以及因故意杀人、强奸、抢劫、绑架、放火、爆炸、投放危险物质或者有组织的暴力性犯罪的罪犯,确有履行能力而不履行或者不全部履行生效裁判中财产性判项的罪犯,数罪并罚被判处无期徒刑的罪犯,符合减刑条件的,执行3年以上方可减刑,减刑幅度应当比照最高人民法院《关于办理减刑、假释案件具体应用法律的规定》第8条从严掌握,减刑后的刑期最低不得少于20年有期徒刑;减为有期徒刑后再减刑时,减刑幅度比照最高人民法院《关于办理减刑、假释案件具体应用法律的规定》第6条从严掌握,一次不超过1年有期徒刑,两次减刑之间应当间隔2年以上。罪犯有重大立功表现的,可以不受上述减刑起始时间和间隔时间的限制。

5. 被判处死刑缓期执行的罪犯减为无期徒刑后,符合减刑条件的,执行3年以上方可减刑。减刑幅度为:确有悔改表现或者有立功表现的,可以减为25年有期徒刑;确有悔改表现并有立功表现的,可以减为24年以上25年以下有期徒刑;有重大立功表现的,可以减为23年以上24年以下有期徒刑;确有悔改表现并有重大立功表现的,可以减为22年以上23年以下有期徒刑。被判处死刑缓期执行的罪犯减为有期徒刑后再减刑时,比照最高人民法院《关于办理减刑、假释案件具体应用法律的规定》第8条的规定办理。

6. 对被判处死刑缓期执行的职务犯罪罪犯,破坏金融管理秩序和金融诈骗犯罪罪犯,组织、领导、参加、包庇、纵容黑社会性质组织犯罪罪犯,危害国家安全犯罪罪犯,恐怖活动犯罪罪犯,毒品犯罪集团的首要分子及毒品再犯,累犯以及因故意杀人、强奸、抢劫、绑架、放火、爆炸、投放危险物质或者有组织的暴力性犯罪的罪犯,确有履行能力而不履行或者不全部履行生效裁判中财产性判项的罪犯,数罪并罚被判处死刑缓期执行的罪犯,减为无期徒刑后,符合减刑条件的,执行3年以上方可减刑,一般减为25年有期徒刑,有立功表现或者重大立功表现的,可以比照最高人民法院《关于办理减刑、假释案件具体应用法律的规定》第10条减为23年以上25年以下有期徒刑;减为有期徒刑后再减刑时,减刑幅度比照最高人民法院《关于办理减刑、假释案件具体应用法律的规定》第6条从严掌握,一次不超过1年有期徒刑,两次减刑之间应当间隔2年以上。

7. 被判处死刑缓期执行的罪犯经过一次或者几次减刑后,其实际执行的刑期不得少于15年,死刑缓期执行期间不包括在内。死刑缓期执行罪犯在缓期执行期间不服从监管、抗拒改造,尚未构成犯罪的,在减为无期徒刑后再减刑时应当适当从严。

8. 被限制减刑的死刑缓期执行罪犯,减为无期徒刑后,符合减刑条件的,执行5年以上方可减刑。减刑间隔时间和减刑幅度依照最高人民法院《关于办理减刑、假释案件具体应用法律的规定》第11条的规定执行。

9. 被限制减刑的死刑缓期执行罪犯,减为有期徒刑后再减刑时,一次减刑不超过6个月有期徒刑,两次减刑间隔时间不得少于2年。有重大立功表现的,间隔时间可以适当缩短,但一次减刑不超过1年有期徒刑。

10. 对被判处终身监禁的罪犯,在死刑缓期执行期满依法减为无期徒刑的裁定中,应当明确终身监禁,不得再减刑或者假释。

11. 被判处管制、拘役的罪犯,以及判决生效后剩余刑期不满2年有期徒刑的罪犯,符合减刑条件的,可以酌情减刑,减刑起始时间可以适当缩短,但实际执行的刑期不得少于原判刑期的 1/2。

12. 被判处有期徒刑罪犯减刑时,对附加剥夺政治权利的期限可以酌减。酌减后剥夺政治权利的期限,不得少于 1 年。被判处死刑缓期执行、无期徒刑的罪犯减为有期徒刑时,应当将附加剥夺政治权利的期限减为 7 年以上 10 年以下,经过一次或者几次减刑后,最终剥夺政治权利的期限不得少于 3 年。

13. 被判处拘役或者 3 年以下有期徒刑,并宣告缓刑的罪犯,一般不适用减刑。在缓刑考验期内有重大立功表现的,可以参照刑法第 78 条的规定予以减刑,[12]同时应当依法缩减其缓刑考验期。缩减后,拘役的缓刑考验期限不得少于 2 个月,有期徒刑的缓刑考验期限不得少于 1 年。

14. 被判处有期徒刑、无期徒刑的罪犯在刑罚执行期间又故意犯罪,新罪被判处有期徒刑的,自新罪判决确定之日起 3 年内不予减刑;新罪被判处无期徒刑的,自新罪判决确定之日起 4 年内不予减刑。

15. 罪犯在死刑缓期执行期间又故意犯罪,未被执行死刑的,死刑缓期执行的期间重新计算,减为无期徒刑后,5 年内不予减刑。被判处死刑缓期执行罪犯减刑后,在刑罚执行期间又故意犯罪的,依照上述第 14 点中的方法处理。

(四)减刑的程序和减刑后刑期的计算

1. 减刑的程序

根据刑法第 79 条的规定,对犯罪分子的减刑,由执行机关向中级以上人民法院提出减刑建议书。人民法院应当组成合议庭进行审理,对确有悔改或者立功事实的,裁定予以减刑。非经法定程序不得减刑。对被判处死刑缓期执行的罪犯的减刑,由罪犯服刑地的高级人民法院在收到同级监狱管理机关审核同意的减刑建议书后 1 个月内作出裁定;对被判处无期徒刑的罪犯、被判处有期徒刑和被减为有期徒刑的罪犯的减刑,由罪犯服刑地的中级人民法院在收到执行机关提出的减刑建议书后 1 个月内作出裁定,案情复杂或者情况特殊的,可以延长 1 个月;对被判处拘役、管制的罪犯的减刑,由罪犯服刑地中级人民法院在收到同级执行机关审核同意的减刑建议书后 1 个月内作出裁定。对暂予监外执行罪犯的减刑,应当根据情况,分别适用上述有关规定。[13] 同时,根据《刑事诉讼法》第 274 条的规定,人民检察院认为人民法院的减刑裁定不当的,应当在收到裁定书副本后 20 日内,向人民法院提出书面纠正意见。人民法院应当在收到纠正意见后 1 个月内重新组成合议庭进行审理,作出最终裁定。

2. 减刑后刑期的计算

根据刑法第 80 条的规定和有关立法精神,减刑后刑期的计算办法如下:

(1)对于原判处管制、拘役和有期徒刑的,减刑后的刑期从原判决刑罚执行之日起计算;原判刑期已经执行的部分,应当计算在减刑后的刑期之内。对于原判处无期徒刑减为有期徒刑的刑期,从裁定减刑之日起计算,已执行的刑期,不计入减刑后的刑期之内。对原判无期徒刑

---

[12] 本书对本条规定持保留态度,因为,其与本书"按照刑法第 78 条的规定,缓刑犯可以减刑"的观点冲突。
[13] 2014 年最高人民法院《关于减刑、假释案件审理程序的规定》第 1 条。

减为有期徒刑后,依法再次减刑的,再次减刑的刑期从有期徒刑执行之日即无期徒刑裁定减为有期徒刑之日起计算。已执行的有期徒刑的刑期,应当计算在再次减刑后的刑期之内。

(2)犯罪分子在刑罚执行期间,因确有悔改或者立功表现,曾经减刑,后经复查,发现原判决量刑过重,按照审判监督程序再审后改判为较轻的刑罚的,原来的减刑仍然有效,应当从改判后的刑期中减去原减刑的刑期。对原判有期徒刑的罪犯,已经法院裁定宣布减刑后,原审法院发现原判决确有错误,需要改判的,可将本来打算改判的刑期减去已裁定减刑的刑期,确定为应改判的刑期。相反地,原判处有期徒刑并已被裁定减刑的罪犯经再审改判为无期徒刑,再审法院应当将改判的判决书副本送达作出减刑裁定的人民法院,由该法院依法裁定撤销原减刑裁定。如果罪犯在改判后符合无期徒刑减刑条件,应当重新依法报请减刑。再审改判无期徒刑的执行期限从再审判决确定之日起算。对改判前已执行的刑期,应在对无期徒刑裁定减刑时,折抵为无期徒刑已实际执行的刑期。

二、假释

(一)假释概述

假释,是对在押罪犯附条件地提前释放,具体而言,是指被判处有期徒刑、无期徒刑的犯罪分子,在执行一定刑期以后,确有悔改表现,不致再危害社会,因而附条件地将其提前释放的一种刑罚制度。

与减刑不同,假释是世界通行的一种刑罚执行制度,并非我国所独有。其体现了惩办与宽大相结合、惩罚与教育相结合的刑事政策,对于克服长期自由刑的弊端、促进犯罪分子改过自新,实现预防犯罪并逐步减少犯罪发生的目的,具有十分重要的意义。

假释不是刑满释放。刑满释放是犯罪分子原判刑罚已经执行完毕,无条件地回到社会上去,不存在执行剩余刑期的问题。假释虽然形式上也是对犯罪分子解除监禁,让其回到社会上去,但却是附有条件的,即犯罪分子在假释考验期限内不要再犯新罪,或严重违规,或者被发现有漏罪;否则,仍要回监执行剩余刑期。

假释也不是监外执行。监外执行是由于犯罪分子面临诸如就医、怀孕或者哺乳婴儿等特殊原因,而采取的暂不在监内执行的临时性措施。一旦这些妨碍其在监内执行的原因消失,就须将犯罪分子收监,执行剩余的刑期。而假释则是附条件地提前释放。只要犯罪分子在假释考验期限内没有再犯新罪,就认为原判刑罚已经执行完毕,不存在再收监执行的问题。

假释也不是缓刑。缓刑是附条件地不执行原判全部刑罚,只适用于被判处拘役或3年以下有期徒刑,根据其犯罪情节和悔罪表现,认为适用缓刑不致再危害社会的犯罪分子,它在判决时宣告。而假释只是附条件地不执行原判刑罚的剩余刑期,它只适用于被判处较长有期徒刑和无期徒刑的犯罪分子,不能适用于被判处拘役的犯罪分子。假释是在犯罪分子执行一定刑期后,根据其在执行期间的悔改表现而裁定的。

(二)假释适用的条件

根据我国刑法第81条的规定,对犯罪分子决定假释,必须满足下列条件:

1.必须是被判处有期徒刑、无期徒刑的犯罪分子,包括原判死刑缓期执行,被依法减为有期徒刑或者无期徒刑的犯罪分子在内。这是适用假释的对象条件。被判处管制的犯罪分子不适用假释,因为管制本身就对犯罪分子不收监关押,而是将其放在社会上监督改造,仅部分限制其人身自由,故不存在假释问题;被判处拘役的犯罪分子也不适用假释,因拘役刑期较短,适用假释没有实际意义。对累犯以及因故意杀人、强奸、抢劫、绑架、放火、爆炸、投放危险物质或者有组织的暴力性犯罪被判处10年以上有期徒刑、无期徒刑的犯罪分子,不得假释;因前述情形和犯罪被判处死刑缓期执行的罪犯,被减为无期徒刑、有期徒刑后,也不得假释。因为实施这类犯罪的人主观恶性较深、人身危险性较大,难以改造。如果放到社会上,既不容易得到被害人的理解,又不利于社会安全,因此,禁止对其适用假释。

2. 必须已经执行了一部分刑罚。这是适用假释的前提条件。因为只有在犯罪分子已经执行一定刑期的情况下,才能根据犯罪分子在服刑期间的各方面的表现,准确分析和判断其是否已经真正悔改,才能体现出人民法院判决的严肃性和稳定性。因此,刑法第81条规定:被判处有期徒刑的犯罪分子,执行原判刑期1/2以上,被判处无期徒刑的犯罪分子,实际执行13年以上的,可以假释。其中,"被判处无期徒刑的犯罪分子",之所以要"实际执行13年以上"才能被假释,是因为考虑到和有期徒刑最短执行期限的衔接。按照刑法第69条的规定,有期徒刑总和刑期超过35年的犯罪分子,可能被判处25年有期徒刑。经过一次或者多次减刑之后,其实际执行的最短刑期可能是12.5年有期徒刑。而无期徒刑是比有期徒刑更为严厉的刑种,其实际执行的最低期限不得少于有期徒刑,因此,便有了"被判处无期徒刑的犯罪分子"要"实际执行13年以上"才能被假释的规定。[14]

根据相关司法解释,被判处10年以上有期徒刑,符合减刑条件的,执行3年以上方可减刑;被判处不满10年有期徒刑,符合减刑条件的,执行2年以上方可减刑。确有悔改表现或者有立功表现的,一次减刑不超过6个月有期徒刑;确有悔改表现并有立功表现的,一次减刑不超过9个月有期徒刑;有重大立功表现的,一次减刑不超过1年有期徒刑。被判处10年以上有期徒刑的,两次减刑之间应当间隔2年以上;被判处不满10年有期徒刑的,两次减刑之间应当间隔1年6个月以上。[15] 被判处无期徒刑,符合减刑条件的,执行4年以上方可减刑。确有悔改表现或者有立功表现的,可以减为23年有期徒刑;确有悔改表现并有立功表现的,可以减为22年以上23年以下有期徒刑;有重大立功表现的,可以减为21年以上22年以下有期徒刑。无期徒刑减为有期徒刑后再减刑时,减刑幅度比照上述有关"被判处10年以上有期徒刑"情形的规定执行。两次减刑之间应当间隔2年以上。[16] 被判处死刑缓期执行的,减为无期徒刑后,符合减刑条件的,执行4年以上方可减刑。确有悔改表现或者有立功表现的,可以减为25年有期徒刑;确有悔改表现并有立功表现的,可以减为24年6个月以上25年以下有期徒刑;有重大立功表现的,可以减为24年以上24年6个月以下有期徒刑。减为有期徒刑后再减刑时,减刑幅度比照上述有关"被判处10年以上有期徒刑"情形的规定执行。两次减刑之间应当间隔2年以上。[17] 罪犯有重大立功表现的,减刑时可以不受上述起始时间和间隔时间的限制。[18]

---

[14] 赵秉志主编:《〈刑法修正案(八)〉理解与适用》,中国法制出版社2011年版,第141页。
[15] 2019年最高人民法院《关于办理减刑、假释案件具体应用法律的补充规定》第2条。
[16] 2019年最高人民法院《关于办理减刑、假释案件具体应用法律的补充规定》第3条。
[17] 2019年最高人民法院《关于办理减刑、假释案件具体应用法律的补充规定》第4条。
[18] 2019年最高人民法院《关于办理减刑、假释案件具体应用法律的补充规定》第5条。

但是,在实际执行期限的问题上,刑法也有一个例外规定,即"如果有特殊情况,经最高人民法院核准,可以不受上述执行刑期的限制"。它是指有国家政治、国防、外交等方面特殊需要的场合,被判处有期徒刑的,即便尚未执行原判刑期1/2以上;被判处无期徒刑的犯罪分子,尚未执行13年以上的,也可以假释。

3. 必须确有悔改表现,不致再危害社会。这是适用假释的实质条件。(1)所谓"确有悔改表现",是指同时具备以下四个方面情形:认罪悔罪;认真遵守法律法规及监规,接受教育改造;积极参加思想、文化、职业技术教育;积极参加劳动,努力完成劳动任务。对罪犯在刑罚执行期间提出申诉的,要依法保护其申诉权利,对罪犯申诉不应不加分析地认为是不认罪悔罪。罪犯积极执行财产刑和履行附带民事赔偿义务的,可视为有认罪悔罪表现,在假释时可以从宽掌握;确有执行、履行能力而不执行、不履行的,在假释时应当从严掌握。对累犯以及因故意杀人、强奸、抢劫、绑架、放火、爆炸、投放危险物质或者有组织的暴力性犯罪被判处10年以上有期徒刑、无期徒刑的罪犯,不得假释;因前述情形和犯罪被判处死刑缓期执行的罪犯,被减为无期徒刑、有期徒刑后,也不得假释。[19] (2)所谓"不致再危害社会",是指罪犯在刑罚执行期间一贯表现好,确已具备上述确有悔改表现所列情形。判断"没有再犯罪的危险",除符合刑法第81条规定的情形外,还应当根据犯罪的具体情节、原判刑罚情况,在刑罚执行中的一贯表现,罪犯的年龄、身体状况、性格特征,假释后生活来源以及监管条件等因素综合考虑。[20]

对下列罪犯适用假释时可以依法从宽掌握:(1)过失犯罪的罪犯、中止犯罪的罪犯、被胁迫参加犯罪的罪犯;(2)因防卫过当或者紧急避险过当而被判处有期徒刑以上刑罚的;(3)犯罪时未满18周岁的罪犯;(4)基本丧失劳动能力、生活难以自理,假释后生活确有着落的老年罪犯、患严重疾病罪犯或者身体残疾罪犯;(5)服刑期间改造表现特别突出的罪犯;(6)具有其他可以从宽假释情形的罪犯。罪犯既符合法定减刑条件,又符合法定假释条件的,可以优先适用假释。[21] 年满80周岁、身患疾病或者生活难以自理、没有再犯罪危险的罪犯,既符合减刑条件,又符合假释条件的,优先适用假释;不符合假释条件的,参照最高人民法院《关于办理减刑、假释案件具体应用法律的规定》第20条有关减刑的规定从宽处理。[22] 对拒不认罪悔罪的,或者确有履行能力而不履行或者不全部履行生效裁判中财产性判项的,不予假释。[23] 同时,刑法第81条第3款还规定,对于犯罪分子决定假释时,应当考虑其假释后对所居住社区的影响。这主要是指考虑假释犯是否会对社区造成危害,社区居民是否接受假释犯。当然,所居社区是否具有健全的社区矫正机构对假释犯进行监督,也是要考虑的重要因素。

(三)假释的程序、考验和撤销

1. 假释的程序

根据刑法第82条,对于犯罪分子的假释,依照刑法第79条规定的程序进行。换言之,对犯罪分子的假释,由执行机关向中级以上人民法院提出假释建议书。人民法院应当组成合议庭

---

[19] 2016年最高人民法院《关于办理减刑、假释案件具体应用法律的规定》第25条。
[20] 2016年最高人民法院《关于办理减刑、假释案件具体应用法律的规定》第22条。
[21] 2016年最高人民法院《关于办理减刑、假释案件具体应用法律的规定》第26条。
[22] 2016年最高人民法院《关于办理减刑、假释案件具体应用法律的规定》第31条。
[23] 2019年最高人民法院《关于办理减刑、假释案件具体应用法律的补充规定》第1条。

进行审理,根据假释的适用条件,作出是否准予假释的裁定。非经法定程序不得假释。假释的程序与减刑程序基本相同。

对于刑法第81条第1款规定的因犯罪分子具有特殊情况,不受执行刑期限制的假释案件,中级人民法院依法作出假释裁定后,应报请高级人民法院复核。高级人民法院同意假释的,应当报请最高人民法院核准;高级人民法院不同意假释的,应当裁定撤销中级人民法院的假释裁定。高级人民法院依法作出假释裁定的,应当报请最高人民法院核准。

2. 对假释犯的考验

刑法第83第至第85条对假释犯的考验,作了如下规定:(1)有期徒刑假释的考验期限为没有执行完毕的刑期,无期徒刑的假释考验期限为10年。假释考验期限,从假释之日起计算。(2)被宣告假释的犯罪分子,应当遵守下列规定:遵守法律、行政法规,服从监督;按照监督机关的规定报告自己的活动情况;遵守监督机关关于会客的规定;离开所居住的市、县或者迁居,应当报经监督机关批准。(3)对假释的犯罪分子,在假释考验期限内,依法实行社区矫正,如果没有撤销假释的情形,假释考验期满,就认为原判刑罚已经执行完毕,并公开予以宣告。此外,犯罪分子被假释后,原判有附加刑的,附加刑仍须执行。附加判处剥夺政治权利的,其刑期从假释之日起计算。

3. 假释的撤销

根据刑法第86条的规定,撤销假释的原因有三种:(1)被假释的犯罪分子在考验期内犯新罪,应撤销其假释,将前罪没有执行完的刑罚和后罪新判处的刑罚,依照刑法第71条规定的"先减后并"的方法,决定执行的刑期。(2)在假释考验期限内,发现被假释的犯罪分子在假释前还有其他罪没有判决的,应当撤销假释,根据刑法第70条规定的"先并后减"的方法,决定执行的刑期。(3)被假释的犯罪分子,在假释考验期内,违反法律、行政法规或者国务院有关部门有关假释的监督管理规定,尚未构成新的犯罪的,亦应依照法定程序撤销假释,收监执行未执行完毕的刑罚。

第十三章 刑罚的消灭

第一节 概 述

一、刑罚消灭的概念

刑罚消灭,是指由于法定的或事实上的原因,致使国家对犯罪人的刑罚权归于消灭。它具有以下特征:

1. 刑罚消灭以行为人的行为构成犯罪为前提。行为人的行为不构成犯罪,就无所谓刑罚处罚,更谈不上刑罚消灭的问题。

2. 刑罚消灭的实质是国家针对特定犯罪人的具体刑罚权的消灭。刑罚权是国家权力的组成部分,包括制刑权、求刑权、量刑权和行刑权。其中,制刑权是国家机关享有的规定犯罪和刑罚的权力,是国家立法权的组成部分,不涉及具体个案的问题,因此刑罚消灭不可能导致制刑权的消灭,而只能导致求刑权、量刑权和行刑权的消灭。具体来讲,在对犯罪分子应当适用刑罚但已过追诉时效等情况下,刑罚消灭意味着求刑权的消灭;在司法机关已经行使了求刑权而被告人死亡等情况下,刑罚消灭意味着量刑权的消灭;在已经适用刑罚但国家宣告特赦等情况下,刑罚消灭意味着行刑权消灭。

3. 刑罚消灭是基于特定的法律或者事实原因。前者是指法律所规定的引起刑罚消灭的原因,如超过追诉时效,在这种情况下,虽然司法机关事实上能够行使刑罚权,但法律规定其不得行使刑罚权;后者是指某种特定事实的出现自然地导致刑罚的消灭,如正在执行刑罚的犯罪人死亡,使刑罚执行的对象不存在,自然导致刑罚执行权的消灭。

二、刑罚消灭的原因

从各国法律的规定来看,刑罚消灭的主要原因有:(1)犯罪人死亡。犯罪人被追诉前死亡的,追诉权归于消灭;在判决确定前死亡的,量刑权归于消灭;在刑罚执行过程中死亡的,行刑权归于消灭。(2)超过追诉时效。犯罪发生后,司法机关或者自诉人超过追诉时效而未追诉的,追诉权归于消灭。(3)刑罚执行完毕,包括缓刑考验期满原判刑罚不再执行和假释考验期满、被认为原判刑罚已经执行完毕的情形。刑罚执行完毕之后,行刑权自然归于消灭。(4)赦免,包括特赦和大赦。大赦时犯罪人未被追诉的,追诉权归于消灭;大赦时判决未确定的,量刑权归于消灭;犯罪人在罪刑宣告后被大赦、特赦的,行刑权归于消灭。(5)告诉才处理的犯罪,没有告诉或者撤回告诉的,量刑权归于消灭。(6)超过行刑时效。刑罚宣告之后,超过法定行刑时效而没有执行的,行刑权归于消灭,原判刑罚不再执行。

上述诸种刑罚消灭的原因当中,有的在我国刑法以及相关法律中没有规定,有的在本书相关章节已经有叙述。下面主要论述时效和赦免这两种法定刑罚消灭事由。

第二节 时 效

一、时效概述

时效,是指经过一定期限,对犯罪不得追诉或者对所判刑罚不得执行的制度,有追诉时效和行刑时效之分。我国刑法规定了追诉时效,而没有规定行刑时效。

我国刑法中,规定追诉时效,具有以下意义:(1)符合我国刑法预防犯罪的目的。犯罪人在一定的期限内没有再犯罪,说明其再犯罪的危险性已经消除,用不着再对其追诉。(2)有利于司法机关集中精力办理现行的刑事案件。对那些经过一定期限没有再犯罪的人不予追诉,不仅可以节省大量的人、财、物力,还可以不为一些陈年旧案所累。(3)有利于社会的稳定。犯罪分子犯罪后在一定的期限内没有再犯罪,其对社会的危险性已经消除,被害人对他的仇恨也因时间的流逝而消解,犯罪人的家庭生活亦已恢复正常。在这种情况下,如果对其予以追诉,必将使各种矛盾死灰复燃,破坏已经恢复的社会宁静,引起社会的不稳定。

二、追诉时效的期限

根据刑法第87条的规定,犯罪经过下列期限不再追诉:(1)法定最高刑为不满5年有期徒刑的,经过5年;(2)法定最高刑为5年以上不满10年有期徒刑的,经过10年;(3)法定最高刑为10年以上有期徒刑的,经过15年;(4)法定最高刑为无期徒刑、死刑的,经过20年。如果20年以后认为必须追诉的,须报请最高人民检察院核准。

追诉时效期限的确定依据是具体犯罪的法定最高刑。法定刑高的,其追诉期限相应地就较长;法定刑低的,其追诉期限相应地就较短。这样规定,主要是基于罪刑均衡原则的要求。犯罪行为的社会危害性越大,犯罪人的主观恶性越深,其所应承担的刑罚就越重,相应地,对其追诉时效期限也就越长;反之,犯罪行为的社会危害性越小,犯罪人的主观恶性越浅,其所应承担的刑罚就越轻,相应地,对其追诉时效期限也就越短。

在刑法第87条有关追诉时效的规定中,有三个问题需要注意:

1. 关于"法定最高刑"的含义。所谓法定最高刑,是指和犯罪分子所犯罪行和法定情节相对应的刑法条款或者量刑幅度中的最高刑,而不是指对罪犯应当判决的具体刑期,也不是指与某个具体罪名相对应的最高刑。如此说来,在确定追诉时效期限时,应当注意:在一个条文中只有一个量刑幅度时,就以此条的法定最高刑为标准确定追诉期限;同一条文中有几个量刑幅度时,就以该罪行应当适用的量刑幅度的法定最高刑为标准确定追诉期限;一个犯罪的刑罚,分别由几个条款加以规定时,就以该罪行所应当适用的条款的法定最高刑为标准确定追诉期限。如刑法第121条对劫持航空器罪规定了两个量刑幅度,即一般情况下处10年以上有期徒或者无期徒刑;致人重伤、死亡的或者使航空器遭受严重破坏的,判处死刑。当根据犯罪人的犯罪情况判断,应当适用第一个量刑幅度时,应按法定最高刑无期徒刑确定其追诉时效期限;如果根据犯罪人的犯罪情况,判断应当适用上述第二个量刑幅度时,那么,就应按死刑这一法定最高刑确定其追诉时效期限。

2. "经过20年以后必须追诉的"的含义。一般来说,经过20年以后还必须追诉的案件,只应限于涉嫌犯罪的性质、情节和后果特别严重,虽然已过20年追诉期限,但社会危害性和影响依然存在,不追诉会严重影响社会稳定或者产生其他严重后果,而必须追诉的重大刑事案件。[1] 如故意杀人、抢劫、强奸、绑架、爆炸等严重危害社会治安的犯罪,经过20年追诉期限,仍然严重影响人民群众安全感,被害方、案发地群众、基层组织等强烈要求追究犯罪嫌疑人刑事责任,不追诉可能影响社会稳定或者产生其他严重后果的,对犯罪嫌疑人应当追诉。[2] 同样,涉嫌犯罪情节恶劣、后果严重,并且犯罪后积极逃避侦查,经过20年追诉期限,犯罪嫌疑人没有明显悔罪表现,也未通过赔礼道歉、赔偿损失等获得被害方谅解,犯罪造成的社会影响没有消失,不追诉可能影响社会稳定或者产生其他严重后果的,对犯罪嫌疑人也应当追诉。[3] 但是,因婚姻家庭等民间矛盾激化引发的犯罪,经过20年追诉期限,犯罪嫌疑人没有再犯罪危险性,被害人及其家属对犯罪嫌疑人表示谅解,不追诉有利于化解社会矛盾、恢复正常社会秩序,同时不会影响社会稳定或者产生其他严重后果的,对犯罪嫌疑人可以不再追诉。[4] 同样,涉嫌犯罪已过20年追诉期限,犯罪嫌疑人没有再犯罪危险性,并且通过赔礼道歉、赔偿损失等方式积极消除犯罪影响,被害方对犯罪嫌疑人表示谅解,犯罪破坏的社会秩序明显恢复,不追诉不会影响社会稳定或者产生其他严重后果的,对犯罪嫌疑人也可以不再追诉。[5]

3. 报请最高人民检察院核准追诉的案件应当同时符合下列条件:(1)有证据证明存在犯罪事实,且犯罪事实是犯罪嫌疑人实施的;(2)涉嫌犯罪的行为应当适用的法定量刑幅度的最高刑为无期徒刑或者死刑;(3)涉嫌犯罪的性质、情节和后果特别严重,虽然已过20年追诉期限,但社会危害性和影响依然存在,不追诉会严重影响社会稳定或者产生其他严重后果,而必须追诉的;(4)犯罪嫌疑人能够及时到案接受追诉。

为了促进祖国和平统一,最高人民法院与最高人民检察院先后于1988年3月14日和1989年9月7日就去台人员(或去海外其他地方的人员)去台前(或去海外其他地方前)的犯罪的追诉问题发布了两个公告,这两个公告现在仍然有效。其主要内容如下:第一,上述人员在中华人民共和国成立前在大陆犯有罪行的,根据刑法关于追诉时效规定的精神,对其当时所犯罪行不再追诉;第二,对上述人员在中华人民共和国成立后,犯罪地地方人民政权建立前所犯罪行,不再追诉;第三,上述人员在中华人民共和国成立后,犯罪地地方人民政权建立前犯有罪行,并连续或继续到当地人民政权建立后的,追诉期限从犯罪行为终了之日起计算。凡超过追诉时效期限的,不再追诉。

〕 2019年最高人民检察院《人民检察院刑事诉讼规则》第322条。
〕 马某龙(抢劫)核准追诉案,最高人民检察院指导案例20号(2015年)。
〕 丁某山等(故意伤害)核准追诉案,最高人民检察院指导案例21号(2015年)。
〕 杨某云(故意杀人)不核准追诉案,最高人民检察院指导案例22号(2015年)。
〕 蔡某星、陈某辉等(抢劫)不核准追诉案,最高人民检察院指导案例23号(2015年)。

三、追诉期限的计算

根据刑法第 88 条、第 89 条的规定,追诉期限的计算分为以下四种情况:

1. 一般情况下,追诉时效从犯罪之日起计算。所谓一般情况,是指犯罪没有连续与继续状态。所谓犯罪之日,是指犯罪成立之日即行为依法构成犯罪之日。由于刑法对各种犯罪规定了不同的成立条件,因此犯罪之日的认定也各有不同。就以实行某种行为为成立条件的犯罪而言,以行为的完成之日为犯罪之日;就以某种结果或者情节为成立条件的犯罪而言,结果的发生或者情节的出现之日为犯罪之日。如就非法搜查罪和非法侵入住宅罪而言,因为两罪以有非法搜查他人身体、住宅,或者非法侵入他人住宅的行为为本罪的成立条件,因此,实施行为之日就是犯罪之日;相反地,过失致人死亡罪、过失致人重伤罪,以发生他人死亡、重伤结果为成立条件,因此,发生结果之日才是犯罪之日。滥用职权、玩忽职守之类的渎职行为所造成的重大损失当时没有发生,而是在之后的一定时间发生的,危害结果发生之日就是犯罪之日,玩忽职守罪的追诉期限就要从此时起计算。[6]

2. 犯罪行为有连续或者继续状态的,追诉期限从犯罪行为终了之日起计算。犯罪行为有连续状态的,属于连续犯;犯罪行为有继续状态的,属于继续犯。所谓"犯罪行为终了之日",就连续犯而言,是指最后一个独立的犯罪行为完成之日。如某甲在 2021 年 7 月 8 日到 2022 年 10 月 5 日,连续贪污公款 50 余笔的场合,其贪污行为的追诉期限就应当从贪污行为终了之日即 2022 年 10 月 5 日起计算。就继续犯而言,是指处于持续状态的犯罪行为和违法状态终了之日。如某乙于 2024 年 5 月 1 日非法拘禁他人,直到同年 6 月 3 日才予以释放,本案中,对某乙非法拘禁罪的追诉期限就应当从 2024 年 6 月 3 日起计算。相反地,挪用类犯罪如挪用公款罪、挪用资金罪,都不是继续犯,挪用公款、资金的犯罪行为结束之后,不法状态持续,因此,其追诉时效应从公款被挪用之日起计算。

3. 在时效中断的情况下,前罪的追诉期限从犯后罪之日起计算。所谓时效中断,是指犯罪分子在追诉期限内又犯新罪,不论新罪的性质和刑罚轻重如何,前罪所经过的时效期间都归于无效,前罪的追诉时效期限从犯新罪之日起计算。如某甲在 1997 年 10 月 1 日犯数额较大的抢夺罪,法定最高刑为 3 年有期徒刑,追诉时效为 5 年,自 1997 年 10 月 1 日起计算。但其在 3 年之后的 2000 年 10 月 1 日又犯故意伤害罪,法定最高刑为 3 年,追诉时效为 5 年。由于某甲是在追诉期限内犯罪的,前罪即抢夺罪已经经过的 3 年时效归于无效,需要自犯后面的故意伤害罪的日期即 2000 年 10 月 1 日起重新计算,经过 5 年不再追诉,并且其后犯的故意伤害罪的追诉期限照常计算。这样说来,某甲所犯的抢夺罪,只有经过 8 年,追诉时效才能结束,远远超出其当初的 5 年的追诉期限的限制。刑法之所以如此规定,是因为行为人犯罪之后又重新犯罪,说明他尚未悔改、人身危险性没有消失,犯罪时效需要从犯后罪之日起重新计算。

4. 在追诉时效期限内,发生法律规定的事由的,追诉时效暂时停止计算。这就是所谓时效的延长。我国刑法规定了两种追诉时效延长的情况:

---

[6] 2003 年最高人民法院《全国法院审理经济犯罪案件工作座谈会纪要》第 6 条。但需要注意的是,这仅是就滥用职权或者玩忽职守的一般情形而言的,就长期玩忽职守、滥用职权即具有连续或者继续状态的情形,这种理解不适用。体内容参见本书分则相关罪名的论述。

第一，刑法第88条第1款规定："在人民检察院、公安机关、国家安全机关立案侦查或者在人民法院受理案件以后，逃避侦查或者审判的，不受追诉期限的限制。"据此，这种情况下的追诉时效的延长必须具备以下条件：一是人民检察院、公安机关、国家安全机关已经立案侦查或者人民法院已经受理案件；二是行为人有逃避侦查或者审判的行为。具备这两个条件的，无论经过多长时间，任何时候都可以追诉，反过来说，能够延长诉讼时效的，也只能是同时具备上述两个条件的情形，缺一不可。其中，所谓立案侦查，是指人民法院、人民检察院或者公安机关对于报案、控告、举报和自首的材料，按照管辖范围进行审查，认为有犯罪事实需要追究刑事责任的时候，决定将其作为刑事案件进行侦查或者审判。所谓受理，是指人民法院对公民、法人或者其他组织的起诉进行审查后，对符合法律规定的起诉条件的案件决定立案审理。所谓逃避侦查或者审判，是指犯罪嫌疑人或者被告人逃跑或者藏匿，使侦查或者审判无法进行。一般认为，其应当符合主、客观两个条件：主观上，犯罪嫌疑人或者被告人知道自己可能被刑事追究而逃避；客观上，有积极地逃跑或藏匿的行为，包括采取销毁证据、让人顶包、收买证人、伪造身份证据等积极行为使侦查活动难以有效展开。如此说来，犯罪嫌疑人或者被告人只要没有刻意躲避侦查的积极行为，就应受追诉时效的保护。

第二，刑法第88条第2款规定："被害人在追诉期限内提出控告，人民法院、人民检察院、公安机关应当立案而不予立案的，不受追诉期限的限制。"据此，这种情况下的追诉时效的延长应该具备以下条件：一是被害人在追诉期限内向司法机关提出了控告。其意味着，只要被害人在追诉期限内向上述任何机关提出了控告即可，而不管该机关是否具有管辖权。二是司法机关应当立案而不予立案。所谓应当立案，是指符合《刑事诉讼法》第112条规定的"有犯罪事实需要追究刑事责任"的情形。如被害人在案发后于追诉期限内向公安机关提出了控告，公安机关因故未对被害人的伤情进行鉴定，也未对案件作出立案决定的，属于刑法规定的应当立案而不予立案的情形，不受追诉期限的限制。

第三节 赦　免

赦免，是指国家宣告对犯罪人免除其罪、免除其刑的法律制度，包括大赦和特赦两种。

大赦，是指国家对某一时期内犯有一定罪行的犯罪人免予追诉和免除刑罚执行的制度。大赦的对象比较广泛，既可能是国家某一时期的各种犯罪人，也可能是国家某一时期犯有特定罪行的犯罪人；既可能是某一地区的全体犯罪人，也可能是参与某一重大历史事件的所有犯罪人。大赦的特点是：既赦其罪，亦赦其刑。被赦免的犯罪人既不受刑事追究和处罚，也不存在犯罪的记录。

特赦，是指国家对特定的犯罪人免除执行全部或者部分刑罚的制度。特赦的特点是：对象是特定的犯罪人；效果是只免除刑罚的执行而不消灭犯罪记录。

大赦和特赦都属于赦免的范畴，二者的区别在于：(1)范围不同。大赦适用于不特定的犯罪人，而特赦仅适用于特定的犯罪人。(2)时间不同。大赦既可在判决确定之后实施也可在判决确定之前实施,而特赦只能在判决确定之后实施。(3)效果不同。大赦既赦罪也赦刑,被大赦的罪犯不构成累犯;而特赦则只赦刑而不赦罪,被特赦者可以构成累犯。

我国1954年《宪法》对大赦和特赦均作了规定,但现行宪法只规定了特赦,而没有规定大赦。由于宪法没有规定大赦,相应地我国刑法第65条、第66条中所说的"赦免"即是指特赦。新中国成立后先后实施了8次特赦。针对的对象主要是战争罪犯;内容是免除执行剩余的刑罚、予以释放或者减轻其原判刑罚;执行程序是,由中共中央或者国务院提出建议,全国人民代表大会常务委员会决定,由国家主席发布特赦令,由最高人民法院执行。